现代粮油工业发展

Development of Modern Grain and

Oil Industry

王瑞元◎著

中国轻工业出版社

图书在版编目（CIP）数据

现代粮油工业发展 / 王瑞元著. — 北京：中国轻工业
出版社，2023.9
　ISBN 978-7-5184-4472-4

　Ⅰ. ①现…　Ⅱ. ①王…　Ⅲ. ①粮油工业—工业发展—
中国　Ⅳ. ①F426.82

　中国国家版本馆CIP数据核字（2023）第114291号

责任编辑：张　靓　　责任终审：劳国强　　整体设计：锋尚设计
文字编辑：刘逸飞　　责任校对：朱燕春　　责任监印：张　可

出版发行：中国轻工业出版社（北京东长安街6号，邮编：100740）
印　　刷：艺堂印刷（天津）有限公司
经　　销：各地新华书店
版　　次：2023年9月第1版第1次印刷
开　　本：787×1092　1/16　印张：78.75
字　　数：1802千字
书　　号：ISBN 978-7-5184-4472-4　定价：480.00元
邮购电话：010-65241695
发行电话：010-85119835　传真：85113293
网　　址：http://www.chlip.com.cn
Email：club@chlip.com.cn
如发现图书残缺请与我社邮购联系调换
230458K1X101ZBW

本书编辑委员会

主　　任： 何东平　王兴国　张建华

副 主 任： 陈文麟　汪　勇　谷克仁　刘元法　伍翔飞　郝克非　姜元荣
　　　　　　徐　斌　杜祖波　闫子鹏　相　海　王明星　张　慧　张　明
　　　　　　刘建军　王志荣　张毅新

本书顾问： 姚惠源　张根旺　左恩南　傅敦智　褚绪轩　刘世鹏

委　　员：（以姓氏笔画为序）

于修烛	于殿宇	马宇翔	王月华	王永华	王兴国	王志荣
王丽英	王明星	王格平	王　棣	王翔宇	方学智	田　华
史永革	白长军	毕艳兰	伍翔飞	刘元法	刘立新	刘华敏
刘安迪	刘连民	刘国琴	刘京伟	刘建军	刘　恒	刘　燕
闫子鹏	闫　博	江汉忠	祁　鲲	孙尚德	孙淑华	杜祖波
李文林	李　杨	李林开	杨　永	杨学礼	肖志红	吴港城
何东平	谷克仁	汪　勇	初跃峰	张甲亮	张四红	张　丽
张　明	张泽兵	张建华	张跃进	张　慧	张毅新	陈文麟
陈　东	陈　刚	陈昶宏	武益正	金青哲	郑明明	郑联合
房　军	郝克非	胡淑珍	相　海	钟　武	段章群	姜元荣
姜绍通	姜秋水	姜敏杰	姚　凯	秦卫国	夏秋瑜	徐　斌
高　盼	高冠勇	黄凤洪	曹万新	曹博睿	龚　任	矫恒伟
焦山海	鲁海龙	雷芬芬	潘　坤	薛雅琳		

王瑞元简介

王瑞元，1938 年 8 月出生于江苏无锡。1964 年毕业于江南大学（原无锡轻工业学院）食品工程系，同年分配到原粮食部粮油工业局工作。1975 年任粮油工业局生产技术处副处长；1980 年任粮油工业局副局长；1985 年任粮油工业局局长；1989 年任原商业部商办工业司司长；1993 年任国内贸易部工业司司长；1994—2001 年任中谷集团公司总裁；1985—2018 年任中国粮油学会油脂分会会长；曾任中国粮食行业协会常务副会长、中国粮油学会常务副理事长、中国粮油学会营销技术分会会长、中国粮食行业协会小麦分会理事长。现任中国科学技术协会决策咨询首席专家、中国粮食行业协会专家委员会主任、中国粮油学会首席专家、中国粮油学会油脂分会名誉会长，教授级高级工程师，享受国家特殊津贴。

前言

光阴如隙白驹过，春秋八度犹如昨。

继2015年《现代粮食工业发展》和《现代油脂工业发展》两部著作出版发行，掀起业界阅读热潮八年后的今天，中国粮油学会首席科学家、中国粮油学会油脂分会名誉会长、中国油脂博物馆名誉馆长王瑞元教授级高级工程师的又一宏篇《现代粮油工业发展》，在业界读者的期盼中面世了！

王瑞元这部著作的出版，使他为中国现代粮油工业发展铸就的丰碑更加伟岸；为中国现代粮油工业继往开来铺就的基石更加壮阔！

在这部著作中，我们收集整理了王瑞元从78岁至85岁（2016年至2023年8月）8年间所撰写的论文、报告、演讲、贺辞及访谈录等内容丰富、精彩纷呈的文稿近220篇，按不同类别分编为现代粮食工业发展和现代油脂工业发展两篇，共十四章，清晰明朗，以便读者查检和阅读。

在一遍又一遍，一次又一次对文稿的整理、拜读、学习和领会中，我们被王瑞元提供的众多新知识、新观点、新理念、回忆及故事所深深折服！收获多多，钦佩满满；时时情不自禁，常常热泪盈眶！

英雄造时势，时势铸英雄。

宏篇成经典，经典就宏篇！

王瑞元以他浓浓的家国情怀、满满的责任担当，紧紧跟随着时代前进的步伐，老骥伏枥志在千里，报国情怀壮心不已，始终勇立潮头引领着中国现代粮油工业发展的航船乘风破浪，踔厉前行。

王瑞元在习近平新时代中国特色社会主义新征程新伟业中不忘初心，不畏耄耋，继续贡献着自己的百分智慧、千丈光热、万般忠诚！

业界称翘楚，圆满在功德。

大师之风范，标炳励来人！

参加本书编辑出版工作的，除了编辑委员会的全体人员外，武汉轻工大学何东平教授科研教学创新团队的博士、研究生及本科生也付出了辛勤劳动和聪明才智，他们是高盼、雷芬芬、钟武、殷娇娇、陈东、洪坤强和周力博士；马云睿、郑雨凌、聂强盛、罗鑫、王星烨、黄传阳、周桐、位卫卫、曹子伦、郭劲廷、张美兰、陈玲、雷锦舸、张慧慧、胡博、丁云朋、左宗明、李恒彬、张寒、胡田媛、蓝楠、梁英杰、韩玉博、刘颖、黄何、潘保辉、孙波波、闫丹丹、刘栋、段小禹、赵思雅、韩梅和欧丽香研究生及张研彦和周雅欣本科生，在此一并向他们表示衷心的感谢！

感谢武汉轻工大学陈文麟教授对本书的审稿！

感谢武汉轻工大学钟武博士和陈东博士对本书的校对！

感谢中国粮油学会油脂分会对本书出版给予大力支持！

感谢中国轻工业出版社有限公司对本书编辑出版发行工作的大力支持！

感谢迈安德集团有限公司、河南华泰粮油机械股份有限公司、长寿花食品股份有限公司、道道全粮油股份有限公司、山东金胜粮油集团有限公司、山东凯斯达机械制造有限公司、海南澳斯卡国际粮油有限公司、金太阳粮油股份有限公司和衢州刘家香食品有限公司等公司（集团）对本书出版发行工作的大力支持！

本书在编辑出版工作中，一些细节和文字难免出现瑕疵甚至疏漏，敬请读者不吝指教和匡正，我们将不胜感激！

《现代粮油工业发展》编辑委员会

2023 年 8 月于武汉

目录

第一篇

一
现代粮食工业发展篇

第一章　运筹粮食行业未来发展

第二章　品牌建设与争创名牌

第三章　政策建议与咨询服务

第四章　小麦粉、稻米、杂粮及其制品

第五章　粮食和油脂加工机械走出国门

第六章　做好学会和协会工作

第二篇

现代油脂工业发展篇

第一章 谋划油脂工业发展

第二章　规划与政策建议

第三章 油脂企业品牌建设

第四章 "一线多能"和"多油并举"

第五章 油脂工业标准建设工作

第六章　油脂行业国际交流与考察

第七章　中国粮油学会油脂分会和产业联盟工作

第八章　采访与贺辞

参考文献

现代粮食工业发展篇

第一章

运筹粮食行业未来发展

一、我国粮油加工业简要情况及存在的主要问题
——为中国粮食行业协会提供的汇报材料

（2015 年 4 月 30 日　于北京）

（一）稻谷加工业

1. 简要情况

据国家粮食局《2012 年粮油加工业统计资料》，2012 年全国稻谷加工企业有 9788 个，实现工业总产值 4183.8 亿元人民币，利税总额 109.3 亿元人民币，年处理稻谷能力 3.07 亿吨，年生产大米 8882 万吨，从业人员 26 万余人。

2. 存在的主要问题

（1）稻谷加工业资源综合利用率较低。稻谷加工全产业链建设与发达国家差距较大，其副产品如稻壳、米糠、米胚、碎米等宝贵的资源未能充分利用，产品附加值很低。

（2）稻谷加工生产粗放，且产能过剩，企业规模化、集约化水平低。2012 年稻谷加工产能利用率仅为 44.5%，绝大多数是规模小、生产方式粗放的落后产能，急需技术改造，建立规模化、集约化的新产能，淘汰落后产能，促进稻谷加工企业转型升级和产业结构调整。

（3）专用米、营养强化米、留胚米、发芽糙米等产品所占大米产量比重不足 10%，远远不能满足人们对营养健康大米产品的需求。

（4）米制品（如米粉、年糕、汤圆等）是我国南方人民喜爱的主要食品，但目前加工技术落后，多为传统加工方式，缺乏高效成套的加工机械，不能适应米制主食品工业化的要求。

（二）小麦加工业

1. 简要情况

据国家粮食局《2012 年粮油加工业统计资料》，2012 年全国小麦加工企业有 3292

个，实现工业总产值 3136.4 亿元人民币，利税总额 87.9 亿元人民币，年处理小麦能力 2.03 亿吨，年生产小麦粉 9613 万吨，从业人员 19 万余人。

2. 存在的主要问题

（1）加工专用小麦粉、营养强化粉、预配粉、全麦粉等的增长幅度不尽理想。2012 年，上述产品所占小麦粉产量的比重仅为 12% 左右，与国家粮食局《粮油加工业"十二五"发展规划》要求 2015 年该比重达到 25% 以上的目标相差较大。

（2）制粉机、高方筛、清粉机等小麦加工的关键装备智能化整体水平不高。亟待加快提升制粉机械的制造水平和自动化水平，推进小麦加工业的高效、低耗、节能生产。

（3）小麦加工企业两头机械化比较薄弱。小麦原料入机、面粉成品码垛操作工人劳动强度较高，灰尘及粉尘污染较大。

（4）急需加快面制主食品生产工业化步伐。工业化生产馒头、挂面、鲜湿面条等面制品；扩大速冻面制食品规模，以适应人民群众生活水平不断提高，生活方式和膳食结构发生变化。目前面制主食品生产工业化仅占小麦粉产量的 14%，尚有极大的发展空间。

（5）小麦加工副产品资源综合利用不够。加快推进小麦胚芽利用、麸皮制纤维食品等的生产是小麦加工业的一项重要任务。

（三）食用植物油加工业

1. 简要情况

据国家粮食局《2012 年粮油加工业统计资料》，2012 年全国食用植物油加工企业有 1734 个，实现工业总产值 6008.2 亿元人民币，利税总额 170.8 亿元人民币，年油料处理能力 1.6 亿吨，年生产食用植物油 3975 万吨，从业人员 19 万余人。

2. 存在的主要问题

（1）我国食用植物油的自给率不足 40%，原料大多依靠进口，改变这种局面难度很大。

（2）我国食用植物油加工企业的生产能力达 1.9 亿吨，利用率约为 53%，产能过剩现象已凸显。具体分析是落后产能过剩，先进产能仍显不足，需要不断进行技术改造，采用先进技术与装备，通过发展先进产能，淘汰落后产能。

（3）国家高度重视发展以油茶为代表的木本油料生产，目前发展势头看好，但随着木本油料的发展，加工装备的不适应性以及油价低、成本高等问题将显露出来。

（4）用米糠和玉米胚芽制油为国家增产油脂的工作还没有引起有关方面的高度重视。

以米糠制油为例，2013 年，我国米糠产量为 1331 万吨，稻米油产量为 55 万吨（耗用米糠约 400 万吨），利用率不足 30%，与日本米糠利用率几乎达到 100%、印度米糠利用率 70%~80% 相比差距太大。建议国家有关部门要像重视油料生产一样重视米糠资源的利用。

（5）随着食品工业的发展，专用油的开发与应用问题亟待解决；小包装食用油生产能力和实际产量不能满足市场需要。

（6）食用植物油加工企业的节能降耗和减少对环境污染的工作任务很重，需要通过技术改造才能达到节能降耗。

（7）食用植物油加工企业普遍存在检化验仪器不足，不能很好指导生产严把质量关，与国家建设食用油的信息追溯体系的要求差距较大。

（四）杂粮及薯类加工业

1. 简要情况

据国家粮食局《2012 年粮油加工业统计资料》，2012 年全国杂粮及薯类加工企业有 308 个（其中杂粮加工企业 191 个），实现工业总产值 306.5 亿元人民币，利税总额 33.5 亿元人民币，年生产能力 1156 万吨，年生产产品 311 万吨（其中杂粮加工产品 236 万吨），从业人员 4 万余人。

2. 存在的主要问题

（1）我国杂粮加工企业规模小，没有在西北、西南、东北、华北等主产区形成加工基地，未能发挥优势和显现规模效应。

（2）生产技术水平较低，食品高新技术在杂粮食品生产中应用很少，在解决口感与改善消化性机理方面的新产品不多，在开发系列化传统食品、健康方便新食品方面进展较慢。

（3）缺乏杂粮加工的专用设备，没有形成标准化、系列化、专业化的杂粮加工成套设备。

（4）杂粮及其产品的品质评价体系标准不健全，不能很好指导杂粮生产严把质量关等，导致目前杂粮市场的产品良莠不齐。

（5）我国大型薯类加工企业较少，工艺技术和设备落后，产品缺乏科技含量，花色品种少，档次较低，附加值低，难以进入大型超市。在发展薯条、薯片及以淀粉、全粉为原料的各种方便食品、膨化食品、保鲜制品等方面还不能满足消费者的需要。

（6）薯类加工生产期集中，集约化程度低，解决废水治理等环保问题难度大。

二、积极发展全谷物食品，增进百姓身体健康

——在"中国粮油学会主办的第二届全谷物食品与健康研讨会"上的主旨报告

（2015 年 11 月 21 日　于广西北海）

各位朋友：

大家好！

很高兴来到美丽的广西北海，参加由中国粮油学会主办的"第二届全谷物食品与健康国际研讨会"，与大家共商我国全谷物食品发展的对策。根据会议的安排，我发言的题目是《积极发展全谷物食品，增进百姓身体健康》，供大家参考。

（一）对全谷物食品的认识

"五谷为养""安谷则昌"，谷物作为我国人民膳食结构中最重要的食物资源，其科学合理的消费会对百姓的健康产生深刻影响。全谷物食品是营养健康食品的典型代表。什么样的食品才能称为"全谷物食品"呢？这是一个争议较大的话题。我国目前还没有相应的标准，目前全球只有美国、瑞典和英国等国家有专门针对全谷物食品的定义。归纳各国不尽相同的说法，用通俗的语言来表达，我们认为"全谷物就是指脱壳之后没有加工精制的粮食种子；全谷物食品是全谷物粮食种子经加工后的产品，其基本组成应包含淀粉质胚乳、胚芽和皮层三部分，且这三部分的比例要与完整的全谷物粮食种子大致相同"。

全谷物食品含有丰富的 B 族维生素、维生素 E、镁、铁和膳食纤维，还含有一些果蔬食品中没有的、营养价值很高的抗氧化剂。全谷物食品由于高膳食纤维、低脂肪、低饱和脂肪酸、低胆固醇和低热量，具有一定的保健功能。根据美国全谷物委员会介绍，全谷物食品的保健作用包括能降低脑卒中、糖尿病及心脏疾病的发病危险，同时还有利于体重控制。经常食用全谷物食品有利于人体健康。

（二）我国发展全谷物食品的前景看好

在我国发展全谷物食品的条件已经具备，主要体现在以下几个方面。

1. 人们对食品营养健康的认识有了新的提高

目前，世界范围内慢性疾病高发，倡导营养健康已成为世界发展的大趋势。近些年，发达国家正在掀起全谷物食品的热潮，全谷物食品的消费处于快速发展的阶段。据了解，对全谷物食品需求增长最快的是美国，现在全谷物食品在美国谷物食品中占 40% 以上，在高端谷物产品中占 70% 以上。

改革开放以来，我国的经济建设飞速发展，人民生活水平不断提高。但是人们在尽享生活乐趣的同时，由于膳食结构不合理带来的营养失衡已经成为多种疾病的重要诱因，引起了社会的高度关注。特别是近几年，人们的健康保健意识越来越强烈，对食品的功能性要求越来越高，人们不仅关注吃好，而且更加注重营养，已经把营养与健康自然地联系在一起。如何提升生活品质，改变不恰当的饮食方式，做到平衡膳食、合理营养已成为人们生活追求的新目标。全谷物食品以其特有的功能性和不可替代性将是人们青睐的营养健康食品。

近年来，我国的糙米、发芽糙米、全麦粉、燕麦片等全谷物食品也开始崭露头角，但是目前规模尚小，产量较少。据统计，2013 年我国糙米产量为 71 万吨、全麦粉产量为 112 万吨、杂粮制品产量为 235 万吨，合计产量为 418 万吨，与 5 年前的 243 万吨相比，有了较大幅度的增长，但按我国 13.67 亿人口计算，人均占有量较少，急需加快发展。

2. 国家政策支持全谷物食品发展

党和政府历来高度重视和关心人民的身体健康，从事关民族兴衰的高度来倡导全民健康生活方式行动，采取综合措施，科学改善国民营养健康素质。卫生部于 1997 年和 2007 年分别制定和修订了《中国居民膳食指南》，以图形直观地告诉居民每日应摄入的食物种类、合理数量及适宜的身体活动量。特别指出要注意粗细搭配，经常吃一些粗粮、杂粮和全谷类食物，每天最好能吃 50~100 克。

在我国《粮油加工业 2010—2020 年和"十二五"发展规划》中，明确提出要推进全谷物营养健康食品的研发和产业化；要提高糙米、留胚米、全麦粉、多谷物混合粉等所占比例；要加强杂粮加工专用设备和关键技术研发，加快开发杂粮系列化传统食品、健康方便新食品，支持企业建设绿色、有机杂粮生产基地等。

3. 现代粮食加工业的发展为全谷物食品的发展打下了良好基础

目前，我国粮食加工业已经发展成为世界上最大的粮食加工产业，建立了一大批现代化的加工厂，形成了一批具有较强经济实力和市场竞争优势的大中型骨干企业和企业集团；高新技术得到推广应用；高效节能与清洁安全生产取得突破性进展；粮食机械制造水平已达到或接近国际先进水平；粮食加工质量保证体系和品质控制新技术应用得到加强和提高。同时，我国粮食加工科学技术发展迅速，已接近国际先进水平，拥有一批专业化的理论研究、工程技术及设备开发的人才队伍。

自"十一五"起，一些大型企业、科研院所、高等院校专门建立了全谷物食品等粮油营养健康食品的研发机构，做了大量的工作，并取得了可喜的成果。上述产业发展、人才队伍、科研成果均为全谷物食品的发展奠定了坚实的基础。

4. 我国生产全谷物食品的资源丰富

我国既是一个粮食生产大国，也是一个杂粮生产大国，生产全谷物食品的资源十分丰富。以杂粮为例，我国杂粮的栽培历史悠久，品种繁多，享有"杂粮王国"之美誉。杂粮是我国百姓公认的健康食物资源，其产品大多属于全谷物食品，诸如小米、谷子、高粱米、紫米、燕麦片及荞麦制品等，都是我国百姓喜爱的食物。积极开发利用杂粮，生产各种全谷物食品，在我国有着广阔的市场发展前景。

（三）推进我国全谷物食品发展的建议

1. 要深入开展全谷物食品的基础理论研究

要加强全谷物食品营养与健康的关系及作用机理研究，尤其是要开展全谷物中生理活性组分的鉴定、特性与生物有效性的研究；全谷物食品的合理摄入量方面的研究；全谷物食品营养基础数据库的研究；加工对全谷物食品营养素生物有效性的研究；多种产品"复合"营养功能的研究；全谷物食品营养与代谢的研究等，为全谷物食品的发展推广提供基础理论依据。

2. 要积极研发全谷物食品的生产新技术和专用设备

继续全面开发糙米、发芽糙米、留胚米及全麦粉等产品的生产新技术；研究提高杂粮加工工业化、规模化程度和技术水平。重点研究主食荞麦粉、荞麦面条，燕麦米、燕麦片及燕麦主食面粉，小米主食面粉，杂豆类主食面粉和方便、休闲食品，高粱米和高粱主食面粉的生产新技术。

由于全谷物食品特别是杂粮加工工艺有其特殊性，亟待研发适应不同品种、条件各异、性能可靠的专用设备，以满足全谷物食品的生产要求。

3. 要努力解决全谷物食品口感不适的难题

全谷物食品具有很好的营养保健作用，但大多数产品口感、风味令很多人难以接受，影响了全谷物食品的推广消费。为此，加快研究开发适口性好的糙米与发芽糙米及其制品、全麦粉及其制品以及各类杂粮制品等全谷物食品是当务之急。要探索新工艺、新技术，做好粗粮细作这篇文章，为消费者提供口感味美、色泽优良与品质稳定性高的传统与非传统全谷物食品。

4. 要持续开展全谷物食品市场消费的研究

全谷物食品市场是新兴的消费市场，功能、绿色是其市场的热点和亮点。全谷物食品的理论研究和产品开发要紧紧围绕市场的需求来进行，要根据中国的国情，针对特定人群、不同年龄段、不同地区人群的新需求，随时调整研发方向，不断开发新的全谷物食品。这里需要强调的是，发展全谷物食品是今后的发展方向，但绝不会成为粮油加工的主导产品，所以在做法上既要积极，又要稳妥，切忌盲目发展。

5. 要高度重视建立全谷物食品产业链

全谷物食品的发展必须从源头（原料）抓起，贯穿整个产业链，精心组织好原料优质品种的选择、培育、种植、收获、储藏、加工及市场销售等诸多环节。优良品种的选育、食用品质的改善、加工与储藏新技术的研究、质量与安全的控制等都要统筹考虑，需要相关学科的联合攻关。只有全谷物食品产业链的整体发展，才能促使全谷物食品的快速发展。

6. 要进一步加强政策支持和消费引导

近年来，国家对粮食科技的投入有了较大增长，但仍缺乏长效机制，研究经费较为短缺。建议国家有关部门加大对全谷物食品研究开发的资金支持力度，同时对具有发展潜力的大中型全谷物食品加工企业在税收和技术改造资金等方面给予支持。

要经常组织专家对科学饮食、平衡膳食等专题开展科普宣传，对新研发的全谷物食品进行广泛宣传，提倡适合我国国情的、有利于人民身体健康的膳食结构模式，引导人们营养、健康、安全地消费粮食。

要加快制定适合我国国情的全谷物食品的国家标准，以引领全谷物食品事业的健康发展。

今年是实施"十二五"发展规划的收官之年，也是"十三五"粮油加工业发展规划的制定之年。我们要继续将发展全谷物食品作为粮油加工业发展的重点内容之一，作为粮油加工业在新形势下，调结构、增效益的重要组成部分。为此，粮油加工企业要积极推进全谷物食品的发展，为使百姓生活得更美好、身体更健康做出新的贡献！

谢谢大家！

三、中国粮油生产、进出口、加工业及发展趋势情况介绍

——为中国粮食行业协会提供的汇报材料

（2015 年 11 月 24 日　于北京）

（一）中国粮油的生产简况

在一年一度的中共中央一号文件指引下，通过实施一系列惠农政策，促进了中国粮油生产的持续稳定发展。2014 年，中国粮食生产取得了举世瞩目的"十一连增"。据国家粮油信息中心提供的数据，2014 年中国粮食总产量达 60710 万吨，较 2013 年的 60194 万吨增长 0.86%，其中小麦产量为 12617 万吨，较 2013 年的 12172 万吨增长 3.66%；稻谷产量为 20643 万吨，较 2013 年的 20329 万吨增长 1.54%；玉米产量为 21567 万吨，较 2013 年的 21773 万吨下降了 0.96%。

在油料生产方面，产量持续稳定。据国家粮油信息中心预测，2014 年中国油菜籽、大豆、花生、棉籽、葵花籽、芝麻、油茶籽、亚麻籽八大油料的总产量为 5806 万吨，与 2013 年实际产量 5845.9 万吨比较，基本持平。八大油料预测产量分别为：油菜籽 1460 万吨、大豆 1180 万吨、花生 1680 万吨、棉籽 1109 万吨、葵花籽 235 万吨、芝麻 63 万吨、油茶籽 190 万吨、亚麻籽 40 万吨。

（二）中国粮油市场的进出口情况

为满足品种调剂和市场供应的需要，据海关统计，2014 年中国进口稻米、小麦、玉米、高粱和大麦合计为 1931.8 万吨，其中进口稻米 255.9 万吨、小麦 297.3 万吨、玉米 259.8 万吨、高粱 577.5 万吨和大麦 541.3 万吨。在五大进口粮食品种中，稻米、小麦和玉米三大主粮合计进口 813 万吨，较 2013 年的 1101.6 万吨减少 288.6 万吨；高粱和大麦合计进口 1118.8 万吨，较 2013 年的 341.6 万吨增加 777.2 万吨，增长幅度较大。在进口的同时，2014 年中国也出口了总量约为 45 万吨的粮食。

为满足中国食用油市场供应的需要，近 10 年来，中国进口油料油脂的数量一直较

大。据海关统计，2014 年中国进口各类油料合计为 7751.8 万吨，其中进口大豆为 7139.9 万吨、油菜籽 508.1 万吨、芝麻 57 万吨；进口植物油总量为 787.3 万吨，其中进口大豆油 113.6 万吨、棕榈油 532.4 万吨、菜籽油 81 万吨、其他植物油 60.3 万吨。另据统计，2014 年出口大豆、花生、葵花籽、芝麻等油料约 55 万吨，出口大豆油等各类食用油合计约 12 万吨。

（三）中国粮油加工业的简况

1. 稻谷加工业

（1）企业数与生产能力　2013 年，中国规模以上入统稻谷加工企业有 10072 个，稻谷加工生产能力合计为 33234 万吨，其中日处理 200~400 吨的企业有 1385 个，生产能力为 8608 万吨；日处理 400~1000 吨的企业有 361 个，生产能力为 4735 万吨；日处理 1000 吨以上的企业有 72 个，生产能力为 3400 万吨，合计有 1818 个企业和 16743 万吨的生产能力，分别占稻谷加工企业总数的 18.1% 和稻谷加工能力的 50.4%。

（2）产品产量　2013 年，中国入统稻谷加工企业耗用稻谷 14500 万吨，生产大米 9459 万吨，产能利用率为 43.6%，平均出米率为 65.2%。在 9459 万吨大米中，优质一级大米为 2911 万吨、优质二级大米为 1294 万吨、优质三级大米为 343 万吨；一级大米为 2621 万吨、二级大米为 1821 万吨、三级大米为 346 万吨、四级大米为 52 万吨；糙米为 71 万吨。在米制主食品生产方面，2013 年方便米饭产量为 6 万吨、方便米粥为 33 万吨、米粉（米线）为 87 万吨。

（3）主要经济指标　2013 年，中国入统稻谷加工企业工业总产值 4507.6 亿元，产品销售收入 4494.9 亿元，利税总额 126.7 亿元，利润总额 95.3 亿元。另据统计，资产总计 2563 亿元，负债合计 1247.8 亿元，负债率为 48.7%。

2. 小麦加工业

（1）企业数与生产能力　2013 年，中国规模以上入统小麦加工企业有 3248 个，小麦加工能力合计为 21726 万吨，其中日处理 400~1000 吨的企业有 567 个，生产能力为 7495 万吨；日处理 1000 吨以上的企业有 123 个，生产能力为 4790 万吨，合计有 690 个企业和 12285 万吨的生产能力，分别占小麦加工企业总数的 21.2% 和小麦加工能力的 56.5%。

（2）产品产量　2013 年，中国入统小麦加工企业耗用小麦 13264 万吨，生产面粉 9702 万吨，产能利用率为 61.1%，平均出粉率为 73.1%。在 9702 万吨面粉中，特制一等粉 3908 万吨、特制二等粉 3376 万吨、标准粉 1333 万吨、全麦粉 112 万吨、专用粉 732 万吨、营养强化粉 24 万吨。在面制主食品生产方面，2013 年挂面产量 512 万吨、方便面产量 312 万吨、速冻米面主食品 156 万吨。

（3）主要经济指标　2013 年，中国入统小麦加工企业工业总产值 3422.5 亿元，产品销售收入 3409.8 亿元，利税总额 95.0 亿元，利润总额 75.5 亿元。另据统计，资产总计 1616.4 亿元，负债合计 812.2 亿元，负债率为 50.2%。

3. 食用油加工业

（1）企业数与生产能力　2013 年，中国规模以上入统食用油加工企业有 1748 个，油料处理能力为 17257 万吨，其中日处理 400~1000 吨的企业有 201 个，生产能力为 2673 万吨；日处理 1000 吨以上的企业有 189 个，生产能力为 10730 万吨，合计为 390 个企业和 13403 万吨的生产能力，分别占食用油加工企业总数的 22.3% 和油料处理能力的 78%。另外，油脂精炼能力为 5144 万吨，小包装食用油灌装能力为 1685 万吨。

（2）产品产量　2013 年，中国入统食用油加工企业处理油料 9009 万吨，产能利用率为 52.2%，食用油产量为 2880 万吨。其中生产食用调和油 390 万吨，生产小包装油品 1007 万吨。

（3）主要经济指标　2013 年，中国入统食用油加工企业工业总产值 6407.9 亿元，产品销售收入 6277.5 亿元，利税总额 219.5 亿元，利润总额 135 亿元。另据统计，资产总计 4383.6 亿元，负债合计 3058.6 亿元，负债率为 69.8%。

（四）对"十二五"粮油加工业发展规划实施情况的预测

近两年来，中国粮油加工业在发展中，尤其是在经营中遇到了许多新情况与新问题。粮油市场上成品粮油价格低迷不振，出现了"稻强米弱""麦强面弱""油脂价格跌至十年前的水平"等不正常现象，导致粮油加工企业普遍遇到经营困难、效益下降问题。

在困难面前，粮油加工战线上的广大职工依靠科技，通过转型升级、开发新产品、节能降耗、增收节支等措施，使粮油加工业仍然保持在较好的发展势头上。根据粮油加工业的统计资料，2013 年与 2012 年相比，除了产能利用率和资产负债率两项指标不如 2012 年外，其余指标，如生产能力、大型企业数量、产品质量、工业总产值、产品销售收入、利税总额、利润总额以及主食品生产、综合利用和粮油机械生产情况等，都好于 2012 年。

与此同时，2013 年与 2010 年相比，日处理 400 吨以上的大型企业数量增长了 54.6%，三年内年平均增长 18.2%；工业总产值增长了 58.9%，三年内年平均增长 19.7%；产品销售收入增长了 58.4%，三年内年平均增长 19.3%；利税总额增长 57.9%，三年内年平均增长 19.3%；利润总额增长 47.7%，三年内年平均增长 15.9%。由此可以相信，中国粮油加工业在"十二五"发展规划中制定的主要经济技术指标都是可以完成或超额完成的，这也充分表明中国粮油加工业的发展势头总体是好的。

（五）中国粮油加工业的发展趋势

今年是中国粮油加工业实施"十二五"发展规划的收官之年，又是制定中国粮油加工业"十三五"发展规划的关键之年。粮油加工业今后如何发展，如何制定好规划，大家都很关注。我觉得以下一些内容不仅是粮油加工业今后的发展趋势，也是在"十三五"规划中应该重点进行研究的。

1. 发展目标

2015 年中国 GDP 增长目标定为 7% 左右，这预示着中国经济发展转为中高速增长。根据这个总目标，从这几年粮油加工业的发展情况看，我认为，粮油加工业在"十三五"期间其增长幅度定在每年递增 8%~10% 是有可能的。

2. 制定规划的原则

"十三五"粮油加工业的发展规划要以落实国家粮食局制定的粮食收储供应安全保障工程（简称粮安工程）为中心，紧贴国家粮食安全战略，聚焦保障粮食数量安全和质量安全工作。为满足品种调节和市场供应需要，粮油加工企业，尤其是食用油加工企业，要遵照国家粮食安全新战略，根据适度进口的原则，利用好国内国外两种资源和两个市场，通过适度进口满足国内粮油市场供应和品种调剂的需要；要认真开展"爱粮节粮、节约减损"活动，千方百计减少损耗，提高出品率，增加可食用粮油产品，确保国家粮油（数量）安全。

3. 继续坚持粮油产品安全质量第一，继续倡导营养健康消费和适度加工

"食品安全责任重于泰山"。粮油产品的质量安全与国家粮食安全一样，都是天大的事。为此，粮油加工企业一定要认真学习贯彻新《中华人民共和国食品安全法》，认真做到不论在任何时候、任何情况下都必须把产品质量安全放在第一位。在粮油产品安全的前提下，粮油加工产品要把"适口、营养、健康和方便"作为今后的发展方向，确保广大人民群众吃得放心、吃得安全、吃得健康；要继续倡导适度加工，提高纯度、合理控制精度、提高出品率，最大程度保存粮油原料中的固有营养成分；要从制修订好粮油产品质量标准着手，下大力气坚决纠正粮油产品的过精、过细、过白和油色过淡等过度加工现象；要广泛进行科普宣传，引导科学消费、合理消费、健康消费。

4. 要转方式、调结构

粮油加工企业要把"提高经济发展质量和效益"作为中心工作，要转方式、调结构，重点是调结构。首先要加快组织结构的调整，要继续引导企业通过兼并重组、产业园区建设，进一步提高企业的集中度，做强做大；要加大企业技术改造的步伐，积极采用先进实用、高效低耗、节能环保的新工艺、新装备，发展先进产能，淘汰落后产能。其次是要继续积极调整产品结构，加快开发"系列化、多元化、差异化和营养健康"的粮油产品；提高名、优、特、新产品的比重；扩大专用米、专用粉和专用油的比重；积极发展全麦粉、糙米、杂粮制品和特种油脂；要进一步发展有品牌的米、面、油小包装产品，尤其是要加快发展小包装食用油，以加快替代和取消市场上的散装食用油的步伐。

5. 要继续大力推进主食品工业化生产

"十三五"是中国全面建成小康社会的最后 5 年，人民生活水平将进一步提高，生活节奏将进一步加快。为方便百姓生活，粮油加工企业要把发展主食品工业化生产看作向精深加工的延伸，是调整产品结构的重要组成部分，是企业增收、方便百姓的有效途径。争取到 2020 年，中国生产的各类粮油主食品总产量由 2013 年的 2310 万吨提高到 4000 万吨以上，占大米、面粉用量的 20% 以上。要重视马铃薯主食品的开发利用，促进马铃薯产业的健康发展。

6. 继续重视资源的综合利用

粮油加工中生产出的副产物很多，这些副产物都是社会的宝贵资源，必须充分加以利用。当前，这些资源利用的重点仍然应放在大力推广米糠和玉米胚芽的集中制油上；放在利用稻壳、皮壳供热和发电上；放在提高碎米、小麦胚芽、玉米胚芽和麸皮等副产物的综合开发利用上；放在油料饼粕的最佳有效利用上。

7. 要重视关键技术装备的基础研究和自主创新

为适应中国粮油加工业不断发展的需要，我们要通过自主创新，把粮油机械制造业的发展重点放在大型化、自动化、智能化和专用化上；放在开发节能降耗，适应"清洁生产""综合利用"和"适度加工"的需要上；放在研究和开发生产各种主食品加工、小杂粮和木本油料的加工设备制造上；放在马铃薯主食品加工技术和成套设备的研制上。

（六）粮油加工企业在"一带一路"倡议中要有所作为

我认为，"一带一路"是世界经济发展到今天的新的"丝绸之路"。我国古代通过著名的"丝绸之路"，不仅促进了中国的发展，同时带动了"丝绸之路"相关国家和地区的发展。习近平总书记提出的"一带一路"倡议，其目的与"丝绸之路"一样，是要带动中国与"一带一路"相关国家与地区，通过交流、合作，达到互利共赢、共同发展、促进和平、造福人类的目标。中国的粮油加工业在"一带一路"倡议中也不会例外，我们要在国家政策的大力支持下，把中国粮油加工业的先进、适用技术与装备带给"一带一路"相关国家与地区，实行走出去战略，促进粮油加工业的发展，造福当地人民。总结以往经验，我认为，中国粮油加工企业实施走出去战略，要以粮油机械产品走出去为先导，走与加工企业、科研设计单位联合走出去之路。通过走出去，不仅要让当地百姓受益，还要在有条件的地区，发展粮油生产和贸易，从而为中国的粮油安全添砖加瓦。

四、我国粮油科学技术的现状与发展趋势

——在"武汉轻工大学研究生学术研讨会"上的主题报告

（2016 年 5 月 18 日 于湖北武汉）

根据中国科学技术协会的要求，自 2014 年下半年开始，中国粮油学会组织所属分会的上百名专家，经过一年多的努力，完成了《2014—2015 年粮油科学技术学科发展报告》（以下简称报告）的撰写工作。报告以近五年来的最新研究进展、国内外研究进展比较以及发展趋势与展望等内容反映了我国粮油科学技术的现状与发展趋势。现在，我就报告中的主要内容向大家做些介绍，供参考。

（一）引言

"十二五"期间，全国粮油科技工作者认真贯彻落实习近平总书记关于"中国人的饭碗任何时候都要牢牢端在自己手中，我们的饭碗应该主要装中国粮"的指示和李克强总理关于"守住管好'天下粮仓'，做好'广积粮、积好粮、好积粮'三篇文章"的讲话精神，积极践行创新驱动发展战略和科技兴粮战略，全力实施"粮安工程""粮食公益性科研专项"等一系列重点工程和科研计划，粮油科学技术取得了世人瞩目的成就。粮食储藏应用技术已达到国际领先水平，粮油加工工艺、装备和饲料加工装备已达到或接近世界先进水平，食品安全检测方法与技术不断更新，发酵面食等学科在科技研发方面都有所提高。粮油科学技术的快速发展，已成为粮油流通产业创新驱动发展的源动力，为确保国家粮油安全提供了坚实的科技支撑。

"十三五"是我国实现全面建成小康社会宏伟目标的关键五年。粮油科学技术要主动适应我国经济发展新常态，聚焦粮食行业发展需求，把握研究方向和重点，推动发展战略落地；要进一步激励科技人员施展才华，促进科技与经济的深度融合，谱写粮油科学技术发展的新篇章。

（二）近五年的最新研究进展

近五年来，粮油科技工作者积极践行科学发展观、创新驱动发展战略，通过大力实施"科技兴粮"，辛勤发奋，取得了骄人的业绩：①获得国家级奖项 13 项，获得省部级奖励 27 项，获得中国粮油学会科学技术奖 143 项，其他奖项近百项；②申请专利 5018 项，其中发明专利 3873 项；③制定和修订标准共 277 项，其中国家标准 77 项；④研发出的新产品多达数千种。

1. 粮食储藏产学研结合成效卓越

储粮生态系统理论体系研究进一步深化。我国首创了氮气控温气调技术，气调储粮规模已超过 1000 万吨，通过在 7 个储粮生态区域、中国储备粮管理总公司 19 个分（子）公司的 240 多个直属库的推广应用，实现了粮库粮食绿色保质储藏；"四项储粮新技术"已应用到全部中央储备粮库和过半的地方储备粮库；信息和自动化控制技术已在粮食储藏中得到广泛应用；粮食干燥、智能通风技术的应用取得了显著实效。

2. 粮食加工技术进步及产业化成绩突出

稻米深加工和综合利用、米制品生产等关键技术和产业化取得突破性发展；小麦和制品加工基础共性技术研究，以及面粉、面条等加工关键技术和装备取得重要进展，高效节能小麦加工新技术推广应用后，不仅能提高单位产能 20% 以上、降低电耗 15% 左右，还能提高优质粉得率 10% 以上，总出粉率增加 3%；大型化、自动化的玉米淀粉生产线实现了国产化；杂粮加工、营养复配以及杂粮挂面和功能饮料等加工技术显著提升；甘薯主食工业化关键技术与产业化取得阶段性进展。

发酵面食推动主食工业化初见成效，营养和风味研究逐步加强，冷链物流配送体系、食品安全检测体系等逐步完善，生产技术和装备趋向自动化、大型化发展。

3. 油脂加工更加注重营养与健康

适度加工理论研究取得成效；高含油油料加工关键新技术产业化开发及标准化安全生产得到推广应用；以油茶籽、核桃、亚麻籽、文冠果、油用牡丹籽等特种油料资源和新油料开发利用技术水平不断提高；米糠、玉米胚芽、小麦胚芽以及油脂加工中副产物的利用水平明显提高，效果显著。通过两年多在玉米油工业化生产中推广优质、节能、低耗新技术的应用，不仅确保了玉米油的质量与安全，同时节约开支 878 万元，新增利税 2434 万元；新型制炼油工艺获得重要进展；危害因子溯源、检测和控制技术，掺伪鉴别和地沟油检测等方面得到较大提升；制油装备大型化、智能化，节能降耗效果明显。

4. 粮油质量安全标准化研究渐成体系

已形成由 510 余项标准构成的动态标准体系；我国谷物与豆类国际标准影响力不断提高；粮油质量安全评价技术研究获得全面进步；现代检测技术在粮油化学组成检测方面得到广泛应用；众多粮油质量安全评价技术获得商业化应用；污染粮食处置技术研究取得可喜成果。

5. 粮食物流集成与系统化进一步发展

建成了一大批数字化、智能化粮食物流节点，基本实现了粮食从收购、仓储、运输、加工到成品粮流通的全程监管；数字化粮食物流关键技术研发成果有重大突破；粮食物流园区功能综合实现集成效用；粮食电子商务物流各种信息平台整合的良好实践不断涌现。

6. 粮油营养发展动力强劲

深入研究粮油及制品营养与人体健康的关系和调节机理；进一步探明了营养成分在粮油加工中的变化规律；强化大米、面粉、食用油技术成熟，已实现工业化生产；全谷物食品的开发获得突破性进展；粮食行业健康营养食品生产工艺与技术改进得到提升。

7. 信息与网络技术加快粮食产业现代化

利用互联网、数据安全等技术开展智能出入库、粮食品质智能检测等方面的应用研发成果显著；利用无线射频识别系统实现对农产品生产过程的跟踪和溯源管理；粮食加工的自动化程度逐步提高；开展"智慧粮食"工程，全面采用信息技术进行粮食供需预测、粮食库存监管等体系建设取得成果。

（三）国内外研究进展比较

1. 国外研究进展

从全球范围看，美国、日本、俄罗斯等发达国家和欧盟在本领域的科技创新与技术应用有特色且处于先进水平，值得我们学习借鉴，大体有以下几个方面。

（1）储粮生态系统理论等方面研究取得了坚实基础，形成了较为完整的储粮技术创新体系。实现了低温技术等绿色或无公害储粮技术的应用；粮食干燥设备具有多样化、智能化的特点；粮油产后流通成本较低。

（2）在美国、日本等发达国家及泰国、菲律宾等主产稻米的国家，积极研发高品质米制食品，对大米蛋白、大米淀粉、膳食纤维实施高效利用。现在，世界上有许多国家都在对米制品加工机制与品质控制进行研究。美国在玉米深加工的基础理论研究和新技术开发及应用领域均处于世界领先地位。在玉米淀粉生产方面，发达国家平均固形物利用率在98%以上。小麦制粉利用生物技术的研究成果，采用安全、高效的添加剂改善面粉食用品质。

（3）国际上在油脂加工中引入了新材料和新技术，膜分离技术、酶脱胶技术被广泛用于植物油的精炼，酶促酯交换技术的应用极大地提高了产品得率。发达国家特别重视生物技术在油脂加工中的应用。一直致力于基因技术培育油料新品种。

发达国家注重粮油加工生物转化技术，利用现代微生物技术、发酵工程技术对粮油加工过程中副产物如麸皮、谷糠、植物油提取废渣等废弃物进行资源化综合转化利用，不仅提高了产品的附加值，还降低了由废弃物造成的环境污染。

（4）美国等发达国家出台的食品检验方法数量大，检验技术的原创性强，发展在线监测、无损检测技术。许多国家针对粮油质量安全评价指标体系开展系统地研究，并不断开发仪器设备。日本对稻米质量品质形成了从"田间到餐桌"的评价体系。

（5）美国、加拿大、澳大利亚等国家在粮食物流领域广泛应用信息化技术，基本实现了"四散"化操作，粮食仓储机械化程度高，产后损失少。从农场收购粮食到最终消费的全过程实施质量品质跟踪和安全控制，建有为种植者实时提供市场信息与风险分析服务的信息系统。

（6）发达国家更加关注对粮油营养成分的新功能以及生物活性物质的研究。全谷物食品加工与储藏保鲜新技术研究是目前国外研究的热点。针对不同人群需求的多功能食用油系列产品的开发和生产已初具规模。富含生物活性成分的功能性油脂资源的开发不断取得新进展。

（7）欧美发达国家的系列饲料产品、饲料加工装备、饲料资源开发与高效利用技术等，总体水平处于领先地位。国际上饲料产品向精细化方向发展。目前在西方发达国家，以发酵饼粕及大宗低值蛋白质资源为基础生产生物饲料的加工、营养特性研究取得了显著的成就。

（8）发达国家面包主食产业现代化水平较高，主食产业化程度已达到80%以上。发达国家在发酵面食的特性研究方面做了大量系统而深入的工作，建立了现代冷链物流体系，对产品实施即时运行管理。加强了发酵面食营养性、健康性以及营养效价对粮食利用与节约的研究。

（9）美国、俄罗斯等通过卫星遥感、GPS定位系统对农作物种植密度、生长情况进行分析，对农作物产量、种植面积进行预测。粮食质量检测技术成熟，实现了粮食质量的可溯源机制。粮食加工大量采用电荷耦合器件（CCD）、计算机、侍服驱动系统等先进技术。

2. 国内研究存在的差距及原因

从总体看，我国粮油科学技术水平有了很大提高，但各分支学科发展不平衡。与发达国家相比，还存在一定的差距，主要是基础理论研究薄弱，不够细化与深入；科技成果产业化转化程度较低，对产业发展的支撑作用不强；资源综合利用率低，粮油产品加工工艺尚需进一步创新；粮油加工技术装备水平还需进一步提升。产生差距的原因：一是高端人才缺乏，学科建设与高层次科技创新人才培养机制不完善；二是技术创新体系尚未建立，协作体制不健全；三是科技资金投入不足；四是科技成果转化与创新平台缺乏。

（四）发展趋势与展望

按照国家的战略要求，"十三五"时期要确保全面建成小康社会的宏伟目标，确保全面深化改革在重要领域和关键环节取得决定性成果，确保转变经济发展方式取得实质性进展。结合粮油科学技术的实际，提出了今后五年即"十三五"期间的研究方向和研发重点。

1. 在粮食储藏方面

为适应现代农业生产经营方式和转变和发展的需要，要研究新型粮食收储模式和技术；为适应绿色生态和安全环保的需要，要研究储备粮库减损、降耗、保质、增效组合，优化工艺技术；要研发粮食仓储企业粉尘控制技术与装置。为适应智慧粮库发展的需要，要研究在线监测虫霉、有害气体、粮食水分的集成传感器技术装备和智能控制系统。同时进一步完善和推广气调储粮、"四合一"储藏、控温低温储粮技术，提高绿色生态储粮技术水平。

2. 在粮食加工方面

为确保米面加工产品的质量与安全，要着重研究高效节能的小麦和稻谷加工工艺技术与装备；为适应主食工业化的发展趋势，要重点研究以米线和米饭为主的大宗米制主食品产业化工艺技术与设备和以面条、馒头、包子为主的大宗传统主食产业化工艺技术与设备；为了适应全谷物食品的发展趋势，要重点研究和开发营养均衡、适口的全谷物食品；为提高粮食副产品综合利用水平，要进一步研究米糠稳定化、稻壳生物发电等粮食加工副产物新技术。

3. 在油脂加工方面

为适应适度加工的需要，要研究植物油加工程度与营养品质和食用品质之间的关系；

要根据木本油料的不同特性，系统性研究油茶籽、核桃、亚麻籽、文冠果、油用牡丹籽等木本油料的营养成分以及开发出适应不同的木本油料需要的加工工艺和装备；为了提高资源化利用水平，要进一步研发和推广米糠、玉米胚芽的集中制油和饼粕蛋白的高效利用；为了适应大型化、自动化、智能化和节能减排的需要，要进一步研究和开发大型成套高效节能油脂加工升级装备和自动化、智能化控制技术；从绿色、安全、环保和节能的需要来看，要研究开发新型浸出溶剂。

4. 在粮油质量安全方面

为确保粮油质量安全，建立健全质量安全体系，要研究按加工用途分类的粮油原料及产品质量安全标准；粮油全产业链质量安全风险监测代表性采样、快速筛查与确认技术规范；风险预警分析评估及预警信息定向推送技术规范；水土重金属污染与粮食重金属污染关系及风险预警模型；粮油储藏加工有害因子产生、变化与控制机理；转基因粮油基因成分加工迁移变化规律及食用安全评价。

5. 在粮食物流方面

根据现代粮食物流的发展趋势需要，要研究粮油物流综合信息服务决策支持平台；现代粮食物流作业与装备标准体系；粮食物流高效衔接装备技术；单元化粮食物流新技术、新装备；标准化船型、装卸设施等内河散粮运输技术；粮食真空低温连续干燥技术设备；高大平房仓散粮进出仓清理和输送装卸设备；平房仓粮食集中接收、发放新工艺和成套装备。

6. 在粮油营养方面

根据《中国居民膳食指南》中有关粮油营养均衡的建议，要研究粮油健康消费指南；粮油成分和活性物质营养机理；营养日餐基本模型及产品设计系统；新型营养强化粮油食品关键生产技术；减少加工过程中微量营养素损失的新技术和新产品；粮油中内源毒素和抗营养因子控制和降解新技术。

7. 在粮油信息与网络技术应用方面

为适应信息和网络技术快速发展的需要，要研究粮油目标价格、政策性粮食监管、预警预测、质量安全追溯、应急调度的辅助决策和信息服务决策支持模型；建立粮食行业的信息与网络化标准体系，有效保障粮食生命周期整个产业链条上各类生产经营与行业管理之间信息的互联互通；研发基于大数据技术的粮情信息采集与获取技术；实现全产业链的管理信息化、生产智能化；探索建立"从田间到餐桌"的粮食质量全过程追溯体系。

五、我国粮油产业集群与可持续发展
——在"环渤海粮油产业可持续发展研讨会"上的发言

（2016 年 11 月 25 日　于天津）

为贯彻落实中央去产能、调结构、增效益和助力"健康中国"建设的精神，围绕国家创新驱动发展战略需要，配合"一带一路"倡议和"京津冀协同发展"战略，由中国粮油学会、天津市科学技术协会、天津市粮油学会、中国粮油控股有限公司联合举办的"环渤海粮油产业可持续发展研讨会"在天津召开。根据会议安排，我的发言题目是《我国粮油产业集群与可持续发展》，供各位参考。

（一）我国粮油加工业概况

中国不仅是人口大国，同时也是粮食、油料的生产大国，粮油进出口大国，粮油消费和粮油加工大国。2015 年我国年产稻谷 20825 万吨，小麦 13019 万吨，玉米 22458 万吨；2015 年八大油料的总产量为 5710.1 万吨。为满足市场需要，2015 年我国进口粮食合计 3248.4 万吨，进口油料合计 8757.1 万吨，进口各类植物油 839.1 万吨。这些丰富的粮油资源为我国粮油工业的发展提供了重要的物质基础。

就粮油加工而言，我国的粮油加工能力之大、企业之多均属世界之最。粮油加工主要包括：稻谷加工、小麦制粉、玉米及杂粮加工、植物油加工和粮油加工机械设备的制造。粮油加工业是粮油再生产过程中的重要环节和基础性行业，是粮油产业化经营（或者说是粮油经济产业链）中的重要组成部分，是搞活粮油经营，提升粮油附加值的不可缺少的中间环节，也是食品工业的基础产业。粮油加工的产品与人民生活息息相关，是一个永不衰败的朝阳产业。

据国家粮食局统计，2014 年全国入统规模以上粮油加工企业 19366 个，其中，稻谷加工企业 9830 个、小麦加工企业 3066 个、食用植物油加工企业 1660 个、粮食食品加工企业 1333 个、饲料加工企业 2760 个。在 19366 个企业中，日加工能力 100~200 吨的企业 4990 个（占 25.8%）；日加工能力 200~400 吨的企业 3686 个（占 19.0%）；日加工能力 400~1000 吨的企业 2025 个（占 10.5%）；日加工能力 1000 吨以上的企业 644 个（占 3.3%）。

（二）我国粮油加工业的发展特点和问题

我国的粮油加工业不但承担着我国粮油食品的加工、运输和储藏，同时还负责着我国粮油食品的安全。随着人民生活水平的不断提高，我国粮油市场上的粮油产品琳琅满目，粮油产品的质量有了质的飞跃。目前，我国粮油加工业已经成为国民经济中不可缺少的重要产业，是保障国家粮食安全的重要支撑力量。

"十二五"时期是粮油行业发展极不平凡的五年。五年来，粮油行业各项工作取得显著成效，基础设施不断完善，产业实力逐步提升，行业发展呈现稳中求进、稳中向好的态势，有力地保障了国家粮食安全。

1. 粮油加工业发展的主要特点

（1）企业规模不断扩大，大中型企业快速成长　从企业生产规模看，全国日处理原料在 1000 吨以上的粮油加工企业由 2010 年的 429 个，增加到 2014 年的 644 个（增长了 50.1%）。在面粉加工企业中，河北五得利面粉集团日处理小麦能力超过 3 万吨，居全球第一。特别是油脂加工业，2014 年，日处理原料千吨以上的加工厂有 180 个，其中，中粮集团的张家港东海粮油日处理油料能力达 1.25 万吨，是目前世界上日处理油料最大的油厂；广西防城港的大海油脂日处理油料能力 7500 吨；河北秦皇岛的金海油脂日处理油料能力 7000 吨；江苏连云港的益海油脂日处理油料能力 6000 吨；河北三河汇福粮油日处理油料能力 6000 吨。目前，天津滨海新区食用油产业集群日处理油料能力达到 2.47 万吨，为全国之首。另外，还有九三集团的广西防城港工厂、长春工厂、吉林工厂，汇福粮油的江苏泰兴工厂、山东三维工厂等的生产规模都在日处理大豆 5000 吨以上。

这充分说明，我国粮油加工业的生产正在日趋集约化、大型化。

（2）技术进步明显，装备国产化程度提高　与国外相比，我国的粮油加工业已达到一个全新的水平，大型化、规模化、自动化的粮油加工厂比比皆是，现代化的粮油加工厂与国外先进国家的生产加工水平不相上下。我国粮油加工技术与装备已接近或达到国际先进水平。一批具有自主知识产权的淀粉加工成套装备、数字化色选机等装备进入了国际先进行列。

（3）粮油加工总量稳步增长，产品结构明显改善　据统计，我国 2014 年大米、小麦粉和食用油产量分别比 2010 年增长了 35.3%、28.5% 和 42.9%。专用米、专用小麦粉、专用植物油及糙米、营养强化小麦粉、特种植物油等一批营养健康新产品的产量增加较快。小包装粮油产品发展迅速，其中小包装食用油由 2010 年的 325 万吨，提高到 2014 年的

987 万吨（增长 203.7%）；又如，小麦粉中的专用粉比例不断提高。十年前，我国专用面粉的数量很少，其产量与整个面粉产量不成比例，近年来发展较快，据统计，2009 年为 552 万吨，2012 年达 938 万吨，三年间增长 67%（平均每年增长 22.3%）。

（4）产品质量不断提高，品牌效应显著增强　粮油加工企业通过认真贯彻执行《中华人民共和国食品安全法》，产品质量不断提高，合格率明显提高。据统计，2010 年我国大米、小麦粉、食用植物油产品总体合格率达到 95%，比 2005 年提高了 5 个百分点。近几年又有大幅提升，以小麦粉为例，2000 年，国家质量技术监督局对北京、上海等 10 个省市区的 67 个粮油批发市场、集贸市场和超市抽取的 94 种小麦粉产品进行了抽查（只针对过氧化苯甲酰一项），结果只有 38 种合格，其中小包装合格率为 55.8%，大包装合格率为 27.5%。2014 年 5 月 4 日，国家食品药品监督管理总局发布了 16 号公告，公告显示，全国共抽取小麦粉样品 842 批次，覆盖全国 27 个生产省份的 604 家加工企业，小麦粉抽检合格率为 100%。一批粮油产品知名品牌对行业影响力和市场占有率迅速提升。

（5）多元主体已经形成，集约化程度不断提升　国有和国有控股、民营、外资等企业共同发展，相互竞争的格局已经形成。据统计，从企业数量看，在 2014 年我国粮油加工企业 19366 个，国有企业 1240 个、民营企业 17547 个、外资企业 579 个，分别占 6.4%、90.6% 和 3.0%。从产能看，2014 年规模以上企业的稻谷加工能力为 33716 万吨，其中民营企业的产能为 30301 万吨（占 89.9%）；国有企业的产能为 2967 万吨（占 8.8%）；外资企业的产能为 448 万吨（占 1.3%）。2014 年小麦粉加工产能为 21655 万吨，其中民营企业的产能为 19346 万吨（占 89.4%）；国有企业的产能为 1325 万吨（占 6.1%）；外资企业的产能为 984 万吨（占 4.5%）。2014 年植物油料加工产能为 17217 万吨，其中民营企业产能为 11233 万吨（占 65.2%）；国有企业的产能为 1957 万吨（占 11.4%）；外资企业的产能为 4027 万吨（占 23.4%）。

在发展中，涌现出了中粮集团有限公司、益海嘉里金龙鱼粮油食品股份有限公司、山东鲁花集团有限公司、中国储备粮管理集团有限公司、九三粮油工业集团有限公司和五得利面粉集团有限公司等一大批有实力、有影响力和集约化程度较高的企业集团。他们的发展壮大，对粮油加工的发展起到了示范和引领作用。

（6）龙头企业作用突出，集聚效应初步显现　粮油加工龙头企业积极推行产业化经营，有力地带动了农民增收。产业布局向主产区集中趋势明显，涌现出一批具有特色的粮油加工产业园区或集聚区。在油脂加工领域形成了东北加工区、环渤海加工区、长江三角洲加工区、珠江三角洲加工区和西部加工区五大油料、油脂加工区。

2. 面临的主要问题

在肯定我国粮油加工业发展取得成绩的同时，我们也要看到目前面临一些亟待解决的问题，主要是粮油加工产能严重过剩，企业同质化竞争激烈，自主创新能力不强，产品结构单一，市场竞争力不强。

（1）产能结构性过剩严重　粮油加工业发展方式仍然较为粗放，发展主要依赖规模扩张，产能结构性过剩严重，全国平均产能利用率只有 50% 左右。产业竞争力不强，区域发展不平衡。

（2）产业结构不尽合理　企业规模化、集约化水平仍然较低，布局不尽合理。初级加工产品多，产业链延伸不足。行业管理、服务滞后。

（3）自主创新能力不强　以企业为主体的技术创新体系尚未完全建立，核心技术和装备的研发与世界先进水平相比，仍有差距。粮油食品安全保障体系不够完善。

（4）节能减排任务艰巨　成品粮油过度加工问题突出，资源综合利用率较低，能耗、水耗和污染物排放指标偏高，节能减排任务艰巨。

上述这些问题，都要通过产业集群升级、产业结构调整来解决。

（三）国内代表性粮油加工企业

改革开放 30 年来，尤其是进入 21 世纪以来，我国的粮油加工业发生了翻天覆地的变化，形成了一批具有代表性的粮油加工企业和企业集团。

1. 中粮集团有限公司

中粮集团有限公司（COFCO）是世界 500 强企业，是中国领先的农产品、食品领域多元化产品和服务供应商，致力于打造"从田间到餐桌"的全产业链粮油食品企业，建设全服务链的城市综合体。中粮下属品牌有农产品、食品及地产酒店等领域。中粮从粮油食品贸易、加工起步，产业链条不断延伸至种植养殖、物流储运、食品原料加工、生物质能源、品牌食品生产销售以及地产酒店、金融服务等领域。面对世界经济一体化的发展态势，中粮不断加强与全球业务伙伴在农产品、粮油食品、果蔬、饮料、酒业、糖业、饲料、肉食以及生物质能源、地产酒店、金融等领域的广泛合作。凭借其良好的经营业绩，中粮持续名列美国《财富》杂志全球企业 500 强，居中国食品工业百强之首。

中粮集团有东海粮油工业（张家港）有限公司、大海粮油工业（防城港）有限公司、中粮北海和中粮佳悦天津有限公司等诸多下属知名企业。

2016 年 7 月，中国中纺集团公司整体并入中粮集团，成为其全资子企业。中纺集团专注于纺织和粮油两大业务，粮油业务包括大豆、玉米、油菜籽、大豆油、棕榈油等的贸易、加工、仓储物流等。中纺油脂目前在安徽蚌埠、湖北荆州、江苏新沂设有子公司。天津公司是目前集团投资规模最大的食用油生产加工企业，该公司大豆制油能力达到年产

560 万吨、精炼和分提能力为年产 180 万吨。

2. 益海嘉里金龙鱼粮油食品股份有限公司

由美国 ADM 公司和新加坡丰益（Wilmar）国际集团共同投资组建的益海嘉里金龙鱼粮油食品股份有限公司（以下简称益海嘉里集团）是 ADM 在中国投资的典型代表，目前年大豆制油能力在 800 万吨左右。

益海嘉里集团所属天津公司包括嘉里粮油（天津）有限公司、嘉里油脂化学工业（天津）有限公司、益海嘉里食品营销有限公司天津分公司、天津丰苑物流有限公司以及益海嘉里食品工业（天津）有限公司合计 5 家公司，天津公司出资人均为新加坡丰益国际集团，丰益国际集团在美国《财富》杂志发布的 2012 年全球最受赞赏公司排名中荣登全球食品生产行业最受赞赏公司排行榜榜首，是入围前十名的唯一一家华人公司。

天津公司作为益海嘉里集团在中国北方重要的粮油及油化加工基地，自 2002 年开始建设至今，累计投资额 1.95 亿美元。目前，公司已具备了集约化、大规模、高品质的油品加工及综合利用能力，公司年总加工能力近 100 万吨，主要产品包括"金龙鱼""口福""元宝"等品牌食用油。

3. 山东鲁花集团有限公司

山东鲁花集团有限公司是一家大型的民营企业、中国民族品牌、农业产业化国家重点龙头企业，花生油年生产能力 90 万吨，葵花仁油年生产能力 10 万吨。现有职工 10000 余人，辖设莱阳鲁花、姜疃鲁花、山东鲁花、周口鲁花、襄阳鲁花、深州鲁花、新沂鲁花、阜新鲁花、常熟鲁花、内蒙古鲁花、鲁花生物科技、鲁花种业、鲁花酿造、鲁花醋业、鲁花矿泉水及鲁花食品等 22 个子公司。公司的主要产品有鲁花 5S 压榨一级花生油、压榨特香菜籽油、剥壳压榨葵花仁油、坚果调和油、橄榄油、芝麻香油、酿造酱油、酿造糯米香醋、花生制品、粉丝、矿泉水、原装进口葡萄酒及真空冷冻干燥（FD）食品等产品。2004 年，"鲁花"商标被国家认定为"中国驰名商标"；2005 年，鲁花花生油被国家评为"中国名牌"产品。该集团重视创新驱动发展，曾获国家科技进步二等奖。

4. 中国储备粮管理集团有限公司

中国储备粮管理集团有限公司是经国务院批准组建的涉及国家安全和国民经济命脉的国有大型重要骨干企业，总部位于北京，是国家授权投资机构的试点单位，享受国务院确定的国有大中型重点联系企业的有关政策，在国家计划、财政中实行单列；在国家宏观调控和监督管理下实行自主经营、自负盈亏。其主业范围是：粮油仓储、加工、贸易、物流以及仓储技术研究、服务。截至 2008 年年底，资产总额 2651 亿元，在岗职工 1.8 万人，已在全国设立 24 个分公司，人员、机构和业务覆盖全国 31 个省、自治区、直辖市，另有全资或控股的二级子公司 4 家。

5. 九三粮油工业集团有限公司

九三粮油工业集团有限公司是国家首批 151 家农业产业化重点龙头企业之一，是以大豆加工为主导，集国际贸易、资本运营为一体的大型大豆经营加工企业集团。该集团下设 11 个生产子公司（九三、北安、宝泉岭、哈尔滨、哈尔滨惠康、天津、大连、防城港惠禹等），现有员工 2770 人。九三集团的经济总量已经进入全国大型企业行列。

从 2005 年起，集团连续三年入围中国企业 500 强，位次分别为 453 位、356 位和 420 位；在中国制造业 500 强排行榜中名列第 235 位；被评为中国工业行业排头兵企业，在同行业排行中名列第二位。九三集团的注册商标被国家工商总局确认为"中国驰名商标"。集团现有九三、北安、宝泉岭、哈尔滨、大连、天津、防城港、铁岭、长春、惠康食品、北大荒豆制品 11 个生产子公司和香港、圣保罗、芝加哥、吉隆坡 4 个经贸公司。

集团年加工大豆总能力 1200 万吨，主要生产蛋白、油脂、保健食品、药品四大系列 50 多个品种。主要产品有：在食用油方面有九三牌一级大豆油、九三牌亚麻籽油、金佰利橄榄油等；在蛋白类有北大荒芳临核桃味豆乳、北大荒芳临黑豆味豆乳、津乐牌豆粕等；在深加工产品方面有超临界大豆粉末磷脂、脂肪酸甲酯及大豆皂苷等。

九三集团主要的食用油加工企业有：大连大豆科技有限公司、天津大豆科技有限公司等。

6. 天津聚龙嘉华投资集团有限公司

天津聚龙嘉华投资集团有限公司是唯一总部在天津的国内大型油脂企业，以棕榈油生产与营销为主业。现已形成了集油料作物种植、油脂加工、港口物流、粮油贸易、油脂产品研发、品牌包装油推广与粮油产业金融服务为一体的完整的棕榈油产业链，是中国起步最早、规模最大、影响最广的棕榈油企业。2012 年，聚龙集团棕榈油市场销售占比达 20%，年度油脂经营总量超过 100 万吨，销售收入总额达 142 亿元。

聚龙集团主要成员企业有：天津龙威粮油工业有限公司、天津市聚龙贸易有限公司、天津市邦柱贸易有限责任公司、天津市聚龙粮油有限公司、靖江龙威粮油工业有限公司和靖江龙威粮油港务有限公司、PT.GRAHA INTI JAYA（印度尼西亚公司）等。

7. 山东香驰粮油有限公司

山东香驰粮油有限公司始建于 1989 年，现有员工 1600 余人，占地面积 102 万平方米，总资产 25 亿元，下设香驰粮油、御馨蛋白、健源生物、热能动力、洁源环保、香驰物流 6 个子公司。公司主营大豆加工和玉米加工，年加工大豆 120 万吨、玉米 30 万吨，年产大豆分离蛋白 2.6 万吨、组织蛋白 1.4 万吨、大豆油 23 万吨、一级大豆油 12 万吨、各种粕类 94 万吨、玉米淀粉 20 万吨及果糖 10 万吨等，2008 年实现销售收入 52 亿元，主营"天下五谷""喜相汇"系列食用油，"香驰蛋白""香驰豆粕""香驰果糖"等系列产品。2005 年以来连续四年蝉联中国大企业集团竞争力 500 强，2008 年位居第 166 位。

8. 三河汇福粮油集团有限公司

三河汇福粮油集团有限公司位于河北省京东经济技术开发区，是以生产一级大豆油为主导的综合性企业集团，下辖子公司 5 个，分别是食品制作有限公司、精炼植物油有限公司、国际贸易有限公司、饲料蛋白有限公司及物业公司。集团占地 800 多亩，拥有员工 1500 人，总资产 18 亿元，年利润 1.5 亿元，实缴税金近亿元，固定资产 10 亿元，年加工大豆 300 万吨，生产大豆油 54 万吨、大豆粕 242 万吨，是亚洲最大的粮油加工企业之一，其中精炼植物油单线生产能力居世界第一，目前是国家大型企业、国家农业产业化重点龙头企业。

9. 东凌控股集团有限公司

东凌控股集团有限公司成立于 1994 年，总部位于广州，产业结构以粮油、机械、地产和服务为主，是一家以粮食加工与物流、轮毂研发与铸造、涡卷技术研发应用与生产、地产开发、hollys coffee 连锁等于一体的大型企业集团。东凌集团目前共拥有 20 多家全资及控股子公司，分布在广州、北京、上海、香港等城市及美国、加拿大等国家，共有员工 3000 余名。

东凌集团开创了中国第一家大豆加工行业国内上市的先河，目前大豆日加工能力近 1 万吨，精炼日加工能力达 2000 吨，整体年加工能力近 400 万吨，并自备一座 3000 吨级泊位和两座 1000 吨级泊位，物流配送体系完善，日发货能力达 1.6 万吨。

东凌粮油产品包括：大豆原油、大豆粕、大豆磷脂、一级大豆油、棕榈油、玉米酒及糟粕等产品。

10. 重庆粮食集团

重庆粮食集团是 2007 年由重庆市政府批准，于 2008 年 2 月 26 日正式挂牌成立，将全市 37 个区县 300 多家国有粮食企业和原重庆粮油集团通过资产重组整合而成的国有大型粮食企业集团。重庆粮食集团现有子公司 51 个，职工 21507 人，总资产 47.7 亿元。粮油年经营量达 250 万吨，是长江上游地区规模最大的粮食产业化龙头企业，拥有"红蜻蜓"食用油、"人和"大米等知名品牌。

重庆粮食集团正在打造三大产业链条，形成三大企业集群，包括建设优质大豆基地、畜牧基地和优质粮油基地，打造"从田间到餐桌"的粮食产业链条，争取到"十三五"末实现销售收入 1000 亿元，跻身千亿级企业行列。

重庆粮食集团目前正全力推进境外优质粮油基地建设，将全面完成巴西、阿根廷等 600 万亩大豆、油菜籽基地的建设任务。目前，该集团已完成部分农场收购，以大豆加工为主的巴西食品工业园区已动工建设。同时，重庆粮食集团计划在国内多地建优质粮油基地，通过自建、收购、股份制合作等方式，将在国内外形成 1000 万吨以上油料的制油能力。

另外，还有北京、上海、湖南、四川、江苏等省市的粮食集团，他们都是粮食行业的佼佼者和行业发展的引领者。

（四）代表性的园区、集群有关情况

近年来，我国园区、集群方面的建设成绩显著。目前，我国粮油产业园按性质分，主要有三种类型。

一是专业化粮油加工产业园区。主要以单一粮食品种为原料，由园区内核心企业对其进行深度加工，延长产业链条，带动其他附属企业完成产业分工，推动产业发展。这类园区一般规模较大，资金和技术投入较高，产品优势突出，对产业的带动作用比较明显，在行业中具有一定的影响力，是未来粮油加工产业园的发展方向。

二是综合性粮油加工园区。主要是以现有的粮食储备库为基础，加上粮食加工、物流、批发、质检以及加工应急体系设施建设，形成资源共享、优势互补、设施齐全、功能完善的产业园区，为当地粮食产业经济的发展发挥积极作用。这类园区规模相对小，但功能较完备，是地方发展新型粮食产业经济的重要载体。

三是集群式粮油加工产业聚集区。主要是以市场为导向，依托当地的资源和区位优势，聚集一批具有一定规模、生产相同品种的加工群体，形成粮油专业市场和产业基地，为粮油加工企业提供良好的自由发展空间。这类园区组织松散，但企业自由度较高，可以根据市场变化自主调整。众多企业相对集中在一起，有利于引入竞争机制，提高企业的整体素质，也有利于副产物的综合利用。

近年来，在粮油产业集群的发展中，最具代表性的"粮油产业园"如下。

1. 天津临港经济区粮油产业园

天津临港经济区作为滨海新区重要功能区，是国家循环经济示范区和国家新型工业产业示范基地，粮油食品产业园已被纳入"国家粮食加工业'十二五'发展规划"。2011

年临港经济区总引资近 2000 亿元，形成六大产业集群，粮油加工是其中一大产业集群。临港经济区粮油产业园占地面积已经到 4.6 平方千米，总投资超过 200 亿元。数据显示，2011 年滨海新区粮油食品产业完成工业总产值 813.6 亿元（同比增长 77.5%）。2012 年中粮集团、京粮集团、印度尼西亚金光集团等 8 家大型粮油加工企业已先后落户，总投资规模超过 160 亿元，主要进行粮油食品精加工与深加工。

目前，临港经济区形成以中粮集团、京粮集团、金光集团为龙头，年工业总产值达 1000 亿元的粮油加工产业集群，形成产业布局分工明确、项目集中建设、资源有效配置、交通便利、贴近市场的集粮油、食品、生物、研发和交易于一体的我国北方最大的粮油食品综合加工基地。作为天津滨海新区建设国家级粮油综合加工基地的配套服务组织形式，2011 年经滨海新区人民政府批准，天津粮油商品交易所在临港经济区建立。

2. 日照经济技术开发区粮油产业园

日照经济技术开发区粮油产业园成立于 2007 年，是我国依托港口开发建设的大型现代粮油加工和物流集散的工业园区，占地 3000 亩，目前已有 9 个项目入驻，项目总投资达 200 亿元，分别是由华能国际电力股份有限公司投资 92 亿元建设的日照电厂；由海宁福地农业有限公司控股，总资产 4 亿元的山东新良油脂；由美国邦基公司与山东三维油脂共同投资 4.9 亿元建设的邦基三维油脂；由中纺粮油进出口有限责任公司投资 4.2 亿元建设的中纺粮油；由中国储备粮管理集团公司投资 4.5 亿元建设的中储粮油项目；由山东省粮油集团总公司投资 2500 万元建设的省粮油石臼储备库项目；由凌云海集团投资 35 亿元建设的凌云海糖业、油脂和编织袋项目。

据 2011 年数据：新良油脂、邦基三维、凌云海糖业、省粮油石臼储备库、中储粮仓储物流、中纺粮仓储物流、华能电厂 7 个项目已建成投产；在建项目中，中储粮油三期精炼油项目、中纺粮油二期油脂项目、凌云海大豆加工项目将于 2011 年建成试生产；凌云海编织袋项目已开工建设；新良技改、凌云海系列项目顺利推进。以上项目全部建成投产后，粮油产业园年加工大豆能力可达 800 万吨，油脂加工量达到 300 万吨，食糖 300 万吨，预计可实现工业产值 700 亿元。

届时开发区将成为全国首位集粮油储备、物流、加工于一体的综合性粮油产业基地。

3. 靖江粮食产业园

靖江粮食产业园 2006 年开始规划建设，2007 年被国家确定为粮食 6 大通道中 50 个粮食物流节点之一，2009 年被江苏省商务厅命名为"特色产业园"，被靖江市政府确定为靖江沿江经济"五大产业支柱"之一。

靖江粮食产业园规划长江岸线 1 千米、粮食产业园区 2.5 平方千米，粮食产业园已累计投入建设资金近 20 亿元，建起了万吨级长江码头和可以停靠 5000 吨以下船舶的内河港，建设了立筒仓、平顶仓等设施，2011 年，靖江粮食产业园仓储能力达 55 万吨，港口货物吞吐量 500 万吨，贸易额 32 亿元，粮油加工销售额 50 亿元，并成功引进龙威粮油、重粮集团两个龙头加工企业，以及扬子江粮食物流中心、南方小麦交易市场两个现代物流企业。

靖江已发展成为国内最大的国产弱筋小麦集散地和优质中高筋红小麦集散地，同时还是黄淮海小麦流向南方销区的主要通道之一。

4. 广西防城港粮油产业集聚区

"十一五"期间，防城港市粮油加工产业不断聚集壮大，大海粮油、嘉里粮油、岳泰饲料、惠禹饲料蛋白、上上糖等大型粮油加工企业建成投产，2013 年粮油加工业产值达 180 亿元左右，占全市规模以上工业总产值的 40%，粮油食品产业已成为防城港工业经济的重要支柱。防城港是我国最大的粮油加工基地之一。

2012 年前三季度，防城港市粮油加工业产值就达 176 亿元（同比增长 29.25%），占全市规模以上工业总产值的 32%，其中食用植物油产量 1213687 吨（同比增长 45.45%）；销售量为 1152076 吨（同比增长 36.87%）。2012 年 1—9 月，防城港市粮油行业共上缴增值税 6100 万元（同比增长 113.7%），增收 3246 万元。未来 5 年，防城港市将围绕做大做强做优粮油食品工业，加快发展粮油精深加工、生物饲料加工、食品加工、仓储物流及粮油加工配套的上下游产业，重点发展产业园区和培育产业集群，逐步形成 500 亿元粮油食品产业，预计到 2020 年，销售收入达 800 亿元。

5. 秦皇岛粮油食品加工业产业集群

秦皇岛粮油食品加工业产业集群位于该市经济技术开发区，现有生产企业 20 家（其中规模以上企业 7 家），配套生产企业 10 家，配套服务企业 30 家，年营业收入达到 169 亿元，安置就业人员 8000 人。集群龙头企业是秦皇岛金海粮油工业有限公司，年营业收入 100.4 亿元，集群现已建立行业协会。在大型龙头企业的带动下，秦皇岛粮油食品加工业产业集群必将进一步壮大。

6. 大连北良港粮油物流与加工产业园区

北良港地处我国主要的粮食输出输入口岸，是东北产区输出玉米、大米、大豆及输入小麦、大麦、大豆油等粮油的重要集散地。北良园区规划面积 11.79 平方千米，自 2002 年 6 月建园以来，已签约项目 15 个，总投资 35 亿元（已开工项目 8 个，完成投资 22.75 亿元），代表企业有：日清制油、九三油脂等。北良港年粮油吞吐量达 1100 万吨。

7. 舟山国际粮油集散中心

舟山国际粮油集散中心位于舟山市定海区双桥镇（本岛老塘山）区域，规划总面积约为 4.87 平方千米，是浙江省重点打造的全国性粮食物流基地之一。自中心建设以来，已累计投资超 60 亿元，集聚各类企业 32 家。其中大型粮油加工储运企业 6 家，总占地 1200 亩，储运能力 100 万吨，加工能力 200 万吨。代表企业主要有浙江泰丰粮油有限公司、舟山中海粮油工业有限公司。

据了解，目前集散中心正积极与世界 500 强、跨国集团、央企、大型民企对接，吸引一批与集散中心功能相配套的生产加工企业落户，扩大粮油产品的生产能力。在谈项目有澳大利亚 Elders 公司，舟山中港科贸有限公司工业盐、纯碱、棕榈油进口中转分包及销售等项目。

8. 山东博兴经济开发区粮油产业集群

山东博兴经济开发区粮油产业集群主导产业为粮油加工和深加工，大豆、玉米、棉籽等初级加工以及精炼，大豆油脂、大豆蛋白、淀粉、果糖等农产品精深加工。大豆日加工能力 7000 吨；精炼食用油年加工能力 40 万吨；棉籽年加工能力 30 万吨；玉米年加工能力 30 万吨，年产大豆分离蛋白 2.6 万吨、组织蛋白 1.4 万吨、玉米淀粉 20 万吨、果糖 10 万吨。2012 年粮油产业集群实现主营业务收入 350 亿元，粮油加工行业为本地的经济发展做出了举足轻重的贡献。

产业集群知名企业主要有：山东渤海实业股份有限公司、山东香驰粮油有限公司、山东新鑫海粮油工业有限公司、山东好禾油脂有限公司。上下游配套企业分别为热电、香驰粮油、果脯糖浆、淀粉。产业园内依托山东渤海油脂工业有限公司和山东香驰粮油有限公司等粮油加工企业为主导产业，形成了大豆产业链和棉籽深加工产业链。

集群主导产品是食用油、粕类及粘胶纤维，国内市场占有率分别为 3%、3% 和 4%。集群产品拥有专利 14 项。"美食客""香驰"系列食用油均为山东名牌产品。

9. 中粮成都产业园

中粮集团全国首个综合产业园位于四川成都天府新区新津片区的中粮成都产业园，于 2012 年 6 月竣工投产，拥有年产 150 万吨粮油食品加工能力和 47 万吨仓储规模。中粮成都产业园是落实集团打造"具有国际水准全产业链粮油食品企业"战略的第一个样板产业园，是我国西南地区最大的农产品加工和仓储物流基地。成都产业园占地 1253 亩，将为全川粮食调控提供有力保障，同时辐射整个西南地区，成为国家"北粮南运"的西部主通道基地。

中粮成都产业园紧邻成都市现代物流四大园区之一的新津物流园区，年吞吐量达2000万吨；同时，新津及周边地区已初步聚集了以希望集团、通威饲料、三旺饲料、白象方便面等为代表的一大批食品、饲料生产加工企业，产业园落户后不仅有利于各项目贴近终端客户，还将与现有的中储粮粮油储备、加工项目共同发展，形成产业聚集，带动新津成为西南地区最大的粮油加工基地和物流交易集散地。

10. 河南省新郑市新港产业集聚区

2012年1—11月，新郑市新港产业集聚区新签约项目26个，其中投资亿元以上的项目16个。集聚区内企业280多家，就业人数达4万多人，新港产业集聚区已经发展成为新郑名副其实的"经济高地"和"强力引擎"。

（五）粮油产业园区建设存在的问题

产业园区作为产业集群的重要载体和组成部分，园区经济效应已引起越来越多人关注。国内外产业园区发展成功案例表明，产业园区能够有效地创造聚集力，通过资源共享、克服外部负效应，带动关联产业的发展，从而有效地推动产业集群的形成。我国目前粮油产业园区建设和发展普遍存在以下问题。

1. 整体发展水平不高，园区实力亟待增强

产业园区建设由于部门规划和指导不够，低水平重复建设、盲目扩张和无序竞争现象较严重，部分园区在规模快速扩张后，在原料掌握、资金筹措、质量管理、品牌营销、人力资源和市场开拓方面捉襟见肘，园区综合实力和市场竞争亟待增强。

2. 产业集聚优势不明显，园区功能有待完善

受部门、行业、体制等方面的限制，市场调配资源和要素的作用不能有效发挥，资源整合难以推进，产业集聚优势不突出。部分地方虽然出台了优惠政策，吸引相关企业进入园区，但由于主导产业优势不突出，企业之间的关联度不高，配套服务设施建设相对滞后，导致园区内企业之间上下游产品难以形成配套生产，园区功能有待进一步完善。

3. 公共服务平台基础设施资源共享不够

园区内企业基础设施共享不够，内部资源优势不能得到充分发挥。码头、仓库、水电气等基础设施，不能做到充分共享，造成重复投资，不能发挥资产最大利用效率。

4. 地方政府推进粮油加工产业园区建设力度不足

由于建设粮油加工产业园占地多，成本较高，而且通路、通水、通电基础设施投入较大，与其他工业项目相比，粮油加工产品附加值低，大多数产品利润不高，对地方财政、税务贡献较少，因此不少地方政府在发展粮油加工产业园区方面的积极性不高。

5. 缺乏统一完善的园区政策支持体系

目前国家、地方对产业园区发展在政策、资金、税收等方面缺乏有效的引导机制，加之企业自身能力有限，导致园区建设，尤其是具有带动作用的专业化园区建设发展滞后。

（六）粮油产业集群与可持续发展

国家有关部门近日印发的《粮食行业"十三五"发展规划纲要》指出：引导国有粮食企业组建大型粮食企业集团，形成一批辐射范围广、带动能力强、具有竞争优势的大型粮食龙头企业。积极建设产能集聚、技术领先、功能合理、协同发展、产业关联度高的粮食产业集群和产业园区。打造优势产业集群，扶持壮大基础实力强、市场前景好、增长潜力大的粮食加工企业，不断提高产业集中度。可见，在区域竞争日趋激烈，我国粮食产业经济开始走向世界的今天，产业集群已成为提高区域竞争力的重要途径。

1. 产业集群存在和发展的依据和条件

产业集群存在和发展主要有以下三方面的依据和条件。

（1）外部经济效应　集群区域内企业数量众多，从单个企业来看，规模也许并不大，但集群内的企业彼此实行高度的分工协作，生产效率极高，产品不断出口到区域外的市场，从而使整个产业集群获得一种外部规模经济，比如江浙一带由众多中小企业聚集的产业集群。滨海新区粮油产业集群文化氛围浓厚，单个企业实力都很强，形成了对外的竞争力，而且随着综合利用的开展，企业间相互依存作用更加突出。

（2）节约空间交易成本　空间交易成本包括运输成本、信息成本、寻找成本以及和约的谈判成本与执行成本。产业集群内企业地理邻近，容易建立信用机制和相互信赖关系，从而大大减少机会主义行为。通过行业组织的存在和作用的有效发挥，使得集群内企业之间保持着一种充满活力、更具灵活性的非正式关系。在一个快速变化的动态环境里，这种产业集群现象相对于垂直一体化安排和远距离的企业联盟安排，更加具有效率。

（3）学习与创新效应　产业集群是培育企业学习能力与创新能力的温床。企业彼此接近，激烈竞争的压力，不甘人后的自尊需要以及顾客的需求，迫使企业不断进行技术创新和组织管理创新。一家企业的知识创新很容易外溢到区内的其他企业，这种创新的外部效应是产业集群获得竞争优势的一个重要原因。此外，产业集群刺激了企业家才能的培育和新企业的不断诞生，也为集群的完善和产业升级提供了动力支撑。

2. 产业集聚发展的四个阶段

（1）要素集中阶段　要素集中是产业集聚发展中的低级阶段，但也是必不可少的阶段。在要素集中阶段，政府的首要问题是解决产业集聚区的选址。政府根据不同的区域特点规划产业布局，并通过减免税费和政府补贴来吸引要素的集聚。开发区、保税区粮油板块和临港经济区粮油产业园的规划和成功建立，就是顺应趋势、合理规划、正确引导的结果。

（2）企业关联阶段　企业关联是产业集聚过程中的一个极其重要的阶段。园区实现了区域的要素集中，但是域内企业如果相互之间没有合作和分工，无法形成集群的效果。"企业关联"的初期阶段，主要通过法律和行政的手段防止企业之间的非理性竞争。政府以产业链、价值链和供应链为基础，通过延长产业链和扩张企业的方法达到企业关联的目的，如通过优惠政策吸引相关产业的生产商，鼓励集聚区内企业把他们的合作伙伴招引过来，鼓励本地优势企业扩张等。通过引进产业配套企业和服务型企业，通过鼓励中介组织开展研讨和科技创新活动，促进企业的稳定和发展。

（3）区域创新阶段　区域创新阶段是产业集聚过程中核心竞争力形成的主要阶段，也是集聚区获得长期和持续发展的主要力量。新区政府通过建立各种奖励和激励机制，对企业开展科技创新和技术研发提供支持；通过优惠政策鼓励经济主体向高新技术领域投资；通过对员工培训再投资资金免征所得税；通过成立专门机构制订和实施科技传播和商业计划来扶持企业，进一步稳定和壮大新区粮油产业集群。

（4）快速发展阶段　在完成上述三个阶段后，产业集聚已基本完成，集聚区也就进入一个相对高速发展的阶段，将极大地推动地区整体经济水平的上升。但是如果不及时引导区域产业结构的调整和升级，集群的发展就会面临无序和迟缓。在此阶段政府主要可致力于四个方面的工作：鼓励企业投资和扩张；规范企业行为和企业文化；提高和改善基础设施；提供充足和有技术的人力资源。重要的是要将集群引导和打造成一个有机、有序运行的整体。

3. 政府的引导与推动

政府的引导和推动，实际上构成了产业集群发展的政府环境，即有利的制度和政策供给环境。因此我们认为"政府环境"是最好的资源。地方政府在产业集群可持续发展方面可以起到"制定规划、营造环境、配置资源、促进协作"等作用。研究表明，产业集群所在地政府通常采取四个方面的措施，来有效推动产业集群的健康发展。

（1）创新制度与政策　地方政府不断转换职能，在审批制度改革、企业用地供给、工商管理政策创新、社会服务供给等方面，为产业集群创造良好的外部环境。与此同时，还要积极挖掘本地的地理、人文、商业传统等有利因素，致力于筹划和推动地方特色经济发展，促进地区间产业链和产业集群的形成。"京津冀协同发展"战略的顶层设计（制度与政策层面），为粮油产业集群转型升级提供了快速平衡发展的又一良好机会。

（2）搞好产业发展规划　进行规划和投资，为产业集群的空间集聚提供条件。积极规划建设各具特色、专业分工的特色工业园区或开发区，引导鼓励企业向园区集聚，以推动工业经济向现代化升级。由此可见，政府推动并直接参与的园区建设无疑为产业集群发展和升级奠定了空间基础。

（3）大规模招商引资　各地政府在建设特色工业园区或开发区的同时，为确保园区充分发挥集聚功能，使园区建起来以后不出现"空洞化"问题，相关地方政府在引导鼓励本地现有企业入园进区的同时，要建立各种形式的招商机构，在国内外招商引资。

（4）协调财政税收等政策　通过财政贴息和免税等政策，引导和鼓励产业集群中的企业进行技术改造和升级，不断提高企业和集群的技术创新能力，提高产品质量档次，从而提高集群在国内市场甚至国际市场上的竞争力。政府协调财政税收政策和搞好配套服务对产业集聚、集群发展起着重要的引导和推动作用。

4. 产业集群转型升级与可持续发展

粮油产业的可持续发展路径之一就是以集群式发展实现竞争力的有效快速提升，以集群转型升级来完成打造走向世界的"粮油航空母舰"的目标。

（1）龙头牵引，品牌带动　我国粮油产业集群建立和运行主要是依托粮食加工龙头企业和名牌产品带动园区推行产业化经营，促进园区专业化生产、区域化分布、一体化经营、社会化服务、企业化管理。

（2）科技先导，重点突破　产业集群运作发展模式一般要由具有较高水平的科研教育单位牵头，组织调动多专业、多学科的科研力量入驻园区，建立强大的科技支持保障体系和技术创新体系，参与园区的规划和实施，扩大高新技术的推广应用，提高粮油加工的科技含量。

（3）依托产业，两头延伸　产业集群运作发展主要是以园区建设为平台，走粮食产业化和深加工的路子，向原料生产和市场销售两头延伸，拉长产业链条，着力提高粮油加工转化率，提高粮油产品附加值。

（4）循环经济，综合利用　产业集群发展应按照走新型工业化道路的要求，突出做好资源的高效利用和节约使用。通过对各种加工副产物资源的再利用，变废为宝，推行循环经济、低碳经济、清洁生产模式，实现"减量化、再利用、资源化"的目标和可持续发展。

（5）功能配套，优势互补　产业集群升级主要是园区建设中尽量将功能相近的设施、项目统筹考虑，使收购、仓储、加工、交易、物流、配送等业务环节紧密相连，实现加工和贸易一体，优势互补，最大限度地发挥园区的集聚功能和整体优势。

综上所述，粮油加工是我国国民经济中不可或缺的产业，其产品与人民生活和身体健康息息相关，为更好地满足全面建设小康社会居民消费升级的需要，"十三五"期间，随着大型粮食企业集团和粮油产业集群的形成与不断发展，我国粮油加工业必将持续稳定健康发展。

六、追根粟原，回归主粮

——在"华大小米深加工产品暨战略合作新闻发布会"上的致辞

（2017 年 1 月 10 日　于广东深圳）

各位嘉宾、同志们、朋友们：

大家上午好!

很高兴来到美丽开放的深圳，参加由深圳华大小米产业股份有限公司组织举办的"华大小米深加工产品暨战略合作新闻发布会"。借此机会，我代表中国粮油学会粮油营销技术分会对此次发布会的召开表示最热烈的祝贺! 对前来参加发布会的各位嘉宾、各界朋友致以新年的问候!

华大基因科技有限公司是全球著名的基因组学研发机构，它以产学研一体化的创新发展模式引领我国基因组学的发展，将前沿的多组学科研成果应用于医学健康、农业育种、资源保存等领域，推动基因科技成果转化，实现基因科技造福人类。

华大基因自 2009 年起开展了对谷子（小米）基因组学的研究以及对谷子（小米）的育种研发工作，这两项工作分别于 2013 年和 2015 年通过示范种植走上了产业之路，由此成立了深圳华大小米产业股份有限公司。它依托华大基因总部的一流高新技术，着力打造从创新育种、示范种植到精深加工的完整产业链，两年来，通过建立谷子（小米）种植基地，扩大种植面积，积极开展精深加工，为改善我国生态环境，提升百姓膳食营养，促进农业可持续发展创出了一条新路，做出了贡献。

为促进小米深加工产业多元化和市场化，延伸小米产业链，促进小米重返主粮之路，本次活动将举行多项战略合作协议签约仪式，达到小米产业链上下游的真诚合作和资源共享，促进企业共同发展。

小米是由谷子（亦称"粟"）碾去颖壳和皮层后的成品粮食。谷子起源于中国，是一种栽培历史悠久、耐旱、耐瘠薄土壤的一年生草本粮食作物，在我国北方省区大都有种植。我国谷子的种植面积仅次于稻谷、小麦和玉米，居第四位，1993 年谷子的总产量曾达 400 万吨。

我国河北省小米产量最多，约占全国总产量的 20%，其次是黑龙江、山西、山东、内蒙古、河南、辽宁及陕西等地。在这些产区，小米是当地百姓喜爱的主粮。小米是我国传统的主粮品种之一，我国百姓记忆最深的一句话应该是"小米加步枪"，可见小米为中国人民取得抗日战争和解放战争的伟大胜利做出了不可磨灭的贡献！但由于我国稻谷、小麦和玉米产量的大幅增加，谷子的播种面积和产量正在逐年下降。

据有关资料显示，我国谷子的播种面积与产量，已由1993年的2748万亩、产量400万吨下降至2008年的种植面积1222.6万亩、产量128.6万吨（表1），导致小米产量在整个粮食生产中的比重越来越小，从而动摇了小米作为我国传统主粮的地位。近些年来，随着我国粮油消费市场的不断升级，消费者对营养健康的需求越来越迫切，以小米为代表的一批粮食品种越来越受到消费者的青睐。

表1　1991—2008年我国谷子的播种面积及总产量

年份	播种面积/万亩	总产量/万吨	年份	播种面积/万亩	总产量/万吨
1991	3121.5	342.0	2004	1373.4	181.2
1992	2800.5	332.0	2005	1273.7	178.3
1993	2748.0	400.0	2006	1286.7	163.9
2001	1722.3	196.6	2007	1258.5	150.7
2002	1710	217.6	2008	1222.6	128.6
2003	1536	194.1			

注：资料来源中国粮食行业协会资料汇编。

众所周知，小米的营养成分丰富（表2），营养价值很高。小米中的主要营养成分含量大都高于大米和小麦粉（表3和表4）。小米可焖饭、煮粥或加工成各种食品，不仅营养丰富，且易于人体消化吸收，是老弱病人和产妇等特殊人群的理想健康主食品。由此可见，使小米重返主粮，并重视小米产业的发展，是顺应我国粮食市场发展需要的。

表2　小米的营养成分（以100克计）

品种	水分/克	蛋白质/克	脂肪/克	碳水化合物/克	灰分/克	胡萝卜素/克	维生素B$_1$/毫克	维生素B$_2$/毫克	泛酸/毫克
北京小米	11.0	9.7	3.5	72.5	1.3	0.19	0.57	0.12	1.6
东北小米	10.8	9.3	3.8	73.7	1.6	0.16	0.53	0.11	0.9
张家口小米	11.0	9.7	1.7	76.1	1.4	0.12	0.66	0.09	1.6

注：资料来源何东平，白满英，王明星主编. 粮油食品. 北京：中国轻工业出版社，2014.

表3　小米与大米、小麦粉主要营养成分含量的比较（以100克计）

营养成分	小米	大米	小麦粉	营养成分	小米	大米	小麦粉
水分/克	11.6	13.3	12.7	钙/毫克	41	13	31
蛋白质/克	9.0	7.4	11.2	镁/毫克	107	34	50
脂肪/克	3.1	0.8	1.5	铁/毫克	5.1	2.3	3.5
碳水化合物/克	73.5	77.2	71.5	锰/毫克	0.89	1.29	1.56
膳食纤维/克	1.6	0.7	2.1	锌/毫克	1.87	1.70	1.64
胡萝卜素/微克	100	—	—	铜/毫克	0.54	0.30	0.42
维生素B_1/毫克	0.33	0.11	0.28	硒/毫克	4.74	2.23	5.36
维生素B_2/毫克	0.10	0.05	0.08	磷/毫克	229	121	188
烟酸/毫克	1.5	1.9	2.0	钾/毫克	284	97	190
维生素E/毫克	3.63	0.46	1.9				

注：资料来源何东平，白满英，王明星主编. 粮油食品. 北京：中国轻工业出版社，2014.

表4　小米与大米、小麦粉（半）必需氨基酸含量的比较（以毫克/100克计）

必需氨基酸	小米	大米	小麦粉	必需氨基酸	小米	大米	小麦粉
异亮氨酸	405	278	403	酪氨酸	268	307	340
亮氨酸	1205	549	768	色氨酸	184	128	135
赖氨酸	182	239	280	缬氨酸	499	394	514
甲硫氨酸	301	184	140	组氨酸	174	394	514
胱氨酸	228	166	254	苏氨酸	338	141	227
苯丙氨酸	510	357	514				

注：资料来源何东平，白满英，王明星主编. 粮油食品. 北京：中国轻工业出版社，2014.

　　从总体上看，我国小米产业的发展势头与前景是看好的。但与此同时，我们也看到在小米产业的发展中存在着许多亟待解决的问题。我认为，当前在小米产业发展中最重要的是要"抓两头、带中间"。所谓"抓两头"，就是要从抓小米产业优良品种的培育、提高单位面积产量和提升小米的品质着手，进而抓好小米产品的宣传和营销工作。所谓"带中间"，就是要进一步抓好小米产业的精深加工，积极开发出品位高、口感好的百姓喜爱的各种健康小米食品，并能取得最佳的经济效益，达到最大程度地调动种粮农民的积极性，健康百姓，造福人民，壮大企业的最终目的。对此，我们坚信，深圳华大小米产业股份有限公司一定能在我国小米产业的发展中发挥引领作用。

中国粮油学会粮油营销技术分会致力于我国粮油经济的发展，积极为粮油生产企业和营销企业服务，与全国众多的粮油企业建立了良好的合作关系。我会高度重视并一如既往地支持华大小米产业股份有限公司的建设与发展，希望华大小米产业股份有限公司在各级领导的关心支持下，通过全体员工的共同努力，秉承以人为本，依靠科技进步，紧跟时代步伐，进一步强化管理，增强小米产业的质量意识和品牌意识，为百姓造福，把小米产业和企业做大做强，为小米重返主粮做出更大的贡献。

最后，我用我书写的"追根粟原，回归主粮"献给本次大会，也作为我对谷子（小米）粗浅认识的表达。

谢谢大家！

七、"十三五"期间我国粮油加工业发展的主要任务
——对全国《粮油加工业"十三五"发展规划》的学习体会

（2017 年 5 月 17 日　于山东聊城）

为促进面粉加工企业及时了解国家经济发展形势和面粉产业的发展趋势，促进面粉加工企业产品研发和技术水平的提高，促进面粉产业的持续稳定发展，经中国粮油学会批准，由中国粮油学会粮油营销技术分会主办的"第三届中国面粉产业发展论坛"今天在美丽富饶的山东聊城召开了。首先我代表营销技术分会对在座的各位专家、企业家表示热烈的欢迎和衷心的感谢，并祝贺会议取得圆满成功！根据会议的安排，要我谈谈自己学习全国《粮油加工业"十三五"发展规划》的一些体会，仅供大家参考。

粮油加工业是关系到国计民生和国民营养健康安全保障，产业关联度高、涉及面广的民生产业。为深入推进粮食行业供给侧结构性改革，贯彻落实《国民经济和社会发展第十三个五年规划纲要》和《粮食行业"十三五"发展规划纲要》，满足全面建成小康社会城乡居民消费结构升级的需要，充分发挥粮油加工业对粮食产业发展的引擎作用和对粮食供求的调节作用，加快发展现代粮食产业经济，国家粮食局于 2016 年 12 月印发了《粮油加工业"十三五"发展规划》。规划明确了在"十三五"期间，粮油加工业发展的指导思想、基本原则、发展目标和主要任务，是指导我国粮油加工业健康发展的纲领性文件。对此，粮油加工行业一定要在认真学习、深刻领会规划精神的基础上，结合本地区、本企业的实际，制订好适合本地区、本企业发展的规划，并切实采取措施，确保规划顺利实施。现将我学习后认为的规划重点和学习心得介绍如下。

（一）我国"十二五"期间粮油加工业的发展势头良好

"十二五"时期是我国粮油加工业发展极不平凡的五年。广大粮油加工企业面对国内粮油市场出现的"稻强米弱""麦强粉弱""油脂价格低迷不振"现象以及国际低价进口粮油的冲击，加上粮油加工成本不断增加，造成粮油加工企业经营困难、效益下降。在困难面前，我们粮油加工行业与其他行业一样，在党中央和国务院的坚强领导下，按照《粮油

加工业"十二五"发展规划》的要求和每年召开的中央经济工作会议的精神，坚持改革创新，以市场为导向，调整和优化产业结构和产品结构，通过不断开发新工艺、新产品、节能降耗、提高效率、增收节支等，继续保持了我国粮油加工业在"十二五"期间的平稳较快发展。主要体现在以下几点。

（1）生产能力和产量平稳增长　据国家粮食局统计，2015年，我国规模以上的粮油加工企业，年处理稻谷能力为30738.0万吨、年处理小麦能力为19400.1万吨、年处理油料能力15584.1万吨，年精炼油脂能力为4902.4万吨，较2010年的年处理稻谷能力24339万吨、年处理小麦能力15954万吨、年处理油料能力13064万吨、年精炼油脂能力3973万吨，同比分别增长26.3%、26.1%、19.3%和23.4%。在产品产量方面，大米和小麦粉的产量保持基本平衡，食用植物油的产量2015年为2681.9万吨，较2010年的2242万吨，增长19.6%。

（2）工业总产值和产品销售收入接近规划要求　2015年，全国粮油加工业工业总产值完成24574.3亿元，较2010年的15408.9亿元增长59.5%，平均每年增长11.9%；2015年产品销售收入为24093.6亿元，较2010年的15283.8亿元，增长57.6%，平均每年增长11.5%。

（3）利税总额和利润总额增长令人满意　据统计，2015年全国粮油加工业的利税总额为1189.1亿元，较2010年的624.8亿元，增长90.3%，平均每年增长18.1%；2015年利润总额为783.0亿元，较2010年的432.8亿元，增长80.9%，平均每年增长16.2%。

（4）产业规模化、集约化水平不断提高　食用植物油、玉米深加工业前10位企业产业集中度超过45%，稻谷、小麦加工业前10位企业产业集中度在10%左右。全国有16家企业集团主营业务收入达到100亿元以上，其中2家企业集团主营业务收入达千亿元以上。

（5）产品结构和质量安全水平明显提高　主食产业化生产有了提升；制修订了一大批粮油产品质量标准。

（6）粮油科技创新能力显著增强　科技创新意识明显提升，企业研发投入由2010年的26亿元，增加到2015年的81.1亿元，粮油机械制造水平又有新的提高，大米、小麦粉、食用油和饲料等加工成套装备已达到国际先进水平。

"十二五"期间，我国粮油加工业的平稳较快发展，为"十三五"粮油加工业的进一步发展奠定了基础。

（二）《粮油加工业"十三五"发展规划》的指导思想和发展目标

在《粮油加工业"十三五"发展规划》中，首先明确了发展规划的指导思想是"牢固树立创新、协调、绿色、开放、共享的新发展理念，落实新形势下的国家粮食安全战略。"

提出了要"以推进粮食行业供给侧结构性改革为主线；以满足人民群众日益增长和不断升级的安全优质营养健康粮油产品消费需求为目标；把增加绿色优质粮油产品供给放在突出位置；以提高粮油加工业供给质量效益和保障粮油安全为中心；以改革创新为动力；以推动全产业链融合发展为路径，充分发挥加工转化对粮食产业发展的引擎作用和对粮食供求的调节作用，着力调结构、提品质、创品牌、延链条、促升级、增效益，为保障国家粮食安全奠定坚实基础。"我觉得规划中的指导思想十分明确，对粮油加工业今后的发展提出了针对性很强、可操作的指导思想，是制定好规划的灵魂。

规划根据指导思想，提出了粮油加工业在"十三五"期间的发展目标。在发展目标中提出：到 2020 年，形成"安全营养、绿色生态、布局合理、协调发展、链条完整、效益良好"的现代粮油加工产业体系，供给质量和效益稳步增长，科技创新能力明显增强，引领粮食产业发展作用更加明显，集约化和规模化水平及产业融合发展程度明显提高，产品优质化和主食产业化比重大幅提升，质量安全水平明显提升，节能减排和节粮减损成效显著。具体发展目标的要求和指标如表 1 所示。

表1　粮油加工业"十三五"发展目标

类别	序号	具体指标	单位	2015年	2020年	年均增速[累计]	属性
产业规模	1	粮油加工业主营业务收入	万亿元	2.7	4.1	9%	*
	2	工业增加值增速	%	7	—	7%	*
	3	主营业务收入过100亿元企业数量	家	16	30	[14]	*
	4	主食品工业化率	%	15	25	[10]	*
科技创新	5	规模以上粮油加工企业研发投入占主营业务收入的比例	%	0.3	0.6	[0.3]	*
	6	产业联盟、技术创新联盟	个	3	6	[3]	*
	7	关键设备自主率	%	70	80	[10]	*
质量安全	8	大米、小麦粉、食用植物油抽样检查总体合格率	%	96	97	[2]	*
	9	制修订粮油加工业标准	项	194	312	[118]	*
绿色发展	10	米糠等副产物综合利用率	%	15	50	[35]	*
	11	玉米深加工原料利用率	%	97	98	[1]	*
	12	单位工业增加值能耗下降	%	—	—	[15]	**
	13	单位工业增加值二氧化碳排放下降	%	—	—	[18]	**

续表

类别	序号	具体指标	单位	2015年	2020年	年均增速[累计]	属性
应急保障	14	粮油应急加工企业数量	家	5815	6000	[185]	**
	15	遴选认定保供应急主食产业化示范单位	家		50		*

注：① [ ]内为五年累计数。
②资料来源于《粮油加工业"十三五"发展规划》。
③ * 为预期性，** 为约束性。

1. 在产业规模和效益稳步增长方面

到 2020 年，通过产能结构进一步优化，深加工转化能力明显增强，集约化和规模化水平明显提高，产业集中度稳步提升。规划提出到 2020 年：一要形成 30 家以上主营业务收入过 100 亿元的骨干粮油企业集团，较 2015 年的 16 家增加 14 家以上，我认为，这一指标是能实现的；二要将主食工业化率由 2015 年的 15% 左右，提高到 25% 左右，完成这一目标，我觉得有一定难度，但随着粮食行业供给侧结构改革的进一步推进，经过努力，是有可能实现的；三要粮油加工主营业务收入保持 9% 年均增速，工业增加值保持年均 7% 以上增速，利润水平稳步提升。我认为，这是对《粮油加工业"十三五"发展规划》实施情况最终考核的最重要指标。

在这三项指标中，要完成主营业务收入 9% 以上和工业增加值保持年均 7% 以上增速这两项指标，这就意味着，到 2020 年，我国粮油加工业的主营业务收入要由 2015 年的 2.41 万亿元，增加到 3.5 万亿元以上；工业总产值要由 2015 年的 2.46 万亿元，增加到 3.5 万亿元左右。

根据粮油加工业"十二五"期间的发展趋势以及整个国家对 GDP 增速的要求，我对完成这两项指标充满信心，并认为到 2020 年我国粮油加工业的主营业务收入和工业总产值均达到 3.6 万亿元以上是有希望的，也就是"十三五"期间，我国粮油加工业的主营业务收入保持 10% 年均增速和工业增加值保持年均 8% 以上增速是有可能的。至于利润水平的增长涉及方方面面，比较难以预测，所以在规划中提"利润水平稳步提升"是合适的，也是比较稳妥的。

2. 在科技创新能力明显增强方面

规划提出：一是规模以上粮油加工企业研发投入占主营业务收入的比例由 2015 年 0.3%，提高到 2020 年的 0.6% 以上，领军企业研发投入的比例要求达到 3% 以上；二是要求通过创新驱动，使粮油加工业的关键设备自主化率提高到 80% 以上。我认为这两点是对粮油加工企业的最低要求，完成这两项指标是不成问题的。我建议到 2020 年，规模以上粮油加工企业研发投入占主营业务收入的比例能达到 1% 以上，关键设备自主化率提高到 90% 以上。

3. 在质量安全水平明显提升方面

规划要求：到 2020 年，粮油加工业标准体系日趋完善，大米、小麦粉和食用植物油抽查检验合格率达 97% 以上。我认为这是必须的，也是应该能做到的。我经常强调，粮油加工企业的产品与百姓的健康和生命安全息息相关，粮油加工企业必须把产品的质量与安全放在第一位，出厂产品合格率达到 99% 也不行，必须做到 100% 的合格。

4. 在节能减排和节粮减损成效显著方面

规划中提出了具体要求：一是单位工业增加值二氧化碳排放比 2015 年下降 18%，能耗下降 15%，主要污染物排放总量减少 10% 以上；二是大米和小麦粉的出品率提高 2~3 个百分点，食用植物油出品率提高 0.5 个百分点；三是米糠等副产物综合利用率达到 50% 以上。

在上面三项中，对节能减排的要求，是国家对所有工业企业的要求，是硬指标，必须不折不扣地完成。对提高大米、小麦粉和食用植物油加工出品率的要求，我认为只要从适度加工做起，那么实现这个指标就不难，否则难度较大，因为现在粮油加工中存在的产品"过精、过细"和"油色过淡"等问题还没有丝毫解决。对于米糠等副产物综合利用率达到 50% 以上，这是件大好事，也是大家所盼望的，但实现这一目标，难度很大。以米糠榨油为例，目前的利用率不足 20%，如能达到 50% 以上的利用率，就能为国家增产 70 万 ~ 80 万吨油脂，我国食用油自给率提高 2 个百分点。

5. 在加工应急保障能力明显增强方面

规划要求：到 2020 年，应对突发事件成品粮应急加工保障能力明显提升，供应网络布局合理、功能完善。对此，粮油加工企业应该有所作为，积极主动承担任务。

（三）"十三五"粮油加工业发展的主要任务和产业布局

为实现"十三五"粮油加工业的发展目标指标，规划提出了主要任务和产业布局。

1. 主要任务

（1）增加绿色优质粮油产品供给

①优化产品结构。适应城乡居民膳食结构及营养健康水平日益提高的需求；满足不同人群需要的优质化、多样化、个性化、定制化粮油产品供给；实施"绿色健康谷物口粮工程"，增加优质米、食品专用米、专用粉、专用油和营养功能性新产品供应；大力发展全谷物食品，增加糙米、全麦粉、杂粮和薯类及其制品等绿色、优质、营养、健康中高端新产品供应；丰富品种、提高产品品质，提高优、新、特产品的比例；大力推进主食产业化，增加米面制品的供给。

②增加品牌粮油供给。要培育和创建一批质量好、消费者认可度高、市场占有率高、市场竞争力强的全国性粮油产品优质名牌；建设一批规模化优质特色专用原粮生产基地；突出标准引领作用，加快国家标准的制修订，加大行业标准、地方标准研制力度，开展团体标准研制试点，鼓励企业发展个性定制标准。

③强化质量安全保障。按照食品安全、绿色生态、营养健康等要求，完善原料检验、在线检测、成品质量等检测功能；推动企业建立覆盖生产经营全过程的食品质量安全信息追溯体系，加强粮油质量安全监测能力建设，提升食品安全保障水平。

④保障"放心粮油"供应。依托骨干企业、应急加工及主食品加工企业，生产质量安全、营养健康、品种丰富的"放心粮油"产品；大力发展仓储物流及冷链设施，延伸营销网络，建设"放心粮油"配送中心，提升"放心粮油"加工产品质量安全保障水平。

（2）优化调整产业结构

①培育壮大龙头企业。支持企业做大做强、做优做精。引导和推动企业强强联合，跨地区、跨行业、跨所有制兼并重组，培训一批布局优、效益好、竞争力强的国家级、省级龙头企业；鼓励有特色的中小企业发挥地方粮油资源优势，积极提升技术装备水平和创新经营方式，主动拓展发展新空间，形成大、中、小型企业合理分工、协调发展的格局。

②加快淘汰落后产能。坚持市场倒逼机制和企业主体责任，强化食品质量安全、环保、能耗、安全生产等约束作用，加强规划、标准和政策引导，依法依规加快淘汰工艺落后、设备陈旧、卫生质量安全和环保不达标、能耗粮耗高的落后产能，实现优胜劣汰，减少无效产能和低端产品供给。

③促进产业聚集。支持主产区发展粮食深加工转化，形成一批优势产业集群；推动建设资源要素集聚的粮油加工产业园区或集群；着力打造一批粮油加工仓储物流一体化产业园区、绿色粮油食品加工示范基地和产业集群。

④实施"走出去"战略。支持有条件的企业，加强与"一带一路"沿线国家在农业投资、贸易、科技、产能、粮机装备等领域的合作；培育一批具有国际竞争力的大粮商和粮

食企业集团，支持农业生产、加工、仓储和港口等环节开展跨国全产业链布局，逐步建立境外粮油产销加工储运基地，提高国际市场竞争力和资源供给保障能力。

（3）推进一、二、三产业融合发展

①向产业链上游延伸。支持构建"产购储加销"一体化全产业链经营模式，发展优质专用特色粮食产业；鼓励龙头企业与种粮大户、家庭农场、农民合作社结成粮食产业化经营联合体和利益共同体，以品牌为载体，发展规模化种植和标准化生产，通过订单农业等方式建立稳定的原料生产基地；探索开展分品种收购、分品种储存试点示范，促进优质优价；鼓励加工企业面向新型经营主体发展代烘代收代储代加代销专业化服务、农村电商等新业态。

②向产业链下游拓展。加强产区优质粮食收储、检验分级、运输通道、物流配送、信息等基础设施建设，支持企业建立"产购储加销"等环节的全程现代物流体系和营销网络；采取直采、直供、直销等方式，降低物流成本；鼓励企业改建、扩建和新建必要的原料和成品仓储基地，提升安全储粮、保鲜物流等设施功能；大力推广成品粮低温储存、"四散"和集装化物流方式。

③拓展粮油加工产业功能。鼓励企业不断丰富和发展粮食文化，用文化引领产品开发、品牌培育和技术创新，提升品牌价值；支持加工企业挖掘传统主食品文化内涵，充分发挥"老字号"品牌效应。

（4）强化科技创新支撑引领

①加快技术改造升级。加快推动高新技术产业化示范，推广先进实用、安全可靠、经济节约新技术新装备；支持改造升级节粮节能加工成套装备生产线，开展新型营养健康产品开发、主食产业化、副产物深度综合利用；积极采用新型清洁生产技术。

②加强全产业链科技创新。强化企业技术创新的主体地位，构建"产学研用"紧密结合的行业科技创新体系；加强基础研究，强化集成创新；支持在特色和重点产业领域建设产业创新中心、创新平台和众创平台；鼓励企业加强科研投入，支持技术研发中心、工程（技术）研究中心等建设。

③加速科技成果转化对接推广。

④加快"两化融合"。推动信息化和工业化深度融合，推进粮油加工制造向智能化发展；加快应用大数据、云计算和物联网技术。

（5）培育新的产业经济增长点

①加快发展粮油深加工。鼓励大型加工企业发展创新型导向的粮油加工产业模式，充分挖掘副产物潜在价值，延长产业链；支持玉米等精深加工业向优势产区和关键物流节点转移，加快消化库存；推进稻壳、米糠、麦麸、饼粕、玉米皮、玉米蛋白、玉米胚、玉米芯和油料皮壳等副产物深度综合利用。

②构建绿色加工体系。以绿色产品、绿色工厂、绿色园区为重点建立绿色粮油产业供应链，从节能减排中寻找新的经济增长点；支持企业节粮技术改造升级，完善成品粮油加工技术标准和规程，研究产品能耗限额标准；建立粮油加工业节能、节水等技术标准，加强节能、环保、低碳等新技术、新设备的推广应用，确保废弃物排放和节能降耗达到国家相关标准要求。

③创新现代营销模式。推进实施"互联网＋粮食"行动，发展"网上粮店"，推广"网订店取""网订店送"等零售新业态。

（6）加强应急加工供应保障体系建设

①提升应急保障能力。健全应急供应网络，完善成品粮油应急加工和供应网点体系，对于承担应急保供任务的加工企业给予必要支持；保留特大城市必备的应急加工产能，明显提高边远地区应急保障水平，加快保供应急救灾主食品的产业化开发。

②深化产销合作。搭建产销平台，建立产销合作长效机制；增强对市场异常波动的应急调控能力；支持加工企业到主产区投资建设粮源基地和仓储物流设施，降低社会物流成本。

2. 关于产业布局

规划对主要任务做了全面介绍后，又对产业布局提出了许多方向性的意见，我觉得以下指导性意见需要引起我们高度重视。

在谈到成品粮油加工及主食产业化时，强调要加快粮油加工业调结构、去产能，以营养功能为重点，大力发展成品粮油适度加工和主食产业化。严格控制加工精度，提高产品纯度。

在稻谷加工方面，提出要积极发展优质米、专用米、发芽糙米、改性糙米、留胚米、免淘米、营养强化米及各类米制主食品等，鼓励生产和消费免抛光大米；鼓励大中型稻谷加工企业与油脂加工企业合作，采用"米糠保鲜""分散榨油""集中精炼"等成熟技术发展米糠制油。

在小麦加工方面，提出要积极发展专用粉、全麦粉、预拌粉及各类面制主食品等。

在食用植物油加工方面，提出要坚持多油并举，增加和改善国产菜籽油、花生油、大豆油、棉籽油、葵花籽油、芝麻油等食用油供应；积极发展稻米油、玉米油等；大力发展油茶籽油、核桃油、橄榄油、牡丹籽油、文冠果油、梾木果油等新型健康木本食用油；增加亚麻籽油、红花籽油、紫苏籽油等特色小品种油供应；积极开发起酥、煎炸等专用油脂。

在主食产业化方面，提出要开发适宜不同消费群体、不同营养功能、不同区域的优质米粉（米线）、糙米粉、米粥、馒头、挂面、鲜湿及冷冻面食等大众主食品和区域特色主食品及品牌，增强市场竞争力；丰富常温、冷冻冷藏营养型主食品种和方便食品，提升安全性、方便性、即食性；创新主食流通方式，提高配送能力；在米面主产区要积极开发米面主食品和方便食品，大力倡导推动玉米主食消费。

在杂粮加工方面，要积极发展优质特色杂粮产业，提高杂粮、豆类制品的适口性、营养性和方便性，加快推进杂粮食品工业化、产业化和品牌化。

在薯类加工方面，提出要积极开发馒头、面条、面包等大众马铃薯主食品，推进马铃薯饼、馕和年糕等地域特色主食品，以及菜肴等多样化方便食品开发；研发薯片、薯条等新型休闲食品，以及马铃薯膳食纤维等功能产品；适度发展马铃薯全粉、淀粉、甘薯粉丝等。

在粮机制造方面，提出要以专业化、大型化、成套化、智能化、绿色环保、安全卫生为导向，发展高效节粮节能营养型大米、小麦粉、食用植物油、特色杂粮等加工装备；提高关键设备的可靠性、使用寿命和智能化水平；支持建立高水平的粮机装备制造基地；鼓励研发全自动主食方便食品加工，特色杂粮、木本油料加工，饲料加工成套设备，定制机器人应用、智能工厂、立体仓库、粮食收购现场质量品质快速检测及质量控制设备、智能仓储及输送等关键设备。

（四）几点体会

1. 规划科学合理，是引领"十三五"粮油加工业发展的纲领性文件

本规划通过大量细微的调查研究，在总结我国粮油加工业"十二五"期间发展情况的基础上，客观分析了在发展中面临的挑战和迎来的发展机遇，科学提出了规划的指导思想、发展目标、主要任务、产业布局和保障措施。诸如，在指导思想中，提出了"一个主线""一个目标""一个中心""一份动力"和"一条路径"，即"牢固树立创新、协调、绿色、开放、共享的新发展理念，落实新形势下的国家粮食安全战略，以推进粮食行业供给侧结构性改革为主线，以满足人民群众日益增长和不断升级的安全优质营养健康粮油产品消费需求为目标，把增加绿色优质粮油产品供给放在突出位置，以提高粮油加工业供给质量效益和保障粮食安全为中心，以改革创新为动力，以推动全产业链融合发展为路径，充分发挥加工转化对粮食产业发展的引擎作用和粮食供求的调节作用，着力调结构、提品质、创品牌、延链条、促升级、增效益，为国家粮食安全奠定坚实基础。"

上述提法，以及规划中提出的发展目标、主要任务、产业布局等，既符合中央的大政方针，又科学合理，符合粮油加工业的发展实际，具有很强的针对性和可操作性，是引领我国粮油加工业"十三五"健康发展的纲领性文件。

2. 对完成规划中提出的发展目标指标充满信心

规划中提出了许多"发展目标指标",我认为提出这些指标是有根据的,也是符合粮油加工业未来发展实际的。综观这些"发展目标指标",我觉得有些指标是留有余地的;有些指标是可以完成的;有些指标完成虽有一定难度,但经过努力有望完成的。

诸如粮油加工主营业务收入保持 9% 年均增速、工业增加值保持年均 7% 以上增速、规模以上粮油加工企业研发投入占主营业务收入的比例提高到 0.6% 以上、关键设备自主率提高到 80% 以上等发展目标指标是留有余地的,完成这些指标是完全有把握的。

又如到 2020 年,大米、小麦粉和食用植物油抽查检验合格率达 97% 以上、单位工业增加值能耗下降 15%、单位工业增加值二氧化碳排放下降 18% 等发展目标是可以完成的,也是必须完成的。

再如主食品工业化率由 2015 年的 15% 提高到 25%、大米和小麦粉出品率提高 2~3 个百分点、食用植物油出品率提高 0.5 个百分点、米糠等副产物综合利用率达到 50% 以上等发展目标指标,完成是有一定难度的,必须采取有力措施,依靠大家共同努力,才能有望完成。总而言之,我们对完成规划中提出的各项发展目标指标充满信心。

3. 贯彻落实规划要抓住重点

规划对粮油加工业发展的方方面面都做了具体安排,提出了许多具有指导性的意见,我们应该全面贯彻落实。但与此同时,我们应该抓住重点,抓出成效。我觉得以下几个方面,值得我们高度重视。

(1)深入推进粮食行业供给侧结构性改革,增加优质粮油产品供给　粮油加工企业要以满足人民群众日益增长和不断升级的安全、优质、营养、健康粮油产品的消费需要,增加满足不同人群需要的优质化、多样化、个性化、定制化粮油产品的供给。增加优质米、食品专用米、专用粉、专用油和营养功能性新产品以及绿色、有机粮油产品供给;大力发展全谷物食品,增加糙米、全麦粉、杂粮和薯类及其制品等优质营养健康中高端新产品供给;提高名、特、优、新产品的比例;充分发挥"老字号"品牌效应。

(2)优化调整产业结构　要根据优胜劣汰的原则,继续培育壮大龙头企业和大型骨干企业,支持他们做大做强、做优做精,引导和推动企业强强联合,跨地区、跨行业、跨所有制兼并重组,积极采用先进技术与装备,成为产品质量高、能耗粮耗低、经济效益好、新产品开发能力强的国家级、省级龙头企业;鼓励有地方特色、资源优势的中小企业积极提升技术装备水平和创新经营方式,主动拓展发展空间,形成大、中、小型企业合理分工、协调发展的格局;对工艺落后、设备陈旧、卫生质量安全和环保不达标、能耗粮耗高的落后产能,要依法依规加快淘汰;支持粮油加工产业园区或集群建设,促进优势互补。

（3）坚持质量安全第一　粮油加工企业要坚守食品安全底线，把产品质量安全放在第一位，并在保证质量的前提下，把"适口、营养、健康、方便"作为今后的发展方向。要按照食品安全、绿色生态、营养健康等要求，完善原料采购、检验、在线检测和成品质量检验，建立覆盖生产经营全过程的粮油质量安全信息追溯体系，确保产品质量安全万无一失。

（4）大力倡导适度加工　要大力倡导适度加工，提高纯度，严格控制精度，提高出品率。要科学制修订好粮油产品的质量标准，引领粮油加工业的健康发展，纠正粮油产品的"过精、过细、过白和油色过淡"等过度加工现象，鼓励生产和消费免抛光大米和油色金黄的食用油等适度加工产品。要广泛进行科普宣传，引领科学消费、合理消费、健康消费。

（5）重视深加工转化和副产物综合利用　要在确保口粮、饲料用粮和种子用粮安全的前提下，积极发展玉米等粮食深加工，促进库存陈粮深加工转化，为去库存做贡献。要依托大型骨干企业，大力开展粮油副产物综合利用，提高资源利用价值。尤其要搞好米糠的利用，争取到 2020 年，我国米糠制油的利用率由 2015 年的 15% 左右提高到 50% 以上，为国家增产油脂。

（6）重视安全文明、清洁环保和节能减排　粮油加工企业要继续强调必须加强安全生产、清洁生产和文明生产，做到绿色生产、节能减排、保护环境。要把安全文明生产、绿色生产、保护环境和节能减排等作为粮油加工业发展的永恒主题。认真做到单位工业增加值二氧化碳排放下降、单位工业增加值能耗下降和主要污染物排放总量减少等指标，达到国家相关规定的要求。

（7）大力推进主食品工业化生产　为适应人民生活水平进一步提高和生活节奏加快的需要，粮油加工企业要把发展主食品工业化生产看作粮食行业推进供给侧结构性改革、调整产品结构的重要组成部分，是粮油加工业向精深加工延伸，是方便百姓、企业增效的有效途径。为此，要积极开发适宜不同群体需要、不同营养功能、不同区域的优质米、面制品，诸如优质米粉（米线）、米粥、米饭、馒头、挂面、鲜湿及冷冻面食等大众主食品和区域特色主食品种及品牌，与此同时，要积极开发以杂粮和薯类为主要原料的各类主食品，以丰富市场，满足不同人群的需要。

（8）重视关键技术装备的创新研发　粮机装备制造业，要以专业化、大型化、成套化、智能化、绿色环保、安全卫生、节能减排、节粮减损为导向，发展高效节粮节能营养型大米、小麦粉、食用植物油、特色杂粮和薯类等加工装备；提高关键设备的可靠性、使用寿命和智能化水平；支持建立高水平的粮机装备制造基地；鼓励研发全自动主食方便食品加工、特色杂粮和薯类加工、木本油料加工、饲料加工成套设备；定制机器人应用、智能工厂、立体仓库、粮食收购现场质量品质快速检测及质量控制设备、智能仓储及输送、烘干等关键设备。

（9）加强应急加工供应保障体系建设　粮油加工企业要创造条件，积极承担应急保供加工任务，把应急供应加工的成品粮油产品、主食品严格按要求加工好、储藏好、轮换好，并能做到一声令下，就能将高质量的成品粮油、主食品调往需要的地方。

（10）实施"走出去"战略　支持有条件的企业，加强与"一带一路"沿线国家在农业投资、贸易、科技、产能、粮机装备等领域的合作。通过走出去，培训一批具有国际竞争力的大粮商和粮油企业集团，支持在农业生产、加工、仓储和港口等环节开展跨国全产业链布局，逐步建立境外粮油产销加工储运基地，提高国际市场竞争能力和资源供给保障能力。

以上学习体会，供大家参考，不当之处请批评指正。

八、国内外粮油加工科学技术发展现状与趋势
——发表于"2017'一带一路'粮油食品科技论坛及行业创新峰会"论文集
（2017 年 11 月 16 日 于北京）

为深入贯彻习近平总书记关于大兴调查研究之风的重要指示精神，根据《国家粮食局关于大兴调研之风健全完善长效机制强力推动粮食流通重点工作的意见》（国粮政〔2017〕48 号）有关要求，中国粮油学会于 2017 年 3 月底启动"国内外粮油科学技术发展现状与趋势"的调查研究工作，并于 4 月中旬召开项目开题会。会后，11 个分会组织了 200 多位专家学者，经过半年的努力，在深入调研、收集资料和论证研讨的基础上，几经修改完善，科学客观地形成了以国内外粮油科学技术的现状、我国与国外先进水平的主要差距以及发展趋势等为重点的《国内外粮油加工科学技术发展现状与趋势》的调研报告。现将报告中有关粮油加工方面的内容归纳如下，供大家参考。

（一）我国粮油加工科学技术发展现状

我国不仅是粮油生产、消费大国，同时也是以粮油储藏、物流和加工等为代表的粮食产业经济大国。改革开放以来，尤其是进入 21 世纪以来，经过广大粮油科技人员的不懈努力，我国的粮油科技取得了划时代的进步，许多领域达到国际先进水平。

1. 在粮食加工方面

我国稻谷加工工艺成熟，主机设备性能成熟稳定，工艺性能基本达到国际先进水平；自动砻谷机、自动碾米机、云色选机已达到国际先进水平；在稻米深加工、副产物综合利用及米制食品，如传统米粉、发糕、汤圆、年糕、甜米酒等产品加工新技术研究与装备制造方面取得一定进展。

我国小麦专用粉加工技术已较成熟，专用粉日趋多样化；实现了光、电、机等一体的自动化加工；面条和馒头等的工业化加工技术发展迅速，挂面加工技术和装备日趋完善，湿面、半干面等面条制品得到快速发展；小麦淀粉和谷朊粉分离制备技术逐步发展，副产

物麦胚和麸皮综合加工技术逐渐完善，在面制品中的应用逐步提高。在保持美味、提高营养方面，发酵面食产业取得了长足进展，标准体系初步建立；发酵面食的风味、保鲜技术研究与装备制造取得一定进展。

优质特色杂粮是当前世界蓬勃发展的全谷物食品主要原料。我国杂粮的精深加工发展较快，平均每年新开发的以杂粮为原料的系列食品一二百种，包括杂粮挂面、粉丝、面包、饮料等。以杂粮为原料的全谷物健康食品发展势头迅猛。

2. 在油脂加工方面

大型油料预处理、压榨、浸出和精炼的整体工艺技术与装备达到国际先进水平，在满足国内需求的同时具有明显的出口优势，成套装备制造正在向自动化、信息化和智能化方向发展；我国浓香花生油、芝麻香油等特色油脂加工工艺技术处于国际领先水平。

酶法脱胶、超临界二氧化碳萃取和亚临界萃取技术已在特种油料加工中应用；膜分离技术在植物油料蛋白和多肽生产中得到应用；新型油料浸出溶剂的开发利用取得可喜成绩。

油料饼（粕）利用由饲料级向系列食用蛋白和发酵豆粕等高附加值产品方向发展；油脂精炼副产物高值化利用技术（如水化油脚提取磷脂和脱臭馏出物提取维生素 E 等）不断创新完善。

木本油脂、微生物油脂、海洋油脂和特种油料加工技术的研发取得成效，实现了油茶籽油、核桃油和牡丹籽油等加工技术的工业应用和规模化生产。

油脂加工过程中对塑化剂、多环芳烃、3- 氯丙醇酯、真菌毒素和反式脂肪酸等风险成分的防范和控制技术的研发取得成效，油脂适度加工对高效保留营养成分、减少有害成分和油脂损耗的理念得到贯彻执行。

3. 在饲料加工方面

我国在涉及饲料原料的基本物性、功能特性及在不同加工条件下的变化规律等方面取得了研究成果；建立了新的常用饲料原料的营养价值数据库和主要饲料原料中抗营养因子的数据库；建立了主要畜禽、水产养殖和部分特有动物的营养需要推荐量。

在饲料加工技术与加工装备制造方面，我国的锤片粉碎机、锤片式微粉碎机、立轴式超微粉碎机、饲料固态连续发酵装备、饲料加工设备标准化技术等方面以及在单胃动物仿生消化仪技术上处于国际领先水平；在其他主要饲料加工设备技术、成套饲料加工设备制造技术方面以及在猪饲料、禽饲料、普通水产饲料的加工技术和饼粕的固态发酵脱毒加工技术上达到国际先进水平。

4. 在玉米深加工方面

我国玉米深加工产品主要包括：玉米食品、淀粉、淀粉糖、糖醇、燃料乙醇和其他发酵产品等，占玉米消费总量的 30% 左右，仅次于饲料玉米用量（约 63%），是消化玉米库存的重要组成部分。近些年来，玉米加工技术方面取得长足发展。

在淀粉及其衍生物加工方面：年产 60 万 ~120 万吨的大型化、自动化玉米淀粉生产线已实现国产化和成套出口；新型淀粉变性技术和系列化新品种开发取得突破。

在淀粉糖及糖醇加工方面：玉米淀粉酶法制备功能性糖的技术得到发展；淀粉糖国产装备实现了机械化和自动化控制；色谱分离装备和多效蒸发浓缩节能技术开始成套出口；高压加氢装备和三元催化剂技术迅速发展，推动了我国淀粉糖、糖醇产业达到国际领先水平。

在燃料乙醇和其他发酵产品方面：产业结构调整和企业兼并重组效果初显，应用范围已渗透到食品、发酵、化学、能源和纺织等多个工业领域，副产物综合利用效率不断提高。

5. 在粮油质量标准方面

经过多年努力，我国已建立起较为完善的涵盖粮食收储运及加工等流通环节，涉及小麦、稻谷、玉米、大豆、油料、杂粮以及相应加工产品的粮油质量标准体系。现有包括基础标准、产品标准、方法标准、管理标准等在内的粮油国家标准和行业标准近 600 项，基本满足了目前我国粮食流通过程中质量安全检测与评价工作的需要。特别是近年来制定的一批粮食中真菌毒素、重金属元素快速检测方法标准，以及用于实验室质量控制的粮食基体标准物质，填补了国内空白。2017 年，为大力增加绿色优质粮油产品供给，促进城乡居民由"吃得饱"向"吃得好"转变，进一步突出标准引领作用，研究制定了"中国好粮油"系列标准，为推进"中国好粮油计划"提供了技术支撑。

通过自主研发和引进消化吸收再创新，粮油质量安全专用检测技术与控制技术方面获得突破性进展，相应仪器设备的精度与准确性已达到国外产品的相近水平。

6. 在粮油营养方面

粮油的营养因子（如全谷物食品中的膳食纤维、特种植物油和谷类食物中生物活性物质和多种微量营养素等）与人体健康的关系的研究取得了重大进展，为深入研究粮油食品加工过程中营养因子的保护提供了重要依据。

在尽可能保留营养成分的前提下，碾米制粉制油适度加工研究成果初显；全麦粉加工关键技术开发、小麦糊粉层提取等新技术用于小麦适度加工获得突破；蒸谷米、糙米、留胚米、营养强化大米等技术应用提高了大米营养品质和附加值；低温加工、精准色选、低氧包装等技术装备的应用提升了产品品质，减少营养损失；低反式脂肪酸油脂加工技术达到国际先进水平；特种油脂的开发利用为市场提供了多种营养健康食用油。

7. 在粮油信息自动化方面

近年来，我国粮油信息自动化科学技术蓬勃发展，物联网、大数据、云计算等新一代信息技术与行业发展进一步融合，并广泛应用于粮食行业各个环节。

在粮油储藏方面，开发了无线射频识别技术（RFID）物流跟踪、新型粮情检测、粮食质量快速检测等新型装备，实现了精确化出入库管理、数字化业务管理、智能化仓储保管等功能。在粮油加工方面，以传感器、自动控制为核心技术的智能一体化控制系统在加工装备制造中得到广泛应用，生产工艺和节能降耗水平得到有效提升。在粮食物流方面，卫星定位、电子托盘、图像识别等技术，实现出入库管理、作业调度、自动盘库、智能安防等功能。在粮食市场方面，信息采集手段日趋完善，重点地区、重要品种和关键时段的市场监测信息不断丰富，初步建立了国家、省、市、县四级市场信息监测体系，粮食市场监测预警信息化水平明显提升。

（二）国外粮油加工科学技术发展现状

纵横国内外粮油科学技术的现状，欧美等发达国家至今仍是粮油加工科技领域的领跑者。

1. 在粮食加工方面

发达国家大米加工生产过程全自动化程度高，卫生要求严格；低温糙米流通已普及（日本），确保原料品质处于良好水平；主产品专用化和系列化，副产品综合利用程度高，深加工延伸产品多；适度加工技术保留了稻谷的营养成分。

发达国家在降低面粉微生物含量的小麦安全加工技术；保留小麦营养成分的分层碾削技术、小麦发芽制粉技术、控制淀粉粒损伤和蛋白质变性的控温加工技术；保留面粉风味的碾磨技术、传统发酵剂制作发酵面制品技术、鲜湿面加工及品质控制技术；小麦胚和麸皮在面制食品中的应用技术；新型小麦淀粉和谷朊粉分离及改性技术等方面处于领先地位。另外，发达国家的发酵面食品品种丰富，冷冻食品人均消费量大，已经建立了现代冷链物流体系，确保产品品质和安全。

发达国家对杂粮（全谷物）食品加工机械化、自动化、规模化、集约化程度高。重视杂粮（全谷物）健康食品标准和标识建设；应用新型工艺进行增值技术研究，开发杂粮

（全谷物）高附加值产品；应用杂粮营养复配技术开发杂粮全谷物食品，研发出符合人们对于食物色、香、味的需求和营养全面的复配杂粮全谷物食品。

2. 在油脂加工方面

以现代育种技术为核心的高油酸系列油料品种开发技术发展迅速，微生物油脂得到推广应用；以酶法脱胶、酶法酯交换等为代表的生物加工技术产业化获得成功应用，并在节能减排、提高油脂得率和性能等方面优势明显。

在油脂安全方面，针对反式脂肪酸、3-氯丙醇酯、缩水甘油酯、氧化甘油酯聚合物和多环芳烃等进行了系统研究，制订了一系列检测和控制方法并已投入应用；强调油脂适度加工，开发出了硅土精炼、生物精炼、膜精炼和混合油精炼等多种物理和化学适度精炼技术，实现了油脂安全防控并保留了营养物质。

营养健康基础研究与定制化产品的生产有创新发展；脂肪酸和油溶性微量伴随物质的营养与健康，是近十年国际研究的重点；基础研究与应用产品开发推广的链条式发展和定制化发展路线，将成为新产品和健康产品发展的主要模式。

3. 在饲料加工方面

发达国家在饲料原料、添加剂的加工特性、饲用价值，饲料在挤压膨化机内的流变学特性等基础研究方面处于领先水平；在饲料加工设备与工艺技术方面更为成熟全面，设备可靠性、安全性、自控性和生产效率高；饲料生产管理软件系统的功能全面，可远程控制；拥有自动控制设备、机器人、挤压膨化机等大量核心关键技术的发明专利；在饲料质量检测技术方面已拥有更为先进的在线检测设备与技术和离线检测设备与技术。

4. 在玉米深加工方面

在加工技术方面，美国的玉米深加工产业注重提高加工效率和综合利用效率，同时提升了饲料副产品的价值。

在科技研发方面，美国企业的科研投入巨大，在玉米加工基础理论研究、新技术开发及应用方面均处于世界领先地位。

5. 在粮油质量标准方面

发达国家粮油质量检测主要是感官评价和仪器检测相结合，以评价粮食外观特性和最终用途为目标；近红外等快速检测仪器广泛应用于粮食收购、加工过程质量控制；粉质仪、吹泡稠度仪、快速黏度测定仪、实验烘焙设备、大米测鲜仪、米饭食味计、质构仪等食用品质评价仪器技术成熟、设备齐全；多仪器联用技术解决了多组分有害物质同时快速精准检测问题，基于免疫学技术的快速定性定量试剂盒、试纸条有效地提高了快速筛查的灵敏度。

6. 在粮油营养方面

发达国家粮油营养学科研究起步早、发展快，逐步深入到以个人精准营养和健康的研究为指导的个性化营养和健康膳食定制研究。开展全谷物营养素及活性物质的结构、含量在人体免疫调节及慢性疾病预防等方面的功效和量效关系研究；研究粮油营养成分与基因组等相互作用及对基因表达、代谢通路、人体健康状况变化的影响；利用基因组学、蛋白质组学和代谢组学等新的反映个体营养和健康状况的生物标记物的研究，指导粮油食品的营养加工；为引导消费，世界卫生组织/联合国粮食及农业组织（WHO/FAO）、欧盟、美国等提出了营养标签等法规引导和营养声称及健康声称。

7. 在粮油信息自动化方面

发达国家粮食产业的信息化、自动化、智能化、组织化程度较高。在粮食干燥、清理、进出仓、熏蒸等环节实现了自动控制和智能管理。在粮食物流中实现了信息自动采集和定位追踪，准确得到粮食流通各环节的数据，实现产销加上下游的有效衔接，指导农民和粮食企业利用市场信息进行生产和贸易活动。日本、德国、美国建有相关的溯源体系，消费者可以利用二维码实现对大米的追溯查询。

（三）我国与国外粮油加工科学技术先进水平存在的主要差距

尽管我国的粮油加工科学技术在许多领域达到了国际先进水平，但与欧美等发达国家相比，还存在一定的差距。

1. 在粮食加工方面

在稻谷加工方面，科技研究的投入有限，基础研究薄弱，技术支撑力度不够，产业化转化率低，关键技术装备的开发大多处于仿制阶段，产品技术含量不高，集中反映出自主知识产权的科技储备较为薄弱。

小麦加工基础研究薄弱，馒头、面条等我国蒸煮类面制品的原料、品质评价及加工技术缺乏系统的理论支撑；对营养和健康重视不够，缺少加工过程中营养物质保留技术；设备智能化程度不够，实现加工过程的智能化和数字化难度大；我国传统蒸煮面制品的加工技术和装备落后于面包等烘焙食品；技术与工艺创新不足，产品质量、种类、功能都有待提高；质量标准、检验监测、食品安全体系及质量认证体系建设滞后；可工业化生产的面制主食产品种类偏少。

目前我国的杂粮工业化加工程度较低，缺乏专用化、连续化加工装备；方便即食的产品种类偏少；杂粮全谷物营养健康食品的科普宣传工作不到位，消费者对杂粮（全谷物）食品的营养健康特性认识不足，影响了我国杂粮全谷物产业的发展。

2. 在油脂加工方面

加工产业链不完整，对油料质量和分级管理缺乏把控手段，难以真正做到"从田间到餐桌"的质量把控和追溯。

生物技术的应用差距较大，尤其是在利用生物基因技术培育高油酸、高含油的油料新品种方面差距更大。

制油机械装备水平有待进一步提升。与德国、瑞典和美国生产的部分先进制油装备相比，在自动化、智能化上还存在一定差距；在离心机、过滤机等关键核心设备的制造和性能上差距更大。

食用油脂中有害物质控制技术的应用推广力度不够，研究成果落地水平不高。

理论研究、学科建设与人才培养有待加强。我国油脂加工科技基础性研究、创新性研究和交叉性研究不足的问题明显。如何实现"产学研用"相结合，以培养出基础理论与应用实践的复合型人才是我们面临的重要课题。

3. 在饲料加工方面

与发达国家相比，我国饲料加工基础研究总体较弱；非常规饲料资源使用价值研究不如欧美深入全面；主要饲料加工设备与工艺的核心技术发明专利数量少；设备的可靠性、自动化控制技术与发达国家相比有一定差距；生产过程质量的自动在线检控和离线检测关键设备与技术有明显差距。

4. 在玉米深加工方面

在产品结构方面：我国玉米的饲料用途占2/3，且原淀粉大多直接作为商品出售，而发达国家饲料和燃料乙醇用途各占1/3，原淀粉极少流通，产品附加值高；我国产品不到1000种，而国外产品有3500多种，产品体系完善。

在加工规模和技术方面：我国单厂规模偏小、自动化程度低，而发达国家集中度高、单厂规模大、自动化程度高；我国玉米深加工在节能、节水、节约原料和提高产品质量、提高原料综合利用率、降低成本费用和减轻环境污染等方面与国外先进水平还存在差距。

在科研投入方面：我国研究经费占企业收入的比例较少，新产品开发严重依赖大专院校和科研院所，而发达国家的企业科研经费投入比例大，已形成从专用型新品种选育到产品加工及精深化利用的集成化产业体系。

5. 在粮油质量标准方面

目前国内外在粮食质量要求方法基本相同，指标体系、指标要求等方面虽有差异，都是依据本国粮食生产情况制定，采用的检测技术和方法也基本相近。国外粮食质量标准中分类、质量要求等与其最终食品加工品质更加密切，而我国仅有为数不多的"优质"粮食标准涉及最终用途相关质量要求。

国内粮油检测仪器外观设计较为粗糙，稳定性相对较差，使用寿命相对较短。由于粮食品质信息和数据库建设方面刚刚起步，图像处理、近红外等快速检测仪器在现场检测、在线检测等方面还存在一定应用瓶颈；重金属、真菌毒素快检仪器在测量精度和灵敏度方面还需进一步提高。

6. 在粮油营养方面

作为研究膳食和健康关系以及国民膳食改善措施的基础资料，我国食品成分数据库与发达国家相比差距明显；缺乏不同粮油食品在加工、烹饪过程中的营养成分和生物活性物质变化的基础数据库；缺乏粮油食品加工过程对营养健康关系影响的系统性研究，不能为整个粮油食品生产企业进行科学指导；粮油营养健康科技研究不系统，缺乏科学的营养和健康声称引导消费。

7. 在粮油信息自动化方面

粮油行业信息和自动化基础薄弱，新方法、新技术应用程度不高。粮食大数据分析刚刚起步，还未形成成熟模式；物联网、云计算、自动化控制技术在信息化系统建设过程中占比较少，广泛收集大规模数据的基础还未形成；适用于粮食收储、检验等环节的快速检测技术与装备亟待突破；粮油信息技术标准化水平低，缺乏信息化建设标准、数据共享交换标准。

（四）我国粮油加工科学技术的发展方向和重点

为全面贯彻党的十八大精神，深入贯彻习近平总书记系列重要讲话精神，根据《中华人民共和国国民经济和社会发展第十三个五年规划纲要》《粮食行业"十三五"发展规划纲要》和《粮食行业科技创新发展"十三五"规划》等要求，结合当前国际上在粮油加工科技领域的热点问题，今后我国粮油加工科学技术的发展方向和重点如下。

1. 在粮食加工方面

在稻谷加工中精准适度与绿色低耗是其必然选择，在线检测技术是其研究重点，产业链延伸（米制品）是其发展方向。其中，工艺技术要向精准、节粮和节能方向发展；加工机械装备要向高效、智能和人性化方向发展，产品要向安全、多样和方便等方向发展。重点加强稻谷及米制品加工机理和品质控制技术研究；深入研究稻米营养因子的加工保留水平与人体健康的关联机制。

在小麦加工中制粉技术将向高效分离方向发展，实现主副产品的最佳分离分级，提高出品率；要建立适度加工及营养物质保留技术和控制微生物及其毒素的小麦安全加工技术；研制我国传统蒸煮类面制品（馒头、面条等）的品质保鲜等关键加工技术及品质评价体系；研发小麦胚及麸皮在面制食品中的利用技术；研发加工装备数字化、智能化技术；加强中华发酵面食原料基础、现代加工技术、机械装备研究，开发功能性、药膳发酵面食等系列产品。

在杂粮加工中要实现原料的专用化与标准化，以保证杂粮产品质量的稳定性，促进产品可持续发展；要提高我国的杂粮加工专用装备规模化、智能化水平；要采用高新技术及多学科交叉技术，实现杂粮的精深加工，并从传统主食、方便和即食食品以及特殊膳食用食品等方面进行多元化新产品开发；要加强杂粮（全谷物）食品标准体系建设，促进杂粮工业的规模化发展。

2. 在油脂加工方面

多油并举，广辟油源。为弥补我国油脂资源利用不足问题，要加强国内新油源的开发，大力发展我国的木本油脂、稻米油和具有特殊功能的微生物油脂等产品。

加大油脂精准适度加工技术研究与推广应用，增加优质食用油供给。以适度加工为导向，积极开发与推广提高油脂营养和安全水平的工艺与技术。

加强油脂营养与健康、安全与风险控制的基础及应用研究。推进现代分离技术、生物技术和信息技术等现代高新技术的集成应用，提高核心技术装备的先进性、稳定性和可靠性。

重视资源的综合利用，开发功能性脂质和专用油脂产品，加快油脂加工向食品制造和功能食品延伸；调整产品结构，加快对"系列化、多样化、个性化、定制化"等营养健康油脂产品的开发；加强油脂加工副产物的综合开发利用。

加强油脂产品开发技术与大数据、云计算和互联网的融合，重视把握个性化、定制化油脂产品的发展趋势与支撑技术的研究与应用。

进一步提升我国油脂装备的研发和制造水平。重视关键装备的基础研究和自主创新，把油脂加工科技的发展重点放在大型化、自动化、智能化和专用化上。

3. 在饲料加工方面

未来，饲料加工科技发展的总方向是"绿色、安全、高效、生态"。其重点研究课题如下。

研究饲料原料、添加剂、在制品理化特性在不同饲料加工过程中的变化规律及对产品品质的影响。

研发新型清洁、节能、高效、智能化饲料加工设备；开发在线自动化检测技术与设备；研发节能型、自动化发酵饲料工艺和装备。

开发新型清洁、节能、专业化、个性化饲料加工工艺；开发基于互联网、物联网的饲料厂自动化控制技术。

研发提高粮油副产物、劣变粮油资源的生物发酵等高效饲料化利用技术；研发新型昆虫蛋白的生产技术。

研发饲料加工质量、安全卫生的快速、准确检测方法与仪器；研发快速检测仪器的小型化、便携化、在线化、实时化和网络化技术。

4. 在玉米深加工方面

研发玉米质量实时监测与筛选技术，改良产品品质，加快加工专用品种的开发和推广，以更好地适应加工转化的需求。

适度放开燃料乙醇等非粮加工转化的比例，提高资源转化利用效率，加强副产物在饲料领域的应用和研发。

引导和鼓励玉米淀粉糖的消费，拓展淀粉糖品种和应用范围，研发满足特殊人群需求的功能性糖醇产品；开发满足不同应用需求、市场高度细分的变性淀粉以及采用微波、挤压等新型改性手段和装备。

针对我国玉米主食品种少，工业化生产比例低的问题，推动高品质玉米专用粉、全营养玉米重组米、系列玉米主食等关键技术研究及产品的开发。

发展酶法浸泡、全组分高度综合利用和节能减排技术，显著提高淀粉加工、燃料乙醇等产业的副产物利用效率。

5. 在粮油质量标准方面

加强粮油质量基础研究，重点开展粮食品质安全相关基础信息数据库建设，为现场、在线、快速检测仪器设备开发、质量溯源以及真实性表征（如粮油掺伪）奠定基础，为粮油适度加工、健康粮油产品开发提供科学依据。

加强样品扦样、制样技术研究，尽快修订粮食扦样、制样标准，保证样品的代表性和检测结果的准确性。

加强中式粮油食品食用品质、粮油储藏的敏感指标研究，开发适合中国粮食消费的特色专用品质评价仪器和粮油储藏品质精准检测仪器。

6. 在粮油营养方面

根据《中国居民膳食指南》中有关粮油营养均衡的建议，要研究粮油食品营养成分和生物活性物质的营养机理，形成粮油营养消费指南；要研发营养日餐基本模型及产品设计系统；要研究新型营养强化粮油食品关键生产技术；要开发减少粮油食品加工过程中微量营养素损失的新技术和新产品以及粮油内源毒素和抗营养因子控制和降解新技术；要研究加工、储运、烹饪对营养功效成分的影响。

要研究营养代谢组学等技术，实现个性化营养食品精准制造，开发特殊人群专用粮油营养健康食品；要研究杂粮、药食同源等食材的健康功效和加工特性；要开展营养健康教育，推动营养、健康、适口平衡的消费观念，健全政策，积极推广粮油食品营养健康声称。

7. 在粮油信息自动化方面

加快推进大数据、云计算、人工智能、自动控制等技术在粮食行业的深入应用，全面推进"互联网＋粮食"行动，增强信息与自动化在粮食产业转型升级中的支撑作用。

加强大数据、人工智能技术在行业管理的深化应用，研发粮食信息预测预警数据模型，提高行业宏观调控、行业监管以及公共服务的精准性和有效性。

加快人工智能、物联网、自动控制等技术在粮油加工过程中的应用，实现全生产周期信息采集与过程控制；建立质量安全数据库，利用二维码、身份识别等技术，确保质量监测信息的真实性、可溯源性。

探索智能机器人在粮油出入库、码垛等关键环节的应用，推动集装箱、滑托板等单元化器具的自动化、智能化发展，加强物流单元检测与识别技术、物流动态监控技术的推广应用，提升物流管理的水平和效率。

推动"互联网＋"粮食电商平台建设，形成线上与线下相融合的发展模式，建立质量安全追溯机制，探索推广溯源查询服务。

（五）主要措施和建议

为保证今后我国粮油加工科学技术的发展重点得到落实，需要采取以下政策措施。

1. 加强科研顶层设计

加强粮食行业科技供需调研，以保障国家粮食安全为首要任务，立足粮油传统优势、特色和交叉学科，聚焦产业发展重大科技需求，解决关键问题，合理配置粮油科技资源，优化科技体制环境，顶层设计"一盘棋"，在重大科技计划中选好题、选准题，实现科研与需求的有效对接。要加快粮食行业科技体制改革步伐，实施以增加知识价值为导向的分配政策，充分调动广大科技人员创新创造积极性，提高行业科技贡献率，以创新驱动行业发展。

2. 加速科技创新体系建设

充分发挥公益性科研院所、高等院校的科技引领和创新生力军作用，加强整体规划，合理配置创新资源，拓展科技视野，提升自主创新能力。加强产业技术创新联盟建设，建立以行业龙头企业为主体、产学研结合的技术创新体系，吸引联盟承担重大科技项目；加强科技成果评价，打造科技成果转化平台，促进成果落地转化。充分发挥行业科技社团的人才智力资源优势和桥梁纽带作用，加快粮油科技智库建设，更好地服务科技创新。

3. 加大科研经费投入

以科技计划项目为载体，进一步加大财政科技投入力度，保持财政科技支出持续稳定增长，鼓励行业社会力量投入粮油科技，引导企业增加技术研发投入。政府所主导的科研项目和经费适当转向非国有企业进行科研及创新。完善科技资金管理，提高资金使用效率，使投入效益最大化，形成政府、企业、社会多元化、多渠道的科技投入格局。

4. 加快人才队伍建设

完善科技人才引进、培养、激励、选拔和考评机制，营造吸引培育专业人才的环境和条件，调动科技人员积极性。结合重点科研项目，重视发现和培养高层次科技领军人才，加强科研创新团队建设，积极引进现代粮油科技发展急需的海外高层次人才；加强实施优秀青年人才的培养计划，加大对优秀青年科技人才的选拔资助力度；健全完善多层次、多专业的教育培训、技能鉴定和技术大赛等，建设一支数量充足、结构合理、专业齐全、素质较高的粮食科技人才队伍，培养一支懂技术、精业务的高技能人才队伍。

5. 加深国际科技合作

统筹利用国际、国内两个市场、两种资源，加强国际交流与合作，引进先进适用的粮油技术和优质资源，并加强消化吸收和再创新；开拓粮油技术和产品国际市场，加强"一带一路"沿线国家粮油科技合作，重点扶持有国际竞争力的粮油企业参与国际竞争，增强国际话语权。

九、做强做大小米产业，全面助力精准扶贫
——在"中国小米产业峰会暨益海嘉里蔚县 精准扶贫项目启动仪式"上的演讲

（2017 年 11 月 8 日　于河北蔚县）

各位领导、各位嘉宾、朋友们：

大家好！

很高兴有机会跟大家相聚在"贡米之乡"蔚县，参加由中国粮油学会、中国优质农产品开发服务协会、中国农村杂志社主办，由蔚县人民政府、益海嘉里金龙鱼粮油食品股份有限公司承办的"中国小米产业峰会暨益海嘉里蔚县精准扶贫项目启动仪式"。我自参加工作以来一直从事和主管粮油工业，又常年生活在北方，对小米熟悉而亲切，有很深的感情。在此，我以《做强做大小米产业，全面助力精准扶贫》为题，介绍相关情况和讲点意见，供各位参考。

（一）小米是中国传统的主粮作物

小米是由谷子（亦称"粟"）碾去颖壳和皮层后的成品粮食，是由野生的"狗尾草"选育驯化而来的。小米起源于中国，是我国传统的优势粮食作物、主食作物和抗旱耐贫瘠作物，为"五谷"之一。它具有生育期短、适应性广、耐干旱、耐贫瘠、耐储存、营养价值高等优势。

谷子在世界上的种植范围很广，从南纬 40°到北纬 61°都有种植，从平原到高原都有它的踪迹，全世界谷子的栽培面积约为 10 亿亩：其中我国的种植面积是最大的，其次为印度、俄罗斯、朝鲜、日本、埃及及阿根廷等国家。我国谷子的种植区域主要集中在北方的干旱和半干旱地区，主要分布在河北、山西、陕西、内蒙古、河南、黑龙江、吉林、甘肃以及辽宁等省（区）。由此可见，谷子在我国北方地区农业中有着举足轻重的作用。

在很长的历史时期里，我国谷子的种植面积仅次于稻谷、小麦和玉米，居第四位。在上述主产区，小米是当地百姓喜爱的主粮，也曾是我国传统的主粮品种之一，我国百姓记忆最深的一句话应该是"小米加步枪"，可见小米为中国人民取得抗日战争和解放战争的

伟大胜利做出了不可磨灭的贡献。据了解，新中国成立初期，我国谷子年种植面积高达1.48 亿亩，在全国 23 个省区均有大面积种植。此后，随着水利设施的改善，玉米、稻谷、小麦等高产作物的发展，谷子生产面积正在逐渐减少。

据有关资料介绍，我国谷子的种植面积与产量，已由 1993 年的种植 2748 万亩、产量400 万吨下降至 2008 年的种植面积 1222.3 万亩、产量 128.6 万吨，导致小米产量在整个粮食生产中的比重越来越小，从而忽略了小米作为我国传统主粮的地位。近些年来，随着我国粮油消费市场的不断升级，消费者对营养健康的追求越来越迫切，以小米为代表的一批粮食品种越来越受到消费者的青睐。另据统计，随着农业种植科技水平的提升，在谷子播种面积继续下降的情况下，谷子的总产量有所回升（表 1）。

表1　2011—2016 年我国谷子的播种面积与产量

地区	播种面积/千公顷						产量/万吨					
	2016	2015	2014	2013	2012	2011	2016	2015	2014	2013	2012	2011
全国	—	839.4	771.8	715.7	736	745.4	228.8	196.6	180.9	174.6	179.6	156.7
北京	1.5	1.4	1.3	1.3	1.5	1.5	0.4	0.3	0.2	0.3	0.3	0.3
天津	0.3	1.1	0.5	0.2	0.6	0.1	0.1	0.3	0.2	0.1	0.1	0.0
河北	—	—	147.2	144.5	151.8	164.5	52.8	48.4	47.8	43	40.7	43.5
山西	—	—	216.3	210	206.8	206	42.7	35.4	38.9	38.4	31.2	26.2
内蒙古	—	—	167	125.6	142.4	137.3	48.9	43.8	33.9	28.9	40.8	27.8
辽宁	64.4	61.0	61.9	51.9	52	63.5	22.8	19.0	17.4	16.5	16.5	22.1
吉林	51.9	44.5	34.1	32.2	35.8	35.1	24.6	19.2	14.6	19.4	22.4	10.2
黑龙江	7.2	6.4	6.9	6.9	8.7	10.2	2.9	2.5	2.6	2.4	3	3.5
上海	0.0	0	0	0	0	0	0	0	0	0	0	0
江苏	0.2	0.0	0.1	0.1	0	0	0.0	0.0	0.0	0.0	0	0
浙江	0	0	0	0	0	0	0.0	0.0	—	0.0	0	0
安徽	0.3	0.1	0.1	0.1	0.1	0	0.1	0.0	0.0	0.0	0.0	0
福建	0.1	0	0.1	0	0	0	0	0	0	0	0	0
江西	0.6	0.6	0.6	0.4	1.1	0	0.2	0.2	0.2	0.1	0.3	0.0
山东	18.0	16.9	18.8	18.6	18.7	17.8	5.7	5.3	6.0	5.6	5.9	5.8
河南	40.7	35.7	35.7	35.5	35.4	35.9	10.4	4.5	4.4	5	5.9	5.8

续表

地区	播种面积/千公顷						产量/万吨					
	2016	2015	2014	2013	2012	2011	2016	2015	2014	2013	2012	2011
湖北	0.0	0.0	0	0	0	0.1	0.0	0.0	0.0	0	0	0.0
湖南	0.0	0.0	0	0	0	0	0.0	0.0	0.0	0	0	0.0
广东	0.0	0.3	0.4	0.5	0.3	0.3	0.1	0.1	0.1	0.1	0.1	0.1
广西	2.3	2.2	1.9	1.7	1.9	2.7	0.5	0.5	0.5	0.4	0.5	0.7
海南	0.0	0.0	0	0	0	0	0.0	0.0	—	0	0	0.0
重庆	0.0	0.0	0	0	0	0	0.0	0.0	0.0	0	0	0.0
四川	0.0	0.0	0	0	0	0	0.0	0.0	0.0	0	0	0.0
贵州	9.1	8.6	1.6	10.9	1.9	1.7	1.8	1.8	0.3	2	0.3	0.2
云南	0.4	0.4	0.3	0.2	0.3	0.3	0.1	0.1	0.1	0.1	0	0.0
西藏	0.0	0.0	0	0	0	0	0.0	0.0	0.0	0	0	0.0
陕西	59.2	59.8	58.1	57.2	60.1	62.7	10.1	8.8	10.3	9.6	10.2	10.5
甘肃	12.5	13.1	11.6	12.2	11.7	0	2.3	2.7	2.4	2.1	2.1	0.0
青海	0.0	0.0	0	0	0	0	0.0	0.0	0.0	0	0	0.0
宁夏	8.8	8.3	7.3	4.8	4.8	5.2	1.6	0.8	1.0	0	0	0.4
新疆	2.5	5.7	0	0.7	0.1	0.3	0.9	2.9	0.0	0	0	0.1

注：资料来源国家粮油信息中心。

（二）小米是营养价值很高的粮食品种

众所周知，小米的营养成分丰富（表2），营养价值很高，小米中的主要营养成分含量大都高于大米和小麦粉。小米可焖饭、煮粥或加工成各种食品，食用后不仅营养丰富，且易于人体消化吸收，是老弱病人和产妇等特殊人群的理想健康主食品。我很清楚地记得，在短缺经济时代，北京的产妇能享受到5市斤小米的特殊供给。其原因是，小米熬粥，营养丰富，有"代参汤"之称，《本草纲目》称：小米"治反胃热痢，煮粥食，益丹田，补虚损，开肠胃"。在我国北方地区则是孕产妇、婴幼儿的传统营养佳品，小米粥更是百姓餐桌上常见的一种美食。

随着小米在大健康和养生中的重要作用，当今我国的小米消费市场不仅局限于北方，南方人也逐渐重视小米，南方市场对小米的消费逐步增多，特别是上海、广州、武汉及深圳等城市小米销量持续升高，其中上海和广州以高端小米为主。与此同时，随着市场的细分和精深加工的发展，业内已经有企业研发出了婴儿小米米粉、婴儿小米米乳粉、速溶小米乳粉、小米薄脆饼干等婴儿产品以及小米糕、小米锅巴等"绿色无添加剂"的小米产品，深受消费者的青睐。由此可见，我国小米市场的发展前景十分看好。

表2　小米的营养成分（以100克计）

品种	水分/克	蛋白质/克	脂肪/克	碳水化合物/克	灰分/克	胡萝卜素/克	维生素 B_1/毫克	维生素 B_2/毫克	泛酸/毫克
北京小米	11.0	9.7	3.5	72.5	1.3	0.19	0.57	0.12	1.6
东北小米	10.8	9.3	3.8	73.7	1.6	0.16	0.53	0.11	0.9
张家口小米	11.0	9.7	1.7	76.1	1.4	0.12	0.66	0.09	1.6

注：资料来源何东平，白满英，王明星主编.粮油食品.北京：中国轻工业出版社，2014.

（三）要重视小米产业发展中的一些问题

从总体上看，我国小米产业的发展势头与前景是看好的。但与此同时，我们也看到在小米产业的发展中存在着许多亟待解决的问题。今年1月10日，我去深圳参加了"华大小米深加工产品战略合作研讨会"，会上，我对当前小米产业在发展中应重视的一些问题谈了自己的看法。我认为，当前在小米产业发展中最为重要的是要"抓两头、带中间"。所谓"抓两头"，就是要从抓小米产业优良品种的培育、提高单位面积产量和提升小米的品质着手，进而抓好小米产品的宣传和营销工作。所谓"带中间"，就是要进一步抓好小米产业的精深加工，积极开发出品位高、口感好的百姓喜爱的各种健康小米食品，并能取得最佳的经济效益，达到最大程度地调动种粮农民的积极性，健康百姓，造福人民，壮大企业的最终目的。

说得再具体一些，就是要克服当前小米在种植方面存在的费工、费时，成本日益增加问题。机械化作业难度较大，单位面积产量远不及小麦、玉米、水稻等是阻碍小米产业发展的最大短板。根据小米产业自身特点与发展需要，建议在以下几个方面多做工作，做出成效。

一是要选育和推广优质、抗除草剂和适合机械化作业的谷子新品种。

二是要研发谷子收割、脱粒、扬净等高效配套机械，提升谷子产业机械化水平。

三是要示范推广谷子节水灌溉栽培技术。

四是要研发以谷子秸秆循环再利用技术，发展循环农业。

五是要大力推进标准化生产经营，发展农场生产模式，实现产销对接。

在精深加工及开发新产品方面，小米产业要根据全国《粮油加工业"十三五"发展规划》中提出的要"增加满足不同人群需要的优质化、多样化、个性化、定制化粮油产品供给。实施'绿色健康谷物口粮工业'，加强市场培育，增加糙米、全麦粉、杂粮和薯类及其制品等绿色、优质、营养、健康中高端新产品供给"，以及国家粮食局实施"中国好粮油"行动计划的要求，加强创新研发力度，开发出满足不同人群需要的、口味好、食用方便的小米新产品。例如从市场角度出发，目前我国的主流消费人群，已经由80后，向90后，甚至是00后过渡，这些消费人群共同的特点是工作和生活压力大、亚健康人群多、时间紧张、饮食求快不求质。因此，生产出一款健康、营养、便捷的小米快餐食品，无论对于解决这些主流消费人群的饮食健康问题，还是让小米占领快餐市场，都具有不可估量的重大意义。

除了种植技术和精深加工外，品牌建设意识不强也是制约小米产业发展的又一个关键因素。蔚县是传统的"贡米之乡"，这里的水土几乎没有污染，种植谷子也不使用化肥和农药，保持了小米的有机品质。我是蔚县小米的"粉丝"，在益海嘉里涂总的影响下，现在我家常年几乎只吃蔚县产的小米，然而当我想给朋友介绍这么好的产品时，我遇到了一个尴尬：蔚县小米是什么牌子的？我该如何让周围的亲朋好友在超市一眼就能看到并买到真正的蔚县小米？

现在市面上的小米品种很多，按米粒的性质可分为糯性小米和粳性小米；按照谷壳的颜色可分为黄色、白色、褐色等多种，其中红色、灰色多为糯性，黄色、白色多为粳性。而全国著名品种只有山西长治的沁州黄小米、山东章丘的龙山小米、山东金乡的金米和河北的蔚县桃花米。这"四大名米"里，大概牌子最响的要算是沁州黄小米了。俗话说"米香也怕巷子深"，如何让蔚县桃花米再次扬名天下，品牌建设是关键的一环。

（四）点赞益海嘉里助力精准扶贫

益海嘉里金龙鱼粮油食品股份有限公司是中国粮油学会的优秀会员单位，拥有良好的企业形象，旗下"金龙鱼"不仅入选国家品牌计划，更是中国老百姓家喻户晓、交口称赞的品牌。今天，我们非常高兴目睹益海嘉里将在这里建立扶贫基地，探索出了将企业品牌、渠道优势与优质农业资源相结合，既为人民群众提供高端优质农产品，同时又能够促进农民增收，尤其是能帮助贫困地区找到脱贫致富的产业发展模式和产业扶贫新路子，开创了外资企业发挥产业优势，助力精准脱贫的先河。我认为，这将是非常有效、可持续的扶贫模式，值得推广和借鉴。从中国粮油学会的角度上，我们也会协助益海嘉里利用专家资源，在帮助当地优化小米品质、提高小米产量的基础上，研究蔚县当地小米产业的精深加工，从而生产出更符合消费者需求的产品。

我还相信不久的将来，我的亲朋好友们不用我介绍，也能自己在各种渠道买到正宗的蔚县小米，因为"金龙鱼"正载着蔚县的爱心桃花米，游向千家万户！

最后，预祝"中国小米产业峰会"取得圆满成功，热烈祝贺益海嘉里精准扶贫项目顺利启动，祝愿桃花米大卖，祝福蔚县人民生活更美好！我今天的演讲就到这里，谢谢大家！

十、对新时代我国粮油加工产业新发展的思考

——在"中国粮油学会食品分会第八次会员代表大会暨新时代粮油食品科技创新高峰论坛会"上的演讲

（2018 年 7 月 19 日　于宁夏青铜峡）

很高兴应邀来到美丽富饶的青铜峡市参加"中国粮油学会食品分会第八次会员代表大会暨新时代粮油食品科技创新高峰论坛会"，首先预祝继往开来的中国粮油学会食品分会第八次全国会员代表大会取得圆满成功，祝食品分会越办越好，取得更大的辉煌。

根据姚老师的会前布置，要我以《新时代中国粮油产业发展新战略》为题发言。此题目出得很好，也是当前我国粮食行业需要研究的问题，但由于题目太大，对我来说有些力不从心，所以改为《对新时代我国粮油加工产业新发展的思考》，讲点自己的学习心得。

粮油加工业是关系到国计民生和国民健康安全保障，产业关联度高、涉及面广的民生产业。充分发挥粮油加工业对粮食产业发展的引擎作用和对粮食供求的调节作用，以及对加快发展现代粮食产业经济具有十分重要的意义。为使我国粮食加工业在新时代有新的发展，我们要全面贯彻党的十九大精神，以习近平新时代中国特色社会主义思想为指导，进一步贯彻《国务院办公厅关于加快推进农业供给侧结构性改革，大力发展粮食产业经济的意见》（国办发〔2017〕78 号）和全国《粮油加工业"十三五"发展规划》《粮食行业"十三五"发展规划纲要》，坚持新时代、新需求、新发展理念，围绕实施"健康中国"战略，通过供给侧结构性改革，实现粮油产品的优质、营养、健康和企业的转型高效发展，为此，我认为在新时代我国粮油加工产业要有新的作为、新的发展，要重点在以下几个方面做好工作。

（一）要认真做好粮食行业供给侧结构性改革，提高安全、优质、营养、健康粮油食品供给能力这篇大文章

在党中央、国务院的英明领导下，近年来我国粮食连年丰收，加上通过有效利用国际市场，为保障国家粮食安全、促进经济社会发展奠定了坚实基础。当前，我国粮食供给已由总量不足转为结构性矛盾，库存高企、销售不畅、优质粮食供给不足、深加工转化滞后

等问题突出。解决这些突出问题，必须加快推进粮食行业供给侧结构性改革。

我国全面建成小康社会就在眼前。随着我国经济的持续向好发展，人们生活更加富裕和生活水平不断提高，人们对粮油食品的要求越来越高，在告别了粮油计划供应、有啥吃啥的年代后，要求在吃得安全、吃得好的基础上吃得更加营养、更加健康。

为满足全面建成小康社会城乡居民消费结构升级的需要，粮油加工企业要积极调整产业、产品结构，加快提高安全、优质、营养、健康粮油食品的供给能力。要增加满足不同人群需要的优质化、多样化、个性化、定制化粮油产品的供给；要增加优质米、食品专用米、专用粉、专用油和营养功能性新产品以及绿色、有机等"中国好粮油"产品的供给；要大力发展全谷物食品，增加糙米、全麦粉、杂粮、杂豆、薯类及其制品和木本特种食用油脂等优质营养健康中高端产品的供给；要提高名、特、优、新产品的比例，充分发挥"老字号"的品牌效应等。总之，新时代粮油加工企业要把深入推进粮食行业结构性改革，提高安全、优质、营养、健康粮油食品的供给能力作为首要任务，以助力"健康中国"建设。

（二）要始终坚持质量安全第一

粮油加工企业要坚守食品安全底线，把产品质量安全放在第一位，并在保证质量安全的前提下，把适口、营养、健康、方便作为今后的发展方向。要按照食品安全、绿色生态、营养健康等要求，完善原料采购、检验、在线检测和成品质量检验，建立"从田间到餐桌"覆盖生产经营全过程的粮油质量安全信息追溯体系，确保粮油产品质量安全万无一失。

要继续提倡适度加工，最大程度地保存粮油原料中固有的营养成分，防止过度加工。要科学制修订好粮油的国家标准、行业标准和团体标准，规范和引领粮油加工业的健康发展。要广泛进行科普宣传，引领科学消费、合理消费、健康消费。

（三）要重视发展粮食循环经济，搞好资源的转化和副产物的综合利用

要针对不同时期粮油资源的实际，搞好粮油资源的加工转化。当前，我们要根据玉米、稻谷库存高企的实际情况，粮油加工企业要积极发展玉米等粮食深加工，促进库存陈粮深加工转化，为去库存做贡献。根据（国办发〔2017〕78号）文件精神，要着力处置霉变、重金属超标、超期储存粮食等问题，适度发展粮食燃料乙醇，推广使用车用乙醇汽油，探索开展淀粉类生物基塑料和生物降解材料试点示范，加快消化政策性粮食库存。

要依托大型骨干企业，大力开展米糠、碎米、麦麸、麦胚、玉米芯、饼粕等副产物综

合利用，提高资源利用价值。尤其是要搞好米糠的利用，根据规划，争取到2020年，我国米糠制油的利用率由2015年的15%左右提高到50%以上，为国家增产油脂。

（四）要大力推进主食产业化

为适应人们生活水平进一步提高和生活节奏加快的需要，粮油加工企业要把发展主食品生产看作是粮食行业推进供给侧结构性改革，调整产业结构的重要组成部分，是粮油加工业向精深加工延伸，是方便百姓、企业增效的有效途径。为此，要积极开发适合不同群体需要、不同营养功能、不同区域特色的优质米、面制品，诸如优质米粉（米线）、米粥、米饭、馒头、挂面、鲜湿及冷冻面食等大众主食品和区域特色主食品种及品牌，与此同时，要积极开发玉米、杂粮及薯类主食制品的工业化生产，以丰富市场满足不同人群的需要。要开展主食产业化示范工程建设，推广"生产基地＋中央厨房＋餐饮门店""生产基地＋加工企业＋商超销售""作坊置换＋联合发展"等新模式；要保护和挖掘传统主食产品，增加花色品种；要鼓励和支持开发个性化功能性主食产品。根据规划，争取到2020年，主食品工业化率由2015年的15%提高到25%。

（五）要优化调整产业结构

要根据优胜劣汰的原则，继续培育壮大龙头企业和大型骨干企业，支持他们做大做强、做优做精，引导和推动企业强强联合，跨地区、跨行业、跨所有制兼并重组，积极采用先进技术与装备，成为产品质量高、能耗粮耗低、经济效益好、新产品开发能力强的国家级、省级龙头企业；鼓励有地方特色、资源优势的中小企业积极提升技术装备水平和创新经营方式，主动拓展发展空间，形成大、中、小型企业合理分工、协调发展的格局；要强化食品质量安全、环保、能耗、安全生产等约束，促进粮油加工企业加大技术改造力度，倒逼落后加工产能依法退出；支持粮油加工产业园区或集群建设，促进优势互补。

（六）要重视安全文明、清洁环保和节能减排

粮油加工企业要继续强调必须加强安全生产、清洁生产和文明生产，做到绿色生产、节能减排、保护环境。要把安全文明生产、绿色生产、保护环境和节能减排等作为粮油加工业发展的永恒主题。要以绿色粮源、绿色食品、绿色工厂、绿色园区为重点，建立绿色粮油产品供应链；要鼓励粮油加工企业建立绿色、低碳、环保的循环经济系统，降低单位产品能耗和物耗水平。推广"仓顶阳光工程""稻壳发电"等新能源项目，促进产业节能

减排、提质增效；要按国家和地方相关规定，严格控制废水、废气、污水及灰尘、粉尘的排放。认真做到单位工业增加值二氧化碳排放下降、单位工业增加值能耗下降和主要污染物排放总量减少等指标，达到国家相关规定的要求。

（七）发展新业态，创新现代营销模式

近些年来，随着互联网、物联网技术的日臻成熟和快速发展，改变了商品的传统营销模式。为此，粮油加工企业要积极推进实施"互联网＋零售"行动，开展在线销售、原料采购等活动，发展"网上粮店"，推广"网订店取""网订店送"等零售新业态、新模式，促进线上线下融合发展，创新现代营销模式。

（八）要实施创新驱动，科技兴粮

创新是引领发展的第一动力，党中央、国务院高度重视科技创新。习近平总书记指出："纵观人类发展历史，创新始终是一个国家、一个民族发展的重要力量，也始终是推动人类社会进步的重要力量。不创新不行，创新慢了也不行。"为认真实施创新驱动发展战略，在全国《粮油加工业"十三五"发展规划》和《粮食行业科技创新发展"十三五"规划》中提出，要"强化企业技术创新的主体地位"和"强化产业技术原始创新能力以及国产装备的自主创新能力。"由此可见，创新尤其是拥有自主知识产权的核心技术是创新中的核心。

根据粮油加工业的实际，我认为当前的创新重点应该放在以下三个方面。

一是要研究开发粮油加工业的新技术、新工艺、新材料、新产品、新装备，以进一步提升我国粮油加工业的整体水平。

二是要重视关键技术装备的创新研发。粮机装备制造业，要以专业化、大型化、成套化、智能化、绿色环保、安全卫生、节能减排、节粮减损为导向，发展高效节粮节能营养型大米、小麦粉、食用植物油、特色杂粮和薯类等加工装备；提高关键设备的可靠性、使用寿命和智能化水平；支持建立高水平的粮机装备制造基地；鼓励研发全自动主食方便食品加工、特色杂粮和薯类加工、木本油料加工、饲料加工成套设备；定制机器人应用、智能工厂、立体仓库；粮食收购现场质量品质快速检测及质量控制设备、智能仓储及输送、烘干等关键设备。

三是要发挥品牌的引领作用。要加强粮油品牌建设的顶层设计，通过质量提升、自主创新、品牌创建、特色产品认定等，培育出一批像鲁花、金龙鱼、福临门等具有自主知识产权的、家喻户晓的、有较强市场竞争力的全国性粮油名牌产品。

（九）践行"一带一路"倡议，实施"走出去"战略

支持有条件的企业，加强与"一带一路"沿线国家，尤其是上海合作组织成员国，在农业投资、贸易、科技、产能、粮机装备等领域的合作。通过"走出去"，培训一批具有国际竞争力的大粮商和粮油企业集团，支持在农业生产、加工、仓储和港口等环节开展跨国全产业链布局，逐步建立境外粮油产销加工储运基地。在造福当地百姓的同时，提高我国"走出去"企业的国际市场竞争能力和资源供给保障能力。

以上学习体会，供大家参考，不当之处请批评指正。

谢谢大家！

十一、展示改革开放 40 年粮油加工业的巨大成就
——在"第九届中国国际粮油精品、粮油加工及储藏物流技术博览会"上的开幕辞

（2018 年 12 月 6 日　于北京）

尊敬的中国粮油学会张桂凤理事长、尊敬的原林业部李育林副部长、尊敬的江南大学姚惠源教授，尊敬的各位领导、各位嘉宾、各位参展商，女士们、先生们：

大家上午好！

今天，我们再次相聚在北京，高兴地迎来了"第九届中国国际粮油精品、粮油加工及储藏物流技术博览会"（以下简称北京国际粮油展）的胜利召开！首先我代表大会指导单位中国粮油学会油脂分会、食品分会、储藏分会、花生食品分会和大会组委会永红国际展览有限公司对大家在百忙之中参加本届盛会表示诚挚的问候和衷心的感谢！

各位代表，本届展会正值全国上下热烈庆祝我国改革开放 40 年取得伟大成就，国家发生巨变时举办的，向首都人民展示了我国改革开放 40 年来粮油加工业取得的巨大成就。通过本届展会的展示，回顾 40 年来，我国粮油加工业与其他行业一样，发生了翻天覆地的变化。我觉得主要体现在以下四个方面。

一，为顺应粮油市场的需要，粮油加工产能数倍增长，规模化、大型化和精加工占主导地位。以食用植物油加工业为例，我国油料处理能力由改革开放前的 1147 万吨，增加到目前的约三亿吨，增长了 20 多倍；浸出制油工厂的规模由改革开放前的日处理油料 50 吨，提高到现在的 5000 吨。

二，粮油产品的供应，由改革开放前的计划凭证、凭票、定点供应到如今的敞开供应。以食用植物油为例，我国由改革开放前的人均年消费量不足 5 千克，提高到现在的 26.6 千克，超过了 2017 年世界人均年消费食用植物油 24.4 千克的水平。

三，粮油产品质量上乘，品种繁多。由过去的定量供应以标二米、普通粉、四级油为主和品种单一有啥吃啥，没有任何选择余地，发展到如今市场上供应的以精米、精面、精油为主的各种小包装粮油产品，且质量上乘，品种繁多，百姓可以任意选择，想吃什么就能买到什么。

四，粮油机械制造达到国际先进水平。过去，现代化的粮油加工先进装备主要依赖进

口。通过设备的选定型、引进技术装备的消化吸收国产化以及自主研发、创新发展，如今我国的粮油加工技术与装备水平已达到国际先进水平，不仅能满足国内现代化粮油加工业的发展需要，同时还能出口到许多国家和地区。

以上这些成绩是来之不易的，也是我国改革开放取得伟大成果的体现，本届展会上所展示的粮油精品和加工装备将充分体现改革开放 40 年来，我国粮油加工业发生的翻天覆地的变化。

各位代表，近 10 年来，在中国粮油学会的关心和支持下，在行业朋友们的信任与参与下，北京国际粮油展历经了多方面的挑战与考验，逐年稳步发展，规模不断增大，效果明显增强。今天举办的第九届盛会，展商总数达 330 多家，展位面积达到 15000 平方米，品牌企业参会数量较上届展会增加了 10%。我们高兴地看到，今年的展会，无论是展商数量、展馆面积及展会规格都大大超过了往届。

尤其值得一提的是：中粮集团、益海嘉里、鲁花集团、中储粮油脂、九三集团、京粮集团、西王集团、三星集团、香驰集团、金胜粮油、上海佳格、河北玉星、上海融氏、安徽燕庄、上海富味乡、瑞福油脂、安徽大团结、江苏金太阳集团、广西澳加粮油、浙江得乐康、五得利面粉集团、燕谷坊集团、宁夏君星坊、浙江三中粮油、内蒙古红井源、湖北天星粮油、河北美临多维、河南淇花、青岛长寿食品、方圆集团、包头金鹿、兰州润民、延寿县大米展团、迈安德集团、河南华泰、丰尚油脂、河南亿德、郴州粮机、捷迅光电、中机康元、东洋克斯、永成电子等众多行业知名企业始终都是这个盛会的知名展商，多年来对本会的发展做出了很大贡献。

与此同时，今年又有：渤海油脂、西安爱菊集团、安琪酵母、云南摩尔农庄、甘肃陇南祥宇油橄榄公司、宁夏六盘珍坊、浙江农科、呼伦贝尔合适佳、潞安智华农林、山东兴泉、青岛天祥、湖南山润茶油、新疆绿地、云南源天生物、秋然米业、河南康博农业、阜阳宝鼎油脂、东龙节能、福鑫机械、青岛宝佳、东正机械、丹徒粮机、河北青工、郑州远洋、晶莹粮机等行业知名企业参加了本届博览会。

另外，还有俄罗斯、日本、乌克兰、哈萨克斯坦等国外企业也参加了本届展会。

对此，我代表大会组委会对大家的热情参展和大力支持再次表示衷心的感谢！欢迎大家的到来并预祝大家在本届盛会中能够取得成效，乘兴而来、满意而归。

为了切实提高本届展会的展场效果，同时为了让广大展商在本届展会上有更大的收益，组委会在本届展会上与中国农产品市场协会、中粮集团、世粮集团、捷迅光电、和为贵工贸及北京新发地批发市场、王四营批发市场、八里桥批发市场，上海市虹桥批发市场、唐山市金匙荷花坑市场、天津市红旗农贸综合批发市场等单位合作，将在开幕式结束后和明天上午连续举办两场"粮油食品行业经销代理发展大会"，广大经销代理商将在本届展会上盛情参与，对接展商。

为丰富展会内容，活跃展会气氛，本届展会同期举行"第四届'六盘珍坊'杯亚麻籽油产业联盟大会""2018中国油用牡丹市场发展研讨会""国家核桃油产业创新战略联盟成立大会""捷迅光电新品发布会"等若干论坛会议，为参加本届展会的参展企业提供更为丰富的学习和交流平台。

北京国际粮油展是中国粮油学会油脂分会在全国范围内支持的南北两家大型粮油类展会之一，目前已经发展成为粮油产业公认的品牌盛会。为了举办好本届盛会，以永红国际展览有限公司为组委会的工作团队做了大量认真、细致的工作。多年来的实践证明，这个工作团队是信得过、靠得住的团队，是一支敢于创新发展并不断完善自我的优质团队，我们相信，以这个团队为组委会的北京国际粮油展在今后必将越办越好，取得更大的发展。

最后，预祝本届展会取得圆满成功，祝参会参展企业生意兴隆、兴旺发达！让我们2019年的今天在北京再相会！谢谢大家！

十二、2017 年我国粮油加工业的基本情况

——在"中国粮食行业协会召开的粮油加工业统计工作会议"上的主题报告

（2019 年 4 月 5 日　于北京）

　　统计工作是一切经济工作的基础。粮油加工业的统计工作是粮油工业发展最重要的基础工作之一，粮油工业的统计数据，为粮食行业各级领导研究发展粮食产业经济，进行科学决策提供重要数据和依据；为研究制定粮油加工业的发展规划提供重要依据；是撰写论文，进行国内外交流的重要数据资料；也是反映我国粮油加工发展的历史写照。为此，我国粮油加工业的统计资料一直是比较完整的。但由于机构改革的变化，我国较为完整的粮油工业统计自 1997 年起不再进行了。

　　由于统计的中断，粮食行业就缺少了粮油工业的统计数据，这给各级粮食部门研究提出粮油工业的发展规划、发展战略和产业发展政策等方面的意见和建议带来了困难。2001年 4 月，中国粮食行业协会成立了粮油工业专业委员会，为改变这种状况，粮油工业专业委员会成立后，在原国家粮食局的重视与支持下，经国家统计局批准，恢复了粮油加工业的统计工作，并由中国粮食行业协会承担。从此，中国粮食行业协会在各省市区粮食局和行业协会的支持下，自 2002 年起至 2007 年我国粮油加工业的统计资料不仅得到恢复并逐步完善，受到了大家的好评。

　　为理顺粮食行业的统计工作，自 2008 年起，中国粮食行业协会将粮油加工业统计工作移交给原国家粮食局流通与科技发展司，使粮油加工业的统计工作更加科学完备，以提供粮油加工行业的权威数据，成为制定全国粮油加工业"十二五""十三五"发展规划的重要依据。之后，根据原国家粮食局司局职能分工的变化，2015 年流通与科技发展司又将粮油加工业的统计工作归到调控司管理，粮油工业的统计成为粮食行业统计资料中的一部分。

　　这次变化，尽管粮油加工业的统计在粮食行业统计资料中占据了较大比重，但由于粮食加工业的统计工作不再单独进行，与过去相比较，精简了许多统计内容，致使大家在运用这些数据资料时显得与原来的统计资料不太匹配。随着时间的推移和粮食行业统计资料的调整完善，现在粮油加工业的统计资料，有不少数据可以作为研究制定粮油加工业发展

规划的参考依据（对资料中我认为需要推敲和不太符合实际的数据，在文中作了注解或提示说明）。

最近，我认真地学习了粮食行业统计资料，并整理了"2017 年我国粮食加工业的基本情况"，供大家参考。

（一）我国粮油加工业总体情况

根据原国家粮食和物资储备局调控司 2018 年 6 月公布的《2017 年粮食行业统计资料》，2017 年我国粮油加工业（不含粮油机械制造企业）的总体情况如下。

1. 企业数及按企业性质划分情况

2017 年粮油加工企业为 15509 个，其中小麦粉加工企业 2865 个、大米加工企业 10317 个，其他成品粮加工企业 679 个、食用植物油加工企业 1648 个；按企业性质分，国有及国有控股企业 863 个、民营企业（即非国有企业）14471 个、港澳台商及外商企业 175 个，分别占比为 5.6%、93.3%、1.1%，如图 1 所示。

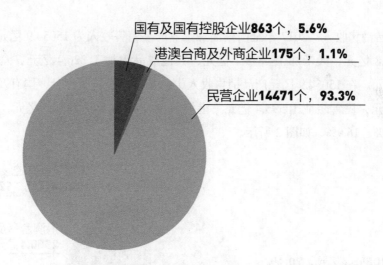

国有及国有控股企业**863**个，**5.6%**

港澳台商及外商企业**175**个，**1.1%**

民营企业**14471**个，**93.3%**

图1　2017年粮油加工企业按企业性质划分比例图

2. 产业化龙头企业数量

2017 年粮油加工业龙头企业为 1944 个，其中小麦粉加工龙头企业 469 个、大米加工龙头企业 908 个、其他成品粮加工龙头企业 119 个、食用植物油加工龙头企业 450 个。在 1944 个龙头企业中，国家级龙头企业 214 个，其中小麦粉加工 61 个、大米加工 82 个、其他成品粮加工 9 个、食用植物油加工 62 个；省级龙头企业 1730 个，其中小麦粉加工

408 个、大米加工 824 个、其他成品粮加工 110 个、食用植物油加工 388 个。

3. 全国粮油应急加工企业数量及"放心粮油"示范工程企业数量

2017 年全国粮油应急加工企业为 4286 个，其中小麦粉加工企业 1141 个、大米加工企业 2633 个、其他成品粮加工企业 83 个、食用植物油加工企业 429 个。在 4286 个应急加工企业中，省级粮油应急加工企业 548 个、市级应急加工企业 1112 个、县级应急加工企业 2626 个。

2017 年全国"放心粮油"示范工程企业为 2623 个，其中小麦粉加工企业 717 个、大米加工企业 1382 个、其他成品粮加工企业 80 个、食用植物油加工企业 444 个。在 2623 个"放心粮油"示范工程企业中，中国粮食行业协会的 597 个、省级的 933 个、市级的 1093 个。

4. 主要经济指标情况

（1）工业总产值　2017 年，全国粮油加工业总产值为 14673.6 亿元，其中小麦粉加工 3416.3 亿元、大米加工 4841.2 亿元、其他成品粮加工 359.5 亿元、食用植物油加工 6056.6 亿元。

（2）产品销售收入　2017 年全国粮油加工业产品销售收入为 15054.9 亿元，其中小麦粉加工 3580.8 亿元、大米加工 4819.1 亿元、其他成品粮加工 326.4 亿元、食用植物油加工 6328.6 亿元。在 15054.9 亿元产品销售收入中，按不同经济类型分，国有及国有控股企业 1904.4 亿元、民营企业 10595.4 亿元，港澳台商及外商企业 2550.1 亿元，分别占比为 12.7%、70.4%、16.9%，如图 2 所示。

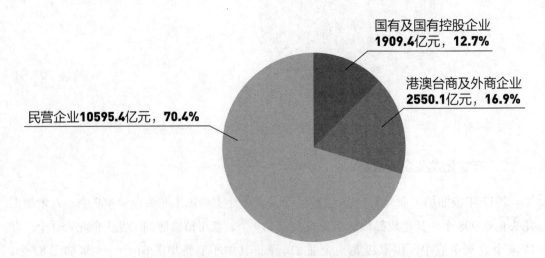

图2　2017年粮油加工业产品销售收入按不同经济类型划分比例图

（3）利润总额　2017 年全国粮油加工业利润总额为 358.5 亿元，其中小麦粉加工 94.8 亿元、大米加工 110.9 亿元、其他成品粮加工 22.7 亿元、食用植物油加工 130.1 亿元。在 358.5 亿元利润总额中，按不同经济类型分，国有及国有控股企业 22.6 亿元、民营企业 278.7 亿元、港澳台商及外商企业 57.2 亿元，分别占比 6.3%、77.7%、16%，如图 3 所示。产品销售利润率为 2.38%。

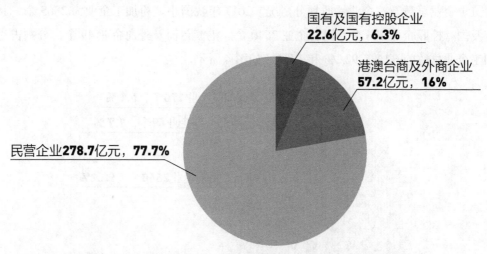

图3　2017年粮油加工业利润总额按不同经济类型划分比例图

5. 获得专利与研发投入情况

2017 年度粮油加工获得专利 1095 个，其中，发明专利 316 个。从米面油加工看，2017 年度，小麦粉加工企业获得专利 158 个，其中发明专利 17 个；大米加工企业获得专利 500 个，其中发明专利 108 个；其他成品粮加工企业获得专利 155 个，其中发明专利 65 个；食用植物油加工企业获得专利 282 个，其中发明专利 126 个。

2017 年度粮油加工业研发费用的投入为 27.1 亿元，占产品销售收入 15054.9 亿元的 0.18%，其中：小麦粉加工的研发费用投入为 4.8 亿元，占产品销售收入 3580.8 亿元的 0.13%、大米加工的研发费用投入为 8.1 亿元，占产品销售收入 4819.1 亿元的 0.17%、食用植物油加工的研发费用投入为 12.8 亿元，占产品销售收入 6328.6 亿元的 0.20%，离《粮油加工业"十三五"发展规划》提出的要求，到 2020 年研发费用投入占主营业务收入比例达到 0.6% 的差距甚大。

（二）我国粮油加工业主要行业的基本情况

小麦粉加工业、大米加工业和食用植物油加工业是我国粮油加工业的主力军，这三个行业的发展情况对全国粮油加工业的发展起到重要的决定性作用。根据《2017 年粮食行业统计资料》，现将 2017 年我国小麦粉加工业、大米加工业和食用植物油加工业的基本情况介绍如下。

1. 小麦粉加工业

（1）企业总数及按企业性质划分情况　2017 年我国小麦粉加工企业为 2865 个，其中国有及国有控股企业 176 个、民营企业 2640 个、港澳台商及外商企业 49 个，分别占小麦粉加工企业总数的 6.1%、92.2% 和 1.7%，如图 4 所示。

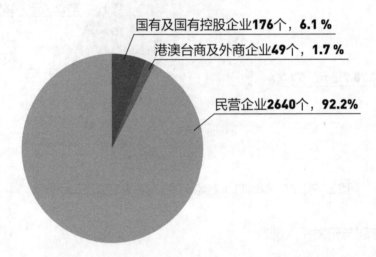

国有及国有控股企业**176**个，**6.1%**

港澳台商及外商企业**49**个，**1.7%**

民营企业**2640**个，**92.2%**

图4　2017年小麦粉加工企业按企业性质划分比例图

（2）小麦加工能力及产品产量　2017 年小麦粉加工业的生产能力为年处理小麦 19941.8 万吨；当年处理小麦 10181.0 万吨，产能利用率为 51.1%；产品产量为生产各类小麦粉 7504.7 万吨，其中专用粉 1761.1 万吨、全麦粉 1200.3 万吨（注：这个数字需要推敲，感觉太大了），平均出粉率为 73.7%。

（3）小麦粉加工企业主要经济指标情况

①工业总产值。2017 年，全国小麦粉加工企业实现工业总产值为 3416.3 亿元，其中国有及国有控股企业 212.2 亿元、民营企业 2919.2 亿元、港澳台商及外商企业 284.9 亿元，分别占比为 6.2%、85.5% 和 8.3%。

②产品销售收入。2017 年全国小麦粉加工企业实现产品销售收入 3580.8 亿元，其中国有及国有控股企业 236.5 亿元、民营企业 3018.1 亿元、港澳台商及外商企业 326.2 亿元，分别占比 6.6%、84.3% 和 9.1%，如图 5 所示。

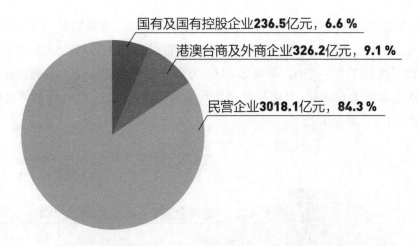

图5 2017年小麦粉加工企业产品销售收入按不同经济类型划分比例图

③利税及利润总额。2017 年全国小麦粉加工企业实现利税总额为 111.9 亿元，实现利润总额 94.8 亿元，其中国有及国有控股企业 -0.6 亿元、民营企业 87.2 亿元、港澳台商及外商企业 8.2 亿元，分别占比 -0.6%、92.0% 和 8.6%，如图 6 所示。

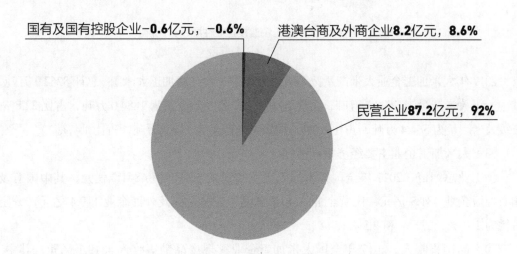

图6 2017年小麦粉加工企业利润总额按不同经济类型划分比例图

2.大米加工业

（1）企业总数及按企业性质划分情况 2017 年我国大米加工企业为 10317 个，其中国有及国有控股企业 514 个、民营企业 9776 个、港澳台商及外商企业 27 个，分别占大米加工企业总数的 5.0%、94.7% 和 0.3%，如图 7 所示。

（2）大米加工能力及产品产量 2017 年大米加工业的生产能力为年处理稻谷 36397.1

万吨；当年处理稻谷 10430.8 万吨，其中早籼稻 796.2 万吨、中晚籼稻 5402.9 万吨、粳稻 4232.1 万吨，分别占比 7.6%、51.7% 和 40.7%；产能利用率为 28.7%，产品产量为 6792.1 万吨（不含二次加工），其中，早籼米 518.5 万吨、中晚籼米 3444.9 万吨，粳米 2828.7 万吨；平均出米率为 65.1%，其中早籼稻平均出米率为 65.1%、中晚籼稻平均出米率为 63.8%、粳稻出米率为 66.8%。

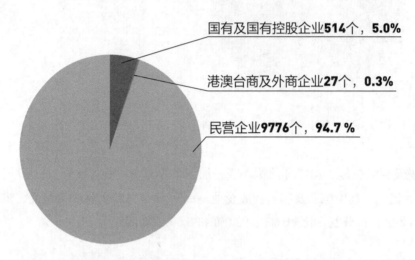

图7 2017年大米加工企业按企业性质划分比例图

2017 年大米加工企业大米产量按等级划分如下（含二次加工大米）：总计 8262.9 万吨，其中一级大米产量为 5698.3 万吨，占比 69.0%；二级大米产量为 1884.0 万吨，占比 22.8%；三级大米产量为 564.4 万吨，占比 6.8%；四级大米产量为 116.2 万吨，占比 1.4%。

（3）大米加工企业主要经济指标情况

①工业总产值。2017 年全国大米加工企业实现工业总产值 4841.2 亿元，其中国有及国有控股企业 481.5 亿元、民营企业 4240.3 亿元、港澳台商及外商企业 119.4 亿元，分别占比为 10.0%、87.5% 和 2.5%。

②产品销售收入。2017 年全国大米加工企业实现产品销售收入 4819.1 亿元，其中，国有及国有控股企业 559.4 亿元，民营企业 4120.7 亿元、港澳台商及外商企业 139.0 亿元，分别占比为 11.6%、85.5% 和 2.9%，如图 8 所示。

③利润总额。2017 年全国大米加工企业实现利税总额为 128.6 亿元，实现利润总额 110.9 亿元，其中国有及国有控股企业 7.9 亿元、民营企业 100.9 亿元、港澳台商及外商企业 2.1 亿元，分别占比 7.1%、91.0% 和 1.9%，如图 9 所示。

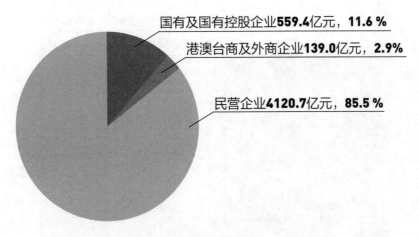

图8　2017年大米加工企业产品销售收入按不同经济类型划分比例图

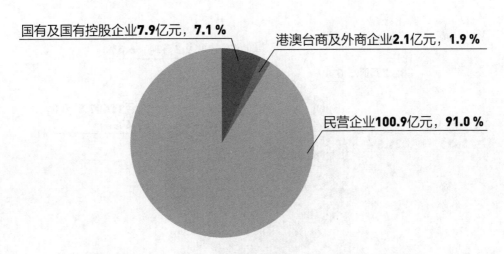

图9　2017年大米加工企业利润总额按不同经济类型划分比例图

3. 食用植物油加工业

（1）企业总数及按企业性质划分情况　2017年我国食用植物油加工企业1648个，其中国有及国有控股企业139个、民营企业1424个、港澳台商及外商企业85个，分别占食用植物油加工企业总数的8.4%、86.4%和5.2%，如图10所示。

（2）食用植物油加工能力及产品产量　2017年食用植物油加工企业的油料年处理能力为16928.2万吨，其中大豆年处理能力11407.5万吨、油菜籽3633万吨、花生582.2万吨、葵花籽156.3万吨、其他油料1149.2万吨，分别占比为67.4%、21.5%、3.4%、0.9%和6.8%，如图11所示。

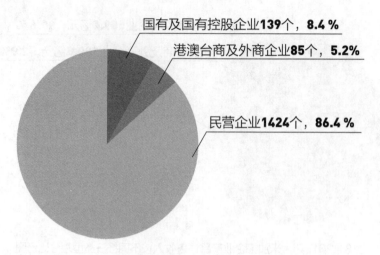

图10　2017年食用植物油加工企业按企业性质划分比例图

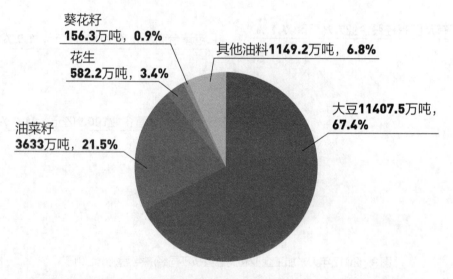

图11　2017年食用植物油加工企业油料年处理能力按不同原料划分比例图

2017 年食用植物油加工企业油脂精炼能力合计为 5478.0 万吨，其中大豆油精炼能力为 2675.9 万吨、菜籽油精炼能力为 1829.9 万吨、棕榈油精炼能力为 490.1 万吨、其他原油精炼能力为 482.1 万吨，分别占比为 48.8%、33.4%、9.0% 和 8.8%，如图 12 所示。

2017 年食用植物油加工企业处理油料合计为 9392.8 万吨，其中大豆 8264.5 万吨、油菜籽 736.3 万吨、花生 267.4 万吨、葵花籽 6.7 万吨、芝麻 32.6 万吨、其他油料 85.3 万吨（注：我认为花生、葵花籽的处理量明显太少了）；产能利用率为 55.5%。

2017 年我国入统油脂加工企业生产各类食用植物油 2051.0 万吨，其中大豆油 1559.9 万吨、菜籽油 290.9 万吨、花生油 82.2 万吨（注：花生油产量感觉太少了，仅鲁花集团差不多就有这些产量）、其他食用油 118 万吨（此数是作者推算出来的）。

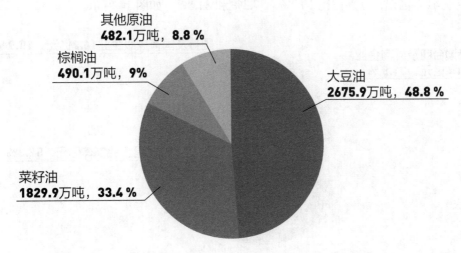

图12　2017年食用植物油加工企业油脂精炼能力按不同油品划分比例图

（3）2017 年食用植物油加工企业主要经济指标情况

①工业总产值。2017 年全国食用植物油加工企业实现工业总产值 6056.6 亿元，其中国有及国有控股企业 975.0 亿元、民营企业 3162.2 亿元、港澳台商及外商企业 1919.4 亿元，分别占比 16.1%、52.2% 和 31.7%。

②产品销售收入。2017 年全国食用植物油加工企业实现产品销售收入 6328.6 亿元，其中国有及国有控股企业 1087.7 亿元、民营企业 3198.4 亿元、港澳台商及外商企业 2042.5 亿元，分别占比 17.2%、50.5% 和 32.3%，如图 13 所示。

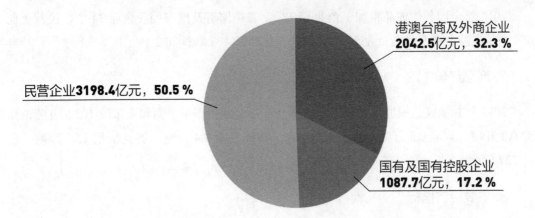

图13　2017年食用植物油加工企业产品销售收入按不同经济类型划分比例图

③利润总额。2017 年全国食用植物油加工企业实现利税总额为 146.8 亿元，实现利润

总额 130.1 亿元，其中国有及国有控股企业 14.2 亿元、民营企业 74.5 亿元、港澳台商及外商企业 41.4 亿元，分别占比 10.9%、57.3% 和 31.8%，如图 14 所示。

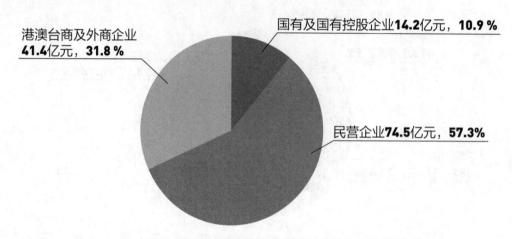

图14 2017年食用植物油加工企业利润总额按不同经济类型划分比例图

（三）其他成品粮加工企业的简要情况

从统计资料上分析，其他成品粮加工企业是指除小麦粉和大米加工以外的粮食加工企业，诸如玉米面和玉米渣加工、高粱加工、大麦加工、谷子加工、其他谷物加工及薯类加工，其简要情况如下。

1. 企业数量

2017 年全国其他成品粮加工企业 679 个，其中国有及国有控股企业 34 个、民营企业631 个、港澳台商及外商企业 14 个，分别占比 5.0%、92.9% 和 2.1%。

2. 产品产量

2017 年其他成品粮加工企业生产的产品产量分别为：玉米面和玉米渣 102.5 万吨、高粱 0.2 万吨、大麦 0.5 万吨、谷子 1.4 万吨、其他谷物 9.4 万吨、薯类折粮 13.5 万吨，合计 127.5 万吨。

3. 主要经济指标

2017 年全国其他成品粮加工企业实现工业总产值 359.5 亿元，其中国有及国有控股企业 24.0 亿元，民营企业 287.8 亿元、港澳台商及外商企业 47.7 亿元。

实现产品销售收入 326.2 亿元，其中国有及国有控股企业 25.8 亿元、民营企业 258.2

亿元、港澳台商及外商企业 42.2 亿元。

实现利税总额 27.5 亿元，实现利润总额 22.7 亿元，其中国有及国有控股企业 1.1 亿元、民营企业 16.1 亿元、港澳台商及外商企业 5.8 亿元。

（四）粮油机械制造企业的简要情况

1. 企业数量

2017 年全国粮油机械制造企业 140 个，其中国有及国有控股企业 15 个、民营企业 119 个、港澳台商及外商企业 6 个。

2. 产品产量

2017 年全国粮油机械制造企业制造的产品总数为 822447 台（套）、其中小麦粉加工主机 11652 台（套）、大米加工主机 113503 台（套）、油脂加工主机 18083 台（套）、饲料加工主机 29944 台（套）、仓储设备 106907 台（套）、通用设备 152990 台（套）、粮油检测仪器 2714 台、其他设备 386654 台（套）。

3. 主要经济指标

2017 年全国粮油机械制造企业实现工业总产值 199.0 亿元，其中国有及国有控股企业 1.3 亿元、民营企业 185.1 亿元、港澳台商及外商企业 12.6 亿元。

实现产品销售收入 177.9 亿元，其中国有及国有控股企业 1.2 亿元、民营企业 163.9 亿元、港澳台商及外商企业 12.8 亿元。

实现利税总额 12.7 亿元，实现利润总额 10.2 亿元，其中民营企业 8.8 亿元、港澳台商及外商企业 1.4 亿元。

（五）其他有关情况

1. 主食品产业化有关情况

2017 年主食品加工企业生产馒头 35.9 万吨；生产挂面 351.6 万吨；生产方便面 121.7 万吨；生产米制品 109.4 万元，其中方便米饭 1.7 万吨；生产速冻米面主食品 142.3 万吨。

2. 粮食行业从业人员情况

2017 年末，全国粮食行业从事人员总数 194.1 万人，其中行政单位 3.15 万人、事业单位 3.2 万人、各类涉粮企业 187.74 万人（国有及国有控股企业 50.47 万人、非国有企业

137.27 万人）。

在涉粮企业从业人员 187.74 万人中，粮油收储企业从业人员 56.84 万人（占总人数的 30.3%）；成品粮加工企业 49.91 万人（占 26.6%）；粮油食品企业 38.93 万人（占 20.7%）；粮食深加工企业 12.43 万人（占 6.6%）；饲料加工企业 26.59 万人（占 14.2%）；粮油机械制造企业 1.94 万人（占 1%）。

在全国粮食行业 194.1 万从业人员中，专业技术人员 22.67 万人，其中高级职称 1.29 万人（占专业技术人员的 5.7%）；正高级职称 3913 人（占 1.7%）；中级职称 5.96 万人（占 26.3%）。

在全国粮食行业 194.1 万从业人员中，工人 117.14 万人，其中技术工人 40.79 万人（占 34.8%）；中高级技师 7797 人（占 0.67%）。

（六）四点感受

（1）本资料是根据国家粮食和物资储备局调控司编制的"粮食行业统计资料"中有关粮油加工业的统计数据资料，经归纳、整理、计算和分析而汇成的。有关粮油加工业的统计数据是指入统企业的数据，不是全国粮油加工业的完整数据，由于相当一部分粮油加工企业没有进入统计之内，所以整体数据偏小。以食用植物油加工业为例来说，统计中 2017 年食用植物油加工企业的油料合计处理能力为 16928.2 万吨，处理油料合计为 9392.8 万吨。这两项统计数据，与全国食用植物油加工企业的有效处理能力约为 2.5 亿吨和处理油料合计约为 1.4 亿吨相对照，约占全国实际油料处理能力和处理油料数量的 2/3。

（2）从统计中明显可以看出，在主要经济指标中，港澳台商和外商企业的各项经济指标要好于民营企业和国有及国有控股企业，民营企业要好于国有及国有控股企业。

（3）粮油加工业的产品销售收入利润率仍然较低。2017 年粮油加工业的产品销售收入为 15054.9 亿元，利润总额为 358.5 亿元，产品销售收入仅为利润率的 2.27%。其中，小麦粉加工业的产品销售收入利润率为 2.65%、大米加工业的产品销售利润率为 2.3%、食用植物油加工业的产品销售收入利润率为 2.06%。充分体现了粮油加工业是一个微利的民生产业。

（4）在粮食行业统计资料中，虽然其统计数据只是入统企业上报材料的数据汇总，数字偏小，加上统计科目、内容与以前的统计资料相比不那么详细，但仍然是我们粮油加工行业目前可参考利用的唯一权威统计数据。只要我们认真加以分析利用，可以看出粮油加工行业的现状、存在问题和发展趋向，仍然可以作为今后研究制定行业发展政策措施、编制规划等的重要依据。

十三、粮油加工业要"提质增效，转型发展"

——学习贯彻中央经济工作会议和中发〔2019〕1号等文件精神的心得体会

（2019年4月8日　发表于九三油脂《高尚九三》刊物）

为使我国经济朝着稳中求进、稳中向好和高质量发展，自去年年底至今年年初的一个月时间里，中央召开了经济工作会议、中央农村工作会议，发布了《中共中央、国务院关于坚持农业农村优先发展做好"三农"工作的若干意见》（中发〔2019〕1号文件），对2019年中国经济的发展与改革进行了具体部署。国家粮食和物资储备局为贯彻中央经济工作会议和中央农村工作会议精神，召开了全国粮食和物资储备工作会议，提出了做好2019年粮食和物资储备工作的具体意见。认真学习贯彻上述会议和文件精神，是做好今年我国经济工作的重要保证，也是做好全国粮食和物资储备工作的重要保证。

通过学习，我深深感到在上述会议和文件中，有许多内容与粮油加工业的健康发展息息相关，认真学习贯彻上述会议和文件精神也是做好今年乃至今后我国粮油加工业工作的重要保证。

（一）重要指导思想

通过学习上述会议和文件精神，我觉得以下内容与粮油加工业的高质量健康发展息息相关。

1．在中央经济工作会议文件精神中

在充分肯定去年我国经济工作稳中求进、稳中向好取得巨大成就，成绩来之不易的同时，指出"要看到经济稳中有变、变中有忧，外部环境复杂严峻，经济面临下行压力"和"我国发展仍处于并将长处于重要战略机遇期"的科学论断，指出"要善于化危为机、转危为安，加快经济结构优化升级，变压力为加快推动经济高质量发展的动力。"

对做好今年经济工作，提出了五个坚持，即坚持稳中求进工作总基调，坚持新发展理念，坚持推动高质量发展，坚持以供给侧结构性改革为主线，坚持深化市场化改革、扩大

高水平开放。要增强人民群众获得感、幸福感、安全感。

会议认为，我国经济运行主要矛盾仍然是供给侧结构性的，必须坚持以供给侧结构性改革为主线不动摇，更多采取改革的办法，更多运用市场化、法治化手段，在"巩固、增强、提升、畅通"八个字上下功夫。要巩固"三去一降一补"成果，推动更多产能过剩行业加快出清，促进正向激励和优胜劣汰，发展更多优质企业。要提升产业链水平，注重利用技术创新和规模效应形成新的竞争优势，培养和发展新的产业集群。

在会议确定的 2019 年要抓好的七项重点工作任务中，几乎每项都与粮油加工业的发展有关。其重点内容如下。

一是推动制造业高质量发展。要推动先进制造业和现代服务业深度融合，坚定不移建设制造强国。要稳步推进企业优胜劣汰，加快处置"僵尸企业"。要增强制造业技术创新能力，构建开放、协同、高效的共性技术研发平台，健全需求为导向、企业为主体的产学研一体化创新机制，加大对中小企业创新支持力度。

二是促进形成强大国内市场。要增强消费动力，让老百姓吃得放心、穿得称心、用得舒心。要加大制造业技术改造和设备更新，加快 5G 商用步伐，加强人工智能、工业互联网、物联网等新型基础设施建设。

三是扎实推进乡村振兴战略。要切实抓好农业，特别是粮食生产工作，推动藏粮于地、藏粮于技落实于地，合理调整"粮经饲"结构，着力增加优质绿色农产品供给。

四是促进区域协调发展。要推动城镇化发展，抓好已经在城镇就业的农业转移人口的落户工作，督促落实 2020 年 1 亿人落户目标。

五是加快经济体制改革。要加快国资国企改革，坚持政企分开、政资分开和公平竞争原则，做强做优做大国有资本，改组成立一批国有资本投资公司，组建一批国有资本运营公司，积极推进混合所有制改革。要支持民营企业发展，营造法治化制度环境。要提高上市公司质量，推动上交所设立科创板及试点注册制尽快落地。

六是推动全方位对外开放。要放宽市场准入，保护外商在华合法权益特别是知识产权，允许更多领域实行独资经营。要扩大进出口贸易，推动出口贸易市场多元化。要推动共建"一带一路"，发挥企业主体作用，有效管控各类风险。

七是加强保障和改善民生。要下更大气力抓好食品药品安全、安全生产和交通安全。

会议强调，我国经济长期向好的态势不会改变。

2. 在中发〔2019〕1 号文件中

（1）在"夯实农业基础，保证重要农产品有效供给"中强调

①要稳定粮食产量。毫不放松抓好粮食生产，推动藏粮于地、藏粮于技落实于地，确保粮食播种面积稳定在 16.5 亿亩，严守 18 亿亩耕地红线，确保永久基本农田保持在

15.46 亿亩以上。

②要调整优化农业结构。大力发展紧缺和绿色优质农产品生产，推动农业由增产导向转向提质导向。深入推进优质粮食工程。实施大豆振兴计划，多途径扩大种植面积。支持长江流域油菜生产，推进新产品、新技术示范推广和全程机械化。积极发展木本油料。

③要实施重要农产品保障战略。加强顶层设计和系统规划，立足国内保障粮食等重要农产品供给，统筹用好国际国内两个市场、两种资源，科学确定国内农产品保障水平，健全保障体系，提高国内安全保障能力。将稻谷、小麦作为必保品种，稳定玉米生产，确保谷物基本自给，口粮绝对安全。加快推进并支持农业走出去，加强"一带一路"农业国际合作，主动扩大国内紧缺农产品进口，拓展多元化进口渠道，培育一批跨国农业企业集团。

（2）在"发展壮大乡村产业，拓宽农民增收渠道"中提出

①要加快发展乡村特色产业。因地制宜发展多样性特色农业，倡导"一村一品""一县一业"。积极发展果菜茶、食用菌、杂粮杂豆、薯类、中药材、特色养殖、林特花卉菌木等产业，创响一批"土字号""乡字号"特色产品品牌。

②要大力发展现代农产品加工业。以"粮头食尾""农头工尾"为抓手，支持主产区依托县域形成农产品加工产业集群，尽可能把产业链留在县城，改变农村卖原料、城市搞加工的格局。支持发展适合家庭农场和农民合作社经营的农产品初加工，支持县域发展农产品精深加工。建成一批农产品专业村镇和加工强县，让农民分享更多产业增值收益。

3. 在全国粮食和物资储备工作会议文件精神中

为贯彻落实中央经济工作会议和中央农村工作会议精神，国家粮食和物资储备局于今年1月召开了全国粮食和物资储备工作会议。在会议有关文件中，对发展粮食产业经济提出了许多具体、可操作的指导意见，为今年乃至今后粮油加工业的持续健康发展指明了方向。

在总结去年工作取得新成绩时指出：在粮食收储制度改革中，突出质量导向，优质优价特征更加明显，各类企业全年收购粮食 7200 多亿斤，全年消化库在 2600 多亿斤。

在贯彻"粮头食尾""农头工尾"要求时提出：要大力推动优粮优产、优粮优购、优粮优储、优粮优加、优粮优销"五优联动"，"优质粮食工程"建设取得新进展。制定了"科技兴粮"和"人才兴粮"意见，组织选拔了首批粮食行业领军人才，开展了粮食行业人才供需对接，进一步激活了"第一资源"和"第一动力"。

在谈到"新形势新要求，新职能新任务"时提出：迫切需要加快推进"深化改革，转型发展"；在贯彻落实总体国家安全观时指出，粮食安全是国家安全的重要内容，粮食储备、战略物资储备、能源储备和应急救灾储备是保障国家政治安全、经济安全、社会安全的重要物资基础。就粮食安全而言，习近平总书记反复强调："确保国家粮食安全，把中

国人的饭碗牢牢端在自己手中"。对我们这样一个有近14亿人口的大国,手中有粮,心中不慌,任何时候都是真理。中国人解决温饱问题也就是改革开放以来特别是近些年的事情,不能"好了伤疤忘了疼"。解决好吃饭问题,始终是治国理政的头等大事。

在"深入推动供给侧结构性改革和高质量发展"时指出:在粮食流通方面,我国粮食产需尽管总量基本平衡,但是优质粮油产品供给不足,大豆产需缺口较大,玉米工业消费快速增长,部分品种阶段过剩,供给结构还需进一步优化。强调要加快由增产导向转向提质导向,优化粮食供给结构,满足消费升级需求;聚焦建设粮食产业强国,构建现代化粮食产业体系,提高整体实力和综合效益,进一步夯实国家粮食安全基础。

在部署做好今年粮食和物资储备工作时,决定把今年确定为全国粮食和物资储备系统"加快推进深化改革转型发展年",其总体要求是:以习近平新时代中国特色社会主义思想为指导,坚持稳中求进工作总基调,坚持新发展理念,坚持以供给侧结构性改革为主线,落实高质量发展要求,以"加快推进深化改革转型发展年"为主题,抓重点、补短板、强基础,全力抓好粮食收储和储备管理制度改革、完善强化物资储备管理体制机制、加快"优质粮食工程"和粮食产业强国建设、扎实开展粮食库存大清查和创新完善执法监管、加强储备基础设施和信息化建设、实施依法管粮管储、促进安全稳定廉政,着力构建高效的现代粮食流通体系和统一的国家物资储备体系,全面提高国家粮食安全和战略应急物资储备安全保障能力。

在抓好今年的七项举措中强调:要加快实现更高层次的供需平衡和安全保障。引导优化粮食供给结构,充分发挥流通对生产的反馈引导作用,促进种植结构调整优化;要着力抓好粮食收购和不合理库存消化。鼓励多元主体入市,把好粮食收购质量关,妥善处置超标粮食,合理消化政策性粮食特别是稻谷的不合理库存;支持产区和销区战略协作,鼓励龙头企业跨区域建立商品粮生产和收储基地、加工园区、销售网络;要以"优质粮食工程"为载体,大力推动粮食产业高质量发展。要落实供给侧结构性改革"八字方针",加快粮食产业创新发展、转型升级、提质增效,实现优质化、特色化、品牌化发展;实施"优质粮食工程",聚焦"五优联动",要把质量兴粮理念贯穿全过程,依托粮食加工企业,向前端延伸服务,促进"优粮优产"。发挥粮食质量安全检验监测作用,引导收购环节强化质量导向,促进"优粮优购"。

发挥示范企业和粮食产后服务作用,引导分等、分仓储存和精细化管理,促进"优粮优储"。发挥龙头企业辐射带动作用,引导支持发展粮油精深加工,促进"优粮优加"。发挥粮油品牌建设作用,引导绿色优质粮油产品消费,促进"优粮优销";"中国好粮油"行动,要突出市场品牌认同,实行分级推选、好中选优,建立动态管理和淘汰退出机制;要强化示范引领。在全国带动形成一批示范县、龙头加工企业、放心粮店和一批叫得响的品牌;要抓紧落实安全生产责任制,多措并举,综合施治,切实承担好主体责任和监管责任。粮食生产经营企业和各类储备承储单位，要坚持安全第一，坚决克服"重发展、轻安全"的倾向。

在短短的一个多月时间里，党中央、国务院及有关部门发表了很多与发展粮食产业经济有关的指导意见，我们要认真学习贯彻上述会议文件精神，促进粮食产业经济快速健康发展。

（二）今年粮油加工业的重点工作

根据上述会议文件精神，我觉得今年乃至今后一段时间内，粮油加工业要重点关注和努力做好以下工作。

1. 要进一步增强粮油加工发展的信心

粮油加工业是粮食产业经济的重要组成部分，也是人民群众过上美好生活不可缺少的行业，是永不衰败的朝阳产业。粮油加工业的产品与人民生活息息相关，根据新时代、新需求、新发展的理念，我国粮油加工发展的潜力巨大，永无止境。

粮油加工业不仅是一个朝阳产业，也是一个民生产业。不仅要重视和确保粮油产品的质量、安全、营养、健康，还要妥善处理好加工增值后农民、消费者和企业三者之间的关系，所以粮油加工业的产品销售收入利润率一般都在 2.5% 左右，不可能太高，更不可能有暴利。以小麦粉加工、大米加工和食用植物油加工为例，根据原国家粮食局的统计，2016 年小麦粉加工企业、大米加工企业和食用植物油加工企业的产品销售收入分别为3562.5 亿元、4658.4 亿元和 5759.1 亿元，合计为 13980.0 亿元；利润总额分别为 97.2 亿元、109.0 亿元和 135.3 亿元，合计为 341.5 亿元，平均产品销售收入利润率为 2.44%。又如，2017 年小麦加工企业、大米加工企业和食用植物油加工企业的产品销售收入分别为3580.8 亿元、4819.1 亿元和 6328.6 亿元，合计为 14728.5 亿元；利润总额分别为 94.8 亿元、110.9 亿元和 130.1 亿元，合计为 335.8 亿元，平均产品销售收入利润率为 2.28%，较2016 年利润率下降了 0.16%。

在刚刚过去的一年里，粮油加工业再次遇到了生产成本不断加大、产品价格低迷、经济效益不佳等问题，尤其是中小民营粮油加工企业同样存在着融资难、融资贵、经营困难等问题，有的甚至出现了亏损倒闭的现象，致使少数企业对粮油加工业的发展前景产生了忧虑。我认为，当前粮油加工业遇到的各种困难和问题是发展中的问题，前进中的问题，有些问题也是其他行业发展中存在的问题，也是我国国民经济面临下行压力的反映。对企业在发展中存在的一些实际问题，党中央、国务院高度重视，自去年下半年起，研究出台了一系列促进企业发展的方针政策，尤其是为解决好民营企业和小微企业融资难、融资贵等问题，习近平总书记专门召开会议、听取意见，研究并出台了一系列诸如减税降费，减轻企业负担的行之有效的政策措施。

我仍坚信，在以习近平同志为核心的党中央的英明领导下，坚持稳中求进的工作总基调，认清我国经济长期向好发展前景，根据粮油加工业的实际，我们一定要增强信心，通过"深化改革、提质增效、转型发展"，我们从事的朝阳民生产业一定能得到持续稳定健康发展。

2. 要积极推动粮油加工业的高质量发展

中央经济工作会议提出，"要推动先进制造业和现代服务业深度融合，坚定不移建设制造强国"。为贯彻实施习近平总书记的一系列重要指示，认真落实李克强总理关于建设粮食产业强国的重要批示，粮油加工业要按照高质量发展的要求，要优化调整产业结构，要根据优胜劣汰的原则，继续培育壮大龙头企业和大型骨干企业，支持他们做强做大做优做精，引导和推动企业强强联合，跨地区、跨行业、跨所有制兼并重组，积极发展混合所有制；要加大企业技术改造的力度，积极采用先进技术与装备，成为产品质量高、能耗粮耗低，经济效益好、新产品开发能力强的国家级、省级龙头企业；要继续鼓励有地方特色、资源优势的中小企业积极提升技术装备水平和创新经营方式，主动拓展发展空间，形成大、中、小型企业合理分工，协调发展的格局；对工艺技术落后、设备陈旧、卫生质量安全和环保不达标、能耗粮耗高的改造无望的落后产能和"僵尸企业"要依法依规加快处置；要继续支持粮油加工产业园区或集群建设，促进优势互补；要加大对企业创新支持力度，增强企业技术创新能力，鼓励构建开放、协同、高效的共性技术研发平台，健全需求为导向、企业为主体的产学研一体化创新机制；要关注人工智能、工业互联网、物联网的发展与应用，促进企业在高起点上发展。

3. 要继续深入推进粮油加工业的供给侧结构性改革，增加适销对路的优质粮油产品供给能力

中央经济工作会议指出，"当前我国经济运行的主要矛盾仍然是供给侧结构性的，必须坚持以供给侧结构性改革为主线不动摇"。国家粮食和物资储备局提出，"我国粮食产需尽管总量基本平衡，但是优质粮油产品供给不足，大豆产需缺口较大，玉米工业消费快速增长，部分品种阶段性过剩，供给结构还需进一步优化。"并提出要大力推动优粮优产、优粮优购、优粮优储、优粮优加、优粮优销"五优联动"，加快"优质粮食工程"和粮食产业强国建设。根据中央经济工作会议的精神和国家局党组的要求，粮油加工企业要认真贯彻"五优联动"，加快"优质粮食工程"建设，增加适销对路的优质粮油产品的供给，进而推动农业供给侧结构性改革取得更大成效，增加优质农产品的供给，促进农民增收。

与此同时，粮油加工业要始终以满足人民群众生活水平日益增长和不断升级的安全、优质、营养、健康粮油产品的消费需要；要增加满足不同人群需要的优质化、多样化、个性化、定制化粮油产品的供给；要增加优质米、食品专用米、专用粉、专用油和营养功能性新产品以及绿色、有机等"中国好粮油"的供给；要大力发展全谷物产品，增加糙米、全麦粉、杂粮、杂豆和薯类及其制品等优质营养健康中高端新产品的供给；要提高名、特、优、新产品的供给比例。

4. 要强化创新驱动，实施"优质粮食工程"

中央经济工作会议和中央一号文件中多处强调发展经济要重视科技创新，强化创新驱动。国家粮食和物资储备局对粮食科技和创新发展高度重视，制定了"科技兴粮"和"人才兴粮"意见，启动建设 4 个国家粮食技术创新中心和首个国家粮食技术转移中心，组织选拔了首批粮食行业领军人才，开展了粮食行业人才供需对接，激活了"第一资源"和"第一动力"。为建设粮食产业强国，财政部、国家粮食和物资储备局下发了《关于深入实施"优质粮食工程"的指导意见》及实施细则。认真实施好"优质粮食工程"，对粮油加工业的持续健康发展至关重要。为此，粮油加工业要认真学习领会实施"优质粮食工程"的重要意义，按"优质粮食工程"中的要求，认真带头实施，为建设粮食产业强国做出贡献。

要重视关键技术与装备的创新研发。粮食机械制造业，要以专业化、大型化、成套化、智能化、绿色环保、安全卫生、节能减排、节粮减损为导向，发展高效节粮节能营养型大米、小麦粉、食用植物油、特色杂粮和薯类等加工装备；要进一步提高关键设备的可靠性、使用寿命和自动化、智能化水平。

5. 粮油加工业要为国家粮食安全做贡献

党中央、国务院高度重视国家粮食安全，习近平总书记反复强调，"确保国家粮食安全，中国人的饭碗任何时候都要牢牢端在自己手中。"在今年的中央一号文件中，又强调要"实施重要农产品保障战略。要立足国内保障粮食等重要农产品供给，统筹用好国际国内两个市场、两种资源，科学确定国内农产品保障水平，健全保障体系，提高国内安全保障能力。"国家粮食和物资储备局指出，对我们这样一个有近 14 亿人口的大国，手中有粮，心中不慌，任何时候都是真理。中国人解决温饱问题也就是改革开放以来特别是近些年的事情，不能"好了伤疤忘了疼"。解决好吃饭问题，始终是治国理政的头等大事。

粮食安全是国家安全观的重要组成部分，是粮食工作的头等大事，我们粮食行业都要紧紧围绕这个头等大事，努力工作，不负使命。为此，粮油加工业要继续倡导适度加工，要在提高加工纯度，严格控制精度，千方百计提高出品率，提高可食资源利用率上做文章；要科学制修订好粮油产品的质量标准，引领粮油加工业的健康发展，纠正粮油产品的"过精、过细、过白和油色过淡"等过度加工现象；要配合有关部门，统筹用好国际国内两个市场、两种资源，拓展渠道，把控好国内紧缺粮油产品的进口；要大力开展粮油加工副产物的综合利用，提高资源利用价值，尤其要搞好米糠、玉米胚芽资源的利用，为国家增产油脂。总之，我们要想方设法，努力为国家粮食安全做出应有的贡献。

6. 要注重品牌建设，提高品牌效应

中央一号文件指出：加快发展乡村特色产业，因地制宜发展多样性特色农业，倡导"一村一品""一县一业"，强化农产品地理标志和商标保护，创响一批"土字号""乡字号"特色产品品牌。国家粮食和物资储备局提出：要落实供给侧结构性改革"八字方针"，加快粮食产业创新发展、转型升级、提质增效，实现优质化、特色化、品牌化发展；要强化示范引领，在全国带动形成一批示范县、龙头加工企业、放心粮店和一批叫得响的品牌。

为贯彻落实上述文件精神，粮油加工企业要重视品牌建设，发挥品牌的引领作用；要进一步加强粮油产品品牌建设的顶层设计，通过质量提升、自主创新、品牌创建、特色产品认定等，更多地培育出一批像鲁花、金龙鱼、福临门等具有自主知识产权的、家喻户晓的、有较强市场竞争力的、叫得响的全国性或区域性名牌产品；要充分发挥名、特、优、新产品和"老字号"的品牌效应，促进农民增收，企业增效。

7. 要以安全为重点，确保粮油产品质量安全和生产经营安全

中央经济工作会议指出：要增强人民群众获得感、幸福感、安全感；要让老百姓吃得放心、穿得称心、用得舒心；要下更大气力抓好食品药品安全、安全生产和交通安全。国家粮食和物资储备局提出：要紧抓落实安全生产责任制，多措并举、综合施治，切实承担好主体责任和监管责任。粮食生产经营企业要坚持安全第一，坚决克服"重发展、轻安全"的倾向。

按照上述要求，粮油加工企业必须以安全为重点，务必做到粮油产品质量安全和生产经营安全。

粮油加工企业要坚守食品安全底线，把产品质量安全放在第一位。要严格按照标准组织生产，道道把关；要完善原料采购、检验、在线检测和成品质量检验，建立覆盖生产经营全过程的粮油质量安全信息追溯体系，确保粮油产品质量安全万无一失，让百姓吃得放心，吃得营养健康。

人命关天，安全生产重如泰山。粮食加工企业要始终把安全生产放在生产经营的第一位，坚决克服"重发展、轻安全"的倾向。要始终绷紧安全生产这根弦，紧抓落实安全生产责任制；要紧盯严防，排查整治各种隐患，确保安全生产万无一失。

另外，在确保做到上述安全的同时，我们还要注意做好企业的舆情安全，防控公关危机。在当前新媒体环境下，企业随时可能爆发舆情危机，导致企业品牌和企业家形象严重受损，造成消费者对产品乃至整个食品行业的信任危机，对企业产业链的关联各方产生严重的负面影响以及重大的经济损失。所以，认真做好这项工作，涉及企业发展战略能否顺利以及风险管理等，是企业一把手工程，也是一个系统工程，有其相应的规律、专业和方法。做好这项工作，不仅仅是成本投入，更是企业长久治安，持续健康发展的价值投资。

与此同时，我们还要积极警惕、防范、抵制和消除一些不法分子假借"打假"的旗号，实为"职业索赔"，以法律赋予人民的权利为自己牟利，扰乱市场秩序，给粮油企业造成严重的负面影响。

8. 要扩大对外开放，实施"走出去"战略

按照中央的精神，粮油加工业要进一步利用外资，扩大对外开放。要认真总结我国改革开放以来，外资企业、中外合资企业进入粮油加工业领域取得的成功经验，尤其是要总结学习外资粮油加工企业、中外合资粮油加工企业，在经营管理中的成功经验，为我所用，推动我国粮油加工业的不断发展。

要加快推进并支持有条件的粮油加工企业集团，加强与"一带一路"沿线国家在农业投资、粮油贸易、粮油加工以及粮油机械装备出口等领域的合作。支持在农业生产、加工、仓储和港口等环节开展跨国全产业链布局，逐步建立境外粮油产销加工储运基地。通过"走出去"，培育一批具有国际竞争力的跨国粮油加工企业集团。

今年是中华人民共和国成立 70 周年，让我们在习近平新时代中国特色社会主义思想指引下，按照高质量发展和供给侧结构性改革的要求，深化改革，锐意进取，认真实施"优质粮食工程"，助力建设粮食产业强国，通过提质增效，转型升级，促进粮油加工业的持续健康发展，以实际行动庆祝新中国成立 70 周年。

以上学习心得，供大家参考，不当之处，请批评指正。

十四、科技引领粮油加工业高质量发展

——在"黑龙江粮食加工产业技术创新战略联盟成立大会暨粮食产业高质量发展研讨会"上的演讲

（2019 年 5 月 22 日　于黑龙江哈尔滨）

很高兴来到美丽富饶的中国北方现代化大都市——哈尔滨，参加由黑龙江省粮食局举办的"黑龙江粮食加工产业技术创新战略联盟成立大会暨粮食产业高质量发展研讨会"。首先，我衷心祝贺黑龙江粮食加工产业技术创新战略联盟和黑龙江省粮油学会的成立！按照会议的主题，我以《科技引领粮油加工业高质量发展》为题讲点意见，供参考。

为使我国经济朝着稳中求进、稳中向好和高质量发展，自去年年底至今年年初的一个多月时间里，中央召开了经济工作会议、中央农村工作会议，发布了《中共中央、国务院关于坚持农业农村优先发展做好"三农"工作的若干意见》（中发〔2019〕1 号文件），对 2019 年中国经济的发展与改革进行了具体部署。国家粮食和物资储备局为贯彻中央经济工作会议和中央农村工作会议精神，召开了全国粮食和物资储备工作会议，提出了做好 2019 年粮食和物资储备工作的具体意见。认真学习贯彻上述会议和文件精神，是做好全国粮食和物资储备工作的重要保证，也是做好今年乃至今后我国粮油加工业工作的重要保证。

为推动粮油加工业的高质量发展，根据上述会议文件精神，我觉得今年乃至今后一段时间内，粮油加工业要重点关注和努力做好以下工作。

（一）要进一步增强粮油加工发展的信心

粮油加工业是粮食产业经济的重要组成部分，也是人民群众过上美好生活不可缺少的行业，是永不衰败的朝阳产业。粮油加工业的产品与人民生活息息相关，根据新时代、新需求、新发展的理念，我国粮油加工发展的潜力巨大，永无止境。

粮油加工业不仅是一个朝阳产业，也是一个民生产业。不仅要重视和确保粮油产品的质量、安全、营养、健康，还要妥善处理好加工增值后农民、消费者和企业三者之间的关系，所以粮油加工业是一个微利行业，其产品销售收入利润率一般都在 2.5% 左右，不可能太高，更不可能有暴利。

在过去的一年里，粮油加工业再次遇到了生产成本不断加大、产品价格低迷、经济效益不佳等问题，尤其是中小民营粮油加工企业同样存在着融资难、融资贵、经营困难等问题，有的甚至出现了亏损倒闭的现象，致使少数企业对粮油加工业的发展前景产生了忧虑。我认为，这种忧虑大可不必，因为，党中央、国务院高度重视民营企业和小微企业的发展，自去年下半年起，研究出台了一系列促进企业发展的方针政策，尤其是为解决好民营企业和小微企业融资难、融资贵等问题，习近平总书记专门召开会议、听取意见，研究并出台了一系列诸如减税降费，减轻企业负担的行之有效的政策措施。为此，我们要增强信心，通过"深化改革、提质增效、转型发展"，我们从事的朝阳民生产业一定能得到持续稳定健康发展。

（二）要积极推动粮油加工业的高质量发展

根据中央经济工作会议精神，粮油加工业要按照高质量发展的要求，要优化调整产业结构，要根据优胜劣汰的原则，继续培育壮大龙头企业和大型骨干企业，支持他们做强做大做优做精，引导和推动企业强强联合，跨地区、跨行业、跨所有制兼并重组，积极发展混合所有制；要加大企业技术改造的力度，积极采用先进技术与装备，成为产品质量高、能耗粮耗低，经济效益好、新产品开发能力强的国家级、省级龙头企业；要继续鼓励有地方特色、资源优势的中小企业积极提升技术装备水平和创新经营方式，主动拓展发展空间，形成大、中、小型企业合理分工，协调发展的格局；对工艺技术落后、设备陈旧、卫生质量安全和环保不达标、能耗粮耗高的改造无望的落后产能和"僵尸企业"要依法依规加快处置；要继续支持粮油加工产业园区或集群建设，促进优势互补；要加大对企业创新支持力度，增强企业技术创新能力，鼓励构建开放、协同、高效的共性技术研发平台，健全需求为导向、企业为主体的产学研一体化创新机制；要关注人工智能、工业互联网、物联网的发展与应用，促进企业在高起点上发展。

（三）要继续深入推进粮油加工业的供给侧结构性改革，增加适销对路的优质粮油产品供给能力

根据中央经济工作会议的精神和国家局党组的要求，粮油加工企业要认真贯彻"五优联动"，加快"优质粮食工程"建设，增加适销对路的优质粮油产品的供给，进而推动农业供给侧结构性改革取得更大成效，增加优质农产品的供给，促进农民增收。与此同时，粮油加工业要始终以满足人民群众生活水平日益增长和不断升级的安全、优质、营养、健

康粮油产品的消费需要；要增加满足不同人群需要优质化、多样化、个性化、定制化粮油产品的供给；要增加优质米、食品专用米、专用粉、专用油和营养功能性新产品以及绿色、有机等"中国好粮油"的供给；要大力发展全谷物产品，增加糙米、全麦粉、杂粮、杂豆和薯类及其制品等优质营养健康中高端新产品的供给；要提高名、特、优、新产品的供给比例。

（四）要强化创新驱动，实施"优质粮食工程"

中央经济工作会议和中央一号文件中多处强调发展经济要重视科技创新，强化创新驱动。国家粮食和物资储备局对粮食科技和创新发展高度重视，制定了"科技兴粮"和"人才兴粮"意见，并首次提出了"质量兴粮"理念，为建设粮食产业强国，国家局提出了要认真实施好"优质粮食工程"。为此，粮油加工业要认真学习领会实施"优质粮食工程"的重要意义，按"优质粮食工程"中的要求，认真带头实施，为建设粮食产业强国做出贡献。

首先，要认真做到"优粮优加"，并在加工过程中，认真贯彻适度加工，防止营养成分的过多流失，最大程度地保存粮油原料中固有的营养成分。

要重视创新驱动，尤其要重视关键技术与装备的创新研发。粮食机械制造业，要以专业化、大型化、成套化、智能化、绿色环保、安全卫生、节能减排、节粮减损为导向，发展高效节粮节能营养型大米、小麦粉、食用植物油、特色杂粮和薯类等加工装备；要进一步提高关键设备的可靠性、使用寿命和自动化、智能化水平。

（五）粮油加工业要为国家粮食安全做贡献

俗话说："民以食为天""食以安为先"。这充分表明粮食的数量安全和质量安全都是"天大"的事。对此，粮油加工业要紧紧围绕这两个"天大"的事，努力工作，不负使命。为此，粮油加工业要在确保产品质量安全的前提下，要继续倡导适度加工。要在提高加工纯度，严格控制精度，千方百计提高出品率，提高可食资源利用率上和营养健康上多做文章、做好文章；要科学制修订好粮油产品的质量标准，引领粮油加工业的健康发展，纠正粮油产品的"过精、过细、过白和油色过淡"等过度加工现象；要配合有关部门，统筹用好国际国内两个市场、两种资源，拓展渠道，把控好国内紧缺粮油产品的进口；要大力开展粮油加工副产物的综合利用，提高资源利用价值，尤其要搞好米糠、玉米胚芽资源的利用，为国家增产油脂。总之，我们要想方设法，努力为国家粮食安全做出应有的贡献。

（六）要注重品牌建设，提高品牌效应

中央一号文件指出：加快发展乡村特色产业。因地制宜发展多样性特色农业，倡导"一村一品""一县一业"，强化农产品地理标志和商标保护，创响一批"土字号""乡字号"特色产品品牌。国家粮食和物资储备局提出：要落实供给侧结构性改革"八字方针"，加快粮食产业创新发展、转型升级、提质增效，实现优质化、特色化、品牌化发展；要强化示范引领，在全国带动形成一批示范县、龙头加工企业、放心粮店和一批叫得响的品牌。

为贯彻落实上述文件精神，粮油加工企业要重视品牌建设，发挥品牌的引领作用；要利用新技术，积极开发新产品；要进一步加强粮油产品品牌建设的顶层设计，通过质量提升、自主创新、品牌创建、特色产品认定等，更多地培育出一批像鲁花、金龙鱼、福临门等具有自主知识产权的、家喻户晓的、有较强市场竞争力的、叫得响的全国性或区域性名牌产品；要充分发挥名、特、优、新产品和"老字号"的品牌效应，促进农民增收，企业增效。

（七）要以安全为重点，确保粮油产品质量安全和生产经营安全

中央经济工作会议指出：要增强人民群众获得感、幸福感、安全感；要让老百姓吃得放心、穿得称心、用得舒心；要下更大气力抓好食品药品安全、安全生产和交通安全。国家粮食和物资储备局提出：要紧抓落实安全生产责任制，多措并举、综合施治，切实承担好主体责任和监管责任。粮食生产经营企业要坚持安全第一，坚决克服"重发展、轻安全"的倾向。

按照上述要求，粮油加工企业必须以安全为重点，务必做到生产安全和粮油产品质量安全。

人命关天，安全生产重如泰山。粮食加工企业要始终把安全生产放在生产经营的第一位，坚决克服"重发展、轻安全"的倾向。要始终绷紧安全生产这根弦，紧抓落实安全生产责任制；要紧盯严防，排查整治各种隐患，确保安全生产万无一失。

粮油加工企业要坚守食品安全底线，把产品质量安全放在第一位。要严格按照标准组织生产，道道把关；要完善原料采购、检验、在线检测和成品质量检验，建立覆盖生产经营全过程的粮油质量安全信息追溯体系，确保粮油产品质量安全万无一失，让百姓吃得放心，吃得营养健康。

（八）要扩大对外开放，实施"走出去"战略

要照中央的精神，粮油加工业要进一步利用外资，扩大对外开放。要认真总结我国改

革开放以来、外资企业、中外合资企业进入粮油加工业领域取得的成功经验，尤其是要总结学习外资粮油加工企业、中外合资粮油加工企业，在经营管理中的成功经验，为我所用，推动我国粮油加工业的不断发展。

要加快推进并支持有条件的粮油加工企业集团，加强与"一带一路"沿线国家在农业投资、粮油贸易、粮油加工以及粮油机械装备出口等领域的合作。支持在农业生产、加工、仓储和港口等环节开展跨国全产业链布局，逐步建立境外粮油产销加工储运基地。通过"走出去"，培育一批具有国际竞争力的跨国粮油加工企业集团。

同志们、朋友们，黑龙江省是我国最大的优质商品粮油生产基地，为我国的粮食安全做出了并将继续做出重大贡献。黑龙江不仅是我国最大的优质商品粮油生产基地，也是我国粮油加工业的大省、强省。在我国粮油加工业的发展史上，黑龙江省的粮油加工业有过骄人的业绩，在原粮食部粮油工业局的统计资料中可以看出，20世纪80年代是黑龙江省粮油加工业发展的黄金时期。据资料统计，1985年黑龙江省的粮油工业总产值为14.51亿元，仅次于江苏省的29.07亿元、湖北省的15.81亿元和安徽省的14.83亿元，位居全国第四，其中油脂加工业的总产值为5.01亿元，居全国第一。

在经营管理和技术改造等方面，黑龙江省创造了许多成功的经验，其中香坊粮库是全国粮油工业三个荣获国家二级企业称号的单位之一；在资源利用方面，黑龙江省在利用玉米胚芽制油方面一直名列前茅，其产量约占全国玉米油产量的60%；为总结推广黑龙江经验，原粮食部粮油工业局在召开的"全国粮油工业处长经验交流会"上，曾多次提出要"南学湖北、北学龙江"，以推动全国粮油工业的健康发展。

回顾历史，黑龙江为我国粮油工业的发展做出了贡献。随着新时代、新需求、新发展的要求，相信黑龙江的粮油加工业一定会更上一层楼，为我国粮食产业经济的发展做出新的贡献。对此，我建议黑龙江的粮油加工业要紧紧抓住以下优势，建设新时代我国粮油加工业强省。

第一，要充分利用得天独厚的原料优势。黑龙江不仅粮油资源丰富，而且都是优质资源。诸如，非转基因的大豆资源、优质的粳稻资源、丰富的玉米资源和营养丰富的杂粮资源等，这些粮油资源都是符合农业供给侧结构性改革要求的，其产品深受消费者欢迎，这是发展优质粮食工程的基础条件，也是其他许多省市区所不及的。

第二，要精心贯彻"优粮优加""优粮优销"，实现"优粮优价"。要充分利用优质粮油资源，紧紧围绕着绿色、有机，生产出消费者喜爱的优质、安全、口感佳和营养健康的具有黑龙江特色的粮油产品。

第三，要创著名品牌。要统筹规划，搞好顶层设计，强化品牌意识。要在九三粮油工业集团创造的"九三牌"和五常市推出的"五常牌大米"的基础上进一步完善、创新，开发出新的、更多的区域性乃至全国叫得响的粮油著名品牌，在这方面黑龙江是最具条件的。

第四，要继续重视粮油资源的综合开发利用。要想方设法在大豆蛋白资源的利用；米糠和玉米胚芽榨油；玉米资源在工业方面的深度利用等方面多做文章、做好文章。

我们相信，在黑龙江省委、省政府的关心支持下，在省粮食局领导下，在刚成立的粮食加工产业技术创新战略联盟和省粮油学会的积极配合下，经过全省粮油加工企业的共同努力，黑龙江省在建设粮油产业强省中一定会走在全国的前列！

今年是中华人民共和国成立70周年，让我们在习近平新时代中国特色社会主义思想指引下，按照高质量发展和供给侧结构性改革的要求，深化改革，锐意进取，认真实施"优质粮食工程"，助力建设粮食产业强国，通过提质增效，转型升级，促进粮油加工业的持续健康发展，以实际行动庆祝新中国成立70周年。

最后，预祝本次研讨会取得圆满成功，谢谢大家！

十五、我国粮油加工业的基本情况和发展趋向

——在"弗兰德公司举办 2019 粮油行业客户交流会"上的演讲

（2019 年 7 月 26 日　于天津）

很高兴应邀来到天津，参加由弗兰德公司举办的"2019 粮油行业客户交流会"，并与大家见面，共同探讨粮油行业的高质量发展。下面，我以《我国粮油加工业的基本情况和发展趋向》为题，向大家介绍些情况，并就我国粮油加工业今后的发展趋向讲点意见，供大家参考。

（一）我国粮食和油料生产简况

在党中央、国务院的高度重视和英明领导下，我国粮食生产连年丰收，为国家粮食安全、经济发展和社会稳定奠定了坚实基础。根据国家粮油信息中心提供的数据，2018 年我国粮食总产量达 65789 万吨，其中小麦产量为 13143 万吨、稻谷产量为 21213 万吨、玉米产量为 25733 万吨、杂粮产量为 930 万吨、豆类产量为 1914 万吨、薯类产品（折干粮）为 2856 万吨。

我国的油料生产与粮食生产一样，近些年来连续取得好收成。据国家粮油信息中心提供的数据，2018 年以油菜籽、花生、大豆等为代表的我国八大油料作物的总产量达 6431.2 万吨，创我国油料作物生产的历史最高纪录。

为满足品种调节和市场供应需要，我国每年都要利用两个市场，从国外进口一部分粮食和较大数量的油料油脂。据海关统计，2018 年我国进口大米 308 万吨、小麦 309 万吨、玉米 352 万吨、高粱 365 万吨、大麦 682 万吨，合计为 2016 万吨；进口各类油料合计达 9448.9 万吨，其中进口大豆 8803.1 万吨；进口各类食用植物油合计为 808.7 万吨。

（二）我国粮油加工业的基本情况

我国丰富的粮油资源和广阔的消费市场，为粮油加工业的持续稳定发展提供了重要的

物质基础。根据原国家粮食局2015年公布的《2014年粮油加工业统计资料》、国家粮食和物资储备局调控司2018年6月公布的《2017年粮食行业统计资料》，我国粮油加工业（不含粮油机械制造业）的总体情况如下。

1.企业数及按企业性质划分情况

2017年，我国规模以上的入统粮油加工企业为15509个，其中小麦粉加工企业2865个、大米加工企业10317个、食用植物油加工企业1648个，其他成品粮加工企业679个；按企业性质分，国有及国有控股企业863个、民营企业14471个、港澳台商及外商企业175个，分别占比为5.6%、93.3%、1.1%，如图1所示。

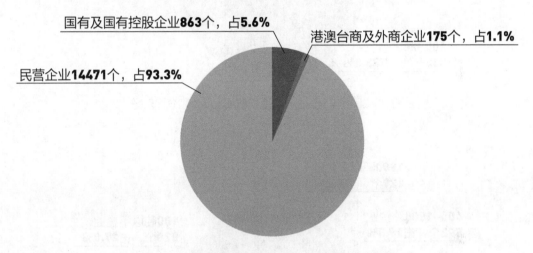

图1 2017年粮油加工企业按企业性质划分比例图

2.企业数及按不同加工能力划分情况

自20世纪末起，我国粮油加工业不断向集约化、规模化方向发展，日加工原料能力400~1000吨的企业数量不断增加。

（1）稻谷加工业 根据原国家粮食局2015年的统计，我国入统稻谷加工企业9830个，其中日加工能力100吨以下的企业4555个，占稻谷加工企业总数的46.3%；日加工能力100~200吨的企业3325个，占33.8%；日加工能力200~400吨的企业1474个，占15.0%；日加工能力400~1000吨的企业400个，占4.1%；日加工能力1000吨以上的企业76个，占0.8%，如图2所示。

（2）小麦粉加工业 2015年全国入统小麦加工企业3066个。其中日加工能力100吨以下的企业828个，占小麦加工企业总数的27.0%；日加工能力100~200吨的企业642个，占20.9%；日加工能力200~400吨的企业875个，占28.6%；日加工能力400~1000

吨的企业 592 个，占 19.3%；日加工能力 1000 吨以上的企业 129 个，占 4.2%，如图 3 所示。

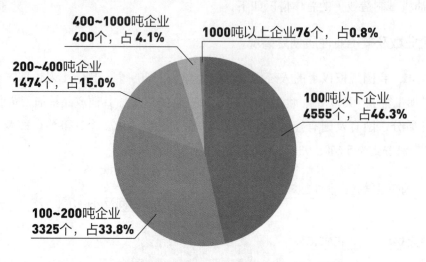

图2　2015年稻谷加工企业按日加工能力划分比例图

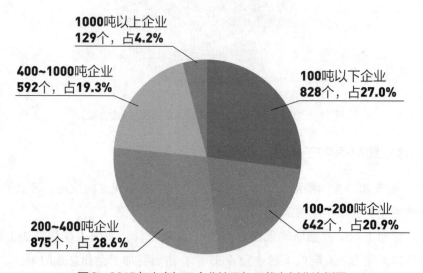

图3　2015年小麦加工企业按日加工能力划分比例图

（3）食用植物油加工业　2015 年我国入统食用植物油加工企业 1660 个，其中日加工能力 100 吨以下的企业 613 个，占比 36.9%；日加工能力 100~200 吨的企业 314 个，占 18.9%；日加工能力 200~400 吨的企业 364 个，占 21.9%；日加工能力 400~1000 吨的企业 189 个，占 11.4%；日加工能力 1000 吨以上的企业 180 个，占 10.9%，如图 4 所示。

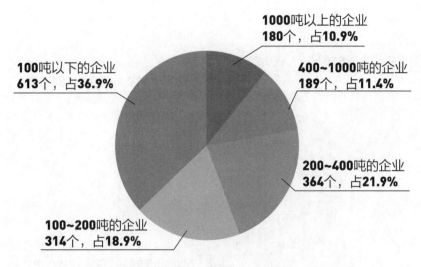

图4 2015年植物油加工企业按日加工能力划分比例图

3.产能及产量情况

（1）稻谷加工业的产能和产量情况 根据统计资料，2015年入统稻谷加工业年加工能力为33716万吨，年大米产量为9870万吨，年处理稻谷15154万吨，产能利用率44.9%。产能和产量按企业经济类型分，民营企业的产能和产量分别30301万吨和8880万吨，所占比例分别为89.9%和90.0%；国有及国有控股企业的产能和产量分别为2967万吨和810万吨，所占比例分别为8.8%和8.2%；港澳台商及外商企业的产能和产量分别为448万吨和180万吨，所占比例分别为1.3%和1.8%，如图5和图6所示。

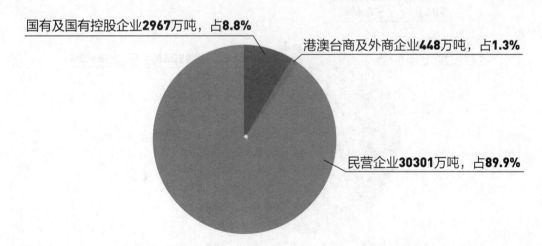

图5 2015年稻谷加工业产能按企业经济类型划分比例图

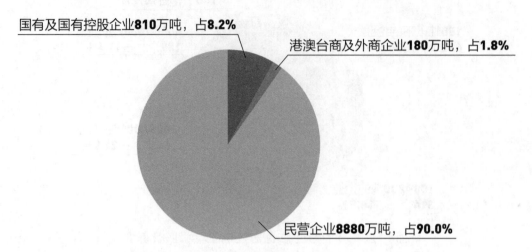

图6　2015年稻谷加工业大米产量按企业经济类型划分比例图

（2）小麦粉加工业的产能及产量情况　2015年小麦粉加工业年加工能力为21650万吨，小麦粉产量为9676万吨，年处理小麦15111万吨，产能利用率为69.8%。产能和产量按企业经济类型分，民营企业的产能和产量分别为19346万吨和8626万吨，所占比例分别为89.3%和89.1%；国有及国有控股企业的产能和产量分别为1325万吨和433万吨，分别占6.1%和4.6%；港澳台商及外商企业的产能和产量分别为984万吨和607万吨，占4.6%和6.3%，如图7和图8所示。

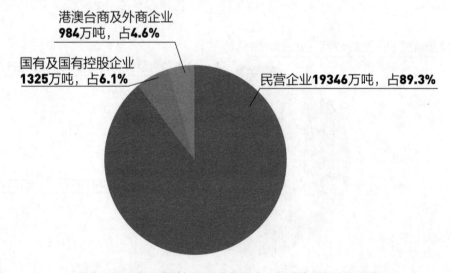

图7　2015年小麦粉加工业产能按企业经济类型划分比例图

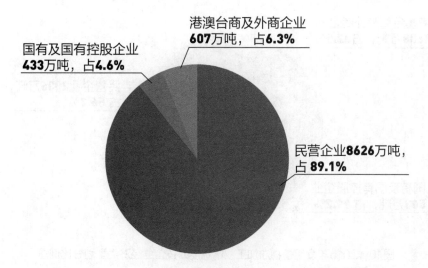

图8　2015年小麦粉加工业面粉产量按企业经济类型划分比例图

（3）食用植物油加工业的油料处理能力、精炼能力及小包装油脂灌装能力情况　2015年食用植物油加工业的油料处理能力为17217万吨，其中民营企业11233万吨，占65.2%；国有及国有控股企业1957万吨，占11.4%；港澳台商及外商企业4027万吨，占23.4%，如图9所示。

2015年油脂精炼能力为5037万吨，其中民营企业2836万吨，占56.3%；国有及国有控股企业563万吨，占11.2%；港澳台商及外商企业1638万吨，占32.5%，如图10所示。

2015年小包装油脂灌装能力为2001万吨，其中民营企业977万吨，占48.8%；国有及国有控股企业226万吨，占11.3%；港澳台商及外商企业798万吨，占39.9%，如图11所示。

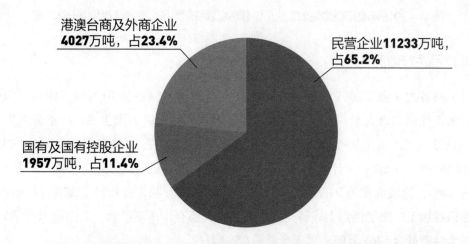

图9　2015年食用植物油加工业油料处理能力按企业经济类型划分比例图

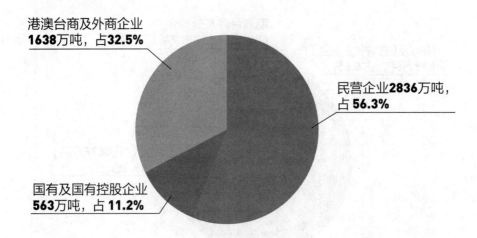

图10 2015年食用植物油加工业精炼能力按企业经济类型划分比例图

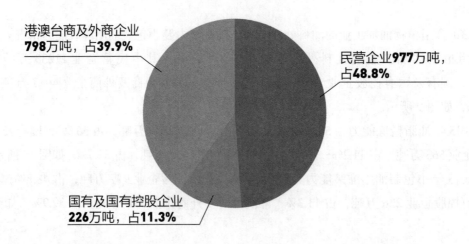

图11 2015年食用植物油加工业小包装油脂灌装能力按企业经济类型划分比例图

4. 产品生产情况

（1）稻谷加工业　2015年稻谷加工业从产品结构看，在9870万吨大米中，以优质一级大米、优质二级大米、优质三级大米和一级大米、二级大米为主，产量分别为3466万吨、1107万吨、406万吨和2620万吨、1795万吨，分别占总产量的35.1%、11.2%、4.1%和26.6%、18.2%；合计为9394万吨，占总产量的95.2%。另外，三级大米为335万吨，占3.4%；四级大米为71万吨，占0.7%；糙米70万吨，占0.7%，如图12所示。另外，在稻谷加工中除了得到上述各类大米产品外，还有许多副产物，其中碎米产量为834万吨，米糠产量为1461万吨，稻壳产量为2580万吨。

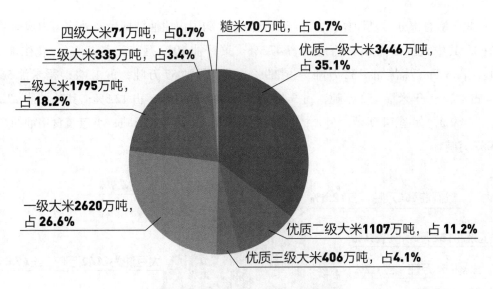

图12　2015年大米产量与品种比例图

（2）小麦粉加工业　2015 年小麦粉加工业从产品结构看，在 9676 万吨小麦粉中，以特制一等粉和特制二等粉所占比例较大，产量分别为 4132 万吨和 2997 万吨，分别占总产量的 42.7% 和 31.0%。其次是标准粉 1408 万吨，占 14.6%；全麦粉 111 万吨，占 1.1%；专用粉 779 万吨，占 8.1%；营养强化粉 41 万吨，占 0.4%；其他小麦粉 208 万吨，占 2.1%，如图 13 所示。

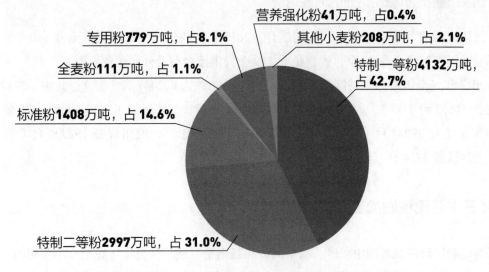

图13　2015年小麦粉产量与品种比例图

（3）食用植物油加工业　根据统计，2015 年我国食用植物油加工产量为 4506 万吨

（注：此产量有部分重复计算，实际产量应扣除外购国内原油精炼量及外购国内成品油分装量）。其中大豆油为 2142 万吨，占 47.5%；菜籽油 1039 万吨，占 23.1%；花生油 142 万吨，占 3.2%；棉籽油 132 万吨，占 2.9%；葵花籽油 57 万吨，占 1.3%；稻米油 56 万吨，占 1.2%；玉米油 152 万吨，占 3.4%；棕榈油 564 万吨，占 12.5%；其他油脂 222 万吨，占 4.9%，如图 14 所示。另外，食用调和油的产量为 465 万吨，小包装食用油的产量为 987 万吨。

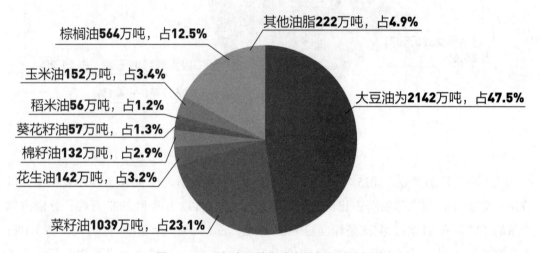

图14　2015年食用植物油产量与品种比例图

5. 我国粮油机械制造业的简要情况

按国家粮食和物资储备局调控司统计，2017 年，我国粮油机械制造企业 140 个，其中国有及国有控股企业 15 个，民营企业 119 个，港澳台商及外商企业 6 个。

2017 年，全国粮油机械制造企业制造的产品总数为 822447 台（套）、其中小麦粉加工主机 11652 台（套）、大米加工主机 113503 台（套）、油脂加工主机 18083 台（套）、饲料加工主机 29944 台（套）、仓储设备 106907 台（套）、通用设备 152990 台（套）、粮油检测仪器 2714 台、其他设备 386654 台（套）。

（三）我国粮油加工业的发展趋向

为使我国经济朝着稳中求进、稳中向好和高质量发展，自去年年底至今年年初的一个多月时间里，中央召开了经济工作会议、中央农村工作会议，发布了《中共中央、国务院关于坚持农业农村优先发展做好"三农"工作的若干意见》（中发［2019］1 号文件），对 2019 年中国经济的发展与改革进行了具体部署。国家粮食和物资储备局为贯彻中央经济工作会议和中央农村工作会议精神，召开了全国粮食和物资储备工作会议，提出了做好 2019 年粮食和物资储备工作的具体意见。认真学习贯彻上述会议和文件精神，是做好全国粮食和物资储备工作的重要保证，也是做好今年乃至今后我国粮油加工业工作的重要保证。

为推动粮油加工业的高质量发展，根据上述会议文件精神，我觉得今年乃至今后一段时间内，粮油加工业要重点关注和努力做好以下工作。

1. 要积极推动粮油加工业的高质量发展

根据中央经济工作会议精神，粮油加工业要按照高质量发展的要求，要优化调整产业结构，要根据优胜劣汰的原则，继续培育壮大龙头企业和大型骨干企业，支持他们做强做优做大做精，引导和推动企业强强联合，跨地区、跨行业、跨所有制兼并重组，积极发展混合所有制；要加大企业技术改造的力度，积极采用先进技术与装备，成为产品质量高、能耗粮耗低，经济效益好、新产品开发能力强的国家级、省级龙头企业；要继续鼓励有地方特色，资源优势的中小企业积极提升技术装备水平和创新经营方式，主动拓展发展空间，形成大、中、小型企业合理分工，协调发展的格局；对工艺技术落后、设备陈旧、卫生质量安全和环保不达标、能耗粮耗高的改造无望的落后产能和"僵尸企业"要依法依规加快处置；要继续支持粮油加工产业园区或集群建设，促进优势互补；要加大对企业创新支持力度，增强企业技术创新能力，鼓励构建开放、协同、高效的共性技术研发平台，健全需求为导向、企业为主体的产学研一体化创新机制；要关注人工智能、工业互联网、物联网的发展与应用，促进企业在高起点上发展。

2. 要继续深入推进粮油加工业的供给侧结构性改革，增加适销对路的优质粮油产品供给能力

根据中央经济工作会议的精神和国家局党组的要求，粮油加工企业要认真贯彻"五优联动"，加快"优质粮食工程"建设，增加适销对路的优质粮油产品的供给，进而推动农业供给侧结构性改革取得更大成效，增加优质农产品的供给，促进农民增收。与此同时，粮油加工业要始终以满足人民群众生活水平日益增长和不断升级的安全、优质、营养、健康粮油产品的消费需要；要增加满足不同人群需要优质化、多样化、个性化、定制化粮油产品的供给；要增加优质米、食品专用米、专用粉、专用油和营养功能性新产品以及绿色、有机等"中国好粮油"的供给；要大力发展全谷物产品，增加糙米、全麦粉、杂粮、杂豆和薯类及其制品等优质营养健康中高端新产品的供给；要提高名、特、优、新产品的供给比例。

3. 要强化创新驱动，实施"优质粮食工程"

中央经济工作会议和中央一号文件中多处强调发展经济要重视科技创新，强化创新驱动。国家粮食和物资储备局对粮食科技和创新发展高度重视，制定了"科技兴粮"和"人才兴粮"意见，并首次提出了"质量兴粮"理念，为建设粮食产业强国，国家局提出了要认真实施好"优质粮食工程"。为此，粮油加工业要认真学习领会实施"优质粮食工程"的重要意义，按"优质粮食工程"中的要求，认真带头实施，为建设粮食产业强国做出贡献。

首先，要认真做到"优粮优加"，并在加工过程中，认真贯彻适度加工理念，防止营养成分的过多流失，最大程度地保存粮油原料中固有的营养成分。

要重视创新驱动，尤其要重视关键技术与装备的创新研发。粮食机械制造业，要以专业化、大型化、成套化、智能化、绿色环保、安全卫生、节能减排、节粮减损为导向，发展高效节粮节能营养型大米、小麦粉、食用植物油、特色杂粮和薯类等加工装备；要进一步提高关键设备的可靠性、使用寿命和自动化、智能化水平，以加快加工装备向数字化、智能化方向发展。

4. 粮油加工业要为国家粮食安全做贡献

俗话说："民以食为天""食以安为先"。这充分表明粮食的数量安全和质量安全都是"天大"的事。对此，粮油加工业要紧紧围绕这两个"天大"的事，努力工作，不负使命。为此，粮油加工业要在确保产品质量安全的前提下，要继续倡导适度加工。要在提高加工纯度，严格控制精度，千方百计提高出品率，提高可食资源利用率上和营养健康上多做文章、做好文章；要科学制修订好粮油产品的质量标准，引领粮油加工业的健康发展，纠正粮油产品的"过精、过细、过白和油色过淡"等过度加工现象；要配合有关部门，统筹用好国际国内两个市场、两种资源，拓展渠道，把控好国内紧缺粮油产品的进口；要大力开展粮油加工副产物的综合利用，提高资源利用价值，尤其要搞好米糠、玉米胚芽资源的利用，为国家增产油脂。总之，我们要想方设法，努力为国家粮食安全做出应有的贡献。

5. 要注重品牌建设，提高品牌效应

中央一号文件指出：加快发展乡村特色产业。因地制宜发展多样性特色农业，倡导"一村一品""一县一业"，强化农产品地理标志和商标保护，创响一批"土字号""乡字号"特色产品品牌。国家粮食和物资储备局提出：要落实供给侧结构性改革"八字方针"，加快粮食产业创新发展、转型升级、提质增效，实现优质化、特色化、品牌化发展；要强化示范引领，在全国带动形成一批示范县、龙头加工企业、放心粮店和一批叫得响的品牌。

为贯彻落实上述文件精神，粮油加工企业要重视品牌建设，发挥品牌的引领作用。要利用新技术，积极开发新产品；要进一步加强粮油产品品牌建设的顶层设计，通过质量提升、自主创新、品牌创建、特色产品认定等，更多地培育出一批像鲁花、金龙鱼、福临门等具有自主知识产权的、家喻户晓的、有较强市场竞争力的、叫得响的全国性或区域性名牌产品；要充分发挥名、特、优、新产品和"老字号"的品牌效应，促进农民增收，企业增效。

6. 要以安全为重点，确保粮油产品质量安全和生产经营安全

中央经济工作会议指出：要增强人民群众获得感、幸福感、安全感；要让老百姓吃得放心、穿得称心、用得舒心；要下更大气力抓好食品药品安全、安全生产和交通安全。国家粮食和物资储备局提出：要紧抓落实安全生产责任制，多措并举、综合施治，切实承担好主体责任和监管责任。粮食生产经营企业要坚持安全第一，坚决克服"重发展、轻安全"的倾向。

按照上述要求，粮油加工企业必须以安全为重点，务必做到生产安全和粮油产品质量安全。

人命关天，安全生产重如泰山。粮食加工企业要始终把安全生产放在生产经营的第一位，坚决克服"重发展、轻安全"的倾向。要始终绷紧安全生产这根弦，紧抓落实安全生产责任制；要紧盯严防，排查整治各种隐患，确保安全生产万无一失。

粮油加工企业要坚守食品安全底线，把产品质量安全放在第一位。要严格按照标准组织生产，道道把关；要完善原料采购、检验、在线检测和成品质量检验，建立覆盖生产经营全过程的粮油质量安全信息追溯体系，确保粮油产品质量安全万无一失，让百姓吃得放心，吃得营养健康。

7. 积极利用数字化技术推动企业转型升级

当今世界，在数字化经济时代下，我国粮油加工业从生产到销售整个产业链的技术发展模式正在发生深刻变革。当前，粮油加工业从生产、包装、物流、仓储、营销、市场、产品生命周期管理等所有环节，都已经开始呈互联网化。生产信息化管理系统（MES）、产品生命周期管理（PLM）、工业机器人、智能装备、人工智能应用、大数据分析与营销、智能供应链等将很快成为各行各业发展的热点，从而有力地支撑新商业模式的创新发展。为此，粮油加工业要自觉配合这些新技术、新模式，以推动企业的转型升级和高质量发展。

8. 要扩大对外开放，实施"走出去"战略

按照中央的精神，粮油加工业要进一步利用外资，扩大对外开放。要认真总结我国改

革开放以来，外资企业、中外合资企业进入粮油加工业领域取得的成功经验，尤其是要总结学习外资粮油加工企业、中外合资粮油加工企业，在经营管理中的成功经验，为我所用，推动我国粮油加工业的不断发展。

要加快推进并支持有条件的粮油加工企业集团，加强与"一带一路"沿线国家在农业投资、粮油贸易、粮油加工以及粮油机械装备出口等领域的合作。支持在农业生产、加工、仓储和港口等环节开展跨国全产业链布局，逐步建立境外粮油产销加工储运基地。通过"走出去"，培育一批具有国际竞争力的跨国粮油加工企业集团。

最后，预祝交流会圆满成功，谢谢大家！

十六、我国粮油科技的发展趋势
——在"着力推动稻米、小麦、玉米、杂粮健康谷物食品融合发展技术研讨会"上的演讲

（2019 年 8 月 24 日　于安徽合肥）

我很高兴来到合肥，参加由中国粮油学会食品分会和玉米深加工分会联合主办，安徽捷迅光电技术有限公司承办的"着力推动稻米、小麦、玉米、杂粮健康谷物食品融合发展技术研讨会"，共商我国健康谷物食品的发展大计。会前，根据姚老师的提议，要我和承淼监事长就"我国粮油科技的发展趋势"发言。

按照中国科学技术协会的要求，中国粮油学会由 2018 年 9 月 7 日在北京召开了"《2018—2019 年粮油科学技术学科发展研究》项目开题会"，这是中国粮油学会第三次承担中国科学技术协会学科发展研究项目。由此，中国粮油学会精心组织所属分会的上百名专家，经过一年多的努力，基本完成了《2018—2019 年粮油科学技术学科发展报告》的撰写工作。报告以近 5 年来的最新研究进展、国内外研究发展比较以及发展趋势与展望等内容，权威性地反映了我国粮油科学技术的现状与发展趋势。在此，我们将报告中的粮油科技的发展趋势给大家做些介绍，供参考。

（一）我国粮油科技的最新研究进展与发展水平

5 年来，粮油行业正值全面贯彻落实党的十八大"实施创新驱动发展战略"和党的十九大"加快建设创新型国家"精神；经历了国家"十二五"发展规划完美收官、"十三五"发展规划良好开局及实施落地，是迎来科技创新发展新高潮，为粮油科技快速发展带来新机遇的重要时期。

5 年来，我国粮油科技取得了显著进步和发展，其最新研究进展主要体现在以下 7 个方面。

1. 粮食储藏理论与实践获得深入发展

引入了"场"的概念，进一步摸清了虫螨区系分布，深入研究了储粮生态学、储粮害

虫防治、储粮微生物、储粮真菌毒素、储粮通风、储粮干燥技术、储粮有害生物发生规律等基础理论。横向通风、粮情云图分析、智能化建设、粉尘治理、内环流控温储粮，低温、氮气绿色储粮，储粮新仓型等创新技术得到推广应用。

2. 粮食加工技术与装备水平大幅提升

稻谷加工实现国际首例引用色选机回砻谷净化技术以及留胚米和多等级大米的联产加工方法。小麦及面粉热处理灭虫，以及水分调节对品质影响机理研究取得突破。玉米深加工完全自主大型化、自动化加工装备达到国际先进水平且对外出口。杂粮加工解决了以高淀粉甘薯和紫薯甘薯为原料，工业化生产新型绿色加工食品的关键技术问题。米制品加工基础理论、工程技术与产业化、质量安全等取得了重大进展。面条制品开发了第二代方便面和高添加杂粮挂面。各类以发酵面食为主食的连锁企业遍地开花，并积极走出国门。粮油营养学科在控制加工过程对粮油食品中营养物质的影响方面研究取得进展。

3. 油脂加工技术装备质量并重成效显著

油料预处理、榨油技术已达到国际先进水平，中小型成套设备已达到国际领先水平。油脂浸出成套设备日趋大型化、智能化。油脂精炼工艺和设备技术水平大幅提升。米糠和玉米胚制油取得突破性进展。大豆分离、浓缩、组织蛋白产品出口多个国家。微生物油脂生产等高新技术得到应用。

4. 粮油质量安全标准体系与品评技术继续完善

2018 年，全国粮油标准化技术委员会（TC270）归口管理的粮食标准共有 640 项（国家标准 350 项，行业标准 290 项）。仪器进步助力粮油产品物理化学特性评价技术发展。粮油储存品质判定标准渐成体系。粮油安全评价借力新型分析工具。溯源监测系统为粮油风险监测预警提供保障。

5. 粮食物流互联技术与装备更加高效

"互联网 + 智慧物流"助推产业升级。高新技术与装备极大提升了粮食物流效率，港口大宗货物"公转铁"等工程效果显现。先进信息技术在物流领域广泛应用，物流组织方式不断优化创新。托盘条码与商品条码、箱码、物流单元代码关联衔接技术不断提高。高效化粮食物流技术装备已逐步发挥作用。

6. 饲料加工技术与装备均衡发展

饲料工业标准化成果丰硕。饲料专用机械设计进一步优化。锤片粉碎机、立轴超微粉碎机等粉碎设备的结构创新大大提高了生产效率，降低了能耗。技术交叉应用助力饲料原料加工，提高了饲料利用率。饲料资源开发与利用更加广泛。饲料企业环保技术应用逐渐增加。

7. 粮油行业信息自动化技术应用更加广泛深入

新型粮情测控技术实现无人值守安全储粮。高大平房仓实现散粮出仓作业流程的自动化和智能化。信息和自动化提升粮油加工管控水平，将能效管理引入生产控制系统达到节能增效。高效能粮食行业电子交易体系逐步建立。信息化使得粮食管理更加全面、便捷与直观。

以上最新研究进展充分表明，5 年来，我国粮油科技成就斐然。粮食储藏的多项适用技术已达到国际领先水平；粮、油、饲料和粮油食品加工工艺和装备大多已达到世界先进水平；粮油质量安全、粮食物流和信息与自动化等方面都有新的喜人进展，为引领粮油产业经济发展和保障国家粮食安全做出了重要贡献。

（二）我国粮油科技的发展趋势

为使我国实现粮油科技强国，今后我们要以习近平总书记关于科技创新的重要思想为指引，继续全力服务粮食行业供给侧结构性改革总体需求；瞄准国际本学科前沿进展与探索，精准确立研发方向和重点；深入推进优质粮食工程等发展策略。团结和带领广大粮油科技工作者积极投身创建两个百年中国梦的伟大建设，描绘中国粮油科技发展的新蓝图。其研究方向和发展重点如下。

1. 在粮食储藏方面

（1）加强安全储粮风险预警基础研究。建立粮食储藏生态系统基础参数数据库，完善粮堆多场耦合模型和理论；开展粮油储藏过程中环境微生态因子变化规律与调控技术、粮油品质变化规律与调控技术及理论研究；开展粮堆中微生物生长演替规律、隐蔽型真菌毒素的形成机制，储粮害虫、霉菌等有害生物的分类学、生物学、生态学、遗传学、毒理学研究；开展粮堆微生物区系调查以及发热机制研究；开展储粮安全评价指标体系与风险临界判定研究；建立安全储粮预警模型。

（2）加强粮情智能化测控技术研究。开发粮堆温湿水一体化在线检测技术及产品；完善储粮霉菌早期快速检测方法；开展粮食运输过程温湿水测控技术及品质变化研究。

（3）加强储粮工艺与装备技术研究。开展分地域、规模和仓型的粮油仓储作业工艺与设施设备标准化研究；开展低温储粮技术集成应用示范；开发新型清洁能源干燥技术及装备；针对不同粮食，开展保质干燥工艺技术与装备研究；针对不同烘干作业需求，开发"机动式""粮动式"干燥装备；开展粮食进出仓作业粉尘控制技术与设备集成研究；开展高效智能化净粮入仓技术与设备集成研究；开展横向通风等储粮新技术应用效果测评及定型化、标准化研究，加强新技术应用推广。

（4）加强新型替代储粮药剂研究。开发新型储粮害虫生物、物理等绿色综合防治技术。加强现代粮食仓房结构理论研究与创新示范，开发气膜仓等新仓型，开发粮仓保温隔热气密新材料、新产品。

2. 在粮食加工方面

（1）建立高品质面条、馒头、包子、面包、淀粉及谷朊粉等小麦专用粉品质评价体系，开发建立小麦粉品质快速检测技术方法和仪器设备，建立和完善相关标准；推进小麦加工由传统分离技术向高效分离技术发展，根据国产小麦品质特征及专用粉品质要求，发展小麦分级加工技术；开展小麦安全加工技术集成开发，防控和消减生物毒素污染及微生物含量；发展适应国情的小麦适度加工技术，及加工过程中天然营养物质损失控制技术；推进小麦加工装备向数字化、智能化方向发展。

（2）加强高品质食品专用粉评价体系研究和产品开发，开展面条、馒头、包子等中式主食加工基础理论和工艺优化研究，创新开发特色鲜明、安全健康、方便快捷的面制食品，提升面制食品加工与包装设备的节能减排、自动化、智能化技术水平。开展馒头等面制食品洁净生产环境控制标准研究，开发面制食品抗老化技术和绿色保鲜包装技术等。

（3）开展稻米结构力学特性与碾白工艺技术的研究；开展稻米营养分布、碾白工艺与食用品质关系研究；开展留胚米、γ-氨基丁酸（GABA）米、富硒大米、富硒留胚米营养评价与生产技术研究；开发方便米饭、方便米线（米粉）等品质提升技术，稻壳制取生物炭技术，米胚、糊粉层粉健康休闲食品生产技术等。

（4）开展米制品加工基础理论研究，包括不同品种大米微观结构及成分构成、不同原料配方等与米制品加工特性关系，米制品加工化学及工程学原理等；开展新型智能化米制品加工装备集成开发；开展米制品品质改进、快速检测及在线检测、废水废渣减排与综合利用等技术研究。

（5）发展以酶法浸泡、全组分利用、节能减排为核心的玉米淀粉绿色的制造技术；开发市场高度细分的变性淀粉产品以及新型改性技术装备；研究色谱、树脂等分离纯化技术；开展纤维素乙醇、淀粉基生物新材料技术开发；开展新型功能性糖醇产品开发及生理特性研究；开发新型功能营养玉米食品等。

（6）建立粮油营养公共数据库，积累不同品种、不同地域的粮油产品组分和营养成分数据资源，解析粮油营养组分代谢规律及功能特性，研究不同人群对于粮油食品的营养需求；开展杂粮、杂豆、薯类、全谷物、多谷物食品健康功能特性、加工品质改良技术研究；开展细分人群的健康谷薯膳食开发，开展粮油适度加工工艺优化及智能调控技术设备研究；利用米糠、小麦麸皮开发富含功能活性物质的新型高附加值产品等。

3. 在油脂加工方面

（1）推进多油并举产品战略。加强葵花籽、芝麻等油料作物，油茶籽、核桃等木本油料，米糠、玉米胚芽、小麦胚芽等粮食加工副产物，亚麻籽油、红花籽油、微生物油脂、动物油脂等各类油料油脂的营养健康特性、加工技术及品质评价标准研究，促进食用油料油脂供给多元化，消费健康化。

（2）发展油脂精准适度加工技术。以安全健康、绿色加工、资源高效利用、节能减排降耗为目标，采用高新技术特别是现代信息技术、生物技术、精细化工技术对传统工艺进行全面升级，开发优质化、多样化、个性化、定制化食用油脂产品，推进由"放心粮油"向"好粮油"的转变。

（3）推进油料资源综合利用。大力开展米糠、胚芽、饼粕、皮壳、油脚、脱臭馏出物等副产物综合利用技术开发，继续重点加强米糠和玉米胚芽集中制油和饼粕综合利用技术的集成开发和推广，争取到2020年米糠等副产物综合利用率由目前的不到30%提高到50%，培育我国油脂加工领域新的增长点。

（4）加强关键技术装备基础研究和自主创新。推进制油装备的大型化、自动化、智能化和专用化，加快开发适应清洁生产、适度加工、木本油料加工需要的装备。对于大豆等油料，进一步筛选新型安全高效浸出溶剂，重点开展新型溶剂连续浸出工艺技术和设备研究；对于油菜籽、花生等高含油油料，开发高效、安全的非溶剂制油新工艺和新装备；进一步革新和完善油脂精炼技术，强化有效精炼过程，尽量减少皂脚、废白土、脱臭馏出物等副产物；研究和开发废弃物处理技术与环境管理；推广无机膜分离技术在废水处理中的应用，回收油脂和提高废水处理的水平。

4. 在粮油质量安全方面

（1）推进完善粮油标准体系。加强基于加工品质和最终用途的粮食分级定等标准研究，传统中式食品的质量评价标准研究；开展粮油加工过程中微量营养素、抗营养因子、过敏原以及新污染物快速检测方法研究；开展成品粮油储存品质评价技术研究；开展优质粮油品质鉴定、产地溯源与掺伪检测技术研究等。发展粮油品质与安全状况的在线检测、无损检测等快速检测技术，提高检测精度和可靠性。

（2）推进粮油质量安全监测预警体系建设。构建突出区域特征的粮食质量安全数据库及监测预警模型，研究建立粮油生产加工、收购、入库、储藏、出库等环节的样品采集、检验检测、数据传递、风险分析、预警预报等技术规范，提升风险预警的时效性和准确性。

5. 在粮食物流方面

（1）开展粮食物流设施布局优化研究，围绕"一带一路"倡议和国内产销背景下的粮食跨区域流通需求、市场化改革背景下的粮食产业物流需求、全社会大物流背景下的粮食物流需求、两个市场两种资源背景下的粮食物流需求等，统筹开展粮食物流设施优化布局研究。开展粮食物流跨区域一体化整合、物流全链路的信息互联互通、现代化应急物流系统研究。

（2）开展粮食物流管理系统开发。开展粮食物流监管及信息服务技术体系开发；粮食企业、物流园、物流枢纽供应链及物流管控平台优化开发；融入、共享智慧供应链体系开发。

（3）开展粮食物流高效衔接技术集成研究。开展物流园区多方式联运作业站场技术标准研究；枢纽节点多方式集疏运新技术研究；铁路、港口最先和最后一公里配送网络优化研究；中转仓储设施配套技术、船船直取等衔接配套技术，大型粮食装卸车点配套技术，铁路站场高效粮食装卸技术研究等。

（4）粮食物流标准体系研究及装备开发。完善如粮食物流组织模式、信息采集交换、散粮接收发放设施配备标准等标准内容研究和编制。开展智能物流装备创新研究；仓储自动化粮食分类储运技术与装备研究；标准化船型、装卸设施和设备优化等内河散粮运输技术研究；成品粮物流、储运保鲜等装备与标准研究；自动化立体库等先进的仓配技术与成品粮物流的结合研究等。

6. 在饲料加工方面

（1）加强饲料应用基础研究，研究饲料原料组分的构效关系与理化特性及在不同饲料加工中的变化规律；环境敏感性饲料添加剂的稳定化与高效吸收利用机制；饲料原料与混合料在加工中的流变学特性；饲料不同加工性状对动物生理生化的调节机制；饲料加工关键设备原理创新；新型绿色替抗饲料添加剂对动物机能调节机制。

（2）加强饲料资源开发。脱除霉菌毒素的新型饲料发酵用安全高效菌株的研发与产业应用；脱除抗营养因子的新型饲料发酵用安全高效菌株的研发与产业应用；新型昆虫蛋白研发与应用；饲用膳食纤维的功能性研究与产业化应用；非常规饲料资源的增值加工技术研究；生物发酵饲料的安全性评价研究与标准化。

（3）提升饲料加工装备与工艺技术水平，适应于人工智能（AI）时代智能化控制的饲料厂加工专家系统研制；智能化控制的节能高效关键加工设备的研发；新型调质湿热处理工艺与设备的研发；特种形态饲料加工工艺与设备的研发；自清洁饲料加工设备的研发；满足安全卫生、粉尘防爆、臭气排放、生物安全防控要求的饲料厂设计技术研发。自动化在线监测设备研发，包括粉碎机破筛自动检测、饲料在线水分检测、混合均匀度在线监测、饲料调质效果在线监测、饲料产品质量在线监测等检测设备与技术；饲料厂全厂自动化控制技术；智能化饲料工厂。

（4）开发新型饲料添加剂。开展安全高效的新型饲用益生菌的菌种的研发与产业化工艺技术研究；新型植物提取物的研制与产业化工艺技术研究；新型有机微量元素的研制与产业化工艺技术研究；新型抗菌肽制剂的研制与产业化工艺技术研究；新型动物粪便臭味减除用饲料添加剂的研制与产业化工艺技术研究。

（5）开发新型饲料产品。适合饲养动物不同生长期营养需求的精细划分的配合饲料产品的研发；低蛋白均衡营养的新型畜禽饲料产品的研发；安全高效发酵饲料产品的研发与标准化；特种形态的宠物饲料、观赏动物饲料产品的研发；绿色、有机无抗饲料产品的研发；幼龄动物特种功能性饲料产品的开发；饲料产品可追溯技术系统的研发与普遍应用。

7. 在粮油信息与自动化方面

（1）推进新型信息技术的应用。加强物联网技术在粮情测控、智能通风、智能气调、出入库管理、智能安防等方面的应用；推进分布式技术、内存数据库、内存队列撮合、微服务技术、软件运营服务（SAAS）云租赁技术、自动财务等技术在库存监管、资金监管、交易监管、质量追溯等领域的应用。

（2）推进行业数据汇聚整合。依托国家粮食电子交易平台等系统，建立涵盖粮食生产、原粮交易、物流配送、成品粮批发、应急保障的完整供需信息链和数据中心，促进传统批发市场的转型升级。依托政府信息平台，加强数据采集、存储、清洗、分析挖掘、可视化等技术研发，加强市场趋势分析、热点追踪、调控评估以及信用体系等应用开发，提升粮食市场监管服务能力。

最后，预祝研讨会圆满成功，谢谢大家！

十七、2018 年我国粮油加工业的基本情况

——在"中国粮油学会油脂分会办公扩大会议"上的主题报告

（2020 年 3 月 15 日　于北京）

2019 年 6 月，国家粮食和物资储备局粮食储备司公布了《2018 年粮食行业统计资料》，2019 年 12 月 5 日，中国粮食行业协会公布了 2018 年度粮加工企业"50 强""10 强"名单，这是我们粮食行业的权威数据与信息。为便大家学习查阅，我将其中有关粮油加工业的情况做了整理，供大家参考。

（一）我国粮油加工业的总体情况

这里我给大家整理介绍的我国粮油加工业只包括小麦加工、大米加工、其他成品粮加工业和食用植物油加工业（不包括粮油机械制造业）等成品粮油加工企业，其总体情况如下。

1．企业数及按企业性质分类情况

2018 年全国入统成品粮油加工企业为 14614 个，其中小麦粉加工企业为 2590 个、大米加工企业为 9827 个、其他成品粮加工企业为 606 个、食用植物油加工企业为 1591 个；按企业性质分，国有及国有控股企业 763 个、内资非国有企业 13687 个、港澳台商及外商企业 164 个，分别占比为 5.2%、93.7% 和 1.1%（表 1）。

表1　2018年粮油加工企业数量汇总表　　　　单位：个

项目	企业数量	国有及国有控股 企业数量	内资非国有 企业数量	港澳台商及 外商企业数量
小麦粉加工企业	2590	157	2385	48
大米加工企业	9827	450	9352	25

续表

项目	企业数量	国有及国有控股企业数量	内资非国有企业数量	港澳台商及外商企业数量
其他成品粮加工企业	606	30	568	8
食用植物油加工企业	1591	126	1382	83
总计	14614	763	13687	164

2. 产业化龙头企业数量

2018 年粮油加工业龙头企业为 1954 个，其中小麦粉加工龙头企业 468 个、大米加工龙头企业 932 个、其他成品粮加工龙头企业 104 个、食用植物油加工龙头企业 450 个。在 1954 个龙头企业中，国家级龙头企业 203 个，其中小麦粉加工企业 56 个、大米加工企业 84 个、其他成品粮加工企业 6 个、食用植物油加工企业 57 个；省级龙头企业 1751 个，其中小麦粉加工企业 412 个、大米加工企业 848 个、其他成品粮加工企业 98 个、食用植物油加工企业 393 个（表 2）。

表2　2018年粮油加工业龙头企业数量汇总表　　　　　　　单位：个

项目	龙头企业数量	国家级龙头企业数量	省级龙头企业数量
小麦粉加工企业	468	56	412
大米加工企业	932	84	848
其他成品粮加工企业	104	6	98
食用植物油加工企业	450	57	393
总计	1954	203	1751

3. 粮油应急加工企业数量及产量

2018 年全国粮油应急加工企业为 4154 个，其中小麦粉应急加工企业 1078 个、大米应急加工企业 2578 个、食用植物油应急加工企业 415 个、其他成品粮应急加工企业 83 个。在 4154 个粮油应急加工企业中，省级应急加工企业 537 个、市级应急加工企业 1071 个、县级应急加工企业 2546 个（表 3）。2018 年，应急加工小麦粉产量为 4528.8 万吨；应急加工大米产量 3797.3 万吨；应急加工食用植物油产量为 619.8 万吨、应急加工精炼植物油产量为 1037.9 万吨。

表3 2018年全国粮油应急加工企业数量汇总表 单位：个

项目	应急加工企业数量	省级应急加工企业数量	市级应急加工企业数量	县级应急加工企业数量
小麦粉加工企业	1078	124	311	643
大米加工企业	2578	305	611	1662
食用植物油加工企业	415	97	128	190
其他成品粮加工企业	83	11	21	51
总计	4154	537	1071	2546

4. 全国"放心粮油"示范工程企业数量

2018年全国"放心粮油"示范工程企业2614个，其中小麦粉加工企业681个、大米加工企业1423个、食用植物油加工企业437个、其他成品粮加工企业73个。在2614个"放心粮油"示范工程企业中，中国粮食行业协会（简称：中粮协）的607个、省级的935个、市级的1072个（表4）。

表4 2018年全国"放心粮油"示范工程企业数量汇总表 单位：个

项目	"放心粮油"示范工程企业数量	中粮协示范工程企业数量	省级示范工程企业数量	市级示范工程企业数量
小麦粉加工企业	681	188	230	263
大米加工企业	1423	283	520	620
食用植物油加工企业	437	127	157	153
其他成品粮加工企业	73	9	28	36
总计	2614	607	935	1072

5. 主要经济指标情况

（1）工业总产值 2018年，全国粮油加工业总产值为14562.4亿元，其中小麦粉加工3235.5亿元、大米加工4873.1亿元、其他成品粮加工293.2亿元、食用植物油加工6160.6亿元，分别占比22.2%、33.5%、2.0%和42.3%，如图1所示。

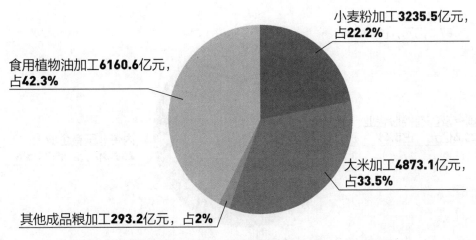

图1　2018全国粮油加工业工业总产值按不同行业划分比例图

（2）产品销售收入　2018 年，全国粮油加工业产品销售收入为 14993.4 亿元，其中小麦粉加工 3226.1 亿元、大米加工 4898.4 亿元、其他成品粮加工 290.9 亿元、食用植物油加工 6578.0 亿元。在 14993.4 亿元的销售收入中，内资非国有企业 10194.7 亿元、国有及国有控股企业 1742.9 亿元，港澳台商及外商企业 3055.8 亿元，分别占比为 68.0%、11.6% 和 20.4%，如图 2 所示。

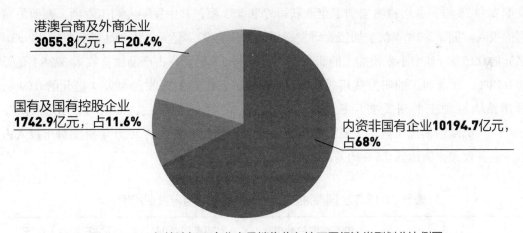

图2　2018年粮油加工企业产品销售收入按不同经济类型划分比例图

（3）利润总额　2018 全国粮油加工业利润总额为 376.9 亿元，其中小麦粉加工 87.4 亿元、大米加工 112.8 亿元、其他成品粮加工 16.0 亿元、食用植物油加工 160.7 亿元；根据 2018 年产品销售收入为 14993.4 亿元，其产品收入利润率为 2.5%。在 376.9 亿元利润总额中，内资非国有企业为 269.3 亿元、国有及国有控股企业为 20.4 亿元、港澳台商及外商企业为 87.2 亿元，分别占比为 71.5%、5.4% 和 23.1%，如图 3 所示。

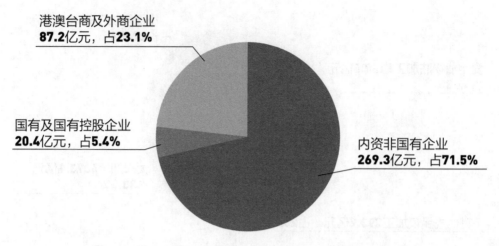

图3　2018年粮油加工业利润总额按不同经济类型划分比例图

6. 获得专利与研发费用投入情况

  2018年粮油加工业获得各类专利1204项，其中发明专利298项。从不同行业获得的专利情况看，2018年，小麦粉加工企业获得专利145项，其中发明专利41项；大米加工企业获得专利575项，其中发明专利98项；其他成品粮加工企业获得专利51项，其中发明专利23项；食用植物油加工企业获得专利433项，其中发明专利136项。在研发费用的投入方面，2018年粮油加工业研发费用的投入为22.2亿元，占产品销售收入14993.4亿元的0.15%，其中小麦粉加工的研发费用投入为5.8亿元，占产品销售收入3226.1亿元的0.18%；大米加工的研发费用投入为4.4亿元，占产品销售收入4898.4亿元的0.09%；食用植物油加工的研发费用投入为11.2亿元，占产品销售收入6578.0亿元的0.17%（表5），离《粮油加工业"十三五"发展规划》提出的要求，到2020年研发费用投入占主营业务收入比例达到0.6%的差距太大了。

表5　2018年全国粮油加工企业获得专利与研发费用投入

项目	专利获得总数/项	发明专利数/项	研发费用投入/亿元
小麦粉加工企业	145	41	5.8
大米加工企业	575	98	4.4
其他成品粮加工企业	51	23	0.8
食用植物油加工企业	433	136	11.2
总计	1204	298	22.2

7. 有关深加工产品产量

2018 年全国粮食行业深加工产品产量为：商业淀粉 2920.2 万吨、淀粉糖 875.9 万吨、多元醇 21.4 万吨、发酵制品 275.3 万吨、酒精 755.0 万吨、大豆蛋白 26.0 万吨、其他深加工产品 1029.5 万吨。

（二）我国粮油加工业主要行业的基本情况

小麦粉加工业、大米加工业和食用植物油加工业是我国粮油加工业的主力军，这三个行业的发展情况对全国粮油加工业的发展起到决定性作用。根据粮食行业统计资料，现将 2018 年我国小麦粉加工业、大米加工业和食用植物油加工业的基本情况分别介绍如下。

1. 小麦粉加工业

（1）企业数及按企业性质划分情况　2018 年，我国小麦粉加工企业 2590 个，其中国有及国有控股企业 157 个、内资非国有企业 2385 个、港澳台商及外商企业 48 个，分别占比 6.1%、92.1% 和 1.8%，如图 4 所示。

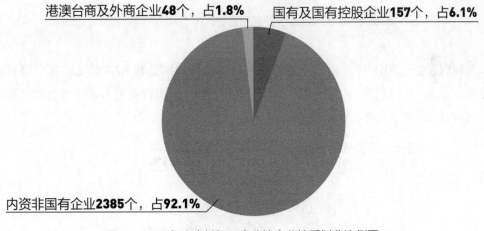

图4　2018年小麦粉加工企业按企业性质划分比例图

（2）小麦粉加工能力及产品产量　2018 年，小麦粉加工业的生产能力为年处理小麦 19662.5 万吨；当年处理小麦 9856.7 万吨，产能利用率为 50.1%；产品产量为 7303.5 万吨，其中专用粉 1757.4 万吨，全麦粉 1503.3 万吨（注：这个数字需要推敲，作者认为数字太大了，可能是统计口径问题）、食品工业用粉 270.2 万吨、民用粉 2453.2 万吨。平均出粉率为 74.1%。

（3）小麦粉加工企业的主要经济指标情况

①工业总产值。2018 年，全国小麦粉加工企业实现工业总产值 3235.5 亿元，其中国有及国有控股企业 216.3 亿元、内资非国有企业 2693.2 亿元、港澳台商及外商企业 326.0 亿元，分别占比为 6.7%、83.2% 和 10.1%。

②产品销售收入。2018 年，全国小麦粉加工企业实现产品销售收入 3226.1 亿元，其中国有及国有控股企业 244.7 亿元、内资非国有企业 2604.0 亿元、港澳台商及外商企业 377.4 亿元，分别占比为 7.6%、80.7% 和 11.7%，如图 5 所示。

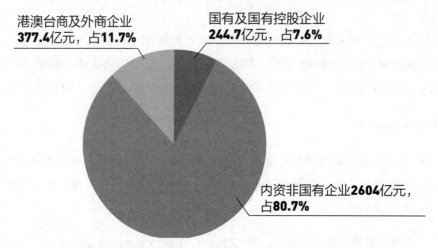

图5 2018年小麦粉加工企业产品销售收入按不同经济类型划分比例图

③利润总额。2018 年，全国小麦粉加工企业实现利润总额 87.4 亿元，其中国有及国有控股企业为 -0.1 亿元、内资非国有企业 79.5 亿元、港澳台商及外商企业 8.0 亿元，分别占比 -0.1%、91.0% 和 9.1%，如图 6 所示。

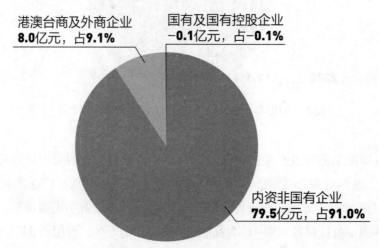

图6 2018年小麦粉加工企业利润总额按不同经济类型划分比例图

2. 大米加工企业

（1）企业数及按企业性质划分情况　2018年，我国大米加工企业为9827个。其中国有及国有控股企业450个、内资非国有企业9352个、港澳台商及外商企业25个，分别占大米加工企业总数为4.6%、95.1%和0.3%，如图7所示。

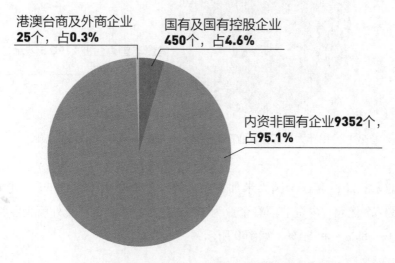

图7　2018年大米加工企业按企业性质划分比例图

（2）大米加工能力及产品产量　2018年，大米加工业的生产能力为年处理稻谷36898.2万吨；当年处理稻谷11080.3万吨，其中早籼稻808.1万吨、中晚籼稻5562.1万吨，粳稻4710.1万吨，分别占比7.3%、50.2%和42.5%；产能利用率为30.0%；产品产量（不含二次加工）为7179.7万吨，其中早籼米522.3万吨、中晚籼米3526.4万吨、粳米3131.0万吨；平均出米率为64.8%，其中早籼稻平均出米率为64.6%、中晚籼稻平均出米率为63.4%、粳稻平均出米率为66.5%。

（3）大米加工企业主要经济指标情况

①工业总产值。2018年，全国大米加工企业实现工业总产值为4873.1亿元，其中国有及国有控股企业为443.6亿元、内资非国有企业为4254.4亿元、港澳台商及外商企业175.1亿元，分别占比为9.1%、87.3%和3.6%。

②产品销售收入。2018年，全国大米加工企业实现产品销售收入4898.4亿元，其中国有及国有控股企业为500.3亿元、内资非国有企业为4190.5亿元、港澳台商及外商企业为207.6亿元，分别占比10.2%、85.6%和4.2%，如图8所示。

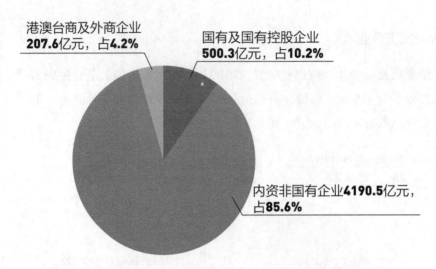

图8　2018年大米加工企业产品销售收入按不同经济类型划分比例图

③利润总额。2018 年，全国大米加工企业实现利润总额 112.8 亿元，其中国有及国有控股企业为 5.7 亿元、内资非国有企业为 101.3 亿元、港澳台商及外商企业为 5.8 亿元，分别占比 5.1%、89.8% 和 5.1%，如图 9 所示。

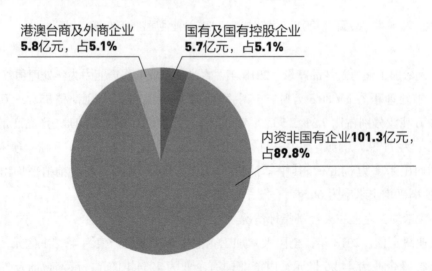

图9　2018年大米加工企业利润总额按不同经济类型划分比例图

3. 食用植物油加工业

（1）企业数及按企业性质划分情况　2018 年，我国规模以上的入统食用植物油加工企业 1591 个，其中国有及国有控股企业 126 个、内资非国有企业 1382 个、港澳台商及外商企业 83 个，分别占比为 7.9%、86.9% 和 5.2%，如图 10 所示。

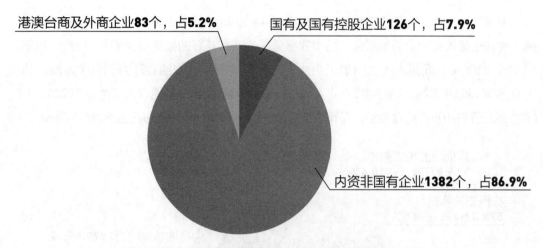

图10　2018年食用植物油加工企业按企业性质划分比例图

（2）食用植物油处理能力及产品产量　2018年，食用植物油加工企业的油料年处理能力为17275.1万吨，其中大豆处理能力为11842.8万吨、油菜籽的处理能力为3507.7万吨、花生处理能力为622.8万吨、葵花籽处理能力为104.3万吨，其他油料处理能力为1197.5万吨，分别占比68.6%、20.3%、3.6%、0.6%和6.9%，如图11所示。

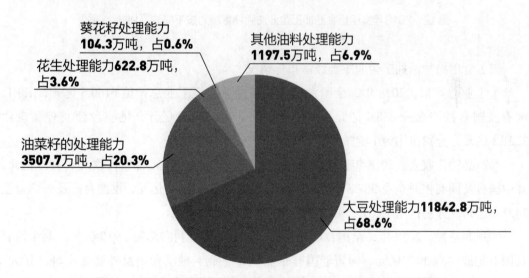

图11　2018年食用植物油加工企业处理能力按不同原料划分比例图

2018年食用植物油加工企业油脂精炼能力合计为6762.0万吨，其中大豆油精炼能力为2979.1万吨、菜籽油精炼能力为2492.7万吨、棕榈油精炼能力为573.3万吨、其他原油精炼能力为716.9万吨，分别占比为44.0%、36.9%、8.5%和10.6%，如图12所示。

2018年，食用植物油加工企业处理油料合计为9430.5万吨，其中大豆为8314.3万吨、油菜籽673.8万吨、花生309.8万吨，葵花籽4.4万吨、芝麻39.0万吨、其他油料89.2万吨（注：这是入统企业的加工量，其中我感觉花生及葵花籽的处理量少了）；产能利用率为54.6%。2018年，我国入统油脂加工企业生产的各类食用植物油合计为2151.7万吨，其中大豆油为1562.0万吨、菜籽油271.4万吨、花生油93.6万吨、其他食用植物油为224.7万吨（注：统计资料中没有此项数据，是作者推算出来的；另外，菜籽油和花生油的数量偏低了）。

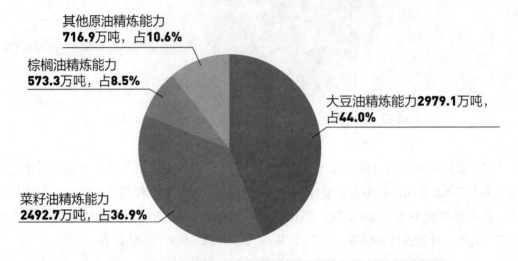

图12　2018年食用植物油加工企业油脂精炼能力按不同油品划分比例图

（3）食用植物油加工企业主要经济指标情况

①工业总产值。2018年，全国食用油加工企业实现工业总产值6160.6亿元，其中，国有及国有控股企业888.4亿元、内资非国有企业3051.0亿元，港澳台商及外商企业2221.2亿元，分别占比为14.4%、49.5%和36.1%。

②产品销售收入。2018年，全国食用植物油加工企业实现产品销售收入6578.0亿元，其中国有及国有控股企业987.8亿元、内资非国有企业3158.8亿元、港澳台商及外商企业2431.4亿元，分别占比15.0%、48.0%和37.0%，如图13所示。

③利润总额。2018年，全国食用植物油加工企业实现利润总额160.7亿元，其中国有及国有控股企业14.7亿元、内资非国有企业77.3亿元、港澳台商及外商企业68.7亿元，分别占比9.1%、48.1%和42.8%，如图14所示。

（三）其他成品粮加工企业的简要情况

从统计资料上看，其他成品粮加工企业是指除小麦粉和大米加工以外的粮食加工企业，诸如玉米面和玉米渣加工、成品杂粮及杂粮粉加工、大麦加工、谷子加工、其他谷物

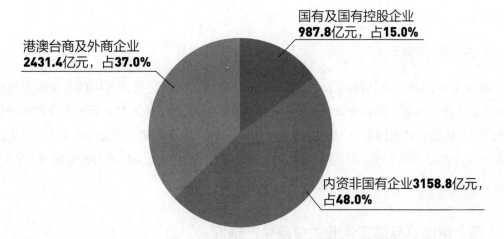

图13　2018年食用植物油加工企业产品销售收入按不同经济类型划分比例图

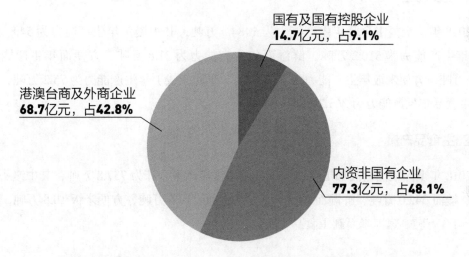

图14　2018年植物油加工企业利润总额按不同经济类型划分比例图

加工及薯类加工。其情况简要如下。

1. 企业数量

2018年其他成品粮加工企业606个，其中国有及国有控股企业30个、内资非国有企业568个、港澳台商及外商企业8个，分别占比为5%、93.7%和1.3%。

2. 产品产量

2018年其他成品粮加工企业生产的产品产量分别为：玉米面和玉米渣59.7万吨、成品杂粮及杂粮粉8.5万吨、大麦0.1万吨、谷子2.4万吨、其他谷物4.7万吨、薯类折粮

0.9 万吨。

3. 主要经济指标

2018 年全国其他成品粮加工企业实现工业总产值 293.2 亿元，其中国有及国有控股企业 6.8 亿元，内资非国有企业 244.8 亿元，港澳台商及外商企业 41.6 元。实现产品销售收入 290.9 亿元，其中国有及国有控股企业 10.1 亿元，内资非国有企业 241.4 亿元、港澳台商及外商企业 39.4 亿元。实现利润总额 16.0 亿元。其中国有及国有控股企业 0.1 亿元，内资非国有企业 11.2 亿元，港澳台商及外商企业 4.7 亿元。

（四）粮油食品加工企业主食品生产情况

1. 主食品生产能力

2018 年，全国主食品年生产能力为 1484.3 万吨，其中馒头年生产能力为 54.8 万吨、挂面年生产能力为 510.2 万吨、鲜湿面年生产能力为 31.8 万吨、方便面年生产能力为 279.5 万吨、方便米饭年生产能力为 13.5 万吨、米粉（线）年生产能力为 75.2 万吨，速冻米面主食品年生产能力为 265.2 万吨。

2. 主食品产量

2018 年全国粮油食品加工企业生产各类主食品产量合计为 757.8 万吨，其中馒头 29.1 万吨、挂面 342.0 万吨、鲜湿面 24.2 万吨、方便面 119.6 万吨、方便米饭 10.8 万吨、米粉（线）41.3 万吨、速冻米面制主食品 159.1 万吨。

（五）粮油机械制造企业简要情况

1. 企业数量

2018 年全国粮油机械制造企业 160 个，其中国有及国有控股企业 14 个、内资非国有企业 140 个、港澳台商及外商企业 6 个。

2. 产品产量

2018 年全国粮油机械制造企业制造的产品总数为 665406 台（套），其中小麦粉加工主机 14066 台（套）、大米加工主机 108562 台（套）、油脂加工主机 11815 台（套）、饲料加工主机 30162 台（套）、仓储设备 91168 台（套）、通用设备 165191 台（套）、粮油检测仪器 3550 台（套）、其他设备 240892 台（套）。

3. 主要经济指标

2018 年全国粮油机械制造企业实现工业总产值 226.8 亿元，其中国有及国有控股企业 2.4 亿元、内资非国有企业 211.2 亿元、港澳台商及外商企业 13.2 亿元。2018 年全国粮油机械制造企业实现产品销售收入 195.8 亿元，其中国有及国有控股企业为 1.6 亿元、内资非国有企业为 181.6 亿元、港澳台商及外商企业为 12.6 亿元。实现利润总额为 12.3 亿元，其中国有及国有控股企业 -0.1 亿元、内资非国有企业 11.1 亿元、港澳台商及外商企业 1.3 亿元。

（六）其他有关情况

1. 粮食行业从业人员情况

2018 年，全国粮食行业从业人员总数为 192.77 万人，其中行政机关 3.12 万人、事业单位 3.33 万人、各类涉粮企业 186.33 万人（其中国有及国有控股企业 49.58 万人、非国有企业 136.74 万人）。在涉粮企业从业人员 186.33 万人中，粮油收储企业从业人员 54.49 万人（占总人数的 29.2%）；成品粮油加工企业从业人员 46.24 万人（占 24.8%）；粮油食品企业从业人员 43.53 万人（占 23.4%）；粮食深加工企业从业人员 13.06 万人（占 7.0%）；饲料加工企业从业人员 25.87 万人（占 13.9%）；粮油机械制造企业从业人员 2.21 万人（占 1.2%）。在全国粮食行业从业人员 192.77 万人中，专业技术人员 22.63 万人（占 11.7%）；工人 117.17 万人（占 60.8%）。在 22.63 万专业技术人员中，其中高级职称 1.37 万人，占 6.1%；正高级职称 4147 人（占 1.8%）；中级职称 5.94 万人（占 26.3%）。在工人中，技术工人 40.05 万人（占 34.5%）；中高级技师 7984 人（占技术工人的 2.0%）。在 186.33 万涉粮企业从业人员中，按经营类型划分，粮油加工业从业人员总数为 1309106 人，其中：小麦加工业 123218 人、大米加工业 194912 人、食用植物油加工业 112645 人、杂粮及薯类加工业 31620 人、粮油食品加工业 435341 人、饲料加工业 258663 人、粮食深加工业 130630 人，粮油机械制造业 22077 人。

2. 粮油科技统计情况

2018 年，粮食行业共报送粮油科技项目 1282 个，与上年相比增加了 630 个。当年粮油科技经费投入 22.81 亿元，从入统项目的技术领域看，加工类科研项目 564 个，占项目总数的 44%，依然是粮食科研领域的重点。其次是储藏类项目 167 个、粮食宏观调控及信息化项目 185 个、粮油检测及质量安全项目 113 个。2018 年，在粮食行业报送的 1282 个项目组成中，按项目类别划分为：支撑项目 26 个、公益专项 16 个、863 项目 1 个、农转项目 7 个、国家自然科学基金项目 31 个、高技术产业化项目 8 个、地方科技项目 220 个、单位自主研发项目 459 个、横向委托研究项目 67 个、其他 447 个。

上述项目的审批部门有：科学技术部、国家发展和改革委员会、国家粮食和物资储备局、国家自然科学基金委员会、农业农村部、地方财政及其他。

（七）两点说明

（1）本资料的来源是国家粮食和物资储备局粮食储备司 2019 年 6 月汇编的《2018年粮食行业统计资料》。其中的各项数据是各个上报的入统涉粮企业数字的汇总。由于不是全社会的统计数字，所以大部分数据与全社会实际情况有一定的差距。诸如企业数、产能、产量等。以食用植物油加工业为例，统计材料中，2018 年油料处理能力为17275.1 万吨、全年处理油料合计为 9430.5 万吨，这与我们油脂界常用的全国油料处理能力约为 2.5 亿吨相比存在约 1/3 的差距。与此同时，2018 年我国进口各类油料合计为9848.9 万吨，我国国产油料产量为 6391.6 万吨（含油茶籽），其中约有 4000 万吨用于榨油，连同进口油料全年需要处理的油料约为 1.45 亿吨，所以统计中的油料处理量约占实际处理量的 2/3，也有接近 1/3 的差距。另外，小麦粉加工和大米加工也一样。2018年我国生产小麦为 13143 万吨，进口小麦 309 万吨，合计为 13452 万吨，而统计资料中，当年只处理小麦 9856.7 万吨；2018 年我国稻谷产量为 21213 万吨，统计资料中，当年处理稻谷为 11080.3 万吨，与实际处理均有 30% 左右的差距。对此，我建议在使用这些数据时，要适当加以分析，但我认为上述这些统计数字都是我们业内可以分析使用的权威统计数字。

（2）在这份材料中出现的有关百分比和图表均是我计算和绘制的；为阅读时更加顺畅，对个别地方的数字，我做了推算与补充，有的做了一些注解等。对这些做法或产生的差错均由本人负责，不当之处，敬请谅解和批评指正。

（八）要重视争创粮油加工行业"50 强"和"10 强"企业工作

为深入推进粮食供给侧结构性改革，加快培育发展粮油骨干企业和知名品牌，推动粮油企业转型升级、做强做大，中国粮食行业协会在会员中进行了 2018 年度重点企业专项调查，根据调查情况，按照产品销售收入、产品产量、利润、利税综合评价和自然排序的原则，经专家委员会认真研究核准并严格履行公示程序后，中国粮食行业协会于 2019 年12 月 5 日以中粮协 [2019] 13 号发文，公布了 2018 年度粮油加工企业"50 强"和"10强"名单（附件 1~ 附件 18）。

附件1

2018年度大米加工企业"50强"

1	中粮粮谷控股有限公司	26	黑龙江秋然米业有限公司
2	益海嘉里金龙鱼粮油食品股份有限公司	27	湖北庄品健实业（集团）有限公司
3	湖北国宝桥米有限公司	28	湖南天下洞庭粮油实业有限公司
4	华润五丰米业（中国）有限公司	29	黑龙江省北大荒米业有限公司
5	金健米业股份有限公司	30	安徽联河股份有限公司
6	万年贡米集团有限公司	31	深圳市深粮控股股份有限公司
7	湖北禾粮油集团有限公司	32	湖南粮食集团有限责任公司
8	福娃集团有限公司	33	福建泉州市金穗米业有限公司
9	北京古船米业有限公司	34	宁夏昊王米业集团有限公司
10	上海良友（集团）有限公司	35	安徽省白湖农场集团有限责任公司
11	湖北省粮油（集团）有限责任公司	36	湖南浩天米业有限公司
12	江苏省农垦米业集团有限公司	37	深圳市中泰米业有限公司
13	盘锦鼎翔米业有限公司	38	吉林裕丰米业股份有限公司
14	湖北省宏发米业公司	39	庆安东禾金谷粮食储备有限公司
15	洪湖市洪湖浪米业有限责任公司	40	江西金佳谷物股份有限公司
16	安徽牧马湖农业开发集团有限公司	41	天长市天鑫粮油贸易有限责任公司
17	宜兴市粮油集团大米有限公司	42	松原粮食集团有限公司
18	安徽省桐城青草香米业集团有限公司	43	广东穗方源实业有限公司
19	江西奉新天工米业有限公司	44	南京沙塘庵粮油实业有限公司
20	山信粮业有限公司	45	上海垠海贸易有限公司
21	湖南角山米业有限责任公司	46	深圳市稼贾福实业有限公司
22	东莞市太粮米业有限公司	47	湖北宏凯工贸发展有限公司
23	安徽稼仙金佳粮集团股份有限公司	48	黑龙江省和粮农业有限公司
24	安徽省阜阳市海泉粮油工业股份有限公司	49	安徽省东博米业有限公司
25	安徽光明槐祥工贸集团有限公司	50	宁夏兴唐米业集团有限公司

附件2

2018年度小麦粉加工企业"50强"

1	五得利面粉集团有限公司	26	内蒙古恒丰食品工业（集团）股份有限公司
2	中粮粮谷控股有限公司	27	宝鸡祥和面粉有限责任公司
3	益海嘉里金龙鱼粮油食品股份有限公司	28	江苏省银河面粉有限公司
4	河北金沙河面业集团有限责任公司	29	江苏省淮安新丰面粉有限公司
5	蛇口南顺面粉有限公司	30	广州岭南穗粮谷物股份有限公司
6	今麦郎食品有限公司	31	青岛维良食品有限公司
7	发达面粉集团股份有限公司	32	维维六朝松面粉产业有限公司
8	陕西陕富面业有限责任公司	33	安徽省凤宝粮油食品（集团）有限公司
9	山东利生食品集团有限公司	34	广东金禾面粉有限公司
10	江苏三零面粉有限公司	35	河南莲花面粉有限公司
11	滨州中裕食品有限公司	36	西安爱菊粮油工业集团有限公司
12	北京古船食品有限公司	37	固安县参花面粉有限公司
13	东莞穗丰粮食集团有限公司	38	安徽皖王面粉集团有限公司
14	河南省大程粮油集团股份有限公司	39	安徽省天麒面业科技股份有限公司
15	新疆天山面粉（集团）有限责任公司	40	山东梨花面业有限公司
16	陕西西瑞（集团）有限责任公司	41	遂平益康面粉有限公司
17	浙江恒天食品股份有限公司	42	宁夏塞北雪面粉有限公司
18	甘肃红太阳面业集团有限公司	43	湖南粮食集团有限责任公司
19	山东天邦粮油有限公司	44	深圳市深粮控股股份有限公司
20	山东半球面粉有限公司	45	天津利金粮油股份有限公司
21	安徽正宇面粉有限公司	46	安徽金鸽面业集团有限公司
22	陕西老牛面粉有限公司	47	湖北三杰粮油食品集团有限公司
23	广东白燕粮油实业有限公司	48	绵阳仙特米业有限公司
24	河南天香面业有限公司	49	河南神人助粮油有限公司
25	潍坊风筝面粉有限责任公司	50	上海福新面粉有限公司

附件3

2018年度食用油加工企业"50强"

1	益海嘉里金龙鱼粮油食品股份有限公司	26	云南滇雪粮油有限公司
2	山东鲁花集团有限公司	27	广州植之元油脂实业有限公司
3	九三粮油工业集团有限公司	28	广东鹰唛食品有限公司
4	三河汇福粮油集团有限公司	29	山东玉皇粮油食品有限公司
5	西王集团有限公司	30	防城港澳加粮油工业有限公司
6	山东三星玉米产业科技有限公司	31	湖北天星粮油股份有限公司
7	山东香驰粮油有限公司	32	邦基正大（天津）粮油有限公司
8	上海良友海狮油脂实业有限公司	33	河南懿丰油脂有限公司
9	中粮东海粮油工业（张家港）有限公司	34	上海富味乡油脂食品有限公司
10	佳格投资（中国）有限公司	35	成都市新兴粮油有限公司
11	中储粮镇江粮油有限公司	36	西安爱菊粮油工业集团有限公司
12	道道全粮油股份有限公司	37	北京艾森绿宝油脂有限公司
13	仪征方顺粮油工业有限公司	38	厦门银祥油脂有限公司
14	山东金胜粮油食品有限公司	39	凯欣粮油有限公司
15	山东龙大植物油有限公司	40	长安花粮油股份有限公司
16	青岛天祥食品集团有限公司	41	河北兴发植物油有限公司
17	金太阳粮油股份有限公司	42	合肥金润米业有限公司
18	湖南粮食集团有限责任公司	43	玉锋实业集团有限公司
19	湖北省粮油（集团）有限责任公司	44	浙江新市油脂股份有限公司
20	江苏中海粮油工业有限公司	45	江苏佳丰粮油工业有限公司
21	青岛长生集团股份有限公司	46	河南爱厨植物油有限公司
22	山东渤海实业股份有限公司	47	河南省淇花食用油有限公司
23	河南阳光油脂集团有限公司	48	江苏金洲粮油集团
24	合肥燕庄食用油有限责任公司	49	湖北黄袍山绿色产品有限公司
25	西安邦淇制油科技有限公司	50	内蒙古蒙佳粮油工业集团有限公司

附件 4

———

2018 年度菜籽油加工企业"10强"

1	益海嘉里金龙鱼粮油食品股份有限公司	6	防城港澳加粮油工业有限公司
2	道道全粮油股份有限公司	7	长安花粮油股份有限公司
3	中粮东海粮油工业（张家港）有限公司	8	湖北省粮油（集团）有限责任公司
4	湖南粮食集团有限责任公司	9	浙江新市油脂股份有限公司
5	成都市新兴粮油有限公司	10	凯欣粮油有限公司

附件 5

———

2018 年度棕榈油加工企业"10强"

1	益海嘉里金龙鱼粮油食品股份有限公司	5	广州植之元油脂实业有限公司
2	仪征方顺粮油工业有限公司	6	广东鹰唛食品有限公司
3	中粮东海粮油工业（张家港）有限公司	7	河南省淇花食用油有限公司
4	中储粮镇江粮油有限公司		

附件 6

———

2018 年度花生油加工企业"10强"

1	山东鲁花集团有限公司	6	青岛天祥食品集团有限公司
2	益海嘉里金龙鱼粮油食品股份有限公司	7	山东兴泉油脂有限公司
3	山东金胜粮油食品有限公司	8	山东玉皇粮油食品有限公司
4	山东龙大植物油有限公司	9	河南懿丰油脂有限公司
5	青岛长生集团股份有限公司	10	河南省淇花食用油有限公司

附件7

2018年度棉籽油加工企业"10强"

1	益海嘉里金龙鱼粮油食品股份有限公司	6	安徽海锦棉业油脂有限公司
2	湖北省粮油（集团）有限责任公司	7	湖南粮食集团有限责任公司
3	陕西杨凌来富油脂有限公司	8	江苏广原油脂有限公司
4	安徽省含山县油脂有限公司	9	河南省淇花食用油有限公司
5	尉犁同丰油脂工贸有限责任公司	10	宣城市龙博工贸有限责任公司

附件8

2018年度玉米油加工企业"10强"

1	山东三星玉米产业科技有限公司	6	山东玉皇粮油食品有限公司
2	西王集团有限公司	7	泉州市金华油脂食品有限公司
3	益海嘉里金龙鱼粮油食品股份有限公司	8	山东良友工贸股份有限公司
4	玉锋实业集团有限公司	9	山东兴泉油脂有限公司
5	河北兴发植物油有限公司	10	青岛天祥食品集团有限公司

附件9

2018年度稻米油加工企业"10强"

1	湖北天星粮油股份有限公司	6	山信粮业有限公司
2	益海嘉里金龙鱼粮油食品股份有限公司	7	江西金佳谷物股份有限公司
3	合肥金润米业有限公司	8	蚌埠市江淮粮油有限公司
4	高安市清河油脂有限公司	9	固始县豫申粮油工贸有限公司
5	浙江得乐康食品股份有限公司	10	光山县四方植物油有限公司

附件10

2018年度芝麻油加工企业"10强"

1	合肥燕庄食用油有限责任公司	7	驻马店顶志食品有限公司
2	益海嘉里金龙鱼粮油食品股份有限公司	8	武汉福达食用油调料有限公司
3	上海富味乡油脂食品有限公司	9	湖南省长康实业有限责任公司
4	瑞福油脂股份有限公司	10	镇江京友调味品有限公司
5	山东鲁花集团有限公司	11	安徽阜阳宝鼎粮油有限责任公司
6	安徽华安食品有限公司		

附件11

2018年度油茶籽油加工企业"10强"

1	湖南山润油茶科技发展有限公司	6	安徽省华银茶油有限公司
2	湖北黄袍山绿色产品有限公司	7	湖南大三湘茶油股份有限公司
3	大团结农业股份有限公司	8	江西绿源油脂实业有限公司
4	湖南粮食集团有限责任公司	9	湖南贵太太茶油科技有限公司
5	江西绿满源食品有限公司	10	湖南新金浩茶油股份有限公司

附件12

2018年度葵花籽油加工企业"10强"

1	佳格投资（中国）有限公司	6	江苏金洲粮油集团
2	山东鲁花集团有限公司	7	包头市金鹿油脂有限责任公司
3	益海嘉里金龙鱼粮油食品股份有限公司	8	佳乐宝食品股份有限公司
4	中粮东海粮油工业（张家港）有限公司	9	上海良友海狮油脂实业有限公司
5	金太阳粮油股份有限公司	10	新疆瑞隆农业发展有限责任公司

附件13

2018年度亚麻籽油加工企业"10强"

1	锡林郭勒盟红井源油脂有限责任公司	6	山西中大科技有限公司
2	宁夏君星坊食品科技有限公司	7	银川原源食用油有限公司
3	益海嘉里金龙鱼粮油食品股份有限公司	8	包头市宏乐粮油食品有限公司
4	大同市华建油脂有限责任公司	9	金利油脂（苏州）有限公司
5	宁夏晶润生物食品科技有限公司	10	金太阳粮油股份有限公司

附件14

2018年度挂面加工企业"10强"

1	河北金沙河面业集团有限责任公司	9	江西省春丝食品有限公司
2	克明面业股份有限公司	10	宁夏塞北雪面粉有限公司
3	益海嘉里金龙鱼粮油食品股份有限公司	11	山东利生食品集团有限公司
4	今麦郎食品有限公司	12	滨州中裕食品有限公司
5	五得利面粉集团有限公司	13	湖南粮食集团有限责任公司
6	中粮粮谷控股有限公司	14	发达面粉集团股份有限公司
7	想念食品股份有限公司	15	河南省大程粮油集团股份有限公司
8	博大面业集团有限公司		

附件15

2018年度杂粮加工企业"10强"

1	安徽燕之坊食品有限公司	6	内蒙古正隆谷物食品有限公司
2	吉林市永鹏农副产品开发有限公司	7	苏州金记食品有限公司
3	浙江新市油脂股份有限公司	8	安徽凯利粮油食品有限公司
4	怀仁县龙首山粮油贸易有限责任公司	9	黑龙江省和粮农业有限公司
5	苏州优尔食品有限公司	10	内蒙古老哈河粮油工业有限责任公司

附件16

2018年度粮油机械制造企业"10强"

1	布勒（无锡）商业有限公司	6	迈安德集团有限公司
2	丰尚农牧装备有限公司	7	湖南郴州粮油机械有限公司
3	江苏正昌集团有限公司	8	河北苹乐面粉机械集团有限公司
4	合肥美亚光电技术股份有限公司	9	湖北永祥粮食机械股份有限公司
5	开封市茂盛机械有限公司	10	安徽捷迅光电技术有限公司

附件17

2018年度主食品加工企业"10强"

1	福娃集团有限公司	6	湖北任森农业科技发展股份有限公司
2	河南斯美特食品有限公司	7	江西麻姑实业集团有限公司
3	湖北禾丰粮油集团有限公司	8	淮北徽香昱原早餐工程有限责任公司
4	安徽王仁和米线食品有限公司	9	湖南阳光华利食品有限公司
5	安徽青松食品有限公司	10	安徽尝发食品有限公司

附件18

2018年度粮油交易市场"10强"

1	黑龙江粮食交易市场股份有限公司	6	东莞市常平粮油市场经营批发管理有限公司
2	杭州粮油物流中心批发交易市场有限公司	7	南京市下关粮食仓库有限公司新港粮油食品市场
3	福州市粮食批发交易市场管理处	8	重庆市粮油批发市场有限责任公司
4	北京盛华宏林粮油批发市场有限公司	9	昆山市粮食批发交易市场贸易公司
5	苏州市粮食批发交易市场服务有限公司		

十八、科技引领后疫情时期粮食产业经济的高质量发展

——为中国粮油学会提供的视频讲话稿

（2020 年 6 月 5 日　于北京）

同志们、朋友们：

大家好！

为贯彻落实中国科学技术协会党组关于助力复工复产，推动科技和经济融合的指示精神，中国科学技术协会科技社团党委结合党校建设，利用学会人才优势，通过"科界"平台，举办了"科技经济大视野"云课堂，这是一件非常有意义的活动。根据中国科学技术协会科技社团党委的要求和安排，我以《科技引领后疫情时期粮食产业经济的高质量发展》为题，向大家介绍有关我国粮食安全、粮油企业复工复产以及粮食产业经济发展等情况，供参考。

（一）粮食安全是国家安全的重要组成部分

1. 粮油是国计民生的特殊重要商品

"民以食为天，食以粮为先。"粮食和油脂是人类赖以生存的基本物质，是为人类提供蛋白质、脂肪和碳水化合物三大营养成分和能量的主要食物。粮油产品与人民生活息息相关，是人们一日三餐不可缺少的主要食品，与人民身体健康和社会经济发展有着密切关系，是国家自强、民族自立、民生保障的重要战略物资，是事关百姓福祉、社稷安危的特殊重要商品。

确保国家粮食安全，确保粮油市场的供应，让百姓吃得饱、吃得好、吃得健康是党和人民交给我们"粮食人"的神圣而又光荣的使命。

2. 粮食安全是国家安全的重要基础

粮食安全是国家安全的重要基础，"洪范八政，食为政首"，粮食关乎国家命运，自古以来，粮食就被看作"政之本务"。所以，粮食安全是治国理政的头等大事，是国家安

全的重要组成部分，居"三大经济安全"之首。

党的十八大以来，习近平总书记始终把粮食安全作为治国理政的头等大事，高屋建瓴地提出了"确保谷物基本自给、口粮绝对安全"的新粮食安全观，建立了"以我为主、立足国内、确保产能、适度进口、科技支撑"的国家粮食安全战略，科学阐明"饭碗论""底线论""红线论"……进行了一系列具有重大意义的粮食安全理论创新和实践创新，引领全国人民走出了一条中国特色的粮食安全之路。

在谈到粮食安全的重要性时，习近平总书记多次强调，"手中有粮，心中不慌""我国有近14亿人口，如果粮食出了问题谁也救不了我们，只有把饭碗牢牢端在自己手中才能保持社会大局稳定""我国近14亿张嘴要吃饭，不吃饭就不能生存，悠悠万千事，吃饭为最大，只要粮食不出大问题，中国的事就能稳得住"。

在我国粮食产能稳定、库存充裕、供给充足、市场稳定、安全形势持续向好的背景下，习近平总书记强调要汲取历史经验教训，居安思危，对粮食安全要始终保持警醒，任何时候都不能忽视粮食安全，他指出："保障粮食安全对中国来说是永恒的课题，任何时候都不能放松。历史经验告诉我们，一旦发生大饥荒，有钱也没用。解决14亿人吃饭问题，要坚持立足国内"。他语重心长地提醒我们："要牢记历史，在吃饭问题上不能得健忘症，不能好了伤疤忘了疼"。

在如何解决14亿人口的吃饭问题上，习近平总书记反复强调"中国人的饭碗任何时候都要牢牢端在自己手中，我们的饭碗应该主要装中国粮。"认真贯彻落实习近平总书记一系列重要指示精神，是我们做好粮食工作，确保国家粮食安全的根本保障。

3. 发展粮食生产为粮食安全提供物质基础

为保障国家粮食安全，我国党和政府历来高度重视粮食生产，并自2004年起至今，连续17年以中央一号文件告诫全党全国要始终把发展农业经济放在首位，尤其是十八大以来，以习近平同志为核心的党中央高度重视农业、农村和农民问题。

为解决14亿人口的吃饭问题，习近平总书记不断深入田间进行调查研究，并反复强调产能、耕地、水利、良种、科技、政策等对粮食稳产增产的决定性作用。2014年5月，习近平总书记在考察我国产粮大省河南省时指出："粮食生产根本在耕地，命脉在水利，出路在科技，动力在政策，这些关键点要一个一个抓落实，抓到位，努力在高基点上实现粮食生产新突破。"

在党中央和国务院的高度重视下，在一系列惠农政策的支持下，我国粮食生产在取得"十二连增"的基础上，近些年来又创历史新高，粮食总产量突破6亿吨，2019年达66384亿吨，再创历史新高，见表1。

表1 中国分品种粮食产量 单位：万吨

年份	粮食总产量	谷物产量	其中：稻谷	小麦	玉米	豆类产量	薯类产量
1978	30476.5		13693.0	5384.0	5594.5		3174.0
1980	32055.5		13990.5	5520.5	6260.0		2872.5
1985	37910.8		16856.9	8580.5	6382.6		2603.6
1990	44624.3		18933.1	9822.9	9681.9		2743.3
1995	46661.8	41611.6	18522.6	10220.7	11198.6	1787.5	3262.6
2000	46217.5	40522.4	18790.8	9963.6	10600.0	2010.0	3685.2
2005	48402.2	42776.0	18058.8	9744.5	13936.5	2157.7	3468.5
2006	49804.2	45099.2	18171.8	10846.6	15160.3	2003.7	2701.3
2007	50413.9	45963.0	18638.1	10952.5	15512.3	1709.1	2741.8
2008	53434.3	48569.4	19261.2	11293.2	17212.0	2021.9	2843.0
2009	53940.9	49243.3	19619.7	11583.4	17325.9	1904.6	2792.9
2010	55911.3	51196.7	19722.6	11614.1	19075.2	1871.8	2842.7
2011	58849.3	54061.7	20288.3	11862.5	21131.6	1863.3	2924.3
2012	61222.6	56659.0	20653.2	12254.0	22955.9	1680.6	2883.0
2013	63048.2	58650.4	20628.6	12371.0	24845.3	1542.4	2855.4
2014	63964.8	59601.5	20960.9	12832.1	24976.4	1564.5	2798.8
2015	66060.3	61818.4	21214.2	13263.9	26499.2	1512.5	2729.3
2016	66043.5	61666.5	21109.4	13327.0	26361.3	1650.7	2726.3
2017	66160.7	61520.5	21267.6	13433.4	25907.1	1841.6	2798.6
2018	65789.2	61003.6	21212.9	13144.0	25717.4	1920.3	2865.4
2019	66384.0	61368.0	20961.0	13359.0	26077.0	2132.0	2883.0

注：资料来源国家粮油信息中心。

通过表1我们可以得出如下结论。

（1）2019年我国粮食总产量达6.6384亿吨，为1978年我国粮食总产量3.04765亿吨的217.8%，翻了一番还多；在42年间增长了117.8%，平均每年增长2.8%，这在粮食生产中是不多见的。

（2）美国农业部提供的数据显示 2018 年全球谷物产量为 25.6594 亿吨，联合国网站公布全球人口数为 75.5 亿人，这样我们可以算出 2018 年度全球人均谷物占有量为 339.9 千克。而我国 2018 年的粮食总产量为 6.57892 亿吨，按 14 亿人口计算，平均占有量为 470 千克，为全球人均占有量的 138.3%，远超全球人均占有量水平，这是来之不易的。

（3）我国粮食生产自 2012 年起连续 8 年稳产高产，每年总产量都在 6 亿吨以上，实现了中央提出的"确保谷物基本自给、口粮绝对安全"的新国家粮食安全战略目标。

（4）需要说明的是，为满足我国粮食市场品种调剂和国际传统贸易的需要，我国每年都需要从国外进口一部分粮食和出口一部分粮食。据海关统计，2019 年，我国进口的大米、小麦、玉米、高粱及大麦等合计 1759 万吨，出口各类粮食合计为 318 万吨，进出口相抵后净进口粮食为 1441 万吨，占 2019 年我国粮食产量 6.6384 亿吨的 2.17%。

4. 建立中央储备粮制度是确保国家粮食安全的重要举措

国家为保护农民利益，稳定发展粮食生产，实现以丰补歉，确保粮食市场的供应和粮价的长期基本稳定，自 1990 年开始，我国建立并实施了专项粮食储备制度。

30 年来，随着我国粮食连年丰收和中央储备粮制度的不断完善，我国粮食储备不断增多，成为全球粮食储备数量最多和人均储备粮最高的国家。为了把储备粮管实、管好和用好，自 20 世纪 90 年代末开始，中央采取了两项重大措施。

一是国家通过向世界银行贷款、500 亿斤中央储备粮库建设以及"粮安工程"对粮库的新建、扩建、改建等，建设了一大批现代化的粮食仓库，确保了储备粮油的安全储存。

二是成立了中央储备粮总公司，以确保中央储备粮的管实、管好。实践已经证明，充足的粮油储备，帮助我国积极应对国内发生的各类自然灾害，尤其是在这次抗击新型冠状病毒肺炎疫情斗争中，我国的储备粮油为粮油市场的保供稳价、安定民心做出了卓越的贡献，成为我们战胜疫情的重要物质基础。

讲到这里，大家可能会很关心我国的储备粮究竟有多少？能够供全国人民吃多久？对此问题，4 月 4 日，在国务院联防联控机制新闻发布会上，国家粮食和物资储备局粮食储备司司长秦玉云已对记者提出的类似问题做了权威性回答，他说："近年来，粮食库存总量持续高位运行，目前稻谷、小麦的库存量能够满足一年以上的市场消费需求。不少城市的成品粮，也就是面粉、大米，市场供应能力都在 30 天以上。疫情发生以来，粮食和物资储备部门加强市场粮源调度，有序组织拍卖政策性粮源，有效保障了市场需求。目前为止，没有动用过中央储备粮，除了个别市县，绝大部分地区也没有动用过地方储备粮。"这段话，实际上已经把我国拥有储备粮的底细告诉了大家，我们完全可以放心。

为了将粮食安全进一步落到实处，中央提出并制定了"粮食安全省长责任制"，要求各省市自治区主要负责同志都要把本地区的粮食安全作为工作的重中之重，在稳定抓好粮食生产的同时，重视地方粮食储备，以确保百姓的"米袋子"。当前，国外疫情发展形势严峻，少数粮食生产国为保障本国的粮食安全，采取了暂停出口或减少出口的举动，非洲等地区遭到了蝗虫等严重自然灾害。

在此背景下，4 月 26 日，国家发展和改革委员会、农业农村部、国家粮食和物资储备局等 11 个部门联合印发《关于 2020 年认真落实粮食安全省长责任制的通知》，通知强调：各地要增强粮食综合生产能力，保持粮食播种面积和产量基本稳定，其中要求各地防灾减灾，加强对草地贪夜蛾、沙漠蝗及国内蝗虫的监测，坚决遏制其爆发成灾，实现虫口夺粮保丰收；加强粮食储备安全管理；做好粮食市场和流通的文章；加强粮食应急保障能力建设。以上通知精神，充分表明我国政府及有关部门对国家粮食安全的高度重视。

5. 强大的粮油加工能力为成品粮油供应提供了可靠保证

我国是粮油的生产大国、消费大国，也是粮油加工大国。我国拥有强大的粮油加工能力，可将各种原粮和油料加工为成品粮油，进入千家万户，满足百姓一日三餐的需要。根据国家粮食和物资储备局调控司 2018 年 6 月公布的《2017 年粮食行业统计资料》，我国拥有规模以上的入统成品粮油加工企业 15509 家，其中小麦粉加工企业为 2865 个、大米加工企业为 10317 个、其他成品粮加工企业为 679 个、食用植物油加工企业为 1648 个；当年年处理能力分别为小麦 19941.8 万吨、稻谷 36397.1 万吨、油料 16928.2 万吨；2017 年实际处理小麦 10181.0 万吨、稻谷 10430.8 万吨、油料 9392.8 万吨；产能利用率分别为小麦加工产能利用率 51.1%、大米加工产能利用率 28.7%、食用植物油加工产能利用率 55.5%（表 2）。以上数据充分表明，我国成品粮油的加工能力远大于实际处理小麦、稻谷和油料的数量，只要电力等能源有保障，粮油加工业可以做到不论在任何时候都能将原粮和油料生产成成品粮油，满足粮油市场的供应。

表2　2017年我国成品粮油加工情况

项目	企业数量/个	年处理能力/万吨	年处理原料量/万吨	当年产能利用率/%
小麦粉加工业	2865	19941.8	10181.0	51.1
大米加工业	10317	36397.1	10430.8	28.7
食用植物油加工业	1648	16928.2	9392.8	55.5

注：数据来源国家粮食和物资储备局调控司公布的《2017 粮食行业统计资料》；一览表及当年产能利用率由作者整理绘制。

（二）抗疫期间粮油企业复工复产的简况

一场突如其来、来势凶猛且至今仍找不到源头的新型冠状病毒肺炎疫情，在我国自2019年12月1日，武汉金银潭医院确诊第一个新型冠状病毒肺炎病人后不久，迅速传染到湖北全省并蔓延全国，肆虐、祸及中华神州大地。

在这场灾难面前，以习近平同志为核心的党中央高度重视人民群众的生命安全，农历正月初一在习近平总书记的主持下，召开了中共中央政治局常务委员会议，专门研究部署了新型冠状病毒肺炎疫情的防控工作。在习近平总书记亲自指挥下，全国上下万众一心、众志成城、同舟共济，打响了一场向新冠病毒开战的人民战争、总体战、阻击战。在十多天抗疫取得初步成效的基础上，在周密部署好了全国抗击疫情的同时，党中央英明提出了一手抓好打赢抗疫战，一手抓好经济建设，及时向全党全国发出了要尽快有序推进复工复产，做到战"疫"、生产两不误。

根据党中央的决策和中国科学技术协会的要求，为助力粮油加工企业的复工复产，中国粮油学会于2020年2月8日，给全国粮油会员企业及粮油科技工作者发了一份倡议书。倡议书强调粮油是国计民生的特殊重要商品，充足的粮油市场供应是安定民心的重要物质基础，要为粮油市场的保供保质稳价做贡献，让百姓安心，让党中央放心，并要求粮油加工企业按党中央的精神立即复工复产。

在党中央的号令下，一些涉及国计民生的企业首先纷纷有序复工复产，我们粮油加工企业无疑是这次复工复产的先锋。为了满足市场的需要，部分企业根据通常惯例，在正月初十左右就已经开工生产了。据有关报道，至3月初，中粮集团、中国储备粮管理总公司、益海嘉里金龙鱼粮油食品股份有限公司、五得利面粉集团、山东鲁花集团等一批大型企业集团旗下的粮油加工厂已全部复工复产。

在疫情发展最严峻的时刻，企业开展复工复产，困难是很多的。就粮油加工企业来说，遇到的困难也是前所未有的。诸如，为限制人员流动，许多地方都实行了交通管制，外来务工人员不能及时到岗、糠麸饼粕等产品不能及时供给饲养场并造成加工企业库存积压，有的企业用工紧张，复工不能复产等现象较为普遍；原材料及辅助材料的供应商受区域封闭的影响，流通困难，不能满足复工企业的正常需要，有的原料购不到，或购到了进不了厂的现象时有发生；一些依靠进口原料加工生产的企业，原料到港后受卸船和交通管制等影响，不能按时卸料到厂，延长了在港口的停泊时间；产品销售不畅，订单减少，库存增加，尤其是出口到欧洲和日韩等国的一些传统粮油产品，受我国疫情和进口国疫情的影响，不少进口商采取谨慎和观望态度，暂停订货乃至退货等现象也时有发生，外贸压力增大；在防控期间，为做好对人员流动的管理、员工体温的测量和健康状况的监测工作，企业需要配备足量的防控物资，加上部分原材料价格上扬，加大了企业的生产经营成本等。

为了抗疫的胜利，粮油加工企业和广大员工想方设法，克服上述诸多困难，保证了复工复产的顺利进行，从而确保了成品粮油市场的供应，并涌现出了许多值得点赞的感人事迹。

一是，在疫情防控期间，广大粮油加工企业更加重视质量意识、安全意识和服务意识，严把粮油产品的质量安全关。在粮油产品的生产中，自觉做到不合格的粮油产品不生产；在粮油产品的销售中，不合格的产品不销售，自觉做到绝不缺斤少两、绝不以次充好、绝不囤积居奇、绝不哄抬粮价，为粮油市场的保质保供稳价做出了贡献。据悉，自抗疫开始至今，全国没有发生一起因成品粮油供应不足而造成的脱销事件，并经受住了局部地区群众争购成品粮油的考验，这是很不容易的。

二是，发扬了"一方有难，八方支援"的爱心。众所周知，粮油加工业是一个民生产业，也是一个产品销售利润率极低的行业。但为了抗疫的胜利，许多企业根据自身的实际尽力而为，做到有钱出钱，有物捐物，为战胜疫情添砖加瓦。据有关方面的不完全统计，截至3月22日，在中粮集团、中国储备粮管理总公司、益海嘉里金龙鱼粮油食品股份有限公司、五得利面粉集团、山东鲁花集团等一批骨干粮油加工企业的带领下，全国来自28个省、自治区、直辖市的493家粮油加工企业捐款、捐物价值合计93149.963万元，其中现金16659万元，米、面、油、肉、蛋、奶、菜等生活物资和口罩、防护服、医用酒精、消毒液等医用物资价值76490.963万元，为湖北人民献上了一份爱心。

三是，粮油加工企业员工想方设法，全力保障武汉乃至湖北粮油市场的供应。在抗疫最严峻的时期，中粮集团、中国储备粮管理总公司、益海嘉里金龙鱼粮油食品股份有限公司和山东鲁花集团等旗下的在湖北各地的粮油加工企业，按总部的要求加班加点，开足马力，全力支援湖北粮油市场的正常供应。例如，中粮集团旗下的粮油生产企业春节期间全部复工，全力为湖北筹措粮油物资，每天发往优质大米200吨、面粉面条50吨、食用油300吨，保障了500多家大中型门店、4000多家批发市场和便民店供应，并无偿保障火神山、雷神山等医院米面油、糖肉奶和蔬菜等物资供应。

与此同时，正月初五就开工的河北五得利面粉集团的领导，从湖北十堰市五得利面粉经销商那里获知"十堰市连锁超市中的面粉快断档了"的消息后强调："克服一切困难，湖北优先！"在汽运受阻的情况下，想尽一切办法，最后得到了铁路运输部门的大力支持，2月2日，一节满载着60吨五得利面粉的车皮，从五得利商丘工厂运往十堰市。据悉，自2月2日至3月2日的一个月时间里，共计发往十堰市的五得利面粉数量是正常月份的9.5倍，其中小包装面粉的发货量是正常月份的14倍，从而保障了十堰市人民对面粉的生活需要，受到了当地有关单位的来信感谢。

四是，提高应变能力，满足市场需求。这次疫情对餐饮行业的冲击很大，从而导致餐饮行业用粮用油量的大幅度下降，反之适合于家庭用的小包装粮油产品销售量大幅增加。为适合新形势，粮油加工企业通过改进工艺和装备，挖掘生产潜力，千方百计增加小包装粮油产品的产量，从而满足了市场需要；中粮集团旗下的酒精生产供应能力居全国之首，年产量达 135 万吨左右，但其生产的都为工业燃料酒精。

抗疫打响后，他们针对供不应求的消毒酒精市场需求，凭其雄厚的技术力量通过技术革新，将一部分燃料酒精生产线改为消毒酒精生产线，截至目前，中粮集团已向全国 25 个省市区供应消毒酒精超过 10 万吨，有力支援了各地疫情防控工作；江苏汤姆智能装备有限公司和常州华宏包装机械有限公司是为我们食用植物油加工行业提供生产小包装、中包装食用油灌装机的知名企业。在这次复工复产后，他们发现全国口罩需要量激增，处于供不应求状态，为此，他们决定将部分生产能力改为生产口罩机。经过十多天的设计、制造、安装、调试，最后都顺利通过验收交付，至今两家企业已制造出平面式口罩生产线和打片机 120 多台（套）、KN95 口罩生产线和打片机 130 余台（套），产品销往国内外。

五是，守信用，守合同，赢得客户赞扬。在克服了诸多困难后，由江苏迈安德集团有限公司承担出口俄罗斯的日处理大豆 30000 吨（或处理油菜籽 2000 吨、处理葵花籽 2700 吨）大型成套油脂浸出设备和由河南华泰粮油机械股份有限公司承担出口乌兹别克斯坦的日处理 300 吨棉籽榨油成套设备分别从 3 月 7 日和 3 月 10 日启程运往上述两国，受到了当地政府和外方的高度赞扬。

上述事例再次表明，在危难时期，中国粮油加工企业和广大职工是经得起考验的，为社会、为抗疫的胜利做出了应有的贡献。

（三）科技引领后疫情期间粮食产业经济的高质量发展

根据国家粮食和物资储备局调控司 2018 年 6 月公布的《2017 年粮食行业统计资料》，2017 年末，纳入统计范围的我国各类涉粮企业 50280 个，其中粮食产业企业为 22250 个（主要包括成品粮油加工企业、食品及副食品酿造企业、饲料企业、粮食深加工企业和粮油机械制造企业等），其余是与粮食储藏有关的企业。这 5 万多个涉粮企业构成了我国粮食产业经济的基础。

近些年来，在国家粮食和物资储备局的带领下，认真贯彻习近平总书记关于"粮头食尾""农头工尾"重要指示和李克强总理关于加快建设粮食产业强国重要批示精神，认真落实《国务院办公厅关于加快推进农业供给侧结构性改革大力发展粮食产业经济的意见》要求，积极推动粮食产业经济发展并初见成效。

根据突发事件的需要以及这次抗疫期间粮油加工业在复工复产中遇到的困难，为促进我国粮食产业经济的高质量发展，跟上时代发展的要求，需要在以下几个方面通过科技引领，取得成效。

1. 要积极推进粮食产业经济的高质量发展

根据中央经济工作会议精神，粮食产业经济，尤其是粮油加工业要按照高质量发展的要求，要优化调整产业结构，要根据优胜劣汰的原则，继续培育壮大龙头企业和大型骨干企业，支持他们做强做大做优做精，引导和推动企业强强联合，跨地区、跨行业、跨所有制兼并重组，积极发展混合所有制；要加大企业技术改造的力度，积极采用先进技术与装备，成为产品质量高、能耗粮耗低，经济效益好、新产品开发能力强的国家级、省级龙头企业；要继续鼓励有地方特色，资源优势的中小企业积极提升技术装备水平和创新经营方式，主动拓展发展空间，形成大、中、小型企业合理分工，协调发展的格局；对工艺技术落后、设备陈旧、卫生质量和环保不达标、能耗粮耗高的改造无望的落后产能和"僵尸企业"要依法依规加快处置；要继续支持粮油加工产业园区或集群建设，促进优势互补；要加大对企业创新支持力度，增强企业技术创新能力，鼓励构建开放、协同、高效的共享技术研发平台，健全需求为导向、企业为主体的产学研一体化创新机制；要将绿色储藏技术和生物技术推广应用好，并不断研发和应用新工艺、新材料、新设备，以高新技术引领粮食产业经济的高质量发展；要关注人工智能、工业互联网、物联网的发展与应用，促进粮食产业经济在高起点上发展。

2. 要继续深入推进粮油加工业的供给侧结构性改革，增加适销对路的优质粮油产品供给能力

根据中央经济工作会议的精神和国家局党组的要求，粮油企业要大力推动优粮优产、优粮优购、优粮优储、优粮优加、优粮优销的"五优联动"，加快"优质粮食工程"建设，增加适销对路的优质粮油产品的供给，进而推动农业供给侧结构性改革取得更大成效，增加优质农产品的供给，促进农民增收。与此同时，粮油企业，尤其是粮油加工业要始终以满足人民群众生活水平日益提高和不断升级的安全、优质、营养、健康粮油产品的消费需要；要增加满足不同人群需要的优质化、多样化、个性化、定制化粮油产品的供给；要增加优质米、食品专用米、专用粉、专用油和营养功能性新产品以及绿色、有机等"中国好粮油"的供给；要大力发展全谷物产品，增加糙米、全麦粉、杂粮、杂豆和薯类及其制品等优质营养健康中高端新产品的供给；要提高名、特、优、新产品的供给比例。

3. 要强化创新驱动，实施"优质粮食工程"

中央经济工作会议反复强调发展经济要重视科技创新，强化创新驱动。国家粮食和物资储备局对粮食科技和创新发展高度重视，制定了"科技兴粮"和"人才兴粮"意见，并

首次提出了"质量兴粮"理念，其中，中国粮油学会在中国科学技术协会支持下启动的"青年人才托举工程"对青年人才的培养已被国家局列进了"科技兴粮"和"人才兴粮"的意见之中；为建设粮食产业强国，国家局提出了要认真实施好"优质粮食工程"。为此，粮油企业要认真学习领会"优质粮食工程"的重要意义，按"优质粮食工程"中的要求，认真实施，为建设粮食产业强国做出贡献。

实施"优质粮食工程"的核心是要推进"五优联动"的实施，而"五优联动"是要在"优粮优产"的基础上，首先要做到"优粮优购""优粮优储"，这就要求我们的粮油收储企业，按优质优价的原则，将品种好和质量优的原粮和油料收购上来，以保护农民积极性；在"优粮优购"的基础上，仓储企业要按不同品种和不同质量的粮油原料通过采用绿色储藏和低温储藏等方法进行分仓储存，以确保原粮和油料的高质量。

其次，对粮油加工企业来说，要认真做到"优粮优加"，并在加工过程中，认真贯彻适度加工，防止营养成分的过多流失，最大程度地保存粮油原料中固有的营养成分，将"优粮"加工出高品位的粮油产品，以满足消费者对高品位粮油产品的需求。

要重视创新驱动，尤其要重视关键技术与装备的创新研发。粮油机械制造业，要以专业化、大型化、成套化、智能化、绿色环保、安全卫生、节能减排、节粮减损为导向，发展高效节粮节能营养型大米、小麦粉、食用植物油、特色杂粮和薯类等加工装备；要进一步提高关键设备的可靠性、使用寿命和自动化、智能化水平；支持建立高水平的粮油机械装备制造基地；鼓励研发全自动主食方便食品加工、特色杂粮和薯类加工、木本油料加工、饲料加工成套设备；鼓励发展定制机器人应用、智能化工厂、现代化立体仓库；发展粮食收购现场质量快速检测及质量控制设备、智能仓储及输送、烘干等关键设备。

4. 要坚持把粮油产品质量安全放在第一位

以习近平同志为核心的党中央高度重视食品的质量和安全，多次强调，要"增强人民群众获得感、幸福感、安全感"；要"让老百姓吃得放心、穿得称心、用得舒心"；"要下更大气力抓好食品药品安全、安全生产和交通安全"。为此，粮油企业，尤其是粮油加工企业要始终坚守食品安全这一底线，把粮油产品的质量与安全放在第一位，并在保证产品质量的前提下，把"适口、营养、健康、方便"作为今后的发展方向。要按照食品安全、绿色生态、营养健康等要求，完善原料采购、检验、在线检测和成品质量检验，建立覆盖生产经营全过程的粮油质量安全信息追溯体系，确保粮油产品质量安全万无一失。

要大力倡导适度加工，提高纯度、严格控制精度，提高出品率。要高标准、高质量科学制修订好粮油产品的国家标准、行业标准和团体标准，引领粮油加工业的健康发展，纠正粮油产品的"过精、过细、过白和油色过淡"等过度加工现象，鼓励生产和消费免抛光大米和油色金黄的食用油等适度加工产品。要广泛进行科普宣传。引领科学消费、合理消费、健康消费。

5. 要注重品牌建设，提高品牌效应

2019 年中央一号文件指出：加快发展乡村特色产业，因地制宜发展多样性特色农业，倡导"一村一品""一县一业"。强化农产品地理标志和商标保护，创响一批"土字号""乡字号"特色产品品牌。国家粮食和物资储备局提出：要落实供给侧结构性改革"八字方针"，加快粮食产业创新发展、转型升级、提质增效，实现优质化、特色化、品牌化发展；要强化示范引领，在全国形成一批示范县、龙头加工企业、放心粮店和一批叫得响的品牌。

为贯彻落实上述文件精神，粮油加工企业要重视品牌建设，发挥品牌的引领作用。要利用新技术，积极开发新产品；要进一步加强粮油产品品牌建设的顶层设计，通过质量提升、自主创新、品牌创建、特色产品认定等，更多地培育出一批像鲁花、金龙鱼、福临门等具有自主知识产权的、家喻户晓的、有较强市场竞争力的、叫得响的全国性或区域性名牌产品；要充分发挥名、特、优、新产品和"老字号"的品牌效应，促进农民增收，企业增效。

6. 要大力推进粮油主食品工业化生产

为适应人民生活水平进一步提高和生活节奏加快的需要，粮油加工企业要把发展主食品工业化生产看作粮食行业推进供给侧结构性改革，调整产品结构的重要组成部分，看作粮油加工业向精深加工延伸，方便百姓、企业增效的有效途径。为此，要积极开发适宜不同群体需要、不同营养功能、不同区域的优质米面制品，诸如优质米粉（米线）、米粥、米饭、馒头、挂面、方便面、鲜湿及冷冻面食等大众主食品和区域特色主食品种及品牌，与此同时，要积极开发以杂粮和薯类为主要原料的各类主食品，以丰富市场，满足不同人群的需要。

为了降低出行购置食材的频次，据光明日报 2020 年 2 月 1 日报道，抗疫期间，一些保质期长、食用方便的粮油制品，例如挂面、方便面、自热米饭及速食类食品的需求旺盛。其中方便面销售同比增长了 133.34%，统一方便面同比增长了 297.11%，康师傅方便面同比增长了 150.54%，自热米饭同比增长 257.07% 等。这充分表明，大力发展粮油主食品工业化生产，是方便百姓生活，满足市场需求的重要举措。

抗疫期间的实况启示我们，油脂加工业也应重视研究开发适合不同时期、不同人群需要的方便、健康油脂产品。油脂加工业除了要继续深入研究富有营养和适合不同人群需要的功能性健康型油脂产品外，重点要放在开发可直接制作食品的油料（如大豆、花生、芝麻、葵花籽、亚麻籽、核桃等）和油料蛋白的进一步利用上；其开发的方向应朝着食用方

便和富有营养（即能增强人体免疫力产品）两个方面，诸如小分子蛋白肽、大豆蛋白粉、速食豆腐花、蛋白派（手磨豆干），芝麻粉、芝麻糊、芝麻酱、花生酱、亚麻籽酱以及利用花生、芝麻、葵花籽、亚麻籽、核桃等为主要原料的各类健康休闲食品等。这些食用方便又富有营养的食品，有些百姓熟知并喜爱，有些刚开发不久，需要广泛宣传，让消费者熟知并喜爱。

另外，在杂粮的开发利用方面，也大有文章可做，要在"吃法"和"口感"上下功夫，让消费者喜爱。最近获悉中粮营养健康研究院配制的金盈牌"十二谷米伴侣"，按照人体营养的需要，该产品选用了玉米楂、大黄米、红糙米、糯米、荞麦仁、燕麦仁、赤小豆、黑豆、小扁豆、黑芝麻、白芝麻等十二种粮油原料配制而成，具有免浸泡、煮熟快、味道好、营养丰富的特点，值得称赞。

7. 要完成好粮油产品的应急加工任务

据 2019 年 6 月国家粮食和物资储备局粮食储备司编制发布的《2018 年粮食行业统计资料》介绍，2018 年，全国规模以上入统成品粮油加工企业 14614 家（其中小麦粉加工企业 2590 家、大米加工企业 9827 家、食用油加工企业 1591 家、其他成品粮加工企业 606 家），其中拥有省、市、县级粮油应急加工任务的企业 4154 家（其中小麦加工企业 1078 家、大米加工企业 2578 家、食用油加工企业 415 家、其他成品粮加工企业 83 家），占企业数的 28.4%，承担着省、市、县下达的应急加工任务为：小麦粉 4528.8 万吨、大米 3797.0 万吨、食用植物油 619.8 万吨、精炼食用植物油 1037.9 万吨，这是一笔很大的数字，占全年粮油市场 40% 以上的销售量。

为把粮油应急加工任务完成好，一是拥有应急加工任务的粮油加工企业要珍惜有关粮食部门对企业的信任，珍惜这一来之不易的光荣任务并保证不折不扣的完成好这一任务；二是要高度重视，高质量完成应急加工任务中下达的数量、质量和品种要求；三是要精心保藏，按要求轮换，以确保应急加工粮油产品在一声令下，高品质、调得出、用得上。

8. 要积极利用数字化技术和互联网、物联网推动粮油企业转型升级

当今世界，在数字化经济时代下，我国粮油加工业从生产到销售整个产业链的技术发展模式正在发生深刻变革。当前，粮油加工业从生产、包装、物流、仓储、营销、市场、产品生命周期管理等所有环节，都已经开始呈互联网化。生产信息化管理系统（MES）、产品生命周期管理（PLM）、工业机器人、智能装备、人工智能应用、大数据分析与营销、智能供应链等将很快成为各行各业发展的热点，从而有力地支撑新商业模式的创新发展。为此，粮油加工业要自觉融入这些新技术、新模式，以推动企业的转型升级和高质量

发展。

近些年来，互联网线上配送销售发展迅猛，受到了广大用户和消费者的欢迎，与此同时，也极大地冲击着我国传统的集中供应、二级分销、渠道销售、卖场销售等传统营销模式，尤其是在这次抗疫期间广大百姓居家抗疫，各类食品的供应方法发生了巨变，配送到社区、村镇、家庭的全套服务已成为主要的销售方式，从而保证了百姓的正常生活。现在疫情最严峻的时期虽然已经过去，但常态化的抗疫可能要持续很长一段时间。为此，粮油加工企业必须认真研究如何更好地融入"互联网+"时代，主动与大型超市、互联网物流配送等加强联系，谋求合作。在粮油产品的供应上要想方设法方便百姓，尤其是要照顾老、弱、病、残等特殊人群的需要，优化服务，改变营销方式，送货上门。

9. 要进一步提高粮油加工企业的应变能力

据中国面粉加工及小麦粉月度消费、库存构成及行业情况分析提供的数据，在 2019 年 7 月的面粉消费量中，家庭消费为 265.7 万吨，餐饮消费为 341.0 万吨，食品工业消费为 103.4 万吨。上述统计数字充分表明，餐饮消费在我国占据很大比例，甚至已远远超过家庭消费。在这次抗疫期间，疫情对餐饮行业的冲击十分明显，并直接影响到餐饮业用粮用油的大幅下降，特别是中包装粮食和食用油的销量下降幅度较大。反之，适合于家庭用的小包装面粉、大米和食用油的销量大幅增加。据有关方面预测，这种状况不会随着抗疫形势的好转而马上改变，很有可能会持续一段时间，这就要求我们粮油加工企业要有应变能力，增加小包装粮油产品的产量，以满足粮油市场的需要。

这次疫情已经在全球各国广泛流行，且其凶猛的发展势头不减，这就意味着疫情不仅给人类的生命健康带来了危机同时也会危及世界经济的发展。为应对这场疫情，国际奥林匹克委员会已发布东京奥运会延期一年举行，这一信号预示着疫情的影响不是短暂的。与此同时，世界贸易组织预测，本次疫情对世界产生的经济危机将超过 2008 年的国际金融危机。对此，我们要关注疫情发展对全球交通运输、经营贸易等造成的负面影响，尤其是原料主要依靠进口的粮油加工企业和具有传统出口任务的粮油加工企业，要有足够的思想准备和防范措施，以减轻疫情对企业发展的负面影响。

10. 要扩大对外开放，实施"走出去"的战略

要照中央的精神，粮油加工业要进一步利用外资，扩大对外开放。要认真总结我国改革开放以来，外资企业、中外合资企业进入粮油加工业领域取得的成功经验，尤其是要总结学习外资粮油加工企业、中外合资粮油加工企业，在经营管理中的成功经验，为我所用，推动我国粮油加工业的不断发展。

要加快推进并支持有条件的粮油加工企业集团，加强与"一带一路"沿线国家在农业

投资、粮油贸易、粮油加工以及粮油机械装备出口等领域的合作。支持在农业生产、加工、仓储和港口等环节开展跨国全产业链布局，逐步建立境外粮油产销加工储运基地。通过"走出去"，培育一批具有国际竞争力的跨国粮油加工企业集团。

　　我的发言到此为止，不当之处请批评指正。谢谢大家！

十九、在新时代、新征程中粮油加工业要有新作为、新贡献
——在"油脂分会常务理事会"上的演讲

（2021 年 1 月 28 日　于山东平度）

很高兴与大家见面，首先祝贺中国粮油学会油脂分会一年一度的常务理事会议的顺利召开！为开好本次会议，以何东平会长为代表的分会领导班子事先做了精心准备和安排，以全面总结 2020 年分会工作取得的成绩，部署好油脂分会 2021 年的重点工作。相信在何东平会长的带领下，在全体常务理事的努力下，会议一定会取得圆满成功。根据何东平会长今年年初的安排，要我就新时代粮油加工业的发展讲点意见，在此，我以《在新时代、新征程中粮油加工业要有新作为、新贡献》为题讲点意见，作为我对中国共产党十九届五中全会和中央经济工作会议精神的学习心得的总结。

大家都知道，2020 年"我国经济在极不平凡之年取得了极不平凡的成绩，交出了一份让人民满意、世界瞩目、可以载入史册的答卷"。根据国家统计局公布，2020 年我国经济总量迈上百万亿元新台阶，国内生产总值（GDP）同比增长 2.3%，成为全球唯一实现经济正增长的主要经济体。在国家经济形势的影响和带动下，经过粮油加工战线上广大职工的共同努力和辛勤劳动，可以预计，2020 年我国粮油加工业的工业总产值、产品销售收入和利税总额等主要经济指标都将超过 2019 年，实现正增长。现在，我们正以满怀喜悦的心情跨入 2021 年，走进新时代，踏上新征程。

2021 年是我国实施国民经济和社会发展"第十四个五年规划"和"二〇三五年远景目标"的开局之年，也是我国奋力夺取全面建设社会主义现代化国家新征程的起步之年。根据中国共产党十九届五中全会审议通过的《中共中央关于制定国民经济和社会发展第十四个五年规划和二〇三五年远景目标的建议》，现在全国各行各业都在总结完成"十三五"发展规划经验的基础上，科学制定本行业的第十四个五年规划。

《粮油加工业"十四五"发展规划》会不会像以前一样单独制定？大概什么时候能发布？还不太清楚。但不管怎样，我认为，我们粮油加工业必须认真贯彻党的十九届五中全会、中央经济工作会议和中央农村工作会议精神；坚定不移贯彻创新、协调、绿色、开放、共享的新发展理念；坚持稳中求进工作总基调，以推动高质量发展为主题，以深化供

给侧结构性改革为主线，以改革创新为根本动力，以满足人民日益增长的美好生活需要为根本目的；坚持系统观念，坚持扩大内需战略，强化科技战略支撑。要紧紧围绕国家粮食安全战略、国家食品安全战略、国家"健康中国"战略和中国制造 2025 年战略创新发展，有所作为，做出新贡献。对此，粮油加工业在新时代、新征程中，要在以下几个方面多做工作，取得成效。

（一）要以科技创新驱动，推进粮油加工业的高质量发展

党的十九届五中全会和中央经济工作会议都反复强调要以改革创新为根本动力，强化科技战略支撑，要求各行各业都要以科技创新驱动，推动行业的高质量发展。对此，我们粮油加工业也不能例外，要在总结过去经验，尤其是总结依靠科技创新发展粮油加工业经验的基础上，在未来的行业发展中，要更加注重科技、更加注重人才、更加注重科技投入、更加注重企业与院校和科研院所的联合；弘扬执着专注、精益求精、一丝不苟、追求卓越的工匠精神，攻克粮油科技中的工程技术难题和前沿科学问题，不断改进工艺、改进装备、创新品牌、提质增效，实现粮油加工业在新征程中的高质量发展。

这里需要提醒的是，在依靠科技创新推动粮油加工业的高质量发展方面，我们还存在许多短板，需要努力补上，其中科技投入不足，是最大的短板。根据 2020 年国家粮食和物资储备局粮食储备司公布的《2019 年粮食行业统计资料》，2019 年全国入统成品粮油加工企业（含小麦粉加工企业、大米加工企业、其他成品粮加工企业、食用植物油加工企业和粮油机械制造企业）的产品销售收入为 14640.1 亿元（其中小麦粉加工企业为 3252.5 亿元、大米加工企业为 4683.0 亿元、其他成品粮加工企业为 214.1 亿元、食用植物油加工企业为 6248.8 亿元、粮油机械制造企业为 241.7 亿元），研发费用的投入为 29.5 亿元（其中小麦粉加工企业为 7.6 亿元、大米加工企业为 6.2 亿元、其他成品粮加工企业为 1.1 亿元、食用植物油加工企业为 9.8 亿元、粮油机械制造企业为 4.8 亿元），研发费用的投入只占产品销售收入的 0.2%（其中小麦粉加工企业为 0.23%、大米加工企业为 0.13%、其他成品粮加工企业为 0.51%、食用植物油加工企业为 0.16%、粮油机械制造企业为 1.99%），远低于其他行业研发费用的投入比例，没有完成《粮油加工业"十三五"发展规划》提出的到 2020 年研发费用投入占主营业务收入比例达到 0.6% 的要求。

为实现粮油加工业的高质量发展，希望粮油加工企业加大研发投入，要做到"越是困难，越要加大研发投入，越要坚持转型升级"。

（二）要深入推进粮油加工业的供给侧结构性改革，增加适销对路的优质粮油产品的供给

党的十九届五中全会和中央经济工作会议指出，要"以深化供给侧结构性改革为主线，以改革创新为根本动力，以满足人民日益增长的美好生活需要为根本目的。"为我们粮油加工业做好今年乃至今后的工作指明了方向。为此，粮油加工业要优化和调整产品结构，继续大力推进优粮优产、优粮优购、优粮优储、优粮优加、优粮优销的"五优联动"，加快"优质粮食工程"建设，增加适销对路的优质粮油产品的供给；为适应城乡居民膳食结构及营养健康水平不断提高的需要，要增加满足不同人群需要的优质化、多样化、个性化、定制化粮油产品的供给；要实施"中国好粮油"行动，增加优质米、食品专用米、专用粉、专用油和营养功能性新粮油产品以及绿色有机等"中国好粮油"产品的供给；要大力发展全谷物产品，增加糙米、全麦粉、特种油脂、杂粮、杂豆和薯类及其制品等优质营养健康的中高端新产品的供给；要提升产品品质，提高名、特、优、新产品的比例，充分挖掘并发挥著名品牌、"老字号"和具有地方特色产品的品牌效应，为"健康中国"建设，为人民过上美好生活做出应有的贡献。

（三）要为国家粮食安全做出贡献

"民以食为天"。粮油产品与人民生活息息相关，与人民身体健康和经济社会发展有着密切关系，是国家自强、民族自立、民生保障的重要战略物资，是事关百姓福祉、社稷安危的特殊重要商品。"洪范八政，食为政首"。自古以来粮食就看作"政之本务"。所以粮食安全是治国理政的头等大事，是国家安全的重要组成部分，居"三大经济安全"之首。

我国党和政府历来高度重视粮食安全，尤其是党的十八大以来，以习近平同志为核心的党中央高度重视粮食安全，发表了一系列的重要指示。习近平总书记谆谆告诫我们"手中有粮，心中不慌""我国有近 14 亿人口，如果粮食出了问题谁也救不了我们，只有把饭碗牢牢端在自己手中才能保持社会大局稳定"。习近平总书记指出："保障粮食安全，对中国来说是永恒的课题，任何时候都不能放松。历史经验告诉我们，一旦发生大饥荒，有钱也没用"，并语重心长地提醒我们，"要牢记历史，在吃饭问题上不能得健忘症，不能好了伤疤忘了疼"，反复强调"中国人的饭碗任何时候都要牢牢端在自己手上，我们的饭碗应该主要装中国粮。"

习近平总书记的一系列重要指示精神，充分说明了粮食安全是保证国家长治久安的战略物资，是国家安全的重要组成部分。对此，我们每一个粮食人，任何时候都要为国家绷紧粮食安全这根弦，坚守国家粮食安全底线。

为确保国家粮食安全，构建反食品浪费长效机制，2020 年 12 月 22 日，《中华人民共和国反食品浪费法（草案）》已提请全国人民代表大会常务委员会审议，有望不久将公布实施。据我所知，有关粮油适度加工、副产品综合利用、降低粮食损耗以及制修订标准、防止和减少浪费等内容都将写入《中华人民共和国反食品浪费法》。对此，我们粮油加工企业应该在以下几个方面主动作为，为国家粮食安全做出新的贡献。

1. 要继续倡导并认真实施粮油适度加工

粮油加工产品要纠正片面追求"过精、过细、过白和油色过淡"等倾向，提倡适度加工。通过适度加工，防止营养成分的过多流失，最大程度地保存粮油原料中固有营养成分和防止有害物质的产生；要防止出品率的大幅下降，减少粮油浪费损失，提高可食资源利用率；要鼓励生产和消费免抛光或少抛光大米和油色金黄的食用油等适度加工产品。

2. 要提高粮油加工的出品率，提高可食资源的利用率

提高纯度，严格控制精度，千方百计提高出品率，提高可食资源的利用率等历来是粮油加工行业的重要方略。但近些年来，对提高出品率强调得少了，造成了过度加工现象愈演愈烈、出品率大幅下降等可食粮油资源的损失严重。从大米和小麦粉加工业的出品率来看，按《2019 年粮食行业统计资料》计算分析，小麦粉加工业的平均出粉率为 71.5%（不含全麦粉）、大米加工业的平均出米率为 64.7%（其中早籼稻的出米率为 64.7%、中晚籼稻的出米率为 63.5%、粳稻的出米率为 66.1%），这与 1980 年全国小麦粉加工的平均出粉率 83.2%、1985 年平均出粉率 78.7%，以及大米加工业的平均出米率 70% 左右，相差甚远。

如果通过适度加工将小麦和稻谷的出品率分别提高三个百分点，按我国每年小麦和稻谷的加工总量约为 33000 万吨计算，即能增加成品小麦粉和大米 990 万吨，可以供约 5500 万人一年的口粮（按人均年消费成品粮食 180 千克计算）。由此可见，倡导并认真实施适度加工，提高出品率，对国家粮食安全有着多么重要的意义。

3. 要进一步重视资源的综合利用

粮油加工企业在生产米、面、油产品的同时，还生产出大量的副产物，诸如稻谷加工中生产出的稻壳、米糠和碎米；小麦加工中生产出的麸皮、小麦胚芽和次粉；油料加工中生产出的皮壳、饼粕、油脚和馏出物等，这些副产物都是宝贵的资源。根据统计资料记载，我国规模以上的粮油加工企业生产出的主要副产物有米糠约 1400 万吨、碎米 600 万吨、稻壳和皮壳 3000 万吨、小麦麸皮 3000 万吨、小麦胚芽 20 万吨、饼粕近亿吨等，充分利用这些宝贵资源，可以为国家节约和增产十分可观的粮油，为国家粮食安全做出贡

献。对这些宝贵资源的利用，当前的重点仍应放在大力推广米糠、玉米胚芽和小麦胚芽的集中制油上；放在提高碎米、次粉和麸皮等可食利用上。

4. 要科学制修订好粮油质量标准

今后在制修订有关粮油国家标准、行业标准、地方标准和团体标准时，应当将防止食品浪费作为重要考虑因素，要在保证粮油安全的前提下，最大程度防止和减少浪费。根据这一精神，今后对大米的含碎率、光洁度；对小麦粉的白度、含麸率；对食用植物油的色值、酸价等质量指标应该有所调整，以引领粮油加工业贯彻落实适度加工。

5. 要倡导科学消费、理性消费、健康消费

我国餐饮浪费现象触目惊心，令人痛心。以食用植物油为例，2020 年，我国人均食用油的消费量已达 29.1 千克，超过了 2020 年世界人均食用油 26.7 千克的水平，远超我国居民膳食指南中成人每天推荐摄入 25~30 克的用量。为此要广泛向百姓进行科普教育，既要让百姓知道油脂是人们一日三餐中不可缺乏的食物，科学合理使用有利于身体健康，又要让百姓知道，油吃多了人会发胖，会出现诸如高血压、高脂血症、动脉硬化等各种健康问题，从而让百姓都懂得油不是吃得越多越好。通过科学消费、理性消费、健康消费尽快遏制我国食用油消费不断增长的势头。

与此同时，要认真贯彻习近平总书记关于对餐饮浪费行为的重要批示，配合餐饮等有关行业，在全社会积极宣传要树立文明、健康、绿色、环保的生活方式，倡导健康消费、节约消费，通过改变生活和烹饪方式，减少油炸食品、水煮鱼、火锅等用油数量，以利身体健康，减少浪费。

6. 要完成好粮油产品的应急加工任务

据 2020 年 8 月国家粮食和物资储备局粮食储备司编制的《2019 年粮食行业统计资料》介绍，2019 年全国规模以上成品粮油加工企业 14531 家，其中拥有省、市、县级粮油应急加工任务的企业 4078 家，占企业数的 28.1%。共接受应急加工任务为小麦粉 4932.9 万吨、大米 4074.4 万吨、食用植物油 624.0 万吨、精炼食用植物油 1423.4 万吨，这是一个不小的数字。为把粮油应急加工任务完成好，一是拥有应急加工任务的企业要珍惜有关粮食部门对企业的信任，珍惜这一来之不易的光荣任务并保证不折不扣地完成好这一任务；二要高度重视，高质量完成应急加工任务中下达的数量、质量和品种要求；三要精心保藏，严格按要求轮换，以确保应急加工的粮油产品在一声令下，高品质、调得出、用得上，确保国家在突发公共事件时的粮油市场供应。

（四）要继续大力发展粮油主食品工业化生产

粮油加工企业发展主食品生产，主要是指发展米面食品。我们通常说的米面主食品是以大米、小麦粉和杂粮为主要原料制成的各类食品，诸如以大米为主要原料生产的方便米饭、方便粥、米粉（米线）、米糕和汤圆等；以小麦粉为主要原料生产的馒头、挂面、鲜湿面条、饺子、馄饨和速冻面团制品等；以及以杂粮与大米、小麦粉搭配为主要原料生产出的上述类似主食品。这些主食品有的可以直接食用，有的只要稍微加工即能食用，是适合中国百姓传统饮食习惯、饮食文化和符合城乡居民生活节奏加快的粮食制成品。

为方便百姓生活，逐步做到家务劳动社会化，国家对发展米面主食品的生产高度重视，把发展主食品工业化生产列入了"十二五""十三五"全国粮油加工业的发展规划之中。为推进粮油主食品工业化生产，原国家粮食局还专门召开了会议，印发了一系列文件，部署和推动了粮油主食品工业化生产。

粮油主食品是深受百姓喜爱的方便粮油制成品，尤其在去年抗疫最严峻的时期，成为百姓居家抗疫的重要生活品，挂面、米粉、自热米饭、速冻饺子、速冻馄饨等产品需求旺盛，供不应求。

为满足百姓生活的需要，"十四五"期间，粮油加工企业仍然要继续大力发展粮油主食品生产，要把发展粮油主食品工业生产看作是推进供给侧结构性改革和"调结构、转方式"的重要举措；看作是粮油加工业向精深加工延伸，方便百姓、企业增效的有效途径，要持之以恒的大力发展。

在发展粮油主食品工业化生产中，食用植物油加工企业也应有所作为，要把开发可直接制作食品的油籽（如大豆、花生、芝麻、葵花籽、亚麻籽、核桃等）和油料蛋白的进一步利用这两篇文章做好，生产出食用方便并富有营养的产品，诸如小分子蛋白粉、大豆蛋白粉、速食豆腐花、芝麻粉、芝麻糊、花生酱、芝麻酱、亚麻籽酱以及利用花生、芝麻、葵花籽、亚麻籽及核桃为主要原料生产的各类健康休闲食品等，并将这些食用方便、富有营养和百姓喜爱的食品也能纳入主食品工业化之中。

（五）要把节能减排，实行绿色生产作为企业发展的永恒主题

节能减排，实行绿色生产，降低碳排量，挽救地球家园，保护人类生存环境，已成为有良知的世界各国的共同任务和奋斗目标。我国党和政府高度重视，积极参与国际社会应对全球气候变化挑战，提出了绿色发展观念，指出要"推进绿色发展，促进人与自然和谐共生"。并将"做好碳达峰、碳中和工作"作为今年要抓好的八大重点任务之一。

国家主席习近平在去年年底召开的第75届联合国大会一般性辩论上向世界宣布："中

国将提高国家自主贡献力度，争取更加有力的政策和措施，二氧化碳排放力争于 2030 年前达到峰值，努力争取 2060 年前实现碳中和"。这一重大宣示，彰显出了中国大国担当和促进全球能源可持续发展、应对气候变化挑战、建设清洁美丽世界的中国决心。

根据国家节能减排的总要求，粮油加工业要进一步提高对节能减排重要意义的认识，要把节能减排作为建设资源节约型、环境友好型社会的最佳选择；作为推进企业结构调整、转型升级、寻找新的经济增长点的必由之路；作为实行绿色生产、清洁生产、文明生产，维护中华民族长远利益的必然要求。

要在提高认识的基础上，把节能减排，绿色生产落到实处。要把重点放在节电、节煤、节气、节水上；放在减少废水、废气、废渣及废物等产生和排放上，并要按照循环经济的理念，千方百计采取措施加以利用和处置，实现污染物的零排放；放在积极选用清洁能源、清洁溶剂、清洁辅料、清洁包装器材上，并严格按国家有关新限塑令要求，改进包装用材，防止污染环境；放在构建绿色加工体系的建立上，要以绿色园区、绿色加工、绿色产品、绿色包装为重点，建立粮油产品产业供应链，要防止粮油产品的过度包装，以免加大产品成本，浪费资源和污染环境。

为防止粮油产品的过度包装，我在 10 年前的一次会议上曾提出要防止粮油产品的过度加工、过度包装和过度宣传，现在看来成效不大，甚至有愈演愈烈的发展趋势，必须下大力气进行纠正。

总之，我们要把节能减排和实行绿色生产作为粮油加工业发展的永恒主题，必须长期坚持下去，以助力美丽中国建设。

（六）要以安全为重点，确保粮油产品的质量安全和生产经营安全，做到两个万无一失

以习近平同志为核心的党中央反复强调：要"以人民为中心"；要"增加人民群众获得感、幸福感、安全感"；要"让百姓吃得放心、穿得称心、用得舒心"；要"下更大气力抓好食品药品安全、安全生产和交通安全"。

2020 年中央经济工作会议指出："要抓好发展和安全两件大事，有效防范化解各类经济社会风险，高度重视安全生产和防灾减灾工作，坚决防范重特大事故发生"。为贯彻中央精神，国家粮食和物资储备局曾提出"粮食生产经营企业要坚持安全第一，坚决克服'重发展，轻安全'的倾向"。

按照上述精神和要求，粮油加工企业必须以安全为重点，务必做到生产经营安全和粮油产品质量安全，确保两个万无一失。

人命关天，安全生产重如泰山。为此，粮油加工企业，尤其是食用植物油加工企业要

在总结经验教训的基础上，始终把安全生产放在生产经营的第一位，坚决克服"重发展，轻安全"的倾向。要始终绷紧安全生产这根弦，紧抓落实安全生产责任制；要紧盯严防，不断排查整治各种隐患，确保安全生产万无一失。

为让百姓吃得放心，吃得营养健康，粮油加工企业要坚守食品安全底线，把食品质量安全放在第一位。要严格按标准组织生产，道道把关；要完善原料采购、检验、在线检测和成品粮油的质量检验，建立覆盖生产经营全过程的粮油质量安全信息追溯体系，确保粮油产品质量安全万无一失。

（七）要关注和重视数字经济，顺应时代发展

中央经济工作会议指出："要大力发展数字经济"。当今世界，科技进步日新月异，以大数据、云计算、互联网、物联网、人工智能等为代表的信息技术迅猛发展，数字经济已成为未来社会新一轮科技革命和产业变革的主要标志，并将成为引领全球经济社会变革，推动我国经济高质量发展的重要引擎。

在数字经济时代下，我国粮油加工业从生产到销售整个产业链的技术发展模式也在发生深刻变革。当前，粮油加工业从生产、包装、储藏、物流、营销、市场等各个环节，都已开始呈互联网化。粮油产品通过互联网线上配送销售，送货到家，深受广大用户和百姓的欢迎。在企业的生产经营中广泛应用生产信息化管理系统（MES）、产品生命周期管理（PLM）、工业机器人、智能装备、人工智能应用、大数据分析与营销、智能供应链等将很快成为各行各业发展的热点，从而有力地孕育出一系列活力无限的新产业、新业态和新模式。

在数字经济的推动下，数字货币、数字钱包、数字支付、数字医疗、数字展厅、数字服务、数字技能、数字文化等已日趋完善，这充分表明我国相关行业对发展数字经济的高度重视和创新作为。对此，我们粮油加工业要关注和重视数字经济的发展，积极融入并应用数字技术催生出的新产业、新业态和新模式，以推动粮油加工业的转型升级、提高效率、提升效益和高质量发展。

（八）要争当全球粮油机械制造业的领跑者

我国的粮油机械制造业是随着我国粮油加工业的发展应运而生的。我常说，我国粮油加工业的发展促进了粮油机械制造业的发展，反之，粮油机械制造业的发展又保证了我国粮油加工业的迅速健康发展。实践证明，粮油机械制造业自20世纪50年代末起，经历了从无到有、从小到大、从弱到强，从跟跑、并跑到跨入领跑的发展过程。半个多世纪来，

在全国粮油科技和粮油加工业战线几代人的辛勤努力下，已经把我国建成为全球制造能力和产量最大、产品门类齐全、设备性能先进可靠的粮油机械制造大国，我国的粮油机械不仅满足了我国现代粮油加工业发展的需要，同时远销国外，深受广大用户欢迎。

改革开放以来，尤其是进入21世纪以来，我国粮油机械制造业在国家政策的推动和科技创新的驱动下，加大了自主创新力度，结合智能制造、产品开发、节能环保和适度加工技术等进行集成开发和系统创新，进一步提高了我国粮油机械装备的水平，并在许多领域的各项经济技术指标处于领先地位，跨入了领跑者的行列，涌现出了一批有代表性的著名粮油机械制造企业，例如，在大米加工机械制造方面，有湖北永祥农机装备有限公司，浙江展诚建设集团和湖南郴州粮油机械有限公司；在小麦粉加工机械制造方面，有中粮无锡科学研究设计院所属的张家口和开封茂盛粮食机械有限公司以及河北的苹乐面粉机械集团；在油脂机械制造方面，有江苏迈安德集团、河南华泰粮油机械股份有限公司和山东凯斯达机械制造有限公司；在饲料机械制造方面，有江苏牧羊集团和江苏正昌集团；在光电色选机械制造方面，有安徽合肥的美亚光电技术股份有限公司和捷迅机械等。

与此同时，全球著名的粮食加工设备制造商瑞士布勒集团和日本佐竹公司，分别以合资和独资的方式在江苏无锡和苏州建厂，推进了我国粮油机械制造业朝着高水平方向发展。

现在，我国已开启全面建设社会主义现代化国家的新征程，为顺应时代发展的需要，粮油机械制造业要瞄准世界粮油加工业发展中的热点、难点问题，瞄准与国际粮油机械制造业存在的差距，按照中国制造2025战略要求，通过进一步强化创新驱动，争取到2025年将我国粮油机械制造水平全面达到国际先进水平，成为全球粮油机械制造业的领跑者。

为此，粮油机械制造业要继续以专业化、大型化、成套化、智能化、绿色环保、安全卫生、节能减排、节料减损为导向，发展高效型大米、小麦粉、食用植物油、杂粮、薯类、特色粮油原料以及主食品工业化生产等加工装备；要进一步加强新工艺、新材料、新设备的研发与应用，以提高粮油加工业的效率和效益；要下大力加快粮油机械制造业向数字化、智能化方向发展，通过智能制造，为粮油加工业建造智慧工厂提供精良装备，实现数据管理精准化、运行状态可视化、生产过程智能化，对设备运行状况在线监测、远程控制及能效管理，达到保障安全、提质增效的目的；要有远大目标，要在满足国内需要的同时，制造出更多适合于不同地区、不同国家的粮油机械制造装备，以满足国际市场日益扩大的需要。

（九）要进一步对外开放，实施"走出去"战略

习近平总书记强调："在整个社会主义现代化进程中，我们都要高举改革开放的旗帜，

决不能丝毫动摇"。党的十九届五中全会提出，要"实行高水平对外开放，开拓合作共赢新局面，坚持实施更大范围、更宽领域、更深层次对外开放，依托我国大市场优势，促进国际合作，实现互利共赢"。

为此，粮油加工业要认真按照习近平总书记的指示精神，继续解放思想，进一步利用好外资，扩大对外开放。我们要认真总结我国改革开放以来，外资企业、中外合资企业进入粮油加工业和粮油机械制造业取得的成功经验，尤其是要总结学习外资粮油加工企业、中外合资粮油机械制造企业在生产、经营、管理和产品、技术开发等方面的成功经验。实践证明，我国粮油加工业的快速持续发展，很大程度上得益于我国的对外开放政策。

习近平总书记4年前提出的"中国方案"——构建人类命运共同体，实现共赢共享，并积极付诸实施的大国担当，深受世界绝大多数国家的赞扬。为助力构建人类命运共同体和共建"一带一路"，粮油加工企业要放眼世界、走出国门，实施"走出去"战略；要积极推进并支持有条件的粮油加工企业集团加强与"一带一路"沿线国家在粮油贸易、粮油加工以及粮油机械装备出口等领域的合作；要支持在农业生产、加工仓储和港口等环节开展跨国全产业链布局，逐步建立境外粮油生产、加工、产销储运基地，通过"走出去"，造福当地百姓，并培育一批具有国际竞争力的跨国粮油加工企业集团。

最后，让我们在习近平新时代中国特色社会主义思想指引下，凝心聚力，真抓实干，以优异成绩庆祝建党100周年。谢谢大家！

二十、2019 年我国粮油加工业的基本情况

——发表于《中国油脂》杂志

（2021 年 2 月 25 日　于北京）

为便于大家查阅我国粮油加工业的有关资料，根据 2020 年 8 月国家粮食和物资储备局粮食储备司公布的《2019 年粮食行业统计资料》，我将其中有关粮油加工业的情况做了整理，供大家参考。

（一）我国粮油加工业的总体情况

这里需要说明的是，我给大家整理介绍的这份资料只包括小麦加工、大米加工、其他成品粮加工和食用植物油加工等成品粮油加工企业，不包括粮油机械制造企业。

1. 企业数及按企业性质分类情况

2019 年全国入统成品粮油加工企业为 14531 个，其中小麦粉加工企业为 2573 个、大米加工企业为 9760 个、其他成品粮油企业为 594 个、食用植物油加工企业为 1604 个；按企业性质分，国有及国有控股企业 735 个、内资非国有企业 13640 个、港澳台商及外资企业 156 个，分别占比为 5.1%、93.8% 和 1.1%（表 1）。

表 1　2019 年粮油加工企业数量汇总表　　　　　　　　单位：个

项目	企业数量	国有及国有控股企业数量	内资非国有企业数量	港澳台商及外资企业数量
小麦粉加工企业	2573	150	2376	47
大米加工企业	9760	435	9300	25
其他成品粮加工企业	594	29	559	6
食用植物油加工企业	1604	121	1405	78
总计	14531	735	13640	156

2. 产业化龙头企业数量

2019 年粮油加工业龙头企业为 1958 个、其中小麦粉加工龙头企业 456 个、大米加工龙头企业 948 个、其他成品粮加工龙头企业 104 个、食用植物油加工龙头企业 450 个。在 1958 个龙头企业中，国家级龙头企业 210 个，其中小麦粉加工企业 57 个、大米加工企业 90 个、其他成品粮加工企业 8 个、食用植物油加工企业 55 个；省级龙头企业 1748 个，其中小麦粉加工企业 399 个、大米加工企业 858 个、其他成品粮加工企业 96 个、食用植物油加工企业 395 个（表 2）。

表2　2019年粮油加工业龙头企业数量汇总表　　　　单位：个

项目	龙头企业数量	国家级龙头企业数量	省级龙头企业数量
小麦粉加工企业	456	57	399
大米加工企业	948	90	858
其他成品粮加工企业	104	8	96
食用植物油加工企业	450	55	395
总计	1958	210	1748

3. 粮油应急加工企业数量及产量

2019 年全国粮油加应急加工企业为 4078 个，其中小麦粉应急加工企业 1035 个、大米应急加工企业 2537 个、食用植物油应急加工企业 430 个、其他成品粮应急加工企业 76 个。在 4078 个粮油应急加工企业中，省级应急加工企业 534 个、市级应急加工企业 1018 个、县级应急加工企业 2526 个（表 3）。

2019 年，应急加工小麦粉产量为 4932.9 万吨；应急加工大米产量为 4074.4 万吨；应急加工食用植物油产量为 624.0 万吨、应急加工精炼植物油产量为 1423.4 万吨。

表3　2019年全国粮油应急加工企业数量汇总表　　　　单位：个

项目	应急加工企业数量	省级应急加工企业数量	市级应急加工企业数量	县级应急加工企业数量
小麦粉加工企业	1035	122	306	607
大米加工企业	2537	311	568	1658

续表

项目	应急加工企业数量	省级应急加工企业数量	市级应急加工企业数量	县级应急加工企业数量
食用植物油加工企业	430	92	129	209
其他成品粮加工企业	76	9	15	52
总计	4078	534	1018	2526

4．全国"放心粮油"示范工程企业数量

2019 年全国"放心粮油"示范工程企业 2489 个，其中小麦粉加工企业 617 个、大米加工企业 1376 个、食用植物油加工企业 422 个、其他成品粮加工企业 74 个。在 2489 个"放心粮油"示范工程企业中，中国粮食行业协会（简称中粮协）的 614 个、省级的 926个、市级的 949 个（表 4）。

表4　2019年"放心粮油"示范工程企业数量汇总表　　　　单位：个

项目	"放心粮油"示范工程数量	中粮协示范工程企业数量	省级示范工程企业数量	市级示范工程企业数量
小麦粉加工企业	617	175	213	229
大米加工企业	1376	299	532	545
食用植物油加工企业	422	128	155	139
其他成品粮加工企业	74	12	26	36
总计	2489	614	926	949

5. 主要经济指标情况

（1）工业总产值　2019 年，全国粮油加工业总产值为 13928.4 亿元，其中小麦粉加工 3257.6 亿元、大米加工 4760.5 亿元、其他成品粮加工 248.7 亿元、食用植物油加工 5661.6亿元，分别占比 23.4%、34.2%、1.8% 和 40.6%，如图 1 所示。

（2）产品销售收入　2019 年，全国粮油加工业产品销售收入为 14398.4 亿元，其中小麦粉加工 3252.5 亿元、大米加工 4683.0 亿元、其他成品粮加工 214.1 亿元、食用植物油加工 6248.8 亿元。在 14398.4 亿元的销售收入中，内资非国有企业 9754.6 亿元、国有及国有控股企业 1768.4 亿元，港澳台商及外商企业 2875.4 亿元，分别占比为 67.7%、12.3%和 20.0%，如图 2 所示。

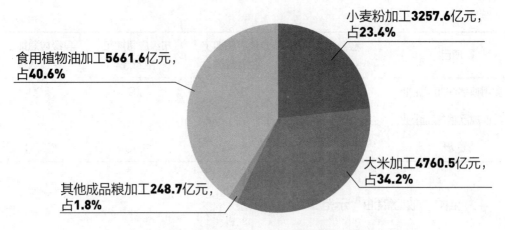

图1　2019全国粮油加工业工业总产值按不同行业划分比例图

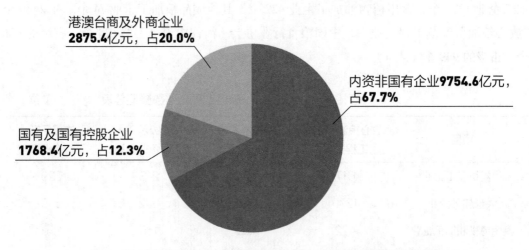

图2　2019年粮油加工企业产品销售收入按不同经济类型划分比例图

（3）利润总额　2019全国粮油加工业利润总额为344.0亿元，其中小麦粉加工92.0亿元、大米加工120.9亿元、其他成品粮加工7.9亿元、食用植物油加工123.2亿元；根据2019年产品销售收入为14398.4亿元，其产品收入利润率为2.4%。在344.0亿元利润总额中，内资非国有企业为267.1亿元、国有及国有控股企业为2.4亿元、港澳台商及外商企业为74.5亿元，分别占比为77.6%、0.7%和21.7%，如图3所示。

6. 获得专利与研发费用投入情况

2019年粮油加工业获得各类专利844项，其中发明专利299项。从不同行业获得的专利情况如下，小麦粉加工企业获得专利142项，其中发明专利50项；大米加工企业获得专利284项，其中发明专利119项；其他成品粮加工企业获得专利89项，其中发明专利 19 项；食用植物油加工企业获得专利 329 项，其中发明专利 111 项。

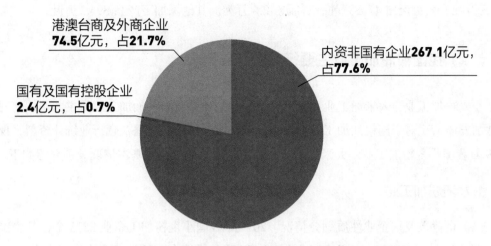

图3 2019年粮油加工业利润总额按不同经济类型划分比例图

在研发费用的投入方面，2019 年粮油加工业研发费用的投入为 24.7 亿元，占产品销售收入 14398.4 亿元的 0.17%，其中小麦粉加工的研发费用投入为 7.6 亿元，占产品销售收入 3252.5 亿元的 0.23%；大米加工的研发费用投入为 6.2 亿元，占产品销售收入 4683.0 亿元的 0.13%；食用植物油加工的研发费用投入为 9.8 亿元，占产品销售收入 6248.8 亿元的 0.16%（表 5）。离《粮油加工业"十三五"发展规划》提出的要求，到 2020 年研发费用投入占主营业务收入比例达到 0.6% 的差距太大了。

表5 2019年全国粮油加工企业获得专利与研发费用投入情况

项目	专利获得数/项	发明专利/项	研发费用投入/亿元	占产品销售收入比例/%
小麦粉加工企业	142	50	7.6	0.23
大米加工企业	284	119	6.2	0.13
其他成品粮加工企业	89	19	1.1	0.51
食用植物油加工企业	329	111	9.8	0.16
总计	844	299	24.7	0.17

7. 有关深加工产品产量

2019 年全国粮食行业深加工产品产量为：商业淀粉 2900.8 万吨、淀粉糖 777.0 万吨、多元醇 23.7 万吨、酒精 838.6 万吨、氨基酸 241.4 万吨、有机酸 3.6 万吨、其他发酵制品 180.5 万吨、大豆蛋白 47.2 万吨、谷朊粉 2.6 万吨、其他深加工产品 894.2 万吨。

（二）我国粮油加工业主要行业的基本情况

小麦粉加工业、大米加工业和食用植物油加工业是我国粮油加工业的主力军，这三个行业的发展情况对全国粮油加工业的发展起到决定性作用。根据粮食行业统计资料，现将 2019 年我国小麦粉加工业、大米加工业和食用植物油加工业的基本情况分别介绍如下。

1. 小麦粉加工业

（1）企业数及按企业性质划分情况　2019 年我国小麦粉加工企业 2573 个，其中国有及国有控股企业 150 个、内资非国有企业 2376 个、港澳台商及外商企业 47 个，分别占比 5.8%、92.4% 和 1.8%，如图 4 所示。

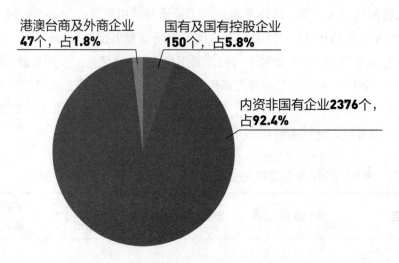

图4　2019年小麦粉加工企业按企业性质划分比例图

（2）小麦粉生产能力及产品产量　2019 年小麦粉加工业的生产能力为年处理小麦 19982.8 万吨；当年处理小麦 9756.3 万吨，产能利用率为 48.2%；产品产量为 7249.0 万吨，其中专用粉 1353.8 万吨，全麦粉 1088.8 万吨（注：这个数字需要推敲，作者认为数字太大了，可能是统计口径问题）、食品工业用粉 454.8 万吨、民用粉 2956.1 万吨。平均出粉率为 74.3%，如果去除全麦粉，其他小麦粉的平均出粉率大约为 71.6%。

（3）小麦粉加工业的主要经济指标情况

①工业总产值。2019 年全国小麦粉加工企业实现工业总产值为 3257.6 亿元，其中国

有及国有控股企业 214.9 亿元、内资非国有企业 2687.1 亿元、港澳台商及外资企业 355.6 亿元，分别占比为 6.6%、82.5% 和 10.9%。

②产品销售收入。2019 年全国小麦粉加工企业实现产品销售收入 3252.5 亿元，其中国有及国有控股企业 245.9 亿元、内资非国有企业 2617.0 亿元、港澳台商及外商企业 389.6 亿元，分别占比为 7.6%、80.5% 和 11.9%，如图 5 所示。

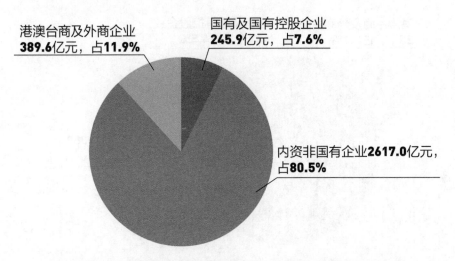

图5　2019年小麦粉加工企业产品销售收入按不同经济类型划分比例图

③利润总额。2019 年全国小麦粉加工企业实现利润总额 92.0 亿元，产品收入利润率为 2.8%，其中国有及国有控股企业为 1.2 亿元、内资非国有企业 80.7 亿元、港澳台商及外商企业 10.1 亿元，分别占比 1.3%、87.7% 和 11.0%，如图 6 所示。

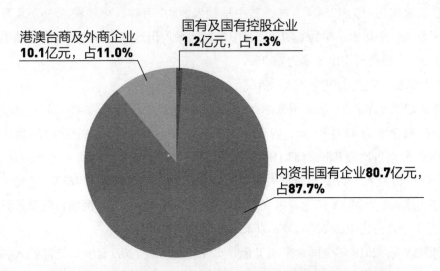

图6　2019年小麦粉加工企业利润总额按不同经济类型划分比例图

2. 大米加工企业

（1）企业数及按企业性质划分情况　2019 年，我国大米加工企业为 9760 个。其中国有及国有控股企业 435 个、内资非国有企业 9300 个、港澳台商及外商企业 25 个，分别占大米加工企业总数为 4.5%、95.2% 和 0.3%，如图 7 所示。

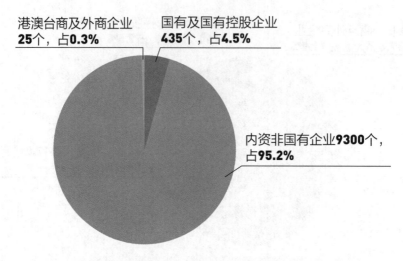

图7　2019年大米加工企业按企业性质划分比例图

（2）大米生产能力及产品产量　2019 年，大米加工业的生产能力为年处理稻谷 37401.3 万吨；当年处理稻谷 11213.1 万吨，其中早籼稻 779.2 万吨、中晚籼稻 5633.0 万吨，粳稻 4800.8 万吨，分别占比 7.0%、50.2% 和 42.8%；产能利用率为 30.0%；产品产量（不含二次加工）为 7254.4 万吨，其中早籼米 504.1 万吨、中晚籼米 3576.4 万吨、粳米 3173.9 万吨；平均出米率为 64.7%，其中早籼稻平均出米率为 64.7%、中晚籼稻平均出米率为 63.5%、粳稻平均出米率为 66.1%。

（3）大米加工企业主要经济指标情况

①工业总产值。2019 年全国大米加工企业实现工业总产值为 4760.5 亿元，其中国有及国有控股企业为 419.8 亿元、内资非国有企业为 4144.8 亿元、港澳台商及外商企业 196.0 亿元，分别占比为 8.8%、87.1% 和 4.1%。

②产品销售收入。2019 年全国大米加工企业实现产品销售收入 4683.0 亿元，其中国有及国有控股企业为 491.5 亿元、内资非国有企业为 3961.0 亿元、港澳台商及外商企业为 230.5 亿元，分别占比 10.5%、84.6% 和 4.9%，如图 8 所示。

③利润总额。2019 年全国大米加工企业实现利润总额 120.9 亿元，产品收入利润率为 2.6%，其中国有及国有控股企业为 6.6 亿元、内资非国有企业为 108.2 亿元、港澳台商及

外商企业为 6.1 亿元，分别占比 5.5%、89.5% 和 5.0%，如图 9 所示。

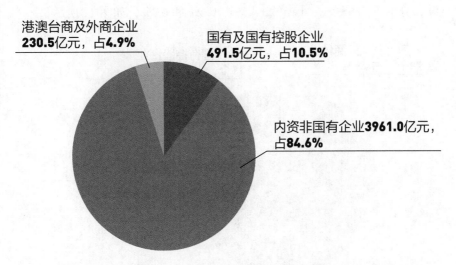

图8 2019年大米加工企业产品销售收入按不同经济类型划分比例图

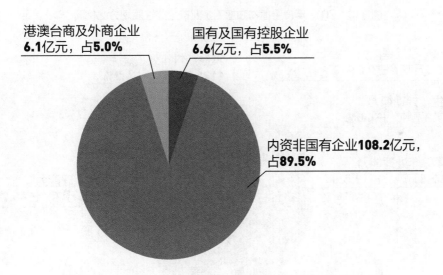

图9 2019年大米加工企业利润总额按不同经济类型划分比例图

3. 食用植物油加工业

（1）企业数及按企业性质划分情况 2019 年，我国规模以上的入统食用植物油加工企业 1604 个，其中国有及国有控股企业 121 个、内资非国有企业 1405 个、港澳台商及外商企业 78 个，分别占比为 7.5%、87.6% 和 4.9%，如图 10 所示。

（2）食用植物油加工能力及产品产量 2019 年食用植物油加工企业的油料年处理能力为 16862.8 万吨，其中大豆处理能力为 11586.5 万吨、油菜籽的处理能力为 3287.8 万吨、花生处理能力为 757.2 万吨、葵花籽处理能力为 109.6 万吨，其他油料处理能力为 1121.7 万吨，分别占比 68.7%、19.5%、4.5%、0.6% 和 6.7%，如图 11 所示。

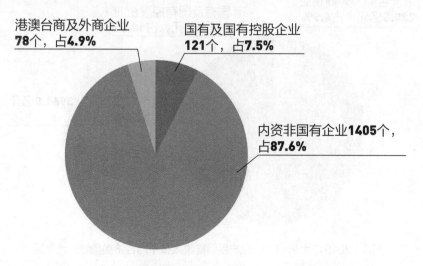

港澳台商及外商企业 **78**个，占**4.9%**

国有及国有控股企业 **121**个，占**7.5%**

内资非国有企业**1405**个，占**87.6%**

图10　2019年食用植物油加工企业按企业性质划分比例图

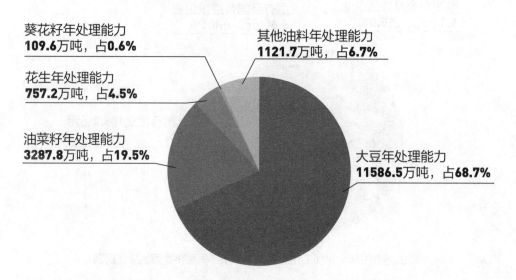

葵花籽年处理能力 **109.6**万吨，占**0.6%**

其他油料年处理能力 **1121.7**万吨，占**6.7%**

花生年处理能力 **757.2**万吨，占**4.5%**

油菜籽年处理能力 **3287.8**万吨，占**19.5%**

大豆年处理能力 **11586.5**万吨，占**68.7%**

图11　2019年食用植物油加工企业油料年处理能力按不同原料划分比例图

2019 年食用植物油加工企业油脂精炼能力合计为 6515.0 万吨，其中大豆油精炼能力为 3196.9 万吨、菜籽油精炼能力为 1849.7 万吨、棕榈油精炼能力为 613.2 万吨、其他原油精炼能力为 855.2 万吨，分别占比为 49.1%、28.4%、9.4% 和 13.1%（图 12）。

2019 年食用植物油加工企业处理油料合计为 8327.1 万吨，其中大豆为 7531.0 万吨、油菜籽 450.6 万吨、花生 215.8 万吨，葵花籽 1.9 万吨、芝麻 53.2 万吨、其他油料 74.6 万吨（注：这是入统企业的加工量，其中作者认为花生及葵花籽的处理量实在是太少了）；产能利用率为49.4%。

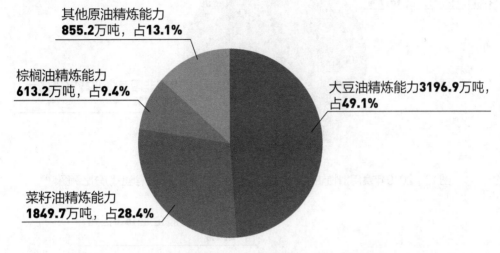

图12　2019年食用植物油加工企业油脂精炼能力按不同油品划分比例图

2019年我国入统油脂加工企业生产的各类食用植物油合计为1871.9万吨，其中大豆油为1413.6万吨、菜籽油164.4万吨、花生油67.4万吨、其他食用植物油为226.5万吨（注：统计资料中没有此项数据，为了平衡是作者推算出来的；另外，菜籽油和花生油的数量偏低了，因为鲁花集团一家生产的花生油就已超过了67.4万吨）。

（3）食用植物油加工企业主要经济指标情况

①工业总产值。2019年全国食用油加工企业实现工业总产值5661.6亿元，其中，国有及国有控股企业879.7亿元、内资非国有企业2833.4亿元，港澳台商及外商企业1948.5亿元，分别占比为15.6%、50.0%和34.4%。

②产品销售收入。2019年全国食用植物油加工企业实现产品销售收入6248.8亿元，其中国有及国有控股企业1023.6亿元、内资非国有企业2994.1亿元、港澳台商及外商企业2231.1亿元，分别占比16.4%、47.9%和35.7%，如图13所示。

③利润总额。2019年全国食用植物油加工企业实现利润总额123.2亿元，产品收入利润率为2.0%，其中国有及国有控股企业-5.5亿元、内资非国有企业72.8亿元、港澳台商及外商企业55.9亿元，分别占比-4.5%、59.1%和45.4%，如图14所示。

（三）其他成品粮加工企业的简要情况

从统计资料上看，其他成品粮加工企业是指除小麦粉和大米加工以外的粮食加工企

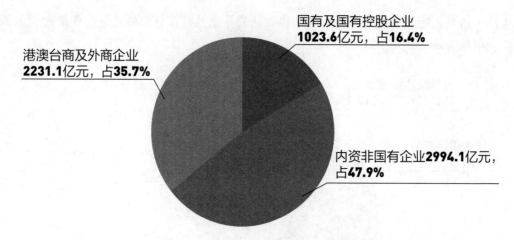

图13　2019年食用植物油加工企业产品销售收入按不同经济类型划分比例图

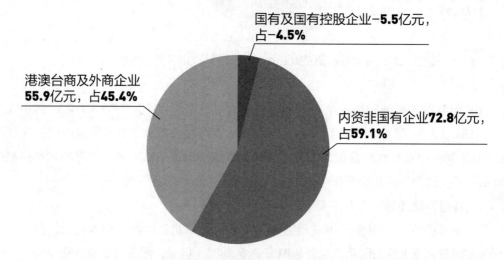

图14　2019年食用植物油加工企业利润总额按不同经济类型划分比例图

业，诸如玉米面和玉米渣加工、成品杂粮及杂粮粉加工、大麦加工、谷子加工、其他谷物加工及薯类加工。其情况简要介绍如下。

1.企业数量

2019年其他成品粮加工企业594个，其中国有及国有控股企业29个、内资非国有企业559个、港澳台商及外商企业6个，分别占比为4.9%、94.1%和1.0%。

2.产品产量

2019年其他成品粮加工企业生产的产品产量分别为：玉米面和玉米渣72.0万吨、成品杂粮及杂粮粉 14.5 万吨、大麦 0.1 万吨、高粱 0.5 万吨、谷子 4.8 万吨、其他谷物 7.5 万吨、薯类折粮 0.6 万吨。

3. 主要经济指标

2019 年全国其他成品粮加工企业实现工业总产值 248.7 亿元，其中国有及国有控股企业 0.8 亿元，内资非国有企业 225.0 亿元，港澳台商及外商企业 22.9 元。实现产品销售收入 214.1 亿元，其中国有及国有控股企业 7.4 亿元，内资非国有企业 182.5 亿元、港澳台商及外商企业 24.2 亿元。实现利润总额 7.9 亿元，其中国有及国有控股企业 0.1 亿元，内资非国有企业 5.5 亿元，港澳台商及外商企业 2.4 亿元。

（四）粮油食品加工企业主食品生产情况

1. 主食品生产能力

2019 年全国主食品年生产能力为：1733.9 万吨，其中馒头年生产能力为 68.2 万吨、挂面年生产能力为 597.1 万吨、鲜湿面年生产能力为 15.6 万吨、方便面年生产能力为 326.3 万吨、方便米饭年生产能力为 22.3 万吨、米粉（线）年生产能力为 119.3 万吨，速冻米面制主食品年生产能力为 275.6 万吨。

2. 主食品产品产量

2019 年全国粮油食品加工企业生产各类主食品产量合计为 853.9 万吨，其中馒头 30.7 万吨、挂面 378.5 万吨、鲜湿面 8.6 万吨、方便面 120.9 万吨、方便米饭 14.8 万吨、米粉（线）71.8 万吨、速冻米面制主食品 161.8 万吨。

（五）粮油机械制造企业简要情况

1. 企业数量

2019 年全国粮油机械制造企业 173 个，其中国有及国有控股企业 11 个、内资非国有企业 156 个、港澳台商及外资企业 6 个。

2. 产品产量

2019 年全国粮油机械制造企业制造的产品总数为 681123 台（套），其中小麦粉加工主机 16643 台（套）、大米加工主机 117082 台（套）、油脂加工主机 13364 台（套）、饲料加工主机 28442 台（套）、仓储设备 151530 台（套）、通用设备 164503 台（套）、粮油检测仪器 17879 台（套）、其他设备 171680 台（套）。

3. 主要经济指标

2019 年全国粮油机械制造企业实现工业总产值 254.6 亿元，其中国有及国有控股企业 3.5 亿元、内资非国有企业 238.1 亿元、港澳台商及外商企业 13.1 亿元。

2019 年实现产品销售收入 241.7 亿元，其中国有及国有控股企业为 2.9 亿元、内资非国有企业为 225.3 亿元、港澳台商及外商企业为 13.4 亿元。

实现利润总额为 20.6 亿元，产品收入利润为 8.5%，其中国有及国有控股企业 0.2 亿元、内资非国有企业 19.3 亿元、港澳台商及外商企业 1.2 亿元。

（六）其他有关情况

1. 粮食行业从业人员情况

2019 年年末全国粮食行业从业人员总数为 194.15 万人，其中行政机关 7.64 万人、事业单位 3.46 万人、各类涉粮企业 183.05 万人（其中国有及国有控股企业 49.17 万人、非国有企业 115.78 万人）。

在涉粮企业从业人员 183.05 万人中，粮油收储企业从业人员 52.62 万人（占总人数的 28.7%）；成品粮油加工企业从业人员 43.39 万人（占 23.7%）；粮油食品企业从业人员 46.04 万人（占 25.2%）；粮食深加工企业从业人员 13.63 万人（占 7.4%）；饲料加工企业从业人员 24.82 万人（占 13.6%）；粮油机械制造企业从业人员 2.31 万人（占 1.3%）。

在全国粮食行业从业人员 194.15 万人中，专业技术人员 22.20 万人（占 11.4%）；工人 115.46 万人（占 59.5%）。在 22.20 万专业技术人员中，高级职称 1.37 万人（占 6.2%）；正高级职称 4042 人（占 1.8%）；中级职称 5.92 万人（占 26.7%）。在工人中，技术工人 39.2 万人（占 34.0%）；高级技师 7789 人（占技术工人的 2.0%）。

2. 粮油科技统计情况

2019 年粮食行业共报送粮油科技项目 1433 个，与上年相比增加了 151 个。当年粮油科技经费投入 30.06 亿元，从入统项目的技术领域看，加工类科研项目 671 个，占项目总数的 46.5%，依然是粮食科研领域的重点；其次是储藏类项目 215 个、粮食宏观调控及信息化项目 49 个、粮油检测及质量安全项目 53 个。

2019 年在粮食行业报送的 1433 个项目组成中，按项目类别划分为：支撑项目 8 个、公益专项 4 个、农转项目 5 个、国际合作专项 1 个、国家自然科学基金项目 39 个、高技术产业化项目 11 个、地方科技项目 245 个、单位自主研发项目 591 个、横向委托研究项目 204 个、其他 325 个。

上述项目的审批部门有：中华人民共和国科学技术部、国家发展和改革委员会、国家粮食和物资储备局、国家自然科学基金委员会、中华人民共和国农业农村部、地方财政及其他。

（七）两点说明

第一点，本资料的来源是国家粮食和物资储备局粮食储备司 2020 年 8 月汇编的《2019 年粮食行业统计资料》。其中的各项数据是各个上报的入统涉粮企业数字的汇总。由于不是全社会的统计数字，所以大部分数据与全社会实际情况有一定的差距，例如企业数、产能、产量等。

以食用植物油加工业为例，统计材料中，2019 年油料处理能力为 16862.8 万吨、全年处理油料合计为 8327.1 万吨，这与我们油脂界常用的全国油料处理能力约为 2.5 亿吨相比存在约 1/3 的差距。与此同时，2019 年我国进口各类油料合计为 9330.8 万吨，我国国产油料产量为 6570.4 万吨（含油茶籽），其中约有 4000 万吨用于制油，连同进口油料全年需要处理的油料约为 1.3 亿吨，所以统计中的油料处理量约占实际处理量的 2/3，也有接近 1/3 的差距。

另外，小麦粉加工和大米加工也一样。2019 年我国生产小麦粉为 13360 万吨，进口小麦粉 349 万吨，合计为 13709 万吨，而统计资料中，当年只处理小麦粉 9756.3 万吨；2019 年我国稻谷产量为 20961 万吨，统计资料中，当年处理稻谷为 11213.1 万吨，与实际处理有 30% 左右的差距。对此，我建议在使用这些数据时，要适当加以分析。但我认为，上述资料都是我们业内可以分析使用的权威统计数字。

第二点，在这份资料中出现的有关百分比和图表均是我计算和绘制的；为阅读时更加顺畅，对个别地方的数字，我做了推算与补充，有的做了一些注解等。对此做法如果产生差错，均由本人负责，不当之处，敬请批评指正。

二十一、粮油食品大有作为

——在"武汉轻工大学接受食品学院研究生党支部采访时"的讲话

（2021 年 7 月 15 日　于湖北武汉）

很高兴再次来到武汉轻工大学，应食品学院王宏光书记的邀请，我就食品学院研究生党支部提出的三个采访问题做一些介绍。在回答大家提出的问题之前，我要说明的是，我一辈子从事粮油科技和粮油工业的管理工作，与粮油加工行业结下了深厚的感情。在近六十年的工作生涯中，我深感粮油加工行业是食品行业最重要的基础行业，可以这样说："没有粮油行业，就没有食品行业"。所以我将同学们提的"食品行业"的发展问题改为"粮油加工行业"的发展问题，这样可能更切合大家所学的专业和将来从事的工作。

（一）如何从十四五规划中看粮油加工行业的发展趋势？

根据中国共产党十九届五中全会审议通过的《中共中央关于制定国民经济和社会发展第十四个五年规划和二〇三五年远景目标的建议》，现在全国各行各业都在总结完成"十三五"发展规划经验的基础上，科学制定本行业的第十四个五年规划。《粮油加工业"十四五"发展规划》会不会像以前一样单独制定？大概什么时候能发布还不太清楚。

不管如何，我认为，我们粮油加工业必须认真贯彻党的十九届五中全会、中央经济工作会议和中央农村工作会议精神，坚定不移贯彻创新、协调、绿色、开放、共享的新发展理念，坚持稳中求进工作总基调，以推动高质量发展为主题，以深化供给侧结构性改革为主线，以改革创新为根本动力，以满足人民日益增长的美好生活需要为根本目的等指导思想。要紧紧围绕国家粮食安全战略、食品安全战略、"健康中国"战略和中国制造 2025 战略创新发展，有所作为，做出新贡献。对此，粮油加工业在新时代、新征程中，要在以下几个方面多做工作，取得成效。

1. 以科技创新驱动，推进粮油加工业的高质量发展

党的十九届五中全会和中央经济工作会议都反复强调要以改革创新为根本动力，强化

科技战略支撑，要求各行各业都要以科技创新驱动，推动行业的高质量发展。对此，我们粮油加工行业也不能例外，要在总结过去经验，尤其是总结依靠科技创新发展粮油加工业经验的基础上，在未来的行业发展中，要更加注重科技、更加注重人才、更加注重科技投入、更加注重企业与院校和科研院所的联合，以执着专注、精益求精、一丝不苟、追求卓越的工匠精神，攻克粮油科技中的工程技术难题和前沿科学问题，不断改进工艺、改进装备、创新品牌、提质增效，实现粮油加工业在新征程中的高质量发展。

这里需要指出的是，在依靠科技创新推动粮油加工业的高质量发展方面，我们还存在许多短板，需要我们努力补上，其中研发投入不足，是我们的最大短板，必须千方百计加大粮油行业的科技研发投入。

2. 深入推进粮油加工业的供给侧结构性改革，增加适销对路的优质粮油产品的供给

党的十九届五中全会和中央经济工作会议指出，要"以深化供给侧结构性改革为主线，以改革创新为根本动力，以满足人民日益增长的美好生活需要为根本目的"，这为我们粮油加工业做好今年乃至今后的工作指明了方向。为此粮油加工业要优化和调整产品结构，继续大力推进优粮优产、优粮优购、优粮优储、优粮优加、优粮优销的"五优联动"，加快"优质粮食工程"建设，增加适销对路的优质粮油产品的供给；为适应城乡居民膳食结构及营养健康水平不断提高的需要，要增加满足不同人群需要的优质化、多样化、个性化、定制化粮油产品的供给；要实施"中国好粮油"行动，增加优质米、食品专用米、专用粉、专用油和营养功能性新粮油产品以及绿色有机等"中国好粮油"产品的供给；要大力发展全谷物产品，增加糙米、全麦粉、特种油脂、杂粮、杂豆和薯类及其制品等优质营养健康的中高端新产品的供给；要提升产品品质，提高名、特、优、新产品的比例，充分挖掘并发挥著名品牌、"老字号"和具有地方特色产品的品牌效应，为"健康中国"建设，为人民过上美好生活做出应有的贡献。

3. 为国家粮食安全做出贡献

"民以食为天"，粮油产品与人民生活息息相关，与人民身体健康和经济社会发展有着密切关系，是国家自强、民族自立、民生保障的重要战略物资，是事关百姓福祉、社稷安危的特殊重要商品。

我国党和政府历来高度重视粮食安全，尤其是党的十八大以来，以习近平同志为核心的党中央高度重视粮食安全，发表了一系列的重要指示。习近平总书记谆谆告诫我们"手中有粮，心中不慌""保障粮食安全，对中国来说是永恒的课题，任何时候都不能放松"。

对此，我们每一个粮食人，任何时候都要为国家绷紧粮食安全这根弦，坚守国家粮食安全底线。

为确保国家粮食安全，构建反食品浪费长效机制，2020 年 12 月 22 日，《中华人民共和国反食品浪费法（草案）》已提请全国人民代表大会常务委员会审议，有望不久将公布实施。对此，我们粮油加工企业应该在以下几个方面主动作为，为国家粮食安全做出新的贡献。

（1）要继续倡导并认真实施粮油适度加工　粮油加工产品要纠正片面追求"过精、过细、过白和油色过淡"等倾向，提倡适度加工。通过适度加工，防止营养成分的过多流失，最大程度地保存粮油原料中固有营养成分和防范有害物质的产生；要防止出品率的大幅下降，减少粮油损失，提高可食资源利用率；要鼓励生产和消费免抛光或少抛光大米和油色金黄的食用油等适度加工产品。

（2）要提高粮油加工的出品率，提高可食资源的利用率　提高纯度，严格控制精度，千方百计提高出品率，提高可食资源的利用率等历来是粮油加工行业的重要方略。但近年来，对提高出品率强调得少了，造成了过度加工现象愈演愈烈和出品率的大幅下降等可食粮油资源损失严重。从大米和小麦粉加工业的出品率看，按《2019 年粮食行业统计资料》计算分析，小麦粉加工业的平均出粉率为 71.5%（不含全麦粉）、大米加工业的平均出米率为 64.7%（其中早籼稻的出米率为 64.7%、中晚籼稻的出米率为 63.5%、粳稻的出米率为 66.1%），这与 1980 年全国小麦粉加工的平均出粉率为 83.2%、1985 年平均出粉率为 78.7%，以及大米加工业的平均出米率在 70% 左右，相差甚远。

如果通过适度加工将小麦和稻谷的出品率分别提高三个百分点，按我国每年小麦和稻谷的加工总量约为 33000 万吨计算，即能增加成品小麦粉和大米 990 万吨，可以供给约 5500 万人一年的口粮（按人均年消费成品粮食 180 千克计算）。由此可见，倡导并认真实施适度加工，提高出品率，对国家粮食安全有着多么重要的意义。

（3）要进一步重视资源的综合利用　粮油加工企业在生产米、面、油产品的同时，还生产出大量的副产物，诸如稻谷加工中生产出的稻壳、米糠和碎米；小麦加工中生产出的麸皮、小麦胚芽和次粉；油料加工中生产出的皮壳、饼粕、油脚和馏出物等，这些副产物都是宝贵的资源。根据统计资料记载，我国规模以上的粮油加工企业生产出的主要副产物有米糠约 1400 万吨、碎米 600 万吨、稻壳和皮壳 3000 万吨、小麦麸皮 3000 万吨、小麦胚芽 20 万吨、饼粕近亿吨等，充分利用这些宝贵资源，可以为国家节约和增产十分可观的粮油，为国家粮食安全做出贡献。

对这些宝贵资源的利用，当前的重点仍应放在大力推广米糠、玉米胚芽和小麦胚芽的集中制油上；放在提高碎米、次粉和麸皮等可食利用上；放在植物蛋白资源的充分利用上，作为"十四五"乃至今后相当长时期内粮油加工业发展的重点任务。

（4）要科学制修订好粮油质量标准　今后在制修订有关粮油国家标准、行业标准、地方标准和团体标准时，应当将防止食品浪费作为重要考虑因素，要在保证粮油安全的前提下，最大程度防止和减少浪费。根据这一精神，今后对大米的含碎率、光洁度；对小麦粉的白度、含麸率；对食用植物油的色值、酸价等质量指标应该有所调整，以引领粮油加工业贯彻落实适度加工。

（5）要倡导科学消费、理性消费、健康消费　我国餐饮浪费现象触目惊心，令人痛心。以食用植物油为例，2020 年，我国人均食用油的消费量已达 29.1 千克，超过了 2020 年世界人均食用油 26.7 千克的水平，远超我国居民膳食指南中成人每天推荐摄入 25~30 克的用量。为此要广泛向百姓进行科普教育，既要让百姓知道油脂是人们一日三餐中不可缺乏的食物，科学合理使用有利于身体健康，又要让百姓知道，油吃多了人会发胖，会产生诸如高血压、高脂血症、动脉硬化等各种健康问题，从而让百姓都懂得油不是吃得越多越好。

通过科学消费、理性消费、健康消费尽快遏制我国食用油消费不断增长的势头。与此同时，要认真贯彻习近平总书记关于对餐饮浪费行为的重要批示，配合餐饮等有关行业，在全社会积极宣传要树立文明、健康、绿色、环保的生活方式，倡导健康消费、节约消费，通过改变生活和烹饪方式，减少油炸食品、水煮鱼、火锅等用油数量，以利身体健康，减少浪费。

（6）要完成好粮油产品的应急加工任务　据 2020 年 8 月国家粮食和物资储备局粮食储备司编制的《2019 年粮食行业统计资料》介绍，2019 年全国规模以上成品粮油加工企业 14531 家，其中拥有省、市、县级粮油应急加工任务的企业 4078 家，占企业数的 28.1%。

2019 年共接受应急加工任务为小麦粉 4932.9 万吨、大米 4074.4 万吨、食用植物油 624.0 万吨、精炼食用植物油 1423.4 万吨，这是一个不小的数字。为把粮油应急加工任务完成好，一是拥有应急加工任务的企业要珍惜有关粮食部门对企业的信任，珍惜这一来之不易的光荣任务并保证不折不扣地完成好这一任务；二要高度重视，高质量完成应急加工任务中下达的数量、质量和品种要求；三要精心保藏，严格按要求轮换，以确保应急加工的粮油产品在一声令下，高品质、调得出、用得上，确保国家在突发公共事件时的粮油市场供应。

4. 继续大力发展粮油主食品工业化生产

粮油加工企业发展主食品生产，主要是指发展米面食品。我们通常说的米面主食品是以大米、小麦粉和杂粮为主要原料制成的各类食品，诸如以大米为主要原料生产的方便米饭、方便粥、米粉（米线）、米糕和汤圆等；以小麦粉为主要原料生产的馒头、挂面、鲜湿面条、饺子、馄饨和速冻面团制品等；以及用杂粮与大米、小麦粉搭配为主要原料生产出的上述类似主食品。这些主食品有的可以直接食用，有的只要稍微加工即能食用，是适合中国百姓传统饮食习惯、饮食文化和符合城乡居民生活节奏加快的粮食制成品。

为方便百姓生活，逐步做到家务劳动社会化，国家对发展米面主食品的生产高度重视，把发展主食品工业化生产列入了"十二五""十三五"全国粮油加工业的发展规划之中。为推进粮油主食品工业化生产，原国家粮食局还专门召开了会议，印发了一系列文件，部署和推动了粮油主食品工业化生产。

粮油主食品是深受百姓喜爱的方便粮油制成品，尤其是在去年抗疫最严峻的时期，成为百姓居家抗疫的重要生活必需品，挂面、米粉、自热米饭、速冻饺子、速冻馄饨等产品需求旺盛，供不应求。

为满足百姓生活的需要，"十四五"期间，粮油加工企业仍然要继续大力发展粮油主食品生产，要把发展粮油主食品工业生产看作是推进供给侧结构性改革和"调结构、转方式"的重要举措；看作是粮油加工业向精深加工延伸，方便百姓、企业增效的有效途径，要持之以恒的大力发展。

5. 把节能减排，实行绿色生产作为企业发展的永恒主题

节能减排，实行绿色生产，降低碳排量，挽救地球家园，保护人类生存环境，已成为世界各国的共同任务和奋斗目标。我国党和政府高度重视，积极参与国际社会应对全球气候变化挑战，提出了绿色发展观念，指出要"推进绿色发展，促进人与自然和谐共生"，并将"做好碳达峰、碳中和工作"作为今年要抓好的八大重点任务之一。国家主席习近平在去年年底召开的第75届联合国大会一般性辩论上向世界宣布："中国将提高国家自主贡献力度，争取更加有力的政策和措施，二氧化碳排放力争于2030年前达到峰值，努力争取2060年前实现碳中和"。这一重大宣示，彰显出了中国的大国担当和促进全球能源可持续发展、应对气候变化挑战、建设清洁美丽世界的中国决心。

根据国家节能减排的总要求，粮油加工业要进一步提高对节能减排重要意义的认识，要把节能减排作为建设资源节约型、环境友好型社会的最佳选择；作为推进企业结构调整、转型升级、寻找新的经济增长点的必由之路；作为实行绿色生产、清洁生产、文明生产，维护中华民族长远利益的必然要求。要在提高认识的基础上，把节能减排，绿色生产落到实处。要把重点放在节电、节煤、节气、节水上；放在减少废水、废气、废渣、废物等产生和排放上，并要按照循环经济的理念，千方百计采取措施对其加以利用和处置，实现污染物的零排放；放在积极选用清洁能源、清洁溶剂、清洁辅料、清洁包装器材上，并严格按国家有关新限塑令要求，改进包装用材，防止污染环境；放在绿色加工体系的建立上，要以绿色园区、绿色加工、绿色产品、绿色包装为重点，建立粮油产品产业供应链，

要防止粮油产品的过度包装，以免加大产品成本，浪费资源和污染环境。

总之，我们要把节能减排和实行绿色生产作为粮油加工业发展的永恒主题，必须长期坚持下去，以助力清洁美丽中国建设。

6. 以安全为重点，确保粮油产品的质量安全和生产经营安全，做到两个万无一失

以习近平同志为核心的党中央反复强调："要以人民为中心"；要"增加人民群众获得感、幸福感、安全感"；要"让百姓吃得放心、穿得称心、用得舒心"；要"下更大气力抓好食品药品安全、安全生产和交通安全"。

2020年中央经济工作会议指出："要抓好发展和安全两件大事，有效防范化解各类经济社会风险，高度重视安全生产和防灾减灾工作，坚决防范重特大事故发生"。为贯彻中央精神，国家粮食和物资储备局曾提出"粮食生产经营企业要坚持安全第一，坚决克服'重发展，轻安全'的倾向"。

按照上述精神和要求，粮油加工企业必须以安全为重点，务必做到生产经营安全和粮油产品质量安全，确保两个万无一失。

人命关天，安全生产重如泰山！为此粮油加工企业，尤其是食用植物油加工企业要在总结经验教训的基础上，始终把安全生产放在生产经营的第一位，坚决克服"重发展，轻安全"的倾向；要始终绷紧安全生产这根弦，紧抓落实安全生产责任制；要紧盯严防，不断排查整治各种隐患，确保安全生产万无一失。

为让百姓吃得放心，吃得营养健康，粮油加工企业要坚守食品安全底线，把食品质量安全放在第一位；要严格按标准，组织生产，道道把关；要完善原料采购、检验、在线检测和成品粮油的质量检验，建立覆盖生产经营全过程的粮油质量安全信息追溯体系，确保粮油产品质量安全万无一失。

7. 关注和重视数字经济，顺应时代发展

中央经济工作会议指出，"要大力发展数字经济"。当今世界，科技进步日新月异，以大数据、云计算、互联网、物联网、人工智能等为代表的信息技术迅猛发展，数字经济已成为未来社会新一轮科技革命和产业变革的主要标志，并将成为引领全球经济社会变革，推动我国经济高质量发展的重要引擎。

在数字经济时代下，我国粮油加工业从生产到销售整个产业链的技术发展模式也在发生深刻变革。当前，粮油加工业从生产、包装、储藏、物流、营销、市场等各个环节，都已开始呈互联网化。粮油产品通过互联网线上配送销售，送货到家，深受广大用户的欢迎。在数字经济的机动下，数字货币、数字钱包、数字支付、数字医疗、数字展厅、数字服务、数字技能、数字文化等已日趋完善，这充分表明，我国相关行业对发展数字经济的

高度重视和创新作为。对此，我们粮油加工业要关注和重视数字经济的发展，积极融入并应用数字技术催生出的新产业、新业态和新模式，推动粮油加工业的转型升级、提高效率、提升效益和高质量发展。

8. 争当全球粮油机械制造业的领跑者

我国的粮油机械制造业是随着我国粮油加工业的发展应运而生的。我常说，我国粮油加工业的发展促进了粮油机械制造业的发展，反之，粮油机械制造业的发展又保证了我国粮油加工业的迅速健康发展。实践证明，粮油机械制造业的发展水平集中体现了我国粮油加工业的发展水平。回顾历史，我国粮油机械制造业自20世纪50年代末起，经历了从无到有、从小到大、从弱到强，从跟跑、并跑到跨入领跑的发展过程。

半个多世纪来，在全国粮油科技和粮油加工业战线上几代人的辛勤劳动下，已经把我国建成全球制造能力和产量最大、产品门类齐全、设备性能先进可靠的粮油机械制造大国，粮油机械产品不仅满足了我国现代粮油加工业发展的需要，同时远销国外，深受广大用户欢迎。

改革开放以来，尤其是进入21世纪以来，我国粮油机械制造业在国家政策的推动下和科技创新的驱动下，加大了自主创新力度，结合智能制造、产品开发、节能环保和适度加工技术等进行集成开发和系统创新，进一步提高了我国粮油机械装备的水平，并在许多领域的各项经济技术指标处于领先地位，跨入了领跑者的行列，涌现出了一批有代表性的著名粮油机械制造企业。

现在，我国已开启全面建设社会主义现代化国家的新征程，为顺应时代发展的需要，粮油机械制造业要瞄准世界粮油加工业发展中的热点、难点问题，瞄准与国际粮油机械制造业存在的差距，按照中国制造2025战略要求，通过进一步强化创新驱动，争取到2025年将我国粮油机械制造水平全面达到国际先进水平，成为全球粮油机械制造业的领跑者。为此，粮油机械制造业要继续以专业化、大型化、成套化、智能化、绿色环保、安全卫生、节能减排、节料减损为导向，发展高效型大米、小麦粉、食用植物油、杂粮、薯类、特色粮油原料以及主食品工业化生产等加工装备；要进一步加强新工艺、新材料、新设备的研发与应用，以提高粮油加工业的效率和效益；要下大力加快粮油机械制造业向数字化、智能化方向发展，通过智能制造，为粮油加工业建造智慧工厂提供精良装备，实现数据管理精准化、运行状态可视化、生产过程智能化，对设备运行状况在线监测、远程控制及能效管理，达到保障安全、提质增效的目的；要有远大目标，要在满足国内需要的同时，更多地制造出适合于不同地区、不同国家需要的粮油机械制造装备，以满足国际市场的需要。

9. 进一步对外开放，实施"走出去"战略

习近平总书记强调："在整个社会主义现代化进程中，我们都要高举改革开放的旗帜，决不能丝毫动摇"。党的十九届五中全会提出要"实行高水平对外开放，开拓合作共赢新局面，坚持实施更大范围、更宽领域、更深层次对外开放，依托我国大市场优势，促进国际合作，实现互利共赢"。为此，粮油加工业要认真按照习近平总书记的指示精神，继续解放思想，进一步利用好外资，扩大对外开放。我们要认真总结我国改革开放以来，外资企业、中外合资企业进入粮油加工业和粮油机械制造业取得的成功经验，尤其是要总结学习外资粮油加工企业、中外合资粮油机械制造企业在生产、经营、管理和产品、技术开发等方面的成功经验。实践证明，我国粮油加工业的快速持续发展，很大程度上得益于我国的对外开放政策。

习近平总书记4年前提出的"中国方案"——构建人类命运共同体，实现共赢共享，并积极付诸实施的大国担当，深受世界绝大多数国家的赞扬。为助力构建人类命运共同体和共建"一带一路"，粮油加工企业要放眼世界、走出国门，实施"走出去"战略；要积极推进并支持有条件的粮油加工企业集团加强与"一带一路"沿线国家在粮油贸易、粮油加工以及粮油机械装备出口等领域的合作；要支持在农业生产、加工仓储和港口等环节开展跨国全产业链布局，逐步建立境外粮油生产、加工、产销储运基地，通过"走出去"，造福当地百姓，并培育一批具有国际竞争力的跨国粮油加工企业集团。

（二）食品专业的研究生党员该如何发挥专业特长，响应国家号召，为粮油行业的发展做出相应贡献？

俗话说，"民以食为天""食以安为先"，这充分表明粮油食品的数量安全和质量安全都是"天大"的事。粮食安全是国家安全的重要组成部分，粮油质量安全是助力健康中国建设的重要组成部分，是人民过上美好生活的重要体现。现在，党和国家把这"天大"的事交给了我们"粮食人"，这是对我们从事生产、经营、管理、教育、科研的"粮食人"的最大信任，我们"粮食人"能把这"天大"的事担当起来感到无比光荣和责任的重大。

尤其是在新时代，随着我国人民生活水平的进一步提高，百姓对粮油食品的要求不仅是吃得放心、吃得安全，还要吃得好，吃得营养与健康。在庆祝中国共产党成立100周年大会上，习近平总书记代表党中央号召全体中国共产党党员要"继续为实现人民对美好生活的向往不懈努力"；2018年李克强总理对粮食行业作出了关于建设粮食产业强国的重要批示；国家粮食和物资储备局提出要实施"优质粮食工程"建设，开展"中国好粮油"行动计划。为出色做好这"天大"的事，需要我们"粮食人"不断深化改革，锐意进取，更

加埋头苦干实干；需要我们更加注重科技，注重创新发展；需要我们加快培养一大批高素质，高层次人才，尤其是青年领军人才，以引领粮油行业的高质量发展。

"未来属于青年，希望寄予青年"。习近平总书记在庆祝中国共产党成立 100 周年大会上发出号召："新时代的中国青年要以实现中华民族伟大复兴为己任，增强做中国人的志气、骨气、底气，不负时代，不负韶华，不负党和人民的殷切期望"！

我们武汉轻工大学食品学院的研究生们，尤其是党员研究生们，要牢记党和国家的口号，做到：爱中国、爱中国共产党、爱粮食行业，参加工作后要爱自己的工作岗位。要立志为国家、为党的事业、为粮食行业的发展，专一敬业、尽心尽责、脚踏实地、苦干实干、奋勇拼搏，贡献出自己毕生的精力。

当前要做到勤奋学习，刻苦学习，努力学好自己的专业知识；要刻苦钻研，勇于创新，善于创新；要善于思考，勤于动手，善于总结经验，努力成为有专业特长的青年科技高素质人才。

武汉轻工业大学食品学院的研究生们，为更加出色地完成好党和国家交给我们"粮食人"的"天大"重任，为了粮食行业的高质量发展，粮食行业需要你们，粮食行业的美好明天等待着你们！

（三）如何增强人民对粮油行业的信任感？

粮油行业，一头连着粮油的生产者农民，一头连着全国广大的消费者，中间连着众多的粮油储藏、加工、销售等企业，是人人关心、关注、关爱的行业。

在粮油供应匮乏，实行计划定量供应的短缺经济年代，粮油行业按照党和国家的要求，精心做好粮油的收购、储存、加工、调拨和计划供应工作，保证了全国人民的低水平粮油消费需要和身体健康，是百姓信得过的行业。

改革开放后，我国经济蒸蒸日上，人民生活水平快速提高，我国粮油资源极大丰富，粮油精深加工快速持续发展，以精米、精面、精油为代表的各类小包装米、面、油品牌产品在我们的大型商场、超市和便民连锁店琳琅满目，应有尽有，消费者可以自由选购。

为确保粮油产品的质量与安全关，一是把好粮油原料从收购、储存和加工等环节的质量关，严格防范和控制粮油原料中的农药残留、重金属和塑化剂等污染物、黄曲霉毒素和呕吐毒素等真菌毒素以及 3,4- 苯并芘等有害有毒物质污染，从源头上把好粮油产品的质量与安全关。二是严格按照标准组织生产，道道把关。严格控制辅料的质量与用量；通过适度加工，以最大程度保留粮油产品中的营养物质和防范、控制、除去粮油产品中的有害有毒物质。三是严格粮油产品的包装、运输、储存和销售。选用清洁、卫生、无污染的包装材料、器具和运输工具，防范对成品粮油造成二次污染；对成品粮油的储存采用充氮、低温、避光等方式，以防成品粮油在存放过程中的变质变味。四是完善从粮油采购、检验，在线检测和成品粮油的质量检验，建立覆盖生产经营全过程的质量安全信息追溯体系，严把"从田间到餐桌"的每一道防线。

通过践行上述严把措施，保证了粮油产品质量安全万无一失。现在，根据国家对粮油产品质量的不定期抽查结果，其合格率都在98%以上，充分表明，我国市场上的粮油产品的质量与安全是有保障的，百姓是可以放心食用的。尤其是执法部门加大对掺假等伪劣产品的打击力度，在不久的将来，一个风清气正的粮油市场很快就会呈现在我们面前。与此同时，我们粮油行业，在人民心目中的信任感将越来越高。

谢谢大家的聆听！

以上所言，如有不当之处，请批评指正。

二十二、粮油加工业在新时代要做好的几项工作

——在"青岛天祥食品集团有限公司 30 周年庆举办的 2021 年中国粮油高质量发展论坛及品牌建设高峰论坛"上的宣讲

（2021 年 8 月 8 日 于山东青岛）

今天是山东青岛天祥食品集团有限公司创建 30 周年的喜庆日子，借此机会，我们要向以于汉信董事长为代表的领导班子和全体员工在 30 年耕耘中取得的辉煌业绩表示最热烈的祝贺！

30 年前，于汉信董事长从接收一个不起眼的镇办小油厂开始，通过改制逐步组建成了青岛天祥食品集团有限公司。经过 30 年的艰苦创业和努力奋进，现已发展成为一家集农产品收购、储存、研发、加工、销售于一体的农业产业化国家重点龙头企业，成为以生产食用植物油为主，横跨生产面粉、挂面、调味品、蔬菜制品等多元化的集团化公司，并在全国设有 30 多个办事处，市场触角已达全国 20 多个省市区，进出口业务涵盖美国、加拿大、英国、俄罗斯、日本、韩国等 80 多个国家和地区。2020 年食用植物油产量达 30 万吨，面粉、挂面、调味品等产量达 15 万吨，全年销售收入达 37.1 亿元人民币。发展之快令人钦佩！

30 年来，青岛天祥食品集团有限公司在发展中始终坚守诚信守法经营；注重品牌建设，精心打造"良心、爱心、放心"的三心食品工程；重视创新开发，真诚与全国粮油食品行业的著名大学和研究院所开展深度产学研合作；积极担当社会责任，致力捐资助学、精准扶贫、向灾区献爱心，助力农民增收致富等，得到了社会各界的一致好评。青岛天祥食品集团有限公司荣获全国诚信守法企业、农业产业化国家重点龙头企业、全国放心粮油示范加工企业、国家高新技术企业、中国驰名商标、中国好粮油示范企业、青岛市百强企业等诸多荣誉，并连续多年被评为全国食用植物油加工"50 强"和全国花生油加工"10强"。青岛天祥食品集团有限公司 30 年来取得辉煌业绩的成功经验值得我们借鉴和学习。

根据论坛会的安排，我以《粮油加工业在新时代要做好的几项工作》为题发言，供参考。

根据党的十九届五中全会审议通过的《中共中央关于制定国民经济和社会发展第十四个五年规划和二○三五年远景目标的建议》，现在全国各行各业都在总结完成"十三五"

发展规划经验的基础上，科学制定本行业的第十四个五年规划。《粮油加工业"十四五"发展规划》会不会像以前一样单独制定？大概什么时候发布？还不太清楚。但不管如何，我认为，我们粮油加工业必须认真贯彻党的十九届五中全会、中央经济工作会议和中央农村工作会议精神，要紧紧围绕国家粮食安全战略、食品安全战略、"健康中国"战略和中国制造 2025 战略创新发展，有所作为，做出新贡献。对此，粮油加工业在新时代、新征程中，要在以下几个方面多做工作，取得成效。

（一）要以科技创新驱动，推进粮油加工业的高质量发展

党的十九届五中全会和中央经济工作会议都反复强调要以改革创新为根本动力，强化科技战略支撑，要求各行各业都要以科技创新驱动，推动行业的高质量发展。对此，我们粮油加工行业也不能例外，要在总结过去经验，尤其是总结依靠科技创新发展粮油加工业经验的基础上，在未来的行业发展中，要更加注重科技、更加注重人才、更加注重科技投入、更加注重企业与院校和科研院所的联合，以执着专注、精益求精、一丝不苟、追求卓越的工匠精神，攻克粮油科技中的工程技术难题和前沿科学问题，不断改进工艺、改进装备、创新品牌、提质增效，实现粮油加工业在新征程中的高质量发展。

这里需要提醒的是，在依靠科技创新推动粮油加工业的高质量发展方面，我们还存在许多短板，需要我们努力补上，其中研发投入不足，是我们的最大短板，必须千方百计加大粮油行业的科技研发投入。

（二）要深入推进粮油加工业的供给侧结构性改革，增加适销对路的优质粮油产品的供给

党的十九届五中全会和中央经济工作会议指出，要"以深化供给侧结构性改革为主线，以改革创新为根本动力，以满足人民日益增长的美好生活需要为根本目的"，这为我们粮油加工业做好今年乃至今后的工作指明了方向。为此，粮油加工业要优化和调整产品结构，继续大力推进优粮优产、优粮优购、优粮优储、优粮优加、优粮优销的"五优联动"，加快"优质粮食工程"建设，增加适销对路的优质粮油产品的供给；为适应城乡居民膳食结构及营养健康水平不断提高的需要，要增加满足不同人群需要的优质化、多样化、个性化、定制化粮油产品的供给；要实施"中国好粮油"行动，增加优质米、食品专用米、专用粉、专用油和营养功能性新粮油产品以及绿色有机等"中国好粮油"产品的供给；要大力发展全谷物产品，增加糙米、全麦粉、特种油脂、杂粮、杂豆和薯类及其制品等优质营养健康的中高端新产品的供给；要提升产品品质，提高名、特、优、新产品的比

例，充分挖掘并发挥著名品牌、"老字号"和具有地方特色产品的品牌效应，为"健康中国"建设，为人民过上美好生活做出应有的贡献。

（三）要为国家粮食安全做出贡献

民以食为天！粮油产品与人民生活息息相关，与人民身体健康和经济社会发展有着密切关系，是国家自强、民族自立、民生保障的重要战略物资，是事关百姓福祉，社稷安危的特殊重要商品。

我国党和政府历来高度重视粮食安全，尤其是党的十八大以来，以习近平同志为核心的党中央高度重视粮食安全，发表了一系列的重要指示。习近平总书记谆谆告诫我们"手中有粮，心中不慌""保障粮食安全，对中国来说是永恒的课题，任何时候都不能放松"。不久前，习近平总书记在《致国际粮食减损大会贺信》中指出："粮食安全是事关人类生存的根本问题，减少粮食损耗是保障粮食安全的重要途径"。

因此，我们每一个粮食人，任何时候都要为国家绷紧粮食安全这根弦，坚守国家粮食安全底线。

为确保国家粮食安全，构建反食品浪费长效机制，2021 年 4 月 29 日，《中华人民共和国反食品浪费法》已经第十三届全国人民代表大会常务委员会第二十八次会议通过。对此，我们粮油加工企业应该在以下几个方面主动作为，为国家粮食安全做出新的贡献。

1. 要继续倡导并认真实施粮油适度加工

粮油加工产品要纠正片面追求"过精、过细、过白和油色过淡"等倾向，提倡适度加工。通过适度加工，防止营养成分的过多流失，最大程度地保存粮油原料中固有营养成分和防范有害物质的产生；要防止出品率的大幅下降，减少粮油损失，提高可食资源利用率；要鼓励生产和消费全谷物产品、免抛光或少抛光大米和油色金黄的食用油等适度加工产品。

2. 要提高粮油加工的出品率，提高可食资源的利用率

提高纯度，严格控制精度，千方百计提高出品率，提高可食资源的利用率等历来是粮油加工行业的重要方略。但近年来，对提高出品率强调得少了，造成了过度加工现象愈演愈烈和出品率的大幅下降等可食粮油资源损失严重。从大米和小麦粉加工业的出品率看，按《2019 年粮食行业统计资料》计算分析，小麦粉加工业的平均出粉率为 71.5%（不含全麦粉）、大米加工业的平均出米率为 64.7%（其中早籼稻的出米率为 64.7%、中晚籼稻的出米率为 63.5%、粳稻的出米率为 66.1%），这与 1980 年全国小麦粉加工的平均出粉率为

83.2%、1985 年平均出粉率为 78.7%，以及大米加工业的平均出米率在 70% 左右，相差甚远。

如果通过适度加工将小麦和稻谷的出品率分别提高三个百分点，按我国每年小麦和稻谷的加工总量约为 33000 万吨计算，即能增加成品小麦粉和大米 990 万吨，可以供给约 5500 万人一年的口粮（按人均年消费成品粮食 180 千克计算）。由此可见，倡导并认真实施适度加工，提高出品率，对国家粮食安全有着多么重要的意义。

3. 要进一步重视资源的综合利用

粮油加工企业在生产米、面、油产品的同时，还生产出大量的副产物，诸如稻谷加工中生产出的稻壳、米糠和碎米；小麦加工中生产出的麸皮、小麦胚芽和次粉；油料加工中生产出的皮壳、饼粕、油脚和馏出物等，这些副产物都是宝贵的资源。根据统计资料记载，我国规模以上的粮油加工企业生产出的主要副产物有米糠约 1400 万吨、碎米 600 万吨、稻壳和皮壳 3000 万吨、小麦麸皮 3000 万吨、小麦胚芽 20 万吨、饼粕近亿吨等，充分利用这些宝贵资源，可以为国家节约和增产十分可观的粮油，为国家粮食安全做出贡献。

对这些宝贵资源的利用，当前的重点仍应放在大力推广米糠、玉米胚芽和小麦胚芽的集中制油上；放在提高碎米、次粉和麸皮等可食利用上；放在植物蛋白资源的充分利用上，要把积极发展生产植物蛋白粉、植物蛋白肽和人造肉等营养健康产品作为"十四五"乃至今后相当长时期内粮油加工业发展的重点任务。

4. 要科学制修订好粮油质量标准

今后在制修订有关粮油国家标准、行业标准、地方标准和团体标准时，应当将防止食品浪费作为重要考虑因素，要在保证粮油安全的前提下，最大程度防止浪费。根据这一精神，今后对大米的含碎率、光洁度；对小麦粉的白度、含麸率；对食用植物油的色值、酸价等质量指标应该有所调整，以引领粮油加工业贯彻适度加工并落到实处。

5. 要倡导科学消费、理性消费、健康消费

我国餐饮浪费现象触目惊心，令人痛心。以食用植物油为例，2020 年，我国人均食用油的消费量已达 29.1 千克，超过了 2020 年世界人均食用油 26.7 千克的水平，远超我国居民膳食指南中成人每天推荐摄入 25~30 克的用量。为此要广泛向百姓进行科普教育，既要让百姓知道油脂是人们一日三餐中不可缺乏的食物，科学合理使用有利于身体健康，又要让百姓知道，油吃多了人会发胖，会产生诸如高血压、高脂血症、动脉硬化等各种健康问题，从而让百姓都懂得油不是吃得越多越好。通过科学消费、理性消费、健康消费尽

快遏制我国食用油消费不断增长的势头。

与此同时，要认真贯彻习近平总书记关于对餐饮浪费行为的重要批示，配合餐饮等有关行业，在全社会积极宣传要树立文明、健康、绿色、环保的生活方式，倡导健康消费、节约消费，通过改变生活和烹饪方式，减少油炸食品、水煮鱼、火锅等用油数量，以利身体健康，减少浪费。

6. 要完成好粮油产品的应急加工任务

据 2020 年 8 月国家粮食和物资储备局粮食储备司编制的《2019 年粮食行业统计资料》介绍，2019 年全国规模以上成品粮油加工企业 14531 家，其中拥有省、市、县级粮油应急加工任务的企业 4078 家，占企业数的 28.1%。2019 年共接受应急加工任务为小麦粉 4932.9 万吨、大米 4074.4 万吨、食用植物油 624.0 万吨、精炼食用植物油 1423.4 万吨，这是一个不小的数字。

为把粮油应急加工任务完成好，一是拥有应急加工任务的企业要珍惜有关粮食部门对企业的信任，珍惜这一来之不易的光荣任务并保证不折不扣地完成好这一任务；二要高度重视，高质量完成应急加工任务中下达的数量、质量和品种要求；三要精心保藏，严格按要求轮换，以确保应急加工的粮油产品在一声令下，高品质、调得出、用得上，确保国家在突发公共事件时的粮油市场供应。

（四）要继续大力发展粮油主食品工业化生产

粮油加工企业发展主食品生产，主要是指发展米面食品。我们通常说的米面主食品是以大米、小麦粉和杂粮为主要原料制成的各类食品，诸如以大米为主要原料生产的方便米饭、方便粥、米粉（米线）、米糕和汤圆等；以小麦粉为主要原料生产的馒头、挂面、鲜湿面条、饺子、馄饨和速冻面团制品等；以及用杂粮与大米、小麦粉搭配为主要原料生产出的上述类似主食品。这些主食品有的可以直接食用，有的只要稍微加工即能食用，是适合中国百姓传统饮食习惯、饮食文化和符合城乡居民生活节奏加快的粮食制成品。

为方便百姓生活，逐步做到家务劳动社会化，国家对发展米面主食品的生产高度重视，把发展主食品工业化生产列入了"十二五""十三五"全国粮油加工业的发展规划之中。为推进粮油主食品工业化生产，原国家粮食局还专门召开了会议，印发了一系列文件，部署和推动了粮油主食品工业化生产。

粮油主食品是深受百姓喜爱的方便粮油制成品，尤其是在去年抗疫最严峻的时期，成为百姓居家抗疫的重要生活必需品，挂面、米粉、自热米饭、速冻饺子、速冻馄饨等产品需求旺盛，供不应求。

为满足百姓生活的需要，"十四五"期间，粮油加工企业仍然要继续大力发展粮油主食品生产，要把发展粮油主食品工业生产看作是推进供给侧结构性改革和"调结构、转方式"的重要举措；看作是粮油加工业向精深加工延伸，方便百姓、企业增效的有效途径，要持之以恒的大力发展。

（五）要把节能减排，实行绿色生产作为企业发展的永恒主题

节能减排，实行绿色生产，降低碳排量，挽救地球家园，保护人类生存环境，已成为有良知的世界各国的共同任务和奋斗目标。我国党和政府高度重视，积极参与国际社会应对全球气候变化挑战，提出了绿色发展理念，并将"做好碳达峰、碳中和工作"作为今年要抓好的八大重点任务之一。根据国家节能减排的总要求，粮油加工业要进一步提高对节能减排重要意义的认识，要把节能减排作为建设资源节约型、环境友好型社会的最佳选择；作为推进企业结构调整、转型升级、寻找新的经济增长点的必由之路；作为实行绿色生产、清洁生产、文明生产，维护中华民族长远利益的必然要求。

要在提高认识的基础上，把节能减排，绿色生产落到实处；要把重点放在节电、节煤、节气、节水上；放在减少废水、废气、废渣、废物产生和排放上，并要按照循环经济的理念，千方百计采取措施加以利用和处置，实现污染物的零排放；放在积极选用清洁能源、清洁溶剂、清洁辅料、清洁包装器材上，并严格按国家有关新限塑令要求，改进包装用材，防止污染环境；放在绿色加工体系的建立上，要以绿色园区、绿色加工、绿色产品、绿色包装为重点，建立粮油产品产业供应链，要防止粮油产品的过度包装，以免加大产品成本，浪费资源和污染环境。

总之，我们要把节能减排和实行绿色生产作为粮油加工业发展的永恒主题，必须长期坚持下去，以助力清洁美丽中国建设。

（六）要以安全为重点，确保粮油产品的质量安全和生产经营安全，做到两个万无一失

以习近平同志为核心的党中央反复强调："要以人民为中心"；要"增加人民群众获得感、幸福感、安全感"；要"让百姓吃得放心、穿得称心、用得舒心"；要"下更大气力抓好食品药品安全、安全生产和交通安全"。2020年中央经济工作会议指出："要抓好发展和安全两件大事，有效防范化解各类经济社会风险，高度重视安全生产和防灾减灾工作，坚决防范重特大事故发生"。为贯彻中央精神，国家粮食和物资储备局曾提出"粮食生产经营企业要坚持安全第一，坚决克服'重发展，轻安全'的倾向"。

按照上述精神和要求，粮油加工企业必须以安全为重点，务必做到生产经营安全和粮油产品质量安全，确保两个万无一失。

人命关天，安全生产重如泰山。为此，粮油加工企业，尤其是食用植物油加工企业要在总结经验教训的基础上，始终把安全生产放在生产经营的第一位，坚决克服"重发展，轻安全"的倾向；要始终绷紧安全生产这根弦，紧抓落实安全生产责任制；要紧盯严防，不断排查整治各种隐患，确保安全生产万无一失。

为让百姓吃得放心，吃得营养健康，粮油加工企业要坚守食品安全底线，把食品质量安全放在第一位；要严格按标准，组织生产，道道把关；要完善原料采购、检验、在线检测和成品粮油的质量检验，建立覆盖生产经营全过程的粮油质量安全信息追溯体系，确保粮油产品质量安全万无一失。

（七）要注重品牌建设，提高品牌效应

2019 年中央一号文件指出要加快发展乡村特色产业。因地制宜发展多样性特色农业，倡导"一村一品""一县一业"。强化农产品地理标志和商标保护，创响一批"土字号""乡字号"特色产品品牌。国家粮食和物资储备局提出要落实供给侧结构性改革"八字方针"，加快粮食产业创新发展、转型升级、提质增效，实现优质化、特色化、品牌化发展；要强化示范引领，在全国带动形成一批示范县、龙头加工企业、放心粮店和一批叫得响的品牌。

为贯彻落实上述文件精神，粮油加工企业要重视品牌建设，发挥品牌的引领作用；要利用新技术，积极开发新产品；要进一步加强粮油产品品牌建设的顶层设计，通过质量提升、自主创新、品牌创建、特色产品认定等，更多地培育出一批像鲁花、金龙鱼、福临门等具有自主知识产权的、家喻户晓的、有较强市场竞争力的、叫得响的全国性或区域性名牌产品；要充分发挥名、特、优、新产品和"老字号"的品牌效应，促进农民增收，企业增效。

（八）要关注和重视数字经济，顺应时代发展

中央经济工作会议指出："要大力发展数字经济"。当今世界，科技进步日新月异，以大数据、云计算、互联网、物联网、人工智能等为代表的信息技术迅猛发展，数字经济已成为未来社会新一轮科技革命和产业变革的主要标志，并将成为引领全球经济社会变革，推动我国经济高质量发展的重要引擎。

在数字经济时代下，我国粮油加工业从生产到销售整个产业链的技术发展模式也在发

生深刻变革。当前，粮油加工业从生产、包装、储藏、物流、营销、市场等各个环节，都已开始呈互联网化。粮油产品通过互联网线上配送销售，送货到家，深受广大用户的欢迎。在数字经济的推动下，数字货币、数字钱包、数字支付、数字医疗、数字展厅、数字服务、数字技能、数字文化等已日趋完善，这充分表明，我国相关行业对发展数字经济的高度重视和创新作为。对此，我们粮油加工业要关注和重视数字经济的发展，积极融入并应用数字技术催生出的新产业、新业态和新模式，以推动粮油加工业的转型升级、提高效率、提升效益和高质量发展。

（九）粮油机械制造业要进一步为粮油加工业的发展服好务

回顾历史，我国粮油机械制造业自 20 世纪 50 年代末起，经历了从无到有、从小到大、从弱到强，从跟跑、并跑到跨入领跑的发展过程。半个多世纪来，在全国粮油科技和粮油加工业战线上几代人的辛勤劳动下，已经把我国建成全球制造能力和产量最大、产品门类齐全、设备性能先进可靠的粮油机械制造大国，粮油机械产品不仅满足了我国现代粮油加工业发展的需要，同时远销国外，深受广大用户欢迎。

改革开放以来，尤其是进入 21 世纪以来，我国粮油机械制造业在国家政策的推动下和科技创新的驱动下，加大了自主创新力度，结合智能制造、产品开发、节能环保和适度加工技术等进行集成开发和系统创新，进一步提高了我国粮油机械装备的水平，并在许多领域的各项经济技术指标处于领先地位，跨入了领跑者的行列，涌现出了一批有代表性的著名粮油机械制造企业。

现在，我国已开启全面建设社会主义现代化国家的新征程，为顺应时代发展的需要，粮油机械制造业要进一步为粮油加工业的发展服好务。为此，粮油机械制造业要继续以专业化、大型化、成套化、智能化、绿色环保、安全卫生、节能减排、节料减损为导向，发展高效型大米、小麦粉、食用植物油、杂粮、薯类、特色粮油原料以及主食品工业化生产等加工装备；要进一步加强新工艺、新材料、新设备的研发与应用，以降低消耗，提高出品率，提高粮油加工业的效率和效益；要下大力加快粮油机械制造业向数字化、智能化方向发展，通过智能制造，为粮油加工业建造智慧工厂提供精良装备，为粮油加工业的现代化做出新贡献。

（十）要进一步对外开放，实施"走出去"战略

习近平总书记强调："在整个社会主义现代化进程中，我们都要高举改革开放的旗帜，决不能丝毫动摇"。党的十九届五中全会提出要"实行高水平对外开放，开拓合作共赢新

局面，坚持实施更大范围、更宽领域、更深层次对外开放，依托我国大市场优势，促进国际合作，实现互利共赢"。为此，粮油加工业要认真按照习近平总书记的指示精神，继续解放思想，进一步利用好外资，扩大对外开放。我们要认真总结我国改革开放以来，外资企业、中外合资企业进入粮油加工业和粮油机械制造业取得的成功经验，尤其是要总结学习外资粮油加工企业、中外合资粮油机械制造企业在生产、经营、管理和产品、技术开发等方面的成功经验。实践证明，我国粮油加工业的快速持续发展，很大程度上得益于我国的对外开放政策。

习近平总书记 4 年前提出的"中国方案"——构建人类命运共同体，实现共赢共享，并积极付诸实施的大国担当，深受世界绝大多数国家的赞扬。为助力构建人类命运共同体和共建"一带一路"，粮油加工企业要放眼世界、走出国门，实施"走出去"战略；要积极推进并支持有条件的粮油加工企业集团加强与"一带一路"沿线国家在粮油贸易、粮油加工以及粮油机械装备出口等领域的合作；要支持在农业生产、加工仓储和港口等环节开展跨国全产业链布局，逐步建立境外粮油生产、加工、产销储运基地，通过"走出去"，造福当地百姓，并培育一批具有国际竞争力的跨国粮油加工企业集团。

以上发言，如有不当之处，请批评指正。

最后，祝山东青岛天祥食品集团有限公司进一步做强做大，兴旺发达。祝论坛会圆满成功。谢谢大家。

二十三、铭记百年党史　践行使命担当

——奋力谱写粮油加工行业高质量发展新篇章

（2021 年 8 月 25 日　于北京）

8 月 12 日，在开完中国粮油学会秘书处工作扩大会议后，王莉蓉秘书长要我为大家上一次党课，实不敢担。现在我以《铭记百年党史　践行使命担当》为题，作为我学习习近平总书记"七一"重要讲话和学习有关党史后的一点心得体会并与大家做一交流。

在庆祝中国共产党成立 100 周年大会上，习近平总书记代表党和人民庄严宣告，经过全党全国各族人民持续奋斗，我们实现了第一个百年奋斗目标，在中华大地上全面建成了小康社会，历史性地解决了绝对贫困问题，正在意气风发向着全面建成社会主义现代化强国的第二个百年奋斗目标迈进。

回望百年奋斗历程，总书记围绕实现中华民族伟大复兴这个伟大梦想，系统总结了中国共产党团结带领中国人民所创造的四个"伟大成就"；首次阐述了"坚持真理、坚守理想，践行初心、担当使命，不怕牺牲、英勇斗争，对党忠诚、不负人民"的伟大建党精神；强调要继续弘扬光荣传统、赓续红色血脉，永远把伟大的建党精神继承下去，发扬光大；围绕"以史为鉴、开创未来"，习近平总书记提出"九个必须"，揭示了过去我们为什么能够成功，未来我们怎样才能继续成功的深刻道理，并向全体中国共产党党员发出了努力为党和人民争取更大光荣的伟大号召。

总书记的重要讲话高屋建瓴、思想深邃、催人奋进，是开启全面建设中国特色社会主义现代化国家的动员令，是一篇闪耀着马克思主义真理光芒的纲领性文献，为党和国家事业指明了前进的方向。我们要全力做到学深悟透，弄通做实。

（一）回望百年党史，铭记党的伟大成就

大家都知道，在几千年历史发展中，中华民族创造了悠久灿烂的中华文明，为人类做出了卓越贡献，成为了世界上伟大的民族。但是，1840 年后，西方列强先后对中国发动鸦片战争、甲午战争等多次大规模侵略战争，中华民族遭遇到前所未有的劫难，中国

如同处于"覆屋之下、漏舟之中、薪火之上",而四万万民众"为奴隶、为牛马、为犬羊,任人驱使、听人宰割",国家蒙耻、人民蒙难、文明蒙尘,中华民族到了最危险的时候。

面对沉重的苦难,中国人民没有屈服,而是挺起脊梁,奋起反抗,仁人志士奔走呼喊,以百折不挠的精神进行了一场场气壮山河的斗争,谱写了一篇又一篇可歌可泣的史诗。太平天国运动、洋务运动、戊戌变法、义和团运动、辛亥革命接连而起,各种救国方案轮番出台,但都以失败告终。"在那样危险的情况下,每个中国人都在问,谁能来领导中国?"中国迫切需要新的思想引领救亡运动,迫切需要新的组织凝聚革命力量。

五四运动以后,在中华民族内忧外患、社会危机空前深重的背景下,在中国人民和中华民族的伟大觉醒中,在马克思列宁主义同中国工人运动的紧密结合中,1921年,13个平均年龄28岁的青年人,冒着死亡威胁,在上海石库门一张长条桌边,在浙江嘉兴南湖一条红船上秘密集会,宣告了一个伟大政党——中国共产党的诞生。孕育了"坚持真理、坚守理想,践行初心、担当使命,不怕牺牲、英勇斗争,对党忠诚、不负人民"的伟大建党精神。中国诞生了共产党,这是开天辟地的大事件,深刻改变了近代以后中华民族发展的方向和进程;深刻改变了中国人民和中华民族的前途和命运,深刻改变了世界发展的趋势和格局。

一百年风雨兼程,一百年沧桑巨变!在一百年波澜壮阔的历史进程中,中国共产党紧紧依靠人民,跨过一道又一道沟坎,取得一个又一个胜利,从根本上改变了中国人民的前途命运,创造了"地球上最大的政治奇迹"和"经济奇迹",为中华民族做出了历史性贡献,在世界上产生了深刻而广泛的影响。

——中国共产党团结带领全国各族人民浴血奋战、百折不挠,彻底推翻了帝国主义、封建主义和官僚资本主义三座大山,取得了新民主主义革命的伟大胜利,建立了中华人民共和国,中国人民历史上第一次成为自己国家的主人,中国人民从此站起来了!

——中国共产党坚持自力更生、发愤图强,于国家一穷二白之时艰辛探索,顺利完成了农业、手工业和资本主义工商业的社会主义改造,实现了把生产资料私有制转变为社会主义公有制的任务,领导人民走上社会主义道路,确立了社会主义基本制度,逐步建立了独立完整的工业体系和国民经济体系。在社会主义建设探索过程中,没有现成的经验可以借鉴,遇到了一些失误和挫折,我们党从这些错误中吸取教训,积累了社会主义建设的宝贵经验。

——中国共产党坚持解放思想、锐意进取,于重大历史关头开启伟大创举,做出了改革开放的历史性决策,开创、坚持、发展了中国特色社会主义,团结带领全国各族人民取得了改革开放和社会主义现代化建设的伟大成就,实现了从百业待兴到世界第二大经济体的发展奇迹。

——中国共产党坚持自信自强、守正创新，于中国特色社会主义新时代砥砺奋进、逐梦前行，统揽伟大斗争、伟大工程、伟大事业、伟大梦想，统筹中华民族伟大复兴战略全局和世界百年未有之大变局，引领国家立足新发展阶段、贯彻新发展理念、构建新发展格局，坚定不移走高质量发展之路，党和国家事业取得历史性成就、发生历史性变革，开启了全面建设社会主义现代化国家新征程，中华民族伟大复兴向前迈出了新的一大步。

在以习近平同志为核心的党中央坚强领导下，中华民族千年小康梦想在我们这一代人手中成为现实，中华民族从来没有像今天这样朝气蓬勃、自信自强，神州大地从来没有像今天这样欣欣向荣、蒸蒸日上，中国人民从来没有像今天这样意气风发、豪情满怀。

党的百年历史证明，中国共产党为国家和民族做出了伟大贡献，历史和人民选择中国共产党领导中华民族伟大复兴的事业是完全正确的，中国共产党领导中国人民开辟的中国特色社会主义道路是完全正确的，中国共产党和人民扎根中国大地、吸纳人类文明优秀成果、独立自主实现国家发展的战略是完全正确的。

（二）知史爱党，知史爱国

在全面建设社会主义现代化国家新征程顺利开启的重要时刻，我们迎来了中国共产党百年华诞。在百年持续奋斗中，中国共产党团结带领人民开辟了伟大道路，建立了伟大功业，铸就了伟大精神，积累了宝贵经验，创造了中华民族发展史、人类社会进步史上令人刮目相看的奇迹。尤其是"经过全党全国各族人民持续奋斗，我们实现了第一个百年奋斗目标，在中华大地上全面建成了小康社会，历史性地解决了绝对贫困问题，正在意气风发向着全面建成社会主义现代化强国的第二个百年奋斗目标迈进"。这在一个有 14 亿多人口、发展不平衡的发展中大国，全面建成小康社会，实现脱贫攻坚伟大胜利，在中华人民共和国发展史上、中华民族发展史上、在人类发展史上都具有重大意义！

在全球数千个政党中，历史超过百年的仅有几十个，能够长期执政的更是凤毛麟角。我们从一个只有 50 多人的小党到拥有 9500 多万名党员的世界第一大党，中国共产党的发展壮大成为 21 世纪最值得关注的政治现象之一。据世界知名调查机构 2020 年发布的一份信任度调查报告显示，中国民众对中国政府信任度高达 95%，在受访国家中排名第一。

马克思主义为什么行？中国共产党为什么能？中国特色社会主义为什么好？一些外国人士对中国共产党有着诸多疑问：民主实现方式与现代西方国家不一样，却拥有极高的民意支持率；发展起点低、治理难度大，却创造出世所罕见的经济快速发展奇迹和社会长期稳定奇迹；一次次遭遇危机考验，却总能在历史关口找到正确方向，要回答这一系列问题，我们可以从党的百年奋斗史中找寻答案，其中最为核心的是：中国共产党始终坚持以人民为中心的根本立场。

我们的伟大领袖毛主席一再强调要"全心全意为人民服务"。习近平总书记在"七一"重要讲话中深刻指出:"江山就是人民、人民就是江山,打江山、守江山,守的是人民的心。中国共产党根基在人民、血脉在人民、力量在人民。中国共产党始终代表最广大人民根本利益,与人民休戚与共、生死相依,没有任何自己特殊的利益,从来不代表任何利益集团、任何权势团体、任何特权阶层的利益"。在总书记1个多小时,7000多字的讲话中,"人民"是出现最多的词语,先后出现了86次,一次又一次强而有力地响彻中华大地。

中国共产党一路走来,始终把人民放在心中最高位置,革命如此,建设如此,改革也是如此。党的百年历史,就是一部全心全意为人民服务的奋斗史。人民至上的"基因"是中国共产党的价值"内核"。革命先辈敢于抛头颅、洒热血建党的初衷,是要给苦难深重的中国人民找到一条生路。在中国共产党的创始者中,陈独秀两个儿子被国民党杀害,李大钊被军阀处以绞刑,毛泽东有6位近亲牺牲。

新中国成立前的171名中共中央委员、候补委员中,近四分之一牺牲、遇难。革命战争年代留下姓名的中共党员烈士共计370万,还有大量无名烈士。在和平建设年代的1998年长江抗洪的危急时刻、2008年汶川地震救援、2020年支援武汉抗击新冠肺炎疫情、2020年中国打赢脱贫攻坚战等,都是共产党员冲锋在前,为人民利益奋斗牺牲,涌现出了一批又一批忠诚于党、矢志为民、无私奉献的优秀共产党员。对此,人民群众看在眼里,铭记在心中。

一百年来,中国共产党不负人民的伟大建党精神,是中国共产党的精神之源,力量之源,胜利之源。

现在,我国人民正在以习近平同志为核心的党中央领导下,满怀信心,不断向更加美好的生活而努力奋斗。我们要通过回望百年党史和祖国取得的伟大成就,更加热爱中国共产党,更加热爱社会主义制度,更加热爱我们伟大的祖国。

我是一个出生于旧社会,成长在红旗下的贫困农民家庭孩子,从小在半饥饿的状态下生活,是共产党给我家分得了土地,是共产党让我这个失学在家的普通孩子重新返校复学,并全程免费,把我培养成为一名大学生,最终成为一名酷爱粮食工作的"粮食人"。没有共产党就没有我的今天,我发自内心地热爱中国共产党、热爱社会主义制度、热爱伟大的祖国,并以一辈子刻苦学习、勤奋工作为准则来报答党对我的恩情。现在,我已年过八旬,只要自己身体条件许可,只要中国粮油学会工作需要,我仍然愿为"学会"工作发挥"余热",即使是到了在家彻底休息后,我也要创造条件为我们亲爱的党,我们的社会主义制度,我们伟大的祖国高唱赞歌!

（三）牢记"粮食人"的担当使命，谱写粮油加工行业高质量发展新篇章

俗话说，"民以食为天""食以安为先"，这充分表明粮油食品的数量安全和质量安全都是"天大"的事。粮食安全是国家安全的重要组成部分，粮油质量安全是助力健康中国建设的重要组成部分，是让人民过上美好生活的重要体现。现在，党和国家把这"天大"的事交给了我们"粮食人"，这是对我们从事生产、经营、管理、教育、科研的"粮食人"的最大信任，我们"粮食人"能把这"天大"的事担当起来感到无比光荣和责任的重大。

尤其是在新时代，随着我国人民生活水平的进一步提高，百姓对粮油食品的要求不仅要吃得放心，吃得安全，还要吃得好，吃得营养与健康的更高要求；在庆祝中国共产党成立 100 周年大会上，习近平总书记代表党中央号召全体中国共产党党员要"继续为实现人民对美好生活的向往不懈努力"；2018 年李克强总理对粮食行业作出了关于建设粮食产业强国的重要批示；国家粮食和物资储备局提出了要实施"优质粮食工程"建设，开展了"中国好粮油"行动计划。为出色做好这"天大"的事，需要我们"粮食人"不断深化改革，锐意进取，更加埋头苦干实干。

现在，我国已开启全面建设社会主义现代化国家的新征程，为适应时代发展的需要，我们要根据党的十九届五中全会审议通过的《中共中央关于制定国民经济和社会发展第十四个五年规划和二〇三五年远景目标的建议》，在总结完成"十三五"发展规划经验的基础上，科学制定本行业的第十四个五年规划。《粮油加工业"十四五"发展规划》会不会像以前一样单独制定？大概什么时候能发布？还不太清楚。但不管如何，我认为，我们粮油加工业必须认真贯彻党的十九届五中全会中央经济工作会议和中央农村工作会议精神，紧紧围绕国家粮食安全战略、国家食品安全战略、国家"健康中国"战略和中国制造2025 年战略创新发展，有所作为，做出新贡献。对此，粮油加工业在新时代、新征程中，要在以下几个方面多做工作，取得成效。

1. 以科技创新驱动，推进粮油加工业的高质量发展

党的十九届五中全会和中央经济工作会议都反复强调要以改革创新为根本动力，强化科技战略支撑，要求各行各业都要以科技创新驱动，推动行业的高质量发展。对此，我们粮油加工行业也不能例外，要在总结过去经验，尤其是总结依靠科技创新发展粮油加工业经验的基础上，在未来的行业发展中，要更加注重科技、更加注重人才、更加注重科技投入、更加注重企业与院校和科研院所的联合，以执着专注、精益求精、一丝不苟、追求卓越的工匠精神，攻克粮油科技中的工程技术难题和前沿科学问题，不断改进工艺、改进装

备、创新品牌、提质增效，实现粮油加工业在新征程中的高质量发展。

2. 深入推进粮油加工业的供给侧结构性改革，增加适销对路的优质粮油产品的供给

党的十九届五中全会和中央经济工作会议指出，要"以深化供给侧结构性改革为主线，以改革创新为根本动力，以满足人民日益增长的美好生活需要为根本目的"，这为我们粮油加工业做好今年乃至今后的工作指明了方向。

为此，粮油加工业要优化和调整产品结构，继续大力推进优粮优产、优粮优购、优粮优储、优粮优加、优粮优销的"五优联动"，加快"优质粮食工程"建设，增加适销对路的优质粮油产品的供给；为适应城乡居民膳食结构及营养健康水平不断提高的需要，要增加满足不同人群需要的优质化、多样化、个性化、定制化粮油产品的供给；要实施"中国好粮油"行动，增加优质米、食品专用米、专用粉、专用油和营养功能性新粮油产品以及绿色有机等"中国好粮油"产品的供给；要大力发展全谷物产品，增加糙米、全麦粉、特种油脂、杂粮、杂豆和薯类及其制品等优质营养健康的中高端新产品的供给；要提升产品品质，提高名、特、优、新产品的比例，充分挖掘并发挥著名品牌、"老字号"和具有地方特色产品的品牌效应，为"健康中国"建设，为人民过上美好生活做出应有的贡献。

3. 要为国家粮食安全做出贡献

民以食为天！粮油产品与人民生活息息相关，与人民身体健康和经济社会发展有着密切关系，是国家自强、民族自立、民生保障的重要战略物资，是事关百姓福祉，社稷安危的特殊重要商品。

我国党和政府历来高度重视粮食安全，尤其是党的十八大以来，以习近平同志为核心的党中央高度重视粮食安全，发表了一系列的重要指示。习近平总书记谆谆告诫我们"手中有粮，心中不慌""保障粮食安全，对中国来说是永恒的课题，任何时候都不能放松"。

因此，我们每一个粮食人，任何时候都要为国家绷紧粮食安全这根弦，坚守国家粮食安全底线。

为确保国家粮食安全，构建反食品浪费长效机制，2021年4月29日，《中华人民共和国反食品浪费法》已经第十三届全国人民代表大会常务委员会第二十八次会议通过。对此，我们粮油加工企业应该在以下几个方面主动作为，为国家粮食安全做出新的贡献。

（1）要继续倡导并认真实施粮油适度加工　粮油加工产品要纠正片面追求"过精、过细、过白和油色过淡"等倾向，提倡适度加工。通过适度加工，防止营养成分的过多流失，最大程度地保存粮油原料中固有营养成分和有害物质的产生；要防止出品率的大幅下降，减少粮油损失，提高可食资源利用率；要鼓励生产和消费全谷物产品、免抛光或少抛

光大米和油色金黄的食用油等适度加工产品。

（2）要提高粮油加工的出品率，提高可食资源的利用率 提高纯度，严格控制精度，千方百计提高出品率，提高可食资源的利用率等历来是粮油加工行业的重要方略。但近年来，对提高出品率强调得少了，造成了过度加工现象愈演愈烈和出品率的大幅下降等可食粮油资源损失严重。从大米和小麦粉加工业的出品率为例看，按《2019 年粮食行业统计资料》计算分析，小麦粉加工业的平均出粉率为 71.5%（不含全麦粉）、大米加工业的平均出米率为 64.7%（其中早籼稻的出米率为 64.7%、中晚籼稻的出米率为 63.5% 粳稻的出米率为 66.1%），这与 1980 年全国小麦粉加工的平均出粉率为 83.2%、1985 年平均出粉率为 78.7%，以及大米加工业的平均出米率在 70% 左右，相差甚远。

如果通过适度加工将小麦和稻谷的出品率分别提高三个百分点，按我国每年小麦和稻谷的加工总量约为 33000 万吨计算，即能增加成品小麦粉和大米 990 万吨，可以供给约 5500 万人一年的口粮（按人均年消费成品粮食 180 千克计算）。由此可见，倡导并认真实施适度加工，提高出品率，对国家粮食安全有着多么重要的意义。

（3）要进一步重视资源的综合利用 粮油加工企业在生产米、面、油产品的同时，还生产出大量的副产物。诸如稻谷加工中生产出的稻壳、米糠和碎米；小麦加工中生产出的麸皮、小麦胚芽和次粉；油料加工中生产出的皮壳、饼粕、油脚和馏出物等等，这些副产物都是宝贵的资源。根据统计资料记载，我国规模以上的粮油加工企业生产出的主要副产物有米糠约 1400 万吨、碎米 600 万吨、稻壳和皮壳 3000 万吨、小麦麸皮 3000 万吨、小麦胚芽 20 万吨、饼粕近亿吨等，充分利用这些宝贵资源，可以为国家节约和增产十分可观的粮油，为国家粮食安全做出贡献。

对这些宝贵资源的利用，当前的重点仍应放在大力推广米糠、玉米胚芽和小麦胚芽的集中制油上；放在提高碎米、次粉和麸皮等可食利用上；放在植物蛋白资源的充分利用上，要积极发展生产植物蛋白粉、植物蛋白肽和人造肉等营养健康产品作为"十四五"乃至今后相当长时期内粮油加工业发展的重点任务。

（4）要科学制修订好粮油质量标准 今后在制修订有关粮油国家标准、行业标准、地方标准和团体标准时，应当将防止食品浪费作为重要考虑因素，要在保证粮油安全的前提下，最大程度防止浪费。根据这一精神，今后对大米的含碎率、光洁度；对小麦粉的白度、含麸率；对食用植物油的色值、酸价等质量指标应该有所调整，以引领粮油加工业贯彻适度加工并落到实处。

（5）要倡导科学消费、理性消费、健康消费 我国餐饮浪费现象触目惊心，令人痛心。以食用植物油为例，2020 年，我国人均食用油的消费量已达 29.1 千克，超过了 2020 年世界人均食用油 26.7 千克的水平，远超我国居民膳食指南中成人每天推荐摄入 25~30 克的用量。为此要广泛向百姓进行科普教育，既要让百姓知道油脂是人们一日三餐中不可缺乏的食物，科学合理使用有利于身体健康，又要让百姓知道，油吃多了人会发胖，会产生诸如高血压、高脂血症、动脉硬化等各种健康问题，从而让百姓都懂得油不是吃得越多越好。通过科学消费、理性消费、健康消费尽快遏制我国食用油消费不断增长的势头。

与此同时，要认真贯彻习近平总书记关于对餐饮浪费行为的重要批示，配合餐饮等有关行业，在全社会积极宣传要树立文明、健康、绿色、环保的生活方式，倡导健康消费、节约消费，通过改变生活和烹饪方式，减少油炸食品、水煮鱼、火锅等用油数量，以利身体健康，减少浪费。

（6）要完成好粮油产品的应急加工任务　据 2020 年 8 月国家粮食和物资储备局粮食储备司编制的《2019 年粮食行业统计资料》介绍，2019 年全国规模以上成品粮油加工企业 14531 家，其中拥有省、市、县级粮油应急加工任务的企业 4078 家，占企业数的28.1%。2019 年共接受应急加工任务为小麦粉 4932.9 万吨、大米 4074.4 万吨、食用植物油 624.0 万吨、精炼食用植物油 1423.4 万吨，这是一个不小的数字。为把粮油应急加工任务完成好，一是拥有应急加工任务的企业要珍惜有关粮食部门对企业的信任，珍惜这一来之不易的光荣任务并保证不折不扣地完成好这一任务；二要高度重视，高质量完成应急加工任务中下达的数量、质量和品种要求；三要精心保藏，严格按要求轮换，以确保应急加工的粮油产品在一声令下，高品质、调得出、用得上，确保国家在突发公共事件时的粮油市场供应。

4. 要继续大力发展粮油主食品工业化生产

粮油加工企业发展主食品生产，主要是指发展米面食品。我们通常说的米面主食品是以大米、小麦粉和杂粮为主要原料制成的各类食品，诸如以大米为主要原料生产的方便米饭、方便粥、米粉（米线）、米糕和汤圆等；以小麦粉为主要原料生产的馒头、挂面、鲜湿面条、饺子、馄饨和速冻面团制品等；以及用杂粮与大米、小麦粉搭配为主要原料生产出的上述类似主食品。这些主食品有的可以直接食用，有的只要稍微加工即能食用，是适合中国百姓传统饮食习惯、饮食文化和符合城乡居民生活节奏加快的粮食制成品。

为方便百姓生活，逐步做到家务劳动社会化，国家对发展米面主食品的生产高度重视，把发展主食品工业化生产列入了"十二五""十三五"全国粮油加工业的发展规划之中。为推进粮油主食品工业化生产，原国家粮食局还专门召开了会议，印发了一系列文件，部署和推动了粮油主食品工业化生产。

粮油主食品是深受百姓喜爱的方便粮油制成品，尤其是在去年抗疫最严峻的时期，成为百姓居家抗疫的重要生活品，挂面、米粉、自热米饭、速冻饺子、速冻馄饨等产品需求旺盛，供不应求。

为满足百姓生活的需要，"十四五"期间，粮油加工企业仍然要继续大力发展粮油主食品生产，要把发展粮油主食品工业生产看作是推进供给侧结构性改革和"调结构、转方式"的重要举措；看作是粮油加工业向精深加工延伸，方便百姓、企业增效的有效途径，要持之以恒的大力发展。

5. 要把节能减排，实行绿色生产作为企业发展的永恒主题

节能减排，实行绿色生产，降低碳排量，挽救地球家园，保护人类生存环境，已成为有良知的世界各国的共同任务和奋斗目标。我国党和政府高度重视，积极参与国际社会应对全球气候变化挑战，提出了绿色发展理念，并将"做好碳达峰、碳中和工作"作为今年要抓好的八大重点任务之一。

根据国家节能减排的总要求，粮油加工业要进一步提高对节能减排重要意义的认识，要把节能减排作为建设资源节约型、环境友好型社会的最佳选择；作为推进企业结构调整、转型升级、寻找新的经济增长点的必由之路；作为实行绿色生产、清洁生产、文明生产，维护中华民族长远利益的必然要求。要在提高认识的基础上，把节能减排，绿色生产落到实处。要把重点放在节电、节煤、节气、节水上；放在减少废水、废气、废渣、废物等产生和排放上，并要按照循环经济的理念，千方百计采取措施加以利用和处置，实现污染物的零排放；放在积极选用清洁能源、清洁溶剂、清洁辅料、清洁包装器材上，并严格按国家有关新限塑令要求，改进包装用材，防止污染环境；放在绿色加工体系的建立上，要以绿色园区、绿色加工、绿色产品、绿色包装为重点，建立粮油产品产业供应链，要防止粮油产品的过度包装以免加大产品成本，浪费资源和污染环境。

总之，我们要把节能减排和实行绿色生产作为粮油加工业发展的永恒主题，必须长期坚持下去，以助力清洁美丽中国建设。

6. 要以安全为重点，确保粮油产品的质量安全和生产经营安全，做到两个万无一失

以习近平同志为核心的党中央反复强调："要以人民为中心"；要"增加人民群众获得感、幸福感、安全感"；要"让百姓吃得放心、穿得称心、用得舒心"；要"下更大气力抓好食品药品安全、安全生产和交通安全"。2020年中央经济工作会议指出："要抓好发展和安全两件大事，有效防范化解各类经济社会风险，高度重视安全生产和防灾减灾工作，坚决防范重特大事故发生"。为贯彻中央精神，国家粮食和物资储备局曾提出"粮食生产经营企业要坚持安全第一，坚决克服'重发展，轻安全'的倾向"。

按照上述精神和要求，粮油加工企业必须以安全为重点，务必做到生产经营安全和粮油产品质量安全，确保两个万无一失。

人命关天，安全生产重如泰山！为此，粮油加工企业，尤其是食用植物油加工企业要

在总结经验教训的基础上，始终把安全生产放在生产经营的第一位，坚决克服"重发展，轻安全"的倾向；要始终绷紧安全生产这根弦，紧抓落实安全生产责任制；要紧盯严防，不断排查整治各种隐患，确保安全生产万无一失。

为让百姓吃得放心，吃得营养健康，粮油加工企业要坚守食品安全底线，把食品质量安全放在第一位；要严格按标准，组织生产，道道把关；要完善原料采购、检验、在线检测和成品粮油的质量检验，建立覆盖生产经营全过程的粮油质量安全信息追溯体系，确保粮油产品质量安全万无一失。

7. 要关注和重视数字经济，顺应时代发展

中央经济工作会议指出："要大力发展数字经济"。当今世界，科技进步日新月异，以大数据、云计算、互联网、物联网、人工智能等为代表的信息技术迅猛发展，数字经济已成为未来社会新一轮科技革命和产业变革的主要标志，并将成为引领全球经济社会变革，推动我国经济高质量发展的重要引擎。

在数字经济时代下，我国粮油加工业从生产到销售整个产业链的技术发展模式也在发生深刻变革。当前，粮油加工业从生产、包装、储藏、物流、营销、市场等各个环节，都已开始呈互联网化。粮油产品通过互联网线上配送销售，送货到家，深受广大用户的欢迎。在数字经济的推动下，数字货币、数字钱包、数字支付、数字医疗、数字展厅、数字服务、数字技能、数字文化等已日趋完善，这充分表明，我国相关行业对发展数字经济的高度重视和创新作为。对此，我们粮油加工业要关注和重视数字经济的发展，积极融入并应用数字技术催生出的新产业、新业态和新模式，推动粮油加工业的转型升级、提高效率、提升效益和高质量发展。

8. 粮油机械制造业要进一步为粮油加工业的发展服好务

回顾历史，我国粮油机械制造业自20世纪50年代末起，经历了从无到有、从小到大、从弱到强、从跟跑、并跑到跨入领跑的发展过程。半个多世纪来，在全国粮油科技和粮油加工业战线上几代人的辛勤劳动下，已经把我国建成全球制造能力和产量最大、产品门类齐全、设备性能先进可靠的粮油机械制造大国，粮油机械产品不仅满足了我国现代粮油加工业发展的需要，同时远销国外，深受广大用户欢迎。

改革开放以来，尤其是进入21世纪以来，我国粮油机械制造业在国家政策的推动下和科技创新的驱动下，加大了自主创新力度，结合智能制造、产品开发、节能环保和适度加工技术等进行集成开发和系统创新，进一步提高了我国粮油机械装备的水平，并在许多领域的各项经济技术指标处于领先地位，跨入了领跑者的行列，涌现出了一批有代表性的著名粮油机械制造企业。

为顺应时代发展的需要，粮油机械制造业要进一步为粮油加工业的发展服好务。为此，粮油机械制造业要继续以专业化、大型化、成套化、智能化、绿色环保、安全卫生、节能减排、节料减损为导向，发展高效型大米、小麦粉、食用植物油、杂粮、薯类、特色粮油原料以及主食品工业化生产等加工装备；要进一步加强新工艺、新材料、新设备的研发与应用，以提高粮油加工业的效率和效益；要下大力加快粮油机械制造业向数字化、智能化方向发展，通过智能制造，为粮油加工业建造智慧工厂提供精良设备，为粮油加工业的现代化作出新贡献。

9. 要进一步对外开放，实施"走出去"战略

习近平总书记强调："在整个社会主义现代化进程中，我们都要高举改革开放的旗帜，决不能丝毫动摇"。党的十九届五中全会提出要"实行高水平对外开放，开拓合作共赢新局面，坚持实施更大范围、更宽领域、更深层次对外开放，依托我国大市场优势，促进国际合作，实现互利共赢"。为此，粮油加工业要认真按照习近平总书记的指示精神，继续解放思想，进一步利用好外资，扩大对外开放。我们要认真总结我国改革开放以来，外资企业、中外合资企业进入粮油加工业和粮油机械制造业取得的成功经验，尤其是要总结学习外资粮油加工企业、中外合资粮油机械制造企业在生产经营、管理和产品、技术开发等方面的成功经验。实践证明，我国粮油加业的快速持续发展，很大程度上得益于我国的对外开放政策。

习近平总书记4年前提出的"中国方案"——构建人类命运共同体，实现共赢共享，并积极付诸实施的大国担当，深受世界绝大多数国家的赞扬。为助力构建人类命运共同体和共建"一带一路"，粮油加工企业要放眼世界、走出国门，实施"走出去"战略；要积极推进并支持有条件的粮油加工企业集团加强与"一带一路"沿线国家在粮油生产、贸易、粮油加工以及粮油机械装备出口等领域的合作；要支持在农业生产、加工仓储和港口等环节开展跨国全产业链布局，逐步建立境外粮油生产、加工、产销储运基地，通过"走出去"，造福当地百姓，并培育一批具有国际竞争力的跨国粮油加工企业集团。

最后，让我们在新征程中，更加紧密地团结在以习近平同志为核心的党中央周围，牢记使命，奋力拼搏，为我国全面建成社会主义现代化强国而努力奋斗！

以上学习心得如有不妥之处，请批评指正，谢谢大家！

二十四、2020 年我国粮油加工业的基本情况

——在"中国粮油学会油脂分会常务理事会"上的主题报告

（2021 年 12 月 28 日　于北京）

根据国家粮食和物资储备局 2015—2020 年的《粮食行业统计资料》以及 2021 年 12 月 10 日中国粮食行业协会公布的《2020 年度重点粮油企业专项调查结果的通知》，经整理和比较，现将有关"2020 年我国粮食加工业的基本情况"、2020 年度粮油加工企业"50 强""10 强"名单简介如下，供参考。

（一）我国粮油加工业的基本情况

这里需要说明的是，在我国粮油加工业的基本情况中，只包括小麦加工业、大米加工业、其他成品粮加工业和食用植物油加工业（不包括粮油机械制造业）等成品粮油加工业，总体情况如下。

1. 企业数及按企业性质分类情况

2020 年全国入统成品粮油加工企业为 14750 个，其中小麦粉加工企业为 2566 个，大米加工企业为 9867 个，其他成品粮油加工企业为 680 个，食用植物油加工企业为 1637 个；按企业性质分，国有及国有控股企业 745 个，内资非国有企业 13840 个，港澳台商及外商企业 165 个，分别占比为 5.1%、93.8% 和 1.1%（表 1）。

2. 产业化龙头企业数量

2020 年粮油加工业龙头企业为 1939 个、其中小麦粉加工龙头企业 426 个、大米加工龙头企业 1002 个、其他成品粮加工龙头企业 103 个、食用植物油加工龙头企业 408 个。在 1939 个龙头企业中，国家级龙头企业 201 个，其中小麦粉加工企业 59 个、大米加工企业 85 个、其他成品粮加工企业 9 个、食用植物油加工企业 48 个；省级龙头企业 1738 个，其中小麦粉加工企业 367 个、大米加工企业 917 个、其他成品粮加工企业 94 个、食用植

物油加工企业 360 个（表 2）。

表 1　2020 年粮油加工企业数量汇总表　　　　　单位：个

项目	企业数量	国有及国有控股企业数量	内资非国有企业数量	港澳台商及外商企业数量
小麦粉加工企业	2566	152	2361	53
大米加工企业	9867	432	9406	29
其他成品粮加工企业	680	34	639	7
食用植物油加工企业	1637	127	1434	76
总计	14750	745	13840	165

表 2　2020 年粮油加工业龙头企业数量汇总表　　　　　单位：个

项目	龙头企业数量	国家级龙头企业数量	省级龙头企业数量
小麦粉加工企业	426	59	367
大米加工企业	1002	85	917
其他成品粮加工企业	103	9	94
食用植物油加工企业	408	48	360
总计	1939	201	1738

3. 粮油应急加工企业数量及产量

2020 年全国粮油加应急加工企业为 4260 个，其中小麦粉应急加工企业 1054 个、大米应急加工企业 2699 个、食用植物油应急加工企业 430 个、其他成品粮应急加工企业 77 个。在 4260 个粮油应急加工企业中，省级应急加工企业 570 个、市级应急加工企业 986 个、县级应急加工企业 2704 个（表 3）。

表 3　2020 年全国粮油应急加工企业数量汇总表　　　　　单位：个

项目	应急加工企业数量	省级应急加工企业数量	市级应急加工企业数量	县级应急加工企业数量
小麦粉加工企业	1054	115	302	637
大米加工企业	2699	354	560	1785

续表

项目	应急加工 企业数量	省级应急 加工企业数量	市级应急 加工企业数量	县级应急 加工企业数量
食用植物油加工企业	430	87	113	230
其他成品粮加工企业	77	14	11	52
总计	4260	570	986	2704

2020 年，应急加工小麦粉产量为 5147.9 万吨；应急加工大米产量为 3655.2 万吨；应急加工食用植物油产量为 765.3 万吨。

4. 主要经济指标情况

（1）工业总产值 2020 年全国粮油加工业总产值为 13956.1 亿元，其中小麦粉加工 3113.2 亿元、大米加工 4589.8 亿元、其他成品粮加工 264.2 亿元、食用植物油加工 5988.9 亿元，分别占比 22.3%、32.9%、1.9% 和 42.9%，如图 1 所示。

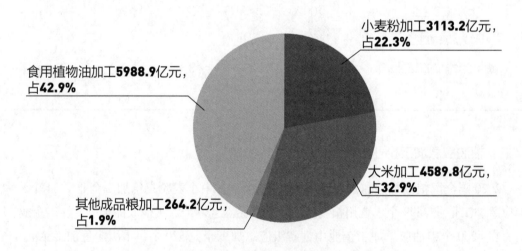

图1 2020年全国粮油加工业工业总产值按不同行业划分比例图

（2）产品销售收入 2020 年全国粮油加工业产品销售收入为 14933.4 亿元，其中小麦粉加工 3325.9 亿元、大米加工 4675.1 亿元、其他成品粮加工 246.1 亿元、食用植物油加工 6686.3 亿元。在 14933.4 亿元的销售收入中，内资非国有企业 10036.4 亿元、国有及国有控股企业 1902 亿元，港澳台商及外商企业 2995 亿元，分别占比为 67.2%、12.7% 和 20.1%，如图 2 所示。

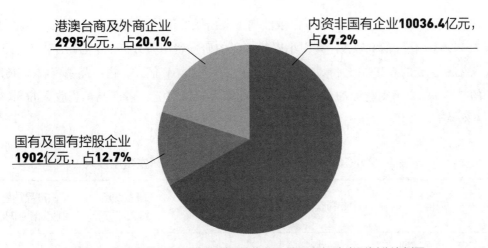

图2 2020年粮油加工企业产品销售收入按不同经济类型划分比例图

（3）利润总额 2020年全国粮油加工业利润总额为494.4亿元，其中小麦粉加工110.6亿元、大米加工131.7亿元、其他成品粮加工13.1亿元、食用植物油加工239.0亿元；根据2020年产品销售收入为14933.4亿元，其产品收入利润率为3.3%。在494.4亿元利润总额中，内资非国有企业为330亿元、国有及国有控股企业为34亿元、港澳台商及外商企业为130.4亿元，分别占比为66.7%、6.9%和26.4%，如图3所示。

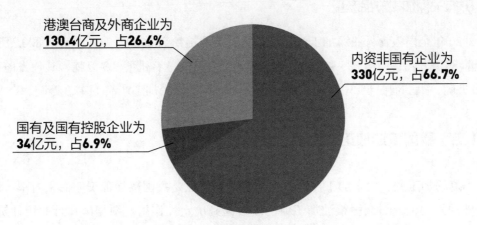

图3 2020年粮油加工业利润总额按不同经济类型划分比例图

5. 获得专利与研发费用投入情况

2020年粮油加工业获得各类专利1057项，其中发明专利360项。从不同行业获得的专利情况看，小麦粉加工企业获得专利129项，其中发明专利28项；大米加工企业获得专利354项，其中发明专利132项；其他成品粮加工企业获得专利75项，其中发明专利11项；食用植物油加工企业获得专利499项，其中发明专利189项。

在研发费用的投入方面，2020 年粮油加工业研发费用的投入为 75.5 亿元，占产品销售收入 14933.4 亿元的 0.51%，其中小麦粉加工的研发费用投入为 9.4 亿元，占产品销售收入 3325.9 亿元的 0.28%；大米加工的研发费用投入为 6.0 亿元，占产品销售收入 4675.1 亿元的 0.13%；食用植物油加工的研发费用投入为 59.2 亿元，占产品销售收入 6686.3 亿元的 0.89%（表 4）。

表4　2020年全国粮油加工企业获得专利与研发费用投入

项目	专利获得数/项	发明专利/项	研发费用投入/亿元	占产品销售收入比例/%
小麦粉加工企业	129	28	9.4	0.28
大米加工企业	354	132	6.0	0.13
其他成品粮加工企业	75	11	0.9	0.37
食用植物油加工企业	499	189	59.2	0.89
总计	1057	360	75.5	0.51

6. 有关深加工产品产量

2020 年全国粮食行业深加工产品产量为：商业淀粉 2626.8 万吨、淀粉糖 800.7 万吨、多元醇 83.1 万吨、酒精 885.9 万吨、氨基酸 183.5 万吨、有机酸 7.3 万吨、其他发酵制品 239.0 万吨、大豆蛋白 57.3 万吨、谷朊粉 5.6 万吨、其他深加工产品 1194.3 万吨。

（二）我国粮油加工业主要行业的基本情况

小麦粉加工业、大米加工业和食用植物油加工业是我国粮油加工业的主力军，这三个行业的发展情况对全国粮油加工业的发展起到决定性作用。根据粮食行业统计资料，下面将 2020 年我国小麦粉加工业、大米加工业和食用植物油加工业的基本情况分别介绍如下。

1. 小麦粉加工业

（1）企业数及按企业性质划分情况　2020 年我国小麦粉加工企业 2566 个，其中国有及国有控股企业 152 个、内资非国有企业 2361 个、港澳台商及外商企业 53 个，分别占比 5.9%、92.0% 和 2.1%，如图 4 所示。

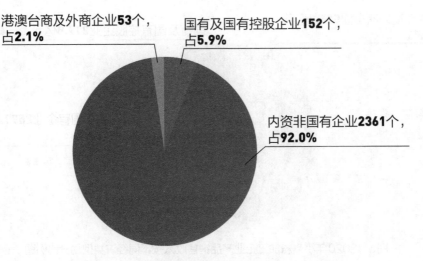

图4　2020年小麦粉加工企业按企业性质划分比例图

（2）小麦粉生产能力及产品产量　2020年小麦粉加工业的生产能力为年处理小麦20423.2万吨；当年处理小麦10054.8万吨，产能利用率为49.2%；产品产量为7472.8万吨，其中专用粉1303.8万吨，全麦粉1175.2万吨（注：这个数字需要推敲，作者认为数字太大了，可能是统计口径问题）、食品工业用粉439.7万吨、民用粉3259.9万吨。平均出粉率为74.3%，如去掉全麦粉、其他小麦粉的平均出粉率大约为70.9%。

（3）小麦粉加工业的主要经济指标情况

①工业总产值。2020年全国小麦粉加工企业实现工业总产值为3113.2亿元，其中国有及国有控股企业171.5亿元、内资非国有企业2555.2亿元、港澳台商及外资企业386.6亿元，分别占比为5.5%、82.1%和12.4%。

②产品销售收入。2020年全国小麦粉加工企业实现产品销售收入3325.9亿元，其中国有及国有控股企业217.8亿元、内资非国有企业2591.9亿元、港澳台商及外商企业516.2亿元，分别占比为6.5%、78.0%和15.5%，如图5所示。

③利润总额。2020年全国小麦粉加工企业实现利润总额110.6亿元，产品销售收入利润率为3.3%，其中国有及国有控股企业为0.3亿元、内资非国有企业92.7亿元、港澳台商及外商企业17.6亿元，分别占比0.3%、83.8%和15.9%，如图6所示。

2. 大米加工企业

（1）企业数及按企业性质划分情况　2020年我国大米加工企业为9867个。其中国有及国有控股企业432个、内资非国有企业9406个、港澳台商及外商企业29个，分别占大米加工企业总数为4.4%、95.3%和0.3%，如图7所示。

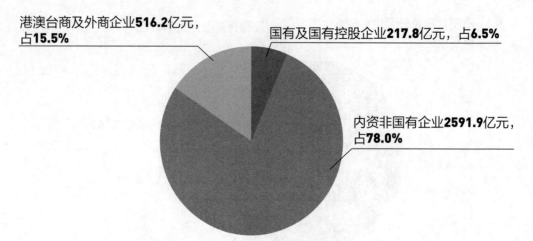

图5　2020年小麦粉加工企业产品销售收入按不同经济类型划分比例图

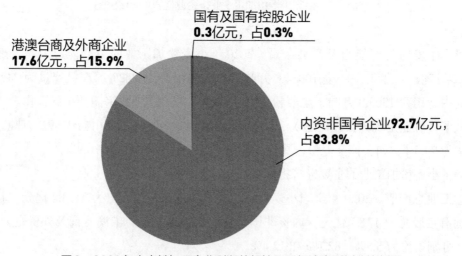

图6　2020年小麦粉加工企业利润总额按不同经济类型划分比例图

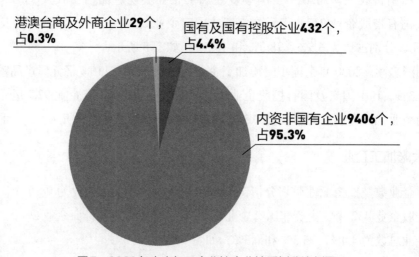

图7　2020年大米加工企业按企业性质划分比例图

（2）大米加工生产能力及产品产量　2020年，大米加工业的生产能力为年处理稻谷37786.8万吨；当年处理稻谷11401.6万吨，其中早籼稻714.8万吨、中晚籼稻5646.4万吨，粳稻5040.4万吨，分别占比6.3%、49.5%和44.2%；产能利用率为30.2%；产品产量（不含二次加工）为7359.6万吨，其中早籼米460.0万吨、中晚籼米3594.6万吨、粳米3305.0万吨；平均出米率为64.5%，其中早籼稻平均出米率为64.4%、中晚籼稻平均出米率为63.7、粳稻平均出米率为65.6%。

（3）大米加工企业主要经济指标情况

①工业总产值。2020年全国大米加工企业实现工业总产值为4589.8亿元，其中国有及国有控股企业为317.7亿元、内资非国有企业为3979.9亿元、港澳台商及外商企业238.2亿元，分别占比为8.1%、86.7%和5.2%。

②产品销售收入。2020年全国大米加工企业实现产品销售收入4675.1亿元，其中国有及国有控股企业为460.1亿元、内资非国有企业为3940.0亿元、港澳台商及外商企业为275.0亿元，分别占比9.8%、84.3%和5.9%，如图8所示。

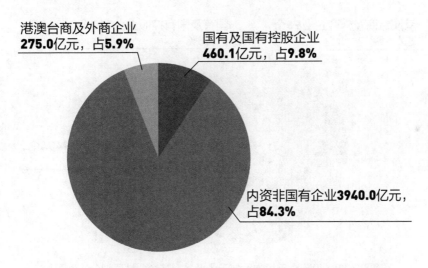

图8　2020年大米加工企业产品销售收入按不同经济类型划分比例图

③利润总额。2020年全国大米加工企业实现利润总额131.7亿元，产品收入利润率为2.8%，其中国有及国有控股企业为10.7亿元、内资非国有企业为107.4亿元、港澳台商及外商企业为13.6亿元，分别占比8.1%、81.6%和10.3%，如图9所示。

3. 食用植物油加工业

（1）企业数及按企业性质划分情况　2020年我国规模以上的入统食用植物油加工企业1637个，其中国有及国有控股企业127个、内资非国有企业1434个、港澳台商及外商企业 76 个，分别占比为 7.8%、87.6% 和 4.6%，如图 10 所示。

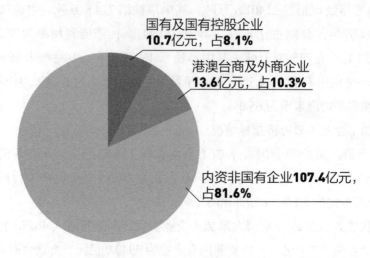

图9　2020年大米加工企业利润总额按不同经济类型划分比例图

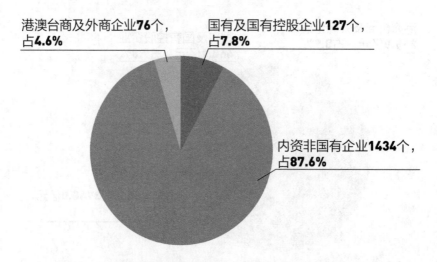

图10　2020年食用植物油加工企业数量按企业性质划分比例图

（2）食用植物油加工能力及产品产量　2020 年食用植物油加工企业的油料年处理能力为 17342.6 万吨，其中大豆处理能力为 11697.1 万吨、油菜籽的处理能力为 3523.5 万吨、花生处理能力为 870.0 万吨、葵花籽处理能力为 91.1 万吨，其他油料处理能力为 1160.9 万吨，分别占比 67.5%、20.3%、5.0%、0.5% 和 6.7%，如图 11 所示。

2020 年食用植物油加工企业油脂精炼能力合计为 6815.4 万吨，其中大豆油精炼能力为 3239.9 万吨、菜籽油精炼能力为 1971.6 万吨、棕榈油精炼能力为 580.8 万吨、其他原油精炼能力为 1023.1 万吨，分别占比为 47.6%、28.9%、8.5% 和 15.0%，如图 12 所示。

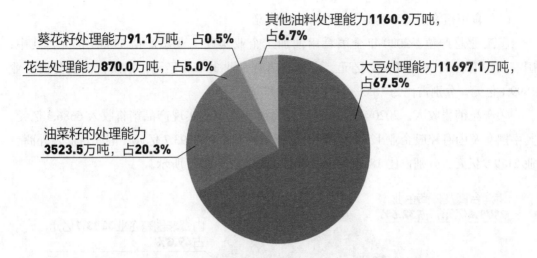

图11　2020年食用植物油加工企业生产能力按不同原料划分比例图

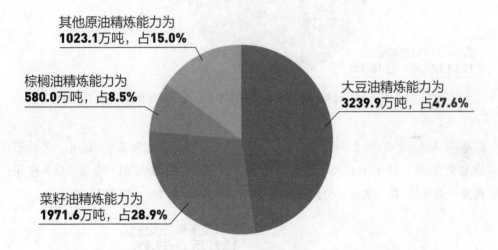

图12　2020年食用植物油加工企业油脂精炼能力按不同油品划分比例图

2020年食用植物油加工企业处理油料合计为9108.4万吨，其中大豆为8362.7万吨、油菜籽374.2万吨、花生248.8万吨，葵花籽3.7万吨、芝麻40.7万吨、其他油料78.4万吨（注：这是入统企业的加工量，其中作者认为花生及葵花籽的处理量实在是太少了）；产能利用率为52.5%。

2020年我国入统油脂加工企业生产的各类食用植物油合计为1860.8万吨，其中大豆油为1541.6万吨、菜籽油139.6万吨、花生油78.6万吨、其他食用植物油为101万吨（注：统计资料中没有此项数，为了平衡是作者推算出来的；另外，菜籽油和花生油的数量偏低了，因为鲁花集团一家生产的花生油就已超过了78.6万吨）。

（3）食用植物油加工企业主要经济指标情况

①工业总产值。2020 年全国食用油加工企业实现工业总产值 5988.9 亿元，其中，国有及国有控股企业 1080.2 亿元、内资非国有企业 3009.5 亿元，港澳台商及外商企业 1899.1 亿元，分别占比为 18.0%、50.3% 和 31.7%。

②产品销售收入。2020 年全国食用植物油加工企业实现产品销售收入 6686.3 亿元，其中国有及国有控股企业 1213.0 亿元、内资非国有企业 3293.7 亿元、港澳台商及外商企业 2179.6 亿元，分别占比 18.1%、49.3% 和 32.6%，如图 13 所示。

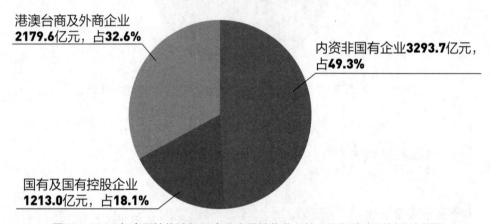

图13　2020年食用植物油加工企业产品销售收入按不同经济类型划分比例图

③利润总额。2020 年全国食用植物油加工企业实现利润总额 239.0 亿元，产品销售收入利润率为 3.6%，其中国有及国有控股企业 22.9 亿元、内资非国有企业 118.8 亿元、港澳台商及外商企业 97.3 亿元，分别占比 9.6%、49.7% 和 40.7%，如图 14 所示。

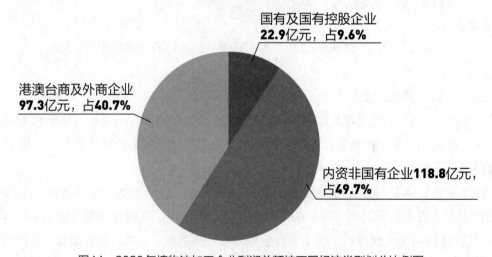

图14　2020年植物油加工企业利润总额按不同经济类型划分比例图

（三）其他有关情况

1. 其他成品粮加工企业的简要情况

从统计资料上看，其他成品粮加工企业是指除小麦粉和大米加工以外的粮食加工企业，诸如玉米面和玉米渣加工、成品杂粮及杂粮粉加工、大麦加工、谷子加工、其他谷物加工及薯类加工。其情况简要如下。

（1）企业数量　2020 年，其他成品粮加工企业 680 个，其中国有及国有控股企业 34 个、内资非国有企业 639 个、港澳台商及外商企业 7 个，分别占比为 5.0%、94.0% 和 1.0%。

（2）产品产量　2020 年其他成品粮加工企业生产的产品产量分别为：玉米面和玉米渣 88.4 万吨、成品杂粮及杂粮粉 35.1 万吨、大麦 0.3 万吨、高粱 1.0 万吨、谷子 6.9 万吨、其他谷物 20.8 万吨、薯类折粮 6.5 万吨。

（3）主要经济指标　2020 年全国其他成品粮加工企业实现工业总产值 264.2 亿元，其中国有及国有控股企业 9.7 亿元，内资非国有企业 230.5 亿元，港澳台商及外商企业 24.0 元。实现产品销售收入 246.1 亿元，其中国有及国有控股企业 11.1 亿元，内资非国有企业 210.8 亿元、港澳台商及外商企业 24.2 亿元。实现利润总额 13.1 亿元。其中国有及国有控股企业 0.1 亿元，内资非国有企业 11.1 亿元，港澳台商及外商企业 1.9 亿元。

2. 粮油食品加工企业主食品生产情况

（1）主食品生产能力　2020 年全国主食品年生产能力为：2064.8 万吨，其中馒头年生产能力为 65.7 万吨、挂面年生产能力为 714.6 万吨、鲜湿面年生产能力为 34.1 万吨、方便面年生产能力为 315.1 万吨、方便米饭年生产能力为 24.5 万吨、米粉（线）年生产能力为 179.7 万吨，速冻米面主食品年生产能力为 323.4 万吨。

（2）主食品产品产量　2020 年全国粮油食品加工企业生产各类主食品产量合计为 1065.4 万吨，其中馒头 23.2 万吨、挂面 497.0 万吨、鲜湿面 10.7 万吨、方便面 160.3 万吨、方便米饭 16.4 万吨、米粉（线）62.3 万吨、速冻米面主食品 198.0 万吨。

3. 粮油机械制造企业简要情况

（1）企业数量　2020 年全国粮油机械制造企业 200 个，其中国有及国有控股企业 11 个、内资非国有企业 182 个、港澳台商及外资企业 7 个。

（2）主要经济指标　2020 年全国粮油机械制造企业实现工业总产值 265.6 亿元，其中国有及国有控股企业 2.3 亿元、内资非国有企业 250.2 亿元、港澳台商及外商企业 13.1 亿元。

2020 年实现产品销售收入 229.1 亿元，其中国有及国有控股企业为 2.1 亿元、内资非国有企业为 214.6 亿元、港澳台商及外商企业为 12.4 亿元。

实现利润总额为 20.1 亿元，产品销售收入利润为 8.8%，其中国有及国有控股企业 0.1 亿元、内资非国有企业 18.8 亿元、港澳台商及外商企业 1.2 亿元。在获得专利与研发费用投入方面，2020 年粮油机械制造业获得各类专利 442 项，其中发明专利 100 项，研究开发投入 6.7 亿元，占产品销售收入 229.1 亿元的 2.92%。

4. 粮食行业从业人员情况

2020 年年末全国粮食行业从业人员总数为 193.7 万人，其中行政机关 3.5 万人、事业单位 3.0 万人、各类涉粮企业 187.2 万人（其中国有及国有控股企业 48.5 万人、非国有企业 138.7 万人、港澳台商及外商企业 18.5 万人）。

在全国粮食行业从业人员 193.7 万人中，专业技术人员 22.9 万人（占 11.8%）；工人 119.0 万人（占 61.4%）。在 22.9 万专业技术人员中，其中高级职称 1.39 万人（占 6.1%）；正高级职称 4134 人（占 1.8%）；中级职称 5.88 万人（占 25.7%）。在工人中，技术工人 38.7 万人（占 32.5%）；高级技师 8469 人（占技术工人的 2.2%）。

5. 两点说明

第一点，本资料的来源是国家粮食和物资储备局粮食储备司 2021 年 9 月汇编的《2020 年粮食行业统计资料》。其中的各项数据是各个上报的入统涉粮企业数字的汇总。由于不是全社会的统计数字，所以大部分数据与全社会实际情况有一定的差距，诸如企业数、产能、产量等。以食用植物油加工业为例，统计材料中，2020 年油料处理能力为 17342.6 万吨、全年处理油料合计为 9108.4 万吨，这与我们油脂界常用的全国油料处理能力约为 2.5 亿吨相比存在约 1/3 的差距。

与此同时，2020 年我国进口各类油料合计为 10614.1 万吨，我国国产油料产量为 6800.1 万吨（含油茶籽），其中约有 4000 万吨用于榨油，连同进口油料全年需要处理的油料约为 1.4 亿吨，所以统计中的油料处理量约占实际处理量的 2/3，也有接近 1/3 的差距。另外，小麦粉加工和大米加工也一样。2020 年我国生产小麦为 13425 万吨，进口小麦 838 万吨，合计为 14263 万吨，而统计资料中，当年只处理小麦 10054.8 万吨；2020 年我国稻谷产量为 21186 万吨，统计资料中，当年处理稻谷为 11401.6 万吨，与实际处理量均有 30% 左右的差距。对此，我建议在使用这些数据时，要适当加以分析，但我认为上述这些统计数字仍然是我们业内可以分析使用的权威统计数字。

第二点，在这份材料中出现的有关百分比和图表均是我计算和绘制的；为阅读时更加顺畅，对个别地方的数字，我做了推算与补充，有的做了一些注解等。对这些做法或产生的差错均由本人负责，不当之处，敬请批评指正。

（四）要争创粮油加工行业的"50强""10强"企业

为深入推进粮食供给侧结构性改革，加快培育发展粮油骨干企业和知名品牌，推动粮油企业转型升级、做强做大，中国粮食行业协会在会员中进行了2020年度重点企业专项调查，根据调查情况，按照产品销售收入、产品产量、利润、利税综合评价和自然排序的原则，经专家委员会认真研究核准并严格履行公示程序后，中国粮食行业协会于2021年12月10日以中粮协〔2021〕4号发文，公布了2020年度重点粮油企业专项调查结果，为便于大家查阅，现将"50强""10强"具体名单转载如下（见附件1~附件17）。

附件1

大米加工企业"50强"

1	中粮粮谷控股集团有限公司	26	湖南浩天米业有限公司
2	益海嘉里金龙鱼粮油食品股份有限公司	27	安徽联河股份有限公司
3	湖北国宝桥米有限公司	28	五常市乔府大院农业股份有限公司
4	湖南粮食集团有限责任公司	29	江西金佳谷物股份有限公司
5	万年贡集团有限公司	30	宜兴市粮油集团大米有限公司
6	湖北瓦仓谷香生态农业有限公司	31	黑龙江秋然米业有限公司
7	湖北禾丰粮油集团有限公司	32	广东友粮粮油实业有限公司
8	湖北省粮油（集团）有限责任公司	33	黑龙江省和粮农业有限公司
9	华润五丰米业（中国）有限公司	34	松原粮食集团有限公司
10	安徽省阜阳市海泉粮油工业股份有限公司	35	宁夏昊王米业集团有限公司
11	湖北洪森实业（集团）有限公司	36	福建泉州市金穗米业有限公司
12	江西奉新天工米业有限公司	37	湖北金银丰食品有限公司
13	洪湖市洪湖浪米业有限责任公司	38	黑龙江省博林鑫农业集团有限责任公司
14	安徽牧马湖农业开发集团有限公司	39	深圳市中泰米业有限公司
15	湖南角山米业有限责任公司	40	南京沙塘庵粮油实业有限公司
16	江苏省农垦米业集团有限公司	41	湖北心辉粮油股份有限公司
17	庆安东禾金谷粮食储备有限公司	42	方正县宝兴新龙米业有限公司
18	东莞市太粮米业有限公司	43	安徽省东博米业有限公司
19	五常市彩桥米业有限公司	44	湖北京和米业有限公司
20	黑龙江省北大荒米业集团有限公司	45	广东穗方源实业有限公司
21	上海良友（集团）有限公司	46	吉林裕丰米业股份有限公司
22	湖南天下洞庭粮油实业有限公司	47	深圳市稼贾福实业有限公司
23	安徽稼仙金佳粮集团股份有限公司	48	仙桃市恒泰米业有限公司
24	湖北庄品健实业（集团）有限公司	49	安徽省福宁米业有限公司
25	深圳市深粮控股股份有限公司	50	宁夏兴唐米业集团有限公司

附件2

小麦粉加工企业"50强"

1	五得利面粉集团有限公司	26	浙江恒天粮食股份有限公司
2	益海嘉里金龙鱼粮油食品股份有限公司	27	广东金禾面粉有限公司
3	中粮粮谷控股有限公司	28	维维六朝松面粉产业有限公司
4	金沙河集团有限公司	29	潍坊风筝面粉有限责任公司
5	蛇口南顺面粉有限公司	30	河南粮食投资集团有限公司
6	今麦郎食品有限公司	31	广州岭南穗粮谷物股份有限公司
7	发达面粉集团股份有限公司	32	宁夏塞北雪面粉有限公司
8	山东利生食品集团有限公司	33	西安爱菊粮油工业集团有限公司
9	东莞穗丰粮食集团有限公司	34	固安县参花面粉有限公司
10	江苏三零面粉有限公司	35	安徽省凤宝粮油食品（集团）有限公司
11	北京古船食品有限公司	36	安徽省天麒面业科技股份有限公司
12	陕西陕富面业有限责任公司	37	河南天香面业有限公司
13	滨州中裕食品有限公司	38	青岛维良食品有限公司
14	新疆天山面粉（集团）有限责任公司	39	克明面业股份有限公司
15	陕西西瑞（集团）有限责任公司	40	上海福新面粉有限公司
16	甘肃红太阳面业集团有限责任公司	41	安徽皖王面粉集团有限公司
17	广东白燕粮油实业有限公司	42	深圳市深粮控股股份有限公司
18	广东新粮实业有限公司面粉厂	43	北大荒丰缘集团有限公司
19	陕西老牛面粉有限公司	44	湖北三杰粮油食品集团有限公司
20	山东天邦粮油有限公司	45	想念食品股份有限公司
21	宝鸡祥和面粉有限责任公司	46	泉州市华圣食品有限公司
22	山东半球面粉有限公司	47	丹阳市同乐面粉有限公司
23	安徽正宇面粉有限公司	48	山东梨花面业有限公司
24	江苏省银河面粉有限公司	49	河南莲花面粉有限公司
25	江苏省淮安新丰面粉有限公司	50	安徽金鸽面业集团有限公司

附件3

食用油加工企业"50强"

1	益海嘉里金龙鱼粮油食品股份有限公司	26	西安邦淇制油科技有限公司
2	中粮油脂专业化公司	27	长安花粮油股份有限公司
3	山东鲁花集团有限公司	28	青岛长生集团股份有限公司
4	九三粮油工业集团有限公司	29	上海富味乡油脂食品有限公司
5	山东渤海实业股份有限公司	30	江苏佳丰粮油工业有限公司
6	西王集团有限公司	31	西安爱菊粮油工业集团有限公司
7	山东三星玉米产业科技有限公司	32	山东玉皇粮油食品有限公司
8	三河汇福粮油集团有限公司	33	江苏金洲粮油集团
9	山东香驰粮油有限公司	34	广州植之元油脂实业有限公司
10	中储粮镇江粮油有限公司	35	河南省淇花食用油有限公司
11	道道全粮油股份有限公司	36	合肥燕庄食用油有限责任公司
12	防城港澳加粮油工业有限公司	37	广东鹰唛食品有限公司
13	山东金胜粮油食品有限公司	38	仪征方顺粮油工业有限公司
14	佳格食品（中国）有限公司	39	浙江新市油脂股份有限公司
15	湖北省粮油（集团）有限责任公司	40	湖南省长康实业有限责任公司
16	青岛天祥食品集团有限公司	41	北京艾森绿宝油脂有限公司
17	山东龙大植物油有限公司	42	湖南金浩茶油股份有限公司
18	京粮（天津）粮油工业有限公司	43	内蒙古蒙佳粮油工业集团有限公司
19	上海良友海狮油脂实业有限公司	44	成都市新兴粮油有限公司
20	广东省广垦粮油有限公司	45	邦基正大（天津）粮油有限公司
21	山东兴泉油脂有限公司	46	凯欣粮油有限公司
22	金太阳粮油股份有限公司	47	包头市金鹿油脂有限责任公司
23	厦门银祥油脂有限公司	48	瑞福油脂股份有限公司
24	云南滇雪粮油有限公司	49	吉林出彩农业产品开发有限公司
25	湖南粮食集团有限责任公司	50	金利油脂（苏州）有限公司

附件4

———

菜籽油加工企业"10强"

1	益海嘉里金龙鱼粮油食品股份有限公司	7	长安花粮油股份有限公司
2	中粮油脂专业化公司	8	成都市新兴粮油有限公司
3	道道全粮油股份有限公司	9	浙江新市油脂股份有限公司
4	防城港澳加粮油工业有限公司	10	江苏金洲粮油集团
5	湖南粮食集团有限责任公司	11	洪湖市洪湖浪米业有限责任公司
6	山东鲁花集团有限公司		

附件5

———

棕榈油加工企业"10强"

1	益海嘉里金龙鱼粮油食品股份有限公司	5	中储粮镇江粮油有限公司
2	仪征方顺粮油工业有限公司	6	金太阳粮油股份有限公司
3	中粮油脂专业化公司	7	凯欣粮油有限公司
4	广东省广垦粮油有限公司		

附件6

———

花生油加工企业"10强"

1	山东鲁花集团有限公司	6	山东龙大植物油有限公司
2	益海嘉里金龙鱼粮油食品股份有限公司	7	青岛长生集团股份有限公司
3	山东金胜粮油食品有限公司	8	山东兴泉油脂有限公司
4	中粮油脂专业化公司	9	青岛品品好粮油集团有限公司
5	青岛天祥食品集团有限公司	10	山东玉皇粮油食品有限公司

附件7

——

玉米油加工企业"10强"

1	山东三星玉米产业科技有限公司	6	金太阳粮油股份有限公司
2	西王集团有限公司	7	山东兴泉油脂有限公司
3	益海嘉里金龙鱼粮油食品股份有限公司	8	山东玉皇粮油食品有限公司
4	山东鲁花集团有限公司	9	山东良友工贸集团股份有限公司
5	中粮油脂专业化公司	10	玉锋实业集团有限公司

附件8

——

稻米油加工企业"10强"

1	湖北省现代农业有限公司	6	蚌埠市江淮粮油有限公司
2	益海嘉里金龙鱼粮油食品股份有限公司	7	江西金佳谷物股份有限公司
3	浙江得乐康食品股份有限公司	8	固始县豫申粮油工贸有限公司
4	金太阳粮油股份有限公司	9	桦川县桦誉粮油有限责任公司
5	江西省天玉油脂有限公司	10	衢州刘家香食品有限公司

附件9

——

芝麻油加工企业"10强"

1	益海嘉里金龙鱼粮油食品股份有限公司	6	驻马店顶志食品有限公司
2	合肥燕庄食用油有限责任公司	7	安徽华安食品有限公司
3	上海富味乡油脂食品有限公司	8	北京京粮古币油脂有限公司
4	瑞福油脂股份有限公司	9	镇江京友调味品有限公司
5	山东鲁花集团有限公司	10	湖南省长康实业有限责任公司

附件10

—

油茶籽油加工企业"10强"

1	湖南山润油茶科技发展有限公司	6	大团结农业股份有限公司
2	湖南金浩茶油股份有限公司	7	湖北香芝源绿色食品有限公司
3	安徽省华银茶油有限公司	8	湖南贵太太茶油科技股份有限公司
4	江西绿满源食品有限公司	9	湖北黄袍山绿色产品有限公司
5	湖南粮食集团有限责任公司	10	江西省天玉油脂有限公司

附件11

—

葵花籽油加工企业"10强"

1	益海嘉里金龙鱼粮油食品股份有限公司	6	包头市金鹿油脂有限责任公司
2	佳格食品（中国）有限公司	7	江苏金洲粮油集团
3	山东鲁花集团有限公司	8	上海良友海狮油脂实业有限公司
4	中粮油脂专业化公司	9	江苏佳丰粮油工业有限公司
5	金太阳粮油股份有限公司	10	山东金胜粮油食品有限公司

附件12

—

亚麻籽油加工企业"10强"

1	宁夏君星坊食品科技有限公司	6	银川原源食用油有限公司
2	锡林郭勒盟红井源油脂有限责任公司	7	金太阳粮油股份有限公司
3	益海嘉里金龙鱼粮油食品股份有限公司	8	金利油脂（苏州）有限公司
4	大同市华建油脂有限责任公司	9	江苏金洲粮油集团
5	山西中大生物科技有限责任公司	10	江西绿满源食品有限公司

附件13

挂面加工企业"10强"

1	金沙河集团有限公司	7	山东利生食品集团有限公司
2	克明面业股份有限公司	8	江西省春丝食品有限公司
3	益海嘉里金龙鱼粮油食品股份有限公司	9	想念食品股份有限公司
4	今麦郎食品有限公司	10	宁夏塞北雪面粉有限公司
5	中粮粮谷控股有限公司	11	五得利面粉集团有限公司
6	滨州中裕食品有限公司	12	发达面粉集团股份有限公司

附件14

杂粮加工企业"10强"

1	中粮粮谷控股有限公司	6	苏州金记食品有限公司
2	安徽燕之坊食品有限公司	7	黑龙江省和粮农业有限公司
3	吉林市老爷岭农业发展有限公司	8	内蒙古老哈河粮油工业有限责任公司
4	怀仁市龙首山粮油贸易有限责任公司	9	吉林北显生态农业集团有限公司
5	浏阳河集团股份有限公司	10	陕西丰源粮油有限公司

附件15

粮油机械制造企业"10强"

1	布勒（中国）投资有限公司	7	湖南郴州粮油机械有限公司
2	丰尚农牧装备有限公司	8	河北苹乐面粉机械集团有限公司
3	合肥美亚光电技术股份有限公司	9	湖北永祥粮食机械股份有限公司
4	迈安德集团有限公司	10	中粮工程科技股份有限公司
5	江苏正昌集团有限公司	11	佐竹机械（苏州）有限公司
6	安徽捷迅光电技术有限公司	12	漳州佳龙科技股份有限公司

附件16

主食品加工企业"10强"

1	湖北禾丰粮油集团有限公司	7	安徽王仁和米线食品有限公司
2	河南今三麦食品有限公司	8	淮北徽香昱原早餐工程有限责任公司
3	江西麻姑实业集团有限公司	9	滨州中裕食品有限公司
4	安徽青松食品有限公司	10	西安爱菊粮油工业集团有限公司
5	安徽猛牛食品有限公司	11	合肥市福客多快餐食品有限公司
6	山东环丰食品股份有限公司	12	山东省托福实业有限公司

附件17

粮油交易市场"10强"

1	黑龙江粮食交易市场股份有限公司	5	重庆市粮油批发市场有限责任公司
2	杭州粮油物流中心批发交易市场有限公司	6	南京市下关粮食仓库有限公司新港粮油食品市场
3	福州市粮食批发交易市场管理处	7	海南粮油批发市场有限公司
4	苏州市粮食批发交易市场服务有限公司	8	昆山市粮油购销有限责任公司

二十五、我国粮油加工业在"十三五"期间的发展情况

——在"中国粮油学会专家论坛"上的主题报告

（2022 年 1 月 6 日　于北京）

"十三五"期间，我国粮油加工业战线上的广大干部和职工，在以习近平同志为核心的党中央的英明领导下，沉着应对错综复杂的国际形势，成功克服了新冠病毒肺炎疫情给粮油加工业发展带来的不利影响，取得了我国粮油加工业的持续健康发展。对照我国《粮油加工业"十三五"发展规划》，"十三五"期间，我国粮油加工业包括小麦粉加工业、大米加工业、食用植物油加工业、其他成品粮加工业和粮油机械制造业五部分，在集约化、规模化程度，主要经济指标、研发投入与获得专利、粮油机械装备水平的提升等方面取得了长足发展。

（一）我国粮油加工业集约化、规模化程度得到很大提升

根据规划中提出的优化产业结构，提升企业集约化和规模化程度的要求，5 年来，我国粮油加工业按照优胜劣汰的原则，培育壮大龙头企业和大型骨干企业，支持他们做强做大、做优做精，引导和推动企业强强联合，跨地区、跨行业、跨所有制兼并重组；对工艺落后、设备陈旧，卫生质量安全和环保不达标、能耗粮耗高的落后产能，依法依规加快淘汰等措施，推动了我国粮油加工业集约化、规模化程度的进一步提升。根据国家粮食和物资储备局粮食储备司《2020 年粮食行业统计资料》，我国规模以上粮油加工入统企业为 14950 个（其中小麦粉加工企业 2566 个、大米加工企业 9867 个、食用植物油加工企业 1637 个、其他成品粮加工企业 680 个、粮油机械制造企业 200 个），较 2015 年的 18108 个（其中小麦粉加工企业 3930 个、大米加工企业 11208 个、食用植物油加工企业 2171 个、其他成品粮加工企业 693 个、粮油机械制造企业 106 个）减少了 3158 个、较 2015 年的企业数下降了 17.44%，这是很不容易的。

另据统计，2020 年小麦加工的处理能力为 20423.2 万吨，年稻谷加工的处理能力为 37786.8 万吨、年食用植物油加工的油料处理能力为 17342.6 万吨，较 2015 年年小麦加工

的处理能力 19400.1 万吨、年稻谷加工的处理能力 30738.0 万吨、年食用植物油加工的油料处理能力 15584.1 万吨分别提高了 36.22%、22.9% 和 11.3%。

另外，2020 年小麦粉加工企业的小麦处理量为 10054.8 万吨、大米加工企业的稻谷处理量为 11401.6 万吨、食用植物油加工企业的油料处理量为 9108.4 万吨，较 2015 年小麦粉加工企业的小麦处理量 10047.9 万吨（扣去饲料用和工业用小麦）、大米加工企业的稻谷处理量 8657.9 万吨（扣去饲料用和工业用稻谷）、食用植物油加工企业的油料处理量 7814.8 万吨（其他油料处理量 350 万吨是作者估计的），分别提高了 0.1%、31.7% 和 16.6%。

以上数据表明，5 年来，我国粮油加工业在企业数量下降的同时，米、面、油加工企业的年原料处理能力和年实际原料处理量不仅没有下降，反而有较大幅度的增长，充分表明"十三五"期间，我国粮油加工业的集约化、规模化程度得到了很大提升。

（二）主要经济指标稳步增长

据统计，2020 年我国粮油加工业的工业总产值达 14221.7 亿元，其中，小麦粉加工业为 3113.2 亿元、大米加工业为 4589.8 亿元、食用植物油加工业为 5988.9 亿元、其他成品粮加工业为 264.2 亿元，粮油机械制造业为 265.6 亿元；产品销售收入为 15162.5 亿元，其中小麦粉加工业为 3325.9 亿元、大米加工业为 4675.1 亿元、食用植物油加工业为 6686.3 亿元、其他成品粮加工业为 246.1 亿元，粮油机械制造企业为 229.1 亿元；利润总额为 514.5 亿元，其中小麦粉加工业为 110.6 亿元、大米加工业为 131.7 亿元、食用植物油加工业为 239.0 亿元、其他成品粮加工业为 13.1 亿元、粮油机械制造业为 20.1 亿元；产品销售利润率为 3.4%（其中小麦粉加工业的产品销售利润率为 3.3%、大米加工业的产品销售利润率为 2.8%、食用植物油加工业的产品销售利润率为 3.6%、其他产品量加工业的产品销售利润率为 5.3%、粮油机械制造业的产品销售利润率为 8.8%）。

以上主要经济指标是近些年来最好的，尤其是产品销售利润率过去一直徘徊在 2%~2.5%，2020 年达到了 3.4%，这是我国粮油加工业发展史上从未见过的。

这里需要说明的是，在主要经济指标中，由于有些项目没有具体统计数据，所以上述工业总产值、产品销售收入中没有包括粮油主食品加工业、粮油精深加工、综合利用以及多种经营等方面的有关数据，从而使工业总产值、产品销售收入等数据显得偏低了一些。

（三）粮油主食品工业化生产取得了长足发展

粮油加工业"十三五"发展规划中提出，要大力开发适宜不同消费群体、不同营养功能、不同地区特点的粮油主食品，并实现其规模化生产，以方便百姓生活。5 年来，粮油加工业在发展主食品工业化生产方面做了许多工作，取得了长足发展。

据统计，2020 年粮油主食品生产能力达 2064.8 万吨，其中年产馒头产能 65.7 万吨、年产挂面产能 714.6 万吨、年产米粉（线）产能 179.7 万吨；主食品总产量为 1065.4 万吨，其中馒头产量为 23.2 万吨、挂面产量为 497.0 万吨，鲜湿面 10.7 万吨、方便面为 160.3 万吨、方便米饭 16.4 万吨、米粉（线）62.3 万吨、速冻米面主食品 198.0 万吨。与 2015 年相比，主食品总产量 2020 年较 2015 年的 641.6 万吨增长 66.1%，其中馒头产量增长 170%、挂面产量增长 111%、速冻米面主食品产量增长 107%。

现在，粮油加工企业对发展粮油主食品工业化生产的积极性有了很大提升，尤其是通过"十三五"期间的发展和两年的抗疫斗争实践，粮油加工企业都普遍认识到发展以米面为主的主食品生产是粮油加工企业贯彻供给侧结构性改革，优化产品结构的重要举措；是粮油加工业精深加工，延长产业链和提高企业效益的重要组成部分；是粮油加工业服务社会、方便百姓生活应尽的社会责任。我们可以相信，通过"十三五"的发展，我国粮油主食品工业化生产一定能持续健康发展。

（四）粮油加工业企业研发投入、荣获专利和龙头企业数量不断增加

坚持创新驱动发展，推动企业高质量发展已成粮油加工行业的共识。五年来，粮油加工企业从行业实际出发，面对产品销售收入利润低的情况，千方百计增加研发投入，以推动行业的技术进步和高质量发展。据统计，2020 年度我国粮油加工业的研发投入为 82.2 亿元，其中小麦粉加工企业为 9.4 亿元、大米加工企业为 6.0 亿元、食用植物油加工企业为 59.2 亿元、其他成品粮加工企业为 0.9 亿元、粮油机械制造企业为 6.7 亿元；占产品销售收入的比例为 0.54%，其中小麦粉加工业的占比为 0.28%、大米加工业的占比为 0.13%、食用植物油加工业的占比为 0.89%、其他成品粮加工业的占比为 0.37%、粮油机械制造企业的占比为 2.92%。

《粮油加工业"十三五"发展规划》提出，到 2020 年粮油加工企业研发投入占产品销售收入的比例要由 2015 年的 0.3% 提高到 0.6%，尽管没有完全实现，但已尽了很大努力，并已接近目标，值得高兴。

据资料统计，2020 年度粮油加工企业共获得专利 1499 项（其中小麦粉加工企业获 129 项、大米加工企业获 354 项、食用植物油加工企业获 499 项、其他成品粮加工企业获 75 项、粮油机械制造企业获 442 项）。在获得的 1499 项专利中，发明专利为 460 项（其中小麦粉加工企业获 28 项、大米加工企业获 132 项、食用植物油加工企业获 189 项、其他成品粮加工企业获 11 项、粮油机械制造企业获 100 项）。从获得的专利情况我们可以知

道，哪个行业重视科技研发，投入大，其获得的专利就多，专利的质量也高。

另据统计资料介绍，至 2020 年，粮油加工业共获得的全国产业化龙头企业 1948 家，其中国家龙头企业 201 家。

以上数据表明，5 年来，我国粮油加工业的整体技术水平又向前迈进了一大步。

（五）出色完成粮油应急加工任务

为应对国内外的不测风云，确保国家在突发公共事件时的粮油供应和市场稳定，国家加强了粮油应急加工供应保障体系建设。由此，粮油加工企业创造条件，积极承接以成品粮油和小包装粮油为主的应急加工保障任务。据 2021 年 6 月国家粮食和物资储备局粮食储备司编制的《2020 年粮食行业统计资料》介绍，在全国规模以上的粮油加工企业中，拥有应急加工任务的企业 4260 家，其中省级 570 家，市级 986 家，县级 2704 家。在 4260 家拥有应急加工任务的企业中，小麦加工业拥有 1054 家（其中省级 115 家、市级 302 家、县级 637 家）；大米加工业拥有 2699 家（其中省级 354 家、市级 560 家、县级 1785 家）；食用植物油加工企业拥有 430 家（其中省级 87 家、市级 113 家、县级 230 家）；其他成品粮加工业拥有 77 家（其中省级 14 家、市级 11 家、县级 52 家）。

另据统计，2020 年全国小麦粉应急加工企业的生产能力为 12311.9 万吨、产量为 5147.9 万吨；大米应急加工企业的生产能力为 16208.5 万吨、产量为 3655.2 万吨；食用植物油应急加工企业的生产能力为 6528.4 万吨、产量为 765.3 万吨。

为出色完成好应急加工的光荣任务，承接应急加工任务的粮油加工企业都能做到高度重视，高质量完成应急加工任务中下达的数量、质量和品种要求；严格按要求精心保藏、及时轮换，确保了应急加工的粮油产品在一声令下，高质量、调得出、用得上。

（六）粮油机械制造技术达国际先进水平

"十三五"期间，我国粮油机械制造业依靠科技创新，通过建立高水平的粮油机械装备制造基地建设，以专业化、大型化、成套化、智能化、绿化环保、安全卫生为导向，积极发展高效节粮节能营养大米、小麦粉、食用植物油、特色杂粮等加工装备，提高了关键设备的可靠性、使用寿命和智能化水平，研发出了一批全自动主食方便食品加工，特色杂粮、木本油料和蛋白质利用加工，饲料加工成套设备，定制机器人应用、智能工厂，粮油质量品质快速检测及质量控制设备、智能仓储及高效输送等关键设备，为粮油加工业的现代化提供了装备基础。规划中提出："关键设备自主率由 2015 年的 70% 提高到 2020 年的 80%。"

据统计，2020 年我国粮油机械制造企业 200 家、实现工业总产值 265.6 亿元、实现产品销售收入 229.1 亿元、利润总额 20.1 亿元，较 2015 年的我国粮油机械制造企业 106 家、实现工业总产值 194.6 亿、实现产品销售收入 193.9 亿元、利润总额 13.8 亿元，分别增长 88.7%、36.5%、18.2% 和 45.7%。

我国粮油机械制造业在"十三五"期间的发展过程中，最让人高兴的是粮油机械制造业更加注重创新驱动，更加注重和舍得企业的研发投入，致使 2020 年我国粮油机械制造业的研发投入达 6.7 亿元，占产品销售收入的 2.92%。随着研发费用投入的增加，粮油机械制造业在"十三五"期间取得的原创性科技成果、专利数量和质量是我们粮油加工行业中最多、最高的，诸如：国际首创的立式砂带低能耗、低破碎的低温升自动碾米机的研制成功；快速换辊智能砻谷机和智能形选机的研制成功；达到国际领先水平的 FSFG 型高方平筛和 MMR 型磨粉机的研发成功；具有自主知识产权的迈安德 E 型智能化浸出器、凯斯达醇法制备大豆浓缩蛋白大型智能化成套装备和华泰机械适应多种产能需要的、经济技术指标一流的成套米糠制油浸出设备和炼油装备的研发成功；国际首创的全景式大米外观品质检测仪的研发成功等。一大批创新研发成果，并随着成果的产业化和推广应用，不仅取得了显著的经济社会效益，同时进一步提高了我国粮油加工业的现代化水平，使我国粮油机械制造业的整体技术达到了国际先进水平。

关于"关键设备自主率"的问题，虽然没有统计资料可查，但经业内有关专家的研究推测，到 2020 年，我国粮油机械制造业"关键设备自主率"将超过 80%。

（七）粮油加工业标准制修订工作成效显著

在《粮油加工业"十三五"发展规划》中强调了标准的引领作用，提出了要加快对大米、小麦粉、食用植物油、主食品和粮油机械等重要产品的国家标准、行业标准、地方标准的研制力度，积极开展团体标准的试点，鼓励企业发展个性定制标准，引导建立标准的自我声明制度，试点建立优质粮油产品标准"领跑者"制度，并明确提出了粮油加工业的标准制修订以从 2015 年的 194 项增加到 2020 年的 312 项作为发展目标指标。

5 年来，我国粮油加工行业的标准制修订工作取得了显著成效，尤其是由中国粮油学会授权开展的团体标准制定工作取得了卓越成效，成为我国粮油加工行业国家标准的重要补充。与此同时，优质粮油产品企业标准"领跑者"评估工作也已在行业内成功开展，取得了良好的效果。

据有关方面提供的资料，经粗略统计，到 2020 年我国粮油加工业在"十三五"期间新发布的各类制修订标准 167 项，其中国家标准 56 项，行业标准 86 项，团体标准 25 项。连同 2015 年的 194 项，总计为 361 项，较 2015 年的 194 项增加了 167 项，超额完成了"十三五"发展规划中提出的 312 项的发展目标指标。至 2020 年，在新发布的各类标准 167 项中，粮食加工行业新发布的制修订标准 47 项（其中国家标准 7 项、行业标准 31 项，团体标准 9 项）；食用植物油行业新发布的制修订标准 86 项（其中国家标准 21 项、行业标准 49 项、团体标准 16 项）；粮油机械制造行业新发布的制修订标准 34 项（其中国家标准 28 项、行业标准 6 项）。随着标准制修订工作的成功开展，引领和推动了我国粮油加工业的持续、健康和高质量发展。

（八）我国粮油产品质量安全水平进一步提高

粮油产品的质量安全是国家食品安全的重要组成部分。为确保粮油产品的质量安全，在《粮油加工业"十三五"发展规划》中提出要强化粮油质量安全保障体系，加快建立健全"从田间到餐桌"的产品质量和食品安全监督监管体系，健全风险监测评估和检验检测体系；鼓励和支持加工企业加强全产业链食品质量安全检测能力建设，按照食品安全、绿色生态、营养健康等要求，完善原料检验、在线检测、成品质量等检测功能，推动大米、小麦粉、食用植物油等生产企业建立覆盖生产经营全过程的食品质量安全信息追溯体系。规划中提出，到 2020 年，大米、小麦粉、食用植物油抽样检查总体合格率由 2015 年的 96% 提高到 2020 年的 97%。

5 年来，粮油加工业企业认真贯彻"十三五"发展规划，加强和完善粮油质量安全监测能力建设，认真把好原料质量关，严格按标准组织生产，从严把好成品粮油的质量安全检验关，建立覆盖生产经营全过程的粮油质量安全信息追溯体系，促进了粮油产品的质量安全水平进一步提高。据国家市场监督管理总局发布的抽检数据，2020 年我国粮食产品的抽检合格率为 98.9%，食用植物油的抽检合格率为 98.5%，超过了规划中要求达到 97% 的目标任务。我国粮油产品抽检合格率的显著提高，反映了我国粮油产品质量安全的进一步提高，有效支撑了我国食品安全体系建设和健康中国建设。

（九）需要说明的有关情况

上述八个方面反映了我国粮油加工业在"十三五"期间的长足发展，但也存在一些不足之处，主要表现在以下两个方面。

一是，由于有些项目没有单独的统计数据，所以，规划中有关"主营业务收入超过 100 亿元企业数量""主食品工业化率""单位工业增加值能耗下降""单位工业增加值二氧化碳排放下降"和"玉米深加工原料利用率"等发展目标指标无法量化对比。

二是，5 年来我国以米糠制油为代表的副产物综合利用工作取得了很大发展，但没有完全实现规划中提出的到 2020 年"米糠等副产物综合利用达到 50%"的发展目标。据国家粮油信息中心提供的资料，2020 年我国稻米油的产量为 60 万吨，按此产量推算，2020 年我国米糠制油的利用率不足 30%，需要我们今后努力加强这方面工作，为节粮减损、国家增产油脂做出更大的贡献。

　　总之，我国的粮油加工业在"十三五"期间取得的发展成就是有目共睹的，是很不容易的。我们坚信，在以习近平同志为核心的党中央英明领导下，我国粮油加工业一定会在"十四五"期间取得更加辉煌的发展成就，我国粮油加工业的明天一定会更加美好！

二十六、浅谈 2022 年粮油加工业要做好的几项工作
——发表于《中国油脂》杂志

（2022 年 3 月 18 日 于北京）

2021 年是党和国家历史上具有里程碑意义的一年。今年是我国全面建设社会主义现代化国家新征程、向第二个百年奋斗目标进军的重要一年。我们党将召开第二十次全国代表大会，这是党和国家事业发展进程中十分重要的一年。为迎接党的二十大胜利召开，现在各行各业都在认真按照习近平总书记的指示和中央经济会议精神，努力做好工作，以更加优异的成绩迎接党的二十大召开。

2022 年粮油加工业要认真贯彻习近平总书记有关国家粮食安全的一系列指示精神，李克强总理的政府工作报告、中央经济工作会议和中央一号文件精神，努力在以下几个方面做出显著成绩，以实际行动向党的二十大献礼。

（一）为国家粮食安全做出贡献

当前，国际形势更加错综复杂、俄乌两个全球重要产粮出口大国交战、新冠病毒肺炎疫情仍在持续、全球极端气候时有发生等，给全球粮食安全带来了极大挑战。在我国，解决好 14 亿多人口的吃饭问题是天大的事。

以习近平同志为核心的党中央对国家粮食安全高度重视，尤其是今年以来，习近平总书记在一些重要会议上几乎逢会必讲要确保国家粮食安全。3 月 6 日，习近平总书记在看望参加全国政协十三届五次会议的农业界、社会福利和社会保障界委员时再次强调"必须把确保重要农产品特别是粮食供应作为首要任务，把提高农业综合生产能力放在更加突出的位置，把中国人的饭碗牢牢端在自己手中"。对此，我们在抓好粮食生产的同时，要进一步抓好粮油资源加工利用，为国家粮食安全做出应有的贡献。在这方面，粮油加工业有许多文章可做。

（1）要杜绝粮油原料和成品粮油在储存中的变质变味和运输过程中的破损、撒漏等损失浪费现象的发生。

（2）要认真实施适度加工，提高出品率，提高可食资源利用率。

（3）要进一步搞好资源综合利用，要充分利用粮油加工过程中产生的大量米糠、碎米、麸皮、小麦胚芽、次粉和饼粕等副产物，并把这些宝贵资源的利用重点放在大力推广米糠、玉米胚芽和小麦胚芽的集中制油上；放在提高碎米、次粉和麸皮的可食利用上；放在发展生产植物蛋白粉、植物蛋白肽和人造肉等营养健康产品上。

（4）要科学制修订好各类粮油产品标准，引领粮油加工业贯彻适度加工和节粮减损，促进粮油加工业的健康发展。

（5）要认真贯彻习近平总书记关于餐饮浪费行为的重要批示，配合餐饮等有关行业，在全社会积极宣传，树立文明、健康、绿色、环保的生活方式，要倡导科学消费、节约消费、健康消费。

（6）要积极与有关部门商量，对于一些经质检部门检验，其产品质量仍然全部符合国家质量标准和食用安全国家标准要求的超过保质期的米面油等粮油产品，要合理处置，防止可食粮油资源的浪费。

（二）认真贯彻稳字当头、稳中求进的总基调

为保证我国经济平稳持续发展，自 2018 年起，中央经济工作会议将"稳中求进"作为国民经济发展的工作总基调，至今已连续 5 年了，我国经济取得了持续健康发展的伟大成就。面对我国经济发展中多年未见的需求收缩、供给冲击、预期转弱三重压力，困难和挑战明显增多等不利条件，中央经济工作会议提出了今年我国经济工作要以"稳字当头、稳中求进"为今年我国经济工作的总基调，要把稳增长放在更加突出的位置，强调为保持稳定的宏观经济大局，要"稳字当头"，稳扎稳打做好今年的各项工作。

我们粮油加工业要深刻领会有关精神，认真加以贯彻。首先，要防止盲目扩大产能和在同类型低水平上的重复建设。据有关统计和计算，2020 年我国小麦粉加工业的产能利用率为 49.2%、大米加工业的产能利用率为 30.2%、食用植物油加工业的产能利用率为52.5%。由此可见，我国粮油加工业的产能利用率是很低的，而且大多是同类型的。根据上述实际，粮油加工行业今后再也不能随意铺新摊子，靠扩大产能和同类型低水平上的重复建设来求得发展了。

其次要积极探索新时代粮油加工业发展的新路子。要把发展的重点放在提高品质、节粮减损、节能减排、提高效益、开发新产品和提高现代化、智能化水平的技术改造上，放在进一步搞好精深加工和两个延伸上，尤其是要更加重视向食品方向延伸。也要把重点放在资源的综合利用上，变废为宝，为社会增添财富。

最后要集中力量加快在建项目的高质量建成，尽早发挥作用。

（三）依靠创新驱动，推动粮油加工业的高质量发展

党中央和国务院反复强调要依靠创新驱动国民经济的高质量发展。对此，我们要在总结过去依靠科技创新发展粮油加工业经验的基础上，提出在未来的行业发展中，我们要认真做到以下几个方面。

（1）要更加重视科技，更加重视人才的培养和引进。

（2）要深刻领会创新的主体是企业，要针对企业科技创新能力和人才相对薄弱的情况，更加注重企业与院校和科研院所的联合，实现"产学研用"的有效结合。

（3）要注重和舍得科技投入，争创科技创新型企业。科技投入不足是当前制约我国粮油加工业高质量发展的重要原因，据统计，2020年我国粮油加工业的研发经费的投入占产品销售收入的比例只有0.54%，这远低于我国科技投入2.79万亿元占国内生产总值的2.45%的比例，粮油加工业必须充分利用国家有关政策，注重和舍得科技投入。

（4）要以执着专注、精益求精、追求卓越的工匠精神，奋力攻克粮油科技中的工程技术难题和前沿科学问题，不断创新工艺、改进装备、创新品牌、提质增效，实现粮油加工业在新征程中的高质量发展。

（四）切实做到两个"安全"万无一失

以习近平同志为核心的党中央反复强调，"要以人民为中心"，要"增加人民群众的获得感、幸福感、安全感""要抓好发展和安全两件大事……坚决防范重特大事故发生"。

按照中央的精神，粮油加工企业必须以安全为重点，务必做到生产经营安全和粮油产品质量安全。

人命关天，安全生产重如泰山！为此，粮油加工企业要在总结经验教训的基础上，始终把防尘、防爆等安全生产放在生产经营的第一位，坚决克服"重发展、轻安全"的倾向。要始终绷紧安全生产这根弦，紧抓落实安全生产责任制；要严盯严防，不断排查整治各种隐患，确保安全生产万无一失。

为让百姓吃得放心，吃得营养健康，粮油加工企业要坚守食品安全底线，要始终把粮油产品的质量安全放在第一位，要严把原料质量关，严格按照标准组织生产，完善成品粮油的质量检验，建立覆盖生产经营全过程的粮油质量安全信息追溯体系，确保粮油产品质量安全万无一失。

（五）积极实施节能减排，绿色生产

我国政府高度重视"碳达峰""碳中和"工作，把实现"双碳"目标作为推动我国经济高质量发展的内在要求，要坚定不移地向前推进，并把继续做好"碳达峰""碳中和"作为今年经济工作需要正确认识和把握的五大重大理论和实践问题。对此，粮油加工业要进一步提高对实现"双碳"目标、节能减排、实行绿色生产重要意义的认识，并将其看作粮油加工业推进企业调整结构、转型升级、寻找新的经济增长点的必由之路，努力把节能减排、实现绿色生产落到实处。

在此基础上，要将工作的重点放在以下几个方面。

（1）要认真落实好李克强总理在今年全国人民代表大会五次会议上所作的政府工作报告中强调的要"坚决遏制高能耗、高排放、低水平项目盲目发展。推动能耗'双控'向碳排放总量和强度'双控'转变，完善减污降碳激励约束政策，加快形成绿色生产生活方式"。

（2）要继续把重点放在节电、节煤、节气、节水上；放在减少废水、废气、废渣、废物等产生和排放上，并要按照循环经济的理念，想方设法采取措施对其加以利用和处置，实现污染物的零排放。

（3）要积极选用清洁能源、清洁溶剂、清洁辅料、清洁包装器材，严防污染环境。

（4）要努力构建绿色加工体系，要以绿色园区、绿色生产、绿色产品、绿色包装为重点，建立绿色粮油产业供应链。总之，我们要把节能减排和实行绿色生产作为粮油加工业发展的永恒主题，必须长期坚持下去，以助力清洁美丽中国建设。

（六）重视数字经济的发展

当今世界，科技进步日新月异，以大数据、云计算、互联网、物联网、人工智能等为代表的信息技术迅猛发展。数字经济已成为引领全球经济社会变革、推动我国经济高质量发展的重要引擎。党中央和国务院高度重视数字经济的发展，多次强调"要大力发展数字经济"。不久前，李克强总理在"两会"期间所作的政府工作报告中再次强调："要促进数字经济发展，加强数字中国建设整体布局。建设数字信息基础设施，推进5G规模化应用，促进产业数字化转型……加快发展工业互联网，培育壮大集成电路、人工智能等数字产业……完善数字经济治理，释放数据要素潜力，更好赋能经济发展丰富人民生活。"

在数字经济发展的推动下，我国各行各业都很重视数字经济的发展，并已取得了成效，诸如数字货币、数字支付、数字医疗、数字展厅、数字服务、数字文化等等已日趋完善。对此，我们粮油加工业要关注和重视数字经济的发展，跟上数字经济发展时代，要积极应用大数据、云计算、工业互联网、物联网、人工智能等数字产业，催生出新时代粮油加工业在发展中的新产业、新业态和新模式，推动粮油加工业的转型升级，提高效率，提升效益和高质量发展，加快粮油加工业朝着现代化、智能化方向发展。

（七）努力争创世界一流企业

习近平总书记在 2022 年 2 月 28 日主持召开的中央全面深化改革委员会第二十四次会议上强调，要"加快建设一批产品卓越、品牌卓著、创新领先、治理现代的世界一流企业，在全面建设社会主义现代化国家、实现第二个百年奋斗目标进程中实现更大发展、发挥更大作用"。总书记不仅为我们指明了加快建设一批世界一流企业的重要意义，也为我们提出了争创世界一流企业的基本条件。我们粮油加工企业要遵照总书记的指示精神，通过努力拼搏，争创一批在国际同行业中的一流企业。

从我国粮油加工业的现状看，我们在米面油加工、粮油饲料机械制造和光电色选等领域已有一批大型骨干企业，初步具备了争创世界一流企业的条件，只要我们认真按"产品卓越、品牌卓著、创新领先、治理现代"的要求，通过科技创新、扎实工作、埋头苦干，一定能在不久的将来培养出几个乃至一批国际同行业中的一流企业，为国家和行业争光，为全面建设社会主义现代化国家助力。

（八）学习领会、认真贯彻今年的中央一号文件

党中央历来高度重视"三农"工作，每年都要召开中央农村工作会议，并发布中央一号文件以指导和做好"三农"工作。今年的中央一号文件精神的核心是全面推进乡村振兴，牢牢守住保障国家粮食安全和不发生规模性返贫两条底线。要紧紧围绕一个重点、两条底线做好工作。

认真贯彻今年中央一号文件精神意义重大。对粮油加工业来讲，文件中直接涉及粮油加工业发展的内容很多，归纳起来有以下三个方面值得我们关注。

（1）为保障国家粮食安全，通过保面积、保产量，确保今年的粮食产量保持在 1.3 万亿斤以上，让中国人的饭碗里主要装中国粮；要大力实施大豆和油料产能提升工程，让百姓的"油瓶子"里尽可能多装中国油；要大力开展绿色高质高效行动，深入实施优质粮食工程，合理保障农民种粮收益，鼓励农民"种好粮"，提升粮食品质等，这些举措为粮油加工业的高质量发展、稳定发展奠定了基础。

（2）为统筹做好重要农产品调控，中央一号文件中强调，要严格控制以玉米为原料的燃料乙醇加工，要"坚持节约优先，落实粮食节约行动方案，深入推进产、运、储、加、

销全链条节粮减损，强化粮食安全教育，反对食物浪费"。上述这些产后的节粮减损措施，也是保障国家粮食安全的有效措施。这里需要提醒的是，对一些利用食用植物油生产生物柴油和利用小麦粉生产谷朊粉，并以出口为主的企业，要特别关注国内外粮油供应情况，及时做出调整方案。

（3）为守住不发生规模性返贫底线，要聚焦产业促进乡村发展。文件中提出，要"鼓励各地拓展农业多种功能，挖掘乡村多元价值，重点发展农产品加工、乡村休闲旅游、农村电商等产业。支持农业大县聚焦农产品加工，引导企业到产地发展粮油加工、食品制造"。对此，粮油加工业要好好研究，要在技术、装备等方面积极支持农业大县发展农产品加工业，要积极到农业大县去发展粮油食品加工业，为农村劳动力就业，守住不发生规模性返贫底线做出贡献。

以上是我近期学习习近平总书记有关指示精神、中央经济工作会议精神、李克强总理在"两会"上作的政府工作报告和中央一号文件的学习心得，纯属个人的理解与体会，不妥之处，请批评指正。

二十七、我国粮油产销情况和可持续发展建议

——在"布勒中国谷物食品 2022 可持续发展创新峰会"上的演讲

（2022 年 5 月 6 日　于江苏无锡）

各位专家、各位企业家、各位同仁：

大家好！

很高兴参加由布勒中国举办的"布勒中国谷物食品 2022 可持续发展创新峰会"，并与大家一起共同探讨"创新驱动，引领谷物食品可持续发展"。根据会议的安排和张恒达总经理的建议，要我以《我国粮油产销情况和可持续发展建议》为题给大家介绍些情况和讲点意见。由于北京防疫要求，我这次不能到会议现场，只能通过视频方式发个言，供大家参考。

（一）我国粮油产销情况

1. 2021 年我国粮食生产与进出口简况

（1）我国粮食生产情况　2021 年面对变幻莫测的新冠病毒肺炎疫情、错综复杂的国际形势和严重洪涝灾害频发等不利因素，在以习近平同志为核心的党中央的高度重视和英明领导下，我国农业生产战胜各种困难，2021 年我国粮食生产再创历史新高，产量达到 13657 亿斤；较 2020 年的 13390 亿斤增加 267 亿斤，增长 2.0%，连续 7 年站稳 1.3 万亿斤台阶，收获了来之不易的"十八连丰"，保证了中国人的饭碗牢牢端在了自己手里。为国家粮食安全、促进生产、促进经济发展和社会稳定奠定了坚实基础。

根据国家粮油信息中心提供的资料，2021 年，我国粮食总产量达 68285 万吨，较 2020 年的 66949 万吨增长 2.0%，其中小麦产量为 13695 万吨，较 2020 年的 13425 万吨增长 2.0%；稻谷产量为 21284 万吨，较 2020 年的 21186 万吨增长 0.5%；玉米产量为 27255 万吨，比 2020 年的 26067 万吨增长 4.6%。另外，2021 年的杂粮产量为 1042 万吨，较 2020 年的 996 万吨增长 4.6%；豆类产量为 1966 万吨，较 2020 年的 2288 万吨下降 14.0%；薯类产量（折干粮）为 3043 万吨，较 2020 年的 2987 万吨增长 1.9%（表 1）。

表1　中国分品种粮食产量　　　　　　　　　　　　　　　　单位：万吨

年份	粮食总产量	其中：谷物总产量	稻谷	小麦	玉米	杂粮	豆类产量	薯类产量（折干粮）
2014	63965	59602	20961	12832	24976	905	1565	2799
2015	66060	61818	21214	13264	26499	841	1513	2729
2016	66044	61667	21109	13327	26361	869	1651	2726
2017	66161	61521	21268	13433	25907	912	1842	2799
2018	65789	61019	21213	13143	25717	946	1914	2856
2019	66384	61368	20961	13359	26077	971	2132	2883
2020	66949	61674	21186	13425	26067	996	2288	2987
2021	68285	63276	21284	13695	27255	1042	1966	3043

注：①资料来源国家粮油信息中心。

②根据第三次农业普查数据，国家统计局对2007—2017年粮油产量数据进行了调整。

（2）我国粮食的进出口情况　为满足品种调节和市场供应需要，我国每年都要利用国际市场，从国外进口一部分粮食。据海关统计，2021年我国进口大米496万吨、进口小麦977万吨、进口玉米2385万吨、进口高粱942万吨、进口大麦1248万吨，合计进口谷物量为6048万吨；较2020年进口谷物量3551万吨增加2497万吨，增长70.3%。与此同时，2021年我国出口大米242万吨、小麦8万吨，玉米1万吨，合计出口谷物量为251万吨，与2020年出口数量持平（表2）。

表2　我国分品种谷物进出口量　　　　　　　　　　　　　　单位：万吨

进出口	总产量	大米	小麦	玉米	高粱	大麦	木薯
2015年进口	3258	338	301	473	1073	1073	938
2015年出口	53	29	12	1	—	1	0
2016年进口	2160	356	341	317	645	501	770
2016年出口	64	40	11	0	—	1	0
2017年进口	2520	403	442	283	506	886	813
2017年出口	161	120	18	8	4	1	0

续表

进出口	总产量	大米	小麦	玉米	高粱	大麦	木薯
2018年进口	2016	308	309	352	365	682	480
2018年出口	254	209	29	1	5	1	0
2019年进口	1759	255	349	479	83	593	284
2019年出口	318	275	31	3	4	1	0
2020年进口	3551	294	838	1130	481	808	332
2020年出口	251	230	18	0	2	1	0
2021年进口	6048	496	977	2385	942	1248	28
2021年出口	251	242	8	1	0	0	0

注：①资料来源国家粮油信息中心。
②自2020年开始海关不发布谷物进出口数据，只发布分品种数据。
③原表中的大豆一项已删去，因为与油料油脂进出口情况表中有重复。
④在粮食进出口谷物类中，有些数字相加有错误，本人做了修正，如有不妥之处由我承担。

2. 2021年我国油料油脂的产销与进出口情况

（1）我国油料油脂生产情况　2021年我国的油料生产不如往年，造成总产量减少的主要原因是大豆产量降幅较大。据预测，2021年我国大豆、油菜籽、花生、棉籽、葵花籽、芝麻、亚麻籽、油茶籽八大油料作物的总产量为6602.1万吨，较2020年的6857.0万吨总产量减少254.9万吨，下降3.7%。其中大豆产量为1640万吨，较2020年的1960万吨，产量减少320万吨，下降16.3%；花生产量为1820万吨，较2020年的1799.3万吨增长1.2%；油菜籽产量为1445万吨，较2020年的1404.9万吨增长0.1%；棉籽产量为1031.5万吨，与2020年的1063.8万吨基本持平；另外，葵花籽产量为246.8万吨、油茶籽产量为340万吨、芝麻产量为47.7万吨，亚麻籽产量为31.1万吨，这四种油料作物的产量较2020年都略有增长，但增幅不大（表3）。

（2）利用国产油料制油量　在利用国产油料榨油方面，根据国家粮油信息中心预测，2021年我国利用国产油料（扣除大豆、花生、芝麻、葵花籽四种油料部分直接食用外）榨油的油料量为3770万。制得的食用植物油（含玉米油、稻米油及其他小宗油脂）预测为1234.8万吨（表4），较2020年制得的食用植物油1212.3万吨（表5），多制得了食用植物油22.5万吨。

表3　中国油籽油料产量　　　　　　　　　　　　　　　单位：千吨

| 年份 | 油籽总产量 | 其中： | | 油料 | 其中： | | | | | 林产品：油茶籽 |
		棉籽	大豆		油菜籽	花生	葵花籽	芝麻	亚麻籽	
2014	57757	11338	12700	33719	13914	15901	2582	437	323	2023
2015	56888	10633	12350	33905	13859	15961	2872	450	312	2163
2016	57217	9617	13600	34000	13128	16361	3201	352	325	2164
2017	60209	10175	15282	34752	13274	17092	3149	367	301	2432
2018	64312	10985	15967	37360	13281	17332	3242	432	443	2630
2019	65704	10602	18091	34332	13485	17520	2560	450	317	2679
2020	68570	10638	19600	38332	14049	17993	2395	447	306	3142
2021（预测）	66021	10315	16400	39306	14450	18200	2468	477	311	3400

注：①资料来源国家粮油信息中心。
　　②原表中油茶籽作为林产品，没有加到油籽总产量中，为与以前的口径一致，作者将油茶籽的产量加进了油籽总产量中，作为八大油料作物之一。
　　③有些数字相加，错的地方作者做了更正，如有不妥之处，责任由作者承担。

表4　2021年国产油料制油量预测　　　　　　　　　　　单位：千吨

品种	产量	油料量	出油量	出油率/%
油菜籽	14450	12500	4250	34
花生	18200	9200	3220	35
棉籽	10315	8500	1105	13
大豆	16400	3500	578	16
葵花籽	2468	500	125	25
油茶籽	3400	3000	725	25
芝麻	477	200	80	40
亚麻籽	311	300	90	30
玉米油			1500	
稻米油			500	
其他			50	
合计			12348	

注：①资料来源国家粮油信息中心。
　　②原资料压榨量中花生的压榨量多了一个"0"，作者已做了删减。

表5 2020年国产油料制油量　　　　单位：千吨

品种	产量	油料量	出油量	出油率/%
油菜籽	14049	12000	4080	34
花生	17993	9000	3150	35
棉籽	10638	8500	1105	13
大豆	19600	4500	743	16
葵花籽	2395	800	200	25
油茶籽	3142	2600	625	25
芝麻	447	200	80	40
亚麻籽	306	300	90	30
玉米油			1500	
稻米油			500	
其他			50	
合计			12123	

注：①资料来源国家粮油信息中心。
　　②压榨量中花生的压榨量调减一个"0"。
　　③2020年国产油料榨油量与原来的预测数有些调整。

（3）2021年我国油料油脂的进出口情况　据海关统计，2021年我国进口各类油料合计为10205.1万吨，其中进口大豆9651.8万吨、进口油菜籽263.8万吨、其他油料合计进口289.5万吨。我国进口各类食用植物油合计为1213.7万吨。其中进口大豆油112.0万吨、进口菜籽油215.4万吨、进口棕榈油637.7万吨、进口葵花籽油128.3万吨（表6、表7）。

表6 中国油料进口量　　　　单位：千吨

年份	油籽进口	其中：大豆	油菜籽	其他油籽	其中：芝麻	亚麻籽	花生	棉籽	葵花籽
2015	87571	81694	4471	1406	806	360	132	8	
2016	89529	83913	3566	2050	932	475	455	76	
2017	102000	95526	4748	1726	712	339	251	264	131

续表

年份	油籽进口	其中:			其中:				
		大豆	油菜籽	其他油籽	芝麻	亚麻籽	花生	棉籽	葵花籽
2018	94489	88031	4756	1702	836	398	124	117	138
2019	93308	88511	2737	2060	815	427	405	6	302
2020	106141	100327	3114	2700	1015	373	1085	6	181
2021	102051	96518	2638	2895	1174	391	1003	137	110

注：资料来源国家粮油信息中心。

表7　中国油脂进口量　　　　　　　　　　　　　　　　单位：千吨

年份	植物油进口	其中:				其中:					
		大豆油	棕榈油	菜籽油	其他植物油	葵花籽油	花生油	橄榄油	亚麻籽油	棕榈仁油	椰子油
2015	8391	818	5909	815	849	651	128	39	29		
2016	6884	560	4478	700	1146	957	107	45	34		
2017	7428	653	5079	757	939	745	108	43	40		
2018	8087	549	5327	1296	915	703	128	40	42		
2019	11527	826	7552	1615	1534	1229	194	54	51		
2020	11695	963	6470	1930	2314	1916	269	55	53		
2021	12137	1120	6377	2154	2486	1283	281	52	47	628	174

注：①资料来源国家粮油信息中心。
②自2021年起，海关将棕榈仁油、椰子油和亚麻籽油列入食用植物油，但未将棕榈油硬脂列入，本表中植物油进口量中包含棕榈油硬脂（包含在棕榈油中）。

（4）我国食用油市场产销情况分析　根据国家粮油信息中心提供的"中国食用油市场综合平衡分析"，2020/2021年度，我国食用油市场拥有的总供给量为4367.2万吨，我国食用油的食用消费量为3708.0万吨，工业及其他消费为546.5万吨，出口量为7.3万吨，合计年度需求总量为4261.8万吨；年度食用油的消费总量为4254.5万吨（即食用消费量和工业及其他消费量之和，不含出口量），年度节余量105.4万吨。2020/2021年度我国食用油的自给率为29.0%（即2021年国产油料榨油量1234.8万吨，与年度食用油消费总量4254.5万吨之比）。

另外，2020/2021年度我国食用油年度消费总量为4254.5万吨，按我国第七次人口调查，全国截至2020年11月的人口总数为14.1178亿人计算，2021年我国人均年食用油消费量为30.1千克（表8），超过了2021年度世界人均年食用油消费量27.0千克的水平。

表8 1996—2021年我国人均年食用油消费情况

年份	食用油消费量/ 万吨	人均年食用油 消费量/千克	年份	食用油消费量/ 万吨	人均年食用油 消费量/千克
1996	1002.5	7.7	2011	2777.4	20.6
1998	1090.7	8.4	2012	2894.6	21.4
2000	1245.7	9.6	2013	3040.8	22.5
2001	1330	10.2	2014	3167.4	23.2
2002	1410	10.8	2015	3294.6	24.1
2003	1500	11.5	2016	3426.5	24.8
2004	1750	13.5	2017	3751.5	26.6
2005	1850~1900	14.2~14.6	2018	3849.6	27.3
2006	2271.7	17.5	2019	3978	28.4
2007	2509.7	19.3	2020	4071.0	29.1
2008	2684.7	20.7	2021	4254.5	30.1

注：①2006—2008年食用油消费量按国产油料扣去食用部分后的总折油量加上净进口前折油之和。

②1996—2008年的我国人均年消费按13亿人口计算；2011—2013年按13.5亿人口计算；2014年按13.6782亿人口计算；2015年按13.68亿人口计算；2016年按13.8271亿人口计算；2017—2018年按联合国网络发布的中国人口数为14.1亿人口计算。

③2020年的我国人口数，按国家公布的到2020年末，我国大陆总人口为140005万人计算；并从2020年起，在食用油消费量中不含出口量。

④2021年我国人口总数为14.1178亿计算。

（二）2022年要努力做好几项工作，促进粮油加工业的可持续发展

遵照习近平总书记有关国家粮食安全的一系列指示精神、李克强总理的政府工作报告、中央经济工作会议和中央一号文件精神，2022年我国粮油加工业要努力在以下几个

方面做出显著成绩，以实际行动向党的二十大献礼。

1. 为国家粮食安全做出贡献

当前，国际形势更加错综复杂、俄乌两个全球重要产粮出口大国交战、新冠病毒肺炎疫情仍在持续、全球极端气候时有发生等，给全球粮食安全带来了极大挑战。在我国，解决好14亿多人口的吃饭问题是天大的事。以习近平同志为核心的党中央对国家粮食安全高度重视，尤其是今年以来，习近平总书记在一些重要会议上几乎逢会必讲要确保国家粮食安全。3月6日，习近平总书记在看望参加全国政协十三届五次会议的农业界、社会福利和社会保障界委员时再次强调"必须把确保重要农产品特别是粮食供应作为首要任务，把提高农业综合生产能力放在更加突出的位置""中国人的饭碗任何时候都要牢牢端在自己手中"。

对此，我们要在抓好粮食生产的同时，进一步抓好粮油资源加工利用，为国家粮食安全做出应有的贡献。在这方面，粮油加工业有许多文章可做。

（1）要杜绝粮油原料和成品粮油在储存中的变质变味和运输过程中的破损、洒漏等损失浪费现象的发生。

（2）要认真实施适度加工，提高出品率，提高可食资源利用率。现在，由于过度加工造成的米面出品率实在是太低了。据统计，2019年我国小麦加工的平均出粉率只有71.5%、稻谷加工的平均出米率只有64.7%，与1985年全国小麦加工平均出粉率78.7%、稻谷加工平均出米率在70%左右相比，差距甚大。我粗略测算了一下，如果将米、面加工出品率提高三个百分点，按我国每年加工小麦和稻谷的总量约为33000万吨计算，即能增加成品小麦粉和大米990万吨，可供5500万人一年的口粮（按每人每月15千克计算），由此可见，倡导适度加工，提高出品率，提高可食资源利用有多么重要的意义。

（3）要进一步搞好资源综合利用。要充分利用粮油加工过程中产生的大量米糠、碎米、麸皮、小麦胚芽、次粉和饼粕等副产物，并把这些宝贵资源的利用重点放在大力推广米糠、玉米胚芽和小麦胚芽的集中制油上；放在提高碎米、次粉和麸皮的可食利用上，放在发展生产植物蛋白粉、植物蛋白肽和人造肉等营养健康产品上。

（4）要科学制修订好各类粮油产品标准，引领粮油加工业贯彻适度加工和节粮减损，促进粮油加工业的健康发展。

（5）要认真贯彻习近平总书记关于餐饮浪费行为的重要批示，配合餐饮等有关行业，在全社会积极宣传，树立文明、健康、绿色、环保的生活方式，要倡导科学消费、节约消费、健康消费。

（6）要积极与有关部门沟通和商量，对于一些经质检部门检验，其产品质量仍然全部符合国家质量标准和食用安全国家标准要求的超过保质期的米面油等粮油产品要合理处置，防止可食粮油资源的浪费。

2. 认真贯彻稳字当头、稳中求进的总基调

为保证我国经济平稳持续发展，自 2018 年起，中央经济工作会议将"稳中求进"作为国民经济发展的工作总基调，至今已连续 5 年了，我国经济取得了持续健康发展的伟大成就。面对我国经济发展中多年未见的需求收缩、供给冲击、预期转弱三重压力，困难和挑战明显增多等不利条件，中央经济工作会议提出了今年我国经济工作要以"稳字当头、稳中求进"作为总基调，要把稳增长放在更加突出的位置，强调为保持稳定的宏观经济大局，要"稳字当头"，稳扎稳打做好今年的各项工作。

我们粮油加工业要深刻领会有关精神，认真加以贯彻。首先，要防止盲目扩大产能和在同类型、同质化低水平上的重复建设。据有关统计和计算，2020 年我国小麦粉加工业的产能利用率为 49.2%、大米加工业的产能利用率为 30.2%、食用植物油加工业的产能利用率为 52.5%。由此可见，我国粮油加工业的产能利用率是很低的，而且大多是同类型、同质化的。根据上述实际，粮油加工行业，今后再也不能随意铺新摊子，靠扩大产能和在同类型同质化低水平上的重复建设来求得发展了。

其次，要积极探索新时代粮油加工业发展的新路子。要把发展的重点放在提高品质、节粮减损、节能减排、提高效益、开发新产品和提高现代化、智能化水平的技术改造上，放在进一步搞好精深加工和两个延伸上，尤其是要更加重视向食品方向的延伸。也要把重点放在资源的综合利用上，变废为宝，为社会增添财富。

最后，要集中力量加快在建项目的高质量建成，尽早发挥作用。

3. 依靠创新驱动，推动粮油加工业的高质量发展

党中央和国务院反复强调要依靠创新驱动国民经济的高质量发展。对此，我们要在总结过去依靠科技创新发展粮油加工业经验的基础上，提出在未来的行业发展中，我们要认真做到以下几个方面。

（1）要更加重视科技，更加重视人才的培养和引进。

（2）要深刻领会创新的主体是企业，要针对企业科技创新能力和人才相对薄弱的情况，要更加注重企业与院校和科研院所的联合，实现"产学研用"的有效结合。

（3）要注重和舍得科技投入，争创科技创新型企业。科技投入不足是当前制约我国粮油加工业高质量发展的重要原因，据统计，2020 年我国粮油加工业的研发经费的投入占产品销售收入的比例只有 0.54%，其中小麦粉加工业的占比为 0.28%、大米加工业的占比为 0.13%、食用植物油加工业的占比为 0.89%，远远低于我国科技投入 2.79 万亿元，占国内生产总值的 2.45% 的比例。

对此，我们要高度重视，要充分利用国家有关政策，注重和舍得科技投入。

（4）要以执着专注、精益求精、追求卓越的工匠精神，奋力攻克粮油科技中的工程技术难题和前沿科学问题，不断创新工艺、改进装备、创新品牌、提质增效，实现粮油加工业在新征程中的高质量发展。

4. 切实做到两个"安全"万无一失

以习近平同志为核心的党中央反复强调："要以人民为中心"，要"增加人民群众的获得感、幸福感、安全感""要抓好发展和安全两件大事，……坚决防范重特大事故发生"。

按照中央的精神，粮油加工企业必须以安全为重点，务必做到生产经营安全和粮油产品质量安全。

人命关天，安全生产重如泰山！为此，粮油加工企业要在总结经验教训的基础上，始终把防尘、防爆等安全生产放在生产经营的第一位，坚决克服"重发展、轻安全"的倾向。要始终绷紧安全生产这根弦，紧抓落实安全生产责任制；要严盯严防，不断排查整治各种隐患，确保安全生产万无一失。

为让百姓吃得放心，吃得营养健康，粮油加工企业要坚守食品安全底线，要始终把粮油产品的质量安全放在第一位，要严把原料质量关，严格按照标准组织生产，完善成品粮油的质量检验，建立覆盖生产经营全过程的粮油质量安全信息追溯体系，确保粮油产品质量安全万无一失。

5. 积极实施节能减排，绿色生产

我国政府高度重视"碳达峰""碳中和"工作，把实现"双碳"目标作为推动我国经济高质量发展的内在要求，要坚定不移地向前推进，并把继续做好"碳达峰""碳中和"作为今年经济工作需要正确认识和把握的五大重大理论和实践问题。对此，粮油加工业要进一步提高对实现"双碳"目标、节能减排、实行绿色生产重要意义的认识，并将其看作粮油加工业推进企业调整结构、转型升级、寻找新的经济增长点的必由之路，努力把节能减排、实现绿色生产落到实处。在此基础上，要将工作的重点放在以下几个方面。

（1）要认真落实好李克强总理在今年政府工作报告中强调的要"坚决遏制高能耗、高排放、低水平项目盲目发展。推动能耗'双控'向碳排放总量和强度'双控'转变，完善减污降碳激励约束政策，加快形成绿色生产生活方式"。

（2）要继续把重点放在节电、节煤、节气、节水上；放在减少废水、废气、废渣、废物等产生和排放上，并要按照循环经济的理念，想方设法采取措施加以利用和处置，实现污染物的零排放。

（3）要积极选用清洁能源、清洁溶剂、清洁辅料、清洁包装器材，严防污染环境。

（4）要努力构建绿色加工体系，要以绿色园区、绿色生产、绿色产品、绿色包装为重点，建立绿色粮油产业供应链。总之，我们要把节能减排和实行绿色生产作为粮油加工业发展的永恒主题，必须长期坚持下去，以助力清洁美丽中国建设。

6. 重视数字经济的发展

当今世界，科技进步日新月异，以大数据、云计算、互联网、物联网、人工智能等为代表的信息技术迅猛发展。数字经济已成为引领全球经济社会变革、推动我国经济高质量发展的重要引擎。党中央和国务院高度重视数字经济的发展，多次强调"要大力发展数字经济"。不久前，李克强总理在"两会"期间所作的政府工作报告中再次强调，要"促进数字经济发展，加强数字中国建设整体布局。建设数字信息基础设施，推进 5G 规模化应用，促进产业数字化转型……加快发展工业互联网，培育壮大集成电路、人工智能等数字产业……完善数字经济治理，释放数据要素潜力，更好赋能经济发展、丰富人民生活"。

在数字经济发展的推动下，我国各行各业都很重视数字经济的发展，并已取得了成效，诸如数字货币、数字支付、数字医疗、数字展厅、数字服务、数字文化等等已日趋完善。对此，我们粮油加工业要关注和重视数字经济的发展，跟上数字经济发展时代。要积极应用大数据、云计算、工业互联网、物联网、人工智能等数字产业，催生出新时代粮油加工业在发展中的新产业、新业态和新模式，推动粮油加工业的转型升级，提高效率，提升效益和高质量发展，加快粮油加工业朝着现代化、智能化方向发展。

7. 努力争创世界一流企业

习近平总书记在 2022 年 2 月 28 日主持召开的中央全面深化改革委员会第二十四次会议上强调，要"加快建设一批产品卓越、品牌卓著、创新领先、治理现代的世界一流企业，在全面建设社会主义现代化国家、实现第二个百年奋斗目标进程中实现更大发展、发挥更大作用"。总书记不仅为我们指明了加快建设一批世界一流企业的重要意义，也为我们提出了争创世界一流企业的基本条件。我们粮油加工企业要遵照总书记的指示精神，通过努力拼搏，争创一批在国际同行业中的一流企业。从我国粮油加工业的现状看，我们在米面油加工、粮油饲料机械制造和光电色选等领域已有一批大型骨干企业和企业集团，初步具备了争创世界一流企业的条件，只要我们认真按"产品卓越、品牌卓著、创新领先、治理现代"的要求，通过科技创新、扎实工作、埋头苦干，一定能在不久的将来培养出几个乃至一批国际同行业中的一流企业，为国家和行业争光，为全面建设社会主义现代化国家添力。

8. 学习领会、认真贯彻今年的中央一号文件

党中央历来高度重视"三农"工作，每年都要召开中央农村工作会议，并发布中央一

号文件以指导和做好"三农"工作。今年的中央一号文件精神的核心是全面推进乡村振兴，牢牢守住保障国家粮食安全和不发生规模性返贫两条底线。要紧紧围绕一个重点、两条底线做好工作。

认真贯彻今年中央一号文件精神意义重大。对粮油加工业来讲，文件中直接涉及粮油加工业发展的内容很多，归纳起来有以下三个方面值得我们关注。

（1）为保障国家粮食安全，通过保面积、保产量，确保今年的粮食产量保持在1.3万亿斤以上，让中国人的饭碗里主要装中国粮；要大力实施大豆和油料产能提升工程，让百姓的"油瓶子"里尽可能多装中国油；要大力开展绿色高质高效行动，深入实施优质粮食工程，合理保障农民种粮收益，鼓励农民"种好粮"，提升粮食品质等，这些举措为粮油加工业的高质量稳定发展奠定了基础。

（2）为统筹做好重要农产品调控，中央一号文件中强调，要严格控制以玉米为原料的燃料乙醇加工，要"坚持节约优先，落实粮食节约行动方案，深入推进产、运、储、加、销全链条节粮减损，强化粮食安全教育，反对食物浪费"。上述这些产后的节粮减损措施，也是保障国家粮食安全的有效措施。这里需要提醒的是，对一些利用食用植物油生产生物柴油和利用小麦粉生产谷朊粉，并以出口为主的企业，要特别关注国内外粮油供应情况，及时做出调整方案。

（3）为守住不发生规模性返贫底线，要聚焦产业促进乡村发展。文件中提出，要"鼓励各地拓展农业多种功能，挖掘乡村多元价值，重点发展农产品加工、乡村休闲旅游、农村电商等产业。支持农业大县聚焦农产品加工，引导企业到产地发展粮油加工、食品制造"。对此，粮油加工业要好好研究，要在技术、装备等方面积极支持农业大县发展农产品加工业，要积极到农业大县去发展粮油食品加工业，为农村劳动力就业，守住不发生规模性返贫底线做出贡献。

以上是我近期学习习近平总书记有关指示精神、中央经济工作会议精神、李克强总理在"两会"上作的政府工作报告和中央一号文件的学习心得，纯属个人的理解与体会，不妥之处，请批评指正。

二十八、粮油加工业要在节粮减损上为国家粮食安全做出新贡献
——在"粮食全产业链节粮减损峰会"上的演讲

（2022 年 9 月 24 日　于山东滨州）

为深入贯彻习近平总书记一系列有关国家粮食安全的重要指示精神，认真落实国家粮食和物资储备局《关于推进粮食产后节粮减损工作的实施意见》，今天，中国粮油学会、山东省粮食和物资储备局、山东省滨州市人民政府联合举办"粮食全产业链节粮减损峰会"，这必将对推进粮食行业的转型升级和节粮减损工作的实施；科学制修订标准，引领粮油适度加工；爱粮节粮，引导粮油科学消费；为国家粮食安全和粮食行业的高质量发展做出贡献。在此，我以《粮油加工业要在节粮减损上为国家粮食安全做出新贡献》为题发个言，供参考。

（一）进一步提高对粮食安全重要意义的认识

"民以食为天"，粮油产品与人民生活息息相关，与人民身体健康和经济社会发展有着密切关系，是国家自强、民族自立、民生保障的重要战略物资，是事关百姓福祉、社稷安危的特殊重要商品，是国家安全的重要组成部分。

我国党和政府历来高度重视粮食安全，尤其是党的十八大以来，以习近平同志为核心的党中央高度重视粮食安全，发表了一系列的重要指示。习近平总书记谆谆告诫我们，"手中有粮，心中不慌""保障粮食安全，对中国来说是永恒的课题，任何时候都不能放松。"去年，习近平总书记在《致国际粮食减损大会贺信》中指出："粮食安全是事关人类生存的根本问题，减少粮食损耗是保障粮食安全的重要途径"。尤其是今年以来，习近平总书记在一些重要会议上几乎逢会必讲，反复强调要确保国家粮食安全。对此，我们每一个粮食人，任何时候都要为国家绷紧粮食安全这根弦，坚守国家粮食安全底线。

为确保国家粮食安全，构建反食品浪费长效机制，2021 年 4 月 29 日，《中华人民共和国反食品浪费法》已经第十三届全国人民代表大会常务委员会第二十八次会议通过。其中，有关粮油适度加工、副产品综合利用、制修订标准、防止浪费等内容都写入"反食品

浪费法"中。对此，我们粮油加工企业要认真贯彻，主动作为，为国家粮食安全做出新的贡献。

（二）抓好粮油在储存和运输过程中的损失浪费

粮油加工企业节粮减损的内容很多，潜力很大，其中首先要抓好粮油原料在储存和运输过程中的损失浪费。

粮油加工企业要根据企业加工原料、规模大小等特点，建设足量的、符合不同原料储存特点的仓库设施；要根据不同原料、不同产地、不同品质，实施分仓储存；对储存时间较长的粮油原料，要积极建设绿色低温仓储设施，提高库房的气密性、隔热性程度；要定时抽查原料在储存期间的品质变化，杜绝原料在储存过程中发生霉变等现象；要根据原料特点合理选用运输工具，防止粮油原料在装卸和运输过程中的破损和渗漏等现象发生；要杜绝装卸工具和运输工具对原料的污染，确保粮油原料在装卸和运输过程中的质量安全。

要严格监控成品粮油的包装、运输和储存，要选用清洁、卫生、无污染的包装材料、器具和运输工具，防止对成品粮油产生二次污染；要积极采用充氮、低温避光等方式，以防成品粮油在存放过程中的变质变味。

（三）继续倡导并认真实施粮油适度加工

回顾历史，在粮油供应匮乏，实施计划定量供应的短缺经济年代，粮油行业按照党和国家的要求，精心做好粮油的收购、储存、加工、调拨和计划供应工作。其中，粮油加工业为保证全国人民的低水平粮油消费需要和身体健康，在加工环节中保证粮油产品纯度的前提下，千方百计提高出品率，提高可食资源利用率。当时，小麦粉加工业中的"八五粉"、大米加工业中的"七二米"、食用油加工业中的油脂酸价为4毫克/克（以氢氧化钾计）以下的粮油产品成为我们市场上的主导产品。

改革开放后，我国经济蒸蒸日上，人民生活水平不断提高，我国粮油供应资源丰富，粮油精深加工快速持续发展。现在，以精米、精面、精油为代表的各类小包装米、面、油品牌产品在我们的大型商场、超市和便民连锁店琳琅满目，应有尽有，消费者可以自由选购，这是来之不易的。但与此同时，我们也必须看到，现在的粮油加工产品片面追求"过精、过细、过白和油色过淡"等倾向越演越烈，不仅造成出品率的大幅下降，而且造成粮油产品中营养成分的大量流失。为此，我们必须大力倡导适度加工，通过适度加工防止营养成分的过多流失，最大程度地保存粮油原料中固有营养成分和防范有害物质的产生；防止出品率的大幅下降，减少粮油损失浪费，提高可食资源利用率。我们要鼓励生产和消费全谷物产品、免抛光或少抛光大米和油色金黄的食用油等适度加工产品。

（四）提高粮油加工的出品率，提高可食资源的利用率

提高纯度，严格控制精度，千方百计提高出品率，提高可食资源的利用率等历来是粮油加工行业的重要方略。但近年来，对提高出品率强调得少了，造成了过度加工现象愈演愈烈和出品率的大幅下降等可食粮油资源的损失严重。从大米和小麦粉加工业的出品率看，按《2019 年粮食行业统计资料》计算分析，小麦粉加工业的平均出粉率为 71.5%（不含全麦粉）、大米加工业的平均出米率为 64.7%（其中早籼稻的出米率为 64.7%、中晚籼稻的出米率为 63.5%、粳稻的出米率为 66.1%），这与 1980 年全国小麦粉加工的平均出粉率为 83.2%、1985 年平均出粉率为 78.7%，以及大米加工业的平均出米率在 70% 左右，相差甚远。

如果通过适度加工将小麦和稻谷的出品率分别提高三个百分点，按我国每年小麦和稻谷的加工总量约为 33000 万吨计算，即能增加成品小麦粉和大米 990 万吨，可以供给约 5500 万人一年的口粮（按人均年消费成品粮食 180 千克计算）。由此可见，倡导并认真实施适度加工，提高出品率，对国家粮食安全有着多么重要的意义。

（五）进一步重视资源的综合利用

粮油加工企业在生产米、面、油产品的同时，还生产出大量的副产物，诸如稻谷加工中生产出的稻壳、米糠和碎米；小麦加工中生产出的麸皮、小麦胚芽和次粉；油料加工中生产出的皮壳、饼粕、油脚和馏出物等，这些副产物都是宝贵的资源。根据统计资料记载，我国规模以上的粮油加工企业生产出的主要副产物有米糠约 1400 万吨、碎米 600 万吨、稻壳和皮壳 3000 万吨、小麦麸皮 3000 万吨、小麦胚芽 20 万吨、饼粕近亿吨等，充分利用这些宝贵资源，可以为国家节约和增产十分可观的粮油，为国家粮食安全做出贡献。

对这些宝贵资源的利用，当前的重点仍应放在大力推广米糠、玉米胚芽和小麦胚芽的集中制油上；放在提高碎米、次粉和麸皮等可食利用上；放在植物蛋白资源的充分利用上，要把积极发展生产植物蛋白粉、植物蛋白肽和人造肉等营养健康产品作为"十四五"乃至今后粮油加工业发展的重点任务。

（六）粮油机械制造业要为节粮减损做出新贡献

众所周知，我国是全球制造能力和产量最大、产品门类齐全、设备性能先进可靠的粮

油机械制造大国，我的粮油机械产品不仅满足了我国现代粮油加工业发展的需要，同时远销国外，深受广大用户欢迎。

改革开放以来，尤其是进入21世纪以来，我国粮油机械制造业在国家政策的推动下和科技创新的驱动下，加大了自主创新力度，结合智能制造、产品开发、节能环保和适度加工技术等进行集成开发和系统创新，进一步提高了我国粮油机械装备的水平，涌现出了一批有代表性的著名粮油机械制造企业。

现在，我国已开启全面建设社会主义现代化国家的新征程，为顺应时代发展的需要，粮油机械制造业要进一步为粮油加工业的发展服好务。为此，粮油机械制造业要继续以专业化、大型化、成套化、智能化、绿色环保、安全卫生、节能减排、节料减损为导向，发展高效型大米、小麦粉、食用植物油、杂粮、薯类、特色粮油原料以及主食品工业化生产等加工装备；要进一步加强新工艺、新材料、新设备的研发与应用，以降低消耗，提高出品率，提高粮油加工业的效率和效益；要下大力加快粮油机械制造业向数字化、智能化方向发展，通过智能制造，为粮油加工业建造智慧工厂提供精良装备，为粮油加工业的节粮减损和现代化做出新贡献。

（七）科学制修订好粮油质量标准

今后，在制修订有关粮油国家标准、行业标准、地方标准和团体标准时，应当将防止食品浪费作为重要考虑因素，要在保证粮油安全的前提下，最大程度防止食品浪费。根据这一精神，今后对大米的含碎率、光洁度；对小麦粉的白度、含麸率；对食用植物油的色值、酸价等质量指标应该有所调整，以引领粮油加工业贯彻适度加工落地见效，有利于粮油生产的节粮减损和国家粮食安全。

（八）倡导科学消费、理性消费、健康消费

我国餐饮浪费现象触目惊心，令人痛心。制止舌尖上的浪费现象刻不容缓。以食用植物油为例，2021年，我国人均食用油的消费量已达30.1千克，超过了2021年世界人均食用油消费量27.0千克的水平，远超我国居民膳食指南中成人每天推荐摄入25~30克的用量。为此要广泛向百姓进行科普教育，既要让百姓知道油脂是人们一日三餐中不可缺乏的食物，科学合理使用有利于身体健康，又要让百姓知道，油吃多了人会发胖，会产生诸如高血压、高脂血症、动脉硬化等各种健康问题，从而让百姓都懂得油不是吃得越多越好。通过科学消费、理性消费、健康消费尽快遏制我国食用油消费不断增长的势头。就食用油的消费而言，我认为将现在我国人均年消费量由30.1千克减少到20千克左右，是不会影

响大家的营养与健康的。与此同时，要认真贯彻习近平总书记关于餐饮浪费行为的重要批示，配合餐饮等有关行业，在全社会积极宣传要树立文明、健康、绿色、环保的生活方式，倡导健康消费、节约消费，通过改变生活和烹饪方式，减少油炸食品、水煮鱼、火锅等用油数量，有利于身体健康，减少浪费。

（九）值得研究的问题

食品安全事关人民群众身体健康，我国党和政府高度重视食品安全，制定了《中华人民共和国食品安全法》，并对食品的安全卫生指标进行了严格规定，以确保食品质量安全万无一失。

粮油产品的质量安全是食品质量安全的重要组成部分，粮油产品是食品工业最重要的基础原料，国家对粮油产品同样制定了严格的安全卫生指标，并对不符合安全卫生指标的粮油产品规定了不能食用的处置方法，这是应该的。但对超过保质期的米、面、油等粮油产品，经过质检部门检验，其产品质量仍全部符合国家质量标准和食用安全国家标准要求的，可否延期使用？对不涉及危害消费者身体健康的食用植物油酸价超标等质量问题如何科学处置，值得研究。

鉴于成品粮油产品的保质期在法律法规上并无明文规定，通常是在产品的标签标识上声称此产品的保质期，加上现在我们对成品粮油保存技术和条件的改善，如采用充氮、低温避光等方式，成品粮油的保质期延长一两个月乃至更长一些时间是完全可能的。所以我认为，对所谓过了保质期的粮油产品，只要其质量仍然符合国家质量标准和食品安全国家标准，应该允许适当延长其使用期；对食用植物油酸价超标等质量问题，应该允许其通过正常的加工方式，在达到符合国家质量标准和食品安全国家标准后，投放市场。对此，我们要与质检和执法部门多商量，多通气，取得共识，共同为节粮减损和国家粮食安全做出应有的贡献！

以上发言，不当之处请批评指正。谢谢大家！

第二章

品牌建设与争创名牌

一、研发健康粮油产品 助力"健康中国"建设

——在"2016 粮油全产业链助力'健康中国'粮油产品及科普教育展暨 2016 第七届中国（北京）国际食用油、粮食及高端食品饮品产业博览会"上的开幕辞

（2016 年 11 月 17 日 于北京）

尊敬的中国粮油学会张桂凤理事长、尊敬的各位领导、各位嘉宾、各位参展商、女士们、先生们：

大家上午好！

在全党认真学习领会、坚决贯彻落实党的十八届六中全会精神之际，我们高兴地迎来了"2016 粮油全产业链助力'健康中国'粮油产品及科普教育展暨 2016 第七届中国（北京）国际食用油、粮食及高端食品饮品产业博览会"的胜利召开！首先我代表大会主办单位中国粮油学会和永红国际展览有限公司、大会指导单位中国粮油学会油脂分会和中国粮油学会食品分会对大家在百忙之中参加本届盛会表示诚挚的问候和衷心的感谢！

习近平总书记指出："没有全民健康，就没有全面小康"。李克强总理在十二届全国人大四次会议的政府工作报告中提出："要推进'健康中国'建设"。可见，"健康中国"已上升为国家战略。为助力"健康中国"战略，在中国科学技术协会的指导和支持下，中国粮油学会组织开展健康粮油产品竞赛，并设立健康粮油产品金奖，表彰为粮油科技创新和健康粮油产品开发做出较大贡献的企业和科研团队。《中国食物与营养发展纲要（2014—2020 年）》中提到，食品生产和供应要以营养健康为导向。健康粮油产品金奖旨在鼓励以消费者健康为导向，开发营养健康的粮油产品，促进"从田间到餐桌"粮油全产业链建设，从而推进"健康中国"建设。

本届展会还专门设立了粮油全产业链科普教育展区，开展消费者科普教育活动，引导公众科学健康消费，提高公众健康素养。同时，本次活动与第七届粮油食品展合并召开，组织国内外知名企业展示健康粮油产品及设备，为科研院所、企业和公众提供丰富的展示与交流平台。

7 年来，在行业朋友们的信任与支持下，"中国（北京）国际食用油、粮食及高端食品饮品产业博览会"逐年稳步发展，规模不断增大，效果明显增强。今天召开的第七届盛会，展商总数超过 280 家，展位面积达到 15000 平方米，品牌企业参会数量较上届展会增

加了30%。我们可以高兴地看到，今年的展会，无论是展商数量、展馆面积及展会规格、与会的知名企业领导都大大超过了往届。

尤其值得一提的是：中粮集团、益海嘉里、鲁花集团、中储粮油脂、九三粮油工业集团、京粮集团、西王集团、三星集团、汇福油脂、恒大粮油、金胜粮油、香驰集团、西藏特色产业、中盟食品、上海富味乡、安徽燕庄、瑞福油脂、山东龙大、青岛长寿食品、湖南康奕达、包头金鹿、浙江新市、迈安德集团、牧羊集团、布勒（中国）、河南华泰、汤姆包装、河南亿德、迅捷光电、茂盛机械、中机康元、安丘宏博机械、东洋克斯贸易等众多行业知名企业始终都是这个盛会的知名展商，多年来对支持本会的发展做出了很大的贡献。与此同时，今年又有佳格集团、金太阳集团、道道全油脂、方顺粮油集团、燕谷坊、恒丰集团、湖北天星粮油、红井源、蒙古香、海南美椰、塞外香、高昌机械、瑞青机械、聚力特机械等行业知名企业参加了本届展览会；另外，我们还高兴地看到了俄罗斯、乌克兰、哈萨克斯坦、西班牙、意大利等外商企业在本届展会中所占的比重有了明显提升。对此，我代表大会组委会对大家的支持再次表示衷心感谢并欢迎大家的到来！预祝大家在本届盛会中能够取得成效，乘兴而来、满载而归。

北京粮油食品展是中国粮油学会油脂分会在全国范围内支持的两家大型粮油类展会之一，目前正在发展成为粮油食品产业公认的品牌盛会。为了举办好本届盛会，以永红国际展览有限公司为组委会的工作团队做了大量认真、细致的工作。多年来的实践证明，这个工作团队是信得过、靠得住的团队，是一支敢于创新发展并不断完善自我的优质团队，我们相信，以这个团队为组委会的北京粮油食品展必将在今后的日子里取得更快的发展。

为丰富展会内容，活跃展会气氛，本届博览会还将举行"健康大食品发展论坛""亚麻籽油发展论坛""吉林中盟食品红松籽油发展论坛"等若干论坛会议，为本届博览会参展企业提供更为丰富的学习交流平台。

各位代表，在今年召开的中国粮油学会油脂分会第25届年会的开幕式上，中国粮油学会油脂分会执行会长何东平教授再次提醒大家，目前我们支持的全国大型粮油类展会只有两家，就是由广州艺帆展览服务有限公司主办的广州国际食用油展及由永红国际展览有限公司主办的北京粮油食品展，这两个展会一南一北，分别由每年上半年6月份在广州举行和下半年11月份在北京举行。除此之外，我们对其他任何展会一律不支持、不挂名，请大家斟酌参展，以免上当受骗。

在这里，我再讲一下中国油脂博物馆的建设问题。一周前，我到武汉轻工大学听取了该馆建设的情况和介绍，现场查看了征集到的文物藏品、古书典籍以及中外油脂样品等，了解了建设资金筹措、文物征集等情况。不到半年的时间，中国油脂博物馆得到了益海嘉里金龙鱼粮油食品股份有限公司、中粮集团有限公司、山东鲁花集团有限公司、山东三星集团有限公司、九三粮油工业集团有限公司、安徽燕庄油脂有限责任公司和河南华泰智能装备集团的大力支持，我深受鼓舞，总的印象是：中国油脂博物馆的建设在武汉轻工大学和何东平教授团队的努力之下，已经取得了一些成绩，开局很好，但接下来的工作难度还很大，尤其是文物文献、资金筹措还有待加强。对此我要说的以下几点。

第一，建设中国油脂博物馆是油脂界的一件大事，既肩负着传承中国油脂文化的重任，又将起到树立中国油脂品牌的作用；既有科学意义，也有历史意义，是我在有生之年想办好的最后一件大事。这项工作可谓是功在当代、利在千秋。因此，只靠哪一家的力量都是做不成的，一定要举全国油脂界之力方可建成。

第二，我希望我们中国油脂界的企业或单位，要充分认识中国油脂博物馆是我们行业的馆、是我们自己的馆，本着"有钱的出钱、有物的出物、有力的出力"的原则，继续予以支持，共襄盛举，同时多为中国油脂博物馆的建设献计献策。

第三，武汉轻工大学和中国油脂博物馆的工作专班要按照既定的建设方案，既要抓紧做好工程招标、展馆施工、文物陈列等工作，也要精心起草图文解说，认真推敲，经得起历史的考验，使中国油脂博物馆建设能达到预期的"四个目标"。我希望各方积极响应，承建方扎实工作，在 2017 年将中国油脂博物馆早日建成。

各位参展企业，一年一度的"中国（北京）国际食用油、粮食及高端食品饮品产业博览会"，是我们粮油加工行业，尤其是食用油加工行业向首都人民展示行业发展成果的最佳平台。我相信，在大家的支持和努力下，博览会一定会越办越好！

最后，预祝本届展览会取得圆满成功，祝参会参展企业生意兴隆、兴旺发达，并期待明年在这个时候与大家在北京再相聚。谢谢大家！

二、团结奋进，推动粮油产销企业的健康发展

——在"第十二届全国粮油产销企业（春季）订货会暨全国粮油经销商联谊会"开幕式上的演讲

（2017 年 2 月 28 日　于江苏徐州）

尊敬的中国粮油学会张桂凤理事长，尊敬的胡承淼常务副理事长，各位嘉宾、各位专家、各位企业家、各位代表：

大家上午好！

律回春晖渐，万象始更新。在这喜迎新春之际，我们又一次相聚在这历史悠久，文化底蕴深厚，素有"五省通衢"之称的徐州，举办"第十二届全国粮油产销企业（春季）订货会暨全国粮油经销商联谊会"。在此，我谨代表中国粮油学会、中国粮油学会粮油营销技术分会对大家的到会表示热烈的欢迎，对本次会议的各支持单位、协办单位、宣传媒体以及全体工作人员表示衷心的感谢。

各位代表，2016 年是不平凡的一年。面对错综复杂的国际环境和繁重艰巨的国内改革发展稳定任务，在党中央、国务院的坚强领导下，沉着应战，开拓进取，取得了去年我国国内生产总值（GDP）突破 70 万亿大关，同比增幅达 6.7% 的举世瞩目的成就。对粮食行业来说，2016 年，我国南方遭遇了 1998 年以来的特大洪涝，东北和华北地区的超强台风，局部地区的地震，都给粮油收购、储存、供应、经营等带来了严重困难。粮食战线上的广大职工不怕困难，迎难而上，有效应对，各项工作取得明显成效。在过去的一年里，中国粮油学会粮油营销技术分会和中国粮油学会面条制品分会，在中国粮油学会的关爱和领导下，把为粮油生产企业和经销企业服好务，促进粮油企业的健康发展作为重要任务，开展了一系列活动，取得了很好的效果，获得了大家的好评。尤其值得一提的是，为帮助企业更好地开拓粮油市场，两个分会联合在 2016 年将把握粮油市场动态及变化作为工作重点，展开了针对全国面粉、面条制品市场品牌占有率和品牌分布情况的调研摸底活动，以期为企业提供真实的市场动态、产销变化、品牌市场分布和占有率情况，帮助企业做好经营决策。并在调研和摸底的基础上，本着公平、公正、公开的原则，经过企业申请、行业推荐、市场调研、组委会资格初审、专家委员会评审、上网公示，最后评出了"中国面粉市场百强品牌""面条制品市场三十强品牌"。等一会儿，我们将要为他们颁发奖牌。

　　各位代表，2017 年是实施"十三五"发展规划的重要之年，是粮食行业供给侧结构性改革的深化之年，是粮油流通改革发展、粮油企业转型升级之年。为此，粮油企业要牢固树立创新、协调、绿色、开放、共享的新发展理念，落实新形势下的国家粮食安全战略，以推进粮食供给侧结构性改革为主线，以满足人民群众日益增长和不断升级的安全、优质、营养、健康粮油产品消费需要为目标，通过创新驱动，积极调动产业结构和产品结构，坚持绿色发展，最终实现提高粮油企业经济效益的目标。为认真贯彻落实中央经济工作会议精神和全国粮食流通工作会议精神，推动粮食产业经济的健康发展，中国粮油学会决定举办本次订货会，以加强粮油产销企业交流沟通，深化粮油产销企业之间的合作关系，共同应对市场变化，实现产销共赢，行业进步。

　　我相信，在中央方针政策的正确指引下，在中国粮油学会的领导下，在我们全体企业的共同努力下，我们粮油企业一定能够携起手来，在激烈的市场竞争中求得新的发展，粮油行业一定会以新的姿态、新的步伐，谱写新的篇章！

　　最后，预祝会议圆满成功。谢谢大家！

三、祝"2017 中国粮油学会食品分会年会暨展示会"圆满成功

——在"2017'一带一路'粮油食品科技论坛及行业创新峰会暨粮油精品及智能设备展示会"上的贺辞

（2017 年 11 月 17　于海南海口）

尊敬的张桂凤理事长、尊敬的姚老师，各位专家、各位企业家：

大家上午好！

很高兴来到美丽、开放的海口，参加由中国粮油学会食品分会主办的"2017'一带一路'粮油食品科技论坛及行业创新峰会暨粮油精品及智能设备展示会"。借此机会，我代表中国粮油学会油脂分会和粮油营销技术分会，对本次盛会的召开表示最热烈的祝贺；对近些年来，中国粮油学会食品分会在姚惠源会长的带领下，所取得的成绩表示由衷的高兴。有人说得好，"粮油"从来就是一家。在中国粮油学会所属分会中，食品分会与油脂分会是关系最为密切的两个分会，我们在创新思路、生产技术、经营管理、装备研发、人才培育等诸多方面有着共同语言，可以互相学习，互相借鉴。说真的，这些年来油脂分会从食品分会那里学到了许多成功的办会经验，尤其是在认真贯彻"创新驱动""一带一路""产学研相结合"等方面，值得油脂分会学习借鉴。

应姚老师的热情邀请，食品分会的每届年会我都很乐意地参加了，并按姚老师的要求在会上发言。今年，我看了本次会议的通知，有 29 位著名专家、学者和企业家将在会上作高水平的学术报告，而且内容涵盖了粮食加工的方方面面。为此，今年我改为在论文集上作书面发言。题目是《国内外粮油加工科学技术发展现状与趋势》，现在我想给大家介绍一下这份资料的由来。

为深入贯彻习近平总书记关于大兴调查研究之风的重要指示精神，根据《国家粮食局关于大兴调研之风健全完善长效机制强力推动粮食流通重点工作的意见》（国粮政〔2017〕48 号）的有关要求，中国粮油学会在理事长张桂凤同志的亲自组织领导下，于 3 月底启动了"国内外粮油加工科学技术发展现状与趋势"的调查研究工作，并于 4 月中旬召开项目开题会。会后，11 个分会组织了两百多位专家学者，经过半年时间的努力，在深入调研、收集资料和论证研讨的基础上，几经修改完善，科学客观地形成了以国内外粮油加工科学技术的现状、我国与国外先进水平的主要差距以及发展趋势等为重点的《国内外粮油

加工科学技术发展现状与趋势》的报告，并于 9 月 26 日报送国家粮食局，得到了国家粮食局领导的肯定。主管中国粮油学会工作的徐鸣副局长 9 月 29 日在报告上批示："这是去年开始由粮油学会组织研究的课题，经过一年的研究，取得了很好的成果，找出了我国粮食科技方面与国际先进水平的差距，明确了发展方向。建议上我局网站（进一步完善后），以引导全行业粮食科技的近期研究方向和重点"。局领导的批示，不仅是对报告本身的肯定，也是对中国粮油学会工作的肯定与鼓励。

　　为让大家了解报告的有关内容，我将报告中有关粮油加工以及与粮油加工有关的内容进行了归纳整理，并以《国内外粮油加工科学技术发展现状与趋势》为题发表在论文集上，希望能对制定今后粮油加工业的发展规划有所启迪。

　　最后，祝贺本次"论坛峰会及展示会"取得圆满成功，谢谢大家！

四、向首都人民展示粮油精品

——在"2017 第八届中国（北京）国际食用油、粮食、现代粮油装备及高端食品饮品产业博览会"上的开幕辞

（2017 年 12 月 4 日　于北京）

尊敬的中国粮油学会张桂凤理事长、尊敬的各位领导、各位嘉宾、各位参展商、女士们、先生们：

大家上午好！

在全党认真学习领会、坚决贯彻落实党的十九大精神之际，我们高兴地迎来了由中国粮油学会关心支持的"2017 第八届中国（北京）国际食用油、粮食、现代粮油装备及高端食品饮品博览会"的胜利召开！首先我代表大会主办单位永红国际展览有限公司、大会指导单位中国粮油学会油脂分会、中国粮油学会食品分会和中国粮油学会花生食品分会对大家在百忙之中参加本届盛会表示诚挚的问候和衷心的感谢！

8 年来，在行业朋友们的信任与支持下，"中国（北京）国际食用油、粮食、现代粮油装备及高端食品饮品博览会"逐年稳步发展，规模不断增大，效果明显增强。今天召开的第八届盛会，展商总数超过 300 家，展位面积达到 15000 平方米，品牌企业参会数量较上届展会增加了 15%。我们可以高兴地看到，今年的展会，无论是展商数量、展馆面积及展会规格都大大超过了往届。尤其值得一提的是：展会始终得到了中粮集团、益海嘉里、鲁花集团、中储粮油脂、九三粮油工业集团、京粮集团、三星集团、西王集团、香驰集团、金胜粮油、河北玉星食品、燕庄油脂、上海富味乡、瑞福油脂、山东龙大、湖南康奕达、金太阳集团、方顺粮油集团、上海融氏、安徽大团结、中海海洋、天星粮油、红井源、鑫榄源、长白仙子、宝山鼎盛等著名油脂加工企业的大力支持；得到了燕谷坊集团、恒丰集团、塞外香等知名粮食加工企业的大力支持；得到了迈安德集团、牧羊集团、河南华泰、捷迅光电、郑州四维、河南亿德、中机康元、东洋克斯、中谷金谷、北京春翔等知名粮油机械制造企业的大力支持，他们都是这个盛会的知名展商，多年来对支持本会的发展做出了杰出贡献。

与此同时，值得高兴的是，今年又有五得利面粉集团、河南阳光、湖南粮食集团、三中粮油、世粮集团、防城港澳加粮油、吉林出彩农业、成都新兴油脂、石羊集团、武汉福

达、美临多维、云南滇雪粮油、金浩茶油、张北宝盛、华银茶油、得乐康、君星坊、兰州润民、延寿县大米展团、方圆集团、永成机电、泰禾光电、郴州粮机、德泰机械、天凯华尊等几十家知名粮油加工企业和粮油机械制造企业参加了本届展览会，为展会增添了光彩。

对此，我代表大会组委会对大家的支持再次表示衷心的感谢并欢迎大家的到来，预祝大家在本届盛会中能够取得成效，乘兴而来、满载而归。

北京粮油食品展是中国粮油学会油脂分会在全国范围内支持的两家大型粮油类展会之一，目前正在发展成为粮油食品产业公认的品牌盛会。为了举办好本届盛会，以永红国际展览有限公司为组委会的工作团队做了大量认真、细致的工作。多年来的实践证明，这个工作团队是信得过、靠得住的团队，是一支敢于创新发展并不断完善自我的优质团队，我们相信，以这个团队为组委会的北京粮油食品展必将在今后的日子里取得更快的发展。

为丰富展会内容，活跃展会气氛，本届博览会还将举行"第三届亚麻籽油产业联盟大会"和"2017粮油食品行业经销商发展大会"。与此同时，昨晚，安徽捷迅光电技术有限公司提前举办了"捷迅光电大型新品发布会"。这些论坛会和发布会，为参加本届博览会的参展企业提供更为丰富的学习交流平台。值得一提的是，为使今年的展会开得更有成效，永红国际展览有限公司在中粮福临门食品营销有限公司、北京世粮贸易集团有限公司、北京和为贵粮油工贸有限公司的大力支持下，精心组织了200多家知名经销商参会，希望与参展企业建立良好的合作关系。

各位代表，为办好一年一度的"南北两个展会"，中国粮油学会高度重视，张桂凤理事长等主要学会领导都亲临展会给予指导；今年10月10日中国粮油学会专门发文，要求14个所属分会积极支持"南北两个展会"，动员组织所属企业参会参展。中国粮油学会的重视与支持是保证本次展会顺利召开的重要条件。对此，我们表示衷心的感谢！为认真落实中国粮油学会关于办好"南北两个展会"的精神，中国粮油学会油脂分会和中国粮油学会食品分会多次在会上提醒大家，目前两分会支持的全国大型粮油类展会只有两家，就是由广州艺帆展览服务有限公司主办的广州国际食用油展及由北京永红国际展览有限公司主办的北京粮油食品展，这两个展会一南一北，分别由每年上半年在广州举行和下半年在北京举行。除此之外，两分会对其他任何展会一律不支持、不挂名，请大家斟酌参展，以免上当受骗。

各位代表，北京是我们伟大祖国的首都，粮油加工企业在北京参会参展有着特殊的意义。我们要把"北京国际食用油、粮食、现代粮油装备展"办成我国粮油加工业向首都人民展示粮油精品不断涌现、产业不断壮大、行业由大变强的平台。

最后，预祝本届博览会取得圆满成功，祝参会参展企业生意兴隆、兴旺发达！让我们在2018年第九届博览会再相聚！谢谢大家！

五、品牌领先 抱团发展

——在"包林论道——监利'毛市佬'面点品牌发展论坛"上的演讲

（2018 年 2 月 9 日 于湖北监利）

尊敬的各位领导、各位嘉宾、各位专家、各位面点企业家：

大家下午好！

我很高兴受邀参加"包林论道——监利'毛市佬'面点品牌发展论坛"。首先我代表中国粮油学会张桂凤理事长，对论坛的召开表示热烈的祝贺！监利作为荆楚古县、鱼米之乡，物阜民丰，历史文化悠久。勤劳奋进的监利人，在发展鱼、稻、粮、棉之余，还培育和创造了面点这一特色产业。以"毛市佬"为代表的监利面点师更是湖北十大劳务输出品牌。在 2009 年，监利市毛市镇被中国粮油学会发酵面食分会命名为"面点师之乡"。经过近 10 年的发展，监利面点产业已经在毛市、分盐、容城、红城、福田、上车湾、柘木、朱河等 10 多个乡镇发展壮大，在全国 30 多个省（市、自治区）分布有面点师队伍近 10 万人（其中仅毛市镇从业人员近 3.5 万人），在外经营包子店近 3 万家，创立了以酷比、爱尚理、早阳、楚媳妇等 30 多个面点品牌为代表的门店，在全国的多个区域占领了较大的市场份额，品牌加盟门店发展到近 5000 家，形成了较为庞大的产业规模。据悉，监利市面点纯收入 80 多亿元。由此可见，面点经济的发展，极大地提升了监利人民群众生活质量，为监利经济发展做出了突出贡献。

鉴于监利市在面点产业方面的成绩和发展态势。今天上午，监利被中国粮油学会授予全国面点行业"面点师之乡"称号。希望监利面点借此机会，再接再厉，创造出更加辉煌的业绩。面对面点行业发展的实际，建议从以下三个方面持续努力，积极抢占面点高地，变资源优势为产业优势，打造全国面点朝圣地。

（一）突破瓶颈，谋求监利面点繁荣之路

纵观面点产业的发展，目前受国内经济发展下行、食品管控趋严、城市生活成本增加、其他面点区域和跨界品牌迅速发展、劳动力供需矛盾突出等因素的影响，面点市场竞

争白热化现象凸显，面点发展出现的"用工荒"和发展方式转型升级等诸多问题亟待研究解决。

监利作为全国主要的面点集聚区域，即便近年来涌现出了一些面点品牌，但品牌化发展程度和发展规模与其他面点集聚区域仍存在着一定的差距。监利面点产业的规模优势、领先地位将遇到挑战，"大而不强"的尴尬处境将越来越显现，未来监利面点产业的发展亟待思考。

此外，与很多面点产业集聚区域一样，受制于缺乏自主品牌支撑和配套服务，面点师在外开设的包子店或区域性品牌门店难以真正做到"走出去"和持续化发展。规模化、标准化、统一化的品牌运营方式迟迟得不到发展，面点发展仍然停留在层次较低的粗放式运作中。

有鉴于此，监利面点产业应借鉴同行集聚品牌的成功经验，立足监利面点发展实际，集合政府、本土品牌企业、协会等多方资源，突破发展瓶颈，谋求监利面点繁荣之路。

（二）抢占面点高地，变资源优势为产业优势

为了进一步推动监利面点产业的发展，监利各级政府、监利面点师协会、监利面点品牌企业要立足产业发展实际，寻求破局之道。

要倡导监利籍面点品牌企业抱团发展，共同推动"毛市佬"公共品牌发展，通过高端策划、强势宣传、对标优秀同行企业发展，通过推动集品牌培育、孵化、人才培训、产业配套服务、赛会策划、面点文化展览、爱心基金、面点电商策划运营等于一体的中国"毛市佬"面点产业园项目抢占面点高地。

欣悉目前"毛市佬"面点孵化器一期项目已经完工，即将正式投入运营。我们相信，其投入运营一定能为监利面点行业抢占面点高地做出贡献。

面点产业作为监利的富民产业，对于转移劳动力就业、推动农民增产增收，带动地方经济的发展起到了尤为关键的作用。与此同时，随着监利面点品牌企业家返乡兴业，对增加地方税收、促进县域经济发展、带动地方就业等方面都将发挥重要作用。

（三）深挖文化特色，把"毛市佬"锻造成面点文化图腾

在这里，我们感觉到对"毛市佬"面点公共品牌的建设十分有必要。从品牌命名上"毛市佬"贴合了面点从业人员的家乡情结和地域习惯，从品牌标志的设计上突显了面点人"一块案板，两根擀面杖，三口之家"从事面点生产制作活动的现实场景，非常有融入感和文化性。

此次"毛市佬"美食文化节活动以及"包林论道——监利'毛市佬'面点品牌发展论坛"就是一个好的契机，通过深挖面点产业文化，发掘和传承面点文化，在连续举行十三届面点师技能比武大赛的基础上，开创性地进行祭包祖大典，提炼和积淀监利面点文化，通过包祖诸葛亮的塑造，一镇一品民俗特色文化的融入，采用参与感强、大众喜闻乐见的形式推广和宣传面点文化，必将取得意想不到的效果。

当然，我们还要多角度、有重点、集中宣传，以进一步深挖面点文化特色，努力把"毛市佬"锻造成面点文化的图腾，从而在真正意义上把湖北监利打造成全国面点朝圣地。

总之，在新的历史时期，不管是政府、行业协会，还是企业，都认识到品牌建设、抱团发展的重要性。我们要想在面点产业独占鳌头或者在中国面点发展格局中占一席之地，必须走上品牌的缔造之路，寻求毛市面点产业转型升级的着力点。我们要同心协力，在夯实面点发展根基的基础上，完善产业发展配套设施，优化产业发展结构，理清监利面点发展思路，以项目为载体，筑巢引凤，实现抱团发展，真正实现监利面点"走出去"和持续化发展。

当前，面点行业要与其他行业一样，认真贯彻党的十九大精神，在习近平新时代中国特色社会主义思想指引下，实施"新时代、新要求、新发展"的行业发展思路。我们坚信，在监利各方的共同努力下，"以振兴毛市面点产业为己任，让监利的面点品牌享誉全国"的行业发展目标，以及二次腾飞和规范化发展的目标一定能实现。

最后，预祝本次"包林论道——监利'毛市佬'面点品牌发展论坛"取得圆满成功！中国人民的传统节日——春节即将来临，预祝大家在新的一年里工作顺利，事业有成！

谢谢大家！

六、科学、客观、公正报道食品安全热点问题
——关于"2018年食品安全热点科学解读媒体沟通会"的有关情况介绍

（2019年1月18日　于北京）

为形成对年度食品安全热点的科学共识，正确认知我国食品安全形势，通过媒体传播营造良好的食品安全氛围，在国家市场监督管理总局和中国科学技术协会的指导下，中国食品科学技术学会于2019年1月3日在北京举办了"2018年食品安全热点科学解读媒体沟通会"（以下简称沟通会）。中国科学技术协会科普部部长白希致辞，中国工程院院士陈君石、孙宝国等知名专家和70多家首都媒体代表约150人到会。

沟通会根据2018年度发生的40多个有关食品安全热点问题，经过中国食品科学技术学会及9家主流媒体的提名筛选与专家复议，最终按投票多少选择了排名靠前的12个舆情热点，作为本次沟通会的解读内容。

沟通会上陈君石、孙宝国等12位著名专家分别就咖啡真的"致癌"吗？非洲猪瘟蔓延，猪肉还能吃吗？"辣条"同品不同标被处罚；食用盐中添加亚铁氰化钾堪比毒药？江苏消费者权益保护委员会揭"打酱油"真相引发争议；益生菌成了"无益菌"；木耳久泡有毒；食用植物调和油鱼目混珠，国家重拳监管；"酸碱体质"骗局被戳穿；三文鱼标准之争；美国环孢子虫感染事件解读和"职业打假"列入扫黑除恶名单12个食品安全热点问题向媒体进行了科学解读，收到了很好的效果。

沟通会上，在12位专家对2018年度12个舆情热点问题解读完后，中国食品科学技术学会理事长孟素荷以《警钟需长鸣》为题发了言。在他的发言中，有以下一些内容值得我们关注。

（一）2018年食品安全风险解析的特征

（1）2018年中国食品科学技术学会就食品安全舆情的28个热点问题邀请业内知名专家作了科学解读，其中，以"消费者教育"为特征的风险提示做了19期，整体上延续了自2016年开始的"由危机应对向风险提示"的转变。

对比 2013 年、2014 年和 2016 年食品安全风险解析的分类可见，对舆情热点问题的回应，由 2013 年的 100% 下降到 2018 年的 33.3%，下降了 2/3；而针对潜在风险的消费提示，则由 2013 年的"零"上升到 2018 年的 66.7%。

食品安全风险解析已由最初以危机应对为出发点的舆情热点解读，逐渐转变为"和平时期"以风险预防为特征的消费者教育。这是中国对食品安全风险管理日趋从容、稳健的标志，这一特征在 2018 年愈加鲜明。

（2）舆情的关注点，开始向食品安全社会共治体系建设，各方的规范、自律及公平延伸。

在对 2018 年 12 个舆情热点问题的汇集和归纳中，另一个隐约出现的特点是：媒体开始更多关注到，在食品安全"社会共治"这一整体框架下，各方的专业、严谨、公正与自律，如"辣条"同品不同标识被处罚；三文鱼团体标准问题；江苏消费者权益保护委员会"酱油"对比实验的争论；以及对"职业打假人"问题的反思等，占到了 1/3。

以上表明，舆情的关注点正从对某个企业产品的安全与否延伸到对中国食品安全"社会共治"体系建设中，各方更加透明协调、严谨、自律的作为，进而转向保护消费者与公平对待所有市场主体的探求，对政府监管、法律建设、社团组织的职能，在"共治"过程中的科学、专业与规范，提出了更高的要求。这是一种进步，也体现出了某种成熟。

（二）2018 年对中国食品安全的整体评价

（1）中国食品安全整体趋稳，乳业合格率居高，油、肉行业呈现轻微波动。2016—2018 年第三季度，大宗食品安全监管抽查情况对比如图 1 所示。

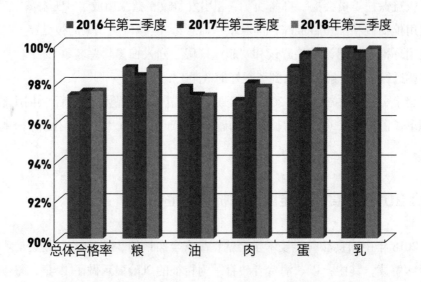

图1　2016—2018 年第三季度大宗食品安全监管抽查情况

由图 1 可见，对比 2018 年第三季度和 2017 年及 2016 年同期的监督抽检情况，表明粮、肉、蛋、乳等大宗食品的样品合格率均处于较高水平，尤其是乳制品，其合格率持续在 99.5% 以上。但食用油及其制品的合格率为 97.3%（注：与 2016 年相比，连续轻微下降，生产不合格产品的主要原因是过氧化值、酸价和黄曲霉毒素含量超标）；肉制品合格率为 97.8%，略低于去年平均水平。

（2）以环境污染为源头的食品原料污染；食品添加剂超范围、超限量使用；食品中检出非食用物质及保健食品掺假四大问题，是近期中国食品安全的短板。

对比 2018 年第三季度和 2016 年及 2017 年同期监督抽检中出现的主要问题可以看出，食品中微生物污染的问题逐年降低，说明生产企业的过程控制逐渐到位。但令人担忧的是，食品中农兽药残留指标不合格的问题在逐年升高，说明破解原料污染问题的复杂、艰难与长期性。同时，在 2018 年第三季度，超范围、超限量使用食品添加剂的问题占据首位。

近年来，在"健康中国"战略推动下，人们对保健食品的需求也达到前所未有的热度。保健食品行业更是以近乎食品工业 4 倍的速度在快速发展，但行业发展鱼龙混杂，乱象丛生，如保健食品中非法添加药物成分等现象仍然存在，掺伪造假及夸大宣传是主要矛盾。对保健食品的治理初步显效并进入攻坚期。

（3）在"互联网+"时代，电商等网络销售渠道快速成长，尽管线上销售仅接近三成，但年度间呈现 30% 以上的高速增长，对传统的流通结构及消费行为造成巨大冲击，对食品产业链未来的格局及战略产生重要影响。

2018 年线上销售市场交易额将超过 3600 亿元，未来增长可期，但诸多网红食品"有品牌、无工厂"，对产业链安全建设空心化，欺诈问题多有发生。产业链安全建设与环保，将成为决定网红食品能走多远的关键制约因素，也将成为影响中国食品安全舆情的新热点。

（4）进口食品因基数加大，进口国食品安全管理水平不一，风险概率提升，同时，"外源性"舆情风险加大。中国食品行业对进口食品与原料的开放度加大，产生风险的概率增加。中国食品安全的风险永远存在。我国对食品安全的治理，已从大规模的以企业为主体的产业链安全建设，进入到更完善、细致的法规体系建设及治理源头污染、严打假冒伪劣产品的攻坚期。而且，随着食品工业的健康转型，食品原材料真实性、食物过敏原及健康宣传等问题均会是未来工作的着力点，需警钟长鸣。

另外，在对 2018 年度 12 个食品安全热点问题的科学解读中，中国食品科学技术学会名誉副理事长、中国农业大学特殊食品研究中心主任罗云波教授以《职业打假应该列入扫黑除恶名单》为题作了发言，鉴于我国食用植物油行业是"职业打假"的重灾区，也是"职业打假"深受其害的行业，为抵制和消除"职业打假"对我国油脂行业的危害，现我将罗云波教授发言的主要内容转载如下，供大家学习参考。

（三）"职业打假"偏离立法初衷

首先，《中华人民共和国食品安全法》及《中华人民共和国消费者权益保护法》中对食品生产、经营过程中的违法违规行为作出赔偿处罚的规定，其立法的目的在于保障人民食品安全，维护正常的市场经营秩序。

2013 年发布的《最高人民法院关于审理食品药品纠纷案件适用法律若干问题的规定》及相关指导案例中，将"知假买假人"视为普通消费者，并对其请求赔偿行为予以支持。这一规定是在三聚氰胺奶粉等重大食品安全事件频繁曝出，群众对食品安全问题反映强烈的大背景之下，给予特殊背景下的特殊政策考量。

不法分子假借"打假"的旗号，实为"职业索赔"，以法律赋予人民的权利为自己牟利，以"知假买假""寻假买假"甚至"造假买假"等方式，采取敲诈勒索等犯罪手段向经营者索偿，实际是偏离了立法的初衷。此外，从近年的司法案例来看，主要问题集中在食品的"标签瑕疵"和"标准作废"等方面，大多不涉及食品安全。

（四）恶意打假给社会及行业带来诸多危害

（1）破坏市场经营环境，动摇消费信心。"职业索偿人"常把大型企业作为主要的攻击目标，企业不堪其扰，扰乱了企业正常的生产、经营秩序，破坏了良好的市场经营环境。同时，"职业打假"新闻不断，也在一定程度上动摇了普通消费者对我国食品安全的信心。

（2）造成社会资源的严重浪费。"职业索偿人"在索赔过程中，大都采取"一买二谈三投诉举报四复议五诉讼"的套路，从多方面施压，市场监管、行政和司法部门调动大量的人力、物力处理相关投诉和举报案件，对行政和司法资源造成严重挤占。企业为了应对恶意打假，除预留资金，一些门店甚至额外配备人员、安装大量监控设备，也造成了资源的严重浪费。

（五）"职业打假"并不能有效提升食品行业的生产经营水平

"职业打假"团伙最显著的特点是"知假买假"、唯利是图。通常，涉事企业或其产品及服务并未对打假人造成实际的健康损害。表面上看，打假团伙紧盯违规企业"替天行道"，实则是黑恶势力穿上了貌似合规的"打假"外衣。他们最喜欢私了，一旦目的达到立马收工，向主管部门投诉举报等举动，也无非是情急之下也要追求利益最大化的一种表现。从企业的角度讲，如果能够与打假团伙形成默契、保持让双方满意的平衡，不但能够安然无事，还能在打假团伙与同类企业的交锋中坐收渔利。上述博弈关系的存在，使得打假团伙具有了黑恶势力属性，成为横亘在行业主管部门和企业之间的一道障碍。

（六）进入新阶段，政府对恶意打假实施"零容忍"

不同时期的政策法规大都是适用当前阶段和特殊历史背景的。面对新的问题，政府也开始从政策导向上对"职业打假"群体进行约束。2016 年年底，国务院法制办公室在《中华人民共和国消费者权益保护法实施条例（送审稿）》公开征求意见稿中的第二条规定，"对于以牟利为目的的打假将不再作为消费者受保护"。2017 年，国家最高人民法院在《对十二届全国人大五次会议第 5990 号建议的答复意见》中明确指出，将"适时借助司法解释、指导性案例等形式，逐步遏制职业打假人的牟利性打假行为"。

全国部分省市的扫黑除恶专项斗争将"职业打假"列为整治对象，也显示出，国家对于扰乱市场经营秩序，非法牟取利益的行为采取严厉打击。

（七）建议和呼吁

1. 执法部门及司法系统应坚定立场，严厉打击恶意打假行为

为了逐步遏制职业打假人的牟利性打假行为，建议通过有针对性的司法解释、指导性案例等形式给出更多的指导意见。从法理层面探讨"职业打假"认定的合规性，从操作层面提高"职业打假"认定的可行性。同时，对消费者维护自身权益的打假行为给予支持和援助。

2. 企业应正确应对恶意打假、索赔行为

食品生产经营企业面对"职业索赔人"的上门"碰瓷"，应以法律的手段保护自己，积极配合主管部门，通过法律途径解决问题；同时，为避免"职业索赔人"利用舆论导向的施压，更应及时公开相关信息，回应公众关切问题。采取"私了"的方式只会助长他们的气焰，更加危害行业共同利益。

3. 媒体应树立正确的舆论导向

有关"职业打假"的早期报道，部分媒体存在炒作行为，而近年来恶意打假事件频发，舆论导向有所转变，报道趋于客观、理性。媒体作为发布事件消息的重要平台，应客观、准确地报道相关事件，树立正确的舆论导向，引导消费者理性对待。

七、沙田包子　匠心传承

——对参加宁乡沙田争创"面点师之乡"汇报评审活动的感受

（2019 年 4 月 16 日　于湖南宁乡）

很高兴来到美丽富饶、人杰地灵的鱼米之乡——湖南宁乡，参加宁乡沙田争创"面点师之乡"汇报评审活动。

面点是方便和丰富百姓生活的阳光产业、富民产业，发展面点产业深受百姓欢迎。为推动我国面点产业的健康发展，中国粮油学会发酵面食分会自成立起，就把传承和发展面点产业作为中国粮油学会工作的重要内容之一。十多年来，每年春节前后，发酵面食分会联合安琪酵母股份有限公司等单位在 11 个省 24 个县 30 多个乡镇开展发酵面食科普宣传和"面点师之乡"创建活动。在调查研究，总结经验的基础上于 2008 年起，开展了"面点师之乡"的命名工作。至今，发酵面食分会先后于 2008 年将安徽省怀宁县江镇命名为"面点师之乡"；2009 年将湖北省监利市毛市镇命名为"面点师之乡"；2010 年将福建省仙游县园庄镇命名为"面点师之乡"；2011 年将山东省乐陵市黄夹镇命名为"面点师之乡"。

这次有幸来到宁乡，两天来，通过参观学习，听取介绍和产品品尝，对沙田包子有了很深的印象。在此我讲讲感受。

（一）沙田包子名不虚传

通过短短两天的考察和体验，我认为沙田包子有以下五个特点。

1. 历史悠久，文化底蕴深厚

沙田包子起源于三国末年，随着时光的流转，一千多年的包点技艺，在沙田人手中匠心传承，文化基因深厚。这里伟人名人辈出，伟大领袖毛主席在年轻游学宁乡时曾品尝过沙田包子，并赞不绝口；宁乡又是中华人民共和国前国家主席刘少奇的家乡，也是"中共一大"代表何叔衡的故乡。

2. 从业人员多，影响面大

沙田乡地处宁乡西部，面积 74.6 平方千米，人口 3.6 万，是沙田包子的发源地，众多沙田人祖祖辈辈外出做包子，在湖南素有"十家包子铺，八家沙田人"之说。目前，沙田乡在外从事包点行业的人数达 1.5 万，占全乡劳动力人口的 75% 以上，并带动邻乡及周边县市 4.5 万余人从事包点行业。包点成为宁乡城乡劳动力转移，解决就业，增加农民收入的有效渠道。在沙田乡，仅包点行业的产值就达 100 余亿元。

3. 沙田包子品种多，品味好

为适应不同人群的需要，沙田包子在传承的基础上不断创新开发新品种，目前已拥有 16 个品牌。沙田包子馅料讲究，口感好，品味美，尤其适合南方百姓的味觉享受。

4. 沙田包子走出宁乡，走向世界

据悉，目前沙田包子已有上万家门店，遍布全国各地，沙田人的包子连锁店甚至开到了澳大利亚和俄罗斯等国家，走出了国门。

5. 社会经济效益显著

沙田包子不仅为城乡劳动力的转移、就业、为农民增收做出了贡献，而且这个产业的规模年销售额巨大，俨然已经成为沙田乡的支柱产业。

（二）希望始终重质量和品味

包子是消费者直接入口的食品，其产品的质量安全与人民生命安全息息相关，其品味的优劣始终如一秉性，是产品品牌立于不败之地的重要根基。为确保包子产品的质量安全和品味品质的一致性，我认为今后要认真注意以下三点。

1. 要确保原辅材料的质量和品质的一致性

对诸如面粉和制作馅的原辅料等进行选点比较，并按照要求定点固定供应，努力做到质量和品味品质的一致性。

2. 要重视加工制作环节的产品质量安全

按食品生产的要求，严格控制生产环境；在包子的生产制作中，严格要求生产操作人员的健康卫生状态，并按操作规程进行制作；对生产装备和器具要提出相应的安全卫生要

求，以确保产品质量的安全。

3.要严格产品销售环节的质量安全

对前店后厂产品靠生产厂家供应的门店，对产品运输、装具等都要有严格的卫生要求。对速冻产品和以互联网形式销售的产品还应该有保质期的要求等。总之，为了确保产品的质量安全，希望认真研究、道道把关，以确保沙田包子从生产到销售全过程的质量安全万无一失。

（三）希望科技引领与创新发展

沙田包子要与产业一样，在传承和创新上多做文章，要在传承传统基因的基础上，注入现代科技，创新发展。

1.规范生产、有章可循

进一步总结完善沙田包子的生产、经营理念，使之更加科学化，并在此基础上制修订好各类产品的操作规程，做到规范生产，有章可循。

2.注重品牌建设

认真学习领会并认真贯彻中发〔2019〕1号文件精神，给古老优秀的民间产品注入更多的现代科技，把沙田包子创造成湖南乃至全国叫得响的"土字号""乡字号"特色产品品牌。

通过两天的参观学习，我深深感到，具有匠心传承的沙田包子名不虚传，是中国粮油学会发酵面食分会培育出的继安徽江镇、湖北毛市镇、福建园庄镇和山东黄夹镇之后又一个当之无愧的光荣的"面点师之乡"。

八、大气交流，广州粮油博览

——在"第 19 届广州大食品展暨第 13 届广州粮油产业博览会"上的致辞

（2019 年 6 月 26 日 于广东广州）

尊敬的各位领导、各位嘉宾、各位企业代表、女士们、先生们：

大家上午好！

欢迎大家来到"第 19 届广州大食品展暨第 13 届广州粮油产业博览会"的现场，借此机会，我谨代表中国粮油学会油脂分会对大会的召开表示最热烈的祝贺！

本届展会是由中国粮油学会、中国粮油学会油脂分会、中国食品土畜进出口商会、中国食品工业协会、中国粮食行业协会大米分会、亚洲财富论坛、国际橄榄油理事会、中国林业产业联合会木本油料分会、西安中粮工程研究设计院、广东省粮食行业协会、广东省食品学会等作为指导单位，由广州英富曼意帆展览有限责任公司主办的大食品及粮油行业的一次盛会。广州食品、粮油展在大家的支持下，经过 13 年的积淀，如今已经发展为中国高端食品、粮油行业最大的商贸交易平台之一。

广州大食品展、广州粮油产业博览会作为推动全国食品和粮油产销的重要平台，具有展示行业发展成就、促进贸易、扩大消费的重要功能。本届展会展出面积达 5 万平方米，是国内高规格高质量的食品和粮油行业展示盛会。展会现场有来自西班牙、意大利、韩国、日本、澳大利亚、俄罗斯、巴西、加拿大、新西兰、阿拉伯联合酋长国、沙特阿拉伯、捷克、乌克兰等 41 个国家和地区的 500 多个食品和粮油品牌参展。

广州大食品展及广州粮油产业博览会旨在为企业加快品牌建设、拓展经营渠道以及开展学术交流搭建一个良好的平台。希望通过大家的共同努力，为推动食品和粮油行业健康发展做出贡献，以更加优异的成绩向新中国成立 70 华诞献礼！预祝本次展会圆满成功，预祝各参展企业取得丰硕的成果，满载而归。

谢谢大家！

九、对未来大米消费市场发展趋势的粗浅看法

——在"稻谷六步鲜米精控技术研讨会"上的即席讲话

（2021 年 7 月 12 日　于上海）

众所周知，大米、小麦和玉米是我国的三大主粮，2020 年产量分别为 21186 万吨、13425 万吨和 26067 万吨。就其加工产品的产量、销量以及食用人数而言，大米当之无愧是中国百姓的第一主粮。

大米历来是我国百姓喜爱的主粮。有史以来，老百姓天天讲的"吃饭"两字，就是以吃大米制作的米饭、米粥为主要，尤其是在黄河以南地区。所以大米的品种、品质、品味和品牌是消费者最为关注、关心的事情。

根据我的观察、推测和自身体会，我觉得未来的大米消费市场将在相当长的一段时间里仍将以各种精深加工方式生产的大米为主导产品，但随着人们对营养健康、口感风味以及特殊人群的不同需要，多样化的大米产品将会得到快速发展。

就营养健康上而言，留胚米、发芽糙米、糙米以及各类适度加工大米产品将会得到较快发展；以大米为主，添加一种或多种优质营养杂粮制成的"配合大米"以及满足不同特殊人群需要的健康大米产品是值得提倡和发展的；消费者将越来越重视绿色、有机等优质大米产品的面市。

从口感风味角度上看，新鲜大米以及采用低温储存等方式保住新鲜度的大米产品将会越来越受到消费者的青睐；一些有地方特色，口感好的大米产品将会受到消费者的欢迎。

从品牌角度上看，百姓在消费中将更加注重全国著名企业创建的著名品牌以及有地方特色的著名品牌；更加注重原料的产地，更加注重名、特、优、新产品和"老字号"品牌。

从包装角度上看，要选用清洁、卫生、无污染的包装材料；从发展趋势上看，要重点发展 2.5 千克的小包装大米和 5~10 千克的中包装大米，以满足现代家庭生活的需要。

从消费市场的发展趋势看，百姓对大米不仅追求优质安全和营养健康，同时追求大米的口感风味、追求"好吃"。益海嘉里金龙鱼粮油食品股份有限公司研发的"六步鲜米精控技术"，超越了日本大米各企业间分段式的生产加工方式，是全产业链的鲜米生产体

系，不仅借鉴、消化、吸收了国内外先进技术，并在此基础上不断进行创新，做到了"从田间到消费者餐桌"上的全产业链可追溯、技术整合及标准化生产，提高了大米的新鲜度、食味品质，更符合节粮减损、降低能耗等国家战略。我相信，用"六步鲜米精控技术"生产的鲜米产品，在市场上一定会受到日益增长的消费者的关注和好评。

以上浅见，仅供参考。谢谢大家！

第三章

政策建议与咨询服务

一、建设中哈粮食产业链丝绸之路的展望

——为国家粮食局外事司提供的资料

（2018 年 1 月 11 日　于北京）

为认真贯彻落实习近平总书记提出的"一带一路"倡议，粮食行业应根据自身特点，在开展"一带一路"中有所作为。哈萨克斯坦是我国的友好邻邦，是上海合作组织的重要成员，也是"一带一路"的重要通道和节点，其地域辽阔，土地肥沃，粮油等农产品资源丰富，是我国粮食行业对外合作的重要伙伴。

（一）中哈粮食产业合作背景

"一带一路"倡议给推动中哈粮食产业链发展和提升我国家粮食安全保障能力带来了重大机遇，中哈两国在粮食领域正逐步实现政策沟通、设施联通、贸易畅通、资金融通、民心相通。建设中的中哈两国粮食产业重要物流通道和节点，为粮食资源跨区域、长距离、大规模、高效率流通打下坚实的硬件基础；中哈两国正形成粮食产业集群优势互补、互利互惠、合作共赢的产业经济发展新格局；中国粮食企业优化粮食进口布局和品种结构，在不断健全多元粮食对外贸易格局方面取得可观的成绩；形成以民营企业为主导，进一步加强中哈粮食流通国际合作交流、开放包容、互利共赢多边合作的新局面。

（二）中哈粮食产业合作成果

1.政策沟通、设施联通、贸易畅通

新疆边境已开放的国家对哈粮食口岸有霍尔果斯口岸、阿拉山口口岸、巴克图口岸，特别是阿拉山口口岸建成的粮食专用陆港，实现了哈粮的散运散卸以及食用油散装散运。霍尔果斯综合保税区、阿拉山口综合保税区聚集中国粮食加工企业 26 家，年加工哈粮已达 200 万吨规模。以陕西粮农集团有限公司、西安爱菊粮油工业集团有限公司为代表的中国粮食加工企业，在哈萨克斯坦建立了农产品加工园区和粮食中转仓库。中铁集装箱运输

有限责任公司推出散装粮食集装箱业务，使哈粮能够散运到中国内陆和东南亚各国。吉林粮食集团有限公司和中国投资集团有限公司在哈萨克斯坦投资的百万亩大豆产业示范项目后，哈萨克斯坦由 2010 年前的年产大豆 10 万吨，上升到 30 万吨。中粮集团有限公司、益海嘉里金龙鱼粮油食品股份有限公司、中国中药控股有限公司、中国轻工集团有限公司、新疆粮油集团有限责任公司、川宁生物医药有限公司等大型企业已连续 3 年进口哈萨克斯坦油料油脂达 10 万吨。有些民营企业开始从哈萨克斯坦采购亚麻籽和非转基因油菜籽，转口蒙古国进入我国市场。

为在哈萨克斯坦及上海合作组织框架下，推广中国粮食机械与技术，国家粮食局原发展交流中心在乌鲁木齐成立办事处以来，为 15 家国内知名粮食机械制造企业的装备出口哈萨克斯坦服务，各类装备出口额累计达到 3000 万美元，5 年来办事处已三次在哈萨克斯坦境内和霍尔果斯中哈经济合作区内，举办大型"中哈粮食技术与投资贸易论坛"，为促进中哈粮食企业的交流提供了优质的服务平台。

2. 民心相通、资金融通

逐渐扩大的中哈粮食贸易，深入发展的中哈粮食产业合作，使两国粮食企业迫切需要建立一个互信的组织，协调各方利益诉求，自此在中国粮油学会的支持下，于 2016 年创立中哈粮食产业企业家联合会（以下简称联合会）。现哈方根据《中哈粮油产业企业家联合会章程》，已建立了哈方中哈粮食产业企业家联合会，旗下拥有 10300 家农场的哈萨克斯坦农业联盟作为主要单位，注册地为阿斯塔纳市。2017 年 6 月 11 日联合会与中国粮油学会油脂分会在北京举办"粮食产业投资贸易中哈座谈会"，同年 10 月 12 日在阿斯塔纳举办"'一带一路'中哈粮食产业投资与技术贸易论坛会"，论坛受到哈萨克斯坦农业部、哈萨克斯坦投资和贸易发展部、哈萨克斯坦农业投资担保公司、哈萨克斯坦外交部的大力支持。会上，中方代表就《浅析中哈粮油贸易的瓶颈》发了言，受到了哈方代表的高度关注。

自联合会成立以来，充分利用霍尔果斯中哈经济合作区的优惠政策，联合中国工商银行霍尔果斯中哈经济合作区分行，积极开展人民币结算业务的 NRA 账户注册工作和离岸银行人民币和坚戈（哈萨克斯坦货币）贸易结算业务。在联合会的推介和引荐下，已有 23 家哈萨克斯坦企业在中国工商银行直接注册账户，并开展人民币结算业务。

（三）存在的问题

（1）技术标准的差异　在粮油产品的标准方面，两国有着明显的差异，增大了两国粮食贸易的硬件成本，表现在检疫项目的不同、质量标准检测技术不同、检测人员技术水平不同，使贸易单位处于"盲式风险"。

（2）贸易合同缺乏法律制约 由于哈萨克斯坦的企业使用信用证的成本很高，故绝大多数哈萨克斯坦粮食企业在交易时不愿使用信用证，致使两国首次贸易的合同履约难度极大。缺乏互信的贸易是风险极大的，致使双方货物、资金被骗的事件经常发生。

（3）培训缺失导致项目合作失败 中方提供的技术合作项目，哈方人员不能受到全面的培训，只凭翻译人员的一知半解诠释，导致技术不能被哈方工作人员正确理解，更有两国标准的差异，使中方提供的技术和装备不能有效地发挥作用，以致多个中哈合作的项目因培训缺失而搁浅。

（4）信息渠道的梗阻使中国的劣质粮油机械进入哈萨克斯坦 有的中国"三无"粮油机械企业，常常打着中国名牌企业的招牌，与无良的翻译人员合伙欺骗哈萨克斯坦企业，出售在国内已经无人使用的劣质技术和设备给哈萨克斯坦企业，造成运转时问题多多，致使一些贪图便宜的哈萨克斯坦企业上当受骗，严重地损害了"中国制造"的良好形象。

（5）售后服务滞后影响中国粮油机械在哈萨克斯坦的竞争力 这个问题表现为两个方面：其一，赴哈萨克斯坦的签证费用高，签证成功率低，长期有效的签证甚少，使得服务人员不能及时赶赴现场；其二，中方服务人员英语水平低，更难有技术人员懂得俄语，加之绝大多数哈萨克斯坦人员不懂英语，因此语言交流困难，使技术服务质量大打折扣。土耳其在技术服务方面的优势明显强于我国，因此哈萨克斯坦目前使用的粮油机械绝大多数源自土耳其。

另外，保证零备件供应本是设备出口的最基本条件，但我国的粮油机械备件供应哈萨克斯坦时，往往要半年以上才能到货，原因是国际物流通道滞后。

（6）通关时间过长，影响贸易效率 中哈贸易主要以陆路口岸为主，口岸设施建设的规模，通关体制的完善高效，直接影响贸易成本和通关效率。我国海关和检验检疫诸多壁垒和陆路口岸基础设施的滞后，使粮食贸易这个微利业态，常常因铁路、公路的承载能力弱，货物需长时间排队等待，从而增加了不必要的成本开支。

（7）源于中方的失信 部分中方官员和企业家，甚至是高级官员，访问哈萨克斯坦时，不顾后果地承诺给哈方投资，事后投资项目却杳无音信，严重地损害中国"一带一路"倡议的执行。究其原因是事先没有通过正规的咨询机构提供参考意见，不了解哈方的真实诉求；被不良的中国商人误导，对哈方做出不切实际的允诺。

（8）投资哈萨克斯坦土地的盲区 哈萨克斯坦的环保政策、农用土地确权政策、农业生产方式，三者密不可分。哈萨克斯坦农业用土地资源丰富，但对外国人却有多项限制性规定。我国粮食企业投资哈萨克斯坦农业用地的成功案例极少，以中国人惯有的思维模式去租赁、承包哈萨克斯坦农业用地，失败是必然的。原因之一是我国农业技术在多方面不符合哈萨克斯坦的环保政策；原因二是哈萨克斯坦农业机械缺乏，农忙季节，有些中国人常凭自身的资金优势侵害了当地人的利益，造成矛盾。

（9）不会用法律保护自身的利益　在签订合同时不参考当地律师的意见，加上不懂哈萨克斯坦法律，不适用哈萨克斯坦法律的合同和经营行为，使得中方投资者损失严重。另外，由于合同纠纷的成本很高，使得中方企业多数以选择放弃诉讼权利为结果。

（10）哈方盲目投资建厂的信息不对称现象　哈方企业对中国市场不了解，误信中国一些设备制造企业鼓吹的粮食紧缺、粮油价格高的错误信息，急于投资建厂，忽视市场的需求，造成诸多企业建成即破产的尴尬局面。

（11）联合会的困境　中哈粮食产业企业家联合会是企业家自发组织的互信机构，成立以来依靠几个发起单位的资金运营。联合会经费不足的窘境，使得最初的愿望难以实现，运行机制近乎停滞，特别是联合会中方机构迟迟不能建立，形成不了双方的合力，严重地影响了联合会的工作效力。

（四）框架思路和建议

（1）政府、企业、社会资本共同投资、建立技术培训与检测中心，为哈萨克斯坦提供农产品新技术、新品种，为两国粮食贸易提供技术支持。

（2）政府支持以中方为主导的联合会秘书处开展工作，恢复原发展交流中心驻乌鲁木齐办事处的职能，使其作为政府派出机构，管理秘书处。

（3）联合中国粮油学会和中国粮食行业协会，哈萨克斯坦粮食行业协会和哈萨克斯坦油脂协会，为联合会扩大会员规模提供支持，在联合会中建立互信监察的体制，建成中哈粮食产业合作的信息平台、融资平台、技术服务平台和法律援助平台。

（4）由政府出面协调哈萨克斯坦政府有关机构，共同建设中哈粮食产业示范项目。

（5）由联合会协调，鼓励中国粮食加工与贸易企业，联合粮油机械制造企业到哈方，进行哈萨克斯坦企业购买中国设备、中国企业返租哈萨克斯坦工厂的业务，在哈萨克斯坦市场与其他国家粮油机械、农业机械展开竞争。用中国先进装备和技术标准，生产符合中国产品标准与市场需求的产品。

（6）在政府项目框架内，在中国粮油学会和有关院校、科研院所的技术支持下，联合会直接参与中哈粮食生产加工领域的联合技术开发，以最新、最先进的技术，充分体现中国"智造"。

（五）合作重点

（1）在联合会秘书处（国家粮食局原发展交流中心驻乌鲁木齐办事处）领导下，在霍尔果斯中哈经济合作区设立经营性的"中国粮食技术展示培训服务中心"。该中心采用政府和社会资本合作（PPP）方式投资，主要展示中国粮食加工和农业机械技术和装备，为哈萨克斯坦提供免税的备件，为哈萨克斯坦提供免费的技术培训和有偿的技术服务，有偿提供粮油产品的技术检测，有偿提供粮油贸易信息，有偿提供通过联合会的招商引资工作。

（2）委托联合会筹办丝路基金框架下的中国粮食产业示范项目。

二、粮油行业改革开放 40 年对外合作成果简介
——发表于《粮油加工》杂志

（2018 年 3 月 13 日　于北京）

在改革开放政策的指引下，40 年以来，粮食行业通过引进国外先进技术、大型项目和先进的管理经验，取得了巨大的成绩，并在引进国外先进技术和装备后，开展研发、创新、拓展，使我国粮油行业技术、装备得到了很大的发展，取得了很大的成就。

40 年来，在对外合作引进技术、装备、管理经验的推动下，通过粮油科技工作者研发和自主创新，我国粮油科学技术取得了世人瞩目的发展。粮食仓储应用技术已达到国际领先水平，"粮油机"工艺、装备和饲料加工装备已达到或接近国际先进水平，粮油质量安全方面的保障支撑技术水平显著提高。

（一）引进重大技术、项目和管理经验，以及这些引进对行业体系建设、促进产业升级和消费升级的影响

20 世纪 80 年代中期起，我国在原商业部粮油工业局和各省、自治区、直辖市粮食局的共同协调规划下，结合我国国情引进具有国际先进水平的米、面、油加工成套设备。据不完全统计，到 20 世纪 90 年代中期，全国共引进各类粮油加工成套设备 330 套，其中大米加工设备 40 多套，面粉加工及谷朊粉生产设备 200 多套，油脂浸出、精炼、低温脱溶生产设备、人造奶油、起酥油生产设备和可可脂生产设备等 91 套。

引进设备比较典型有：布勒集团的面粉机械，日本佐竹的碾米设备，美国皇冠、德国鲁奇、比利时迪斯美公司的油脂设备。韦斯伐里亚、阿法拉伐公司的大型离心机。

1. 小麦加工引进的重大技术及装备

全谷物加工技术、杂粮加工技术、谷物深加工及综合利用技术、玉米淀粉加工技术、木薯淀粉加工技术、荞麦加工技术，小麦 B、C 淀粉转化秸秆纤维板功能性多元胶技术、面粉厂 FHC 自动清扫系统、小宗谷物加工成套装备技术等引进效果显著。

2. 大米加工引进的重大技术及装备

日本佐竹公司（世界公认大米加工机械设备领头企业）生产的成套大米生产线、瑞士布勒集团（世界公认粮油加工机械设备领头企业）生产的成套大米生产线，对我国大米加工技术装备技术进步有重要的引领作用，尤其是砻谷机、重力谷糙分离机、厚度分级机、砂辊碾米机、铁辊碾米机、长度分级机等大米加工主机，以及清理筛、去石机、配米器、超低速斗式提升机、大米真空或充气小包装机等通用设备的引进意义非凡。

3. 油脂加工引进的重大技术及装备

引进大型油脂浸出技术及成套设备技术、大豆膨化技术、油料冷榨机、大型碟式离心机、大型连续式油脂精炼技术及设备、物理精炼技术、冬化过滤机和叶片过滤机等。通过引进这些具有国际先进水平的技术和装备，较快提升了我国粮油加工装备、粮油加工企业、粮油产品质量指标的水平。在较短的时间内缩短了我国与国际先进水平的差距，促进了加工业产业升级和产品品质升级。我国稻米加工快速实现了大型化，完成了从间歇式、小规模到大型化、连续式、自动化的跨越式升级。

4. 米面油的质量跨越式提升，品种百花齐放

随着具有国际先进水平的米、面、油加工成套设备的引进与投入生产运行，生产车间的环境干净、明亮、整洁，米、面、油的质量也有了大幅度的提升，结束了黑油、粗米面的时代。

中粮集团引进的布勒集团生产的人造营养粒成套生产线（可按照设计的配方营养粒，再按比例与普通白米配混生产营养强化大米），填补了我国这方面的空白，引领了我国营养强化大米技术装备和产业的发展。

中粮集团引进的布勒集团提供的蒸谷米成套生产线，使我国蒸谷米生产进入自动化、现代化阶段。

引进的食用植物油现代化设备投入使用后，食用油品种在原来两种产品的基础上，生产出了更高质量等次的产品，即现行国家标准中的一级、二级食用油，使得我国的食用植物油与发达国家处在同一水平线上。米、面、油产品质量稳定，得率也有了提高，品种也百花齐放，超市货架琳琅满目，包装由原来的散装一跃而升为小包装甚至精美的包装。

历经几十年的发展，我国已经是一个粮油消费大国。2016—2017年度消费食用油脂为3700多万吨，小麦粉约8880万吨，大米约11500万吨。粮油产品品种繁多，以食用植物油著名品牌为例，福临门、金龙鱼、鲁花、金鼎、九三、汇福、长寿花、西王、海狮、绿宝等不计其数，我国居民的米面油质量达到了精、细、安全、卫生，目前正在向适度加

工、追求营养成分保全方向发展。

5. 产品标准国际化步伐加快，粮油质量安全标准渐成体系

国际先进水平的粮油生产装备出产的粮油产品，纯度高、卫生指标高、色泽好，与此同时国外设备供货商也将相应的产品标准带进我国，使得产品标准同步提升，产品标准国际化步伐加快，粮油质量安全标准渐成体系。譬如现在我国油品中的一级、二级食用油标准就是适合于那个时代的过程产物，使得我国食用植物油标准靠近国际标准，为现在的标准体系达到国际标准打下了基础。

目前我国粮油质量安全标准渐成体系。粮油国家标准和行业标准全面覆盖。截至2015年，全国粮油标准化技术委员会归口管理的粮油国家标准和行业标准共计534项。

6. 工厂生产装备水平逐步提升，粮油加工能力跨越式发展

引进国际先进的粮油加工装备的工厂，设备规模大，自动化程度高，为我国粮油上台阶起到了示范作用，使得我国规模小、生产环境差的粮油加工厂学有榜样，通过消化吸收，逐步实现国产化、大型化；自动化水平逐步提高，使得我国粮油加工企业生产装备水平逐步提升，粮油加工能力实现了跨越式发展。

2003年我国已经由原国家粮食局西安油脂科研设计院在引进美国皇冠公司环形浸出技术的基础上自主研制成功处理2000吨/天大豆生产线，单条生产线加工能力已达国际一流水平。现在由江苏迈安德集团有限公司生产的单条生产线加工能力达6000吨/天大豆的国产设备，运行状态良好，各项经济技术指标达到国际先进水平。

中粮集团引进了布勒集团提供的蒸谷米成套生产线之后，使我国蒸谷米生产进入自动化、现代化阶段。

我国是一个粮油加工大国。稻米、小麦和食用植物油的加工能力居世界首位，2014年我国大米产量超1亿吨，面粉产量9000多万吨，油料年处理能力达到17257万吨。我国最大的油脂工厂日处理大豆达到12500吨，是世界级的大型油脂工厂，涌现出中粮、益海嘉里、鲁花等一批大型、特大型粮油加工集团公司。

7. 装备制造业快速发展，国产设备接近或达到国际先进水平

近年来粮油装备生产厂家及时利用改革开放引进国际先进水平装备的大好时机，积极采用国际先进技术，研制大型单机、大型成套装备。譬如我国自行设计制造的榨油机日处理能力达到400~500吨，轧坯机日处理能力达到680~750吨，日处理6000吨膨化大豆的成套设备等。国产叶片过滤机性能指标达到国际先进水平，国产设备的性能指标接近或达到国际先进水平，部分达到国际领先水平。

引进瑞士布勒集团，日本佐竹、安西公司，阿根廷、韩国等生产的大米色选机，引领并促进了我国色选机产业的发展。经过国内众多产学研单位的协同攻关，我国色选机产业已经发展成为全球最大、最强的色选机产业，色选机产品远销包括欧美发达国家在内的100多个国家和地区，不仅应用在大米行业，并推广到小麦、玉米、油料、杂粮、茶叶、咖啡、可可、葵花籽等百多种农产品的分选。涌现出江苏牧羊、正昌、迈安德，湖北永祥、湖南郴州、浙江展诚、中粮张家口、河北苹乐、河南华泰等一批具有自主知识产权、具有制造大型单机或大型成套装备的粮油机械公司。

我国粮油装备制造业快速健康地向前发展，部分单机及成套设备接近或达到国际先进水平，部分达到国际领先水平。

8. 管理水平大幅度提升，粮油加工业达到国际先进水平

随着引进具有国际先进水平的米、面、油加工成套设备，以及相应的先进管理技术和管理经验也进入我国粮油行业，从而全面提升了我国粮油加工业的管理水平，主要体现在粮油加工生产线自动化控制技术使得管理手段实现了现代化，为管理提供了现代化手段；我国粮油加工从原料进厂、装卸、烘干、储存、加工、成品储存、包装、码垛、装货、出货全流程，实现了机械化、自动化。大型加工车间工艺参数控制、各车间之间的输送、水电气供给基本实现自动控制，同时实现了管理者实时掌控加工车间设备运行状况、仓库库存及销售动态。

（二）食品行业引进和拓展的新产品线、新系列产品填补了国内空白

自1987年起，在原商业部科技司和粮油工业局的组织下，将引进的技术、设备消化吸收国产化列入国家"七五"重点攻关项目。

1. 油脂加工设备拓展的新产品线

我国引进美国皇冠公司环形浸出成套技术，经原国家粮食局西安油脂科研设计院消化吸收再研发拓展，使我国进出成套设备由50吨/天跃升到430吨/天。经不断研发，2003年研制出具有自主知识产权的国产加工能力为2000吨/天的设备，使单条生产线处理量达到当时的国际领先水平。现在已经达到单条生产线处理量6000吨/天。形成了我国浸出设备的大型化、系列化，填补了我国大型浸出设备的空白。

通过引进大型系列油料破碎机、大型系列轧坯机、大豆膨化技术及大型挤压膨化机、大型成套系列榨油机和大型油料冷榨机、大型碟式离心机、大型连续式油脂精炼技术及成套精炼设备、大型物理精炼技术和化学精炼技术兼容精炼生产线、大型系列冬化过滤机、

大型系列叶片过滤机等单机和成套装置，填补了我国大型单机设备及成套设备的空白。经过消化吸收，拓展出了国产成套系列大型单机和大型成套设备。

2. 面粉设备拓展的新产品线

在小麦制粉行业，通过对引进的技术、设备的消化吸收和再创造，形成以下新产品和新技术。

（1）新系列技术

①小麦脱皮制粉清洁生产新工艺：包括干法脱皮、清扫系统、吸风系统等，使加工吨粉耗电量由平均52度降低到35度。

②营养复配技术：实现裸粮产品、熟粉冲剂、生粉配制系列家庭预拌粉，以及复配粉生产营养米，开发营养米爆饼机；采用散粉配粉技术，利用布袋配粉仓专利技术，实现配粉目的，大量节约了投资资金；提高全谷物产品的附加值。

③谷物分层脱皮干法清理技术：采用最佳的干法清理工艺，完成谷物的分层脱皮干法清理，减少了清理设备的数量，降低了设备投资，实现了节水省电的目的。

④粮食加工副产品综合利用技术：应用新型分离提取技术、生物技术、双螺杆挤压技术、大米粉干法加工工艺技术、物理改性技术、现代保鲜技术等，开展麸皮及胚芽储存与应用关键技术、玉米胚芽转化及应用技术、玉米蛋白改性与应用技术、米糠保鲜与转化利用技术、稻壳生物质能源利用技术等研究与开发，并实现规模化、集约化生产。

（2）填补了国内产品线的空白

①创造了小麦"前路均衡大量出粉"经济型制粉方法。主要通过加强皮磨物料的剥刮，一皮少出粉或不出粉，加宽二皮、三皮及前路心磨研磨系统，强化中间物料的分级，加强前路心磨系统物料的研磨，适当缩短粗皮磨和心磨。前路均衡大量出粉产量高、电耗低、面粉制品效果好。

②应用粮食循环经济集成技术。以小麦、玉米和碎米为原料，分离蛋白、提取胚芽、开发专用粉、提取谷朊粉、制取酒精、生产功能淀粉糖、形成复合饲料、派生复合肥、实现沼气发电，形成原料多元化、产品多元化，达到全产业链生产如图1所示。

③应用动态润麦和振动着水技术。实现高频振动着水和快速润麦，大大降低了润麦仓的容量，缩短了润麦时间。

④全谷物加工智能云成套装备技术，是针对我国全谷物主食产品缺乏、质量稳定性差、营养数据模糊、加工关键技术落后、装备自动化水平低、能耗高等问题进行研究和开发，利用云技术，重点研究全谷物云膨化机、云脱皮机、色选机、复配营养云数据、全谷物加工智能云成套定型装备技术。突破技术瓶颈，实现全谷物主食产品加工的产业化、营养化、方便化和安全化，实现全谷物加工装备的定型化，加强我国全谷物食品的研究开发、推广。

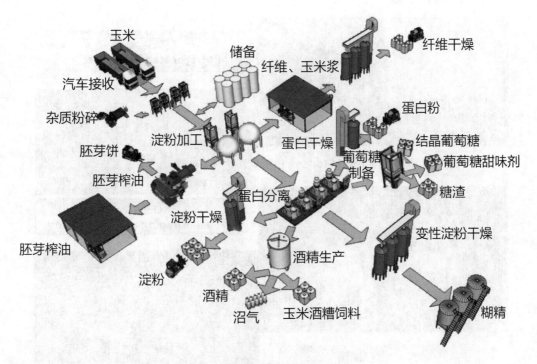

玉米

汽车接收

储备

纤维、玉米浆

纤维干燥

杂质粉碎

淀粉加工

蛋白干燥

蛋白粉

胚芽饼

胚芽榨油

葡萄糖制备

结晶葡萄糖

葡萄糖甜味剂

糖渣

蛋白分离

淀粉干燥

变性淀粉干燥

胚芽榨油

淀粉

酒精生产

酒精

沼气

玉米酒糟饲料

糊精

图1　粮油循环经济集成技术

3. 大米设备拓展的新产品线

新鲜稻谷保鲜储藏、加工、销售集成技术。采用从稻谷收割、运输、储藏、加工、包装、销售全程冷链技术，研究了稻谷高水分保鲜运输、储藏技术；高水分保鲜脱壳、碾米、抛光技术；高水分保鲜包装技术等。该技术加工的大米保持了新鲜稻米的特性，产品的附加值高，市场前景广阔，该技术国内首创，国际领先。

2002年上海海丰农场、2007年辽宁鞍山第五粮库分别引进日本佐竹公司生产的免淘米成套生产线，开发了清洁、方便的免淘米产品。免淘米，也称清洁米，指无需淘洗就可直接蒸煮的大米。此米粒面光洁，透明度高，基本不含杂质，食味好，由于炊前不需淘洗，不仅可以避免在淘洗过程中干物质和营养成分的大量流失；还可以节省淘米用水和防止淘米水污染环境，如图2所示。

（三）国内食品企业对外合作

为了弥补国内原料不足、人才不足、技术匮乏及高端产品供应不足，在"一带一路"倡议和"走出去"战略的指引下，粮油行业在国外建立原料基地、研发基地和产品基地等方面进行了多种形式的尝试，取得了许多经验与教训。现在看来，比较成功的有以下一些项目。

图2 新鲜稻谷保鲜储藏、加工、销售集成技术

1．中粮集团与国内外企业共同成立中粮国际

中粮集团于 2014 年收购尼德拉和来宝农业各 51% 股权，2015 年收购来宝农业剩余 49% 股权，2016 年收购尼德拉剩余 49% 股权。通过并购，中粮集团在巴西、阿根廷、黑海等重要粮食产地一跃成为领先的粮油贸易商。目前中粮国际经营品种主要包括谷物、油料、食糖、棉花等，资产和业务覆盖全球 50 多个国家和地区，2017 年经营量超过 1 亿吨，其中向中国出口粮油产品超过 2100 万吨，有力保障国内粮油市场供应。

为弥补国内食糖产销缺口，中粮集团于 2011 年完成对澳大利亚 Tully 糖厂的全资收购。该糖厂是澳大利亚最大单体糖厂，成立于 1925 年，位于昆士兰州，年甘蔗处理能力约 250 万吨，目前已成为中粮集团海外食糖采购重要来源之一。

为适应国内进口葡萄酒消费快速增长，尤其是中高端葡萄酒消费迅猛增加的趋势，中粮集团于 2010 年全资收购智利葡萄酒酿造企业 Bisquertt 酒庄，2011 年全资收购法国雷沃堡酒庄。其中，智利圣安德里亚酒庄年原酒生产能力 1.4 万吨，主要生产优质原酒销往国内；法国雷沃堡酒庄年装瓶能力 12 万瓶，主要生产 Chateaude Viaud 干红葡萄酒及其副牌酒，已成为进口葡萄酒优质品牌之一，可以更好满足国内葡萄酒消费。

从国外乳品成本优势和国内乳品消费升级趋势出发，中粮下属蒙牛乳业于 2013 年在新西兰投资建设乳品生产基地。该基地年产婴幼儿配方奶粉 5.2 万吨，2016 年原罐进口产品正式进入中国。通过建设该基地，不仅顺利引入了新西兰优质奶源地，也有利于中粮集团乳品业务进一步吸取国外先进技术、全产业链管理经验等，为国内消费者提供更安全、更优质的乳品。

2. 天津聚龙嘉华投资集团有限公司

天津聚龙嘉华投资集团有限公司（以下简称聚龙集团）是一家从事农业资源开发、粮油贸易与加工的企业，是国内唯一的棕榈油全产业链民营企业，年经营棕榈油 100 余万吨，占国内市场的 20% 左右。聚龙集团在印度尼西亚共取得了 20 万公顷农业种植用地，已种植油棕 6 万公顷，年产棕榈毛油超过 10 万吨，并且逐年增加，配套有压榨厂、物流和深加工基地，海内外员工 7000 余人。

2013年聚龙集团开始大力推进"中国·印尼聚龙农业产业合作区"（以下简称合作区）项目建设，着力为中资涉农企业走向印度尼西亚构筑完备的公共服务平台。合作区是以油棕种植开发、精深加工、收购、仓储物流为主导的农业园区，计划实现从原材料供给到销售的纵向一体化经营，总体规划期限为8年（2015—2022年），建成后年销售额将达36亿美元，创造就业岗位超过2.5万人。截至2017年，实际获得产业用地3.23平方千米，实施企业累计投资近1.3亿美元，区内供排水、供电、道路运输、绿化消防、通信等基础设施完善，具备合作区建设所需的各项基础条件，并已吸引14家农产品种植加工、物流配套服务等企业入驻合作区，入园企业累计总投资额已超4.3亿美元。

合作区项目是目前规模最大的国家级农业型境外经贸合作区之一，被国家发展和改革委员会确定为融入"一带一路"建设重点项目，被原国家农业部确定为全国农业对外合作试点项目、"一带一路"对外农业投资合作重点支持项目，被原国家粮食局纳入中印尼两国粮食产业合作计划、天津市"十三五"规划重点建设项目。聚龙集团在海外农业可持续发展案例入选联合国开发计划署《中国企业海外可持续发展报告2017》。

3. 2012 年广西国宏经济发展集团有限公司投资的柬埔寨大米加工厂项目（一期）建成投产

该项目是广西在柬埔寨开展国际经济合作的重点投资项目，是广西实施"走出去"战略、深化广西与东南亚国家联盟经济合作的一个基地；2015 年中国农垦集团投资在柬埔寨的稻米产业综合开发项目开始启动，主要在优质水稻产区建设水稻种植示范农场。

（四）对食品行业进一步扩大开放的建议

（1）随着国内消费升级、需求呈多层次化，对如何优化营商（包括进出口和对外合作）环境，积极扩大进口的考虑或建议。

在国外选择农业方面的投资与合作，其面临的政治风险、自然风险、市场风险、技术风险以及当地社会环境的风险与其他行业不同，且农业投资周期较长，不易撤离。农业企业对外投资的短期行为与政府推动农业对外投资的长期战略之间容易存在错位，应该更紧密地结合，由政府去引导、推动、鼓励企业在兼顾自身市场经济行为的同时能够服务国家长期农业对外投资和贸易的战略。

（2）建议国家就对外开放政策做适当调整以更有利于对外合作。

①国家应制定推进中国企业"走出去"的指导意见，形成对外投资产业目录，引导企业对外投资的产业方向和重点区域。

②可由中央银行、中国银行业监督管理委员会优化金融支撑体系，扩大人民币境外使用范围；出台利用外汇储备支持企业"走出去"的实施办法；鼓励国内保险机构为企业对外投资提供保险与担保。

③商务部可建立企业对外投资、国际经营的风险预警和投资保障机制。

（注：本资料根据中轻食品工业管理中心的来函要求，从作者掌握了解的有关情况编写"粮油行业改革开放 40 年对外合作成果简介"，不代表全行业的情况，仅供参考。）

三、中国粮油加工业的基本情况

——为中国粮食行业协会提供的汇报材料

（2016 年 5 月 24 日　于北京）

中国丰富的粮油资源和广阔的消费市场，为粮油加工业的持续稳定发展提供了重要的物质基础。根据原国家粮食局 2015 年的统计，2014 年中国粮油加工企业（含稻谷加工业、小麦加工业、食用植物油加工业、玉米加工业、粮食食品加工业、杂粮及薯类加工业、饲料加工业和粮油机械制造业八个方面）共有规模以上的企业 19366 个，其中日加工能力在 50 吨以下的企业为 3898 个，日加工能力 50~100 吨的企业为 4028 个，日加工能力 100~200 吨的企业为 4990 个，日加工能力 200~400 吨的企业 3685 个，日加工能力 400~1000 吨的企业为 2025 个，日加工能力 1000 吨以上的企业为 644 个。

根据原国家粮食局 2015 年的统计，2014 年中国粮油加工业的主要经济技术指标情况为，工业总产值为 25734.5 亿元，产品销售收入为 25488.5 亿元，利税总额为 971.6 亿元，利润总额为 635.1 亿元（产值利润率为 2.5%），资产总计 16188.1 亿元，负债合计 9442.7 亿元，资产负债率为 58.3%，运行情况总体良好。下面简要介绍一下有关中国稻谷加工业、小麦加工业、食用植物油加工业和粮油机械制造业的情况。

（一）稻谷加工业

1. 企业数及按日加工能力划分情况

根据原国家粮食局 2015 年的统计，2014 年中国入统稻谷加工企业 9830 个，其中日处理加工能力 100 吨以下的企业 4555 个，占稻谷加工企业总数的 46.3%；日加工能力 100~200 吨的企业 3325 个，占 33.8%；日加工能力 200~400 吨的企业 1474 个，占 15.0%；日加工能力 400~1000 吨的企业 400 个，占 4.1%；日加工能力 1000 吨以上的企业 76 个，占 0.8%。2014 年稻谷加工企业按日加工能力划分比例如图 1 所示。

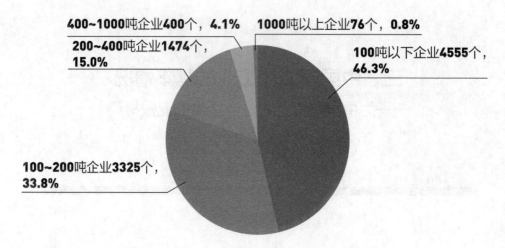

图1　2014年稻谷加工企业按日加工能力划分比例图

2. 稻谷加工业产能和产量按企业经济类型划分情况

根据原国家粮食局 2015 年的统计，2014 年稻谷加工业年加工能力为 33716 万吨，大米产量为 9870 万吨，处理稻谷 15154 万吨，产能利用率 44.9%。产能和产量按企业经济类型分，民营企业的产能和产量分别 30301 万吨和 8880 万吨，所占比例分别为 89.9% 和 90.0%；国有企业的产能和产量分别为 2967 万吨和 810 万吨，所占比例分别为 8.8% 和 8.2%；外资企业的产能和产量分别为 448 万吨和 180 万吨，所占比例分别为 1.3% 和 1.8%（图 2 和图 3）。

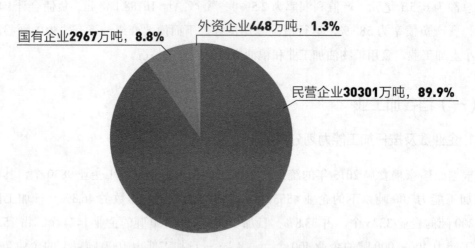

图2　2014年稻谷加工业产能按企业经济类型划分比例图

3. 稻谷加工业产品结构情况

从产品结构看，在 9870 万吨大米中，以优质一级大米、优质二级大米、优质三级大米和一级大米、二级大米为主，产量分别为 3466 万吨、1107 万吨、406 万吨和 2620 万吨、1795 万吨，分别占总产量的 35.1%、11.2%、4.1% 和 26.6%、18.2%；合计为 9394 万吨，占总产量的 95.2%。另外，三级大米为 335 万吨，占 3.4%；四级大米为 71 万吨，占 0.7%；糙米 70 万吨，占 0.7%（图 4）。

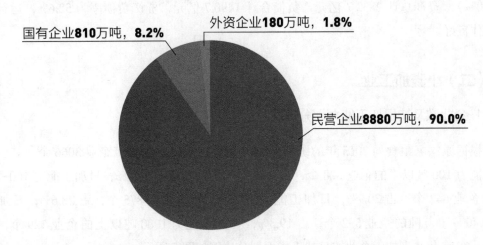

图3 2014年稻谷加工业产量按企业经济类型划分比例图

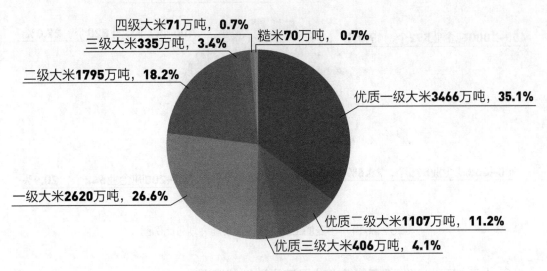

图4 2014年大米产量按不同品种划分比例图

另外，在稻谷加工中除了得到上述各类大米产品外，还有许多副产物。据统计，2014年碎米产量为 834 万吨，米糠产量为 1461 万吨，稻壳产量为 2580 万吨。

4. 主要经济技术指标情况

根据原国家粮食局 2015 年的统计，2014 年稻谷加工业工业总产值为 4923.1 亿元。产品销售收入为 4857.9 亿元，利税总额为 132.5 亿元，利润总额为 99.5 亿元（产值利润率为 2.0%），资产总计 2832.7 亿元，负债合计 1490.7 亿元，资产负债率为 52.6%，运行情况总体良好。

（二）小麦加工业

1. 企业数及按日加工能力划分情况

根据原国家粮食局 2015 年的统计，2014 年全国入统小麦加工企业 3066 个。其中日加工能力 100 吨以下的企业 828 个，占小麦加工企业总数的 27.0%；日加工能力 100~200 吨的企业 642 个，占 20.9%；日加工能力 200~400 吨的企业 875 个，占 28.6%；日加工能力 400~1000 吨的企业 592 个，占 19.3%；日加工能力 1000 吨以上的企业 129 个，占 4.2%。2014 年小麦加工企业按日加工能力划分比例如图 5 所示。

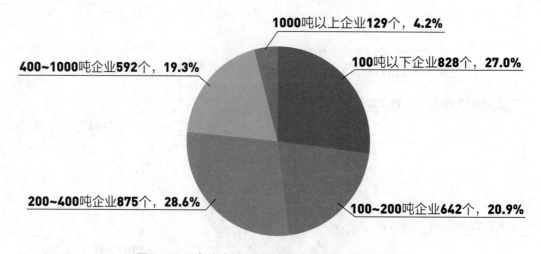

图5　2014年小麦加工企业按日加工能力划分比例图

2. 小麦加工业产能和产量按企业经济类型划分情况

根据原国家粮食局 2015 年的统计，2014 年小麦加工业年加工能力为 21650 万吨。小麦粉产量为 9676 万吨。处理小麦 15111 万吨，产能利用率为 69.8%。产能和产量按企业经济类型分，民营企业的产能和产量分别为 19346 万吨和 8626 万吨。所占比例分别为 89.3% 和 89.1%。国有企业的产能和产量分别为 1325 万吨和 433 万吨，占 6.1% 和 4.6%。

外资企业的产能和产量分别为 984 万吨和 607 万吨，占 4.6% 和 6.3%（图 6 和图 7）。

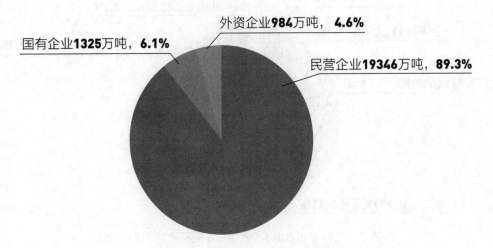

图6　2014年小麦加工业产能按企业经济类型划分比例图

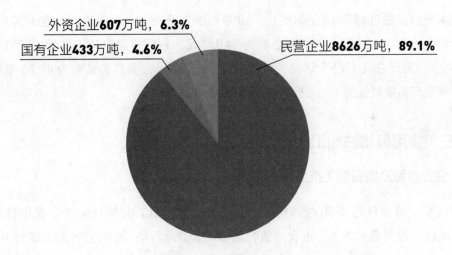

图7　2014年小麦加工业产量按企业经济类型划分比例图

3. 小麦加工业产品结构情况

从产品结构看，在 9676 万吨小麦粉中，以特制一等粉和特制二等粉所占比例较大，产量分别为 4132 万吨和 2997 万吨，分别占总产量的 42.7% 和 31.0%。其他是标准粉 1408 万吨，占 14.6%；全麦粉 111 万吨，占 1.1%；专用粉 779 万吨，占 8.1%；营养强化粉 41 万吨，占 0.4%；其他小麦粉 208 万吨，占 2.1%（图 8）。另外，在小麦粉加工中麸皮的产量为 3101 万吨。

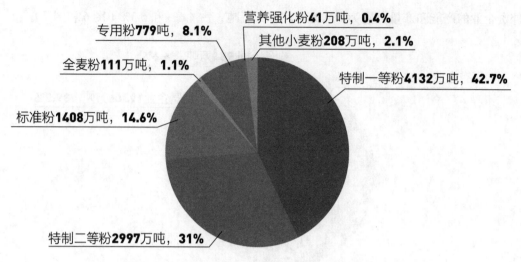

图8　2014年小麦加工业产量按不同品种划分比例图

4. 主要经济技术指标情况

根据原国家粮食局 2015 年的统计，2014 年小麦粉加工业工业总产值为 3457.0 亿元，产品销售收入为 3447.5 亿元，利税总额为 94.0 亿元，利润总额为 74.5 亿元（产值利润率为 2.16%），资产总计 1705.5 亿元，负债合计 822.7 亿元，资产负债率为 48.2%（是粮油加工行业资产负债最低的），运行情况总体良好。

（三）食用植物油加工业

1. 企业数量及按日加工能力划分情况

2014 年，我国日处理 50 吨油料以上的食用植物油加工企业 1660 个。其中日加工能力 100 吨以下的企业 613 个，占食用植物油加工企业总数的 36.9%；日加工能力 100~200 吨的企业 314 个，占 18.9%；200~400 吨的企业 364 个，占 21.9%；400~1000 吨的企业 189 个，占 11.4%；1000 吨以上的企业 180 个，占 10.9%。2014 年食用植物油加工企业按日加工能力划分比例如图 9 所示。

2. 油料处理能力、精炼能力和小包装油脂灌装能力按企业经济类型划分情况

根据原国家粮食局 2015 年的统计，2014 年中国油料处理能力 17217 万吨，其中民营企业 11233 万吨，占 65.2%；国有企业 1957 万吨，占 11.4%；外资企业 4027 万吨，占 23.4%（图 10）。

根据原国家粮食局 2015 年的统计，2014 年中国油脂精炼能力 5037 万吨，其中民营企业 2836 万吨，占 56.3%；国有企业 563 万吨，占 11.2%；外资企业 1638 万吨，占

32.5%（图11）。

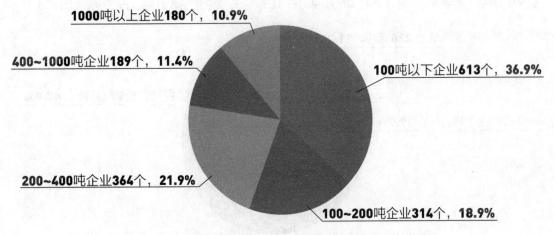

图9 2014年食用植物油加工企业按日加工能力划分比例图

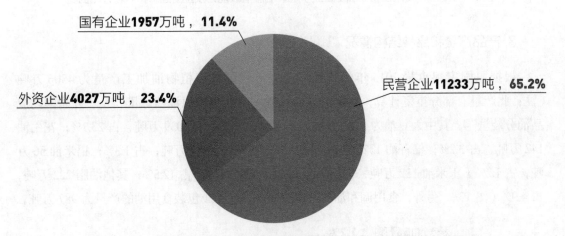

图10 2014年食用植物油加工企业油料处理能力按企业经济类型划分比例图

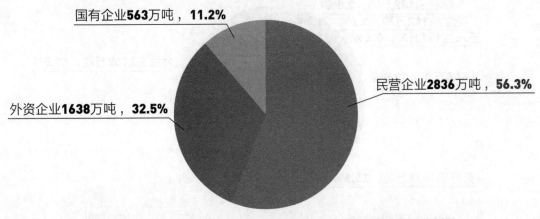

图11 2014年食用植物油加工企业精炼能力按企业经济类型划分比例图

根据原国家粮食局2015年的统计，2014年中国小包装油脂灌装能力2001万吨，其中民营企业977万吨，占48.8%；国有企业226万吨，占11.3%；外资企业798万吨，占39.9%（图12）。

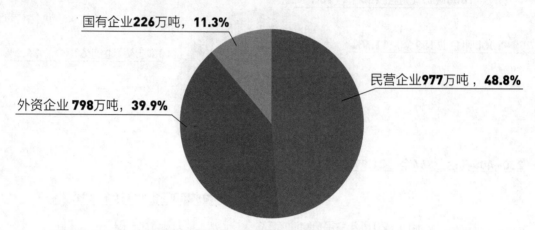

图12　2014年食用植物油加工企业小包装油脂灌装能力按企业经济类型划分比例图

3. 产品产量和品种结构情况

根据原国家粮食局2015年的统计，2014年我国食用植物油加工产量为4506万吨（注：此产量有部分重复计算，实际产量应扣除"外购国内原油精炼量"及"外购国内成品油分装量"）。其中大豆油为2142万吨，占47.5%；菜籽油1039万吨，占23.1%；花生油142万吨，占3.2%；棉籽油132万吨，占2.9%；葵花籽油57万吨，占1.3%；稻米油56万吨，占1.2%；玉米油152万吨，占3.4%；棕榈油564万吨，占12.5%；其他油脂222万吨，占4.9%（图13）。另外，食用调和油的产量为465万吨，小包装食用油的产量为987万吨。

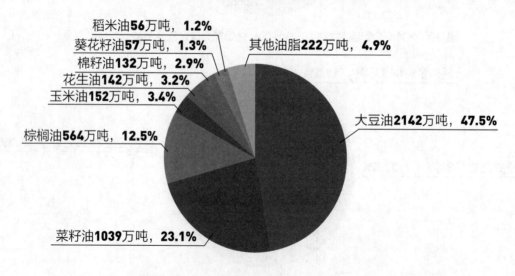

图13　2014年不同品种油脂占总产量的比例图

4. 主要经济技术指标情况

根据原国家粮食局 2015 年的统计，2014 年食用植物油工业企业工业总产值为 6289.3 亿元，产品销售收入为 6102.5 亿元，利税总额 136.9 亿元，利润总额 57.9 亿（产值利润率为 0.9%），资产总计 4189.4 亿元，负债合计 2938.3 亿元，资产负债率为 70.1%。运行情况总体良好。

（四）粮油机械制造业

中国的粮油机械制造业随着中国粮油加工业的发展而发展的。经过半个多世纪的不懈努力，中国已成为世界上最大的粮油机械生产大国。现在中国制造的各类大米、小麦粉、食用植物油和饲料加工机械设备，以及仓储物流等机械产品，不仅能满足国内粮油加工和粮油储藏发展的需要，而且远销国外，出口量不断上升。目前每年的出口数量约占粮油机械产品的 30%。与此同时，我国粮油机械装备水平不断提高，主要经济技术指标已达到国际先进水平。

据不完全统计，2016 年中国较大规模的粮油机械设备制造企业多达 88 家。实现工业总产值 208 亿元，年实际生产各类粮油机械设备 42 万台。鉴于中国制造的粮油机械产品种类齐全，能适合不同生产消费水平和不同国家的需要，加上质量指标先进，价格合理，所以在国际市场上有很强的竞争力。

综上所述，中国不仅是世界上最大的粮油生产国和消费国，也是世界上最大的粮油加工大国和粮油机械装备制造大国，在世界粮油生产贸易加工和消费中有着举足轻重的地位。

四、对新疆发展粮食经济规划的几点建议

——为中国国际工程咨询有限公司提供的资料

（2019 年 11 月 26 日　于北京）

中国国际工程咨询有限公司：

　　贵司传来的新疆中泰（集团）有限责任公司（以下简称中泰集团）农业板块的相关资料收悉，通过对资料的学习研究，对中泰集团发展农业产业的规划有了一定的了解，并对其发展和对新疆未来农业经济的发展将做出重大贡献充满信心。下面，我对其在农业板块中有关发展粮食经济的规划讲几点建议，供参考。

（一）中泰集团致力于发展粮食经济，符合国家产业政策

　　粮食经济包括粮食的收购、储存、加工、销售等各个环节。中泰集团在农业板块中有关发展粮食经济的规划，是认真贯彻习近平总书记提出的"延伸粮食产业链、提升价值链、打造供应链"重要讲话精神的，是符合《中共中央　国务院关于坚持农业农村优先发展做好"三农"工作的若干意见》（中发〔2019〕1 号文件）精神要求的，也是符合新疆维吾尔自治区党委提出的要"做优做强特色优势产业；大力发展农副产品加工业；大力推进传统产业优化升级"要求的。发展好新疆粮食经济有利于进一步促进新疆的农业供给侧结构性改革，有利于为国家生产出更多的"中国好粮油"，助力"健康中国"建设。

（二）中泰集团致力于在新疆发展粮食经济具有许多优势

　　新疆是个好地方，也是发展粮食生产和粮食经济的好地方，中泰集团致力于在新疆发展粮食经济，具有许多优势。

　　（1）新疆粮油资源丰富，发展前景广阔。新疆地大物博，粮棉油果畜等资源丰富。随着科技发展的日新月异、气候的变化、水资源的改善，新疆未来的粮食生产发展前景十分看好，并为粮食经济的发展奠定最坚实的基础。

（2）新疆生产的粮油产品大多是特色优势粮油资源。新疆日照充沛，昼夜温差显著，为新疆生产优质特色农产品创造了条件。在粮食生产方面，新疆生产的硬质小麦面筋含量高，新疆生产的红米、黑米营养价值高；在油料生产方面，新疆拥有全国80%以上的棉籽产量（注：据国家粮油信息中心提供的资料，2017年占80.8%、2018年占83.8%、2019年预测占84.5%），新疆又是我国油用葵花籽的主要产地，新疆的特色油料资源十分丰富，其中红花籽产量占全国的70%以上，与此同时，新疆也是我国亚麻籽和核桃的重要产地。

（3）新疆毗邻哈萨克斯坦、塔吉克斯坦等"一带一路"友好国家。那里有着丰富的优质粮油资源，可以通过开展合作与贸易，为我所用。

（4）中泰集团致力于在新疆发展粮食经济，其影响力、融资实力以及丰富的管理经验和技术创新能力，为成功发展粮食经济提供了重要条件。

（5）新疆粮油集团（简称新粮集团）划转到中泰集团，实现国有企业之间的强强联合，有利于企业的优势互补。新粮集团是从事粮食产业经济发展的企业集团，对发展粮食经济熟门熟路，可以让中泰集团在致力于发展粮食经济的进程中少走弯路。

（6）中泰集团所属的新粮集团在规划未来的发展中，指导思想明确，发展思路清晰，发展规划可行，分步走的实施方案和发展重点项目基本可行。

总之，我认为中泰集团致力于在新疆发展粮食经济的优势很多，前景看好。

（三）对中泰集团在发展粮食经济中有关发展粮油加工业的几点建议

看了中泰集团所属新粮集团有关主业发展思路的介绍后，我对中泰集团发展粮油加工规划提几点建议，供参考。

1. 对发展面粉产业的建议

新疆八一面粉厂建于20世纪60年代，是新疆乃至西北地区著名的面粉加工企业，后因多种原因停产搬迁，十分可惜。现在中泰集团计划将其恢复，以充分利用"八一面粉"的老字号品牌优势，为市场提供优质面粉，我赞成这一设想，并预祝取得成功！

2. 对中泰集团在发展面粉产业中的建议

（1）鉴于我国面粉加工业的产能已过剩，产能利用率不足70%，市场竞争十分激烈，新疆也不例外。据悉，新疆日处理500吨以上小麦的面粉加工企业已超过20家，市场竞争同样十分激烈。为此，要防止生产与其他面粉企业类同的面粉，要有计划地生产一定数量的，尤其是适合新疆地区需要的各种专用面粉，诸如打馕粉、拉条子粉、饺子粉、面包粉、油条粉等。

（2）要研究向生产面制食品方向延伸，延长产业链，方便百姓生活。

（3）要研究开展面粉加工中副产物的综合利用，重点是开展好次粉和胚芽的利用，在利用胚芽时要注意集中使用，不能厂厂都搞，一哄而起。

（4）要研究适合新疆实际的生产线，选定适当的生产规模，我倾向于选择日处理小麦500~1000吨规模的生产线，与此同时，厂地和生产车间可适当留有余地，以利于今后发展的需要。

（5）选用技术装备起点要高，目前大家公认的是布勒（无锡）机械制造有限公司、中粮工程装备（张家口）有限公司、苹乐面粉机械集团和开封茂盛粮食机械有限公司生产的面粉加工装备。

（6）要重视粮油加工产业园区建议，建议创造条件，将大米生产和杂粮加工合建在一个园区内，实现统一管理，优势互补。要通过特色大米生产的建设，促进新疆稻米产业的发展。

（7）要认真做好并充分利用新粮集团承担着中央及地方储备粮、储备油和轮换等任务，为企业创造最佳的经济效益。

（8）要注重加工与贸易相结合，积极争取政策支持，尤其要积极申请粮油的进口配额，多渠道确保原料的"价优"和"量足"。

3. 对发展油脂产业的建议

新疆有着丰富的油料资源，尤其是优质特色油料资源丰富，所以在新疆发展油脂加工产业大有可为，在这方面新粮集团有着丰富的经验。根据发展规划，为使今后中泰集团在油脂加工产业中发展得更好，提出以下建议，供参考。

（1）要把棉籽油加工业发展好。棉籽是新疆的第一大油料作物，前面说过新疆拥有全国80%以上的棉籽产量（表1）。在新疆发展油脂加工业的重点是要把棉籽充分利用好，根据我了解的情况，在新疆发展棉籽油加工中，一定要注意选择的规模不能太大，我认为，较为适合的规模为日处理棉籽500吨左右，因为太大了往往造成企业开工不足，经济效益不佳。以中粮集团在新疆建的两个棉籽压榨厂为例，前几年中粮集团在昌吉建了棉籽压榨能力为1000吨/天和天海工厂棉籽压榨能力为450吨/天的两个棉籽压榨厂，年加工棉籽的总能力为40万吨左右，但近年来，两个厂年加工棉籽只有约15万吨。

①要注重棉籽的收集，要让地方与农户签订互利共赢的合作关系，以确保足量的棉籽资源供油厂使用，尤其要想方设法与兵团搞好合作，因为新疆每年生产的约900万吨棉籽，其中40%集中在兵团。

②要重视棉籽饼粕利用，根据目前新疆的实际，蛋白质含量在60%以上的棉籽粕受

到养殖行业的欢迎。

③要选择技术装备水平较高的成套设备，棉籽加工与其他油料作物相比较为复杂，目前，河南华泰粮油机械股份有限公司生产的日处理棉籽500吨左右的成套装备，在新疆已有几家油厂使用，各项经济技术指标较好。

表1　2019年中国棉籽及籽棉生产形势　　　　　单位：千吨

	2017	2018 11月预估	2019 11月预测	同比变化	同比变幅/%
			籽棉		
全国	15828	17088	16884	−204	−1.19
河北	672	669	616	−53	−7.92
山西	11	11	8	−3	−26.79
江苏	73	59	56	−3	−5.10
安徽	241	249	224	−25	−10.03
山东	580	608	580	−28	−4.61
河南	123	106	98	−8	−7.52
湖北	515	417	400	−17	−4.07
湖南	308	241	227	−14	−5.81
新疆	12785	14311	14266	−45	−0.31
其他	520	417	409	−3	−0.72
全国	10175	10985	10854	−131	−1.20
河北	432	430	396	−34	−7.95
山西	7	7	5	−2	−25.00
江苏	47	38	36	−2	−4.76
安徽	155	160	144	−16	−10.11
山东	373	391	373	−18	−4.61
河南	79	68	63	−5	−7.89
湖北	331	268	257	−11	−4.03
湖南	198	155	146	−9	−5.81
新疆	8219	9200	9171	−29	−0.31
其他	634	268	263	−2	−0.67

注：资料来源国家粮油信息中心。

（2）要把其他特色油料资源利用好。新疆除了拥有全国第一大油料资源——棉籽外，还有葵花籽、油菜籽、核桃、亚麻籽、红花籽、沙棘籽、葡萄籽等油料资源，其中大多是特种油料资源，利用这些油料资源生产出的特色油品，大多属于营养价值高、消费者公认的高端食用油脂，要好好加以利用。对利用上述特种油脂资源时，我有如下建议。

①要注意做到一厂多能。由于大多特种油料产量相对较少，靠单一特种油料资源加工，企业一般难以发展甚至难以生存，所以要努力做到一厂多能，一线多能，也就是说，一个工厂或一条生产线，稍加改进能加工多种原料，以提高设备利用率和企业开工率。

②要注重创建品牌，加强宣传，以提高消费者对特色油品的认知度，促进特色油品走进千家万户。

③要注意在开展低温压榨时，要牢牢把好原料质量关，要正确处理好风味与产品质量安全的关系。

④要注意在开展副产物综合利用时，一定要开展广泛调研和论证，根据市场需要做出科学决策，防止盲目立项、一哄而起。

4. 关于对建设 30 万吨／年生物燃料乙醇项目的建议

首先我要声明，我不是从事这方面的专家，提不出什么建议，但鉴于此项目涉及的投资较大，今后每年需要消耗的玉米数量多达近百万吨，建议邀请粮食行业的相关领导和专家会同能源行业的专家好好论证一次。

预祝会议取得圆满成功。

五、新疆好地方，发展无限量

——对新疆中泰（集团）"十四五"发展规划的建议

中国国际工程咨询有限公司：

贵司 2020 年 1 月 9 日发来的新疆中泰集团有限责任公司（以下简称中泰集团）农业产业"十四五"发展规划研究收悉。根据专家分工，我们对农产品加工，尤其是对粮油加工业的发展规划提供了一些资料及修改意见，现将有关修改意见发给贵公司，供参考。

这里有两点需要说明，一是对于玉米酒精深加工项目，由于我们不是从事这方面的专家，所以提出的建议有可能不够准确，建议向生物酒精方面的专家另行征求一下意见。二是鉴于我们对新疆中泰集团有关粮食种植及加工方面的具体情况缺乏深入了解，所以在规划研究中企业发展现状及"十三五"时期取得成就部分内容未予阐述，请谅解。

王瑞元　杨万生

2020 年 2 月 12 日

新疆中泰（集团）有限责任公司
农业产业"十四五"发展规划研究

一、总论

（一）规划研究背景

"十四五"时期是我国"两个一百年"奋斗目标的历史交汇期，也是全面开启社会主义现代化强国建设新征程的重要机遇期。"十四五"时期我国人均GDP超过1万美元，发达国家的发展经验表明，当人均GDP超过1万美元以后，伴随着工业化、城市化的高速发展，农业及农产品加工行业会发生革命性变革，将会进入高速发展时期，有志从事现代农业开发的企业在此阶段将会加快结构调整及产业布局的步伐。

（二）规划研究依据

（1）中共中央办公厅、国务院办公厅《关于创新体制机制推进农业绿色发展的意见》。

（2）国务院办公厅《关于推进农村一二三产业融合发展的指导意见》。

（3）农业农村部等15部门《关于促进农产品精深加工高质量发展若干政策措施的通知》。

（4）国务院办公厅《国民营养计划（2017—2030年）》。

（5）中央农村工作领导小组办公室《国家乡村振兴战略规划（2018—2022年）》。

（6）农业农村部、中央网信办印发《数字农业农村发展规划（2019—2025年）》。

（7）中共中央、国务院《关于抓好"三农"领域重点工作确保如期实现全面小康的意见》。

（三）规划研究范围及期限

期限：近期为2020—2025年，远期为2026—2035年。

二、企业发展现状及成就

（一）企业发展现状

（二）"十三五"时期取得成就

（1）三大攻坚战取得新进展。其中通过前端"公司+农户"、后端"线上+线下"模式，托底收购特色林果4000吨、玉米和小麦4.3万吨、牛羊4.2万头（只）。

（2）阿米巴经营管理模式降本见成效。中泰（哈特隆）农业公司自建滴灌带、地膜生产线等，节约成本1100万元。

（3）贸工农一体化融合发展。发挥"实体＋贸易＋金融"组合优势，创新全产业链贸易和供应链金融，贸易板块收入保持50%增长率。

（4）全产业强强联合平台大。引进农产品深加工的先进技术、品牌优势、资本市场，助力新疆种养殖一体化发展，搭建中泰农业板块的融资平台。

（三）企业竞争力分析

（1）新疆粮油资源丰富，发展前景广阔。新疆地大物博，粮棉油果畜等资源丰富，随着科技发展的日新月异、气候的变化、水资源的改善，新疆未来的粮食生产发展前景十分看好。

（2）新疆生产的粮油产品大多是特色优势资源。新疆生产的硬质小麦面筋含量高，杂粮豆养价值高，新疆拥有全国第一的棉籽产量，葵花籽、红花籽、亚麻籽、核桃等特色油料也具有优势。

（3）新疆毗邻哈萨克斯坦、塔吉克斯坦等"一带一路"友好国家，那里有着丰富的优质粮油资源，可以通过开展合作与贸易，为我所用。

（4）中泰集团致力于在新疆发展粮食经济，其影响力、融资实力以及丰富的管理经验和技术创新能力，为企业成功发展粮食经济提供了重要条件。

（5）新疆粮油集团划转到中泰集团，实现了国有企业之间的强强联合，有利于企业的优势互补。新疆粮油集团是从事粮食产业的专业集团，对发展粮食经济熟门熟路，为中泰集团发展粮食经济提供了有力支撑。

三、发展环境分析

（一）"十四五"时期国际环境

当今世界面临着百年未有之大变局，国际农产品供求关系、农业科技发展、贸易和投资、农业支持保护政策等都在发生变化，随着国际贸易竞争的加剧，各国政府及企业对农业及农产品加工投入比例可能会越来越大，农业产业化经营水平及农产品精深加工水平会越来越高，产品品质标准体系越来越完善。根据与美国签署的第一阶段贸易协议，中方将按照加入世界贸易组织承诺，完善小麦、玉米、大米关税配额管理办法，年进口谷物配额2000多万吨，占全年粮食消费量的3.4%，中方将增加对美国乳品、牛肉、大豆、水产品、水果、饲料、宠物食品等农产品进口，今后两年平均进口规模为400亿美元。美方将允许中国的熟制禽肉、香梨、柑橘、鲜枣等农产品出口美国。这些都会给我国农业及农产品加工企业带来机遇和挑战。

（二）全球农业及农产品加工业发展现状及展望

水资源短缺、耕地减少、生态环境恶化、全球气候变化等严峻威胁，给农业发展带来了巨大挑战，突破资源环境约束，实现农业持续稳定发展，必须走创新发展之路。

1. 发达国家农业发展模式

发达国家改造传统农业所选择的技术路线大体可以归纳为三种模式，一是以美国、加拿大、澳大利亚等国为代表的农业机械化模式，首要目的是提高劳动生产率；二是以以色列、日本、荷兰等国为代表的生物技术化模式，首要目的是提高土地产出率；三是以法国、德国等国为代表的农业机械化和生物技术化兼顾模式。无论从哪种模式起步，各国最终都转向了以机械化、良种化、化学化、电气化、信息化等为主要内容的全面农业现代化发展阶段。

（1）美国农业及农产品加工发展现状

①生产高度规模化和高度专业化。美国谷物生产合作社成员农场的平均规模超过440公顷，远远超过其他国家家庭农场的平均规模。美国的养殖企业规模也很大，其奶牛场平均拥有约1600头奶牛，以出售仔猪为主的养猪场饲养的母猪达到3200头。美国的食品加工企业规模都很大，许多超大型食品公司年销售额达200亿~300亿美元。美国谷物生产、加工以及养殖业的高度规模化是以高度专业化为前提的，有的农场土地多达1480公顷，却只种植玉米和大豆两种作物，有的公司年产值高达3.7亿美元，奶酪加工量达到45.4万千克，其产品却只有两三种。

②生产技术、设备和手段高度现代化。最新的生物技术已普遍应用于美国农业，90%的棉花、40%的大豆均为转基因品种。有的种子公司拥有600公顷实验基地，每年都要花费6亿美元用于研究开发新品种。美国农业已成为资本密集型产业，农产品生产所占用的劳动力很小，而代之的是先进的大型农业机械设备，农场拥有自己的播种机、联合收割机以及灌溉设备等，还装备了全球卫星定位系统，可实时监测变化、农作物长势和病虫害情况，生产过程全部实现机械化和现代化。

（2）以色列农业及农产品加工发展现状

①节水节地型农业。位于地中海东岸的以色列，自然条件十分恶劣，国土面积中有45%为沙漠，可耕种面积仅为4100平方千米，然而，正是在土地与淡水严重匮乏的条件下，以色列在世界创造了一个沙漠农业的神话。30多年前，以色列人通过研发创新，发明了广为人知的滴灌技术，如今，以色列滴灌技术早已实现了水、肥、灌溉一体化，90%以上的农业实现了水肥一体化技术，30多年来农业用水总量一直稳定在13亿立方米，而农业产出却翻了五番。除此之外，以色列人还将滴灌技术与荷兰人为寒冷气候发明的温室大棚技术相结合，创造了干旱地区利用电脑自动控制水肥，自动调温、调湿、调气、调光，包括窗帘和天窗，以及对阳光的自动反射调节系统，克服了土壤质量差、干旱缺水等种种条件限制，提高土地产出水平，目前，以色列温室大棚种植面积已达到了3000余公顷。

②节约人力发展现代机械。由于以色列劳动力稀缺，为了尽可能减少劳动力的投入，耕种机、播种机、种苗处理机、果蔬采收机、喷灌及滴灌设备、果蔬清洗、分级、包装设备，水肥配比自动化控制系统、作物长势监测设备等众多现代农业机械在农作物产前、产中和产后全过程中均得到了广泛应用，现代机械的应用极大地改善了农业生产条件，提高了作业效率。以色列农民从事温室大棚果蔬生产，人均耕作面积达 3 公顷。以色列光合作用技术有限公司的 1 名操作员利用传感器控制 27 个农户作物栽培的信息中心，控制面积达 100 余公顷。

2.发展趋势展望

（1）全球品牌化消费趋势持续加强。

（2）传统农业正在快速向现代农业转变。

（3）生物和信息等新技术应用越来越多。

（4）循环农业、低碳农业将大有可为。

（5）深化环境保护走可持续发展道路。

（6）公司化农场具有很大发展优势。

（7）现代农业生产经营体系向产供销一体化发展。

（三）我国高质量发展的目标要求和重点

1.《国民营养计划（2017—2030 年）》对农产品生产和加工提出的明确要求

（1）加大力度推进营养型优质食用农产品生产。提升优质农产品的营养水平，将"三品一标"（无公害农产品、绿色食品、有机农产品和农产品地理标志）在同类农产品中总体占比提高至 80% 以上。创立营养型农产品推广体系，促进优质食用农产品的营养升级扩版，推动广大贫困地区安全、营养的农产品走出去。

（2）开发利用我国丰富的特色农产品资源，针对不同人群的健康需求，着力发展功能性食品、营养强化食品、双蛋白食物等新型营养健康食品。加强产业指导，规范市场秩序，科学引导消费，促进生产、消费、营养、健康协调发展。

（3）强化营养主食、双蛋白工程等重大项目实施力度。继续推进马铃薯主食产品研发与消费引导，以传统大众型、地域特色型、休闲及功能型产品为重点，开展营养主食的示范引导。以优质动物和植物蛋白为主要营养基料，加大力度创新基础研究与加工技术工艺，开展双蛋白工程重点产品的转化推广。

2.《关于创新体制机制推进农业绿色发展的意见》提出的目标任务

（1）把农业绿色发展摆在生态文明建设全局的突出位置，全面建立以绿色生态为导向的制度体系，基本形成与资源环境承载力相匹配、与生产生活生态相协调的农业发展格局，努力实现耕地数量不减少、耕地质量不降低、地下水不超采，化肥、农药使用量零增长，秸秆、畜禽粪污、农膜全利用，实现农业可持续发展、农民生活更加富裕、乡村更加美丽宜居。

（2）到 2030 年，资源利用更加节约高效，全国耕地质量水平和农业用水效率进一步提高；产地环境更加清洁，化肥、农药利用率进一步提升，农业废弃物全面实现资源化利用；生态系统更加稳定；田园、草原、森林、湿地、水域生态系统进一步改善；绿色供给能力明显提升，农产品供给更加优质安全，农业生态服务能力进一步提高。

3. 农业农村部等 15 部门《关于促进农产品精深加工高质量发展若干政策措施的通知》要求

（1）优化产业结构　统筹推动农产品精深加工与初加工、综合利用加工协调发展，与专用原料生产、仓储物流（含冷链物流）、市场消费等上下游产业有机衔接，与营养健康、休闲旅游、教育文化、健康养生和电子商务等农村产业有机结合、深度融合。定期监测分析大宗农产品精深加工和综合利用产能布局，引导过剩产能化解转移和短缺产能加快建设，优化产业链布局。提升玉米加工特别是东北地区玉米加工产品附加值，加快发展秸秆、玉米芯等综合加工利用。引导水稻、小麦等口粮适度加工，减少因过度加工造成的资源浪费和营养流失。加大果品、蔬菜、茶叶、菌类、中药材、畜产品和水产品等营养功能成分提取开发力度，以满足需求为导向，不断增加营养均衡、养生保健、食药同源的加工食品和质优价廉、物美实用的非食用加工产品的市场供应。探索多主体参与、多层次联动的农产品和加工产品市场化收购制度，建立健全农产品市场化收购调运、仓储物流和应急供应体系。

（2）加快布局调整　农产品精深加工产能要向粮食生产功能区、重要农产品生产保护区、特色农产品优势区、现代农业示范区和现代农业产业园布局，推动农产品就地就近转化增值；要向大中城市郊区、加工园区、产业集聚区和物流节点发展，实现节能减排和节本降耗，提高精深加工产品市场竞争力。依托现有加工园区、物流园区、产业集聚区等，建设一批产业发展规模大、科技创新能力强、精深加工程度深、示范带动机制好、政策保障环境优的全国农产品精深加工示范基地，遴选推介一批农产品精深加工发展典型企业和综合利用典型模式，引导其对接国际市场，打造国际化品牌，形成国家竞争力。要通过PPP 等方式，撬动更多社会资本加大加工园区、聚集区基础设施和公共服务体系建设的投资力度。依托大数据、云计算等信息化手段，加快形成品种专用、生产定制、产销对路的精深加工引领生产发展的新模式。

（3）积极培育精深加工企业　把培育精深加工企业作为一项重要措施，支持加工企业加快技术改造、装备升级和模式创新，向产业链中高端延伸，向研发设计和品牌营销这两端延伸，不断提升企业加工转化增值能力，实现新兴加工业"腾笼换鸟"、传统加工业"凤凰涅槃"，促进加工企业由小到大、加工层次由粗（初）到精（深）、加工业态由少到多、加工布局由散到聚。引导加工企业依靠科学技术，牢固树立质量、诚信、品牌发展理念，建设全程质量控制、清洁生产和可追溯体系，生产开发安全优质、营养健康、绿色生态的各类食品及加工品，促进资源循环高值梯次利用。支持龙头企业采取兼并重组、股份合作、资产转让等形式，建立大型企业集团或利益联结机制，带动中小微企业发展，提升企业引领行业发展能力。鼓励一批在经济规模、科技含量和社会影响力方面具有引领优势的加工企业突出主业，适度延伸产业链条，增强核心竞争能力和辐射带动能力，形成一批领军企业和平台型企业。支持企业牵头成立科技创新联盟，推动产学研一体化发展。引导企业弘扬精益求精、追求卓越、争创一流的工匠精神。引导加工企业与农民合作社和农民构建紧密的利益联结机制，着力扶持一批农村一二三产业融合发展利益共同体，让农民更多地分享精深加工带来的增值收益，促进就地就近就业增收。

（四）我国农业及农产品加工业现状及发展方向

农业是我国全面建成小康社会、实现现代化的基础，近年来，我国粮食连年高位增产，2019 年总产达到 66384 万吨，实现了农业综合生产能力质的飞跃。农产品加工业对推动农业现代化和支撑乡村振兴起着非常重要的作用，改革开放以来，我国农产品加工业产值年均增长速度超过 10%，明显高于同期 GDP 增长速度，未来 20 年，我国农产品加工业仍然处在发展战略机遇期。

1. 我国农产品加工业发展现状

（1）加工量和区域集中度大幅提高　全国面粉、大米、精制食用植物油、鲜/冷藏肉等主要加工产品产量均稳步提升，且产量向优势地区进一步集中。2017 年，有一定规模的粮油加工企业为 1.5 万余家，粮油加工业总产值为 14673.6 亿元，小麦粉的前五省集中度为 82.6%；大米的前五省集中度为 64.0%，食用植物油的前五省集中度为 46.4%。

（2）加工转化水平不断提高　农产品原料经过加工形成新的商品，实现了价值的提升。随着农产品加工业的不断发展，我国农产品加工转化水平越来越高，2004 年，我国农产品加工业总产值与农业总产值之比不到 1∶1，到 2017 年农产品加工业总产值与农业总产值比增长至 2.28∶1。

（3）区域结构差距逐渐改善　受区域经济发展水平影响，我国东、中、西及东北地区农产品加工业的发展水平存在较大差异，近年来得到逐步改善。2005 年，东、中、西及东北地区农产品加工业主营业务收入之比为 72.4∶12.6∶9.9∶5.1，东部地区占全国的绝大部分，到 2016 年，这一比值变为 50.4∶26.3∶16.3∶7.0，中、西部及东北地区农产品加工业的逐步兴起对与差距减少起到重要作用。

（4）向主产区聚集趋势明显　在山东、江苏、河南、广东和湖北全国农产品加工业主营业务收入排名前五的省份中，传统农业大省占了四个，2016 年主营业务收入总量占全国的 48.3%，近 5 年的年均增长率达到 11.8%，高于全国平均水平 0.6 个百分点。凭借原料资源和传统饮食文化优势，一些具有浓厚区域特色的农产品加工业聚集区已经形成。

（5）企业数量多规模小　我国农产品加工企业约有 50 万家，其中规模以上企业有 8.2 万家，在规模以上企业里中小型企业仍占大多数，大型企业极少，中小型企业数量占全部规模以上企业数量的比值达到 97.9%。2016 年，年主营业务收入达到 10 亿元及以上的企业有 2726 家，约占规模以上企业总数的 3%；年主营业务收入达到 100 亿元的企业有 94 家，约占规模以上企业数的 1‰，缺少大型龙头企业。

2. 我国农产品加工业发展趋势

（1）政策引导行业稳健发展　随着我国经济社会水平的不断提高以及现代农业的深入推进，农产品加工的作用日益凸显，越来越得到各级政府重视。国务院办公厅相继印发了《关于推进农村一二三产业融合发展的指导意见》《国务院办公厅关于进一步促进农产品加工业发展的意见》，农业农村部等 15 部门出台了《关于促进农产品精深加工高质量发展若干政策措施的通知》等多项重要政策。明确指出要"大力发展农产品加工业"，以"粮头食尾""农头工尾"为抓手，支持主产区依托县域形成农产品加工产业集群。这些方针政策阐明了农产品加工业发展的方向和重点，对行业发展起到了指导作用。

（2）营养健康食品将广受欢迎　随着人民生活水平的提高，消费结构已经发生较大变化，运动营养食品、全谷物食品、高蛋白食品、低脂低糖食品、营养复配食品、医用食品、休闲便利食品、个性化定制食品、生物制造食品等将成为未来食品发展的方向。我国食品消费正由生存性消费向健康性、享受型消费转变，老年消费者会更加注重食品的功能性和健康性，中青年群体更多关注多元化、品牌化、个性化。

（3）纵向一体化联合增强竞争力　纵向一体化联合是指处于不同产业链上下游企业间的联合，通过纵向一体化联合能使企业生产链条得到有效延长，企业实力得到快速发展，从而可以让企业在较短时间内增强对市场的控制力和影响力。随着传统农业向现代农业的转变，纵向一体化联合已经成为一些大型农业企业集团的发展战略。目前，采取纵向一体化联合方式来整合供应链较为成功的大型农业企业集团有江苏省农垦集团有限公司、北京首都农业集团有限公司、光明食品（集团）有限公司等。

（4）农产品必须标准化和品牌化　农产品的质量安全是产业发展的基础和底线，提升农产品供给质量是产业发展的目标任务和方向，这既离不开标准化的支撑，也需要品牌化的发展，只有有了标准化的农业生产和加工，农产品质量才能得到保障，产品品牌才能长久不衰；只有有了叫得响的品牌，产品才有广阔销路，企业才能得到大发展，农产品标准化和品牌化发展是成功企业的必然选择。

四、发展战略与目标

（一）指导思想

围绕习近平总书记提出的"延伸粮食产业链、提升价值链、打造供应链"的重要讲话精神，做优做强新疆特色优势产业，大力发展农副产品加工业，大力推进传统产业优化升级。系统梳理和诊断，整合现有产业领域与链条，有所为、有所不为，夯实现有农业产业基础，依托新疆丰富的特色优质农业资源，走规模化、品牌化、差异化发展道路，充分利用中泰集团是新疆最大国企、上市公司优势，优化配置生产要素，通过控股或参股重点行业重点企业，强化科技创新、价值提升和效率变革，突出绿色发展和高质量发展，重点打造全球最大的棉花种植与加工产业链条，围绕为疆内外消费市场提供高品质产品供给，建设以番茄酱、矿泉水等为主的西部特色、绿色食品生产加工基地，构建现代农业产业体系，做大做响中泰农业板块，构建中泰集团新的业务支柱。

（二）发展战略

（1）通过纵向一体化联合，构建新型现代农业企业集团，打造全疆农业及农产品加工全产业链龙头企业。

（2）打造全球最大的棉花种植与加工企业，确立并增强市场控制能力，打造中泰集团农业板块第一大产业。

（3）打造全球最大的棉籽加工企业，确立市场控制地位，打造中泰集团农业板块第二大产业。

（4）整合新疆现有番茄酱产能，做强做优番茄酱产业，实现在番茄酱产业的控制权。

（5）做大做强坎儿井矿泉水品牌；扩大延伸肉制品产业链；扩大中泰苇浆纸产能；发展壮大粮食种植及加工业；适度发展规模化苜蓿种植。

（三）基本原则

（1）坚持规模化发展　力争在项目的所属行业成为规模、效益及技术水平的领军企业。

（2）坚持高质量发展　选用优良品种，采用先进技术，应用现代机械。

（3）坚持发挥优势条件　充分发挥新疆地理、环境和资源优势。

（4）坚持市场导向　优先发展具备一定市场定价或影响定价能力的大宗农副产品或产业。

（四）发展目标

1.棉花种植

棉花种植面积由 2019 年 100 万亩提高到 2022 年至"十四五"末的 200 万亩，单产籽棉由 368 千克/亩提高到 380 千克/亩，年产籽棉由 38 万吨提高到 80 万吨。加上加工外购籽棉，年产皮棉由 60 万吨提高至 100 万吨，力争实现棉花种植规模 500 万亩，年产籽棉 200 万吨，年产皮棉 100 万吨左右。

2. 棉籽加工

由 2019 年棉籽经营规模 80 万吨（棉加工能力 50 万吨）提高到"十四五"末的棉籽加工规模 270 万吨，年产棉籽油 38 万吨、棉籽粕 110 万吨、棉短绒 5 万吨。

3. 番茄酱产业

力争到 2025 年番茄酱产能达到 50 万吨 / 年，位居国内乃至世界前列。

4. 粮食种植及加工

到 2025 年，通过整合疆内粮食种植及加工企业资源，打通和延伸一二三产业的全产业链条，建设种植基地、收储基地、加工基地和物流基地，打造优质小麦粉、特色油脂和特色杂粮知名品牌。加快构建粮油产业五个板块和三个中心（五个板块：粮食种植板块、面粉及食品加工板块、油脂加工板块、政策性粮油收储板块和物流板块；三个中心：新疆农副产品批发交易中心、新疆农副产品物流中心和新疆农副产品电子商务中心）。将中泰集团打造成为全疆规模领先、国内知名的集绿色粮油种植、收储、加工及流通为一体的现代农业产业化集团。

五、产业发展重点方向及备选项目

（一）重点发展棉花种植

抓住新疆作为全国的优质棉花种植生产基地和兵团国企改革的良好机遇，从土地流转做起，发展从种子 - 化肥 - 农药 - 薄膜 - 农机具 - 种植 - 收购 - 加工棉花全产业链发展模式，推动农业一二三产业融合发展。

大力培养棉花种植、管理人才，加强人才队伍建设。

包括文字内容及备选项目，下同。

序号	项目名称	建设规模与产品方案	主要建设内容	建设地点	建设期	总投资匡算/万元	年销售收入/万元	年利税/万元

（二）大力发展棉籽加工

打造全球最大的棉籽加工企业，确立市场控制地位，打造中泰集团农业板块第二大产业。提升加工技术和产品质量，拓宽产品线，形成规模、技术和市场优势。

（三）做强做优番茄酱产业

实现在番茄酱产业的控制权。发挥中泰集团在资本、管理等要素优势，发挥骨干民营企业在番茄酱领域生产及市场营销优势，整合新疆现有番茄酱产能，力争到 2025 年番茄酱产能达到 50 万吨 / 年，位居国内乃至世界前列。

延伸产业链，开发推广番茄加工下游产品，如番茄汁饮料、番茄酱调味料等，打造自有产品品牌。

（四）做大做强坎儿井矿泉水

近期要充分发挥坎儿井矿泉水品牌优势，定位中高端矿泉水，进一步加大定制水推广力度，加强产品营销，扩大销售终端门店数量，进一步提高在新疆的市场占有率，力争到 2025 年，达到 600 万箱，占领新疆 13% 的市场；开发推广高档箱装水；抓住绿色、健康、安全等理念，在乌鲁木齐等居民集中区，生产推广普通家庭用桶装水。远期可借助打造的坎儿井品牌优势，探索生产坎儿井纯净水，待时机成熟后，在全国布局生产坎儿井纯净水，占领内地市场。根据坎儿井矿泉水市场占有率，审慎推进坎儿井二期扩建项目建设进度。

（五）扩大延伸肉制品产业链

通过与山东得利斯食品股份有限公司的深入合作，利用其肉类加工技术、市场渠道，结合棉粕、苜蓿草饲料及中泰集团物流建设，延伸牛羊养殖产业链，为消费者提供优质肉制品。利用新疆玉米、棉粕资源优势，建设 100 万头以上规模生猪养殖及配套屠宰加工厂。

（六）扩大中泰苇浆纸产能

加强收集新疆其他水域芦苇资源，自行培育芦苇，并利用胡杨资源，在当前基础上将浆纸规模逐步扩大到年产 30 万吨规模。实现全部原料制成纸类成品，建设本色生活用纸、文化用纸等生产线，提高产品附加值。

（七）发展粮食种植、加工

1. 贸易及储藏小麦种植及加工

依托优质小麦资源优势，以划入的新疆粮油集团为主，整合新疆小麦粉加工企业，打造小麦粉销售品牌。建立富硒、强筋等绿色优质专用小麦种植基地 400 万亩，改造奇台八一面粉厂，建设日处理小麦 2000 吨的面粉车间，以参股经营、委托加工等形式与面粉企业合作，统一标准化体系，扩大小麦加工生产能力，使公司年加工小麦达 100 万吨以上，全疆小麦粉市场占有率达到 25% 以上，生产强筋小麦粉、全麦粉、富硒小麦粉以及具有新疆特色的打馕粉、拉条子粉、饺子粉等专用面粉,做大做强"金西域"系列小麦粉品牌。

2. 特色油料种植加工

不同油脂中所含有的脂肪酸、脂溶性维生素及微量元素等营养物质不尽相同,发挥新疆盛产葵花、亚麻、红花、核桃、沙棘、番茄、葡萄等特色资源优势,建设年生产3万吨核桃油、亚麻籽油、沙棘油、红花籽油、番茄籽油和葡萄籽油等系列特色油脂产品生产线,整合新疆特色油脂品牌杂乱散小、缺乏区域竞争力的乱象,发挥聚集效应,打造"天山红"高端特色油脂知名品牌,作为旅游礼品在实体店及网店出售,满足高端人群对特色油脂产品的需求。

3. 粮油储备及贸易

力争5年内在地州粮食主产区建立收储合作企业20家,总仓容达到70万吨;建设新疆散粮物流园、国家二类口岸、海关监管库,打造新疆散粮集散中心、交易中心、物流中心,粮油及农副产品年交易量将达到320万吨;发挥现有铁路专用线及"公铁联运"优势,实现年过货量150万吨;在国家总体布局下做好信息化建设工作,提升仓储作业自动化和智能化水平,实现粮食储备动态监管,确保储备粮的质量安全和数量安全。

4. 特色杂粮豆种植加工

利用新疆特殊地理及气候条件优势,培育藜麦、鹰嘴豆和小扁豆等新疆特色杂粮杂豆种植基地,建设年处理3万吨特色杂粮杂豆加工生产线,开发具有新疆特色的杂粮杂豆系列产品,培育新疆杂粮杂豆知名销售品牌,满足人们对营养健康食品的市场需求。

5. 玉米加工及产品

鉴于全国玉米深加工产能已突破1亿吨大关,深加工企业盈利水平明显降低,不少产能过剩企业已处于亏损状态,且玉米深加工都存在着废水排放污染问题,所以在未选准盈利深加工产品及有突破性新技术出现的情况下,建议暂不考虑大型玉米深加工项目。可先考虑开发一些可进入一日三餐的营养玉米食品、休闲和方便食品的加工项目,提高玉米综合利用水平。

6. 境外粮食种植贸易加工

响应国家"一带一路"倡议,发挥新疆临近中亚五国的优势,利用哈萨克斯坦、吉尔吉斯斯坦等国的廉价土地和水电资源,探索大豆、玉米等粮食作物种植及加工的可能性,适时开展进口粮食贸易,通过进口这些国家的粮食进行加工,提高产品附加值,满足国内市场需求。

(八)适度发展规模化苜蓿种植

进一步研究探讨苜蓿种植的技术(主要水资源条件)、经济可行性。

详细规划,开展10万亩级规模种植试验,取得成功经验后,结合当地养殖业发展,进一步扩大规模到百万亩级。

（九）其他产业

1. 稳妥推进塔吉克斯坦农业项目

积极申请棉花进口配额和国家农业保险；实现塔吉克斯坦低成本棉花种植；推进印染、织布和服装制作等项目建设，积极参与"一带一路"建设，打造精品工程。

2. 依托新疆畜禽养殖废弃物及内地有机肥生产技术，发展有机肥生产，发展循环经济

3. 研究建设农产品电子交易平台

以红枣、苹果、棉纱、棉粕、干果等有标准、有规模的特色新疆农产品为电子交易产品，研究建设新疆的大宗农副产品电子交易平台可行性。

4. 提升渔业发展水平

研究整合新疆湖泊水产资源及进口水产资源，突出绿色有机共性优势，在品牌建设和物流上形成合力；利用两个市场、两种资源，通过吉木乃口岸边贸互市，将哈萨克斯坦斋桑湖的鱼产品引进来，与新疆的博斯腾湖、乌伦古湖、赛里木湖等渔业资源结合起来，做好新疆的渔业产业。

建设冷库，除了冷冻肉类和鱼类，还需要利用先进的保鲜技术，将农副产品及时储存起来，按照时间有序投放市场。

需进一步收集生态环境影响评估、饵料生物基础、鱼类种群特征等资料，以验证优化鱼类种群结构和发展人工养殖的可行性。

5. 积极扩大双边贸易与合作

寻找商机，扩大商品贸易，力求将塔吉克斯坦柠檬、瓜果等产品进口到新疆乃至内地，将 PVC 等化工产品及国内优质蔬菜等食品、食用农产品出口到塔吉克斯坦。

依托吉木乃口岸区位条件和边贸互市优惠政策，发展边境农产品加工，推动中俄哈三国边境合作示范区建设。

充分利用边民免税进口额度进口哈萨克斯坦有机小麦、水产、油料粗产品、肉类等优质食品原料，满足三国人民日益提高的食品品质需求。

可与在哈萨克斯坦获得土地使用权的中方企业合作，加强种植管理，稳定小麦、葵花等原料来源，对接国内市场。

六、产业布局

以划转加入的新疆粮油集团为主，通盘谋划中泰粮油产业布局，整合新疆优质小麦粉、特色油脂和特色杂粮生产加工企业，统一标准体系，打造知名品牌。

1. 小麦加工方面

要充分利用奇台八一面粉厂原有品牌等资源优势，重点对奇台八一面粉厂进行改扩建，建设日处理小麦 2000 吨面粉车间，为了实现"十四五"期间年加工小麦 100 万吨的发展目标，减少社会资源浪费，避免市场恶性竞争，建议通过参股重组或委托加工等形式与社会上有实力的面粉企业合作，以达到快速扩大产能，补足市场缺口的目的。

2. 油脂加工方面

一是要抓住棉籽这个新疆最大油籽资源，与轧花、脱绒等项目一起统筹布局棉籽油厂建设。二是要利用葵花籽、亚麻籽、红花籽、核桃、沙棘籽、番茄籽、葡萄籽等新疆优势及特色油料资源，建设 1~2 座特色油料加工厂，建议可按区域在南疆和北疆各选择一家社会油厂进行重组改扩建，也可在棉籽油厂内单独建设特色油脂加工车间，以充分利用棉籽油厂的水电气等公共设施。三是不管以哪种方式建设特色油料加工厂，都要遵循一厂多能，一线多能的原则，在一座油厂内，通过一条生产线完成多种油料的加工，以减少设备投入。

3. 特色杂粮豆加工方面

与特色油脂加工布局建议类似，可根据产区在全疆建设 1~2 座特色杂粮豆加工厂，可利用社会类似工厂改扩建，建设时同样要遵循一厂多能，一线多能的原则。

七、保障措施及建议

（1）建议企业建立农产品质量检测中心，组建高素质食品安全专业团队，为保障产品质量安全提供有力技术支撑。

（2）加快农产品质量分级标准制定，构建全产业链农产品信息化标准体系，增强产品可追溯能力。

（3）注重产品标识化建设，对销售的农产品做好品名产地、商标品牌、质量认证等标识工作。

（4）在规划项目启动前，一定要委托有资质的工程咨询单位充分做好项目可行性研究工作。

（5）关于中泰集团优质小麦种植基地及加工厂规模的建议（详见附件）。

附件

一

关于中泰集团优质小麦种植基地及加工厂规模的建议

（一）国内小麦粉加工行业基本情况

2017 年我国有小麦粉加工企业 2865 个，其中国有及国有控股企业 176 个、民营企业 2640 个、港澳台商及外商企业 49 个，总加工能力为年处理小麦 19941.8 万吨，当年处理小麦 10181.0 万吨，产能利用率为 51%，全国小麦粉加工业总产值为 3416.3 亿元，实现利税总额为 111.9 亿元。

（二）主要小麦粉加工企业介绍

1. 五得利面粉集团有限公司

总部：河北省大名县，装机容量：4.5 万吨 / 天，这个家族企业 1989 年才开始碾磨小麦，1996 年建成了首家日产 200 吨的碾磨厂，2012 年发展到日产量 2 万吨，在当时中国制粉企业中已经是最大的，但在 6 年内日产量翻了一番，达到 4.5 万余吨。在北方 6 个省份拥有 15 家制粉分公司，目前在新地点还正在建设 4 个日产量 3000~5500 吨的新工厂，并在另外 6 个地点扩大产能。总的来说，该公司将新增约 3.5 万吨的制粉能力，使其总产量达到每天 8 万吨。一旦扩建目标实现，五得利的国内市场份额将攀升至 30%。与二三线厂平均 40% 的产能利用率相比，五得利的产能利用率约为 90%，因此整合步伐还将继续。

2. 丰益国际集团

总部：新加坡，装机容量：2.2 万吨 / 天，丰益国际集团是亚洲最大的农业综合企业之一，2018 年销售额为 445 亿美元，其中中国占 56%。12 年前，在中国政府限制外资大豆压榨市场份额的时候，它以益海面粉公司的名义，开始在中国建设最先进的小麦加工厂。在 12 个省的 18 个地方拥有超过 2 万吨的加工能力，每年加工 600 万吨小麦。与五得利面粉集团相比规模较小，地理分布较广，从东北的黑龙江、辽宁一直到南部的福建、广东。益海在内陆省份也有设厂，如云南、四川和山西。益海的工厂大多位于沈阳、哈尔滨和昆明等省会城市附近，北京和上海也有工厂。益海在 11 个现有地点基础上进行了1.9 万吨新产能的建设。除中国外，丰益国际还在印度尼西亚有 2 家工厂，在缅甸有 1 家工厂。

3. 中粮集团有限公司

总部：北京，装机容量：1.39 万吨 / 天，作为一家规模最大的国有"全国冠军"食品集团，中粮集团年收入为 4090 亿元人民币，与面粉行业的竞争对手有着天壤之别。国内小麦制粉只是其全部业务组合的一小部分。2019 个上半年，中粮集团在香港上市的中国供销农产品批发市场控股有限公司小麦产品销售额为 62 亿港元，排名第三，仅次于公司的油籽压榨（430 亿港元）和碾米（91 亿港元）。中粮集团的 16 个制粉厂分布在 12 个省市。平均工厂规模低于 900 吨，部分原因是中粮集团在拯救破产的国营工厂的早期历史。其中 6 个工厂每天的产量不足 600 吨。

去年，中粮集团在天津收购了一家日产 1200 吨的工厂，以巩固其在北京的市场份额。与丰益国际和五得利集团采用的发展模式不同，中粮集团以前依靠收购重组，但最近转向建设大型工厂。该公司计划在 3 个新地点增加 7000 吨产能，其中包括在第一大小麦种植省份河南省扩大 3000 吨产能，该省已有 4 家工厂拥有 4000 吨产能，内蒙古和广州东莞也计划建设每天 2000 吨的工厂。

4. 金沙河面业集团有限责任公司

总部：河北省邢台市，装机容量：1.1 万吨 / 天。金沙河面业集团成立于 1996 年，拥有日产 15 吨的轧机，后来稳步扩大了小麦面粉加工和挂面业务，并得到快速发展。截至2017 年，其小麦日加工能力为 1.1 万吨，挂面产能为 2800 吨 / 天。该公司在河北省三河市和南和县建有 2 家大型小麦加工厂，日产能分别为 6000 吨和 4000 吨。南和县加工厂的产能正在扩大产能增加 50%，达到 6000 吨。在新疆阿拉山口，该公司已计划投资建设日处理 1500 吨小麦加工厂，从中亚供应硬质小麦加工，以增强其生产西式面食的能力。从数千公里以外的地方通过铁路采购小麦，这是"一带一路"倡议带来的互惠互利。

（三）优质小麦种植基地规模的确定

据新疆统计年鉴显示，新疆小麦总种植面积 1194.95 千公顷（1792 万亩），单产5438 千克 / 千公顷（362.5 千克 / 亩），总产量 649.85 万吨，本规划发展目标是将中泰集团打造成为全疆规模领先、国内知名的集绿色粮油种植、收储、加工及流通为一体的现代农业产业化集团，所以中泰集团优质专用小麦基地规模不能低于全疆总种植面积的25%，1792万亩×25%=448万亩，建议建立400万亩优质专用小麦基地，预计可收获优质小麦145万吨，可以满足小麦加工厂原料需求。

（四）小麦加工厂规模的确定

1. 新疆小麦粉消费量

由于缺少新疆小麦粉消费数据，只能由其他相关数据推算，据《中国统计年鉴》显示，新疆人均年谷物消费量为134.9千克，假定按消费谷物中小麦粉占比为70%计，则新疆人均小麦粉消费量为134.9千克×70%=94.4千克，按全疆人口2487万人计，则新疆小麦粉消费量为94.43千克×2487万人=234.85万吨。

2. 中泰集团占新疆小麦粉市场份额

本规划发展目标是将中泰集团打造成为全疆规模领先、国内知名的集绿色粮油种植、收储、加工及流通为一体的现代农业产业化集团，所以中泰集团在新疆的小麦粉市场份额不能低于25%。

3. 中泰面粉厂最小规模确定

按中泰集团占新疆小麦粉市场的25%计，则中泰小麦粉供给量应不低于234.85万吨×25%=58.7万吨，工厂规模不应低于日处理小麦2000吨，即年处理小麦不低于60万吨，此规模还未考虑销往内地市场的加工量。

4. 中泰小麦加工厂建设规模

综合考虑国内小麦加工行业现状、龙头企业加工规模及中泰粮油加工发展目标，建议中泰小麦加工厂建设规模选为日处理小麦2000吨，销往内地市场份额不足部分可暂由与其他面粉厂采取入股或委托加工等形式解决，年处理小麦总量为100万吨，如条件允许，建议建厂时预留未来发展空间。

六、对《中华人民共和国反食品浪费法（草案）》的修改建议

——为中国粮油学会给中国科协学会服务中心起草的函复

（2021年1月11日　于北京）

贵中心关于征求对《中华人民共和国反食品浪费法（草案）》的函收悉，经研究，现将草案中有关章节的修改建议函复如下，供参考。

（一）对第五条的部分内容修改建议

建议将"国家粮食和物资储备部门应当加强粮食仓储管理，会同国务院有关部门组织实施粮食储存、运输、加工标准。"修改为"国家粮食和物资储备部门应当加强粮食仓储管理，会同国务院有关部门组织实施粮油储存、运输、加工及标准制定。"，理由是：粮食储存含食用油储存，但为了表述更加清楚一些，建议将"粮食"修改为"粮油"；"加工标准"的提法有些不太完善，建议修改为"加工及标准制定"，这样既包括了加工环节，又体现了相关标准的制定。

（二）对第十五条中的第一段部分内容修改建议

建议将"国家完善粮食储存、运输、加工标准，推广使用粮食加工新技术、新工艺、新设备，引导粮食适度加工和副产品综合利用，降低粮食损耗。"修改为"国家完善粮油储存、运输、加工及标准制定，推广使用粮油加工新技术、新工艺、新设备，引导粮油适度加工和副产品综合利用，降低粮油损耗，提高出品率。"，理由是：将"粮食"修改为"粮油"，将"加工标准"修改为"加工及标准制定"的理由同前；将"降低粮食损耗"改为"降低粮油损耗，提高出品率"，这是粮油加工行业多年来一直提倡的，但近些年来很少提"提高出品率"了，造成了可食资源利用的大幅下降，建议恢复。

（三）对第十六条的修改建议

建议将"制定和修改有关国家标准、行业标准和地方标准，应当将防止食品浪费作为重要考虑因素，在保证食品安全的前提下，最大程度防止和减少浪费。"改为"制定和修改有关国家标准、行业标准、地方标准和团体标准，应当将防止食品浪费作为重要考虑因素，在保证食品安全的前提下，最大程度防止和减少浪费。"，理由是：团体标准是国家标准的重要补充，不能丢掉。另外，在第十九条中提到了团体标准，增加后前后不矛盾。

（四）对第二十四条的修改建议

建议将"国家鼓励对超过保质期的食品进行资源化利用、无毒化处理，避免污染环境。"改为"国家鼓励对超过保质期的食品进行资源化利用、无毒化处理，避免污染环境。对超过了保质期的米、面、油等粮油产品（不含其制品），经质检部门检验，其质量标准仍全部符合国家标准和食品安全国家标准要求的，可以延期使用，但最长不得超过半年。"，增加了这段话的理由是：因为现在有许多粮油产品通过低温储存、密闭充氮保存等措施，可以有效延长其保质期。为不造成其浪费，建议增加此内容。

以上修改格式见下表。

中国粮油学会对《中华人民共和国反食品浪费法（草案）》的修改建议表

序号	修改章节	原文内容	修改后内容	修改理由
1	第五条	国家粮食和物资储备部门应当加强粮食仓储管理，会同国务院有关部门组织实施粮食储存、运输、加工标准	国家粮食和物资储备部门应当加强粮食仓储管理，会同国务院有关部门组织实施粮油储存、运输、加工及标准制定	粮食储存含食用油储存，但为了表述更加清楚一些，建议将"粮食"修改为"粮油"；"加工标准"的提法有些不太完善，建议修改为"加工及标准制定"，这样既包括了加工环节，又体现了相关标准的制定
2	第十五条	国家完善粮食储存、运输、加工标准，推广使用粮食加工新技术、新工艺、新设备，引导粮食适度加工和副产品综合利用，降低粮食损耗	国家完善粮油储存、运输、加工及标准制定，推广使用粮油加工新技术、新工艺、新设备，引导粮油适度加工和副产品综合利用，降低粮油损耗，提高出品率	将"粮食"修改为"粮油"，将"加工标准"修改为"加工及标准制定"的理由同前；将"降低粮食损耗"改为"降低粮油损耗，提高出品率"，这是粮油加工行业多年来一直提倡的，但近些年来很少提"提高出品率"了，造成了可食资源利用的大幅下降，建议恢复

续表

序号	修改章节	原文内容	修改后内容	修改理由
3	第十六条	制定和修改有关国家标准、行业标准和地方标准，应当将防止食品浪费作为重要考虑因素，在保证食品安全的前提下，最大程度防止和减少浪费	制定和修改有关国家标准、行业标准、地方标准和团体标准，应当将防止食品浪费作为重要考虑因素，在保证食品安全的前提下，最大程度防止和减少浪费	团体标准是国家标准的重要补充，不能丢掉。另外，在第十九条中提到了团体标准，增加后前后不矛盾
4	第二十四条	国家鼓励对超过保质期的食品进行资源化利用、无毒化处理，避免污染环境	国家鼓励对超过保质期的食品进行资源化利用、无毒化处理，避免污染环境。对超过了保质期的米、面、油等粮油产品（不含其制品），经质检部门检验，其质量标准仍全部符合国家标准和食品安全国家标准要求的，可以延期使用，但最长不得超过半年	因为现在有许多粮油产品通过低温储存、密闭充氮保存等措施，可以有效延长其保质期。为不造成其浪费，建议增加此内容

第四章

——

小麦粉、稻米、杂粮及其制品

一、"十三五"期间我国米面主食品生产将进一步发展

——在"第十届中国米粉、粉丝产业发展大会"上的演讲

（2016 年 12 月 8 日　于广东广州）

为进一步推动米粉、粉丝产业的创新发展，由中国粮油学会米制品分会主办，由广州市健力食品机械有限公司、广州市国研机械设备有限公司协办的"第十届中国米粉、粉丝产业发展大会"今天在广州顺利召开了。

首先我对会议的顺利召开表示衷心的祝贺！对参加会议的各位代表致以诚挚的问候！本次会议将围绕着"开放、融合、创新、发展"的会议主题进行深入研讨，共谋"十三五"期间我国米粉、粉丝产业的发展大计。在此，我以《"十三五"期间我国米面主食品生产将进一步发展》为题，向大家介绍一些情况并讲点建议，供参考。

（一）我国米面主食品生产的发展势头看好

为适应我国人民生活水平不断提高和生活节奏不断加快的需要，国家高度重视发展米面主食品工业生产，把发展米面主食品工业化列入了《粮油加工业"十二五"发展规划》的重点，鼓励粮油加工企业在搞好米面油生产的同时，积极发展米面主食品工业化生产。

为进一步推进我国主食品工业化生产的发展，国家粮食局于 2012 年 5 月在郑州召开了"全国粮油加工业暨主食产业化工作会议"。会上，任正晓局长作了"进一步推进主食产业化全面提升口粮供应保障水平"的主旨报告，组织动员全国粮食行业全面贯彻落实中央有关着力转变发展方式的要求，推进主食产业化科学发展，全面提升口粮供应保障水平。之后，国家粮食局于当年 8 月制定并下发了《国家粮食局关于进一步推进主食产业化增强口粮供应保障能力的指导意见》，进一步具体指导主食品产业化的发展。

在国家政策的鼓励支持下，近些年来，各地粮食部门通过大力开展"放心粮油进社区、进农村"和"主食厨房工程"等活动，积极推进主食产业工业化和主食经济产业化，并得到了当地政府的有力支持。天津市人民政府做出"抓好'放心馒头'工程生产供应体系建设，让'利达馒头'惠及更多天津百姓"的部署；西安、济南、合肥、成都、贵阳

等地积极培育主食产业化龙头企业，增加社区服务网点，不断提高主食产品质量和服务水平；河南省人民政府一直支持粮食部门大力发展主食产业，于2012年3月下发了《河南省人民政府关于大力推进主食产业化和粮油精深加工的指导意见》，明确由省粮食局牵头，在全省范围内全面推进主食产业化发展，并制定了一系列推进主食产业化的措施和扶持政策。

经过这些年来的努力，全国粮食行业主食产业化的发展取得了明显成效，调动了粮油加工企业的积极性，时至今日这项民生工程仍在不断地推进中。

根据国家粮食局的统计，我国粮油加工业主食品的生产能力2014年达3335万吨，较2010年的1102万吨增长了202.6%（表1）；产品产量不断增加，以馒头、挂面、方便面、方便米饭、方便米粥和米粉（线）为代表的米面主食产品的产品产量，2014年达2143万吨，较2010年的1047万吨增长了104.7%（表2），发展势头看好。

表1　我国粮油主食品工业化生产能力　　　　　　　单位：万吨

年份	馒头	挂面	方便面	方便米饭	方便米粥	米粉（线）	速冻米面食品	杂粮主食	合计（含大豆食品及其他）
2010		442	309			96	72		1102
2011		513	371			109	106		1884
2012	78	691	386	4	49	178	168	20	2656
2013	43	832	400	9	50	196	157	78	3161
2014	46	825	428	27	41	173	153	95	3335

表2　我国粮油主食品工业生产产品产量　　　　　　单位：万吨

年份	馒头	挂面	方便面	方便米饭	方便米粥	米粉（线）	速冻米面食品	杂粮主食	合计（含大豆食品及其他）
2010		300	244			51	79		1047
2011		375	303			58	150		1481
2012	21	506	346	5	28	80	143	15	1967
2013	19	512	312	6	33	87	156	32	2310
2014	30	556	310	6	49	86	128	37	2143

这里需要说明的是，在表1和表2中，个别年份的数据有些忽高忽低，看不出有些产品的发展趋势。我认为，这主要是由于统计的企业数和口径有变化造成的，但它不影响我们分析问题，分析未来的发展趋势，尤其是米面主食品工业化生产的发展趋势反映得比较真实、可信。例如，在米制主食品中，米粉（线）的产量由2010年的51万吨到2014年的86万吨，方便米粥的产量由2012年的28万吨到2014年的49万吨；在面制主食品中，挂面的产量由2010年的300万吨到2014年的556万吨，馒头的产量由2012年的21万吨到2014年的30万吨等，这些数据都是逐年有序增长的，这些产品，是我们倡导大力发展米面主食品工业化生产的重中之重，这也反映了大家对米面主食品工业生产的高度重视。

（二）米面主食品生产仍将是"十三五"期间的发展重点

科学编制"十三五"发展规划，是当前各行各业的重要工作。在国家粮食局的精心组织和领导下，粮食部门正在根据国家的总体要求认真编制"十三五"粮食行业的各项规划。规划已经在几轮征求各单位各方面和专家意见的基础上，进行了多次修改，有望在今年年底或明年年初颁发。为了便于大家了解情况，我就规划中涉及发展米面主食品工业化生产的内容做一些简要介绍，供大家参考（具体规划内容及有关指标要求，以今后文件为准）。

在编制《粮食行业"十三五"发展规划纲要》《粮油加工业"十三五"发展规划》和《粮食行业"十三五"科技创新发展规划》时，都将发展米面主食品工业化生产作为重要任务，并对发展米面主食品生产提出了希望和要求。

在《粮食行业"十三五"发展规划纲要》中，在谈到"发展粮食产业经济"时指出：要"推进粮食产业供给侧结构性改革，促进产品结构优化，增加粮食消费有效新供给，引导和满足粮食消费新需求。增加营养健康、绿色安全、品质优良、种类丰富的粮油产品及主食食品供给，增加满足老年人、婴幼儿等特定群体个性化消费需求的专用型及营养强化型产品供给，增加满足不同层次消费需求的中高端产品供给"；要"深入推进主食产业化，加快推进馒头、面条、方便米饭、米粉（线）等米面主食制品的工业化、规模化、标准化生产、社会化供应、产业化经营，提升主食产品供应保障能力，提高粮食食品加工在粮油工业总产值中的比重"。

在谈到粮食产业转型升级时提出：要"加快推进以传统蒸煮米面制品为代表的主食产业化进程"。在谈到粮食加工与转化示范工程时强调：要推广"稳定全麦粉、糙米、杂粮等全谷物加工及主食产业化应用技术、高效节粮节能稻米和小麦适度加工新技术"。

在《粮油加工业"十三五"发展规划》中，在谈到重点任务时指出，要"大力推进主食产业化发展。充分利用企业现有设施和场地，改造增加主食加工功能，增加新型优质健康主食产品供应，发展主食物流冷链设施，完善配送服务功能，向社区、乡镇和农村延伸营销网络，扩大服务网点，建成县域内主食加工、配送、销售全覆盖的主食加工供应体系。支持加工企业建设城乡'放心粮油'供应网点和主食厨房，探索主食品供应与'放心粮油'应急供应、军粮供应、成品粮储备'五位一体'融合发展。引导企业利用现代食品加工技术改造提升传统生产方式，推广米面全谷物主食产业化技术，推动风味小吃、地方和民族特色主食品的工业化生产。加大对主食产业化龙头企业技术、人才等方面的扶持力度"。

在规划主食产业化示范工程时提出，要"依托现有大米、面粉加工企业，支持一定规模的工业化米粉（线）、米饭、馒头、挂面或速冻主食项目建设，形成一批优质米制主食品和面制主食品加工示范基地。结合应急供应体系建设，建设一批应急主食基地。建设和改造一批规范化、机械化、规模化的大型主食生产加工中心，支持建立一体化主食冷链物流配送体系试点，有效增强其加工、配送及质量安全保障能力。推进主食品生产工业化，现代化和标准化发展，探索推广主食产业化发展的新经验新模式，遴选50个主食产业化示范项目"。

在谈到产业布局时，规划建议"在北京、天津、河南、山东、陕西和河北等地发展优质面制主食品加工业示范基地；在上海、广东、江西、湖南、湖北、安徽、云南和广西等地发展优质米制食品加工业示范基地；在河南、北京、天津、山东、陕西、河北等地建设一批日产20吨及以上优质馒头等面制主食产业化示范基地"。

在规划粮机装备制造业时，建议"在广东、广西、上海、湖北、河南、江苏等地发展米粉（线）、方便米饭和挂面、馒头加工成套设备；在江苏、河北、河南和陕西等地发展小麦加工、面制品、焙烤食品、速冻食品等成套设备"。

规划还具体提出："到2020年，我国面制主食品产业化的比例提高到30%左右；米制主食品产业化的比例提高到20%左右"等。

在《粮食行业"十三五"科技创新发展规划》中，提出了要将"传统米制品专用粉的加工品质和食用品质技术指标质量体系的研发""传统米制品专用粉加工关键技术与装备的研发""米线用专用米粉加工及应用技术的示范""主食制品节粮节能智能化成套设备研发"和"传统主食加工过程中品质变化规律与控制的研究"等，作为粮食行业"十三五"科技创新的重点。

以上内容，不仅反映了在"十三五"发展规划中，对发展米面主食品工业化生产的目的、意义进行了精准描述，以进一步引起全行业的高度重视，并对发展米面主食品工业化生产的主要内容、研发重点、产业布局、示范工程、规划目标等提出了具体要求。我相信，通过"十三五"发展规划的制定与实施，我国米面主食品工业化生产一定会得到更快更好的发展。

（三）对我国米面主食品产业发展的建议

为适应我国消费市场的需要，我国食品工业的"工业化"在加快，成品、半成品在食物消费中的比重在上升。在粮食供应方面，人们对传统的米、面消费方式和消费习惯正在逐步改变，以米面为主食品的"工业化"生产也在进一步加快，方便面、方便米粥、方便米饭、方便米粉、速冻米面制品、主食面包以及工业化生产的米粉、面条、馒头、包子等各类米面主食品大量涌现，发展势头良好。但在充分肯定我国米面主食品生产取得成绩的同时，我们也应看到制约我国米面主食品产业进一步发展的"瓶颈"很多。

诸如：对发展米面主食品工业化生产的重要意义认识还不够，有的企业把它作为副业；米面制品生产企业的生产集中度相对较低，普遍存在着规模小、生产环境差、生产技术与装备相对落后、产品质量不稳定、有技术含量的品种较少，尤其是新产品少等问题；对米面制品的研究开发工作重视不够，新技术、新设备和新产品的研发能力低，产品的科技含量不高；产品缺乏标准，大多停留在企业标准上，缺乏高水准的行业标准和国家标准等。上述问题，必须引起我们的高度重视，认真加以解决。为此，我提出六点建议。

（1）要进一步提高对发展米面主食品工业化生产重要意义的认识。我们要继续通过各种形式呼吁社会有关方面高度重视米面主食品工业化生产，要把发展米面主食品工业化生产作为各地政府的"民生工程"，在资金和税收等方面出台相应的扶持政策。

（2）粮油加工企业要把发展米面主食品工业化生产作为贯彻供给侧结构性改革，优化产品结构的重要举措；要把发展米面主食品生产作为主业来抓，作为精深加工、延长产业链和提高企业效益的重要组成部分；是粮油加工企业服务社会，方便百姓生活应尽的社会责任。

（3）粮油加工企业要加强与科研单位、大专院校的紧密合作，提高创新能力，不断开发研究米面主食品生产的新技术、新设备和新产品，提高米面主食品的科技含量。

（4）要发动和组织粮油机械制造企业和食品机械生产企业积极开发、生产各类米面主食品的生产单机及成套设备，提高米面主食品生产企业的自动化、智能化水平。

（5）要重质量、讲营养。主食品生产企业要牢牢把好从原料的选用、加工过程的控制以及制成品的包装、储藏、运输和销售等环节的产品质量关，以确保主食品的质量与安全。要注重主食品的营养与口感，要根据营养与健康的需要研究原料的科学搭配，尤其是要研究粗粮细粮的合理搭配，生产出口感佳、营养丰富、具有功能特性、适合不同人群需要的主食品。

（6）要重视标准的制修订工作，实施品牌战略。鉴于我国米面主食品的产品标准亟待进一步完善，为此，我们要加快完善主食品质量标准体系建设，加快制修订具有中国特色的主食品产品质量标准、卫生标准、安全生产技术标准和检测方法标准，以引领主食品产业的健康发展。与此同时，我们要创特色、创品牌，实施品牌战略，以做强做大企业。

二、我国稻米产业的基本情况与发展趋势

——在"中国（潜江）虾－稻产业发展高峰论坛"上的演讲

（2017 年 6 月 9 日　于湖北潜江）

尊敬的各位领导、各位专家、各位企业家：

大家好！

很高兴来到美丽、富饶的虾稻之乡——湖北潜江，参加"中国（潜江）虾－稻产业发展高峰论坛"。根据会议的安排，我以《我国稻米产业的基本情况与发展趋势》为题，就我国的稻米生产、加工及未来的发展趋势介绍些情况和讲点意见，供参考。

（一）我国是稻米生产和消费大国

众所周知，稻米与小麦粉一样是人们最重要的食粮。据美国农业部统计，2016 年全球稻米产量为 48114 万吨，折算稻谷产量为 68734 万吨。稻米的集中产区在亚洲，其产量占全球产量的 90% 以上。正常年景，我国的稻谷产量在 2 亿吨左右，2016 年为 20693 万吨，折算大米 14485 万吨，我国大米产量历来居世界第一（表 1）。我国有近三分之二的人口以大米为主食，每年直接食用的大米及其制品所耗用的大米约 1.4 亿吨，是我国最大、最稳定的粮食消费资源。

表1　2016/2017全球及主要国家大米产量　　　　单位：万吨

排名	国家	大米产量	折算稻谷产量
	全球	48114	68734
1	中国	14485	20693
2	印度	10650	15214
3	印度尼西亚	3715	5307
4	越南	3458	4940

续表

排名	国家	大米产量	折算稻谷产量
5	泰国	2787	3981
6	孟加拉国	1860	2657
7	缅甸	1240	1771
8	菲律宾	1150	1643
9	巴西	816	1166
10	日本	778	1111
11	美国	712	1017
12	巴基斯坦	680	971
13	柬埔寨	460	657
14	埃及	455	650
15	韩国	420	600

注：资料来源美国农业部统计资料。

　　在我国稻米生产和消费中，正常年景，我国的稻米生产能满足消费市场的需求，做到自给自足；遇到丰年，我国的稻米生产在满足市场消费需求后会略有节余；遇到灾年，会出现有一些短缺，需要通过适量进口才能满足市场需要。

　　为满足品种调节和市场供应需要以及受国际粮价的影响，我国每年都要进口一部分粮食。据海关统计，2016 年我国进口各类粮食合计为 2192.8 万吨，其中进口稻米为 353.4 万吨（表2）。由此可见，我国是一个稻米生产大国和消费大国。

表2　2010—2016年我国粮食进口情况　　　　　　　　单位：万吨

年份	稻米	小麦	玉米	高粱	大麦
2010	36.6	121.9	157.2	8.1	236.8
2011	57.9	124.8	175.3	0	177.5
2012	234.5	368.8	520.7	8.6	252.8
2013	224.5	550.6	326.5	107.9	233.7
2014	255.9	297.3	259.8	577.5	541.3
2015	335	297.3	472.9	1070	1073.2
2016	353.4	377.4	316.7	644.8	500.5

注：资料来源为海关统计数据。

（二）我国是一个稻谷加工大国

我国丰富的稻谷资源和广阔的稻米消费市场，为稻谷加工业的持续稳定发展提供了重要的物质基础。根据国家粮食局的统计，我国稻谷加工业的基本情况如下。

（1）企业数及按日加工能力划分情况　2014年全国入统稻谷加工企业9830个，其中日加工能力100吨以下的企业4555个，占稻谷加工企业总数的46.3%；日加工能力100~200吨的企业3325个（占33.8%）；日加工能力200~400吨的企业1474个（占15.0%）；日加工能力400~1000吨的企业400个（占4.1%）；日加工能力1000吨以上的企业76个（占0.8%）。2014年稻谷加工业按日加工能力划分比例，如图1所示。

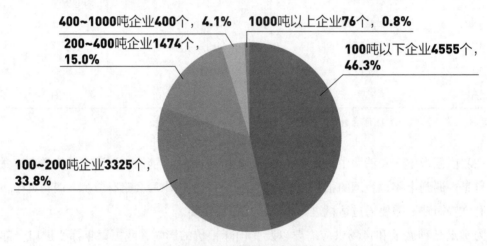

图1　2014年稻谷加工企业按日加工能力划分比例图

（2）稻谷加工业产能和产量按企业经济类型划分情况　2014年稻谷加工业年加工能力为33716万吨，大米产量为9870万吨，处理稻谷15154万吨，产能利用率44.9%。产能和产量按企业经济类型分，民营企业的产能和产量分别30301万吨和8880万吨，所占比例分别为89.9%和90.0%；国有企业的产能和产量分别2967万吨和810万吨，所占比例分别为8.8%和8.2%；外资企业的产能和产量分别为448万吨和180万吨，所占比例分别为1.3%和1.8%，如图2和图3所示。

（3）稻谷加工业产品结构情况　从产品结构看，在9870万吨大米中，以优质一级大米、优质二级大米、优质三级大米和一级大米、二级大米为主，产量分别为3466万吨、1107万吨、406万吨和2620万吨、1795万吨，分别占总产量的35.1%、11.2%、4.1%和26.6%、18.2%，合计为9394万吨，占总产量的95.2%。另外，三级大米为335万吨，占3.4%；四级大米为71万吨，占0.7%；糙米70万吨，占0.7%（图4）。

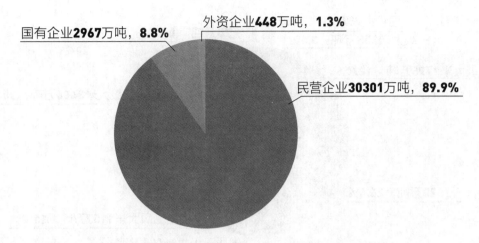

图2 2014年稻谷加工业产能按企业经济类型划分比例图

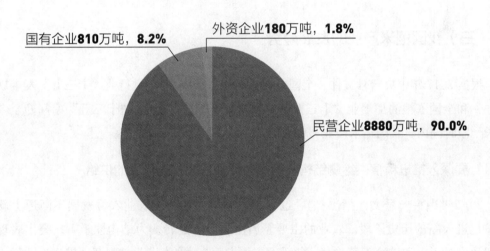

图3 2014年稻谷加工业产量按企业经济类型划分比例图

另在稻谷加工中除了得到上述各类大米产品外，还有许多副产物。据统计，2014年碎米产量为834万吨，米糠产量为1461万吨，稻壳产量为2580万吨。

（4）主要经济技术指标情况 2014年，稻谷加工企业工业总产值4923.1亿元，产品销售收入4857.9亿元，利税总额132.5亿元，利润总额99.5亿元（产值利润率为2%），资产总计2832.7亿元，负债合计1490.7亿元，资产负债率为52.6%，运行情况总体良好。

综上所述，我国是世界上最大的稻米生产国和消费国，也是最大的稻谷加工大国。在世界稻米生产、贸易、加工和消费中占有举足轻重的地位。

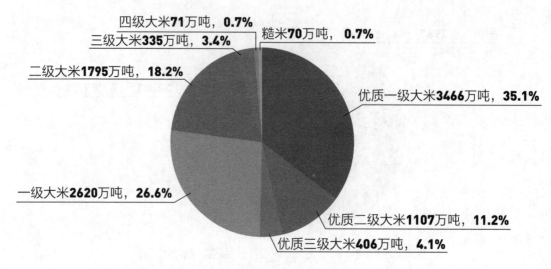

图4　2014年大米产量按不同品种划分比例图

（三）我国稻米产业的发展趋势

根据 2017 年中央一号文件、全国粮食流通工作会议、《粮食行业"十三五"发展规划纲要》和全国《粮油加工业"十三五"发展规划》等文件精神，"十三五"期间乃至今后很长一段时间内，我国稻米产业和稻米加工业的发展趋势如下。

1. 要深入推进粮食供给侧结构性改革，增加优质稻米产品的供给

2017 年中央一号文件指出："经过多年不懈努力，我国农业农村发展不断迈上新台阶，已进入新的历史阶段。农业的主要矛盾由总量不足转变为结构性矛盾，突出表现为阶段性供过于求和供给不足并存，矛盾的主要方面在供给侧"，并强调"推进农业供给侧结构性改革，要在确保国家粮食安全的基础上，紧紧围绕市场需求变化，以增加农民收入、保障有效供给为主要目标，以提高农业供给质量为主攻方向，促进农业农村发展由过度依赖资源消耗，主要满足量的需求，向追求绿色生态可持续、更加注重满足质的需求转变"。

根据中央精神，稻米产业和稻米加工业要以满足人民群众日益增长和不断升级的安全、优质、营养、健康稻米产品的消费需要，增加满足不同人群需要的优质化、多样化、个性化、定制化稻米产品的供给；增加优质米、食品专用米、糙米和营养功能性新产品以及绿色、有机和精深加工等优质营养中高端稻米产品的供给；提高名、特、优、新稻米产品的比例；充分发挥拥有地理标志等"老字号"品牌效应。

为增加农民收入，湖北省潜江市委市政府高瞻远瞩，大力实施"虾稻、稻虾"双轮驱

动战略。经过十几年的不懈努力，成功创新了虾稻种养模式，在全市范围内成功培育了多个"虾稻共作"生产基地和广泛推广；总结制订了《"虾稻共作"技术规程》《"虾稻共作"养殖技术规程》，对推动虾稻标准化生产、虾、稻产品质量与安全起到了很好的保障作用。2016 年全市"稻虾"种植面积达 60 万亩，虾稻产量 25 万吨，优质小龙虾产量达 7.35 万吨。与通常的"油稻、麦稻种植模式"相比，每亩虾稻田可增收 4000 元左右。另外，通过"虾稻共作"后，能大幅减少农药和化肥的用量，提高了稻米的品质，减轻了对环境的污染，社会经济效益和生态效益显著，是农业生产供给侧结构性改革的典范，是提供"中国好粮油"的物质基础。为进一步促进我国优质稻米的快速发展，刚才，中国粮油学会根据潜江市人民政府的申请，在经过中国粮油学会初审、组织专家评审、会长办公会议研究决定，授予潜江市人民政府"虾稻之乡"称号。我们为潜江市感到骄傲和高兴！

2. 稻米加工业要优化调整产业结构

要根据优胜劣汰的原则，继续培育壮大龙头企业和大型骨干企业，支持他们做强做大、做优做精，引导和推动企业强强联合，跨地区、跨行业、跨所有制兼并重组，积极采用先进技术与装备，成为产品质量高、能耗粮耗低、经济效益好、新产品开发能力强的国家级、省级龙头企业；鼓励有地方特色、资源优势的中小企业积极提升技术装备水平和创新经营方式，主动拓展发展空间，形成大、中、小型企业合理分工、协调发展的格局；对工艺落后、设备陈旧、卫生质量安全和环保不达标、能耗粮耗高的落后产能，要依法依规加快淘汰；支持稻米加工产业园区或集群建设，促进优势互补。

3. 稻米加工业要坚持质量安全第一的方针

稻米加工企业要坚守食品安全底线，把产品质量安全放在第一位，并在保证质量的前提下，把"适口、营养、健康、方便"作为今后的发展方向。要按照食品安全、绿色生态、营养健康等要求，完善原料采购、检验、在线检测和成品质量检验，建立覆盖生产经营全过程的稻米及其制品的质量安全信息追溯体系，确保产品质量安全万无一失。

4. 稻米加工业要大力倡导适度加工

要大力倡导适度加工，提高纯度，严格控制精度，提高出品率。要科学制修订好稻米产品和"中国好粮油"稻米产品的质量标准，引领稻米产业和稻米加工业的健康发展，纠正稻米产品的"过精、过白"等过度加工现象，鼓励生产和消费免抛光大米等适度加工产品，最大程度保留稻米产品中的固有营养成分。要广泛进行科普宣传，引领科学消费、合理消费、健康消费。

5. 稻米加工企业要重视深加工转化和副产物综合利用

要在确保口粮、饲料用粮和种子用粮安全的前提下，积极发展稻米、玉米等粮食深加工，促进库存陈粮深加工转化，为去库存做贡献。要依托大型骨干企业，大力开展米糠、碎米和稻壳等副产物综合利用，提高资源利用价值。尤其要搞好米糠的利用，争取到 2020 年，我国米糠制油的利用率由 2015 年的 15% 左右提高到 50% 以上，为国家增产油脂。

6. 重视安全文明、清洁环保和节能减排

稻米加工企业要继续强调必须加强安全生产、清洁生产和文明生产，做到绿色生产、节能减排、保护环境。要把安全文明生产、绿色生产、保护环境和节能减排等作为稻米加工业发展的永恒主题。到 2020 年，要确保完成单位工业增加值二氧化碳排放下降 18%、单位工业增加值能耗下降 15% 和主要污染物排放总量减少 10% 以上等指标，达到国家相关规定的要求。

7. 稻米加工企业要大力推进主食品工业化生产

为适应人民生活水平进一步提高和生活节奏加快的需要，稻米加工企业要把发展主食品工业化生产看作粮食行业推进供给侧结构性改革，调整产品结构的重要组成部分，是稻米加工业向精深加工延伸，是方便百姓、企业增效的有效途径。 为此，要积极开发适宜不同群体需要、不同营养功能、不同区域的优质米制品，诸如优质米粉（米线）、米粥、米饭、米糕、汤圆等大众主食品和区域特色主食品种及品牌，以丰富市场，满足不同人群的需要。

8. 重视稻米加工关键技术装备的创新研发

稻米加工装备制造业，要以专业化、大型化、成套化、智能化、绿色环保、安全卫生、节能减排、节粮减损为导向，发展高效节粮节能营养型大米加工装备；提高关键设备的可靠性、使用寿命和智能化水平；支持建立高水平的稻米加工装备制造基地；鼓励研发全自动主食方便稻米食品加工成套设备；鼓励研发定制机器人应用、智能工厂、稻谷烘干等关键设备，将稻米加工装备提高到更高水平。

9. 加强应急加工供应保障体系建设

稻米加工企业要创造条件，积极承担应急保供加工任务，把应急供应加工的成品大米产品、主食品严格按要求加工好、储藏好、轮换好，并能做到一声令下，就能将高质量的

成品大米、主食品调往需要的地方。

10.稻米加工业要实施"走出去"战略

要支持有条件的企业，加强与"一带一路"沿线国家在农业投资、贸易、科技、产能、粮油机械装备等领域的合作。通过"走出去"，培育一批具有国际竞争力的大粮商和粮油企业集团，支持在农业生产、加工、仓储和港口等环节开展跨国全产业链布局，逐步建立境外粮油产销加工储运基地。在造福当地百姓的同时，不断提高我国"走出去"企业的国际市场竞争能力和资源供给保障能力。

以上发言如有不当之处，请批评指正。

三、提高技能，赛出水平

——在"第五届安琪酵母杯中华发酵面食大赛"上的致辞

（2017 年 8 月 11 日　于湖北宜昌）

各位来宾、各位参赛选手、同志们、朋友们：

大家上午好！

由中国粮油学会发酵面食分会主办，安琪酵母股份有限公司冠名的第五届"安琪酵母"杯中华发酵面食大赛决赛，今天在美丽的中国水电名城——宜昌隆重开幕了。在此，我代表中国粮油学会张桂凤理事长、代表中国粮油学会对本届大赛的成功举办表示热烈的祝贺！向参加大赛的各位选手、评委和为大赛付出辛勤劳动的全体工作人员致以真诚的问候！

中华发酵面食历史悠久，是世界公认的营养价值高、安全性好、美味可口的健康食品，深受中国百姓和全球华人喜爱。中华发酵面食大赛创立于 2010 年，经过 8 年的创新发展，目前已成为中华发酵面食领域唯一的全球性的、最具影响力的赛事活动。8 年来，赛事已由首届的 5 个赛区，发展到如今的 15 个赛区。大赛已分别在新加坡、菲律宾的马尼拉、越南的胡志明、奥地利的维也纳、加拿大的温哥华、印度尼西亚的雅加达、中国台北以及上海、广州、武汉、成都、北京、沈阳等 15 个城市举行预选赛。赛事已经走向世界，成为全球性国际赛事。

大赛作为选手个人成长的舞台和赞助商展示形象的窗口，得到了从业人员和行业企业的热捧。参赛选手涵盖早餐工程企业、包子连锁企业、速冻食品企业、馒头加工厂（坊）和酒店的面点技术人员；食品、烹饪学院（校）以及研究机构的面点教师与学生；面点师之乡和各地面点协会（或相关协会）的面点从业人员，以及受过职业技能培训或具有一定技能的面点爱好者。

大赛得到了安琪酵母股份有限公司、诺维信（中国）投资有限公司、五得利面粉集团有限公司、凤阳加松新型材料科技有限公司、安徽维斯达食品机械有限公司、广州博尔森生物技术有限公司和快特励食品机械有限公司等单位的积极协办和鼎力赞助。同时得到了国家粮食局科学研究院、江南大学、河南工业大学、北京工商大学、三全食品股份有限公司、郑州思念食品有限公司、河南兴泰科技实业有限公司、四川旅游学院、广东省贸易职业技术学校、武汉商学院、中华谷类食品工业技术研究所、新加坡中华面点师协会、菲律宾菲华面包糕饼同业公会等单位对大赛的支持，对此，我们一并表示衷心的感谢！

实践证明，赛事规模和影响力的不断扩大离不开行业媒体及相关企业的大力传播。为此，我们要感谢中央电视台、北京电视台、四川电视台、人民网、新华社、中国新闻社、粮食与食品工业、中华面点网、腾讯网、搜狐网、网易和贝太厨房等40多家主流媒体对赛事的关注和报道。在此，我先向大家透露一个消息，今天贝太厨房将通过网络视频向全球中华面食爱好者进行赛事转播。

据我了解，本届大赛于2016年10月份在中国台北拉开序幕，整个预选赛历时8个月。通过选拔，今天将有18名面点高手和21家优秀团体代表队伍在此竞技，角逐新一届"中华面点王"。这将充分体现"大赛点亮人生、技能成就未来"。在此，我预祝所有的参赛单位和参赛选手赛出水平，取得好的成绩。

我相信，通过大赛的举办，不仅让广大中华面食行业的人才得到了展示个人才能的机会，也为广大面点加工企业提供了展示品牌形象的平台，对行业人才培养和技术进步产生了积极影响，并将进一步促进我国发酵面食行业的技术交流，引导和带动广大发酵面食从业人员钻研技术，提高技能水平，弘扬发酵面食文化、推动中华发酵面食产业的创新发展。

最后，预祝所有参赛选手和参赛单位取得优异成绩，预祝本次大赛取得圆满成功！

谢谢大家！

四、发展主食品工业化生产是"十三五"的重要任务

——在广州"第十一届中国米粉、粉丝产业发展大会"上的演讲

（2017 年 11 月 29 日　于广东广州）

为加强行业信息交流，推动米粉、粉丝产业快速健康向前发展，中国粮油学会米制品分会在广州召开"第十一届中国米粉、粉丝产业发展大会"，借此机会，我代表中国粮油学会油脂分会对大会的顺利召开表示最热烈的祝贺！根据会议的主题，我以《发展主食品工业化生产是"十三五"的重要任务》为题，介绍一些情况和讲点意见，供参考。

为深入推进粮食行业供给侧结构性改革，贯彻落实《国民经济和社会发展第十三个五年规划纲要》和《粮食行业"十三五"发展规划纲要》，满足全面建成小康社会城乡居民消费结构升级的需要，充分发挥粮油加工业对粮食产业发展的引擎作用和对粮食供求的调节作用，加快发展现代粮食产业经济，国家粮食局于 2016 年 12 月印发了全国《粮油加工业"十三五"发展规划》，规划明确了在"十三五"期间，粮油加工业发展的指导思想、基本原则、发展目标和主要任务，是指导我国粮油加工业健康发展的纲领性文件。对此，粮油加工行业一定要在认真学习、深刻领会规划精神的基础上，结合本地区、本企业的实际，制定好适合本地区、本企业发展的规划，并切实采取措施，确保规划顺利实施。

（一）《粮油加工业"十三五"发展规划》的指导思想和发展目标

在《粮油加工业"十三五"发展规划》（以下简称《规划》）中，首先明确了发展规划的指导思想是："牢固树立创新、协调、绿色、开放、共享的新发展理念，落实新形势下的国家粮食安全战略"，提出了要"以推进粮食行业供给侧结构性改革为主线；以满足人民群众日益增长和不断升级的安全、优质、营养、健康粮油产品消费需求为目标，把增加绿色优质粮油产品供给放在突出位置；以提高粮油加工业供给质量效益和保障粮油安全为中心，以改革创新为动力，以推动全产业链融合发展为路径，充分发挥加工转化对粮食产业发展的引擎作用和粮食供求的调节作用，着力调结构、提品质、创品牌、延链条、促升

级、增效益，为保障国家粮食安全奠定坚实基础。"我觉得规划中的指导思想十分明确，对粮油加工业今后的发展提出了针对性很强、可操作的指导思想，是制定好规划的灵魂。

《规划》根据指导思想，提出了粮油加工业在"十三五"期间发展目标。在发展目标中提出：到 2020 年，形成"安全营养、绿色生态、布局合理、协调发展、链条完整、效益良好"的现代粮油加工产业体系，供给质量和效益稳步增长，科技创新能力明显增强，引领粮食产业发展作用更加明显，集约化和规模化水平及产业融合发展程度明显提高，产品优质化和主食产业化比重大幅提升，质量安全水平明显提升，节能减排和节粮减损成效显著。具体发展目标如表1所示。

表1　粮油加工业"十三五"发展目标指标

类别	序号	具体指标	单位	2015年	2020年	年均增速[累计]	属性
产业规模	1	粮油加工业主营业务收入	万亿元	2.7	4.1	9%	*
	2	工业增加值增速	%	7	—	7%	*
	3	主营业务收入过100亿元企业数量	家	16	30	[14]	*
	4	主食品工业化率	%	15	25	[10]	*
科技创新	5	规模以上粮油加工企业研发投入占主营业务收入的比例	%	0.3	0.6	[0.3]	*
	6	产业联盟、技术创新联盟	个	3	6	[3]	*
	7	关键设备自主率	%	70	80	[10]	*
质量安全	8	大米、小麦粉、食用植物油抽样检查总体合格率	%	96	97	[2]	*
	9	制修订粮油加工业标准	项	194	312	[118]	*
绿色发展	10	米糠等副产物综合利用率达到	%	15	50	[35]	*
	11	玉米深加工原料利用率	%	97	98	[1]	*
	12	单位工业增加值能耗下降	%	—	—	[15]	**
	13	单位工业增加值二氧化碳排放下降	%	—	—	[18]	**
应急保障	14	粮油应急加工企业数量达到	家	5815	6000	[185]	**
	15	遴选认定保供应急主食产业化示范单位	家		50		*

注：① [ ]内为五年累计数。
② 资料来源于《粮油加工业"十三五"发展规划》。
③ * 为预期性，** 为约束性。

上述指导思想也是粮油主食品工业化生产在"十三五"期间的指导思想。在发展目标指标中，主食品工业化生产率由2015年的15%，提高到2020年的25%。这预示着到2020年我国粮油主食品工业化生产的产品产量要由2015年的2200万吨左右（注：作者估计包含大豆食品及其他）提高到2020年的3700万吨，需要增加1500万吨左右。如果不采取有效措施，届时完成目标将会有一定难度的。

（二）"十三五"期间主食品工业化生产的主要任务

1. 为增加绿色优质粮油产品供给助力

为优化产品结构，适应城乡居民膳食结构及营养健康水平日益提高的需要，增加满足不同人群需要的优质化、多样化、个性化、定制化粮油产品供给。我们要实施"绿色健康谷物口粮工程"，增加优质米、食品专用米、专用粉、专用油和营养功能性新产品供给；大力发展全谷物及食品，加强市场培育，增加糙米、全麦粉、杂粮和薯类及其制品等绿色、优质、营养、健康中高端新产品供给；大力推进主食产业化，实施"主食产业化提升行动"。

在"主食产业化提升行动"中明确要求，支持工业化米粉（线）、米饭、米粥、馒头、挂面、鲜湿面、速冻主食、杂粮及薯类主食产业化项目建设，建立健全相关标准和规范。结合应急供应体系建设，建立一批应急主食生产基地。改造建设一批规范化、机械化、规模化的大型主食生产加工配送中心或主食厨房，建立一体化主食销售供应网点，放心主食店，开展冷链物流配送体系试点。推广城市和县区主食产业化发展新模式，遴选一批现代化保供应急主食产业化示范单位。支持示范企业带动城乡广大小作坊规范化发展和提升，以市场化方式推动主食工业化生产、社会化供应和产业化经营。

2. 用文化引领主食品产业发展

《规划》中指出，我们要鼓励企业不断丰富和发展粮食文化，用文化引领产品开发、品牌培育和技术创新。提升品牌资产价值；鼓励企业在粮食种植、加工环节与农耕体验、旅游休闲、文化教育、健康养生等领域深度融合。支持主食品生产企业不断丰富品种，提升产品品质，提高名、优、特、新产品的比例；支持加工企业挖掘传统主食品文化内涵，充分发挥"老字号"品牌效应，用粮食文化引领主食品产业发展。

我认为，在我国传统主食产业中，有许多"老字号"品牌，文化内涵丰富，诸如：在米制品方面有"桂林米粉""云南过桥米线""广州河粉""宁波汤圆"；在面制品方面有历史悠久的各类馒头、饺子和面条；在杂粮制品方面有各类"烙面"，其中最有代表性的是山东"周村煎饼"等，对此，我们要好好挖掘，发扬光大。

3.积极参与应急加工供应保障体系建设

为提升应急保障能力，国家将进一步建立以成品粮油和小包装为主的应急保障体系，保留特大城市必备的应急加工产能，明显提高边远地区应急保障水平，加快保供应急救灾主食品及团餐的产业化开发能力。对此，主食品生产企业要积极参与应急加工供应保障体系建设。对承担应急保障供应体系的主食品生产企业要严格按要求把各类主食品加工好、储藏好、轮换好，并能做到一声令下，就能将高质量的主食品调往需要的地方去。

（三）合理布局、协调发展

在《规划》中，对成品粮油加工及主食产业化的布局提出了要求，以利产业健康发展。

在主食产业化方面，提出了要开发适宜不同消费群体、不同营养功能、不同区域特色的优质米粉（线）、糙米粉、米粥、馒头、挂面、鲜湿及冷冻面等大众主食品和区域特色主食品及品牌，增强市场竞争力；丰富常温、冷冻冷藏营养型主食品种和方便食品，提升安全性、方便性、即食性；创新主食流通方式，提高配送能力。规划要求在北京、天津、山东、河南、河北、陕西、甘肃和新疆等省（区、市）发展优质面制主食品产业化示范基地。在上海、湖南、安徽、广东、江西、湖北、云南、四川和广西等省（区、市）发展优质米制主食品产业化示范基地；在内蒙古等地发展薯类主食加工示范基地，积极开发馒头、面条、面包等大众马铃薯主食品，推进马铃薯饼、馕和年糕等地域特色主食品，研发薯片、薯条等新型休闲食品；在玉米主产区，要积极开发玉米主食品和方便食品，大力倡导推动玉米主食消费。在开发杂粮食品方面，要在提高杂粮、豆类的适口性、营养性和方便性的基础上，加快推进杂粮食品工业化、产业化和品牌化。

《规划》对主食产业化提出了上述具体发展方向、发展重点和合理布局，是以往五年发展规划中十分少见的，我们要以此为动力，加快主食产业化的发展。

（四）科技引领，提高主食产业装备水平

粮油加工业（含主食品产业）在"十三五"期间，都要进一步强化企业技术创新的主体地位，积极构建"产学研用"紧密结合的科技创新体系。要加强基础研究，强化集成创新；鼓励企业加大科研投入，建立技术研发中心，与高校或科研院所联合开展技术创新。通过科技创新，积极研发，提高主食产业装备水平。

根据《粮食行业科技创新发展"十三五"规划》，"十三五"期间，主食产业科技与

装备的研发重点如下。

（1）在米制品方面　要研发传统米制品专用粉的加工品质和食用品质技术指标，形成质量体系；阐明各类传统米制品食用品质与其原料专用粉加工品质间适用性及其修饰原理，搭建各类传统米制品标准化的专用粉技术标准体系；研发稻米食品基料加工技术，开发米线类专用米粉加工及应用技术，研发传统米制品专用粉加工技术和装备。与此同时，我们要重点研发米线、米糕等传统米制主食品的加工工业化生产关键技术与专用装备。另外，我们还要开展速煮糙米及速食糙米粥的生产技术示范。

（2）在面制品方面　我们要开发营养健康挂面、冷冻面条等多样化面条制品加工关键技术与装备，以及冷冻馒头等基于冷链流通的新型产品；开展全麦粉及全麦面条加工技术及自动化智能化加工设备研究开发。

为提高主食产业的装备水平，鼓励研发粮食主食品加工自动化成套设备，规划在广东、广西、上海、湖北、河南、江苏等省（区、市）发展米粉（线）、方便米饭和挂面、馒头加工成套设备；在江苏、河北、河南和陕西等省发展面制品、焙烤食品、速冻食品等成套设备。

（五）两点体会

1. 规划科学合理，是引领"十三五"粮油加工业发展的纲领性文件

本《规划》通过大量细微的调查研究，在总结我国粮油加工业"十二五"期间发展情况的基础上，客观分析了在发展中面临的挑战和迎来的发展机遇，科学提出了规划的指导思想、发展目标、主要任务、产业布局和保障措施。诸如，在指导思想中，提出了"一个主线""一个目标""一个中心""一份动力"和"一条路径"，即"牢固树立创新、协调、绿色、开放、共享的新发展理念，落实新形势下的国家粮食安全战略，以推进粮食行业供给侧结构性改革为主线，以满足人民群众日益增长和不断升级的安全、优质、营养、健康粮油产品消费需求为目标，把增加绿色优质粮油产品供给放在突出位置，以提高粮油加工业供给质量效益和保障粮食安全为中心，以改革创新为动力，以推动全产业链融合发展为路径，充分发挥加工转化对粮食产业发展的引擎作用和粮食供求的调节作用，着力调结构、提品质、创品牌、延链条、促升级、增效益，为国家粮食安全奠定坚实基础。"

上述提法，以及《规划》中提出的发展目标、主要任务、产业布局等，既符合中央的大政方针，又科学合理，符合粮油加工业的发展实际，具有很强的针对性和可操作性，是引领我国粮油加工业"十三五"健康发展的纲领性文件。

2. 对完成规划中提出的发展目标指标充满信心

《规划》中提出了许多发展目标指标，我认为提出这些指标是有根据的，也是符合粮油加工业未来发展实际的。综观这些发展目标指标，我觉得有些指标是留有余地的；有些指标是可以完成的；有些指标完成虽有一定难度，但经过努力是可以完成的。例如，粮油加工主营业务收入保持 9% 年均增速、工业增加值保持年均 7% 以上增速、规模以上粮油加工企业研发投入占主营业务收入的比例提高到 0.6% 以上、关键设备自主率提高到 80% 以上等发展目标指标是留有留地的，完成这些指标是完全有把握的。又如，到 2020 年，大米、小麦粉和食用植物油抽查检验合格率达 97% 以上、单位工业增加值能耗下降 15%、单位工业增加值二氧化碳排放下降 18% 等发展目标是可以完成的，也是必须完成的。再如，主食品工业化率由 2015 年的 15% 提高到 25%、大米和小麦粉出品率提高 2~3 个百分点，食用植物油出品率提高 0.5 个百分点、米糠等副产物综合利用率达到 50% 以上等发展目标指标，完成是有一定难度的，必须采取有力措施，依靠大家共同努力，才可以完成。总而言之，我们对完成规划中提出的各项发展目标指标充满信心。

五、新时代粮油加工业应重点做好八项工作

——在"着力推动稻米、小麦、玉米、杂粮健康谷物食品融合发展技术研讨会"上的宣讲

（2019 年 8 月 24 日　于安徽合肥）

很高兴来到合肥，参加由中国粮油学会食品分会和玉米深加工分会联合主办、由安徽捷迅光电技术有限公司承办的"着力推动稻米、小麦、玉米、杂粮健康谷物食品融合发展技术研讨会"，共商我国健康谷物食品的发展大计。姚老师要我在会上发言，我发言的题目是《新时代粮油加工业应重点做好八项工作》，供大家参考。

为使我国经济朝着稳中求进、稳中向好和高质量发展，自去年年底至今年年初的一个多月时间里，中央召开了经济工作会议、中央农村工作会议，发布了《中共中央　国务院关于坚持农业农村优先发展做好"三农"工作的若干意见》（中发［2019］1 号文件），对 2019 年中国经济的发展与改革进行了具体部署。国家粮食和物资储备局为贯彻中央经济工作会议和中央农村工作会议精神，召开了全国粮食和物资储备工作会议，提出了做好 2019 年粮食和物资储备工作的具体意见。认真学习贯彻上述会议和文件精神，是做好全国粮食和物资储备工作的重要保证，也是做好今年乃至今后我国粮油加工业工作的重要保证。

为推动粮油加工业的高质量发展，根据上述会议文件精神，我觉得今年乃至今后一段时间内，粮油加工业要重点关注和努力做好以下几项工作。

（一）积极推动粮油加工业的高质量发展

根据中央经济工作会议精神，粮油加工业要按照高质量发展的要求，要优化调整产业结构，要根据优胜劣汰的原则，继续培育壮大龙头企业和大型骨干企业，支持他们做强做大做优做精，引导和推动企业强强联合，跨地区、跨行业、跨所有制兼并重组，积极发展混合所有制；要加大企业技术改造的力度，积极采用先进技术与装备，成为产品质量高、能耗物耗低，经济效益好、新产品开发能力强的国家级、省级龙头企业。

要继续鼓励有地方特色，资源优势的中小企业积极提升技术装备水平和创新经营方

式，主动拓展发展空间，形成大、中、小型企业合理分工，协调发展的格局；对工艺技术落后、设备陈旧、卫生质量安全和环保不达标、能耗物耗高的改造无望的落后产能和"僵尸企业"要依法依规加快处置；要继续支持粮油加工产业园区或集群建设，促进优势互补；要加大对企业创新支持力度，增强企业技术创新能力，鼓励构建开放、协同、高效的共性技术研发平台，健全以需求为导向、企业为主体的产学研一体化创新机制；要关注人工智能、工业互联网、物联网的发展与应用，促进企业在高起点上发展。

（二）继续深入推进粮油加工业的供给侧结构性改革，增加适销对路的优质粮油产品供给能力

根据中央经济工作会议的精神和国家局党组的要求，粮油加工企业要认真贯彻"五优联动"，加快"优质粮食工程"建设，增加适销对路的优质粮油产品的供给，进而推动农业供给侧结构性改革取得更大成效，增加优质农产品的供给，促进农民增收。与此同时，粮油加工业要始终以满足人民群众生活水平日益增长和不断升级的安全、优质、营养、健康粮油产品的消费需要；要增加满足不同人群需要的优质化、多样化、个性化、定制化粮油产品的供给；要增加优质米、食品专用米、专用粉、专用油和营养功能性新产品以及绿色、有机等"中国好粮油"的供给；要大力发展全谷物产品，增加糙米、全麦粉、杂粮、杂豆和薯类及其制品等优质、营养、健康中高端新产品的供给；要提高名、特、优、新产品的供给比例。

（三）强化创新驱动，实施"优质粮食工程"

中央经济工作会议和中央一号文件中多处强调发展经济要重视科技创新，强化创新驱动。国家粮食和物资储备局对粮食科技和创新发展高度重视，制定了"科技兴粮"和"人才兴粮"实施意见，并首次提出了"质量兴粮"理念，为建设粮食产业强国，国家局提出了要认真实施好"优质粮食工程"。为此，粮油加工业要认真学习领会实施"优质粮食工程"的重要意义，按"优质粮食工程"中的要求，认真带头实施，为建设粮食产业强国做出贡献。

首先，要认真做到"优粮优加"，并在加工过程中，认真贯彻适度加工，防止营养成分的过多流失，最大程度地保存粮油原料中固有的营养成分。

要重视创新驱动，尤其要重视关键技术与装备的创新研发。粮食机械制造业，要以专业化、大型化、成套化、智能化、绿色环保、安全卫生、节能减排、节粮减损为导向，发展高效节粮节能营养型大米、小麦粉、食用植物油、特色杂粮和薯类等加工装备；要进一

步提高关键设备的可靠性、使用寿命和自动化、智能化水平，以加快加工装备向数字化、智能化方向发展。

（四）粮油加工业要为国家粮食安全做贡献

"民以食为天""食以安为先"！这充分表明粮食的数量安全和质量安全都是"天大"的事。对此，粮油加工业要紧紧围绕这两个"天大"的事，努力工作，不负使命。为此，粮油加工业要在确保产品质量安全的前提下，要继续倡导适度加工，要在提高加工纯度，严格控制精度，千方百计提高出品率，提高可食资源利用率上和营养健康上多做文章、做好文章；要科学制修订好粮油产品的质量标准，引领粮油加工业的健康发展，纠正粮油产品的"过精、过细、过白和油色过淡"等过度加工现象；要配合有关部门，统筹用好国际国内两个市场、两种资源，拓展渠道，把控好国内紧缺粮油产品的进口；要大力开展粮油加工副产物的综合利用，提高资源利用价值，尤其要搞好米糠、玉米胚芽资源的利用，为国家增产油脂。总之，我们要想方设法，努力为国家粮食安全做出应有的贡献。

（五）注重品牌建设，提高品牌效应

中央一号文件指出：加快发展乡村特色产业。因地制宜发展多样性特色农业，倡导"一村一品""一县一业"。强化农产品地理标志和商标保护，创响一批"土字号""乡字号"特色产品品牌。国家粮食和物资储备局提出要落实供给侧结构性改革"八字方针"，加快粮食产业创新发展、转型升级、提质增效，实现优质化、特色化、品牌化发展；要强化示范引领，在全国带动形成一批示范县、龙头加工企业、放心粮店和一批叫得响的品牌。

为贯彻落实上述文件精神，粮油加工企业要重视品牌建设，发挥品牌的引领作用。要利用新技术，积极开发新产品；要进一步加强粮油产品品牌建设的顶层设计，通过质量提升、自主创新、品牌创建、特色产品认定等，更多地培育出一批像鲁花、金龙鱼、福临门等具有自主知识产权的、家喻户晓的、有较强市场竞争力的、叫得响的全国性或区域性名牌产品；要充分发挥名、特、优、新产品和"老字号"的品牌效应，促进农民增收，企业增效。

（六）以安全为重点，确保粮油产品质量安全和生产经营安全

中央经济工作会议指出：要增强人民群众获得感、幸福感、安全感；要让老百姓吃得放心、穿得称心、用得舒心；要下更大气力抓好食品药品安全、安全生产和交通安全。国

家粮食和物资储备局提出：要紧抓落实安全生产责任制，多措并举、综合施治，切实承担好主体责任和监管责任。粮食生产经营企业要坚持安全第一，坚决克服"重发展、轻安全"的倾向。

按照上述要求，粮油加工企业必须以安全为重点，务必做到生产安全和粮油产品质量安全。

人命关天，安全生产重如泰山。粮食加工企业要始终把安全生产放在生产经营的第一位，坚决克服"重发展、轻安全"的倾向。要始终绷紧安全生产这根弦，紧抓落实安全生产责任制；要紧盯严防，排查整治各种隐患，确保安全生产万无一失。

粮油加工企业要坚守食品安全底线，把产品质量安全放在第一位。要严格按照标准组织生产，道道把关；要完善原料采购、检验、在线检测和成品质量检验，建立覆盖生产经营全过程的粮油质量安全信息追溯体系，确保粮油产品质量安全万无一失，让百姓吃得放心，吃得营养健康。

（七）积极利用数字化技术推动企业转型升级

当今世界，在数字化经济时代下，我国粮油加工业从生产到销售整个产业链的技术发展模式正在发生深刻变革。当前，粮油加工业从生产、包装、物流、仓储、营销、市场、产品生命周期管理等所有环节，都已经开始呈互联网化。生产信息化管理系统（MES）、产品生命周期管理（PLM）、工业机器人、智能装备、人工智能应用、大数据分析与营销、智能供应链等将很快成为各行各业发展的热点，从而有力地支撑新商业模式的创新发展。为此，粮油加工业要积极融入这些新技术、新模式，以推动企业的转型升级和高质量发展。

（八）扩大对外开放，实施"走出去"战略

遵照中央的精神，粮油加工业要进一步利用外资，扩大对外开放。要认真总结我国改革开放以来，外资企业、中外合资企业进入粮油加工业领域取得的成功经验，尤其是要总结学习外资粮油加工企业、中外合资粮油加工企业，在经营管理中的成功经验，为我所用，推动我国粮油加工业的不断发展。

要加快推进并支持有条件的粮油加工企业集团，加强与"一带一路"沿线国家在农业投资、粮油贸易、粮油加工以及粮油机械装备出口等领域的合作。支持在农业生产、加工、仓储和港口等环节开展跨国全产业链布局，逐步建立境外粮油产销加工储运基地。通过"走出去"，培育一批具有国际竞争力的跨国粮油加工企业集团。

最后，预祝研讨会圆满成功，谢谢大家！

第五章

——

粮食和油脂加工机械
走出国门

一、我国粮油加工技术与装备的现状和发展趋势
——在"全国粮油加工新技术与装备高级研修班"开班仪式上的演讲

（2016 年 5 月 30 日　于武汉轻工大学）

今天我怀着特别高兴的心情来到武汉轻工大学，参加由人力资源和社会保障部、国家粮食局共同举办的"全国粮油加工新技术与装备高级研修班"（以下简称研修班）开班仪式。首先我要预祝研修班取得圆满成功，并预祝大家在研修期间有所收获和启迪！

同时，我要感谢武汉轻工大学邀我来与大家见面，并有机会与大家进行交流。在座的不少同仁可能略知我的情况——一个亲身经历我国现代粮油加工业发展并从事半个多世纪粮油加工技术与管理工作的践行者。我对我国粮油加工业有今天的发展感到特别欣慰；对从事粮油加工业的同仁感到特别亲切。现在我以《我国粮油加工技术与装备的现状和发展趋势》为题发言，供大家参考。

（一）我国粮油加工业历史悠久

我国粮油加工业与中华文明史一样，古老而悠久。在粮食加工方面，据考古发现与文献记载，公元前 5000—公元前 3000 年，我国先人已经使用石盘磨和碾棒来加工粮食；公元前 841 年已经使用杵和臼来加工稻谷；在明朝宋应星编著的《天工开物》中记载有土磨、水碓、碾米、水碓等，并总结出了稻谷加工经验，"凡既舂，则风扇以去糠秕，倾入筛中团转，谷未剖破者浮出筛面，重复入碓""凡稻米既筛之后，入臼而舂"。这不仅说明了舂谷和碾米需分开进行，也阐述了谷糙分离的加工工序。

另有记载，我国古代制粉历史可追溯到旧石器时代。在油脂加工方面，据记载，在2000 年前的西汉时期，我国已经有了植物油的制取方法，在《天工开物》中更详细地记载和描述了榨油方法与榨油工艺。

《天工开物》这部巨著被誉为"中国十七世纪的工艺百科全书"，曾被译成日、法、英等文字并广为传播。由此可见，我国古代的粮油加工技术历史悠久，盛誉全球，并在相当长的时期里是世界上独有和先进的。但因长期受封建社会的影响，我国近代和现代粮油

加工业发展缓慢，与国际先进水平相比差距不小。

改革开放以来，尤其是进入 21 世纪以来，随着我国经济的快速发展和人民生活水平的不断提高，我国的粮油加工业发生了翻天覆地的变化。现在，我国粮油加工业的技术、质量和装备等总体技术水平已经接近或达到国际先进水平。粮油产品的质量和品种是我国有史以来最好、最多的时期，粮油市场上的各种小包装粮油产品，其质量和包装与发达国家没有什么差距；丰富多彩的各类粮油产品更是许多国家所不及的。

（二）我国粮油加工业的概况

中国不仅是个人口大国，同时也是一个粮食与油料生产、粮油进出口、粮油消费和粮油加工大国。

在中央一系列惠农政策的推动下，我国粮油生产持续稳定发展。2015 年，我国粮食生产取得了"十二连增"。据统计，2015 年我国粮食总产量达 62140 万吨；我国油菜籽、花生、大豆、棉籽、葵花籽、芝麻、亚麻籽、油茶籽八大油料的预计产量为 5710.1 万吨（2014 年为 6002.9 万吨）。为满足品种调剂和市场供应的需要，我国每年都要进口一部分粮食和大量的油脂油料。

据海关统计，2015 年我国进口稻米 335 万吨、小麦 297.3 万吨、玉米 472.9 万吨、大麦 1073.2 万吨和高粱 1070 万吨，合计为 3248.4 万吨（表 1）。

表 1　2010—2015 年我国粮食进口情况　　　　　　　　　　单位：万吨

年份	稻米	小麦	玉米	高粱	大麦
2010	36.6	121.9	157.2	8.1	236.8
2011	57.9	124.8	175.3	0	177.5
2012	234.5	368.8	520.7	8.6	252.8
2013	224.5	550.6	326.5	107.9	233.7
2014	255.9	297.3	259.8	577.5	541.3
2015	335	297.3	472.9	1070	1073.2

注：资料来源为海关统计数据。

另据统计，2015 年我国进口各类油料合计达 8757.1 万吨（其中进口大豆为 8169.4 万吨），进口各类植物油总量为 839.1 万吨（表 2）。

上述丰富的粮油资源，为我国粮油加工业的发展提供了重要的物质保证。

表2　我国油料油脂进口情况　　　　　　　　　　　　单位：千吨

年份	油料进口量				植物油进口量				
	总量	大豆	油菜籽	其他油料	总量	大豆油	棕榈油	菜籽油	其他植物油
1996		1108	0		2640	1295	1012	316	17
1997		2792	55		2750	1193	1146	351	60
1998		3196	1386		2060	829	930	285	17
1999		4315	2595		2080	804	1194	69	13
2000		10416	2969		1872	308	1391	75	99
2001		13937	1724		1674	70	1517	49	38
2002	11945	11315	618	12	3212	870	2221	78	43
2003	20976	20741	167	68	5418	1884	3325	152	57
2004	20756	20229	424	103	6764	2517	3857	353	38
2005	27042	26590	296	156	6213	1694	4330	178	11
2006	29280	28270	738	272	6715	1543	5082	44	46
2007	31858	30821	833	204	8397	2823	5095	375	104
2008	39005	37436	1303	266	8163	2586	5282	270	25
2009	46331	42552	3286	493	9502	2391	6441	468	202
2010	57046	54797	1600	649	8262	1341	5696	985	240
2011	54818	52640	1262	916	7798	1143	5912	551	192
2012	62280	58384	2930	966	9600	1826	6341	1176	257
2013	67835	63375	3662	798	9221	1158	5979	1527	557
2014	77518	71399	5081	1038	7873	1038	5324	810	603
2015	87571	81694	4471	1406	8391	818	5909	815	849

注：资料来源国家粮油信息中心。

就粮油加工而言，我国的粮油加工能力之大、企业之多均属世界之最。

粮油加工业是指对原粮、油料等基本原料进行加工处理，生产出各种成品粮油及其制品的行业，主要包括：稻谷加工、小麦制粉、玉米及杂粮加工、植物油加工和粮油加工机械设备的制造。

粮油加工业是粮油再生产过程中的重要环节和基础性行业，是粮油产业化经营的重要组成部分，是搞活粮油经营、提升粮油附加值的不可或缺的中间环节，也是食品工业的基础工业。粮油加工的产品与人民生活、身体健康息息相关，是关系国计民生的"生命工业"，也是一个永不衰败的"朝阳工业"。

我国丰富的粮油资源和广阔的粮油市场，为粮油加工业的发展创造了有利条件。根据国家粮食局的统计，2013年全国规模以上的入统粮油加工企业有19880个，其中稻谷加工企业10072个、小麦加工企业3248个、食用植物油加工企业1748个、粮油机械设备制造企业101个。另外，还有数以万计的非入统小型粮油加工企业星罗棋布，遍及广大城乡。

现将2013年粮油加工业中稻谷加工业、小麦加工业和油脂加工业的简要情况介绍如下。

1. 稻谷加工业

（1）企业数与生产能力　2013年全国规模以上入统稻谷加工企业有10072个，其中日处理30吨以下的企业为465个，生产能力为147万吨；日处理30~50吨的企业为1378个，生产能力为1210万吨；日处理50~100吨的企业为3184个，生产能力为5076万吨；日处理100~200吨的企业为3227个，生产能力为10057万吨；日处理200~400吨的企业为1385个，生产能力为8608万吨；日处理400~1000吨的企业为361个，生产能力为4735万吨；日处理1000吨以上的企业为72个，生产能力为3400万吨。

稻谷加工生产能力合计为33234万吨。与2012年相比，2013年稻谷加工企业数量同比增加2.9%，生产能力增长8.2%。其中日处理200吨以上的企业由2012年1615个、生产能力14741万吨，和占总产能30716万吨的48%，分别增加到2013年的1818个、16743万吨和50.4%。

（2）产品产量　2013年全国入统稻谷加工企业耗用稻谷14500万吨，产能利用率为43.6%，较2012年下降0.9个百分点，生产大米9459万吨，平均出米率为65.2%。在9459万吨大米中，优质一级大米为2911万吨、优质二级大米为1294万吨、优质三级大米为343万吨、一级大米为2621万吨、二级大米为1821万吨、三级大米为346万吨、四级大米为52万吨、糙米为71万吨。碎米产量为740万吨、米糠为1402万吨、稻壳为2541万吨。在米制主食品生产方面，2013年方便米饭产量为6万吨、方便米粥为33万吨、米粉（线）为87万吨。

（3）主要经济指标　2013年全国入统稻谷加工企业工业总产值4507.6亿元，产品销售收入4494.9亿元，纳税总额126.7亿元，利润总额95.3亿元；资产总计2563亿元，负债合计 1247.8 亿元，负债率为 48.7%。

2. 小麦加工业

（1）企业数与生产能力　2013 年全国规模以上入统小麦加工企业有 3248 个，其中日处理 30 吨以下的企业为 247 个，生产能力为 67 万吨；日处理 30~50 吨的企业为 197 个，生产能力为 172 万吨；日处理 50~100 吨的企业为 492 个，生产能力为 778 万吨；日处理 100~200 吨的企业为 724 个，生产能力为 2470 万吨；日处理 200~400 吨的企业为 898 个，生产能力为 5954 万吨；日处理 400~1000 吨的企业为 567 个，生产能力为 7495 万吨；日处理 1000 吨以上的企业为 123 个，生产能力为 4790 万吨，小麦加工生产能力合计为 21726 万吨。

与 2012 年相比，2013 年小麦加工企业数量同比下降 1.3%，生产能力增长 6.9%。其中日处理 400 吨以上的企业由 2012 年的 386 个、生产能力 10750 万吨，和占总产能 20303 万吨的 52.9%，分别增加到 2013 年的 690 个、12285 万吨和 56.5%。

（2）产品产量　2013 年全国入统小麦加工企业耗用小麦 13264 万吨，产能利用率为 61.1%，较 2012 年下降了 2.9 个百分点，生产面粉 9702 万吨（此数虽经多次核查，但我认为仍然偏大），平均出粉率为 73.1%。在 9702 万吨面粉中，特制一等粉为 3908 万吨、特制二等粉为 3376 万吨、标准粉为 1333 万吨、全麦粉为 112 万吨、专用粉为 732 万吨、营养强化粉为 24 万吨。另据统计，小麦谷朊粉为 22 万吨、小麦胚芽为 26 万吨、小麦麸皮为 3183 万吨。在面制主食品生产方面，2013 年挂面产量为 512 万吨、方便面产量为 312 万吨、速冻米面主食品 156 万吨。

（3）主要经济指标　2013 年全国入统小麦加工企业工业总产值 3422.5 亿元，产品销售收入 3409.8 亿元，纳税总额 95.0 亿元，利润总额 75.5 亿元；资产总计 1616.4 亿元，负债合计 812.2 亿元，负债率为 50.2%。

3. 油脂加工业

（1）企业数与生产能力　2013 年，全国规模以上入统企业有 1748 个，其中日处理能力 400~1000 吨的企业为 201 个，日处理能力 1000 吨以上的企业 189 个；油料生产能力 17257 万吨，其中日处理能力 400~1000 吨的 201 个企业的生产能力为 2673 万吨，日处理能力 1000 吨以上的 189 个企业的生产能力为 10730 万吨，合计为 13403 万吨，占整个油料生产能力的 78%。另外，大豆处理能力为 9603 万吨，油菜籽处理能力为 3950 万吨；油脂精炼能力 5144 万吨，小包装食用油灌装能力 1685 万吨。

（2）产品产量　2013 年全国入统食用油加工企业统计生产食用油产量为 4583 万吨，在扣除企业外购国内原油精炼 1243 万吨和外购国内成品油分装 460 万吨，即合计 1703

万吨后，实际生产食用油为 2880 万吨。其中玉米油产量为 188 万吨，稻米油产量为 55 万吨。

（3）油料处理量　2013 年全国入统食用油加工企业处理油料 9009 万吨，产能利用率为 52.2%，油脂精炼利用率为 56.0%。

（4）其他有关数据　2013 年全国入统食用油加工企业生产食用调和油 390 万吨，生产小包装油品 1007 万吨。全国入统大米加工企业的米糠产量为 1402 万吨。

（5）主要经济指标　2013 年全国入统食用油加工企业工业总产值 6407.9 亿元，产品销售收入 6277.5 亿元，纳税总额 219.5 亿元，利润总额 135 亿元；资产总计 4383.6 亿元，负债合计 3058.6 亿元，负债率为 69.8%。

（三）我国粮油加工业的最新研究进展

根据中国科学技术协会和国家粮食局的要求，中国粮油学会自 2014 年下半年开始至 2015 年底，组织所属分会的上百名专家，经过一年多的努力，完成了《2014—2015 年粮油科学技术学科发展报告》，报告在对粮油科技进行客观评价的同时，反映了近 5 年的最新进展，对国内外研究进展做了比较，提出了我国粮油发展趋势与展望。我将其中有关粮油加工主要内容介绍如下。

1. 对我国粮油科技进行客观评价

"十二五"期间，全国粮油科技工作者认真贯彻落实习近平总书记关于"中国人的饭碗任何时候都要牢牢端在自己手中，我们的饭碗应该主要装中国粮"的指示和李克强总理关于"守住管好'天下粮仓'，做好'广积粮、积好粮、好积粮'三篇文章"的讲话精神，积极践行创新驱动发展战略和"科技兴粮"战略，全力实施"粮安工程""粮食公益性科研专项"等一系列重点工程和科研计划，粮油科学技术取得了令世人瞩目的成就。粮食储藏应用技术已达到国际领先水平，粮油加工工艺、装备和饲料加工装备已达到或接近世界先进水平，食品安全检测方法与技术不断更新，发酵面食等学科在科技研发方面都有所提高。粮油科学技术的快速发展，已成为粮油流通产业创新驱动发展的源动力，为确保国家粮食安全提供了坚实的科技支撑。

"十三五"是我国实现全面建成小康社会宏伟目标的关键 5 年。粮油科学技术要主动适应我国经济发展新常态，聚焦粮食行业发展需求，把握研究方向和重点，推动发展战略落地；要进一步激励科技人员施展才华，促进科技与经济的深度融合，谱写粮油科学技术发展的新篇章。

2. 近 5 年的最新研究进展

（1）粮食加工技术进步及产业化成绩突出　稻谷深加工和综合利用、米制品生产等关键技术和产业化取得突破性发展；小麦及其制品加工基础共性技术研究，以及面粉、面条等加工关键技术和装备取得重要进展；大型化、自动化的玉米淀粉生产线实现国产化；杂粮加工、营养复配以及杂粮挂面和功能饮料等加工技术显著提升；甘薯主食工业化关键技术与产业化取得进展。

（2）油脂加工更加注重营养与健康　适度加工理论研究取得成效；高含油油料加工关键新技术产业化开发及标准化安全生产得到推广应用；特种油料资源和新油料开发利用技术水平不断提高；新型制炼油工艺获得重要进展；油脂资源利用水平大幅提高；解决危害因子溯源、检测和控制技术，掺伪鉴别和地沟油检测等方面得到较大提升；制油装备大型化、智能化，节能降耗效果明显。

（3）粮油营养备受重视，发展动力强劲　粮油及其制品营养与人体健康的关系和调节机理研究取得了进展；进一步探明了营养成分在粮油加工中的变化规律；强化大米、面粉、食用油技术成熟，已实现工业化生产；全谷物食品的开发获得突破性进展；粮食行业健康营养食品生产工艺与技术改进得到提升。

（4）发酵面食推动主食工业化初见成效　发酵面食品质评价标准体系初步建立；营养和风味研究逐渐加强；冷链物流配送体系、食品安全检测体系等逐步完善；生产技术和装备趋向自动化、大型化；探索创新商业模式，推广建设以发酵面食为主的"主食加工配送中心 + 中央厨房 + 物流"系统取得可喜进展。

（5）信息与自动化技术加快粮食产业现代化　利用互联网、数据安全等技术开展智能出入库、粮食品质智能检测等方面的应用研发成果显著；利用无线射频识别系统实现对农产品生产过程的跟踪和溯源管理；粮食加工的自动化程度逐步提高；开展"智慧粮食"工程，全面采用信息技术进行粮食供需预测、粮食库存监管等体系建设取得成果。

3. 国内外研究进展比较

（1）国外研究进展　从全球范围来看，美国、日本、欧盟、俄罗斯等发达国家和地区在本领域的科技创新与技术应用有特色且处于先进水平，以下 5 点值得我们学习借鉴。

①在美国、日本等发达国家及泰国、菲律宾等主产稻米的国家，积极研发高品质米制食品；对大米蛋白、大米淀粉、膳食纤维实施高效利用。现在，世界上有许多国家都在对米制品加工机制与品质控制进行研究。美国在玉米深加工的基础理论研究和新技术开发及应用领域均处于世界领先地位。在玉米淀粉生产方面，发达国家平均固形物利用率在98% 以上。小麦制粉利用生物技术取得研究成果，采用安全、高效的添加剂改善面粉食

用品质。

②国际上在油脂加工中引入了新材料和新技术，膜分离技术、酶脱胶技术被广泛用于植物油的精炼，酶促酯交换技术的应用极大地提高了产品得率。发达国家特别重视生物技术在油脂加工中的应用，一直致力于借助基因技术培育油料新品种。

发达国家注重粮油加工生物转化技术，利用现代微生物技术、发酵工程技术对粮油加工过程中副产物如麸皮、谷糠、植物油提取废渣等废弃物进行资源化综合转化利用，提高了产品的附加值，降低了由废弃物带来的环境污染。

③美国等发达国家出台的食品检验方法数量大，检验技术的原创性强，发展在线监测、无损检测技术。国外许多国家开展系统地研究粮油质量安全评价指标体系，并不断开发仪器设备。日本对稻米质量形成了"从田间到餐桌"的评价体系。

④发达国家更加关注粮油营养素的新功能以及生物活性物质的研究。全谷物食品加工与储藏保鲜新技术研究是目前国外研究的热点。针对不同人群需求的多功能食用油系列产品的开发和生产已初具规模。富含生物活性物质的功能性油脂资源的开发不断取得新进展。

⑤发达国家面包主食产业现代化水平较高，主食产业化程度已达到80%以上。发达国家在发酵面食的特性研究方面做了大量系统而深入的工作，建立了现代冷链物流体系，对产品实施即时运行管理。加强了发酵面食营养性与健康性以及营养效价对粮食利用与节约的研究。

（2）国内研究存在的差距及原因　从总体看，我国粮油科学技术水平有了很大提高，但各分支学科之间发展不平衡，与发达国家相比，还存在一定的差距。差距主要是基础理论研究薄弱，不够细化与深入；科技成果产业化转化程度低，对产业发展的支撑作用不强；资源综合利用率低，粮油产品加工工艺尚需进一步创新；粮油加工技术装备水平还需进一步提升。

产生差距的原因：高端人才缺乏，学科建设与高层次科技创新人才培养机制不完善；技术创新体系尚未建立，协作体制不健全；科技资金投入不足；科技成果转化与创新平台缺乏。

4. 发展趋势与展望

按照国家的战略要求，"十三五"期间要确保全面建成小康社会的宏伟目标，确保全面深化改革在重要领域和关键环节取得决定性成果，确保转变经济发展方式取得实质性进展。结合粮油科学技术的实际，提出了今后五年即"十三五"期间的研究方向和研发重点。

（1）在粮食加工方面　要研究粮食加工安全保障支撑技术；粮食加工转化基础理论；

米制主食产业标准体系；粮油副产物高效利用。要研发粮食加工转化技术；粮油副产物稳定化技术和集成模式；粮油副产物加工新产品、新工艺、新技术；低破碎率稻谷碾米关键技术和设备；面制主食品加工大型成套自动化和智能化升级装备；脱水即食米饭和传统米制品加工关键装备；节令性米面制品成套自动化、智能化加工关键技术与装备；马铃薯主食品成套自动化、智能化加工关键技术与装备。

（2）在油脂加工方面　要研究植物油加工程度与营养品质和食用品质之间关系；结构脂质的结构形成机理与功能性质关系；木本油料的功能性营养成分与加工特性；溶剂安全与饼粕高效利用。要研发健康植物油适度精炼关键升级技术、营养和功能性脂质新产品；适应不同木本油料的加工技术和设备；利用生物技术制备特殊功能微生物新油脂；大豆和双低油菜籽等新型溶剂连续浸出工艺技术和设备；大型成套高效节能油脂加工升级装备和自动化、智能化控制技术；米糠集中制油和饼粕综合高效利用升级技术。

（3）在粮食营养方面　要研究粮油健康消费指南；粮油成分和活性物质营养机理。要研发营养日餐基本模型及产品设计系统；特殊人群营养日餐与健康粮油食品关键生产技术；新型营养强化粮油食品关键生产技术；减少加工过程中微量营养素损失的新技术和新产品；提高粮油营养素在人体中消化吸收利用效率技术；功能性碳水化合物和功能性蛋白多肽新产品；粮油中内源毒素和抗营养因子控制和降解新技术。

（4）在发酵面食方面　要研究发酵面食原料品质、卫生和安全性评价方法与标准；发酵面食加工工艺、配料及其相互作用对产品风味、口感、结构等的影响；发酵面食品质改良技术及改良剂特性评价方法；发酵面食产品保鲜和保质期。要研发馒头、包子等大宗发酵主食产业化工艺技术与设备；冷冻发酵面食新技术、新产品；传统风味的新型复合发酵剂开发；发酵面食保鲜工艺与设备；新型高效安全发酵面食品质改良剂。

（5）在粮油信息与自动化方面　要研究目标价格、政策性粮食监管、预警预测、质量安全追溯、应急调度的辅助决策和信息服务决策支持模型；建立面向粮食行业的信息化标准体系，有效保障粮食生命周期整个产业链条上各类生产经营与行业管理之间信息的互联互通。要研发基于大数据技术的粮情信息采集与获取技术；全产业链的管理信息化、生产智能化技术。探索建立"从田间到餐桌"的粮食质量全过程追溯体系。

（四）我国粮油机械工业的快速发展

1. 我国粮油机械工业的发展水平集中体现了我国粮油工业的发展水平

我国的粮油机械工业是随着我国粮油工业的发展应运而生的。可以说，我国粮油工业的发展促进了粮油机械工业的发展，反之，粮油机械工业的发展，促进了粮油工业的快速健康发展，粮油机械工业是我国粮油工业发展水平的集中体现。

回顾历史,我们可以清楚地看到,在新中国成立以前,我国的粮油工业大多以简单而原始的作坊生产为主,除上海、天津、北京、广州、武汉、沈阳、大连等几个大城市外,绝大多数地区都采用土磨、土碾和土榨加工粮油,设备陈旧,工艺落后,操作笨重,生产环境差,经济技术指标低下。有一定规模、像样的加工企业屈指可数,而且这些企业的生产设备大多是从国外进口的。更为严重的是,全国没有一家专门生产粮油机械设备的制造厂家,这与我们这个泱泱大国和农业大国的地位极不相称。

我国经济恢复和发展,对粮油工业的发展提出了相应的要求,为了适应我国国民经济发展和人民生活的迫切需要,从 1958 年起,原粮食部就制定了我国粮油机械工业的发展规划,号召从中央到地方,都要重视粮油机械工业的发展,经过 20 多年的努力,原粮食部已建成无锡、安陆等七个部属粮油机械厂;各省市区也随之兴建了一批由省市区粮食厅直接管理的粮油机械厂;一些条件较好,粮油工业比较发达的市级、县级粮食局也建设了一批粮油机械厂;不少大中型粮油加工厂内设置了机修车间,采用修造结合,致使我国在 20 世纪 70 年代中期就拥有了相当规模的粮油机械制造能力,米面油加工和仓储运输机械设备能做到配套生产、批量生产,在满足国内需求的同时,还有部分粮油机械出口、援外。

随后,为促进粮油工业的进一步发展,我们开展了长达 8 年的粮油设备的选型、定型和标准化工作;开展了引进技术、设备的消化吸收再创新工作,从而缩短了国内与国际先进水平的差距。随着改革开放的深入,我们又通过引进和利用外资,进一步提升了粮油机械工业的现代化水平。改革开放 30 多年来,给粮油机械工业提供了又一次较好较快的发展机遇,我国粮油机械工业产品有了一个质的变化。如今,我国粮油机械,无论是单机的技术水平或是单机最大处理量,还是成套设备和生产线的生产能力都得到很大提高,我国的粮油机械装备业已经完全有能力为粮油工业的发展提供技术含量高、生产能力大、性能先进、质量可靠的单机或成套设备,并远销国外,产品已接近或达到国际先进水平。

随着粮油机械的发展,我国的粮油加工业发生了翻天覆地的变化,粮油的精加工和现代化水平大大提高了,在粮油产品质量不断提高的基础上,各类粮油小包装产品应有尽有,与发达国家没有多大的区别。由此可见,我国粮油机械工业的发展,是我国粮油工业不断发展和实现现代化的根本保证。粮油机械工业的技术水平是粮油工业技术水平高低的具体体现,如今我们可以这样说:没有现代化粮油机械工业,也就没有现代化的粮油加工的大好局面。

2. 我国粮油机械装备水平跃居世界前列

经过半个多世纪的不懈努力,我国已成为世界上最大的粮油机械生产大国和消费大国,我国粮油机械产品不仅能满足国内粮油加工业发展的需要,而且远销国外,出口量不断上升。与此同时，我国粮油机械装备的水平不断提升，其主要经济技术指标（表3、表4和表5）已接近或达到国际先进水平。

表3　日处理稻谷150吨大米加工国产主要设备与日本佐竹设备主要经济指标对比

序号	经济指标	单位	国产主要设备	日本佐竹设备	备注
1	全线单位产品电耗	千瓦时/吨米	50.99	52.85	三道碾米一道抛光
			62.88	64.1	三道碾米二道抛光
2	出品率	%	粳米相当		出品率视具体品种，差异较大
			籼米更高	籼米更低	
3			单机对比		
3.1			砻谷机		
	结构		结构紧凑，占地小	占地大	国产独有前后双拼、左右双屏等形式
	品种		多	非常少，二种	
	原料适应性		强		
	单机产能	稻谷吨/时	2~16	3~5.5	
3.2			碾米机		
	结构		结构紧凑，占地小	占地大	国产独有上下双辊、前后双辊等形式
	品种		多	非常少	
	原料适应性		籼米、粳米都较好	粳米较好，籼米一般	
3.3			抛光机		
	结构		结构紧凑，占地小	占地大	
	品种		多	非常少，二种	
	抛光效果		非常明显	粳米可以，籼米一般	
3.4			色选机		
	品种		多	少	
	性价比		较高	较低	国产已运用红外光谱分析、物联网、鹰眼、自动运行等技术

表4 日处理500吨面粉生产线国产成套设备与布勒设备主要经济指标对比

序号	组别	全套国产先进设备	主机布勒设备，辅机国内先进设备	全套布勒设备
1	原粮情况	容重≥760克/升；灰分（干基）≤1.8%；软硬红白对半		
2	产品质量	出粉率≥75%；灰分（干基）≤0.62%，其中F1≥40%，灰分（干基）≤0.46%		
3	工艺效果达成率	较好		
4	吨粉电耗/（千瓦时/吨粉）	60~65	65~70	70~75
5	设备安全运转率	98%	98%	99%
6	设备投资/万元	1800	2500	3800
7	产品特性	产品破损淀粉少，适合制作馒头粉、饺子粉、面条粉等蒸煮类传统食品		产品破损淀粉多，适合制作面包粉、沙其玛粉等烘焙类食品

3. 我国粮油机械工业与国际先进水平比较

综上所述，尽管我国粮油机械工业的水平已接近或达到了国际先进水平，但我们还存在一些差距，主要表现在以下两点：一是原材料和零部件的配置质量还有待提高，如轴承、联轴器、橡胶件、电机和减速器等；二是在外观、除油除锈和油漆，制造细节和质量稳定性等方面的差距还较明显。

（五）对粮油加工业"十二五"发展规划实施情况的预测

近年来，我国粮油加工业受国内外粮油消费疲软、价格低迷（国际原油价格连连跌至谷底）以及生产成本不断上升等原因影响，在发展中，尤其是在经营中遇到了许多新情况与新问题。粮油市场上成品粮油价格低迷不振，出现了"稻强米弱""麦强面弱""油脂价格跌至10年前的水平"等不正常现象，导致粮油加工企业普遍遭遇经营困难，效益下降。

在困难面前，粮油加工战线上的广大职工依靠科技，通过转型升级、开发新产品、节能降耗、增收节支等措施，使粮油加工业仍然保持在较好的发展势头上。根据粮油加工业的统计资料，2014年与2013年相比，除了产能利用率和资产负债率两项指标不如2013年外，其余指标，如生产能力、大型企业数量、产品质量、工业总产值、产品销售收入、利税总额、利润总额以及主食品工业化生产、综合利用和粮油机械生产情况等都好于2013年。

表5　日处理5000吨大豆浸出油厂采用国内外设备主要消耗指标对比

序号	工厂名称	规模(MTPD)	季节	供应商	吨电耗/(千瓦时/吨)			吨汽耗/(千克/吨)			吨溶耗/(千克/吨)	备注
					预处理	浸出	合计	预处理	浸出	合计		
1	植之源1期	5000	夏	迪斯美			22~24			240	0.6~0.8	
			冬							290		
2	植之源2期	5100	夏	迪斯美			24~28			260	0.6~0.8	
			冬							300		
3	三维	5100	夏	迈安德			23.77	86.6	165.13	251.73		
			冬					88.26	168.75	257.01	0.6	残油:0.6%
4	广西港青	5150	夏	迈安德	13.01	12.9	24.08	73.6	168.8	242.4	0.5	
			冬									
5	惠禹1期	5000	夏	皇冠			25.91	56	193	249	0.75	
			冬					59	196	255		
6	惠禹2期	6000	夏	迈安德				55	190	245		
			冬		12.6	12.9	25.5	58.8	195	253.8	0.7	

2014 年与 2010 年相比：日处理 400 吨以上的大型企业数量 2014 年为 2669 个，较 2010 年的 1627 个增长 64.4%，4 年平均增长 16.1%；工业总产值 2014 年为 25734.6 亿元，较 2010 年的 15408.9 亿元增长 67.01%，4 年平均增长 16.75%；产品销售收入 2014 年为 25488.5 亿元，较 2010 年的 15283.8 亿元增长 66.77%，4 年平均增长 16.69%；利税总额 2014 年为 971.6 亿元，较 2010 年的 624.8 亿元增长 55.51%，4 年平均增长 13.88%；利润总额 2014 年 635.1 亿元，较 2010 年的 432.8 亿元增长 46.40%，4 年平均增长 11.69%。

由于 2015 年全国粮油加工业的统计数据还没有出来，所以至今还不能完整评估"十二五"期间粮油加工业的发展情况。但根据前 4 年的发展情况，我估计"十二五"期间，全国粮油加工业 GDP 的平均增长在 15% 以上；利税总额平均增长在 12% 以上是有把握的。由此，我们相信，我国粮油加工业在"十二五"发展规划中制定的主要经济技术指标是可以完成的，这也充分表现我国粮油加工业的发展势头总体是好的。

（六）对制定《粮油加工业"十三五"发展规划》的几点建议

今年是我国经济发展"十三五"开局之年，也是粮油加工业"十三五"发展开局之年。当前，我们要科学制定好《粮油加工业"十三五"发展规划》，这对顺利实现粮油加工业"十三五"发展目标意义重大。前些天，我认真拜读了任正晓局长在全国粮食流通工作会议上的讲话，结合自己的一些想法，我觉得以下内容不仅是粮油加工业今后的发展趋势，也是在"十三五"规划中应重点研究的。

1. 关于科学制定好《粮油加工业"十三五"发展规划》的指导思想

为制定好《粮油加工业"十三五"发展规划》，我们首先要认真学习领会和贯彻中央精神，尤其是要贯彻党的十八届五中全会和中央经济工作会议提出的创新、协调、绿色、开放、共享的新发展理念和 2016 年供给侧结构性改革中提出的去产能、去库存、去杠杆、降成本、补短板的"三去一降一补"主要任务，作为编制规划的指导思想。

与此同时，我们还要认真贯彻今年年初召开的全国粮食流通工作会议提出的要推进和着力打造稳健管用的粮食安全保障制度体系、效益良好的粮食产业经济体系、生态环保的现代粮食仓储物流体系、互惠共赢的粮食流通产业国际合作体系、惠及城乡居民的优质健康粮油产品供应体系的"五大体系"建设，并要与国家粮食局正在组织实施的"粮安工程"有机结合起来。

2. 关于增长速度

我国 GDP 增长目标定为 6.5%~7%，这预示着我国经济发展已转为中高速增长。根据这个总目标，从这几年粮油加工业的发展情况来看，我认为，粮油加工业在"十三五"期间其增长速度定在每年递增 8%~10% 是有可能的，也是必须的。

3. 重视去产能

根据粮油加工业产能过剩的实际（2013 年全国稻谷加工产能利用率为 43.6%；面粉加工产能利用率为 61.1%；油料加工产能利用率为 52.2%、油脂精炼产能利用率为 56.0%），我们要积极稳妥化解产能过剩问题，以提高粮油加工业的发展水平。我们要通过各种方式加快淘汰能耗高、效益差、产品质量无保障、管理粗放、水平低的落后产能；对于资产负债率高、长期处于亏损和停产半停产的"僵尸企业"，要通过兼并重组等方式进行稳妥处置；与此同时，我们要积极支持基础实力强、管理水平高、市场前景好、发展潜力大的先进产能继续发展壮大；要继续支持工业、物流园区建设，提高粮油加工业的发展水平。

4. 转方式、调结构、去库存

根据近年来国内外粮油生产连续丰收，消费疲软不振，供需整体宽松以及我国粮油库存之高前所未有等实际情况，"十三五"前期国内外粮油供求形势仍将延续总体宽松的格局（我国小麦供求基本平衡，玉米和稻谷阶段性过剩特征明显，特别是一些低端品种销路不畅，油料、油脂市场价格低迷）。根据这一现状，粮油加工企业有责任为处理好部分粮油品种阶段性过剩和适当消化部分现有粮油库存做出贡献，并以此推动粮食产业经济的发展。

与此同时，粮油加工企业要继续积极调整产品结构，转变发展方式；要加快开发系列化、多元化、差异化和营养健康型的粮油产品；进一步提高品牌意识，提高名、特、优、新产品的比重；要扩大专用米、专用粉和专用油的比重；积极发展全麦粉、糙米、杂粮制品和特种油脂；大力推进"绿色全谷物口粮工程"；要继续下大力推进主食品工业化生产，方便百姓生活；要进一步发展有品牌的米、面、油小包装产品，尤其要加快发展小包装食用油，以加快替代和取消市场上的散装食用油。

5. 继续坚持粮油产品安全质量第一，继续倡导营养健康消费和适度加工

食品安全责任重于泰山！粮油产品的质量安全与国家粮食安全一样，都是天大的事。为此，粮油加工企业要认真学习贯彻新《中华人民共和国食品安全法》，认真做到不论在任何时候、任何情况下都必须把产品质量安全放在第一位，并在保证质量安全的前提下，把适口、营养、健康、方便作为发展方向；要继续倡导适度加工，提高粮油产品纯度，合理控制精度，提高出品率，最大程度保存粮油原料中的固有营养成分，最大程度防范粮油

产品因过度加工而导致有害有毒物质的产生；要科学制修订好粮油产品质量标准，引领粮油加工业的健康发展，纠正粮油产品的"过精、过细、过白和油色过淡"等过度加工现象；要广泛进行科普宣传，引领科学消费、合理消费、健康消费。

6. 继续大力推进主食品工业化生产

"十三五"是我国全面建成小康社会的最后 5 年，人民生活水平将进一步提高，生活节奏将进一步加快。为方便百姓生活，粮油加工企业要把发展主食品工业化生产看作是向精深加工的延伸，是调整产品结构的重要组成部分，是企业增收、方便百姓的有效途径。争取到 2020 年，我国生产的各类粮油主食品总产量由 2013 年的 2310 万吨提高到 4000 万吨以上，占大米、面粉用量的 20% 以上。要重视马铃薯主食品的开发利用，促进马铃薯产业的健康发展。

7. 继续重视资源的综合利用，提高经济效益

粮油加工中生产出的副产物很多，这些副产物都是社会的宝贵资源，必须充分利用。当前，这些资源利用的重点仍然应放在大力推广米糠和玉米胚芽的集中制油上；放在稻壳、皮壳供热和发电上；放在提高碎米、小麦胚芽、玉米胚芽和麸皮等副产物的综合开发利用上；放在油料饼粕的最佳有效利用上。尤其是在米糠利用上，国家要重视米糠资源的利用，要像重视和支持发展大豆、木本油料生产一样支持米糠资源的进一步开发利用。目前我国拥有 1400 多万吨的米糠资源，但米糠制油的利用率不足 20%。建议国家要采取奖励政策，推动米糠资源的高效利用，争取到 2020 年，我国的米糠制油利用率达到 70%~80%，达到或接近国际领先水平，可以为国家增产 100 万吨稻米油，为提高我国 3% 的食用油自给率做出贡献。

8. 重视安全文明、绿色环保和节能减排

粮油加工企业要继续强调加强安全生产、清洁生产和文明生产，做到绿色生产、节能减排、保护环境、节约能源。要把安全文明、绿色环保和节能减排等作为今后粮油加工业发展的永恒主题。

9. 重视粮油科技创新，抢占粮油加工的制高点

当前，我们要围绕粮油科技和粮油加工中的热点问题，通过创新驱动，抢占粮油加工的制高点。在粮食加工方面，我们要研发粮食加工安全保障支持技术；粮食加工转化基础理论；米面主食品产业标准体系；粮油副产物稳定化技术和集成模式；粮油副产物高效利用以及副产物加工新产品、新工艺、新技术。在油脂加工方面，我们要研究植物油加工程

度与其营养品质和食用品质之间的关系；结构脂质的结构形成机理与功能性质关系；木本油料的功能性营养成分与加工特性关系；溶剂安全与饼粕高效利用关系。要发展健康植物油适度精炼关键升级技术；利用生物技术制备特殊功能的微生物新油脂。

在粮油营养方面，我们要研究粮油健康消费指南；粮油成分和活性物质的营养机理；减少加工过程中微量营养素损失的新技术；要进一步研究粮油产品有毒有害物质的无害化处理技术；要研究提高粮油营养素在人体中的消化吸收利用效率技术；粮油中内源毒素和抗营养因子的控制和降解新技术。另外，我们还要广泛应用电子信息技术、"互联网+"技术，大胆探索改变传统粮油产品营销模式；要积极研究采用纸袋作为包装材料，逐步替代部分塑料作为小包装粮油产品的材料等。以上技术创新，将推动粮油加工业的健康发展。

10. 重视关键技术装备的创新开发研制

为适应我国粮油加工业不断发展的需要，我们要通过自主创新，把粮油机械制造业的发展重点放在大型化、自动化、智能化和专用化上；放在开发节能降耗，适应清洁生产、综合利用和适度加工的需要上；放在研究和开发生产各种主食品、小杂粮和木本油料的加工设备制造上；放在马铃薯主食品加工技术和成套设备的研制上。我们还要重视研发低破碎率稻谷碾米关键技术和设备；大豆和双低油菜籽等新型溶剂连续浸出工艺技术和设备；馒头、包子等大宗发酵主食产业化工艺技术和设备；发酵面食保鲜工艺与设备；脱水即食米饭和传统米制品加工关键装备；节令性米面制品成套自动化、智能化加工关键技术与装备等。

11. 进一步实施"走出去"战略

为认真贯彻"一带一路"倡议，推动粮油加工产品及粮油机械设备更好地走出国门，粮油加工企业要进一步实施"走出去"战略。根据这些年的实践，粮油加工业"走出去"要在国家政策的支持下，要以粮油机械产品"走出去"为先导，走与加工企业、科研设计单位联合走出去之路。通过"走出去"不仅要让当地百姓受益，还要在有条件的地区，发展粮油生产、贸易，培育出具有国际竞争力的大粮商。

以上发言供参考，不当之处，请批评指正。谢谢大家！

二、创新出精品，天道总酬勤

——在全智能无人值守云 3.0 色选机全球首发北京站的致辞

（2017 年 12 月 3 日　于北京）

尊敬的中国粮油学会张桂凤理事长、各位来宾、各位朋友：

大家晚上好！十分荣幸受邀参加由安徽捷迅光电技术有限公司举办的"云脑升维　智联未来"全智能无人值守云 3.0 色选机全球首发北京站活动，我与大家一样，感到非常高兴。

大家都知道，色选机是集"光、电、机"为一体的技术含量很高的装备，现在广泛应用于粮油加工行业，是粮油加工企业确保粮油质量不可缺少的装备。据我所知，色选机最早问世于英国，并亮相于 1970 年在北京举行的"英国工业产品展览会"上，其神奇的功能引起了我国粮食行业专家的高度关注，并在会展结束后将该产品留在了中国，供精选大米使用。经过几十年的学习和创新开发，现在我国已成为色选机的生产大国。据估计，目前我国色选机的产量占世界总产量的 70%~80%，我国的色选机不仅能满足国内市场的需要，并大量出口到世界各国，其优良的性能和合理的价格，赢得了国内外用户的称赞。

在我国色选机制造行业中，安徽捷迅光电技术有限公司（以下简称捷迅）是佼佼者之一。近年来，我在不同地点参加了捷迅的新品发布活动，这是今年的第 2 次了，我也曾多次到捷迅实地考察，给我特别深刻的感触是捷迅这个成立于 1999 年的企业依靠不断创新，蹚出了一条非常精彩的坦途。

今天我以《创新出精品，天道总酬勤》为题与大家共同分享，也希望借此机会能与在座的粮油食品领域的企业家、专家们共同探讨。

走进捷迅，很多朋友都会一眼看到由国家发展和改革委员会等五部委颁发的"国家企业技术中心"的证书，我同时还关注到了捷迅获得的由科学技术部、国务院国有资产监督管理委员会和中华全国总工会联合颁发的"创新型企业"的证书，为什么呢？！近几年我一直在关注中国粮油食品领域的企业发展状况，色选机是我国粮油机械领域的一个重要产品，捷迅近几年在粮油机械领域制造了一个"捷迅现象"，云色选机技术走在了世界的前列，超越了国外的品牌，达到了国际领先的水平，这其中的一个很重要的秘诀就是创新和付出，只有创新才能出精品，只有付出"天道总酬勤"。

在捷迅的企业文化里有这样一句话"思维决定出路，创新才有出路"，而在这个创新理念的注解中有这样一段话"创新，不仅仅需要聪明才智，还需要毅力，要能承受一些东西"。他们的高董事长，我们是好朋友，当他给我解释这个注解的时候，告诉我捷迅从最初的光电色选机时代到率先研发推出电荷耦合器件（CCD）色选机乃至在全世界范围内首创推出云色选机，这一路是靠创新推动了企业的持续健康发展，但是这一路走得也是非常艰辛！

高董事长给我讲述云色选机的研发历程：从 2010 年启动了"云战略"，最初遭到的全是怀疑、不理解甚至是讽刺，但是他们坚持自己的创新发展之路不动摇、不放弃，直到今天他们的云色选机产品在全国同类产品中市场占有率名列第一。听高董事长介绍他们的"云战略"，我想到了阿里巴巴集团控股有限公司，他们也有个"云战略"，代号叫做"登月工程"，一样的发展历程，先是经历了大量的不理解甚至很大的阻力，最后坚持不懈地创新让他们走到了技术的最前沿，居于行业的领先地位。

在座的各位企业家们，创新是企业长青、跨越发展的重要秘诀，捷迅给我们做了一个很好的示范。前一段时间，也就是上个月的 18 日，中国粮油学会食品分会在海口主办的"2017 年'一带一路'粮油食品科技论坛及行业创新峰会"上，听捷迅的营销陈副总介绍，他们不仅在国内，还在世界上很多国家也取得了巨大成绩；不仅产品走出了国门，还在国外投资布局了技术中心、全资子公司及合资公司，受到了投资国总统、总理的关心。听到这些，我很高兴，这说明这些年我们的粮油食品企业一直在不停发展，取得了长足的进步，捷迅是中国粮油学会的会员单位，能够取得这样的业绩我当然是非常的高兴！借此机会我也要祝愿我们粮油食品领域，能够涌现出更多的像捷迅一样优秀的创新型企业！

明天就是"第八届中国国际粮油精品产业博览会"正式开幕的日子，今天能有这么多粮油界精英积极地参与捷迅的新品发布活动，令我对本届展会的成功举办充满了信心。我相信，本届展会在众多优秀企业、品牌厂商的共同参与下，一定能够举办得非常成功，每位参展商和进场嘉宾，一定会乘兴而来，满载而归。最后，我代表中国粮油学会张桂凤理事长和本届博览会组委会，预祝"云脑升维　智联未来"全智能无人值守云 3.0 色选机全球首发北京站活动圆满成功，谢谢大家！

三、践行"一带一路"倡议

——在苹乐集团领军"中国粮食行业协会小麦分会与埃塞俄比亚面粉协会对接会"上的致辞

（2018 年 4 月 14 日　于河北苹乐集团）

尊敬的埃塞俄比亚面粉协会 Lema Muluneh Wakene 主席：

首先我代表中国粮食行业协会小麦分会欢迎您及其一行来到中国，同时也感谢河北苹乐面粉机械集团有限公司（简称苹乐集团）为我们双方提供这次会晤的机会，希望通过交流，促进了解，增进友谊。在此我想向代表团成员（见附件）介绍一下中国粮食行业协会小麦分会和当前行业的有关情况。

（一）中国粮食行业协会小麦分会基本情况

中国粮食行业协会小麦分会成立于 2006 年 3 月，分会成立后，始终坚持以服务为宗旨，努力为会员企业服务、为行业发展服务、为国家粮食安全和宏观调控服务。目前会员企业有 300 余家，会员单位囊括了小麦粉加工企业、制粉机械制造企业、检验检测仪器设备厂家和粮食行业大专院校和科研单位，其中大部分为小麦粉加工的骨干企业，具有很强的行业代表性和影响力。

（二）中国粮食行业协会小麦分会主要职能和任务

（1）发挥桥梁纽带作用　开展行业调查研究，向政府及其部门反映行业、会员诉求，参与制修订行业标准和行业发展规划，完善行业管理，促进行业健康发展。

（2）加强行业自律　围绕规范市场秩序，推动行业诚信建设。建立完善行业自律性管理约束机制，规范会员行为，协调会员关系，维护公平竞争的市场环境。

（3）履行服务宗旨　代表本行业企业的利益，为企业提供服务，组织职业培训，举办交易会、交流会、展览会等，为企业开拓市场创造条件，培育名牌产品和优势企业。

（4）积极参与"一带一路"建设　帮助企业开拓国际市场，大力实施"走出去"战略，开展国内外经济技术交流与合作，维护国内产业利益，支持企业参与国际竞争，组织企业联合行动。

（三）中国小麦加工业的现状

中国不仅是一个小麦生产大国、小麦粉加工大国和小麦粉消费大国，也是一个粮油机械制造大国。

在小麦生产方面，2017年我国小麦总产量12977.4万吨，比2016年增加92.4万吨，在产量增加的同时，小麦的总体质量也较2016年有所提升。2017年我国新收获小麦整体质量正常，符合国家标准中等（三等）以上要求的小麦占91.8%。为满足品种调节和市场需求，我们每年要从国外进口少量小麦。据中国海关总署统计，2017年我国累计进口小麦429.7万吨，较2016年增加92.2万吨。与此同时，2017年中国出口小麦1万吨，出口面粉17.4万吨，较2016年增加7.2万吨。

在小麦加工方面，据原国家粮食局统计，2014年我国拥有规模以上小麦粉加工企业3066家，年加工小麦能力为21650万吨。我国每年加工小麦12000~13000万吨，生产和消费小麦粉8000万吨左右。总的来看，我国小麦加工业集约化水平进一步提高，行业竞争日益加剧，企业规模化趋势增强，产品产量持续增长，产业布局渐趋合理，小麦加工业产品质量水平明显提高，大中型骨干企业基本通过了质量体系标准（ISO9000）、危害分析与关键控制点（HACCP）认证，涌现出一批具有较高市场占有率和一定竞争力的名牌产品，全行业整体技术装备达到国际领先水平。

（四）中国是一个粮油机械制造大国

在粮油机械制造方面，据不完全统计，2016年中国较大规模的粮油机械设备制造企业多达88家。年生产各类粮油机械设备42万台（套）。中国制造的粮油机械装备包括大米、小麦粉、食用植物油和饲料加工机械设备以及仓储物流等机械产品，不仅能满足国内的需求，且有30%左右的产品销往世界各国。鉴于中国制造的粮油机械产品种类齐全，能满足不同消费水平和不同国家的需要，加上质量及各项经济技术指标先进，价格合理，性价比高，深受用户的欢迎，所以在国际市场上有很强的竞争力。苹乐集团是中国粮油机械行业的十强企业。

苹乐集团作为中国粮油机械行业的佼佼者和领军企业，其产品在全行业有着广泛的应用，产品市场覆盖全国各粮食主产区，并出口到亚洲、非洲、欧洲、南北美洲的40多个国家和地区，产品出口额、销量及市场占有率均居全国粮油机械行业前列，是同行业中机型全，规模大，质量、信誉、服务优良，科技含量较高的专业生产企业。

　　最后，真心希望我们今后能够加强合作，共同推进中埃两国小麦加工业不断向前发展。谢谢大家！

附件

一

埃塞俄比亚面粉协会访华人员名单

序号	姓名	性别	职务
1	LEMA MULUNEH WAKENE	男	主席
2	GEBREMARYAM HAYMANOT ASFAW	女	秘书
3	MOHAMMED AMAN SHURALA	男	理事
4	SHEFIN GETU METAFERIA	男	理事
5	WUBIE MEHARI ADANE	男	理事
6	MOHAMMED SALEH	男	理事
7	SHITTA HELAL TAMIRAT	女	理事
8	MUNA MOHAMMED	女	理事
9	MOHAMMED TAHA HASSEN	男	面粉厂老板
10	ALEMAYEHU WORKU URISA	男	面粉厂老板
11	OMER HASSEN SUFA	男	面粉厂老板
12	AZEZH TEFERA GEZAW	男	面粉厂老板
13	WAKENE ALEMAYEHU LEMMA	男	面粉厂老板
14	SHEHEBO ERSIDO LEMANGO	男	面粉厂老板
15	FEYESA SIRAK BERHANU	男	面粉厂老板
16	ABEDI MUKTAR MAHAMUD	男	面粉厂老板
17	ABUBEKER MAHER MOHAMMED	男	面粉厂老板
18	ABERA ASCHALEW ADMASU	男	面粉厂老板
19	MOHAMMED ABDURHMAN AKMEL	男	面粉厂老板
20	AZAZE ADINEW GIZAW	男	面粉厂老板
21	NURO NEIA WODMATAS	男	面粉厂老板
22	TESHOME TOLOSA DESTA	男	面粉厂老板
23	ELIAS WAHIB TURE	男	面粉厂老板

四、再接再厉，更上层楼

——在"布勒（中国）谷物食品客户联谊会"上的致辞

（2018 年 5 月 7 日　于江苏溧阳）

尊敬的各位嘉宾、同志们、朋友们：

大家上午好！

在这个鲜花盛开的日子里，我应邀参加"布勒（中国）谷物食品客户联谊会"，并与大家见面，感到十分高兴。在过去的二十多年里，我们见证了瑞士布勒集团在中国业务的发展和壮大。今天，我与大家一样，第一次来到新厂房落成后的布勒（常州）机械有限公司，和大家一起看到布勒集团全球最大、最新的生产和研发中心。与此同时，今天能与粮食行业、食品行业的诸多领军企业齐聚在美丽、富饶的溧阳，我感到分外高兴！

借此机会，我谨代表中国粮油学会和中国粮食行业协会小麦分会向布勒集团及布勒客户表示诚挚的问候！

布勒集团是在谷物和食品加工以及先进材料加工领域，提供设备、成套工程以及相关服务的可靠合作伙伴。作为面粉、大米、油脂、意大利面和巧克力等专业加工设备供应商，布勒集团始终是全球市场的引领者，追求卓越，始终秉持客户至上，出新品、出精品，不断开拓创新，与时俱进，是当之无愧的全球制造粮食加工和食品加工装备的领军企业。

1994 年瑞士布勒集团与中国无锡粮食机械厂通过真诚合作，实现了强强联合，成立了布勒（无锡）机械制造有限公司。24 年来，布勒（无锡）机械制造有限公司在各界人士的大力关心和支持下，在中外双方的共同努力下，依靠先进的技术和管理，依靠雄厚的制造实力和高品位的产品，赢得了客户高度信任；与此同时，业务领域不断扩大，从合作之初只生产面粉机械，至今已扩大到生产供应高品位的大米机械、色选机械、饲料机械、化工与压铸设备等，取得了令人瞩目的成就。它的崛起，促进了我国粮油食品工业的快速健康发展。

中国粮油学会是在中国科学技术协会领导下的全国性一级学会，是以从事粮食和油脂科学研究、工业生产的科技人员和企业家为主体的跨行业、跨地区、跨部门的群众性学术团体。中国粮油学会下设 14 个专业分会，努力促进科技与经济相结合、积极开展学术交流、为科技人员服务、为行业的科技进步和行业的健康发展服务，是学会工作的重要内容之一。一直以来，中国粮油学会与布勒集团保持着友好合作关系，共同为促进中国粮油加工行业的发展做出了应有的贡献。在此，向布勒集团对中国粮食行业发展做出的贡献表示感谢！

我国粮食机械制造业的发展和变迁，体现了国家从计划经济向市场经济发展的进程。随着国家改革开放的深入，为满足人民生活水平不断提高的需要，粮食机械制造业和其他行业一样走上了市场化和装备现代化道路。在这形势下，我们很多粮油机械企业学习先进技术，锐意进取，涌现出了一批优秀的粮油机械制造企业，在技术和市场的双重融合下，筛选出了很多优秀品牌，毫无疑问，布勒集团是其中最优秀的企业之一。布勒集团在面粉、巧克力、大米等行业在国内处于绝对领先的地位，不断创新推出新装备、新技术、新工艺，得到了客户的高度认可。据我所知，最近几年，随着互联网（IT）技术、人工智能技术的日臻成熟，在工业 4.0 的框架下，布勒集团更是将工厂自动化、信息化和智能化进一步整合，目前正在面粉和大米行业推广智能无人工厂方案，并已经有了成功案例。

中国政府高度重视国内、亚太地区乃至全球的粮食安全问题，通过在多层次、多渠道、多领域、多形式上与各经济体开展交流，促进合作，巩固伙伴关系，促进粮食安全。当今的亚太地区，粮食安全问题越来越受到关注，挑战和机遇并存。布勒集团在食品安全方面功不可没，衷心地希望布勒集团在已有成绩的基础上，再接再厉，继续保持与发扬对事业的执着追求，对工作的严谨认真，对客户的高度负责精神；进一步加强与国内外著名院校、研究机构的交流与合作，不断创新，追求完美，用自己的产品和服务为客户的兴旺发达、为中国粮油加工业的健康发展做出更多贡献！

同志们、朋友们！在这繁花似锦、春光明媚的五月，我衷心祝愿布勒集团取得更大成就，获得更大成功，并祝愿布勒客户生意兴隆、兴旺发达！

最后，借用习近平主席的一句话"只有奋斗的人生才称得上幸福的人生"！让我们一起为中国的粮油事业一同"撸起袖子加油干"。预祝联谊会圆满成功，谢谢大家！

五、为中国油脂行业增光添彩

——在"油脂装备新技术研讨暨 E 型浸出器发布会"上的致辞

（2018 年 6 月 22 日　于江苏扬州）

各位领导、各位嘉宾、女士们、先生们：

大家上午好！

今天很高兴参加迈安德集团有限公司举行的"油脂装备新技术研讨暨 E 型浸出器发布会"，我谨代表中国粮油学会油脂分会对活动的举办表示最热烈的祝贺！对前来参加此次活动的业界朋友们表示诚挚的问候！

我曾多次讲过，我国粮油机械制造工业的发展水平集中体现了我国粮油工业的发展水平；我国的粮油机械制造工业是随着我国粮油工业的发展应运而生的。可以说，我国粮油工业的发展促进了粮油机械制造工业的发展，反之，粮油机械制造工业的发展，保证了我国粮油工业的快速健康发展，并赶上和达到世界先进水平。

迈安德集团有限公司（以下简称迈安德）作为油脂机械与工程专业的工程公司，从成立到现在仅用了 15 年时间，就从一个行业的新兵发展到目前国内油脂装备供应商的领军企业，无论是企业规模、资源配备、加工实力还是项目业绩和实施经验，都已处于国内外领先水平。据我所知，迈安德近几年承建了 9 条 5000 吨以上大豆加工生产线及 6 条 1000 吨油脂精炼生产线，完全依赖于迈安德自主设计、制造和安装，整体水平和各项经济技术指标均处于国内外同行业领先水平，并已真正地跨出中国走向世界。

尤其在大型智能化成套装备方面，迈安德已经能与世界顶尖油脂成套装备相媲美，这是国内油脂加工行业值得骄傲的一件大喜事。在此我代表中国粮油学会油脂分会，并以我个人的名义对为油脂装备制造业和油脂加工业不断进步而付出不懈努力的每一位迈安德员工表示衷心的感谢！

中国油脂油料的加工量从 21 世纪初的几千万吨发展到今天超过 1 亿吨，我国已经成为油脂油料的加工大国。回顾我国油脂科技和油脂加工业的发展历史，早期技术及成套装备主要依赖进口，不但价格昂贵，售后服务也受到很大的牵制，制约了油脂工业的发展。而今，像迈安德这样的制油装备企业的崛起，大大提升了我国油脂加工业技术水平，增强了油脂加工业的竞争力。与此同时，在行业不断整合和企业深度转型格局中，迈安德从容应对，勇于担当，开拓进取，科学管理，树立了粮油装备企业的崭新形象。近几年来，在中国粮油学会、中国粮食行业协会和中国粮食经济学会组织的评选中，迈安德始终名列我国粮油机械制造企业的前十位，起到了示范带动作用。

创新是引领发展的第一动力，党中央、国务院高度重视科技创新。习近平总书记指出："纵观人类发展历史，创新始终是一个国家、一个民族发展的重要力量，也始终是推动人类社会进步的主要力量。不创新不行，创新慢了也不行"。为认真实施创新驱动发展战略，在全国《粮油加工业"十三五"发展规划》和《粮食行业科技创新发展"十三五"规划》中提出，要强化企业技术创新的主体地位和强化产业技术原始创新能力以及国产装备的自主创新能力。由此可见，拥有自主知识产权的核心技术是创新中的核心。

目前行业的竞争越来越剧烈，在竞争中，只有拥有核心竞争力的企业才能生存和发展下去。浸出器是油脂加工业的核心设备，迈安德通过多年的自主研发，开发出了第五代新型浸出器，这无疑是增强企业核心竞争力的一个典范。

在油脂加工装备中，原有市场主流浸出器技术大多源自于国外，我们相信迈安德 E 型浸出器的研制成功，会彻底改变原有的格局，使得我国油脂行业真正拥有了自主知识产权的核心装备，这也将是我国油脂加工业拥有核心技术的代表，为行业的发展起到了巨大的推动作用。

众所周知，粮油加工行业是一个关系到社会稳定和民生安全的行业。粮油机械制造行业为粮油加工企业提供更加安全高效的机械产品也是整个行业期待的永恒话题，如何做到提供的装备能让油脂加工企业用得称心，生产出安全优质、让消费者吃得放心的油脂产品是油脂装备制造企业和油脂加工企业的神圣职责。希望迈安德再接再厉，研发出更多的新装备和油脂加工新技术，也希望国内油脂行业的同仁，尤其是国有企业要更多采用像迈安德这样先进、可靠的国内粮油机械企业制造的油脂装备，以助力振兴我国民族工业的发展，推动我国油脂科技和油脂加工行业的不断进步！

祝迈安德 E 型浸出器发布会圆满成功。谢谢大家！

六、见证我国制油设备选定型的光辉历程

——发表于《中国油脂》杂志

王瑞元[1]　肖安若[2]

([1]中国粮油学会　北京 100731
[2]武汉新元粮油工业有限责任公司　武汉 430063)

摘　要： 40 年前，从西安会议确定目标及任务以来，用了 8 年的时间，通过设备的选定型及引进消化吸收工作，狠抓新设备、新工艺、新产品的研制，使我国油脂工艺及设备均达到了国际先进水平，油脂工业得到了突飞猛进的发展。油脂工业战线上的广大职工和科技人员，面向生产实际，在油脂浸出及精炼成套设备试制及完善加工工艺等方面，做出了大量工作，取得了巨大成绩。通过制油设备选定型及标准化工作，油料浸出工艺和设备更加完善，浸出和精炼的成套设备的设计和制造能力得到加强，经济指标越来越好，食用植物油的品种越来越多，质量得到极大提高。

关键词： 油脂设备，选定型，推广应用

Witness the Glorious Course of Selection and Finalization of Oil-making Equipment in China

([1]Chinese Cereals and Oils Association Beijing 100731;
[2] Wuhan Xinyuan Grain and Oil Industrial Company 430063)

Abstract: Forty years ago, it took eight years since the goals and tasks were set at Xi'an conference. Through the work of equipment's selection, finalization, introduction, digestion and absorption, the development of new equipment, new technology and new product were vigorously promoted, so that our country's oil technology and equipment have reached the advanced international level, and the oil industry has developed by leaps and bounds. Facing the actual production situation, the vast number of workers and technicians in front of the oil industry have done a lot of work in the trial production of complete leaching and refining oil equipment, perfecting process technology and other sides, which have made great achievements. Through the selection and finalization of oil-making equipment and standardized work, the oil leaching process and equipment became more complete, the design and manufacturing capacity of the leaching and refining equipments were strengthened, the economic indicators became better and better, the varieties of edible vegetable oil became more and more, also the quality was greatly improved.

Key words: oil equipment, selection and finalization, promotion and application

　　我国制油设备选定型及标准化工作，从 1979 年 2 月西安会议确定目标及任务开始，至今已整整 40 年了。40 年来，通过设备的选定型及引进消化吸收工作，狠抓新设备、新工艺、新产品的研制，使我国油脂工艺及设备均达到了国际先进水平，油脂工业得到了突飞猛进的发展。油脂工业战线上的广大职工和科技人员，面向生产实际，在油脂浸出及精炼成套设备试制及完善加工工艺等方面，做出了大量工作，取得了巨大成绩。通过制油设备选定型及标准化工作，油料浸出工艺和设备更加完善，浸出和精炼的成套设备的设计和制造能力得到加强，经济指标越来越好，食用植物油的品种越来越多，质量得到极大提高。制油设备选定型及标准化工作，为我国油脂工艺与设备赶上国际先进水平奠定了基础。在原商业部有关行政主管局的组织领导下，在各级粮食部门的支持和配合下，举全国油脂界和油脂科技精英之力，在各试验点的支持配合下，历时 8 年，先后完成了湖北武穴油厂 100 吨 / 天油菜籽（棉籽）预处理、榨油生产线和日处理 50 吨预榨饼（棉籽饼）浸出生产线和上海油脂二厂 50 吨 / 天毛油的全精炼生产线技术鉴定工作，为 1988 年开始的油脂设备"七五"科技攻关项目，打下了良好的基础。

（一）制油设备的选定型工作回顾

1. 选点、定点及颁布《规程（试行）》、《规范（试行）》

　　1979 年 11 月，经由原商业部粮油工业局王瑞元、李奕生和商科院谢锡怡等领导、专家们先后实地考察了上海、武汉、武穴等地后，根据当地油料资源及油厂现状，经组织专家充分论证后，最终确定由上海油脂二厂建立一条 50 吨 / 天毛油全精炼生产线，作为精炼设备选定型试验点，由原商业部无锡粮食科研设计所承担设计、制造、安装、试验任务。另外，由湖北武穴油厂建立 100 吨 / 天油菜籽（棉籽）预处理、榨油生产线和日处理 50 吨预榨饼（棉籽饼）浸出生产线。其中，50 吨 / 天大豆一次浸出部分设备由武汉油厂负责试验。设计分别由原商业部武汉、西安、郑州、无锡等粮油科研所以及吉林省粮科所承担，由长春、安陆、绵阳、咸阳、郑州、武陟、武穴等粮油机械厂承担制造安装任务。同年，原商业部粮油工业局起草颁布了经有关科研院所、大专院校、技术行政人员、企业技术人员深入研讨定稿的《榨油工厂操作规程（试行）》、《油脂浸出工厂（车间）生产技术操作规程（试行）》和《油脂浸出工厂（车间）生产技术操作规程（试行）》和《油脂浸出工厂（车间）建筑、安装、生产安全防火规范（试行）》，对油厂建筑、机械设备安装、电气设备安装、防雷、生产管理、安全操作等确定了具体要求。同时，又对油厂的清理设备，剥壳、分离设备，破碎、轧坯设备，软化、蒸炒设备，压榨设备和油脂浸出成套设备、精炼成套设备共 56 种 175 台的空载试验、满载试验及工艺性能测定，制订了单机及整机试验方法，使选定型工作有章可循，设备趋于先进，工艺进一步完善，生产试验考核有了依据。

2. 湖北武穴油厂试验点的任务及组织准备工作情况

按规定，湖北武穴油厂试验点承担了对 FLY50 圆打筛、LJZ- 立式圆锥减速器、DTL 链条式提升机、ZX18 螺旋榨油机、YPD-B 对辊轧坯机、GSS 12 水平刮板输送机、GSC 12 刮板输送机、GSL 12 刮板输送机、JP320 平转浸出器、ZHL 高料层蒸脱机、QTJ 双层碟式汽提塔、ZFG 长管蒸发器、SGF 分水器、尾气回收装置及液压紧板压滤机 15 种 24 台制油设备的生产试验任务，为了使试验设备顺利连续运行，以适应试验成套设备整体运转要求，武穴油厂需对原有厂房、车间摆布、工艺及设备等进行全面改造，并新建预处理、压榨及浸出、炼油等车间。根据以上原则，1980 年 1 月在湖北省粮食局的领导组织下，成立了以粮食局工业处副处长潘孟斌任组长，黄冈地区粮食局副局长谭春潮任副组长的武穴油厂试验点领导组，并组织了湖北省粮食局工业处副处长喻植雄任组长、武汉油厂工程师陈建德、武穴油厂副厂长陶树德任副组长的工艺技术设计组。同年 4 月，由原商业部粮油工业局、设计院组织各粮科院（所）和企业工程技术人员审定了初步设计方案，同意武穴油厂坚持边改造、边生产、边培训技术力量的建设方案，赞同王瑞元副局长推荐调任吉林省公主岭市植物油厂曾主持设计，组织制造、安装、生产的日处理 40 吨大豆浸出生产线和日处理 60 吨葵花籽油剥壳分离榨油工艺设备生产线的肖安若同志来湖北武穴油厂工作，并于同年 10 月初抵达武穴油厂，负责组织实施油厂改造，设备制造、试验安装等任务。

1981 年 1 月原商业部粮油工业局、原商业部设计院王瑞元、李奕生、谢锡怡、郑成烈等领导和专家，在武汉主持召开了"制油定型设备试验点有关工作会议"，检查了工程进展，部署了下一步的工作，成立了以肖安若任组长，各设计及制造单位工程技术人员任副组长的设备安装技术领导组。

1981 年 8 月，在北京由王瑞元副局长主持召开了"图样审定和工作安排会议"，对扩初设计图样提出了修改意见，并以这次会议纪要，由湖北省粮食局发文粮共生字〔1981〕143 号（3）下达全国有关省、市单位落实了具体任务。1981 年 8 月 28 日—9 月 2 日工艺技术设计组对需进一步修改的93台自制设备的图纸和工艺图纸向设备安装技术领导组进行了技术交底。同年11月开始组织对部分进厂的试验设备进行验收及安装工作。

3. 各主要试验设备设计、制造及安装进程

（1）ZX18螺旋榨油机　由原商业部安陆粮食机械厂设计、制造。

于1981年11月运抵现场，次年4月25日由戴行华、张荣海、谭耀林等工程师指导安装，6月5日对ZX18螺旋榨油机进行了空载试验，一切正常后投入了性能试验和生产试验。

（2）JP320平转浸出器　由原商业部无锡粮食科研设计所设计，原商业部安陆粮食机械厂制造。

于1981年11月运输到武穴油厂浸出车间，由戴行华、张荣海、林四环等工程师组织20余名安装技术人员，在陈庆玲工程师指导下，进行了为期一个多月的整机组装、现场制作和安装工作。在整机的组装、现场制作和安装工作中，大家不畏劳苦，以坚韧的毅力自始至终坚守在安装现场，不怕严寒，深入浸出器内部，直接指挥焊接拼装。同年12月17日由试验点领导组组长潘孟斌同志和领导组副组长谭春潮同志组织了部分工程技术人员对浸出设备已完工的部分进行中间验收工作。1982年5月6日，在湖北省粮食局工业处的组织下，由原商业部安陆粮食机械厂和湖北武穴油厂签署了收、交货结单。

（3）ZHL 130X1高料层蒸脱机和ZFG长管蒸发器　由原商业部西安油脂科研所设计，由陕西省咸阳粮食机械厂制造的高料层蒸脱机和长管蒸发器，于1982年元月9日，由咸阳市汽运到武穴油厂，我们及时组织了设备安装工作。咸阳粮食机械厂于4月25日派周丁等4名工程技术人员到场指导安装。之后，原商业部西安油脂科研所肖国椿工程师检查了安装质量，并提出了修改意见。进行了有效整修改后，为试验运行做好了准备。

（4）FYL 50圆打筛　由河南省武陟粮食机械厂设计、制造的圆打筛，于1982年4月6日由武陟县汽运抵武穴油厂预处理车间，并及时组织了安装。武陟粮食机械厂马希峰厂长指导了设备的安装，并于同年10月参加了棉籽调车、整改及性能测定工作。原商业部武汉粮科所许道英、周琼芳等工程师参加了整改与测试工作。

（5）DTL链条式提升机、GSS 12水平刮板输送机、GSC 12刮板输送机和GSL 12刮板输送机　由原商业部郑州粮食科研设计所设计，原商业部郑州粮食机械厂制造的链条式提升机、刮板输送机等设备，于1982年5月13日，由郑州粮食机械厂运送抵武穴油厂安装现场。该厂刘河海副厂长、许永林工程技术人员等8名同志组成了安装组，在武穴油厂工人的配合下，在原商业部郑州粮科所管锦桃工程师指导下进行了安装及调试工作。

（6）ZHT脱溶烤粕机（于1984年调入武汉油厂试验）、QTJ双层碟式汽提塔（在公主岭植物油厂单层碟式汽提塔基础上改进设计的）、SGF分水器和尾气回收装置　以上设

备分别由吉林省粮食科研设计所、吉林省粮食局工业处，吉林省财贸学院叶道德、马庆霄、张玉畴、吴玉林等工程师设计，由吉林省长春市粮食机械厂制造，于1982年5月完成制造，由长春分装5辆货运汽车，历时数日，途径2500千米于5月11日到达武穴油厂。5月25日，长春粮食机械厂石庭章副厂长带领8名技术工人组成了安装队伍，在武穴油厂工人的配合下，较为顺利地完成了安装任务，并于1983年1月进入调试测定阶段。

（7）YPD-A 对辊轧坯机、YPD-B 对辊轧坯机和 PJB 辊式破碎机 分别由原商业部武汉粮油研究所和原商业部西安油脂科研所设计，由原商业部长治粮食机械厂制造。1982年9月运抵武穴油厂，并及时进行了安装和生产试验。1984年又将 YPD-A 对辊轧坯机、PJS 辊式破碎机等设备运往武汉油厂进行大豆生产试验。

（8）液压紧板压滤机 由原商业部绵阳粮食机械厂设计、制造的液压紧板压滤机，于1984年6月运抵武穴油厂炼油车间，同年10月该厂尹淑明工程师带领几名工程技术人员到武穴油厂指导了安装调试和测定工作。至此，武穴油厂试验点的14种24台（套）制油设备的设计、制造、安装以及单机和部分项目的试验、试生产和技术测定工作宣告结束。

（二）部分制油选定型设备生产试验情况

1982年1月中旬，原商业部王瑞元、李奕生、谢锡怡、谢阶平等领导和专家，再次来到武穴油厂检查工程进展，肯定了前段工作进程和施工质量，提出了"要在确保质量的前提下，争速度、抢时间，大干快上，赶上新油菜籽压榨制油投产试验的任务"。针对武穴油厂大多数都是刚招进厂的新工人，技术素质相对较低的特点，试验点设备安装技术领导组组织了部分新工人，到江苏省常熟市油厂进行了实习培训。经培训的新工人，担起了设备安装及生产试验的重任。

1982年6月，湖北省地县粮食局领导多次到现场检查工作，抽调技术骨干陪同检查，从而保证了设备安装进度和质量，武穴油厂终于正式进行了新油菜籽压榨制油投产试验生产。1982年11月，原商业部王瑞元、李奕生、谢锡怡等领导同志再次来到武穴，主持召开了"试验工作座谈会"，详细观察了试验设备的安装和调试情况，对平转浸出器、高料层蒸脱机，以及输送设备进行了物料实验，并对安装调试中存在的问题和下一步的工作进行了认真研究，决定成立生产试验领导小组，并部署了生产试验和技术测定工作。

生产试验领导小组

组长：潘孟斌。

副组长：李奕生、郑成烈、肖安若、徐兴文、游炳华。

成员：张福林、喻植雄、张荣海、陈庆玲、马庆霄、王本亮、管锦桃、殷镛、居志成、郭茂汉。

（1）预处理　预榨车间试验组

①组长：陶树德。

②副组长：张荣海、胡新标、王本亮。

③成员：戴行华、张桂英、刘建椿、曾煜、吴绪翔、曾建红、郑美应。

（2）浸出车间试验组

①组长：肖安若。

②副组长：陈庆玲、喻植雄、马庆霄。

③成员：叶道德、张玉畴、管锦桃、张春晓、陈锡健、周斌、姜洪亮、解治安。

（3）检验组

①组长：冯锦铃。

②副组长：刘文华。

③成员：计泽颖、荣桂清、吕英、李亚清、李瑞清、查金兰、吉玉梅、张正刚、居晓明。

（4）资料组

①组长：石磊。

②成员：查淑华、陈惠英。

1983年1月8日—22日，在原商业部粮油工业局，商科院领导和专家的组织安排下，对部分选定型制油设备进行棉籽预榨–浸出调试测定工作，针对浸出车间设备在调试中出现的问题，经专家们会审，提出了改进意见。

1984年3月25日—4月25日进行了第二次棉籽预榨–浸出生产试验工作。同年8—9月份又对浸出设备对油菜籽预榨–浸出进行了性能测定，针对浸出器在运转过程中，存在浸出器假底纹铰链套部位容易"积料"，造成故障等问题，生产试验领导小组邀请原商业部无锡粮食科研设计所陈庆玲、原商业部安陆粮食机械厂张荣海、原商业部武汉粮食科研设计所张福林、许道英、武汉粮食工业学院胡健华和湖北省粮食局工业处喻植雄等工程师，分析讨论了JP320浸出器故障原因及修改设计方案的具体实施意见。

1984年10月8日—9日，由陈庆玲、张荣海、喻植雄、肖安若等工程技术人员一同到北京汇报了修改设计方案的具体实施意见，经原商业部王瑞元、李奕生、谢锡怡、谢阶平、郑成烈等领导和专家讨论，对JP320浸出器修改方案取得一致意见，并以会议纪要的形式提出了要求。会后，陈庆玲工程师抓紧落实，起早贪黑，废寝忘食地工作，于10月25日提交了修改方案的制造图纸。原商业部安陆粮食机械厂张荣海工程师组织了技术人员，于11月底完成了改制任务。12月21日经试验组验收，于1984年12月23日投料生产至设备技术鉴定。改制的设备生产状况良好，各项技术指标达到国内先进水平。

（三）部分制油选定型设备的鉴定

在部分制油选定型设备及工艺生产线，进行了全面、系统的生产考核，取得了良好的经济效益，各项技术指标均达到国内先进水平的基础上，原商业部粮油工业局王瑞元局长于 1985 年 3 月 30 日—4 月 4 日在武穴主持召开了对武穴油厂部分制油选定型设备为期6 天的技术鉴定会。这次鉴定会有全国 14 个省、区、市粮食局，有关科研设计（院）所，大学院校，粮油机械厂和油厂共计 40 个单位，78 名代表参加了鉴定工作。

会议组织成立了鉴定会领导小组，下设资料审查组、技术测定组。在 6 天会议期间，大家听取了肖安若同志所做的《全国部分制油设备选定型试验点工作汇报》，考察了武穴油厂的实际生产情况，认真进行了工艺性能测定，仔细审查了技术资料。

根据测定的结果及生产实验报告，大家实事求是地对武穴油厂进行生产试验和考核的设备运转情况表示满意。

全国油脂部分选定型设备鉴定会领导小组

组长：胡健华。

副组长：谢锡怡、李奕生、倪培德。

成员：王瑞元、陈庆玲、肖国椿、胡新标、蔡文祥、张玉畴、虞煜铭、褚绪轩、付延贵、吴明志、喻植雄、何兴发、肖安若、朱大沛。

（1）资料审查组

①组长：倪培德。

②副组长：蔡文祥。

③成员：尹淑明、陈庆玲、肖国椿、高洪庆、刘喜庆、周琼芳、虞煜铭、张荣海、谭耀林、梁梅、乔凤霞、朗兴华、褚绪轩、杨锁康、高维生、张崇勇、付延贵、藤自松、吴明志、邹燮安、张光作、吴少华、张建业、肖安若、吴玉龙。

（2）技术测定组

①组长：朱大沛。

②副组长：胡新标。

③成员：徐永安、胡健华、张玉畴、刘学沛、费叔明、张福林、张祥林、钟显宇、朱吉训、黄敏华、郭达、仲爱华、李卫光、苏瑞民、代向阳、项开强、汪义勇、吴文藻、潘孟斌、喻植雄、倪兰苏、肖光胜、马希峰、赵开林、徐长文、何谷、吴少华、岳春荣、何兴发、陶树德、计译颖。

通过 6 天认真考核测试生产运转情况、技术资料审查评议鉴定，以及对武穴油厂的厂容厂貌参观，大家一致认为油脂选定型设备、工艺及各项经济技术指标，在我国中小型油厂中达到了油脂工业当前先进水平。

武穴油厂试验点的工作从 1979 年 11 月开始，至 1985 年 4 月完成技术鉴定，以及 1986 年 7 月原商业部粮油工业局王瑞元局长在武穴主持召开的全国粮油工业处长会议（武穴现场会议）止，历时近 7 年的试验点工作圆满结束。

由无锡粮食科研设计所陶钧等工程师设计的碟式离心机及日处理 50 吨毛油全精炼生产线的选定型工作，于 1987 年 7 月在上海油脂二厂完成了技术鉴定，标志着前后历时 8 个春秋的油脂选定型设备及标准化工作，一举全国油脂界和油脂科技精英之力，史无前例的重大工程项目宣告胜利结束。

（四）改革开放 40 年　油脂工业突飞猛进

1. 难忘的记忆

油脂设备的选型、定型、标准化工作，是在国家改革开放，将工作重点转移到社会主义现代化建设上来的新形势下开始的。淘汰落后的设备，选出按标准化系列重新设计的油脂专业机械设备，进行选定型、标准化工作，是在由原商业部科技局、粮油工业局、商科院三单位组成的领导小组组织领导下开展工作的。为搞好这项工作，王瑞元、李奕生、谢锡怡等领导和专家们，先后 10 次前往湖北武穴油厂，亲临组织调动全国 14 个省、区、市粮食局，有关科研设计（院）所、大专院校、粮油机械厂的工程技术人员参加这项具有历史意义的工程项目。

从北京标准化讨论，到上海、武汉、武穴等地实地考察、选点，布置安排检查落实设计、制造、安装、调试、试生产、测定鉴定工作。我们见证了这一历史！风雨兼程，一路艰辛，依然斗志昂扬，只争朝夕，开拓进取。陈庆玲、张荣海、潘孟斌、喻植雄等同志，在试验期间，不畏寒冬和酷暑，他们同工人一道，一直坚守在武穴油厂车间现场指导工作。肖国椿、刘学沛、马庆霄、叶道德、张玉畴、胡新标、张福林、陶钧等同志为选定型设备的设计、试制，历经艰辛。制油选定型设备从试验点到全国推广应用，从引进消化吸收到自主创新。

改革开放 40 年，光辉岁月弹指间。今天，我国国产制油设备，无论是油脂机械单机的技术水平和单机最大处理量，还是成套设备的生产能力、机械化程度都得到很大提高。我国现有规模以上的油脂加工企业多达 1600 多家，这些企业的设备结构、机械性能、工作原理，绝大多数都离不开当初选定型设备的技术鉴定的成果。原有的国有粮油机械厂，如今虽然变成股份制公司，但其大多是在选定型设备的基础不断发展，壮大起来的。我国的油脂机械制造厂已经完全有能力为油脂加工行业提供技术含量高、生产能力大、性能先进、质量可靠的单机产品和成套设备，这些设备能大量出口到国外，各项主要经济技术指标都进入了世界先进行列。

2.追忆已故的功臣

40多年来，我国油脂科技发展取得了举世瞩目的伟大成就，油脂设备制造能力已跻身世界先进行列，为推动经济发展做出了重要贡献。广大油脂科技工作人员胸怀报国富民之志，无私奉献，以心血和汗水，书写了我国油脂发展史上的光辉篇章。

在此，我们向全国广大油脂科技工作者致以崇高的敬意，为已故的制油选定型设备的功臣们默哀！追忆他们严谨朴素的工作作风和生活作风，不畏劳苦、不计名利的家国情怀，与广大工人师傅结合在一起，携手并肩，励精图治，开创辉煌。

据初步统计，以下同志已离开了我们：原商业部粮油工业局李奕生，原商业部商科院谢锡怡、郑成烈，原商业部武汉粮科所胡新标，武汉轻工大学（原武汉粮食工业学院）胡健华，吉林省财贸学院张玉畴，湖北省粮食局工业处潘孟斌，原商业部安陆粮食机械厂张荣海，河南省武陟粮食机械厂马希峰，湖北省广济县粮食局张雨贵、游秉华、舒元友、居志成，武穴油厂郭茂汉、吕美容、查金兰等。今天，我们缅怀追忆他们，发扬他们不为名利、不求回报、默默奉献的崇高精神和求真务实、艰苦奋斗的优良作风，增强开拓创新责任感和使命感，立足本职，积极工作，奋发有为，多做贡献！

中国特色社会主义已进入新时代，让我们更加紧密地团结在以习近平同志为核心的党中央周围，不忘初心，牢记使命，为我国油脂科技和油脂工业的进一步发展腾飞，做出新的更大贡献！

七、布勒集团助力粮食加工业的高质量发展

——在"2019 布勒（中国）谷物与食品技术论坛"上的致辞

（2019 年 5 月 10 日　于福建武夷山）

各位嘉宾：

大家上午好！

非常高兴能够与各位相聚在风景秀丽的武夷山，参加"2019 布勒（中国）谷物与食品技术论坛"，共同探讨新时代我国谷物与食品行业的发展与机遇，助力粮食产业的高质量发展，为国家粮食安全做出贡献。

中国粮油学会自成立以来，每年都要围绕粮油储藏、加工、产品开发、质量安全、标准制定、技术创新、综合利用以及降低农产品的产后损失等方面的科技内容举行多次不同内容的学术研讨、专家讲学、专题讲座和展示活动，为经济建设主战场服好务；在为政府部门服务方面，充分利用中国粮油学会的人才优势，积极参与行业科技进步中长期规划和粮油加工业发展规划的制定，对科技项目和成果进行评价和评选，对行业高级技术职称进行评定，当好参谋助手。

在前不久召开的中国粮油学会第八届二次理事会上，明确了要积极对标国家粮食和物资储备局、中国科学技术协会工作，全面贯彻落实"两决定一意见"，进一步提升服务效率与服务质量，充分调动行业科技力量，为保障国家粮食安全，加快推进农业供给侧结构性改革，大力发展粮食产业经济提供智力支撑。

俗话说："民以食为天，食以安为先"。这充分表明粮油食品的数量安全和质量安全都是"天大"的事。粮食安全是国家安全的重要组成部分，粮油食品的质量安全是助力"健康中国"建设的重要组成部分。在全国粮食和物资储备工作会议文件中，就粮食安全而言，习近平总书记反复强调："确保国家粮食安全，把中国人的饭碗牢牢端在自己手中"。对我们这样一个有近 14 亿人口的大国，"手中有粮，心中不慌"，任何时候都是真理。

中国人解决温饱问题也就是改革开放以来，特别是近些年的事情，不能"好了伤疤忘了疼"。解决好吃饭问题，始终是治国理政的头等大事。因此，在粮食安全问题上，我们任何时候都不能轻言过关。

在食品的质量安全问题上，为"增加人民群众的获得感、幸福感、安全感""让人民群众过上美好生活"，党中央、国务院对食品安全高度重视，制定出台了《中华人民共和国食品安全法》。在去年年底召开的中央经济工作会议文件中，进一步强调要"让百姓吃得放心、穿得称心、用得舒心""要下更大气力抓好食品、药品安全"。粮油产品与人民生活息息相关，其质量安全涉及人民群众的身体健康和生命安全，尤其是在新时代，随着我国人民生活水平的不断提高，老百姓对粮油食品的要求不仅要吃得放心、吃得安全，还要吃得美好、吃得营养与健康。为此，国家粮食和物资储备局提出了要实施"优质粮食工程"和"中国好粮油"行动计划。我们在更高层次上实现粮食供需动态平衡提出了新要求，也给粮油加工企业带来了更多的发展机遇。因此，要加快推动粮食生产从增产导向转向提质导向，加快粮油产品供给向绿色化、优质化、特色化、定制化、品牌化方向发展，做到产得出、产得优、卖得出、卖得好。

通过实施"优质粮食工程"，引领产业高质量发展，为把我国早日建成粮食产业强国，为确保"人民群众过上美好生活"，助力"健康中国"建设做出贡献。

在确保国家粮食安全问题上，粮油加工企业应该有所作为。我始终认为，粮油加工企业在确保产品质量安全的前提下，要继续倡导适度加工，提高加工纯度，严格控制精度，千方百计提高出品率，提高可食资源利用率，在保存粮油原料中的固有营养成分上多做文章、做好文章，以确保国家粮食的数量安全和质量安全。

粮油加工企业要实施好"优质粮食工程"，离不开先进可靠的加工技术与装备。布勒集团是全球最著名的粮油食品加工技术与装备的制造商和供应商。在粮油和食品加工的产业链上，布勒集团为谷物与食品行业提供了高质量、全方位的技术方案和装备。一直以来，中国粮油学会与布勒集团有着密切的合作，布勒集团积极参与中国粮油学会举办的各种会议和展会，支持中国粮油学会科学技术奖的评选工作。与此同时，通过中国粮油学会的平台，布勒集团运用先进的设备、技术和理念，结合中国发展的实际情况，为中国粮油与食品行业的蓬勃发展起到了重要的推动和引领作用。

在此，我非常期待布勒集团能够在更高层次和更广泛领域同中国粮油学会进行交流与合作，我们将一如既往支持并关注布勒集团在中国的发展。

最后，预祝"2019 布勒（中国）谷物与食品技术论坛"取得圆满成功，谢谢大家！

八、为江阴福鑫取得的骄人业绩点赞

——在"江阴市粮食机械有限公司建厂五十周年暨江阴福鑫机械有限公司乔迁揭牌仪式"上的讲话

（2019 年 5 月 18 日　于江苏江阴）

各位嘉宾、各位企业家、同志们、朋友们：

大家上午好！

今天是个大喜的日子，我们欢聚在充满生机和活力的，我国县域经济发展的排头兵之一的江苏省江阴市，热烈庆祝江阴市粮食机械有限公司建厂五十周年暨江阴福鑫机械有限公司乔迁之喜，我和我的夫人非常高兴应邀参加今天的活动，衷心祝愿福鑫机械越办越好，兴旺发达！

粮油机械制造业是粮油工业的重要组成部分，粮油机械制造业的发展和水平，体现了粮油加工业的发展和水平。回顾历史，新中国成立之初，全国没有一家专门生产粮油机械设备的工厂。为适应我国国民经济的恢复发展和粮油加工产量迅猛增加的需要，按照中央的要求，原粮食部于 1958 年在青岛首次召开了"全国粮油机械工作会议"，制定了粮食部门发展粮油机械规划，拉开了全国兴建粮油机械制造厂的序幕！随后，在国务院的关心支持下，原粮食部自 1958 年至 1965 年的 7 年间，先后在无锡、安陆、长治、常德、郑州、绵阳、永登等地建成了由原粮食部直属的粮食机械制造厂。

在原粮食部的倡导下，为适应当地粮油加工业的发展，各省、市、区也开始相继兴建由粮食厅（局）直接管理的粮油机械制造厂；一些条件较好、粮油加工业较发达的地区，县级粮食部门也开始在大中型粮油加工厂机修车间的基础上建设粮油机械制造厂，实行以修为主、修造结合的建厂宗旨，致使我国在 20 世纪 70—80 年代就拥有了相当规模的粮油机械制造能力。据统计，到 20 世纪 60 年代末，我国仅有 50 家粮油机械制造厂；到 1985 年底，已拥有独立核算的粮油机械制造厂 233 家。江阴市粮机厂始建于 1969 年，至今已 50 年了，江阴粮食局是我国为数不多的、最早建设粮油机械制造厂的县市粮食部门。

光阴似箭，日月如梭。我第一次到江阴粮机厂是在 20 世纪 80 年代初，当时江阴粮机厂设在江阴市红旗米厂之内，至今快 40 年了。随着江阴粮机厂承接油脂设备消化吸收等任务的增多，后来我多次来过江阴粮机厂。在交往中，我有缘结识了江汉忠同志，他工作认真、钻研业务、处事有方、待人真诚等优点给我留下了很深印象，我们之间有很多共同语言，也正因为如此，我曾数十次来到江阴，来到福鑫机械有限公司。所以，不谦虚地说，江阴粮机厂和福鑫机械有限公司的过往我一清二楚。

我见证了江阴粮机厂的成长历程，从计划经济走向市场经济；从对外代加工到拥有自主品牌，从粗放经营走向集约发展的全过程。在企业发展的历程中，江阴粮机厂的掌舵人既经受过艰难和困苦，也收获了成功和喜悦。江汉忠同志担任过中谷集团江阴国家粮食储备库总经理，在两年多的时间里，他为初创阶段的江阴粮食储备库建章立制、科学经营管理、规划库区发展等方面做了大量卓有成效的工作，为江阴粮食储备库的发展奠定了基础，做出了贡献！

20 世纪 80 年代初，当时的江阴粮机厂在设备简陋、技术力量薄弱的条件下，承担了国家"七五""八五"攻关项目——消化吸收国家油脂专用泵的制作和生产。江阴粮机厂克服重重困难，攻克一道道技术难关，圆满完成了任务。研制成功的油脂专用泵广泛应用于油脂加工企业，其良好的性能受到了用户的普遍赞扬。

改革开放 40 年给这个企业带来了新的机遇，注入了新的活力，江阴粮机厂决策者不失时机地抓住了这次历史性的机遇，顺应改革发展潮流，合资组建了江阴福鑫机械有限公司，适应了计划经济向市场经济转变的客观需求。在董事长江汉忠的带领下，江阴福鑫机械有限公司对外承接了一批批粮油工程建设项目（诸如中央储备粮天津武清直属库有限公司的 3 万吨油罐工程建设项目等）；研发出了关风器、油脂专用泵、油脂冬化过滤器等几十个类型的系列产品。

企业始终恪守以市场为导向、以质量求生存、以服务求发展、以管理求效益的方针，不断改进生产技术，不断完善产品工艺，深得用户的信赖，成为广大用户信得过的上乘品牌。目前公司产品销量和质量名列我国同行业前茅，其中关风器系列产品已由建厂初期的年产几十台发展到去年的 7000 多台，不仅畅销国内还走出了国门，阔步海外。

江阴福鑫机械有限公司能取得今天这样骄人的业绩，除了全体员工的艰苦奋斗、各方的关心支持外，给我印象最深的还有以下两点。

一是专一。董事长江汉忠有句话："一生只做一件事，专注造好关风器"。可见他对产品的钻研程度。在关风器的改革与创新上，他倾注了全部心血。他说："企业不能为生产而生产、为销售而销售，要在把好产品质量关的前提下，不断改进工艺、改进产品造型，把关风器当作工艺品来打造。产品既要有内在的质量保证，还要有美观大方的外部形象"。正因为如此，该企业的产品深受国内外用户的青睐。当然，专一不等于单一，江阴福鑫机械有限公司生产的油脂专用泵、冬化过滤器等系列产品也受到广大用户的肯定，产销量连年上升。江阴福鑫机械有限公司在生产经营中，始终专注专一，甘当配角，当好配角的企业定位，是其取得骄人业绩、半个世纪立于不败之地的重要保障。从 2017 年原国家粮食局的统计资料中得知，在全国现有 180 家粮油机械制造企业中，像江阴福鑫机械有限公司这样，专注专一，五十年如一日，原汁原味地延续至今并不断提升的企业可谓凤毛麟角。

二是诚信。江阴福鑫机械有限公司在江汉忠董事长的倾力打造下，已形成了一个懂技术、会管理、拉得出、打得响的团队。他们坚持严把产品质量，信守合同承诺。20 多年来，江阴福鑫机械有限公司从来没有发生过因产品质量或合同违约等方面的经济纠纷，也没有非正常的应收应付款，诚实守信，赢得了良好的商业信誉。这样的诚信效应，在粮油机械制造企业乃至粮油加工企业中也是不多见的。在这里，我们要为江阴福鑫机械有限公司取得的骄人业绩点赞！

精彩的往昔已成历史，美好的未来尚需努力。江阴福鑫机械有限公司要借这次乔迁之东风，用你们的努力赢得更大的市场，用你们的真诚取得更大的信任，用努力和信任创造新的辉煌。在此，我再谈三点希望。

一是要锐意创新。江阴福鑫机械有限公司成功的今天从某种意义上讲来自于创新，包括理念创新、产品创新、营销策略创新等。总之，创新是一个永恒的主题，在这里我想引用海尔集团公司首席执行官张瑞敏曾经说过的一句话作为勉励："企业一旦站到创新的浪尖上，维持的办法只有一个，就是持续创新"。

二是要精益求精。随着科学技术突飞猛进，机械行业必将面临重大变革，希望你们百尺竿头更进一步，发扬工匠精神，把企业产品打造成精品、极品乃至工艺品。把粮油机械产品打造成工艺品，这是我在 20 世纪 80 年代初，在无锡召开的"粮食部七个直属粮机厂党委书记、厂长工作会议"总结中，强调要提高粮油机械产品质量时，首次提出的要求。不知对江阴福鑫机械有限公司是否合适，请研究。

三是要保持诚信。诚信，是中华民族综合素质的体现。俗话说："诚招天下客，誉从信中来"。拥有了诚信，就拥有了未来，这是非常正确的。对企业而言，诚信是塑造企业形象和赢得企业信誉的基石，是竞争中立于不败之地的重要法宝，是现代企业生存和发展的命根子。因此，要不断提升产品档次，确保产品质量，力争销售的产品达到返修率为零。要坚持和发扬既往的优良传统和作风，坚守诚信底线，继续保持且光大江阴福鑫机械有限公司良好的企业形象。

同志们、朋友们，火红的五月，百花争艳，繁花似锦。如果说江阴福鑫机械有限公司是万花丛中的一朵奇葩，我衷心希望它永远绽放得绚丽多姿。这就是 2008 年 8 月 16 日，在我 70 周岁生日的当天，为江阴福鑫机械有限公司门口泰山石上题写"似锦"的真实含义。

最后，我用何东平会长撰写的一副贺词："忆往昔，江阴粮机励精图治世纪半；看明朝，福鑫机械峥嵘岁月美无限"，结束我的致辞，谢谢大家！

九、祝贺河北苹乐面粉机械创建三十周年

——在"苹乐集团成立三十周年庆祝晚宴"上的贺辞

（2021 年 10 月 10 日 于河北苹乐集团）

尊敬的各位嘉宾、女士们、先生们：

大家晚上好！

在这金秋送爽，丹桂飘香的丰收季节里，迎来了河北苹乐集团成立三十周年华诞。首先，我代表中国粮食行业协会小麦分会，并以我个人的名义，向李建军董事长和全体干部职工表示最热烈的祝贺！向各位来宾表示诚挚的问候！向长期以来关心支持中国粮油加工行业发展的各界同仁表示衷心的感谢！

河北苹乐集团 30 年风雨兼程，依靠自主创新、不断进取，取得了辉煌的成就，现已发展成为以粮油机械制造为主业，多元化经营的集团型企业。公司拥有强大的研发队伍和先进的加工装备，凭借雄厚的生产技术条件、技术装备和精益求精的管理理念，进一步优化产业结构、产品结构，技术创新、产品开发能力位居行业前列，尤其是苹乐集团的成套粮油机械工程，在大型化、规模化、智能化方面越发趋于成熟，打造了一系列国内外精品工程，创造了中国粮油机械行业的奇迹，发展前景非常广阔，令人钦佩。

近年来，苹乐集团面对激烈的市场竞争，依托创新加工工艺，提高产品附加值，以过硬的产品质量、优良的售后服务，打开了国内外市场，深受客户满意，取得了长足发展。苹乐集团产销率和市场占有率居全国粮油机械前列，其粮油机械产品在满足国内市场需求的同时，出口埃及、埃塞俄比亚、塔吉克斯坦、俄罗斯等 40 多个国家和地区，经济效益和社会效益非常显著，为中国粮油机械行业的健康发展做出了贡献，树立了榜样，现已成为我国粮油机械制造 10 强企业中的佼佼者。

回顾历史，我国的粮油机械工业自 20 世纪 50 年代起，经历了从无到有、从小到大、从弱到强、从进口到出口，从跟跑、并跑跨入领跑的发展过程，现已成为全球制造能力和产量最大、产品门类齐全、设备性能先进可靠的粮油机械制造大国，其产品不仅能满足国内现代化粮油加工企业发展之需，还远销国外，深受广大用户欢迎，而苹乐集团就是在改革开放初期，我国粮油机械行业快速发展的时期诞生的。30 年来，苹乐集团不断扩大企

业生产规模，始终走大胆创新之路，注重资本运作，充分利用现有的资源产能，坚持互利共赢的原则，走出了一条科学整合－联合－融合之路，并不断朝着现代化、智能化方向发展。

30年过去了，总结过去，展望未来。我国粮油机械制造业的发展将进一步促进粮油加工业的发展和繁荣。在海纳百川的开放中，越来越国际化的苹乐品牌，肩负着中国粮油机械制造进一步走向世界、走向辉煌的责任。在瞬息万变的市场经济下，我们要以永不言败的气概向前迈进，用实力赢得未来。我衷心希望苹乐集团全体干部职工以庆祝三十周年为契机，进一步加快产业规模升级和经济结构调整，继续围绕做强、做大下功夫，把"苹乐"打造成为国际一流的著名品牌，为中国粮油机械事业再创辉煌做出更大的贡献！

最后，祝苹乐集团宏图大展，鹏程万里！祝各位来宾身体健康，万事如意，谢谢大家！

第六章

做好学会和协会工作

一、弘扬科学精神　提升全民科学素质

——在"中国粮油学会理事会"上的讲话

（2015 年 4 月 15 日　于北京）

科学知识是人类探索宇宙万物变化规律的知识体系，它首先对应于自然领域的知识，经扩展、引申至社会、思维等领域。2012 年 9 月 15 日，时任中共中央政治局常委、中央书记处书记、国家副主席的习近平同志在参加全国科普日活动时指出："各级科协组织要进一步突出科普工作的大众性、基层性、基础性，让科普活动更多地走进社区、走进乡村，走进生产、走进生活……坚持把抓科普工作放在与抓科技创新同等重要的位置，支持科协、科研、教育等机构广泛开展科普宣传和教育活动，不断提高我国公民科学素质，为实现到我们党成立 100 周年时进入创新型国家行列、到新中国成立 100 周年时建成科技强国的宏伟目标，奠定更为坚实的群众基础、社会基础。"

习近平总书记的讲话精神为我们搞好科学普及工作指明了方向。学术团体应该更好地成为科普工作的主力军，这是学术团体的职责和任务；科技工作者不仅要研究科学知识，还应该积极向大众传播科学知识，这也是每位科技工作者的责任和义务。传播科学知识，弘扬科学精神，提升全民科学素质，是学术团体和科技工作者为实现"中国梦、科技梦"义不容辞的责任和担当。

（一）传播科学知识，弘扬科学精神必须做到坚持实事求是，遵循科学方法，不断开拓创新

科学是一项追求真理的伟大事业，需要坚持实事求是的研究态度，探索与客观事实相符的真理。古今中外，凡是成功的科学家，都是在反复实践探索的基础上，才最终得出科学的结论，并在这种精神的指引下，使得科学不断完善和发展。例如元素周期表的创始人门捷列夫在探索元素周期律的过程中并不是一帆风顺的，时常受到人们的质疑和嘲笑，但是他顾不了这么多，并以惊人的洞察力投入了艰苦的探索研究中。

他将当时已知元素的主要性质和原子量写在一张张小卡片上，然后进行反复排列比

较，最后发现了元素周期变化的规律，并依此制定了元素周期表。元素周期表不仅可以修正已知元素的原子量，还可以指导化学家有计划、有目的地寻找新的化学元素，使化学研究不仅仅局限于对零星事实作无规律罗列，打破了认为各种元素彼此孤立、互无关联的观点，奠定了现代化学研究的基础。

科学家不仅有承担研发的责任，也要担负起科学传播、科学打假之义务；不能只埋头搞研究，做实验，还应该关注社会，了解民生。对于伪科学要及时地指出和纠正，曝光那些打着科学旗号招摇撞骗的人和事。

当今社会，在功名和利益的诱惑下，许多伪科学和伪专家应运而生，夸大宣传、弄虚作假、捏造数据、剽窃论文等丑恶现象时有发生，这些都和科学精神背道而驰。例如，井冈山大学论文批发造假事件：2009 年底，国际学术期刊《晶体学报》在其网站上公布，中国井冈山大学化学化工学院的两名讲师，两年内在该刊物发表的多篇文章存在造假，一次性予以撤销。随后，井冈山大学对当事人予以停职调查，立即撤销当事人有关学术成果，追缴已发放的相应奖励。还有王洪成的"水变油"发明，张悟本的"绿豆包治百病"等，不是子虚乌有就是夸大疗效，都没有坚持实事求是的科学精神，虽然红极一时，影响很大，但最终还是被人们无情地抛弃。对这些伪科学必须坚持零容忍的态度，每位科学家都应该成为伪科学、假科学的一道防火墙，都应该成为打假斗士和英雄，彻底揭发其丑恶面目，为民众擦亮双眼，使他们了解事实的真相，能够更好地利用科学知识创造美好的生活。

纵观中国科技的发展历程，从古代的四大发明到如今的探月潜海，我们的民族始终怀揣科学发展的梦想，在科学探索的道路上勇往直前、持之以恒，从来没有放弃过对科学的追求，从来没有失去过以科学发展文明的信心。科学追求是永无止境的，在当代中国，科学技术虽然取得了举世瞩目的成就，但其发展仍然任重道远，我们必须坚持科学发展观，怀揣"中国梦、科技梦"，让科学技术更好地造福于中华民族。

（二）传播科学知识，弘扬科学精种需要拓宽渠道，采取灵活多样，民众喜闻乐见的形式

科学知识是人类在认识和改造世界的实践中形成的，是对现实世界的客观反映。随着人类实践活动的不断发展，科学知识也呈现爆炸式增长，尤其是在当前信息社会，网络化、信息化发展十分迅速，我们应该充分利用各种智能终端等渠道，采取灵活多变的宣传形式，向大众普及必要的、实用的科学知识，促进大众建立起科学的自然观，树立正确的世界观、人生观和价值观；建立科学、文明、健康的生活方式，逐步掌握基本的科学思维方法，培育现代科学技术的基本素质。

中国粮油学会始终将科普工作作为重中之重的任务，精心组织，狠抓落实，逐步形成了科普工作的常态化、规范化、适时化、品牌化。近些年，随着我国人民生活水平的不断提高，人们越来越关注营养平衡与健康。因此，我们利用自身优势，重点在粮油营养健康、爱粮节粮、安全储粮等方面，采用制作科普展板和多媒体影像资料、发放粮油科普书籍、举办粮油科普宣讲团等形式，通过走进社区、走进校园等渠道，开展多种形式的系列科普活动，引导民众合理膳食、科学食粮、爱粮节粮，提高民众粮油科技水平和科学素养，并取得了显著成效。

1. 围绕公众关注的热点问题，开展主题鲜明的系列科普活动

大力营造浓厚活跃的现场气氛，通过举办讲座、现场互动、发放科普资料等形式，积极宣传民众急需的粮油科普知识。例如，2012 年我们围绕"平衡膳食，合理营养，促进健康"的主题，开展了"多谷物与健康营养""功能糖对健康营养的作用""科学生活方式"等科普活动；邀请 40 多位专家举办了"营养学家谷物""健康生活新方式""粮食与健康""主食营养强化"等 20 多个主题的科普讲座；举办了"多谷物知识简介"和"科学生活新方式"科普图片展；开展了"谷物知识与生活""科学生活方式知识竞赛"等科普活动，受到了当地政府和群众的一致好评。

2013 年我们与中国水产学会、中国农业工程学会共同完成了科普重点活动，关注"食品健康"项目，在北京和重庆两地举办 10 余场科普进社区、进校园活动，宣传食品营养与健康。通过专家答疑、发放科普图书和科普宣传册、粮食实物辨别和讲解、进行粮油食品安全问卷调查等多种方式，进行了民众喜闻乐见的科普宣传活动，收到了很好的效果。其中科普咨询千余次、发放粮油食品图书及宣传册 1000 册、节粮书签 300 份、回收问卷 500 份，受到了社区、学校的热烈欢迎。

2013 年 9 月，我们开展了"安全储粮进社区公益活动"，发放宣传材料 2000 余册、解答社区居民咨询 200 余人次，对社区居民关于食用油、杂粮的食用方法等进行了讲解和指导。

2013 年，我们举办科普宣讲活动 157 次，举办专题展览 34 次，流动科技馆巡展 12 次，开展科技咨询 70 次，宣讲活动受众 20 余万人次，参加活动科技人员 358 人、覆盖村庄 902 个、社区 29 个；编著出版科技图书 3 种；科技报纸 1 种，总印数 10000 份；科普挂图 3 种，总印数 400 幅；制作科技光盘 3 种，共 200 张；设立科技网站 8 个，浏览人数达 320 余万人次。

2. 及时响应国家号召，组织专题科普活动

根据中共中央、国务院印发《党政机关厉行节约反对浪费条例》的要求，我们积极组

织了相关的科普宣传活动。2013 年开展了"爱粮节粮从我做起"校园行活动。在北京市西城区银河小学举办了"中国粮油学会'爱粮节粮从我做起'党建强会科普宣讲特色活动"。银河小学六个年级分别通过现场和同步电视直播的方式参与了活动，直接受众 360人，间接受众 1000 余人。中国粮油学会在宣讲活动之前将精心设计制作的爱粮节粮宣传海报张贴在银河小学教学楼的门口、走廊和活动室，提高了科普效果。通过现场宣讲、视频播放、粮食人像互动、实物展示、赠送科普丛书和爱粮节粮书签、提倡"光盘行动"等多种方式为广大师生进行了一场生动有趣的粮油科普知识宣传，取得了很好的效果。

2014 年中国粮油学会重点围绕"爱粮节粮"这个主题，一共开展各类科普活动 80 余次，400 多名专家参加了现场讲解。配合国家粮食局完成了粮食科技周宣传材料编写；优秀科普作品征集活动文件起草；组织撰写《粮油食品知识百问》；4 月，向中国科学技术协会申报了"弘扬我的中国梦，倡导粮食人'爱粮节粮'从我做起"的资助项目，将活动深入到粮油加工环节，推广到一线粮油加工企业、科研院所、大专院校；完成了世界粮食日和 2014 年全国'爱粮节粮'宣传周活动，组织专家参与编印了"节约一粒粮，企业在行动——标准进企业贯标活动"宣传材料；同时配合河南省粮食局等部门，开展了河南省"爱粮节粮　安全食粮"进校园、进社区、进家庭暨 2014 粮食科技周宣传活动。

3. 成立"科普宣讲团"，创建品牌科普活动

中国粮油学会发酵面食分会连续 9 年组织成立"科普宣讲团"，联合各地相关政府、机关单位，开展发酵面食科普宣传等系列专题活动，活动范围越来越广，影响越来越大，有效推动了发酵面食科学技术的普及。

2012 年、2013 年、2014 年连续三年，每年都在全国范围遴选的 10 多个省、30 多个县开展科普专题宣传，每年都有 1 万多名面点师参加活动、逾 20 万农民群众现场观摩，受到当地政府和广大群众的热烈欢迎和大力支持。

2009 年发酵面食分会"科普宣讲团"获得了中国科学技术协会"万名科技专家讲科普"活动优秀奖，全国获此殊荣的仅有 20 家。2012 年发酵面食分会会长俞学锋同志由于科普工作成绩突出，被中国科学技术学会授予"第五届全国优秀科技工作者"。

（三）民众科学素养的提升要坚持科学精神

科学技术是第一生产力。科普工作是物质文明和精神文明建设的结合点，是经济和社会发展的助推器，其根本目的就在于提高全民科学文化素养，全面建成小康社会。在创建创新型国家的过程中，在科学知识日新月异的今天，学习应该成为每一位现代人的一种生存方式。学习是科学知识内化的必经阶段，是保证事业成功的源泉。我们学习的不仅是科

学知识，还要掌握基本的科学方法，即科学研究的方法（或科学认识的方法），广义上可分为具体研究、一般研究和哲学研究多个层次。

1. 到群众中去传播科学知识

我国《全民科学素质行动规划纲要》中提出科学素质是指："全民具备基本科学素质一般指了解必要的科学技术知识，掌握基本的科学方法，树立科学思想，崇尚科学精神，并具有一定的应用它们处理实际问题、参与公共事务的能力"。在现代社会中，科学技术已渗透到生产、生活、学习、休闲的每个角落，比如转基因食品、干细胞研究、核能应用等。随着经济和社会的进一步发展，对科学技术的了解和关心不再只是科学界的事情了，而是成为全社会共同关心的事情，"科教兴国"战略的逐步实施也为科学普及的提升创造了良好的社会环境。

所以尊重科学是时代的精神、是历史的潮流，任何伪科学都改变不了这个潮流。科学精神的核心是创新和求真。求真是科学的终极目标，创新是人类理性走向这一目标的唯一途径。科学家要坚持科学精神，积极参与科学知识的普及和推广，主动从实验室走出来，到群众中去，把传播科学精神和知识当成自身的一项重要的事业来做。

2. 纲领指引，努力而为

要提高全民科学素质必须坚持科学精神，同时我们还要做好以下几点。首先要在国家层面重视提高国民科学素质。《全民科学素质行动规划纲要》中指出：我国公民科学素质的城乡差距十分明显，劳动适龄人口科学素质不高，大多数公民对于基本科学知识了解程度较低，在科学精神、科学思想和科学方法等方面更为欠缺，一些不好的观念和行为普遍存在，愚昧迷信在某些地区较为盛行。公民科学素质水平低下，已成为制约我国经济发展和社会进步的瓶颈之一。为提高全民科学素质行动，我国颁布《新时代公民道德建设实施纲要》《全民健身计划纲要》《全民科学素质行动规划纲要》，这三个《纲要》一起构成了提高全民科学素质的三个纲领性文件。作为世界上人口最多的发展中国家、在全面建成小康社会的战略部署中，在实现中华民族伟大复兴的进程中，中国必须行动起来，积极为提高国民科学素质而努力。

3. 大力发展教育事业

制约中国提高国民科学素质的因素是教育。科学作为文化的一种特殊形态，需要在教育中输入合理的科学知识、使用可接受的教育方法和手段、保证有充足接受和吸收知识的时间，才能同化到人的思维方式中。虽然中国的教育事业取得了举世瞩目的成就，尤其是近年来，随着我国高校招生规模不断扩大，我国硕士和博士研究生数量取得突飞猛进的发展，科技成果和科研产出也是硕果累累，但是我们要清醒地看到，我国的科研数量多了并不能完全代表质量就高了，我国的科技水平只是在某些领域处于世界先进水平，但总体水平还是不如发达国家。

另外，由于封建迷信对我国的影响还不可能完全消灭，迷信思想在我国还有一定的市场，一些邪教组织如法轮功、全能神等对民众的迷惑还没有完全消失，这些因素也是制约我国公民科学素质提高的屏障。

4. 要加强全民科普宣传工作

我们虽然有了提高全民科学素质的纲领性文件，但是我国科普工作的发展还不平衡，区域差距比较大，尤其是在广大农村，科普基础设施还很缺乏，同时由于农村大量人口外出务工等原因，对农村留守老人和儿童的科普宣传还不够重视。在宣传内容上，普及实用技术方面的宣传较多，而在弘扬科学精神、传播科学思想、倡导科学方法等方面的宣传较为薄弱，致使农村有些地方封建迷信思想、赌博等不文明生活方式还时有存在，这些都在一定程度上影响着当地的社会稳定和经济发展。

二、姚胡献爱心，基金育桃李

——在"姚惠源教授百万爱心基金会第二次理事会暨爱心传承育人创新研讨会"上的讲话

（2015 年 11 月 27 日　于江南大学）

尊敬的姚老师、尊敬的陈校长、各位老师、各位朋友、各位同学：

大家下午好！

很高兴再次来到美丽、可爱和终生难忘的母校，参加"姚惠源教授百万爱心基金会第二次理事会暨爱心传承育人创新研讨会"，我感到十分荣幸和喜悦。

我是 1959 年考进无锡轻工业学院的，当时分配在糖九一班，大学二年级后因专业调整，转到油九一班学习，直至 5 年大学生活结束。弹指一挥间，大学毕业已经 52 年了，52 年来，由于工作的关系和对母校的情怀，我无数次地重返母校，目睹了母校的傲人发展。这一次来母校感觉最为特别，是为进一步壮大"姚惠源·胡珏琴百万爱心基金"，研讨爱心传承，育人创新而来的。

姚惠源教授百万爱心基金会是去年由姚老师遵从夫人胡珏琴遗愿发起成立的，姚老师拿出自己毕生积蓄中的 50 万元作为启动基金。随后，其弟子和业内爱心人士在他的感召下纷纷慷慨献出爱心，目前奖助学爱心基金已超 270 万元。姚老师成立这个爱心基金会，旨在传承爱心，为母校的育人事业贡献一份心力，鼓励食品学子勤奋学习、自强不息、积极进取、全面发展，共同致力于食品工业强国梦的实现。

我和姚老师不仅是师兄弟，而且都毕生从事粮油事业，一起在中国粮油行业共事了几十年，因此对姚老师的专业素养和为人品德是十分了解和敬佩的。50 多年来，姚老师始终工作在粮食产后加工的粮食工程学科的高等教学、科学研究、工程设计的第一线，是我国稻谷加工工程理论的创始和奠基者之一，也是国家"十五"农产品深加工重大科技专项首席专家。他带领的团队在国内率先研制出"免淘米""营养米""大米抛光机""小型农用成套碾米机组""米乳、谷物饮料""米糠健康食品""植物脂多糖""大豆食品"等重大粮食精深加工新工艺、新技术，其研究成果均填补国内空白，多项指标达到国际先进水平，在国内得到广泛的推广使用，为粮油行业的发展做出了卓越贡献。姚老师从教 50 多年，编写出版教材、专著等 300 多万字，发表学术论文 200 余篇，主持国家级、省部级重大科研项目 50 余项，获国家科技进步二等奖 1 项，省部级科技进步一等奖 4 项，获得"全国优秀教师""全国优秀科技工作者""轻工部先进工作者"光荣称号，是享受政府特殊津贴的著名粮食工程专家。姚老师自 1961 年执教至今，为国家培养出了大批本科生及 60 多名硕士、博士研究生，他们大多分布在国家研究院所、高等学校、外企研发中心、国企及海关、质量监督等部门，成为诸多单位的主要技术骨干。姚老师多年来退而不休，现仍是中国粮油学会食品分会会长，时刻关注着我国粮食行业的发展，积极投身于中国粮油学会的各项工作中，尤其是对食品分会的组织和领导工作，其认真的工作态度和卓越业绩得到了业内同仁的高度赞扬。50 多年的科研和教学经历，见证了姚老师对食品研究的付出与贡献，他所取得的一切成果和荣誉都是对他的肯定，更是对学生的鼓励。对我而言，有这样一位杰出的师兄和挚友，感到无比欣慰和自豪。

前几天，我和姚老师在广西北海开会，他要我在今天的会上向在座的大学生们讲讲我的出生经历，与大家共勉。

我出生在江苏无锡荡口的农村，小时候家有祖母、父母、姐姐、弟弟和我，共六口人，家境十分贫困。在我的记忆中，难以忘怀的事很多，其中记得最为清楚的是：我虽出生在鱼米之乡，但由于家里贫困，买不起粮食，时常吃了上顿，没有下顿。在上小学时，我和比我小两岁的弟弟几乎每天都是带稀饭上学（家离学校有五六里路）。由于家里没有现钱给我们买铅笔、橡皮，只好放学回家后与母亲去挖野菜（荠菜和马兰头等），第二天一大早去荡口镇上卖了钱，给我们买铅笔、橡皮。另外，我还经常捡短铅笔或铅笔芯，插在野竹笋管里，当作铅笔用。直到初中毕业，我从来没有穿过袜子，下雨天我们都是赤脚上下学校。在初中一二年级时，由于做不起棉袄，冬天我一直穿着姐姐穿过的旧花棉袄上学，上体育课时，老师常叫我站在班级队伍的最后面（即女同学的后面）。

初中毕业后，我决定考中专学校，以便毕业后早些为家分忧，但学校老师不同意，一定要保送我上无锡梅村中学，并保证进校后学费全免并给甲等助学金。我当时很不愿意，一气之下，我不要学校保送，决定自己考苏州高级中学（江苏省最有名的高中之一，以下简称苏州高中），没有料到真的考上了。考上后究竟去不去上学？家里反复商议，最后决定将我家后面的一棵参天大树砍了卖掉，为我凑路费和开学报到费用。没有想到的是，在开学前几天，母校团支部书记、班主任章老师把我叫去，一见面，他把他一个月的工资给了我（29.8 元），我从来未见过这么多钱，哪里敢要？在老师的再三劝说下，我要了 5 元，向章老师磕了一个响头后，含泪告别了老师。几天后，我高兴地带着班主任给我的 5 元钱、家里卖的树钱和一个小箱子、一条薄被子（没有垫被）来到苏州高中。报到后，我走进宿舍并找到了一位睡双拼床的同学，我与他合用一条垫被，直到高三勤工俭学时，我才买了一条垫被，一直用到大学毕业并带到北京。尤其难忘的是，进苏州高中后不久，我的初中母校——鹅湖初级中学（即现在的荡口中学）专门给苏州高中写了一封信，介绍我的情况，让我享受到了学费全免和乙等助学金（每月 5.5 元），并担任了苏州高中的团委委员。我还清楚地记得，由于家境困难，高二时，为买一些生活用具，在一个星期六下课后，我从苏州高中南门步行去常熟农村的姐姐家，到姐家时已快天亮了，当得知我走路近 200 里未乘车的原因后，姐姐搂着我痛哭。高中毕业后，我考上了无锡轻工业学院。

在大学 5 年里，不仅家境仍差，又遇三年自然灾害，其艰辛可想而知，我是靠国家助学金艰难度过 5 年大学生活的，大学毕业后，学校把我分配到原中央粮食部工作。我衷心感谢毛主席，感谢党和国家把我培养成人成才。与此同时，我还要感谢所有教我的学校老师、党团组织对我在政治上的培养，让我在初一时（1954 年）就加入了中国新民主主义青年团；在大学一年级时（1960 年）加入了中国共产党，并担任了校学生会主席。

在座的同学们，这是我一生简要的求学经历。我知道，在你们中有不少家庭经济比较困难。我希望你们要坚信，有党和国家的关心，有姚老师这样爱心人士的帮助，一定能克服困难，顺利完成学业。

以上是我的出身经历，现在我再回归研讨会的正题。

各位老师、各位同学，作为母校的一名老校友和姚老师的师弟，我十分乐意地参与到姚教授基金会资金的募集中来，与大家一起为母校的育人事业贡献一份爱心，以此鼓励食品学子勤奋学习、自强不息、积极进取、全面发展，共同致力于食品工业强国梦的实现。同时，希望在座的各位小师弟、小师妹要爱专业、爱学校，更要爱国、爱中国共产党，勇于承担自己作为祖国未来建设接班人的责任和担当，把中国建成"食品强国"作为自己的终生追求，绝不辜负老一辈食品人的鼓励和期望。

祝理事会和研讨会圆满成功，谢谢大家！

三、集中精力，高质量完成课题任务

——在"国内外粮油科学技术发展现状与趋势"研修会上的讲话

（2017 年 9 月 11 日　于北京）

各位专家：

大家上午好！

根据中国粮油学会 4 月中旬召开的，由 11 个所属分会主要负责同志参加的"学会工作会议"的部署，为保质保量按时完成国家粮食局下达的"国内外粮油科学技术发展现状与趋势"课题要求。在中国粮油学会的领导下，尤其是在张桂凤理事长的亲自组织引领下，各分会完成了各自的专题报告。在此基础上，几经修改完善，现已完成了"国内外粮油科学技术发展现状与趋势"报告初稿。根据编写计划要求，今天召开研修会，请各分会和参会代表，对报告初稿提出具体修改意见，以便高质量地完成任务，并于本月底前报送国家粮食局。

刚才，张桂凤理事长就开好本次研讨会和高质量地修改好"国内外粮油科学技术发展现状与趋势"报告作了重要讲话，并提出了指导性很强的意见，希望大家再接再厉，通过这一次的研讨，把报告修改好。为便于大家讨论，我再补充以下具体修改建议，供大家参考。

（一）在文字表达方面

鉴于报告的篇幅有限，所以在文字表达上，必须做到语言精练，语句通俗易懂，不仅要让本专业的同仁看懂，还要让其他专业的专家看懂，尤其是要让行业的领导看懂。要防止或尽量减少用词"太专业化"；对用英文字母的地方，必须注明中文。另外，由于报告篇幅有限（初稿已达 1.3 万余字），所以这次修改，除玉米深加工和粮油营养方面可以作些补充外，其余专业方面的内容和文字表达可以修改，但文字数量不能增加，只能更加精练减少。在表达方式上，最好不要用"一是……二是……三是……"这样的格式。

（二）对几个专业所提供的材料的具体修改建议

遵照张桂凤理事长的指示，前些日子，我花了一些时间，将大家提供的材料进行了总纂，形成了初稿。但由于自己水平有限，所以我自己对"初稿"也很不满意，想通过这次研讨拜托大家一起修改完善。在总纂过程中，我觉得有些地方值得大家研究修改。

1. 粮油储藏方面

在国内发展现状中，"首次提出多场耦合概念"。建议对"多场耦合"作些简要解释，以便让更多的行业领导看懂；在国外发展现状中，有关"发达国家资源投入多渠道，人才队伍稳定"，这段建议删去。另外，在文字上再作压缩；在发展方向和重点中，建议进一步精练文字，突出重点中的重点，将文字由现在的 520 字压缩到 400 字以内。

2. 粮食加工方面

在我国与国外粮油科学技术先进水平存在的主要差距中，建议将现有 559 字压缩到 500 字以内；在发展方向与重点中，建议将现有的 634 字压缩到 550 字左右。另外，国内现状反映不太够。

3. 玉米深加工方面

我觉得在玉米深加工方面，主要从利用玉米加工成淀粉、生产燃料乙醇以及利用玉米淀粉生产淀粉糖等去反映国内的水平，与国际先进水平的差距以及今后的发展方向和重点。而现有的材料比较单薄，看不出我国目前的水平，今后的发展方向和重点也不够突出，需要作较大补充。

4. 粮油营养方面

总体上与玉米深加工类同，内容比较单薄，且重点不够突出，需要作较大的修改，否则，仅仅现有的材料难以在最终的"报告"中单独加以应用。我觉得现在的材料，不如在《2014—2015 年粮油科学技术发展报告》中写得完美。例如：在《2014—2015 年粮油科学技术发展报告》，在谈到今后的发展方向和重点时，粮油营养方面讲"根据《中国居民膳食指南》中有关粮油营养均衡的建议，要研究粮油健康消费指南；粮油成分和活性物质营养机理。要研发营养日餐基本模型及产品设计系统；新型营养强化粮油食品关键生产技术；减少加工过程中微量营养素损失的新技术和新产品，粮油中内源毒素和抗营养因子控制和降解新技术"。我认为上述的提法并没有过时，不妨在"报告"中引用。

5. 粮油信息自动化方面

粮油信息自动化的材料，尽管内容很丰富，但感觉线条不够清晰。我觉得主要是反映我国利用大数据、云计算和互联网、物联网等，分别在粮油储藏、粮油物流、粮油交易、粮油加工和管理现代化中的成功应用情况及水平；今后的发展方向和重点也应分别围绕着上述几个领域提出不同要求。诸如，在粮油加工方面，通过建立粮油加工质量安全数据库，实现数据的真实可靠、不可更改、公开透明和产品质量的可溯源；探索在原料和成品粮油的进出、码垛等环节采用智能机器人操作，以提高效率；在成品粮油的销售中，要积极探索采用"互联网+"，改变传统营销模式，利用二维码实现对产品的追溯查询等。

6. 油脂加工、饲料加工、粮食物流和粮油质量标准方面

油脂加工、饲料加工、粮食物流和粮油质量标准四方面提供的材料，总体上条理较为清晰，基本符合要求，但也要根据文字精练、通俗易懂的要求进行认真修改，精益求精。并对"主要措施和建议"提出修改意见。

（三）修改的进度要求

建议会后各专业分别在宿舍里讨论修改，原则上今天都能修改完，并誊清后交给杨晓静同志。个别专业（如玉米深加工和粮油营养）工作量较大，需要回去再商讨的，可与杨晓静同志商量推迟，但最晚于本周末交卷。

以上建议，供大家工作时参考。

四、人才辈出，青年有望

——在"2017—2019年度青年人才托举工程"项目启动仪式上的致辞

（2018年3月7日　于河南郑州）

尊敬的各位领导、各位专家、青年朋友们：

大家下午好！

为认真做好中国粮油学会"2017—2019年度青年人才托举工程"，今天中国粮油学会在这里举行项目启动仪式。在此机会，我代表中国粮油学会就搞好"青年人才托举工程"介绍些情况和提点建议。

（一）做好"青年人才托举工程"项目具有重要意义

众所周知，科技创新，人才是关键，而青年科技人才是科技创新的生力军，也是未来科技队伍的中坚力量，要实现"科技强国、创新强国"的中国梦，根本希望在于青年科技人才。为此，国家高度重视青年人才队伍的建设，尤其是党的十八大以来，习近平总书记多次发表讲话，不辞辛苦，亲临大学和科研院所与青年座谈，对当代青年寄予了殷切期望。李克强总理也指出："要着力培育更多高层次青年人才，实施创新驱动，促进双创发展。"

为贯彻落实中央《关于深化人才发展体制机制改革的意见》，中国科学技术学会（简称中国科协）于2015年启动了"青年人才托举工程"（以下简称"青托工程"），至今已连续开展3期，每期评选确定一批全国学会为"青托工程"实施单位，旨在引导、支持这些学会探索创新青年科技人才选拔培养机制，并通过学会遴选一批32岁以下的青年科技工作者（以下简称"被托举对象"）进行连续3年稳定的资助培养，帮助他们在创造力黄金时期做出卓越业绩，成长为国家主要科技领域高层次领军人才和高水平创新团队的重要后备力量，为建设世界科技强国、实现中华民族伟大复兴的中国梦提供人才保障。

中国粮油学会积极开展"青托工程"，重点托举培养粮食行业有潜力的"小青椒""小人物"，促使他们尽快成长为行业急需的人才，意义深远。这是中国粮油学会贯彻落实国家粮食局人才兴粮工程的具体举措，有效填补了现有粮食行业人才培养计划的空白，是粮油科技和产业发展的需求，是行业人才队伍建设的需要，也是中国粮油学会对青年科技人才挖潜方式、评价体系、培育模式探索的创新举措，更是拓展中国粮油学会服务科技工作者、服务创新驱动发展战略的新举措。

（二）中国粮油学会高度重视"青托工程"

中国粮油学会高度重视对青年人才的培养，自 2015 年起连续 3 年，坚持不懈地向中国科协申请"青托工程"项目，希望将粮食行业的"青托工程"列为国家计划。特别是2017 年申请第 3 期青托项目时，更是得到中国粮油学会领导的高度重视，并为此成立了专门的工作组，对申报立项、参加答辩等各个环节进行精心安排和周密部署。我有幸代表中国粮油学会亲自参加了现场答辩，通过自上而下的共同努力，我会脱颖而出，十分荣幸地获得了中国科协第 3 期"青托工程"立项支持，获批 2 个具有中国科协资助的托举名额。在申报中国科协"第 3 期青托工程"项目时，共有 105 个中国科协所属学会及联合体申请立项，经审核 89 家单位进入评审阶段（79 家单位参加现场答辩，10 家属于特殊科技领域，免答辩、信息非公开），最终成功立项 54 家（包括 10 家免答辩）；经专家推荐、学会遴选、人选公示等程序，中国科协共确定 328 名青年科技工作者人选第 3 期（2017—2019 年度）"青托工程"，其中由中国科协资助名额 200 人（包括特殊科技领域 50 人），自筹经费资助名额 128 人。由此可见，这个项目的申报成功和获得中国科协资助是来之不易的。

项目申报成功后，中国粮油学会把"青托工程"作为重点工作任务之一。为确保工程顺利开展，中国粮油学会确定了"导师和所在团队联合培养、所在单位大力支撑、个人自主进行科研设计"的选拔和培养模式，成立专门组织机构，制定了《中国粮油学会青年人才托举工程项目管理办法（试行）》《中国粮油学会青年人才托举工程项目经费管理办法》（以下简称《管理办法》）；2017 年 10 月中国粮油学会发送申报通知后，有关单位共推荐申报了 22 人，其中 20 人通过资格审查；随后，组织业内近 30 名资深专家完成了被托举对象的推荐与评选，包括专业组函评和现场答辩，最终通过专家打分、无记名投票，遴选出江南大学食品学院吴世嘉、韦伟 2 位副教授为"被托举对象"。

（三）认真做好"青托工程"，为行业培养青年尖端人才

1．切实发挥中国粮油学会培养和保障作用，确保项目顺利实施

中国粮油学会将严格按照中国科协要求和项目《管理办法》的规定，认真组织实施好

项目任务，开展好相关活动。一是要指导帮助"被托举对象"制订培养计划，为"被托举对象"创造条件、搭建培养平台，实施多样化培养模式。在培养导师的精心指导、所在团队和单位的大力支持下，确保"被托举对象"能够按照培养方案和目标，潜心研究、深入探索，促使"被托举对象"能够取得实实在在的进步，努力成长为品学兼优、专业能力出类拔萃、社会责任感强、综合素质全面、勇于创新的粮油科技领域高层次领军人才和高水平创新团队的重要后备力量。二是要强化中国粮油学会的过程监督和管理，并接受中国科协的监督，做好项目总体实施、经费使用、项目绩效及"被托举对象"的成长评估等工作，保证项目按计划实施，最终能顺利通过中国科协的审计、评估和验收。

2．努力加强"青托工程"的谋划力度，扩大品牌影响力

一是"青托工程"已得到国家粮食局的高度肯定和认可，国家粮食局人事司正在起草《关于人才兴粮实施意见》（以下简称《意见》），拟将"对入选中国科协青年人才托举工程人选的，优先列入青年拔尖人才培养计划重点培养"写入《意见》中。二是本期"青托工程"重点支持粮食加工、油脂加工和粮油储藏三个专业领域的青年科技人才，中国粮油学会将培养领域逐步覆盖到全行业。三是中国粮油学会将以"青托工程"为契机，建立"青年人才储备库"、设立"中国粮油学会青年科技奖"，广泛吸纳行业优秀青年人才，掌握青年人才资源，鼓励青年科技工作者奋发进取，促进青年科技人才健康成长。

3. 继续做好"青托人才"的托举工作

经研究，中国粮油学会将持续开展"青托工程"。一是中国粮油学会今年将积极申报中国科协第四期"青托工程"，并同时申请有中国科协资助和自筹资助的托举名额，扩大托举名额和专业领域；二是无论能否列入中国科协青托计划，中国粮油学会将积极筹措资金持续实施这项工程。

中国粮油学会将以"青托工程"为抓手，加大青年科技人才培养，持续为"被托举对象"做好服务。我们相信，经过多方齐心协力，共同奋斗，项目一定能取得实实在在的成效，为国家的创新驱动战略培养更多的优秀科技人才，"被托举对象"一定能早日成为我国粮油科技领域的领军人物和栋梁之材，为我国粮油科技的发展奉献青春、贡献力量。与此同时，促使"青托工程"项目能在粮油行业持续开展下去。

最后，预祝"启动仪式"圆满成功，谢谢大家！

五、实现产销双赢——谱写发展的新篇章
——在"第十三届全国粮油产销企业（春季）订货会暨全国粮油经销商联谊会"开幕式上的致辞

（2018 年 3 月 18 日于　山东泰安）

尊敬的各位领导、各位嘉宾、各位代表：

大家上午好！

律回春晖渐，万象始更新。在这春回大地、草长莺飞之际，我们相聚在这历史悠久、文化底蕴深厚的山东省泰安市，举办"第十三届全国粮油产销企业（春季）订货会暨全国粮油经销商联谊会"。在此，我谨代表中国粮油学会张桂凤理事长、代表中国粮油学会粮油营销技术分会对大家的到来表示热烈的欢迎，对本次会议的各支持单位、协办单位、宣传媒体以及全体工作人员表示衷心的感谢！

各位代表，过去的 2017 年是丰硕的一年。粮油行业认真贯彻党中央的方针政策，以粮油供给侧结构性改革为导向，以生产好粮油，满足粮油市场变化及需求为工作重点，取得了可喜成绩。在此期间。中国粮油学会粮油营销技术分会深入开展了全国粮油产销企业市场调研活动，在此基础上，开展了形式多样的，旨在更好服务行业与企业的活动，提升了中国粮油学会的服务水平，促进了粮油产销企业的健康发展。

2018 年是贯彻党的十九大精神的开局之年，是改革开放 40 周年，是决胜全面建成小康社会、实施"十三五"规划承上启下的关键之年，也是粮油行业深化改革、转型升级的攻坚之年。为促使粮油行业的健康发展，我们要根据粮食流通改革发展的总体要求，在习近平新时代中国特色社会主义思想指引下，坚持新发展理念，围绕实施国家"粮食安全"战略、"健康中国"战略，以供给侧结构性改革为主线，实现高质量发展。为此，中国粮油学会粮油营销技术分会决定举办本次订货会，以加强粮油产销企业之间的交流与沟通，促进粮油产销企业健康发展；深化粮油产销企业间合作关系，共同应对市场变化，实现产销双赢、行业进步的共同目标。

我相信，在大家的共同努力下，我们粮油行业一定会取得新的发展，一定会以新的姿态、新的步伐、谱写出新的壮丽篇章！

最后，预祝本次订货会圆满成功。谢谢大家！

六、辉煌的小麦分会十二载

——在"中国粮食行业协会小麦分会第一届全体理事会议"上的致辞

（2018 年 8 月 21 日　于陕西西安）

各位理事：

大家下午好！

今天我们在西安爱菊粮油工业集团有限公司召开"中国粮食行业协会小麦分会第一届全体理事会议"，本次会议主要是和各位通报一下明天召开的换届大会和小麦分会年会的筹备情况，同时也希望借这个机会让全体理事在一起多沟通、多交流，增进彼此的了解，积极参与小麦分会的工作。

多年来，在各位理事和企业家的大力支持下、在大家的共同努力下，小麦分会始终坚持一步一个脚印，踏踏实实，为推动行业进步，促进企业发展，做了大量工作，得到了大家的认可。时光荏苒，岁月如梭，12 年一个轮回，现在回想起小麦分会成立之初的景象还是历历在目。回顾小麦分会 12 年的工作，我印象最为深刻的是小麦分会办了 6 件大事：一是搭建合作交流平台，成功举办了第九届中国小麦和面粉产业年会；二是通过坚持不懈的努力，结束了面粉使用过氧化苯甲酰的历史；三是积极争取政策，实现了小麦粉加工企业所得税的减免；四是协调有关部门，实现了挂面增值税销项税由 17% 降到 13% 的转变，解决了因税率过高造成的长期制约挂面企业发展的老大难问题；五是参与了水分散失国家标准的制修订工作，为企业产品提供销售保障；六是加强了制粉行业人才队伍建设，组织编写制粉培训教材。上述工作都不是一蹴而就的，而是倾注了大家很多心血和精力，其间的艰难在座的各位都很清楚，即使如此，我们仍然锲而不舍地把小麦分会的工作积极向前推进，才取得了今天的辉煌成绩。可以说，这些成绩真正体现了小麦分会的价值所在，这也是小麦分会的凝聚力和向心力所在。当然，小麦分会工作绝不仅仅以上 6 件，由于时间关系，这里我就不一一展开说了，在明天的理事会上我将对小麦分会 12 年的工作做一个较为系统的回顾。

在此我简单向大家通报一下关于明天召开的换届大会的筹备情况。今年 3 月 23 日，小麦分会在河北邯郸召开了理事长办公（扩大）会议，听取和讨论了小麦分会第一届理事会工作报告（征求意见稿）；通过了小麦分会第二届会员代表大会筹备方案；成立了由我任组长，中国粮食行业协会任智副会长任常务副组长，丹志民、魏海金为副组长，甘的佺、蔡飞、孔金祥、吴秀芝、王凤成、刘跃进、陈克明为成员的第二届小麦分会理事会换届工作领导小组；会议提名了第二届小麦分会理事长、副理事长、秘书长单位名单。由我提名丹志民为第二届小麦分会理事长候选人，赵奕为第二届小麦分会副理事长兼秘书长候选人；任智副会长建议我担任名誉理事长，崔银太、李庆龙担任名誉副理事长。与此同时，会议还审议通过了2018年小麦分会工作计划和2018年（第十届）中国小麦和面粉产业年会实施方案，确定了分会换届大会和年会召开的时间，原则上于2018年8月在西安召开。

根据邯郸会议精神，小麦分会秘书处积极筹备换届相关工作，筹备工作卓有成效。7月25日在北京召开了小麦分会第二届会员代表大会换届工作领导小组工作会议，会议由中国粮食行业协会副会长任智主持，我、丹志民、魏海金等10名成员出席了会议。会议研究决定同意提名吕建生等90人为新一届小麦分会理事候选人；同意提名丹志民为新一届小麦分会理事长候选人；同意提名吕建生等33人为新一届小麦分会副理事长候选人；同意提名赵奕为新一届小麦分会秘书长候选人；会议议定小麦分会设立名誉理事长1名，名誉副理事长2名，顾问2名；同意提名王瑞元为小麦分会名誉理事长，崔银太、李庆龙为小麦分会名誉副理事长，李东森、郭祯祥为小麦分会顾问。会议议定建立小麦分会执行副理事长轮值制度，小麦分会秘书长、副秘书长实行聘任制，议定小麦分会会费收缴办法，严格按照中国粮食行业协会制定的会费收缴管理办法执行。会议指出，要根据实际情况进一步充实和完善理事会候选人，还通过了换届大会和年会有关事项，确定了2019年（第十一届）中国小麦和面粉产业年会由五得利面粉集团有限公司承办。

按照换届工作领导小组工作会议要求，根据各方面的建议和工作实际需要，小麦分会新增副理事长4人，他们分别是北京古船食品有限公司总经理助理王麒麟、武汉轻工大学食品科学与工程学院院长丁文平、新疆天山面粉（集团）有限责任公司董事长康万庭和中国粮食行业协会副秘书长（挂职）张学军；新增理事5人，他们分别是北京古船食品有限公司总经理助理王麒麟、布勒（无锡）商业有限公司工业制粉业务总监赵华明、《现代面粉工业》杂志社社长李彦光、中储粮成都储藏研究院有限公司总经理助理张华昌和中国粮食行业协会副秘书长（挂职）张学军。由于李东森、郭祯祥已提名为顾问，不再担任理事职务，因此目前总的理事人数为93人。为保证换届大会的顺利进行，我们起草了相关办法、制度和议案等文件，现在请各位理事抓紧时间过目。

各位理事，本次会议在西安爱菊粮油工业集团有限公司召开！对他们周到热情的接待表示衷心的感谢，谢谢大家！

七、迈上新台阶，开创新局面，取得新业绩

——在"中国粮食行业协会小麦分会第一届理事会"上的工作报告

（2018 年 8 月 8 日　于陕西西安）

各位代表：

中国粮食行业协会小麦分会第一届理事会于 2006 年 3 月通过选举产生，现已届满。现在受理事会委托，我向大会报告第一届理事会工作，并对今后的工作提出建议，请审议。

（一）第一届理事会工作回顾

中国粮食行业协会小麦分会（以下简称分会）自成立以来，在原国家粮食局和中国粮食行业协会（以下简称总会）的关怀领导下，在各省市粮食局、粮食行业协会和全体会员企业的大力支持下，高举中国特色社会主义伟大旗帜，以邓小平理论、"三个代表"重要思想、科学发展观和习近平新时代中国特色社会主义思想为指导，深入学习贯彻党的十八大，十八届三中、四中、五中、六中全会和党的十九大精神，坚持改革创新，奋力拼搏，以服务会员为宗旨，以促进小麦产业健康发展、保障小麦粉及小麦制品安全为中心任务，积极开展行业服务和行业自律，努力加强自身建设，重点做了以下几项工作。

1. 开展形式多样的行业交流活动

（1）凝心聚力，开好年会　分会连续 9 年先后在河南郑州、浙江杭州、安徽合肥、山东济南、江苏南通、河北石家庄、河南开封、四川成都、北京召开了中国小麦和面粉产业年会，就宏观经济形势、小麦产业政策、国内外小麦品种品质、新技术、新工艺、新应用等做了广泛的交流，对小麦和面粉产业所面临的新形势、新方向、新任务进行多角度、全方位地透视和剖析，成功举办了机械设备、检测仪器及相关产品的展示和交流。年会得到原国家粮食局、原农业部、原国家质量监督检验检疫总局、商务部等有关部委的大力支持，同时，原农业部连续 9 年为年会提供中国小麦质量报告，美国小麦协会、加拿大

小麦局、法国小麦协会等也分别提供该国的小麦质量报告，港澳台及国外同业组织积极参会，这是会员企业选择原料的重要依据，为企业的生产经营创造了有利条件。经过9年的努力，小麦和面粉产业年会不断成长，日趋成熟，逐渐成为小麦和面粉加工业实现又好又快、健康有序发展的交流平台，成为行业内一张不可或缺的名片。

（2）扩大交流渠道，促进产业发展　一是为了帮助会员企业扩大产品的市场覆盖面，减少流通环节，降低流通成本，让更多放心的粮油产品走进校园。组织会员企业参加由教育部和原农业部主办的全国"农校对接"洽谈会。会上，参展企业与高校后勤采购方直接进行洽谈，促进了产销对接，活动的组织得到了参会企业一致好评。二是积极参与国际同业组织的相关活动，为会员企业创造交流渠道，组织骨干企业走出去对外交流、进行技术培训，通过各类学术交流活动，使企业家对国外小麦市场趋势、粮油加工技术、物流和贸易有了进一步的了解，为今后的合作和企业的发展奠定了基础。

（3）举办竞赛，锻炼队伍　2014年4月16—17日，小麦分会成功举办了首届制粉工职业技能竞赛，来自全国的18支面粉加工骨干企业的54名参赛选手，经过操作技能和理论知识考试两个竞赛单元激烈的角逐，有6支代表队获得了"优秀团体奖"，18名选手获得了"优秀个人奖"，其中3名选手国家职业资格将由技师晋升为高级技师，6名选手国家职业资格将直接晋升为技师。首届制粉工职业技能竞赛是新中国成立以来在制粉领域开展的规模空前的一次技能盛会，此次竞赛充分调动了广大职工学技术、钻业务的积极性，进一步提高了制粉工操作技能，在全行业形成了"尊重知识、尊重技能、尊重人才"的良好氛围，掀起了全行业岗位练兵的热潮，推进了制粉行业高技能人才队伍建设和发展。

2. 及时反映企业诉求，解决行业实际问题

（1）通过坚持不懈的努力，结束了面粉使用过氧化苯甲酰的历史。针对粮油食品安全问题，结合我国小麦粉加工实际以及消费者对食品安全的需求，在听取各方意见的基础上，分会积极倡议在小麦粉加工中取消过氧化苯甲酰（增白剂）的添加，并与有关部门积极协调，先后两次组织全国百余家小麦粉加工骨干企业参与，联合发出了《禁止滥用面粉增白剂呼吁书》和《再次呼吁禁止在小麦粉中使用增白剂呼吁书》，此项呼吁受到了政府有关部门的高度重视，反映了消费者的心声。2011年2月11日由原卫生部、工业和信息化部、原国家质量监督检验检疫总局、原国家粮食局等7个部门联合下发的2011年第4号公告，"自2011年5月1日起，禁止在面粉生产中添加过氧化苯甲酰、过氧化钙，食品添加剂生产企业不得生产、销售食品添加剂过氧化苯甲酰、过氧化钙；有关面粉（小麦粉）中允许添加过氧化苯甲酰、过氧化钙的食品标准内容自行废止"。从此过氧化苯甲酰彻底退出了小麦粉加工的历史舞台。

（2）积极争取政策，实现了小麦粉加工企业所得税的减免。面对小麦粉加工企业生产

成本高、利润率低的情况，分会在总会的指导下，积极与有关部门沟通，将本行业特点、实际情况多次反映，最终将小麦粉列入农产品初级加工产品目录，2008 年《财政部 国家税务总局关于发布享受企业所得税优惠政策的农产品初加工范围（试行）的通知》（财税〔2008〕149 号）明确自 2008 年自 1 月 1 日起，小麦初级加工产品免征所得税。

（3）协调有关部门，实现挂面增值税由 17% 降到 13% 的转变。对于挂面生产企业进项税与销项税的不一致是企业急需解决的问题之一，根据企业多次反映的情况，在总会指导下，分会积极调研，提出相关意见和建议，积极向国家税务总局反映情况，2008 年 12 月国家税务总局发出公告，挂面增值税销项税由 17% 调整到 13%，解决了长期制约挂面企业发展的瓶颈问题。

3. 发挥桥梁纽带作用，积极向政府建言献策

（1）参与国家标准的制修订工作，为企业产品提供销售保障。组织行业内专家积极参与相关国家标准的起草和制修订工作，真实地反映行业内的情况和诉求，传达行业内的声音。根据小麦粉受季节、地域等影响而水分散失的特点，分会与北京市计量检测科学研究院、部分小麦粉加工企业共同合作，负责起草了《净含量变化较大的定量包装商品检验规则》，该规则目前已作为计量判定依据并且已在市场监督中采用，为广大的会员企业解决了冬季因产品水分散失造成净含量减少的行业难题。与此同时，分会还先后参与了《小麦》《小麦粉》《挂面》《食品安全国家标准 食品添加剂使用标准》等多个重要标准的制修订工作并出席了"食品安全国家标准规划（2011—2015 年）研讨会"，参与了相关规划的制定工作。

（2）培养制粉技能型人才，组织编写培训教材。为促进小麦粉加工业职业技能工作的开展，受原国家粮食局人事司的委托，总会承担了制粉工（技师）培训教程的编写任务，在人事司指导下，正式成立由粮食行业有关专家、学者和小麦加工企业高级专业技术人员共 16 人组成的"制粉工（技师）培训教程"和鉴定试题编写组，并于 2009 年完成了《制粉工（技师、高级技师）》职业技能培训教程及其题库的编写工作。《制粉工（技师、高级技师）》粮食行业职业技能培训教程于 2011 年 9 月份正式出版上市。

（3）发挥参谋助手作用，为国家主管部门献计献策。多年来，分会在总会的领导下，发挥参谋助手的作用，多次为粮食主管部门制定行业规划、小麦产业政策提供行业素材，反映基层企业声音。同时分会配合总会对商务部反垄断局完成对相关领域的反垄断审查意见，参加了商务部反垄断局召开的救济措施立法座谈会，并对《关于经营者集中附加限制性条件的规定》提出了相关建议。

4. 全面加强行业人才队伍建设

（1）发挥协调作用，畅通培训渠道 2012 年组织赴瑞士参加小麦粉加工技术与管理

培训，通过此次活动，大家一致认为，真正感受到瑞士技术管理的先进，产业化程度高，并且找到了我们在管理、加工、设备和技术上的差距，在创新能力上的不足。对企业利用先进技术、转变管理方式、确立新的发展模式有了新的启发，为我国制粉企业发展拓宽了思路，一是促进了面粉及面制品加工业工业化与信息化的高度融合；二是鼓励企业融合，确保"餐桌"安全；三是坚持走创新之路；四是改变方式，节能环保引领安全消费。

（2）立足发展，组织培训　根据《全国粮食行业中长期人才发展规划纲要（2011—2020年）》精神和原国家粮食局职业技能培训鉴定工作计划，分会先后举办了2期制粉工（高级）职业技能培训班和5期制粉技师职业技能培训班，共有41人获得制粉工（高级）职业技能证书，通过率为87.2%；119人获得制粉技师职业技能证书，通过率为94%。通过培训使学员的理论知识和实际技能得到有机结合，为企业的健康可持续发展奠定更加坚实的基础。

5. 大力培育小麦加工骨干企业和知名品牌，带动行业、区域经济发展

（1）培育小麦粉、挂面知名品牌　积极推动品牌战略，帮助企业争创名牌产品，配合总会进行了小麦粉、挂面品牌创中国名牌的培育和申报工作，经过多方努力，2007年使挂面产品列入了中国名牌评审目录，先后有29个小麦粉生产企业的产品和8个挂面生产企业的产品被授予"中国名牌"称号。分会还积极协助30多家小麦粉、挂面企业向原国家工商行政管理总局申报"中国驰名商标"。据不完全统计，至今全国已有34个小麦粉、挂面商标被认定为"中国驰名商标"。

（2）以品牌为抓手，带动区域产业发展　为进一步在行业内弘扬诚信经营和企业可持续发展的理念，2012年分会决定在会员范围内开展争创百年小麦粉、挂面企业的活动，采取在年会上授牌的方式，以"成熟一个命名一个"为原则。经过行业内调查，目前已有4家企业确认了百年的发展历史，授予"百年面粉厂"称号。为了最大限度地发挥品牌优势，促进企业做大做强，根据地方、企业的申请，分会在调查研究的基础上，协助总会先后授予五得利面粉集团有限公司"面业之冠"荣誉称号，命名夏津县人民政府为"中国面粉大县"，命名亳州市人民政府为"中国面粉加工强市"，命名萧县人民政府为"中国面粉加工强县"，命名南县人民政府为"中国挂面之都"，命名新乡市为"中国优质小麦产业化强市"，命名延津县为"中国优质小麦产业化示范县"，命名焦作市为"中国优质高产小麦之都"。

6. 配合总会做好相关工作

（1）开展重点小麦加工企业专项调查　总会从2010年开始开展对重点粮油企业专项调查的工作。在总会的领导下，分会为了更好地支持重点小麦粉、挂面企业发展，推动企

业加快转变发展方式，整合提升做大做强，配合总会开展了此项工作。根据调查结果，公布了小麦粉"50强"和挂面"10强"的企业名单，在全行业和消费者中树立了小麦加工骨干企业形象，提高了企业的知名度，并帮助"50强""10强"企业向有关部门推荐驰名商标或科研技改项目等。

（2）创建示范企业，引领行业发展　根据总会开展"放心粮油"工程的总体部署，分会积极配合总会开展"放心粮油"产品认定及小麦粉加工和挂面示范企业的创建工作，至2017年末认定了六批全国小麦粉及挂面示范加工企业共301家，占粮食行业示范加工企业总数的24%。同时，为进一步提升示范企业的经营管理水平，分会结合示范企业情况配合总会先后制定了《放心粮油示范企业试点工作实施办法》《放心粮油示范企业质量安全诚信公约》《放心粮油示范加工企业和示范主食厨房质量安全管理规则》《放心粮油示范企业信息报送制度》《放心粮油示范企业经营服务规范》等行规行约，为企业实现标准化生产、规范化经营、精细化管理提供了制度保证。

（3）不断总结扩大交流，积极宣传引导消费　配合总会先后在苏州、太原、西安、天津、贵阳、长春、南昌召开了全国"放心粮油"进农村、进社区经验交流会，总结交流了多年来实施"放心粮油"工程，推进"放心粮油"进农村、进社区的先进经验和做法，听取了各省市区粮食局、粮食行业协会及典型企业的经验介绍，有效地促进了各省市"放心粮油"工作的开展；配合总会组织企业开展"放心粮油宣传日"活动。经过多年努力，2012年国务院食品安全委员会办公室等多个部委联合发文将"放心粮油宣传日"列为"全国食品安全宣传周"活动的重要内容，通过宣传增强了企业和消费者的质量意识、食品安全意识，扩大了"放心粮油"工程的社会影响，增强了小麦加工企业的社会责任感。

（4）积极推动信用体系建设，探索诚信经营途径　经商务部和国务院国有资产监督管理委员会批准，总会作为开展行业信用评价试点协会之一，自2009年开始进行信用评价试点工作，制定了《粮油行业信用评估实施办法》。根据总会的要求，分会积极配合总会开展信用评价工作，经企业自愿申请和省级粮食行业协会审查推荐，并经中国粮食行业协会和第三方评价机构严格评价，先后认定A级以上小麦粉加工试点企业54家。为了更好地规范企业的生产经营，制定了《小麦粉加工企业生产经营档案示范文本》，完善了企业的各项管理制度。此项工作的开展，是对小麦粉加工企业诚信经营、打造放心品牌、提高信用水平的有效尝试，同时也为加强小麦粉加工行业信用体系建设做了有益探索。

7. 努力加强分会自身建设

加强分会的组织建设是做好分会工作的基础。分会在不断完善现有制度的同时，致力于分会会员的管理与发展，几年来共发展会员300余家，会员单位囊括了小麦粉加工企业、制粉机械制造企业、检验检测仪器设备厂家和粮食行业大专院校和科研单位，其中大部分为小麦粉加工的骨干企业，具有很强的行业代表性。

8. 积极开展调查研究

配合总会先后参与了原国家粮食局赴山西、陕西对主食产业化和"放心粮油"工程开展情况进行的专题调研考察。先后参与了国家粮食产业"十一五""十二五"发展规划的编写和调研工作；与原国家粮食局人事司赴上海、江苏、安徽等地对我国粮食产业人才队伍建设进行调研；参与了《中华人民共和国粮食法》赴湖南、山西的调研工作；赴宁夏、陕西两省（区）就推进"放心粮油"工程，保障和服务改善民生情况进行专题调研；赴安徽省就粮油加工业发展情况和粮食行业社会组织建设情况进行调研；赴新疆开展"一带一路"粮油加工、粮油贸易专题调研；赴吉林、黑龙江、贵州、四川、山东五省进行落实总会五届五次理事会要求和改进工作作风专题调研。

各位代表，多年来，分会工作取得了一定成绩，这些成绩的取得，离不开总会的指导和关怀，离不开全体会员单位的支持和配合，也离不开分会全体工作人员的共同努力，在此，我代表中国粮食行业协会小麦分会向所有关心和支持分会工作的领导和同志们表示衷心的感谢！

（二）对第二届理事会工作的建议

回顾12年来分会的工作，主要有以下几点体会：一是必须坚持服务宗旨，"为会员服务、为行业服务、为政府服务"是分会立会之本；二是必须紧密联系和依靠广大会员企业和各级粮食行政主管部门、粮食行业协会，这是协会的力量之源；三是必须不断改革创新，调整服务方向，开发服务能力，培育核心竞争力；四是必须保持规范运作。健全组织机制和管理规范，坚持依法治会，坚守行业责任，勇于担当，树立分会品牌形象。

当前，总会脱钩试点工作取得阶段性成果。2017年8月2日在五届五次理事会议暨五届五次常务理事会议上，中粮集团总裁于旭波当选总会会长，这是总会实行企业家办会召开的首次理事会，全面拉开了总会改革发展的序幕。党的十九大，前所未有的重视社会组织工作，习近平总书记在十九大的报告中，在协商民主、社会治理、环境治理、基层组织建设、发展党员五个方面都提到了社会组织。这五处关于社会组织的重要论述，是新时代协会改革发展的行动指南和根本遵循。党的十九大站在新时代的大背景下，创造性地提出了一系列新观点、新论断、新要求，体现了党中央对社会组织在新时代展现新气象、贡献新力量的殷切希望，极大地振奋了协会改革发展的信心和决心。分会面对新形势、新任务，要顺应要求，迎接挑战，从实际出发，增强自强、自立、自律意识，激发内生动力和内在活力，始终坚持市场化改革方向，以服务为宗旨，勇于探索实践，不断扩展服务内容，创新服务形式，提高服务水平，推动行业健康发展，为全面建成小康社会、实现中华民族伟大复兴的中国梦而共同奋斗。

为使小麦分会在新时代有新的作为，建议分会第二届理事会继续抓好以下五方面的工作。

1. 继续坚持服务宗旨，加强行业自律，认真搞好行业培训，提高服务功能

分会要始终坚持服务宗旨，全心全意为会员企业服务、为行业发展服务、为国家粮食安全服务，围绕中心，服务大局，在国家粮食宏观调控与粮食企业经营发展之间很好地发挥了参谋助手作用和桥梁纽带的作用。

2. 深入推进质量品牌提升工程，抓好"放心粮油"工程，加强信用企业建设

要大力推动质量品牌提升工程，要继续以"放心粮油"工程为抓手，创建"放心粮油"示范企业，完善"放心粮油"网络体系建设，继续做好重点粮油企业专项调查，要在培育骨干加工企业、加强行业信用体系建设、增强企业诚信意识、促进企业转型升级与做大做强等方面发挥推动和促进作用。

3. 深入调查研究，拓宽服务领域

要进一步开展重大课题的研究。围绕全行业战略性、前瞻性问题以及一些热点、难点问题，开展调查研究，在理论和实践两个层面总结行业改革和发展经验，提供有价值的调研报告，为会员单位提供帮助，为政府决策提供参考。要把拓宽服务领域的重点放在会员单位迫切需要解决又难以单独解决的问题上，以提高服务的针对性。

4. 推动落实"一带一路"倡议，广泛参与国际合作

要全面加强与"一带一路"沿线国家和农产品出口国政府、知名国际粮农组织和粮油食品企业的联系和交流，组织专业交流考察团赴国外考察，学习交流国外先进的管理经验，洽谈合作项目，为会员企业提供有针对性的国际业务服务。

5. 努力加强分会自身建设

要继续完善分会各项工作制度，创新观念，使更多的面粉加工企业进入分会的大家庭，增强分会各项工作的主动性、积极性和有效性。加强分会内部建设，建立岗位责任制，坚持学习与工作两手抓、两不误，不断提高工作人员的政治素质和业务水平，提高工作效率和工作质量。

同志们，2018年是贯彻党的十九大精神的开局之年，是改革开放40周年，是决胜全

面建成小康社会、实施"十三五"规划承上启下的关键之年。中国粮食行业协会小麦分会第一届理事会的任务已经圆满完成，我相信在中国粮食行业协会的领导下，新一届理事会一定会全面贯彻党的十九大精神，始终坚持以习近平新时代中国特色社会主义思想为指导，积极开展工作，促进行业持续稳定发展。让我们不忘初心，牢记使命，迈上新台阶，开创新局面，取得新成绩，为促进全行业持续发展做出新的更大的贡献。

以上报告，请予审议。谢谢大家！

八、对我国粮油加工业在新时代新发展的思考

——在"2018（第十届）中国小麦和面粉产业年会暨中国小麦制品及机械设备展示会"上的致辞

（2018 年 8 月 22 日　于陕西西安）

各位领导、各位专家、各位企业家：

大家好！

很高兴来到美丽的古都——西安，参加由中国粮食行业协会小麦分会主办的"中国粮食行业协会小麦分会第二届会员代表大会、2018 年（第十届）中国小麦和面粉产业年会暨中国小麦制品及机械设备展示会"，与大家一起展望我国小麦和面粉行业的美好未来。

本次会议以"新时代、新征程、新作为、新突破"为主题，围绕小麦产业高质量发展和践行"一带一路"倡议进行深入研讨。在此我以《对我国粮油加工业在新时代新发展的思考》为题，讲点自己的学习心得。

粮油加工业是关系到国计民生和国民健康安全保障、产业关联度高、涉及面广的民生产业。充分发挥粮油加工业对粮食产业发展的引擎作用和对粮食供求的调节作用，加快发展现代粮食产业经济具有十分重要的意义。为了使我国粮食加工业在新时代有新的发展，我们要全面贯彻党的十九大精神，以习近平新时代中国特色社会主义思想为指导，进一步贯彻《国务院办公厅关于加快推进农业供给侧结构性改革，大力发展粮食产业经济的意见》和全国《粮油加工业"十三五"发展规划》《粮食行业"十三五"发展规划纲要》，坚持新时代、新需求、新发展理念，围绕实施"健康中国"战略，通过供给侧结构性改革，实现粮油产品的优质、营养、健康和企业的转型高效发展，为此，我认为在新时代我国粮油加工产业要有新的作为、新的发展，应该在以下几个方面做好工作。

（一）要认真做好粮食行业供给侧结构性改革，提高安全、优质、营养、健康粮油食品供给能力这篇大文章

在党中央、国务院的英明领导下，近年来我国粮食连年丰收，加上通过有效利用国际市场，为保障国家粮食安全、促进经济社会发展奠定了坚实基础。当前，我国粮食供给已

由总量不足转为结构性矛盾，库存高企、销售不畅、优质粮食供给不足、深加工转化滞后等问题突出。为解决这一突出问题，必须加快推进粮食行业供给侧结构性改革。

我国全面建成小康社会就在眼前。随着我国经济的持续向好发展，人们生活更加富裕，生活水平不断提高，人们对粮油食品的要求越来越高，在告别了粮油计划供应、有啥吃啥的年代后，要求在吃得安全、吃得好的基础上吃得更加营养、更加健康。

为满足全面建成小康社会和城乡居民消费结构升级的需要，粮油加工企业要积极调整产业、产品结构，加快提高安全、优质、营养、健康粮油食品的供给能力；要增加满足不同人群需要的优质化、多样化、个性化、定制化粮油产品的供给；要增加优质米、食品专用米、专用粉、专用油和营养功能性新产品以及绿色、有机等"中国好粮油"产品的供给；要大力发展全谷物食品，增加糙米、全麦粉、杂粮、杂豆、薯类及其制品和木本特种食用油脂等优质、营养、健康中高端产品的供给；要提高名、特、优、新产品的比例，充分发挥"老字号"的品牌效应等。总之，在新时代，粮油加工企业要把深入推进粮食行业供给侧结构性改革，提高安全、优质、营养、健康粮油食品的供给能力作为首要任务，以助力"健康中国"建设。

（二）要始终坚持质量安全第一

粮油加工企业要坚守食品安全底线，把产品质量安全放在第一位，并在保证质量安全的前提下，把适口、营养、健康、方便作为今后的发展方向。要按照食品安全、绿色生态、营养健康等要求，完善原料采购、检验、在线检测和成品质量检验，建立"从田间到餐桌"覆盖生产经营全过程的粮油质量安全信息追溯体系，确保粮油产品质量安全万无一失。

要继续提倡适度加工，最大程度地保存粮油原料中固有的营养成分，防止过度加工；要科学制修订好粮油的国家标准、行业标准和团体标准，规范和引领粮油加工业的健康发展；要广泛进行科普宣传，引领科学消费、合理消费、健康消费。

（三）要重视发展粮食循环经济，搞好资源的转化和副产物的综合利用

要针对不同时期粮油资源的实际，搞好粮油资源的加工转化。当前，根据玉米、稻谷库存高企的实际情况，粮油加工企业要积极发展玉米等粮食深加工，促进库存陈粮深加工转化，为去库存做贡献。根据国办发〔2017〕78号文件精神，要着力处置霉变、重金属超标、超期储存粮食等问题，适度发展粮食燃料乙醇，推广使用车用乙醇汽油，探索开展淀粉类生物基塑料和生物降解材料试点示范，加快消化政策性粮食库存。

要依托大型骨干企业，大力开展米糠、碎米、麦麸、麦胚、玉米芯、饼粕等副产物综合利用，提高资源利用价值。尤其是要搞好米糠的利用，根据规划，争取到 2020 年，我国米糠制油的利用率由 2015 年的 15% 左右提高到 50% 以上，为国家增产油脂。

（四）要大力推进主食产业化

为适应人们生活水平进一步提高和生活节奏加快的需要，粮油加工企业要把发展主食品生产看作粮食行业推进供给侧结构性改革，调整产业结构的重要组成部分，是粮油加工业向精深加工延伸，是方便百姓、企业增效的有效途径。为此，要积极开发适合不同群体需要、不同营养功能、不同区域特色的优质米、面制品，诸如优质米粉（米线）、米粥、米饭、馒头、挂面、鲜湿及冷冻面食等大众主食品和具有区域特色主食品种及品牌，与此同时，要积极开发玉米、杂粮及薯类主食制品的工业化生产，以丰富市场满足不同人群的需要。要开展主食产业化示范工程建设，推广"生产基地 + 中央厨房 + 餐饮门店""生产基地 + 加工企业 + 商超销售""作坊置换 + 联合发展"等新模式；要保护和挖掘传统主食产品，增加花色品种；要鼓励和支持开发个性化功能性主食产品。根据规划，争取到 2020 年，主食产业化率由 2015 年的 15% 提高到 25%。

（五）要优化调整产业结构

要根据优胜劣汰的原则，继续培育壮大龙头企业和大型骨干企业，支持他们做大做强、做优做精，引导和推动企业强强联合，跨地区、跨行业、跨所有制兼并重组，积极采用先进技术与装备，成为产品质量高、能耗粮耗低、经济效益好、新产品开发能力强的国家级、省级龙头企业；鼓励有地方特色、资源优势的中小企业积极提升技术装备水平和创新经营方式，主动拓展发展空间，形成大、中、小型企业合理分工、协调发展的格局；要强化食品质量安全、环保、能耗、安全生产等约束，促进粮油加工企业加大技术改造力度，倒逼落后加工产能依法退出；支持粮油加工产业园区或集群建设，促进优势互补。

（六）要重视安全文明、清洁环保和节能减排

粮油加工企业要继续强调必须加强安全生产、清洁生产和文明生产，做到绿色生产、节能减排、保护环境。要把安全文明生产、绿色生产、保护环境和节能减排等作为粮油加工业发展的永恒主题。要以绿色粮源、绿色食品、绿色工厂、绿色园区为重点，建立绿色粮油产品供应链；要鼓励粮油加工企业建立绿色、低碳、环保的循环经济系统，降低单位

产品能耗和物耗水平。推广"仓顶阳光工程""稻壳发电"等新能源项目，促进产业节能减排、提质增效；要按国家和地方相关规定，严格控制废水、废气、污水及灰尘、粉尘的排放。认真做到单位工业增加值二氧化碳排放下降、单位工业增加值能耗下降和主要污染物排放总量减少等指标，达到国家和地方相关规定的要求。

（七）发展新业态，创新现代营销模式

近些年来，随着互联网、物联网技术的日臻成熟和快速发展，改变了商品的传统营销模式。为此，粮油加工企业要积极推进实施"互联网＋零售"行动，开展在线销售、原料采购等活动，发展"网上粮店"，推广"网订店取""网订店送"等零售新业态、新模式，促进线上线下融合发展，创新现代营销模式。

（八）要实施创新驱动，科技兴粮

创新是引领发展的第一动力，党中央、国务院高度重视科技创新。习近平总书记指出："纵观人类发展历史，创新始终是一个国家、一个民族发展的重要力量，也始终是推动人类社会进步的主要力量。不创新不行，创新慢了也不行。"为认真实施创新驱动发展战略，在全国《粮油加工业"十三五"发展规划》和《粮食行业科技创新发展"十三五"规划》中提出，要"强化企业技术创新的主体地位"和"强化产业技术原始创新能力以及国产装备的自主创新能力"。由此可见，拥有自主知识产权的核心技术是创新中的核心。

根据粮油加工业的实际，我认为当前的创新重点应该放在以下三个方面。

一是要研究开发粮油加工业的新技术、新工艺、新材料、新产品、新装备，以进一步提升我国粮油加工业的整体水平。

二是要重视关键技术装备的创新研发。粮机装备制造业，要以专业化、大型化、成套化、智能化、绿色环保、安全卫生、节能减排、节粮减损为导向，发展高效节粮节能营养型大米、小麦粉、食用植物油、特色杂粮和薯类等加工装备；提高关键设备的可靠性、使用寿命和智能化水平；支持建立高水平的粮油机械装备制造基地；鼓励研发全自动主食方便食品加工、特色杂粮和薯类加工、木本油料加工、饲料加工成套设备；鼓励研发定制机器人应用、智能工厂、立体仓库；鼓励研发粮食收购现场质量品质快速检测及质量控制设备、智能仓储及输送、烘干等关键设备。

三是要发挥品牌的引领作用。要加强粮油品牌建设的顶层设计，通过质量提升、自主创新、品牌创建、特色产品认定等，培育出一批像鲁花、金龙鱼、福临门等具有自主知识产权的、家喻户晓的、有较强市场竞争力的全国性粮油名牌产品。

（九）践行"一带一路"倡议，实施"走出去"战略

支持有条件的企业，加强与"一带一路"沿线国家，尤其是上海合作组织成员国，在农业投资、贸易、科技、产能、粮油机械装备等领域的合作。通过"走出去"，培训一批具有国际竞争力的大粮商和粮油企业集团，支持在农业生产、加工、仓储和港口等环节开展跨国全产业链布局，逐步建立境外粮油产销加工储运基地。在造福当地百姓的同时，提高我国"走出去"企业的国际市场竞争能力和资源供给保障能力。

以上学习体会，供大家参考，不当之处请批评指正。

谢谢大家！

九、新征程、新作为、新辉煌

——在"中国粮油学会粮油营销技术分会第三届会员代表大会暨粮油营销技术高峰论坛"上的致辞

（2018 年 9 月 13 日　于江西南昌）

尊敬的张桂凤理事长，各位领导、专家、企业家：

大家上午好！

今天我们高兴地相聚在历史名城——江西南昌，参加"中国粮油学会粮油营销技术分会第三届会员代表大会暨粮油营销技术高峰论坛"。本次会议在中国粮油学会的关心支持下，经过半年多的精心准备，今天如期召开了。借此机会，我代表中国粮油学会粮油营销技术分会（以下简称分会），热烈欢迎各位领导、专家、代表在百忙之中来到南昌参加这次盛会，并向关心支持本次大会的领导、专家教授、企业家和全体与会代表致以衷心的感谢和崇高的敬意！

各位代表，在今天召开的"中国粮油学会粮油营销技术分会第三届会员代表大会"上，我们将总结和审议分会成立 12 年来的工作（含第二届理事会），选举产生分会第三届理事会及新的领导机构。自 2006 年以来，分会在中国粮油学会的领导和关心下，在全体理事和全体会员的共同努力下，团结和组织广大企业和粮油营销科技工作者，坚持围绕"三个服务"和粮油营销的中心任务积极开展活动。12 年来，在坚持不懈打造行业品牌展销订货会、适时召开秋季粮油产品专题展示交流会，举办面粉技术新工艺、新装备推广会和市场形势及粮油行情分析会；积极开展业内品牌调研和培训工作、为企业开展个性化服务等诸多方面做了大量工作，使分会从弱到强，从小到大，取得了卓越成绩。我们坚信，在即将选举产生的新一届理事会的带领下，在大家的支持下，分会的工作一定会取得新的辉煌！

各位代表，本次大会除了在开好"中国粮油学会粮油营销技术分会第三届会员代表大会"的同时，还将举办"粮油营销技术高峰论坛"，邀请业内知名专家就当前国内外粮油市场的走势、粮油企业在经营中遇到的问题与对策、粮油品牌建设及粮油营销技术等大家关注的热点进行交流，以利行业健康发展。

各位代表，本次会议在南昌召开，会议得到了协办单位五得利面粉集团有限公司、承办单位中国粮油发展网、易口粮粮油产销服务平台的鼎力相助，对此，我代表全体与会代表向他们表示衷心的感谢！

预祝大会圆满成功，谢谢大家！

十、为前进中的粮油营销技术分会点赞

——在"中国粮油学会粮油营销技术分会第二届理事会"上的工作报告

（2018 年 9 月 13 日　于江西南昌）

各位代表、同志们：

2006 年 11 月中国粮油学会粮油营销技术分会（以下简称分会）成立，至今已经 12 年。12 年来，在中国粮油学会的领导下，依靠广大会员，牢记为会员、为粮油行业服务的宗旨，扎实开展工作，分会得到稳步的发展，根据中国科学技术协会的规定和中国粮油学会的要求，2010 年分会进行了换届工作。回顾分会成立后发展的历程，总结 12 年以来的工作，发扬优点，克服不足，保证分会继续稳步、健康的发展。

现在，我受分会第二届理事会的委托，向大会作工作报告，请各位代表审议。鉴于分会在 2010 年的第二届换届大会上没有作工作报告。因此，今天的报告包括了分会成立 12 年来的工作内容。

（一）成立中国粮油学会粮油营销技术分会是粮油行业发展的需要

2006 年 2 月，康寿福、王衍生、张国全、赵光明、于俊波五人拜访中国粮油学会（以下简称学会），学会领导热情接待了他们并进行了座谈。学会领导介绍了学会的情况、架构、工作重心和日常工作；他们向学会领导介绍了粮油市场的情况及工作中遇到的问题，表达了希望学会能成立相应的组织以规范销售市场、维护经销商权益的诉求。之后学会专门分析了粮油行业的形势。认为，从新中国成立后至改革开放前，国家一直实行计划经济的方针，粮食行业实行的是更加严格的统购统销政策。改革开放以后国家推行社会主义市场经济政策，但是由于长期受计划经济的束缚，企业的市场观念淡薄，依然习惯于不找市场找市长。企业对营销是企业经营的重要环节缺乏足够的认识。为此，学会认为适时采取措施增强行业的市场意识；树立营销是企业经营的重要环节的理念；普及营销知识，总结、推广营销经验是十分必要的。

经理事长办公会研究决定，成立中国粮油学会粮油营销技术分会，同时决定成立分会筹备组，由我担任组长，康寿福、王衍生、王学德、张国全、赵光明、于俊波（兼秘书长）为组员，启动分会成立的筹备工作。其间，时任学会副秘书长的王学德同志负责起草了分会章程，及上报中国科学技术协会和国家民政部的相关文件。王衍生同志为分会提供了注册地址，成为分会的初期办公场所。在学会的关怀指导下，分会于 2006 年 11 月宣告成立。时任中国粮油学会理事长的朱长国同志，秘书长胡承淼同志出席分会成立大会，并作了重要讲话。从此，中国粮油学会又增加了一个分支机构——中国粮油学会粮油营销技术分会。

（二）分会 12 年来所做主要工作

1. 坚持不懈打造行业品牌展销订货会

分会成立后，面临一个工作从何处入手的问题，一是从有关营销理论交流入手，二是通过营销形式让会员从中受益，进而增强分会凝聚力的方式入手。分会经过调研，充分征求会员意见，决定举办让产销直接见面的展销订货会，以这种大型集体营销的方式打开了分会的工作窗口。经过精心细致的筹备。第二届全国粮油产销企业（春季）订货会于 2007 年 3 月 19—21 日在江苏徐州国际会展中心开幕。会议得到了分会副会长单位安徽皖王面粉集团有限公司的鼎力支持。副会长单位北京旗舰食品集团有限公司派出员工专门为会议服务。由于准备充分，大会开得非常成功；参会人数超过 2000 人，每个参会者都有收获，青岛的一家面粉企业领导人找到分会领导十分激动地说："这个会展开得好，我已经拿到了全年 80% 的订单，你们一定要坚持每年开"。山东德州的一个年轻的面粉企业（山东宁津豪康制粉有限公司）经营者，入会前刚刚建设了一个日处理 500 吨小麦的面粉车间，他们正在为如何把面粉销售出去而一筹莫展，于是他们抱着试试看的心情参加了会议，经过学会的牵线搭桥，在会上结识了各地经销商，为他圆满解决了面粉的销售问题。后来这个企业一直经营良好并且又扩大了生产规模。这位企业负责人多次表示"是订货会促进了企业的健康发展"。从此分会把展销订货会定为分会每年一次的例会，时间定在春季有传统意义的农历"二月二龙抬头"的日子。展销会先后在江苏省徐州市，山东省德州市、济南市等地连续举办十二届，其规模已达到万余人次，订货量 400 余万吨。历年的展销会始终得到五得利面粉集团有限公司、青岛海科佳电子设备制造有限公司、湖北安琪酵母股份有限公司等单位的大力支持。该会议经 12 年的历练和开拓创新，摸索总结出来一套办展经验，正如学会张桂凤理事长所评价的那样："展销会已成为享誉粮油界的知名品牌。这是企业家、专家交流的平台；企业间、地区间合作的桥梁；企业管理者经营理念提升的课堂，是创新驱动地方经济发展的具体体现，彰显了满满的正能量。"

2. 根据地方和企业要求，适时召开了小型的产品专题展示会

经过多年的摸索，专题展示会既满足了地方、企业的要求也扩大了分会的影响。12年来，分会先后在黑龙江牡丹江（2008 年）、黑龙江哈尔滨（2009 年）、安徽亳州（2010年）、山东枣庄（2011 年），浙江杭州（2012 年）、山东聊城（2013 年）、湖北武汉（2013 年）、湖南长沙（2014 年）、黑龙江哈尔滨（2015 年）、四川遂宁（2015—2017年）等地成功召开了多次有影响、有特色的秋季研讨和产品展示会，成为春季会议的有力补充。

3. 坚持粮油营销技术的普及推广工作

粮油营销技术的普及推广是分会的主要工作之一，分会十分重视。每年春季的全国粮油产销企业订货会就是分会集中向会员、向业界普及推广的契机和场所。每次会议前分会都邀请业内外学者到会举办讲座，邀请在营销方面取得显著成绩的企业代表到会介绍经验，先后邀请了清华大学、中国人民大学、中国农业大学等 10 余所国内著名学府专家学者到会演讲；邀请了何佛燊、虞平、刘卧虎等业内多家经销商到会介绍经验。这些做法都取得了很好的实效，获得了会员的好评。

4. 开展业务咨询，为企业开展个性化服务

分会自成立以来一直坚持"为会员服务、为行业服务"的宗旨，帮助企业解决在经营及技术方面遇到的难题，先后帮助山东宁津豪康制粉有限公司、山东洪丰面粉有限公司、河南一加一天然面粉有限公司、安徽淮北兴海面粉有限责任公司、聊城鲁信粮食制品有限公司、河南中鹤现代农业产业集团有限公司、河南京派面粉公司等企业组织了产销对接会，并为企业在销售策略和市场布局方面进行了深入剖析和定位。

5. 举办面粉技术新工艺、新装备推广会，提高行业整体水平

在积极开展多方面、多角度的市场分析和调研，进一步了解市场需求的基础上，分会将服务工作内容和方式方法又进一步地拓展，从而提升面粉企业加工技术装备水平、产品研发能力和提升企业竞争力；为实现制粉装备、检测化验设备、面粉添加剂与面粉加工的对接与交流，了解行业发展形势，共同促进小麦和面粉产业的发展。以共享、合作、创新、发展为主题，分会曾多次举办中国面粉产业发展论坛，为提高面粉企业技术水平和产品研发能力、提升企业市场竞争力做了许多卓有成效的工作。

6. 举办市场形势和粮油行情专题分析会，辅以不定期发布粮油行业信息，为企业经营提供参考

每年的春季订货会，同时也是全国粮油市场形势分析会、粮油商品价格走势的研讨会。每次会议分会都邀请国家粮油信息中心、郑州粮食批发市场、中粮集团、中国储备粮管理集团有限公司等权威机构和大型企业的信息部门的领导或专职研究人员到会演讲，介绍国际国内经济形势，国际国内粮油生产、库存形势及粮油价格走势等，提供详尽的相关数据为企业的经营决策提供依据，受到了会员的欢迎和好评。

7. 开展业内品牌调研和培育工作

（1）组织一系列评价考核活动　依据分会的"工作条例"及相关的"办法"，本届理事会在产品展示期间开展了"金奖产品""优秀粮油经销商"等的评价考核活动。

在总结产销对接服务经验的基础上做到创新发展，着力提高学术交流的水平、层次和效益。2016年分会开展了中国面粉市场百强品牌的调研活动，通过综合评审评选了五得利、中粮、益海嘉里等百强品牌（附件1~附件10）。从而对行业状况、产销变化和品牌的市场分布及占有率有了更深入的了解和掌控。

（2）深入开展全国粮油产销企业市场调研活动　为更好地服务粮油行业，深入、细致地了解粮油产销企业的现状与发展需求，分会开展了以"粮油营销万里行"为主题的粮油市场调研活动，分别对主产区和主销区粮油市场进行了深入调研，对我国面粉加工企业的生存环境有了更准确的了解，对我国主销区的市场分布情况有了更全面的把握。

（三）主要工作经验

1. 不断解放思想、与时俱进引进跨界理念，开创性地开展工作

分会根据性质定位应该是学术性的团体，但是分会认识到在国家改革开放大力发展经济的大形势下，学术团体不能简单地从学术到学术，必须为经济建设服务，让会员感到参加分会的活动能受益有提高。我们认识到，要想让分会有生命力、有向心力，必须解放思想，与时俱进，从单纯的学术领域跨界进入经济领域；举办活动要使企业能在经营上受益，其间必须做好经济活动与学术活动相结合，使会员企业心甘情愿地参加活动，从而增强凝聚力，使分会发展壮大。

2. 适时完成经销商与生产企业并重两个转变，提高了分会的素质

做好两个转变。一是思想转变，分会成立之初，分会的两大组成体：生产企业和经销商，在思想上是互有戒心或者说是有一定的对立情绪，有互相算计的心理。经过几年引导与工作，使双方认识到彼此是互相依存的利益共同体，认识到是共兴共衰的关系，逐渐形成了和谐的产销关系，促进了行业的发展。二是格局转变是从分会成立之初，会员由经销商为主体，转变为以由经销商和业内骨干粮油生产企业并重的格局，尤其是五得利面粉集团有限公司、中粮集团有限公司、益海嘉里金龙鱼粮油食品股份有限公司、布勒集团、青岛海科佳电子设备制造有限公司等企业加入分会后，使分会整体素质有了提升。提高了分会在业界的影响力和号召力。

3. 加强班子建设，把不谋私利热心为会员服务的青年才俊不断充实到班子中，并选派好得力的秘书长和秘书处

分会这些年来之所以能取得卓越工作业绩，除学会的正确领导和会员支持外，很重要的一条就是分会有一个好的班子和一个工作效率高的分会秘书处和称职的秘书长。分会成立之初，工作千头万绪，秘书处在于俊波秘书长的领导下克服人手少、财力弱等不利条件，广泛听取会员呼声和业界意见，迅速打开了分会的工作局面。为分会的发展做出贡献的同时，也得到了会员和业界的肯定，在这次换届选举的民意测验中获得了一致的拥护。康寿福、王衍生、张国全、赵光明等几位副会长和一直担任副会长的李庆龙教授、郭祯祥教授等都为分会的发展做出了很大的贡献。

（四）工作中的不足

12年来，分会工作虽然取得了卓越成绩，但仍存在一些不足乃至缺陷。

（1）对普及和推广营销技术缺乏长期规划，更缺乏具体的实施方法和目标。

（2）对企业的营销经验收集汇总不够，没能将成功的经验进行及时而有效的推广。

（3）分会工作规范化程度还有待提高。

（五）对今后的工作建议

党的十九大报告为全党今后的工作指明了方向。分会要认真学习党的十九大报告，要在习近平新时代中国特色社会主义思想指引下认真贯彻党的方针、政策和路线，认真学习国家各项政策、法规，提高分会的整体素质。不忘初心，牢记使命，始终坚持"为会员服务、为行业服务"的宗旨，建议做好下列三项工作。

1. 加强班子建设

要教育班子的每个成员廉洁奉公、不谋私利，提高政策水平和业务能力，全心全意维护分会利益，为会员、为行业服好务。

2. 加强组织建设

组织建设是分会生存和发展的基础。一定要重视会员发展工作，把组织建设常态化、规范化。

3. 坚持开创行之有效的工作方式

开创新的工作方式，使分会工作生机勃勃、积极向上，保证分会健康发展。

各位代表，同志们！过去的 12 年，分会工作不断开拓创新，事业发展空间不断拓展，成就有目共睹。这是学会正确领导、亲切关怀的结果，是分会各位理事单位和广大会员及有关兄弟单位大力支持、密切配合、团结合作的结果。在此，我谨代表中国粮油学会粮油营销技术分会第二届理事会，并以本次大会的名义，向中国粮油学会、各理事单位、各位会员、各有关兄弟单位表示衷心的感谢！

弹指一挥，十二载，时不我待创未来。让我们更加紧密地团结一心，在中国粮油学会的领导下砥砺前行、开拓创新、扎实工作、努力进取，创造美好明天。

以上报告，请审议，谢谢大家！

附件1

中国粮油学会粮油营销技术分会历史沿革

（一）筹建阶段

分会于 2005 年 2 月份向学会提出组建申请，2005 年 3 月 18 日经学会理事长办公会研究决定，同意组建分会并成立由王瑞元任组长，康寿福、王衍生、王学德、张国全、赵光明任副组长，于俊波任秘书长的分会筹备组，正式开始营销分会的筹备工作。

（二）分会正式成立

1. 2006 年下半年，经学会批准定于 11 月 18 日在北京召开分会成立大会。

成立大会由时任中国粮油学会秘书长胡承淼同志主持。第一次全国代表大会选举产生了分会的领导和组织机构。

（1）会长　王瑞元。

（2）副会长　康寿福、王学德、王衍生、李庆龙、郭祯祥、张国全、赵光明、金宝平、闪彤升、王龙、王新涛、徐龙海、曹广志、王宏伟、高忠武、杨双贵、原辉、张晓敏、王晓华、吴秀芝、牛应存、王瑛、陈忠平、滕先爱。

（3）秘书长　于俊波。

2. 2010 年 8 月，分会在安徽亳州举办第二届全国会员代表大会，大会选举产生了第二届理事会领导机构。

（1）会长　王瑞元。

（2）副会长　康寿福、王学德、王衍生、李庆龙、郭祯祥、张国全、赵光明、柳先知、王安东、闪彤升、曲晓东、吴秀芝、牛应存、赵路加、叶永佩、毛金龙、马雨成、马殿成、杨能、王刚、李东森、杨建华、王虎臣。

（3）秘书长　于俊波。

附件2

中国粮油学会粮油营销技术分会历年活动

1. 2005 年 5 月 16 日、6 月 28 日、8 月 8 日、9 月 8 日、9 月 26 日分别在吉林省长春市，黑龙江省哈尔滨市，辽宁省沈阳市及浙江省杭州市召开了以省、地区为单位的粮油营销技术交流会。

2. 2006 年 3 月 18 日，在北京成功举办了"中国粮油企业营销技术创新与发展战略论坛"。11 月 18 日分会成立大会同期举办了百厂千商论坛（全国粮油产销企业订货会的雏形）。

3. 2007 年 3 月 19—21 日在江苏省徐州市，举办了"2007 年中国粮油产销企业（春季）订货会暨全国粮油经销商联谊会"。

4. 2008 年 3 月 7—9 日在江苏省徐州市举办了"2008 年全国粮油产销企业（春季）订货会"。

5. 2009 年 2 月 24—27 日在山东省德州市举办了"2009 年全国粮油产销企业（春季）订货会"。

6. 2010 年 3 月 15—18 日在山东省德州市举办了"2010 年全国粮油产销企业（春季）订货会"。

2010 年 8 月 17—19 日在安徽省亳州市举办了"全国粮油产销企业（秋季）订货会"。

2010 年 8 月 19 日在安徽省亳州市举办了"中国粮油学会粮油营销技术分会第二届全国会员代表大会"。

7. 2011 年 3 月 4—7 日在山东省德州市举办了"2011 年全国粮油产销企业（春季）订货会"。

2011 年 8 月 10—11 日在山东省枣庄市举办了"全国秋季粮油产销企业订货会暨中国·枣庄粮油食品博览会"。

8. 2012 年 2 月 21—24 日在山东省德州市举办了"2012 年全国粮油产销企业（春季）订货会"。

2012 年 9 月在浙江省杭州市举办了"全国粮油产销企业（秋季）订货会"。

9. 2013 年 3 月 11—14 日在山东省德州市举办了"2013 年全国粮油产销企业（春季）

订货会"。

2013 年 5 月、6 月在山东省德州市、聊城市分别召开了面粉品控、研发培训班。

2013 年 7 月在江苏省无锡市召开了"中国粮油企业战略发展研讨会"。

2013 年 9 月在湖北省武汉市举办了"2013 年秋季粮油产销企业订货会暨粮油市场形势研讨会"。

10. 2014 年 2 月 28 日—3 月 2 日山东省德州市举办了"2014 年全国粮油产销企业（春季）订货会"。

2014 年 9 月在湖南省长沙市举办了"秋季粮油产销企业订货会暨粮油市场形势研讨会"。

11. 2015 年 3 月 19—22 日在山东省济南市举办了"2015 年全国粮油产销企业（春季）订货会"。

2015 年 5 月在山东省聊城市举办"首届中国面粉产业发展论坛"。

2015 年 9 月在黑龙江省哈尔滨市举办了"秋季粮油产销企业订货会暨粮油市场形势研讨会"。

12. 2016 年 3 月 8—11 日在江苏省徐州市举办了"2016 年全国粮油产销企业（春季）订货会"。

2016 年 5 月在山东省聊城市举办"第二届中国面粉产业发展论坛"。

13. 2017 年 2 月 25—28 日在江苏省徐州市举办了"2017 年全国粮油产销企业（春季）订货会"。

2017 年 5 月在山东省聊城市举办"第三届中国面粉产业发展论坛"。

14. 2018 年 3 月 17—19 日在山东省泰安市成功举办了"第十三届全国粮油产销企业（春季）订货会暨粮油经销商联谊会"，参会人员超 1.5 万人，参展企业 200 余家，订货量超过 500 万吨。

其间，与泰安市人民政府联合举办了"中国泰山粮油论坛"。参会人员达 500 多人。会上，专家们就国内外粮油市场走势；粮油加工业的发展，新技术、新工艺、新产品的开发；以及新的产品营销方式等大家关心的问题进行了交流。

附件3

面粉市场百强品牌

1	五得利面粉集团有限公司	26	陕西老牛面粉有限公司
2	益海嘉里投资有限公司	27	新疆盛康粮油有限公司
3	中粮小麦加工事业部	28	安徽省天麒面业科技股份有限公司
4	山东利生食品集团有限公司	29	山东世粮粮油有限公司
5	南顺（山东）食品有限公司	30	开封市天源面业有限公司
6	北京古船食品有限公司	31	白龙（唐山）面粉集团有限公司
7	新疆天山面粉（集团）有限责任公司	32	一加一天然面粉有限公司
8	河南大程粮油集团股份有限公司	33	山东梨花面业有限公司
9	滨州中裕食品有限公司	34	蒙城县金冠面粉有限责任公司
10	河南金苑粮油有限公司	35	河南中鹤现代农业产业集团有限公司
11	山东永乐食品有限公司	36	惠民县宇东面粉有限公司
12	江苏云雪粮油科技实业有限公司	37	河北永生食品有限公司
13	安徽皖王面粉集团有限公司	38	山东望乡食品有限公司
14	山东飞翔面粉有限公司	39	庆云鲁庆面粉厂
15	河南天香面业有限公司	40	内蒙古恒丰食品工业（集团）股份有限公司
16	山东玉杰面粉有限公司	41	山东冠县朝阳制粉有限公司
17	江苏省淮安新丰面粉有限公司	42	青岛磊杰制粉有限公司
18	山东天邦粮油有限公司	43	新乡市恒诚面业有限公司
19	聊城市鲁信粮食制品有限公司	44	维维六朝松面粉产业有限公司
20	山东洪丰面粉有限公司	45	安徽佛子岭面业有限公司
21	山东宁津豪康制粉有限公司	46	新乡思丰粉业有限公司
22	庆云县鲁花制粉有限公司	47	河北晨风面业有限公司
23	安徽正宇面粉有限公司	48	河南实佳面粉有限公司
24	山东半球面粉有限公司	49	濮阳市伍钰泉面业集团有限公司
25	发达面粉集团股份有限公司	50	河南永新面粉股份有限公司

续表

51	山东飞雪粮油食品股份有限公司	65	滕州北大仓面粉有限公司
52	广东新粮实业有限公司面粉厂	66	淮北市鲁南面粉（集团）有限公司
53	陕西天山西瑞面粉有限公司	67	砀山县天地面粉实业有限公司
54	安徽三泰面粉有限责任公司	68	烟台百瑞佳面粉有限公司
55	河北金沙河面业集团有限责任公司	69	淮北兴海面粉有限责任公司
56	单县龙腾食品有限公司	70	临沂市天成面粉有限公司
57	山东千里雪面粉有限公司	71	山东环丰食品股份有限公司
58	山东元灏制粉有限公司	72	新疆新世纪面粉有限公司
59	内蒙古乌兰浩特市雪峰面粉有限责任公司	73	固安县参花面粉有限公司
60	山东中益粮业有限公司	74	青岛万润丰食品有限公司
61	淮南市春风食品有限公司	75	青岛皇丰粮油食品有限公司
62	宁夏塞北雪面粉有限公司	76	包头宏基面粉有限公司
63	广西康得力面粉有限公司	77	杭州东南面粉有限公司
64	山东迪恩面业有限公司		

附件4

面条制品市场三十强品牌

1	河北金沙河面业集团有限责任公司	12	河南中鹤现代农业产业集团有限公司
2	克明面业股份有限公司	13	河北永生食品有限公司
3	中粮小麦加工事业部	14	博大面业集团有限公司
4	益海嘉里投资有限公司	15	河南想念食品有限公司
5	五得利面粉集团有限公司	16	河南优麦食品有限公司
6	河南大程粮油集团股份有限公司	17	河南天香面业有限公司
7	山东利生食品集团有限公司	18	山东玉杰面粉有限公司
8	山东望乡食品有限公司	19	山东梨花面业有限公司
9	山东永乐食品有限公司	20	滨州中裕食品有限公司
10	安徽佛子岭面业有限公司	21	浙江巨香食品有限公司
11	金健面制品有限公司		

附件5

2012年全国粮油产销企业订货会优质产品金奖名单

1	五得利面粉集团有限公司	14	山东永乐食品有限公司
2	江苏省银河飞业面粉有限公司	15	山东望乡食品有限公司
3	今麦郎食品有限公司	16	临清京派粮油集团中兴面粉有限公司
4	安琪酵母股份有限公司	17	新乡市恒诚面业有限公司
5	山东利生面业（集团）有限公司	18	山东宁津豪康制粉有限公司
6	克明面业股份有限公司	19	安徽占元集团
7	河南中鹤纯净粉业有限公司	20	山东峰宇面粉有限公司
8	河南一加一天然面粉有限公司	21	齐河县巨能鲁齐粮油食品有限公司
9	河北永生食品有限公司	22	宁津县顺发制粉有限公司
10	山东永明粮油食品集团有限公司	23	安徽良夫面粉集团
11	恒祥生粮食机械有限公司	24	聊城市鲁信粮食制品有限公司
12	青岛海科佳电子设备制造有限公司	25	江苏白龙马面业有限公司
13	河北苹乐面粉机械集团有限公司		

附件6

2013年全国粮油产销企业订货会优质产品金奖名单

1	五得利面粉集团有限公司	5	青岛海科佳电子设备制造有限公司
2	安琪酵母股份有限公司	6	河北苹乐面粉机械集团有限公司
3	山东宁津豪康制粉有限公司	7	陕西老牛面粉有限公司
4	河南中鹤纯净粉业有限公司	8	河北佰裕东面业有限公司

续表

9	山东邹平生力源粮油有限公司	16	聊城市鲁信粮食制品有限公司
10	山西亿家康面业有限公司	17	濮阳市伍钰泉面业集团有限公司
11	山东永乐食品有限公司	18	聊城市全得利粮食制品有限公司
12	郑州万家食品有限公司	19	淮北市鲁南面粉（集团）有限公司
13	连云港新玉面粉有限公司	20	宁津县顺发制粉有限公司
14	河北光牌面业有限公司	21	盐城新阳春面粉有限公司
15	山东峰宇面粉有限公司		

附件7

2014年全国粮油产销企业订货会优质产品金奖名单

1	五得利面粉集团有限公司	11	莘县食为天制粉有限公司
2	河南省大程粮油集团股份有限公司	12	山东冠县朝阳制粉有限公司
3	新疆新世纪面粉有限公司	13	山东中益粮业有限公司
4	河南天香面业有限公司	14	白龙（唐山）面粉集团有限公司
5	聊城市圣雪面业有限公司	15	山东洪丰面粉有限公司
6	江苏白龙马面业有限公司	16	山东飞翔面粉有限公司
7	黑龙江大明宝贝面粉有限公司	17	连云港市金良面粉有限公司
8	山东华麟面业有限公司	18	焦作市胜利粮油设备有限公司
9	淮北兴海面粉有限责任公司	19	南京市扬子粮油食品机械有限公司
10	安徽三泰面粉有限责任公司	20	无锡希姆勒包装设备有限公司

附件8

——

2012年全国粮油产销企业订货会优秀粮油经销商

1	牡丹江市正大粮油有限责任公司	12	通辽市绿色田园粮油有限公司
2	长春市绿园区张胖子粮油经销部	13	上海江沙贸易有限公司
3	沈阳良源粮油有限公司	14	朝阳鑫发粮油贸易有限公司
4	东莞市石龙新熹达粮油食品商店	15	南昌市青云谱区亨通粮行
5	杭州锡安贸易有限公司	16	天津市兰益民粮油食品批发中心
6	重庆市九龙坡区五得利面粉经营部	17	福建省福安市华兴粮油贸易有限公司
7	武汉市江岸区晨星伟业粮食经营部	18	济南市历城区益嘉八骏食品营销中心
8	南昌市东湖面粉行	19	浙江好搭档农业开发有限公司
9	郫县乾禄世通粮行	20	无锡市邦盛贸易有限公司
10	大庆市家代粮油有限公司	21	陕西汉中金丰粮油有限责任公司
11	大同市五谷食品有限责任公司		

附件9

——

2013年全国粮油产销企业订货会优秀粮油经销商

1	哈尔滨粮香粮油贸易有限公司	12	包头市宏乐粮食食品有限公司
2	西宁城东乾禄粮油商行	13	吉林九禾经贸有限公司
3	北京粮满仓食品有限公司	14	南京市江宁区宝孙商贸有限责任公司
4	杭州江华贸易有限公司	15	兰州粮油连锁有限公司
5	北京市奥顺兴时代商贸有限责任公司	16	绥化市丰裕粮油贸易有限公司
6	重庆市九龙坡区五得利面粉经营部	17	赤峰市红山经济开发区学华粮行
7	衢州市天茂粮油有限公司	18	吉林市天丰粮油贸易有限责任公司
8	长沙市雨花区华宇粮油经营部	19	南宁市力佳面粉经营部
9	丹东发达粮油有限公司	20	蒙阴县梦飞粮油商贸中心
10	上海齐物粮油商贸发展有限公司	21	讷河市鑫铁校粮店
11	天津市河聚成粮油有限公司		

附件10

2015年全国诚信粮油经销商

1	杭州伯利恒粮油食品有限公司	12	牡丹江市世粮正大粮油食品有限公司
2	吉林市百德旺起食品有限公司	13	哈尔滨粮香粮油贸易有限公司
3	通辽市正道粮油有限公司	14	北京市奥顺兴时代商贸有限责任公司
4	安顺市西秀区黔碧粮油销售有限公司	15	宜宾市翠屏区万利面粉经营部
5	长沙市雨花区华宇粮油经营部	16	南昌市东湖面粉行
6	辽宁省彰武县马家粮油购销中心	17	东莞市石龙新熹达粮油食品商店
7	松原市巨大粮油食品有限公司	18	重庆市九龙坡区五得利面粉经营部
8	大同市品嘉商贸有限公司	19	昆明市官渡区乾禄世通粮油经营部
9	陕西汉中金丰粮油有限责任公司	20	鹤岗市粮香粮油食品商贸有限公司
10	南昌市青云谱区亨通粮行	21	永州市冷水滩区富康粮油商行
11	忻州市忻府区忻禾粮油购销物流配送中心	22	定西市安定区周记米面油经营部

十一、重大项目来之不易，首席科学家倾注心力
——在"《2018—2019 年粮油科学技术学科发展研究》开题会"上的讲话

（2018 年 9 月 7 日　于北京）

各位专家：

中国粮油学会在中国科学技术协会的关心支持下，第三次被确定承担《2018—2019 年中国科协学科发展研究》项目，这是大家努力的结果，实属来之不易。为把《2018—2019 年粮油科学技术学科发展报告》落实好，今天召开项目开题会。中国粮油学会张桂凤理事长就撰写好《2018—2019 年粮油科学技术学科发展报告》提出了具体要求，并做了详细安排。在此，我代表在座各位专家向领导们表示衷心的感谢。

这次会议传达了中国科学技术协会学会学术部《2018—2019 年中国科协学科发展研究》项目第一次工作会议精神；中国粮油学会具体部署了开展《2018—2019 年粮油科学技术学科发展研究》项目的工作要求；专家们详细讨论并确定通过了《2018—2019 年粮油科学技术学科发展研究》项目的编写大纲、时间进度安排。会议开得十分成功、卓有成效。现在我就保证出色完成该项目讲几点意见，供大家参考。

（一）认真研读中国科学技术协会文件，吃透掌握相关规定要求

本次会议，确定了粮食储藏学科发展研究、粮食加工学科发展研究、油脂加工学科发展研究、粮油质量安全学科发展研究、粮食物流学科发展研究、饲料加工学科发展研究和信息与自动化学科发展研究七个方面作为总研究项目中的专题报告。出色完成此项任务是中国粮油学会对相关分会的信任和期望。为此，我建议七个专家组首先要全面学习领会文件精神，准确把握各项具体规定，这是我们高质量做好"学科发展研究"项目的前提。这次会议传达转发的《中国科协学科发展工程项目管理实施办法》《学科发展报告编写篇目规范》《学科发展研究技术规范》《学科发展研究报告编排规范》以及《2018—2019 年粮油科学技术学科发展报告》（以下简称《报告》）编写大纲等几个文件是项目的实施指南，务必请专家们认真学习领会、详知要点、融会贯通，以便在撰写中严格执行体系结构、内

容框架、时间安排、字数规定等具体要求，并希望会后各专题组抓紧时间开会研究，以制订本专题的撰写任务时间进度表和完成任务的路线图，为顺利完成项目任务打好基础。

（二）准确把握综合报告与专题报告的内容及二者关系

为拟清综合报告与专题报告的内容及关系，我们要做到以下几条。

（1）《报告》是对近五年学科发展情况进行系统化的概括、凝练和总结，不能是流水账式的叙述、更不能没有研究判定。

（2）应注意二者的前后衔接，要成为逻辑性很强的一个有机整体。

（3）要尽量避免综合报告和专题报告内容文字上的重复。

（4）根据以往的经验，专题报告存在着体例（即编写格式与形式）和表述不一致的情况，为此，希望各专题组从开始就要注意，免得反复修改调整。

（5）妥善处理好七个研究领域的交叉重叠问题，各专题组开展工作过程中要及时沟通、商量。

（三）要注意《报告》的权威性、实用性和导向性

为使《报告》有权威性、实用性和导向性，建议注意以下几点。

（1）资料要完整，数据要准确，参考文献要权威。所用数据一定要有出处，而且必须是由权威机构发布的，重要的数据和参考文献要保留全，参考文献要引用近几年的，并按照国家标准规范进行标注。

（2）学术观点一定要有广泛的代表性，广泛听取本领域专家的意见，不能只是个别专家的观点。

（3）对未来五年学科发展的展望是我们前两次《报告》中的薄弱环节，趋势和前景展望应是对今后发展的展望和预测，不是政策建议，希望大家在这方面多下功夫，内容要充实一些。

（四）关于数据的起止时间问题

按照中国科学技术协会要求，已做过的学科从上次研究内容截止时间点起至本次项目完成时间 2019 年 6 月 30 日止。为更好地与《2014—2015 年粮油科学技术学科发展报告》衔接，建议研究时间段为 2015 年 11 月 1 日—2019 年 6 月 30 日，《报告》中出现的数据从 2015 年 1 月 1 日开始统计，学科成就可从 2015 年 11 月 1 日开始。

（五）关于参考文献

（1）每篇《报告》后面都要列出有关的参考文献条目，不应少于 10 条，也不要多于 50 条，一般掌握在 30 条左右为宜。

（2）参考文献时间不能太久，应是近几年的。

（3）要在《报告》正文中标注参考文献。

（六）关于索引

本《报告》要求建立索引，一般不少于 30 条。建议各专题组一开始就着手建立索引。

（七）关于英文摘要

综合报告和专题报告的英文摘要一同放在专题报告的最后面。各专题组要严格把关，包括字数、翻译水平等。把中英文摘要同时提交给中国粮油学会学术秘书组。

十二、加快培养高层次青年科技精英

——在"中国粮油学会第一期粮新青年论坛"上的演讲

（2019 年 3 月 23 日 于江苏南京）

尊敬的宫旭洲副理事长、各位专家、青年朋友们：

大家下午好！

很高兴参加由中国粮油学会青年工作委员会举办的"中国粮油学会第一期粮新青年论坛"，并与大家见面，共商加快高素质粮油青年科技工作者的培养工作。在此我就有关问题讲些自己的感受与心得。

（一）做好粮食工作是"天大"的事

"民以食为天""食以安为先"！这充分表明粮油食品的数量与质量安全都是"天大"的事。粮食安全是国家安全的重要组成部分，粮油质量安全是助力"健康中国"的重要组成部分。党和国家把这"天大"的事交给了"粮食人"，这是对我们从事生产、经营、管理、教育、科研的"粮食人"的最大信任，"粮食人"能把这"天大"的事担当起来感到无比光荣和责任的重大。尤其是在新时代，随着我国人民生活水平的不断提高，人们对粮油食品的要求不仅要吃得放心，吃得安全，还要吃得好，吃得营养与健康。去年，李克强总理对粮食行业作出了关于建设粮食产业强国的重要批示。对此，国家粮食和物资储备局正在拟定实施"优质粮食工程"。为出色做好这"天大"的事，需要我们"粮食人"不断深化改革，锐意进取，更加埋头实干；需要我们依靠科技，创新发展；需要我们培养一大批高素质、高层次人才，尤其是青年精英领军人才，以引领行业高质量发展，为把我国建成粮食产业强国，为确保"人民群众过上美好生活"，助力"健康中国"建设做出更大贡献！不辜负党和国家对我们"粮食人"的信任和期望。

（二）粮食行业的高质量发展寄予青年科技精英

众所周知，科技创新，人才是关键，而青年科技人才是各行各业科技创新的生力军，也是各行各业未来科技队伍的中坚力量，要实现"科技强国，创新强国"的中国梦，根本希望在于青年科技人才。为此，党和国家高度重视青年人才队伍的建设，尤其是党的十八大以来，习近平总书记多次发表重要讲话，不辞辛苦，亲临大学和科研院所与青年座谈，对当代青年寄予了殷切期望。李克强总理也曾指出："要着力培养更多高层次青年人才，实施创新驱动，促进双创发展。"

为贯彻落实中央《关于深化人才发展体制机制改革的意见》，中国科学技术协会（简称中国科协）于 2015 年启动了"青年人才托举工程"，至今已连续开展四期，每期都要评选确定一批全国学会为"青年人才托举工程"实施单位，旨在引导、支持这些学会探索创新青年人才选拔培养机制，并通过学会遴选出一批 32 岁以下的青年科技工作者作为连续 3 年稳定的资助培养对象，帮助他们在创造力黄金时期做出突出业绩，成长为国家主要科技领域高层次领军精英人才和高水平创新团队的重要后备力量，为建设世界科技强国、实现中华民族伟大复兴的中国梦提供人才保障。

为建设粮食产业强国，实施粮食产业的高质量发展，国家粮食和物资储备局去年制定了"人才兴粮"和"科技兴粮"的意见，在《国家发展和改革委员会 国家粮食和物资储备局 教育部 人力资源和社会保障部关于"人才兴粮"的实施意见》（国粮发〔2018〕86 号），明确"对入选'青年人才托举工程'的青年，优先列入青年拔尖人才培养"。并组织选拔了首批粮食行业领军人才及第二批粮食行业青年拔尖人才，尤其是对青年人才的培养高度重视。中国粮油学会是粮油科技人员之家，对科技创新发展、对科技人员，尤其是对青年科技人才的培养与发展尤为重视。为认真贯彻落实中国科协"青年人才托举工程"、国家粮食和物资储备局"人才兴粮"工程，中国粮油学会连续四年坚持不懈地向中国科协申请"青年人才托举工程"项目（并于去年经批准将粮食行业的"青年托举工程"列为国家计划，连同今年，已经两年了），分别于 2017 年、2018 年连续两年成功立项并批准将粮食行业的"青年人才托举工程"列为国家计划，为粮食行业培养高层次青年科技人才创造了条件。根据中国科协的要求，为更好地为青年人才培养与发展提供平台，中国粮油学会在原有的组织工作委员会、学术工作委员会和技术普及工作委员会三个专业委员会的基础上，昨天又成立了由中国粮油学会及有关分会推荐的各领域 45 周岁以下优秀青年人才组成的青年工作委员会，并于今年召开了第一期青年论坛。我相信，在中国粮油学会的指导下，在青年工作委员会的努力下，一定能推动我国粮油青年科技人才的培养与发展。

（三）加快培养高层次粮油青年科技精英

按国家粮食和物资储备局的统计，2017 年末，全国粮食行业从业人员总数为 194.1 万人，其中行政机关 3.15 万人、事业单位 3.2 万人、各类涉粮企业 187.74 万人。在 194.1 万人从业人员中，专业技术人员 22.67 万人，占从业人员总数的 11.7%，在 22.67 万专业技术人员中，具有高级职称的 1.29 万人，占 5.7%，占从业人员总数的 0.7%；具有正高级职称的 3913 人，占专业技术人员的 1.7%，占从业人员总数的 0.2%。由此可见，不论从哪个角度看，我国粮食行业与其他行业相比较，科技人员短缺，尤其是高层次科技人员的短缺十分突出，必须加倍努力，培养与发展粮食行业的高层次科技人才，以适应粮食产业高质量发展的需要。

培养与发展粮食行业的高层次科技人员，重点是培养与发展高层次粮油青年科技人才。现在，我就如何培养和发展高层次粮油青年科技人才讲点意见。

根据国家对培养高层次科技人才的要求，结合我一生看到的和自身成长的体会，我觉得要成为一个高层次青年粮油科技人才，必须认真做到以下 6 点。

1. 热爱自己的专业，热爱粮食行业

俗话说得好："三百六十行，行行出状元"。我始终认为，对任何一个行业、任何一个从业人员，要想做出成绩，首先要热爱自己从事的工作，热爱自己的专业。我们粮食行业的科技工作者尤其是青年科技工作者，要想有所作为，首先要热爱自己的专业，热爱粮食行业，并立志为粮食行业的发展奋斗终身。我们要牢记粮食行业的发展使命，为粮食行业的高质量发展，为出色完成党和国家交给我们粮食人的"天大"的事，为早日建成粮食产业强国，我们要尽心尽责、脚踏实地、奋勇拼搏，贡献出自己的毕生精力。

最终，当我们白发苍苍、年老体弱、不能再工作的时候，能亲眼看到我们粮食行业的进步和发展，并为此感到格外高兴和自豪，这就是我们粮油科技工作者的唯一心愿。

2. 善于学习，刻苦学习

中国人民的伟大领袖毛主席对青年一代寄予希望，他曾语重心长地对青年人说："世界是你们的，也是我们的，但是归根结底是你们的。你们青年人朝气蓬勃，正在兴旺时期，好像早晨八九点钟的太阳，希望寄托在你们身上"。毛主席就是善于学习、刻苦学习的典范，他再三鼓励大家要"学习、学习、再学习""好好学习，天天向上"。

在人的一生中，青年期间精力最旺盛，求知愿望最强烈，接受新鲜事物最容易。因此，我们粮油青年科技工作者为把自己打造成高层次人才，必须善于学习、刻苦学习。一要做到博览群书，要认真攻读前人留下的文章、著作，从中吸取养分；二要认真学习了解

近些年国内外在本领域内取得的重大科技成果和阶段性科技成果及其对行业发展产生的巨变，学习前辈的刻苦研发精神，促使自己奋发进取，寻求本领域的研发热点、重点；三要善于向自己的导师、行业的老专家和自己的同事请教学习，学习他们的专一、敬业精神，少走弯路；四要积极参加国内外的学术交流活动，扩大学习交流面；五要注重学习交叉科学，为本专业的高质量发展做出贡献。

总之，学习永无止境。我很赞同人要"活到老、学到老"的说法。由此可见，善于学习、刻苦学习，是我们青年科技工作者取得成功的必由之路。

3. 勇挑重担，主动担当作为

最近，习近平总书记在中央党校（国家行政学院）讲话时指出："要用知重负重，攻坚克难的实际行动，诠释对党的忠诚，对人民的赤诚"，并指出："我们要敢接'烫手山芋'，勇于承担责任，主动担当作为。"上述习近平总书记对中青年干部的要求，同样适用于我们粮食行业的青年科技工作者。为此，我们粮油青年科技工作者要在充分调查了解国内外本领域发展趋势的前提下，找准本领域发展中的重点前沿课题，以及热点、难点问题，以敢于担当作为的勇气将这些重点前沿问题及热点、难点问题进行立题研究，以不怕吃苦，不"挑肥拣瘦"，敢于"啃硬骨头"的拼搏精神，倾力于课题的研究。在研究中，要不怕困难和挫折，始终保持必胜的信心，直至课题的研究取得圆满成功，方能为本领域的技术进步和创新发展做出卓越贡献。

4. 重视科技成果的转化落地

科技成果能否转化落地，能否推广应用，能否取得显著社会经济效益，是衡量科技成果水平高低的试金石。我们决不能将评价通过的科技成果锁在柜子里。因此，当青年科技工作者取得科技成果后，一定要想方设法将成果放到生产实践中去进行验证，使成果在实践中得到修改、完善和提高，使之成为真正能转化落地的、企业欢迎的、能推广应用的名副其实的科技成果。

5. 善于思考，善于动手，善于总结经验

高层次的青年科技领军人才，必须善于学习、善于思考、善于深入研究问题，做到动脑能力强；要以实验室为家，不断深入企业、深入现场，真抓实干，做到动手能力强；要善于整理归纳成果资料，善于总结经验，善于撰写论文和书籍，做到总结表达能力"双强"。

6. 有高尚的学术道德品质

中国传统文化强调立德、立功、立言。而立德位于首位，德包括政治品德、社会公

德、家庭美德和职业道德，对科技工作者来说，学术道德是立身之本。我们必须认真学习学术道德规范对我们的要求。

3 月 5 日上午，李克强总理在十三届全国人大二次会议上作的政府工作报告中指出："要加强科研伦理和学风建设，惩戒学术不端，力戒浮躁之风"。这是"惩戒学术不端"首次出现在政府工作报告中。人类社会的发展是靠知识不断创新来推进的，学术不端行为是对学术的一种践踏和玷污，是对人类知识创造和社会发展的严重危害。政府工作报告中特别提到这件事，是十分少见的，说明国家要出手惩戒了！

近年来，学术活动中道德失准、行为失规的问题时有发生，集中表现在：一是学风不正，不能严守学术规范，比如学风浮躁、论文脱离实际、低水平重复，甚至粗制滥造、急功近利；二是学术不端，违背科学研究的基本原则，比如抄袭剽窃、伪造事实、篡改数据等。这些不良现象虽然发生在少数人身上，但败坏了学术风气，阻碍了学术进步，影响了学术声誉，损害了学术形象，造成了严重的负面影响。

对此，粮油青年科技工作者，要坚持以品行为立身之本，严格遵守学术道德，全力抵制不良风气，坚决杜绝丧失学术道德的形形色色的不端行为，要老老实实做人、踏踏实实做事，努力使自己早日成为一个堂堂正正的，具有高尚学术道德品质的，高素质、高层次的粮油科技精英，为祖国粮油科技进步做出自己的贡献。

青年朋友们，粮食行业的高质量发展需要更多的高素质、高层次青年科技领军人才，粮食行业美好的明天等待着你们，期盼着你们！

我的讲话到此结束，谢谢大家的聆听！不当之处，请批评指正！

十三、凝心聚力推进，课题方能落地
——在"《2018—2019年粮油科学技术学科发展研究》项目中期检查研讨会"上的讲话

（2019年6月11日　于北京）

按照中国科学技术学会（简称中国科协）关于开展学科发展研究的部署及有关规定和要求，中国粮油学会（以下简称学会）认真组织实施了《2018—2019年粮油科学技术学科发展研究》项目。在中国科协学会学术部的关心指导下，在学会领导的高度重视及所属分会的大力支持下，在专家组的辛勤付出、共同努力下，近一年来项目实施进展顺利，目前已按要求开展了调查研究，撰写完成了综合报告和7个专题报告的初稿。现对项目中期执行情况总结如下。

（一）高度重视，精心组织

根据《关于申报2018年度中国科协学科发展工程项目的通知》（科协学函学字［2018］42号）要求，结合学会和粮油学科发展实际情况，经研究，学会向中国科协积极申报了《2018—2019年粮油科学技术学科发展研究》项目，并通过中国科协评审成功立项，这是学会第三次承担中国科协学科发展研究项目。项目获批后，学会领导高度重视，立即成立了以理事长为组长、学会秘书长和2位首席科学家为副组长的项目领导小组，为项目的顺利实施提供了组织保障。与此同时，及时研究各专题承担单位及主要负责人、调研撰写内容和要求、工作计划和进度安排等，确保高质量、高标准、按时完成项目任务。

（二）把握节点，抓好落实

项目实施近一年来，学会按照《中国科协学科发展工程项目管理实施办法》，严格把握时间节点，按时完成了调查研究、撰写专题报告初稿等工作，具体步骤如下。

1. 及时召开项目开题会

学会于2018年9月7日在北京召开了"《2018—2019年粮油科学技术学科发展研究》

项目开题会"。会议由学会副理事长兼秘书长王莉蓉同志主持,张桂凤理事长作了动员讲话和会议总结,学会有关领导、首席科学家、各所属分会负责人、专题报告和综合报告主要负责人、主要执笔人以及科学出版社编辑等,共计37人参加了会议。会议传达了中国科协对学会开展《2018—2019年粮油科学技术学科发展研究》项目的有关要求和精神;研讨项目总体思路和工作要求,成立了综合报告专家组和7个专题报告专家组,详细讨论、审定通过了编写大纲、时间进度安排、任务分工等环节。会议强调《2018—2019年粮油科学技术学科发展报告》(以下简称《报告》)要在及时总结分析近5年粮油科学技术学科取得的最新进展和发展状况的同时,重点对未来5年的发展趋势和应对策略深入研讨提出建议,为促进粮油流通领域科技创新提供科技支撑,为行业主管部门决策提供依据,为行业科技工作者科学研究提供参考。会议要求各专题组要做到早安排、早实施,分工明确、责任到人,执行文件、规范运作,严格缜密、高质量、高标准完成任务。

2. 广泛开展调查研究

开题会后,综合报告和7个专题报告专家组分别制订了详细的工作方案和时间进度安排。按照项目时间计划,2018年10月—2019年1月为调查研究阶段。在此期间,140多名专家分别从粮食储藏、粮食加工、油脂加工、粮油质量安全、粮食物流、饲料加工、粮油信息与自动化等领域,通过查阅资料、会议研讨、现场考察、座谈、电话和邮件沟通等调研方式,广泛、深入开展调查研究工作。顺利完成了材料的收集和整理,为撰写学科发展报告奠定了良好的基础。

3. 按时完成《报告》初稿

综合报告和7个专题报告专家组分别组织召开了1~2次不同规模的研讨会,组织专家研讨、撰写、修改完善报告,并按时提交报告初稿。

7个专题组均于4月13日前按时提交了专题报告初稿,又按照首席专家和综合报告主要负责人等专家提出的意见于5月底前进行了修改完善。

在综合报告专家组几位专家的共同努力下,5月19日提交了综合报告初稿,比预期进度安排提前了13天。提交初稿到5月底这段时间,几位专家又经过缜密思考、反复沟通,进行了几次修改完善。

总之,大家都能按时高质量地完成初稿的撰写工作,为最终高质量、高标准完成好《报告》打下了基础。

最后我感谢各位的认真工作,感谢各位不辞辛苦,谢谢大家!

第二篇

现代油脂工业发展篇

第一章

谋划油脂工业发展

一、2014—2015 年油脂加工学科的现状与发展
——发表于"中国粮油学会第 26 届学术年会"论文集

（一）引言

油脂科学技术学科是研究油料、油脂及脂类伴随物，植物蛋白及相关产物的化学与物理性质，油脂及植物蛋白的加工技术、综合利用技术、工程设备技术以及所依托科学理论的应用学科，属于食品学科的一个分支学科。目前，油脂科学技术已发展成为包括油脂化学、油脂营养与安全、油料油脂加工工艺、油料油脂加工设备与工程以及油料油脂综合开发利用等几大分支的学科。油脂科学技术和油脂工业相互依存，油脂科技的发展推动了油脂工业的发展，反之油脂工业的发展促进了油脂科学的进步。

油脂工业是我国粮油食品工业的重要组成部分，它是农业生产的后续产业，又是食品工业、饲料工业、轻工业和化学工业的重要基础产业，肩负着满足人民健康生活的物质需求和为社会提供多种必不可少工业原料的双重任务，在我国国民经济中具有十分重要的地位和作用。

随着我国国民经济和科学技术的发展，油脂工业 5 年来取得了显著进展。据统计，2013 年全国规模以上油脂加工企业 1748 家，油料处理能力 17257 万吨，油脂精炼能力 5144 万吨。

另据统计，2013 年我国油菜籽、大豆、花生、棉籽、葵花籽、芝麻、油茶籽、亚麻籽八大油料总产量为 5845.9 万吨。八大油料预测产量分别为：油菜籽 1445.8 万吨、大豆 1195.1 万吨、花生 1697.2 万吨、棉籽 1133.8 万吨、葵花籽 242.3 万吨、芝麻 62.4 万吨、油茶籽 177.7 万吨、亚麻籽 39.9 万吨。

我国食用油的年度消费量为 2755 万吨，工业及其他消费为 275 万吨，出口油脂油料的折油总计为 10.8 万吨，合计年度需求总量为 3040.8 万吨，按全国 13.5 亿人口计算，人均年消费量为 22.5 千克。

油脂工业在发展中形成了沿海的广西防城港、广东新沙港、江苏张家港、山东日照

港、天津滨海新区，以及沿长江、黑龙江、中原腹地、新疆边疆的产业集聚区。集约效应显现，集约水平提高，集群效应扩大，产业链向上下游高端延伸，出现了诸如中粮集团、益海嘉里、中储粮油脂、鲁花集团、中纺粮油、九三集团、山东渤海粮油、河南阳光、汇福粮油、山东三星集团、西王集团、天津龙威等一大批著名企业。

5年来，油脂工业在满足生产量的同时，更加注重资源合理利用、环境保护、产品质量与种类及生产减损增效。在设备大型化、操作自动化、生产集约化、品种多样化、资源节约化方面取得了明显进展。油料加工及油脂精炼能力逐年增长，企业规模日趋扩大，油脂消费量逐年增加，油脂资源综合利用程度快速提高，特种油脂开发得到重视。"十二五"期间，我国油脂加工界广大科技工程人员经过不懈努力，在提高自给率、创新加工模式、转化增值、保障安全、提高装备水平诸方面取得重大突破，获得多项创新成果，为中国油脂工业接近或达到国际先进水平做出了贡献。

（二）我国油脂科学技术学科的发展与现状

5年来，借助先进技术在油脂研究领域中的广泛应用，油脂科学技术学科得以迅速发展，大大促进了对油脂营养和理化性质的认识。随着对油脂营养和理化性质认识的不断深入，油脂作为人类食品原料和工业原料的重要程度愈加凸显。化学工程技术和机械工程技术的迅速发展、先进制造材料的应用、机电液一体化以及信息技术、计算机集成控制技术的综合应用，促进了油料油脂加工、油脂化工技术的发展，并且推动油脂加工厂实现大型化、自动化以及以节能环保为目标的油脂工程装备技术的发展。与此同时，人们健康意识的增强，也促进了油脂营养学和食品安全的发展。

1. "十二五"期间学科研究的重点内容

5年来，国家不断加大对油脂加工业高新技术产业化、关键技术与重大装备研发、健康油脂产品创新、质量与安全控制技术的科研投入，有力促进了产业可持续发展。

通过863重点项目"食用油生物制造技术研究与开发"的实施，解决了传统油脂工业存在的营养损失、能耗高、污染程度高等问题，开发出了一批食品专用油和功能性油脂产品。

（1）通过"十二五"科技支撑项目"食用植物油加工关键技术研究与示范"的实施，重点研发了油脂加工高效、低耗、节能技术和装备，优质油脂与低变性蛋白兼得的制油技术以及食用油质量安全控制和稳态化技术；构建了各具特色、先进适用的制炼油加工技术体系，丰富了我国油脂加工领域的技术、工艺和产品类型。

（2）在食用油质量安全方面，在国家973计划"食品加工过程安全控制理论与技术的基础研究"项目中，设置了对油脂食品中反式脂肪酸、3-氯丙醇酯等危害因子的研究内容。在"十一五"科技支撑项目"食用油质量安全控制技术研究与产业化示范"中，针对我国大豆油、花生油、菜籽油在加工、储存过程中的反式脂肪酸、黄曲霉毒素、硫苷、残磷以及地沟油等问题，进行监测控制技术产业化开发与示范。在"十一五"科技支撑计划"功能因子生物活性稳态化技术的研究"项目设置了"不饱和脂肪酸生物活性稳态化技术的研究（2006BAD27B04）"课题，开展不饱和油脂的稳态化体系研究。在"十二五"科技支撑项目"食用油脂保真与掺伪鉴别技术研究""食品安全电子溯源技术研究及示范"等项目中针对食用油掺伪、违禁或非法添加物、危害因子、供应链等问题，研究建立了有效分析检测技术、溯源技术和体系，保障终端食用油产品的质量安全。

（3）在开发油料资源利用方面，在"十一五"国家林业科技支撑计划"油茶产业升级关键技术研究与示范"项目中设置了"油茶精深加工及先进配套装备研究""茶油精加工及产品深度开发集成与示范""油茶副产品综合利用集成与示范"等课题。在"十二五"科技支撑计划项目"区域特产资源生态高值利用共性技术研究与产品开发"中设置了"传统优势特产资源生态高值利用共性技术研究与产品开发"课题，重点研究茶叶籽油的加工技术。

（4）在动物油脂资源利用方面，通过"十一五"科技支撑计划"海洋食品生物活性物质高效制备关键技术与产业化示范"、863计划海洋技术领域"高附加值海洋生物制品开发"、863计划"新型水产品加工装备开发与新技术研究"和国家星火计划"高纯度深海鱼油（甘油酯型）产品产业化生产"等课题的实施，涉及对鱼油、南极磷虾油等海洋油脂进行重点研发。研究开发了二十碳五烯酸（EPA）/二十二碳六烯酸（DHA）甘油三酯型等鱼油制备新技术和生产工艺。

（5）粮食公益性行业专项在信息、生物、新材料、节能低碳、先进设备等高新技术改造和提升粮油传统产业，力争突破粮油储藏、物流设备、质量安全、宏观调控、加工等领域的重大技术问题，解决行业基础共性技术难题，设置了一系列研究课题。

（6）公益性行业（农业）科研专项"主要农畜产品品质安全快速检测关键技术与装备研究示范""南海渔业资源船载渔获物保鲜及高值化利用""粮油作物产品中危害因子风险评估、检验监测与预警""热带油料作物生产""芝麻不同生态区种植模式和规范化栽培技术体系研究与应用"等均涉及动植物油资源、产品品质、安全快速检测技术标准和规范、利用研究开发等内容。

2. 油脂学科取得的重大理论与技术突破及其成果应用

（1）提出适度加工理念，在实践中得到应用。"十二五"期间，油脂工业领域提出了"适度加工"理念，并作为国家工业和信息化部、国家粮食局促进粮油加工健康发展的重大举措,纳入《粮食科技"十二五"发展规划》、科技兴粮工程、粮安工程,在全行业推广。2014年全国粮食科技大会将其列为行业四大创新成果之一,并且全国粮油标准化技术委员会油料及油脂技术工作组已启动制定植物油适度加工技术规程。适度加工技术摒弃了传统食用油加工中高能耗、高排放、营养素易损失和形成有害物的过度加工模式,节能减排提质效果显著,是我国油脂行业提高油脂产品安全与营养的必由之路。

在"适度加工"理念的指引下,油脂科技工作者与企业共同开发的双酶脱胶、无水长混脱酸、瞬时脱臭关键技术与装备,获得内源营养素保留 ≥ 90% 的零反式脂肪酸优质油品,且同步实现降耗26%。

碱炼、脱色工艺,双塔双温分段脱臭玉米油生产工艺,控制了玉米油加工过程中反式脂肪酸的产生,最大程度保留了甾醇和维生素E的含量,降低了精炼加工助剂用量及能源消耗,提高了精炼得率。

(2)加大了特种油料资源和新油料的开发力度,加工技术水平不断提高。木本油料、米糠、玉米胚芽、微藻是不与主粮争地的油料且资源丰富,其有效利用是提高食用油自给率的重要途径。在国家政策支持下,近5年以油茶籽、茶叶籽油为代表的木本油料,以玉米胚芽、米糠为代表的粮油加工副产物,以二十二碳六烯酸(DHA)/二十碳四烯酸(ARA)藻油为代表的微生物油脂加工技术水平不断提高,其产品在食用油中的比例明显增加。

国家对油茶、核桃、文冠果、油用牡丹、长柄扁桃、光皮梾木、元宝枫、翅果、杜仲、盐肤木等食用木本油料的开发加大了投入,大专院校、科研单位和粮油机械制造企业紧密合作,积极研究开发适合于油茶籽、牡丹籽的烘干、剥壳、压榨、浸出、精炼及副产品综合利用的新工艺新装备,为生产功能性油脂奠定基础。

在玉米胚芽制油方面,从玉米胚芽的提取、原料筛选、控温压榨、全程自控精炼、分散喷射充氮及良好生产规范(GMP)灌装工艺等多方面着手,研发和创新生产工艺,提升了玉米油的产量。

通过重点支持年加工5万吨以上的稻谷加工企业配套采用米糠膨化保鲜技术装备,推广"分散保鲜、集中榨油"和"分散榨油、集中精炼"模式,米糠制油开始走上规模化加工之路。

5年来,藻油DHA/ARA生产规模迅速扩大,形成规模效应。我国已拥有年产毛油4000吨生产技术与装备,目前实际产量约1500吨,可满足中国婴幼儿食品市场约40%的需求,并有部分产品出口。

(3)新型制炼油工艺获得突破。我国水酶法制油技术实现了由实验室向产业化的转化。超临界二氧化碳萃取技术在大豆粉末磷脂制备、高附加值油料制油技术方面得到应用。亚临界萃取技术和装备通过多年的不断完善,目前已应用到一些植物油提取生产中,成功开发了以异己烷为主成分的植物油低温抽提剂,沸点比正己烷低约5℃,已在油脂行业十几家浸出厂得到了应用，有望作为 6 号溶剂油的替代产品。

（4）突破食品专用油脂技术瓶颈，专用油脂产量大幅上升，较好解决了我国食品专用油易出现析油、硬化、起砂、起霜等品质缺陷和反式脂肪酸含量高等问题，使产品反式脂肪酸的含量均低于 0.3%。目前我国自行研发的煎炸油年产量超过 200 万吨。

（5）油脂资源利用水平大幅提高，产品打破国外垄断。突破了高黏高热敏性磷脂精制、纯化单离和改性技术难题，开发出浓缩磷脂、粉末磷脂和高纯卵磷脂梯度增值产品，建立了磷脂国产体系，扭转了进口产品垄断局面。脱臭馏出物提取天然维生素 E、植物甾醇提取技术水平大幅提升，实现脱臭馏出物提取维生素 E 连续酯化关键工艺，维生素 E、甾醇纯度大幅提高。大豆异黄酮、大豆皂苷、大豆低聚糖联产提取技术实现了工业化。

（6）突破危害因子溯源、检测和控制技术，保障食用油安全。针对食用油安全领域出现的新问题，系统研究并查明了食用油中多种内源毒素、抗营养因子、环境与加工污染物的成因与变化规律，开发出反式脂肪酸、3- 氯丙醇酯、多环芳烃、黄曲霉毒素等危害物的高效检测、控制和去除技术并集成示范，使大宗植物油的标志性风险因子——反式脂肪酸的水平由 10 年前的 2%~5% 降至目前约 1%。

（7）制油装备大型化、智能化，节能降耗效果明显。近 5 年来，通过加大对油脂加工业高新技术产业化、关键技术与重大装备研发的力度，装备水平不断提高。大型预处理压榨设备、大型浸出整套设备、大型炼油装备制造能力不仅能满足国内需求，而且出口到国外，整体水平接近世界先进水平，部分达到国际先进水平。我国自行设计制造的日处理量 400~500 吨的榨油机，日处理能力 680~750 吨轧坯机，日处理能力 1500~2000 吨调质干燥机等，已被广泛用于国内大型油脂加工企业，节能效果显著。自行设计制造的日处理量 6000 吨膨化大豆浸出设备运行良好，经济指标先进；自行设计制造的中小型离心机分离性能稳定，价格低廉，在国内应用极为广泛。我国生产的叶片过滤机指标性能达到国际先进水平，广泛应用于国内油脂厂。

3. 近年来我国油脂科学学科取得的重大科技奖励

"十二五"期间，在有关重大科技研究项目中理论研究和技术开发应用均获得巨大突破和进展。

5 年来，我国油脂科技人员和油脂加工企业通过努力，在获得奖项、专利技术、发表论文、撰写专著、科普宣传、编写教材和制修订标准等方面取得了显著的成绩。

（1）获奖方面　江南大学、河南工业大学、武汉轻工大学、南京财经大学、东北农业大学、合肥理工大学、中国农业科学院、山东鲁花集团、丰益（上海）生物技术研发中心有限公司、江苏迈安德集团、山东三星集团、河南省亚临界生物技术有限公司、河南华泰粮油机械有限公司、瑞福油脂股份有限公司等大专院校、科研单位及企业在 5 年间共取得国家科技进步奖与技术发明奖各 3 项；省部级一等奖 14 项（表 1）。

表1　2010—2014 年油脂科研及应用获奖情况一览表

序号	成果名称	获奖等级	获奖时间	获奖单位
1	大豆磷脂生产关键技术及产业化开发	国家科技进步二等奖	2010年	河南工业大学、江南大学和东北农业大学
2	双低油菜籽低温压榨制油和副产物综合利用新技术	安徽省科技进步一等奖	2010年	合肥工业大学、安徽大平油脂有限公司
3	日处理50吨米糠油精炼技术及成套设备	中国粮油学会科技一等奖	2010年	河南华泰粮油机械有限公司
4	大豆精深加工关键技术创新与应用	国家科技进步二等奖	2011年	东北农业大学
5	高含油油料加工关键技术产业化开发及标准化安全生产	国家科技进步二等奖	2012年	江南大学、山东鲁花集团
6	功能脂质特色资源高值化利用关键技术的研究与应用	湖北省科技进步一等奖	2012年	中国农业科学院油料作物研究所
7	3-氯丙醇及缩水甘油分析方法、控制法研究及应用	中国粮油学会科技一等奖	2012年	丰益（上海）生物技术研发中心有限公司、上海交通大学
8	大型智能化油脂制取成套装备	中国粮油学会科技一等奖	2012年	江苏迈安德集团
9	多肽加工关键技术研究与应用	湖北省科技进步一等奖、中国粮油学会科技一等奖	2013年	武汉轻工大学
10	全程低温制油新工艺	湖北省科技进步一等奖	2013年	中国农业科学院油料作物所
11	玉米油工业化生产优质营养、节能低耗技术研究	中国粮油学会科技一等奖	2013年	山东三星集团、河南工业大学
12	亚临界萃取及脱溶全过程室温技术装备及应用	国家技术发明二等奖	2014年	河南省亚临界生物技术有限公司
13	基于干法活化的食用油吸附材料开发与应用	国家技术发明二等奖	2014年	江南大学、合肥工业大学

续表

序号	成果名称	获奖等级	获奖时间	获奖单位
14	微生物油脂生产关键技术及产业化	湖北省科技进步一等奖、中国粮油学会科技一等奖	2014年	武汉轻工大学、嘉必优生物工程（武汉）有限公司
15	花生低温压榨制油与饼粕蛋白高值化利用关键技术及装备创制	国家技术发明二等奖	2014年	中国农业科学院农产品加工研究所、中国农业机械化科学研究院集团有限公司
16	油料全程低温制油关键技术集成与推广应用	湖北省科技成果推广一等奖	2014年	中国农业科学院油料作物研究所、武汉轻工大学、国家粮食储备局武汉科学研究设计院
17	专用油脂加工新技术开发与应用	中国粮油学会科技一等奖	2014年	江南大学、安徽康尔美油脂有限公司
18	菜籽蛋白利用技术研究及其开发应用	中国粮油学会科技一等奖	2014年	南京财经大学、江苏省粮食集团有限责任公司
19	高品质芝麻小磨香油大型工业化生产集成技术研发及应用	中国粮油学会科技一等奖	2014年	瑞福油脂股份有限公司、河南工业大学

（2）申请专利方面　5年间我国油脂行业共获得发明专利1874项，实用新型专利585项（表2）。

表2　2010—2015年油脂行业专利数量汇总

年份	发明专利	实用新型专利
2010	276	83
2011	269	112
2012	462	157
2013	614	172
2014	253	61
2015	0	0
合计	1874	585

（3）发表论文方面　5年间我国油脂科技工作者发表各类论文合计4608篇（表3）。

表3　2010—2015年油脂相关部分中文论文数量汇总

年份	粮油食品科技	中国油脂	中国粮油学报	粮食与食品工业	农业机械	江南大学学报	河南工业大学学报	武汉轻工大学学报	国际稻米油会议论文	学会增刊会议论文
2010	78	186	194	34	26	3	56	12	—	—
2011	63	201	187	38	256	7	80	14	—	—
2012	77	224	207	55	244	5	84	12	—	—
2013	132	233	206	63	103	7	95	15	—	—
2014	136	261	214	66	1	2	102	10	58	—
2015	22	39	41	3	0	0	22	0		
合计	508	1144	1049	259	630	24	439	63	58	434

　　（4）撰写专著方面　5年间，以何东平、王兴国、刘玉兰等教授为代表的油脂科技工作者发表专著14部（表4）。

表4　2010—2015年油脂相关专著汇总

序号	主编	书名	出版社	出版时间
1	闫子鹏，王月慧，何东平	粮油加工厂开办指南	北京：化学工业出版社	2010.4
2	何东平	食用油脂加工技术	武汉：湖北科学技术出版社	2010.12
3	何东平，刘良忠，闫子鹏	油脂工厂综合利用	北京：中国轻工业出版社	2011.1
4	王兴国	油料科学原理	北京：中国轻工业出版社	2011.1
5	王瑞元	粮食行业职业技能培训教程　制油工（技师、高级技师）	北京：中国轻工业出版社	2011.8
6	何东平，王兴国，刘玉兰	油脂工厂设计手册（第二版）（上、中、下）	武汉：湖北科学技术出版社	2012.8
7	王兴国，金青哲	油脂化学	北京：科学出版社	2012年

续表

序号	主编	书名	出版社	出版时间
8	何东平，闫子鹏	油脂精炼与加工工艺学（第二版）	北京：化学工业出版社	2012.8
9	何东平	油脂化学	北京：化学工业出版社	2013.2
10	何东平，刘良忠	多肽制备技术	北京：中国轻工业出版社	2013.6
11	何东平，相海	米糠加工技术	北京：中国轻工业出版社	2014.4
12	何东平，白满英，王明星	粮油食品	北京：中国轻工业出版社	2014.6
13	何东平，袁剑秋，崔瑞福	中国制油史	北京：中国轻工业出版社	2015.1
14	刘玉兰	现代植物油料油脂加工技术	郑州：河南科学技术出版社	2015.4

（5）撰写科普宣传书籍方面　为提高消费者对油脂营养与健康的知识，何东平等人和祁鲲编写两本科普宣传书籍（表5）。

表5　科普宣传书籍汇总

序号	书名	作者	字数	出版时间
1	食用油小百科	何东平，王兴国，闫子鹏，相海	8.5万	2012.8
2	油脂的营养与健康	祁鲲	约10万	未出版

（6）编写教材方面　为达到资源共享，提高教材质量，在何东平、王兴国、刘玉兰等教授的带动下，江南大学、河南工业大学和武汉轻工大学联合组织教授，计划编写出版11部油脂专业系列教材（表6）。

表6　计划编写出版的高等学校油脂专业系列教材汇总

序号	书名	主编
1	油料油脂化学	王兴国
2	油脂制取工艺学	刘玉兰

续表

序号	书名	主编
3	油脂精炼工艺学	罗质
4	食品专用油脂	刘元法
5	功能性脂质	金青哲
6	油料资源综合利用	梁少华
7	油脂工厂设计	何东平
8	油料蛋白加工工艺学	刘晔
9	油料油脂检化验	李桂华
10	油厂物料输送	刘玉兰、何东平
11	油脂生产安全与管理	汪学德

（7）制修订标准方面　5年间，在全国粮油标准化技术委员会油脂油料工作组的积极组织下，我国油脂行业制修订了各类标准132项（表7），推动了我国油脂工业的健康发展。

表7　2010—2015年油脂相关国家标准及行业标准计划数量汇总

总计	国家标准计划	行业标准计划	国家（行业）标准计划
2010	9	—	9
2011	—	—	—
2012	2	12	14
2013	—	5	5
2014	13	25	38
2015	—	—	—
合计	24	42	66

4.我国油脂工业现状

经过"十一五""十二五"的发展，我国的油脂加工业技术水平得到了极大提高，我国大规模制油技术和油脂精炼技术得到迅猛发展，一些油脂加工设备接近或达到国际先进水平。

（1）油料预处理、榨油技术现状　我国油料预处理、榨油技术水平，以及成套设备的工艺性能、消耗指标等已基本与国际接轨，特别是我国的中小规模成套设备有一定优势，如花生、油菜籽、棉籽、葵花籽等油料的预处理和榨油设备已达到国际先进水平。

我国油料预处理主要装备的制造能力已经能够满足国内需求。我国生产的中、大型螺旋榨油机（日处理量可达400~500吨）性能优良，不但能满足国内需求，而且出口多个国家。我国生产的双螺旋榨油机充分满足低温压榨工艺的需要。我国自行设计制造的轧坯机，日处理能力达到680~750吨，卧式调质干燥机单机日产量达1500~2000吨，这些设备已广泛用于国内大型油脂加工企业，节能效果显著。

我国水酶法制油技术实现了由实验室向产业化的转化。

（2）油脂浸出技术现状　我国的油脂浸出技术日趋完善，已经掌握了油脂浸出的主要关键技术，如各种形式的浸出器、蒸脱机、蒸发系统、尾气回收系统、溶剂回收系统、粕处理系统等。其中，中小型油脂浸出设备可以满足世界各国对浸出设备的要求，并且有较大的价格优势；大型浸出设备的性价比在国际上也有较大优势。我国自行设计制造的大型化浸出成套设备生产稳定性、技术经济指标达到国际先进水平。我国自行设计制造的大型压榨浸出设备最大处理量可达每天6000吨。

在浸出工序中，由于负压蒸发技术节能效果显著、大规模设备投资低、浸出毛油色泽好等特点，已在我国制油工业中得到广泛采用。

超临界二氧化碳萃取技术的采用，实现了97%以上粉末磷脂和牡丹籽油的标准化规模生产。亚临界萃取技术和装备通过多年的不断完善，目前已应用到植物油提取生产。

（3）油脂精炼技术现状　我国的间歇精炼、半连续精炼、连续精炼等油脂精炼工艺和设备技术水平得到了很大提高。

化学精炼法经过多年的发展，工艺设备已经比较成熟和完善，已被国内大中型油厂普遍采用。但在水化脱胶和碱炼脱酸过程中会产生大量的废水，容易造成环境污染和中性油的损失。为此，污染少的油脂物理精炼技术及其他精炼技术逐渐得到推广。目前干法脱酸技术在大型油厂推广，大幅降低了废水、废物排放。酶法脱胶工艺也已开始用于工业化生产。低温短时脱臭、填料塔脱臭方法得到重视和广泛应用。

油脂精炼的主要设备——离心机在国内生产也得到发展，中小型离心机分离性能稳定，价格低廉，在国内应用极为广泛。目前，我国生产的叶片过滤机指标性能达到国际先进水平，广泛应用于国内油脂工厂的生产。

考虑到油脂的色泽、烟点，高效的板式脱臭塔在国内应用较多。根据脱臭过程对能源消耗和油品质量的需要，填料脱臭塔在国内得到广泛应用。脱臭真空系统开始采用闭路循环水和优化的填料组合塔，减少用水，节约蒸汽、降低反式脂肪酸的产生。

国内中等规模以上的油脂精炼生产线具有自动化控制装置，可有效地为生产服务，满足生产需求。

（4）特种油料开发研究现状　我国特种油料品种繁多，为更好开发利用，通过企业与大专院校、科研单位和粮油机械制造企业紧密合作，积极研究开发适合于油茶籽、牡丹籽、核桃、米糠、玉米胚芽、小麦胚芽等不同原料加工需要的烘干、剥壳、压榨、浸出、精炼及副产品综合利用的新工艺、新装备。"十二五"期间米糠和玉米胚芽制油取得突破性进展。据统计，2013年全国稻米油产量为55万吨，玉米油产量为188万吨，共计243万吨，为我国食用油自给率做出了提高7个百分点的贡献。另外，微生物油脂的开发研究和规模生产也发展较快。

（5）油料油脂资源综合开发利用技术现状　大豆加工已由单纯制取大豆油和获取大豆粕，逐步向综合制备各种大豆蛋白产品和开发高附加值副产物的方向发展。经过多年的发展，我国已经形成一定规模的植物蛋白加工业，例如大豆分离蛋白生产厂家已有20多个，年产量达到40万吨；大豆浓缩蛋白生产厂家已有10个，年产量接近20万吨；大豆组织蛋白生产厂家有17个，年产量接近10万吨；大豆粉年产量约5万吨。大豆分离蛋白出口欧亚多个国家。"十二五"期间，多条大豆蛋白肽、大豆异黄酮、大豆皂苷、大豆低聚糖生产线投入生产；蛋白可降解材料已进行大量研究，可降解、可食用包装新型材料取得了一定研究成果，大豆蛋白黏合剂已经实现工业化生产。

油菜籽加工也由单纯的制取菜籽油和获取菜籽粕，逐步向综合开发菜籽蛋白资源延伸；棉籽也由单纯的制取棉油和获取棉粕，逐步向开发脱酚棉籽蛋白延伸，该产品主要用作幼畜饲料及兽药厂的生物培养基。另外以大豆磷脂为原料，还生产出各种磷脂药品和保健品。我国已经成功进行了大豆油脱臭馏出物固体酸连续酯化提取天然维生素E工艺技术试验。

（6）高新技术在油脂生产中应用现状　"十二五"期间，微生物制油技术、共轭亚油酸合成技术、微胶囊化技术、超临界流体萃取技术、亚临界流体萃取技术、分子蒸馏技术、生物酶技术、微波辅助萃取、超声波辅助萃取提取油脂技术成为研究热点。我国已建成超临界二氧化碳萃取大豆浓缩磷脂制备粉末磷脂生产线、超临界二氧化碳萃取提取牡丹籽油生产线，亚临界萃取装备用于小品种油料和特殊油料的提取油脂生产线，已经商业化应用。膜分离技术已经成功应用于多肽生产和油脂、蛋白废水的处理。

（7）油脂安全检测技术及油脂营养研究现状　油脂加工过程较多关注的是色泽、风味等感官指标以及过氧化值、酸价、烟点等质量指标，而对影响油脂营养与食用安全性的指标不够重视。随着人们对食用油质量要求的提高，现在人们开始关注食用油的营养和安全性。

在油脂营养方面，越来越多的研究表明，食用油的营养不但涉及能量和脂肪酸的营养平衡，还与天然甘油三酯的结构和伴随于其中的脂溶性微量成分密切相关。

近年来，国内广泛展开了脂质营养研究，大力开发油脂适度加工与稳态化技术，在研究与探明油料油脂加工过程中微量营养素的消长变化规律基础上，改进优化预处理、制取和精炼工艺条件与设备结构，开发出有益脂肪伴随物丰富且不含有害成分的健康油脂产品，使成品油在符合国家标准的前提下气滋味良好、色淡，具有较好的氧化稳定性、冷冻稳定性和较长货架期。

针对食用植物油质量安全风险隐患，我国已经研究制定了较系统的油料质量安全标准体系和食用植物油质量标准体系。

针对食用油安全领域出现的新问题，近年来国内产学研各方共同努力，系统研究并查明了食用油中多种内源毒素、抗营养因子、环境与加工污染物的成因与变化规律，广泛开展了加工过程对各种食用油食用安全的影响研究，重点评估了浸出溶剂、辅料和各道工序（脱臭、吸附脱色、高温煎炸等）对油脂品质的影响，对加工与烹调过程中 ω-3 脂肪酸、成品油低温浑浊与返色回味等现象等进行了卓有成效的研究，开发出劣质油、反式脂肪酸、3- 氯丙醇酯、多环芳烃、真菌毒素等危害物的高效检测、防控、风险评估技术和植物油身份识别技术并集成示范，凝胶渗透色谱、指纹数据电子鼻、全程低温充氮技术已分别在当前国内的煎炸油品质监控、调和油识别和植物油稳态化方面获得应用推广。

目前国内已开发工业化生产工艺保证不同品种规格油脂的"低 3- 氯丙醇酯、低缩水甘油酯"工艺技术。

"十二五"期间，我国油脂企业优化与开发多种减少食用油脂中反式脂肪酸含量工艺与方案，使大宗植物油反式脂肪酸的水平由以前 2%~5% 降至目前约 1%。

（8）人才培养体制完善，平台建设得到加强　我国建立了从中等职业教育到博士完整的油脂加工学科人才培养体系。我国油脂加工学科在 1998 年学科调整中本科教育被合并到食品科学与工程，但仍然保留了硕士阶段、博士阶段。油脂加工学科所在的粮食、油脂及植物蛋白工程，成为食品科学与工程一级学科下设的 4 个二级学科之一。在油脂加工专业设置方面，目前除了江南大学、河南工业大学、武汉轻工大学最早设有本科油脂加工专业外，天津科技大学、吉林工商学院等新设了油脂专业。截至 2014 年，全国设有食品科学与工程研究生教育的 100 家高校中，培养粮食、油脂及植物蛋白工程研究生的有 57 所。

近年来，国家加大投入，建成一批国家实验室、国家工程实验室、省部级重点实验室、省部级工程中心，大大改善了人才培养和科学研究条件，促进了油脂学科的进步。

（三）国外油脂学科研究进展

5 年来，新技术、新材料、新工艺的科学研究进展推进了油脂加工学科的进步。一些新技术有望使油脂加工技术发生根本性的改变。

1. 新技术、新材料在油脂加工中的重大研究进展

（1）膜分离技术在油脂加工行业得到很好的应用　2013 年，爱荷华大学的 Bowden 团队，研究发明了第一个用于分离脂肪酸的膜，这种膜随着脂肪酸双键数目的多少决定分子半径的原理，可以快速分离低纯度顺式混合脂肪酸或顺式脂肪酸酯。膜分离技术有望用于脂肪酸分离，替代蒸馏、冻化、尿素包合等分离手段。

另外一个成功运用膜的例子是油厂污水用膜生物反应器（MBR）技术。MBR 系统使用超滤（UF）膜，能够使废水生化需氧量（BOD）、化学需氧量（COD）和悬浮物含量非常低。

（2）利用改进的分离器获得高含量生育酚的脱臭馏出物　在大豆油的物理精炼过程中，优化汽提塔与除臭技术相结合以及分离器的改进，生产富含维生素 E 脱臭馏出物（生育酚 > 15%）。物理精炼中，使用改进的单分离器，可以得到（6.9%）生育酚浓度的脱臭馏出物，双分离器可以得到 18.2% 生育酚浓度。

（3）发明适用于催化不同酸价废弃油脂生产生物柴油的金属催化剂　美国 Benefuel 公司研究出固体催化剂，用于转化不同酸价的非食用油脂生产生物柴油，运行成本低于现行的酯化和酯交换方法。这种金属氧化物催化剂对水不敏感且耐用，可以有效地把各种油脂原料（脱胶油、棉籽油、玉米油、黄脂、牛油、羊油、毛棕榈油、棕榈蒸馏脂肪酸，甚至是脱胶大豆油和油酸混合物）转化，该技术已进行了中试和规模化的生产。

（4）超临界提取技术的应用　20 世纪 80 年代，由美国皇冠公司提出了超临界技术的设想，并成功进行了中间实验。目前全球已有超过 125 家工厂使用超临界技术，大多数使用的是超临界二氧化碳技术。

2. 酶技术在油脂行业的重大研究进展

（1）酶脱胶技术被广泛用于植物油的精炼　DSM 公司数据显示，2008 年全世界使用酶脱胶的工厂不到 5 家，2014 年，有 35 家工厂使用酶脱胶，预计到 2016 年，将有 60 家工厂使用酶脱胶技术。

酶脱胶技术的优势包括：减少使用化学物质、减少中性油损失、增加产品油得率、减少废水污染、油脚的流动性好，降低运行成本等，还有其他潜在的经济、安全和可持续发展的好处。

（2）酶促酯交换技术　诺维信公司应用酶促酯交换（EIE）将棕榈油的游离脂肪酸（3%）转化为脂肪酸甘油三酯，与化学酯交换比较，产品总得率增加了 3%，每吨产品少产生 74.8 千克 CO_2。该项技术不但可提高产品得率，对环境保护也有很大的好处。

（3）发明适用于催化不同酸价废弃油脂生产生物柴油的脂肪酶　2014年，Novozymes公司和 Piedmont Biofuels 公司合作，发明一种液体酶作催化剂，可以将不同游离脂肪酸含量的低值油脂与甲醇反应，生产生物柴油。

3. 微生物技术在油脂加工行业的重要进展

（1）富含 ω-3 脂肪酸微生物油脂的商业化生产　单细胞油脂即微生物油脂具有良好的开发前景，有望替代鱼油成为多不饱和脂肪酸、特种油脂等的重要来源。同时微生物油脂也是一种生物燃料的来源。目前，富含 ω-3 脂肪酸的微生物油脂已有商业化，主要产品是富含 EPA 和 DHA 油脂。

（2）适用于煎炸的微生物油脂商业化生产　2012 年 ADM 公司和 Solazyme 公司合作研发海藻食用油。Solazyme 研究出各种不同脂肪酸含量的煎炸海藻油。例如：油酸含量80%、油酸含量58% 等系列产品。

4. 基因技术培育油脂新品种

（1）利用基因技术，培育出高含 DHA 油菜籽　2012 年澳大利亚科学与工业研究组织（CSIRO）研究数据显示，DHA 可以在陆地植物中产生。研究结果表明，菜籽油 DHA 含量可达 15%，首次实现了植物油中的 DHA 含量超过鱼油中 DHA 的含量。

（2）利用基因技术，培育出高含油酸油料　在基因育种技术方面，经过几十年的努力，已经培育出高油酸向日葵、高油酸油菜和高油酸红花，且已经商业化。目前正在培育两种不同的高油酸大豆。

5. "适度加工" 理念逐渐得到生产者的重视

传统的油脂精炼，可以去除不良的组分，但导致一些有益物质的损失，引起油品质量的降低，甚至会产生一些有害物质。油脂的适度精炼是指消除不良的组分，同时保留最大数量的营养物质。近年来，开发了不同的物理和化学精炼技术。例如采用硅土精炼、生物精炼、膜精炼、混合油精炼等。这些技术具有环保、提高得率等优点，但也有一些技术因成本高、分离效率低等限制了应用。加拿大安大略省圭尔夫大学食品科学系研究了适度精炼技术。

6. 重视油脂的安全和营养健康

重视食用油中危害因子的检测，对反式脂肪酸、3- 氯丙醇酯及缩水甘油进行了系统研究，制订了一系列检测方法。

7. 重视环境保护，节能降耗

当前北美洲农产品加工企业与 20 世纪 70 年代比较，通过工艺和设备改进，生产规模扩大，废水再利用等技术，使用水量减少了大约一半。目前最好的污水处理使用膜生物反应器（MBR）技术，将处理过的水用于各种各样的需求，包括卫生、冲洗、种植和冷却塔补充水等。

8. 油脂在化学工业的应用不断扩大

油脂化工主要产品有脂肪酸、皂、甘油、脂酸盐、醇、酯以及其衍生物等。近年来，国际上对植物油用于生产化工产品的研究非常重视。大豆油经过烯烃复分解制备类似石油烃结构的物质，大豆粕发酵制丁醇、甘油电池，甘油制备丙烯醛，甘油制备乳酸，高油酸大豆油工业利用，大豆油用于生产纺织润湿剂，大豆粕制水合凝胶等已成为油脂化工材料研究热点。美国 2011 年联合大豆委员会（USB）资助的 78 个项目中，27 个塑料项目主要是大豆油基聚氨酯（PU）材料的制备和应用，大豆油基增塑剂，大豆油基绿色橡胶填料等；涂料、油墨 13 个项目制备光固化材料，快固化材料，建筑用挥发性有机化合物（VOC）乳胶，大豆基聚合材料用于油墨、喷墨；黏结剂 8 个项目多是大豆油基聚合物用于各种黏结剂；纤维 7 个项目为大豆蛋白制备各种纤维、膜、无纺布等产品。

（四）与国外的差距与原因

1. 综合利用的差距与原因

油脂加工企业在完成了规模发展后，综合利用技术即成为企业发展的主要途径之一。同时综合利用也是我国油脂行业可持续发展战略的重要途径和科学发展观在油脂企业中的重点体现。但我国对油脚、磷脂、脱臭馏出物、废白土、油料及壳、蛋白乳清、豆渣、亚麻籽胶等副产品的整体利用率不足 10%。"十二五"期间，以利用米糠和玉米胚芽制油为例已取得突破性进展，为我国食用油自给率做出了提高 7 个百分点的贡献。尽管如此，还有许多潜力可挖。以米糠利用为例，2013 年全国生产了稻米油 55 万吨，粗略估算约需米糠 400 多万吨，只占全国米糠产量 1402 万吨的 28.5%。

大豆蛋白已经得到较好开发利用，但油料蛋白开发利用技术仍需要进一步发展。我国花生主要用于浓香花生油的生产，浓香花生油生产过程中的高温使花生蛋白变性，这为花生蛋白的开发利用增加了困难。大型冷榨机的发展及其低温花生油的生产，给花生蛋白的开发利用创造了机会，在河北、山东等地已经相继建设了低温制油、低温脱溶、花生蛋白生产线，但尚未形成规模化。

2. 产业链延伸的差距与原因

国外油脂加工企业大多拥有完整的产业链，产品多元化，以此增强企业抗风险能力和竞争力。我国油脂加工领域存在的主要问题是，目前大多数油脂厂还停留在低水平的重复生产上，对油料只进行简单的制油加工，而不对其进行延伸开发，产业链短，产品结构单一。我国虽有大豆蛋白、磷脂、脂肪酸、植物甾醇、天然维生素 E、蛋白肽等综合利用产品，但规模尚小，且均存在品种和高附加值产品少、收率低、档次低等问题。不少产品至今尚无统一的、完整的国家质量标准，产品质量参差不齐。另外，有相当数量脱臭馏出物和半成品，因加工生产条件所限，只能廉价出口，高附加值功能性油脂产品市场的开发潜力巨大。

食品专用油脂是食用油脂深加工产品，我国的食品专用油脂产量已经达到 300 万吨，但存在易析油、硬化、起砂、起霜和反式脂肪酸含量高等质量问题，相关核心技术、生产装备长期被国外垄断，也尚无统一的、完整的国家质量标准体系，产品质量参差不齐。

3. 节能减排技术开发推广的差距与原因

制油产业是一种机械装置大、能源消耗高的产业。生产中大量热能的消耗与排放是长期存在的问题。在加工过程中存在着有害溶剂气体、工业废水、废油、废白土、废催化剂的排放等问题，虽有多项技术革新，但距离实现食品产业"零污染"的目标尚有相当大的差距。

与国外油脂加工企业相比，国内大型油脂加工企业的消耗指标仍有一定的差距，一些中小规模企业的消耗指标更高，特别是油菜籽、花生、葵花籽、棉籽等油料在我国的一些地区的加工规模较小，从而造成我国整体油脂浸出生产的能源消耗较高。根据国家粮食局2012 年度的统计，全国平均加工每吨食用油的电耗为 103.6 千瓦时，与行业内的先进平均指标差距很大，长时期内有较大的节能空间。另外除了己烷之外，更加安全、环保的新溶剂（如异己烷、异丙醇、乙醇等），酶法制油、酶法精炼等新技术虽然已获得应用，但规模仍然不大。

4. 机械装备水平的差距与原因

"十二五"期间，我国食用植物油加工技术总体水平有了很大提高，加工企业单条生产线的生产规模得到提升，机械装备达到或接近国外同类技术先进水平。但与国外相比，国内油料粗加工技术还有差距，深加工水平较落后，综合加工利用水平较低。新产品开发滞后，品种和产品较为单一，产品低值高损现象明显。在制油机械装备方面，企业自主创新能力不强，设备的运行稳定性和自动化、机电一体化水平还有待进一步提高。

5. 学科建设的差距与原因

油脂加工学科属于大食品范畴，目前国内食品院系百余所，但设置油脂加工学科的高校并不多，多数高校只是将油脂加工作为食品科学与工程专业中的一个专业方向。食品科学与工程专业涵盖内容过多，适合培养全面型人才，应用型人才培养难度较大。因此对于油脂加工学科而言，人才结构性矛盾仍比较突出。

（五）展望与发展趋势

1. 战略需求

近些年来，为促进国产食用油产业的发展，我国出台了一系列措施，推动了油脂科技和油脂工业的发展。通过创新驱动，加快了产业升级的步伐。当前油脂加工业在注重加工产能建设的同时，急需加强研发和成果转化投入。建立以企业为主体的技术创新体系，健全创新机制。

针对油脂加工行业的转型和升级，迫切需要围绕油脂加工业发展的基础理论和关键技术重大需求，实现理论创新和关键技术突破。要不断增强粮油食品营养基础研究能力，大力实施加工过程的信息化和智能化控制水平，有效提高核心技术装备稳定性、可靠性；要最大限度地利用油脂资源，提高粮油加工副产物综合利用水平，减少加工损失，提高加工效率，降低加工成本；要大力增强深加工转化能力，延长产业链，开发差异化、专用型功能性产品，优化产品结构，完善标准体系，保障国家食用油安全。

我国油脂加工长期存在过度加工、资源利用率低、能耗大及污染物排放等问题，需要全面开展以油脂产品安全、健康、营养为目标的油脂适度加工工艺和关键设备的研究开发，改进现行生产工艺，纠正食用油的过度加工的现象，逐步建立我国油脂行业低耗、高效、安全、环保的植物油加工体系。

2. 研究方向与研发重点

（1）坚持安全质量第一，以适度加工为导向，积极开发与推广提高油脂营养和安全水平的工艺与技术。

目前，油脂学科的研究已跨越了以油脂的理化性质和以油脂的脂肪酸组成及其他特定组分为主要研究内容的阶段。要在油品安全的基础上，把"优质、营养、健康"作为今后的发展方向，继续倡导适度加工，最大程度保存油料中的固有营养成分，纠正过度加工现象。

①研究脂肪酸的种类、比例及甘油三酯结构与营养的关系，研究各种结构脂质的结构

与功能，开发符合人类心脑血管健康及营养的产品。

②针对当前我国食用油加工存在过度精炼的误区，大力开发油脂的适度精炼技术，要在精炼过程中减少潜在副反应与副产物，保留维生素 E、甾醇等微量营养物质。粮油加工企业要加强新工艺、新技术的研究，积极探索缩短工艺、减少设备；油脂机械制造企业要下大力开发高效节能装备，为粮油加工企业节能减排创造条件。

③针对食用油脂的安全问题要大力加强各类食用油脂安全性的研究，将油品的生产过程置于严格的全程质量控制管理之下，将油品的加工精度界定在合理的范围内，将油品标准的制定和修改建立在全面翔实的实验数据和充分严谨的科学论证基础之上，为"放心粮油工程"在全国的成功实施奠定科学基础。

④要积极调整产品结构，加快对"系列化、多元化、营养健康"油脂产品的开发；提高名、优、特、新产品的比重；要积极发展煎炸、起酥、凉拌、调味等各类家庭专用油脂和食品工业专用油脂；要加快发展小包装食用油，加快替代市场上的散装食用油，保证安全性。

（2）开发节能减排技术，实行清洁生产　根据国家节能减排的总要求，油脂加工业要把节能减排的重点放在节电、节煤、节汽、节水等降耗上，放在减少废水、废汽、废渣、废物等产生和排放上，并按照循环经济的理念，千方百计采取措施对其加以利用和处置，变废为宝，实现污染物的零排放。为防止油脂产品在加工过程中的"再度污染"，我们要推行清洁生产，通过对工艺、设备、过程控制、原辅材料等革新，确保油脂产品在加工过程中不受"再度污染"，进一步提高油脂产品质量与安全。快速发展降低能源消耗技术并应用在油脂加工业中，特别是油料预处理车间的节电工艺和设备，如低电耗破碎机、低电耗调质器、低电耗油料输送设备等。

围绕大豆、双低油菜籽等油料，筛选安全、高效的新型制油浸提溶剂，重点开展新型溶剂连续浸出工艺技术和设备研究；围绕油菜籽、花生等高含油油料，研究开发高效、安全的非溶剂制油新工艺和新装备；要进一步革新和完善油脂精炼技术，油脂精炼技术的一个主要趋势是在有效精炼过程中，尽量降低成本，减少副产物，如皂脚、废白土、脱臭馏出物等；要研究和开发废弃物对策与环境管理，根据油脂产业清洁生产的实施要求，强化新形势下油脂产业管理内容；要总结经验，推广无机膜分离技术和装备在废水处理中的应用，回收油脂和提高废水处理的水平。

（3）重视资源的综合利用，开发功能性脂质和特种油脂产品　要大力开发适合不同消费群体的功能性油脂，如运动员专用、降血脂、促进少儿生长发育、减肥、甘油二酯和中碳链甘油酯、食品专用和营养保健等油脂产品；要进一步加强对油茶籽、月见草、紫苏、葡萄籽、红花籽、沙棘、南瓜籽、山鸡椒、翅果、核桃和杏仁等特种油料的开发利用；要利用生物技术制备特殊功能的微生物油脂；要充分利用米糠、小麦胚芽、饼粕、皮壳、油脚、馏出物等副产品，变废为宝。当前，对这些资源利用的重点应继续放在大力推广米糠和玉米胚芽的集中制油和饼粕的最佳有效利用上。

（4）要进一步提高我国油脂机械的研发和制造水平　为满足和促进油脂加工业进一步发展的需要，我国的粮油机械工业在今后的发展中要在"重质量、重研发、强创新、上水平"上进一步下功夫，并着重在以下几个方面做出成效。一要重视关键技术装备的基础研究和自主创新，通过自主创新把粮油制造业的发展重点放在大型化、自动化、智能化和专用化上；二要进一步提高粮油机械产品的质量，做到既要注重内在质量，又要重视外表质量；三要重视开发节能降耗的设备，要研发和生产出能耗低的粮油机械产品，以符合节能降耗的时代要求；四要研究开发出符合清洁生产和适度加工需要的装备；五要加快研究开发出适合木本油料加工的装备；六要进一步实施"走出去"战略，使我国不仅成为粮油机械产品的生产大国和消费大国，同时成为粮油机械产品的出口大国。

二、2014 年中国油脂油料的市场概况

——在"棕榈油在食品行业中的应用优势研讨会"上的主旨演讲

（2015 年 5 月 8 日　于安徽合肥）

今天很高兴来到合肥，参加由马来西亚棕榈油促进委员会和中国粮油学会油脂分会共同举办的"棕榈油在食品行业中的应用优势研讨会"。借此机会，我代表中国粮油学会油脂分会对大家的到会来表示最热烈的欢迎！本次会议将围绕国内外油脂加工业及市场的现状、专用油脂的最新发展动态和科研成果等进行深入分析和探讨。根据会议的安排，现在我以《2014 年中国油脂油料的市场概况》为题发言，供大家参考。

（一）中国国产油料油脂的生产概况

在中国政府一系列惠农政策的推动下，我国油料生产持续稳定。据国家粮油信息中心预测，2014 年我国油菜籽、大豆、花生、棉籽、葵花籽、芝麻、油茶籽、亚麻籽八大油料的总产量为 5806 万吨，与 2013 年实际产量 5845.9 万吨比较，基本持平。八大油料预测产量分别为：油菜籽 1460 万吨、大豆 1180 万吨、花生 1680 万吨、棉籽 1109 万吨、葵花籽 235 万吨、芝麻 63 万吨、油茶籽 190 万吨、亚麻籽 40 万吨（表 1）。

表1　我国油料产量　　　　　　　　　　　　　　　　　单位：千吨

年份	油籽总产量	其中：		其中：						
		棉籽	大豆	油料	油菜籽	花生	葵花籽	芝麻	亚麻籽	油茶籽
1993	40076	6730	15307	18039	6936	8421	1282	563	496	488
1994	43710	7814	16000	19896	7492	9682	1367	548	511	631
1995	44585	8582	13500	22503	9777	10235	1269	583	364	623
1996	42891	7565	13220	22106	9201	10138	1323	575	553	697

续表

年份	油籽总产量	其中:			其中:					
		棉籽	大豆	油料	油菜籽	花生	葵花籽	芝麻	亚麻籽	油茶籽
1997	44587	8285	14728	21574	9578	9648	1176	566	393	857
1998	46393	8102	15152	23139	8301	11886	1465	656	523	723
1999	47155	6892	14251	26012	10132	12639	1765	743	404	793
2000	52910	7951	15411	29548	11381	14437	1954	811	344	823
2001	53638	9582	15407	28649	11331	14416	1478	804	243	825
2002	53788	8309	16507	28972	10552	14818	1946	895	409	855
2003	52251	8747	15394	28110	11420	13420	1743	593	450	780
2004	59445	11382	17404	30659	13182	14342	1552	704	426	875
2005	57407	10286	16350	30771	13052	14342	1928	625	362	875
2006	55044	13559	15082	26403	10966	12738	1440	662	374	920
2007	52135	13723	12725	25687	10573	13027	1187	557	268	939
2008	58559	13486	15545	29528	12102	14286	1792	586	350	990
2009	58003	11479	14981	31543	13657	14708	1956	622	318	1169
2010	58114	10730	15083	32301	13082	15644	2298	587	324	1092
2011	59413	11860	14485	33068	13426	16046	2313	606	359	1480
2012	59723	12305	13050	34368	14 007	16692	2323	639	391	1728
2013	58459	11338	11951	35170	14458	16972	2423	624	399	1777
2014（预测）	58060	11090	11800	35170	14600	16800	2350	630	400	1900

注：资料来源国家粮油信息中心。

　　另据国家粮油信息中心预测，2014 年我国利用国产油料的出油量（除大豆、花生、芝麻和葵花籽 4 种油料部分直接食用外）为 1164.7 万吨（表 2）。这里需要说明的是，玉米油和稻米油的预测量可能有误，建议采用国家粮食局的粮油工业统计数。据国家粮食局统计，2013 年全国玉米油产量为 188 万吨，稻米油产量为 55 万吨。

表2　2014年国产油料出油量预测　　　　　　　　　　　单位：千吨

品种	产量	压榨量	出油量	出油率/%
油菜籽	14600	13500	4793	35.50
花生	16800	7800	2457	31.50
棉籽	11090	10000	1300	13.00
大豆	11800	3000	495	16.50
葵花籽	2350	1200	300	25.00
油茶籽	1900	1800	450	25.00
亚麻籽	400	300	90	30.00
芝麻	630	360	162	45.00
玉米油			700	
稻米油			850	
其他			50	
合计			11647	

注：资料来源国家粮油信息中心。

（二）中国油料油脂进出口情况

为满足我国食用油市场供应的需要，近10年来我国进口油料油脂的数量一直居高不下。据海关统计，2014年我国进口各类油料合计为7751.8万吨，其中进口大豆7139.9万吨、油菜籽508.1万吨、芝麻57万吨；进口植物油总量为787.3万吨，其中进口大豆油113.6万吨、棕榈油532.4万吨、菜籽油81万吨、其他植物油60.3万吨。另据统计，2014年出口大豆、花生、葵花籽、芝麻等油料约55万吨，出口大豆油等各类食用油合计约12万吨（表3、表4）。

表3　中国油料油脂进口量　　　　　　　　　　　　　单位：千吨

年份	油籽进口量	其中：			植物油进口量	其中：			
		大豆	油菜籽	其他油籽		大豆油	棕榈油	菜籽油	其他植物油
1996		1108	0		2640	1295	1012	316	17
1997		2792	55		2750	1193	1146	351	60
1998		3196	1386		2060	829	930	285	17

续表

年份	油籽进口量	其中:			植物油进口量	其中:			
		大豆	油菜籽	其他油籽		大豆油	棕榈油	菜籽油	其他植物油
1999		4315	2595		2080	804	1194	69	13
2000		10416	2969		1872	308	1391	75	99
2001		13937	1724		1674	70	1517	49	38
2002	11945	11315	618	12	3212	870	2221	78	43
2003	20976	20741	167	68	5418	1884	3325	152	57
2004	20756	20229	424	103	6764	2517	3857	353	38
2005	27042	26590	296	156	6213	1694	4330	178	11
2006	29280	28270	738	272	6715	1543	5082	44	46
2007	31858	30821	833	204	8397	2823	5095	375	104
2008	39005	37436	1303	266	8163	2586	5282	270	25
2009	46331	42552	3286	493	9502	2391	6441	468	202
2010	57046	54797	1600	649	8262	1341	5696	985	240
2011	54818	52640	1262	916	7798	1143	5912	551	192
2012	62280	58384	2930	966	9600	1826	6341	1176	257
2013	67835	63375	3662	798	9221	1158	5979	1527	557
2014	77518	71399	5081	1038	7873	1136	5324	810	603

注：资料来源国家粮油信息中心。

表4 2014年我国油脂油料海关进出口数据 单位：吨

	进口数量	出口数量
种用大豆	0.080	153.181
黄大豆，种用除外	71398983.041	197314.667
青大豆，种用除外	0	450.430
其他大豆，种用除外	0.106	0.396
黑大豆，种用除外	0	9152.479
种用低芥籽酸油菜籽	0.142	5.220

续表

	进口数量	出口数量
其他低芥籽酸油菜籽	5027023.447	0
其他种用油菜籽	0	0.214
未列名油菜籽	54013.637	96.450
种用葵花籽	755.646	910.596
其他葵花籽	61628.902	174895.634
种用芝麻	0.001	0.551
其他芝麻	568813.787	34517.535
大豆粉	28.966	307.051
初榨大豆油	1134037.426	1919.536
其他大豆油及其分离品	1438.820	97615.537
初榨的花生油	93657.384	311.980
其他花生油及其分离品	79.934	9684.171
初榨的油橄榄油	29181.286	222.543
其他油橄榄油其及分离品	2730.723	0.813
其他橄榄油及其分离品	3924.042	0.464
初榨的棕榈油	4952.874	0
棕榈液油（熔点为19~24℃，未经化学改性）	3962420.781	700.260
棕榈硬脂（熔点为44~56℃，未经化学改性）	1354408.055	0.150
其他精制棕榈液油（包括棕榈油的分离品，未经化学改性）	2109.117	643.500
初榨的棉籽油，不论是否去除棉籽酚	0	20.000
其他棉籽油及其分离品	0.739	6949.250
初榨的葵花油或红花油	450265.165	784.078
其他葵花油或红花油其及分离品	4688.209	956.272
初榨的椰子油	30650.091	0.078
其他椰子油及其分离品	108612.933	0.794

续表

	进口数量	出口数量
初榨的棕榈仁油或巴巴苏棕榈果油	125378.960	0
其他棕榈仁油或巴巴苏棕榈果油及其分离品	371072.723	7.980
初榨的低芥籽酸菜籽油	769498.554	45.000
其他低芥籽酸菜籽油或芥籽油其及分离品	37719.107	6527.697
初榨的菜籽油	0.364	2.050
初榨的芥籽油	717.826	0
其他菜籽油或芥籽油及其分离品	2019.694	33.234
初榨的亚麻籽油	16046.126	273.767
其他亚麻籽油及其分离品	1185.080	1331.115
初榨的玉米油	75.924	231.000
其他玉米油及其分离品	395.390	3920.846
蓖麻油及其分离品	173037.182	42.350
芝麻油及其分离品	1922.891	3290.048

注：资料来源中华粮网。

（三）中国食用油市场产销情况分析

从国家粮油信息中心提供的"中国食用油市场综合平衡分析"可以清楚看到，2013/2014 年度，我国食用油市场的总供给量为 3390 万吨，其中包括国产油料和进口油料合计生产的食用油 2505.6 万吨以及直接进口的各类食用油合计为 884.4 万吨（表 5）。

从表 5 中，我们还可以看到，2013/2014 年度我国食用油的食用消费量为 2860 万吨，工业及其他消费为 295 万吨，出口量为 12.4 万吨，合计年度需求总量（即消费量）为 3167.4 万吨。年度节余量为 222.6 万吨。由此可以推算出，2013/2014 年度中国食用油的自给率为 36.8%（即 2014 年国产油料出油量 1164.7 万吨，与年度需求总量 3167.4 万吨之比）。与上年的 38.5% 相比又下降了 1.7 个百分点。

根据 2013/2014 年度中国食用油的需求总量为 3167.4 万吨，按国家最新公布的数据截至 2014 年末，大陆总人口以 13.6782 亿人计算，2014 年我国人均年食用油消费量为 23.2 千克，较上年的 22.5 千克又提高了 0.7 千克（表 6）。

表5　中国食用油市场综合平衡分析

单位：千吨

指标	2000/2001	2001/2002	2002/2003	2003/2004	2004/2005	2005/2006	2006/2007	2007/2008	2008/2009	2009/2010	2010/2011	2011/2012	2012/2013	2013/2014
生产量														
大豆油	3489	3415	4839	4608	6090	6383	6275	7035	7825	9150	10050	11000	11555	12320
菜籽油	4689	4132	3544	3928	4474	4576	4010	3852	4656	5899	4876	5334	5879	6377
棉籽油	945	1148	1095	1088	1392	1233	1580	1534	1495	1326	1235	1352	1430	1339
花生油	2111	2123	2205	2079	2142	2095	1796	1796	2048	2148	2347	2381	2451	2520
棕榈油	0	0	0	0	0	0	0	0	0	0	0	0	0	0
其他油脂	831	879	1066	1093	1122	1272	1378	1587	1668	1800	2000	2200	2400	2500
总计	12064	11696	12749	12795	15220	15558	15037	15804	17691	20323	20508	22267	23715	25056
进口量														
大豆油	70	370	1715	2721	1728	1516	2413	2727	2494	1514	1319	1502	1409	1354
菜籽油	78	41	85	329	269	64	154	360	389	544	964	674	1533	1259
棉籽油	0	0	0	0	0	0	0	0	0	0	0	0	0	0
花生油	16	11	5	7	4	3	2	6	20	48	68	62	65	74
棕榈油	1900	2020	3104	3570	4320	4985	5139	5223	6118	5760	5712	5841	6589	5573
其他油脂	0	0	9	51	6	11	37	69	91	198	80	265	432	584
总计	2064	2442	4918	6678	6327	6580	7745	8385	9111	8064	8143	8344	10028	8844

续表

指标	2000/2001	2001/2002	2002/2003	2003/2004	2004/2005	2005/2006	2006/2007	2007/2008	2008/2009	2009/2010	2010/2011	2011/2012	2012/2013	2013/2014
年度供给量														
大豆油	3559	3785	6554	7328	7818	7899	8688	9762	10319	10664	11369	12502	12964	13674
菜籽油	4767	4173	3629	4257	4743	4640	4164	4213	5044	6443	5840	6008	7412	7636
棉籽油	945	1148	1095	1088	1392	1233	1580	1534	1495	1326	1235	1352	1430	1339
花生油	2127	2134	2210	2086	2146	2098	1798	1802	2067	2196	2415	2443	2516	2594
棕榈油	1900	2020	3104	3570	4320	4985	5139	5223	6118	5760	5712	5841	6589	5573
其他油脂	831	879	1075	1144	1128	1283	1415	1656	1759	1998	2080	2465	2832	3084
总计	14128	14138	17667	19473	21547	22137	22782	24188	26802	28387	28651	30611	33743	33900
国内食用消费量														
大豆油	3056	3316	5000	6483	7020	7400	8050	8500	9000	9700	10000	10800	11400	12000
菜籽油	4500	4700	3800	4200	4500	4700	4050	4200	4200	4500	5500	5500	5500	5800
棉籽油	930	1140	1100	1150	1380	1200	1600	1550	1300	1250	1250	1300	1350	1350
花生油	2112	2120	2202	2102	2200	2000	1850	1790	1840	1950	2300	2400	2500	2550
棕榈油	1600	1800	2450	2500	3100	3750	4000	4000	4650	4600	4400	4400	4700	4700
其他油脂	602	642	798	893	828	957	1071	1330	1425	1600	1800	1900	2100	2200
总计	12800	13718	15350	17328	19028	20007	20621	21370	22415	23600	25250	26300	27550	28600

工业及其他消费

大豆油	420	450	480	550	600	650	650	650	680	800	950	1000	1050	1100
菜籽油	0	0	0	0	0	0	0	0	0	0	0	0	0	0
棉籽油	0	0	0	0	0	0	0	0	0	0	0	0	0	0
花生油	0	0	0	0	0	0	0	0	0	0	0	0	0	0
棕榈油	300	300	640	950	1150	1220	1150	1150	1150	1200	1250	1200	1300	1400
其他油脂	221	230	245	235	227	228	253	263	273	280	300	350	400	450
总计	941	980	1365	1735	1977	2098	2053	2063	2103	2280	2500	2550	2750	2950

出口量

大豆油	53	51	13	15	40	105	94	102	83	75	52	60	84	94
菜籽油	74	34	12	5	6	66	119	7	10	5	4	4	6	6
棉籽油	0	0	0	0	0	0	0	0	0	4	3	2	1	4
花生油	15	12	13	25	25	15	20	10	10	9	10	9	6	10
棕榈油	0	0	0	0	0	0	0	0	0	0	0	0	0	0
其他油脂	0	0	0	12	66	90	85	60	55	30	55	21	11	10
总计	142	97	38	57	138	277	319	178	159	123	124	96	108	124

续表

指标	2000/2001	2001/2002	2002/2003	2003/2004	2004/2005	2005/2006	2006/2007	2007/2008	2008/2009	2009/2010	2010/2011	2011/2012	2012/2013	2013/2014
年度需求总量														
大豆油	3529	3817	5493	7048	7660	8155	8794	9002	9263	9975	11002	11860	12534	13194
菜籽油	4574	4734	3812	4205	4506	4766	4169	4207	4210	4505	5504	5504	5506	5806
棉籽油	930	1140	1100	1150	1380	1200	1600	1550	1300	1254	1253	1302	1351	1354
花生油	2127	2132	2215	2127	2225	2015	1870	1800	1850	1959	2310	2409	2506	2560
棕榈油	1900	2100	3090	3450	4250	4970	5150	5150	5800	5800	5550	5600	6000	6100
其他油脂	823	872	1043	1140	1121	1275	1409	1653	1753	1910	2155	2271	2511	2660
总计	13883	14795	16753	19120	21143	22382	22993	23361	24177	25403	27774	28946	30408	31674
节余量														
大豆油	30	-32	1061	280	158	-257	-106	760	1056	689	367	642	430	480
菜籽油	193	-561	-183	52	237	-127	-6	6	834	1938	336	504	1906	1830
棉籽油	15	8	-5	-63	12	33	-21	-16	195	72	-18	50	79	-15
花生油	0	2	-5	-41	-79	83	-73	2	217	237	105	34	10	34
棕榈油	0	-80	14	120	70	15	-11	73	318	-40	162	241	589	-527
其他油脂	8	7	32	4	7	8	6	3	6	88	-75	194	321	424
总计	246	-656	913	353	404	-245	-210	827	2625	2984	877	1665	3335	2226

注：资料来源国家粮油信息中心。

表6 1996—2014年我国人均年食用油消费情况

年份	食用油消费量/万吨	人均年食用油消费量/千克
1996	1002.5	7.7
1998	1090.7	8.4
2000	1245.7	9.6
2001	1330	10.2
2002	1410	10.8
2003	1500	11.5
2004	1750	13.5
2005	1850~1900	14.2~14.6
2006	2271.7	17.5
2007	2509.7	19.3
2008	2684.7	20.7
2011	2777.4	20.6
2012	2894.6	21.4
2013	3040.8	22.5
2014	3167.4	23.2

注：①2006—2008年食用油消费量按国产油料扣去食用部分后的总折油量加上净进口前折油之和。

②1996—2008年的我国人均年消费按13亿人口计算；2011—2013年按13.5亿人口计算；2014年按13.6782亿人口计算。

（四）中国油料油脂市场的发展趋势

根据上述情况和数据分析，我觉得以下4点是今后我国油料油脂市场不会改变的。

1. 食用油消费总量的刚性增长是不会改变的

2014年，我国食用油的年度需求总量（消费量）为3167.4万吨，人均年消费量为23.2千克，已经提前超过了《国家粮食安全中长期规划纲要（2008—2020年）》中预测的"到2020年我国居民人均年食用油消费量为20千克，消费总量将达到2900万吨"的指标。随着人民生活水平的进一步提高，城镇化进程的加快（截至2014年末，我国大陆人口为13.6782亿人，其中城镇人口为74916万人，占总人口的54.77%）、工业及其他消费的增长，我国食用油的消费总量仍将呈刚性增长趋势。当然其增长幅度不会像以前那样大了，但增长的趋势是依然存在的。

2. 大力发展国产油料，千方百计提高我国食用油的自给能力是不会改变的

根据《国家粮食安全中长期规划纲要（2008—2020年）》中提到的"到2020年我国食用植物油的自给率不低于40%"的要求，国家始终把发展油料生产和提高油料资源的利用率放在重要地位。在保持和发展大宗油料生产的同时，去年国务院发布了发展木本油料生产的规划和措施，对米糠、玉米胚芽等油料资源的利用更加重视，作为"十二五"乃至"十三五"粮油加工业发展规划的重要内容。我们相信，在国家政策的支持下，我国食用油的自给率一定会不断提高。

3. 利用两个市场，满足我国食用油市场的供应现状是不会改变的

为确保国家粮食安全，我国党和政府提出了"确保谷物基本自给、口粮绝对安全"和"以我为主、立足国内、确保产能、适度进口、科技支撑"的国家粮食安全新战略。现在，我们都在认真贯彻党和政府的战略决策，研究如何充分利用好国内国外两个市场、两种资源，以确保国家的粮油安全。在食用油供应中，鉴于目前我国的自给率不足40%，所以，我们更需要利用好两个市场，才能满足食用油市场的供应。由此可见，今后，我国在发展油料生产，努力提高自给率的同时，进口较大数量的油料油脂的现状是不会改变的。

4. 棕榈油在中国食用油市场中的消费份额不会减少

由于棕榈油在食品行业的应用中具有独特优势，所以世界棕榈油产业发展迅猛，其产油量已超过大豆油，跃居世界植物油产量第一的位置。我国不产棕榈油，但棕榈油的进口量逐年递增，自2005年起，每年的进口量都在500万吨以上，2012年达634.1万吨，是我国进口食用油中最多的油品（表3）。随着我国食品工业的发展、专用油产量的不断增加以及百姓对棕榈油也是一种优质和营养价值很高食用油认知度的提高，棕榈油在我国食用油消费市场的地位不会减弱，份额不会减少。

三、我国粮油科学技术的现状与发展趋势
——在"四川省粮油精品展举办的论坛会"上的主题报告

（2016 年 11 月 4 日　于四川遂宁）

根据中国科学技术协会的要求，自 2014 年下半年开始，中国粮油学会组织所属各分会的上百名专家，经过一年多的努力，完成了《2014—2015 年粮油科学技术学科发展报告》（以下简称报告）的撰写工作。报告以近 5 年来的最新研究进展、国内外研究进展比较以及发展趋势与展望等内容反映了我国粮油科学技术的现状与发展趋势。现在我就报告中的主要内容介绍给大家，供参考。

（一）引言

"十二五"期间，全国粮油科技工作者认真贯彻落实习近平总书记关于"中国人的饭碗任何时候都要牢牢端在自己手中，我们的饭碗应该主要装中国粮"的指示和李克强总理关于"守住管好'天下粮仓'，做好'广积粮、积好粮、好积粮'三篇文章"的讲话精神，积极践行创新驱动发展战略和"科技兴粮"战略，全力实施"粮安工程""粮食公益性科研专项"等一系列重点工程和科研计划，粮油科学技术取得了令人瞩目的成就。粮食储藏应用技术已达到国际领先水平，粮油加工工艺、装备和饲料加工装备已达到或接近世界先进水平，食品安全检测方法与技术不断更新，发酵面食等学科在科技研发方面都有所提高。粮油科学技术的快速发展，已成为粮油流通产业创新驱动发展的源动力，为确保国家粮食安全提供了坚实的科技支撑。

"十三五"是我国实现全面建成小康社会宏伟目标的关键 5 年。粮油科学技术要主动适应我国经济发展新常态，聚焦粮食行业发展需求，把握研究方向和重点，推动发展战略落地；要进一步激励科技人员施展才华，促进科技与经济的深度融合，谱写粮油科学技术发展的新篇章。

（二）近5年的最新研究进展

近5年来，粮油科技工作者积极践行科学发展观、创新驱动发展战略，通过大力实施"科技兴粮"，辛勤发奋，取得了骄人的业绩：①获得国家级奖项13项，获得省部级奖励27项，获得中国粮油学会科学技术奖143项，其他奖近一百项；②申请专利5018项，其中发明专利3873项；③制定和修订标准共277项，其中国家标准77项；④研发的新产品达数千种。

1. 粮食储藏产学研结合成效卓著

储粮生态系统理论体系研究进一步深化。我国首创了氮气控温气调技术，气调储粮规模已超过1000万吨，通过在7个储粮生态区域、中国储备粮管理集团有限公司19个分（子）公司的240多个直属库的推广应用，实现了粮库粮食绿色保质储藏；"四项储粮新技术"已应用到全部中央储备粮库和过半的地方储备粮库；信息和自动化控制技术已在粮食储藏得到广泛应用；粮食干燥、智能通风技术的应用取得显著实效。

2. 粮食加工技术进步及产业化成绩突出

稻米深加工和综合利用、米制品生产等关键技术和产业化取得突破性发展；小麦及其制品加工基础共性技术研究，以及面粉、面条等加工关键技术和装备取得重要进展。高效节能小麦加工新技术推广应用后，不仅能提高单位产能20%以上、降低电耗15%左右，还能提高优质粉得率10%以上，总出粉率增加3%；大型化、自动化的玉米淀粉生产线实现国产化；杂粮加工、营养复配以及杂粮挂面和功能饮料等加工技术显著提升；甘薯主食工业化关键技术与产业化取得进展。

发酵面食推动主食工业化初见成效，营养和风味研究逐渐加强，冷链物流配送体系、食品安全检测体系等逐步完善，生产技术和装备趋向自动化、大型化。

3. 油脂加工更加注重营养与健康

"适度加工"理论研究取得成效；高含油油料加工关键新技术产业化开发及标准化安全生产得到推广应用；以油茶籽、核桃、亚麻籽、文冠果、油用牡丹籽等特种油料资源和新油料开发利用技术水平不断提高；米糠、玉米胚芽、小麦胚芽以及油脂加工中副产物的利用水平明显提高，效果显著。通过2年多在玉米油工业化生产中推广优质、节能、低耗新技术的应用，不仅确保了玉米油的质量与安全，同时节约开支878万元，新增利税2434万元；新型制炼油工艺获得重要进展；解决危害因子溯源、检测和控制技术，掺伪鉴别和地沟油检测等方面得到较大提升；制油装备大型化、智能化，节能降耗效果明显。

4. 粮油质量安全标准化研究渐成体系

已形成 510 余项标准构成的动态标准体系；我国谷物与豆类国际标准影响力不断提高；粮油质量安全评价技术研究获得全面进步；现代检测技术在粮油化学组成检测方面得到广泛应用；众多粮油质量安全评价技术获得商业化应用；污染粮食处置技术研究取得可喜成果。

5. 粮食物流集成与系统化进一步发展

建成了一大批数字化、智能化粮食物流节点，基本实现了粮食从收购、仓储、运输、加工到成品粮流通的全程监管；数字化粮食物流关键技术研发成果有重大突破；粮食物流园区功能综合实现集成效用；粮食电子商务物流各种信息平台整合的良好实践不断涌现。

6. 粮油营养备受重视，发展动力强劲

深入研究粮油及其制品营养与人体健康的关系和调节机理并取得了进展；进一步探明了营养成分在粮油加工中的变化规律；强化大米、面粉、食用油技术成熟，已实现工业化生产；全谷物食品的开发获得突破性进展；粮食行业健康营养食品生产工艺与技术改进得到提升。

7. 信息与网络技术加快粮食产业现代化

利用互联网、数据安全等技术开展智能出入库、粮食品质智能检测等方面的应用研发成果显著；利用无线射频识别系统实现对农产品生产过程的跟踪和溯源管理；粮食加工的自动化程度逐步提高；开展"智慧粮食"工程，全面采用信息技术进行粮食供需预测、粮食库存监管等体系建设取得成果。

（三）国内外研究进展比较

1. 国外研究进展

从全球范围看，美国、日本、欧盟、俄罗斯等发达国家和地区在本领域的科技创新与技术应用有特色且处于先进水平，值得我们学习借鉴，大体有以下 10 个方面。

（1）储粮生态系统理论等方面研究取得了坚实基础，形成了较为完整的储粮技术创新体系。开发了低温技术等绿色或无公害储粮技术；粮食干燥设备具有多样化、智能化的特点；粮油产后流通成本较低。

（2）在美国、日本等发达国家及泰国、菲律宾等主产稻米的国家，积极研发高品质米制食品；对大米蛋白、大米淀粉、膳食纤维实施高效利用。现在，世界上有许多国家都在对米制品加工机制与品质控制进行研究。美国在玉米深加工的基础理论研究和新技术开发及应用领域均处于世界领先地位。在玉米淀粉生产方面，发达国家平均固形物利用率在98%以上。小麦制粉利用生物技术的研究成果，采用安全、高效的添加剂改善面粉食用品质。

（3）国际上在油脂加工中引入了新材料和新技术，膜分离技术、酶脱胶技术被广泛用于植物油的精炼，酶促酯交换技术的应用极大地提高了产品得率。发达国家特别重视生物技术在油脂加工中的应用，一直致力于通过基因技术培育油料新品种。

（4）发达国家注重粮油加工生物转化技术，利用现代微生物技术、发酵工程技术对粮油加工过程中副产物如麸皮、谷糠、植物油提取废渣等废弃物进行资源化综合转化利用，提高了产品的附加值，降低了由废弃物带来的环境污染。

（5）美国等发达国家出台的食品检验方法数量多，检验技术的原创性强，开展出在线监测、无损检测技术。国外许多国家系统地研究粮油质量安全评价指标体系，并不断开发仪器设备。日本对稻米质量品质形成了"从田间到餐桌"的评价体系。

（6）美国、加拿大、澳大利亚等国家信息化技术在粮食物流领域广泛应用，基本实现"四散"化操作，粮食仓储机械化程度高，收割产后损失少；从农场收购粮食到最终消费的全过程实施质量品质跟踪和安全控制；建有为种植者实时提供市场信息与风险分析服务的信息系统。

（7）发达国家日益关注对粮油营养素的新功能以及生物活性物质的研究。全谷物食品加工与储藏保鲜新技术研究是目前国外研究的热点。针对不同人群需求的多功能食用油系列产品的开发和生产已初具规模。富含生物活性成分的功能性油脂资源的开发不断取得新进展。

（8）欧美发达国家的系列饲料产品、饲料加工装备、饲料资源开发与高效利用技术等，总体水平处于领先地位。国际上饲料产品向精细化方向发展，以发酵饼粕及大宗低值蛋白质资源为基础生产生物饲料的加工、营养特性研究取得了显著的成就。

（9）发达国家面包主食产业现代化水平较高，主食产业化程度已达到80%以上。发达国家在发酵面食的特性研究方面做了大量系统而深入的工作，建立了现代冷链物流体系，对产品实施即时运行管理，加强了发酵面食营养性与健康性以及营养效价对粮食利用与节约的研究。

（10）美国、俄罗斯等通过卫星遥感、GPS定位系统对农作物种植密度、生长情况进行分析，对农作物产量、种植面积进行预测。粮食质量检测技术成熟，实现了粮食质量的可溯源机制。粮食加工大量采用CCD、计算机、侍服驱动系统等先进技术。

2. 国内研究存在的差距及原因

从总体看，我国粮油科学技术水平有了很大提高，但各分支学科发展不平衡，与发达国家相比，还存在一定的差距。主要是基础理论研究薄弱，不够细化与深入；科技成果产业化转化程度低，对产业发展的支撑作用不强；资源综合利用率低，粮油产品加工工艺尚需进一步创新；粮油加工技术装备水平还需进一步提升。产生差距的原因：一是高端人才缺乏，学科建设与高层次科技创新人才培养机制不完善；二是技术创新体系尚未建立，协作体制不健全；三是科技资金投入不足；四是科技成果转化与创新平台缺乏。

（四）发展趋势与展望

按照国家的战略要求，"十三五"期间要确保全面建成小康社会的宏伟目标，确保全面深化改革在重要领域和关键环节取得决定性成果，确保转变经济发展方式取得实质性进展。结合粮油科学技术的实际，提出了今后5年即"十三五"期间的研究方向和研发重点。

1. 在粮食储藏方面

为适应现代农业生产经营方式转变发展之需，要研究新型粮食收储模式和技术；为适应绿色生态和安全环保发展之需，要研究储备粮库减损降耗保质增效组合优化工艺技术，研发粮食仓储企业粉尘控制技术与装置；为适应智慧粮库发展之需，要研究在线监测虫霉、有害气体、粮食水分的集成传感器技术装备和智能控制系统，同时进一步完善和推广气调储粮、"四合一"储藏、控温低温储粮技术，以提高绿色生态储粮技术水平。

2. 在粮食加工方面

为确保米面加工产品的质量与安全，要着重研究高效节能的小麦和稻谷加工工艺技术与装备。为适应主食工业化的发展趋势，要重点研究以米线和米饭为主的大宗米制品主食产业化工艺技术与设备和以面条、馒头、包子为主的大宗传统主食产业化工艺技术与设备；为适应全谷物食品的发展趋势，要重点研究和开发营养均衡、适口风味的全谷物产品；为提高粮食副产品综合利用水平，要进一步研究米糠稳定化、稻壳生物发电等粮食加工副产物高效利用新技术。

3. 在油脂加工方面

为适应适度加工之需，研究植物油加工程度与营养品质和食用品质之间关系；要根据木本油料的不同特性，系统性研究油茶籽、核桃、亚麻籽、文冠果、油用牡丹籽等木本油料的营养成分以及开发出适应不同的木本油料需要的加工工艺和装备；为了提高资源化利用水平，要进一步研发和推广米糠、玉米胚芽的集中制油和饼粕蛋白的高效利用；为了适应大型化、自动化、智能化和节能减排的需要，要进一步研究和开发大型成套高效节能油脂加工升级装备和自动化、智能化控制技术；为适应绿色、安全、环保和节能发展之需，要研究开发新型浸出溶剂。

4. 在粮油质量安全方面

为确保粮油质量安全，建立健全质量安全体系。要研究按加工用途分类的粮油原料及产品质量安全标准；粮油全产业链质量安全风险监测代表性采样、快速筛查与确认技术规范；风险预警分析评估及预警信息定向推送技术规范；水土重金属污染与粮食重金属污染关系及风险预警模型；粮油储藏加工有害因子产生、变化与控制机理；转基因粮油基因成分加工迁移变化规律及食用安全评价。

5. 在粮食物流方面

根据现代粮食物流的发展趋势，要研究粮油物流综合信息服务决策支持平台；现代粮食物流作业与装备标准体系。要研发粮食物流高效衔接装备技术；单元化粮食物流新技术、新装备；标准化船型、装卸设施等内河散粮运输技术；粮食真空低温连续干燥技术设备；高大平房仓散粮进出仓清理和输送装卸设备；平房仓粮食集中接收、发放新工艺和成套装备。

6. 在粮食营养方面

根据《中国居民膳食指南（2016）》中有关粮油营养均衡的建议，要研究粮油健康消费指南、粮油成分和活性物质营养机理。要研发营养日餐基本模型及产品设计系统；新型营养强化粮油食品关键生产技术；减少加工过程中微量营养素损失的新技术和新产品；粮油中内源毒素和抗营养因子控制和降解新技术。

7. 在粮油信息与网络技术应用方面

为适应信息和网络技术快速发展之需，要研究粮油目标价格、政策性粮食监管、预警预测、质量安全追溯、应急调度的辅助决策和信息服务决策支持模型；建立粮食行业的信息与网络化标准体系，有效保障粮食生命周期整个产业链条上各类生产经营与行业管理之间信息的互联互通；要研发基于大数据技术的粮情信息采集与获取技术；推动全产业链的管理信息化、生产智能化；建立"从田间到餐桌"的粮食质量全过程追溯体系。

四、彻底澄清对"油脂加工与营养"的不实之词

——在"中国粮油学会油脂分会第二十五届学术年会"上的主旨报告

（2016 年 9 月 26 日　于山东邹平）

近年来，一位号称"营养与健康"专家的西木博士在湖南卫视《百科全说》栏目播出的《如何选择健康食用油》节目中多次发表有关"油脂加工与营养"的错误言论，诸如：浸出法制油工艺劣于压榨法、浸出油一定含有苯并 [a] 芘、浸出油没有营养、调和油都不太好、目前食用油的抗氧化剂主要使用 2,6- 二叔丁基对甲酚（BHT）和丁基羟基茴香醚（BHA）等，不一而足。由于媒体的大量转载，西木博士的上述言论已在社会上引起了恶劣影响，甚至造成部分消费者的恐慌和不知所从。

为了对社会和对消费者负责，油脂界的专家学者纷纷要求中国粮油学会组织业内专家讨论，撰写文章对其错误言论进行澄清。为此，中国粮油学会油脂分会专门召开会议，会议由中国粮油学会首席专家、中国粮油学会油脂分会会长王瑞元教授级高级工程师主持，与会专家综合各方信息，进行了认真讨论，针对西木博士的失实和不负责任的错误言论，提出如下澄清意见。

（一）浸出工艺与压榨工艺的优劣

我国和国际上一样，食用植物油的制取一般有两种方法：压榨法和浸出法。压榨法是用机械压榨力从油料中取油的一种方法。它源于传统作坊制油方法，现今的压榨法虽已是规模化、工业化的作业，但基本原理没有改变。浸出法是采用萃取原理，用国际上公认和通用的食品级溶剂从油料中提取油的一种方法。这种浸出法本质上是一种物理的溶解操作过程，萃取过程中并不发生油脂与溶剂的化学反应。

从世界食用油脂制取工艺的发展历史来看，浸出制油工艺是目前国际上公认的最先进的生产工艺。20 世纪初，浸出法首先在发达国家得到应用和发展，在欧美等发达国家，如今超过 90% 的植物油是采用浸出法制取的。半个多世纪以来，尤其是改革开放以来，我国油脂科技工作者通过对国外先进技术的引进、消化、吸收和再创新，使浸出法制油技

术在我国的油脂生产中得到了广泛的应用，取得了长足的进步，浸出法制油已占整体制油能力的 80% 以上，其装备和技术水平已经达到目前国际先进水平。

浸出工艺采用以正己烷为主要成分的烃类溶剂，曾称"6 号溶剂油"，现修订为"植物油抽提溶剂"，它是国家专为油料加工安排生产的专用溶剂，与成分复杂、沸点高的普通汽油有着本质的区别，这种抽提溶剂必须是食品级的，即经过重金属脱除处理，铅、砷等有害物质的残留量都低于 10 微克 / 千克（亿分之一），所以，使用合格的溶剂进行浸出，并在精炼过程中按国家标准将其去除的成品植物油是绝对安全的。

溶剂残留也是消费者所关注的问题。这里，我们想告诉大家的是，不管是用压榨法还是浸出法制取的油脂，一开始都是不能食用的，它们都被称作"毛油"。按国家标准规定毛油必须经过精炼才能食用，因为无论是浸出毛油还是压榨毛油，其中都含有多种杂质。例如浸出毛油就不可避免地含有浸出过程中残留的溶剂，国家标准规定毛油中的溶剂残留在 100 毫克 / 千克（万分之一）以下，需经过进一步加工（即精炼），在去除杂质的同时进一步将溶剂残留降下来，达到国家规定的标准后，才能成为可以食用的成品油。

从毛油到成品油的加工过程，一般要经过脱胶、脱酸、脱色、脱臭等工艺过程。也就是说，压榨和浸出只解决了毛油的制取，而要使毛油变为成品油，还都必须经过精炼过程。由此可见，食用油是否安全，主要是由后续的精炼工艺决定的，与前段制取工艺（压榨或浸出）关系不大。由于正己烷的沸点不到 70℃，所以很容易在精炼过程中脱除干净。实际上，国家标准规定高级成品油（一级油和二级油）的溶剂残留为不得检出，也就是说，使用国家标准规定的先进仪器是无法检测到高级成品油中的溶剂残留的。

浸出工艺和压榨工艺，二者并无优劣之分。油脂制取选择哪种工艺，首先考虑的是植物油料的品种及其加工特性，两种制油工艺只有原料适用性之分。目前国际上的通用做法是：含油量较高的植物油料（如花生和油菜籽等），通常采用先压榨后浸出的工艺制油；含油量较低的植物油料（如大豆、米糠等），通常采用直接浸出工艺制油。为了充分利用油料资源，提高经济效益，压榨后的油饼一般都要继续进行浸出制油。与压榨工艺相比，浸出工艺具有油粕中残油少、出油率高、加工成本低、生产环境好、油料资源得以充分利用等诸多优点。总之，无论是浸出油还是压榨油，只要符合我国食用油质量标准和卫生标准的，都是优质安全的食用油，消费者均可以放心食用。

综上所述，西木关于浸出法制油工艺劣于压榨法的言论，以及将浸出工艺中采用的"植物油抽提溶剂"说成是"6 号轻汽油"并与普通汽油类比，实有冒充专家危言耸听之嫌。

（二）苯并 [a] 芘与制油工艺的关系

苯并 [a] 芘是多环芳烃大家族中的一个成员，最初研究发现苯并 [a] 芘可致皮肤癌，深入研究后发现其对人体各器官（如肺、肝、胃等）均有致癌性。目前我国国家标准限定食用油中苯并 [a] 芘含量不超过 10 微克 / 千克。

食用油中苯并 [a] 芘污染的主要原因有：油料不当的晾晒（如在沥青路面上晾晒）；油料在烘干过程中受到烟气污染；炒籽时操作不当（如温度过高造成部分原料焦煳）等几种因素。高温蒸炒在产生植物油特有风味和色泽的同时，往往有可能会伴随着产生有害物质的风险，其中苯并 [a] 芘就是最具代表性的一种。长时间高温蒸炒虽然对提高出油率和"增香"有利，但若温度控制不当，也会促进料坯中碳水化合物、蛋白质、脂类等成分的热解和聚合，产生苯并 [a] 芘。

西木称："食用油怎么会含有苯并 [a] 芘？油的制作过程可以产生苯并芘，压榨油制油过程不超过 150℃，所以不会产生苯并 [a] 芘，而一般浸出制油的温度可以达到 150~250℃，可以产生苯并 [a] 芘，浸出油一定含有苯并 [a] 芘"。他认为食用油中苯并 [a] 芘超标是浸出工艺带来的，这是对浸出制油没有科学依据的误解。首先，就压榨工艺制油而言，若在压榨之前油料受到苯并 [a] 芘的污染，或油料在加工过程中长时间高温焙炒而产生苯并 [a] 芘，这些油料中的苯并 [a] 芘就有可能带入压榨油中，若不进行必要或合理的精炼脱除，就会造成压榨成品油中苯并 [a] 芘超标。其次，浸出溶剂自身并不含苯并 [a] 芘，浸出制油过程（油脂浸出、混合油蒸发、汽提等）的温度均不超过 125℃。所以，若常规的植物油料中不含苯并 [a] 芘，浸出工艺就不会形成新的苯并 [a] 芘。通常的精炼条件是不会生成新的苯并 [a] 芘的，倒是可以有效地去除大部分苯并 [a] 芘，例如合理碱炼可以脱除 80% 以上的苯并 [a] 芘，采用优选的活性炭作为吸附剂可以脱除 99% 的苯并 [a] 芘，水蒸气蒸馏脱臭可以脱除 40% 左右的苯并 [a] 芘，最终使得精炼后的浸出成品油中苯并 [a] 芘含量远低于国家标准限量。与此相反，若压榨油不进行完善的精炼，仅仅通过沉淀和过滤是无法有效脱除苯并 [a] 芘的，所以不经精炼的压榨油反而存在着苯并 [a] 芘超标的风险。这也是我们不提倡作坊式工厂或家庭自行压榨制取食用油的原因之一，因为他们不具备油脂加工厂完善的精炼工艺和设备，是无法保证有效脱除压榨油中苯并 [a] 芘及其他有害成分的，其结果势必会造成食用油的各种安全风险。

综上所述，浸出工艺并不会造成油脂中苯并 [a] 芘超标，食用油中苯并 [a] 芘超标问题与浸出制油工艺没有必然的联系，关键是要看油料品质如何、压榨制油或浸出制油之前油料的预处理条件是否合适、油脂精炼工艺是否完善等。世界上浸出法制油已有 100 多年历史了，无论是浸出技术还是浸出使用的溶剂都在不断改善和提升，浸出制油目前仍然是世界上先进、安全的技术，被广泛应用于植物油的制取。另外，即使毛油中苯并 [a] 芘含量较高，也不用害怕，只要采用科学合理的精炼方法，就可以有效地脱除，使成品油的苯并[a]芘含量完全符合国家标准。

（三）油脂加工中的营养损失

前面已讲过，不论是用浸出法或是压榨法生产的油脂，在未经精炼之前，都称为毛油。我国食用油国家标准中规定毛油必须经过精炼，除去其中的有害成分（如黄曲霉毒素、溶剂、残留农药、多环芳烃等）和某些杂质（游离脂肪酸、棉酚和胶质等），成为符合国家标准的合格的成品油脂后才能食用。

油脂精炼是一门艺术，需要科学、合理把握。如果油脂精炼的任务仅仅是去除杂质，那么只要加大精炼的深度，就很容易达到这一目标。然而，毛油中有些成分对人体健康是有好处的，应在精炼过程中尽可能多地保留下来（如维生素E、植物甾醇等）。所以，油脂精炼是一项灵活而复杂的工程，精炼的深度要根据毛油品质和成品油的等级要求，灵活组合工艺与设备，既要最大程度地除去有害成分，又要尽可能多地保留各种有益成分。

长期以来，中国粮油学会从消费者的营养及健康出发，大力倡导适度加工，强调要最大程度保存粮油原料中的固有营养成分，防止过度加工，要求将油脂的加工精度界定在适当范围内，并以国家标准（或行业标准）的形式加以规范。采用浸出法制得到的毛油通过适度精炼加工，完全可以达到既能除去有害杂质，又能保留多种营养成分，不形成新的有害物质的目的，以确保食用油的安全与营养。

西木称："压榨油不需要精炼，也没有各种残留物在里面，压榨油更好"以及"浸出油会有'汽油'残留，营养成分极少"等，这些观点缺乏对食用油的基本认知。这里，我们还想告诉大家的是，无论压榨还是浸出，油料中有益于人体健康的类脂物如磷脂、色素、维生素E、甾醇等均会伴随油脂被提取出来进入毛油中。反之，若油料的质量不好，如酸败、霉变、受到污染等，由这些不利因素产生的有害成分也会被带入毛油中，造成毛油品质变差。所以，无论是浸出毛油还是压榨毛油，都必须经过精炼才能符合国家质量标准和卫生标准要求。由此可见，只要原料质量有保证、制油工艺合理、精炼工艺到位，浸出成品油的营养是完全可以得到保证的，它绝对不是像西木所说的那样"浸出油是几乎没有营养成分、残留很多汽油的劣质油"。

（四）食用油抗氧化剂

众所周知，油脂如储存不当，在光、空气、水及温度的作用下，会氧化变质，产生异味或哈败味而不能食用。这会对食用油脂的品质造成不良影响，继而导致成品油脂的货架期缩短、油脂的风味和品质降低。

为了保证油脂在保质期内不被氧化，可以采用避光低温储藏、充氮气保护和添加国家允许的抗氧化剂等措施。鉴于低温储藏需要制冷，在油品流通环节及消费者家中难以实现，充氮气保护是一种很好的保护措施，但包装开启后氮气逸出，对油脂就失去了保护作用。因此，最常用的延缓油脂氧化变质的安全有效的方法就是添加国家允许使用的抗氧化剂。这也是国际上的通常做法。

当前，符合 GB 2760—2014《食品安全国家标准 食品添加剂使用标准》规定的常用合成和天然抗氧化剂包括：2,6- 二叔丁基对甲酚（BHT）、丁基羟基茴香醚（BHA）、特丁基对苯二酚（TBHQ）、没食子酸丙酯（PG）、维生素 E、抗坏血酸棕榈酸酯等产品。这些抗氧化剂在植物油中使用量一般小于 0.2 克 / 千克（即小于 0.02%）。

出于安全与性能的考虑，当今我国食用油脂中普遍使用的抗氧化剂为 TBHQ。TBHQ早在 1972 年已被美国食品药品监督管理局（FDA）所接受认可，其在实验室及工业生产上的应用显示出对植物油脂具有极好的保护作用。FDA 规定，TBHQ 在油脂中的使用限值为油脂的 0.02%。联合国粮食及农业组织和世界卫生组织（FAO/WHO）食品添加剂专家委员会许多关于 TBHQ 的研究结果都显示：TBHQ 作为抗氧化剂使用，在体内不会产生遗传毒性作用，且已无需再作进一步遗传毒性研究。此外，有些油品也使用维生素 E 作为抗氧化剂。而 BHA 和 BHT 由于价格、使用效果等原因在我国食用植物油加工中早已不再使用了。

因此，抗氧化剂的使用情况并不像西木所说那样，"我国食用油脂抗氧化剂基本是BHA 和 BHT"。另外，西木讲的"BHA 和 BHT 易导致胃癌和肝癌"的说法更是有待商榷。由此可见，对于按国家标准规定使用抗氧化剂的食用油，其安全性是没有任何问题的，消费者可放心购买食用。

（五）食用调和油的配制

西木在节目中称"调和油都不太好，基本都是精炼的"，这种完全否定调和油的说法再次证明西木对精炼油缺乏基本认知，也说明他对调和油的认识存在极大误区。

调和油又称调合油，是将两种或两种以上成品油按照营养平衡或风味的需要，按一定比例调配而成的食用油。通过科学调配，食用油的营养和风味得以改善，更适合于熘、炒、煎、炸或凉拌等日常烹调使用。调和油一般选用精炼大豆油、菜籽油、花生油、葵花籽油、棉籽油等为主要原料油，配以一定数量的香味油或精炼过的稻米油，玉米油、油茶籽油、橄榄油、红花籽油、小麦胚芽油等特种油脂。前面讲过不管是压榨油，还是浸出油都是需要精炼去害留利的，而每一种油的精炼程度是根据毛油品质和成品油用途而定的，并不是千篇一律的。精炼得到的成品油中均含有甘油三酯及其他多种营养成分，因此，"调和油不好"和"没有营养"是没有科学依据的。

2016年由国家卫生和计划生育委员会发布的《中国居民膳食指南（2016）》以及2015版《美国膳食指南》都强调食物要多样化，这对于食用油而言也不例外，也就是说各种食用油都要吃，品种要多样。各种油品的热量大同小异，但其中营养成分的种类和含量不同。调和油不仅脂肪酸组成的平衡性好于单一植物油，还含有更为丰富多样的营养成分。因此，在营养成分的合理搭配上，调和油比单一植物油更具优势。同样地，在这里也回应了有人将调和油归类为地沟油的谬论。

当然，在充分肯定调和油上述优点的同时，我们也应看到，由于我国食用调和油没有国家标准，当前食用调和油市场存在着标识混乱、名称繁杂和以次充好等问题。一个突出的现象是，调和油生产企业往往以价格高而投放比例较少的油品来命名调和油。

为了规范调和油产品的市场行为，国家即将出台的《食用植物油》国家标准中对调和油作出了两项重要规定：一是调和油统一称为"食用植物调和油"，不能以价格高的油品来命名；二是调和油的标签标识要注明各种植物油的比例，也就是说必须公布调和油的配方。我们相信，随着国家标准的发布实施，调和油的科学内涵和营养价值一定会真正体现出来，并得到广大消费者的喜爱。

此外，西木在关于"转基因油""饱和脂肪酸"和"人造黄油"的一些论述中也存在不少偏颇。以"转基因油"为例，由于转基因油料中的转基因成分是以蛋白质为载体，不与脂肪相结合，因此用转基因油料生产的食用油中是很难检测出转基因成分的。这就表明，用转基因油料生产的食用油是安全的，消费者完全可以放心食用。

总而言之，我国的油脂加工业和油脂市场总体上是健康向上的。市场上符合我国食用油质量标准和卫生标准的任何一个等级的油品，都是安全的，消费者可放心食用。与此同时，建议消费者用科学的眼光对待食用油的安全问题，避免被谣言误导，陷入不必要的恐慌。

五、我国粮油科技创新与"十三五"粮油加工业发展趋势
——在"湖北省粮油产品展览会"专家论坛上的演讲

（2016 年 11 月 12 日　于湖北武汉）

　　首先我要感谢湖北省粮食局的邀请，我有幸在昨天上午参加了"湖北省粮油产品展览会"的开幕式并观看了产品展览。琳琅满目的高品位粮油产品，使我深感这些年来，湖北省的粮油加工业在省委省政府的关心支持下，在湖北省粮食局的组织领导下，取得了突飞猛进的发展，走在了全国的前列，对此表示由衷的祝贺！今天，我又有幸与在座的各位领导、专家和企业家见面，一起探讨如何发展我国粮食产业经济，感到特别高兴。

　　湖北不仅是我国重要的粮油生产基地，也是我国粮食产业经济发展得最好的省份之一。这里有全国著名的粮油教育、粮油科研、粮油机械制造和粮油加工等方面的高等院校、科研机构和大中型企业，它们是湖北粮食产业经济发展的支撑力量，也是湖北粮食产业经济的著名名片。

　　根据安排，现在我以《我国粮油科技创新与"十三五"粮油加工业发展趋势》为题发言，供大家参考。

（一）我国粮油科学技术的现状与发展趋势

　　根据中国科学技术协会的要求，自 2014 年下半年开始，中国粮油学会组织所属分会的上百名专家，经过一年多的努力，完成了《2014—2015 年粮油科学技术学科发展报告》（以下简称报告）的撰写工作。报告含有近 5 年来的最新研究进展、国内外研究进展比较、发展趋势与展望等内容，反映了我国粮油科学技术的现状与发展趋势。下面，我将报告中的主要内容向大家做些介绍，供参考。

1. 我国粮油科技的总体水平

　　"十二五"期间，全国粮油科技工作者认真贯彻落实习近平总书记关于"中国人的饭碗任何时候都要牢牢端在自己手中，我们的饭碗应该主要装中国粮"的指示和李克强总

理关于"守住管好'天下粮仓',做好'广积粮、积好粮、好积粮'三篇文章"的讲话精神,积极践行创新驱动发展战略和"科技兴粮"战略,全力实施"粮安工程""粮食公益性科研专项"等一系列重点工程和科研计划,粮油科学技术取得了世人瞩目的成就。粮食储藏应用技术已达到国际领先水平,粮油加工工艺、装备和饲料加工装备已达到或接近世界先进水平。食品安全检测方法与技术不断更新,发酵面食等科学在科技研发方面都有所提高。粮油科学技术的快速发展,已成为粮油流通产业创新驱动发展的源动力,为确保国家粮食安全提供了坚实的科技支撑。

"十三五"是我国实现全面建成小康社会宏伟目标的关键 5 年。粮油科学技术要主动适应我国经济发展新常态,聚焦粮食行业发展需求,把握研究方向和重点,推动发展战略落地;要进一步激励科技人员施展才华,促进科技与经济的深度融合,谱写粮油科学技术发展的新篇章。

2. 近 5 年的最新研究进展

近 5 年来,粮油科技工作者积极践行科学发展观、创新驱动发展战略,通过大力实施"科技兴粮",取得了骄人的业绩:①获得国家级奖项 13 项,获得省部级奖励 27 项,获得中国粮油学会科学技术奖 143 项,其他奖项近一百项;②申请专利 5018 项,其中发明专利 3873 项;③制定和修订标准共 277 项,其中国家标准 77 项;④研发的新产品多达数千种。

(1)粮食储藏产学研结合成效卓著 储粮生态系统理论体系研究进一步深化。我国首创了氮气控温气调技术,气调储粮规模已超过 1000 万吨,通过在 7 个储粮生态区域、中国储备粮管理集团有限公司 19 个分(子)公司的 240 多个直属库的推广应用,实现了粮库粮食绿色保质储藏;"四项储粮新技术"已应用到全部中央储备粮库和过半的地方储备粮库;信息和自动化控制技术已在粮食储藏得到广泛应用;粮食干燥、智能通风技术的应用取得显著实效。

(2)粮食加工技术进步及产业化成绩突出 稻米深加工和综合利用、米制品生产等关键技术和产业化取得突破性发展;小麦及其制品加工基础共性技术研究,以及面粉、面条等加工关键技术和装备取得重要进展,高效节能小麦加工新技术推广应用后,不仅能提高单位产能 20% 以上、降低电耗 15% 左右,还能提高优质粉得率 10% 以上,总出粉率增加 3%;大型化、自动化的玉米淀粉生产线实现国产化;杂粮加工、营养复配以及杂粮挂面和功能饮料等加工技术显著提升;甘薯主食工业化关键技术与产业化取得进展。

发酵面食推动主食工业化初见成效,营养和风味研究逐渐加强,冷链物流配送体系、食品安全检测体系等逐步完善,生产技术和装备趋向自动化、大型化。

(3)油脂加工更加注重营养与健康 "适度加工"理论研究取得成效;高含油油料加

工关键新技术产业化开发及标准化安全生产得到推广应用；以油茶籽、核桃、亚麻籽、文冠果、油用牡丹籽等特种油料资源和新油料开发利用技术水平不断提高；米糠、玉米胚芽、小麦胚芽以及油脂加工中副产物的利用水平明显提高。通过 2 年多在玉米油工业化生产中推广优质、节能、低耗新技术的应用，不仅确保了玉米油的质量与安全，同时节约开支 878 万元，新增利税 2434 万元；新型制炼油工艺获得重要进展；解决危害因子溯源、检测和控制技术，掺伪鉴别和地沟油检测等方面得到较大提升；制油装备大型化、智能化，节能降耗效果明显。

（4）粮油质量安全标准化研究渐成体系　已形成 510 余项标准构成的动态标准体系；我国谷物与豆类国际标准影响力不断提高；粮油质量安全评价技术研究获得全面进步；现代检测技术在粮油化学组成检测方面得到广泛应用；众多粮油质量安全评价技术获得商业化应用；污染粮食处置技术研究取得可喜成果。

（5）粮食物流集成与系统化进一步发展　建成了一大批数字化、智能化粮食物流节点，基本实现了粮食从收购、仓储、运输、加工到成品粮流通的全程监管；数字化粮食物流关键技术研发成果有重大突破；粮食物流园区功能综合实现集成效用；粮食电子商务物流各种信息平台整合的良好实践不断涌现。

（6）粮油营养备受重视发展动力强劲　深入研究粮油及其制品营养与人体健康的关系和调节机理并取得进展；进一步探明了营养成分在粮油加工中的变化规律；大米、面粉、食用油技术成熟，已实现工业化生产；全谷物食品的开发获得突破性进展；粮食行业健康营养食品生产工艺与技术的改进得到提升。

（7）信息与网络技术加快粮食产业现代化　利用互联网、数据安全等技术开展智能出入库、粮食品质智能检测等方面的应用研发成果显著；利用无线射频识别系统实现对农产品生产过程的跟踪和溯源管理；粮食加工的自动化程度逐步提高；开展"智慧粮食"工程，全面采用信息技术进行粮食供需预测、粮食库存监管等体系建设取得成果。

3. 国内外研究进展比较

（1）国外研究进展

从全球范围来看，美国、日本、欧盟、俄罗斯等发达国家和地区在本领域的科技创新与技术应用有特色且处于先进水平，值得我们学习借鉴，大体有以下 10 个方面。

①储粮生态系统理论等方面研究取得了坚实基础，形成了较为完整的储粮技术创新体系。开发了低温技术、绿色或无公害储粮技术；粮食干燥设备具有多样化、智能化的特点；粮油产后流通成本较低。

②在美国、日本等发达国家及泰国、菲律宾等主产稻米的国家，积极研发高品质米制食品；对大米蛋白、大米淀粉、膳食纤维实施高效利用。现在，世界上有许多国家都在对

米制品加工机制与品质控制进行研究。美国在玉米深加工的基础理论研究和新技术开发及应用领域均处于世界领先地位。在玉米淀粉生产方面，发达国家固形物利用率均在98%以上。小麦制粉利用生物技术的研究成果，采用安全、高效的添加剂改善面粉食用品质。

③国际上在油脂加工中引入了新材料和新技术，膜分离技术、酶脱胶技术被广泛用于植物油的精炼，酶促酯交换技术的应用极大地提高了产品得率。发达国家特别重视生物技术在油脂加工中的应用。一直致力于通过基因技术培育油料新品种。

④发达国家注重粮油加工生物转化技术，利用现代微生物技术、发酵工程技术对粮油加工过程中副产物如麸皮、谷糠、植物油提取废渣等废弃物进行资源化综合转化利用，提高了产品的附加值，降低了由废弃物带来的环境污染。

⑤美国等发达国家出台的食品检验方法数量大，检验技术的原创性强，发展在线监测、无损检测技术。国外许多国家系统地研究粮油质量安全评价指标体系，并不断开发仪器设备。日本对稻米质量品质形成了"从田间到餐桌"的评价体系。

⑥美国、加拿大、澳大利亚等国家信息化技术在粮食物流领域广泛应用，基本实现"四散"化操作，粮食仓储机械化程度高，产后损失少；从农场收购粮食到最终消费的全过程实施质量品质跟踪和安全控制；建有为种植者实时提供市场信息与风险分析服务的信息系统。

⑦发达国家更加关注对粮油营养素的新功能以及生物活性物质的研究。全谷物食品加工与储藏保鲜新技术研究是目前国外研究的热点。针对不同人群需求的多功能食用油系列产品的开发和生产已初具规模。富含生物活性成分的功能性油脂资源的开发不断取得新进展。

⑧欧美发达国家的系列饲料产品、饲料加工装备、饲料资源开发与高效利用技术等，总体水平处于领先地位。国际上饲料产品向精细化方向发展，以发酵饼粕及大宗低值蛋白质资源为基础生产生物饲料，在加工、营养特性研究取得了显著的成就。

⑨发达国家面包主食产业现代化水平较高，主食产业化程度达到80%以上。发达国家在发酵面食的特性研究方面做了大量系统而深入的工作，建立了现代冷链物流体系，对产品实施即时运行管理，加强了发酵面食营养性与健康性以及营养效价对粮食利用与节约的研究。

⑩美国、俄罗斯等通过卫星遥感、GPS定位系统对农作物种植密度、生长情况进行分析，对农作物产量、种植面积进行预测。粮食质量检测技术成熟，实现了粮食质量的可溯源机制。粮食加工大量采用CCD、计算机、侍服驱动系统等先进技术。

4. 国内研究存在的差距及原因

从总体看，我国粮油科学技术水平有了很大提高，但各分支学科发展不平衡，与发达国家相比，还存在一定的差距。主要是基础理论研究薄弱，不够细化与深入；科技成果产业化转化程度低，对产业发展的支撑作用不强；资源综合利用率低，粮油产品加工工艺尚需进一步创新；粮油加工技术装备水平还需进一步提升。产生差距的原因：一是高端人才缺乏，学科建设与高层次科技创新人才培养机制不完善；二是技术创新体系尚未建立，协作体制不健全；三是科技资金投入不足；四是科技成果转化与创新平台缺乏。

5. 发展趋势与展望

按照国家的战略要求，"十三五"期间要确保全面建成小康社会的宏伟目标，确保全面深化改革在重要领域和关键环节取得决定性成果，确保转变经济发展方式取得实质性进展。结合粮油科学技术的实际，提出了今后 5 年即"十三五"期间的研究方向和研发重点。

（1）在粮食储藏方面　为适应现代农业生产经营方式转变发展的需要，要研究新型粮食收储模式和技术；为适应绿色生态和安全环保的需要，要研究储备粮库减损降耗保质增效组合优化工艺技术，研发粮食仓储企业粉尘控制技术与装置；为适应智慧粮库发展的需要，要研究在线监测虫霉、有害气体、粮食水分的集成传感器技术装备和智能控制系统，同时进一步完善和推广气调储粮、"四合一"储藏、控温低温储粮技术，提高绿色生态储粮技术水平。

（2）在粮食加工方面　为确保米面加工产品的质量与安全，要着重研究高效节能的小麦和稻谷加工工艺与装备；为适应主食工业化的发展趋势，要重点研究以米线和米饭为主的大宗米制品主食产业化工艺与设备和以面条、馒头、包子为主的大传统主食产业化工艺与设备；为了适应全谷物食品的发展趋势，要重点研究和开发营养均衡、适口风味的全谷物产品；为提高粮食副产品综合利用水平，要进一步研究米糠稳定化、稻壳生物发电等粮食加工副产物新技术。

（3）在油脂加工方面　为适应适度加工的需要，要研究植物油加工程度与营养品质和食用品质之间关系；要根据木本油料的不同特性，系统性研究油茶籽、核桃、亚麻籽、文冠果、油用牡丹籽等木本油料的营养成分以及开发出适应不同的木本油料需要的加工工艺和装备；为了提高资源化利用水平，要进一步研发和推广米糠、玉米胚芽的集中制油和饼粕蛋白的高效利用；为了适应大型化、自动化、智能化和节能减排的需要，要进一步研究和开发大型成套高效节能油脂加工升级装备和自动化、智能化控制技术；为适应绿色、安全、环保和节能的需要，研究开发新型溶剂。

（4）在粮油质量安全方面　为确保粮油质量安全，建立健全质量安全体系。要研究按加工用途分类的粮油原料及产品质量安全标准；粮油全产业链质量安全风险监测代表性采样、快速筛查与确认技术规范；风险预警分析评估及预警信息定向推送技术规范；水土重金属污染与粮食重金属污染关系及风险预警模型；粮油储藏加工有害因子产生、变化与控制机理；转基因粮油基因成分加工迁移变化规律及食用安全评价。

（5）在粮食物流方面　根据现代粮食物流的发展趋势需要，要研究粮油物流综合信息服务决策支持平台；现代粮食物流作业与装备标准体系。要研发粮食物流高效衔接装备技术；单元化粮食物流新技术、新装备；标准化船型、装卸设施等内河散粮运输技术；粮食真空低温连续干燥技术设备；高大平房仓散粮进出仓清理和输送装卸设备；平房仓粮食集中接收、发放新工艺和成套装备。

（6）在粮食营养方面　根据《中国居民膳食指南（2016）》中有关粮油营养均衡的建议，要研究粮油健康消费指南、粮油成分和活性物质营养机理。要研发营养日餐基本模型及产品设计系统；新型营养强化粮油食品关键生产技术；减少加工过程中微量营养素损失的新技术；粮油中内源毒素和抗营养因子控制和降解新技术。

（7）在粮油信息与网络技术应用方面　为适应信息和网络技术快速发展的需要，要研究粮油目标价格、政策性粮食监管、预警预测、质量安全追溯、应急调度的辅助决策和信息服务决策支持模型；建立粮食行业的信息与网络化标准体系，有效保障粮食生命周期整个产业链条上各类生产经营与行业管理之间信息的互联互通；要研发基于大数据技术的粮情信息采集与获取技术；推动全产业链的管理信息化、生产智能化；建立"从田间到餐桌"的粮食质量全过程追溯体系。

（二）"十三五"粮油加工业发展趋势

1.对"十二五"粮油加工业发展规划实施情况的预测

近年来，我国粮油加工业受国内外粮油消费疲软、价格低迷、"国际原油价格连连跌至谷底"以及生产成本不断上升等原因影响，在发展中，尤其是在经营中遇到了许多新情况与新问题。粮油市场上成品粮油价格低迷不振，出现了"稻强米弱""麦强面弱""油脂价格跌至十年前的水平"等不正常现象，导致粮油加工企业普遍遇到经营困难，效益下降。

在困难面前，粮油加工战线上的广大职工依靠科技，通过转型升级、开发新产品、节能降耗、增收节支等措施，使粮油加工业仍然保持在较好的发展势头上。根据粮油加工业的统计资料，2014年与2013年相比，除了产能利用率和资产负债率两项指标不如2013年外，其余指标，如生产能力、大型企业数量、产品产量、工业总产值、产品销售收入、利税总额、利润总额以及主食品工业化生产、综合利用和粮油机械生产情况等都好于2013年。

"十二五"期间，2014年与2010年相比：日处理400吨以上的大型企业数量2014

年为 2669 个，较 2010 年 1627 个增长 64.4%，4 年平均增长 16.1%；工业总产值 2014 年为 25734.6 亿元，较 2010 年的 15408.9 亿元增长 67.01%，4 年平均增长 16.75%；产品销售收入 2014 年为 25488.5 亿元，较 2010 年的 15283.8 亿元增长 66.77%，4 年平均增长 16.69%；利税总额 2014 年为 971.6 亿元，较 2010 年的 624.8 亿元增长 55.51%，4 年平均增长 13.88%；利润总额 2014 年 635.1 亿元，较 2010 年的 432.8 亿元增长 46.40%，4 年平均增长 11.69%。

由于 2015 年全国粮油加工业的统计数字还没有出来，所以至今还不能完整评估"十二五"期间粮油加工业的发展情况。但根据前 4 年的发展情况，我估计"十二五"期间，全国粮油加工业 GDP 的平均增长在 15% 以上；利税总额平均增长在 12% 以上是有把握的。由此，我们可以相信，我国粮油加工业在"十二五"发展规划中制定的主要经济技术指标是可以完成的。这也充分表现我国粮油加工业的发展势头总体是好的。

2. 对制定"十三五"粮油加工业发展规划的几点建议

今年是我国经济发展"十三五"开局之年，也是粮油加工业发展"十三五"开局之年。当前，我们要科学制定好"十三五"粮油加工业发展规划，这对顺利实现粮油加工业"十三五"发展目标意义重大。粮油加工业今后如何发展，如何制定好规划，大家都很关注。我觉得以下一些内容不仅是粮油加工业今后的发展趋势，也是在"十三五"规划中应重点予以研究的。

（1）关于科学制定好"粮油加工'十三五'发展规划"的指导思想　为制定好规划，我们首先要认真学习领会和贯彻中央精神，尤其是要贯彻党的十八届五中全会和中央经济工作会议提出的创新、协调、绿色、开放、共享的新发展理念和 2016 年供给侧结构性改革中提出的去产能、去库存、去杠杆、降成本、补短板的五大重点任务，作为编制规划的指导思想。

与此同时，我们还要认真贯彻今年年初召开的"全国粮食流通工作会议"提出的要推进和着力打造"稳健管用的粮食安全保障制度体系、效益良好的粮食产业经济体系、生态环保的现代粮食仓储物流体系、互惠共赢的粮食流通产业国际合作体系、惠及城乡居民的优质健康粮油产品供应体系"的五大体系建设，并要与国家粮食局正在组织实施的"粮安工程"有机结合起来。

（2）关于增长速度　我国 GDP 增长目标定为 6.5%~7%，这预示着我国经济发展已转为中高速增长。根据这个总目标，从这几年粮油加工业的发展情况来看，我认为，粮油加工业在"十三五"期间增长速度定在每年递增 8%~10% 是有可能的，也是必须的。

（3）要重视去产能　根据粮油加工业"产能过剩"的实际（2013 年全国稻谷加工产能利用率为 43.6%、面粉加工产能利用率为 61.1%、油料加工产能利用率为 52.2%、油脂精炼产能利用率为 56.0%），我们要积极稳妥化解产能过剩，以提高粮油加工业的发展水平。我们要通过各种方式加快淘汰能耗高、效益差、产品质量无保障、管理粗放、水平低的落后产能；对于资产负债率高、长期处于亏损和停产半停产的"僵尸企业"，要通过兼并重组等方式进行稳妥处置；与此同时，我们要积极支持基础实力强、管理水平高、市场前景好、发展潜力大的先进产能，继续发展壮大；要继续支持工业、物流园区建设，提高粮油加工业的发展水平。

（4）要转方式、调结构、去库存　根据近年来国内外粮油生产连续丰收，消费疲软不振，供需整体宽松以及"我国粮油库存之高前所未有"等实际情况，综合分析得出，"十三五"前期国内外粮油供求形势仍将延续总体宽松的格局（我国小麦供求基本平衡，玉米和稻谷阶段性过剩特征明显，特别是一些低端品种销路不畅，油料、油脂市场价格低迷）。根据这一现状，粮油加工企业有责任为处理好部分粮油品种阶段性过剩和适当消化部分现有粮油库存做出贡献，并以此推动粮食产业经济的发展。

与此同时，粮油加工企业要继续积极调整产品结构，转变发展方式。要加快开发"系列化、多元化、差异化和营养健康型"的粮油产品；进一步提高品牌意识，提高名、特、优、新产品的比重；要扩大专用米、专用粉和专用油的比重；积极发展全麦粉、糙米、杂粮制品和特种油脂；大力推进"绿色全谷物口粮工程"；要继续大力推进主食品工业化生产，方便百姓生活；要进一步发展有品牌的米、面、油小包装产品，尤其要加快发展小包装食用油，以加快替代和取消市场上的散装食用油。

（5）要继续坚持粮油产品安全质量第一，继续倡导"营养健康消费"和"适度加工""食品安全责任重于泰山"。粮油产品的质量安全与国家粮食安全一样，都是"天大"的事。为此，粮油加工企业要认真学习贯彻《中华人民共和国食品安全法》，认真做到不论在任何时候、任何情况下都必须把产品质量安全放在第一位，并在保证质量安全的前提下，要把"适口、营养、健康、方便"作为发展方向；要继续倡导适度加工，提高纯度，合理控制精度，提高出品率，最大程度保存粮油原料中的固有营养成分，最大程度防范粮油产品因过度加工而导致有害有毒物质的产生；要科学制修订好粮油产品质量标准，引领粮油加工业的健康发展，纠正粮油产品的"过精、过细、过白和油色过淡"等过度加工现象；要广泛进行科普宣传，引领科学消费、合理消费、健康消费。

（6）要继续大力推进主食品工业化生产　"十三五"是我国全面建成小康社会的最后5年，人民生活水平将进一步提高，生活节奏将进一步加快。为方便百姓生活，粮油加工企业要把发展主食品工业化生产看作是向精深加工延伸，是调整产品结构的重要组成部分，是企业增收、方便百姓的有效途径。争取到2020年，我国生产的各类粮油主食品总产量由2013年的2310万吨提高到4000万吨以上，占大米、面粉用量的20%以上。要重视马铃薯主食品的开发利用，促进马铃薯产业的健康发展。

（7）要继续重视资源的综合利用，提高经济效益　粮油加工中生产出的副产物很多，这些副产物都是社会的宝贵资源，必须充分利用。当前，这些资源利用的重点仍然应放在大力推广米糠和玉米胚芽的集中制油上；放在稻壳、皮壳作供热和发电上；放在提高碎米、小麦胚芽、玉米胚芽和麸皮等副产物的综合开发利用上；放在油料饼粕的最佳有效利用上。尤其是在米糠利用上，国家要重视米糠资源的利用，要像重视和支持发展大豆、木本油料生产一样支持米糠资源的进一步开发利用。目前我国拥有1400多万吨的米糠资源，但米糠榨油的利用率不足20%。建议国家采取奖励政策，推动米糠资源的高效利用，争取到2020年，使我国的米糠制油利用率达到70%~80%，达到或接近国际领先水平，为国家多增产100万吨稻米油，为提高我国3%的食用油自给率做贡献。

（8）要重视安全文明、绿色环保和节能减排　粮油加工企业要继续强调必须加强安全生产、清洁生产和文明生产，做到绿色生产、节能减排、保护环境、节约能源。要把安全文明生产、绿色生产、保护环境和节能减排等作为今后粮油加工业发展的永恒主题。

（9）要重视关键技术装备的创新开发研制　为适应我国粮油加工业不断发展的需要，我们要通过自主创新，把粮油机械制造业的发展重点放在大型化、自动化、智能化和专用化上；放在开发节能降耗，适应"清洁生产""综合利用"和"适度加工"的需要上；放在研究和开发生产各种主食品加工、小杂粮和木本油料的加工设备制造上；放在马铃薯主食品加工技术和成套设备的研制上。我们还要重视研发低破碎率稻谷碾米关键技术和设备；大豆和双低油菜籽等新型溶剂连续浸出工艺和设备；馒头、包子等大宗发酵主食产业化工艺和设备；发酵面食保鲜工艺与设备；脱水即食米饭和传统米制品加工关键装备；节令性米面制品成套自动化、智能化加工关键技术与装备等，以适应粮油加工业发展的需要。

（10）进一步实施"走出去"战略　为认真贯彻"一带一路"倡议，推动粮油加工产品及粮油机械设备更好地走出国门，粮油加工企业要进一步实施"走出去"战略。根据这些年的实践，粮油加工业"走出去"要在国家政策的支持下，要以粮油机械产品走出去为先导，走与加工企业、科研设计单位联合走出去之路。通过走出去不仅要让当地百姓受益，还要在有条件的地方，发展粮油生产、贸易，培育出具有国际竞争力的大粮商。

以上发言供参考，不当之处，敬请批评指正。谢谢！

六、粮油产供简况及油脂分会工作安排

——在"2016年中国粮油学会油脂分会会长扩大办公会议"上的讲话

（2016年4月8日　于福建厦门）

　　一年一次的"中国粮油学会油脂分会会长办公扩大会议"今天在开放、美丽的厦门召开，会议得到了厦门中盛粮油集团有限公司的鼎力相助、周到热情的安排与接待，对此，我代表大家表示衷心的感谢！根据每次会长扩大办公会议的惯例，我先向大家通报一下有关我国粮油生产、进出口、供应情况，之后商讨和落实2016年油脂分会的主要工作安排。

（一）我国粮油生产供应简况

1.我国粮油生产简况

　　在中央一系列惠农政策的推动下，促进了我国粮油生产的持续稳定发展，2015年，我国粮食生产取得了"十二连增"。2015年全国粮食总产量达62144万吨，较2014年60703万吨，增长2.37%。其中小麦产量为13019万吨，较2014的12621万吨，增长3.15%；稻谷产量为20823万吨，较2014年的20651万吨，增长0.83%；玉米产量为22463万吨，较2014年的21565万吨，增长4.16%[①]。

　　在油料生产方面，我国一直是世界上最大的油料生产国。2015年11月2日晚9点50分，中央电视台新闻频道报道称：2014年我国棉花、油料和肉类等主要农产品产量居世界第一。另据国家粮油信息中心提供的数据，2014年我国油菜籽、花生、大豆、棉籽、葵花籽、芝麻、亚麻籽、油茶籽八大油料的总产量为6002.9万吨；预测2015年八大油料的总产量为5710.1万吨，其中油菜籽产量为1430万吨、花生产量为1690万吨、大豆产量为1100万吨、棉籽产量为918万吨、葵花籽产量为252万吨、芝麻产量为62万吨、亚麻籽产量为38.1万吨、油茶籽产量为220万吨（表1）。

---

① 注：资料来源全国粮食流通工作会议和国家粮油信息中心。

表1 我国油料产量 单位：千吨

年份	油籽总产量	其中：			其中：					
		棉籽	大豆	油料	油菜籽	花生	葵花籽	芝麻	亚麻籽	油茶籽
1993	40076	6730	15307	18039	6936	8421	1282	563	496	488
1994	43710	7814	16000	19896	7492	9682	1367	548	511	631
1995	44585	8582	13500	22503	9777	10235	1269	583	364	623
1996	42891	7565	13220	22106	9201	10138	1323	575	553	697
1997	44587	8285	14728	21574	9578	9648	1176	566	393	857
1998	46393	8102	15152	23139	8301	11886	1465	656	523	723
1999	47155	6892	14251	26012	10132	12639	1765	743	404	793
2000	52910	7951	15411	29548	11381	14437	1954	811	344	823
2001	53638	9582	15407	28649	11331	14416	1478	804	243	825
2002	53788	8309	16507	28972	10552	14818	1946	895	409	855
2003	52251	8747	15394	28110	11420	13420	1743	593	450	780
2004	59445	11382	17404	30659	13182	14342	1552	704	426	875
2005	57407	10286	16350	30771	13052	14342	1928	625	362	875
2006	55044	13559	15082	26403	10966	12738	1440	662	374	920
2007	52135	13723	12725	25687	10573	13027	1187	557	268	939
2008	58559	13486	15545	29528	12102	14286	1792	586	350	990
2009	58003	11479	14981	31543	13657	14708	1956	622	318	1169
2010	58114	10730	15083	32301	13082	15644	2298	587	324	1092
2011	59413	11860	14485	33068	13426	16046	2313	606	359	1480
2012	59723	12305	13050	34368	14 007	16692	2323	639	391	1728
2013	58459	11338	11951	35170	14458	16972	2423	624	399	1777
2014	60029	11090	12154	36785	14772	16482	2492	629	387	2023
2015（预测）	57101	9180	11000	36921	14300	16900	2520	620	381	2200

注：资料来源国家粮油信息中心。

另据国家粮油信息中心预测，2015年我国利用国产油料（扣除大豆、花生、芝麻和葵花籽4种油料部分直接食用外）的出油量为1125.5万吨（表2），比2014年的出油量1164.7万吨减少了39.2万吨。这里需要说明的是，玉米油和稻米油的预测量可能有误，建议采用国家粮食局的粮油工业统计数。据国家粮食局统计，2014年全国玉米油产量为152万吨，稻米油产量为56万吨。

表2　2015年国产油料出油量预测　　　　　　　　　　　　　单位：千吨

品种	产量	压榨量	出油量	出油率/%
油菜籽	14300	13000	4615	35.50
花生	16900	8000	2520	31.50
棉籽	9180	8500	1105	13.00
大豆	11000	2500	413	16.50
葵花籽	2520	1200	300	25.00
油茶籽	2200	2000	500	25.00
亚麻籽	381	300	90	30.00
芝麻	620	360	162	45.00
玉米油			650	
稻米油			850	
其他			50	
合计			11255	

注：资料来源国家粮油信息中心。

2. 我国粮油进出口情况

为满足品种调节和市场供应需要，我国每年都要进口一部分粮食，据海关统计，2015年我国进口稻米335万吨、小麦297.3万吨，玉米472.9万吨，大麦1073.2万吨和高粱1070万吨（表3），合计为3248.4万吨，较2014年合计进口的1931.8万吨增加了1316.6万吨，增长68.2%。另外，2015年我国还进口了玉米酒槽饲料（DDGS）682.1万吨。与此同时，2015年我国出口各类粮食合计为53万吨。

表3 2010—2015年我国粮食进口情况 单位：万吨

年份	稻米	小麦	玉米	高粱	大麦
2010	36.6	121.9	157.2	8.1	236.8
2011	57.9	124.8	175.3	0	177.5
2012	234.5	368.8	520.7	8.6	252.8
2013	224.5	550.6	326.5	107.9	233.7
2014	255.9	297.3	259.8	577.5	541.3
2015	335	297.3	472.9	1070	1073.2

注：资料来源为海关统计数据。

在油料油脂进口方面，尽管近些年来我国的油料生产发展较为稳定，油料的总产量居世界第一，但仍然跟不上油料油脂消费的快速增长。为满足我国食用油市场供应和饲养业发展的需要，近10年来，我国进口油料油脂的数量一直居高不下。据海关统计，2015年我国进口各类油料合计为8757.1万吨，较2014年进口的7751.8万吨，增加了1005.3万吨，增长13%。其中进口大豆为8169.4万吨、油菜籽447.1万吨、芝麻80.6万吨；进口各类植物油总量为839.1万吨，较2014年进口的787.3万吨，增加了51.8万吨，增长6.6%。其中进口大豆油81.8万吨、菜籽油81.5万吨、棕榈油590.9万吨、葵花籽油65.1万吨、花生油12.8万吨，橄榄油3.9万吨（表4、表5）。值得我们关注的是进口芝麻已超过国产芝麻的产量，进口葵花籽油已超过国产葵花籽油的产量。

表4 我国油料油脂进口量 单位：千吨

年份	油料进口量	其中：大豆	油菜籽	其他油料	植物油进口量	其中：大豆油	棕榈油	菜籽油	其他植物油
1996		1108	0		2640	1295	1012	316	17
1997		2792	55		2750	1193	1146	351	60
1998		3196	1386		2060	829	930	285	17
1999		4315	2595		2080	804	1194	69	13
2000		10416	2969		1872	308	1391	75	99
2001		13937	1724		1674	70	1517	49	38
2002	11945	11315	618	12	3212	870	2221	78	43
2003	20976	20741	167	68	5418	1884	3325	152	57

续表

年份	油料进口量	其中:			植物油进口量	其中:			
		大豆	油菜籽	其他油料		大豆油	棕榈油	菜籽油	其他植物油
2004	20756	20229	424	103	6764	2517	3857	353	38
2005	27042	26590	296	156	6213	1694	4330	178	11
2006	29280	28270	738	272	6715	1543	5082	44	46
2007	31858	30821	833	204	8397	2823	5095	375	104
2008	39005	37436	1303	266	8163	2586	5282	270	25
2009	46331	42552	3286	493	9502	2391	6441	468	202
2010	57046	54797	1600	649	8262	1341	5696	985	240
2011	54818	52640	1262	916	7798	1143	5912	551	192
2012	62280	58384	2930	966	9600	1826	6341	1176	257
2013	67835	63375	3662	798	9221	1158	5979	1527	557
2014	77518	71399	5081	1038	7873	1038	5324	810	603
2015	87571	81694	4471	1406	8391	818	5909	815	849

注：资料来源国家粮油信息中心。

表5　2015年我国进口的其他油料油脂量　　　　　　　　　　单位：万吨

年份	芝麻	葵花籽油	花生油	橄榄油
2012	39.6	—	—	4.6
2013	44.1	43.9	6.1	4.0
2014	56.9	45.5	9.4	3.6
2015	80.6	65.1	12.8	3.9

注：数据来自国家粮油信息中心并加以整理。

3. 我国食用油市场产销情况分析

从国家粮油信息中心提供的"中国食用油市场综合平衡分析"（表6）可以清楚地看到：2014/2015 年度，我国食用油市场的总供给量为 3414.9 万吨，其中包括国产油料和进口油料合计产生的食用油 2630.8 万吨及直接进口的各类食用油合计为 784.1 万吨。

表6 中国食用油市场综合平衡分析

单位：千吨

指标	2003/ 2004	2004/ 2005	2005/ 2006	2006/ 2007	2007/ 2008	2008/ 2009	2009/ 2010	2010/ 2011	2011/ 2012	2012/ 2013	2013/ 2014	2014/ 2015
生产量												
大豆油	4608	6090	6383	6275	7035	7825	9150	10050	11000	11555	12320	13258
菜籽油	3928	4474	4576	4010	3852	4656	5899	4876	5334	5879	6377	6894
棉籽油	1088	1392	1233	1580	1534	1495	1326	1235	1352	1430	1339	1300
花生油	2079	2142	2095	1796	1796	2048	2148	2347	2381	2451	2520	2457
棕榈油	0	0	0	0	0	0	0	0	0	0	0	0
其他油脂	1093	1122	1272	1378	1587	1668	1800	2000	2200	2400	2500	2400
总计	12795	15220	15558	15037	15804	17691	20323	20508	22267	23715	25056	26308
进口量												
大豆油	2721	1728	1516	2413	2727	2494	1514	1319	1502	1409	1354	733
菜籽油	329	269	64	154	360	389	544	964	674	1533	1259	631
棉籽油	0	0	0	0	0	0	0	0	0	0	0	0
花生油	7	4	3	2	6	20	48	68	62	65	74	141
棕榈油	3570	4320	4985	5139	5223	6118	5760	5712	5841	6589	5573	5696
其他油脂	51	6	11	37	69	91	198	80	265	432	584	600
总计	6678	6327	6580	7745	8385	9111	8064	8143	8344	10028	8844	7841

续表

指标	2003/2004	2004/2005	2005/2006	2006/2007	2007/2008	2008/2009	2009/2010	2010/2011	2011/2012	2012/2013	2013/2014	2014/2015
年度供给量												
大豆油	7328	7818	7899	8688	9762	10319	10664	11369	12502	12964	13674	14031
菜籽油	4257	4743	4640	4164	4213	5044	6443	5840	6008	7412	7636	7252
棉籽油	1088	1392	1233	1580	1534	1495	1326	1235	1352	1430	1339	1300
花生油	2086	2146	2098	1798	1802	2067	2196	2415	2443	2516	2594	2598
棕榈油	3570	4320	4985	5139	5223	6118	5760	5712	5841	6589	5573	5696
其他油脂	1144	1128	1283	1415	1656	1759	1998	2080	2465	2832	3084	3000
总计	19473	21547	22137	22782	24188	26802	28387	28651	30611	33743	33900	34149
国内食用消费量												
大豆油	6483	7020	7400	8050	8500	9000	9700	10000	10800	11400	12000	12800
菜籽油	4200	4500	4700	4050	4200	4200	4500	5500	5500	5500	5800	6300
棉籽油	1150	1380	1200	1600	1550	1300	1250	1250	1300	1350	1350	1300
花生油	2102	2200	2000	1850	1790	1840	1950	2300	2400	2500	2550	2600
棕榈油	2500	3100	3750	4000	4000	4650	4600	4400	4400	4700	4700	4200
其他油脂	893	828	957	1071	1330	1425	1600	1800	1900	2100	2200	2400
总计	17328	19028	20007	20621	21370	22415	23600	25250	26300	27550	28600	29600

工业及其他消费												
大豆油	550	600	650	650	650	680	800	950	1000	1050	1100	1200
菜籽油	0	0	0	0	0	0	0	0	0	0	0	0
棉籽油	0	0	0	0	0	0	0	0	0	0	0	0
花生油	0	0	0	0	0	0	0	0	0	0	0	0
棕榈油	950	1150	1220	1150	1150	1150	1200	1250	1200	1300	1400	1500
其他油脂	235	227	228	253	263	273	280	300	350	400	450	500
总计	1735	1977	2098	2053	2063	2103	2280	2500	2550	2750	2950	3200
出口量												
大豆油	15	40	105	94	102	83	75	52	60	84	94	107
菜籽油	5	6	66	119	7	10	5	4	4	6	6	5
棉籽油	0	0	0	0	0	0	4	3	2	1	4	9
花生油	25	25	15	20	10	10	9	10	9	6	10	10
棕榈油	0	0	0	0	0	0	0	0	0	0	0	0
其他油脂	12	66	90	85	60	55	30	55	21	11	10	15
总计	57	138	277	319	178	159	123	124	96	108	124	146

续表

指标	2003/2004	2004/2005	2005/2006	2006/2007	2007/2008	2008/2009	2009/2010	2010/2011	2011/2012	2012/2013	2013/2014	2014/2015
年度需求总量												
大豆油	7048	7660	8155	8794	9002	9263	9975	11002	11860	12534	13194	14107
菜籽油	4205	4506	4766	4169	4207	4210	4505	5504	5504	5506	5806	6305
棉籽油	1150	1380	1200	1600	1550	1300	1254	1253	1302	1351	1354	1309
花生油	2127	2225	2015	1870	1800	1850	1959	2310	2409	2506	2560	2610
棕榈油	3450	4250	4970	5150	5150	5800	5800	5550	5600	6000	6100	5700
其他油脂	1140	1121	1275	1409	1653	1753	1910	2155	2271	2511	2660	2915
总计	19120	21143	22382	22993	23361	24177	25403	27774	28946	30408	31674	32946
节余量												
大豆油	280	158	-257	-106	760	1056	689	367	642	430	480	-77
菜籽油	52	237	-127	-6	6	834	1938	336	504	1906	1830	1220
棉籽油	-63	12	33	-21	-16	195	72	-18	50	79	-15	-9
花生油	-41	-79	83	-73	2	217	237	105	34	10	34	-12
棕榈油	120	70	15	-11	73	318	-40	162	241	589	-527	-4
其他油脂	4	7	8	6	3	6	88	-75	194	321	424	85
总计	353	404	-245	-210	827	2625	2984	877	1665	3335	2226	1203

注：资料表源国家粮油信息中心。

从表6中，还可以看到2014/2015年度，我国食用油的食用消费量为2960万吨，工业及其他消费为320万吨，出口量为14.6万吨，合计年度需求总量（即消费量）为3294.6万吨，年度节余量为120.3万吨。这里，我们可以推算出，2014/2015年度我国食用油的自给率为34.2%（即2015年国产油料出油量1125.5万吨，与年度需求总量3294.6万吨之比）。与上年的自给率36.8%相比下降了2.6个百分点。

根据2014/2015年度我国食用油的需求总量为3294.6万吨，按2015年7月10日公布的中国大陆人口总数为13.68亿人计算，2015年我国人均年食用油消费量为24.1千克，较上年的23.2千克提高了0.9千克（表7）。

表7 1996—2015年我国人均年食用油消费情况

年份	食用油消费量/万吨	人均年食用油消费量/千克
1996	1002.5	7.7
1998	1090.7	8.4
2000	1245.7	9.6
2001	1330	10.2
2002	1410	10.8
2003	1500	11.5
2004	1750	13.5
2005	1850~1900	14.2~14.6
2006	2271.7	17.5
2007	2509.7	19.3
2008	2684.7	20.7
2011	2777.4	20.6
2012	2894.6	21.4
2013	3040.8	22.5
2014	3167.4	23.2
2015	3294.6	24.1

注：①2006—2008年食用油消费量按国产油料扣去食用部分后的总折油量加上净进口前折油之和。

②1996—2008年的我国人均年食用油消费量按13亿人口计算；2011—2013年按13.5亿人口计算；2014年按13.6782亿人口计算；2015年按13.68亿人口计算。

（二）认真做好 2016 年油脂分会的工作

在春节刚过的 2 月 27 日，中国粮油学会（以下简称总会）在北京召开了"2016 年度学会工作会议"。会议传达了国家粮食局流通工作会议和中国科学技术协会工作会议精神，对 2015 年总会工作进行总结，部署了 2016 总会工作计划，研究讨论了学术活动、科技成果评价与推广、总会会员管理等几个管理办法，会议开得很成功。为贯彻落实总会的工作部署，结合油脂分会的实际，2016 年油脂分会要认真做好以下几项主要工作。

1. 开好几个有影响的会议

要通过积极准备、精心组织、开好今天在厦门召开的会长扩大办公会议；开好 10 月在山东邹平召开的"中国粮油学会油脂分会第 25 届学术年会暨产品展示会"以及其他有关专业会议，例如开好 6 月 29 日—7 月 1 日在广州与广州市艺帆展览服务有限公司合作召开的"木本油料产业发展研讨会"；7 月中下旬在上海与上海富味乡油脂食品有限公司合作召开芝麻油品质与营养研讨会等。

与此同时，要积极配合总会与欧洲油脂科技联盟于明年 10 月在上海联合主办的"第九届国际煎炸油暨煎炸食品研讨会"，由于会议内容涉及煎炸原理、煎炸油和煎炸食品质量管理、煎炸设备、煎炸油检测与分析、煎炸评估和工艺模型，以及会议期间还将附带举办小型展示，需要认真做好准备，确保会议取得成功。

2. 要积极发展会员，为会员服务

要通过产品展示、产品监制、科技成果评价、科技进步奖评审、技术咨询等方式，积极为企业服务，尤其是要为团体单位服好务。配合总会授好"玉米油之乡""芝麻油之乡"和"大豆油之乡"三块牌子工作，扩大企业的知名度。

要通过学术交流、办好会刊、职称评定等平台为个人会员服务，帮助他们施展才华；要关心"会员之家"，要努力为"会员之家"赠送各类技术图书资料和总会办的各类刊物，丰富"会员之家"的活动内容；要继续大力发展会员，尤其是要使发展个人会员的工作常态化。

3. 制修订好各类油料油脂质量标准

油脂分会要继续支持全国粮油标准化技术委员会油料及油脂分技术委员会，根据规划，完成好各类油料油脂质量标准的制修订工作，以引领油脂工业的健康发展。

4. 建设好中国油脂博物馆

为总结和传承中国油脂文化，总会将全力支持武汉轻工大学建设中国油脂博物馆，并

努力将建成后的中国油脂博物馆打造为灿烂的中国油脂文化的展示基地、油脂技术人才的教育与培养基地、油脂科技的研发与创新基地、国际交流与合作基地。

建设中国油脂博物馆是油脂界的一件大事和喜事。一句话，是油脂界大家的事，我们一定要把她办好，办出水平。

建设中国油脂博物馆需要有大量的文物及文献资料，需要较大的资金投入。为使中国油脂博物馆早日顺利建成，希望能得到油脂界的个人与企业的鼎力相助。

借此机会，我代表总会和武汉轻工大学，感谢河南华泰粮油机械股份有限公司、湖北天星粮油股份有限公司、瑞福油脂股份有限公司的慷慨捐赠。我坚信，在武汉轻工大学的努力下，在大家的支持下，一个高水准的中国油脂博物馆一定能早日建成。

5. 组织力量，编写出版《中国粮油学会油脂分会三十年大事记》

配合总会在完成《粮油食品安全与营养健康知识问答》科普书出版的基础上，编写好针对工矿企业、农村、社区和学校等不同群体对象的选编单行本。

要继续办好在广州市和北京的两个高端食用油展览会，以展示企业形象，扩大油脂产品知名度。今年6月29日至7月1日在广州举办的展览会要与木本油料产业发展研讨会相结合；今年11月17日至19日由永红国际展览有限公司在北京举办的展览会将扩大观众范围，实行对外开放，以提高展览的成效。希望企业继续给予大力支持，积极参展。这里需要大家警惕的是，最近又有一些展览公司冒名盗用油脂分会和油脂界知名专家参会支持等名义，骗取油脂界企业的信任，希望大家提高警惕，防止上当受骗。

（三）重提几件值得油脂界高度关注的事

1. 关于非转基因油脂产品的宣传问题

为维护正当的产品宣传，以防误导消费，国家有关部门早就通知要求，在"油脂产品中不得随意使用非转基因某某油脂的广告宣传"。我也曾多次在行业的大小会上和不同场合"苦口婆心"地希望油脂行业在产品宣传上不要随意使用"非转基因"的字样（除进口大豆油加工需要注明"产地"和"是否转基因大豆"外）。而这种善良的劝说，一些企业无动于衷，宣传问题甚至越演越烈，成了其他行业专家看我们这个行业的一大笑柄。一些食品行业的知名专家不客气地对我说："你们对非转基因油脂的随意宣传，最后的结果是'自己搞乱自己'，也是对消费者不负责任的误导。"最近，不少企业由于在花生油、葵花籽油等产品标签上使用"非转基因"字样，而受到工商等执法部门的处罚，并勒令其立即停止使用这类标签的包装物，给企业造成很大的损失，希望大家引以为戒，不要再抱任何幻想了。在这里，我希望在座的企业，尤其是国有企业、大型企业要带头纠正！

2. 要重视低温压榨油脂产品的质量问题

现在，低温压榨的油脂产品似乎成了"高品质油脂"的代名词，导致不管什么油料都在打算搞低温压榨。这种不分油料品种，不管油料的质量好坏，不考虑终端油品的质量与安全，一味采用低温压榨的倾向是十分危险的。现在分析油脂市场上出现的一些食用油的质量问题，大多出在低温压榨油和笨榨油上。对此，不仅要引起企业的高度重视，也要引起我们油脂科技人员的重视。对低温压榨的宣传要适可而止，不能什么都回归"自然"、回归"原始"，不能动不动就上低温压榨。要知道低温压榨的油脂产品，不是世界油脂加工的主导产品，也不可能成为中国油脂市场上的主导产品，它与我们提倡的适度加工不是一回事。

前面两个问题，在《粮油食品安全与营养健康知识问答》中都有了比较科学的回答，请大家好好学习领会，取得行业的共识。

3. 油脂行业需要注意宣传正能量

现在社会上的所谓"能人""专家"很多，他们"敢于"对自己并不熟悉的行业发表自己的意见，甚至不负责的说三道四。最近一段时间，一些人对用转基因油料生产的油脂产品的安全性问题；将浸出法制油说成是化学加工，浸出油是将油料放在汽油里泡出来的等胡言乱语又有抬头之势，搅乱了市场，误导了消费者。为此，油脂行业要团结起来，积极宣传正能量，遏制这股歪风邪气。我们要坚持本着对国家、对人民高度负责的精神，正确、客观、科学地宣传油脂行业的发展、主张和导向，通过讲科学，引领科学消费。

为探索做好这项工作，今天我们请来了中央电视台财经频道《消费主张》栏目的有关领导和专家，等一会儿请他们介绍如何利用《消费主张》栏目宣传油脂行业的正能量。

4. 要防止油脂市场的恶性竞争

众所周知，近年来由于国内外粮油生产连续丰收，消费疲软，供需整体宽松，以及受"国际原油价格连连跌至谷底"等实际影响，我国食用油市场的价格低迷，跌至 10 年前水平，加上生产成本不断上升，致使不少油脂加工企业经济效益不佳，有的甚至亏损严重。尽管如此，在油脂市场上我们不难看到一些企业为了所谓促销，将油脂销售价格低于成本价销售，有的采用"拖油瓶式"的手法促销（即大油瓶上拖挂一个小油瓶）。我很不赞成这种"自杀式"的促销方法，因为这不利于已经低迷的油脂价格回到正常合理的水平，不利于油脂市场的正常竞争，不利于油脂行业的健康发展。

七、油脂分会 2016 年工作回顾及 2017 年工作安排

——在"2017 年中国粮油学会油脂分会会长扩大办公会议"上的讲话

（2017 年 4 月 8 日　于山东莒南）

尊敬的张桂凤理事长、胡承淼常务副理事长、油脂分会的各位会长、各位专家、各位企业家：

大家上午好！

很高兴和大家一起来到山东莒南，参加"中国粮油学会油脂分会会长扩大办公会议"。本次会议在莒南召开，得到了山东金胜粮油集团（以下简称金胜粮油）的大力支持和鼎力相助，他们的精心安排和热情接待给大家留下了难忘的印象，对此，我代表大家表示衷心的感谢！

首先，我想告诉大家本次会议为什么要选择在交通并不十分方便的莒南召开？去年年底，中国粮油学会对金胜粮油生产的小包装花生油产品进行监制，我和胡承淼常务副理事长、油脂分会执行会长何东平、常务副会长王兴国等几位专家第三次来到金胜粮油，我们深深感到，近几年来，金胜粮油集团围绕着提高产品质量做了大量工作，企业面貌一年一个样。为提高油脂加工企业的管理水平，推动行业的健康发展，经商定，今年油脂分会的会长扩大办公会议在金胜粮油集团召开，并希望将本次会议开成既是办公会，又是参观学习金胜粮油的现场会。刚才，大家认真参观了金胜粮油的生产现场，我想一定会给大家留下深刻的印象。我觉得至少有以下三点做法值得我们油脂加工企业认真学习、借鉴。

一是金胜粮油始终把产品质量安全放在第一位。他们针对花生油在加工中容易出现质量问题的实际情况，从对原料严格把关入手，科学采用了高效清理装备，以除去花生中的尘土和皮壳等杂质；采用二道色选，最大程度地除去霉变花生；采用臭氧脱毒，除去花生表面的有毒物质等。通过上述措施，有效防范了入榨花生可能会给产品带来的质量安全隐患，确保了花生油质量的高品位。

二是认真实施清洁生产、文明生产，企业面貌焕然一新。金胜粮油坚持从严管理，真抓实干。通过实施清洁生产、文明生产，做到了全厂清洁卫生。所有生产车间没有跑冒滴漏；车间一尘不染，整洁如星级宾馆；职工精神面貌、企业面貌欣欣向荣。

三是坚持从企业实际出发，实施创新发展。金胜粮油重科技、重投入、重创新发展。为保障产品的质量与安全，他们建立了设备配置较为完备的化验室；为使企业健康发展，他们建立了研发中心；他们针对企业的实际，注重与大专院校、科研院所合作，搞研发，走创新之路。近些年来，他们围绕着"适温压榨香味花生油生产技术""高油酸花生油的生产""煎炸专用调和油的研发"等方面开展研发，取得了不少成果，并全部转化为企业新的生产力，其中"适温压榨香味花生油生产技术研究及应用"获得了2015年中国粮油学会科学技术三等奖。

除上面所说的三点之外，金胜粮油在生产经营中还有许多好的经验和做法值得我们学习借鉴。我们希望通过金胜粮油的模范作用，推动油脂加工企业经营管理水平的提升，这就是我们选择在这里召开会长扩大办公会议的原因。

各位代表，根据历次会长扩大办公会议的惯例，我首先向大家通报2016年我国粮油生产、进出口和市场供应情况；然后回顾2016年油脂分会所做的工作及2017年的主要工作安排。

（一）2016年我国粮油生产供应情况

1. 我国粮油生产简况

在2015年我国粮食生产取得"十二连增"后，2016年我国南方遭遇了特大洪涝、东北和华东地区经历了超强台风影响等严重自然灾害，对粮油生产造成极大影响。但我们高兴地看到，在党和政府的英明领导下，经过各方面的努力，有效应对了各种困难、粮油生产仍然取得了好收成。2017年1月20日，在国家统计局报告2016年我国GDP增速达6.7%的同时，报道了2016年我国粮食谷物、油料等主要农产品的产量多数是世界第一的好消息。据国家粮油信息中心提供的资料，2016年全国粮食总产量达61624万吨，较2015年的62144万吨，下降0.84%。其中小麦产量为12885万吨，较2015的13019万吨，下降0.1%；稻谷产量为20693万吨，较2015年的20823万吨，下降0.63%；玉米产量为21955万吨，较2015年的22463万吨，下降0.23%[①]。另外，杂粮产量为1000万吨，同比增长1.7%；薯类产量为3500万吨，同比增长5.2%（表1）。

在油料生产方面，据国家粮油信息中心提供的数据，2015年我国油菜籽、花生、大豆、棉籽、葵花籽、芝麻、亚麻籽、油茶籽八大油料的总产量为5724.4万吨；预测2016年八大油料的总产量为5884.7万吨，其中油菜籽产量为1400万吨、花生产量为1770万吨、大豆产量为1310万吨、棉籽产量为961.7万吨、葵花籽产量为265万吨、芝麻产量

---

① 注：资料来源全国粮食流通工作会议和国家粮油信息中心。

为 64 万吨、亚麻籽产量为 39 万吨、油茶籽产量为 240 万吨（表 2）。

表1 中国分品种粮食产量 单位：万吨

年份	粮食总产量	谷物产量	其中：稻谷	小麦	玉米	杂粮	豆类产量	薯类产量
2014	60703	55741	20651	12621	21565	905	1625	3336
2015	62144	57228	20823	13019	22463	983	1590	3326
2016	61624	56533	20693	12885	21955	1000	1800	3500

注：资料来源国家粮油信息中心。

表2 我国油料产量 单位：千吨

年份	油籽总产量	其中：棉籽	大豆	油料	其中：油菜籽	花生	葵花籽	芝麻	亚麻籽	油茶籽
1993	40076	6730	15307	18039	6936	8421	1282	563	496	488
1994	43710	7814	16000	19896	7492	9682	1367	548	511	631
1995	44585	8582	13500	22503	9777	10235	1269	583	364	623
1996	42891	7565	13220	22106	9201	10138	1323	575	553	697
1997	44587	8285	14728	21574	9578	9648	1176	566	393	857
1998	46393	8102	15152	23139	8301	11886	1465	656	523	723
1999	47155	6892	14251	26012	10132	12639	1765	743	404	793
2000	52910	7951	15411	29548	11381	14437	1954	811	344	823
2001	53638	9582	15407	28649	11331	14416	1478	804	243	825
2002	53788	8309	16507	28972	10552	14818	1946	895	409	855
2003	52251	8747	15394	28110	11420	13420	1743	593	450	780
2004	59445	11382	17404	30659	13182	14342	1552	704	426	875
2005	57407	10286	16350	30771	13052	14342	1928	625	362	875
2006	55044	13559	15082	26403	10966	12738	1440	662	374	920
2007	52135	13723	12725	25687	10573	13027	1187	557	268	939
2008	58559	13486	15545	29528	12102	14286	1792	586	350	990

续表

| 年份 | 油籽总产量 | 其中: | | | | 其中: | | | | | |
		棉籽	大豆	油料	油菜籽	花生	葵花籽	芝麻	亚麻籽	油茶籽
2009	58003	11479	14981	31543	13657	14708	1956	622	318	1169
2010	58114	10730	15083	32301	13082	15644	2298	587	324	1092
2011	59413	11860	14485	33068	13426	16046	2313	606	359	1480
2012	59723	12305	13050	34368	14 007	16692	2323	639	391	1728
2013	58459	11338	11951	35170	14458	16972	2423	624	399	1777
2014	60029	11090	12154	36785	14772	16482	2492	629	387	2023
2015	57244	10089	11785	35370	14931	16440	2520	640	380	2163
2016（预测）	58847	9617	13100	36130	14000	17700	2650	640	390	2400

注：资料来源国家粮油信息中心。

从 2016 年的油料产量中，可以看到有以下两点值得我们关注和高兴：一是，随着农业生产供给侧结构性改革的推进，调整了部分农产品的种植面积，从而有效促进了我国传统大豆产业的发展，2016 年我国大豆产量预计达 1310 万吨，同比增长 11.2%，同时有望 2017 年我国大豆产量继续增长；二是，随着国家对木本油料产业发展的重视，以油茶为代表的木本油料产量逐年快速增长。2016 年预计油茶籽的产量达 240 万吨，同比增长 11%，与 2010 年油茶籽产量 109.2 万吨相比，增长 120%，6 年间，平均每年增长 20%。另外，据国家林业局提供的资料表明，我国核桃产业的发展振奋人心。2015 年全国核桃种植面积达 9000 万亩、产量达 330 万吨，与 2011 年的种植面积约 6882 万亩、产量为 165.6 万吨相比，4 年间，面积增长 31%，产量增长 99.4%。

在利用国产油料榨油方面，据国家粮油信息中心预测，2016 年我国利用国产油料（扣除大豆、花生、芝麻和葵花籽 4 种油料部分直接食用外）的出油量为 1105.5 万吨（表 3），比 2015 年的出油量 1125.5 万吨减少了 20 万吨。

表3　2016年国产油料出油量预测　　　　　　　　单位：千吨

品种	产量	压榨量	出油量	出油率/%
油菜籽	14000	12500	4250	34.00
花生	17700	8000	2560	32.00

续表

品种	产量	压榨量	出油量	出油率/%
棉籽	9617	8000	1040	13.00
大豆	13100	3000	420	14.00
葵花籽	2650	1000	250	25.00
油茶籽	2400	2300	575	25.00
芝麻	640	300	120	40.00
亚麻籽	390	300	90	30.00
玉米油			900	
稻米油			800	
其他			50	
合计			11055	

注：①资料来源国家粮油信息中心。

②在预测出油量中，玉米油的量低了一些，稻米油的量高了一些。

2. 我国粮油进出口情况

为满足品种调节和市场供应需要以及受国际粮价的影响，我国每年都要进口一部分粮食。据海关统计，2016年我国进口稻米353.4万吨、小麦377.4万吨，玉米316.6万吨，大豆500.5万吨和高粱644.8万吨（表4），合计为2192.8万吨，较2015年合计进口的3248.4万吨减少了1055.6万吨，下降48.1%。另外，2016年我国还进口了玉米酒槽饲料306.7万吨。与此同时，2016年我国出口各类粮食合计为58万吨。

表4　2010—2016年我国粮食进口量　　　　　　　　　　单位：万吨

年份	稻米	小麦	玉米	高粱	大麦
2010	36.6	121.9	157.2	8.1	236.8
2011	57.9	124.8	175.3	0	177.5
2012	234.5	368.8	520.7	8.6	252.8
2013	224.5	550.6	326.5	107.9	233.7
2014	255.9	297.3	259.8	577.5	541.3
2015	335	297.3	472.9	1070	1073.2
2016	353.4	377.4	316.7	644.8	500.5

注：资料来源海关统计数据。

在油料油脂进口方面，尽管近些年来我国的油料生产发展较为稳定，油料的总产量稳居世界第一，但仍跟不上油料油脂消费的增长速度。为满足我国食用油市场供应和饲养业发展的需要，近10年来，我国进口油料油脂的数量一直居高不下。

据海关统计，2016年我国进口各类油料合计为8952.9万吨，较2015年进口的8757.1万吨，增加了195.8万吨。其中进口大豆为8391.3万吨、油菜籽356.6万吨、芝麻93.2万吨；进口各类植物油总量为688.4万吨，较2015年进口的839.1万吨，减少了150.7万吨。其中进口大豆油56万吨、菜籽油70万吨、棕榈油447.8万吨、葵花籽油95.7万吨、花生油10.7万吨，橄榄油4.5万吨（表5、表6）。

表5　我国油料油脂进口量　　　　　　　　　　　　　单位：千吨

| 年份 | 油籽进口量 | 其中： | | | 植物油进口量 | 其中： | | | |
		大豆	油菜籽	其他油籽		大豆油	棕榈油	菜籽油	其他植物油
1996		1108	0		2640	1295	1012	316	17
1997		2792	55		2750	1193	1146	351	60
1998		3196	1386		2060	829	930	285	17
1999		4315	2595		2080	804	1194	69	13
2000		10416	2969		1872	308	1391	75	99
2001		13937	1724		1674	70	1517	49	38
2002	11945	11315	618	12	3212	870	2221	78	43
2003	20976	20741	167	68	5418	1884	3325	152	57
2004	20756	20229	424	103	6764	2517	3857	353	38
2005	27042	26590	296	156	6213	1694	4330	178	11
2006	29280	28270	738	272	6715	1543	5082	44	46
2007	31858	30821	833	204	8397	2823	5095	375	104
2008	39005	37436	1303	266	8163	2586	5282	270	25
2009	46331	42552	3286	493	9502	2391	6441	468	202
2010	57046	54797	1600	649	8262	1341	5696	985	240
2011	54818	52640	1262	916	7798	1143	5912	551	192
2012	62280	58384	2930	966	9600	1826	6341	1176	257
2013	67835	63375	3662	798	9221	1158	5979	1527	557
2014	77518	71399	5081	1038	7873	1038	5324	810	603

续表

| 年份 | 油籽进口量 | 其中: | | | 植物油进口量 | 其中: | | | |
		大豆	油菜籽	其他油籽		大豆油	棕榈油	菜籽油	其他植物油
2015	87571	81694	4471	1406	8391	818	5909	815	849
2016	89529	83913	3566	2050	6884	560	4478	700	1146

注：资料来源国家粮油信息中心。

表6　2016年我国进口的其他油料油脂量　　　　　　　　单位：万吨

年份	芝麻	亚麻籽	红花籽	葵花籽油	花生油	橄榄油	亚麻籽油	椰子油	蓖麻油
2012	39.6	14.79	—	—	—	4.6	3.76	20.78	22.76
2013	44.1	18.06	0.94	43.9	6.1	4	1.83	13.07	23.19
2014	56.9	28.34	1.71	45.5	9.4	3.6	1.72	13.93	17.3
2015	80.6	36.03	2.83	65.1	12.8	3.9	2.87	14.46	22.7
2016	93.2	47.47	3.09	95.7	10.7	4.5	3.4	13.3	25.7

注：资料来源国家粮油信息中心并加以整理。

值得关注的是进口芝麻已超过国产芝麻的产量；进口葵花籽油已超过国产葵花籽油的产量，在进口植物油中，数量仅次于棕榈油，位居第二。另外，其他一些小品种的油料油脂进口开始呈现一定规模，如亚麻籽及亚麻籽油、红花籽、椰子油、蓖麻油等，体现了多油并举。

3. 我国食用油市场产销情况分析

从国家粮油信息中心提供的"中国食用油市场综合平衡分析"（表7）可以清楚地看到：2015/2016年度，我国食用油市场的总供给量为3466.5万吨，其中包括国产油料和进口油料合计产生的食用油2743.4万吨及直接进口的各类食用油合计为723.1万吨。

从表7中，还可以看到2015/2016年度，我国食用油的食用消费量为3075万吨，工业及其他消费为338万吨，出口量为13.5万吨，合计年度需求总量（即消费量）为3426.5万吨，年度节余量为40万吨。由此，可以推算出，2015/2016年度我国食用油的自给率为32.3%（即2016年国产油料出油量1105.5万吨，与年度需求总量3426.5万吨之比）。与上年的自给率34.2%相比又下降了1.9个百分点。

表7 中国食用油市场综合平衡分析

单位：千吨

指标	2003/2004	2004/2005	2005/2006	2006/2007	2007/2008	2008/2009	2009/2010	2010/2011	2011/2012	2012/2013	2013/2014	2014/2015	2015/2016
生产量													
大豆油	4608	6090	6383	6275	7035	7825	9150	10050	11000	11555	12320	13258	14480
菜籽油	3928	4474	4576	4010	3852	4656	5899	4876	5334	5879	6377	6894	6682.5
棉籽油	1088	1392	1233	1580	1534	1495	1326	1235	1352	1430	1339	1300	1183
花生油	2079	2142	2095	1796	1796	2048	2148	2347	2381	2451	2520	2457	2488.5
棕榈油	0	0	0	0	0	0	0	0	0	0	0	0	0
其他油脂	1093	1122	1272	1378	1587	1668	1800	2000	2200	2400	2500	2400	2600
总计	12795	15220	15558	15037	15804	17691	20323	20508	22267	23715	25056	26308	27434
进口量													
大豆油	2721	1728	1516	2413	2727	2494	1514	1319	1502	1409	1354	733	586
菜籽油	329	269	64	154	360	389	544	964	674	1533	1259	631	895
棉籽油	0	0	0	0	0	0	0	0	0	0	0	0	0
花生油	7	4	3	2	6	20	48	68	62	65	74	141	111
棕榈油	3570	4320	4985	5139	5223	6118	5760	5712	5841	6589	5573	5696	4689
其他油脂	51	6	11	37	69	91	198	80	265	432	584	600	950
总计	6678	6327	6580	7745	8385	9111	8064	8143	8344	10028	8844	7841	7231

年度供给量

大豆油	7328	7818	7899	8688	9762	10319	10664	11369	12502	12964	13674	14031	15066
菜籽油	4257	4743	4640	4164	4213	5044	6443	5840	6008	7412	7636	7252	7577.5
棉籽油	1088	1392	1233	1580	1534	1495	1326	1235	1352	1430	1339	1300	1183
花生油	2086	2146	2098	1798	1802	2067	2196	2415	2443	2516	2594	2598	2599.5
棕榈油	3570	4320	4985	5139	5223	6118	5760	5712	5841	6589	5573	5696	4689
其他油脂	1144	1128	1283	1415	1656	1759	1998	2080	2465	2832	3084	3000	3550
总计	19473	21547	22137	22782	24188	26802	28387	28651	30611	33743	33900	34149	34665

国内食用消费量

大豆油	6483	7020	7400	8050	8500	9000	9700	10000	10800	11400	12000	12800	13100
菜籽油	4200	4500	4700	4050	4200	4200	4500	5500	5500	5500	5800	6300	7800
棉籽油	1150	1380	1200	1600	1550	1300	1250	1250	1300	1350	1350	1300	1200
花生油	2102	2200	2000	1850	1790	1840	1950	2300	2400	2500	2550	2600	2550
棕榈油	2500	3100	3750	4000	4000	4650	4600	4400	4400	4700	4700	4200	3400
其他油脂	893	828	957	1071	1330	1425	1600	1800	1900	2100	2200	2400	2700
总计	17328	19028	20007	20621	21370	22415	23600	25250	26300	27550	28600	29600	30750

续表

指标	2003/2004	2004/2005	2005/2006	2006/2007	2007/2008	2008/2009	2009/2010	2010/2011	2011/2012	2012/2013	2013/2014	2014/2015	2015/2016
工业及其他消费													
大豆油	550	600	650	650	650	680	800	950	1000	1050	1100	1200	1300
菜籽油	0	0	0	0	0	0	0	0	0	0	0	0	0
棉籽油	0	0	0	0	0	0	0	0	0	0	0	0	0
花生油	0	0	0	0	0	0	0	0	0	0	0	0	0
棕榈油	950	1150	1220	1150	1150	1150	1200	1250	1200	1300	1400	1500	1550
其他油脂	235	227	228	253	263	273	280	300	350	400	450	500	530
总计	1735	1977	2098	2053	2063	2103	2280	2500	2550	2750	2950	3200	3380
出口量													
大豆油	15	40	105	94	102	83	75	52	60	84	94	107	96
菜籽油	5	6	66	119	7	10	5	4	4	6	6	5	3
棉籽油	0	0	0	0	0	0	4	3	2	1	4	9	1
花生油	25	25	15	20	10	10	9	10	9	6	10	10	10
棕榈油	0	0	0	0	0	0	0	0	0	0	0	0	0
其他油脂	12	66	90	85	60	55	30	55	21	11	10	15	20
总计	57	138	277	319	178	159	123	124	96	108	124	146	135

年度需求总量

大豆油	7048	7660	8155	8794	9002	9263	9975	11002	11860	12534	13194	14107	14496
菜籽油	4205	4506	4766	4169	4207	4210	4505	5504	5504	5506	5806	6305	7803
棉籽油	1150	1380	1200	1600	1550	1300	1254	1253	1302	1351	1354	1309	1201
花生油	2127	2225	2015	1870	1800	1850	1959	2310	2409	2506	2560	2610	2560
棕榈油	3450	4250	4970	5150	5150	5800	5800	5550	5600	6000	6100	5700	4950
其他油脂	1140	1121	1275	1409	1653	1753	1910	2155	2271	2511	2660	2915	3250
总计	19120	21143	22382	22993	23361	24177	25403	27774	28946	30408	31674	32946	34265

节余量

大豆油	280	158	-257	-106	760	1056	689	367	642	430	480	-77	570
菜籽油	52	237	-127	-6	6	834	1938	336	504	1906	1830	1220	-226
棉籽油	-63	12	33	-21	-16	195	72	-18	50	79	-15	-9	-18
花生油	-41	-79	83	-73	2	217	237	105	34	10	34	-12	40
棕榈油	120	70	15	-11	73	318	-40	162	241	589	-527	-4	-261
其他油脂	4	7	8	6	3	6	88	-75	194	321	424	85	295
总计	353	404	-245	-210	827	2625	2984	877	1665	3335	2226	1203	400

注：资料来源国家粮油信息中心。

根据 2015/2016 年度我国食用油的需求总量为 3426.5 万吨，按 2016 年末公布的中国大陆人口总数为 13.8271 亿人计算，2016 年我国人均年食用油消费量为 24.8 千克，较上年的 24.1 千克提高了 0.7 千克（表 8）。另外，根据 2017 年 1 月 9 日《油讯》中公布的人均吃油最多的地区、国家情况是：美国人均年食用油消费量为 34 千克、马来西亚为 32 千克、中国台湾为 30 千克、欧盟 29 千克、阿根廷为 27 千克、中国大陆为 24 千克（注：根据我们的计算，2016 年为 24.8 千克）。

表8 1996—2016年我国人均年食用油消费情况

年份	食用油消费量/万吨	人均年食用油消费量/千克
1996	1002.5	7.7
1998	1090.7	8.4
2000	1245.7	9.6
2001	1330	10.2
2002	1410	10.8
2003	1500	11.5
2004	1750	13.5
2005	1850~1900	14.2~14.6
2006	2271.7	17.5
2007	2509.7	19.3
2008	2684.7	20.7
2011	2777.4	20.6
2012	2894.6	21.4
2013	3040.8	22.5
2014	3167.4	23.2
2015	3294.6	24.1
2016	3426.5	24.8

注：①2006—2008年食用油消费量按国产油料扣去食用部分后的总折油量加上净进口前折油之和。
②1996—2008年的我国人均年食用油消费量按13亿人口计算；2011—2013年按13.5亿人口计算；2014年按13.6782亿人口计算；2015年按13.68亿人口计算；2016年按13.8271亿人口计算。

（二）认真做好 2017 年的油脂分会工作

1. 对 2016 年油脂分会工作的回顾

2016 年油脂分会在中国粮油学会的关爱和领导下，在广大会员的支持下，按照会长扩大办公会议确定的工作目标，围绕行业发展的需要，以服务行业、服务会员单位为己任；突出创新驱动，促进油脂科技和油脂工业的创新健康发展；积极开展学术交流和科普教育活动；科学制修订好油料油脂国家标准和行业标准；发挥科技人才优势，为政府和有关部门献计献策，当好参谋等方面做了大量工作，取得了较好的成绩。

（1）积极开展学术交流　2016 年我们在山东邹平成功召开了"中国粮油学会油脂分会第 25 届学术年会暨产品展示会"。大会以"创新、协调、绿色、共享"为主题，征集论文 100 余篇，其中大会交流论文 19 篇，《论文选集》刊用论文 89 篇，参会代表 400 多人。会上，王瑞元会长代表金青哲、王兴国、何东平、刘玉兰等 12 位专家教授，以《彻底澄清对"油脂加工与营养"的不实之词》为题，对一个所谓"营养与健康"专家西木在湖南卫视《百科全说》栏目播出的《如何选择健康食用油》节目中多次发表"油脂加工与营养"方面的错误言论，进行了有理有节的逐条澄清，得到了与会代表的一致赞同，起到了以正视听的作用。

2016 年 3 月，油脂分会与湖北省粮食局在沙洋县共同举办了"双低油菜籽产业发展优势研讨会"；6 月，油脂分会在广州主持召开了首届"木本油料发展趋势研讨会"；8 月，油脂分会与佳格集团在江苏太仓联合举办了"食用油安全标准规范研讨会"；10 月，油脂分会与宁夏吴忠市人民政府在吴忠共同举办了"亚麻籽油系列国家标准研讨暨亚麻产业发展论坛"；11 月，油脂分会与上海市食品协会、上海市粮食行业协会、上海市餐饮烹饪行业协会在上海共同举办了"芝麻油的质量安全与营养功能研讨会"等。通过上述学术交流会和研讨会的召开，进一步扩大了油脂分会在社会上的知名度和影响力。

（2）积极配合并完成中国粮油协会交办的各项任务　协同中国粮油学会（以下简称总会）参加由国家粮食局、中国科学技术协会 5 月 17 日在武汉共同举办的"2016 年全国粮食科技活动周暨首届粮食科技成果转化对接推介活动"，油脂分会推荐王瑞元、何东平、王兴国、刘玉兰等几位专家，就大会的主题报告以及《微生物油脂的研究与应用》《新型植物油抽提溶剂开发与应用技术研究》《食用植物油质量安全控制技术研发应用》等内容作了精彩发言，深受好评。

积极组织专家，配合总会搞好产品监制工作。一年来，较好地完成了以总会名义监制的江苏金太阳油脂有限责任公司、上海富味乡油脂食品有限公司、山东三星集团有限公司、西王集团、汇福粮油集团、金胜粮油集团有限公司、龙大植物油有限公司和益海嘉里金龙鱼粮油食品股份有限公司等企业生产的 8 个有关产品的监制工作。

协助总会搞好油脂行业的科技成果评价。一年来，对康师傅控股有限公司完成的《方便面用油全程质量控制体系研究与建立》；江南大学和上海丰益全球研发中心共同完成的《稻米油生物精炼新工艺及产业化》和《稻米油功能因子调控技术的研究及应用》；武汉轻工大学和山东禹王集团共同完成的《大豆分离蛋白深加工技术研究与应用》；广州星坤机械有限公司完成的《DSH 抑尘系统技术装备》；河南工业大学和金胜粮油集团有限公司共同完成的《煎炸专用调和油研究与产品开发》；河南工业大学和中粮食品营销有限公司共同完成的《高品质红花籽油适度加工技术研发应用》；中粮营养健康研究院有限公司完成的《糖果巧克力及焙烤食品专用油脂加工关键技术开发及产业化应用》《粮油食品感官特性评定技术》《大豆肽高效制备关键技术研究与产业化应用》和肇东市东龙节能新技术有限公司完成的《特种优质 DSG 粮油轧辊技术开发与应用》11 个科技成果进行了评价。

发动会员单位积极申报"2016 年中国粮油学会科学技术奖"。组织专家对油脂行业申报的 18 个项目进行了认真评审，并将评审结果按时上报总会。经总会组织专家评审，2016 年油脂行业有 10 个项目获奖，其中由江南大学、迈安德集团有限公司、丰益（上海）生物技术研发中心有限公司、国家食品安全风险评估中心、中粮东海粮油工业（张家港）有限公司共同完成的《食用油适度加工技术及大型智能化装备开发与应用》获得了中国粮油学会科学技术奖特等奖；由暨南大学、华南理工大学等单位共同完成的《大宗低值油脂高值化关键技术及产业化示范》获得中国粮油学会科学技术奖一等奖；由中粮营养健康研究院有限公司等单位完成的以《糖果巧克力及焙烤食品专用油脂加工关键技术开发及产业化应用》为代表的四个项目获得中国粮油学会科学技术奖二等奖；由北京市粮油食品检验所等单位完成的以《食用油脂绿色安全储存技术研究与示范》为代表的四个项目获得中国粮油学会科学技术奖三等奖。

另外，油脂分会还协助总会命名了山东邹平县为"中国玉米油之乡"、安徽肥东县为"中国芝麻油之乡"、和黑龙江农垦九三管理局为"中国大豆油之乡"。

（3）制修订好各类油料油脂质量标准　组织分会专家，支持全国粮油标准化技术委员会油料及油脂分技术委员会，积极参加油料油脂国家及行业标准的制修订工作。一年来，先后参加了《橡胶籽油》《核桃油》《红花籽油》《亚麻籽油》等国家标准的制修订研讨会暨产业发展论坛。在充分听取行业专家和企业意见的基础上，标准起草工作组几经修改，完成了标准的送审初稿。由此，油料及油脂分技术委员会及时于 11 月 22 日在云南楚雄召开了全国粮油标准化技术委员会油料及油脂分技术委员会第一届委员会第二次全体会议，经认真讨论审定，通过了《核桃油》等 39 项油料油脂国家（行业）标准的送审稿，为引领油脂行业的健康发展，尤其是对木本油料产业的健康发展将起到促进和引领作用。

（4）发挥桥梁和纽带作用，努力为行业发展和为会员服务工作　一年来，油脂分会坚持将切实为行业办事，为政府服务、为会员服务放在工作的首位。在日常工作中，学会办公室几乎每天都要接到由政府有关部门、新闻媒体、消费者以及广大企业的咨询电话，针对各类问题，油脂分会都能按照严谨认真和实事求是的科学态度，给予较为满意的解答。与此同时，油脂分会还经常利用总会办公室多次组织专家学者接受中央和地方电视台及有关媒体的采访。例如2016年10月19日，王瑞元会长、何东平执行会长、王兴国常务副会长三人，一天内在总会办公室先后接受了光明网、北京电视台和中央电视台三家媒体的采访。每次采访，我们都让媒体朋友们详细参观"中国油脂工业知名品牌展示厅"，通过参观和专家们的详细介绍，媒体朋友们对油脂行业、油脂行业的知名企业、知名品牌以及油脂产品的营养与健康等方面有了真实的了解，以便他们准确宣传油脂行业和油脂产品。

一年来，油脂行业的专家为国家粮食局科学制定"十三五"粮食行业发展规划、粮油加工业发展规划和粮油科技发展规划献计献策。在为企业服好务方面，在过去的一年中，分别为中粮集团、益海嘉里金龙鱼粮油食品股份有限公司、山东鲁花集团、上海佳格食品有限公司、金胜粮油集团有限公司等企业在生产和经营中遇到的一些疑难问题，组织专家针对企业提出的问题进行讨论，并一一回复了详细的咨询意见，起到了为企业排忧解难的作用。

（5）中国油脂博物馆的筹建工作进展顺利 在油脂界的共同关心支持下，尤其是在益海嘉里金龙鱼粮油食品股份有限公司、中粮集团、山东鲁花集团有限公司、山东三星集团有限公司、九三粮油工业集团有限公司、安徽燕庄油脂有限责任公司和河南华泰粮油机械股份有限公司等企业的大力支持下，在武汉轻工大学和何东平教授团队的努力工作下，至今，在文物藏品、古书典籍、中外油脂样品的征集、整理，资金的筹措等方面取得了成效，中国油脂博物馆的筹建工作进展顺利。

（6）成功召开了南北两届产品展览会 近几年来，在大家的支持下，尤其是在油脂加工企业的支持下，油脂界每年一次的广州国际食用油展览会和每年一次的北京国际食用油展览会越办越好。2016年两个展会，在参展商数量、展会面积和展会规格、与会的知名企业领导都大大超过了往届，成为油脂界向广大消费者展示成果的品牌展会。

2. 关于2017年油脂分会的主要工作安排

在春节刚过的2月20日，总会在北京召开了"2017年度中国粮油学会工作会议"。会上，传达了国家粮食局流通工作会议和中国科协九届常委会科学技术普及专门委员会二次会议精神，对2016年总会工作进行了总结，部署了2017年总会工作重点，会议开得十分成功。为贯彻落实总会的工作部署，结合油脂分会的实际，提出以下几项工作，作为2017年油脂分会的主要工作。

（1）精心组织，开好几个有影响的会议 一要开好今天在莒南召开的会长扩大办公会议，把全年工作安排好；二要开好今年9月在上海召开的"油脂分会第26届学术年会暨产品展示会”；三要全力协助总会，开好由总会和国际谷物科技协会拟于今年 5 月 21 日至 24 日在厦门共同举办的“第一届 ICC 亚太区粮食科技大会”；四要全力协助总会，开好由总会与欧洲油脂科技联盟拟于今年 9 月在上海共同举办的“国际煎炸油暨煎炸食品研讨会”。

（2）完成好总会交办的各项任务　除了协助总会开好两个国际研讨会以外，我们还要继续协助总会搞好油脂产品的监制工作；搞好“中国稻米之乡”和“中国核桃油之乡”的命名工作；组织好油脂行业的科技成果评价工作；协助总会编写好《中国粮油学会油脂分会三十年大事记》；以及完成好总会交办的其他事项。

（3）制修订好各类油料油脂质量标准　继续全力支持全国粮油标准化技术委员会油料及油脂分技术委员会的工作，科学制修订好各类油料、油脂国家标准或行业标准，引领油脂行业健康发展。

（4）积极为会员服务，尤其是要为团体会员服好务　要支持企业实施创新发展战略，鼓励企业积极申报“中国粮油学会科学技术奖”，认真做好申报项目的评审工作，并按时将评审结果上报总会；鼓励有条件的油脂科技工作者参加国家粮食局组织的技术职称评定；积极利用媒体采访和“中国油脂工业知名品牌展示厅”宣传我国油脂工业和油脂产品的发展，宣传知名企业；继续做好咨询服务，努力为企业排忧解难。

（5）出色做好以下五项重要工作

①希望在油脂界的继续大力支持下，早日建成中国油脂博物馆。

②在总结经验的基础上，进一步搞好分会的自身建设，尤其是要继续积极发展个人会员和团体会员，办好“会员之家”，并使之常态化。进一步充实和完善油脂专家库，为行业发展服务。

③编写出版好《中国粮油学会油脂分会三十年大事记》。

④组织力量，编写好针对工矿企业、社区和学校等不同群体的《粮油食品安全与营养健康知识问答》单行本。

⑤继续支持办好南北两个国际食用油展览会。

八、我国食用植物油加工业的现状与发展趋势

——在"第二届益海嘉里食品工业发展高峰论坛"上的主旨演讲

（2017 年 4 月 21 日 于四川成都）

很高兴应益海嘉里金龙鱼粮油食品股份有限公司的邀请，来到美丽富饶的成都，参加由益海嘉里金龙鱼粮油食品股份有限公司主持召开的"第二届益海嘉里食品工业发展高峰论坛"。首先，我代表中国粮油学会油脂分会对论坛的召开表示热烈的祝贺！根据会议的安排，我以《我国食用植物油加工业的现状与发展趋势》为题发言，供大家参考。

（一）2016 年我国油脂油料生产供应情况

1. 我国油脂油料生产简况

根据国家粮油信息中心提供的数据，2015 年我国油菜籽、花生、大豆、棉籽、葵花籽、芝麻、亚麻籽、油茶籽八大油料的总产量为 5724.4 万吨；预测 2016 年八大油料的总产量为 5884.7 万吨，其中油菜籽产量为 1400 万吨、花生产量为 1770 万吨、大豆产量为 1310 万吨、棉籽产量为 961.7 万吨、葵花籽产量为 265 万吨、芝麻产量为 64 万吨、亚麻籽产量为 39 万吨、油茶籽产量为 240 万吨（表 1）。

表1 我国油料产量　　　　　　　　　　　　　　　单位：千吨

年份	油料总产量	其中：			其中：					
		棉籽	大豆	油料	油菜籽	花生	葵花籽	芝麻	亚麻籽	油茶籽
1993	40076	6730	15307	18039	6936	8421	1282	563	496	488
1994	43710	7814	16000	19896	7492	9682	1367	548	511	631
1995	44585	8582	13500	22503	9777	10235	1269	583	364	623

续表

年份	油料总产量	其中:		油料	其中:					
		棉籽	大豆		油菜籽	花生	葵花籽	芝麻	亚麻籽	油茶籽
1996	42891	7565	13220	22106	9201	10138	1323	575	553	697
1997	44587	8285	14728	21574	9578	9648	1176	566	393	857
1998	46393	8102	15152	23139	8301	11886	1465	656	523	723
1999	47155	6892	14251	26012	10132	12639	1765	743	404	793
2000	52910	7951	15411	29548	11381	14437	1954	811	344	823
2001	53638	9582	15407	28649	11331	14416	1478	804	243	825
2002	53788	8309	16507	28972	10552	14818	1946	895	409	855
2003	52251	8747	15394	28110	11420	13420	1743	593	450	780
2004	59445	11382	17404	30659	13182	14342	1552	704	426	875
2005	57407	10286	16350	30771	13052	14342	1928	625	362	875
2006	55044	13559	15082	26403	10966	12738	1440	662	374	920
2007	52135	13723	12725	25687	10573	13027	1187	557	268	939
2008	58559	13486	15545	29528	12102	14286	1792	586	350	990
2009	58003	11479	14981	31543	13657	14708	1956	622	318	1169
2010	58114	10730	15083	32301	13082	15644	2298	587	324	1092
2011	59413	11860	14485	33068	13426	16046	2313	606	359	1480
2012	59723	12305	13050	34368	14 007	16692	2323	639	391	1728
2013	58459	11338	11951	35170	14458	16972	2423	624	399	1777
2014	60029	11090	12154	36785	14772	16482	2492	629	387	2023
2015	57244	10089	11785	35370	14931	16440	2520	640	380	2163
2016（预测）	58847	9617	13100	36130	14000	17700	2650	640	390	2400

注：资料来源国家粮油信息中心。

从 2016 年的油料产量中，可以看到有以下两点值得我们关注和高兴：一是，随着农业生产供给侧结构性改革的推进，调整了部分农产品的种植面积，从而有效促进了我国传统大豆产业的发展，2016 年我国大豆产量预计达 1310 万吨，同比增长 11.2%，同时有望2017 年我国大豆产量继续增长。

二是，随着国家对木本油料产业发展的重视，以油茶为代表的木本油料产量逐年快速增长。2016 年预计油茶籽的产量达 240 万吨，同比增长 11%，与 2010 年油茶籽产量109.2 万吨相比，增长 120%，6 年间，平均每年增长 20%。另外，据国家林业局提供的资料表明，我国核桃产业的发展振奋人心。2015 年全国核桃种植面积达 9000 万亩、产量达330 万吨，与 2011 年的种植面积约 6882 万亩、产量为 165.6 万吨相比，4 年间，面积增长 31%，产量增长 99.4%。

在利用国产油料榨油方面，据国家粮油信息中心预测，2016 年我国利用国产油料（扣除大豆、花生、芝麻和葵花籽 4 种油料部分直接食用外）的出油量为 1105.5 万吨（表 2），比 2015 年的出油量 1125.5 万吨减少了 20 万吨。

表2　2016年国产油料出油量预测　　　　单位：千吨

品种	产量	压榨量	出油量	出油率/%
油菜籽	14000	12500	4250	34.00
花生	17700	8000	2560	32.00
棉籽	9617	8000	1040	13.00
大豆	13100	3000	420	14.00
葵花籽	2650	1000	250	25.00
油茶籽	2400	2300	575	25.00
芝麻	640	300	120	40.00
亚麻籽	390	300	90	30.00
玉米油			900	
稻米油			800	
其他			50	
合计			11055	

注：①资料来源国家粮油信息中心。
②在预测出油量中，玉米油的量低了一些，稻米油的量高了一些。

2. 我国油料油脂的进出口情况

近些年来，我国的油料生产发展较为稳定，油料的总产量稳居世界第一，但其发展速度跟不上油料油脂消费的快速增长。为满足我国食用油市场供应和饲养业发展的需要，近10年来，我国进口油料油脂的数量一直居高不下。据海关统计，2016年我国进口各类油料合计为8952.9万吨，较2015年进口的8757.1万吨，增加了195.8万吨。其中进口大豆为8391.3万吨、油菜籽356.6万吨、芝麻93.2万吨；进口各类植物油总量为688.4万吨，较2015年进口的839.1万吨，减少了150.7万吨。其中进口大豆油56万吨、菜籽油70万吨、棕榈油447.8万吨、葵花籽油95.7万吨、花生油10.7万吨，橄榄油4.5万吨（表3）。

表3 我国油料油脂进口量 单位：千吨

| 年份 | 油籽进口量 | 其中： | | | 植物油进口量 | 其中： | | | |
		大豆	油菜籽	其他油籽		大豆油	棕榈油	菜籽油	其他植物油
1996		1108	0		2640	1295	1012	316	17
1997		2792	55		2750	1193	1146	351	60
1998		3196	1386		2060	829	930	285	17
1999		4315	2595		2080	804	1194	69	13
2000		10416	2969		1872	308	1391	75	99
2001		13937	1724		1674	70	1517	49	38
2002	11945	11315	618	12	3212	870	2221	78	43
2003	20976	20741	167	68	5418	1884	3325	152	57
2004	20756	20229	424	103	6764	2517	3857	353	38
2005	27042	26590	296	156	6213	1694	4330	178	11
2006	29280	28270	738	272	6715	1543	5082	44	46
2007	31858	30821	833	204	8397	2823	5095	375	104
2008	39005	37436	1303	266	8163	2586	5282	270	25
2009	46331	42552	3286	493	9502	2391	6441	468	202
2010	57046	54797	1600	649	8262	1341	5696	985	240
2011	54818	52640	1262	916	7798	1143	5912	551	192

续表

年份	油籽进口量	其中:			植物油进口量	其中:			
		大豆	油菜籽	其他油籽		大豆油	棕榈油	菜籽油	其他植物油
2012	62280	58384	2930	966	9600	1826	6341	1176	257
2013	67835	63375	3662	798	9221	1158	5979	1527	557
2014	77518	71399	5081	1038	7873	1038	5324	810	603
2015	87571	81694	4471	1406	8391	818	5909	815	849
2016	89529	83913	3566	2050	6884	560	4478	700	1146

注：资料来源国家粮油信息中心。

值得我们关注的是进口芝麻已超过国产芝麻的产量；进口葵花籽油已超过国产葵花籽油的产量，在进口植物油中，数量仅次于棕榈油，位居第二。另外，其他一些小品种的油料油脂进口开始呈现一定规模，如亚麻籽及亚麻籽油、红花籽、椰子油、蓖麻油等，体现了多油并举（表4）。

表4 2016年我国进口的其他油料油脂量　　　　单位：万吨

年份	芝麻	亚麻籽	红花籽	葵花籽油	花生油	橄榄油	亚麻籽油	椰子油	蓖麻油
2012	39.6	14.79	—	—	—	4.6	3.76	20.78	22.76
2013	44.1	18.06	0.94	43.9	6.1	4	1.83	13.07	23.19
2014	56.9	28.34	1.71	45.5	9.4	3.6	1.72	13.93	17.3
2015	80.6	36.03	2.83	65.1	12.8	3.9	2.87	14.46	22.7
2016	93.2	47.47	3.09	95.7	10.7	4.5	3.4	13.3	25.7

注：资料来源国家粮油信息中心，作者加以整理。

3. 我国食用油市场产销情况分析

从国家粮油信息中心提供的"中国食用油市场综合平衡分析"（表5）可以看到：2015/2016年度，我国食用油市场的总供给量为3466.5万吨，其中包括国产油料和进口油料合计产生的食用油2743.4万吨及直接进口的各类食用油合计为723.1万吨。

表5 中国食用油市场综合平衡分析

单位：千吨

指标	2003/2004	2004/2005	2005/2006	2006/2007	2007/2008	2008/2009	2009/2010	2010/2011	2011/2012	2012/2013	2013/2014	2014/2015	2015/2016
生产量													
大豆油	4608	6090	6383	6275	7035	7825	9150	10050	11000	11555	12320	13258	14480
菜籽油	3928	4474	4576	4010	3852	4656	5899	4876	5334	5879	6377	6894	6682.5
棉籽油	1088	1392	1233	1580	1534	1495	1326	1235	1352	1430	1339	1300	1183
花生油	2079	2142	2095	1796	1796	2048	2148	2347	2381	2451	2520	2457	2488.5
棕桐油	0	0	0	0	0	0	0	0	0	0	0	0	0
其他油脂	1093	1122	1272	1378	1587	1668	1800	2000	2200	2400	2500	2400	2600
总计	12795	15220	15558	15037	15804	17691	20323	20508	22267	23715	25056	26308	27434
进口量													
大豆油	2721	1728	1516	2413	2727	2494	1514	1319	1502	1409	1354	733	586
菜籽油	329	269	64	154	360	389	544	964	674	1533	1259	631	895
棉籽油	0	0	0	0	0	0	0	0	0	0	0	0	0
花生油	7	4	3	2	6	20	48	68	62	65	74	141	111
棕桐油	3570	4320	4985	5139	5223	6118	5760	5712	5841	6589	5573	5696	4689
其他油脂	51	6	11	37	69	91	198	80	265	432	584	600	950
总计	6678	6327	6580	7745	8385	9111	8064	8143	8344	10028	8844	7841	7231

年度供给量

大豆油	7328	7818	8688	9762	10319	10664	11369	12502	12964	13674	14031	15066
菜籽油	4257	4743	4164	4213	5044	6443	5840	6008	7412	7636	7252	7577.5
棉籽油	1088	1392	1580	1534	1495	1326	1235	1352	1430	1339	1300	1183
花生油	2086	2146	1798	1802	2067	2196	2415	2443	2516	2594	2598	2599.5
棕榈油	3570	4320	5139	5223	6118	5760	5712	5841	6589	5573	5696	4689
其他油脂	1144	1128	1415	1656	1759	1998	2080	2465	2832	3084	3000	3550
总计	19473	21547	22782	24188	26802	28387	28651	30611	33743	33900	34149	34665

国内食用消费量

大豆油	6483	7020	8050	8500	9000	9700	10000	10800	11400	12000	12800	13100
菜籽油	4200	4500	4050	4200	4200	4500	5500	5500	5500	5800	6300	7800
棉籽油	1150	1380	1600	1550	1300	1250	1250	1300	1350	1350	1300	1200
花生油	2102	2200	1850	1790	1840	1950	2300	2400	2500	2550	2600	2550
棕榈油	2500	3100	4000	4000	4650	4600	4400	4400	4700	4700	4200	3400
其他油脂	893	828	1071	1330	1425	1600	1800	1900	2100	2200	2400	2700
总计	17328	19028	20621	21370	22415	23600	25250	26300	27550	28600	29600	30750

续表

指标	2003/2004	2004/2005	2005/2006	2006/2007	2007/2008	2008/2009	2009/2010	2010/2011	2011/2012	2012/2013	2013/2014	2014/2015	2015/2016
工业及其他消费													
大豆油	550	600	650	650	650	680	800	950	1000	1050	1100	1200	1300
菜籽油	0	0	0	0	0	0	0	0	0	0	0	0	0
棉籽油	0	0	0	0	0	0	0	0	0	0	0	0	0
花生油	0	0	0	0	0	0	0	0	0	0	0	0	0
棕榈油	950	1150	1220	1150	1150	1150	1200	1250	1200	1300	1400	1500	1550
其他油脂	235	227	228	253	263	273	280	300	350	400	450	500	530
总计	1735	1977	2098	2053	2063	2103	2280	2500	2550	2750	2950	3200	3380
出口量													
大豆油	15	40	105	94	102	83	75	52	60	84	94	107	96
菜籽油	5	6	66	119	7	10	5	4	4	6	6	5	3
棉籽油	0	0	0	0	0	0	4	3	2	1	4	9	1
花生油	25	25	15	20	10	10	9	10	9	6	10	10	10
棕榈油	0	0	0	0	0	0	0	0	0	0	0	0	0
其他油脂	12	66	90	85	60	55	30	55	21	11	10	15	20
总计	57	138	277	319	178	159	123	124	96	108	124	146	135

年度需求总量

大豆油	7048	7660	8155	8794	9002	9263	9975	11002	11860	12534	13194	14107	14496
菜籽油	4205	4506	4766	4169	4207	4210	4505	5504	5504	5506	5806	6305	7803
棉籽油	1150	1380	1200	1600	1550	1300	1254	1253	1302	1351	1354	1309	1201
花生油	2127	2225	2015	1870	1800	1850	1959	2310	2409	2506	2560	2610	2560
棕榈油	3450	4250	4970	5150	5150	5800	5800	5550	5600	6000	6100	5700	4950
其他油脂	1140	1121	1275	1409	1653	1753	1910	2155	2271	2511	2660	2915	3250
总计	19120	21143	22382	22993	23361	24177	25403	27774	28946	30408	31674	32946	34265

节余量

大豆油	280	158	-257	-106	760	1056	689	367	642	430	480	-77	570
菜籽油	52	237	-127	-6	6	834	1938	336	504	1906	1830	1220	-226
棉籽油	-63	12	33	-21	-16	195	72	-18	50	79	-15	-9	-18
花生油	-41	-79	83	-73	2	217	237	105	34	10	34	-12	40
棕榈油	120	70	15	-11	73	318	-40	162	241	589	-527	-4	-261
其他油脂	4	7	8	6	3	6	88	-75	194	321	424	85	295
总计	353	404	-245	-210	827	2625	2984	877	1665	3335	2226	1203	400

注：资料来源国家粮油信息中心。

从表5中，还可以看到2015/2016年度，我国食用油的食用消费量为3075万吨，工业及其他消费为338万吨，出口量为13.5万吨，合计年度需求总量（即消费量）为3426.5万吨，年度节余量为40万吨。这里，可以推算出，2015/2016年度我国食用油的自给率为32.3%（即2016年国产油料出油量1105.5万吨，与年度需求总量3426.5万吨之比）。与上年的自给率34.2%相比又下降了1.9个百分点。

根据2015/2016年度我国食用油的需求总量为3426.5万吨，按2016年末公布的我国大陆人口总数为13.8271亿人计算，2016年我国人均年食用油消费量为24.8千克，较上年的24.1千克又提高了0.7千克（表6）。另外，根据2017年1月9日《油讯》中公布的人均吃油最多的地区、国家情况是：美国人均年食用油消费量为34千克、马来西亚为32千克、中国台湾为30千克、欧盟29千克、阿根廷为27千克、中国大陆为24千克（注：根据我们的计算，2016年为24.8千克）。

表6　1996—2016年我国人均年食用油消费情况

年份	食用油消费量/万吨	人均年食用油消费量/千克
1996	1002.5	7.7
1998	1090.7	8.4
2000	1245.7	9.6
2001	1330	10.2
2002	1410	10.8
2003	1500	11.5
2004	1750	13.5
2005	1850~1900	14.2~14.6
2006	2271.7	17.5
2007	2509.7	19.3
2008	2684.7	20.7
2011	2777.4	20.6
2012	2894.6	21.4
2013	3040.8	22.5
2014	3167.4	23.2
2015	3294.6	24.1

续表

年份	食用油消费量/万吨	人均年食用油消费量/千克
2016	3426.5	24.8

注：①2006—2008年食用油消费量按国产油料扣去食用部分后的总折油量加上净进口前折油之和。

②1996—2008年的我国人均年食用油消费量按13亿人口计算；2011—2013年按13.5亿人口计算；2014年按13.6782亿人口计算；2015年按13.68亿人口计算；2016年按13.8271亿人口计算。

（二）我国食用植物油加工业的基本情况

上述丰富的油料油脂资源，为我国食用植物油加工业的发展提供了重要的物质基础，根据国家粮食局的统计，我国食用植物油的基本情况如下。

1. 企业数及按日加工能力划分情况

2014年我国日处理50吨油料以上的植物油加工企业1660个。其中日加工能力100吨以下的企业613个，占食用植物油加工企业总数的36.9%；日加工能力100~200吨的企业314个，占18.9%；200~400吨的企业364个，占21.9%；400~1000吨的企业189个，占11.4%；1000吨以上的企业180个，占10.9%。2014年食用植物油加工企业按日加工能力划分比例，如图1所示。

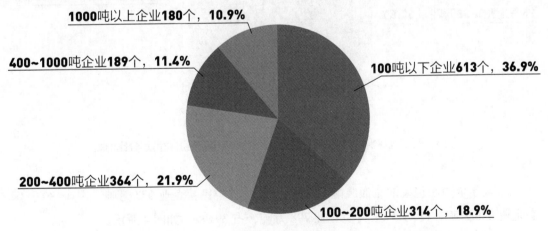

图1 2014年食用植物油加工企业按日加工能力划分比例图

2. 油料处理能力、精炼能力和小包装油脂灌装能力按企业经济类型划分情况

2014年全国油料处理能力17217万吨，其中民营企业11233万吨，占65.2%；国有企业1957万吨，占11.4%；外资企业4027万吨，占23.4%，如图2所示。

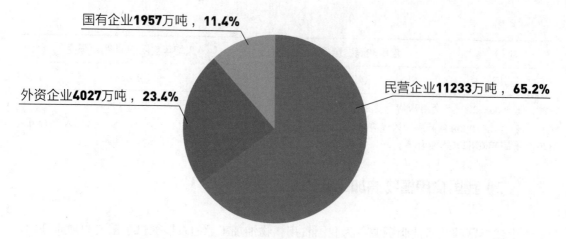

图2　2014年食用植物油加工企业油料处理能力按企业经济类型划分比例图

2014 年全国油脂精炼能力 5037 万吨，其中民营企业 2836 万吨，占 56.3%；国有企业 563 万吨，占 11.2%；外资企业 1638 万吨，占 32.5%，如图 3 所示。

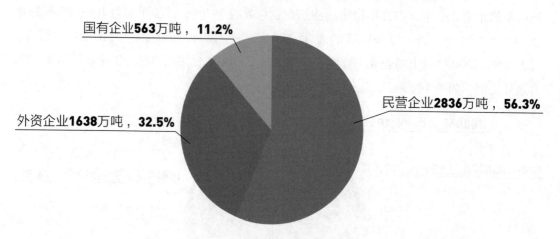

图3　2014年食用植物油加工企业精炼能力按企业经济类型划分比例图

2014 年全国小包装油脂灌装能力 2001 万吨，其中民营企业 977 万吨，占 48.8%；国有企业 226 万吨，占 11.3%；外资企业 798 万吨，占 39.9%，如图 4 所示。

3. 产品产量和品种结构情况

据统计，2014 年我国食用植物油加工产量为 4506 万吨（注：此产量有部分重复计算，实际产量应扣除"外购国内原油精炼量"及"外购国内成品油分装量"）。其中大豆油为 2142 万吨，占 47.5%；菜籽油 1039 万吨，占 23.1%；花生油 142 万吨，占 3.2%；棉籽油 132 万吨，占 2.9%；葵花籽油 57 万吨，占 1.3%；稻米油 56 万吨，占 1.2%；玉米油 152 万吨，占 3.4%；棕榈油 564 万吨，占 12.5%；其他油脂 222 万吨，占 4.9%，如图 5 所示。另外，食用调和油的产量为 465 万吨，小包装食用油的产量为 987 万吨。

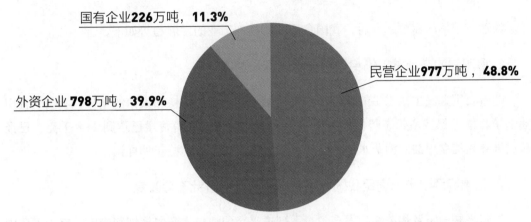

图4　2014年食用植物油加工企业小包装油脂灌装能力按企业经济类型划分比例图

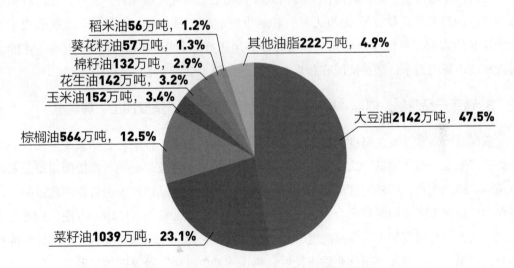

图5　2014年不同品种油脂占总产量的比例图

4. 主要经济技术指标情况

2014 年，食用植物油工业企业工业总产值为 6289.3 亿元，产品销售收入为 6102.5 亿元，利税总额 136.9 亿元，利润总额 57.9 亿，资产总计 4189.4 亿元，负债合计 2938.3 亿元，资产负债率为 70.1%，运行情况总体良好。

综上所述，我国不仅是一个油料油脂的生产大国、加工大国和消费大国，也是一个油料油脂的贸易大国，在全球油料油脂的生产、加工、消费和贸易中有着举足轻重的地位和影响。

（三）我国食用植物油加工业的发展趋势

为适应市场的需要，今后，我国食用植物油加工业的发展趋势如下。

1. 食用油的市场需求仍将保持一定的增长速度

随着我国人民生活水平的进一步提高、城镇化进程的加快和人口的增长，我国对食用油需求将继续保持增长态势。但鉴于我国食用油的年人均消费量已达到 24.8 千克，已经超过世界人均食用油的消费水平，所以其增长速度不会像前些年那样快了。

2. 利用好两个市场满足我国食用油市场需求的方针不会改变

近年来，国家及相关部门发布了一系列振兴我国油料生产的规划和措施，推动了我国油脂油料产业的发展，促使我国油菜籽、大豆、花生、棉籽、葵花籽、芝麻、亚麻籽和油茶籽八种油料的总产量接近 6000 万吨，稳居世界油料产量首位。但其增长速度远跟不上消费增长的需要，自给率不足 40%。为此，必须更好地利用国内国外两个市场，才能满足食用油市场的需求，这种情况在相当长的时间内是不会改变的。

3. 确保产品质量，倡导"安全营养、健康消费"和"适度加工"等理念

我国政府对食品安全高度重视，食用植物油与人们生活、健康息息相关。为此，必须始终把"安全"与"质量"放在第一位。食用植物油加工企业都必须严格按照国家卫生和质量标准组织生产；严格把好从原料到生产加工、储存、产品销售等全过程的质量关，以确保食用植物油产品的绝对安全。在此基础上，把"优质、营养、健康、方便"作为发展方向，大力倡导适度加工，提高纯度、严格控制精度，提高出品率。要科学制修订好油料油脂的质量标准，引领油脂行业健康发展，纠正"油色过淡"等过度加工现象。要广泛进行科普宣传，引领科学消费、合理消费、健康消费。

4. 深入推进油脂行业供给侧结构性改革，增加优质、功能性油品的供给

根据我国《粮油加工业"十三五"发展规划》，食用植物油加工企业要以满足不同人群日益增长和不断升级的安全、优质、营养、健康粮油产品的消费需要，要增加满足不同人群需要的优质化、多样化、个性化、定制化粮油产品的供给；增加起酥、煎炸等专用油脂和营养功能性新产品供给；提高名、特、优、新产品的供给比例；增加绿色有机、优质营养等中高端产品的供给。

5.坚持多油并举

要增加和改善我国国产菜籽油、花生油、大豆油、棉籽油、葵花籽油、芝麻油等食用油的供应；大力发展油茶籽油、核桃油、橄榄油、牡丹籽油、文冠果油等新型健康木本食用油脂；增加亚麻籽油、红花籽油、紫苏籽油等特色小品种油脂供应；积极开发稻米油、玉米油等，尤其是要搞好米糠的利用，规划到 2020 年，将我国的米糠榨油利用率由 2015 年的 15% 左右提高到 50% 以上，为国家增产油脂。

6.要进一步优化调整产业结构

根据优胜劣汰的原则，继续培育壮大龙头企业和大型骨干企业，支持他们做强做大，做优做精，引导和推动企业强强联合，跨地区、跨行业、跨所有制兼并重组，积极采用先进技术与装备，成为产品质量高、能耗物耗低、新产品开发能力强、经济效益好的国家级、省级大型骨干龙头企业；鼓励有地方特色、资源优势的中小企业积极提升技术装备水平和创新经营方式，主动扩展发展空间，形成大、中、小型企业合理分工、协调发展的格局；对工艺落后、设备陈旧、卫生质量安全和环保不达标、能耗物耗高的落后产能，要依法依规加快淘汰；支持粮油加工产业园区或集群建设，促进优势互补。

7.要重视安全文明、清洁环保和节能减排

油脂加工企业将继续强调必须加强安全生产、清洁生产和文明生产，做到绿色生产、节能减排、保护环境。要把安全文明生产、绿色生产、保护环境和节能减排等作为油脂加工业发展的永恒主题。到 2020 年，要确保完成单位工业增加值二氧化碳排放比 2015 年下降 18%、能耗下降 15%、主要污染物排放总量减少 10% 以上。

8.要重视关键技术装备的创新研发

要以专业化、大型化、成套化、智能化、绿色环保、安全卫生、节能减排为导向，发展高效节能降耗的食用植物油加工装备；积极研发适用于不同木本油料加工的成套设备；提高关键设备的可靠性、使用寿命和智能化水平；要逐步实施定制机器人应用、智能化工厂，将制油装备提高到更高水平。

9.实施"走出去"战略

支持有条件的企业，加强与"一带一路"沿线国家在农业投资、贸易、科技、产能、制油装备等领域的合作。通过"走出去"，造福当地百姓，提高国际竞争能力。

以上内容，供大家参考，谢谢各位。

九、中国食用植物油的消费情况
——发表于《粮油加工》杂志

（2017 年 4 月 5 日　于北京）

为使粮油界了解世界油料油脂的生产、消费情况，尤其是我国油料油脂的生产、消费情况；以及几种主要食用油的营养价值和发展趋势，我们根据 wind 数据库、美国农业部（USDA）和我国国家粮油信息中心提供的资料汇编了此资料，供参考。本资料得到了益海嘉里金龙鱼粮油食品股份有限公司大力支持。此外，粮食、油脂、饲料、玉米加工科学技术发展现状与趋势见附件 1~附件 4。

（一）中国、欧盟、印度食用植物油的消费量为世界前三甲；棕榈油、大豆油、菜籽油依次为世界消费量最大的植物油品种

蛋白质、脂肪和碳水化合物是人类所需的三大营养素，食用植物油富含脂肪和多种营养素，是重要的能量和营养来源物质。食用植物油消耗量的多少，是衡量一个国家城乡居民生活水平高低的重要标志。随着经济的发展以及人民生活水平的不断提高，食用植物油需求量也逐步增加。数据显示，2015 年全球食用植物油消费量再创新高，增长趋势明显，具体如图 1 所示。

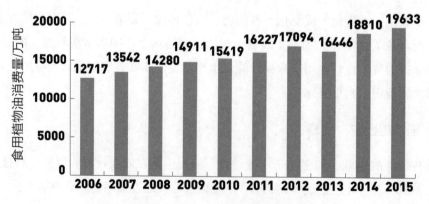

图1　2006—2015年全球食用植物油消费量

（资料来源：wind 数据库）

目前全球食用油消费以植物油为主，近 10 年来全球食用植物油消费量增长趋势明显。从食用油主要消费区域来看，中国、欧盟、印度成为全球食用植物油消费量的前三甲，根据美国农业部数据，2015/2016 年度中国食用植物油消费 3464 万吨（注：根据我国国家粮油信息中心提供的数据，2015 年我国食用植物油消费量为 3295 万吨），排名世界第一，大幅超过排名第二的欧盟（2591 万吨），具体如图 2 所示。

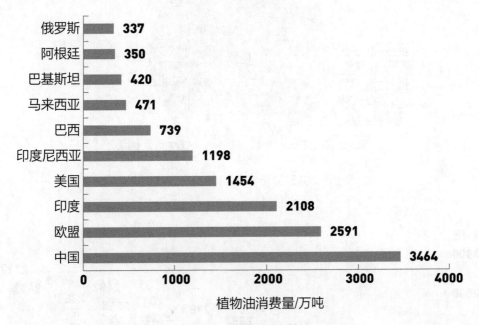

图2　2015/2016年度全球植物油消费量

［资料来源：美国农业部（USDA）］

从全球植物油消费品种来看，棕榈油消费量位居第一，其次是大豆油和菜籽油，三大植物油消费量分别达到 6005 万吨、5198 万吨和 2810 万吨，占全球食用植物油消费总量比重分别达到 34%、29%、15%，合计占全球食用植物油消费总量的 78%，具体如图 3 所示。

（二）中国植物油产量和消费量不断增长，但还需要进口以满足市场需求；大豆油、菜籽油、棕榈油为主要消费品种

作为世界上人口最多和油脂消费量最大的国家，中国对食用植物油有着更为强烈的刚性需求。据统计，2015 年中国食用植物油产量达到 2491 万吨（注：根据我国国家粮油信息中心提供的数据，2015 年我国利用国产油料和进口油料生产的食用植物油产量为 2631 万吨），同比增长 5.9%；国内消费量为 2737 万吨（注：根据我国国家粮油信息中心提

供的数据，2015 年我国食用植物油的消费量为 3295 万吨），同比增长 6.1%，具体如图 4
所示。

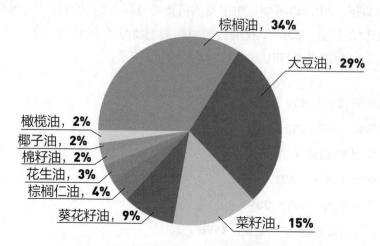

图3 2015/2016年度全球植物油消费占比

[资料来源：美国农业部（USDA）]

图4 2006—2015年我国食用植物油产量与消费量对比图

（资料来源：wind数据库、申万宏源整理）

按照品种分类，中国食用植物油主要包括大豆油、菜籽油、棕榈油、花生油、芝麻
油、橄榄油、葵花籽油、棉籽油和玉米油，我国居民主要食用植物油消费品种为大豆油、

菜籽油和棕榈油，各类食用植物油消费结构如图 5 所示。

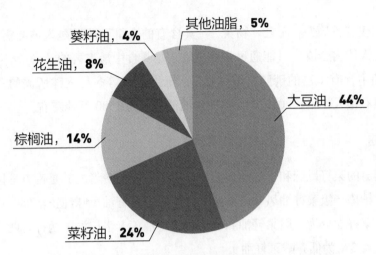

图5 2015/2016年度我国不同品种食用植物油消费结构

[资料来源：美国农业部（USDA）]

根据国家粮油信息中心提供的数据，2015 年我国油料（油菜籽、大豆、花生、棉籽、葵花籽、芝麻、亚麻籽、油茶籽等）总产量达到 5724.4 万吨，稳居世界第一，为我国食用植物油的生产提供了充足的原料。

但我国是一个人口大国，油料生产的发展速度仍然跟不上人民生活水平不断提高的需求。为满足食用油市场需求，国家在提高国内油料产量的同时，增加了油脂油料的进口数量，并呈现不断上升的趋势。

（三）各品种植物油在价格、风味、营养、使用特性等方面有着各自不同的特点

随着经济水平和人民生活质量的提高，食用植物油消费量逐渐增长，消费者对食用油的要求也越来越高。营养又健康、风味及感官优良和具备优异应用效果的食用油越来越受欢迎。

1. 大豆油

大豆油作为我国传统植物油种，是我国食用历史最为久远，食用范围最广的食用油；在植物油消费中，大豆油消费占比最高，位居第一，且消费量保持稳定增长。其原因不仅在于中国不断增长的油脂和豆粕需求，而且在于国际市场大豆和大豆油的可供数量远远大

于油菜籽、花生等其他油脂油料作物。另外，大豆油价格低廉的优势也是消费者选择的重要因素。

大豆油不仅"价廉"，而且"物美"，其含有的大量亚油酸是人体必需脂肪酸之一，亚油酸不能在人体内合成，只能通过食物摄取，是膳食中最主要的 ω-6 多不饱和脂肪酸。此外，大豆油中含有丰富的磷脂、维生素 E、维生素 D 等多种人体所需的营养元素，对保持人体健康有很大作用。2015 年我国大豆油消费量为 1500 万吨左右。

2. 菜籽油

菜籽油固有的菜籽风味和良好的口感，是吸引中国消费者尤其是南方地区消费者的重要原因之一，精炼一级菜籽油风味清香柔和，浓香型菜籽油风味纯正浓郁，在长江流域区域广受欢迎。菜籽油分为一般菜籽油和低芥酸菜籽油（卡诺拉油）两种。两者的主要区别在芥酸含量（≤ 3% 为低芥酸菜籽油）。

我国是全球菜籽油第一大生产国和消费国，然而，近年来受各方面因素影响，国产菜籽油日趋减少，进口的油菜籽及菜籽油不断增加。在消耗国产菜籽油基础上，加上一定量油菜籽及菜籽油的进口，中国菜籽油供需基本平衡。

3. 棕榈油

在世界植物油消费量中，棕榈油消费量位居全球第一；在中国植物油消费量中，棕榈油消费量仅次于大豆油和菜籽油，位居第三。棕榈油已成为中国植物油供给的重要组成部分。

除了具有市场竞争力的价格优势外，棕榈油因其固有的脂肪酸特性（饱和脂肪酸比例较高等），在我国被广泛应用于餐饮行业和食品加工行业。棕榈油是煎炸用油的首选，也是起酥油、人造奶油、糖果巧克力用油、涂抹油脂等西式餐饮用油的主要组成部分。棕榈油因其多用途及优异的应用效果而广受欢迎。

因棕榈树生长环境及气候等原因，目前中国棕榈油主要依赖于进口，进口国包括马来西亚、印度尼西亚、尼日利亚等。近年来，随着中国消费者对棕榈油日益增长的需求，棕榈油进口量也呈上升趋势。

4. 花生油

花生油是中国传统植物油中依靠国内自给的油种之一。花生油由于其独特的花生风味而广受中国消费者的青睐，其主要产地在中国，是中国百姓理想的食用油。与味淡的橄榄油相比，浓香扑鼻的花生油更适合中国人讲究色、香、味的传统饮食习惯。随着国内人民生活水平的不断提高，食用花生油的群体日益增多。业内有专家推测，随着花生油品质的进一步提升，不久的将来，花生油将成为"东方第一油"，与早已风靡世界，被誉为"西方第一油"的橄榄油形成"东西抗衡"的局面。

受花生油原料和价格等影响，目前花生油消费量一般，国内市场花生油供求基本平衡，但花生油的需求将不断增长。

5.橄榄油

橄榄油以其营养成分丰富、保健功能突出而被公认为绿色保健食用油，在西方有"植物油皇后""液体黄金"和"地中海甘露"的美称；橄榄油中含有角鲨烯、β- 胡萝卜素、黄酮类物质、多酚类物质、维生素 E、植物甾醇等多种活性成分，对人体的健康十分有利；并且，橄榄油的加工工艺多为低温压榨，不经加热和化学精炼，保留了天然营养成分，因此，越来越受关注。

然而，由于橄榄油的市场销售价格较高，大约是中端食用油价格的 5~10 倍，因此，中国橄榄油消费群体主要在经济发达地区的大中型城市，全年消费总量在 4 万吨左右。并且，橄榄油一般用于直接食用或凉拌，更符合欧洲人的食用习惯，因此，中国橄榄油的消费量相对于其他油种较少。但是，随着中国消费者对营养与健康日益重视以及国产橄榄油产业的快速发展，中国橄榄油消费市场前景看好，并且呈不断增长的趋势。

综上所述，随着经济水平和人民生活质量的提高，中国对食用植物油有着强烈的刚性需求，营养又健康、风味及感官优良和具备优异应用效果的食用油具有广阔的市场空间。为满足我国食用油市场日益增长的需求，国家在提高国内油料产量的同时，增加了油脂油料的进口数量，从而保证了中国食用油市场的供应。

附件1

———

粮食加工科学技术发展现状与趋势

（一）我国粮食加工科技发展现状

1. 稻谷加工科学技术水平

我国稻谷年加工能力和大米产量居世界第一，稻谷加工工艺成熟，主机设备性能成熟稳定，工艺性能基本达到国际先进水平，自动砻谷机、自动碾米机、云色选机已达到国际先进水平。由于稻谷过度加工使出米率处65%左右的偏低水平。在稻米深加工、副产物综合利用及米制食品如传统甜米酒、发糕、年糕、米粉等产品加工技术研究与装备制造取得一定进展。

2. 小麦加工科学技术水平

我国是世界第一面粉生产大国，小麦专用粉加工技术已较成熟，专用粉也趋多样化，加工已实现光、电、机等一体的自动化加工。面条和馒头等的工业化加工技术发展迅速，挂面加工技术和装备日趋完善，湿面、半干面等新的面条制品得到快速发展。小麦淀粉和谷朊粉分离制备技术也逐步发展，副产物麦胚和麸皮综合加工技术正逐渐完善，在面制品中的应用也逐步提高。在保持美味、保障安全、提高营养方面，发酵面食产业取得了长足进展，发酵面食品质评价标准体系初步建立。发酵面食的风味、保鲜技术研究与装备制造取得一定进展。

3. 杂粮（全谷物）加工科学技术水平

优质特色杂粮是种植业推进农业供给侧结构性改革的重要替代作物，是改善我国居民膳食结构的重要口粮品种，也是当前世界蓬勃发展的全谷物食品主要原料。目前杂粮的精深加工发展速度较快，平均每年新开发的以杂粮为原料的系列食品一二百种，包括杂粮挂面、杂粮粉丝、杂粮面包、杂粮饮料等。以杂粮为原料的全谷物健康食品发展势头迅猛。

（二）国外粮食加工科技发展趋势

1. 稻谷加工科学技术的发展趋势

发达国家的大米加工生产过程全自动化程度高，卫生要求严格；糙米低温储藏，确保原料品质处于良好水平；主产品专用化和系列化，副产品综合利用程度高，深加工延伸产品多。糙米及糙米制品保鲜和改良技术发展也是国际上的趋势。

2. 小麦加工科学技术的发展趋势

降低面粉微生物含量的小麦安全加工技术；保留小麦营养成分的分层碾削技术、小麦发芽制粉技术、控制淀粉粒损伤和蛋白变性的控温加工技术；保留面粉风味的碾磨技术、传统发酵剂制作发酵面制品技术、鲜湿面加工及品质控制技术；小麦胚芽和麸皮在面制食品中的应用技术；新型小麦淀粉和谷朊粉分离及改性技术；发达国家的发酵食品品种丰富，冷冻食品人均消费量大，已经建立了现代冷链物流体系，确保产品品质和安全。

3. 杂粮（全谷物）加工科学技术的发展趋势

发达国家对杂粮（全谷物）食品加工研究起步早、投入大、发展快。其加工的机械化、自动化、规模化、集约化程度高。重视杂粮（全谷物）健康食品标准和标识建设；应用新型工艺进行增值技术研究，开发杂粮（全谷物）高附加值产品；应用杂粮营养复配技术开发杂粮全谷物食品，研发出符合人们对于食物色、香、味的需求而营养全面的复配杂粮全谷物食品。

（三）我国与国外先进水平的主要差距及原因

1. 稻谷加工的主要差距及原因

我国稻谷加工存在产能利用率低（44.95% 左右），产业链短、能耗大效益低、加工过度、产品营养损失大，技术标准不完善、自动化智能化水平不高等突出问题。主要原因是稻谷加工业的规模化与柔性化生产、集约化经营不足，对科技研究的投入有限，基础研究薄弱，技术支撑力度不够，产业化转化率低，创新人才和开拓型经营管理人才不足，关键技术装备的开发多处于仿制阶段，产品技术含量不高，集中反映出自主知识产权的科技储备较为薄弱。

2. 小麦加工的主要差距及原因

小麦加工产业链基础研究薄弱，对适合馒头、面条等我国蒸煮类面制品的小麦品种、品质评价体系及加工技术缺乏系统的理论支撑；对营养和健康重视不够，加工产品过分提高精度，缺少加工过程中营养物质保留技术；设备智能化程度不够，目前无法实现加工过程的智能化和数字化；面条、馒头等我国传统面制品加工技术和装备落后于面包等烘焙食品加工技术和装备；深加工程度低，技术与工艺创新不足，产品质量、档次、品种、功能都有待提高；质量标准、检验监测、食品安全体系及质量认证体系建设滞后；我国开发的面制主食产品品种偏少。

3. 杂粮（全谷物）加工的主要差距及原因

目前我国的杂粮工业化加工程度较低，加工专用化、连续化装备缺乏，主要是对杂粮加工科技工作重视程度不足，科技投入较少，研究队伍薄弱；杂粮加工技术创新体系尚未形成，缺乏一支相对稳定的精干力量从事杂粮产业共性技术的研究与开发；杂粮全谷物营养健康食品的科普宣传工作不到位，从主管领导到居民对杂粮（全谷物）食品的营养健康特性认识不足，影响了我国杂粮全谷物产业的发展。

（四）我国粮食加工科技的发展方向和重点

1. 稻谷加工科技的发展方向和重点

精准适度与绿色低耗是大米加工业必然选择，在线检测技术已成为研究重点；产业链延伸已成为米制品加工业的竞争性发展核心，资源的利用度和产品的多样性是技术和产品两者创新的重点；加工工艺技术要向精准化、节粮化、节能化方向发展；加工产品要向安全化、多样化、方便化等方向发展；加工机械装备要向高效化、智能化、人性化方向发展；加强米制品加工机理和品质控制技术研究；深入研究米制品营养组成与流行病学的关系，构建稻米营养因子与人体健康的关联机制。

2. 小麦加工科技的发展方向和重点

向高效分离技术方向发展，使小麦加工和副产物加工实现最佳分离分级，提高产品出率；研制适合我国传统蒸煮类面制品的加工技术及面粉品质评价体系；建立控制和消减赤霉病、微生物含量高的小麦安全加工技术；建立适应国情的小麦适度加工技术及加工过程营养物质保留技术；研究工业化加工的馒头、面条的品质保鲜关键技术；研发小麦胚芽及麸皮在面制食品中的整体利用技术；加工装备数字化、智能化技术；加强中华发酵面食原料基础、现代加工技术、机械装备研究，开发功能性发酵面食、药膳发酵面食等系列产品。

3.杂粮（全谷物）加工科技的发展方向和重点

原料专用化与标准化，以保证杂粮产品质量的稳定性，促进产品可持续发展，实现与国际接轨；加强专用化与智能化装备的研发，提高我国的杂粮加工专用装备规模化、智能化水平；采用高新及跨学科技术，实现杂粮的精深加工，开发杂粮新产品，促进杂粮工业规模化发展；从传统主食、方便食品、即食食品和特膳食品等方面进行多元化新产品开发；加强杂粮（全谷物）食品标准化体系建设。

（五）主要措施和建议

（1）大力推进营养健康粮食制品的供给。

（2）实施粮食品牌培育行动，积极发展地域特色粮食产品，打造粮食地理标志品牌。

（3）建议小麦、稻谷和杂粮分级收储，保证原料均一化、专用化。推进小麦、稻米分级加工和适度加工，提升资源利用效率。

（4）建议各级主管领导要认识全谷物是世界粮食和食品加工的全新主流产业，要建立发展杂粮全谷物健康食品是建设"健康中国"的重要组成部分的总体思路，从加工技术、新产品创制、产品标准、营养健康评价等多角度探索推进全谷物进入百姓餐桌的产业化推广进程。

（5）加强杂粮（全谷物）新产品创制与产业化开发。注重杂粮（全谷物）主食品及方便食品的开发，满足消费者营养健康的消费升级需求。

（6）杂粮高附加值组分的分离与梯度开发利用，提高其资源利用的附加值。

（7）加强粮食加工专业教育培训，包括高等职业教育、技校等各种层次。"十一五""十二五"以来，我国粮食物流技术快速发展，粮食现代物流体系初步建成，粮食物流总量已达到3.65亿吨，以散粮、集装单元化和包粮运输构成的多元化运输和公铁水多式联运技术，为促进我国粮食产销区衔接和区域间的粮食供需平衡发挥了重要支撑作用。

一是系统化的粮食物流通道与节点布局初步形成。在东北、黄淮海、长江中下游、西南、西北、京津、华东沿海、华南沿海八大通道的基础上，逐步形成了沿长江、沿陇海两条横向和沿海河、沿运河、沿京哈、沿京沪、沿京广、沿京昆六条纵向的重点线路。二是粮食物流设施与装备技术快速发展，适应粮食"四散化"流通的物流设施和装备得到了广泛推广和应用，适合我国国情的粮食多元化运输体系得到了补充和完善，多式联运效率得到了提升。三是物流效率不断提高。目前原粮散粮运输占跨省流通量的比例约33%。但仍存在系统化运作尚未形成、散粮设施与装备不完善、标准化程度低、信息化水平低、物流成本高等突出问题。

附件2

油脂加工科学技术发展现状与趋势

油脂加工科学技术是粮油科学技术的重要组成部分。自改革开放以来，经过油脂工作者的不懈努力，我国油脂加工科技取得了划时代的进步。油料预处理、压榨、浸出和油脂精炼工艺技术以及油料油脂加工装备研发制造已经达到国际先进水平；酶法脱胶、超临界和亚临界萃取、膜分离和新型油料浸出溶剂等高新技术成果在油脂加工中已经应用；木本油脂、微生物油脂、海洋油脂和小宗特种油脂等加工技术及装备的研发居国际领先水平；油料油脂加工副产物的综合利用、油料油脂加工风险防控和营养保留的适度精准加工技术、人才培养、研发平台和标准体系建设等成效卓著。

（一）我国油脂加工科技发展现状

（1）油料油脂加工科学技术取得了划时代的进步。油料预处理、压榨和浸出工艺技术达到了国际先进水平，油脂精炼工艺技术达到国际水平或国际先进水平，高新技术在油脂加工中得到应用。

（2）油料油脂加工副产物综合利用已见成效。

（3）新型油料油脂产品加工技术的开发取得长足进展。

（4）油料油脂加工装备的研发制造达到国际先进水平。

（5）油料油脂加工风险防控和营养保留的适度精准加工技术备受重视。油料油脂适度加工对高效保留营养成分、减少有害成分、减少油脂损耗的理念得到全行业的认可并在生产中得到贯彻执行，相关技术正在提升和完善，在大型油料油脂加工企业的应用已见成效。

（6）人才培养、研发平台和标准体系建设，对油脂加工科技的发展做出了贡献。油料油脂标准体系建设得到加强，油料油脂标准制修订工作取得了卓著成绩，对油脂加工科学技术的发展起到了重要的引领作用。

（二）国外油脂加工科技的发展现状

（1）生物技术在油脂资源开发和加工中已经广泛应用。以现代育种技术为核心的油料品种开发技术发展迅速；微生物油脂得到推广应用；以酶法脱胶、酶法酯交换脱酸等为代表的生物精炼技术已经应用；节能减排、提高油脂得率和性能等方面优势明显。

（2）油脂安全和防控技术成为研究的重点。针对反式脂肪酸、3-氯丙醇酯、缩水甘油酯、氧化聚合物和多环芳烃等进行了系统研究，制订了一系列检测和控制方法并已投入应用。

（3）营养健康基础研究与定制化产品的生产有创新发展。脂肪酸和脂溶性微量伴随物质的营养与健康，是近10年国际研究的重点。基础研究与应用产品开发推广的链条式和定制化发展路线，已成为新产品和健康产品发展的主要模式。

（三）我国与国外先进水平存在的主要差距

（1）加工产业链不完整，对油料质量和分级管理缺乏把控手段，难以真正做到"从田间到餐桌"的质量把控和追溯。

（2）生物技术的应用差距较大，环境友好红利难以体现。尤其是在利用生物基因技术培育高油酸、高含油的油料新品种方面差距更大。

（3）制油机械装备水平有待进一步提升。与德国、瑞典、美国生产的部分先进制油装备相比较，国产机械设备在自动化、智能化上还存在一定差距。

（4）食用油脂中有害物质控制技术的应用推广力度不够，研究成果落地水平不高。

（5）理论研究、学科建设与人才培养有待加强。我国油脂加工科技基础性、创新性和交叉性研究不足的问题明显，如何实现"产学研用"相结合，是我们面临的重要课题。

（四）我国油脂加工科技发展的方向和重点

（1）多油并举，广辟油源。为弥补我国油脂资源利用不足问题，要加强国内新油源的开发，大力发展我国的木本油脂、稻米油和具有特殊功能的微生物油脂等产品。

（2）加大油脂精准适度加工技术研究与推广应用，增加优质食用油供给。以适度加工为导向，积极开发与推广提高油脂营养和安全水平的工艺与技术。

（3）加强油脂营养与健康、安全与风险控制的基础及应用研究。推进现代分离、生物和信息等现代高新技术的集成应用，提高核心技术装备的先进性、稳定性和可靠性。

（4）重视资源的综合利用，开发功能性脂质和特种油脂产品，加快油脂加工向食品制造业和功能食品延伸。

（5）加强油脂产品开发技术与大数据、云计算和互联网的融合，重视个性化、定制化油脂产品的发展趋势与支撑技术的研究与应用。

（6）进一步提升我国油脂装备的研发和制造水平。

重视关键装备的基础研究和自主创新，把油脂加工科技的发展重点放在大型化、自动化、智能化和专用化上。

（五）发展的措施和建议

1. 发展的措施

（1）要在进一步落实国家关于促进技术创新，加速科技成果转化等各项税收优惠政策的基础上，积极鼓励和扶持企业开发新产品、新工艺、新技术和新设备，加大企业研究开发服务的税前扣除等激励政策的力度。

（2）加强对引进技术的消化吸收和再创新；完善和调整国家产业技术政策；制定和鼓励自主创新，限制盲目重复引进的政策。

（3）把形成技术标准作为国家科技计划的重要目标，政府主管部门和行业学会要加强对重要技术标准制定的指导，根据国内外发展现状及时制修订油脂加工的相关标准；提升粮油的仲裁和认证能力与业务水平，以适应油脂加工科技的发展和要求。

（4）实施知识产权战略和技术标准，进一步完善国家知识产权制度，加大知识产权保护力度，防止因滥用知识产权而阻碍技术成果的正常推广应用。

（5）加强组织领导和行业集成。油脂加工业关系民生，涉及部门多，学科广，需要形成坚强的领导，统一行业指导、协调和推进全国油脂加工产业的发展。集成油脂加工所需的政策、技术、资金和人才，组织跨学科、跨部门的联合攻关。响应国家"一带一路"倡议，重点扶持几家有国际竞争力的油脂加工装备企业"走出去"，参与国际市场竞争。

2. 发展的建议

（1）加强油脂行业人才队伍的培养。依托重大科研项目及国际合作项目，重点培养一批世界前沿的高级专家和学科带头人；积极推进创新团队的建设，对核心技术领域的专家要实行特殊政策，破除论资排辈现象，改进职称评定等各种人才选拔制度，使优秀人才脱颖而出。

（2）创新油脂加工与营养的新理念。现代油脂加工要保证食用油的质量安全和营养品质，保证人民食用安全与营养健康。提高油料副产品高值化综合利用水平，按照循环经济、绿色经济的理念，提高油脂资源综合加工能力，建设安全、智慧、节能、环保的现代食用油脂加工体系。

（3）加强油脂科学与营养健康的宣传力度。以百家讲堂、研讨及座谈会等多种方式推动油脂新技术、新工艺、新产品和营养保健知识的普及，引导大众科学消费。

（4）为确保人们不吃未精炼的毛油、确保食用油的品质和安全，建议国家尽早出台禁止家庭用"袖珍型榨油器"的生产和销售法令。

附件 3

___

饲料加工科学技术发展现状与趋势

饲料加工科学技术是指涵盖饲料原料、饲料添加剂和饲料产品的加工工艺技术、加工设备技术、质量安全检测与控制技术以及涉及这些技术的基础科学及应用基础科学。工业配合饲料构成的 80% 是粮食及其粮油加工副产品，所以饲料加工科学技术是粮油科技的重要组成部分。

（一）我国饲料加工科技发展现状

我国在涉及饲料原料的基本物性、功能特性及在不同加工条件下的变化规律的研究方面取得了部分研究成果：建立了新的常用饲料原料的营养价值数据库和主要饲料原料中抗营养因子的数据库；建立了主要畜禽、水产养殖动物包括部分特有动物品种的营养需要推荐量。

在饲料加工设备技术方面，我国在普通锤片粉碎机、锤片式微粉碎机、立轴式超微粉碎机、饲料的固态连续发酵装备、饲料加工设备标准化技术方面达到国际领先水平；在其他主要饲料加工设备技术、成套饲料加工设备制造技术方面达到国际先进水平；在猪饲料、禽饲料、普通水产饲料的加工技术以及饼粕的固态发酵脱毒加工技术上达到国际先进水平。我国在单胃动物仿生消化仪技术上处于国际领先水平。

（二）国外饲料加工科技发展现状

发达国家目前在饲料加工科学技术的基础研究方面处于领先的水平，如饲料原料、添加剂的加工特性、饲用价值、饲料在挤压膨化机内的流变学特性等。

发达国家在饲料加工设备与工艺技术方面更为成熟全面；设备可靠性、安全性、自控性和生产效率高；饲料生产管理软件系统的功能全面，可远程控制；拥有大量核心关键技术的发明专利，如自动控制设备、机器人、挤压膨化机等。

发达国家在饲料质量检测技术方面已拥有更为先进的在线检测设备与技术、离线检测设备与技术。

（三）我国与国外先进水平存在的主要差距与原因

我国与发达国家在饲料加工科技方面的差距主要是：饲料加工基础研究总体较弱；非常规饲料资源使用价值研究没有欧美深入全面；主要饲料加工设备与工艺的核心技术发明专利数量少；设备的可靠性、清洁性、自动化控制技术与发达国家差距大；生产过程质量的自动在线检控和离线检测关键设备与技术与发达国家有明显差距。

造成这些差距的原因主要是：各级政府和相关企业对饲料科技创新的资金投入不足；饲料加工科技专业人才队伍不足，国家无专门的饲料工程本科、研究生专业。

（四）我国饲料加工科技发展方向与建议

未来，饲料加工科技发展的总方向是"绿色、安全、高效、生态"。其重点研究课题包括以下几方面。

（1）研究饲料原料、添加剂、在制品理化特性在不同饲料加工过程中的变化规律及对产品品质的影响。

（2）研发新型清洁、节能、高效、智能化饲料加工设备；开发在线自动化检测技术与设备；研发节能型、自动化发酵饲料工艺和装备。

（3）开发新型清洁、节能、专业化、个性化饲料加工工艺；开发基于互联网、物联网的饲料厂全厂自动化控制技术。

（4）研发提高粮油副产物、劣变粮油资源的生物发酵等高效饲料化利用技术；研发新型昆虫蛋白的生产技术。

（5）研发饲料加工质量、安全卫生质量的新的快速、准确检测方法与仪器；研发快速检测仪器的小型化、便携化、在线化、实时化、网络化技术。

建议：各级政府和相关企业加大对饲料科技创新的资金投入；国家应设立专门的饲料工程本科、研究生专业。

附件4

———

玉米深加工科学技术发展现状与趋势

（一）我国玉米加工科技发展现状

我国是第二大玉米生产国（约23%），2016年产量达2.20亿吨（国家统计局2017年数据）。根据农业部2016年的数据，我国玉米消费量为1.98亿吨，其中饲料消费量最大，约占63%。2016年，随着临储政策的取消，去库存力度加大，期末库存1.01亿吨，同比降低10%，预计2017库存出现拐点（0.87亿吨），去库存成效初显（美国农业部2017年数据）。目前，玉米加工产品主要有：玉米食品、淀粉、淀粉糖、糖醇、燃料乙醇、发酵产品等。

我国玉米加工产业在加工技术方面取得长足发展。60万~120万吨/年的大型化、自动化玉米淀粉生产线已实现完全国产化生产和成套出口；新型淀粉变性手段取得突破；玉米淀粉酶法制备功能性糖的技术得到发展。淀粉糖国产装备普遍实现机械化和自动化控制，色谱分离装备和多效蒸发浓缩节能技术开始成套出口。高压加氢装备和三元催化剂技术的迅速发展，推动我国淀粉糖醇产业达到国际领先水平。酶技术在生产功能性多肽制品和利用玉米芯生产玉米木糖和低聚木糖等方面的应用也进一步深化。

（二）国外玉米加工科技发展现状

作为世界玉米产量最大国（约36%）和加工量最大国（约50%），美国对玉米加工的投入力度较高。根据联合国粮食及农业组织2016年统计数据，美国玉米产量达3.85亿吨，消费量为3.15亿吨，与我国不同，美国玉米加工产业除饲料（39%）外，还主要用于生产燃料乙醇，2015年产量达4422万吨，占全世界产量的58%（美国农业部2015年数据）。

美国在玉米加工基础理论研究、新技术开发及应用均处于世界领先地位，其中75%的科研投入来自企业，阿丹米（ADM）公司、美国玉米制品国际有限公司（CPI）、国民淀粉公司等企业都拥有独立的高水平研发队伍。ADM公司实现玉米加工过程中各组分的完全转化利用，整个生产过程中无污染物排放。以日清食品株式会社为代表的日本玉米深加工企业则更注重一定分子量产品的开发与应用。

（三）我国与国外先进水平存在的主要差距

当前，我国玉米深加工和国外先进水平差距较大，主要在以下4个方面。

（1）加工结构　我国饲料用途占2/3，原淀粉大多直接作为商品出售，而国外饲料和燃料乙醇用途各占1/3，原淀粉极少流通，产品附加值高。

（2）成熟度　我国产品不到1000种，仍停留在较低水平重复和恶性竞争阶段，而国外产品有3500多种，形成淀粉糖、发酵产品、变性淀粉、玉米油和蛋白饲料等多门类产品体系。

（3）生产企业　我国单厂规模小、自动化程度低，而国外集中度高、单厂规模大、自动化程度高。

（4）科研投入　我国研究经费占企业收入的比例很小，新产品开发严重依赖大专院校和科研院所，而国外已形成从专用型新品种选育到产品加工及精深化利用的集成化产业体系，科研经费主要来自企业。

（四）我国玉米加工科技发展方向和重点

针对我国玉米加工领域的发展现状以及与国外先进国家所存在的差距及原因，未来国内玉米加工领域的科技发展方向和重点如下。

（1）玉米质量实时监测与玉米筛选技术，从而提高玉米产量和质量。

（2）建设环境友好型玉米深加工产业，发展以酶法浸泡、全组分高度综合利用和节能减排技术为核心的玉米绿色加工技术，如：玉米浆的有效转化、玉米无损脱皮、脱胚技术等。

（3）满足不同应用需求、市场高度细分的变性淀粉开发及微波、挤压等新型改性手段和装备的应用。

（4）为改良产品品质、开发玉米加工新产品，建立色谱、树脂等分离纯化技术，基于基因工程的新型淀粉酶开发、酶工程、发酵等生物技术，以及挤压膨化等产品绿色创制技术的集成化理论与技术体系。

（5）为满足特殊人群需求，研究新型功能性糖醇产品的开发及生理特性。

（6）拓展玉米加工产品种类和附加值，研发高值功能与营养型玉米食品新产品与产业化示范等。

（五）主要措施和建议

1.加大科技投入，重视企业研发队伍的建设及公共基础研究平台的构建

首先，要以重点产品为依托，推动大型玉米加工龙头企业继续强化技术研发中心研究水平和研究队伍；其次，在大型龙头企业的示范作用及各类科研院所的扶持下，推动各类玉米加工企业培养自己的研发队伍。同时，由于玉米加工的学科交叉性较高，还应重视玉米加工领域内公共基础研究平台的构建工作，解决科研机构区域分散、相互封闭、重复建设的缺点，实现玉米加工研究领域研究资源和信息的共享。

2.健全玉米加工业管理体制，加快玉米加工标准体系的完善工作

加快完善玉米加工领域相关标准及规范的制修订工作，实现玉米加工原料、工艺、设备、包装、储运、质检等各个环节的规范化和标准化，为加工企业提供技术创新、行业自律等指导服务，确保玉米加工业健康有序发展。

3.促进玉米加工转化，进一步缓解玉米库存压力

对于国内玉米库存，特别是存放较长时间的玉米，可以通过竞价销售方式，以相对较低价格销售给下游生产企业，并出台相应补贴政策，促进下游产业发展，提高企业开工率，扩大加工转化能力。

十、国内外油脂加工科学技术发展现状与趋势
——发表于《粮油加工》杂志

（2017 年 9 月 20 日　于陕西西安）

　　为推进落实粮油科技体制改革任务，促进粮油流通领域科技创新能力发展，充分发挥中国粮油学会人才资源密集的独特优势，中国粮油学会根据 2017 年全国粮食流通工作会议、《粮食行业科技创新发展"十三五"规划》等精神要求以及国家粮食局有关领导的指示精神，结合实际，开展了"国内外粮油科学技术发展现状与趋势"的调查研究。根据中国粮油学会的部署，油脂分会及时组成了专家组，在广泛调研和收集资料的基础上，形成了"国内外油脂加工科学技术发展现状与趋势"的讨论稿，并于 2017 年 7 月 18 日在武汉轻工大学召开了课题研讨会。与会 29 名专家（附件 1）对讨论稿进行了认真讨论，提出了许多具体修改意见，并形成了会议纪要（附件 2）。在研讨的基础上，讨论稿又几经修改，最后完成了"国内外油脂加工科学技术发展现状与趋势"的报告，并按时报送给了中国粮油学会。现在，我代表 29 名专家组成员即报告撰写人，将报告的主要内容给大家作如下介绍。

引言

　　"油脂加工科学技术"是粮油科学技术的重要组成部分。自改革开放以来，经过油脂工作者的不懈努力，我国油脂加工科技取得了划时代的进步。油料预处理、压榨、浸出和油脂精炼工艺技术以及油料油脂加工装备研发制造达到国际先进水平；酶法脱胶、超临界和亚临界萃取技术、膜分离技术、新型油料浸出溶剂等高新技术成果在油脂加工中得到应用；木本油脂、微生物油脂、海洋油脂和小宗特色油脂等加工技术装备的研发取得可喜成绩；油料油脂加工副产物的综合利用以及油料油脂加工风险防控和营养保留的适度精准加工技术备受重视；人才培养、研发平台和标准体系建设得到加强。

（一）我国油脂加工科学技术的发展现状

1. 油料油脂加工科学技术取得了划时代的进步

（1）油料预处理、压榨和浸出工艺技术达到了国际先进水平　大型油料油脂加工企业的油料预处理、压榨和浸出制油的整体工艺技术水平及技术经济指标已经达到国际先进水平；我国特色油料油脂加工（如浓香花生油、芝麻香油等）工艺技术处于国际领先水平。

（2）油脂精炼工艺技术达到国际水平或国际先进水平　我国中小型油脂加工企业的油脂精炼工艺技术达到国际水平；大型油脂加工企业的油脂精炼工艺技术和技术经济指标已经达到国际先进水平。

（3）高新技术在油脂加工中得到应用　油脂酶法脱胶技术、超临界二氧化碳萃取技术和亚临界萃取技术已经用于小宗油料和特种油料的加工；膜分离技术在植物油料蛋白和多肽生产中得到应用；新型油料浸出溶剂的开发和应用取得了可喜成绩。

2. 油料油脂加工副产物的综合利用受到重视

油料饼（粕）利用已经由饲料级向系列食用蛋白产品和发酵豆粕产品的方向发展；油脂精炼副产物的高值化综合利用技术已在不断优化和完善（如水化油脚提取磷脂、碱炼皂脚提取脂肪酸、脱臭馏出物提取维生素 E 和脱色废白土中油脂回收技术等）。

3. 新型油料油脂产品加工技术的开发取得长足进展

我国新型油料油脂品种众多，在木本油脂、微生物油脂、海洋油脂和小宗油料加工技术的研发方面已经取得可喜成效，实现了诸如油茶籽油、橄榄油、牡丹籽油加工技术的工业应用和规模化生产。与此同时，促进了其他新型油料（如核桃和文冠果等）加工技术的工业化应用。微生物油脂系列产品已经实现产业化并推广应用。

4. 油料油脂加工装备的研发制造达到国际先进水平

油料预处理、压榨和油脂浸出装备的研发制造水平已经达到国际先进水平。大型加工装备可以不再依赖国外进口；中小型成套加工装备在满足国内需求的同时在出口方面具有明显的价格优势。油料油脂加工设备的自动化、信息化和智能化程度正在向国际先进水平靠近。

5. 油料油脂加工风险防控和营养保留的适度精准加工技术备受重视

油料油脂加工过程中的质量安全风险防范和控制技术已经受到重视，对塑化剂、多环芳烃、真菌毒素和反式脂肪酸等风险成分的防范和控制技术的研发已经取得成效，相关技术已在大型油料油脂加工企业的生产中得到应用，使食用油的安全品质得到明显提升。

油料油脂加工中对高效保留营养成分、减少有害成分、减少油脂损耗的"适度加工"理念得到全行业的认可并在生产中得到贯彻执行，相关技术正在提升和完善，在大型油料油脂加工企业的应用已见成效。

6. 人才培养、研发平台和标准体系建设，对油脂加工科技的发展做出贡献

油脂加工科技人才培养实现了多元化，提高了从业人员理论与实践相结合的技能；一批国家工程实验室、省部级重点实验室和省部级工程中心的建设、研发创新团队的建设和著名油脂加工企业（如中粮集团、益海嘉里金龙鱼粮油食品股份有限公司等）高水平研发中心的建设等，促进了产学研用的紧密结合，推动了科技成果和先进技术的应用。

油料油脂标准体系建设得到加强，油料油脂标准制修订工作取得了显著成绩，对油脂加工科学技术的发展起到了重要的引领作用。

（二）国外油脂加工科学技术的发展现状

1. 生物技术在油脂资源开发和加工中得到广泛应用

以现代育种技术为核心的油料品种开发技术发展迅速，如油菜籽、葵花籽等高油酸系列的品种不断涌现；微生物油脂得到推广应用，富含 ω-3 脂肪酸的微生物油脂已实现了商业化生产（主要产品是富含二十碳五烯酸和二十二碳六烯酸的油脂）；适用于煎炸的微生物油脂已实现了商业化生产；以酶法脱胶、酶法酯交换脱酸等为代表的生物加工技术产业化获得成功应用，节能减排、提高油脂得率和性能等方面有明显优势。

2. 油脂安全研究和防控技术仍是创新发展的重点

油脂安全研究和防控技术的发展仍然是全球关注的热点之一，针对反式脂肪酸、3-氯丙醇酯、缩水甘油酯、氧化聚合物和多环芳烃等进行了系统研究，制订了一系列检测和控制方法并已投入应用。强调油脂适度加工，适度精炼在消除不良组分的同时最大程度地保留了营养物质，开发出了多种物理和化学适度精炼技术（如硅土精炼、生物精炼、膜精炼、混合油精炼等），在油脂安全防控的同时兼顾了营养物质的保留。

3. 营养健康基础研究与定制化产品的生产有创新发展

脂肪酸和脂溶性微量伴随物质的营养与健康，是近 10 年国际研究的重点。脂肪酸和伴随物的脂质代谢与健康水平关系的研究结果为橄榄油、鱼油等在产品应用和开发的提供

了重要依据。基础研究与应用产品开发推广的链条式发展和定制化发展路线，将成为新产品和健康产品发展的主要模式。

（三）我国与国外先进水平存在的主要差距

1. 加工产业链不完整，原料质量掌控能力弱

国外油脂加工企业大多拥有完整的产业链，产品多元化，并能根据需要，为下游产业提供适合的产品原料。我国油脂生产目前主要集中在对油料进行初级（制油）加工，未能对其延伸开发，且产业链向上、向下拓展不够，产品结构单一；对油料质量和分级管理缺乏把控手段，造成油脂品质稳定性不高、部分衍生产品质量参差不齐，难以真正做到"从田间到餐桌"的质量把控和追溯。

2. 生物技术的应用差距较大，环境友好红利难以体现

我国虽然已掌握了酶法脱胶与酶法酯交换脱酸等油脂精炼新技术，但受限于成本消化，推广面不大，不能充分发挥这一技术对于节能减排、提高得率和性能的优势。尤其是在利用生物基因技术培育高油酸、高含油的油料新品种方面差距更大。

3. 制油机械装备水平有待进一步提升

尽管我国的制油机械装备水平已达到国际先进水平，但与德国、瑞典、美国生产的部分先进制油装备相比，在自动化、智能化上还存在一定差距；在离心机、过滤机等关键核心设备的制造和性能上差距更大；另外，在设备的使用寿命、运行的稳定性上还有提升的空间。

4. 食用油脂中有害物质控制技术的应用推广力度不够

油脂产品中有害物质的检测及控制技术研究是当今世界的热点课题，我国虽然已掌握了 3- 氯丙醇酯、缩水甘油酯、反式脂肪酸等有害物质的防范与去除技术，并达到世界领先水平，但推广应用力度不够，成果落地水平不高。

5. 理论研究、学科建设与人才培养有待加强

在重视油脂产业化发展的同时，我国油脂加工科技基础性研究、创新性研究和交叉性研究不足的问题明显。科研人员及后备人才的缺乏问题将严重影响油脂行业未来的发展。如何更好实现产学研用相结合，以培养出基础理论与应用实践的复合型人才是我们面临的重要课题。

（四）发展的趋势和重点

1. 多油并举，广辟油源

为弥补我国油脂资源利用不足问题，要加强国内新油源的开发；强化其加工技术研发。大力支持发展我国的木本油脂、稻米油和具有特殊功能的微生物油脂等产品。在保障国家粮食安全底线的前提下，充分利用国际农业资源和产品市场，保持部分短缺品种的适度进口，优化油料油脂进口结构；提升加工科技水平，满足国内市场需求。

2. 加大油脂精准适度加工技术研究与推广应用

增加优质食用油供给，服务于供给侧结构性改革重大需求。坚持安全质量第一，加强各类食用油脂安全性的研究。以适度加工为导向，积极开发与推广提高油脂营养和安全水平的工艺与技术。

3. 加强油脂营养与健康、安全与风险控制的基础及应用研究

推进现代分离技术、生物技术和信息技术等现代高新技术的集成应用与创新；提升信息化和智能化水平，有效提高核心技术装备的先进性、稳定性和可靠性。完善和优化标准体系。

4. 重视资源的综合利用，开发功能性脂质和特种油脂产品

加快油脂加工向食品制造业和功能食品延伸；加强各种脂质结构与功能的系统深入研究，开发符合人类心脑血管健康及营养的产品；调整产品结构，加快对"系列化、多样化、个性化、定制化"等营养健康油脂产品的开发；加强油脂加工副产物的开发利用。

5. 推进油脂的绿色化加工

深度开发循环利用、节能减排、降耗增效技术；以绿色产品、绿色工厂、绿色园区为重点，实行清洁生产、安全文明生产。强化新形势下油脂产业的现代管理技术，确保油脂产品在加工过程中不受污染。

6. 加强油脂产品开发技术与大数据、云计算和互联网的深度融合

大力开发适合不同消费群体需求的油脂产品；重视把握个性化、定制化油脂产品的发展趋势与支撑技术的研究与应用。

7. 进一步提升我国油脂装备的研发和制造水平

重视关键装备的基础研究和自主创新，把油脂加工科技的发展重点放在大型化、自动化、智能化和专用化上；更加重视开发适合木本油料及新油源加工的技术与装备。

（五）发展的措施和建议

1. 发展的措施

（1）要在进一步落实国家关于促进技术创新，加速科技成果转化等各项税收优惠政策的基础上，积极鼓励和扶持企业开发新产品、新工艺、新技术和新设备，加大企业研究开发服务的税前扣除等激励政策的力度。结合企业所得税和企业财务制度，资助和鼓励企业建立技术研究开发专项资金制度。

（2）加强对引进技术的消化吸收和再创新；完善和调整国家产业技术政策，制定和鼓励自主创新、限制盲目重复引进的政策。

（3）将制定技术标准作为国家科技计划的重要目标。政府主管部门和行业学会等要加强对重要技术标准制定的指导协调，推动技术法规和技术标准体系的建设，促使标准制定与研发设计、制造相结合，保证标准的时效性，积极参与国际标准的制定，推动我国标准成为国际标准。根据国内外发展现状及时制修订油脂加工的相关标准，提升粮油的仲裁和认证能力与业务水平，以适应油脂加工科技的发展和要求。

（4）实施知识产权战略和技术标准，进一步完善国家知识产权制度，加大知识产权保护力度，防止因滥用知识产权而阻碍技术成果的正常推广应用。将知识产权实施纳入科技管理过程，充分发挥行业学会在保护知识产权管理方面的积极作用。

（5）加强组织领导和行业集成。油脂加工业关系民生，涉及部门多，学科广，需要形成可靠的领导组织，统一行业指导、协调和推进全国油脂加工产业的发展。集成油脂加工所需的政策、技术、资金、人才，组织跨学科、跨部门的联合攻关。响应国家"一带一路"倡议，重点扶持几家有国际竞争力的油脂加工装备企业更好地"走出去"，参与国际竞争。

2. 发展的建议

（1）加强油脂行业人才队伍的培养　科技创新以人为本，要依托重大科研项目及国际合作项目，重点培养一批世界前沿的高级专家和学科带头人；积极推进创新团队的建设，对核心技术领域的专家要实行特殊政策，破除论资排辈现象，改进职称评定等各种人才选拔制度，使优秀人才脱颖而出。

（2）创新油脂加工与营养的新理念　现代油脂加工要保证食用油的质量安全和营养品质，保证人民食用安全与营养健康。提高油料副产品高值化综合利用水平，按照循环经济、绿色经济的理念，提高油脂资源综合加工能力，建设安全、智慧、节能、环保的现代食用油脂加工体系。

（3）加强油脂科学与营养健康的宣传和科普力度　以百家讲堂、研讨会等多种方式推动油脂新技术、新工艺和新产品的普及，指导大众科学消费。

（4）为确保人们食用油的品质和安全　建议国家在全国范围内明令禁止家庭用"袖珍型榨油器"的生产和销售。

附件1

参加课题研讨会的专家名单

（2017 年 7 月 18 日　于武汉）

签到表

序号	姓名	职称/职务	工作单位	签名	备注
1	王瑞元	教授级高工 会长	中国粮油学会油脂分会		
2	相海	研究员	中国农机院油脂所		
3	周丽凤	研究员	中国粮油学会油脂分会		
4	薛雅琳	研究员	国家粮食局科学研究院		
5	王兴国	教授	江南大学		
6	刘玉兰	教授	河南工业大学		
7	刘元法	教授	江南大学		
8	金青哲	教授	江南大学		
9	马传国	教授	河南工业大学		
10	姜绍通	教授	合肥工业大学		
11	陈刚	总经理	中国粮油集团		
12	晋万新		西安中粮工程研究设计院有限公司		
13	王满意	主任	中粮营养健康研究院有限公司		
14	徐学兵	总经理	益海嘉里集团		
15	姜元荣		益海嘉里集团		
16	闫子鹏	董事长	河南华泰粮油机械股份有限公司		
17	孙明奎		迈安德集团有限公司		
18	朱光		中储粮镇江公司		
19	陈洪	研究员	中国农科院油料作物研究所		
20	邓乾春	副研	中国农科院油料作物研究所		
21	何东平	教授	武汉轻工大学		
22	陈文麟	教授	武汉轻工大学		
23	张世宏	副教授	武汉轻工大学		
24	雷芬芬	博士	武汉轻工大学		
25	吴建宝	工程师	武汉轻工大学		
26	姚凯		湖北天星粮油股份有限公司		
27	陈涛	研究员	中国农科院武汉研究所		
28	雷芬	副教授	武汉轻工大学		
29	甘华	工程师	武汉轻工大学		
30					
31					

附件2

"国内外油脂加工科学技术发展现状及趋势"课题研讨会会议纪要

（2017 年 7 月 18 日）

2017 年 7 月 18 日上午，中国粮油学会油脂分会在武汉组织专家召开研讨会，对《国内外粮油科学技术发展现状及趋势——油脂加工科技发展现状及趋势》调研报告初稿进行讨论。

会议由何东平教授主持。参加会议的有王瑞元会长、王兴国教授、谷克仁教授、刘玉兰教授、姜绍通教授等科研院所油脂专家以及相关企业参会代表共 29 人。

按照会议议程的安排，油脂分会王瑞元会长指出"油脂加工科技"是粮油科学技术的重要组成部分，《国内外粮油科学技术发展现状及趋势——油脂加工科技发展现状及趋势》调研报告的形成对我国油脂行业科技有非常重要的推动作用。会长对本次研讨会提出了几点要求：一是对国内外油脂科技发展现状、我国与国外先进水平存在的主要差距及原因、我国油脂加工科技发展方向和重点及主要措施建议等重点讨论再集中发言；二是在制定规划时重点讨论、简要总结，使材料通俗易懂；三是中国粮油学会油脂分会将着重修订好国内外粮油科学技术发展现状及趋势。

随后，根据调研报告初稿的主旨内容将专家分成 5 个小组，分别就"我国油脂加工科学技术的发展现状""国外油脂加工科学技术的发展现状""我国与国外先进水平存在的主要差距""发展的趋势和重点"和"发展的措施和建议"进行分组讨论。

讨论会后，第一小组组长刘玉兰教授综合小组成员意见，提出我国油脂加工科技的发展现状可以从"油料油脂加工科学技术取得了划时代的进步""油料油脂加工副产物的综合利用受到重视""新型油料油脂产品加工技术的开发取得长足进展""油料油脂加工装备的研发制造达到国际先进水平""油料油脂加工风险防控和营养保留的适度精准加工技术受到重视"和"人才培养、研发平台和标准体系建设，对油脂加工科技的发展做出贡献"6 个方面进行阐述，获得了在座专家的同意与认可。

第二小组组长刘元法教授代表组员意见则希望在"生物技术在油脂资源开发和加工中得到广泛应用""油脂安全研究和防控技术仍是创新发展的重点"和"营养健康基础研究

与定制化产品的生产有创新发展"3个方面重点介绍国外油脂加工科技的发展现状。

第三小组组长姜元荣研究员综合小组成员意见,指出可以从"加工产业链不完整,原料质量掌控能力弱""生物技术的应用差距较大,环境友好红利难以体现""制油机械装备水平有待进一步提升""食用油脂中有害物控制技术的应用推广力度不够"以及"理论研究、学科建设与人才培养有待加强"5个方面说明我国与国外先进水平存在的主要差距。

第四小组组长王兴国教授综合组员讨论意见,在油脂科技发展的趋势和重点方面提出7点看法,分别是:"多油并举,广辟油源""加大油脂精准适度加工技术研究与推广应用""加强油脂营养与健康、安全与风险控制的基础及应用研究""重视资源的综合利用,开发功能性脂质和特种油脂产品""推进油脂的绿色化加工""加强油脂产品开发技术与大数据、云计算和互联网的深度融合"以及"进一步提高我国油脂装备的研发和制造水平"。

第五小组组长周丽凤研究员提出了小组成员的共同意见,分别在"国家税收优惠政策""对引进技术的消化和再创新""加强相关标准体系建设""完善国家知识产权制度""加强组织领导和行业集成"5个方面提出继续发展的措施,在加强油脂行业人才队伍的培养、创新油脂加工与营养的新理念和加强油脂科学与营养健康的宣传和科普力度等方面给出了相关的建议。

研讨会末期,王瑞元会长就本次研讨会做了总结,何东平教授强调各小组长根据本次会议的专家意见,于3日内将各部分修订稿提交。

十一、2016 年的中国油脂工业全貌

——为《食品工业年鉴》供稿

（2017 年 11 月 27 日　于北京）

众所周知，中国不仅是一个油料油脂生产大国、加工大国和消费大国，也是一个油料油脂的贸易大国，在全球油料油脂的生产、加工、消费和贸易中有着举足轻重的地位和影响。

（一）2016 年我国油脂油料生产及供应情况

1. 我国油脂油料生产简况

根据国家粮油信息中心提供的数据，2015 年我国油菜籽、花生、大豆、棉籽、葵花籽、芝麻、亚麻籽、油茶籽八大油料的总产量为 5724.4 万吨；预测 2016 年八大油料的总产量为 5884.7 万吨，其中油菜籽产量为 1400 万吨、花生产量为 1770 万吨、大豆产量为 1310 万吨、棉籽产量为 961.7 万吨、葵花籽产量为 265 万吨、芝麻产量为 64 万吨、亚麻籽产量为 39 万吨、油茶籽产量为 240 万吨（表 1）。

表 1　我国油料产量　　　　　　　　　　　　　　　　　　单位：千吨

年份	油籽总产量	其中：		其中：						
		棉籽	大豆	油料	油菜籽	花生	葵花籽	芝麻	亚麻籽	油茶籽
1993	40076	6730	15307	18039	6936	8421	1282	563	496	488
1994	43710	7814	16000	19896	7492	9682	1367	548	511	631
1995	44585	8582	13500	22503	9777	10235	1269	583	364	623
1996	42891	7565	13220	22106	9201	10138	1323	575	553	697
1997	44587	8285	14728	21574	9578	9648	1176	566	393	857
1998	46393	8102	15152	23139	8301	11886	1465	656	523	723

续表

年份	油籽总产量	其中:			其中:						
		棉籽	大豆	油料	油菜籽	花生	葵花籽	芝麻	亚麻籽	油茶籽
1999	47155	6892	14251	26012	10132	12639	1765	743	404	793
2000	52910	7951	15411	29548	11381	14437	1954	811	344	823
2001	53638	9582	15407	28649	11331	14416	1478	804	243	825
2002	53788	8309	16507	28972	10552	14818	1946	895	409	855
2003	52251	8747	15394	28110	11420	13420	1743	593	450	780
2004	59445	11382	17404	30659	13182	14342	1552	704	426	875
2005	57407	10286	16350	30771	13052	14342	1928	625	362	875
2006	55044	13559	15082	26403	10966	12738	1440	662	374	920
2007	52135	13723	12725	25687	10573	13027	1187	557	268	939
2008	58559	13486	15545	29528	12102	14286	1792	586	350	990
2009	58003	11479	14981	31543	13657	14708	1956	622	318	1169
2010	58114	10730	15083	32301	13082	15644	2298	587	324	1092
2011	59413	11860	14485	33068	13426	16046	2313	606	359	1480
2012	59723	12305	13050	34368	14 007	16692	2323	639	391	1728
2013	58459	11338	11951	35170	14458	16972	2423	624	399	1777
2014	60029	11090	12154	36785	14772	16482	2492	629	387	2023
2015	57244	10089	11785	35370	14931	16440	2520	640	380	2163
2016（预测）	58847	9617	13100	36130	14000	17700	2650	640	390	2400

注: 资料来源国家粮油信息中心。

从 2016 年的油料产量中，可以看到有以下两点值得我们关注和高兴：一是，随着农业生产供给侧结构性改革的推进，调整了部分农产品的种植面积，从而有效促进了我国传统大豆产业的发展，2016 年我国大豆产量预计达 1310 万吨，同比增长 11.2%，同时有望 2017 年我国大豆产量继续增长；二是，随着国家对木本油料产业发展的重视，以油茶为代表的木本油料产量逐年快速增长。2016 年预计油茶籽的产量达 240 万吨，同比增长 11%，与 2010 年油茶籽产量 109.2 万吨相比，增长 120%，6 年间，平均每年增长 20%。

另外，据国家林业局提供的资料表明，我国核桃产业的发展振奋人心。2015年，全国核桃种植面积达9000万亩、产量达330万吨，与2011年的种植面积约6882万亩、产量为165.6万吨相比，4年间，面积增长31%，产量增长99.4%。

在利用国产油料榨油方面，据国家粮油信息中心预测，2016年我国利用国产油料（扣除大豆、花生、芝麻和葵花籽4种油料部分直接食用外）的出油量为1105.5万吨（表2）。

表2　2016年国产油料出油量预测　　　　　　　　　单位：千吨

品种	产量估计	压榨量	出油量	出油率/%
油菜籽	14000	12500	4250	34.00
花生	17700	8000	2560	32.00
棉籽	9617	8000	1040	13.00
大豆	13100	3000	420	14.00
葵花籽	2650	1000	250	25.00
油茶籽	2400	2300	575	25.00
芝麻	640	300	120	40.00
亚麻籽	390	300	90	30.00
玉米油			900	
稻米油			800	
其他			50	
合计			11055	

注：①资料来源国家粮油信息中心。
　　②在预测出油量中，玉米油的量低了一些，稻米油的量高了一些。

2. 我国油料油脂的进出口情况

近些年来，我国的油料生产发展较为稳定，油料的总产量稳居世界第一，但其发展速度跟不上油料油脂消费的快速增长。为满足我国食用油市场供应和饲养业发展的需要，近10年来，我国进口油料油脂的数量一直居高不下。据海关统计，2016年我国进口各类油料合计为8952.9万吨，较2015年进口的8757.1万吨，增加了195.8万吨。其中进口大豆为8391.3万吨、油菜籽356.6万吨、芝麻93.2万吨；进口各类植物油总量为688.4万吨，较2015年进口的839.1万吨，减少了150.7万吨。其中进口大豆油56万吨、菜籽油70万吨、棕榈油447.8万吨、葵花籽油95.7万吨、花生油10.7万吨，橄榄油4.5万吨（表3）。

值得我们关注的是进口芝麻已超过国产芝麻的产量；进口葵花籽油已超过国产葵花籽油的产量，在进口植物油中，数量仅次于棕榈油，位居第二。另外，其他一些小品种的油料油脂进口开始呈现一定规模，如亚麻籽及亚麻籽油、红花籽、椰子油、蓖麻油等，体现了多油并举（表4）。

表3 我国油料油脂进口量　　　　　　单位：千吨

年份	油籽进口量	其中：大豆	油菜籽	其他油籽	植物油进口量	其中：大豆油	棕榈油	菜籽油	其他植物油
1996		1108	0		2640	1295	1012	316	17
1997		2792	55		2750	1193	1146	351	60
1998		3196	1386		2060	829	930	285	17
1999		4315	2595		2080	804	1194	69	13
2000		10416	2969		1872	308	1391	75	99
2001		13937	1724		1674	70	1517	49	38
2002	11945	11315	618	12	3212	870	2221	78	43
2003	20976	20741	167	68	5418	1884	3325	152	57
2004	20756	20229	424	103	6764	2517	3857	353	38
2005	27042	26590	296	156	6213	1694	4330	178	11
2006	29280	28270	738	272	6715	1543	5082	44	46
2007	31858	30821	833	204	8397	2823	5095	375	104
2008	39005	37436	1303	266	8163	2586	5282	270	25
2009	46331	42552	3286	493	9502	2391	6441	468	202
2010	57046	54797	1600	649	8262	1341	5696	985	240
2011	54818	52640	1262	916	7798	1143	5912	551	192
2012	62280	58384	2930	966	9600	1826	6341	1176	257
2013	67835	63375	3662	798	9221	1158	5979	1527	557
2014	77518	71399	5081	1038	7873	1038	5324	810	603
2015	87571	81694	4471	1406	8391	818	5909	815	849
2016	89529	83913	3566	2050	6884	560	4478	700	1146

注：资料来源国家粮油信息中心。

表4 2016年我国进口的其他油料油脂量 单位：万吨

年份	芝麻	亚麻籽	红花籽	葵花籽油	花生油	橄榄油	亚麻籽油	椰子油	蓖麻油
2012	39.6	14.79	—	—	—	4.6	3.76	20.78	22.76
2013	44.1	18.06	0.94	43.9	6.1	4	1.83	13.07	23.19
2014	56.9	28.34	1.71	45.5	9.4	3.6	1.72	13.93	17.3
2015	80.6	36.03	2.83	65.1	12.8	3.9	2.87	14.46	22.7
2016	93.2	47.47	3.09	95.7	10.7	4.5	3.4	13.3	25.7

注：资料来源国家粮油信息中心，作者加以整理。

3. 我国食用油市场产销情况分析

从国家粮油信息中心提供的"中国食用油市场综合平衡分析"中得知：2015/2016年度，我国食用油的食用消费量为3075万吨，工业及其他消费为338万吨，出口量为13.5万吨，合计年度需求总量（即消费量）为3426.5万吨。

根据2015/2016年度我国食用油的需求总量为3426.5万吨，按2016年末公布的我国大陆人口总数为13.8271亿人计算，2016年我国人均年食用油消费量为24.8千克。

（二）2016年我国食用植物油加工业的基本情况

上述丰富的油料油脂资源和广阔的消费市场，为我国食用植物油加工业的发展提供了重要的物质基础，根据国家粮食局的统计，2016年我国食用植物油加工业的基本情况如下。

1. 企业数及按企业性质划分情况

2016年，我国日处理50吨油料以上的入统植物油加工企业1296个，其中国有及国有控股企业101个，占7.8%；内资非国有企业1119个，占86.3%；港澳台商及外商企业76个，占5.9%，如图1所示。

2. 油料处理总能力及不同油料处理能力情况

2016年我国油料处理总能力为15475.6万吨。其中年大豆处理能力为10297.8万吨，占66.5%；年油菜籽处理能力3754.3万吨，占24.3%；年花生处理能力426.6万吨，占2.8%；年葵花籽处理能力140.8万吨，占0.9%；年其他油料处理能力856.1万吨，占5.5%，如图2所示。

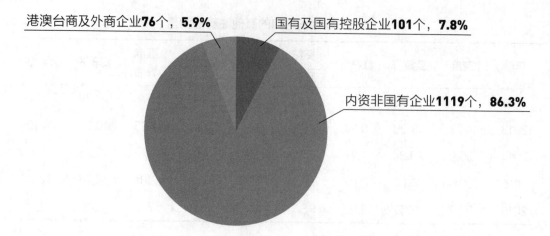

港澳台商及外商企业**76**个，**5.9%**

国有及国有控股企业**101**个，**7.8%**

内资非国有企业**1119**个，**86.3%**

图1 2016年食用植物油加工企业按企业性质划分比例图

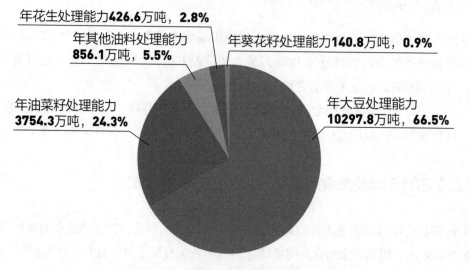

年花生处理能力**426.6**万吨，**2.8%**

年其他油料处理能力**856.1**万吨，**5.5%**

年葵花籽处理能力**140.8**万吨，**0.9%**

年油菜籽处理能力**3754.3**万吨，**24.3%**

年大豆处理能力**10297.8**万吨，**66.5%**

图2 2016年不同油料处理能力划分比例图

3. 油脂精炼总能力及不同油脂精炼能力情况

2016 年，我国油脂精炼总能力为 4898 万吨，其中大豆油精炼能力 2333.1 万吨，占 47.6%；菜籽油精炼能力 1809.5 万吨，占 36.9%；棕榈油精炼能力 511.1 万吨，占 10.4%；其他油脂精炼能力 244.3 万吨，占 5.1%，如图 3 所示。

4. 油料处理总量及不同油料处理量情况

2016 年，我国入统油脂加工企业油料处理总量为 8317 万吨，其中处理大豆 6855.8 万吨，占 82.4%；处理油菜籽 984.9 万吨，占 11.8%；处理花生 187.1 万吨，占 2.3%；处理芝麻 134.1 万吨，占 1.7%；处理其他油料 155.1 万吨，占 1.8%，如图 4 所示。

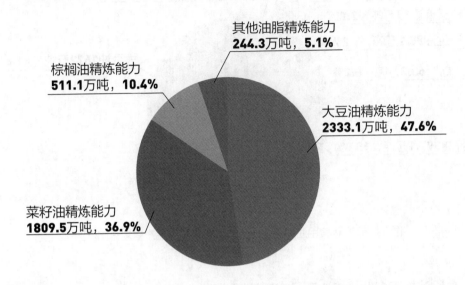

图 3　2016 年不同油脂精炼能力划分比例图

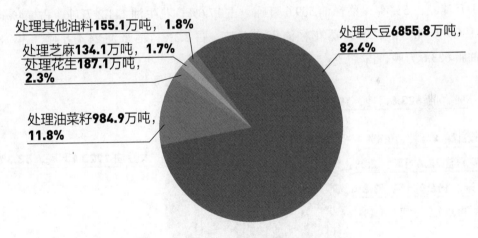

图 4　2016 年不同油料处理量划分比例图

5. 食用油加工企业产品产量情况

2016 年，我国入统油脂加工企业生产的食用油产品产量总计为 2639.8 万吨，其中大豆油 1627 万吨，占 61.6%；菜籽油 397.1 万吨，占 15.0%；棕榈油 163.3 万吨，占 6.2%；花生油 85.1 万吨，占 3.2%；芝麻油 59 万吨，占 2.2%；葵花籽油 33.7 万吨，占 1.3%；其他食用油 274.6 万吨，占 10.5%，如图 5 所示。

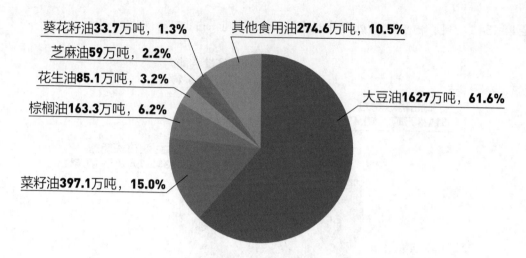

图5　2016年食用油加工企业生产的食用油产品产量划分比例图

6. 食用油加工企业精炼油产品产量情况

2016 年，我国入统食用油加企业生产的精炼油总产量为 3231.2 万吨，其中大豆油 1723.1 万吨，占 53.3%；菜籽油 569.6 万吨，占 17.6%；花生油 111.2 万吨，占 3.4%；玉米油 106.9 万吨，占 3.3%；葵花籽油 72.4 万吨，占 2.3%；稻米油 24.4 万吨，占 0.8%；其他油脂 623.6 万吨，占 19.3%，如图 6 所示。

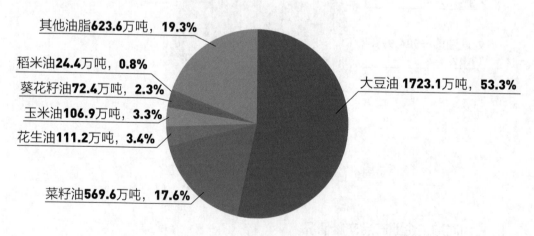

图6　2016年食用油加工企业精炼油产品产量划分比例图

7. 主要经济技术指标情况

2016 年，我国 1296 个入统食用植物油加工企业完成工业总产值 5769.1 亿元，产品销售收入 5759.1 亿元，利税总额 162 亿元，利润总额 135.3 亿元，销售收入利润率为 2.3%。研究开发投入资金 11.5 亿元，为产品销售收入的 0.2%。总体运行情况良好。

（三）我国食用植物油加工业的发展趋势

为适应市场的需要，今后，我国食用植物油加工业将根据中国国民经济发展第十三个五年计划（2016—2020 年）和国家粮食局制定的《粮油加工业"十三五"发展规划》等文件精神要求，在"十三五"期间乃至今后更长一段时间内的发展趋势如下。

1. 食用油的市场需求仍将保持一定的增长速度

随着我国人民生活水平的进一步提高、城镇化进程的加快和人口的增长，我国对食用油需求将继续保持增长态势。但鉴于我国食用油的年人均消费量已达到 24.8 千克，已经超过世界人均食用油的消费水平，所以其增长速度不会像前些年那样快了。

2. 利用好两个市场满足我国食用油市场需求的方针不会改变

近年来，国家及相关部门发布了一系列振兴我国油料生产的规划和措施，推动了我国油脂油料生产的发展，促使我国油菜籽、大豆、花生、棉籽、葵花籽、芝麻、亚麻籽和油茶籽八种油料的总产量接近 6000 万吨，稳居世界油料产量之首。但其增长速度远跟不上消费增长的需要，自给率不足 40%。为此，必须更好地利用国内国外两个市场，才能满足食用油市场的需求，这一趋向在相当长的时间内是不会改变的。

3. 确保产品质量，倡导"安全营养、健康消费"和"适度加工"等理念

我国政府对食品安全高度重视，食用植物油与人们生活、健康息息相关。为此，必须始终把"安全"与"质量"放在第一位。食用植物油加工企业都必须严格按照国家卫生和质量标准组织生产；严格把好从原料到生产加工、储存、产品销售等全过程的质量关，以确保食用植物油产品的绝对安全。在此基础上，把"优质、营养、健康、方便"作为发展方向，大力倡导适度加工，提高纯度、严格控制精度，提高出品率。要科学制修订好油料油脂的质量标准，引领油脂行业健康发展，纠正"油色过淡"等过度加工现象。要广泛进行科普宣传，引领科学消费、合理消费、健康消费。

4. 深入推进油脂行业供给侧结构性改革，增加优质、功能性油品的供给

根据我国《粮油加工业"十三五"发展规划》，食用植物油加工企业要以满足不同人群日益增长和不断升级的安全、优质、营养、健康粮油产品的消费需要，要增加满足不同

人群需要的优质化、多样化、个性化、定制化粮油产品的供给。增加起酥、煎炸等专用油脂和营养功能性新产品供给；提高名、特、优、新产品的供给比例；增加绿色有机、优质营养等中高端产品的供给。

5. 坚持多油并举

要增加和改善我国国产菜籽油、花生油、大豆油、棉籽油、葵花籽油、芝麻油等食用油的供应；大力发展油茶籽油、核桃油、橄榄油、牡丹籽油、文冠果油等新型健康木本食用油脂；增加亚麻籽油、红花籽油、紫苏籽油等特色小品种油脂供应；积极开发稻米油、玉米油等，尤其是要搞好米糠的利用，规划到 2020 年，将我国的米糠榨油利用率由 2015 年的 15% 左右提高到 50% 以上，为国家增产油脂。

6. 要进一步优化调整产业结构

根据优胜劣汰的原则，继续培育壮大龙头企业和大型骨干企业，支持他们做强做大，做优做精，引导和推动企业强强联合，跨地区、跨行业、跨所有制兼并重组，积极采用先进技术与装备，成为产品质量高、能耗物耗低、新产品开发能力强、经济效益好的国家级、省级大型骨干龙头企业；鼓励有地方特色、资源优势的中小企业积极提升技术装备水平和创新经营方式，主动扩展发展空间，形成大、中、小型企业合理分工、协调发展的格局；对工艺落后、设备陈旧、卫生质量安全和环保不达标、能耗物耗高的落后产能，要依法依规加快淘汰；支持粮油加工产业园区或集群建设，促进优势互补。

7. 要重视安全文明、清洁环保和节能减排

油脂加工企业将继续强调必须加强安全生产、清洁生产和文明生产，做到绿色生产、节能减排、保护环境。要把安全文明生产、绿色生产、保护环境和节能减排等作为油脂加工业发展的永恒主题。到 2020 年，要确保完成单位工业增加值二氧化碳排放比 2015 年下降 18%、能耗下降 15%、主要污染物排放总量减少 10% 以上。

8. 要重视关键技术装备的创新研发

要以专业化、大型化、成套化、智能化、绿色环保、安全卫生、节能减排为导向，发展高效节能降耗的食用植物油加工装备；积极研发适用于不同木本油料加工的成套设备；提高关键设备的可靠性、使用寿命和智能化水平；要逐步实施定制机器人应用、智能化工厂，将制油装备提高到更高水平。

9. 实施"走出去"战略

支持有条件的企业,加强与"一带一路"沿线国家在农业投资、贸易、科技、产能、制油装备等领域的合作。通过"走出去",在造福当地百姓的同时,不断提高"走出去"企业的国际竞争能力。

十二、给国家粮食局财务司的资料回函
——我国油料油脂的生产进口加工和消费的情况

（2017 年 12 月 25 日　于北京）

国家粮食局财务司：

贵司 12 月 21 日转来的"资料需求清单"收悉，根据我会了解的情况，现提供如下资料，供参考。

（一）2007—2016 年，我国油菜籽、花生、大豆和油茶籽的生产、进口和消费总量情况，进口依存度；食用植物油总产量、进口量和消费量情况，进口依存度；其中大豆油、菜籽油、花生油和油茶籽油生产、进口、消费等情况

1. 2007—2016 年我国油菜籽、花生、大豆和油茶籽的生产、进口和消费总量情况，进口依存度

以 2016 年为例，我国油菜籽的产量为 1400 万吨，花生为 1770 万吨，大豆为 1310 万吨，油茶籽为 240 万吨；进口油菜籽 356.6 万吨、大豆 8391.3 万吨，花生和油茶籽几乎不进口；上述生产、进口的油菜籽、大豆、花生及油茶籽，除国产非转基因大豆约有 70% 用作食品原料和 50%~60% 的花生作为干果和食品原料外，其余均用于榨油。其中油菜籽的进口依存度为 25.5%，大豆的进口依存度为 640.6%。

（1）2016 年油菜籽、花生、大豆和油茶籽的合计产量为 4720 万吨，为 2007 年合计产量 3726.4 万吨的 126.7%，10 年间年平均增长为 2.7%；而 2016 年合计进口量为 8747.9 万吨，为 2007 年合计进口量 3165.4 万吨的 276.4%，10 年间年平均增长 17.6%，进口量的增长速度远高于我国油料生产的增长速度。

（2）油茶籽生产的增长速度喜人，尤其是 2008 年后，在国家对发展木本油料政策的支持推动下，2016 年产量达 240 万吨，为 2007 年 93.3 万吨的 257.2%，10 年间年平均增

长 15.7%。

2. 2007—2016 年我国食用植物油的生产、进口和消费总量情况，进口依存度；其中大豆油、菜籽油、花生油和油茶籽油的生产、进口和消费等情况

根据我国食用油市场综合平衡分析，以 2016 年为例，我国食用植物油的生产量为 2743.4 万吨（包括国产油料和进口油料加工生产的总和）、进口各类食用油合计为 723.1 万吨，年度可供给量为 3466.5 万吨（即生产量与进口量之和）、国内食用消费量为 3075 万吨、工业及其他消费量 338 万吨、出口量 13.5 万吨、年度消费总量 3426.5 万吨（即国内食用消费量、工业及其他消费和出口量之和）、节余量为 40 万吨（表 1）。

表1 2007—2016年我国食用油的生产量、进口量、年度可供给量、
国内食用消费量、工业及其他消费量、出口量、年度消费总量、
节余量、自给率及对外依存度一览表

单位：万吨

年度	生产量	进口量	年度可供给量	国内食用消费量	工业及其他消费量	出口量	年度消费总量	节余量	自给率/%	对外依存度/%
2006/2007	1503.7	774.5	2278.2	2062.1	205.3	31.9	2299.3	-21.0	48.3	51.7
2007/2008	1580.4	838.5	2418.8	2137.0	206.3	17.8	2336.1	82.7	47.5	s2.5
2008/2009	1769.1	911.1	2680.2	2241.5	210.3	15.9	2417.7	262.5	45.9	54.1
2009/2010	2032.3	806.4	2838.7	2360.0	228.0	12.3	2540.3	298.4	43.7	56.3
2010/2011	2050.8	814.3	2865.1	2525.0	250.0	12.4	2777.4	87.7	40.0	60.0
2011/2012	2226.7	834.4	3061.1	2630.0	255.0	9.6	2894.6	166.5	38.3	61.7
2012/2013	2371.5	1002.8	3374.3	2755.0	275.0	10.8	3040.8	333.5	36.5	63.5
2013/2014	2505.6	884.4	3390.0	2860.0	295.0	12.4	3167.4	222.6	35.0	65.0
2014/2015	2630.8	784.1	3414.9	2960.0	320.0	14.6	3294.6	120.3	33.7	66.3
2015/2016	2743.4	723.1	3466.5	3075.0	338.0	13.5	3426.5	40.0	32.3	67.7

注：2006/2007—2014/2015年度，国产油料榨油量统一按1110万吨计算。

据统计，近 10 年来，我国油菜籽、花生、大豆、棉籽、葵花籽、芝麻、亚麻籽、油茶籽八大油料的总产量一直稳定在 5500 万~6000 万吨（2016 年预计为 5884.7 万吨）。据分析，在这些油料中，大豆、花生、芝麻和葵花籽四种油料直接食用或作食品的原料约为 2000 万吨，用于榨油的国产油料不足 4000 万吨，产油量稳定在 1100 万~1120 万吨，平

均为 1110 万吨（2016 年为 1105.5 万吨）。由此，我们可以计算出我国食用油的自给率和对外依存度（即年度食用油的消费总量与国产油料榨油量之比）。以 2016 年为例，我国食用油的年度消费总量为 3426.5 万吨，国产油料的榨油量为 1105.5 万吨，两者之比，可以得出 2016 年我国食用油的自给率为 32.3%，对外依存度为 67.7%。

在我国油料油脂的进口贸易中，以进口油料为主，同时也直接进口一部分食用油脂，以 2015/2016 年度为例，我国进口食用油脂 723.1 万吨，其中进口大豆油 58.6 万吨、菜籽油 89.5 万吨、花生油 11.1 万吨、棕榈油 468.9 万吨、其他油脂 95.0 万吨（表 2）。另外，我国食用油主要品种的消费情况如表 3 所示。

表2　2006/2007—2015/2016 年度我国进口食用油脂一览表

单位：万吨

品种	2006/2007	2007/2008	2008/2009	2009/2010	2010/2011	2011/2012	2012/2013	2013/2014	2014/2015	2015/2016
大豆油	241.3	272.7	249.4	151.4	131.9	150.2	140.9	135.4	73.3	58.6
菜籽油	15.4	36.0	38.9	54.4	96.4	67.4	153.3	125.9	63.1	89.5
花生油	0.2	0.6	2.0	4.8	6.8	6.2		6.5	7.4	14.1	11.1
棕榈油	513.9	522.3	611.8	576.0	571.2	584.1	658.9	557.3	569.6	468.9
其他油脂	3.7	6.9	9.1	19.8	8.0	26.5	43.2	58.4	60.0	95.0
总计	774.5	838.5	911.1	806.4	814.3	834.4	1002.8	8844	784.1	723.1

表3　2006/2007—2015/2016 年度我国食用油主要品种消费情况一览表

单位：万吨

品种	2006/2007	2007/2008	2008/2009	2009/2010	2010/2011	2011/2012	2012/2013	2013/2014	2014/2015	2015/2016
大豆油	879.4	900.2	926.3	997.5	1100.2	1186.0	1253.4	1319.4	1410.7	1449.6
菜籽油	416.9	420.7	421.0	450.5	S50.4	550.4	550.6	580.6	630.5	780.3
棉籽油	160.0	155.0	130.0	125.4	125.3	130.2	135.1	135.4	130.9	120.1
花生油	187.0	180.0	185.0	195.9	231.0	240.9	250.6	256.0	261.0	256.0
棕榈油	515.0	515.0	580.0	580.0	555.0	560.0	600.0	610.0	570.0	495.0
其他油脂	140.9	165.3	175.3	191.0	215.5	227.1	251.1	266.0	291.5	325.0
总计	2299.3	2336.1	2417.7	2540.3	2777.4	2894.6	3040.8	3167.4	3294.6	3426.5

（二）2007—2016 年大豆进口量及来源国数量统计情况，大豆进口量占全球大豆贸易的比例

我国是世界大豆贸易中的主要进口国，以进口量为依据，我国主要是从巴西、美国、阿根廷进口。以 2016 年为例，我国进口大豆 8391.2 万吨，其中从巴西进口 3820.54 万吨、美国 3417.02 万吨、阿根廷 801.42 万吨，其他国家合计 352.22 万吨，占比分别为 45.5%、40.7%、9.6% 和 4.2%（表 4、图 1）。

表4　我国大豆进口量　　　　　　　　　　　　　　　　　　　　　　单位：万吨

国家	2007	2008	2009	2010	2011	2012	2013	2014	2015	2016
巴西	1058.25	1165.33	1599.38	1858.77	2062.49	2389.10	3180.86	3200.54	4007.76	3820.54
美国	1157.11	1549.09	2180.92	2359.64	2235.10	2597.08	2223.42	3002.48	2841.39	3417.02
阿根廷	827.82	984.86	374.51	1119.03	784.17	589.62	612.45	600.45	943.84	801.42
其他国家	38.96	50.28	100.36	142.24	182.2	262.5	320.78	336.43	376.35	352.22
总计	3082.14	3743.56	4255.17	5479.68	5263.96	5838.38	6337.51	7139.9	8169.34	8391.2

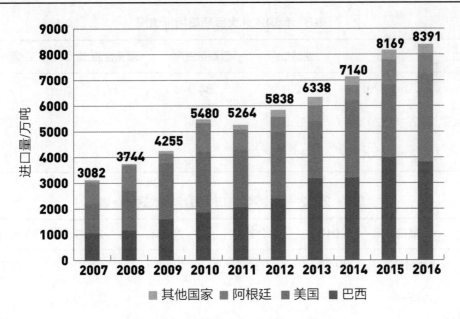

图1　我国大豆进口量（2007—2016年）

我国是世界大豆贸易中的最大进口国，以 2016 年为例，世界大豆贸易量（即各国出口量

之和）为13246万吨，其中我国进口大豆为8391.2万吨，占全球大豆贸易量的63.3%（表5）。

表5　我国大豆进口量占全球大豆贸易量的比例　　　　　　　　　单位：万吨

项目	2010/2011	2011/2012	2012/2013	2013/2014	2014/2015	2015/2016
我国大豆进口量	5263.96	5838.38	6337.51	7139.9	8169.34	8391.2
全球大豆贸易量	9170	9216	10053	11278	12613	13246
我国进口量占全球贸易量的比例/%	57.4	63.4	63.0	63.3	64.8	63.3

（三）国产与进口大豆出油率情况及良种培育情况

经益海嘉里金龙鱼粮油食品股份有限公司对我国东北大豆和国外进口大豆的质量指标检测，我国东北大豆的平均含油率为17%，进口大豆的平均含油率为20%。进口大豆平均含油率高出国产大豆3%（表6、表7）。按此含油率并采用浸出法制油工艺，我国国产大豆的平均出油率为16%，进口大豆的出油率为18%~19%。

表6　我国东北大豆质量指标情况

产地	年份	水分/%	湿基蛋白/%	湿基含油/%	杂质/%
	2014—2015	12.0	34.9	17.3	0.7
东北大豆	2015—2016	12.5	34.4	17.2	0.8
	2016—2017	12.4	34.7	16.9	0.5

表7　2012—2016年进口大豆检验数据分析表

产地	项目	2012	2013	2014	2015	2016
	水分/%	12.57	12.34	12.58	12.78	12.74
	含油/%	20.56	20.59	20.52	20.78	21.02
巴西	蛋白/%	35.76	35.42	35.28	34.80	35.19
	杂质/%	1.36	1.34	1.35	1.29	1.41

续表

产地	项目	2012	2013	2014	2015	2016
阿根廷	水分/%	11.9	11.87	12.71	12.56	12.62
	含油/%	19.71	19.56	19.72	20.23	20.03
	蛋白/%	33.96	33.35	33.74	33.75	23.63
	杂质/%	1.57	1.28	1.21	1.14	1.31
加拿大	水分/%	9.43	12.70	12.33	11.99	12.33
	含油/%	18.87	18.79	17.94	18.62	19.07
	蛋白/%	33.89	35.05	33.02	33.37	34.36
	杂质/%	2.30	1.25	0.96	1.29	2.19
美国	水分/%	10.90	10.94	12.32	12.13	11.75
	含油/%	19.49	19.79	19.66	19.56	19.74
	蛋白/%	34.91	34.11	34.72	34.36	34.30
	杂质/%	1.79	1.52	1.26	1.39	1.27
乌拉圭	水分/%	—	12.84	13.11	11.36	13.86
	含油/%	—	19.23	19.35	19.63	20.02
	蛋白/%	—	34.22	34.18	34.63	33.87
	杂质/%	—	1.40	1.24	0.64	1.41

在大豆良种培育方面，参照国际上对大豆良种的培育情况，我国农业部门根据我国的国情与实际需要，重点放在对高油大豆、高蛋白大豆和高油酸大豆的培育上。目前培育的进度情况大致如下。

在高油大豆育种方面，近年来，推广的高油大豆品种有晋豆 19 号（24，39）、邯豆 4 号（23，36）、冀 NF58（23，63）、中黄 20 号（23，03）、中黄 24 号（22，48）、邯豆 5 号（22，55）、潍豆 6 号（22，38）、齐黄 30 号（22，36）、淮豆 8 号（22，29）、齐黄 31 号（22，12）、晋豆 29 号（22，11）、晋大 70 号（22，06）、辽豆 14 号（22，04）、中黄 35 号（23，45）、中黄 36 号（22，98）等很多高油品种。这些品种中铁丰 18 号（21，53）和黑农 26 号（21，6）过去推广了几百万亩，以绥农 14 号推广面积为最大，达 600 多万亩，含油量高达 21.93%，2004 年为全国推广面积最大的大豆品种。

在高蛋白大豆育种方面，我国在高蛋白育种取得很大的成绩，特别是河南省农业科学院育成了一大批高蛋白豫豆号品种。其中，豫豆22号蛋白质含量达46.5%，2003年已推广355万亩。豫豆19号推广了40万亩。黑龙江省农业科学院育成的高蛋白高产大豆黑农35号，2003年在黑龙江、内蒙古自治区推广100万亩，已累计推广1000多万亩。另外，东农42号、通农10号、科新3号、豫豆16号、冀豆12号、浙春12号等也得到了一定的推广。在培育推广和生产实践中，农民既要考虑高含油和高蛋白含量，又要考虑产量，只有两者相当，且能明显增加收益，农民才会大面积种植。看来，现在的主要研究重点是要想法提高良种的单位面积产量。

（四）关于《农业转基因生物标签的标识》的执行情况，是否发挥引导市场消费行为的作用？

转基因食品的安全性问题，是广大消费者关注的问题，用转基因油料生产的食用油是否安全，也是大家关心的问题。为满足我国食用油市场的需求，我们每年要从美国、巴西、阿根廷等国进口转基因大豆7000万~8000万吨和大豆油100万~200万吨。也就是说，我国每年要有1400万~1600万吨用转基因大豆生产的食用油进入油脂市场。

为保障转基因食品的安全，国家制定了《农业转基因生物安全管理条例》，农业部配套制定颁发了《农业转基因生物标识管理办法》和《农业转基因生物加工审批办法》，并规定进口转基因农产品都要经国家农业转基因生物安全委员会严格审查同意后才能进口。以大豆为例，目前转基因的大豆品种有30多种。经严格审查后，我国只允许进口其中的少数几个品种。由此，我们可以相信，凡经国家批准同意进口的转基因食品是安全的。

这里，需要说明的是，由于转基因大豆中的转基因成分是以蛋白质为载体的，不与脂肪相结合，所以用转基因油料生产的经精炼的食用油中是不含转基因成分的。这就更加表明，用转基因油料生产的食用油是安全的，消费者是可以放心食用的。

尽管如此，根据食用油国家标准规定，凡采用进口的转基因大豆生产的大豆油必须在商标标签上标明，其原料是从哪个国家进口的转基因大豆，目的是让消费者有更多的知情权和对产品的选择权。目前，这项规定的执行情况是好的，也没有发现用转基因大豆生产的大豆油在食用油消费市场上销不动的现象。

（五）跨国粮商在我国进口大豆加工能力和小包装食用油市场所占比例情况

据统计，2014年我国入统食用植物油加工企业1660个，其中民营企业1443个，国有企业 118 个，港澳台商及外商企业 99 个，分别占 86.9%、7.1% 和 6.0%。

从生产能力看，2014 年，我国入统食用植物油加工业油料处理能力为 17217 万吨，其中民营企业 11233 万吨、国有企业 1957 万吨、港澳台商及外商企业 4027 万吨，分别占 65.2%、11.4% 和 23.4%。

从油脂精炼能力看，2014 年我国入统食用植物油加工业精炼能力为 5037 万吨，其中民营企业为 2836 万吨、国有企业为 563 万吨、港澳台商及外商企业 1638 万吨，分别占 56.3%、11.2% 和 32.5%。

从小包装油脂灌装能力看，2014 年我国食用植物油加工业小包装油脂灌装能力为 2001 万吨，其中民营企业为 977 万吨、国有企业为 226 万吨、港澳台商及外商企业 798 万吨，分别占 48.8%、11.3% 和 39.9%。

从产品产量看，2014 年我国入统食用植物油加工业的产品产量为 3004 万吨，其中民营企业为 1496 万吨、国有企业为 385 万吨、港澳台商及外商企业 1123 万吨，分别占 49.8%、12.8% 和 37.4%。

从工业总产值看，2014 年我国食用植物油加工业的工业总产值为 6289.4 亿元，其中民营企业为 3138.1 亿元、国有企业为 823.9 亿元、港澳台商及外商企业 2327.4 亿元，分别占 49.9%、13.1% 和 37.0%。

从利税总额看，2014 年我国食用植物油加工业的利税总额为 136.9 亿元，其中民营企业为 81.5 亿元、国有企业为 15.4 亿元、港澳台商及外商企业 40.0 亿元，分别占 59.5%、11.2% 和 29.2%。

鉴于我们没有专门统计港澳台及外商企业在我国大豆加工能力中的比重和小包装食用油市场所占的比例，所以无法提供较为正确的比例数据，但根据我们平时了解的情况以及对上述主要经济技术指标港澳台及外商企业所占比例进行分析：目前外商企业在我国大豆加工能力中约占全国大豆加工总产能的 1/3；在小包装食用油生产方面，外商企业有一定的优势，10 年前约占我国食用油小包装市场的半壁江山，但近些年来，我国民营食用植物油加工企业，对发展小包装食用油有较大的积极性，产能不断提高，产量不断增加，估计目前外商食用植物油加工企业的小包装食用油在消费市场上的占有率约为 40%。

以上提供的数据是根据"本学会"掌握的资料，并参考国家粮食局和粮油信息中心提供的统计资料，经分析整理而成的，仅供参考，不当之处，请批评指正。

中国粮油学会
2017 年 12 月 25 日

十三、建设中国油脂博物馆是油脂界的重大工程

——在"中国油脂博物馆建设座谈会"上的讲话

（2018 年 1 月 18 日　于武汉轻工大学）

尊敬的谭晓明书记、刘民钢校长，各位油脂企业家代表、老师们、同学们：

大家新年好！

很高兴再次来到武汉轻工大学，记得 2016 年 1 月 21 日，也是在这里，"中国油脂博物馆筹建动员大会"隆重举行，武汉轻工大学正式启动了中国油脂博物馆筹建工作。我曾代表中国粮油学会油脂分会表示将全力帮助武汉轻工大学做好工作，共同努力建设成一座精致、厚重，融知识性，科普性和文化性于一体，填补国内博物馆空白类型的中国油脂博物馆。武汉轻工大学随之开展了卓有成效的筹建工作，但由于武汉轻工大学为拓展学校发展空间，以校区置换的形式，置换常青校区，建设新校区。这样一来，原计划布局在常青校区的油脂博物馆就需要另择新址，建设计划因此推迟，对此我深表理解和支持。

在新的一年里，武汉轻工大学又拿出了中国油脂博物馆新的建设规划和方案，对此我代表中国粮油学会油脂分会，也作为中国油脂界的一位老兵表示最衷心的感谢！中国粮油学会油脂分会也将一如既往给予大力支持，共同努力建设好中国油脂博物馆。借此机会，我想谈谈建设好中国油脂博物馆的想法和建议。

（一）建设中国油脂博物馆是油脂行业新时代的重大工程

博物馆是一个传承和发扬文化的重要载体，是培育社会主义核心价值观的重要阵地，也是构建现代公共文化服务体系的重要组成部分，在满足人民群众精神文化需求方面承担着重要责任。建设中国油脂博物馆是油脂行业新时代的重大工程。武汉轻工大学具有深厚的行业背景和行业地位，有责任也有能力承担这个艰巨且具挑战性的工作。

中国油脂历史源远流长，走进新时代的油脂行业迅猛发展，但我们不能忘记其中的艰辛和曲折、不能忘记悠久的油脂历史和文化。建设中国油脂博物馆是弘扬中国油脂文化的需要，是总结、传承和发展中国油脂行业的需要。我们要在"新时代、新需求、新发展"

的思路指引下，建设好中国油脂博物馆，使建成后的中国油脂博物馆成为灿烂的中国油脂文化的示范及展示基地、油脂人才的教育与培训基地、油脂科技的研发与创新基地、油脂文化的国际交流与合作基地。

（二）中国油脂博物馆筹建工作卓有成效

在全国油脂界的鼎力支持下，在武汉轻工大学领导的关心支持下，在筹建工作组同志的努力下，特别是在以何东平教授为首的创新团队精心操作下，出色地完成了油脂博物馆筹备工作。

油脂博物馆建设及展品展示方案经反复推敲，数易其稿，已基本成型，收集到各类文物史料 1500 多件，筹措建设资金 600 余万元，其中捐赠资金 480 万元，且国内还有数家相关企业明确表示，根据建设进程再捐款捐物。与此同时，坚持以世界眼光建设油脂博物馆，并与西班牙、意大利、中国台湾等地相关领域专家保持密切联系，吸引更多的世界性瑰宝进入馆内。总之，油脂博物馆的建设得到了油脂界的广泛共识和热情支持，在粮油行业引起了很大的反响，期望早日建成。

（三）高质量早日建成中国油脂博物馆

在建设过程中，高质量建设中国油脂博物馆是必须始终坚持的，我们要以进度服从质量的要求，高标准规划设计、高质量建设中国油脂博物馆。我们要举全行业之力，不断征集、梳理各种遗存文物史料，对于那些最能反映中国油脂历史和文化的遗存文物一定好好加以收藏；我们要继续研究好油脂历史文化，不断深化学术研究，使传统油脂文化得以传承；我们要充分利用现代科技和信息化手段，积极推进展示内容的创新，开阔展览思路、丰富展览内容；我们要坚持国内与国际相结合，开展多渠道多形式的交流与合作，把世界的优秀油脂文化引进来，把中国悠久精彩的油脂文化传遍世界。

随着人民群众对文化需求发生的深刻变化，国家对文化建设越来越重视，博物馆建设正迎来一个新的发展时期。习近平总书记始终关心历史文物保护和优秀传统文化传承工作，多次在不同场合就推动中华优秀传统文化传承和创新，发表了一系列重要论述，强调让收藏在禁宫里的文物、陈列在广阔大地上的遗产、书写在古籍里的文字都活起来。当前大好的时代背景、重大的政策措施和完善的保障机制为中国油脂博物馆建设提供了重要历史机遇，我们要有紧迫感，要抓住机遇，瞄准目标，乘势而上，加快建设。

我坚信武汉轻工大学在以谭晓明书记为首的新的领导班子领导下，开拓创新，奋发有为，在前期良好的基础上，不忘初心，真抓实干，一定能高质量早日建成中国油脂博物馆，这是中国油脂界的期待！这也将是中国油脂界的共同荣耀和骄傲！

祝中国油脂博物馆早日顺利建成！

祝大家在新的一年里！万事如意，事业兴旺！

谢谢大家！

十四、关于 2022 年我国粮油产销和进出口情况简介
——在"中国粮油学会油脂分会常务理事会"上的主题报告

（2023 年 4 月 13 日　于云南玉溪）

与往年一样，为便于大家了解我国粮油的产销情况，尤其是食用植物油行业的产销情况，前些日子，国家粮油信息中心张立伟处长给我提供了有关 2022 年国内粮油作物产量、进口量以及新年度油脂供需平衡表；中华粮网给我提供了国际粮油市场分析报告。经过学习、整理和分析计算，现将上述数字和表格整理成了"关于 2022 年我国粮油产销和进出口情况简介"。与此同时，我将有关全球主要油料油脂产销情况也做了一些简要介绍，供大家参考。

（一）2022 年，我国粮食生产与进出口简况

1. 我国粮食生产情况

2022 年，面对百年变局交织世纪疫情，面对风高浪急的国际环境和艰巨繁重的国内改革发展稳定任务，在以习近平同志为核心的党中央的高度重视和英明领导下，我国农业生产战胜各种严重洪涝灾害，取得了 2022 年我国粮食生产再创历史新高，产量达到13730.6 亿斤；较 2021 年的 13657 亿斤增加 73.6 亿斤，增长 0.54%，连续 8 年站稳 1.3 万亿斤以上台阶，收获了来之不易的"十九连丰"，保证了中国人的饭碗牢牢端在了自己手里。为国家粮食安全、促进生产、促进经济发展和社会稳定奠定了坚实基础。

根据国家粮油信息中心提供的资料，2022 年，我国粮食总产量达 68653 万吨，较2021 年的 68285 万吨增长 0.54%，其中小麦产量为 13772 万吨，较 2021 年的 13695 万吨增长 0.56%；稻谷产量为 20849 万吨，较 2021 年的 21284 万吨下降 2.0%；玉米产量为 27720 万吨，比 2021 年的 27255 万吨增长 1.7%。另外，2022 年的杂粮产量为 983 万吨，较 2021 年的 1042 万吨下降 5.7%；豆类产量为 2351 万吨，较 2021 年的 1966 万吨增长 19.6%；薯类产量（折干粮）为 2978 万吨，较 2021 年的 3043 万吨下降 2.1%（表 1）。

表1　中国分品种粮食产量

单位：万吨

年份	粮食总产量	谷物产量	其中:稻谷	小麦	玉米	杂粮	豆类产量	薯类产量（折干粮）
2014	63965	59602	20961	12832	24976	905	1565	2799
2015	66060	61818	21214	13264	26499	841	1513	2729
2016	66044	61667	21109	13327	26361	869	1651	2726
2017	66161	61521	21268	13433	25907	912	1842	2799
2018	65789	61019	21213	13143	25717	946	1914	2856
2019	66384	61368	20961	13359	26077	971	2132	2883
2020	66949	61674	21186	13425	26067	996	2288	2987
2021	68285	63276	21284	13695	27255	1042	1966	3043
2022	68653	63324	20849	13772	27720	983	2351	2978

注：①资料来源国家粮油信息中心。

②根据第三次农业普查数据，国家统计局对2007—2017年粮油产量数据进行了调整。

2. 我国粮食的进出口情况

为满足品种调节和市场供应需要，我国每年都要利用国际市场，从国外进口一部分粮食。据海关统计，2022年我国进口大米619万吨、进口小麦996万吨、进口玉米2062万吨、进口高粱1014万吨、进口大麦576万吨，合计进口谷物量为5267万吨；较2021年进口谷物量6048万吨减少了781万吨，下降12.9%。与此同时，2022年我国出口大米219万吨、小麦15万吨，合计出口谷物量为234万吨，与2021年出口谷物量251万吨相比，下降6.8%（表2）。

表2　中国分品种粮食进出口量

单位：万吨

	谷物	其中:大米	小麦	玉米	高粱	大麦	木薯
2015年进口	3258	338	301	473	1073	1073	938
2015年出口	53	29	12	1		1	0
2016年进口	2160	356	341	317	645	501	770
2016年出口	64	40	11	0		1	0

续表

	谷物	其中：大米	小麦	玉米	高粱	大麦	木薯
2017年进口	2520	403	442	283	506	886	813
2017年出口	161	120	18	8	4	1	0
2018年进口	2016	308	309	352	365	682	480
2018年出口	254	209	29	1	5	1	0
2019年进口	1759	255	349	479	83	593	284
2019年出口	318	275	31	3	4	1	0
2020年进口	3551	294	838	1130	481	808	332
2020年出口	251	230	18	0	2	1	0
2021年进口	6048	496	977	2385	942	1248	28
2021年出口	251	242	8	1	0	0	0
2022年进口	5267	619	996	2062	1014	576	771
2022年出口	234	219	15	0	0	0	0

注：①资料来源国家粮油信息中心。

②自2020年开始海关不发布谷物进出口数据，只发布分品种数据。

③原表中的大豆一项已删去，因为与油料油脂进出口情况表中有重复。

④在粮食进出口谷物类中，有些数字相加有错误，作者做了修正，如有不妥之处由作者承担。

（二）2022年我国油料油脂的产销与进出口情况

1. 我国油料油脂生产情况

2022年，我国油料生产是创历史的一年。据预测，2022年我国八大油料作物的总产量为7132.5万吨，较2021年的6634.9万吨总产量增加497.6万吨，增长7.5%。其中大豆产量为2028.5万吨，较2021年的1639.5万吨，产量增加389万吨，增长23.7%；花生产量为1790万吨，较2021年的1830.8万吨减少40.8万吨，下降2.2%；油菜籽产量为1553万吨，较2021年的1471.4万吨产量增加81.6万吨，增长5.5%；棉籽产量为1075.8万吨，与2021年的1031.5万吨相比产量增加44.3万吨，增长4.3%；另外，葵花籽产量为201万吨、油茶籽产量为410万吨、芝麻产量为46.9万吨，亚麻籽产量为27.3万吨，这四种油料作物的产量较2021年都有不同程度的增长（表3）。

表3 中国油籽油料产量

单位：千吨

年份	油籽总产量	其中：棉籽	大豆	油料	其中：油菜籽	花生	葵花籽	芝麻	亚麻籽	林产品：油茶籽
2009	57819	11225	15200	31394	13536	14604	1986	535	295	1169
2010	57354	10386	15400	31568	12788	15136	2355	462	314	1092
2011	58759	11734	14900	32125	13137	15302	2402	458	308	1480
2012	58200	11894	13450	32856	13401	15792	2267	466	331	1728
2013	56582	11308	12400	32874	13523	16082	2029	438	316	1777
2014	57757	11338	12700	33719	13914	15901	2582	437	323	2023
2015	56888	10633	12350	33905	13859	15961	2872	450	312	2163
2016	57217	9617	13600	34000	13128	16361	3201	352	325	2164
2017	60209	10175	15282	34752	13274	17092	3149	367	301	2432
2018	64312	10985	15967	37360	13281	17332	3242	432	443	2630
2019	65704	10602	18091	34332	13485	17520	2560	450	317	2679
2020	68570	10638	19600	38332	14049	17993	2395	447	306	3142
2021	66349	10315	16395	39639	14714	18308	1955	455	265	3942
2022（预测）	71325	10758	20285	40282	15530	17900	2010	469	273	4100

注：①资料来源国家粮油信息中心。

②原表中油茶籽作为林产品，没有加到油籽总产量中，为与以前的口径一致，作者将油茶籽的产量加进了油籽总产量中，作为八大油料作物之一。

③有些数字相加，错的地方作者做了更正，如有不妥之处，责任由作者承担。

④2021年的八大油料产量已做了调整，与2021年的估计数增加了30多万吨，相差不大。

2. 利用国产油料出油量

在利用国产油料榨油方面，根据国家粮油信息中心预测，2022 年我国利用国产油料（扣除大豆、花生、芝麻、葵花籽四种油料部分直接食用外）榨油的油料量为 4155 万吨，较 2021 年利用国产油料榨油油料量 3960 万吨，增加了 195 万吨，增长 4.9%。榨得的食用植物油（含玉米油、稻米油及其他小宗油脂）预测为 1350.3 万吨（表 4），较 2021 年榨得的食用植物油 1303.3 万吨（表 5），多榨得了食用植物油 47.0 万吨，增长 3.6%。以上数据充分表明，2022 年我国八大油料作物总产量、利用国产油料榨油量以及利用国产油料榨得的食用油数量均创历史之最。

表4 2022年国产油料出油量预测　　　　　　　　　单位：千吨

品种	产量估计	压榨量	出油量	出油率/%
油菜籽	15530	14500	4930	34.00
花生	17900	9200	3220	35.00
棉籽	10758	8500	1105	13.00
大豆	20285	4500	743	16.50
葵花籽	2010	500	125	25.00
油茶籽	4100	3900	975	25.00
芝麻	469	200	80	40.00
亚麻籽	273	250	75	30.00
玉米油			1500	
稻米油			600	
其他			150	
合计			13503	

注：①资料来源国家粮油信息中心。

②根据调查对2021年数据做了较大调整。

表5 2021年国产油料出油量　　　　　　　　　　单位：千吨

品种	产量估计	压榨量	出油量	出油率/%
油菜籽	14714	14000	4760	34.00
花生	18308	9000	3150	35.00
棉籽	10315	8500	1105	13.00
大豆	16395	3500	578	16.50
葵花籽	1955	400	100	25.00
油茶籽	3942	3800	950	25.00
芝麻	455	200	80	40.00
亚麻籽	265	200	60	30.00
玉米油			1500	
稻米油			600	
其他			150	
合计			13033	

注：资料来源国家粮油信息中心。

3. 2022 年我国油料油脂的进出口情况

据海关统计，2022 年我国进口各类油料合计为 9610.9 万吨，较 2021 年的 10205.1 万吨，少进口 594.2 万吨，下降 5.8%。其中进口大豆 9108.1 万吨，较 2021 年的 9651.8 万吨，少进口 543.7 万吨，下降 5.6%；进口油菜籽 196.1 万吨，较 2021 年的 263.8 万吨少进口 67.7 万吨，下降 25.7%；其他油籽合计进口 306.7 万吨，较 2021 年的 289.5 万吨多进口了 17.2 万吨，增长 5.9%。2022 年，我国进口各类食用植物油合计为 801.7 万吨，较 2021 年的 1213.7 万吨少进口了 412 万吨，下降 33.9%。其中进口大豆油 34.4 万吨，较 2021 年的 112.0 万吨少进口了 77.6 万吨，下降 69.3%；进口菜籽油 106.1 万吨，较 2021 年 215.4 万吨少进口了 109.3 万吨，下降 50.7%；进口棕榈油 494.1 万吨，较 2021 年的 637.7 万吨减少 143.6 万吨，下降 22.5%；进口葵花籽油 60.5 万吨，较 2021 年的 128.3 万吨少进口了 67.8 万吨，下降 52.8%（表 6、表 7）。

表6　中国油料进口量　　　　　　　　　　　　　单位：千吨

| 年份 | 油籽进口 | 其中: | | | 其中: | | | | |
		大豆	油菜籽	其他油籽	芝麻	亚麻籽	花生	棉籽	葵花籽
2008	39005	37436	1303	266	214				
2009	46331	42552	3286	493	311				
2010	57046	54797	1600	649	391			16	
2011	54818	52640	1262	916	389			377	
2012	62280	58384	2930	966	396	148		394	
2013	67835	63375	3662	798	441	181		143	
2014	77518	71399	5081	1038	569	281		74	
2015	87571	81694	4471	1406	806	360	132	8	
2016	89529	83913	3566	2050	932	475	455	76	
2017	102000	95526	4748	1726	712	339	251	264	131
2018	94489	88031	4756	1702	836	398	124	117	138
2019	93308	88511	2737	2060	815	427	405	6	302

续表

年份	油籽进口	其中:			其中:				
		大豆	油菜籽	其他油籽	芝麻	亚麻籽	花生	棉籽	葵花籽
2020	106141	100327	3114	2700	1015	373	1085	6	181
2021	102051	96518	2638	2895	1174	391	1003	137	110
2022	96109	91081	1961	3067	1071	644	664	454	196

注：资料来源国家粮油信息中心。

表7　中国油脂进口量　　　　　　　　　　　　　　　　单位：千吨

年份	植物油进口	其中:				其中:					
		大豆油	棕榈油	菜籽油	其他植物油	葵花籽油	花生油	橄榄油	亚麻籽油	棕榈仁油	椰子油
2008	8163	2586	5282	270	25	6	6	11	8		
2009	9502	2391	6441	468	202	153	20	14	13		
2010	8262	1341	5696	985	240	137	68	25	7		
2011	7798	1143	5912	551	192	72	61	36	19		
2012	9600	1826	6341	1176	257	107	63	46	38		
2013	9221	1158	5979	1527	557	439	61	40	18		
2014	7873	1038	5324	810	701	455	94	36	17		
2015	8391	818	5909	815	849	651	128	39	29		
2016	6884	560	4478	700	1146	957	107	45	34		
2017	7428	653	5079	757	939	745	108	43	40		
2018	8087	549	5327	1296	915	703	128	40	42		
2019	11527	826	7552	1615	1534	1229	194	54	51		
2020	11695	963	6470	1930	2314	1916	269	55	53		
2021	12137	1120	6377	2154	2486	1283	281	52	47	628	174
2022	8017	344	4941	1061	1671	605	231	13	26	525	219

注：①资料来源国家粮油信息中心。
②自2021年起，海关将棕榈仁油、椰子油和亚麻籽油列入食用植物油，但未将棕榈油硬脂列入，本表中植物油进口量中包含棕榈油硬脂（包含在棕榈油中）。

在油料油脂的进口中，一些消费者喜爱的高端油料油脂的进口，诸如芝麻、亚麻籽和椰子油等进口情况（表8）。

表8　中国进口的其他油料油脂量　　　　　　　　单位：万吨

年份	芝麻	亚麻籽	红花籽	葵花籽油	花生油	橄榄油	亚麻籽油	椰子油	蓖麻油	棕榈仁油
2012	39.6	14.79	—	—	—	4.6	3.76	20.78	22.76	—
2013	44.1	18.06	0.94	43.9	6.1	4	1.83	13.07	23.19	—
2014	56.9	28.34	1.71	45.5	9.4	3.6	1.72	13.93	17.3	—
2015	80.6	36.03	2.83	65.1	12.8	3.9	2.87	14.46	22.7	—
2016	93.2	47.47	3.09	95.7	10.7	4.5	3.4	13.3	25.7	—
2017	71.2	34.0	4.0	74.5	10.8	4.3	4.0	13.0	27.0	—
2018	83.6	39.8	3.2	70.3	12.8	4.0	4.2	11.4	28.0	—
2019	81.5	42.7	2.96	122.9	19.4	5.4	5.1	17.23	25.24	—
2020	101.5	37.3	3.6	191.6	26.9	5.5	5.3	16.2	29.9	—
2021	117.4	39.1	3.65	128.3	28.1	5.2	4.7	17.4	33.86	62.8
2022	107.1	64.4	6.07	60.5	23.1	1.3	2.6	21.9	27.47	53.5

注：数据来自国家粮油信息中心和中粮集团，并加以整理制表。

在油料油脂进口的同时，我国每年也有一定数量的出口，2022年我国出口油料合计为102万吨，出口食用油脂合计为18万吨（表9）。另外，2022年我国还进口了豆粕5万吨，出口豆粕43万吨；进口菜粕221万吨（表9）。

表9　中国油料油脂出口与豆粕、菜粕进出口量　　　　　　单位：万吨

年份	油料出口	油脂出口	豆粕出口	豆粕进口	菜粕出口	菜粕进口
2012	101		123	5	7	50
2013	87		107	2	7	13
2014	87		209	2	4	26
2015	84	14	170	6	1	12
2016	87	12	188	2	11	50

续表

年份	油料出口	油脂出口	豆粕出口	豆粕进口	菜粕出口	菜粕进口
2017	110	20	97	6	1	97
2018	120	30	114	2	1	130
2019	116	27	97	1	1	158
2020	104	17	83	6	1	189
2021	93	12	89	8	1	203
2022	102	18	43	5	1	221

注：资料来源国家粮油信息中心。

4. 我国食用油市场产销情况分析

根据国家粮油信息中心提供的"中国食用油市场综合平衡分析"（表10），我们可以看到：2021/2022年度，我国食用油市场的总供给量为3714.0万吨，其中包括国产油料和进口油料合计生产的食用油产量3034.8万吨及直接进口的各类食用油合计679.2万吨；从表10中，我们还可以看到2021/2022年度，我国国内食用油的食用消费量为3425.0万吨，工业及其他消费为333.0万吨，出口量为14.7万吨，合计年度需求总量为3772.7万吨；年度食用油的消费总量为3758万吨（即食用消费量和工业及其他消费量之和，不含出口量），年度节余量 -58.7万吨。这样我们可以计算出，2021/2022年度我国食用油的自给率为35.9%（即2022年国产油料出油量1350.3万吨，与年度食用油消费总量3758万吨之比），与上年的自给率相比，提高了6.9个百分点。

表10　中国食用油市场综合平衡分析　　　　　单位：千吨

指标	2015/ 2016	2016/ 2017	2017/ 2018	2018/ 2019	2019/ 2020	2020/ 2021	2021/ 2022
生产量总计	27577	28799	29663	28910	29424	31023	30348
进口量总计	7231	7291.03	7519	10228	11597	12694	6792
年度供给量总计	34807.85	36089.98	37182	39138	41021	43672	37140
国内食用消费量总计	31650	33770	34500	35110	35450	37080	34250
工业及其他消费总计	3530	3700	3830	4670	5260	5465	3330
出口量总计	130	164	265	241	200	73	147

续表

指标	2015/ 2016	2016/ 2017	2017/ 2018	2018/ 2019	2019/ 2020	2020/ 2021	2021/ 2022
年度需求总量总计	35310	37634	38595	40021	41020	42618	37727
节余量总计	-503	-1544	-1413	-883	10	1054	-587

注：为便于读者查阅，本表做了简化。在"中国食用油市场综合平衡分析"表中，删去了生产量、进口量、国内食用消费量、工业及其他消费、出口量、年度需求总量和节余量中的大豆油、菜籽油、棉籽油、花生油、棕榈油及其他油脂的数据，只保留了总计一项数据。

另外，2021/2022 年度我国食用油年度消费总量为 3758 万吨，根据国家统计局发布的数据，2022 年末我国人口为 14 亿 1175 万人计算，2022 年我国人均食用油的消费量为 26.6 千克（表 11）。

表11　1996—2022年我国人均年食用油消费情况

年份	食用油消费量/万吨	人均年食用油消费量/千克
1996	1002.5	7.7
1998	1090.7	8.4
2000	1245.7	9.6
2001	1330	10.2
2002	1410	10.8
2003	1500	11.5
2004	1750	13.5
2005	1850~1900	14.2~14.6
2006	2271.7	17.5
2007	2509.7	19.3
2008	2684.7	20.7
2011	2777.4	20.6
2012	2894.6	21.4
2013	3040.8	22.5
2014	3167.4	23.2
2015	3294.6	24.1

续表

年份	食用油消费量/万吨	人均年食用油消费量/千克
2016	3426.5	24.8
2017	3751.5	26.6
2018	3849.6	27.3
2019	3978	28.4
2020	4071.0	29.1
2021	4254.5	30.1
2022	3758.0	26.6

注：①2006—2008年食用油消费量按国产油料扣去食用部分后的总折油量加上净进口前折油之和。

②1996—2008年的我国人均年消费按13亿人口计算；2011—2013年按13.5亿人口计算；2014年按13.6782亿人口计算；2015年按13.68亿人口计算；2016年按13.8271亿人口计算；2017—2018年按联合国网络发布的中国人口数为14.1亿人口计算。

③2020年的我国人口数，按国家公布的到2020年末，我国大陆总人口为140005万人计算；并从2020年起，在食用油消费量中不含出口量。2021年我国人口总数为14.1178亿计算，2022年我国人口总数为14.1175亿计算。

5. 几点感受

从统计数据和计算分析看，2022年我国油料生产、油料油脂进出口状况和国内食用油消费发生了许多历史性的变化，创造了多个历史之最，实属来之不易，值得我们倍加珍惜。

（1）八大油料产量创历史之最　在国家大力实施大豆和油料产能提升工程的推动下，2022年我国油料生产形势喜人，八大油料作物的产量首次超过7000万吨，达到7132.5万吨，创造了历史之最。在八大油料作物生产中，与2021年相比，除花生产量略有减少外，其余七大油料作物的产量均有较大和不同程度的增长，其中大豆产量达2028.5万吨，较2021年增加389万吨，增长23.7%，创造了我国大豆生产史上之最。与此同时，在利用国产油料榨油方面，2022年我国利用国产油料榨油的油料量首次超过4000万吨，达4155万吨，利用国产油料榨油榨得的食用植物油首次超过1350万吨，较2021年多榨得了47万吨食用油，充分表明只要领导重视、政策得力、措施有方，我国油料生产的发展潜力是巨大的，我们是有能力，让老百姓的"油瓶子"里尽可能多装中国油的。

（2）油料油脂进口数量双双下降，自给率明显提升　2022年，随着国产油料的增长、消费数量的下降，我国所有不同品种的油料油脂进口数量都有较大或不同程度的下降。在油料进口中，2022年各类油料合计进口数量较2021年下降了5.8%，其中油菜籽下降25.7%，在食用油进口中，2022年我国各类食用油的合计进口数量较2021年下降33.9%，其中大豆油下降 69.3%，菜籽油下降 50.7%，棕榈油下降 22.5%，葵花籽油下降 52.8%。

随着油料油脂进口数量的下降，国产油料作物产量的历史性增长，我国食用植物油的自给率明显提升，2022 年提高到 35.9%，较 2021 年的 29.0% 提高了 6.9 个百分点，这样高的自给率是近些年来没有见到的，当然要保持这样高的自给率可能有一定的难度，但发展趋势是看好的，我们要充满信心。

（3）我国人均年食用油消费量首次大幅下降 根据 2021/2022 年度我国食用油消费总量为 3758 万吨和 2022 年末我国人口为 14 亿 1175 万人计算，2022 年我国人均食用油的消费量为 26.6 千克，较 2021 年消费总量 4254.5 万吨，减少了 496.5 万吨，人均年消费量下降 3.5 千克。分析原因，一是受新冠肺炎疫情的影响，国内餐饮业、集体食堂和与油脂为原料的工业生产等行业都很不景气，用油数量减少多达 496.5 万吨。二是随着科普教育的加强，消费者对科学用油、健康用油和节约用油的理念逐步建立，不少消费者开始认识到，油不是吃得越多越好，但是随着疫情的变化和人们正常生活生产秩序的恢复，我国食用油的消费量还会有所反弹，但我们希望这种反弹是要有节制的，我们不希望看到我国人均年食用油消费量再超过 30 千克。与此同时，我们还可以看到，2022 年我国人均年食用油消费量由 30.1 千克减少到 26.6 千克，并没有对人们的营养与健康产生不良影响，充分表明将我国人均年食用油的消费量逐步降下来，是有可能的。

（三）全球主要油料油脂生产、消费等简要情况

1. 全球油料、油脂统计预测情况

根据中华粮网提供的资料，全球椰子干、棉籽、棕榈仁、花生、油菜籽、大豆和葵花籽等主要油料的总产量：2021/2022 年度预测为 60679 万吨；主要植物油产量（即椰子油、棉籽油、橄榄油、棕榈油、棕榈仁油、花生油、菜籽油、大豆油和葵花籽油之和）为 20848 万吨（表 12）。

表12 2023年1月份全球油料统计和预测　　　　　单位：百万吨

项目		2020/2021	2021/2022	2022/2023 1月（预测）
油籽	产量	607.76	606.79	641.94
	贸易量	192.03	178.64	196.97
	消费量	508.91	509.33	532.52
	期末库存	115.37	117.52	122.18

续表

项目		2020/2021	2021/2022	2022/2023 1月（预测）
油粕	产量	348.91	348.57	364.39
	贸易量	97.37	95.98	97.66
	消费量	345.02	345.58	358.75
	期末库存	18.33	17.77	18.25
植物油	产量	206.70	208.48	217.62
	贸易量	85.40	79.09	87.32
	消费量	204.63	203.91	213.07
	期末库存	28.50	29.38	29.60

注：①资料来源中华粮网。

②油籽产量包括椰子干、棉籽、棕榈仁、花生、油菜籽、大豆和葵花籽产量之和。

③植物油产量包括椰子油、棉籽油、橄榄油、棕榈油、棕榈仁油、花生油、菜籽油、大豆油和葵花籽油之和。

2. 全球及有关国家食用油消费情况

据中华粮网提供的资料，2021/2022 年度全球食用油消费量为 20391 万吨，其中中国、欧盟、印度、印度尼西亚和美国名列前五位，分别消费食用油 3652 万吨、2490 万吨、2270 万吨、2196 万吨和 1728 万吨（表 13）。这里需要特别说明的是，中华粮网提供的 2022 年我国食用油的消费量为 3652 万吨，与国家粮油信息中心提供的 2022 年我国食用油消费量为 3758 万吨相比较，少了 106 万吨，我认为其主要原因是前者不包括玉米油、稻米油及其他油脂的消费，所以前者的消费总量自然要少一些。由于消费量的不同，所以后面计算出来的人均年食用油消费量也有差异，这是很自然的。我觉得采用国家粮油信息中心提供的 2022 年我国食用油消费量为 3758 万吨是比较合适的。

表13　2022年全球及有关国家主要植物油消费情况　　　　单位：百万吨

国家（地区）	2018/2019	2019/2020	2020/2021	2021/2022 1月
中国	38.10	39.22	40.31	36.52
欧盟	25.46	25.60	25.57	24.90
印度	22.23	22.17	22.51	22.70
印度尼西亚	16.87	18.12	19.51	21.96

续表

国家（地区）	2018/2019	2019/2020	2020/2021	2021/2022 1月
美国	15.89	15.99	16.52	17.28
巴西	8.91	9.67	9.91	9.35
巴基斯坦	4.83	4.85	4.73	4.56
马来西亚	5.17	5.03	4.72	4.61
俄罗斯	3.52	3.54	3.63	3.78
泰国	3.11	3.16	3.16	3.17
孟加拉国	3.04	2.99	2.95	2.89
墨西哥	2.89	2.88	2.96	3.10
阿根廷	3.24	2.79	2.66	3.28
尼日利亚	2.18	2.37	2.46	2.55
土耳其	2.41	2.43	2.43	2.51
其他	40.09	40.47	40.61	40.76
总计	197.92	201.27	204.63	203.91

注：主要植物油包含椰子油、棉籽油、橄榄油、棕榈油、棕榈仁油、花生油、菜籽油、大豆油、葵花籽油。

3. 2022年全球及有关国家食用油人均消费情况

根据联合国发展规划署理事会公布的截至2022年2月全球人口为795400万人（表14），和中华粮网提供的2022年全球食用油的消费总量为20391万吨为依据，可以计算出2022年度全球人均年消费食用油为25.6千克，其中美国人均消费量为51.6千克、欧盟人均年消费量为33.3千克、俄罗斯人年均消费量25.9千克、印度人年均消费量为16.1千克（表15）。总的来看，2022年全球人均年食用油消费量的数量以及包括中国、美国、欧盟、印度等在内的国家和地区食用油的消费量均有不同程度的下降。

以上情况介绍供参考，不当之处请批评指正。

表14　世界及有关国家人口情况表

国家（地区）	人口数/万人	备注
全球	795400	
中国	141175	2023年1月17日中国公布的人口数

续表

国家（地区）	人口数/万人	备注
印度	140660	
美国	33480	
印度尼西亚	27910	
巴基斯坦	22950	
尼日利亚	21670	
巴西	21540	
孟加拉国	16790	
俄罗斯	14580	
墨西哥	13160	
欧盟	74857	

注：①本表的人口数来自联合国发展规划署理事会公布的数据，截至2022年2月的世界人口情况。

②中国的人口数采用了我国2023年1月17日公布的截至2022年末我国人口为141175万人。

③2022年8月，联合国在发表的《世界人口展望2022》中声称，到2022年11月15日全球人口将达到80亿，但至今尚未查到具体数据，所以目前只能以2022年2月的人口数为依据。

表15 2022年全球及有关国家人均年食用油消费量

国家（地区）	人口数/万人	年食用油消费量/万吨	人均年食用油消费量/（千克/人）
全球	795400	20391	25.6
中国	141175	3652	25.9
印度	140660	2270	16.1
美国	33480	1728	51.6
印度尼西亚	27910	2196	78.7
巴西	21540	935	43.4
巴基斯坦	22950	456	19.9
尼日利亚	21670	255	11.8
孟加拉国	16790	289	17.2

续表

国家（地区）	人口数/ 万人	年食用油消费量/ 万吨	人均年食用油消费量/ （千克/人）
俄罗斯	14580	378	25.9
墨西哥	13160	310	23.6
欧盟	74857	2490	33.3

注：①本表是作者根据中华粮网提供的2022年全球及有关国家食用油的消费量以及联合国发展规划署理事会公布的全球人口数，通过计算后得到的全球及有关国家食用油人均年消费量。

②中国人均年食用消费量在此表中为25.9千克/人，与表11中的人均年食用油消费量为26.6千克/人，相差0.7千克。造成差异的主要原因，此表中食用油消费量3652万吨不包括玉米油、稻米油和其他油脂的消费。

③本表是作者绘制的，不当之处请谅解。

第二章

规划与政策建议

一、对盐城市滨海新区粮油产业规划的建议

——为中国国际工程咨询有限公司提供的研究资料

（2016 年 12 月 29 日　于北京）

根据中国国际工程咨询有限公司的要求，下面我就"我国粮油加工业的概况""我国粮油加工业的发展特点和存在问题""国内外粮油加工业的研发重点""'十三五'粮油加工业的发展趋势""江苏省粮油加工业的有关情况"和"对盐城市滨海新区建设粮油加工产业的几点建议"介绍些情况和讲点建议，供参考。

（一）我国粮油加工业的概况

中国不仅是个人口大国，同时也是一个粮油生产大国、粮油进出口大国、粮油消费大国和粮油加工大国。2015 年我国年产稻谷 20825 万吨，小麦 13019 万吨，玉米 22458 万吨；2015 年八大油料的总产量为 5710.1 万吨。为满足市场的需要，2015 年我国进口粮食合计 3248.4 万吨，进口油料合计 8757.1 万吨，进口各类植物油 839.1 万吨。这些丰富的粮油资源为我国粮油工业的发展提供了重要的物质基础。

就粮油加工而言，我国的粮油加工能力之大、企业之多均属世界之最。粮油加工主要包括：稻谷加工、小麦制粉、玉米及杂粮加工、植物油加工和粮油加工机械设备的制造。粮油加工业是粮油再生产过程中的重要环节和基础性行业，是粮油产业化经营（或者说粮油经济产业链）中的重要组成部分，是搞活粮油经营、提升粮油附加值的不可缺少的中间环节，也是食品工业的基础产业。粮油加工业的产品与人民生活息息相关，是一个永不衰败的朝阳产业。

据国家粮食局统计，2014 年全国入统规模以上粮油加工企业 19366 个，其中，稻谷加工企业 9830 个、小麦加工企业 3066 个、食用植物油加工企业 1660 个、粮食食品加工企业 1333 个、饲料加工企业 2760 个。在 19366 个企业中，日加工能力 100~200 吨的企业 4990 个，占 25.8%；日加工能力 200~400 吨的企业 3686 个，占 19.0%；日加工能力 400~1000 吨的企业 2025 个，占 10.5%；日加工能力 1000 吨以上的企业 644 个，占 3.3%。

（二）我国粮油加工业的发展特点和存在问题

目前，我国的粮油加工业不但承担着我国粮油食品的加工、运输和储藏，同时还负责着我国粮油食品的安全。随着人民生活水平的不断提高，我国粮油市场上的粮油产品琳琅满目，粮油产品的质量有了质的飞跃。目前，我国粮油加工业已经是一个在国民经济中不可缺少的重要产业，是保障国家粮食安全的重要支撑力量。

"十二五"时期，是粮食行业发展极不平凡的5年。5年来，粮食行业各项工作取得显著成效，基础设施不断完善，产业实力逐步提升，行业发展呈现稳中求进、稳中向好的态势，有力保障了国家粮食安全。

1. 粮油加工业发展的主要特点

（1）企业规模不断扩大，大中型企业快速成长　从企业生产规模看，全国日处理原料在1000吨以上的粮油加工企业由2010年的429个，2014年增加到644个，增长了50.1%。在面粉加工企业中，河北五得利面粉集团日处理小麦能力超过3万吨，为全球第一。特别是油脂加工业，2014年，千吨以上的加工厂有180个，其中，中粮集团的张家港东海粮油，日处理油料能力达1.25万吨，是目前世界上日处理油料最大的油厂；广西防城港的大海油脂，日处理油料能力7500吨；河北秦皇岛的金海油脂，日处理油料能力7000吨；江苏连云港的益海油脂，日处理油料能力6000吨；河北三河汇福粮油，日处理油料能力6000吨。目前，天津滨海新区食用油产业集群日处理油料能力达到2.47万吨，为全国之首。另外，还有九三集团的广西防城港工厂、长春工厂、吉林工厂，汇福粮油的江苏泰兴工厂，山东三维油脂等的生产规模都在日处理大豆5000吨以上。这充分说明，我国粮油加工业的生产规模正在日趋大型化。

（2）技术进步明显，装备国产化程度提高　与国外相比，我国的粮油加工业已达到一个全新的水平，大型化、规模化、自动化的粮油加工厂比比皆是，现代化的粮油加工厂与国外先进国家的生产加工水平不相上下。我国粮油加工技术与装备已接近或达到国际先进水平。一批具有自主知识产权的淀粉加工成套装备、数字化色选机等装备进入了国际先进行列。

（3）粮油加工总量稳步增长，产品结构明显改善　据统计，我国2014年大米、小麦粉和食用油产量分别比2010年增长了35.3%、28.5%和42.9%。专用米、专用小麦粉、专用植物油及糙米、营养强化小麦粉、特种植物油等一批营养健康新产品的产量增加较快。小包装粮油产品发展迅速，其中小包装食用油由2010年的325万吨，提高到2014年987万吨，增长203.7%；又如，小麦粉中的专用粉比例不断提高。10年前，我国专用面粉的数量很少，其产量与整个面粉产量不成比例，近年来发展较快。据统计，2009年为552

万吨，2012 年达 938 万吨，3 年间增长 67%，平均每年增长 22.3%。

（4）产品质量不断提高，品牌效应显著增强　粮油加工企业，通过认真贯彻执行《中华人民共和国食品安全法》，产品质量不断提高，合格率明显提高。据统计，2010 年我国大米、小麦粉、食用植物油产品总体合格率达到 95% 左右，比 2005 年提高了 5 个百分点，近几年又有大幅提升。以小麦粉为例，2000 年国家质量技术监督局对北京、上海等 10 个省市区的 67 个粮油批发市场、集贸市场和超市抽取的 94 种小麦粉产品进行了抽查（只针对过氧化苯甲酰一项），结果只有 38 种合格，其中小包装产品合格率为 55.8%；大包装产品合格率为 27.5%。2014 年 5 月 4 日，国家食品药品监督管理总局发布了 16 号公告，公告上说，全国共抽取小麦粉样品 842 批次，覆盖全国 27 个生产省份的 604 家加工企业，小麦粉抽检合格率为 100%。一批粮油产品知名品牌对行业影响力和市场占有率迅速提升。

（5）多元主体已经形成，集约化程度不断提升　国有和国有控股、民营、外资等企业共同发展，相互竞争的格局已经形成。据统计，从企业数量看，在 2014 年我国粮油加工企业 19366 个，国有企业为 1240 个、民营企业为 17547 个、外资企业为 579 个，分别占 6.4%、90.6% 和 3.0%。从产能看，2014 年规模以上企业的稻谷加工能力为 33716 万吨，其中民营企业的产能为 30301 万吨，占 89.9%；国有企业的产能为 2967 万吨，占 8.8%；外资企业的产能为 448 万吨，占 1.3%。2014 年小麦粉加工产能为 21655 万吨，其中民营企业的产能为 19346 万吨，占 89.4%；国有企业的产能为 1325 万吨，占 6.1%；外资企业的产能为 984 万吨，占 4.5%。2014 年植物油料加工产能为 17217 万吨，其中民营企业产能为 11233 万吨，占 65.2%；国有企业的产能为 1957 万吨，占 11.4%；外资企业的产能为 4027 万吨，占 23.4%。

在发展中，涌现出了中粮集团有限公司、益海嘉里金龙鱼粮油食品股份有限公司、山东鲁花集团有限公司、中国储备粮管理集团有限公司、九三粮油工业集团有限公司和五得利面粉集团有限公司等一大批有实力、有影响力和集约化程度较高的企业集团。他们的发展壮大，对粮油加工的发展起到了示范和引领作用。

（6）龙头企业作用突出，集聚效应初步显现　粮油加工龙头企业积极推行产业化经营，有力带动农民增收，产业布局向主产区集中趋势明显，涌现出一批具有特色的粮油加工产业园区或集聚。在油脂加工领域形成了东北加工区、环渤海加工区、长江三角洲加工区、珠江三角洲加工区和西部加工区五大油料、油脂加工区。

2. 面临的主要问题

在肯定我国粮油加工业发展取得成绩的同时，我们也要看到一些亟待解决的问题，主要是粮油加工产能严重过剩，企业同质化竞争激烈，自主创新能力不强，产品结构单一，市场竞争力不强等问题。

（1）产能结构性过剩严重　粮油加工业发展方式仍然较为粗放，发展主要依赖规模扩张，产能结构性过剩严重，全国平均产能利用率 50% 左右，其中 2014 年全国稻谷加工产能利用率为 44.9%，面粉加工产能利用率为 59.5%，油料加工产能利用率为 52.2%，油脂精炼产能利用率为 53.9%。产业竞争力不强，区域发展不平衡。

（2）产业结构不尽合理　企业规模化、集约化水平仍然较低，布局不尽合理。初级加工产品多，产业链延伸不足。行业管理、服务滞后。

（3）自主创新能力不强　以企业为主体的技术创新体系尚未完全建立，核心技术和装备的研发与世界先进水平相比，仍有差距。粮油食品安全保障体系不够完善。

（4）节能减排任务艰巨　成品粮油过度加工问题突出，资源综合利用率较低，能耗、水耗和污染物排放指标偏高，节能减排任务艰巨。

（三）国内外粮油加工业的研发重点

1. 国外的研发重点

从全球范围总体看，美国、日本、欧盟、俄罗斯等发达国家和地区在本领域的科技创新与技术应用有特色且处于先进水平，值得我们学习借鉴，大体有以下 9 个方面。

（1）在美国、日本等发达国家及泰国、菲律宾等主产稻米的国家，积极研发高品质米制食品；对大米蛋白、大米淀粉、膳食纤维实施高效利用。现在，世界上有许多国家都在对米制品加工机制与品质控制进行研究。美国在玉米深加工的基础理论研究和新技术开发及应用领域均处于世界领先地位。在玉米淀粉生产方面，发达国家平均固形物利用率在98% 以上。小麦制粉利用生物技术的研究成果，采用安全、高效的添加剂改善面粉食用品质。

（2）国际上在油脂加工中引入了新材料和新技术，膜分离技术、酶脱胶技术被广泛用于植物油的精炼，酶促酯交换技术的应用极大地提高了产品得率。发达国家特别重视生物技术在油脂加工中的应用，一直致力于通过基因技术培育油料新品种。

（3）发达国家注重粮油加工生物转化技术，利用现代微生物技术、发酵工程技术对粮油加工过程中副产物如麸皮、谷糠、植物油提取废渣等废弃物进行资源化综合转化利用，提高了产品的附加值，降低了由废弃物带来的环境污染。

（4）美国等发达国家出台的食品检验方法数量大，检验技术的原创性强，发展在线监测、无损检测技术。国外许多国家系统地研究粮油质量安全评价指标体系，并不断开发仪器设备。日本对稻米质量品质形成了从"田间到餐桌"的评价体系。

（5）美国、加拿大、澳大利亚等国家信息化技术在粮食物流领域广泛应用，基本实现"四散"化操作，粮食仓储机械化程度高，产后损失少；从农场收购粮食到最终消费的全过程实施质量品质跟踪和安全控制；建有为种植者实时提供市场信息与风险分析服务的信息系统。

（6）发达国家更加关注对粮油营养素的新功能以及生物活性物质的研究。全谷物食品加工与储藏保鲜新技术研究是目前国外研究的热点。针对不同人群需求的多功能食用油系列产品的开发和生产已初具规模。富含生物活性成分的功能性油脂资源的开发不断取得新进展。

（7）欧美发达国家的系列饲料产品、饲料加工装备、饲料资源开发与高效利用技术等，总体水平处于领先地位。国际上饲料产品向精细化方向发展，目前在西方发达国家，以发酵饼粕及大宗低值蛋白质资源为基础生产生物饲料的加工、营养特性研究取得了显著的成就。

（8）发达国家面包主食产业现代化水平较高，主食产业化程度已达到80%以上。发达国家在发酵面食的特性研究方面做了大量系统而深入的工作，建立了现代冷链物流体系，对产品实施即时运行管理，加强了发酵面食营养性与健康性以及营养效价对粮食利用与节约的研究。

（9）美国、俄罗斯等通过卫星遥感、GPS定位系统对农作物种植密度、生长情况进行分析，对农作物产量、种植面积进行预测。粮食质量检测技术成熟，实现了粮食质量的可溯源机制。粮食加工大量采用CCD、计算机、侍服驱动系统等先进技术。

2. 我国粮油加工业的研发重点

按照国家的战略要求，"十三五"时期要确保全面建成小康社会的宏伟目标，确保全面深化改革在重要领域和关键环节取得决定性成果，确保转变经济发展方式取得实质性进展。结合粮油科学技术的实际，提出了今后5年即"十三五"期间的研究方向和研发重点。

（1）在粮食加工方面　为确保米面加工产品的质量与安全，要着重研究高效节能的小麦和稻谷加工工艺技术与装备；为适应主食工业化的发展趋势，要重点研究以米线和米饭为主的大宗米制品主食产业化工艺技术与设备和以面条、馒头、包子为主的大宗传统主食产业化工艺技术与设备；为了适应全谷物食品的发展趋势，要重点研究和开发营养均衡、适口风味的全谷物产品；为提高粮食副产品综合利用水平，要进一步研究米糠稳定化、稻壳生物发电等粮食加工副产物新技术。

（2）在油脂加工方面　为适应适度加工的需要，要研究植物油加工程度与营养品质和食用品质之间的关系；要根据木本油料的不同特性，系统性研究油茶籽、核桃、亚麻籽、文冠果、油用牡丹籽等木本油料的营养成分，开发出适应不同木本油料需要的加工工艺和装备；为了提高资源化利用水平，要进一步研发和推广米糠、玉米胚芽的集中制油和饼粕蛋白的高效利用；为了适应大型化、自动化、智能化和节能减排的需要，要进一步研究和开发大型成套高效节能油脂加工升级装备和自动化、智能化控制技术；为适应绿色、安全、环保和节能的需要，研究开发新型溶剂。

（3）在粮油质量安全方面　为确保粮油质量安全，建立健全质量安全体系，要研究按加工用途分类的粮油原料及产品质量安全标准；粮油全产业链质量安全风险监测代表性采样、快速筛查与确认技术规范；风险预警分析评估及预警信息定向推送技术规范；水土重金属污染与粮食重金属污染关系及风险预警模型；粮油储藏加工有害因子产生、变化与控制机理；转基因粮油基因成分加工迁移变化规律及食用安全评价。

（4）在粮食物流方面　根据现代粮食物流的发展趋势，要研究粮油物流综合信息服务决策支持平台；现代粮食物流作业与装备标准体系。要研发粮食物流高效衔接装备技术；单元化粮食物流新技术、新装备；标准化船型、装卸设施等内河散粮运输技术；粮食真空低温连续干燥技术设备；高大平房仓散粮进出仓清理和输送装卸设备；平房仓粮食集中接收、发放新工艺和成套装备。

（5）在粮食营养方面　根据《中国居民膳食指南》中有关粮油营养均衡的建议，要研究粮油健康消费指南、粮油成分和活性物质营养机理。要研发营养日餐基本模型及产品设计系统；新型营养强化粮油食品关键生产技术；减少加工过程中微量营养素损失的新技术和新产品；粮油中内源毒素和抗营养因子控制和降解新技术。

（6）在粮油信息与网络技术应用方面　为适应信息和网络技术快速发展的需要，要研究粮油目标价格、政策性粮食监管、预警预测、质量安全追溯、应急调度的辅助决策和信息服务决策支持模型；建立粮食行业的信息与网络化标准体系，有效保障粮食生命周期整个产业链条上各类生产经营与行业管理之间信息的互联互通；要研发基于大数据技术的粮情信息采集与获取技术；推动全产业链的管理信息化、生产智能化；建立"从田间到餐桌"的粮食质量全过程追溯体系。

（四）"十三五"粮油加工业的发展趋势

1. 要保持一定的增长速度

我国 GDP 增长目标定为 6.5%~7%，这预示着我国经济发展已转为中高速增长。根据这个总目标，从这几年粮油加工业的发展情况来看，我认为，粮油加工业在"十三五"期间增长速度定在每年递增 8%~10% 是有可能的，也是必须的。

2. 要重视去产能

根据粮油加工业"产能过剩"的实际（2014 年全国稻谷加工产能利用率为 44.9%、面粉加工产能利用率为 59.5%、油料加工产能利用率为 52.2%、油脂精炼产能利用率为 53.9%），要积极稳妥化解产能过剩，以提高粮油加工业的发展水平。要通过各种方式加快淘汰能耗高、效益差、产品质量无保障、管理粗放、水平低的落后产能；对于资产负债率高、长期处于亏损和停产半停产的"僵尸企业"，要通过兼并重组等方式稳妥处置；同时要积极支持基础实力强、管理水平高、市场前景好、发展潜力大的先进产能，继续发展壮大；要继续支持工业、物流园区建设，提高粮油加工业的发展水平。

3. 要转方式、调结构、去库存

根据近年来国内外粮油生产连续丰收、消费疲软不振、供需整体宽松以及"我国粮油库存之高前所未有"等实际情况，综合分析得出，"十三五"前期国内外粮油供求形势仍将延续总体宽松的格局（我国小麦供求基本平衡，玉米和稻谷阶段性过剩特征明显，特别是一些低端品种销路不畅，油料、油脂市场价格低迷）。根据这一现状，粮油加工企业有责任为处理好部分粮油品种阶段性过剩和适当消化部分现有粮油库存做出贡献，并以此推动粮食产业经济的发展。

与此同时，粮油加工企业要继续积极调整产品结构，转变发展方式。要加快开发"系列化、多元化、差异化和营养健康型"的粮油产品；进一步提高品牌意识，提高名、特、优、新产品的比重；要扩大专用米、专用粉和专用油的比重；积极发展全麦粉、糙米、杂粮制品和特种油脂；大力推进"绿色全谷物口粮工程"；要继续下大力推进主食品工业化生产，方便百姓生活；要进一步发展有品牌的米、面、油小包装产品，尤其要加快发展小包装食用油，以加快替代和取消市场上的散装食用油。

4. 要继续坚持粮油产品安全质量第一，继续倡导营养健康消费和适度加工

"食品安全责任重于泰山"。粮油产品的质量安全与国家粮食安全一样，都是"天大"的事。为此，粮油加工企业要认真学习贯彻新《中华人民共和国食品安全法》，认真做到不论在任何时候、任何情况下都必须把产品质量安全放在第一位，并在保证质量安全的前提下，要把"适口、营养、健康、方便"作为发展方向；要继续倡导适度加工，提高纯度，合理控制精度，提高出品率，最大程度保存粮油原料中的固有营养成分，最大程度防范粮油产品因过度加工而导致有害有毒物质的产生；要科学制修订好粮油产品质量标准，引领粮油加工业的健康发展，纠正粮油产品的"过精、过细、过白和油色过淡"等过度加工现象；要广泛进行科普宣传，引领科学消费、合理消费、健康消费。

5. 要继续大力推进主食品工业化生产

"十三五"是我国全面建成小康社会的最后 5 年，人民生活水平将进一步提高，生活节奏将进一步加快。为方便百姓生活，粮油加工企业要把发展主食品工业化生产看作是向精深加工延伸，是调整产品结构的重要组成部分，是企业增收、方便百姓的有效途。争取到 2020

年，我国生产的各类粮油主食品总产量由 2013 年的 2310 万吨提高到 4000 万吨以上，占大米、面粉用量的 20% 以上。要重视马铃薯主食品的开发利用，促进马铃薯产业的健康发展。

6. 要继续重视资源的综合利用，提高经济效益

粮油加工中生产出的副产物很多，这些副产物都是社会的宝贵资源，必须充分利用。当前，这些资源利用的重点仍然应放在大力推广米糠和玉米胚芽的集中制油上；放在稻壳、皮壳作供热和发电上；放在提高碎米、小麦胚芽、玉米胚芽和麸皮等副产物的综合开发利用上；放在油料饼粕的最佳有效利用上。尤其是在米糠利用上，国家要重视米糠资源的利用，要像重视和支持发展大豆、木本油料生产一样支持米糠资源的进一步开发利用。目前我国拥有 1400 多万吨的米糠资源，但米糠榨油的利用率不足 20%。建议国家采取奖励政策，推动米糠资源的高效利用，争取到 2020 年，使我国的米糠制油利用率达到 70%~80%，达到或接近国际领先水平，为国家多增产 100 万吨稻米油，为我国食用油自给率提高 3 个百分点做出贡献。

7. 要重视安全文明、绿色环保和节能减排

粮油加工企业要继续强调必须加强安全生产、清洁生产和文明生产，做到绿色生产、节能减排、保护环境、节约能源。要把安全文明生产、绿色生产、保护环境和节能减排等作为今后粮油加工业发展的永恒主题。

8. 要重视关键技术装备的创新开发研制

为适应我国粮油加工业不断发展的需要，我们要通过自主创新，把粮油机械制造业的发展重点放在大型化、自动化、智能化和专用化上；放在开发节能降耗，适应清洁生产综合利用和适度加工的需要上；放在研究和开发生产各种主食品加工、小杂粮和木本油料的加工设备制造上；放在马铃薯主食品加工技术和成套设备的研制上。我们还要重视研发低破碎率稻谷碾米关键技术和设备；大豆和双低油菜籽等新型溶剂连续浸出工艺技术和设备；馒头、包子等大宗发酵主食产业化工艺技术和设备；发酵面食保鲜工艺与设备；脱水即食米饭和传统米制品加工关键装备；节令性米面制品成套自动化、智能化加工关键技术与装备等，以适应粮油加工业发展的需要。

9. 进一步实施"走出去"战略

为认真贯彻"一带一路"倡议，推动粮油加工产品及粮油机械设备更好地走出国门，粮油加工企业要进一步实施"走出去"战略。根据这些年的实践，粮油加工业"走出去"要在国家政策的支持下，要以粮油机械产品走出去为先导，走与加工企业、科研设计单位

联合走出去之路。通过走出去不仅让当地百姓受益，还要在有条件的地方发展粮油生产、贸易，培育出具有国际竞争力的大粮商。

（五）江苏省粮油加工业的有关情况

由于我没有看到有关江苏省粮油加工业的有关资料，所以对其现有产业的基本情况和布局不太了解。根据国家粮食局的统计资料以及我平时掌握的情况，提供如下情况介绍，供参考。

1. 江苏省是全国粮油加工业发展的引领者

江苏与山东、湖北一样，是全国粮油加工业发展的引领者，为我国粮油加工业的发展做出了贡献，主要表现在以下几个方面。

（1）以江苏无锡为代表的制粉工业，是我国现代制粉工业的发源地；江苏的现代碾米工业遍及全省；以东海粮油工业（张家港）有限公司为代表的日处理油料加工能力达1.25万吨的大型现代化油脂加工企业，不仅是中国最大的油脂加工企业，也是当今世界最大的油脂加工企业。

（2）江苏是粮油人才的培养基地，江南大学是业内公认的培育全国粮油人才的最高学府。

（3）以原粮食部无锡粮食科学研究设计院（现为无锡中粮工程科技有限公司）为代表的粮油研究机构，为我国现代粮油加工业的发展提供了技术支撑。

（4）以无锡（布勒）机械技术服务有限公司为代表的制粉设备、以佐竹机械（苏州）有限公司和无锡（布勒）机械技术服务有限公司为代表的碾米设备、以迈安德集团为代表的大型成套制油装备、以牧羊集团有限公司和正昌集团有限公司为代表的饲料成套加工装备等当今世界水平的设备制造企业都坐落在江苏，他们不仅为我国现代粮油加工业的发展提供了最好的装备，并且其产品大量出口国外，提升了我国粮油加工业的国际地位。

2. 江苏省的粮油加工业占据了全国较大的份额

根据统计资料，江苏省的粮油加工业在全国有着较大的份额。在企业数量方面，2014年在全国9830个稻谷加工企业中，江苏有575个，占5.8%；在3066个小麦粉加工企业中，江苏有221个，占7.2%；在1660个植物油加工企业中，江苏有121个，占7.3%；在全国95个粮油机械制造企业中，江苏有27个，占28.4%。在生产能力方面，2014年在全国稻谷加工处理能力33716万吨中，江苏省为2592万吨，占7.7%；在小麦加工处理能力21650万吨中，江苏省为2082万吨，占9.6%；在油料处理能力17217万吨中，江苏省为 2146 万吨，占 12.5%。

在经济技术指标方面，2014 年在全国 25734.6 亿元的工业总产值中，江苏省为 2344.2 亿元，占 9.1%；在 25488.5 亿元的产品销售收入中，江苏省为 2350.8 亿元，占 9.2%；在 971.6 亿元利税总额中，江苏省为 61.1 亿元，占 6.3%；在 635.1 亿元的利润总额中，江苏省为 38.7 亿元，占 6.1%。由此可见，江苏省的粮油加工业在全国粮油加工业中有着举足轻重的地位。

3. 大型骨干企业已布满长江沿江码头

在江苏境内，不仅大中型粮油骨干企业遍及大中城市，并充分利用交通便捷的长江沿江码头，建设成了各有特色的粮油产业园区或产业集群，闻名全国，诸如南通港、张家港、靖江粮食产业园、镇江港、泰州港、连云港等，吸引了中粮集团、益海嘉里金龙鱼粮油食品股份有限公司、嘉吉粮油（南通）有限公司、三河汇福粮油集团、天津聚龙嘉华投资集团和中国储备粮管理集团有限公司等国内外著名企业在那里投资，安家兴业，并建成了一批有影响力的油脂加工企业（附件 1）。

4. 江苏省粮油加工业在发展中面临的一些问题

江苏省的粮油加工业在发展中取得了许多成功的经验，为我国粮油加工业的发展做出了贡献，但也同样面临着许多困难与挑战。

（1）中小企业偏多，市场竞争能力不强。目前在江苏省的粮油加工企业中，仍以中、小企业为主（全省日加工能力 400 吨以上的企业只占企业总数的 18%），技术含量不高，初加工、精加工产品多，市场竞争力不强。

（2）与全国粮油加工业一样，产能利用率不高，尤其是稻谷加工产能利用率只有 49.74%，淘汰落后产能的任务十分繁重。

（3）"大路货"、附加值低的粮油产品居多，供给侧结构性改革任务艰巨。

（4）粮食主食品工业化产生发展速度缓慢，不能满足百姓生活节奏日益加快的需要。

（5）粮油加工副产物规模化综合利用水平低，米糠、碎米、麦麸、小麦胚芽以及稻壳等利用率不高。

（6）确保粮油产品安全优质、营养健康任重道远，贯彻好清洁生产、节能减排、节能减损的粮食循环经济的任务艰巨等，解决好这些问题，既有困难，也是机遇。

（六）对盐城市滨海新区建设粮油加工产业园区的几点建议

鉴于我不了解盐城市滨海新区情况，也不了解盐城市粮油加工业的现状，所以对盐城市滨海新区是否适合发展粮油加工产业，提不出较为切合实际的建议。我就以"如果在盐城市滨海新区发展粮油加工产业"讲几点建议吧！

1. 做规划前先参观取经

鉴于目前在港口开发区或城市开发区发展粮油加工产业的成功做法有建设"粮油产业集聚区"和"粮油产业园区"两种，其中天津临港经济区粮油产业园、日照开发区粮油产业园、靖江粮食产业园、广西防城港粮油产业集聚区、秦皇岛粮油食品加工业产业集群、山东博兴经济开发区粮油产业集群和中粮成都产业园等具有代表性（粮油产业集群或园区资料介绍见附件2）。建议盐城市滨海新区在做规划前，选择几个粮油产业集群或园区参观取经。

2. 注意做好引领和示范工作

从感觉上分析，盐城市滨海新区的地理环境及其他优势不一定优于上述滨海新区和经济开发区。为此，必须创造更加优惠的政策措施，才能吸引著名的中外企业"入群"。并在开创初期，先将本地有实力的粮油加工企业迁入滨海新区，以起引领和示范作用。

3. 优选"高技术入群"进驻园区

要鼓励和发展精深加工的粮油加工企业以及拥有高新技术的粮油加工企业"入群"。少发展乃至不发展技术含量低，以初加工、粗加工产品为主的企业"入群"。发展粮油产业集群或园区，要坚持"入群"标准，不能降低标准，急于求成，不能拼凑，搞所谓的轰轰烈烈。最后提供附件1~2，供参考。

附件1

江苏省大型油脂加工企业名录

序号	单 位	种类	产能
1	邦基（南京）粮油有限公司	大豆加工	2000吨
2	江苏省江海粮油集团有限公司	大豆加工	4000吨
3	中储粮镇江粮油有限公司	大豆加工	9500吨
4	江苏中海粮油工业有限公司（位于扬中）	大豆加工	6000吨
5	东海粮油工业（张家港）有限公司	大豆加工	12000吨
6	明发国际油脂化工（泰兴）有限公司	大豆加工	3500吨
7	泰兴市振华油脂有限公司	大豆	7000吨
8	益海（泰州）粮油工业有限公司	大豆	6000吨
9	江苏汇福油脂科技有限公司	大豆	12000吨
10	嘉吉粮油（南通）有限公司	大豆	5000吨
11	南通来宝谷物蛋白有限公司	大豆	3000吨
12	南通一德实业有限公司	大豆	1200吨
13	益海（连云港）粮油工业有限公司	大豆	4000吨
14	江苏北大荒油脂有限公司（位于盐城）	油菜籽	1200吨
15	海油碧路南通生物能源蛋白饲料有限公司	大豆	4000吨
16	溧阳市正昌油脂有限公司	油菜籽	400吨
17	金利油脂（苏州）有限公司	油菜籽	700吨
18	江苏金洲粮油食品有限公司	大豆	1000吨
19	南通家惠油脂发展有限公司	大豆	3000吨
20	新实力食品科技（南京）有限公司	分提	600吨
21	靖江龙威粮油工业有限公司	分提 精炼	3600吨 2000吨

附件2
———

有代表性的粮油产业集群或园区资料介绍

1. 天津临港经济区粮油产业园

临港经济区作为滨海新区重要功能区，是国家循环经济示范区和国家新型工业产业示范基地，粮油食品产业园已被纳入"国家粮食加工业'十二五'发展规划"。2011年临港经济区总引资近2000亿元，形成六大产业集群，粮油加工是其中一大产业集群。临港经济区粮油产业园占地面积已经到4.6平方千米，总投资超过200亿元。数据显示，2011年滨海新区粮油食品产业完成工业总产值813.6亿元，同比增长77.5%。2012年中粮集团、北京粮食集团、印度尼西亚金光集团等8家大型粮油加工企业已先后落户，总投资规模超过160亿元，主要进行粮油食品精加工与深加工。目前，临港经济区将形成以中粮集团、北京粮食集团、印度尼西亚金光集团为龙头，年工业总产值达1000亿元的粮油加工产业集群，形成产业布局分工明确、项目集中建设、资源有效配置、交通便利、贴近市场的集粮油、食品、生物、研发和交易于一体的我国北方最大的粮油食品综合加工基地。作为天津滨海新区建设国家级粮油综合加工基地的配套服务组织形式，2011年经滨海新区人民政府批准，天津粮油商品交易所在临港经济区建立。

2. 日照开发区粮油产业园

日照开发区粮油产业园成立于2007年，是依托港口开发建设的大型现代粮油加工和物流集散的工业园区，占地3000亩。目前已有9个项目入驻，项目总投资达200亿元，分别是由华能国际电力股份有限公司投资92亿元建设的华能电厂；由海宁福地农业有限公司控股，总资产4亿元的山东新良油脂；由美国邦基公司与山东三维油脂共同投资4.9亿元建设的邦基三维油脂；由中纺粮油进出口有限责任公司投资4.2亿元建设的中纺粮油；由中国储备粮管理集团有限公司投资4.5亿元建设的中储粮油项目；由山东省粮油集团总公司投资2500万元建设的省粮油石臼储备库项目；由凌云海集团投资35亿元建设的凌云海糖业、油脂和编织袋项目。

据2011年数据：新良油脂、邦基三维油脂、凌云海糖业、省粮油石臼储备库、中储粮油、中纺粮油、华能电厂7个项目已建成投产；在建项目中，中储粮油三期精炼油项目、中纺粮油二期油脂项目、凌云海大豆加工项目将于 2011 年建成试生产；凌云海编织袋项目已开工建设；新良技改、凌云海系列项目顺利推进。以上项目全部建成投产后，粮油产业园年加工大豆能力可达 800 万吨，油脂加工量达到 300 万吨，食糖 300 万吨，预计可实现工业产值 700 亿元。

届时开发区将成为全国首位的集粮油储备、物流、加工于一体的综合性粮油产业基地。

3. 靖江粮食产业园

靖江粮食产业园 2006 年开始规划建设。2007 年被国家确定为粮食 6 大通道中 50 个粮食物流节点之一，2009 年被江苏省商务厅命名为"特色产业园"，被靖江市政府确定为靖江沿江经济"五大产业支柱"之一。

靖江粮食产业园规划长江岸线 1 千米、粮食产业园区 2.5 平方千米，粮食产业园已累计投入建设资金近 20 亿元，建起了万吨级长江码头和可以停靠 5000 吨以下船舶的内河港，建设了立筒仓、平顶仓等设施，2011 年，靖江粮食产业园仓储能力达 55 万吨，港口货物吞吐量 500 万吨，贸易额 32 亿元，粮油加工销售额 50 亿元，并成功引进靖江龙威粮油工业有限公司、重庆粮食集团两个龙头加工企业，以及江苏省扬子江现代粮食物流中心、南方小麦交易市场有限公司两个现代物流企业。

靖江已发展成为国内最大的国产弱筋小麦集散地和优质中高筋红小麦集散地，同时还是黄淮海小麦流向南方销区的主要通道之一。

4. 广西防城港粮油产业集聚区

"十一五"期间，防城港市粮油加工产业不断聚集壮大，大海粮油工业（防城港）有限公司、嘉里粮油（防城港）有限公司、岳泰饲料有限公司、惠禹饲料蛋白（防城港）有限公司、上上糖业有限公司等大型粮油加工企业建成投产，2013 年粮油加工业产值达 180 亿元左右，占全市规模以上工业总产值的 40%，粮油食品产业已成为防城港工业经济的重要支柱。防城港是中国最大的粮油加工基地之一。

2012 年前三季度，防城港市粮油加工业产值达 176 亿元，同比增长 29.25%，占全市规模以上工业总产值的 32%，其中食用植物油产量 1213687 吨，同比增长 45.45%；销售量为 1152076 吨，同比增长 36.87%。2012 年 1—9 月，防城港市粮油行业共上缴增值税 6100 万元，同比增长 113.7%，增收 3246 万元。未来 5 年，防城港市将围绕做大做强做优粮油食品工业，加快发展粮油精深加工、生物饲料加工、食品加工、仓储物流及粮油加工配套的上下游产业，重点发展产业园区和培育产业集群，逐步形成 500 亿元粮油食品产业，预计到 2020 年，销售收入达 800 亿元。

5. 秦皇岛粮油食品加工业产业集群

秦皇岛粮油食品加工业产业集群位于该市经济技术开发区，现有生产企业 20 家（其中生产规模企业 7 家），配套生产企业 10 家，配套服务企业 30 家，年营业收入达到 169 亿元，安置就业人员 8000 人。集群龙头企业为秦皇岛金海粮油工业有限公司，年营业收入 100.4 亿元；集群现已建立行业协会。在大型龙头企业的带动下，秦皇岛粮油食品加工业产业集群必将进一步壮大。

6. 山东博兴经济开发区粮油产业集群

山东博兴经济开发区粮油产业集群主导产业为粮油加工和深加工，包括大豆、玉米、棉籽等初级加工以及精炼，大豆油脂、大豆蛋白、淀粉、果糖等农产品精深加工。现已形成了 7000 吨/天大豆加工生产能力，40 万吨/年精炼食用油能力，30 万吨/年棉籽加工能力，30 万吨/年玉米加工能力，年产大豆分离蛋白 2.6 万吨、组织蛋白 1.4 万吨、玉米淀粉 20 万吨、果糖 10 万吨，2012 年粮油产业集群实现主营业务收入 350 亿元，粮油加工行业为本地的经济发展做出了举足轻重的贡献。

博兴经济开发区粮油产业集群知名企业主要有：山东渤海实业集团有限公司、山东香驰粮油有限公司、山东新鑫海粮油工业有限公司、山东好禾油脂有限公司。上下游配套企业分别为热电、香驰粮油、果脯糖浆、淀粉。产业园内依托山东渤海油脂工业有限公司和山东香驰粮油有限公司等粮油加工企业为主导产业，形成了大豆产业链和棉籽深加工产业链。

集群主导产品是食用油、粕类及粘胶纤维，国内市场占有率分别为 3%、3% 和 4%。集群产品拥有专利 14 项，主要品牌"美食客""香驰"系列食用油均为山东名牌产品。

7. 中粮成都产业园

中粮集团全国首个综合产业园位于四川成都天府新区新津片区的中粮成都产业园，于 2012 年 6 月竣工投产，拥有年产 150 万吨粮油食品加工能力和 47 万吨仓储规模。中粮成都产业园是落实集团打造"具有国际水准全产业链粮油食品企业"战略的第一个样板产业园，是我国西南地区最大的农产品加工和仓储物流基地。成都产业园占地 1253 亩，将为四川粮食调控提供有力保障，同时辐射整个西南地区，成为国家"北粮南运"的西部主通道基地。

中粮成都产业园紧邻成都市现代物流四大园区之一的新津物流园区，年吞吐量达 2000 万吨；同时，新津及周边地区已初步聚集了以希望集团、通威饲料有限公司、三旺饲料有限公司、白象食品股份有限公司等为代表的一大批食品、饲料生产加工企业，产业园落户后不仅有利于各项目贴近终端客户，还将与现有的中储粮粮油储备、加工项目共同发展，形成产业聚集，带动新津成为西南地区最大的粮油加工基地和物流交易集散地。

二、我国小包装食用油的发展现状及前景

——为编制"十三五"粮油加工业现状及发展规划提供的资料

（2016 年 3 月 10 日）

（一）近 5 年来我国食用植物油的消费情况

根据国家粮油信息中心提供的"中国食用油市场综合平衡分析"中我们可以清楚地看到，2014/2015 年度，我国食用油的需求总量（即消费量）为 3294.6 万吨，其中食用消费量为 2960 万吨，工业及其他消费为 320 万吨，出口量为 14.6 万吨（表 1）。

表 1 近 5 年来我国食用植物油的消费情况   单位：万吨

年度	2010/2011	2011/2012	2012/2013	2013/2014	2014/2015
年度需求总量（消费量）	2774.4	2894.6	3040.8	3167.4	3294.6
食用消费量	2525.0	2630.0	2755.0	2860.0	2960.0
工业及其他消费量	250.0	255.0	275.0	295.0	320.0
出口量	12.4	9.6	10.8	12.4	14.6

（二）总消费量中各主要油品的消费情况

以 2014/2015 年度为例，我国食用植物油的总消费量为 3294.6 万吨，其中大豆油为 1410.7 万吨、菜籽油为 630.5 万吨、棕榈油为 570 万吨、花生油为 261 万、棉籽油为 130.9 万吨、其他油脂为 291.5 万吨（表 2）。

表 2 在我国食用植物油总消费量中各主要油品消费情况   单位：万吨

年度	2010/2011	2011/2012	2012/2013	2013/2014	2014/2015
总消费量	2777.4	2894.6	3040.8	3167.4	3294.6

续表

年度	2010/2011	2011/2012	2012/2013	2013/2014	2014/2015
大豆油	1100.2	1186.0	1253.4	1319.4	1410.7
菜籽油	550.4	550.4	550.6	580.6	630.5
棉籽油	125.3	130.2	135.1	135.4	130.9
花生油	231.0	240.9	250.6	256.0	261.0
棕榈油	555.0	560.0	600.0	610.0	570.0
其他油脂	215.5	227.1	251.1	266.0	291.5

在 2014/2015 年度中，我国食用消费量为 2960 万吨，其中大豆油为 1280 万吨、菜籽油为 630 万吨、棉籽油为 130 万吨、花生油为 420 万吨、棕榈油为 260 万吨、其他油脂为 240 万吨（表 3 ）。

表3　在我国食用消费中各主要油品的消费情况　　　单位：万吨

年度	2010/2011	2011/2012	2012/2013	2013/2014	2014/2015
总消费量	2525	2630	2755	2860	2960
大豆油	1000	1080	1140	1200	1280
菜籽油	550	550	550	580	630
棉籽油	125	130	135	135	130
花生油	440	440	470	470	420
棕榈油	230	240	250	255	260
其他油脂	180	190	210	220	240

（三）我国小包装食用油灌装能力及小包装食用油产量情况

以 2014 年为例，根据国家粮食局的统计，我国小包装食用油的灌装能力为 2001 万吨，小包装食用油的产量为 987 万吨（表 4 ）。

这里需要说明的是，中包装餐饮油脂没有统计数据。经有关专家估计，在食用植物油的食用消费中，家庭用油约占 50%、餐饮及单位用油约占 35%、食品糕点专用油约占 15%。而小包装食用油主要进入家庭消费，中包装食用油主要进入餐饮及单位用油。

表4　我国小包装灌装能力及小包装食用油产量情况　　　　单位：万吨

年度	2010	2011	2012	2013	2014
小包装食用油灌装能力	853	962	1601	1685	2001
小包装食用油产量	325	507	650	1006	987

（四）我国前三位企业小包装食用油及中包装餐饮食用油的生产情况

我国小包装食用油的生产情况没有按企业统计排名，但根据市场的了解，专家们认为，我国小包装食用油的企业，其前三名的排名应该是益海嘉里金龙鱼粮油食品股份有限公司、中粮集团和山东鲁花集团。

据悉：2015 年，益海嘉里金龙鱼粮油食品股份有限公司生产经营成品食用油脂总量为 800 万吨，其中小包装食用油为 380 万吨、中包装餐饮油脂为 100 万吨。

2015 年中粮集团生产销售成品食用油约 390 万吨，其中小包装食用油 150 万吨、中包装餐饮油 40 万吨、散油约 200 万吨。

2015 年山东鲁花集团生产各种食用油脂 80.9 万吨，全部以小包装对外销售，没有中包装餐饮用油，也没有散装油出售。

（五）未来的发展趋势

由于散装食用油从工厂到餐桌，其间要经过储运、配送、批发、分装和销售等多个环节，每个环节都有混入其他油脂甚至有害污染物的可能；散装食用油包装物往往多次重复使用，容易因清洗不彻底而造成残留物污染；易被一些不法商贩利用，掺假造假等，对食用油的安全造成严重影响。为此，欧美、日本等发达国家早就取消了散装食用油在食用油市场上的销售。

为确保食用油的质量与安全，各地根据《中华人民共和国食品安全法》的要求，先后宣布在食用油的销售中，取消散装食用油在市场上的销售。至今，我国北京、上海、长沙、武汉、西安及深圳等地已经不允许在市场上出售散装食用油了。

取消散装食用油，发展小包装和中包装食用油是"十三五"油脂工业的发展方向，也是油脂加工企业调结构、增效益的重要举措。

三、对制定"十三五"粮油加工业发展规划的几点建议

——在"全国首届粮食科技成果转化、对接、推介活动"上的讲话

（2016 年 5 月 17 日　于湖北武汉）

很高兴来到美丽富饶的江城——武汉，参加由中国科学技术协会和国家粮食局联合主办的"全国首届粮食科技成果转化、对接、推介活动"，刚才聆听了徐鸣局长、甘荣坤省长等领导的重要讲话，深受启发和鼓舞。

近几年来，在国家粮食局的谋划和领导下，粮安工程的组织实施、粮食安全由省长负责制改为省长责任制，以及国家有望颁发《中华人民共和国粮食法》等几件大事振奋着粮食人。与此同时，粮食科技取得了卓越的成就。现在粮食行业更加注重科技投入，更加注重科技成果的"落地"转化，我们相信通过本次"全国首届粮食科技成果转化、对接、推介活动"必将进一步振兴粮食科技，推动粮食产业经济的发展。根据本次活动的安排，我就以《对制定'十三五'粮油加工业发展规划的几点建议》为题，讲点意见，供大家参考。

（一）对"十二五"粮油加工业发展规划实施情况的预测

近年来，我国粮油加工业受国内外粮油消费疲软、价格低迷、"国际原油价格连连跌至谷底"以及生产成本不断上升等原因影响，在发展中，尤其是在经营中遇到了许多新情况与新问题。粮油市场上成品粮油价格低迷不振，出现了"稻强米弱""麦强粉弱""油脂价格跌至 10 年前的水平"等不正常现象，导致粮油加工企业普遍遇到经营困难，效益下降。

在困难面前，粮油加工战线上的广大职工依靠科技，通过转型升级、开发新产品、节能降耗、增收节支等措施，使粮油加工业仍然保持在较好的发展势头上。根据粮油加工业的统计资料，2014 年与 2013 年相比，除了产能利用率和资产负债率两项指标不如 2013 年外，其余指标，如生产能力、大型企业数量、产品产量、工业总产值、产品销售收入、利税总额、利润总额以及主食品工业化生产、综合利用和粮油机械生产情况等都好于

2013 年。

"十二五"期间，2014 年与 2010 年相比：日处理 400 吨以上的大型企业数量 2014 年为 2669 家，较 2010 年 1627 家增长 64.4%，4 年平均增长 16.1%；工业总产值 2014 年为 25734.6 亿元，较 2010 年的 15408.9 亿元增长 67.01%，4 年平均增长 16.75%；产品销售收入 2014 年为 25488.5 亿元，较 2010 年的 15283.8 亿元增长 66.77%，4 年平均增长 16.69%；利税总额 2014 年为 971.6 亿元，较 2010 年的 624.8 亿元增长 55.51%，4 年平均增长 13.88%；利润总额 2014 年为 635.1 亿元，较 2010 年的 432.8 亿元增长 46.40%，4 年平均增长 11.69%。

由于 2015 年全国粮油加工业的统计数字还没有出来，所以至今还不能完整评估"十二五"粮油加工业的发展情况。但根据前 4 年的情况，我估计"十二五"期间，全国粮油加工业 GDP 的平均增长在 15% 以上；利税总额平均增长在 12% 以上是有把握的。由此，我们可以相信，我国粮油加工业在"十二五"发展规划中制定的主要经济技术指标是可以完成的。这也充分表明我国粮油加工业的发展势头总体是好的。

（二）对制定《粮油加工业"十三五"发展规划》的几点建议

今年是我国经济发展"十三五"开局之年，也是粮油加工业"十三五"发展开局之年。当前，我们要科学制定好"十三五"粮油加工业发展规划，这对顺利实现粮油加工业"十三五"发展目标意义重大。前些天，我认真拜读了任正晓局长在"全国粮食流通工作会议"上的讲话，根据任正晓局长的讲话精神，结合自己的一些想法，我觉得以下一些内容不仅是粮油加工业今后的发展趋势，也是在"十三五"规划中应重点予以研究的。

1. 关于科学制定好《粮油加工业'十三五'发展规划》的指导思想

为制定好规划，我们首先要认真学习领会和贯彻中央精神，尤其是要贯彻党的十八届五中全会和中央经济工作会议提出的"创新、协调、绿色、开放、共享"的新发展理念和 2016 年供给侧结构性改革中提出的"去产能、去库存、去杠杆、降成本、补短板"的"三去一降一补"主要任务，作为编制规划的指导思想。

与此同时，我们还要认真贯彻今年年初召开的"全国粮食流通工作会议"提出的要推进和着力打造稳健管用的粮食安全保障制度体系、效益良好的粮食产业经济体系、生态环保的现代粮食仓储物流体系、互惠共赢的粮食流通产业国际合作体系、惠及城乡居民的优质健康粮油产品供应体系的五大体系建设，并要与国家粮食局正在组织实施的"粮安工程"有机结合起来。

2. 关于增长速度

我国 GDP 增长目标定为 6.5%~7%，这预示着我国经济发展已转为中高速增长。根据这个总目标，从这几年粮油加工业的发展情况来看，我认为，粮油加工业在"十三五"期间增长速度定在每年递增 8%~10% 是有可能的，也是必须的。

3. 要重视去产能

根据粮油加工业"产能过剩"的实际（2013 年全国稻谷加工产能利用率为 43.6%、面粉加工产能利用率为 61.1%、油料加工产能利用率为 52.2%、油脂精炼产能利用率为 56.0%），我们要积极稳妥化解产能过剩，以提高粮油加工业的发展水平。我们要通过各种方式加快淘汰能耗高、效益差、产品质量无保障、管理粗放、水平低的落后产能；对于资产负债率高、长期处于亏损和停产半停产的"僵尸企业"，要通过兼并重组等方式进行稳妥处置；与此同时，我们要积极支持基础实力强、管理水平高、市场前景好、发展潜力大的先进产能，继续发展壮大；要继续支持工业、物流园区建设，提高粮油加工业的发展水平。

4. 要转方式、调结构、去库存

根据近年来国内外粮油生产连续丰收，消费疲软不振，供需整体宽松以及"我国粮油库存之高前所未有"等实际情况，综合分析得出，"十三五"前期国内外粮油供求形势仍将延续总体宽松的格局（我国小麦供求基本平衡，玉米和稻谷阶段性过剩特征明显，特别是一些低端品种销路不畅，油料、油脂市场价格低迷）。根据这一现状，粮油加工企业有责任为处理好部分粮油品种阶段性过剩和适当消化部分现有粮油库存做出贡献，并以此推动粮食产业经济的发展。

与此同时，粮油加工企业要继续积极调整产品结构，转变发展方式。要加快开发系列化、多元化、差异化和营养健康型的粮油产品；进一步提高品牌意识，提高名、特、优、新产品的比重；要扩大专用米、专用粉和专用油的比重；积极发展全麦粉、糙米、杂粮制品和特种油脂；大力推进"绿色全谷物口粮工程"；要继续下大力推进主食品工业化生产，方便百姓生活；要进一步发展有品牌的米、面、油小包装产品，尤其要加快发展小包装食用油，以加快替代和取消市场上的散装食用油。

5. 要继续坚持粮油产品安全质量第一，继续倡导"营养健康消费"和"适度加工"

"食品安全责任重于泰山"。粮油产品的质量安全与国家粮食安全一样，都是"天大"

的事。为此，粮油加工企业要认真学习贯彻新《中华人民共和国食品安全法》，认真做到不论在任何时候、任何情况下都必须把产品质量安全放在第一位，并在保证质量安全的前提下，要把"适口、营养、健康、方便"作为发展方向；要继续倡导适度加工，提高纯度，合理控制精度，提高出品率，最大程度保存粮油原料中的固有营养成分，最大程度防范粮油产品因过度加工而导致有害有毒物质的产生；要科学制修订好粮油产品质量标准，引领粮油加工业的健康发展，纠正粮油产品的"过精、过细、过白和油色过淡"等过度加工现象；要广泛进行科普宣传，引领科学消费、合理消费、健康消费。

6. 要继续大力推进主食品工业化生产

"十三五"是我国全面建成小康社会的最后 5 年，人民生活水平将进一步提高，生活节奏将进一步加快。为方便百姓生活，粮油加工企业要把发展主食品工业化生产看作是向精深加工延伸，是调整产品结构的重要组成部分，是企业增收、方便百姓的有效途径。争取到 2020 年，我国生产的各类粮油主食品总产量由 2013 年的 2310 万吨提高到 4000 万吨以上，占大米、面粉用量的 20% 以上。要重视马铃薯主食品的开发利用，促进马铃薯产业的健康发展。

7. 要继续重视资源的综合利用，提高经济效益

粮油加工中生产出的副产物很多，这些副产物都是社会的宝贵资源，必须充分利用。当前，这些资源利用的重点仍然应放在大力推广米糠和玉米胚芽的集中制油上；放在稻壳、皮壳作供热和发电上；放在提高碎米、小麦胚芽、玉米胚芽和麸皮等副产物的综合开发利用上；放在油料饼粕的最佳有效利用上。尤其是在米糠利用上，国家要重视米糠资源的利用，要像重视和支持发展大豆、木本油料生产一样支持米糠资源的进一步开发利用。目前我国拥有1400 多万吨的米糠资源，但米糠榨油的利用率不足 20%。建议国家采取奖励政策，推动米糠资源的高效利用，争取到 2020 年，使我国的米糠制油利用率达到 70%~80%，达到或接近国际领先水平，为国家多增产 100 万吨稻米油，为提高我国 3% 的食用油自给率做贡献。

8. 要重视安全文明、绿色环保和节能减排

粮油加工企业要继续强调必须加强安全生产、清洁生产和文明生产，做到绿色生产、节能减排、保护环境、节约能源。要把安全文明生产、绿色生产保护环境和节能减排等作为今后粮油加工业发展的永恒主题。

9. 要重视粮油科技创新，抢占粮油加工的制高点

当前，我们要围绕粮油科技和粮油加工中的热点问题，通过创新驱动，抢占粮油加工

的制高点。在粮食加工方面，我们要研发粮食加工安全保障支持技术；粮食加工转化基础理论；米面主食品产业标准体系；粮油副产物稳定化技术和集成模式；粮油副产物高效利用以及副产物加工新产品、新工艺、新技术。在油脂加工方面，我们要研究植物油加工程度与营养品质和食用品质之间的关系；结构脂质的结构形成机理与功能性质关系；木本油料的功能性营养成分与加工特性；溶剂安全与饼粕高效利用；健康植物油适度精炼关键升级技术；利用生物技术制备特殊功能的微生物新油脂。在粮油营养方面，根据《中国居民膳食指南》中有关粮油营养均衡的建议，我们要研究粮油健康消费指南；粮油成分和活性物质的营养机理；减少加工过程中微量营养素损失的新技术和新产品。

要进一步研究粮油产品中有毒有害物质的无害化处理技术、粮油中内源毒素和抗营养因子的控制和降解新技术。另外，我们还要广泛应用电子信息技术；要研究采用"互联网+"，大胆探索改变传统粮油产品营销模式；要积极研究以纸袋逐步替代塑料作为部分小包装粮油产品的包装材料等。通过以上技术创新，推动粮油加工业的健康发展。

10. 要重视关键技术装备的创新开发研制

为适应我国粮油加工业不断发展的需要，我们要通过自主创新，把粮油机械制造业的发展重点放在大型化、自动化、智能化和专用化上；放在开发节能降耗，适应清洁生产综合利用和适度加工的需要上；放在研究和开发生产各种主食品加工、小杂粮和木本油料的加工设备制造上；放在马铃薯主食品加工技术和成套设备的研制上。我们还要重视研发低破碎率稻谷碾米关键技术和设备；大豆和双低油菜籽等新型溶剂连续浸出工艺技术和设备；馒头、包子等大宗发酵主食产业化工艺技术和设备；发酵面食保鲜工艺与设备；脱水即食米饭和传统米制品加工关键装备；节令性米面制品成套自动化、智能化加工关键技术与装备等，以适应粮油加工业发展的需要。

11. 进一步实施"走出去"战略

为认真贯彻"一带一路"倡议，推动粮油加工产品及粮油机械设备更好地走出国门，粮油加工企业要进一步实施"走出去"战略。根据这些年的实践，粮油加工业"走出去"要在国家政策的支持下，要以粮油机械产品走出去为先导，走与加工企业、科研设计单位联合走出去之路。通过走出去不仅要让当地百姓受益，还要在有条件的地方，发展粮油生产、贸易，培育出具有国际竞争力的大粮商。

以上内容仅供参考，不当之处，敬请批评指正。谢谢大家！

四、增产稻米油，提高食用油自给率
——关于《建议国家加大支持稻米油产业发展》的报告

（2017 年 5 月 25 日 于北京）

国家粮食局、国家发展和改革委员会：

近些年来，中国粮油学会为推动稻米油产业的发展，提高我国食用植物油的自给率，保障食用油安全，自 2009 年起，先后在合肥、北京、芜湖和武汉等地，连续四次成功召开了国内、国际稻米油产业发展和稻米油生产科学技术研讨交流会。通过研讨与交流，促进了我国稻米油产业的发展。日前，国际谷物科技协会（ICC）和中国粮油学会在厦门共同举办的"第一届国际谷物科技协会亚太区粮食科技大会"期间，来自全国从事油脂生产、加工、科研、教育和管理等方面的 47 位油脂界著名专家（附件），在交流亚太地区稻米油产业发展的同时，认真学习了国家粮食局印发的全国《粮油加工业"十三五"发展规划》（以下简称《规划》），大家对《规划》中提出的要"积极发展稻米油"，到 2020 年将"米糠等副产物利用率达到 50% 以上"表示赞赏，并根据国内外发展稻米油产业的成熟经验，为进一步推动我国稻米油产业的发展，大家一致建议国家加大支持稻米油产业发展的力度。

（一）我国食用植物油自给率较低，对外依存度过高

为促进我国食用植物油产业健康发展，保障供给安全，自 2007 年起，我国政府及相关部门制定出台了一系列促进油料生产的政策措施，保证了我国油料生产的稳定发展。据资料分析，正常年景，我国油菜籽、大豆、花生、棉籽、葵花籽、芝麻、亚麻籽、油茶籽八大油料的产量稳定在 5800 万 ~6000 万吨。根据国家粮油信息中心提供的数据，2015 年我国八大油料的产量为 5724.4 万吨，2016 年预测为 5884.7 万吨；经统计分析，我国每年利用国产油料榨油（扣除大豆、花生、葵花籽和芝麻 4 种油料部分食用外）生产的食用植物油为 1100 万 ~1150 万吨，充分体现了我国是一个油料油脂的生产大国。

尽管我国的油料生产发展较为稳定，但其发展速度远跟不上油料油脂消费的快速增

长。为满足食用油市场供应和饲养业发展的需要，近年来，我国进口油料油脂的数量一直居高不下。据海关统计，2016 年我国进口各类油料的数量合计为 8952.9 万吨，其中进口大豆为 8391.3 万吨；进口各类植物油 688.4 万吨。另据食用油市场综合平衡分析，2015/2016 年度，我国食用油的总消费量为 3426.5 万吨，其中食用消费为 3075 万吨、工业及其他消费为 338 万吨，出口量为 13.5 万吨（含出口油料折油），人均年消费为 24.8 千克。

从以上数据可以算出，2015/2016 年度我国食用油的自给率下降至 32.3%（即 2016 年国产油料榨油生产的食用油量 1105.5 万吨与年度总消费量 3426.5 万吨之比），由此表明我国食用植物油的自给率较低，对外依存度过高。面对如此高的对外依存度，油脂界的专家们对完成《国家粮食安全中长期规划纲要（2008—2020 年）》（以下简称《纲要》）中提出的，到"2020 年我国食用植物油的自给率不低于 40%"的目标任务感到十分担忧，迫切希望国家采取有力措施，保证《纲要》目标任务的完成。

（二）充分利用米糠制油，是提高我国食用油自给率的有效举措

根据我国的国情，要提高食用油自给率，专家们认为可以从以下两个方面入手。

（1）继续抓好发展油料的生产，通过农业供给侧结构性改革，调动"种油"农民的生产积极性，恢复和提高大豆的种植面积，增加传统大豆的产量；通过"冬抓休闲地，春抓撂荒地"来扩大油菜籽生产；根据花生宜在比较瘠薄疏松的沙质土壤里生长和葵花能在盐碱地里生长，基本不与粮食争"良田"的特点，积极发展花生和葵花籽的生产；充分利用南方广阔的贫瘠山坡、丘陵和岗地以及西北地区大量的盐碱地和沙荒地积极发展以油茶为代表的木本油料作物等。发展上述大宗油料作物和木本油料作物，是提高我国食用油自给率的基础和关键，但发展要有一个过程，一般来说短期难见成效。

（2）抓好现有资源的充分利用。例如粮油加工中的副产物——米糠、玉米胚芽、小麦胚芽等，这些都是优质的谷物油料资源，只要充分加以利用，就能为国家增产油脂起到立竿见影的效果。据统计，2014 年我国规模以上的大米加工企业 9830 家，年产米糠 1461 万吨（超过我国的大豆产量），米糠含油率平均为 18% 左右（与大豆相当），如能全部加以利用，按实际出油率 15% 计算，每年可生产稻米油约 220 万吨，是不种田的"种田"。按《规划》，到 2020 年，米糠榨油利用率如能达到 50% 以上，就能为国家生产稻米油 110 万 ~120 万吨，可以起到提高我国食用油自给率 3 个百分点的显著效果。

（三）稻米油是优质食用油

米糠（含米胚）是稻谷的精华，米糠中含有稻谷中的绝大部分营养成分。因此，用米

糠制得的稻米油是营养价值很高的食用油。

稻米油脂肪酸组成合理，富含人体必需脂肪酸——油酸、亚油酸，其含量分别为42%和38%左右，比例为 1∶1，符合现代营养学和世界卫生组织推荐的 1∶1 的比例。稻米油中含有丰富的维生素 E、谷维素、植物甾醇等多种生物活性物质，其中维生素 E 的含量为 0.1%~0.15%，谷维素的含量高达 0.9%~2.1%，植物甾醇含量为 1.0%~2%，这些微量成分是功能性营养成分及天然抗氧化剂。稻米油中合理的脂肪酸组成以及富含的多种功能性营养成分，在单一油品中是不多见的。

鉴于稻米油营养价值高，经常食用有利于身体健康，2011 年世界卫生组织第 113 次会议推荐稻米油、玉米油和芝麻油为最佳食用油。由此可见，稻米油是世界公认的营养价值高的优质食用油。在我国积极发展稻米油产业，符合食用油加工行业供给侧结构性改革，有利于为生产出更多更好的"中国好粮油"创造条件，是利国利民利企的好事。

（四）我国发展稻米油产业的技术与装备日趋成熟

我国的稻米油生产开始于 20 世纪 50 年代，到了 20 世纪 70—80 年代，在当时的国家计划委员会的大力支持下，在商业部粮油工业局的具体组织下，在全国范围内开展了以推广米糠和玉米胚芽制油为代表的"增产油脂"工作，取得了很好的成效。但后来因多种原因这项工作没有坚持下去，致使我国目前稻米制油利用率只有 15% 左右，远低于日本（利用率接近 100%）和印度（利用率达 70%）等周边国家。

总结我国稻米制油利用率不高的原因，主要有三点：一是我国碾米加工企业点多面广、小型分散，米糠集中难；二是米糠易酸败变质，保鲜保质技术难以解决；三是支持稻米油产业发展的政策措施力度不够大。

随着油脂科技的进步，尤其是进入 21 世纪以来，我国油脂加工企业和科技工作者针对发展稻米油产业的技术瓶颈，成功研制出了米糠膨化保鲜技术与装备，米糠压榨、浸出、炼油等制油技术与装备日趋成熟。在此基础上总结出了米糠"分散保鲜""规模榨油""集中精炼"等成熟工艺及技术开展米糠制油，并已能推广应用。眼前的问题是要研究加大扶持稻米油产业发展的政策措施。

（五）加大政策支持力度，加快稻米油产业发展

（1）建议国家像重视与支持油料生产和木本油料产业发展一样，重视与支持米糠资源的利用，为国家增产油脂，为提高我国食用油自给能力，保障食用油安全做出贡献。

（2）建议国家拨款支持日加工能力在 200 吨以上的大米加工企业（注：200 吨大米加

工企业每天约能生产米糠 15 吨），配备米糠膨化保鲜成套装置。据统计，2014 年我国大米加工企业 9830 家，其中日加工能力 200 吨以上的大米加工企业 1950 家，约能生产米糠 950 万吨。为保证米糠及稻米油的质量，需要配备国产米糠膨化保鲜成套装置约 1800 套，以每套日保鲜米糠 20 吨的装置，现价 40 万元计算，合计需要投资 7.2 亿元。建议国家自今年起至 2019 年，每年拨款 2.4 亿元给国家粮食局，由国家粮食局会同各省、市、自治区粮食局负责组织对购置米糠膨化保鲜成套装置的企业实施补贴，确保到 2020 年米糠制油利用率达 50% 以上，稻米油产量达 120 万吨以上。

（3）建议国家实施对稻米油生产企业给予适当补助的政策。鉴于稻米油生产的难度与成本都要高于大宗油脂，为调动企业的积极性，建议国家自今年起至 2025 年从农业综合开发资金中安排部分资金，给生产出的稻米油每千克 2 元的补助。

（4）在税收方面，建议对从事稻米油的生产企业，在其米糠资源的利用部分，国家给予相关税收优惠政策，免征企业该项所得税和增值税。

附件

一

建议国家加大稻米油产业发展的专家名单（47人）

（2017 年 5 月 25 日）

序号	姓名	所在单位	职称/职务
1	王瑞元	中国粮油学会	教授级高级工程师、首席专家
2	何东平	武汉轻工大学	教授、油脂分会执行会长
3	王兴国	江南大学	教授、油脂分会常务副会长
4	谷克仁	河南工业大学	教授、院长
5	姚 专	中粮工程科技有限公司	研究员、董事长
6	刘元法	江南大学	教授、食品学院院长
7	姜绍通	合肥工业大学农产品加工研究院	教授、院长
8	左恩南	湖南省粮食局	高级工程师、原副局长
9	傅敦智	安徽省粮食局	高级工程师、原副局长
10	王 强	中国农业科学院农产品加工研究所	研究员、副所长
11	黄凤洪	中国农业科学院油料作物研究所	研究员、副所长
12	刘玉兰	河南工业大学	教授、系主任
13	金青哲	江南大学	教授
14	陈文麟	武汉轻工大学	教授
15	徐学兵	丰益（上海）生物技术研发中心有限公司	教授、总经理
16	陈德炳	中粮工程科技有限公司	研究员、总经理
17	曹万新	西安中粮工程研究设计院有限公司	研究员、总经理
18	相 海	中国农机院油脂所	研究员、所长
19	姜元荣	丰益（上海）生物技术研发中心有限公司	研究员、副总经理
20	马传国	河南工业大学	教授
21	刘国琴	华南理工大学	教授

续表

序号	姓名	所在单位	职称/职务
22	汪 勇	暨南大学	研究员、教务处处长
23	吴时敏	上海交通大学	教授
24	于殿宇	东北农业大学	教授
25	周丽凤	无锡中粮工程科技有限公司	研究员
26	秦卫国	无锡中粮工程科技有限公司	研究员
27	刘喜亮	西安市坤伯工程技术开发有限责任公司	高级工程师、总经理
28	宫旭洲	山东鲁花集团	执行总裁
29	陈 刚	中粮集团中国食品有限公司	副总经理
30	涂长明	益海嘉里金龙鱼粮油食品股份有限公司	油脂总监
31	张榴萍	中储粮油脂镇江基地	高级工程师、总工程师
32	王瑛瑶	福建农林大学	研究员
33	王明星	山东三星集团有限公司	总经理
34	王 棣	西王集团有限公司	总裁
35	薛雅琳	国家粮食局科学研究院	研究员、主任
36	王满意	中粮营养健康研究院	高级工程师、院长助理
37	张甲亮	浙江省新市油脂股份有限公司	高级经济师、董事长
38	姚行权	湖北天星粮油股份有限公司	董事长
39	徐 斌	迈安德集团有限公司	董事长
40	闫子鹏	河南华泰粮油机械股份有限公司	高级工程师、董事长
41	江汉忠	江苏江阴福鑫机械有限公司	董事长
42	张 明	山东凯斯达机械制造有限公司	研究员、董事长
43	袁开金	上海市粮食科学研究所	高级工程师、所长
44	李林开	云南省粮油科学研究院	研究员
45	周海军	中国包装和食品机械有限公司	研究员、副总经理
46	汪学德	郑州四维粮油工程技术有限公司	教授、董事长
47	李普选	郑州远洋油脂工程技术有限公司	高级工程师、董事长

五、科学健康发展油莎豆产业

——在"中国食品和包装机械协会油莎豆专业委员会举办的产业发展论坛"上的主题报告

（2019 年 6 月 6 日　于北京）

（一）油莎豆的简介和我国引入的栽培情况

1. 油莎豆的简介

油莎豆又名油莎草、铁荸荠、地杏仁、地下板栗、地下核桃、人参果和人参豆，有些地方叫油豆。油莎豆在国外叫虎坚果、老虎豆等。油莎豆原产于非洲北部、地中海和尼罗河沿岸地区，属亚热带、温带及寒温带地区种植植物。油莎豆是一种集粮、油、牧、饲于一体的，综合利用价值高、开发潜力大的新兴经济作物。其特点如下。

（1）地上长茎叶，高可达 100~150 厘米，叶片扁而厚，细长呈剑状，须根系，分蘖力强，呈株丛生长，是优质牧草。

（2）地下结果实，油莎豆的地下茎顶端膨大为椭圆块茎，形如大粒花生仁，每蔸结果数在 100~300 粒，在我国新疆沙化土地区试验种植的最高可达 800 粒，是营养丰富的食品原料。

（3）油莎豆适应性很强，喜阳光、耐高温、抗旱耐涝、易种好管、很少发生病虫害。由于其光合作用强、根系发达、分蘖再生力和抗逆性强，几乎在各种土壤和条件下都可以生长，油莎豆系由野生驯化而变为家种，其原产地为沙漠干旱地区，在长期的自然选择中形成顽强的生命力，基本上不发生病虫害。

（4）生长期较短，约 120 天，在我国从 3 月初到 7 月都可播种，可以在其他作物间套种。

（5）营养丰富，干物质占比大，富含脂肪、糖、维生素、膳食纤维和各种微量元素等，富含不饱和脂肪酸和维生素 E（表 1）。

表 1　油莎豆的主要成分组成表

组分	脂肪	糖	蛋白质	膳食纤维	维生素	天然树脂
含量/%	20~36	15~21	3~15	4~14	0.8~1.4	5~7

2. 油莎豆在我国的引入栽培情况

我国最早是在 1952 年由中国科学院植物研究所北京植物园从苏联引种油莎豆，又于 1960 年由保加利亚引入栽培。

1974 年和 1975 年，植物研究所北京植物园和中国科学院遗传研究所，又分别从朝鲜引进大粒油莎豆。大粒油莎豆是朝鲜科学院植物研究所通过化学诱变剂硫酸二乙酯（EMS）浸种处理油莎豆块茎而培育成的新品种，大小相当于普通油莎豆的 2~3 倍。大粒油莎豆个大、丰产、便于收获，但含油量偏低（较普通油莎豆低 4%~6%）。

20 世纪 60 年代初，经过引种和繁育，油莎豆在中国科学院植物研究所北京植物园试种成功。油莎豆经在北京郊区县的沙土地、沙滩地、低洼地、高岗地、沙荒地和盐碱地试验种植，均获得成功，亩产达到 500 千克以上。此后经推广，油莎豆逐渐传播到全国各地。到 20 世纪 70 年代，全国掀起了油莎豆种植高潮，国家还为此拍摄了科教片《油莎豆》于 1976 年春节期间在全国公演。但由于当时的种植成本以及市场销路问题，导致农民种植油莎豆的热情下降。从 20 世纪 80 年代至 21 世纪初，全国油莎豆种植一直处于低潮。2000 年以来，随着对油莎豆经济价值的深入了解和认识以及栽培和深加工技术的提高和完善，全国部分地区陆陆续续又开始引种和扩大种植油莎豆，尤其是从 2006 年起，国内许多省区包括新疆、内蒙古、广西、湖南、湖北、河北、北京等地已开始小规模种植，近年来发展势头看好。

（二）油莎豆是一种利用价值很高的经济、油料作物

油莎豆是一种经济作物，其综合经济价值很高，可以开发出多种产品。

1. 茎叶可做绿色饲料

油莎豆分蘖力强，地上茎叶高达 1~1.5 米，无茎秆，叶细长，叶片平均长 67 厘米，宽 0.5 厘米，亩产鲜草 3000 千克，干草 1000 千克，茎叶营养丰富，含粗脂肪 7.6%~8.9%、糖 10.6%、蛋白质 9.8% 和膳食纤维 19.3%，可直接或打浆后饲养牛、羊、兔等食草动物；干草可打成粉状调配混合饲料，饲养鸡、鸭、鹅等家禽。

2. 根系具有药用价值并能萃取精油

油莎豆在生长期内，其地下须根释放一种清香的特殊气味，使整个植株不生病虫害。油莎豆地下根系繁多，每株有 200~500 根，长 5~20 厘米，晒干后，有清香气味，有养神明目功效，并能萃取精油。

3. 油莎豆可提取天然药物

油莎豆块茎性辛、甘、温，有疏肝行气、健脾和健胃功效，有助于治疗肝郁气滞所致的胁痛、胸闷，及脾胃气滞所致的脘腹胀满、胃纳呆滞、脾虚食少、食积停滞、消化不良等症状。

4. 油莎豆可加工成多种健康食品

油莎豆营养成分丰富，可加工成上百种健康食品；国外有的厂家已经生产出油莎豆的饮料、奶粉等婴幼儿、老年保健食品。

5. 油莎豆是一种优质油料作物

油莎豆块茎可加工优质食用油。油莎豆富含油脂，一般含量为20%~30%，有的高达36%，是制取高端植物食用油的重要原料。油莎豆油脂富含不饱和脂肪酸，其中，油酸含量65%左右，亚油酸含量15%以上，是优质的食用油。油莎豆油油质清纯，食味醇香，其营养价值与花生油相似，可以和橄榄油媲美（表2、表3）；长期食用对高脂血症、心血管病和机体代谢紊乱等疾病有一定的防治功效，可开发为具有优势的功能性食用油。

表2　油莎豆油的脂肪酸组成

脂肪酸种类	含量/%
棕榈酸	12.3
棕榈一烯酸	0.3
十七碳烷酸	0.1
十七碳一烯酸	0.1
硬脂酸	5.1
油酸	69.7
亚油酸	11.2
亚麻酸	0.2
花生酸	0.6
花生一烯酸	0.2
山嵛酸	0.1
二十四碳烷酸	0.2

注：脂肪酸检出限0.05%，脂肪酸检测结果为相对含量。

表3　油莎豆油与花生油、橄榄油、油茶籽油的营养成分组成比较表

油品成分	油酸/%	亚油酸/%	棕榈酸/%	硬脂酸/%	亚麻酸/%	花生酸/%	维生素E/（毫克/100克）
油莎豆油	64.1	15.1	9.3	2.2	2.4	0.4	56.4
橄榄油	84.4	4.6	6.9	2.3	0.5	0.1	16.8
油茶籽油	75.0	8.0	8.0	1.1	0.51		51.0
花生油	53.4	24.%	8.3	6.3		2.4	13.9

6. 油莎豆全身是宝

油莎豆制油后饼粕含有多种营养物质，通过一定的物理、化学和生物手段，可提取淀粉、糖等产品，作为食品加工原料使用。油莎豆榨油后的饼粕在熬糖、酿酒之后，糖渣、酒糟还可加工成喂养畜禽的优质蛋白饲料。

7. 油莎豆有很高的社会价值

（1）促进沙化土地的利用，提高边际化土地的利用效益　目前，全球荒漠化的面积已经达到36亿亩，占陆地总面积的25%，沙生产品占市场份额的5%左右。我国荒漠化面积已达到4亿亩，占国土面积的27.3%，沙生产品只占市场份额的3%左右，美国的沙生产品却占到世界市场的37.3%。所以，因地制宜地适时推广种植原产在非洲沙漠地区、最适宜在沙化土地生长的油莎豆，有利于我国沙化土地的利用，提高边际化土地的利用效益。

（2）有利于沙化土地区种植结构调整和农民增收致富　根据我国供给侧结构性改革的需要，要进一步推进农业结构调整，特别是要加快农业种植结构调整，引导农民根据市场需求发展生产，增加优质绿色农产品供给。油莎豆是一种适合在沙化土地区种植的多用途绿色经济作物，产量高，用途广，市场前景广阔；发展油莎豆产业，能有效支持农民种植结构调整，增加农民的经济收入，能够通过产业化项目帮助农民脱贫致富。

（三）在我国发展油莎豆产业有利于提高我国的食用油自给率

2017/2018年度，我国食用油市场的总消费量为3849.6万吨，其中包括国产油料和进口油料合计生产的食用油2962.6万吨及直接进口的各类食用油合计751.9万吨。该年度我国食用油的自给率为31.0%（即2018年国产油料出油量1192.8万吨，与年度需求总量3849.6万吨之比），较上年的自给率31.1%相比，又下降了0.1个百分点。

据海关统计，2018 年我国进口各类油料合计达 9448.9 万吨，其中进口大豆 8803.1 万吨；进口各类食用植物油合计为 808.7 万吨，对外依存度很高，不利于国家粮食安全。

油莎豆富含油脂，一般含量 20%~30%，有的高达 36%，是榨取高端植物食用油的重要原料。因此，有计划地扩大油莎豆的种植面积可以获得更多的健康食用油原料，减少食用油料油脂的对外依存度，提高我国食用油的自给能力，以利于更好地维护我国食用油安全性和多样性。

（四）我国油莎豆产业的发展情况

1. 国家有关部门及地方高度重视

我国早在 2007 年将油莎豆油认证为无公害农产品，又在 2012 年将油莎豆油认证为有机产品。

2015 年 11 月 2 日，农业部发布《农业部关于"镰刀弯"地区玉米结构调整的指导意见》，意见指出以下几点。

（1）围绕"镰刀弯"地区结构调整的目标任务，重点是推进生态保护型调整，调减石漠化地区的玉米种植，改种有生态涵养功能的果桑茶药等经济林、饲草、饲油兼用的油莎豆等，既保护生态环境，又促进农民增收。

（2）在西北风沙干旱区的生态脆弱区，积极发展耐盐耐旱的饲油兼用油莎豆等沙生植物。

（3）在西南石漠化区，发展饲用麻、饲用桑、饲油兼用油莎豆和人工草地，支撑本地草食畜牧业发展。

2016 年 4 月 11 日，农业部印发《全国种植业结构调整规划（2016—2020 年）》，指出要实行"多油并举""因地制宜发展耐旱耐盐碱耐瘠薄的油葵、芝麻、亚麻等小宗油料作物，积极发展高油玉米。在适宜地区示范推广油用牡丹、油莎豆等，增加新油源"。根据党和国家加快发展现代农业、促进农民持续增收的战略部署，依据农业部全国农业种植结构调整规划，适时大力发展油莎豆产业，符合以科技项目推动扶贫工作、以农业产业化项目带动农民致富的精神，对促进我国沙化土地的利用、调整农业种植结构、促进农村经济发展、改善生态环境将起到积极的推动作用。

2. 近几年我国油莎豆种植面积发展情况

随着油莎豆的环保、经济、市场、扶贫价值逐步被人们认识，油莎豆的种植面积迅速扩大，全国油莎豆的种植面积已由 2017 年的 3.6 万亩猛增到 2018 年的近 20 万亩，种植区域扩大到新疆、内蒙古、甘肃、吉林、辽宁、黑龙江、河北、山东、河南等地，油莎豆种植规模的发展速度已经大大超出了业内的预期。现阶段，油莎豆的种植、收获、产品深加工技术以及人们对油莎豆产品的认识都有了很大提升，产业发展形势随着我国扶贫攻坚进入关键性阶段，强调发展高品质农业产品和国家对生态农业建设的重视变得更加喜人，油莎豆产业发展展现出广阔的前景。

（五）油莎豆产业在发展中显现的问题及有关建议

在油莎豆产业发展喜人的同时，我们也要清醒地看到，面临着一些亟待解决的问题。

1. 品种严重退化，栽培技术缺乏规范

我国的油莎豆品种少，多数为自我繁殖，品种混杂退化现象严重，影响了产量和品质，致使部分油莎豆亩产仅为 300 千克，油脂含量仅为 15%。

2. 规模化生产环节装备空白

油莎豆生产包括耕整地、播种、滴灌、茎叶与块茎收获、清选与烘干、种子与商品块茎仓储等环节。目前，在播种及茎叶收获环节，通过研发改进可基本实现机械化。但由于其块茎颗粒大小及形态不一、结果分散，叶、根、豆、土分离困难，收获窗口期短，机械化收获成为制约油莎豆产业发展的一大瓶颈。油莎豆高淀粉、高糖、高水分，收获时雨热同期，极易发生霉烂，适应油莎豆生理特性的清洗、分选、干燥、仓储的技术及设施装备与发达国家差距较大，收获效率低，收获成本高，亟须优化完善。

3. 加工技术装备不足

油莎豆形态不规则、种皮坚厚粗糙，清洗去皮效率低、损失率高。高油脂、高淀粉、高糖分原料特性下的高得率油脂提炼工程化技术与装备无直接经验可借鉴，产业化压榨及浸出制油关键技术装备需重点研发。油莎豆制糖与制粉、饮料、配方食品、休闲食品等产业链延伸产品的深加工技术与装备亟须研发配套。

4. 认识有待提高

作为一种绿色健康的沙生产品，油莎豆对我国食用油安全具有的战略意义还没有得到广泛认可。

综合以上因素，造成油莎豆产品性价比和市场占有率不高；随着种植面积的不断扩大，极易给油莎豆种植户带来销售困难，影响油莎豆产业的健康发展。

我国现有 4 亿亩沙化土地可用以种植油莎豆，既能防风固沙、改善生态环境，又能为我国食用油安全提供支撑。为使我国在国际贸易中不受制于人，同时也为我国广大的油莎

豆种植户造就广阔市场，真正实现长期产业脱贫，针对上述问题建议如下。

（1）国家科学技术部已经将油莎豆产业科技研发纳入国家"十三五"2019 年项目申报中，意味着已经从国家层面开展油莎豆产业科学技术研发、引进、普及和推广，可迅速提升油莎豆产业的科技水平和国民对油莎豆产品的认知度，并支持开展油莎豆产业技术的引进、消化和创新。

（2）由科学技术部协调农业农村部开展对农民油莎豆的种植和收获机械的购置补贴，不断提高油莎豆产业的种植效率和产品质量，降低油莎豆产品的生产成本，油莎豆生产的健康食用油等食品逐步走上普通百姓的餐桌，形成油莎豆产业的良性循环。

（3）在大规模种植油莎豆的基础上，加工企业应能及时收购农民种植的油莎豆，以确保农民的稳定收入；建议国家出台政策，在油莎豆收获季节，由中国农业发展银行为油莎豆加工企业提供收购贷款，以缓解其流动资金的不足；为我国沙化土地的利用、生态环境的改善、打赢脱贫攻坚战和国家食用油安全做出贡献。

六、科技创新引领亚麻籽产业的高质量发展

——在"第四届中国亚麻籽产业发展高峰论坛暨产销对接会"上的主旨演讲

（2020 年 8 月 30 日　于宁夏吴忠）

为推进亚麻籽产业高质量发展，提升亚麻籽产业的研发水平和特色品牌影响力，中国粮油学会和吴忠市人民政府今天在这里联合举办"第四届中国亚麻籽产业发展高峰论坛暨产销对接会"，借此机会，我对会议的顺利召开表示热烈的祝贺，对在座的各位领导、专家、企业家表示诚挚的问候！根据会议的安排，下面我以《科技创新引领亚麻籽产业的高质量发展》为题介绍些情况和讲点建议，供大家参考。

（一）我国是亚麻籽的生产、加工、进口和消费大国

1. 我国是亚麻籽的生产大国

在我国的油料生产中，亚麻籽（又称胡麻籽）是我国的八大油料作物之一，亚麻籽在我国已有 600 多年的栽培历史，主要分布在西北和华北地区。根据国家粮油信息中心提供的资料，近年来，我国亚麻籽的种植面积、单位面积产量和总产量有所提高。2017 年亚麻籽种植面积最多的地区是甘肃（9.5 万公顷）、内蒙古（6.5 万公顷）、山西（5.2 万公顷）、宁夏（4.5 万公顷）、河北（3.8 万公顷）；产量最多的是甘肃（17.0 万吨）、宁夏（8.0 万吨）、内蒙古（7.72 万吨）、山西（5.8 万吨）、河北（3.54 万吨）。另据资料介绍，2019 年我国亚麻籽的产量为 45 万吨（表 1），亚麻籽产量仅次于加拿大，位居世界第二。

表1　我国亚麻籽产量　　　　　　　　　　　　　　　　单位：万吨

年份	产量	年份	产量
2007	26.9	2010	31.4
2008	34.6	2011	30.8
2009	29.5	2012	33.1

续表

年份	产量	年份	产量
2013	31.6	2017	30.1
2014	32.3	2018	44.3
2015	31.2	2019	45.0
2016	32.5	—	—

注：①资料来源国家粮油信息中心。

②表格由作者根据国家粮油信息中心提供的数据加以绘制。

2. 我国是亚麻籽油的加工大国

据粗略估计，我国亚麻籽油加工企业多达二三百家。为深入推进粮食供给侧结构性改革，加快培育发展粮油骨干企业和知名品牌，推动粮油企业转型升级、做强做大，中国粮食行业协会、中国粮油学会和中国粮食经济学会自2011年起在会员中进行了重点企业专项调查。根据调查情况，按照产品销售收入、产品产量、利润、税收等综合评价和自然排序的原则，经专家委员会认真研究核准，并严格履行公示程序后，公布了全国粮油加工业"50强"和"10强"名单。

亚麻籽油加工企业"10强"的评价活动自2017年开始，内蒙古自治区锡林郭勒盟红井源油脂有限责任公司、宁夏君星坊食品科技有限公司和益海嘉里金龙鱼粮油食品股份有限公司名列10强前三位（表2），成为亚麻籽油生产企业的佼佼者。

表2　2018年度中国亚麻籽油加工企业"10强"名单

序号	单位名称
1	锡林郭勒盟红井源油脂有限责任公司
2	宁夏君星坊食品科技有限公司
3	益海嘉里金龙鱼粮油食品股份有限公司
4	大同市华建油脂有限责任公司
5	宁夏晶润生物食品科技有限公司
6	山西中大科技有限公司
7	银川原源食用油有限公司
8	包头市宏乐粮油食品有限公司
9	金利油脂（苏州）有限公司
10	金太阳粮油股份有限公司

注：资料来源中国粮油行业协会。

3. 我国是亚麻籽和亚麻籽油的进口和消费大国

随着我国人民生活水平的提高，以及科学研究的不断深入，亚麻籽油的保健功能越来越引起人们的重视，人们对食用油的需求，不仅要求吃得安全，还要吃得营养、吃得健康。由此对高端优质食用油的需求量不断增长。以亚麻籽油为例，我国国产亚麻籽油已远远不能满足消费市场的需求，需要通过适度进口才能满足市场的消费需求。海关数据显示，2016 年我国从加拿大、俄罗斯、哈萨克斯坦、乌兹别克斯坦、乌克兰、土耳其等国家合计进口亚麻籽 47.47 万吨，进口亚麻籽油 3.4 万吨；2017 年合计进口亚麻籽 34 万吨，进口亚麻籽油 4.0 万吨；2018 年合计进口亚麻籽 39.8 万吨，进口亚麻籽油 4.2 万吨；2019 年合计进口亚麻籽 42.7 万吨，进口亚麻籽油 5.1 万吨（表 3）。

在这 4 年中合计进口的亚麻籽和亚麻籽油折油量，每年都已远远超过了国产亚麻籽的产油量，且进口势头有增不减。以上情况充分表明，我国是亚麻籽和亚麻籽油的生产大国、加工大国、进口大国和消费大国。与此同时，我们可以看到我国亚麻籽油的消费市场前景十分看好。

表3　我国进口亚麻籽及亚麻籽油情况表

年份	亚麻籽/万吨	亚麻籽油/万吨
2012	14.79	3.76
2013	18.06	1.83
2014	28.34	1.72
2015	36.03	2.87
2016	47.47	3.4
2017	34.0	4.0
2018	39.8	4.2
2019	42.7	5.1

注：资料来源海关统计，表格由作者绘制。

（二）发展亚麻籽产业，有助"健康中国"建设

综上所述，在我国发展亚麻籽产业有着广阔的市场前景和得天独厚的优势。主要体现在以下 4 个方面。

（1）符合国家产业发展政策。在国务院办公厅印发的《国民营养计划（2017—2030

年）》中指出，为贯彻落实《"健康中国2030"规划纲要》，要坚持以人民为中心的发展思想，牢固树立和贯彻落实创新、协调、绿色、开放、共享的新发展理念，坚持正确的卫生与健康工作方针，坚持健康优先、改革创新、科学发展、公平公正的原则，以提高人民健康水平为核心，以体制机制改革创新为动力，从广泛的健康影响因素入手，以普及健康生活、优化健康服务、完善健康保障、建设健康环境、发展健康产业为重点，为建设健康中国奠定坚实基础。在原国家粮食局制定的全国《粮油加工业"十三五"发展规划》中指出：要"优化产品结构，适应城乡居民膳食结构及营养健康水平日益提高的需要，增加满足不同人群需要的优质化、多样化、个性化、定制化粮油产品供给"；要"增加亚麻籽油、红花籽油、紫苏籽油等特色小品种供应"。充分表明，发展亚麻籽产业符合国家政策导向。

（2）发展亚麻籽产业有利于贯彻"多油并举"的方针，提高我国食用植物油的自给能力。近年来，我国食用植物油的自给率连年下降，2019年已下降到只有30.1%，对外依存度高达近70%，亟待研究解决，以利国家粮油安全。

（3）亚麻籽营养价值高，用亚麻籽制得的亚麻籽油中不仅富含 α-亚麻酸，同时富含多种营养活性物质，是百姓公认的优质高端食用油，市场前景十分看好。

（4）亚麻籽不仅是优质的油料资源，也是优质的食品生产原料。3年前国家对亚麻籽做出了可以直接食用的规定后，亚麻籽供作优质食品生产原料的前景也十分看好。

由此可见，发展亚麻籽产业符合油脂加工业产品结构调整，符合中央关于供给侧结构性改革的要求，符合原国家粮食局提出的实施"中国好粮油"行动计划，有助于"健康中国"建设。

（三）以科技创新引领亚麻籽产业的高质量发展

为使我国经济朝着稳中求进、稳中向好和高质量发展，党中央和国务院在许多重要文件中都反复强调，发展经济要重视科技创新，强化创新驱动。由此可见，依靠科技、实施创新驱动是各行各业实现高质量发展的必由之路。同样，我们亚麻籽产业要实现高质量发展，也必须依靠科技创新。根据亚麻籽产业的实际和有关企业的实践，当前亚麻籽产业的科技创新要在以下6个方面多做工作，取得成效。

（1）要有创新意识　我觉得，首先是企业的主要领导人要重视科技，要有创新意识。鉴于目前我国亚麻籽加工企业一般规模较小，自身的科技力量有限，为此，要想方设法利用社会科技力量，与大专院校、科研院所等相结合，实行有偿联合攻关。在这方面，宁夏君星坊食品科技有限公司利用"院士工作站"与江南大学真诚合作，3年来，在亚麻籽压榨技术、亚麻籽油适度精炼、亚麻籽油脱苦技术和亚麻籽脱皮预处理技术等方面取得一系列创新成果，有力推动了企业的高质量发展，这是值得借鉴的。

（2）要积极开发新产品　我国亚麻籽油加工企业普遍存在着精深加工能力差、产品单一不能满足市场需求、经济效益不佳等问题，制约了亚麻籽产业的发展。为此，通过科技创新，不断开发出适合不同人群需求的产品是亚麻籽产业高质量发展的关键。3 年来，在陈君石院士的指导下，宁夏君星坊食品科技有限公司依靠江南大学雄厚的研发实力，开发出了针对不同市场、不同人群需要的多系列亚麻籽油新产品，解决了原有亚麻籽油产品的风味和口感问题；经过品牌策划、包装设计，新产品已在全国 22 个省实现销售；与此同时，他们还成功开发出了亚麻籽油固体饮料、亚麻籽油咀嚼片、亚麻籽酱、亚麻籽代餐粉和功能性亚麻籽粉等一系列新产品；现在，他们正在考虑对亚麻籽蛋白的开发利用。上述做法，为我们亚麻籽油加工行业树立了榜样。

（3）要积极采用新工艺、新设备，提高效率，降低生产成本　要科学选用加工设备，切忌贪大求洋。要千方百计将亚麻籽油的生产成本降下来，以利亚麻籽油进入千家万户。要进一步处理好风味与口感的关系，生产出适合不同地域和不同人群需要的产品。

（4）要关注亚麻籽油生产标准的制修订工作　通过国家标准、行业标准和团体标准的制修订，引领亚麻籽产业的健康发展。在标准制修订方面，为满足不同人群的需要，在广泛征求意见的基础上，经研究中国粮油学会决定将低温压榨亚麻籽油和浓香亚麻籽油两项标准作为中国粮油学会第五批团体标准进行制定，希望大家积极关注。

（5）要积极探讨亚麻籽产业的精深加工和综合利用　亚麻籽中不仅富含有多种保健功能的 α- 亚麻酸的油脂，并富含胶质、蛋白质以及木酚素、黄酮、维生素 E 和多种矿物质等，由此可见，亚麻籽是"全身都是宝"的油料作物，充分加以利用，对提高亚麻籽的经济价值，造福百姓具有重要意义。为此，我们要在广泛调查研究的基础上，经过科学论证，以市场需求为导向，积极稳妥地进行开发利用。从当前的实际出发，我认为，首先要把亚麻籽油通过精深加工利用好，在此基础上，根据市场需求，进一步把亚麻胶的提取利用、亚麻蛋白的提取利用和木酚素的提取利用作为重点加以开发利用。与此同时，在开展综合利用时也要切忌不顾市场需求一哄而起。

（6）要做好亚麻籽直接食用的文章　亚麻籽不仅是生产优质食用油的原料，也是营养丰富的优质食品原料。我国许多亚麻籽产区长期以来有将亚麻籽（粉）作为配料，用于加工面制食品的习惯，也有将亚麻籽熟制碾碎后作为佐餐蘸料的习惯，有的甚至将亚麻籽经焙炒后直接作为坚果食用等，对此，我们要好好研究，做好亚麻籽直接食用或供作优质食品原料的文章，拓宽利用领域，进一步提高亚麻籽的经济价值，促进亚麻籽产业的健康持续发展。

我的发言到此结束，预祝论坛圆满成功，谢谢大家！

七、关于我国食用油的产销情况
——为中央办公厅督促检查室提供的资料

（2020 年 10 月 16 日　于北京）

（一）2019 年我国油料油脂的产销与进出口情况

1. 我国油料生产情况

2019 年我国的油料生产与粮食生产一样，再创历史新高。据预测，2019 年我国八大油料作物的总产量达 6666 万吨，再创历史最高纪录，较 2018 年的 6431.2 万吨，增长 3.7%。其中大豆产量为 1810 万吨，较 2018 年的 1596.7 万吨，增长 13.4%；花生产量为 1760 万吨，较 2018 年的 1733.2 万吨增长 1.5%；油菜籽产量为 1353 万吨，较 2018 年的 1328.1 万吨增长 1.9%；棉籽产量为 1060 万吨，较 2018 年的 1098.5 万吨下降 3.5%；葵花籽产量为 328 万吨，较 2018 年 324.2 万吨增长 1.8%。

另外，油茶籽产量为 265 万吨、芝麻产量为 45 万吨，亚麻籽产量为 45 万吨，这三种油料作物的产量较 2018 年都略有增长，但增幅不大（表 1）。

由此可见，2019 年我国八大油料作物的产量除棉籽略有下降外，其他七种油料作物的产量都有不同程度的增长，尤其是大豆产量增长幅度最大，达 13.4%，十分喜人。

2. 利用国产油料榨油量

在利用国产油料榨油方面，根据国家粮油信息中心预测，2019 年我国利用国产油料（扣除大豆、花生、芝麻、葵花籽四种油料部分直接食用外）榨油的油料量为 3725 万吨。2019 年榨得的食用植物油（含玉米油、稻米油及其他小宗油脂）预测为 1202.8 万吨（表 2），较 2018 年榨得的食用植物油 1192.8 万吨（表 3），多制得了食用植物油 10 万吨。

表1 中国油籽油料产量

单位：千吨

年份	油籽总产量	其中：棉籽	大豆	油料	其中：油菜籽	花生	葵花籽	芝麻	亚麻籽	油茶籽
1995	44585	8582	13500	22503	9777	10235	1269	583	364	623
1996	42891	7565	13220	22106	9201	10138	1323	575	553	697
1997	44587	8285	14728	21574	9578	9648	1176	566	393	857
1998	46393	8102	15152	23139	8301	11886	1465	656	523	723
1999	47155	6892	14251	26012	10132	12639	1765	743	404	793
2000	52910	7951	15411	29548	11381	14437	1954	811	344	823
2001	53638	9582	15407	28649	11331	14416	1478	804	243	825
2002	53788	8309	16507	28972	10552	14818	1946	895	409	855
2003	52251	8747	15394	28110	11420	13420	1743	593	450	780
2004	59445	11382	17404	30659	13182	14342	1552	704	426	875
2005	57407	10286	16350	30771	13052	14342	1928	625	362	875
2006	55044	13559	15082	26403	10966	12738	1440	662	374	920
2007	54345	13675	12800	27870	11382	13845	1460	520	269	939
2008	59086	13018	15700	30368	12403	14635	1993	515	346	990
2009	57819	11225	15200	31394	13536	14604	1986	535	295	1169
2010	57354	10386	15400	31568	12788	15136	2355	462	314	1092
2011	58759	11734	14900	32125	13137	15302	2402	458	308	1480

2012	58200	11894	13450	32856	13401	15792	2267	466	331	1728
2013	56582	11308	12400	32874	13523	16082	2029	438	316	1777
2014	57757	11338	12700	33719	13914	15901	2582	437	323	2023
2015	56888	10633	12350	33905	13859	15961	2872	450	312	2163
2016	57217	9617	13600	34000	13128	16361	3201	352	325	2164
2017	60209	10175	15282	34752	13274	17092	3149	367	301	2432
2018	64312	10985	15967	37360	13281	17332	3242	432	443	2630
2019（预测）	66660	10600	18100	37960	13530	17600	3280	450	450	2650

注：①资料来源国家粮油信息中心。
②原表中油茶籽作为林产品，没有加到油籽总产量中，作者将油茶籽的产量加进了油籽总产量中，为与以前的口径一致，作为入大油料作物之一。
③有些数字相加，错的地方作者做了更正。

表2 2019年国产油料出油量预测　　　　　　　单位：千吨

品种	产量估计	压榨量	出油量	出油率/%
油菜籽	13530	12000	4080	34
花生	17600	8000	2800	35
棉籽	10600	9000	1170	13
大豆	18100	4500	743	16.5
葵花籽	3280	800	200	25
油茶籽	2650	2400	600	25
芝麻	450	200	80	40
亚麻籽	450	350	105	30
玉米油			1300	
稻米油			900	
其他			50	
合计			12028	

注：资料来源国家粮油信息中心。

表3 2018年国产油料出油量　　　　　　　单位：千吨

品种	产量	压榨量	出油量	出油率/%
油菜籽	13281	12000	4080	34
花生	17332	8000	2800	35
棉籽	10985	9000	1170	13
大豆	15967	4500	743	16.5
葵花籽	3242	800	200	25
油茶籽	2630	2400	600	25
芝麻	432	200	80	40
亚麻籽	443	350	105	30
玉米油			1200	
稻米油			900	
其他小宗油脂			50	
合计			11928	

注：资料来源国家粮油信息中心。

3. 2019 年我国油料油脂的进出口情况

据海关统计，2019 年我国进口各类油料合计为 9330.8 万吨，较 2018 年的 9448.9 万吨，减少了 118.1 万吨，下降 1.25%。其中进口大豆 8851.1 万吨，较 2018 年的 8803.1 万吨，增加了 48 万吨，增长 0.55%；进口油菜籽 273.7 万吨，较 2018 年的 475.6 万吨减少了 201.9 万吨，下降 42.45%（表 4）。2019 年，我国进口各类食用植物油合计为 1152.7 万吨，较 2018 年的 808.7 万吨增加 334 万吨，增长 42.54%。其中进口大豆油 82.6 万吨，较 2018 年的 54.9 万吨增加 27.7 万吨，增长 50.46%；进口菜籽油 161.5 万吨，较 2018 年 129.6 吨增加 31.9 万吨，增长 24.61%；进口棕榈油 755.2 万吨，较 2018 年的 532.7 万吨增加 222.5 万吨，增长 41.77%；进口葵花籽油 122.9 万吨，较 2018 年的 70.3 万吨增加 52.6 万吨，增长 74.82%（表 5）。

在油料油脂的进口中，一些消费者喜爱的高端油料油脂的进口势头仍然十分看好，诸如葵花籽油、亚麻籽及亚麻籽油、橄榄油和椰子油等进口数量不断增加（表 6）。其中，葵花籽油进口数量由 2018 年的 70.3 万吨猛增到 2019 年的 122.9 万吨，增长 74.82%，与历史上进口量最多的 2016 年 95.7 万吨相比，增长了 28.4%；亚麻籽油的进口量创造了进口历史上的最高纪录；另外，2019 年进口橄榄油 5.4 万吨、进口椰子油 17.23 万吨，也都达到了历史高位。

在油料油脂进口的同时，我国每年也有一定数量的出口，2019 年我国出口油料合计为 116 万吨，出口食用油脂合计为 27 万吨。另外，2019 年我国还进口了豆粕 97 万吨，进口菜粕 158 万吨（表 7）。

表 4　中国油料进口量　　　　　　　　　　　　　　单位：千吨

年份	油籽进口	其中：大豆	油菜籽	其他油籽	其中：芝麻	亚麻籽	花生	棉籽	葵花籽
1996		1108	0						
1997		2792	55						
1998		3196	1386						
1999		4315	2595						
2000		10416	2969						
2001		13937	1724						
2002	11945	11315	618	12					
2003	20976	20741	167	68					

续表

| 年份 | 油籽进口 | 其中： | | | 其中： | | | | |
		大豆	油菜籽	其他油籽	芝麻	亚麻籽	花生	棉籽	葵花籽
2004	20756	20229	424	103					
2005	27042	26590	296	156					
2006	29280	28270	738	272					
2007	31858	30821	833	204					
2008	39005	37436	1303	266	214				
2009	46331	42552	3286	493	311				
2010	57046	54797	1600	649	391			16	
2011	54818	52640	1262	916	389			377	
2012	62280	58384	2930	966	396	148		394	
2013	67835	63375	3662	798	441	181		143	
2014	77518	71399	5081	1038	569	281		74	
2015	87571	81694	4471	1406	806	360	132	8	
2016	89529	83913	3566	2050	932	475	455	76	
2017	102000	95526	4748	1726	712	339	251	264	131
2018	94489	88031	4756	1702	836	398	124	117	138
2019	93308	88511	2737	2060	815	427	405	6	302

注：资料来源国家粮油信息中心。

表5 中国油脂进口量 　　　　　单位：千吨

| 年份 | 植物油进口 | 其中： | | | | 其中： | | | |
		大豆油	棕榈油	菜籽油	其他植物油	葵花籽油	花生油	橄榄油	亚麻籽油
1996	2640	1295	1012	316	17				
1997	2750	1193	1146	351	60				
1998	2060	829	930	285	17				
1999	2080	804	1194	69	13				
2000	1872	308	1391	75	99				
2001	1675	70	1517	49	38				
2002	3212	870	2221	78	43				

续表

年份	植物油进口	其中:				其中:			
		大豆油	棕榈油	菜籽油	其他植物油	葵花籽油	花生油	橄榄油	亚麻籽油
2003	5418	1884	3325	152	57				
2004	6764	2517	3857	353	38				
2005	6213	1694	4330	178	11				
2006	6715	1543	5082	44	46				
2007	8397	2823	5095	375	104	69			
2008	8163	2586	5282	270	25	6	6	11	8
2009	9502	2391	6441	468	202	153	20	14	13
2010	8262	1341	5696	985	240	137	68	25	7
2011	7798	1143	5912	551	192	72	61	36	19
2012	9600	1826	6341	1176	257	107	63	46	38
2013	9221	1158	5979	1527	557	439	61	40	18
2014	7873	1038	5324	810	701	455	94	36	17
2015	8391	818	5909	815	849	651	128	39	29
2016	6884	560	4478	700	1146	957	107	45	34
2017	7428	653	5079	757	939	745	108	43	40
2018	8087	549	5327	1296	915	703	128	40	42
2019	11527	826	7552	1615	1534	1229	194	54	51

注: 资料来源国家粮油信息中心。

表6 中国进口的其他油料油脂量　　单位: 万吨

年份	芝麻	亚麻籽	红花籽	葵花籽油	花生油	橄榄油	亚麻籽油	椰子油	蓖麻油
2012	39.6	14.79	—	—	—	4.6	3.76	20.78	22.76
2013	44.1	18.06	0.94	43.9	6.1	4	1.83	13.07	23.19
2014	56.9	28.34	1.71	45.5	9.4	3.6	1.72	13.93	17.3
2015	80.6	36.03	2.83	65.1	12.8	3.9	2.87	14.46	22.7
2016	93.2	47.47	3.09	95.7	10.7	4.5	3.4	13.3	25.7

续表

年份	芝麻	亚麻籽	红花籽	葵花籽油	花生油	橄榄油	亚麻籽油	椰子油	蓖麻油
2017	71.2	34.0	4.0	74.5	10.8	4.3	4.0	13.0	27.0
2018	83.6	39.8	3.2	70.3	12.8	4.0	4.2	11.4	28.0
2019	81.5	42.7	2.96	122.9	19.4	5.4	5.1	17.23	25.24

注：资料来源国家粮油信息中心和中粮集团，作者加以整理制表。

表7　中国油料油脂出口与豆粕、菜粕进出口量　　　　单位：万吨

年度	油料出口	油脂出口	豆粕出口	豆粕进口	菜粕出口	菜粕进口
2011	91		41	22	1	138
2012	101		123	5	7	50
2013	87		107	2	7	13
2014	87		209	2	4	26
2015	84	14	170	6	1	12
2016	87	12	188	2	11	50
2017	110	20	97	6	1	97
2018	120	30	114	2	1	130
2019	116	27	97	1	1	158

注：资料来源国家粮油信息中心。

（二）我国食用油市场产销情况分析

根据国家粮油信息中心提供的"中国食用油市场综合平衡分析"（表8），我们可以看到：2018/2019年度，我国食用油市场的总供给量为3913.8万吨，其中包括国产油料和进口油料合计生产的食用油产量2891.0万吨及直接进口的各类食用油合计1022.8万吨；从表8中，我们还可以清楚地看到2018/2019年度，我国食用油的食用消费量为3511.0万吨，工业及其他消费量为467万吨，出口量为24.1万吨，合计年度需求总量为4002.1万吨，年度食用油的消费总量为3978.0万吨（即食用消费量和工业及其他消费量之和，不含出口量），年度节余量-88.3万吨。这样我们可以计算出，2018/2019年度我国食用油的自给率为30.1%（即2019年国产油料出油量1202.8万吨，与年度需求总量4002.1万吨之

比），与上年的自给率31.0%相比，下降了0.9个百分点。

另外，2018/2019年度我国食用油年度消费总量为3978.0万吨，按2019年末国家公布的我国大陆人口数为14005万人计算，2019年度我国人均食用油的消费量为28.4千克，其中人均食用消费量为25.1千克（不含工业及其他消费和出口量），均超过了2017年度世界人均食用油消费量为24.4千克的水平（表9）。

表8　中国食用油市场综合平衡分析　　　　单位：千吨

指标	2011/ 2012	2012/ 2013	2013/ 2014	2014/ 2015	2015/ 2016	2016/ 2017	2017/ 2018	2018/ 2019
生产量								
大豆油	11109	11278	12582	13627.5	14910	16559	16727	15673
菜籽油	5251	5698	6022	6588.2	6384	5962.5	6257	6348
棉籽油	1339	1378	1300	1306.5	1235	1128.4	1183	1270
花生油	2271	2325	2363	2409.75	2448	2479.05	2747	2769
棕榈油	0	0	0	0	0	0	0	0
其他油脂	2200	2400	2500	2400	2600	2670	2750	2850
总计	22170	23078	24766	26332	27577	28799	29663	28910
进口量								
大豆油	1502	1409	1354	773	586	711	482	783
菜籽油	674	1533	1259	631	895	719	805	1333
棉籽油	0	0	0	0	0	0.03	0	0
花生油	62	65	74	140	111	110	112	172
棕榈油	5841	6589	5573	5696	4689	4881	5320	6810
其他油脂	265	432	584	600	950	870	800	1130
总计	8344	10028	8844	7840	7231	7291.03	7519	10228
年度供给量	122	362	531	533.94079	821			
大豆油	12611	12687	13936	14400.5	15496.0	17270	17209	16456
菜籽油	5925	7231	7281	7219.2	7279.3	6681.5	7062	7681
棉籽油	1339	1378	1300	1306.5	1235	1128.43	1183	1270
花生油	2333	2390	2437	2549.75	2558.55	2589.05	2859	2941
棕榈油	5841	6589	5573	5696	4689	4881	5320	6810

续表

指标	2011/2012	2012/2013	2013/2014	2014/2015	2015/2016	2016/2017	2017/2018	2018/2019
其他油脂	2465	2832	3084	3000	3550	3540	3550	3980
总计	30514	33106	33610	34171.95	34807.85	36089.98	37182	39138
国内食用消费量								
大豆油	11000	11600	12300	13200	13600	15300	15250	14850
菜籽油	5400	5280	5450	6000	8200	8650	8630	8500
棉籽油	1300	1300	1310	1320	1250	1100	1120	1280
花生油	2300	2380	2400	2550	2500	2620	2800	2930
棕榈油	4400	4700	4700	4200	3400	3200	3700	4300
其他油脂	1900	2100	2200	2400	2700	2900	3000	3250
总计	26300	27360	28360	29670	31650	33770	34500	35110
工业及其他消费量								
大豆油	1000	1100	1200	1300	1450	1550	1600	1620
菜籽油	0	0	0	0	0	0	0	0
棉籽油	0	0	0	0	0	0	0	0
花生油	0	0	0	0	0	0	0	0
棕榈油	1200	1300	1400	1500	1550	1550	1600	2400
其他油脂	350	400	450	500	530	600	630	650
总计	2550	2800	3050	3300	3530	3700	3830	4670
出口量								
大豆油	60	84	94	120	96	119	211	197
菜籽油	4	6	6	6.5	3	13	19	16
棉籽油	2	1	4	9.365	1	1	5	4
花生油	9	6	10	8.36	10	8	10	9
棕榈油	0	0	0	0	0	0	0	0
其他油脂	21	11	10	15	21	23	20	15
总计	96	108	124	159.225	130	164	265	241

续表

指标	2011/2012	2012/2013	2013/2014	2014/2015	2015/2016	2016/2017	2017/2018	2018/2019
年度需求总量								
大豆油	12060	12784	13594	14620	15146	16969	17061	16667
菜籽油	5404	5286	5456	6007	8203	8663	8649	8516
棉籽油	1302	1301	1314	1329	1251	1101	1125	1284
花生油	2309	2386	2410	2558	2510	2628	2810	2939
棕榈油	5600	6000	6100	5700	4950	4750	5300	6700
其他油脂	2271	2511	2660	2915	3251	3523	3650	3915
总计	28946	30268	31534	33129	35310	37634	38595	40021
节余量								
大豆油	551	−98	342	−220	350	301	148	−211
菜籽油	521	1945	1825	1213	−924	−1981	−1588	−835
棉籽油	37	77	−14	−23	−16	27	58	−13
花生油	24	4	26	−9	49	−39	49	1
棕榈油	241	589	−527	−4	−261	131	20	110
其他油脂	194	321	424	85	299	17	−100	65
总计	1568	2838	2076	1043	−503	−1544	−1413	−883

表9 1996—2019年我国人均年食用油消费情况

年份	食用油消费量/万吨	人均年食用油消费量/千克
1996	1002.5	7.7
1998	1090.7	8.4
2000	1245.7	9.6
2001	1330	10.2
2002	1410	10.8
2003	1500	11.5
2004	1750	13.5
2005	1850~1900	14.2~14.6

续表

年份	食用油消费量/万吨	人均年食用油消费量/千克
2006	2271.7	17.5
2007	2509.7	19.3
2008	2684.7	20.7
2011	2777.4	20.6
2012	2894.6	21.4
2013	3040.8	22.5
2014	3167.4	23.2
2015	3294.6	24.1
2016	3426.5	24.8
2017	3751.5	26.6
2018	3849.6	27.3
2019	3978	28.4

注：①2006—2008年食用油消费量按国产油料扣去食用部分后的总折油量加上净进口前折油之和。

②1996—2008年的我国人均年消费按13亿人口计算；2011—2013年按13.5亿人口计算；2014年按13.6782亿人口计算；2015年按13.68亿人口计算；2016年按13.8271亿人口计算；2017—2018年按联合国网络发布的中国人口数为14.1亿人口计算。

③2019年的我国人口数，按国家公布的到2019年末，我国大陆总人口为140005万人计算；并从2019年起，在食用油消费量中不含出口量。

八、对我国食用油消费现状的建议

——为中央办公厅督促检查室提供的资料

（2020 年 11 月 2 日 于北京）

民以食为天，食以安为先。粮食和油脂是人类赖以生存的基本食物，是为人类提供蛋白质、脂肪和碳水化合物三大营养素的重要食物，与人民身体健康和社会经济发展有着密切关系。

开门七件事，柴米油盐酱醋茶。食用油脂是人们每天膳食中不可缺少的重要食物，是供人体热能的三大营养素之一，是提供人体所需的必需脂肪酸、脂溶性维生素、磷脂的重要来源。食物的煎、炒、烹、炸都离不开油脂，食用油消费量的多少已成为衡量城乡居民生活水平高低的重要标志，是国家食物安全的重要组成部分。

（一）我国食用油的产销简况

我国是全球油料油脂的生产大国、进口大国和消费大国。

1. 我国油料油脂的生产情况

根据国家粮油信息中心提供的资料，2019 年我国大豆、花生、油菜籽、棉籽、葵花籽、芝麻、亚麻籽和油茶籽八大油料作物总产量达 6666 万吨，较 1996 年的 4289.1 万吨增长了 55.4%，再创历史最高纪录。利用国产油料（扣除大豆、花生、芝麻、葵花籽四种油料部分直接食用外）制得的食用油脂为 1202.8 万吨。

2. 我国油料油脂的进口情况

自 20 世纪 80 年代起，我国油料产量连年增产，但其发展速度仍然跟不上人民生活水平不断提高的需要。为满足油脂市场和饲养业发展的需要，我国每年需要进口较大数量的油料油脂，据海关统计，2019 年，我国进口各类油料合计为 9330.8 万吨，其中进口大豆 8851.1 万吨；进口各类食用油合计为 1152.7 万吨，其中，进口棕榈油 755.2 万吨。

3. 我国食用油市场的消费情况

根据国家粮油信息中心提供的"中国食用油市场综合平衡分析"，2018/2019 年度我国食用油的食用消费量为 3511.0 万吨、工业及其他消费为 467 万吨、出口量为 24.1 万吨，合计年度需求总量为 4002.1 万吨，年度食用油的消费总量为 3978.0 万吨（即食用消费量和工业及其他消费量之和，不含出口量），年度我国食用油的自给率为 30.1%（即 2019 年国产油料榨油量 1202.8 万吨与年度需求总量 4002.1 万吨之比）。

4. 我国食用油的人均消费情况

2018/2019 年度，我国食用油消费总量为 3978.0 万吨，按 2019 年末国家公布的我国大陆人口数为 14005 万计算，2019 年度我国人均食用油消费量为 28.4 千克，已超过了 2017 年世界人均食用油消费量为 24.4 千克的水平。

（二）我国食用油消费中需要关注的一些问题

我国食用油消费在计划经济年代，城市居民每月每人只有 250 克（有的地区还不足 250 克，且大量农村人口没有供应），按此推算，全年城市居民人均食用油的消费量仅为 3 千克，消费水平很低。改革开放后，我国经济和人民生活水平快速提高，以食用油消费为例，到 1996 年，我国全年消费食用油达 1002.5 万吨，人均年食用油的消费量（含农村人口）达 7.7 千克，2019 年我国食用油的消费量为 3978.0 万吨，人均年食用油消费量已达 28.4 千克，这是来之不易的，但也有一些问题值得我们关注，诸如我国食用油的自给率只有 30.1%；人均年食用油消费量已达 28.4 千克，且有继续增长势头；食用油在消费过程中的浪费现象严重；过度加工现象较为突出等。

（三）对我国食用油消费现状的几点建议

为保障我国食用油供给的安全，促进食用油的健康消费，提出以下 4 点建议。

1. 要千方百计提高我国食用油的自给能力

目前我国食用油的自给率只有 30% 左右，实在是太低了。为确保我国食用油供给安全，千方百计地提高我国食用油的自给能力是当务之急。一要从生产着手，努力创造条件发展油料生产，要在不与粮食生产争地，尤其是争好地的前提下，努力增加油料种植面积；要在抓好大豆、花生、油菜籽、葵花籽等大宗油料生产的同时，通过总结经验，继续积极发展木本油料生产。二要充分利用油料资源为国家增产油脂。粮油加工的副产物，诸如米糠、玉米胚芽、小麦胚芽等十分丰富，尤其是米糠的产量多达 1400 万吨左右，其含油量与大豆相当，加上稻米油又是优质的食用油，建议国家采取有力措施，将其充分利用，为国家增产油脂做出贡献。

2. 要倡导科学消费，尽快遏制食用油消费的增长势头

2019 年，我国人均食用油的消费量已达 28.4 千克，超过了 2017 年世界人均食用油消费 24.4 千克的水平，远超《我国居民膳食指南》中成人每天推荐摄入 25~30 克的用量，为此要广泛向百姓进行科普教育，既要让百姓知道油脂是人们食物中不可缺少的营养素，科学合理使用有利于身体健康，又要让老百姓知道，油吃多了人会发胖，会出现各种健康问题，诸如患高血压、高脂血症、动脉硬化等慢性疾病的概率会明显增加，从而让百姓懂得油不是吃得越多越好，以科学消费、理性消费尽快遏制我国食用油消费的增长势头。

3. 要改变生活和烹饪方式，减少餐饮浪费

由于我国生活方式与欧美等国家不同，在食用油的使用上，因烹饪方法不同，造成食用油的浪费率远高于欧美等国家。行业专家估计，欧美等国家的食用油浪费率仅为 2%~3%，而我国食用油的浪费率高达 15% 左右，以我国每年消费食用油 3500 万 ~4000 万吨计算，大约有 500 万 ~600 万吨的食用油变成了地沟油等废弃油浪费掉了，让人心痛。为此，要倡导食用油的健康消费、节约消费，通过改变生活和烹饪方式，减少油炸食品、水煮鱼、火锅等用油数量，以利身体健康，为社会节约宝贵资源。

4. 要倡导食用油的适度加工

目前，粮油加工产品的"过精、过细、过白和油色过淡"等过度加工现象比较突出，造成粮油产品中的营养物质的大量流失和出品率的大幅下降。为此，要加快高标准、高质量科学制修订好粮油产品的国家标准、行业标准和团体标准，引领粮油加工业的健康发展，纠正粮油产业产品的过度加工。要大力倡导适度加工，要在保证质量的前提下，努力提高加工纯度，严格控制精度，最大限度地保存粮油原料中固有的营养成分，提高出品率，提高可食资源利用率，为国家粮油安全做出贡献！

九、为保障我国食用油安全做出新贡献
——在"中国粮油学会油脂分会第三十届学术年会暨产品展示会"上的主旨演讲

（2021 年 10 月 26 日　于黑龙江哈尔滨）

在全国各族人民热烈庆祝我们伟大的党——中国共产党诞生 100 周年的喜庆日子里，我们油脂界又迎来了"中国粮油学会油脂分会第三十届学术年会暨产品展示会"，这是中国粮油学会油脂分会自 1985 年成立以来创办的全国油脂界影响力最大的著名品牌会议。回顾三十届年会暨产品展示会，历历在目。她记载和反映了我国油脂加工业突飞猛进的发展过程；记载和反映了我国油脂科技取得的丰硕成果；记载和反映了我国油脂教学和人才培养等方面取得的巨大成就。这一切令人难忘，让人自豪。

本次会议在美丽、开放和富饶的哈尔滨召开，具有特殊的意义。因为黑龙江省是我国著名的优质大豆之乡，是我国最大的优质商品粮油生产基地，为我国粮食安全做出了并将持续做出重大贡献。与此同时，黑龙江又是我国粮油加工业的大省、强省。在我国粮油加工业的发展史上，黑龙江省的粮油加工业有过骄人的业绩，在原粮食部粮油工业局的统计资料中可以看到，20 世纪 80 年代是黑龙江省粮油加工业发展的黄金时期。据资料统计，1985 年，黑龙江省的粮油工业总产值为 14.5 亿元，仅次于江苏省的 29.07 亿元、湖北省的 15.81 亿元和安徽省的 14.83 亿元，位居全国第四，其中油脂加工业的总产值为 5.01 亿元，稳居全国第一；在经营管理和技术改造等方面，黑龙江省创造了许多成功经验，其中香坊粮库是全国粮油加工业 3 个荣获国家二级企业称号的单位之一；在资源利用方面，黑龙江省在利用玉米胚芽榨油方面一直名列前茅，其产量约占全国玉米油产量的 60%。为总结推广黑龙江粮油加工业发展经验，原粮食部粮油工业局在召开的"全国粮油加工业处长经理经验交流会上"曾多次提出要"南学湖北、北学龙江"，以推动全国粮油加工业的健康发展。

本次会议由九三粮油工业集团有限公司（以下简称九三粮油）协办，长期以来，九三粮油继承和发展了黑龙江粮油加工业的优良传统，坚持创新发展、诚信经营、做强做大做优企业，成为全国油脂加工行业的佼佼者。为开好本次会议，他们全力以赴，精心为大家服好务，相信，通过他们的付出，会议一定能取得圆满成功。根据会议的安排，我以《为保障我国食用油安全做出新贡献》为题发言，供大家参考。

（一）食用油安全是国家粮食安全的重要组成部分

民以食为天，食以安为先。粮油产品与人民生活息息相关，与人民身体健康和经济社会发展有着密切的关系，是国家自强、民族自立、民生保障的重要战略物资，是事关百姓福祉、社稷安危的特殊重要商品。洪范八政，食为政首。自古以来，粮食就被看作"政之本务"。所以，粮食安全是治国理政的头等大事，是国家安全的重要组成部分，居"三大经济安全"之首。

食用油脂与粮食一样，是人类赖以生存的基本食物，是人们生活离不开的必需品，是为人们提供热能和必需脂肪酸、促进脂溶性维生素吸收、改善食物特有风味和增进食欲的重要食物，是国家粮食安全不可缺少的重要组成部分。人均食用油消费量的高低和对品质的要求是衡量一个国家经济发展和人民生活水平高低的重要标志之一。2008 年 8 月 7 日，国务院办公厅印发的关于《国家粮食安全中长期规划纲要（2008—2020 年）》中强调："食用植物油是城乡居民重要的生活必需品，发展食用植物油产业和保障其供给安全，对促进经济发展和社会稳定具有重要意义"。

综上所述，食用油安全是我国粮食安全的重要组成部分。

（二）我国油脂行业为食用油安全做出了重要贡献

食用油安全包括食用油供给的数量安全和质量安全。回顾历史，我们经历过食用油供应匮乏，实行计划定量供应的短缺经济年代，由于当时包括食用油在内的食品供给不足，严重影响着人民的身体健康。在那艰难的岁月里，我国油脂行业的广大职工和科教人员通过总结推广"李川江榨油法"，提高出油率；大力开展米糠和玉米胚芽榨油，积极推广应用先进的"浸出法制油"等措施，为国家增产了大量油脂。为推动上述工作的进行，原商业部于 1972 年 6 月在湖南省长沙市召开了著名的"全国增产油脂经验交流会"。从此，在原国家计划委员会的支持下，在全国范围内开展了声势较大的以米糠、玉米胚芽榨油为中心的综合利用，并将"浸出法制油"列入了国家重点新技术推广应用项目。为推广米糠、玉米胚芽榨油和应用"浸出法制油"，为把国家增产油脂的工作落到实处，自长沙会议后，我们又相继于 1974 年 9 月在河南省新乡市、1976 年 5 月在湖南省南县、1978 年 6 月在黑龙江省牡丹江市、1980 年 7 月在广西壮族自治区南宁市分别召开了"全国米糠、玉米胚芽榨油及浸出法制油技术经验交流会"，推动了这项工作的持久开展。经过数年的努力工作，我国每年增产油脂达十万吨以上，对平衡当时国内油脂供应紧缺，丰富市场供给起到了积极作用，为全国油脂供应的数量安全做出了贡献。

在确保食用油的质量安全方面，原主管全国粮油加工业发展的粮食部粮油工业局，经常组织国内著名专家，针对食用油加工业发展中存在的问题，通过调查研究，提出了针对性很强的解决方案，并采用发文或召开全国性会议的方式加以贯彻，取得了显著的成效，诸如针对少数地区食用未经精炼的土榨毛棉籽油后出现烧热病和不育症等现象，科学提出了未经精炼的毛棉籽油一律不准直接食用的规定；针对一些地区生产的菜籽油颜色深、焦糊味重、烟点低、沉淀物多等群众反映强烈的质量问题，以及中央领导同志批示"要抓紧解决好"的精神，在深入调查研究的基础上，专门召开了全国性会议，提出了要把好原料和毛油质量关，通过改进工艺、严格操作规程，纠正片面追求提高出品率等一系列政策技术措施，取得了立竿见影的效果；浸出溶剂供应不足，假冒伪劣溶剂不法经营抬头，严重影响着浸出油厂安全生产和浸出油产品的质量，针对这个问题及时向有关部门反映，并与中国石油化工集团有限公司及其下属公司和炼油厂进行衔接，规范了溶剂油的质量、生产和供应等。

改革开放后，我国油脂加工业取得了突飞猛进的发展，国家对食品的质量安全要求越来越高，人们对食用油的要求从吃得安全放心提升到吃出营养与健康。为顺应市场发展需要，我国油脂科技工作者提出了"适度加工"理念，以最大程度保存油料中的固有营养成分和最大限度地防范加工过程中有害物质的产生；为确保食用油的质量安全，通过联合攻关，取得了防范、控制、除去油脂中黄曲霉毒素、3,4-苯并芘、3-氯丙醇酯、缩水甘油、反式脂肪酸和塑化剂等有害有毒物质的重大科技成果；科学制修订了一系列油料油脂质量标准，以引领食用油行业的健康发展，有力地保障了我国食用油产品的高质量。

现在，清晰、透明、高质量、高品位的各类品牌的小包装食用油在我们的超市或便民连锁店琳琅满目，应有尽有，消费者可以自由选购，尤其是现在我国食用油的人均年消费量已于改革开放前的不足 3 千克，到 2020 年我国食用油的人均年消费量已达 29.1 千克，超过了全球 2020 年度人均年食用油消费量为 26.7 千克的水平，实属来之不易，我们要倍加珍惜。

上述情况充分表明，我国油脂行业的广大职工和科技人员为保障我国食用油安全做出了重大贡献。

（三）在新时代新征程中，油脂行业要为保障我国食用油安全做出新的贡献

我国党和政府历来高度重视粮食安全，尤其是党的十八大以来，以习近平同志为核心的党中央高度重视国家粮食安全，发表了一系列重要指示。习近平总书记反复强调"悠悠

万事，吃饭为大，只要粮食不出大问题，中国的事就能稳得住""保障粮食安全对中国来说是永恒的课题，任何时候都不能放松"。为认真贯彻习近平总书记的指示精神，扛稳粮食安全重任，国家粮食和物资储备局提出，要实施"藏粮于地、藏粮于技"战略，积极推进优质粮食工程建设，重点推进粮食绿色仓储提升、粮油品种品质品牌提升、粮食质量追溯提升、粮食机械装备提升、粮食应用保障能力提升、粮食节约减损健康消费提升"六大行动"，在更高层次上保障国家粮食安全。对此，我们油脂行业的广大职工和科技工作者要在新时代新征程中，为保障我国食用油安全做出新的贡献。

1. 要实施"开源节流"的方略，精准把握好食用油的数量安全

保障我国食用油供给的安全是一项需要全民参与的国家战略，对此，我们首先要排除外部环境发生的复杂变化，潜心做好自己的工作，精准把握好食用油供给的数量安全和质量安全，为百姓的营养健康和过上美好生活做出贡献。

为确保我国食用油的安全，需要做到以下几方面。

（1）要实施"开源节流"的方略。发展油料生产是保障食用油安全的压舱石，我们要认真把国家有关鼓励发展油料生产的政策措施落到实处，见到实效。

（2）要不断向有关部门呼吁

①在耕地上：要在确保大宗油料作物现有耕地面积并有所增加的基础上，把重点放在"冬抓休闲地，春抓撂荒地"上，放在对河滩地、沙化地、盐碱地等开发利用上，做到不与粮食生产争好地。

②在油料品种上：要在确保油菜籽、大豆、花生和棉籽等当家油料作物产量稳定提高的基础上，把重点放在继续扶持和发展以油茶、核桃和油用牡丹等为代表的木本油料产业上，放在继续支持亚麻籽、红花籽和油莎豆等特种油料产业的发展上。

③在育种上：要把重点放在提高油料作物的单位面积产量和油料的含油率上。

④在资源利用上：要把米糠、玉米胚芽、小麦胚芽、葡萄籽、南瓜籽等作为重要的油料资源，充分加以利用。

⑤在动物油脂的开发利用上：要重视猪油、牛油、羊油、鸡油、鸭油以及深海鱼油等开发利用，以直接食用或替代部分食用植物油脂。

⑥在利用生物技术上：要重视生物技术的发展，积极利用生物技术，生产微生物油脂。

我们还要继续利用好国内国外两个市场、两种资源，以及进一步实施"走出去"战略，要积极推进并支持有条件的粮油加工企业集团加强与"一带一路"沿线国家的合作，通过"走出去"，逐步建立境外粮油生产、加工、产销基地，以确保我国食用油供给的数量安全。

为保障我国食用油的数量安全，我们不仅要"开源"，抓好油料生产和资源利用，同时还要高度重视"节流"。面对我国食用油自给能力不高的实际，我们更要注重"节流"，并认真做好以下两点：一要紧紧抓好油料生产、加工、储存、流通等环节的损失浪费，尤其是在食用油的加工环节要始终倡导在保证产品质量与营养健康的前提下，通过标准的引领，防止过度加工，千方百计提高出品率，提高可食用资源的利用率；二要珍惜油脂，反对浪费。要向广大消费者进行科普教育，在全社会倡导科学健康生活方式，杜绝以餐饮浪费为代表的一切浪费现象，做到科学用油、理性用油、节约用油，尽快遏制我国人均年食用油消费量继续增长的势头。

为保障我国食用油的安全和市场的稳定，我们还要认真做好有足量的油料油脂的储备和食用油的应急加工任务，以应对国内外的不测风云，确保国家在突发公共事件时的食用油供应和市场稳定。

2. 要确保食用油的质量安全

保障食用油供给，是实现我国食用油安全的基础。确保食用油产品的质量与安全，让百姓吃得放心，吃出营养与健康是让百姓过上美好生活的重要体现。

为确保食用油产品的质量与安全，我们食用油加工行业要做到以下 5 点。

（1）要以科技引领，实现创新驱动发展，要坚守国家食品安全底线，做到任何时候都要把食用油产品的质量与安全放在第一位。

（2）要严格油料的质量标准，把好原料质量关。要积极实施"优料优产、优料优购、优料优储、优料优加、优料优销"的"优质油脂工程"建设，提高油料生产者生产出高质量、高品质油料的积极性；要严格防范和控制油料中残留的农药、重金属和塑化剂等污染物、黄曲霉毒素和呕吐毒素等真菌毒素以及 3,4- 苯并芘等有害有毒物质超标，从源头上把好食用油的质量与安全关。

（3）要严格按标准组织生产，道道把关。要严格酸碱、溶剂、酶制剂、脱色剂、润滑剂等辅助材料的质量与用量；要提倡适度加工，防止因过度加工造成油品中营养物质的损失和 3,4- 苯并芘、3- 氯丙醇酯、缩水甘油、反式脂肪酸等有害有毒物质的产生，最大程度保存油品中的营养物质和防范、控制、除去油脂中的有害有毒物质。前些日子，《粮油市场报》报道了山东三星集团有限公司在长寿花玉米油的生产中，历时六年，通过"两突破一加持"的核心工艺技术创新研发，成功开发出了"零反式酸玉米油"高端产品的可喜成绩，值得我们学习借鉴。

（4）要严格产品的包装、运输、储存和销售。要选用清洁、卫生、无污染的包装材料、器具和运输工具，防止对成品油脂造成二次污染；对成品油的储存，要采用充氮、低温、避光等方式，以防成品油在存放过程中的酸败变质。

（5）要完善从原料采购、检验、在线检测和成品油的质量检验，建立覆盖生产经营全过程的食用油质量安全信息追溯体系，严把"从田间到餐桌"的每一道防线，以确保产品质量与安全万无一失。

我们相信，通过践行上述措施，我们一定能牢牢把住我国食用油安全的主动权。

最后，让我们共同努力，真抓实干，为保障我国食用油安全做出新的贡献！预祝会议圆满成功，谢谢大家！

十、粮油加工业学习贯彻中央农村工作会议精神

——为保障国家粮食安全做出贡献的决策咨询专报

（2023 年 3 月 10 日　于北京）

去年年底，中国粮油学会接中国科学技术协会通知，要求发挥专家团队作用，在三周内研究提出一份 3000 字左右的有关粮油加工业贯彻中央农村工作会议精神的决策咨询专报。学会希望我能提出一个初稿，我接受了这一任务并按时提交了初稿。下面我将初稿内容介绍如下，与大家分享。

以习近平同志为核心的党中央高度重视"三农"工作，每年都要召开中央农村工作会议，并发布中央一号文件以指导和做好"三农"工作。习近平总书记在今年召开的中央农村工作会议中指出"农业强国是社会主义现代化强国的根基，满足人民美好生活需要、实现高质量发展、夯实国家安全基础，都离不开农业发展"，强调"保障粮食和重要农产品稳定安全供给始终是建设农业强国的头等大事""保障粮食安全，要在增产和减损两端同时发力，持续深化食物节约各项行动，要树立大食物观，构建多元化食物供给体系，多途径开发食物来源。"

为深入学习贯彻习近平总书记在中央农村工作会议上的重要指示精神和中央农村工作会议精神，中国粮油学会粮油加工与营养健康决策咨询专家团队聚焦全面推进乡村振兴、加快建设农业强国、保障国家粮食安全等核心内容，建议粮油加工业要在节粮减损、多途径开发食物来源、有效利用粮油加工副产物、帮助农业大县发展农产品加工，增加农民收入等方面多做工作，为保障国家粮食安全、推进乡村振兴做出贡献。

（一）要减少粮油原料在储存和运输过程中的损失浪费

目前，我国粮食全链条损失率达 8%，其中储存和运输环节最为突出，约占 33%。

粮油加工企业要根据企业加工原料、规模大小等特点，建设足量的、符合不同原料储存特点需要的仓库设施；要根据不同原料、不同产地、不同品质，实施分仓储存；对储存时间较长的粮油原料，要积极建造地下、半地下等绿色低温仓储设施，提高库房的气密性

和隔热程度；要定期抽查原料在储存期间的品质变化，杜绝原料在储存过程中发生霉变等现象；要根据原料特点合理选用装卸、输送和运输工具，防止粮油原料在装卸、输送和运输过程中的破损和渗漏等现象发生；要杜绝装卸、输送和运输工具对原料产生污染，确保粮油原料在装卸、输送和运输过程中的质量安全。

要严格成品粮油的包装、运输和储存，要选用清洁、卫生、无污染的包装材料、器具和运输工具，防止对成品粮油产生二次污染；要积极采用真空、充氮、低温、避光等方式，以防成品粮油在存放过程中的变质变味，造成损失浪费。

（二）要提高粮油加工产品的出品率，提高粮食资源的可食化利用率

提高粮油加工产品的纯度、严格控制精度、提高出品率、提高粮食资源的可食化利用率等历来是粮油加工业的重要方略。但近些年来，对提高粮油加工产品出品率的提法强调得少了，造成了粮油加工产品片面追求"过精、过细、过白和油色过淡"的过度加工现象越演越烈，不仅造成粮油原料中固有营养成分的大量流失，同时造成粮油加工产品出品率的大幅下降和可食粮油资源的严重损失。以我国大米加工业和小麦粉加工业的出品率为例，按《2019年粮食行业统计资料》计算分析，小麦粉加工业的平均出粉率为71.5%（不含全麦粉）、大米加工业的平均出米率为64.7%，其中早籼稻的出米率为64.7%、中晚籼稻的出米率为63.5%、粳稻的出米率为66.1%。这与1980年我国小麦粉加工业的平均出粉率为83.2%、1985年平均出粉率为78.7%，以及大米加工业的平均出米率在70%左右，相差甚远。如果通过适度加工，将小麦和稻谷的出品率分别提高3个百分点，按我国每年小麦和稻谷的加工总量约为33000万吨计算，即能增加成品小麦粉和大米990万吨，可以供给约5500万人一年的口粮（按人均年消费成品粮食180千克计算）。由此可见，倡导并实施适度加工，提高粮油加工产品的出品率，提高粮食资源的可食化利用率，对节粮减损、保障国家粮食安全具有重要的意义。

（三）要大力开展粮油加工副产物的高效转化利用

为贯彻落实习近平总书记"要树立大食物观"的指示精神，中国粮油学会粮油加工与营养健康决策咨询团队于2022年聚焦《大力开展粮油加工副产物高效转化利用，实现节粮减损，为实施"大食物观"开发更多的营养健康食品，为保障国家粮食安全做出新贡献》开展了调查研究工作。

经过近半年的调查研究，首次了解到目前我国每年粮油加工产生的可食副产物有1.7亿多吨。在1.7亿多吨可食副产物中，粮食加工产生的可食副产物有7380万吨左右，其

中稻谷加工的副产物有米糠 1500 万吨、抛光粉等粉糠 400 万吨、碎米 730 万吨、不完善粒 380 万吨、异色粒 320 万吨、垩白粒 200 万吨，合计为 3530 万吨；小麦加工的副产物有麸皮 2500 万吨、次粉 400 万吨、小麦胚芽 200 万吨，合计为 3100 万吨；玉米加工的副产物有玉米胚芽 600 万吨；杂粮加工的副产物约 150 万吨。这 7380 万吨可食副产物，占 2021 年我国三大谷物和杂粮产量合计为 63276 万吨的 11.66%，相当于我国第一粮食生产大省黑龙江省 2021 年粮食产量 7867.72 万吨的 93.8%。与此同时，我国油脂加工中产生的饼粕多达 9610 多万吨，其中豆粕约 8000 万吨、菜籽饼粕 750 万吨、花生饼粕 400 万吨、玉米胚芽饼粕 460 万吨。在这些副产物中，有的含有丰富的脂肪、蛋白质和淀粉，有的含有丰富的膳食纤维和营养丰富的各类活性物质，高值化开发利用前景广阔、价值巨大。当前，充分利用这些宝贵资源的重点要放在大力推广米糠、玉米胚芽和小麦胚芽的集中制油上；放在提高碎米、粉糠、次粉、麸皮等可食化利用上；放在对饼粕等植物蛋白资源的充分利用上，积极发展生产植物蛋白粉、植物蛋白肽和人造肉等营养健康产品，既造福百姓，又可以节约和增产十分可观的粮油产品，为保障国家粮食安全做出重要贡献。

在粮油加工副产物高效转化利用中，利用米糠制油值得引起我们高度重视。米糠中含脂肪 16%~20%，相当于我国国产大豆的含油量，我国年产米糠 1500 万吨，目前用于制油的仅占 20%，潜力巨大。提升米糠制油利用率，对提高我国食用油的自给能力有重大现实意义，也是缓解耕地紧张、充分利用潜在资源、扩大油料供给、保障食用油安全的长远之策。建议有关部门要像重视"大豆振兴计划"一样重视"米糠制油产业的发展"。通过各方努力，政策支持，尽快将我国米糠制油的利用率由目前的 20% 左右提高到 50% 左右，年产稻米油达到 100 多万吨，较目前增产稻米油 60 多万吨，相当于年增产大豆 350 多万吨，可提高我国 1.5% 的食用油自给能力，要全力发展。

（四）要科学制修订成品粮油的质量标准，妥善处置过期的成品粮油产品

为了防止食品浪费，保障国家粮食安全，构建反食品浪费长效机制，2021 年 4 月 29 日第十三届全国人民代表大会常务委员会第二十八次会议通过《中华人民共和国反食品浪费法》。该法规定："制定和修订有关国家标准、行业标准和地方标准，应当将防止食品浪费作为重要考虑因素，在保证食品安全的前提下，最大程度防止浪费。"因此，我们建议今后在制修订成品粮油产品标准时，应该对大米的含碎率、光洁度；对小麦粉的白度、含麸率；对食用植物油的色值、酸价等质量指标有所调整。为大力发展全谷物产业，要尽快构建完善的具有我国特色的全谷物与全谷物食品标准体系，制修订好全谷物与全谷物食品

的国家标准、行业标准和团体标准。通过标准引领粮油加工业贯彻适度加工落地见效，减少粮油加工过程中的数量损失和营养损失。

粮油产品是食品工业最重要的基础原料，粮油产品的质量安全是食品质量安全的重要组成部分，国家对粮油产品制定了严格的质量安全指标，并对不符合安全卫生标准的粮油产品规定了不能食用的处置方法，这是应该的。但对超过保质期的米、面、油等成品粮油产品，经过质检部门检验，其产品质量仍全部符合国家质量标准和食用安全国家标准要求的，可否延期使用？对不涉及危害消费者身体健康的食用植物油酸价超标等质量问题如何科学合理处置，值得研究。鉴于成品粮油产品的保质期在法律上并无明文规定，通常是在产品标签标识上声称此产品的保质期。而且随着科学技术的发展，对成品粮油产品保质技术和条件的改善，如采用真空包装，充氮、低温、避光等方式储存，对成品粮油产品的保质期延长一两个月乃至更长一些时间是完全可能的。

因此，我们建议对所谓过了保质期的成品粮油产品，只要其质量仍然符合国家质量标准和食品安全国家标准的，应该允许适当延长其使用期；对食用植物油酸价超标等质量问题，应该允许其通过正常的加工方式，在达到符合国家质量标准和食品安全国家标准后，可以放心食用，投放市场。对此，我们要与有关部门多通气、多商量，取得共识，共同为节粮减损和保障国家粮食安全做出应有的贡献。

（五）要倡导科学消费、理性消费、健康消费、节约消费

我国餐饮消费现象触目惊心、令人痛心。制止舌尖上的浪费现象刻不容缓。以食用植物油的消费为例，2021 年，我国人均年食用油的消费量已达 30.1 千克，超过了 2021 年世界人均年消费食用油 27.0 千克的水平，远超我国居民膳食指南中成人每天推荐摄入25~30 克的用量。为此我们要广泛向百姓进行科普教育，既要让百姓知道油脂是人们一日三餐中不可缺少的食物，科学合理使用有利于身体健康，又要让百姓知道，油吃多了人会发胖，会产生诸如高血压、高脂血症、动脉硬化等健康问题，从而让百姓都懂得不是油吃得越多越好。通过科学消费、理性消费、健康消费和节约消费，尽快遏制我国食用油消费不断增长的势头。就食用油消费而言，我们认为将目前我国人均年消费由 30.1千克减少到 20 千克左右，是不会影响大家的营养与健康的。据统计和计算分析，2022年我国人均食用油的消费量已下降到 26.6 千克，希望这一好的发展势头能持续下去。与此同时，我们要继续认真贯彻习近平总书记关于对餐饮消费行为的重要批示，配合餐饮等有关行业，在全社会积极宣传要树立文明、健康、绿色、环保的生活方式，倡导健康消费、节约消费，通过改变生活和烹饪方式，减少油炸食品、水煮鱼、火锅等用油数量，以利身体健康，减少浪费。

（六）要帮助农业大县发展农产品加工，助力乡村振兴

众所周知，粮油加工业与农业息息相关，可以说"没有农业就没有粮油加工业"。为此，我们粮油加工业永远不能忘记农业、农村和农民，助力振兴乡村经济是粮油加工业义不容辞的责任。习近平总书记在中央农村工作会议上指出："产业振兴是乡村振兴的重中之重，要落实产业帮扶政策，向开发农业多种功能、挖掘乡村多元价值要效益，千方百计拓宽农民增收致富渠道"。

遵照习近平总书记的指示精神和中共中央、国务院关于做好 2023 年全面推进乡村振兴重点工作的意见，粮油加工业要在技术、人才、装备等方面积极支持帮助农业大县发展农产品加工业；要支持家庭农场、农村合作社和中小微企业等发展农产品产地初加工，引导大型农业企业发展农产品精深加工；要积极为产粮大县培养粮油加工技术人才，开发新产品，提高产品质量，提高经济效益；要通过合作的方式积极到产粮大县去发展粮油食品加工业，为振兴乡村经济、为农村劳动力就业、增加农民收入、巩固脱贫成果、守住不发生规模性返贫做出应有的贡献。

第三章

油脂企业品牌建设

一、为争创更多著名食用油品牌而努力

——在"第一届多力食用油发展研讨会"上的讲话

（2016 年 8 月 18 日　于江苏太仓）

应佳格集团的邀请，中国粮油学会油脂分会组织国内专家来到美丽、开放、富饶的太仓，参加由佳格集团主办的"第一届多力食用油发展研讨会"。会前，专家们参观了佳格集团太仓工厂，整洁、规范的高标准管理，先进的生产工艺与装备，节能、环保方面的业绩，给专家们留下了深刻的印象。

本届研讨会的主题是"食用油安全标准规范"，与会代表围绕着这一话题，进行了认真研讨。与会代表首先听取了佳格集团的经验介绍，包括：发展历程以及多力食用油在发展中取得的卓越成就；佳格集团食用油安全政策，以及多力油品的安全承诺和供应链管理；为确保食用油的质量与安全，佳格集团在原料把控、储藏、加工及销售等环节对多力食用油产品的严格质量管控，使其产品成为消费者信得过的产品；佳格集团始终坚持创新研发，开发出了一系列百姓喜爱的高品位的营养健康食品。

在佳格集团的经验介绍后，河南工业大学教授刘玉兰作了题为《食用油风险因子防范》的报告，她以多年丰富的科研与实践经验，全面介绍了食用油中风险因子的种类、产生原因及防范措施，介绍了在确保油品质量与安全的前提下保持葵花籽油最佳风味的工艺参数，这对油脂行业的健康发展具有重要的指导意义。武汉轻工大学教授、全国粮油标准化技术委员会油料及油脂分技术委员会主任何东平以《食用油国标新动态》为题，详细介绍了以葵花籽油为例的我国油料油脂国家标准制修订工作的现状、近几年来取得的成就以及今后的艰巨任务，强调要举全行业之力，出色做好油料油脂国家标准的制修订工作，引领油脂行业的健康发展。

接着，与会专家就食用油的质量与安全、标准的制修订、科技成果的评价等问题进行了研讨，专家们的真知灼见为"第一届多力食用油发展研讨会"画上了圆满的句号。现在，我以《为争创更多著名食用油品牌而努力》为题，讲点意见，供大家参考。

（一）进一步提高对争创著名品牌重要意义的认识

我曾多次讲过，品牌是企业的形象与符号，是企业的招牌和牌子，是一个企业区别于竞争对手的重要标记。品牌知名度的高低，反映了一个企业技术和设备的先进程度、企业经营管理水平的高低、社会声誉的好坏、市场份额的大小和无形资产的高低等。纵观国内外知名企业的成功经验，争创和发展著名品牌是企业长久不衰和保持市场旺盛生命力的最有效手段之一。品牌与企业具有同命运共存亡的特殊意义。为此，企业都应把争创和发展自己的品牌作为重要战略任务。建议佳格集团在食用油的生产经营中把品牌建设、争创名牌作为一项重要工程来抓，持之以恒，常抓不懈，抓出成效。

（二）要下大力，创立更多的著名品牌

改革开放以来，我国粮油加工企业通过抓品牌建设，增强了企业的质量意识、安全意识、诚信意识和服务意识，提高了企业的经营管理水平、产品质量水平、安全水平和技术水平，涌现出了一批全国性的和区域性的著名品牌。例如在大米产品中，有北大荒、国宝、盘锦、五常和射阳等著名品牌；在小麦粉产品中，有五得利、南山、古船、香雪、利达、皖王和金象等著名品牌；在食用植物油中，有金龙鱼、福临门和鲁花三大全国著名品牌，有九三、海狮、红蜻蜓、汇福、道道全等区域性著名品牌。另外，还有长寿花玉米油、西王玉米油、燕庄芝麻油、富味乡芝麻油和崔字牌香油等著名油脂产品。

上述这些粮油加工产品品牌，在广大消费者心中，具有较高的知名度和美誉度。这些著名品牌，是企业长期精心培育和打造的结晶，是企业最宝贵的无形资产，也是企业不断发展的重要基础。我相信，随着企业品牌意识和品牌建设的不断增强，粮油产品的著名品牌将进一步不断涌现。与此同时，我也相信经过努力，佳格集团一定能将"多力牌"食用油打造成著名的油脂品牌。

（三）要努力在葵花籽油中创立名牌产品

为提高我国食用油消费的自给能力，发展葵花籽油产业是最有优势和最有发展前景的方向之一。我国葵花籽的年产量在 160 万 ~190 万吨，2015 年达 192.8 万吨，其中用于榨油的葵花籽约占总产量的一半，葵花籽油的产量每年约为 40 万吨。葵花籽油中不饱和脂肪酸的含量高达 90% 以上（其中亚油酸含量为 62.2%、油酸含量为 23.8%），葵花籽油的人体消化吸收率高达 96% 以上；葵花籽油中还富含维生素 E、β- 胡萝卜素等营养物质，素有健康食用油之称；葵花籽油清淡透明、烟点高、烹饪时易保留天然食品风味。与其他

大众食用油相比，在中国消费者心目中葵花籽油属优质高端食用油品。葵花籽油深受消费者青睐，市场需求旺盛，造成了国产葵花籽油已远不能满足市场的需求，需要通过进口，才能满足市场的供应局面。据海关统计，2015 年我国进口葵花籽油为 65.1 万吨，已超过国产葵花籽油的产量，我国油脂市场上的葵花籽油的消费量已超过 100 万吨，由此可见，葵花籽油发展前景十分看好。

鉴于上述情况，应该积极创建几个在消费者心目中有影响力的著名品牌。目前，益海嘉里、鲁花、中粮、金太阳和佳格集团都很重视葵花籽油的生产和经营，并在消费者中已经有了较好的印象，争创著名品牌条件具备，尤其是佳格集团生产经营的多力葵花籽油争创著名品牌的可能性最大。希望佳格集团用心培育，早日将多力葵花籽油打造为著名的油脂品牌，实现多力葵花籽油成为中国葵花籽油市场上第一品牌的美好追求。

（四）创立著名品牌需要注重通力合作、广泛宣传，争取有关方面的支持

企业创立著名品牌除自身要有过硬的条件外，还要利用各种平台宣传品牌，积极参与行业内的活动，在学习行业内成功经验的同时，积极宣传自己，以得到行业内的高度认可。与此同时，要加强与行业内有关部门和群众团体的联系，争取他们的了解、支持和帮助。中国粮油学会油脂分会是全国油脂科技人员之家、油脂加工企业之家，为企业服务是中国粮油学会的宗旨，我们十分愿意为大家服好务，也愿意为佳格集团争创食用油著名品牌服好务！

祝研讨会圆满成功，谢谢大家！

二、拿起法律武器，捍卫粮油行业的声誉

——在"中国食品辟谣联盟'亮剑网络食品谣言'暨金龙鱼亮剑计划启动新闻发布会"上的主旨讲话

（2017 年 5 月 24 日 于北京）

女士们、先生们，各位业界同仁：

大家下午好！

今天参加国家食品药品监督管理总局、国家互联网信息办公室、农业部、国家质量监督检验检疫总局等为指导单位，由新华网、中国食品辟谣联盟主办的这场发布会，让人感到有点心情沉重的是，我们有那么多优秀的企业，都像"金龙鱼"一样遭遇过网络谣言的抹黑。让人感到欣慰的是，今天有这么多大型骨干企业聚集在一起，用实际行动对这些不良图谋行为予以回击。这是一个责任企业应有的胆识和勇气，我代表中国粮油学会油脂分会对此表示赞赏和支持！

中国是一个粮油生产大国，也是一个粮油消费大国，百姓的一日三餐事关民众的体质与民族的未来。为此我们食品企业，肩负重任，默默努力，以百姓的温饱和健康为己任，为提高百姓的生活质量、促进中国粮油行业的健康发展做出了巨大贡献。

中国粮油学会油脂分会作为粮油行业的协同者，参与和见证了中国粮油企业的艰苦成长和持续发展，见证了他们给中国民众物质生活带来的巨大改变。大家还记得，20 世纪90 年代初，中国才出现第一瓶小包装食用油，从此改变了一个民族延续几千年的散装油食用习惯；从吃饱、吃好到吃得科学健康，中国粮油行业一路引领着中国民众的饮食习惯和生活方式向更合理、更科学的方向转变。在这个过程中，众多优秀的食品企业发挥着举足轻重的作用，正是因为他们坚持不懈地努力，有了无数科研人员的辛勤付出，中国粮油行业才取得了今天的成就、声誉和地位。

但遗憾的是，近些年来，网络上不断流传出一些针对粮油行业毫无科学依据的谣言，例如转基因危害论、压榨比浸出工艺更先进等很多谣言让众多辛辛苦苦发展起来的企业和精心培养起来的品牌蒙受不白之冤。即便是"金龙鱼"这样的知名龙头企业也一再遭受恶意中伤，不仅给企业的正常运营带来极大困扰，更严重的是混淆了消费者的视听，扰乱了消费市场秩序，同时也给整个粮油行业的声誉乃至国家形象带来严重的负面影响！

产生这种现象的原因是多方面的，首先，我们的企业在应对互联网环境下的舆情处置还缺乏经验，对一些不良图谋的网络行为没有做到有效抵制甚至有些姑息；其次，在我们埋头钻研积极进取的同时疏忽了对广大消费者的常识性引导，从而造成相当多的消费者对我国食品科技的进步缺乏必要的了解。比如，这起失实报道中所涉及的益海嘉里对废弃油脂的再生利用；又如"金龙鱼"在绿色循环经济中所做出的超前努力，如果大众都能了解一个良心企业的抱负和情怀，了解他们为了整个食品科技的进步默默付出的努力，谣言就会失去传播的群众基础而不攻自破。

总之，这次事件对我们是一个警醒、一次启发。对整个粮油行业而言，各企业之间，一荣俱荣、一损俱损，大家的命运彼此相连，没有谁能置身事外。在此，我们呼吁市场规范化竞争，倡导行业自律工作机制，培育行业诚信守法文化，维护公平有序的市场环境，积极促进行业良性发展，反对有损行业发展的恶性竞争。今天我们很高兴看到大家联起手来，付诸行动，结成打击网上谣言的互助联盟，拿起法律武器，积极捍卫粮油行业的声誉，不给谣言肇事者作恶的机会（附件）。

作为一个致力于建设粮油科学技术支撑平台的学会，我们将始终与大家站在一起，今后我们要在不断探索食品科学与技术进步的同时，要把更多的知识和信息传递给广大消费者，让谣言止于智者，让好声音战胜恶声音，让正能量抑制负能量，以保护好更多像"金龙鱼"这样的责任企业和荣誉品牌，共同维护好中国粮油行业的良好声誉，让更多优质的产品服务民生。我相信，在各位同仁的共同努力之下，我们一定会拥有一个更纯净有序的舆论环境，中国粮油行业的未来也一定会更加美好。

谢谢大家，祝各位身体康泰，生活愉快！

附件

—

王瑞元会长回答媒体记者的提问

2017年5月24日，在"中国食品辟谣联盟'亮剑网络食品谣言'暨金龙鱼亮剑计划启动新闻发布会"召开之前，王瑞元会长分别回答了中央电视台、北京电视台等媒体记者"您是如何看待此次中国食品辟谣联盟'亮剑网络食品谣言'暨金龙鱼亮剑计划启动新闻发布会对中国粮油发展的意义？"等有关提问，回答的主要内容如下。

首先，我要告诉大家：中国是一个粮油生产大国，也是一个粮油消费大国。粮油产品是人们一日三餐不可缺少的主要食物，其产品的质量与安全事关人民群众的身体健康，事关中华民族的未来。按照《中华人民共和国食品安全法》的要求，我国粮油加工行业在生产经营中始终把粮油产品的质量与安全放在第一位，以确保让百姓"吃得安全，吃得健康"。

这里，我想简要介绍一下我国粮油产品的总体质量水平。我曾多次向媒体朋友讲过，改革开放以来，尤其是进入21世纪以来，为适应我国经济发展和人民生活水平不断提高的需求，我国的粮油加工业发生了翻天覆地的变化。现在，我国粮油加工业的技术、质量与装备的总体水平已接近或达到发达国家的先进水平。粮油加工的产品质量与品种是我国有史以来最好最多的时期，粮油市场上琳琅满目的小包装米、面、油产品，其质量与包装与发达国家没有多大差距。

但与此同时，也是暴露问题最多的时期，分析原因：一是随着人们生活水平的不断提高，对品质要求越来越高。二是随着科技的进步，对粮油产品及其可能存在与产生危害物质的认识越来越清楚了，诸如粮食烘焙食品中的丙烯酰胺，油脂产品中的反式脂肪酸、3,4-苯并芘、3-氯丙醇酯等。对此，我们现在不仅了解了这些物质的产生与危害，并已有办法加以防范和消除。三是个别企业由于管理不足，责任心不强，造成产品质量不稳定。四是个别媒体，尤其是网络，不经科学调查，不征求行业的意见，以讹传讹，随意"炒作"，唯恐天下不乱，有的甚至出于不良图谋，抹黑知名骨干企业、知名品牌，扰乱市场，造成消费者的心理恐慌。对此，我们不能让个别怀有不良图谋的"网络"得逞。

这次由新华网、中国食品辟谣联盟主办的"中国食品辟谣联盟'亮剑网络食品谣言'

暨金龙鱼亮剑计划启动新闻发布会"，我高兴地看到了有这么多知名大型骨干企业参加，并联手起来，付诸行动，结成打击网上谣言的互助联盟，共同拿起法律武器，积极捍卫自身与行业的声誉，不给谣言肇事者作恶的机会。我相信，在大家的共同努力下，我们一定会拥有一个纯净有序的舆论环境，中国粮油食品行业的未来一定会更加美好！

三、正确认知食用油脂中的反式脂肪酸（一）

——在 2017 年"反式脂肪酸新闻发布会"上的主旨讲话

（2017 年 6 月 22 日　于北京）

女士们、先生们、各位行业同仁、新闻界的朋友们：

大家下午好！

今天参加由中国食品辟谣联盟和中国焙烤食品糖制品工业协会联合举办的"反式脂肪酸新闻发布会"，我觉得也可以称为"反式脂肪酸科普沟通会"，在此我代表中国粮油学会油脂分会与在座诸位分享一些油脂专业的有关信息。

自 2010 年起，一些媒体关于氢化油、反式脂肪酸对人体健康危害的报道频频出现，从而使氢化油、反式脂肪酸这两个名字逐渐走进公众视野，同时引起了政府、公众的广泛关注。但实事求是地讲，在有些报道中存在着不少误导性的非科学性言论，比如人造奶油等同于反式脂肪酸，氢化油等同于反式脂肪酸等，引起了消费者的恐慌，对食用油行业及食品行业的健康发展均造成不良影响。为此，我们非常有必要对食用油脂、油脂制品、氢化油与反式脂肪酸的关系进行科学说明。

反式脂肪酸来源有两个：天然和工业加工。天然来源的反式脂肪酸主要来自反刍动物的肉、脂肪、乳及乳制品；工业加工来源的反式脂肪酸主要来自部分氢化和油脂的高温精炼。油脂氢化程度不同，产生反式脂肪酸含量也不同，比如，如果进行全氢化，则不会产生反式脂肪酸，所以氢化油并不直接等于反式脂肪酸。

近十几年来，随着食用油行业发展，油脂加工技术也在不断进步，通过工艺改进替代部分氢化，目前成熟的新工艺有酯交换、适温精炼、高低压分提等。

事实上，现在多数食用油脂与油脂制品生产企业已采用了新的生产工艺，产品中的反式脂肪酸含量普遍较低。例如益海嘉里金龙鱼粮油食品股份有限公司开发的无需调温的代可可脂产品，其反式脂肪酸含量远远低于天然奶油，其技术突破获得了食品工业工艺创新奖，并获得国家发明专利。

从不同途径进行的反式脂肪酸调查结果也显示，目前各类食品中反式脂肪酸含量与 10 年前相比已明显降低。以上变化充分说明，通过食用油行业的技术进步，食用油脂与油脂制品中的反式脂肪酸含量已经得到较好控制，取得了很好的成绩。现在，大多数食品中的反式脂肪酸与前些年相比都有显著下降。我国加工食品中的反式脂肪酸含量远没有像某些报道中说的那么可怕，并没有对消费者健康构成实质性风险。

2012年12月19日，国家食品安全风险评估委员会发布了《中国居民反式脂肪酸膳食摄入水平及其风险评估》报告。报告中显示，中国人通过膳食摄入的反式脂肪酸所提供的能量占膳食总能量的百分比为0.16%，北京、广州城市居民为0.34%，低于世界卫生组织（WHO）建议的1%限值，并显著低于西方发达国家居民供能比。与其他国家和地区的调查结果相比，我国的反式脂肪酸供能比最低，西方发达国家是我国的两三倍，有的甚至高达10倍。总体来讲，反式脂肪酸对我国居民的总体健康风险很低，并不是一个令人"谈虎色变"的问题，大家应客观对待。

在此我们特别倡议，油脂行业要不断探索新工艺，优化完善产品配方，开发出低反式脂肪酸含量的新产品，为我国消费者提供更加优质健康的食品。与此同时，政府主管部门要进一步加强监督管理，推动食用油脂企业积极配合国家有关反式脂肪酸的法规标准的制定与落实。我们还要建议，广大新闻媒体应正确引导社会舆论，在报道这类敏感问题时，要多做调查研究，多听行业权威部门的意见，避免夸大失实报道，给予消费者科学、正确的认知，引导消费者理性面对反式脂肪酸。

谢谢大家！

四、正确认知食用油脂中的反式脂肪酸（二）
——在 2017 年"反式脂肪酸新闻发布会"上的主旨讲话

（2017 年 6 月 22 日 于北京）

很高兴参加由中国食品辟谣联盟和中国焙烤食品糖制品工业协会联合举办的"反式脂肪酸新闻发布会"。自 2010 年起，媒体关于氢化油、反式脂肪酸对人体健康危害的报道频频出现。氢化油、反式脂肪酸逐渐走进公众视野，同时引起了政府、媒体和公众的广泛关注。

在这些报道中，存在着大量误导性的报道，比如人造奶油等同于反式脂肪酸，氢化油等同于反式脂肪酸等，从而引起了消费者的恐慌，对油脂行业及整个食品行业的健康发展造成不利的影响。为此，相关行业和协会、学会非常有必要对食品专用油（包括人造黄油、起酥油、代可可脂等）与氢化油和反式脂肪酸的关系进行说明。由此，中国粮油学会油脂分会于 2010 年 11 月 20 日在无锡召开了"反式脂肪酸安全问题"评估会，经与会专家综合各方面信息，形成了《中国粮油学会油脂分会关于"反式脂肪酸安全问题"的意见》（附件），并发表在有关报纸杂志上，起到了发挥正能量的作用。现在我想就如何正确认知食用油脂中的反式脂肪酸介绍些情况和讲点意见。

（一）反式脂肪酸的含义及对人体的影响

"反式脂肪酸"是所有含有反式双键不饱和脂肪酸油脂的总称。反式脂肪酸与顺式脂肪酸由于它们的立体结构不同，二者的物理性质差别很大。顺式脂肪酸在常温下多为液态，熔点较低；而反式脂肪酸多为固态或半固态，熔点较高。此外，二者的生物学作用也相差很大，主要表现在反式脂肪酸干扰机体多不饱和脂肪酸的代谢，对血脂、脂蛋白代谢有不利影响以及对胎儿生长发育有抑制作用等。

研究发现，反式脂肪酸会增加人体血液中的"坏胆固醇"即低密度脂蛋白（LDL）含量，同时降低"好胆固醇"即高密度脂蛋白（HDL）含量，从而会增加心血管疾病风险。

世界卫生组织（WHO）和联合国粮食及农业组织（FAO）建议"为了增进心血管健康，应该尽量控制膳食中反式脂肪酸的最大摄取量不超过总能量的1%"。

（二）油脂氢化工艺与反式脂肪酸

1. 反式脂肪酸来源

反式脂肪酸的来源有两个，天然来源和工业加工来源。

天然来源的反式脂肪酸主要来自反刍动物的肉、脂肪、乳及乳制品。据了解，天然黄油、牛油、羊油等油脂中反式脂肪酸的含量为3%~5%。

工业加工来源的反式脂肪酸主要来自部分氢化油脂。油脂氢化程度不同，反式脂肪酸含量也不同。

另外，油脂的高温精炼以及不合理的烹调和饮食习惯，如高温炒菜或油炸烹调，也会在食品中产生少量的反式脂肪酸。

2. 油脂氢化工艺

1903年油脂氢化技术开始出现并逐渐成形，这项技术能够使普通的棉籽油、大豆油具备动物油脂相似的性能，且不含胆固醇，这在当时成为一种健康的增加饱和脂肪酸的选择。1911年出现了用氢化棉籽油生产的起酥油。由于当时人们对于反式脂肪酸几乎没有认识，因此氢化油脂由于很好的功能性、稳定性及低胆固醇等特点开始被广泛应用。

随着科学技术的发展，研究人员发现油脂经过氢化后会产生部分反式脂肪酸，而反式脂肪酸会提高血清中低密度脂蛋白胆固醇，同时还会降低血清中高密度脂蛋白胆固醇，影响健康。因此，业界开始反思氢化工艺所带来的反式脂肪酸的危害并改进、替代氢化工艺。

需要强调的是，如果控制工艺进行"全氢化"，也就是将所有双键都转化成饱和单键，就不会产生反式脂肪酸了。

（三）油脂加工的技术进步

鉴于反式脂肪酸对人体健康的影响，为减少和去除油脂产品中的反式脂肪酸，我国油脂界的企业与广大科技人员积极开展创新研发。经过不懈努力，通过创新工艺以及对现有工艺改进等手段，已经可以制备得到低反式脂肪酸含量和性能好的氢化油替代产品，并已应用于专用油脂产品的生产中。目前有如下成熟的加工工艺。

1. 酯交换工艺

通过酶或催化剂的作用，将油脂在较温和的条件下进行酯交换反应，其产品中的反式脂肪酸含量极低，是取代氢化工艺生产低反式脂肪酸含量产品的理想技术。

2. 分提工艺

通过物理方法将油脂细分，得到几种不同熔点的油脂而不产生反式脂肪酸。以棕榈油为例，通过冷冻分提技术可以获得不同熔点、性状各异、用途多样的产品，此分提过程不会产生反式脂肪酸。

3. 氢化工艺改进

采用新型贵金属铂（Pt）或钯（Pd）替代传统的镍（Ni）为催化剂，可在较低的温度条件下进行氢化反应，从而在一定程度上降低反式脂肪酸的生成。

4. 适温精炼工艺

普通的食用植物油（非氢化油脂）也存在少量的反式脂肪酸，这主要是在油脂精炼过程中由于脱臭过程温度较高引起。控制油脂精炼过程，选择合适的工艺参数，在保证油脂的酸价、色泽等符合国家标准要求的条件下，通过适当降低脱臭温度、减少油脂在高温条件下的时间、尽量避免油品在脱臭塔内循环等措施，即可有效控制脱臭油脂中的少量反式脂肪酸的产生。

（四）食品专用油脂产品中反式脂肪酸的控制

通过以上解释我们可以知道，人造奶油不等于反式脂肪酸，氢化油不等于反式脂肪酸。部分乳化油确实曾经作为一种原料油脂应用在人造奶油、起酥油、代可可脂等食品专用油脂产品中，但随着技术的进步已经被逐步取代。氢化油脂有"部分氢化"和"全氢化"的区别，经过全氢化的油脂可以说不含反式脂肪酸，因为它不再有不饱和双键。

很多人误认为人造奶油含有反式脂肪酸，而天然奶油是健康的。然而，根据一项调查结果显示，天然奶油的反式脂肪酸平均含量为2.53%，而人造奶油的反式脂肪酸平均含量为2.18%。事实说明，现在多数食品专用油脂生产厂商已经改进或采用了新的生产工艺，产品中的反式脂肪酸含量普遍很低。例如益海嘉里金龙鱼粮油食品股份有限公司开发了新的无需调温的代可可脂产品，其反式脂肪酸含量远远低于天然奶油，获得了2012年食品工业工艺创新奖及国家专利。另外从不同途径进行的反式脂肪酸调查结果也显示，2012

年各类食品中反式脂肪酸的含量比 2008 年明显降低。以上这些充分说明，通过业界的技术改进以及监管者的努力，人造奶油等专用油脂中的反式脂肪酸含量已经得到了很好控制，取得了很好的成绩。

（五）食品中反式脂肪酸含量

随着关于反式脂肪酸的大量报道，很多消费者会认为食品中的反式脂肪酸含量是很高的。但实际情况并非如此，大多数食品中的反式脂肪酸和前些年相比都在显著下降（表 1）。我国的加工食品中的反式脂肪酸含量远没有某些报道那么可怕，并没有对消费者健康构成实质性风险。

表1　我国5种食品的反式脂肪酸含量变化　　　　　　单位：克/100克

食品名称	2007年前	2007年后
夹心饼干	2.55	0.65
曲奇饼干	0.50	0.17
派	2.05	0.54
薯条薯片	1.06	0.07
酥性饼干	0.41	0.14

2012 年 12 月 19 日国家食品安全风险评估委员会发布的《中国居民反式脂肪酸膳食摄入水平及其风险评估》报告显示：中国人通过膳食摄入的反式脂肪酸所提供的能量占膳食总能量的百分比为 0.16%，北京、广州城市居民为 0.34%，低于 WHO 建议 1% 限值，显著低于西方发达国家居民摄入量。加工食品是城市居民膳食反式脂肪酸主要来源，占总摄入量的 71.2%，其余为天然来源。在加工食品中，植物油来源占 49.8%，其他加工食品来源较少，如糕点、饼干、面包等均不足 5%，仅约 0.4% 城市居民摄入量超过 WHO 的建议值。

与其他国家和地区的研究结果相比，我国的反式脂肪酸供能比最低。美国反式脂肪酸供能比是我国大城市的 8.3 倍（1997—2006 年），日本为 2.7 倍（2010 年），伊朗为 12.4 倍（2007 年），英国为 3.5 倍（2003 年），欧洲国家为 2.6 倍（2000 年），丹麦为 2.1 倍，（2006 年），澳大利亚为 1.8 倍（2006 年），新西兰为 2.1 倍（2006 年），加拿大为 4.1 倍（2008 年）。

由此可见，我国的食用油及其制品是安全的，人们可以科学合理地放心食用。

（六）结束语

总体来讲，反式脂肪酸对我国居民的总体健康风险很低，并不是一个令人"谈虎色变"的问题，我们应该客观对待。新闻媒体应正确引导社会舆论，在报道这类敏感问题时，要多做调查研究，多听行业权威部门的意见，避免夸大其词，给予消费者一个正确的概念，引导消费者理性面对反式脂肪酸。

关于对食品中反式脂肪酸的控制，需要政府、企业、新闻媒体等的共同努力。政府要加强监督管理，推动食用油脂企业配合国家相关反式脂肪酸法律法规的制定；企业要不断优化完善生产配方，探索新工艺，开发出低反式脂肪酸含量的新产品，为我国消费者提供更加优质健康的食品。

谢谢大家！

附件

一

中国粮油学会油脂分会关于
"反式脂肪酸安全问题"的意见

（2010 年 11 月 20 日　于江苏无锡）

近日，国内有关媒体关于"植物黄油的隐患"的报道引起社会的广泛关注和强烈反响。在普通消费者中引起恐慌，对油脂和食品行业产生了严重影响，为此，中国粮油学会油脂分会于 2010 年 11 月 20 日在无锡召开了"反式脂肪酸安全问题"评估会，中国粮油学会油脂分会会长王瑞元出席并主持了会议，与会专家综合各方面信息，进行了认真讨论，针对报道中的失实言论和夸大宣传，提出如下六条意见。

（1）氢化油不等同于人造奶油、植物奶油、植物黄油、植物末、奶精等食品专用油脂产品，氢化油是这些食品专用油脂产品的成分之一。

（2）不同种类的氢化油中反式脂肪酸的含量差别很大。根据氢化程度不同，氢化油可以分为选择性氢化油（又称局部氢化油）和极度氢化油两类。选择性氢化油一般只进行了有限程度的加氢处理，其反式脂肪酸含量较高，平均在 20% 左右。极度氢化油是一种完全氢化（不饱和脂肪酸的双键几乎全部被饱和）的油脂，又称为硬化油，其中反式脂肪酸含量很低，一般在 1% 以下。

（3）加工食品专用油脂配方中是否加入氢化油，加入哪种氢化油，以及加入多少，要根据该种专用油脂产品的用途而定。因此，不同专用油脂产品中反式脂肪酸含量差别很大。根据中国粮油学会的统计，我国食用氢化油年用量 10 万余吨，而目前全国食品专用油脂总产量为 100 多万吨，因此，氢化油在食品专用油脂中所占的比例总体上不超过 10%。实际上，食品专用油脂中 90% 以上成分为棕榈油、棕榈仁油、椰子油等，这些天然植物油无需氢化，所以不含反式脂肪酸。因此，"氢化油大量、广泛应用于食品"的说法并不属实，消费者无需恐慌。

　　由于东西方传统饮食习惯的巨大差异，总体上中国居民反式脂肪酸的摄入量远远低于西方发达国家，处于相对安全的水平上。但不能排除我国局部地区或特殊人群中可能存在反式脂肪酸摄入过高的情况，因此，要清醒认识到反式脂肪酸的危害性和行业面临问题的严重性和紧迫性。

　　（4）国际上绝大多数国家并没有禁止食用含有反式脂肪酸的食品，而是依据本国的反式脂肪酸摄入情况设定反式脂肪酸的限量标准或标签标示要求。目前国际上规定反式脂肪酸标签标示要求的国家还不多（仅有丹麦、瑞士、美国、加拿大等近 10 个国家和地区），设定反式脂肪酸限量标准的国家就更少了。

　　美国等国家强制规定在食品标签上标明反式脂肪酸含量，目的是给消费者以知情权和选择权。但含有反式脂肪酸的食品不等于有毒、有害食品，并不是说标签上注明有反式脂肪酸就表示这个食品不能吃了，否则，这样的食品就根本不可能面世。

　　（5）氢化油的危害在于其中存在的反式脂肪酸。西方国家的饮食中反式脂肪酸的摄入量比较高，因此其对人体影响的研究也比国内早。在反式脂肪酸对人体的作用方面，国内原创性的研究较少，基础研究还比较薄弱，大部分还是引用国外成果。从目前国际上的研究共识来看，反式脂肪酸的长期和大量摄入与心血管疾病之间的确存在正相关性。但反式脂肪酸与糖尿病、乳腺癌等其他疾病是否存在相关性并没有定论。有些媒体报道中声称"氢化油危害堪比杀虫剂"的说法，明显是在夸大其词，胡言乱语。

　　（6）油脂安全事关人体健康，国外对反式脂肪酸的危害研究和法制规范，必将影响中国油脂和食品行业。我们呼吁广大油脂加工企业，积极开发反式脂肪酸控制技术，推行减少反式脂肪酸的新工艺和新方案，从源头上把关，从根本上消除反式脂肪酸可能引起的健康隐患，以推动我国油脂和食品行业的健康发展。

五、公开产品配方，彰显央企担当

——在"福临门营养家调和油上市发布会"上的致辞

（2017 年 12 月 26 日　于北京）

尊敬的各位领导、各位同仁、媒体界的朋友们：

大家好！

很高兴参加由中粮福临门食品营销有限公司举办的"营养新时代 健康更有数"福临门营养家食用调和油上市发布会。首先我代表中国粮油学会张桂凤理事长、代表中国粮油学会油脂分会对本次发布会的召开表示热烈祝贺！对参与发布会的各位领导、各位专家、各位同仁、新闻媒体界的朋友们表示诚挚的问候！今天能在这里与大家共同探讨食用油行业的健康发展，我感到十分高兴。

在今天的发布会上，中粮福临门向广大消费者隆重推出营养健康的营养家食用调和油，并公开其配方，帮助消费者进一步了解调和油配方知识和营养均衡的健康之道。这是一个有特殊意义的举动，充分体现了一个粮油行业领导者对产品质量的信心、对营养健康消费的担当。

众所周知，油脂是人类食品重要的成分之一，是人们生活所必需的消费品，是提供人体热量和必需脂肪酸、促进脂溶性维生素吸收、改善食物特有风味和增进人们食欲的重要食物。食用植物油消费量的高低和对品质的要求，是衡量一个国家经济发展和人民生活水平的重要标志。我国居民食用油的消费量由短缺经济年代每人每月 250 克的定量供应，到如今的敞开供应；从供应单一油品到如今油脂市场产品的琳琅满目，充分显示了我国经济的快速发展和人民生活水平的不断提高，确实来之不易。

调和油是将两种或两种以上成品油按照营养和风味的需要，按一定比例科学调配制成的食用油。调和油不仅脂肪酸组成的平衡性好于单一食用油，还含有单一油品所不及的多样营养成分。据不完全统计，2014 年我国食用调和油的产量达 465 万吨，已经成为我国食用植物油消费市场上不可或缺的产品。不过，由于个别企业趋于对商业利益的过分追求，调和油市场也存在着以次充好、混淆概念的不良现象，损害了消费者的利益。

中粮集团是我国最大的国有粮油企业，一直致力于为广大消费者提供安全、营养、健康的"中国好粮油",他们注重"从田间到餐桌"全产业链的粮油品质溯源体系建设,依靠创新驱动,培育出了以福临门为代表的家喻户晓的著名粮油品牌,并为我国粮油加工业的健康发展起到了引领作用。

今天推出的营养家食用调和油新产品,是中粮福临门依据国家食用油标准最新趋势以及 2013 版《中国居民膳食营养素参考摄入量》(DRIs)的研究成果,是为更好地满足消费者的实际需求所做的研究成果。他们的做法,至少有以下三点值得大家学习借鉴。

(一)产学研一体化,坚持创新驱动,探索先进工艺

福临门营养家调和油由中粮营养健康研究院、中粮营养健康研究院油脂研发中心、中粮福临门食品营销有限公司联合研发。创新性推出"营养环"配方工艺,通过适度精炼、两级精准配油、三级充氮保鲜、抗紫外线包装等技术,显著提升了基料油中营养成分的保留率,同时有效控制了风险因子,确保了产品的营养和安全品质,值得推广。

(二)公开产品配方,体现了央企的责任与担当

配方是企业生产调和油的核心技术,也是企业秘密。福临门营养家调和油采用 37% 的玉米油、35% 的菜籽油、13% 的稻米油、10% 的花生油、5% 的亚麻籽油五种高端食用油脂,通过科学调配而成,并将这一产品配方在标签上如实告知消费者,真正做到了全面公开、配方有数。这一做法,应该褒奖,更值得提倡。

(三)营养升级,公布微量元素成分,更全面地满足《中国居民膳食营养素参考摄入量》(DRIs)对食用油的营养要求

福临门营养家食用调和油不仅将《中国居民膳食营养素参考摄入量》(DRIs)作为指导原则,提供了 ω-3 多不饱和脂肪酸、ω-6 多不饱和脂肪酸、单不饱和脂肪酸、饱和脂肪酸,还提供了维生素 E、植物甾醇、角鲨烯、谷维素等珍贵的微量营养成分,开创性地做到了营养成分和配方比例同时公开有数,体现了优异的原料品控能力与先进的生产工艺。

最后祝发布会圆满成功,祝福临门营养家食用调和油早日走进千家万户,为助力"健康中国"做出贡献!

六、国家重拳整治食用植物调和油乱象

——在"2018 年食品安全热点科学解读媒体沟通会"上的讲话

（2019 年 1 月 3 日　于北京）

很高兴应邀参加由中国食品科学技术学会举办的"2018 年食品安全热点科学解读媒体沟通会"，与媒体朋友们见面，共同营造良好的食品安全氛围，助力"健康中国"建设。

现在，我以《国家重拳整治食用植物调和油乱象》为题，给大家介绍些情况和提点建议，供大家参考。

近年来，食用植物调和油受到越来越多消费者的青睐，成为很多家庭厨房中的必备食材之一。然而，2018 年 4 月中央电视台财经频道的一则报道称，记者通过长达半年多的深入调查发现，一些不规范企业生产的所谓食用调和油实际上和消费者所认知的调和油不完全一样，比如福建省几家企业生产的几款橄榄油调和油，其包装上均显著地标称"特级初榨橄榄"或"橄榄原香"，而作为产品真实属性的"食用植物调和油"的字号却远小于"特级初榨橄榄"或"橄榄原香"，并且颜色较浅，字体和颜色分辨率均不明显，如果不仔细分辨，还以为就是纯正橄榄油。报道发出后，大量媒体进行转载，致使个别食用植物调和油生产企业产品标签标识声称与实际成分不一致的"造假现象"，将整个食用植物调和油产业推向了食品安全舆论的风口浪尖。对此问题，油脂行业在第一时间对几个被曝光的所谓食用植物调和油生产企业进行了强烈谴责，建议有关部门从严处理，停止其生产经营食用植物调和油的资质。这里我要向大家说明的是，我国的食用植物油加工企业多达几千家，其中列入国家粮食和物资储备局统计的日处理油料在 50 吨以上的企业约有 2000家，而被媒体曝光的福建几家不规范企业不在我们的统计之中。

（一）食用植物油种类繁多，加工工艺有所区别

食用植物油是指以可食用的植物油料为原料，通常是采用机械压榨或溶剂浸出并经过精炼制成的食用油脂产品。有个例外是，我国传统的小磨芝麻香油是用"水代法"制取

的。有一点需特别说明，无论是压榨法，还是浸出法制取的油脂，只要符合国家有关规范标准，其产品都是安全可靠的，消费者都可以放心食用。

我国地域广阔，拥有多种食用植物油料及油脂，在日常饮食中，有多种食用植物油，大宗的如大豆油、菜籽油、花生油、葵花籽油、玉米油、芝麻油等；小宗的如油茶籽油、亚麻籽油、核桃油、稻米油等，后者又称特种植物油。另外，还有用上述几种油品经科学调配制成的食用植物调和油。由于每种单一油脂各有不同的营养或风味特点，为兼顾不同油脂的营养和风味特点，经科学调配制成的食用植物调和油，可以满足多种营养或风味的需要，也成为消费者重要的选择油品之一。据 2015 年原国家粮食局的统计，2014 年我国食用植物调和油的产量为 465 万吨，约占当年我国食用植物油消费量的 15%。由此可见，食用植物调和油在我国食用油市场上已成为一个重要的油品。

（二）我国食用植物调和油市场上出现的一些不规范现象必须立即制止

1. 掺假现象时有发生

个别食用植物油的产品名称没有反映食用植物油的真实属性。少数不法分子唯利是图，在高价格油脂中掺入低价格油脂；更有甚者直接用低价格油脂冒充高价格油脂，坑害消费者，如在橄榄油、油茶籽油中掺入葵花籽油，花生油中掺入玉米油、棉籽油等。

2. 以高价油脂命名调和油

有的商家以高价油脂直接冠名调和油，而调和油的主要成分并非真正的高价油。如：橄榄调和油、芝麻调和油、亚麻籽油调和油等。这里也需要说明的是，在食用植物调和油国家标准未公布之前，大多企业根据市场需要制定了上述品名的企业标准，并在当地有关部门备案后，严格按标准组织生产、销售的，这应该说是允许的，合法的。但现在再这样命名标识就不行了，因为 2018 年 6 月 21 日国家卫生健康委员会和国家市场监督管理总局发布了 GB 2716—2018《食品安全国家标准　植物油》，该标准规定了"食用植物调和油产品应以'食用植物油调和油'命名"和"食用植物调和油的标签标识应注明各种食用植物油的比例"的要求，并明确规定该标准自 2018 年 12 月 21 日正式实施。这就表明今后不能再以"橄榄调和油""芝麻调和油""亚麻籽油调和油"等命名了。

3. 夸大油品的健康功效

有的企业在产品宣传时，过度宣传某种油的某种脂肪酸成分，甚至声称其为预防疾病的"灵丹妙药"。

4. 用转基因油料生产的食用油仍存在标识不显著的问题

《中华人民共和国食品安全法》第六十九条规定"生产经营转基因食品应当按照规定显著标示";《农业转基因生物标识管理办法》第七条也规定"农业转基因生物标识应当醒目,并和产品的包装、标签同时设计和印制"。但有些生产经营企业故意以极小的字体在不显眼的位置进行标注,有掩盖产品原料为转基因油料事实真相的嫌疑。

这里需要特别说明的是,我国对于转基因生物安全实行严格的管理,凡是经过国家主管部门科学验证并批准的转基因生物产品都是安全的,故公众不必担心转基因食品的安全性问题。并且,对于食用植物油来讲,用转基因油料生产的食用植物油,其基因存在于蛋白质中,不与脂肪相结合。所以食用油脂经过制取、精炼,油脂成品中几乎不含蛋白质成分,进而基因成分更是基本不存在了,故食用油是否用转基因油料加工完全不必担心。

5. 夸大非转基因、物理压榨油脂的营养安全性

有的企业使用"更安全、更健康"等误导性广告语标榜非转基因、物理压榨油脂,诋毁用转基因原料或用浸出工艺生产的油品的安全性,在有些食用植物油的标签上醒目地写着"非转基因""纯物理压榨"等字样,以吸引消费者眼球,蛊惑、误导消费者,使"非转基因""物理压榨"成了产品促销与提高售价的一大法宝(注:这条内容在会上我没有宣读,但确实应该引起我们油脂行业的高度重视)。

(三)几点建议

1. 生产经营企业应严格遵守相关法规标准,规范产品标识

食用植物油生产企业应自觉严格遵守国家的相关法规标准,对产品名称、配料等进行规范标识。

2. 应加强科普宣传,提高消费者对食用植物油的科学认知

相关单位应加强对食用植物油基础常识的科普宣传,让消费者用科学的态度和正确的方法认识并使用食用植物油——食用植物油并不是越贵越好,油的价格高低与其油料资源的多寡有很大关系,与其营养价值不构成正比关系。消费者要根据自身特点选择"对的"油,不一定要选"贵的"油。

3. 科技界应开展食品真实性鉴别技术研究,以科技服务监管

鉴于食品工业中"以次充好""以假乱真"现象的屡禁不止,食品科技界应大力开

展食品真实性鉴别技术的深入研究，通过科技手段解决这一问题，服务监管，规范市场秩序。

4.媒体应尊重科学真相，不以耸人听闻标题吸引公众眼球

媒体在充分发挥社会舆论监督作用的同时，对事实真相的报道应科学、客观、公正，多听行业专家的意见，不以吸引公众眼球的标题给消费者带来无端恐慌。

经过改革开放40年的发展，我国食用油行业在精深加工、产品开发、质量提升等诸多方面取得了巨大进步，发生了翻天覆地的变化。植物油生产技术水平已达到世界先进水平，我们的生产经营企业有能力为消费者提供安全、营养、健康的食用油产品，与此同时，我们食用植物油行业也会加强行业自律管理，引导和规范行业企业履行食品安全主体责任。

谢谢大家！

七、创新抢占大豆蛋白开发利用的制高点

——在"2020 植物蛋白加工技术与营养研讨会"上的主旨演讲

（2020 年 10 月 26 日　于山东济宁）

各位领导、各位专家、各位企业家：

大家上午好！

很高兴来到济宁，参加由中国粮油学会油脂分会主办，山东凯斯达机械制造有限公司承办的"2020 植物蛋白加工技术与营养研讨会"，与大家一起交流研讨油料蛋白的加工技术与营养价值，以推动油料蛋白更好地开发利用，为"健康中国"建设助力。根据何东平会长的安排，我以《创新抢占大豆蛋白开发利用的制高点》为题首先发言，作为抛砖引玉，供大家研讨时参考。

（一）大豆蛋白是全球最重要的油料蛋白资源

大豆是全球最重要的油料作物，其生产的油脂是当今人类油脂需求的最大来源之一。根据美国农业部的统计，2019 年度，全球大豆产量达 35865 万吨，占全球主要油料产量 59723 万吨的 60%；2019 年度，全球大豆油产量为 5574 万吨，占全球主要植物油产量 20319 万吨的 27.4%，仅次于棕榈油（7390 万吨），居全球主要植物油产量的第二位。

大豆不仅可以榨油，榨油后的饼粕含有营养丰富的优良蛋白质，经粗略估计，全球约有 28000 万吨大豆蛋白资源，它是人类和动物最主要的植物蛋白资源。根据联合国粮食及农业组织 / 世界卫生组织（FAO/WHO）的推荐，人均蛋白质的摄入量为每日每千克体重 0.75 克，目前我国人均摄入量为 0.5 克，只有推荐量的 2/3。另外，据了解 2017 年我国饲料总产量约为 2.9 亿吨，按照饲料配入 10% 蛋白质的最低标准计算，我国每年至少需要约 3000 万吨的饲用蛋白资源，其中 80% 以上来自大豆蛋白质，尤其是幼仔饲料、水产饲料、宠物食品等高端饲料中的蛋白质离不开大豆蛋白。

为满足食用油市场和饲料业发展的需要，我国除国产大豆外，每年需要从国外进口相当数量的大豆，才能满足市场的需要。据海关统计，2019 年我国进口大豆为 8851.1 万吨，

成为全球最大的大豆进口国。近几年来，我国每年进口的大豆和国产大豆（2019年预计约为1810万吨）之和都在1亿吨左右，成为全球最大的大豆消费国。如何用好这1亿吨大豆，尤其是如何用好近8000万吨的大豆蛋白资源，为百姓造福，是摆在我国油脂行业前面的重大课题。

（二）创新抢占大豆蛋白开发利用的制高点

大豆蛋白在市场上销售的主要产品有大豆组织蛋白、大豆分离蛋白、大豆浓缩蛋白以及活性蛋白粉等，以大豆分离蛋白和大豆浓缩蛋白为主。大豆分离蛋白以碱溶酸沉工艺生产为主，用此方法每生产1吨蛋白将产生20~25吨污水，加上能耗高、生产成本高、产品价格高等问题，阻碍其发展。而醇法制备大豆浓缩蛋白是以乙醇萃取工艺生产，因其产品品味好、价格相对低廉、产品应用范围广和无污水排放等优点而倍受推崇。

在大豆蛋白的开发利用方面，我国油脂科技人员自20世纪70—80年代起就着手进行研发，取得了一定成绩，但进展不快，与国际先进水平存在较大差距，所以大豆蛋白的生产企业主要依靠进口设备。为了赶超国际先进水平，山东凯斯达机械制造有限公司（以下简称凯斯达）立志科技创新，经过30年的不懈努力，取得了非凡成绩，成为全球醇法制备大豆浓缩蛋白成套设备产能最大、主要消耗指标位于国际先进水平的世界一流装备制造公司，这是来之不易的，也是值得赞扬的。

据了解，凯斯达是由济宁市机械设计研究院与自然人共同出资成立的有限责任公司，公司是集科研，生产，经营于一体的国家级高新技术企业，主要产品为油脂、植物油料蛋白提取及深加工制造成套技术装备，拥有省级企业技术中心，山东省粮油加工设备工程技术研究中心两个省级研发中心和三个市级技术创新平台。

济宁市机械设计研究院有着30年的植物油厂工程设计制作经验，在规模化植物油厂生产技术和工艺设备制造方面处于国内领先地位，是我国植物油生产加工重要的著名供应商。公司自20世纪90年代初开始致力于研究大豆低温粕的工艺技术，并开始工业规模化应用。2007年凯斯达公司成立后，利用油料浸出工艺取得的科研成果，联合河南工业大学、济宁市机械设计研究院，充分发挥高校和科研院所的人才优势与企业的产品转化优势进行联合技术攻关，在植物油料蛋白开发利用领域进行技术创新，从常规油料加工到大豆低温粕和酱油粕，通过进一步细化领域和持续创新，研发出了具有自主知识产权的成套装备技术，使生产低温粕的质量指标和主要经济技术指标都优于国际先进水平（表1、表2）。

表1 低温粕质量指标对比表

名称	单位	山东凯斯达	国际先进企业
产量	吨/天	1000	1000
得率	%	64~67	64~67
粗蛋白	%	≥54	≥52
残油	%	0.5~0.6	0.6~0.8
纤维	%	1.5~2.5	3.5~4.0
粉末度（60目）	%	2.0~3.0	5.0~7.0
水溶氮（NSI）损失	%	2~3	4~6

注：①粗蛋白含量较国际先进企业高2个百分点（增加收益：100元/吨低温粕）。
②毛油出率较国际先进企业高0.2个百分点（增加效益：6元/吨原料）。
③纤维较国际先进企业低2个百分点，脱皮率更高。
④水溶氮（NSI）较国际先进企业高2个百分点，产品品质更好。
⑤粉末度较国际先进企业低3个百分点，低温粕大片更多，更受市场欢迎。

表2 低温粕消耗指标对比表

名称	单位	山东凯斯达	国际先进企业
汽耗	千克/吨原料	250~280	300~350
电耗	千瓦时/吨原料	30~35	35~40
正己烷	千克/吨原料	2.0~3.0	3.5~4.5

注：①节约水蒸气60千克/吨原料（节约成本12元/吨原料）。
②节电5千瓦时/吨原料（节约成本5元/吨原料）。
③节约溶剂1.5千克/吨原料（节约成本10元/吨原料）。
④山东凯斯达为企业节约成本合计27元/吨原料，折合810万元/年（1000吨/天）。

在这些技术指标中，我感触最深的是溶剂消耗，想当年，我国生产大豆低温粕的溶剂消耗一般都在吨料15千克左右，有的甚至高达20~30千克，连当时从国外进口的设备，其溶剂消耗也在8~10千克左右。现在凯斯达已经将溶剂消耗降到2~3千克，优于国际先进水平，这是值得我们点赞的。

凯斯达制造的大豆低温粕成套装备技术，自2015年以来在我国已先后承建了6条大豆低温粕生产线，总加工能力约4000吨/天，生产线占我国新增生产线的75%，总加工能力占我国新增加工能力的80%，取得了市场的高度认可和用户的一致好评。

与此同时，最近10年来，山东凯斯达在固液萃取、固液分离和脱溶烘干等工艺技术装备上取得了突破，开发出了专用于大豆浓缩蛋白萃取、干燥的多项专利装备，在此基础上耦合自动化智能化控制和检测系统，开发出了大型智能化醇法浓缩蛋白制取工艺技术装备，并实现了产业化应用。从生产能力上看，从 10 年前的年产 1 万吨发展到现在单线年产 8 万吨醇法制备大豆浓缩蛋白生产线（目前已成为全球单线规模最大的生产线）。凯斯达制造的生产线在各项经济技术指标特别是蒸汽消耗方面较进口生产线有着明显的优势。相比进口设备，以年产 4 万吨浓缩蛋白计算，可为企业年节约成本近 3000 万元（具体消耗指标对比见表 3）。

表3　醇法制备大豆浓缩蛋白主要消耗指标对比表（以年产4万吨浓缩蛋白计算）

名称	山东凯斯达	国际先进企业
汽耗（千克/吨原料）	1000	1700
电耗（千瓦时/吨原料）	130	150
乙醇（95%）消耗（千克/吨原料）	4~5	4~5

2019 年 7 月 15 日，中国粮油学会组织行业内知名专家教授对该项目进行了评价，形成如下评价意见：项目开发的成套装备技术拥有自主知识产权，经济、社会效益显著，整体技术达到国际领先水平。这再次证明了凯斯达在醇法制备大豆浓缩蛋白领域，达到国内领先、国际先进水平，成为国内实力最为雄厚的生产研发基地。该评价彰显了凯斯达的科技研发水平和市场影响力，充分表明凯斯达通过创新抢占了大豆蛋白开发利用的制高点。

（三）提高油料蛋白资源的利用率是油脂行业未来的重要任务

大家都知道，蛋白质是人类不可或缺的营养素，是维持人体新陈代谢和组织细胞更新的主要物质，对增强人体免疫功能等发挥着重要作用。为提高我国人民的身体健康水平，增加我国居民蛋白质的摄入量是一项重要内容。据有关权威人士介绍，更好地对植物蛋白（尤其是油料蛋白）的利用将是"十四五"期间乃至今后很长一段时间内粮油食品行业发展的重要任务之一。

在植物蛋白中，油料植物蛋白是我国居民摄入蛋白质的重要来源之一。目前，以大豆、花生等为原料的蛋白制品，主要有组织蛋白、浓缩蛋白、分离蛋白和活性蛋白粉等，主要是作为食品生产的基础原料，广泛应用于肉制品、乳制品、糖果、糕点、饮品饮料、面包、面制品等，但利用比例不大。

在油料蛋白的利用上，传统的利用途径是油料经过制油后得到的饼粕用作饲料，发展养殖业，然后人再食用动物蛋白。这条途径仍将是今后主要的利用途径，但这条途径的缺点是蛋白质的利用率只有20%~30%，而如果人能直接食用植物蛋白，其利用率可提高到70%~80%。为此，我们要想方设法提高人能直接食用植物蛋白的比例。诸如，要进一步拓展植物蛋白在食品工业中的应用范围；要提高植物蛋白在米面制品中的应用；要围绕健康产业通过创新开发出风味良好、营养健康的各种人造肉类制品；要根据我国的国情，在油料蛋白的制取上，把重点放在发展浓缩蛋白和活性蛋白粉上。我相信，我国油料蛋白开发利用的前景十分美好，尤其是随着我国人民生活水平的不断提高，通过油脂行业科技人员的不懈努力，我国油料蛋白的制取与利用将会得到进一步快速发展，为"健康中国"建设做出贡献！

祝研讨会圆满成功，谢谢大家！

八、我国橄榄油市场前景向好

——在"2021中国橄榄油加工与营养研讨会"上的主题报告

（2021年5月18日 于湖北十堰）

各位领导、各位嘉宾、各位专家：

大家上午好！

为进一步推动我国橄榄油产业发展，使我国生产的橄榄油产品能在世界上拥有一席之地，同时让我国消费者认识了解并吃上自己国家生产的优质橄榄油，中国粮油学会油脂分会决定今天在湖北十堰召开"2021中国橄榄油加工与营养研讨会"，这是一个很有意义和很有远见的决定。根据会议的安排，我以《我国橄榄油市场前景向好》为题发言，供大家参考。

（一）橄榄油是全球公认的高端食用油

橄榄油是世界四大食用木本植物油脂之一。橄榄油主要产地在地中海沿岸国家，已有几千年的历史。据有关资料介绍，世界橄榄油生产国集中在地中海沿岸的西班牙、意大利、希腊、突尼斯、土耳其、叙利亚和摩洛哥等国家，这7个国家橄榄油产量占世界橄榄油总产量的90%。其中，西班牙，意大利和希腊为世界三大橄榄油生产国和出口国，这三个国家的橄榄油产量占全球橄榄油产量的3/4。

油橄榄对种植环境有严格的要求，在世界其他地方难以种植，因此，数千年以来，橄榄油产地和消费地域均以地中海沿岸国家为主。但是，随着科技的快速进步，油橄榄目前已能够在中国、印度、巴基斯坦、美国、阿根廷、墨西哥、南非、澳大利亚、新西兰、日本等非地中海沿岸国家和地区规模化种植。

在橄榄油生产中，橄榄果的产量受气候的影响较大，加上大小年的关系，一般来说，上一年度丰产就意味着下一年度的减产。据美国农业部的预测，2020年全球橄榄油的产量为320万吨（表1），占2020年度全球主要植物油产量20942万吨的1.5%左右。

表1　2012—2020年全球橄榄油产量

年份	年产量/万吨	年份	年产量/万吨
2012	283	2017	327
2013	299	2018	328
2014	267	2019	313
2015	282	2020	320
2016	261		

注：本表由作者绘制；2016—2020年的全球橄榄油产量资料来源美国农业部。

　　橄榄油虽然在全球主要植物油产量中占据的份额不大，但其营养价值很高。在脂肪酸组成中，橄榄油中富含的单不饱不和脂肪酸——油酸高达55%~83%（表2）。由于油橄榄中富含多种人体必需的脂溶性维生素和活性物质（表3），所以，以此为原料制得的橄榄油中富含维生素A、B族维生素、维生素C、维生素D、维生素E、维生素K等多种维生素、胡萝卜素、角鲨烯、生育酚、甾醇和橄榄多酚。

　　橄榄油的加工方法与其他油料不同，一般采用"鲜果水洗"制油方法，不仅油品质量高，还能最大程度保护橄榄果中的营养成分；橄榄油易被人体消化吸收，其消化吸收率高达98%以上，所以橄榄油被誉为"植物油皇后"，有"液态黄金"之美称，是全球公认的高端食用植物油。我国中医认为，橄榄油性味甘、涩、酸、平，对人体具有清肺、利咽、生津、解毒的作用。众多科学研究证明，橄榄油具有抗衰老、防辐射、抗癌、改善心血管系统、提升免疫系统功能等多种作用，长期食用，有利于人体健康。

表2　橄榄油脂肪酸成分含量

脂肪酸成分	含量/%	脂肪酸成分	含量/%
油酸（$C_{18:1}$）	55.0~83.0	花生酸（$C_{20:0}$）	最大值0.8
亚油酸（$C_{18:2}$）	3.5~21.0	山嵛酸（$C_{22:0}$）	最大值0.2
亚麻酸（$C_{18:3}$）	0~1.5	二十四烷酸（$C_{24:0}$）	最大值1.0
棕榈酸（$C_{16:0}$）	7.5~20.0	正十七碳烷酸（$C_{17:0}$）	最大值0.5
硬脂酸（$C_{18:0}$）	0.5~5.0	正十七碳烯酸（$C_{17:1}$）	最大值0.6
棕榈油酸（$C_{16:1}$）	0.3~3.5	（顺）芥子酸（$C_{11:1}$）	不允许以可辨量级出现
肉豆蔻酸（$C_{14:0}$）	0.0~0.1	月桂酸（$C_{12:1}$）	最大值0.05

表3 油橄榄果的营养成分（每100克含量）

成分	含量/克	成分	含量/毫克	成分	含量/毫克	成分	含量/毫克
蛋白质	0.8~1.2	钙	49	锰	0.48	烟酸	0.7
脂肪	0.2~1.09	磷	18	锌	0.25	胡萝卜素	0.13
糖	11.1~12.0	铁	0.2	铜	微量	维生素B_1	0.01
膳食纤维	4.0	钾	23	钠	微量	维生素B_2	0.01
能量	49千卡（1千焦=0.239千卡）	镁	10	硒	0.35微克	维生素C	3.0

（二）我国橄榄油产业发展喜人

众所周知，我国是世界上油料油脂的生产大国、加工大国和消费大国，也是油料油脂的进出口大国，在世界油料油脂生产、加工和进出口贸易中有着举足轻重的地位。

随着我国经济的快速发展和人民生活水平的提高，我国食用油料的消费量不断增加，根据国家粮油信息中心提供的"中国食用油市场综合平衡分析"中可以看到：2019/2020年度，我国食用油的需求总量达4091.0万吨（其中食用油的食用消费量为3545.0万吨，工业及其他消费为526.0万吨，出口油料油脂折合油脂合计为20.0万吨），其中年度食用油的消费量为4071.0万吨（即食用消费量和工业及其他消费量之和，不含出口量），人均年食用油消费量为29.1千克，超过了世界人均年食用油消费量为26.7千克的水平。

另据国家粮油信息中心提供的预测数据，2020年我国以大豆、油菜籽、花生、棉籽、葵花籽、芝麻、亚麻籽和油茶籽为代表的八大油料作物的总产量达6800.1万吨，再创历史新高；我国利用国产油料的制油量为1233.2万吨，远不能满足我国油脂市场的需求。为满足油脂市场的供应，我国每年需要利用国际市场进口较大数量的油料油脂。据海关统计，2020年我国进口各类油料合计为10614.1万吨，其中进口大豆为10032.7万吨；进口各类食用植物油合计为1167.7万吨。根据上述数据，我们可以计算出2020年度，我国食用油的自给率只有30.1%。

为提高我国食用油的自给能力，确保我国食用油的安全，减少对外依存度。近年来，我国政府出台了一系列发展油料生产的政策措施，促进了我国油料生产连创历史新高。为推动我国以油茶、核桃和油橄榄等为代表的木本油料产业的发展，2014年12月26日，国务院办公厅印发了《关于加快木本油料产业发展的意见》，使我国木本油料产业取得了令人鼓舞的发展。其中，油橄榄的发展也不例外。

我国是从20世纪60年代开始引进种植油橄榄的，至今快60年了。目前我国油橄榄的种植基地主要分布在白龙江和嘉陵江流域的四川、甘肃、陕西、云南等省份，以甘肃陇南，云南西北部的金沙江流域、四川的广元、达州、凉山和湖北的十堰等地区最具代表性。在长达 60 年的时间里，我国油橄榄的种植在大多时间里一直处于起步与探索阶段，发展缓慢。据悉，21 世纪初，我国橄榄油的产量不足 100 吨。市场上没有真正能够占有一席之地的中国品牌的橄榄油产品。

近 10 年来，在国家鼓励发展木本油料政策的推动下，我国油橄榄的种植面积和橄榄油产量得以快速增长。据中国经济林协会油橄榄专业委员会提供的数据，2015 年我国油橄榄的种植面积达 100 万亩以上，橄榄油产量达 5000 吨左右；2019 年我国油橄榄的种植面积为 148 万亩，橄榄油产量达 6900 吨，取得了长足的发展，实属来之不易。

我国橄榄油产业的发展，催生出了一批诸如甘肃陇南的祥宇油橄榄开发有限责任公司、四川达州的天源油橄榄有限公司、四川凉山的中泽新技术开发有限责任公司、湖北十堰的鑫榄源油橄榄科技有限公司等著名企业。多年来，他们与相关单位合作，在当地政府的支持下，以"工匠精神"潜心钻研油橄榄的培育、种植、生产和加工技术的研发，取得了卓越的科研成果和经营业绩。他们生产、加工出来的橄榄油更加贴合中国人的烹饪习惯，减少了漂洋过海进口橄榄油的通关流程，使油质更加鲜美，是地地道道的优质初榨橄榄油，已经获得消费者的喜爱，为我国橄榄油产业的发展做出了贡献。对此，我们要为上述著名企业点赞，要为中国的国产橄榄油点赞！叫好！

我国橄榄油产业的发展与橄榄油生产大国相比仍处在起步阶段，但经过这些年的实践，已经让橄榄油产区的百姓认识到油橄榄是一种珍奇的常绿树、长寿树和摇钱树，经济寿命百年以上，一代人种植，几代人受益；既能保护环境，又能增收致富，绿了一方山水，富了一方百姓；实现了山青水绿生态和谐优美。

油橄榄树已成为当地政府的财税树、改变农村面貌的生态树、农民增收的致富树、人民企盼的健康树、企业发展的效益树。

综上所述，我们可以坚信，我国橄榄油产业的明天一定会更加美好。

（三）我国橄榄油市场的前景进一步看好

随着我国人民生活水平的不断提高，在食用油的消费中，消费者对营养健康的追求越来越迫切，促进了食用油消费市场的不断升级，从而使以橄榄油、油茶籽油、亚麻籽油等为代表的高端食用油越来越受到消费者的青睐。在食用油的生产中，尽管我国橄榄油的产量较少，但消费者对橄榄油的认知度较高，消费数量不断增加。为满足消费市场对高端食用油的需求，近年来，我国在提高国产橄榄油产量的同时，进口数量也连年递增。据海关统计，我国橄榄油的进口数量由 2014 年的 3.6 万吨，增加到 2020 年 5.5 万吨（表 4）。

从市场需求情况看，随着人们生活水平的进一步提高，对高端食用油品的需求将不断增加，我国橄榄油市场的前景将进一步向好。

表4　我国橄榄油的进口量

年份	进口量/万吨	年份	进口量/万吨
2014	3.6	2018	4.0
2015	3.9	2019	5.4
2016	4.5	2020	5.5
2017	4.3		

注：资料来源海关统计，表格由作者绘制。

各位代表，本次会议在湖北十堰召开，湖北鑫榄源油橄榄科技有限公司为此次会议的成功举办做出了贡献。据我所知，湖北鑫榄源油橄榄科技有限公司于2005年开始研发种植油橄榄，目前公司拥有油橄榄种植基地数万亩和数千平方米的生产压榨、无尘灌装车间，是武汉轻工大学教学科研实习基地。公司融种植、生产、销售及农业观光于一体，形成了油橄榄育苗改良、种植培育、橄榄油精深加工及销售等为一体的完整的油橄榄产业链条，尤其是其创新的营销模式深得业内同行赞扬；公司注重科技，通过与武汉轻工大学何东平教授团队的真诚合作，取得许多科研成果。

最后，我们真诚盼望在鑫榄源油橄榄科技有限公司的带领下，让油橄榄产业在十堰市不断发展壮大，成为生态修复、经济增长和改善民生的三赢产业；努力把油橄榄产业基地建设成中国最大的油橄榄产业基地之一，以引领和支撑湖北省乃至全国油橄榄产业的发展。祝湖北鑫榄源油橄榄科技有限公司兴旺发达！祝会议圆满成功！谢谢大家！

九、谈谈油脂的风味、品质与品牌

——在"首届风味油脂感官技术培训班"上的讲话

（2021 年 6 月 18 日　于河南工业大学）

尊敬的各位来宾、各位专家教授、各位企业界的朋友：

今天我们在河南工业大学隆重举行"风味油脂的感官评价技术培训基地"揭牌仪式，并在此举办由中国粮油学会油脂分会主办的"首届风味油脂感官技术培训班"。首先我预祝本次培训班能取得圆满成功，祝各位学员高兴而来，满载而归。

会前，汪学德老师要我在培训班正式开办之前就油脂的风味、品质与品牌发个言，现在我按他的要求谈谈油脂的风味、品质与品牌，讲得不好请大家批评指正。

（一）油脂风味感官评价技术是油脂质量标准的重要组成部分

1. 我国油脂风味感官评价技术的现状

众所周知，芝麻油、花生油、菜籽油、葵花籽油和亚麻籽油等是我国传统的特色食用油，香气是衡量其品质的重要指标。然而，目前我国油脂行业尚缺乏科学评价油脂风味和感官品质的方法及标准，造成市场上众多植物油产品的风味质量参差不齐，以次充好和掺假等现象屡见不鲜。在风味油脂的生产中，众多油脂企业不仅缺乏科学有效的产品风味和感官品质的评价方法，而且现有的仪器分析方法对含有众多挥发性物质的风味油脂不能很好地反映其整体感官品质和香味特征；加上目前风味油脂的生产企业，其感官评价人员均采用未经培训的内部人员评价，因此，结果的准确性较差，对工艺调控的实际指导意义不大。反观国外，例如橄榄油的质量评价标准不仅包括仪器分析的理化指标，感官评价也早已经成为重要的质量评价手段。国际现有的橄榄油的感官评价标准已经非常成熟：由国际橄榄油理事会等国际公认的橄榄油感官评价权威机构组织实施，利用经过筛选、培训和考核的品油师专家，采用标准化的评价方法，成功将市场上的橄榄油产品根据其风味品质分级。其标准化的感官评价技术在提高橄榄油产品的品质和国际声誉等方面起到了促进作用，值得我们借鉴。

2. 建立和完善风味油脂的感官评价技术对提高我国食用油质量将起到积极作用

我国食用油的国家标准规定了芝麻油、花生油等特色风味油脂的各项理化指标，但是缺乏风味和感官品质评价的标准。常用的理化检验指标不能很好地将优质的风味油脂产品区分出来，因此感官评价在油脂行业中有着不可替代的作用。借助现代感官科学理论，制订科学的风味油脂的感官评价方法，规范风味油脂感官评价的环境条件、人员要求和品评方法，有利于提高感官评价结果的准确性、重复性和公正性，对稳定和提高我国风味油脂产品的质量具有重要的现实意义。

3. 感官评价技术是一门行为科学，需要普及与培训教育

感官评价技术是用于唤起、测量、分析和解释产品并通过视觉、嗅觉、触觉、味觉和听觉而感知到产品感官特性的一种科学方法。通俗地讲，就是以"人"为工具，利用科学客观的方法，借助人的眼睛、鼻子、嘴巴、手及耳朵，并结合心理、生理、物理、化学及统计学等学科，从而得出科学的结论，对食品的色、香、味、形、质地、口感等各项指标做出评价的方法。感官评价的评价员即是此方法的"分析仪器"，所以对评价员的筛选、培训和考核，确保其具备一定的感官能力和表现，对感官分析结果的可靠性、一致性和准确性至关重要。因此，我国食用油的风味和感官评价的顺利实施，离不开专业、可靠的油脂评价员（品油师）。建立我国首个风味油脂的感官评价培训基地，利用科学的方法和理论，结合我国风味油脂行业的实际需要，培训一批专业的中国风味油脂感官评价员，对于油脂行业的发展意义重大。同时，也有利于我国特色风味油脂的感官品评文化的宣传和消费群体的培养。

4. 风味和感官评价体系的建立与完善将促进食用油的健康发展

建立风味油脂的感官评价方法，培养一批具有专业水平的风味油脂感官评价员，对我国市场上的产品进行风味和感官质量分级，可以促进油脂产业的健康发展。有效的风味和感官评价的结果，也可以用来指导生产工艺、产品储存以及新产品的设计与研发，实现产品的风味和感官品质的精准调控，有利于提高我国风味油脂产品的整体质量，提高我国特色油脂产品的国际声誉和竞争力。同时，有利于开拓国际市场，促进我国特色油料种植产业的可持续发展。特色食用油脂的感官评价是油脂专业研究的一个重要的技术领域，开发此研究方向和培训相关人员，可以提高行业的整体科技研发能力，对行业的可持续发展具有现实意义和深远的历史意义。

（二）关于油脂的品质

食品安全，是近年来国际上普遍关注的热门话题。食品安全问题关系人民群众身体健康和生命安全，关系社会安定和国民经济发展，也是让百姓过上美好生活的重要体现。民以食为天，食以安为先。粮油是人们一日三餐不可缺少的主要食品，是人类赖以生存和发展的基本食物。由此可见，粮油的质量问题，直接关系到人民群众的营养和健康。

我国政府对食品安全高度重视，食用植物油与人们生活息息相关，为此必须始终把"安全"与"质量"放在第一位。我经常强调，食用植物油加工企业要严格按国家卫生和质量标准组织生产，严格把好从原料到生产加工、产品销售等全过程的质量关，以确保食用植物油产品的绝对安全，在此基础上把"优质、营养、健康、方便和风味"作为发展方向。为确保食用油脂质量安全万无一失，必须认真做好以下 5 个方面的事情。

1. 要以科技引领，实现创新驱动发展；坚守国家食品安全底线，任何时候都要把食用油产品的质量与安全放在第一位

创新是人类社会进步的强大动力，是一个民族进步的灵魂，是一个国家兴旺发达的不竭动力。一个国家、一个民族要想立于世界民族之林，就必须不断创新。同样，一个企业要生存、要发展、要在竞争中立于不败之地，也必须勇于创新、坚持创新和善于创新。对此，我们油脂行业的广大职工和科技工作者要进一步增强责任感、紧迫感和荣誉感，以更大的创新勇气和更强的奉献精神，再接再厉，创新创业，再攀高峰，不断取得科技创新的新成果，为粮油发展做出新贡献。

食用油脂作为食品的重要组成部分，是人们每天生活的必需品，直接关系到人民的身体健康和生命安全、社会的稳定，是重大的民生问题，党中央、国务院一直高度重视。守住食品安全底线，强化食品安全意识，就是要推动品质和品牌建设，弘扬工匠精神，创建国内、国际知名品牌。近年来，政府相关部门严把食品安全市场关，制定了更为严厉的管理制度和严格的管理手段。为了让百姓吃上安全和营养的油脂产品，中国粮油学会油脂分会近年来一直致力于这项工作，并取得了成效。为确保油脂产品的绝对安全，粮油加工企业都要牢固树立质量意识、安全意识、诚信意识和服务意识，要把提高产品质量和安全水平作为企业的首要任务，做到任何时候都要把食用油产品的质量与安全放在第一位。

2. 要严格油料的质量控制，把好原料质量关，从源头上把好食用油的质量与安全

随着工业化进程的加快，环境污染在加剧，植物的生长环境在恶化。油脂加工企业要

加强和严格检测检验制度，严把原料质量进厂关，做到不符合质量要求的原料不进厂；与此同时，油脂加工企业要重视绿色生态，重视油料生产基地的建设，并将培育优质品种、绿色和有机原料作为基地建设的重点，为生产高品质的粮油产品奠定基础，从源头上把好食用油的质量和安全。

3. 要严格按标准组织生产，道道把关

为确保油脂产品的质量，必须严格按国家质量标准和卫生标准组织生产，要配备足够的清理和提炼设施，以保证产品的纯度，堵截食用植物油在国家抽查中卫生安全指标不合格、酸价过高、混浊沉淀等现象的出现。为了消费者的营养和健康，在这方面，我们的生产企业要率先垂范，在生产经营活动中，不能为了迎合部分消费者盲目追求无色无味而进行过度加工，更不能出于商业的目的对"过度加工产品"进行不恰当的夸大宣传，以正确引导消费。对生产各个环节都要实施监控，要严格检测制度，严把成品油脂的质量出厂关，做到不符合质量要求的产品绝不出厂。

4. 要严格产品的包装、运输、储存和销售

各企业要建立并严格执行产品质量追溯制度，要对原料采购、生产加工、包装、储存、运输、销售等各个环节实行全过程管理和监控，确保质量合格，卫生安全；要建立并严格执行产品退市召回制度，一旦发现产品存在安全隐患，可能对人体健康和生命安全造成损害时，及时向社会公布有关消息，通知销售部门停止销售，告知消费者停止使用，主动召回产品，并向有关监督管理部门报告，以确保粮油产品质量安全、可靠，万无一失。

5. 要完善从原料采购、检验、在线检验和成品油的质量检验，严把"从田间到餐桌"的每一道防线

为确保粮油加工企业的产品质量与安全，必须从基础工作抓起。要建立粮油加工企业的质量控制标准、技术操作规程和管理规范，实行检测检验规范化、法制化管理；要充分利用现代信息技术，使检测检验技术更加快速高效，以指导企业生产经营；要引导企业加强自身检测检验体系建设，建立覆盖生产经营全过程的食用油质量安全信息追溯体系，全面推进企业实施良好操作规范（GMP）、危害分析和关键控制点（HACCP）、环境管理体系认证（ISO1400）、职业安全健康管理体系（OHSMS）以及ISO9000质量管理认证工作，注重环保、实行清洁生产。要强化企业质检人员的培训和资格认证工作，建立健全产品质量安全管理技术人员的资格认证和技能培训，不断提高人员素质和检测水平，为企业的产品质量与安全把好关。

（三）关于企业的品牌建设

"品牌是企业的牌子，是企业的生命"。所以有人说"一个著名品牌不仅可以壮大一个企业，带动一个产业，甚至可以造福一个地区，振兴一个民族"。名牌是企业的荣誉，同时也集中体现了一个企业的整体素质，标志着企业的信用和形象，反映了一个企业的管理水平、经营水平、产品档次和科技含量，是企业最重要的无形资产。为此，我们油脂分会历来都把培育企业争创名牌作为一项重要工程来抓，且常抓不懈。

1. 油脂的质量与品牌的关系

自从人类社会进入原始的商品交换时代开始，就把交易中的货物内容和交易中的诚信程度看作为交易双方的必要条件。久而久之，这种交易货物的内容和交易中的信誉就变成了交易者的招牌，这种招牌又称为牌子，也就是现在我们常说的产品品牌。品牌响则生意好，买卖兴隆，顾客盈门。

有人说："名牌就是著名品牌，大凡名牌都有特色，或功能先进，或工艺独特，或设计精巧，或服务周到，或质量上乘。名牌的特色就是要与其他品牌有差异，与众不同。"我赞同这种说法，进一步说，没有质量就没有品牌。产品质量是企业争创名牌的根基。名牌产品的企业，其产品质量应该是稳定的、高质量的，是经得起任何时候抽查检验的。反之，一个产品质量不稳定的企业是不可能获得"著名品牌"称号的。

品牌作为企业的牌子，是一个企业区别于竞争对手的重要标记。品牌知名度的高低也能反映一个企业技术和设备的先进程度、社会信誉的好坏、市场份额的大小和无形资产的丰满或贫乏。纵观国内外知名企业的成功经验，创立和发展品牌是企业经久不衰和保持市场旺盛生命力最有效的手段之一。品牌对企业有同命运共存亡的特殊重要意义，因此企业都把创立和发展著名品牌作为自己的战略任务。

品牌建设包括：品牌定位、品牌设计、品牌塑造、品牌经营、品牌管理、品牌服务等，内容十分丰富，所以企业常把它作为一项重要工程来抓，常抓不懈。我们油脂加工企业也不例外，通过抓品牌建设，增强了企业的质量意识、安全意识、诚信意识和服务意识，提高了企业的经营管理水平、产品质量水平、安全水平和技术水平，涌现出了一批全国性的和区域性的著名品牌。我国食用油市场上涌现出的金龙鱼、鲁花、福临门等著名品牌，其基点就是高质量、高品位和高信誉度。油脂加工行业要根据自身的优势，加强品牌建设，争创更多的高质量、高品质、全国性和区域性著名品牌。

2. 实施科技创新与名牌战略，以自主创新塑造自主品牌

当今世界已从产品时代进入品牌时代。谁拥有科技含量高、质地优良、知名度高的名

牌，谁就拥有市场的控制权与主动权。我们对名牌战略，要有新的更高的认识。品牌是企业的科技、管理、经营等各个方面的综合体现，是企业极为宝贵的无形资产，是企业是否成熟的标志。只有有了大品牌，才有大市场，才会形成真正意义上的大企业。

我们的骨干企业一定要下决心建造名牌工程，要通过科技创新拥有自主名牌。希望油脂加工企业一定要树立"质量第一"的观念，严把质量关，使产品合格率达到100%。尤其是对一个有名牌称号的企业，更要严格统一质量标准，强化内部质量管理，杜绝任何环节上可能会出现的质量问题。

油脂加工企业把技术创新纳入到争创名牌工程之中。我认为，一个企业是否重视技术创新，反映了这个企业有多大的发展后劲。为此，油脂加工企业要把"新产品的开发""企业研发费用占销售收入的比重""是否拥有国家级或省级技术（研究）中心""是否拥有各类专利和发明创新专利"以及"是否获得省级以上各类技术进步奖"等，作为实施名牌工程的重要考核内容。为实施名牌工程，企业必须加大研发力度，努力掌握高端核心技术，提高自主创新能力，提高产品质量水平，从而增强核心竞争能力。

最后，希望通过大家的共同努力，油脂加工企业能争创更多的著名品牌。

十、罂粟花美，籽油至尊
——在"中国农垦'御尊奢'牌御米油新品发布会"上的致辞

（2022 年 7 月 28 日　于江苏南京）

尊敬的张桂凤理事长、原国家林业局李育材副局长、孙智超董事长、各位来宾、女士们、先生们：

大家下午好！

非常高兴我们一起相聚在自古帝王州的南京城，上午，我们共同迎来了第十二届中国国际食用油产业博览会的盛大开幕，此刻，又一起参加"中国农垦'御尊奢'牌御米油新品发布会"。能够见证现代农业国家队的产品发布，我感到非常荣幸！

农垦产品的国家背景和质量安全是众所周知的，刚才从中垦国际控股集团有限公司（以下简称中国农垦）孙智超董事长的致辞中，我们进一步了解到中国农垦的发展历程、文化内涵以及丰富资源。从丰富的农垦资源中精选出来的中国农垦御米油，俗称罂粟籽油，不仅具备农垦产品的一切优势，而且因为它的原材料是罂粟籽，又具有不同于一般植物油的特殊营养成分。2010 年原国家卫生部根据 2007 年《新资源食品管理办法（卫生部令第 56 号）》，批准御米油等 7 种产品为新资源食品。

朋友们，全世界共有 6 个国家被世界卫生组织批准种植罂粟，作为特殊药品使用。中国就是这 6 个国家之一，而中国农垦体系的甘肃农垦是被唯一允许种植罂粟的组织机构，并严格管控。2005 年国家卫生部、农业部、国家食品药品监督管理总局、国家工商行政管理总局、国家质量监督检验检疫总局五大部委联合批准罂粟籽系列产品合法上市。

其实，早在《本草纲目》中就有记载：罂粟籽无毒可取油，煮粥饭食。

我国相关权威机构也已检测证明罂粟籽油无致瘾成分。这些权威机构包括：国家兴奋剂及运动营养测试研究中心、中国疾病预防控制中心营养与食品安全所、北京疾病预防控制中心等。

综上所述，我们可以负责任地说，经过钴 -60 辐照灭活以后采用先进的低温制油工艺制得的御米油，其安全性有保障，无毒不上瘾。

御米油不仅安全有保障，且含有很丰富的营养成分。在这些营养成分中，最突出的是微量的天然生物碱，这是御米油区别于其他植物油的最重要标志，不过生物碱的含量属于极微量，长期食用对人体无毒害。另外，御米油中的不饱和脂肪酸，比普通植物油比例高，其中亚油酸含量达 66%~80%，油酸含量达 16%~22%；还含有维生素 E 以及生物类黄酮。因为，咱们的专家还要对御米油的营养成分进行深度讲解，我就点到为止啦。

中国农垦御米油不仅营养丰富，使用也方便快捷，用途多样，可以满足当代消费者多种生活方式的需要。御米油及其衍生产品或将成为疫情过后新一轮的消费热点之一。中国农垦致力于打造疫情后时代珍稀农产品赛道，为促进我国经济内外循环做贡献。

最后，祝"中国农垦'御尊奢'牌御米油新品发布会"圆满成功！

谢谢大家！

十一、点赞南京会展，粮油新品多姿多彩

——在"第十二届国际粮油饲料精品、粮油饲料加工及储藏物流技术博览会"上的开幕辞

（2022 年 7 月 28 日　于江苏南京）

尊敬的中国粮油学会张桂凤理事长、原国家林业局李育材副局长、江苏省粮食和物资储备局夏春胜局长、原江苏省粮食局吴国栋局长、江南大学资深教授姚惠源老师、各位领导、嘉宾、专家、企业家、参展商、女士们、先生们：

大家上午好！

欢迎大家来到开放、富饶、美丽的南京，参加"第十二届国际粮油饲料精品、粮油饲料加工及储藏物流技术博览会"。由于疫情的原因，原定于 2021 年 11 月份在北京举办的本届粮油饲料展几经推迟，最终于今天在南京开幕了。首先我代表大会指导单位中国粮油学会，支持单位中国粮油学会油脂分会、食品分会、饲料分会、花生食品分会、粮油营销技术分会和大会组委会永红国际展览有限公司对大家在疫情干扰的当下，依然踊跃参加本届盛会表示诚挚的问候和衷心的感谢！

近两年来，由于受到疫情的影响，很多展会都不得不停止举办，本届展会是近两年来全国粮油行业的首场盛会，受到业内朋友们的广泛关注。本届展会尽管推迟了一年，但在大家的关心支持下，我们高兴地看到，本届粮油饲料展的展出规模、参展商数量以及在展会期间举办的各类报告会、论坛会、新技术新产品发布会等数量都超过了以往历届展会，对此，我们相信本届展会一定能取得圆满成功！

为满足参展企业希望早日举办本届展会的期望，6 月 6 日大会组委会正式发文通知将本届展会于 7 月 28 日改在南京举办。在时间紧、任务重的情况下，我们有幸得到了江苏省粮食行业协会、江苏省粮油学会和南京国际展览中心的热情欢迎和大力支持，尤其是江苏省粮食行业协会和江苏省粮油学会还精心组织了近 40 家企业参加本届展会，对此，我们表示衷心的感谢！

本届展会在江苏南京举办，具有特殊意义。据我所知，江苏省的粮食工作历来做得很出色，为全国提供了许多经验，尤其是江苏省的粮油加工业和粮油饲料机械制造业的现代化水平、各项经济技术指标和粮油加工业的总产值一直名列全国前茅。党的十八大以来，

江苏省粮食行业坚持以习近平新时代中国特色社会主义思想为指导，深入贯彻国家粮食安全战略和省委省政府决策部署，立足粮食生产大省、流通大省、消费大省的实际，以推进粮食产业高质量发展为主题，着力深化改革、推进转型发展，为努力构建现代化粮食产业体系，促进增收增效，确保市场供应做出了贡献。我们为江苏省粮食行业取得的卓越成绩感到由衷的高兴！

为丰富展会内容，活跃展会气氛，本届博览会同时举办"2022粮食加工的现状与发展趋势"报告会、第五届中国粮油及饲料行业经销代理发展大会、中国农垦'御尊奢'牌御米油新品发布会、永华特医"甘油二酯"技术及"西樵山二酯油"新品发布会等若干个报告会、论坛会和发布会，为参会代表和参展企业提供多姿多彩的学习交流平台。

最后，预祝本届博览会取得圆满成功，祝参会参展企业生意兴隆、兴旺发达！让我们在第十三届展会上再相聚！

谢谢大家！

十二、甘油二酯——一种功能性食用油

——在"永华特医'甘油二酯'技术及'西樵山二酯油'新品发布会"上的致辞

（2022 年 7 月 29 日　于江苏南京）

各位同仁：

大家好！

我和大家一样，非常高兴参加这次油脂界的盛会，同样，非常荣幸地能参加今天广州"永华特医'甘油二酯'及'西樵山二酯油'新品发布会"。由于疫情多变，我们这次展会几经推迟，但又给我们更加充分的时间来准备这次盛会。通过昨天上午的参观，我们看到了油脂界在这次盛会上展示出了更多新技术、新产品，确实很振奋人心。

我们不仅看到了全国著名的众多大品牌、特色高品位的食用油脂、风味油脂及制作工艺、新颖的产品包装以及强大先进的粮油机械制造技术等，让人高兴。与此同时，我们也看到了一些新面孔，他们是我们油脂界的新兵和跨界的奇兵，他们在国人的健康问题上做了许多有益的探索和开创性工作，尤其高兴的是我们在展位上看到了广州永华特医营养科技有限公司（以下简称永华特医）生产的二酯型食用油已经亮相在我们的博览会上，这表明 20 年前日本花王公司曾经给我介绍过的一款甘油二酯含量较高的功能性食用油已经在我国实现国产化，油脂界通过对生物科技的开发利用，成功生产出了甘油二酯含量达 40%~95% 的系列二酯食用油产品，我对此表示衷心祝贺！

众所周知，油脂是人类赖以生存不可缺少的基本食物，是为人体提供热量的重要食物，油脂又是为人体提供必需且无法自身合成的必需脂肪酸，如亚油酸、α- 亚麻酸等以及各种脂溶性维生素 A、维生素 D、维生素 E、维生素 K 等的重要来源，人体缺少了这些物质将会发生多种疾病，危害身体健康。尤其是，人体缺少了只能从油脂中摄取而不能通过其他途径在体内合成的必需脂肪酸，会影响人体发育和身体健康，乃至多病。

由此可见，油脂与人体健康关系极大，所以人们是万万不能不吃油，而且吃少了也不行，会造成营养不良。尤其是在烹饪时，油和盐一样是最为重要的调味品，油少了往往菜的味道就不好。但在这里需要特别强调的是，不是油吃得越多越好，油吃多了，会造成脂肪在体内的积累，容易肥胖并会引发心血管疾病。

据统计，2021 年我国食用油的人均年消费量已达 30.1 千克，人均每日摄入的油脂约 80 克（不含肉、奶、干果等隐性油脂），已超过了 2021 年度世界人均食用油年消费量为 27 千克的水平，也大大超过了我国居民膳食指南中，成人每天推荐摄入 25~30 克烹调用油的要求。

在日常生活中，合理控制油脂的摄入量是很难做到的，不是多了，就是少了，这是困扰我们每个人健康生活的一个难题。现在永华特医为我们开发出了甘油二酯含量达 40%~95% 的系列二酯食用油产品，其最大的特点是保留了食用油的固有特性，吃多了不会造成脂肪积累，不会导致肥胖的发生，能预防心脑血管疾病，尤其是对于老年人的健康维护有很大帮助，是一种功能性的健康食用油。希望永华特医研发团队进一步研究，降低生产成本，加强与业内著名企业的联系与合作，做大"二酯油"的蛋糕，要通过多种渠道，广泛进行科普宣传，提高消费者对它的认知度，让其早日走进千家万户，助力"健康中国"建设。

最后，预祝发布会圆满成功，谢谢大家！

第四章

"一线多能"和"多油并举"

一、发展木本油料产业是提高我国食用油自给率的重要举措

——在"木本油料产业发展研讨会"上的发言

（2016 年 6 月 29 日　于广东广州）

尊敬的中国粮油学会张桂凤理事长、胡承淼秘书长、各位企业家、各位专家：

大家下午好！

很高兴参加由中国粮油学会油脂分会和广州市艺帆展览服务有限公司合作举办的"木本油料产业发展研讨会"，并与大家一起研讨促进木本油料产业的发展大计。根据会议的安排，我以《发展木本油料产业是提高我国食用油自给率的重要举措》为题发言，供大家参考。

（一）发展油料生产是提高我国食用植物油自给率的当务之急

众所周知，油脂是人类食品重要的成分之一，是人们生活所必需的消费品，是提供人体热能和必需脂肪酸，促进脂溶性维生素吸收，改善食物特有风味和增进人们食欲的重要食物。食用植物油消费量的高低和对品质的要求是衡量一个国家经济发展和人民生活水平高低的重要标志。我国居民食用植物油的消费量由短缺经济年代每人每月 250 克和不足 250 克的定量供应到如今的敞开供应，从供应单一油品到如今油脂市场产品的琳琅满目，充分显示了我国经济的快速发展和人民生活水平的不断提高，这是来之不易的。

1. 我国油料油脂生产简况

在中央一系列惠农政策的推动下，我国粮油生产持续稳定发展。在油脂油料生产方面，我国一直是世界上最大的油料生产国。2015 年 11 月 2 日晚 9 点 50 分，中央电视台新闻频道报道称：2014 年我国棉花、油料和肉类等主要农产品产量居世界第一。另据国家粮油信息中心提供的数据显示：2014 年我国油菜籽、花生、大豆、棉籽、葵花籽、芝麻、亚麻籽、油茶籽八大油料的总产量为 6002.9 万吨；预测 2015 年八大油料的总产量为 5710.1 万吨，其中油菜籽产量为 1430 万吨、花生产量为 1690 万吨、大豆产量为 1100 万

吨、棉籽产量为 918 万吨、葵花籽产量为 252 万吨、芝麻产量为 62 万吨、亚麻籽产量为
38.1 万吨、油茶籽产量为 220 万吨（表 1）。

表1 中国油料产量 　　　　　　　　　　　　　　　　　　　单位：千吨

年份	油籽总产量	其中：棉籽	大豆	油料	其中：油菜籽	花生	葵花籽	芝麻	亚麻籽	油茶籽
2006	55044	13559	15082	26403	10966	12738	1440	662	374	920
2007	52135	13723	12725	25687	10573	13027	1187	557	268	939
2008	58559	13486	15545	29528	12102	14286	1792	586	350	990
2009	58003	11479	14981	31543	13657	14708	1956	622	318	1169
2010	58114	10730	15083	32301	13082	15644	2298	587	324	1092
2011	59413	11860	14485	33068	13426	16046	2313	606	359	1480
2012	59723	12305	13050	34368	14 007	16692	2323	639	391	1728
2013	58459	11338	11951	35170	14458	16972	2423	624	399	1777
2014	60029	11090	12154	36785	14772	16482	2492	629	387	2023
2015（预测）	57101	9180	11000	36921	14300	16900	2520	620	381	2200

注：资料来源国家粮油信息中心。

　　另据国家粮油信息中心预测，2015 年我国利用国产油料（扣除大豆、花生、芝麻和
葵花籽 4 种油料部分直接食用外）的出油量为 1125.5 万吨（表 2），比 2014 年的出油量
1164.7 万吨减少了 39.2 万吨。这里需要说明的是，玉米油和稻米油的预测量可能有误，
建议采用国家粮食局的粮油工业统计数。据国家粮食局统计，2014 年全国玉米油产量为
152 万吨，稻米油产量为 56 万吨。

表2 2015年国产油料出油量预测 　　　　　　　　　　　　　　　单位：千吨

品种	产量估计	压榨量	出油量	出油率/%
油菜籽	14300	13000	4615	35.50
花生	16900	8000	2520	31.50
棉籽	9180	8500	1105	13.00
大豆	11000	2500	413	16.50

续表

品种	产量估计	压榨量	出油量	出油率/%
葵花籽	2520	1200	300	25.00
油茶籽	2200	2000	500	25.00
亚麻籽	381	300	90	30.00
芝麻	620	360	162	45.00
玉米油			650	
稻米油			850	
其他			50	
合计			11255	

注：资料来源国家粮油信息中心。

2. 我国油料油脂进出口情况

近年来我国的油料生产发展较为稳定，油料的总产量居世界第一，但仍然跟不上油料油脂消费的快速增长。为满足我国食用油市场供应和饲养业发展的需要，近10年来，我国进口油料油脂的数量一直居高不下。据海关统计，2015年我国进口各类油料合计为8757.1万吨，较2014年进口的7751.8万吨，增加了1005.3万吨，增长13%。其中进口大豆8169.4万吨、油菜籽447.1万吨、芝麻80.6万吨；进口各类植物油总量为839.1万吨，较2014年进口的787.3万吨，增加了51.8万吨，增长6.6%。其中进口大豆油81.8万吨、菜籽油81.5万吨、棕榈油590.9万吨、葵花籽油65.1万吨、花生油12.8万吨，橄榄油3.9万吨（表3、表4）。值得我们关注的是进口芝麻已超过国产芝麻的产量，进口葵花籽油已超过国产葵花籽油的产量。

表3　中国油料油脂进口量　　　　　　　　　　　　单位：千吨

年份	油料进口量	其中：大豆	油菜籽	其他油料	植物油进口量	其中：大豆油	棕榈油	菜籽油	其他植物油
1996	1108	0			2640	1295	1012	316	17
1997	2792	55			2750	1193	1146	351	60
1998	3196	1386			2060	829	930	285	17
1999	4315	2595			2080	804	1194	69	13
2000	10416	2969			1872	308	1391	75	99

续表

年份	油料进口量	其中:			植物油进口量	其中:			其他植物油
		大豆	油菜籽	其他油料		大豆油	棕榈油	菜籽油	
2001		13937	1724		1674	70	1517	49	38
2002	11945	11315	618	12	3212	870	2221	78	43
2003	20976	20741	167	68	5418	1884	3325	152	57
2004	20756	20229	424	103	6764	2517	3857	353	38
2005	27042	26590	296	156	6213	1694	4330	178	11
2006	29280	28270	738	272	6715	1543	5082	44	46
2007	31858	30821	833	204	8397	2823	5095	375	104
2008	39005	37436	1303	266	8163	2586	5282	270	25
2009	46331	42552	3286	493	9502	2391	6441	468	202
2010	57046	54797	1600	649	8262	1341	5696	985	240
2011	54818	52640	1262	916	7798	1143	5912	551	192
2012	62280	58384	2930	966	9600	1826	6341	1176	257
2013	67835	63375	3662	798	9221	1158	5979	1527	557
2014	77518	71399	5081	1038	7873	1038	5324	810	603
2015	87571	81694	4471	1406	8391	818	5909	815	849

注：资料来源国家粮油信息中心。

表4　中国进口的其他油料油脂量　　　　　　　　单位：万吨

年份	芝麻	葵花籽油	花生油	橄榄油
2012	39.6	—	—	4.6
2013	44.1	43.9	6.1	4.0
2014	56.9	45.5	9.4	3.6
2015	80.6	65.1	12.8	3.9

注：数据来源国家粮油信息中心，作者加以整理。

3. 我国食用油市场产销情况分析

从国家粮油信息中心提供的"中国食用油市场综合平衡分析"可以看到：2014/2015年度，我国食用油市场的总供给量为3414.9万吨，其中包括国产油料和进口油料合计产生的食用油 2630.8 万吨及直接进口的各类食用油为 784.1 万吨。

2014/2015 年度，我国食用油的食用消费量为 2960 万吨，工业及其他消费量为 320 万吨，出口量为 14.6 万吨，合计年度需求总量（即消费量）为 3294.6 万吨，年度节余量为 120.3 万吨。由此，我们可以推算出，2014/2015 年度我国食用油的自给率为 34.2%（即 2015 国产油料出油量 1125.5 万吨，与年度需求总量 3294.6 万吨之比）。与上年的自给率 36.8% 相比又下降了 2.6 个百分点。

根据 2014/2015 年度我国食用油的需求总量为 3294.6 万吨，按 2015 年 7 月 10 日公布的中国大陆人口总数为 13.68 亿人计算，2015 年我国人均年食用油消费量为 24.1 千克，较上年的 23.2 千克又提高了 0.9 千克（表 5）。

表5 1996—2015年我国人均年食用油消费情况

年份	食用油消费量/万吨	人均年食用油消费量/千克
1996	1002.5	7.7
1998	1090.7	8.4
2000	1245.7	9.6
2001	1330	10.2
2002	1410	10.8
2003	1500	11.5
2004	1750	13.5
2005	1850~1900	14.2~14.6
2006	2271.7	17.5
2007	2509.7	19.3
2008	2684.7	20.7
2011	2777.4	20.6
2012	2894.6	21.4
2013	3040.8	22.5
2014	3167.4	23.2
2015	3294.6	24.1

注：① 2006—2008 年食用油消费量按国产油料扣去食用部分后的总折油量加上净进口前折油之和。
② 1996—2008 年的我国人均年消费按 13 亿人口计算；2011—2013 年按 13.5 亿人口计算；2014 年按 13.6782 亿人口计算；2015 年按 13.68 亿人口计算。

4.发展油料生产和充分利用油料资源是提高我国食用油自给率的当务之急

综上所述，2014/2015 年度我国食用油的自给率只有 34.2%，与《国家粮食安全中长期规划纲要（2008—2020 年）》中要求的，到 2020 年我国食用植物油的自给率不低于40% 尚有差距，要达到这一目标，任务艰巨。为努力实现这一目标，当前要采取发展油料生产和充分利用油料资源并举的方针。在油料生产上，应重点放在扩大油菜籽、花生和葵花籽的种植面积上；放在扶持和发展以油茶为代表的木本油料和其他特种油料生产上。在资源利用上，要把米糠和玉米胚芽等作为重要的油料资源，采取鼓励政策，充分加以利用。

（二）积极发展木本油料产业是提高我国食用油自给率的最佳选择

我国不仅是一个油料生产大国，也是油料资源和品种最丰富的国家。由于地理和气候的多样性，粮油加工数量之巨大，赋予了我国油料品种繁多、资源丰富的优势。在油料作物中，油菜籽、花生、大豆、棉籽和葵花籽是我国的五大油料作物，除五大油料作物外，我国还有上百种可食用的特种油料和丰富的米糠、玉米胚芽、小麦胚芽等谷物油料资源。千方百计发展与挖掘我国的油料生产和油料资源利用是提高我国食用油自给率的必由之路。

在发展油料生产中，我认为，油茶、核桃、文冠果、油用牡丹等木本油料是潜力最大、希望最大的几个树种，是提高我国食用油自给率的最佳选择。因为发展以油茶为代表的木本油料生产具有以下几个方面的优势。

1.我国木本油料资源丰富，种植历史悠久

我国木本油料树种资源十分丰富，种籽含油量在 40% 以上的木本油料树种有 150 多种，其中油茶和核桃是我国传统木本油料作物中的代表，另外还有文冠果、油用牡丹、长柄扁桃、光皮梾木、元宝枫、翅果、茶叶籽、杜仲、盐肤木等新型食用油料树种，这些树种不仅可广泛栽培，而且产量高，具有广阔的发展前景。

木本油料是我国特有的传统油料作物，种植历史悠久，其中油茶是最有代表性的。油茶别名油茶树，油茶籽油又称山茶油、山柚油。油茶为多年生木本油料作物，它与油棕、油橄榄和椰子并称为世界四大木本油料树种。油茶主要生长在我国，已有两千多年的栽培历史。另外，在越南、印度尼西亚等国家也有少量种植。我国以湖南省油茶种植为最多，其次是江西、广西、广东、浙江、安徽、湖北、贵州等南方十多个省（区）。

2. 木本油料生产不与粮食争地，发展前景看好

根据我国发展油料生产必须遵循不与粮食争地的原则，而木本油料有的适宜种植在南方广阔的贫瘠山坡、丘陵和岗地，有的适宜种植在西北地区的盐碱地和沙荒地上。据有关部门粗略统计，目前我国约有 6 亿多亩宜林荒山荒地、6400 多万亩 25° 以上的坡耕地和大量的盐碱地、沙荒地等，利用这些土地大力发展木本油料，既不与粮食争地，又能为国家增产油脂。

3. 发展木本油料是国家重点支持的产业

为提高我国食用植物油的自给能力，近年来，国家发布了一系列发展油料生产的文件，多次强调要重点发展以油茶为代表的木本油料产业。为进一步推动木本油料产业的发展，2014 年 12 月 24 日，国务院办公厅印发了《关于加快木本油料产业发展的意见》，提出了发展木本油料产业的"总体要求""基本原则""总体目标"和"主要任务"。规划到 2020 年木本油料的种植面积从现有的 1.2 亿亩发展到 2 亿亩，年产木本食用油 150 万吨左右。文件要求，各地区、各有关部门要高度重视木本油料产业发展，进一步健全组织领导体系。地方人民政府要根据当地实际，把木本油料产业发展列入重要议事日程，出台针对性的配套措施等。

在国家政策的支持下，近几年来，我国木本油料产业取得了长足发展。全国油茶籽产量过去长期徘徊在 100 万吨左右，2014 年达 202.3 万吨，核桃产量在 2011 年为 165 万吨，2014 年达 271.4 万吨，增长速度喜人。我们相信，在国家的重视和支持下，木本油料产业的发展前景看好。

4. 木本油料是提供健康优质食用油的重要来源

用木本油料制取的油脂，在脂肪酸组成上大多优于其他大宗食用植物油品，如有的富含人体必需的亚油酸和亚麻酸，有的富含油酸，有的富含神经酸等。与此同时，木本油料制取的油脂还富含维生素 E、甾醇、角鲨烯、天然抗氧化物质等生理活性成分，是生产功能性油脂的重要原料，在我国油脂界被誉为特种油脂。长期食用这些特种油脂，有益于身体健康。

5. 发展木本油料产业有着良好的经济效益和生态效益

鉴于木本油料大多适宜在南方贫困山区的山坡、丘陵、岗地和西北地区的盐碱地、沙荒地上种植，又是多年生的木本油料作物，因此大面积种植，发展木本油料产业，不仅有利于提高我国食用植物油的自给能力，同时有利于绿化国土、治理水土流失、防风除沙；

有利于扩大自然资源总量，改善生态；有利于生态文明和美丽中国建设。与此同时，还有利于支持贫困地区的经济发展，帮助农民增收脱贫，是一举多得的好事。

发展木本油料产业，除了具有上述五方面的优势外，围绕对木本油料制取的油脂、饼粕以及在加工过程中产生的副产物进行深度加工和综合利用的潜力很大，前景宽广。

综上所述，发展木本油料产业，是我国发展油料生产，提高食用植物油自给能力的最佳选择。

（三）要进一步研究提出和落实发展木本油料产业的政策措施

为使发展木本油料产业落到实处，需要进一步研究提出和落实相应的政策措施。总结我国木本油料产业的发展经验，我认为在以下 4 个方面，要继续多做工作。

（1）进一步加大发展木本油料产业的支持力度。我们要继续呼吁政府有关部门，像过去支持发展大豆产业一样支持木本油料产业的发展。

（2）想方设法调动种植木本油料作物农民的积极性。鉴于木本油料自栽培到收获一般要经过 3~5 年时间，从栽培种植到种籽的采集、去皮脱壳和烘干等环节，与大宗油料相比费工费时，生产成本相对较高，效益不佳。为此，建议政府有关部门要研究在种植补贴、提高种植木本油料的比价效益等方面，出台相应鼓励政策，以调动农民的生产积极性。

（3）切实加大对木本油料基地建设和良种繁育的扶持力度，引领木本油料产业的快速健康发展。

（4）鉴于木本油料的品种多，加工方式不同于大宗油料，为此，建议有关部门将提高木本油料加工装备和工艺的研究列入国家有关科技发展规划，下大力加快研发适应不同木本油料需要的采集、去皮脱壳和烘干等装备，提高效率，保证质量；进一步加强对适合不同木本油料要求的加工工艺和成套设备的研制，以确保产品质量，降低消耗；研究和发展木本油料的精深加工和综合利用技术与装备，以提高木本油料加工的附加值，进而增加农民的收入。

二、油橄榄是一种珍贵的常青·长寿·摇钱树

——首届"中国西昌橄榄油文化艺术节"上的开幕辞

（2016 年 9 月 11 日 于四川西昌）

尊敬的各位领导、各位嘉宾、女士们、先生们：

大家上午好！

我很高兴与中国粮油学会油脂分会的执行会长何东平教授、副秘书长周丽凤研究员、副秘书长闫子鹏董事长等学会领导来到让中国人扬眉吐气的航天城——美丽的西昌市，参加由凉山州中泽新技术开发有限责任公司举办的首届"中国西昌橄榄油文化艺术节"。首先，我代表中国粮油学会油脂分会对"橄榄油文化艺术节"的成功召开表示最热烈的祝贺！对前来参加艺术节的各位嘉宾表示诚挚的问候！

众所周知，我国是世界上油料油脂的生产大国、加工大国和消费大国，也是油料油脂的进出口大国，在世界油料油脂生产、加工和进出口贸易中有着举足轻重的地位。

随着我国经济的快速发展和人民生活水平的提高，我国食用油的消费量不断提高。根据国家粮油信息中心提供的"中国食用油市场综合平衡分析"中可以看到：据统计分析，2014/2015 年度，我国食用油的年度消费总量达 3294.6 万吨（其中食用油的食用消费量为 2960 万吨，工业及其他消费量为 320 万吨，出口量为 14.6 万吨），人均年食用油消费量为 24.1 千克，超过了世界人均年食用油的消费量，并且还有继续上升的趋势。

在食用油的消费中，随着消费市场的不断升级，消费者对营养健康的追求越来越迫切，以橄榄油为代表的高端食用油越来越受到消费者的青睐。

据了解，目前全球橄榄油的产量一直稳定在 250 万~300 万吨，橄榄油的产地主要分布在地中海沿岸国家，其产量约占世界橄榄油产量的 90%，其中以西班牙、意大利、希腊、突尼斯等国的橄榄油最为有名，仅西班牙橄榄油的产量就达全球总产量的 40% 左右，出口量也为世界第一。我国是从 20 世纪 60 年代开始引进种植油橄榄的，至今已有 50 多年了，目前我国油橄榄的种植基地主要分布在白龙江和嘉陵江等流域的四川、甘肃、陕西、云南等省，以甘肃陇南、云南西北部的金沙江流域、四川的广元、达州和凉山等地区最具代表性。

50 多年来，我国油橄榄的发展在大多时间里处于起步与探索阶段。据悉，10 年前我国橄榄油的产量不足 100 吨，市场没有真正能够占有一席之地的中国品牌的橄榄油产品。直至近些年来，国家高度重视油料生产，尤其重视以油茶为代表的木本油料产业的发展，从而推动了我国橄榄油产业的快速发展。据中国经济林协会油橄榄专业委员会提供的数据，2015 年我国油橄榄的种植面积达 100 万亩以上，橄榄鲜果产量 2 万多吨，橄榄油产量达 5000 吨左右。尽管如此，我国国产橄榄油的数量远不能满足食用油市场的需求，每年需要通过进口才能满足食用油市场的需求。据海关统计，2015 年我国进口的橄榄油达3.9 万吨，并有继续增加进口的趋势。

橄榄油在国内外食用油市场上，之所以能成为消费者青睐的油品，其原因为橄榄油是世界公认的高端食用油。 据资料介绍，橄榄油中的不饱和脂肪酸含量高达 90% 左右，其中油酸含量为 55%~83%、亚油酸含量为 3.5%~21%、亚麻酸含量为 0.3%~1.5%，饱和脂肪酸的含量为 15% 左右。 由此可见，橄榄油的脂肪酸构成比例最为接近营养学家推荐的理想模式 1：6：1。另外，橄榄油中含有人体所必需的维生素 A、维生素 D、维生素 E、维生素 K 等脂溶性维生素和橄榄多酚、胡萝卜素以及角鲨烯等营养成分和活性物质；橄榄油易于人体消化吸收，其消化吸收率达 98% 以上，因而橄榄油被冠以"人类最理想的营养保健油""液体黄金"等美誉。

随着我国人民生活水平和消费理念的进一步提高，橄榄油的营养价值与美誉度也将进一步影响我国的消费者，从而会进一步扩大橄榄油在我国食用市场上的消费量，推动我国橄榄油产业的发展，涌现出一批致力于发展我国橄榄油产业的优秀企业。

凉山州中泽新技术开发有限责任公司（以下简称中泽公司），近 20 年来以"工匠精神"潜心钻研油橄榄的培育、种植、生产和加工技术的研发，取得了卓越的科研成果和经营业绩，为我国橄榄油产业的发展做出了贡献。为顺应市场发展需要，中泽公司创立了以油橄榄文化为核心的"橄享"健康橄榄油品牌，以丰富市场，服务人们生活，倡导健康生活。我们期待在不久的将来，能看到中泽公司生产出更多更优质的橄榄油产品；看到中泽公司旗下的"橄享"等多个品牌成为地区乃至全国的橄榄油著名品牌。与此同时，我们还要祝贺"橄享未来"公益助学计划正式启动！这充分表明了中泽公司在自身发展的同时，积极投身公益事业，体现了他们源于凉山、不忘凉山、回馈凉山的高尚企业形象。对此，我们祝愿"橄享未来"公益助学计划开展顺利，越做越好！

刚才，我们有幸参观了"中国西昌油橄榄文化艺术节美术书法大赛作品展"，看到了凉山州的艺术家对油橄榄的高超诗画，尤其是如下一些诗篇和书法作品充分反映了发展油橄榄产业的重要意义。

"油橄榄是一种珍奇的常绿树、长寿树和摇钱树，经济寿命百年以上，一代人种植，几代人受益。既能绿化环境，又能增收致富。绿了一方山水，富了一方百姓，实现山青水绿生态美"。

"油橄榄树成为当地政府新增的财税树，改变农村面貌的生态树，农民增收的致富树，人民企盼的健康树，企业发展的效益树"。

"油橄榄全身是宝，油橄榄产业链条长，开发产品多，从果实到枝干、枝叶，全株都能开发利用，不论对增加农民收入，还是帮助地区经济发展具有非常积极和重要的意义，是农民脱贫奔小康的好项目，让油橄榄在凉山生根发芽，实现生态修复、经济增长和改善民生的三赢目标，建设中国最大的油橄榄产业基地，引领和支撑四川以至全国发展，建好绿水青山，实现百姓富、生态美，这就是中泽公司的绿洲梦，一代人种植几代人受益"。

"凉山具有发展油橄榄产业得天独厚的自然优势，安宁河畔及金沙红河谷地带气候适宜，是种植油橄榄之最佳区域"。

"黑沙河油橄榄丰茂，石漠地中泽司建功"。

"我们相信，在国家政策的引领下，在当地政府的重视和支持下，在中泽公司的潜心钻研和卓越经营下，凉山地区的油橄榄产业一定会发展得很好，成为全国油橄榄产业发展中的佼佼者"。

最后，祝愿中泽公司大展宏图，兴旺发达，为中国橄榄油产业的发展做出更大的贡献！

谢谢大家！

三、牢记初心，努力发展我国油橄榄产业

——在"中国油橄榄产业发展高峰论坛"上的致辞

（2016 年 11 月 8 日　于湖北十堰）

尊敬的各位领导、各位嘉宾、女士们、先生们：

大家上午好！

我今天非常高兴与中国粮油学会油脂分会的执行会长何东平教授、秘书长相海研究员和副秘书长周丽凤研究员等学会领导来到历史悠久，中华民族重要发祥地之一的美丽的十堰市，参加由湖北鑫榄源油橄榄科技有限公司承办的"中国油橄榄产业发展高峰论坛"。首先，我代表中国粮油学会油脂分会对"中国油橄榄产业发展高峰论坛"的召开表示最热烈的祝贺！对前来参加"高峰论坛"的各位嘉宾表示诚挚的问候！

众所周知，我国是世界上油料油脂的生产大国、加工大国和消费大国，也是油料油脂的进出口大国，在世界油料油脂生产、加工和进出口贸易中有着举足轻重的地位。

随着我国经济的快速发展和人民生活水平的提高，我国食用油的消费量不断提高。根据国家粮油信息中心提供的"中国食用油市场综合分析表"中可以看到：2014/2015 年度，我国食用油的年度消费总量达 3294.6 万吨，人均年食用油消费量为 24.1 千克，超过了世界人均年食用油的消费量，并且还有继续上升的趋势。

在食用油的消费中，随着消费市场的不断升级，消费者对营养健康的追求越来越迫切，以橄榄油为代表的高端食用油越来越受到消费者的青睐。

据了解，目前全球橄榄油的产量一直稳定在 250~300 万吨，橄榄油的产地主要分布在地中海沿岸国家，其产量约占世界橄榄油产量的 90%，其中以西班牙、意大利、希腊、突尼斯等国的橄榄油最为有名，仅西班牙橄榄油的产量就达全球总产量的 40% 左右，出口量也为世界第一。我国是从 20 世纪 60 年代开始引进种植油橄榄的，至今已有 50 多年了，目前我国油橄榄的种植基地主要分布在白龙江和嘉陵江等流域的四川、甘肃、陕西、云南等省区，以甘肃陇南、云南西北部的金沙江流域、四川的广元、达州和凉山和湖北的十堰等地区最具代表性。

50 多年来，我国油橄榄的发展在大多时间里处于起步与探索阶段。据悉，10 年前我

国橄榄油的产量不足 100 吨,市场上没有真正能够占有一席之地的中国品牌的橄榄油产品。直至近些年来,国家高度重视油料生产,尤其重视以油茶为代表的木本油料产业的发展,从而推动了我国橄榄油产业的快速发展。据中国经济林协会油橄榄专业委员会提供的数据,2015 年我国油橄榄的种植面积达 100 万亩以上,橄榄鲜果产量 2 万多吨,橄榄油产量达 5000 吨左右,这是来之不易的。尽管如此,我国国产橄榄油的数量远不能满足食用油市场的需求,每年需要通过进口才能满足食用油市场的需求。据海关统计,2015 年我国进口的橄榄油达 3.9 万吨,并有继续增加进口的趋势。

橄榄油在国内外食用油市场上,之所以能成为消费者青睐的油品,其原因为橄榄油是世界公认的高端食用油。橄榄油中的不饱和脂肪酸含量高达 90% 左右,其中油酸含量为 55%~83%、亚油酸含量为 3.5%~21%、亚麻酸含量为 0.3%~1.5%,饱和脂肪酸的含量为 15% 左右。由此可见,橄榄油的脂肪酸构成比例最为接近营养学家推荐的理想模式 1:6:1。另外,橄榄油中含有人体所必需的维生素 A、维生素 D、维生素 E、维生素 K 等脂溶性维生素和橄榄多酚、胡萝卜素以及角鲨烯等营养成分和活性物质;橄榄油易于人体消化吸收,其消化吸收率达 98% 以上,因而橄榄油被冠以"人类最理想的营养保健油""液体黄金"等美誉。

随着我国人民生活水平和消费理念的进一步提高,橄榄油的营养价值与美誉度也将进一步影响我国的消费者,从而会进一步扩大橄榄油在我国食用市场上的消费量,推动我国橄榄油产业的发展,并将涌现出一批致力于发展我国橄榄油产业的优秀企业。

湖北鑫榄源油橄榄科技有限公司(以下简称鑫榄源公司),于 2005 年开始研发种植油橄榄,目前公司自有种植基地 35000 亩;4600 平方米的生产压榨、无尘灌装车间,并成为武汉轻工大学教学科研实习基地,融种植、生产、销售及农业观光于一体,逐步形成油橄榄育苗改良、种植培育、油橄榄深加工及销售等为一体的完整的产业链条;公司与武汉轻工大学何东平教授团队合作的《橄榄果渣和橄榄叶加工关键技术与应用》经湖北省科技厅认证,该项成果达到国际领先水平。公司已成功获得《鑫榄源》和《心橄榄》注册商标权。其生产、加工的橄榄油更贴合中国人烹饪习惯,又减少了漂洋过海进口通关流程,油质更新鲜。

油橄榄是一种珍奇的常绿树、长寿树和摇钱树,经济寿命百年以上,一代人种植,几代人受益。既能绿化环境,又能增收致富。绿了一方山水,富了一方百姓,实现山青水绿生态美。

油橄榄树成为当地政府新增的财税树,改变农村面貌的生态树,农民增收的致富树,人民企盼的健康树,企业发展的效益树。

油橄榄全身是宝,油橄榄产业链条长,开发产品多,从果实到枝干、枝叶,全株都能开发利用,不论对增加农民收入,还是帮助地区经济发展具有非常积极和重要的意义,是农民脱贫奔康的好项目。我们盼望让油橄榄在十堰市生根发芽，实现生态修复、经济增长和改善民生的三赢目标，建设中国最大的油橄榄产业基地之一，引领和支撑湖北省以至全国油橄榄产业的发展，建好绿水青山，实现百姓富、生态美，实现鑫榄源公司的绿洲梦，一代人种植几代人受益。

十堰市位于北纬 32° 世界橄榄油黄金产区，具有发展油橄榄产业得天独厚的自然优势，气候适宜，是种植油橄榄的最佳区域之一。

我们相信，在国家政策的引领下，在当地政府的重视和支持下，在鑫榄源公司的潜心钻研和卓越经营下，十堰市的油橄榄产业一定会发展得很好，成为全国油橄榄产业发展中的佼佼者。

最后，祝愿鑫榄源公司大展宏图，兴旺发达，不忘初心，发展好中国橄榄油产业，为中国橄榄油产业的发展做出更大的贡献！

谢谢大家！

四、芝麻油的质量安全与营养功能
——在"芝麻油的质量安全与营养功能研讨会"上的开幕辞

（2016 年 11 月 27 日 于上海）

为进一步推动我国芝麻产业的健康发展，由中国粮油学会油脂分会主办，由上海市食品协会、上海市粮食行业协会、上海市餐饮烹饪行业协会协办，由上海富味乡油脂食品有限公司承办的"芝麻油的质量安全与营养功能研讨会"今天在美丽开放的世界名城——上海召开。首先，我代表中国粮油学会油脂分会对会议的顺利召开表示祝贺！对前来参加会议的各位领导、专家和企业家表示诚挚的问候！向上海富味乡油脂食品有限公司对本次研讨会的大力支持和精心安排表示衷心的感谢！根据会议的安排，在技术研讨会开始之前，我先向大家简要介绍有关我国芝麻产业的发展情况。

（一）我国是芝麻的生产大国和消费大国

芝麻是我国八大油料作物之一，芝麻又称为胡麻，为一年生草本植物油料作物。芝麻籽粒呈扁圆形，有黑、白、黄及棕红色，主要广泛栽培于温带和亚热带地区。芝麻在我国有着悠久的种植历史。

据悉，世界上有 60 多个国家种植芝麻，世界芝麻年种植面积在 700 万 ~800 万公顷，产量为 450 万吨左右。正常年景，我国芝麻的种植面积在 70 万公顷左右，约占世界芝麻种植面积的 1/10，产量在 60 万 ~65 万吨。2014 年我国芝麻产量为 62.9 万吨（表 1），约占世界芝麻产量的 1/7。我国河南、安徽和湖北是芝麻的主要种植地区，约占芝麻产量的 3/4。

表 1 中国芝麻产量　　　　　　　　　　　　　　单位：万吨

年份	芝麻产量	年份	芝麻产量
2001	80.4	2004	70.4
2002	89.5	2005	62.5
2003	59.3	2006	66.2

续表

年份	芝麻产量	年份	芝麻产量
2007	55.7	2012	63.9
2008	58.6	2013	62.4
2009	62.2	2014	62.9
2010	58.7	2015（预测）	62.0
2011	60.6		

注：资料来源国家粮油信息中心。

芝麻的用途极为广泛。早在我国古代社会，芝麻和芝麻油已经成为当时达官贵人的佳品。在现代社会，芝麻及其制品仍然是我国消费者喜爱的食品。在我国市场上，芝麻油、芝麻酱、芝麻糊等产品以及利用芝麻生产的汤圆等传统食品和烘烤食品琳琅满目，深受广大消费者的喜爱。

由于芝麻及其制品在我国粮油食品市场上始终呈现旺盛的消费势头，所以，现在国产芝麻的产量已不能满足市场的需求，为满足市场的供应，近年来，每年需要进口较大数量的芝麻。据海关统计，2015 年我国进口芝麻 80.6 万吨，超过了国产芝麻的产量。这样，连同预测国产芝麻 62 万吨，2015 年我国实际消费芝麻 142.6 万吨，其消费量约占世界芝麻总产量的 32%。综上所述，我国是世界芝麻的生产和消费大国。

（二）芝麻油是我国消费者喜爱的健康食用油

前面讲过，目前我国每年需要消费 140 多万吨芝麻原料生产芝麻油、芝麻酱和芝麻糊等食品，其中国产芝麻大约有 45%（约 30 万吨）直接供人们食用或作食品原料（诸如芝麻酱、芝麻糊等），用于榨油的芝麻约 110 万吨，能生产芝麻油约 50 万吨。

我国市场上的芝麻油按加工工艺不同，可分为小磨香油、机制香油和普通芝麻油。

小磨香油简称小磨油，又称小磨麻油。它以芝麻为原料，用"水代法"加工制取，具有浓郁的独特香味，是上乘的调味油。

机制香油又称香麻油、麻油。它以芝麻为原料，通过特定的工艺，用机榨制取，具有浓郁的芝麻油香味，用途与小磨香油相似。

普通芝麻油俗称大槽麻油。它以芝麻为原料，是用一般压榨法、浸出法或其他方法制取的芝麻油的统称。由于加工方法不同，普通芝麻油的香味清淡，远不如小磨香油、机制香油的香味浓郁芬芳。一般用作烹调油，也可作为制作糕点、糖果、食品的主要辅料。

芝麻中富含有益于人体健康的微量活性物质，如木酚素类化合物（主要为芝麻素）、固醇类衍生物（表2），在我国《神农本草经》等历史文献中已经多次提到芝麻具有"生精""壮髓""补气养血"等功能。在国外文献中也多次提到芝麻含有非水溶性视黄醇、固醇类衍生物、生育酚等活性物质。

芝麻油富含人体必需脂肪酸，其中亚油酸含量在45%以上，油酸含量在36%以上（表3）。为此，世界卫生组织（WHO）经近3年的调研，于2011年召开的世界卫生组织第113次会上，推荐芝麻油、玉米油和稻米油为最佳食用油。而在我国广大消费者心目中，芝麻及其芝麻油等产品是全民公认的营养功能性食品。

表2 芝麻的主要成分及其含量

成分	含量	成分	含量
水分	5.3克	磷	376.00毫克
蛋白质	22.1克	镁	202.00毫克
脂肪	62.1克	钾	266.00毫克
灰分	5.2克	钙	551.00毫克
碳水化合物	21.7克	钠	32.20毫克
能量	2161千卡（1千焦=0.239千卡）	锌	4.21毫克
膳食纤维	9.8毫克	铁	60.00毫克
维生素E	38.28毫克	铜	1.41毫克
烟酸	3.8毫克	硒	4.06毫克
维生素B_1	0.36毫克	锰	1.17毫克
维生素B_2	0.26毫克		

注：以上含量均为每100克白芝麻中的含量，该含量由中国预防医学院营养与食品卫生研究所测定。

表3 芝麻油主要脂肪酸组成

类别	占比/%
棕榈酸	8.14~8.97
棕榈烯酸	0.12~0.69
硬脂酸	4.25~5.07
亚油酸	45.05~48.64
油酸	36.64~39.64
亚麻酸	0.30~0.95
花生四烯酸	0.54~0.60

（三）芝麻油生产应关注的几个问题

我国芝麻油加工企业的数量多，但生产规模普遍较小，像安徽燕庄油脂有限责任公司、上海富味乡油脂食品有限公司、山东潍坊瑞福油脂调料有限公司那样的企业为数不多。由于芝麻油加工企业小而散，致使产品质量与各项经济技术指标参差不齐，亟待研究解决。当前，为确保芝麻油产品的质量与安全，我觉得以下 4 个问题应引起我们的重视。

1. 要研制芝麻原料的高效整理和清理设备

我们要针对国产原料品种多、含杂多、品质一致性差等问题以及进口不同国家的原料多、品质不一等实际情况，加快研制灵活高效的整理和清理设备，确保芝麻原料的质量符合加工需求，进而确保芝麻油及其制品的质量。

在这方面，上海富味乡油脂食品有限公司严格的经营管理，对产品质量与安全的一丝不苟精神，值得大家学习。尤其是在生产芝麻酱时，他们在对原料质量的精选把关，防范3，4- 苯并芘的产生以及塑化剂的污染等诸多方面，采取了卓有成效的技术措施，诸如：在生产芝麻酱时，不仅经过严格的清选，同时采取水选，芝麻焙炒后还进行扬烟和去皮屑，以确保芝麻酱产品的绝对安全。这种做法值得在行业中提倡和借鉴。

2. 要加快推广应用现代"水代法"制取小磨香油的步伐

用"水代法"加工小磨香油，是我国特有的加工方法，其产品深受消费者的欢迎，但"水代法"制油与机榨制油相比，存在着一般规模都较小的问题；在炒籽、扬烟、墩油、撇油等环节存在着费工费时且生产环境差的现象；废渣浆难以利用且易污染环境；石磨维修率高且费工费时等，亟待注入现代技术，改造传统工艺。

在这方面，河南工业大学与山东潍坊瑞福油脂调料有限公司合作研制成功了规模化、连续化、现代化的小磨香油生产线，并在瑞福油脂成功使用，取得了很好的经济社会效益，获得了中国粮油学会的科学技术一等奖。应该加快这项技术在有一定规模的小磨香油生产企业中推广应用。

3. 要贯彻"适度加工"的原则，对芝麻油的香味进行"适当调整"

鉴于在生产香油时，对芝麻进行高温焙炒是产生香味的关键环节，但同时也存在着"焙炒"过头，容易生产 3,4- 苯并芘等一类有害物质的问题，应该引起我们的高度重视。为解决这些问题，我认为一要严格执行食品安全的底线，科学合理地"适当调整"芝麻油的香味，纠正一味追求芝麻油香味的倾向，并适时向消费者进行科普宣贯；二要调整和改造加工工艺和设备，避免"焙炒"过头，防止在"焙炒"过程中出现"死角"，造成部分芝麻烤焦烤煳；三要研究在不影响芝麻油香味的前提下，去除芝麻油中有害物质的有效方法，诸如利用活性炭有效去除 3,4- 苯并芘等。

4. 要加大对芝麻及其制品的研究，进一步开发芝麻的延伸产品

芝麻中富含营养和生理活性物质，研究开发利用好这些功能性物质，不仅能为百姓造福，而且能使农民增收、企业增效、促进芝麻产业的健康发展。在这方面，上海富味乡油脂食品有限公司和台湾大学经过多年深入研究，取得了成功提取芝麻素等可喜成果。

以上发言，不当之处，请大家批评指正。最后，预祝研讨会圆满成功！谢谢大家！

五、油用牡丹是优良的木本油料
——在"菏泽尧舜牡丹健康产业国际研讨会"上的主旨讲话

（2016 年 12 月 23 日　于山东菏泽）

很高兴再次来到素有"菏泽牡丹甲天下，天下牡丹出菏泽"之称的中国牡丹之都——菏泽，参加由菏泽市人民政府主办的"菏泽尧舜牡丹健康产业国际研讨会"。

我还记得在 2013 年 9 月 7 日，应邀参加了由全国粮油标准化技术委员会油料及油脂分技术委员会主办的"《牡丹籽油》行业标准暨中国牡丹籽油产业发展论坛会"，听取了牡丹产业的发展前景，参观了菏泽市著名的牡丹籽油生产企业，从而对牡丹产业的发展前景有了较深印象。今天，我以《油用牡丹是优良的木本油料》为题发言，供参考。

（一）油用牡丹是优良的木本油料，发展前景看好

大力发展木本油料产业，是党中央、国务院站在保障我国粮油安全、促进农民增收致富的战略高度做出的重大决策。唯有牡丹真国色，枝头末梢都是宝。牡丹是中国特有的木本名贵花卉，花大色艳、雍容华贵、富丽端庄，不仅是观赏花卉中的精品，而且又是中国传统的良药材源。

油用牡丹是毛茛科芍药属牡丹组植物中产籽出油率高（≥ 22%）的植物的统称。牡丹是一种多年生小灌木，耐干旱、耐瘠薄、耐高寒，适生性强，盛花、盛果期可达到 40 年以上。牡丹花大色艳，雍容华贵，素有"国色天香""百花之王"的美称，是我国的传统名花，现有 1237 个品种，是丰富的生态旅游资源，具有极高的观赏价值，深受各国人民的喜爱；至今，牡丹广泛种植于我国的河南、山东、安徽、陕西、四川、甘肃、浙江等地，尤以河南洛阳和山东菏泽种植最多，我国牡丹的种植面积已达 30 万亩。

牡丹全身都是宝，目前我国以油用牡丹为原料，已经开发出了高档食用油、化妆品、保健品、药物、日用品五大类数十种产品。从油用牡丹种籽中制取牡丹籽油，可作为高端食用油；从种皮中提炼出的黄酮和牡丹原花色素，对于抗氧化、清除自由基、改善血液循环、降低胆固醇有很好效果；从果荚中提炼出的牡丹多糖，可以增强吞噬细胞的吞噬功

能，提高身体免疫能力；从各种剩余物中提炼出的牡丹营养粉和纳米牡丹粉，可以用作食品添加剂和新型节能环保材料。

另外，还可以从牡丹的花朵、叶、根、皮中获得一种具有挥发性芳香气味的次生代谢物——牡丹精油，可广泛用于制药、杀虫、抑菌、食品添加剂、日用化妆品等行业。随着人们生活水平不断提高和保健意识日益增强，食用植物油消费将持续增长，特别是具有保健功效的新型植物油的需求会更加旺盛。因此，油用牡丹的市场潜力看好，发展前景广阔。

（二）牡丹籽油营养价值高，是一种优质的食用油脂

近几年来，研究发现牡丹籽（紫斑牡丹和凤丹牡丹）的含油率可达到20%以上，从脂肪酸组成来看，牡丹籽油中亚麻酸、油酸和亚油酸等多种不饱和脂肪酸含量高达92%以上（表1）。特别是 α-亚麻酸含量高达40%以上，高于其他木本油料生产的油脂（表2），是橄榄油的80倍，大豆油的10倍。长期食用牡丹籽油，可提高儿童智力，延缓老年人衰老进程。

表1　牡丹籽油脂肪酸组成

脂肪酸名称	含量/（克/100克）	脂肪酸甲酯相对含量/%
肉豆蔻酸	0.03	0.03
棕榈酸	4.31	5.19
棕榈油酸	0.06	0.06
硬脂酸	1.36	1.63
油酸	18.90	22.55
亚油酸	26.97	28.74
γ-亚麻酸	0.16	0.16
α-亚麻酸	42.82	41.39
花生酸	0.06	0.07

表2　4种木本油料脂肪酸组成比较 　　　　　　　　　　　　单位：%

品种	棕榈酸	硬脂酸	油酸	亚油酸	亚麻酸	饱和脂肪酸	不饱和脂肪酸
橄榄油	9.88	2.44	74.85	8.23	0.51	12.32	84.02

续表

品种	棕榈酸	硬脂酸	油酸	亚油酸	亚麻酸	饱和脂肪酸	不饱和脂肪酸
核桃油	8.17	3.52	14.34	62.71	10.29	11.69	87.34
油茶籽油	5.57	2.02	79.34	9.20	0.30	10.59	89.42
牡丹籽油	5.54	1.82	22.44	28.88	40.86	7.46	92.30

牡丹籽油还含有众多的药用牡丹有效成分。另外,牡丹籽油中还含有维生素A、维生素E等多种营养成分(表3)。与橄榄油、油茶籽油、核桃油、茶叶籽油、杏仁油等同属木本食用油脂,是一种营养价值很高的优质食用油。此外,牡丹籽中还含有多种矿物元素(表4)。

表3 牡丹籽油中维生素含量

名称	含量/(毫克/100克)	名称	含量/(毫克/100克)
角鲨烯	340	δ-生育酚	2.56±0.01
维生素E	56	α-生育三烯酚	0.65±0.01
α-生育酚	1.21±0.02	γ-生育三烯酚	3.26±0.02
β-生育酚	未检出	δ-生育三烯酚	未检出
γ-生育酚	48.42±0.04		

表4 牡丹籽中矿物元素含量

种类	钙	钠	铁	钾	锌	镁
含量/(毫克/千克)	15	2~6	2~6	2~6	2~6	2~6

鉴于我国种植牡丹的地域广,可利用的土地量大,加上近年来随着一大批牡丹深加工产品的研发和面市,牡丹产业(包括发展油用牡丹)已愈来愈引起党中央、省、市领导的高度重视,领导做过许多重要批示,推动了牡丹产业的快速健康发展。随着我国经济快速发展和人民生活不断提高,我国食用油消费量不断增加,2015年度我国食用油的需求总量已达到3294.6万吨,人均年食用油消费量达24.1千克(表5),超过了世界人均消费量。

在食用油的供给中,我国是食用油极其短缺的国家,自给率不足40%,年均缺口在60%以上,已超出国际食用油安全警戒线。因此,大力发展包括油用牡丹在内的木本油料,不仅能够有效缓解目前我国食用植物油紧缺局面,而且对持续增加农民收入、发展现代农业和实施脱贫攻坚有重大现实意义。我们油脂界已做好准备，将全力支持牡丹产业的发展，并将重点放在油用牡丹籽的开发利用上。

表5 1996—2015年我国人均年食用油消费情况

年份	食用油消费量/万吨	人均年食用油消费量/千克
1996	1002.5	7.7
1998	1090.7	8.4
2000	1245.7	9.6
2001	1330	10.2
2002	1410	10.8
2003	1500	11.5
2004	1750	13.5
2005	1850~1900	14.2~14.6
2006	2271.7	17.5
2007	2509.7	19.3
2008	2684.7	20.7
2011	2777.4	20.6
2012	2894.6	21.4
2013	3040.8	22.5
2014	3167.4	23.2
2015	3294.6	24.1

注：①2006—2008年食用油消费量按国产油料扣去食用部分后的总折油量加上净进口前折油之和。

②1996—2008年的我国人均年消费按13亿人口计算；2011—2013年按13.5亿人口计算；2014年按13.6782亿人口计算；2015年按13.68亿人口计算。

（三）牡丹籽油和蛋白、多肽的提取技术及功能性研究日趋完善

牡丹籽油中所富含的亚麻酸为 ω-3系列多烯不饱和脂肪酸，摄入体内后可转变为二十碳五烯酸和二十二碳六烯酸（俗称脑黄金）而发挥作用，在国外已将亚麻酸及其衍生物作为药物或食品强化剂，用来预防和治疗心血管疾病。

研究发现在提取时间为240分钟，水分4.0%，料液比1：4.5，温度50℃的条件下，

采用六号溶剂提取牡丹籽油，其牡丹籽粕的残油率在 1% 以下，且酸价为 3.5 毫克 / 克（以氢氧化钾计），过氧化值为 0.3 毫摩尔 / 克，皂化值为 182 毫克 / 克（以氢氧化钾计），不皂化物为 1.6%。对提取的油脂进行脂肪酸组成分析，主要含有 7 种脂肪酸，其中不饱和脂肪酸（UFA）的含量为 92.7%，饱和脂肪酸（SFA）含量为 7.2%，而不饱和脂肪酸中主要是亚麻酸（43.1%），亚油酸（25.4%）和油酸（23.7%）。由此可见，牡丹籽油是非常有价值的食用植物油。

通过对牡丹籽油的氧化稳定性的研究，发现同在光照的条件下储藏，空气对牡丹籽油氧化稳定性有影响，敞口时过氧化值增长更快，封口条件下过氧化值的变化相对平缓，因此空气可以加速牡丹籽油的氧化，而隔绝空气有利于延长牡丹籽油的保存期。同时发现，同在封口的条件下储藏，光照对牡丹籽油氧化稳定性有影响，有光照的条件下过氧化值增长更快，避光时的过氧化值的变化相对平缓，因此避光条件下牡丹籽油的氧化稳定性要好于光照条件下保存的牡丹籽油，有利于延长牡丹籽油的保存期。牡丹籽油的过氧化值随着处理时间的增加而增大，而且温度越高，过氧化值变化越快，也就是说，牡丹籽油的保存温度越低，自动氧化的程度就越低，所以在低温下保存有利于延长牡丹籽油的保存期。另外，添加抗氧化剂可以提高牡丹籽油的氧化稳定性，不同数量和种类的抗氧化剂对牡丹籽油氧化稳定性的影响各不相同。

牡丹籽蛋白不仅可以作为食品添加剂添加到饮品、食品和一些医用的药品中，还可以用于开发新的产品和食品。牡丹籽蛋白中，不仅富含各种氨基酸，且具有氮溶解性高，乳化性、起泡性和保水性好等特性，可作为食物中蛋白成分加以利用。脱脂牡丹籽粕中蛋白质的含量高达 25% 以上，因此对牡丹籽蛋白的开发是很有价值的，可以弥补我国蛋白质资源缺乏的现况。这说明了，牡丹籽蛋白的开发利用将成为牡丹籽综合利用的另一个很好的途径。

牡丹在我国的种植范围相当广阔，就全球来说我国是牡丹资源最丰富的国家，牡丹籽中含有多种对人体有利的成分，开发利用牡丹籽就等于为我国的食品行业提供了一种高营养价值的原料；牡丹籽油及蛋白的制备及其性质研究可以为牡丹籽产业的发展提供理论支撑，为更深层次的研究和开发奠定基础。

（四）制定好牡丹籽油系列行业标准，促进牡丹产业的健康发展

油料及油脂的国家标准和行业标准，是油脂行业的重要技术规范，是衡量油料及油脂生产、加工和流通的基础，是油脂市场有序流通、遏制假冒伪劣的重要保证。与此同时，它为油料油脂及其制品的质量、营养和安全提供了技术保证和监督检查的依据。可以这样说，一个国家制定、采用的某类产品的标准，体现了该国家在此领域科技水平的高低，反

映了该国家的经济发展水平和人民的生活水准。由于标准是一个行业的技术法规,标准一旦批准发布,企业必须执行,所以制修订标准工作是一项政策性和实用性都很强的基础工作,必须在广泛调查研究的基础上科学、合理地制修订。

为推动牡丹产业的发展,国家粮食局标准质量中心管理办公室发文,将制定《牡丹籽油》行业标准列入了2012年粮油行业标准制定计划。鉴于牡丹籽是我国特有的食用油料资源,古今中外没有可以借鉴的资料,本着从我国国情和牡丹籽油的特点出发,由武汉轻工大学和山东菏泽尧舜牡丹生物科技有限公司自主地、实事求是地组织业内专家,完成了这项标准的制定工作,从而使 LS/T 3242—2014《牡丹籽油》行业标准已于2014年公布并实施。鉴于牡丹籽属于小品种油料,目前我国的产量较少,因此,《牡丹籽油》中对加工方式的要求上,没有分压榨油和浸出油;在等级的划分上,只分为一级油和二级油。

为进一步完善油用牡丹的标准内容,今年11月22—23日,由全国粮油标准化技术委员会油料及油脂分技术委员会主办的一届二次会议上审定通过了由江南大学负责起草的《油用牡丹籽》和《牡丹籽饼粕》行业标准。从而完善了《牡丹籽油》的系列标准。

我们相信,通过标准的制定,一定能促进牡丹产业的快速健康发展。

六、香榧产业，方兴未艾

——在"第二届中国香榧产业发展高峰论坛暨《榧籽油》和《油用榧籽》行业标准研讨会"上的致辞

（2017 年 3 月 29 日　于浙江兰溪）

很高兴来到美丽的兰溪，参加由兰溪市人民政府、中国粮油学会油脂分会、全国粮油标准化技术委员会油料及油脂分技术委员会、国家林业局香榧工程技术研究中心共同主办，由江南大学、浙江农林大学协办，由浙江柏灵农业发展股份有限公司、金恪控股集团股份有限公司承办的"第二届中国香榧产业发展高峰论坛暨《榧籽油》和《油用榧籽》行业标准研讨会"，与大家一起研讨有关香榧产业的发展与标准的制定工作。现在我就发展香榧产业和制定标准讲点意见，供大家参考。

（一）国家高度重视木本油料的发展

进入 21 世纪以来，尤其是近年以来，中央领导和各级政府高度重视木本油料产业的发展，召开了一系列促进以油茶为代表的木本油料产业发展大会，制定了一系列促进木本油料生产发展的规划和政策措施，并取得了显著效果。据有关统计表明，我国的油茶籽生产已由 2008 年的不足 100 万吨，发展到 2015 年的 216.3 万吨，核桃产量已由 2008 年的 40 多万吨，发展到 2015 年的 330 万吨。为促进木本油料产业的进一步发展，根据国务院的有关指示精神，国家林业局在征集各省、自治区、直辖市人民政府意见后，国务院于 2015 年颁发了《关于加快木本油料产业发展的意见》。意见中提出，力争到 2020 年，油茶、核桃、油用牡丹等木本油料树种种植面积达到 2 亿多亩。木本油料基地投资后，估计到 2028 年，我国年产木本食用油产量达到 500 万吨以上。

这里我们要问，国家为什么这样高度重视木本油料产业的发展呢？理由如下。

（1）为满足我国食用油市场发展的需求　随着我国人民生活水平不断提高，我国食用油的需求量不断增加，而我国油料生产的发展赶不上食用油消费量的增长速度，2016 年的自给率只有 32.3%，依赖进口程度过高。发展木本油料产业，有利于满足我国食用油市场进一步发展的需求，有利于提高我国食用油的自给能力。

（2）适宜在我国种植的木本油料树种资源十分丰富 据了解，我国有150多种种籽含油量在40%以上的木本油料树种，尤其油茶和核桃是我国传统木本油料的代表，另外还有油用牡丹、长柄核桃、光皮梾木、元宝枫、翅果、杜仲、盐肤木以及香榧等新型食用油料树种，这些树种不仅可广泛栽培，而且产油量高，发展前景广阔。

（3）不与粮食争地 目前，我国有荒山荒地6400万亩，另外还有25°以上斜坡地和大量的盐碱地、沙漠地等。利用这些土地大力发展木本油料，既不与粮食争地，又能有效增加国内食用植物油的供给。

（4）有利于美丽中国的建设 加快木本油料产业的发展，有利于绿化土地、治理水土流失、防沙治沙；有利于扩大生态资源总量、改善生态；有利于建设生态文明和美丽中国。与此同时，有利于山区百姓的增收和脱贫致富。

（5）有利于为消费者提供优质营养的健康油脂 从木本油料中制取的油脂，在脂肪酸组成上大多优于其他大宗食用油品，并富含维生素E、维生素A、维生素D、甾醇、角鲨烯、天然抗氧化物质等生理活性成分，是生产功能性油脂的重要原料，在油脂界称为"特种油料"。

（二）榧籽是优良的木本油料，发展前景看好

上午我们考察了承办单位的香榧种植基地，品尝了香榧，深感榧籽与油茶和核桃一样，是优质木本油料。

（1）榧籽是中国特有的珍稀干果之一，其营养价值高，有独特的风味和药用功能，药食两用。具有抗氧化、抗炎、抗病毒、抗动脉粥样硬化、抗蠕虫、镇咳、祛风、抗真菌和抗肿瘤等功效。作为干果，香脆营养。目前，市场价格在300~500元/千克。据介绍，香榧成年林亩产值在2万元以上，具有很高的经济价值，是当地百姓常说的摇钱树、致富树。

（2）产量高、含油量高。榧树是长寿树种，据说仅浙江会稽山区就有10.5万株树龄100~1500年的大树。作为优质高油的木本油料，榧树盛产期亩产油30~50千克，高于油茶数倍、核桃2倍，也高于油橄榄。榧籽是一种高含油量的坚果，榧籽种仁含油量为47%~61%。

（3）榧籽油是一种高档健康食用油。榧籽油中不饱和脂肪酸含量高达77%~87%，且含有特有的金松酸。金松酸具有抗炎、调节血脂等功效。榧籽油中含有β-谷甾醇、菜油甾醇和豆甾醇等甾醇类物质。其中β-谷甾醇含量最高可达3287毫克/千克。

榧籽油中还富含α-生育酚、β-生育酚、γ-生育酚三种构型的生育酚，其中β-生育酚含量最高。

我国黄河以南地区是榧籽种植的适宜地区，浙江省是我国榧籽的主产地。近年来，我

国榧籽的种植面积发展迅速，目前种植面积达 90 万亩左右，其中浙江省达 70 多万亩，其次是安徽、江西、贵州。另外，湖北、湖南、福建等地也开始有少量种植。

我们相信随着国家相关政策的进一步到位，规模化种植、采集和加工技术的不断完善，榧籽产业一定会得到快速健康的发展。

（三）认真制定好榧籽系列标准，促进榧籽产业健康发展

（1）鉴于榧籽是我国的特色资源，《榧籽油》和《油用榧籽》是我国特有行业标准，没有可以借鉴的资料，所以制定本系列标准要从我国国情出发，自主地、实事求是地完成好标准的制定工作。

（2）榧籽油中含有一定量的金松酸，这在其他油料中是不常见的，为此要做好金松酸的鉴定和测定工作。

（3）《油用榧籽》行业标准要区别于其他食品坚果的标准，凸显出榧籽用于油料的特点和质量要求。

（4）做好产业综合开发工作。榧籽在制油过程中，将产生大量的副产物——外种皮、饼粕和果壳。这些都是宝贵的资源，外种皮可开发精油、作药；饼粕可根据种类开发食品和饲料；果壳既可作燃料又可用于制作活性炭，因此要重视副产物的加工利用。通过精深加工和综合利用，提升榧籽价值，为百姓造福、为企业谋利。

我们相信，通过标准的制定，一定能促进榧籽产业的快速健康发展！

七、食用油脂事关民生，权威释疑让人宽心

——对餐饮行业有关食用油调查问卷的回答

（2017 年 3 月 18 日　于北京）

一问：您认为目前在中国，消费者对食用油的主要担心是什么？专家学者对食用油的主要担心是什么？

答：消费者对食用油的担心：①外出就餐增多，担心吃到地沟油；②担心吃了用转基因油料生产的食用油有健康风险；③浸出毛油经过精炼后食用油有溶剂残留的风险，即使是少量的，以及长期食用是否在体内有聚集效应；④怕吃到假冒伪劣的食用油。

专家学者对于食用油的担心：①如何科学正确引导转基因，如何向消费者做客观科学的科普宣传；②如何正确引导油脂产业里食品安全方面的误区，如土榨油的卫生问题以及低温压榨油的质量把控问题等；③油脂中的一些对身体有害的微量物质该如何有效去除。

二问：有所谓健康的食用油吗？哪种食用油是比较健康的？

答：就油品而言，没有绝对健康或者不健康的食用油，我们一直强调的是"符合国家标准的食用植物油，都是富有营养的，都是健康的食用油"。鉴于不同品种食用植物油其脂肪中的伴随物如维生素、甾醇、角鲨烯等微量营养素的含量各不相同，所以我们倡导"油要换着吃"，才有利于营养均衡和身体健康。

众所周知，蛋白质、脂肪和碳水化合物是人类所需要的三大营养素，由于食用植物油富含脂肪和多种营养素，是人类重要的能量和营养来源，所以，对健康而言，不同人群的油脂摄入量和选择的油品应该有所不同。如：对老年人和三高人群，可选用富含亚麻酸的亚麻籽油、紫苏油和富含 DHA、EPA 的深海鱼油以及油酸含量比较高的油茶籽油、橄榄油、双低菜籽油等，但总体上讲，控制油脂摄入总量比种类选择更重要。

三问：什么是健康的食用油？

答：这个问题前面已经作了回答，这里想再强调的是，油脂是人体必需的营养素，尤其必需脂肪酸是人体无法合成的，所以适量的、符合人体脂肪酸比例需求的、富含有益人

体健康微量成分的，食用时有特有风味的食用油就是健康的食用油。没有哪种油是绝对好的或者绝对不好的。

四问：您认为餐饮企业在帮助消费者健康用油方面可以做哪些事？

答：推行科学的烹饪方式，做到科学用油，合理用油，尽量避免高温烹饪以及反复使用煎炸剩油。

积极向消费者宣传，告知消费者不同油脂的最适宜的应用方法和主要脂肪酸比例，培养消费者合理搭配食用油的意识；积极研发更加健康的烹饪专用食用油；开发具有保健功能的食用油。

五问：您认为油炸食品可以谈健康吗？餐饮企业应如何推动均衡饮食？

答：煎炸食品是人们喜爱的食品，也是富有营养的食品，但一般来说油炸食品的能量较高，所以重要的是要控制摄入量。另外通过调整油炸食品的营养结构（降低能量、减盐、低脂），也可以提升油炸食品的健康程度。

通过电视、网络、讲座、活动等线上线下的方式，与营养健康相关机构合作，对消费者进行科普宣传；在食品包装上、标签上进行说明，或者在餐饮店中张贴海报等，向消费者进行有关均衡饮食的概念等科普宣传。

六问：如何获得关于食用油的权威信息？您建议可以开展哪些沟通平台或活动，让消费者、监管部门、行业、协会等更了解食用油？

答：要从权威专业机构的信息渠道获得，谨防道听途说，多听行业专家的权威意见，要及时澄清社会上的冒名专家发表的不负责任、不讲科学的言论，以免误导消费者，给社会添乱。

七问：餐饮行业使用棕榈油的优势和劣势分别有哪些？

答：棕榈油资源丰富，为解决全球油脂资源问题做出了很大贡献，棕榈油在国际上也是不可或缺的资源；棕榈油耐高温，稳定性强，是餐饮业用油很好的选择，特别适用于较高温度的煎炸。

从资源的开发利用角度来说，积极研发新型的一些油脂资源和适合煎炸食品的专用食用油脂也是未来的发展方向。

八问：棕榈油更换成葵花菜籽调和油，您有哪些看法和建议？

答：消费者不是太清楚餐饮业到底使用的是什么油，目前行业内还没有其他植物油比棕榈油更适合作为煎炸用油。

鼓励不同油料资源共同发展，我们不反对在餐饮行业选用葵花菜籽调和油或其他适合于烹饪、煎炸的食用油，但在变更时，我们不能随意讲"棕榈油不好"或者哪种油更好，避免让消费者对棕榈油产生不必要的误解。

九问：您对以上哪一个或几个话题相对更关注？

答：对第 6 个问题比较关注，现在对于食用油的相关信息来源过多，谣言与真相混杂，希望能有可靠的、权威的信息发布平台，以科学、正确的方式引领消费。

这里，我向大家推荐一本由中国粮油学会组织业内著名专家编著的《粮油食品安全与营养健康知识问答》一书，其中在油脂篇中，撰写了 72 个题目，比较全面、科学地回答了人们普遍关心的食用油脂营养与健康相关的问题。

八、充分利用橡胶籽榨油，为国家增产油脂
——在"中国食用橡胶籽油产业发展论坛"上的主题报告

（2017 年 3 月 12 日　于云南西双版纳）

尊敬的各位领导、各位专家、企业家、各位同仁：

大家好！

很高兴来到美丽的西双版纳，参加由中国粮油学会和云南省西双版纳傣族自治州人民政府共同举办的"中国食用橡胶籽油产业发展论坛"。根据会议的安排，我以《充分利用橡胶籽榨油，为国家增产油脂》为题，介绍我国食用植物油的生产供应情况及未来的发展趋势，供大家参考。

（一）我国油脂油料生产简况

根据国家粮油信息中心提供的数据：2015 年我国油菜籽、花生、大豆、棉籽、葵花籽、芝麻、亚麻籽、油茶籽八大油料的总产量为 5724.4 万吨；预测 2016 年八大油料的总产量为 5884.7 万吨，其中油菜籽产量为 1400 万吨、花生果产量为 1770 万吨、大豆产量为 1310 万吨、棉籽产量为 961.7 万吨、葵花籽产量为 265 万吨、芝麻产量为 64 万吨、亚麻籽产量为 39 万吨、油茶籽产量为 240 万吨（表 1）。

表 1　我国油料产量　　　　　　　　　　　　　　单位：千吨

年份	油籽总产量	其中：		其中：						
		棉籽	大豆	油料	油菜籽	花生	葵花籽	芝麻	亚麻籽	油茶籽
1993	40076	6730	15307	18039	6936	8421	1282	563	496	488
1994	43710	7814	16000	19896	7492	9682	1367	548	511	631
1995	44585	8582	13500	22503	9777	10235	1269	583	364	623
1996	42891	7565	13220	22106	9201	10138	1323	575	553	697

续表

年份	油籽总产量	其中:		油料	其中:					
		棉籽	大豆		油菜籽	花生	葵花籽	芝麻	亚麻籽	油茶籽
1997	44587	8285	14728	21574	9578	9648	1176	566	393	857
1998	46393	8102	15152	23139	8301	11886	1465	656	523	723
1999	47155	6892	14251	26012	10132	12639	1765	743	404	793
2000	52910	7951	15411	29548	11381	14437	1954	811	344	823
2001	53638	9582	15407	28649	11331	14416	1478	804	243	825
2002	53788	8309	16507	28972	10552	14818	1946	895	409	855
2003	52251	8747	15394	28110	11420	13420	1743	593	450	780
2004	59445	11382	17404	30659	13182	14342	1552	704	426	875
2005	57407	10286	16350	30771	13052	14342	1928	625	362	875
2006	55044	13559	15082	26403	10966	12738	1440	662	374	920
2007	52135	13723	12725	25687	10573	13027	1187	557	268	939
2008	58559	13486	15545	29528	12102	14286	1792	586	350	990
2009	58003	11479	14981	31543	13657	14708	1956	622	318	1169
2010	58114	10730	15083	32301	13082	15644	2298	587	324	1092
2011	59413	11860	14485	33068	13426	16046	2313	606	359	1480
2012	59723	12305	13050	34368	14 007	16692	2323	639	391	1728
2013	58459	11338	11951	35170	14458	16972	2423	624	399	1777
2014	60029	11090	12154	36785	14772	16482	2492	629	387	2023
2015	57244	10089	11785	35370	14931	16440	2520	640	380	2163
2016（预测）	58847	9617	13100	36130	14000	17700	2650	640	390	2400

注：资料来源国家粮油信息中心。

在利用国产油料榨油方面，据国家粮油信息中心预测，2016 年我国利用国产油料（扣除大豆、花生、芝麻和葵花籽 4 种油料部分直接食用外）的出油量为 1105.5 万吨（表 2），比 2015 年的出油量 1125.5 万吨减少了 20 万吨。

表2　2016年国产油料出油量预测　　　　　　　　　　　　单位：千吨

品种	产量估计	压榨量	出油量	出油率/%
油菜籽	14000	12500	4250	34.00
花生	17700	8000	2560	32.00
棉籽	9617	8000	1040	13.00
大豆	13100	3000	420	14.00
葵花籽	2650	1000	250	25.00
油茶籽	2400	2300	575	25.00
芝麻	640	300	120	40.00
亚麻籽	390	300	90	30.00
玉米油			900	
稻米油			800	
其他			50	
合计			11055	

注：①资料来源国家粮油信息中心。
　　②在预测出油量中，玉米油的量低了一些，稻米油的量高了一些。

（二）我国油料油脂的进出口情况

近年来，我国的油料生产发展较为稳定，油料的总产量稳居世界第一，但其发展速度跟不上油料油脂消费的快速增长。为满足我国食用油市场供应和饲养业发展的需要，近10年来，我国进口油料油脂的数量一直居高不下。据海关统计，2016年我国进口各类油料合计为8952.9万吨，较2015年进口的8757.1万吨，增加了195.8万吨。其中进口大豆为8391.3万吨、油菜籽356.6万吨、芝麻93.2万吨；进口各类植物油总量为688.4万吨，较2015年进口的839.1万吨，减少了150.7万吨。其中进口大豆油56万吨、菜籽油70万吨、棕榈油447.8万吨、葵花籽油95.7万吨、花生油10.7万吨，橄榄油4.5万吨（表3、表4）。

值得我们关注的是进口芝麻已超过国产芝麻的产量；进口葵花籽油已超过国产葵花籽油的产量，在进口植物油中，数量仅次于棕榈油，位居第二。另外，其他一些小品种的油料油脂进口开始呈现一定规模，如亚麻籽及亚麻籽油、红花籽、椰子油、蓖麻油等，体现了多油并举。

表3 我国油料油脂进口量   单位：千吨

| 年份 | 油籽进口量 | 其中： | | 其他油籽 | 植物油进口量 | 其中： | | | 其他植物油 |
		大豆	油菜籽			大豆油	棕榈油	菜籽油	
1996		1108	0		2640	1295	1012	316	17
1997		2792	55		2750	1193	1146	351	60
1998		3196	1386		2060	829	930	285	17
1999		4315	2595		2080	804	1194	69	13
2000		10416	2969		1872	308	1391	75	99
2001		13937	1724		1674	70	1517	49	38
2002	11945	11315	618	12	3212	870	2221	78	43
2003	20976	20741	167	68	5418	1884	3325	152	57
2004	20756	20229	424	103	6764	2517	3857	353	38
2005	27042	26590	296	156	6213	1694	4330	178	11
2006	29280	28270	738	272	6715	1543	5082	44	46
2007	31858	30821	833	204	8397	2823	5095	375	104
2008	39005	37436	1303	266	8163	2586	5282	270	25
2009	46331	42552	3286	493	9502	2391	6441	468	202
2010	57046	54797	1600	649	8262	1341	5696	985	240
2011	54818	52640	1262	916	7798	1143	5912	551	192
2012	62280	58384	2930	966	9600	1826	6341	1176	257
2013	67835	63375	3662	798	9221	1158	5979	1527	557
2014	77518	71399	5081	1038	7873	1038	5324	810	603
2015	87571	81694	4471	1406	8391	818	5909	815	849
2016	89529	83913	3566	2050	6884	560	4478	700	1146

注：资料来源国家粮油信息中心。

表4　我国进口的其他油料油脂量　　　　　　　　　　　　单位：万吨

年份	芝麻	亚麻籽	红花籽	葵花籽油	花生油	橄榄油	亚麻籽油	椰子油	蓖麻油
2012	39.6	14.79	—	—	—	4.6	3.76	20.78	22.76
2013	44.1	18.06	0.94	43.9	6.1	4	1.83	13.07	23.19
2014	56.9	28.34	1.71	45.5	9.4	3.6	1.72	13.93	17.3
2015	80.6	36.03	2.83	65.1	12.8	3.9	2.87	14.46	22.7
2016	93.2	47.47	3.09	95.7	10.7	4.5	3.4	13.3	25.7

注：资料来源国家粮油信息中心，作者加以整理。

（三）我国食用油市场产销情况分析

从国家粮油信息中心提供的"中国食用油市场综合平衡分析"（表5）可以清楚地看到：2015/2016 年度，我国食用油市场的总供给量为 3466.5 万吨，其中包括国产油料和进口油料合计产生的食用油 2743.4 万吨及直接进口的各类食用油合计为 723.1 万吨．从表5 中我们还可以看到 2015/2016 年度，我国食用油的食用消费量为 3075 万吨，工业及其他消费量为 338 万吨，出口量为 13.5 万吨，合计年度需求总量（即消费量）为 3426.5 万吨，年度节余量为 40 万吨。这里，我们可以推算出，2015/2016 年度我国食用油的自给率为 32.3%（即 2016 国产油料出油量 1105.5 万吨，与年度需求总量 3426.5 万吨之比）。与上年的自给率 34.2% 相比又下降了 1.9 个百分点。

根据 2015/2016 年度我国食用油的需求总量为 3426.5 万吨，按 2016 年末公布的我国大陆人口总数为 13.8271 亿人计算，2016 年我国人均年食用油消费量为 24.8 千克，较上年的 24.1 千克又提高了 0.7 千克（表6）。另外，根据 2017 年 1 月 9 日《油讯》中公布的人均吃油最多的地区、国家情况是：美国每年人均用油为 34 千克、马来西亚为 32 千克、我国台湾为 30 千克、欧盟国家 29 千克、阿根廷为 27 千克、我国大陆为 24 千克（注：根据我们的计算，2016 年为 24.8 千克）。

表5 中国食用油市场综合平衡分析

单位：千吨

指标	2003/2004	2004/2005	2005/2006	2006/2007	2007/2008	2008/2009	2009/2010	2010/2011	2011/2012	2012/2013	2013/2014	2014/2015	2015/2016
生产量													
大豆油	4608	6090	6383	6275	7035	7825	9150	10050	11000	11555	12320	13258	14480
菜籽油	3928	4474	4576	4010	3852	4656	5899	4876	5334	5879	6377	6894	6682.5
棉籽油	1088	1392	1233	1580	1534	1495	1326	1235	1352	1430	1339	1300	1183
花生油	2079	2142	2095	1796	1796	2048	2148	2347	2381	2451	2520	2457	2488.5
棕榈油	0	0	0	0	0	0	0	0	0	0	0	0	0
其他油脂	1093	1122	1272	1378	1587	1668	1800	2000	2200	2400	2500	2400	2600
总计	12795	15220	15558	15037	15804	17691	20323	20508	22267	23715	25056	26308	27434
进口量													
大豆油	2721	1728	1516	2413	2727	2494	1514	1319	1502	1409	1354	733	586
菜籽油	329	269	64	154	360	389	544	964	674	1533	1259	631	895
棉籽油	0	0	0	0	0	0	0	0	0	0	0	0	0
花生油	7	4	3	2	6	20	48	68	62	65	74	141	111
棕榈油	3570	4320	4985	5139	5223	6118	5760	5712	5841	6589	5573	5696	4689
其他油脂	51	6	11	37	69	91	198	80	265	432	584	600	950
总计	6678	6327	6580	7745	8385	9111	8064	8143	8344	10028	8844	7841	7231

续表

指标	2003/2004	2004/2005	2005/2006	2006/2007	2007/2008	2008/2009	2009/2010	2010/2011	2011/2012	2012/2013	2013/2014	2014/2015	2015/2016
年度供给量													
大豆油	7328	7818	7899	8688	9762	10319	10664	11369	12502	12964	13674	14031	15066
菜籽油	4257	4743	4640	4164	4213	5044	6443	5840	6008	7412	7636	7252	7577.5
棉籽油	1088	1392	1233	1580	1534	1495	1326	1235	1352	1430	1339	1300	1183
花生油	2086	2146	2098	1798	1802	2067	2196	2415	2443	2516	2594	2598	2599.5
棕榈油	3570	4320	4985	5139	5223	6118	5760	5712	5841	6589	5573	5696	4689
其他油脂	1144	1128	1283	1415	1656	1759	1998	2080	2465	2832	3084	3000	3550
总计	19473	21547	22137	22782	24188	26802	28387	28651	30611	33743	33900	34149	34665
国内食用消费量													
大豆油	6483	7020	7400	8050	8500	9000	9700	10000	10800	11400	12000	12800	13100
菜籽油	4200	4500	4700	4050	4200	4200	4500	5500	5500	5500	5800	6300	7800
棉籽油	1150	1380	1200	1600	1550	1300	1250	1250	1300	1350	1350	1300	1200
花生油	2102	2200	2000	1850	1790	1840	1950	2300	2400	2500	2550	2600	2550
棕榈油	2500	3100	3750	4000	4000	4650	4600	4400	4400	4700	4700	4200	3400
其他油脂	893	828	957	1071	1330	1425	1600	1800	1900	2100	2200	2400	2700
总计	17328	19028	20007	20621	21370	22415	23600	25250	26300	27550	28600	29600	30750

工业及其他消费													
大豆油	550	600	650	650	650	680	800	950	1000	1050	1100	1200	1300
菜籽油	0	0	0	0	0	0	0	0	0	0	0	0	0
棉籽油	0	0	0	0	0	0	0	0	0	0	0	0	0
花生油	0	0	0	0	0	0	0	0	0	0	0	0	0
棕榈油	950	1150	1220	1150	1150	1150	1200	1250	1200	1300	1400	1500	1550
其他油脂	235	227	228	253	263	273	280	300	350	400	450	500	530
总计	1735	1977	2098	2053	2063	2103	2280	2500	2550	2750	2950	3200	3380
出口量													
大豆油	15	40	105	94	102	83	75	52	60	84	94	107	96
菜籽油	5	6	66	119	7	10	5	4	4	6	6	5	3
棉籽油	0	0	0	0	0	0	4	3	2	1	4	9	1
花生油	25	25	15	20	10	10	9	10	9	6	10	10	10
棕榈油	0	0	0	0	0	0	0	0	0	0	0	0	0
其他油脂	12	66	90	85	60	55	30	55	21	11	10	15	20
总计	57	138	277	319	178	159	123	124	96	108	124	146	135

续表

指标	2003/2004	2004/2005	2005/2006	2006/2007	2007/2008	2008/2009	2009/2010	2010/2011	2011/2012	2012/2013	2013/2014	2014/2015	2015/2016
年度需求总量													
大豆油	7048	7660	8155	8794	9002	9263	9975	11002	11860	12534	13194	14107	14496
菜籽油	4205	4506	4766	4169	4207	4210	4505	5504	5504	5506	5806	6305	7803
棉籽油	1150	1380	1200	1600	1550	1300	1254	1253	1302	1351	1354	1309	1201
花生油	2127	2225	2015	1870	1800	1850	1959	2310	2409	2506	2560	2610	2560
棕榈油	3450	4250	4970	5150	5150	5800	5800	5550	5600	6000	6100	5700	4950
其他油脂	1140	1121	1275	1409	1653	1753	1910	2155	2271	2511	2660	2915	3250
总计	19120	21143	22382	22993	23361	24177	25403	27774	28946	30408	31674	32946	34265
节余量													
大豆油	280	158	-257	-106	760	1056	689	367	642	430	480	-77	570
菜籽油	52	237	-127	-6	6	834	1938	336	504	1906	1830	1220	-226
棉籽油	-63	12	33	-21	-16	195	72	-18	50	79	-15	-9	-18
花生油	-41	-79	83	-73	2	217	237	105	34	10	34	-12	40
棕榈油	120	70	15	-11	73	318	-40	162	241	589	-527	-4	-261
其他油脂	4	7	8	6	3	6	88	-75	194	321	424	85	295
总计	353	404	-245	-210	827	2625	2984	877	1665	3335	2226	1203	400

注：资料来源 国家粮油信息中心。

表6 1996—2016年我国人均年食用油消费情况

年份	食用油消费量/万吨	人均年食用油消费量/千克
1996	1002.5	7.7
1998	1090.7	8.4
2000	1245.7	9.6
2001	1330	10.2
2002	1410	10.8
2003	1500	11.5
2004	1750	13.5
2005	1850~1900	14.2~14.6
2006	2271.7	17.5
2007	2509.7	19.3
2008	2684.7	20.7
2011	2777.4	20.6
2012	2894.6	21.4
2013	3040.8	22.5
2014	3167.4	23.2
2015	3294.6	24.1
2016	3426.5	24.8

注：①2006—2008年食用油消费量按国产油料扣去食用部分后的总折油量加上净进口前折油之和。
②1996—2008年的我国人均年消费按13亿人口计算；2011—2013年按13.5亿人口计算；2014年按13.6782亿人口计算；2015年按13.68亿人口计算；2016年按13.8271亿人口计算。

（四）提高我国食用植物油的自给能力是当务之急

众所周知，油脂是人类食品重要的成分之一，是人们生活所必需的消费品，是提供人们热能和必需脂肪酸、促进脂溶性维生素吸收、改善食物特有风味和增进人们食欲的重要食物。食用植物油消费量的高低和对品质的要求是衡量一个国家经济发展和人民生活水平高低的重要标志。我国居民食用植物油的消费量是由短缺经济年代每人每月250克和不足250克的定量供应到如今的敞开供应，从供应单一油品到如今油脂市场产品的琳琅满目，充分显示了我国经济的快速发展和人民生活水平的不断提高，这是来之不易的。

改革开放以来，我国发生了翻天覆地的变化，生产不断提高，经济建设蒸蒸日上。在油脂油料生产方面，在中央一系列惠农政策的推动下，我国油脂油料生产的持续稳定发展。近年来，我国油菜籽、大豆、花生、棉花籽、葵花籽、芝麻、亚麻籽和油茶籽八大油料的总产量一直稳定在 5500 万 ~6000 万吨，油料产量稳居世界第一。尽管如此，我国的油料油脂产量远跟不上人民生活水平不断提高的需要，必须通过大量进口，才能满足食用油市场的需要。从而造成了我国国产食用油的自给率不断下降，2016 年只有 32.3%（表 7）。

表7　我国食用植物油消费量和自给率

年份	食用油消费量/万吨	国产油脂量/万吨	自给率/%
1996	1002.5	—	—
2001	1330.0	—	—
2004	1750.0	—	—
2008	2684.7	—	—
2011	2777.4	1150.5	41.4
2013	3040.8	1169.4	38.5
2014	3167.4	1164.7	36.8
2015	3294.6	1125.5	34.2
2016	3426.5	1105.5	32.3

从表 7 中我们可清楚地看到，自 2011 年起至今我国利用国产油料生产的油脂数量一致稳定在 1100 万 ~1170 万吨，但食用油的消费量却不断上升，从而导致自给率不断下降。

根据《国家粮食安全中长期规划纲要（2008—2020 年）》中提出的到 2020 年我国食用油的自给率不低于 40% 的要求，现在看来，要达到这一目标，任务艰巨。为努力实现这一目标，我认为，当前要采取积极发展油料生产和充分利用油料资源并举的方针。未来的发展趋向如下。

1. 要在积极扩大油菜籽、花生和葵花籽的种植面积上下功夫

油菜是我国最重要的油料作物，在很长的历史时期里，菜籽油一直是我国食用油市场的当家产品。油菜在我国的种植范围宽广，几乎全国的所有省区都能种植，且单位面积产量高，含油率高。根据发展油料作物要遵循不与粮食争地的原则，油菜是我国唯一的冬季油料作物，基本不与粮食争地。据有关资料介绍，目前我国长江流域及以南地区约有 1 亿

亩冬闲田和适合种植油菜的河滩地，只要政策得当，能调动农民的积极性，那么在现有基础上全国增加5000万亩油菜种植面积，增产200万~250万吨菜籽油是有可能的。按现在我国每年食用油的消费总量，能提高5%~7%的自给率。另外，花生和葵花籽不与粮争好地，且产量高、含油率高、油品好，是值得推广的油料作物。

2. 要努力恢复和提高我国的大豆产量

随着农业生产供给侧结构性改革的进一步推进，国家调整了部分农产品的种植面积，从而有效促进了我国传统大豆产业的发展，从表1中我们可以高兴地看到，2016年我国大豆产量预计达1310万吨，同比增长11.2%。同时有望2017年乃至今后我国的大豆产量将继续保持增长态势。

3. 要促进以油茶为代表的木本油料作物产量快速增长

随着国家对发展木本油料作物的高度重视，这几年以油茶为代表的木本油料产量快速增长（表8），令人鼓舞。2016年预计油茶籽产量达240万吨，同比增长11%，与2010年的109.2万吨相比，增长120%，6年间平均每年增长20%。另外，据林业部门提供的资料表明，我国核桃产业的发展振奋人心。2015年全国核桃产量达330万吨，与2011年的核桃产量165.6万吨相比，增长99.3%，4年间平均每年增长24.8%。

表8 我国油茶籽、核桃产量

年份	油茶籽产量/万吨	同比增长/%	核桃产量/万吨	同比增长/%
2010	109.2	—	—	—
2011	148.0	35.5	165.6	—
2012	172.8	16.8	204.7	23.6
2013	177.7	3.8	232.5	13.6
2014	202.3	13.8	271.4	16.7
2015	216.3	6.9	330.0	21.6
2016	240.0	11.0	—	—

4. 要在充分利用油料资源上做文章

充分利用油料资源，可以起到不种田的种田效果，为国家增产油料。目前，可在以下几个方面利用油料资源：一是充分利用粮油加工中的副产物米糠和玉米胚芽制油，我国拥有米糠资源 1400 多万吨，目前的利用率不足 20%，按全国《粮油加工业"十三五"发展规划》要求，到 2020 年将米糠制油的利用率提高到 50% 以上，即能生产稻米油 110 万吨左右，按现在的年食用油消费总量，可以提高 2.5% 的自给率。二是充分利用橡胶籽和茶叶籽榨油。目前，我国橡胶树的种植面积约有 1700 万亩，据联合国粮食及农业组织估计，中国的橡胶籽产量为 92.8 万吨，橡胶籽的仁壳比为 55.12 ：44.88，仁中含油（干基）为 48.73%，按此推算能产橡胶籽油 20 万吨左右；另外，我国现有茶园面积约 3200 万亩，年产茶叶籽 100 多万吨，茶叶籽整籽含油为 15%~25%，按此推算也能产茶叶籽油 18 万 ~20 万吨。由此可见，充分利用好橡胶籽和茶叶籽两种油料资源，即能为国家增产约 40 万吨食用油脂，按现在的年食用油消费总量计算，可以提高 1% 的自给率。

综上所述，只要我们采取措施，做好工作，充分调动各方面积极性，到 2020 年实现我国食用油的自给率不低于 40% 的目标是有可能的。西双版纳地理位置优越，在利用橡胶籽资源和发展诸如美藤果等木本油料作物方面有优势。今天，我们高兴地看到，州政府高度重视橡胶籽油产业发展，专门召开了本次"中国食用橡胶籽油产业发展论坛"，我们相信，在州政府的带领下，西双版纳乃至云南全省的橡胶籽油产业和木本油料产业的发展一定会更上一层楼。

谢谢大家！

九、开发椰子油脂，助力海南经济增长

——在"食用椰子油系列标准研讨暨椰子产业发展论坛"上的主题报告

（2017 年 6 月 26 日 于海南洋浦）

各位专家、各位嘉宾、各位代表：

大家上午好！今天很高兴参加由全国粮油标准化技术委员会油料及油脂分技术委员会、中国粮油学会油脂分会、武汉食品化妆品检验所和海南省洋浦经济开发区管理委员会联合主办的"食用椰子油系列标准研讨暨椰子产业发展论坛"，我谨代表中国粮油学会油脂分会对论坛的召开表示热烈的祝贺！向参加论坛的各位领导、专家和企业家表示最热烈的欢迎和诚挚的问候！对为开好本次论坛进行周到安排、付出辛勤劳动的海南洋浦保税港区管理局和洋浦椰泽坊生物科技有限公司表示衷心的感谢！

借此机会，我就椰子油的营养与特点、生产与消费、制定好椰子油系列标准，助力海南中国－东盟椰子产业园建设谈谈自己的想法和建议。

（一）椰子油的营养与特点

椰子油是世界四大食用木本油脂之一，是热带地区主要的木本油料作物和食品能源，主要产区集中在亚太椰子共同体（Asian and Pacific Coconut Community，APCC）成员国家，其中东南亚是世界主要的椰子油生产基地。我国椰子有 2000 多年的栽培历史，主产于海南岛，雷州半岛、云南省，台湾省的部分地区也有种植。

椰子油取自椰子肉（干），为白色或黄色脂肪。鲜椰子肉含油 33% 左右，干椰子肉含油 63%~75%，位居高含油油料之首。

椰子油由于其特殊的脂肪酸组成和含有的多种生理功能的活性物质，近年来为世人所瞩目，也受到世界营养学家的推崇，是理想的保健食品原料，有人甚至把它冠为"地球上最健康的油"。椰子油的脂肪酸组成和生理特性与其他食用油相比有很大不同（表 1、表 2）。

椰子油含中短链脂肪酸的比例达 80% 以上，其中月桂酸（C_{12}）脂肪酸含量占 50% 左右，还含有己酸（C$_6$）、辛酸（C$_8$）、羊蜡酸（C$_{10}$），是低碳脂肪酸最丰富的来源。以月桂酸为代表的中链脂肪酸酯有较好的水溶性，大部分可以直接吸收，不必经过脂肪酶的降解，从而减少了人体的负荷，在肝脏内能够迅速分解产生能量，还能促进身体中的脂肪迅速燃烧，激发新陈代谢，提供饱腹感，具有保持健康体重的功能。而长链脂肪酸必须经过酶解作用，形成脂肪粒后才能被吸收。

椰子油还含有天然抗氧化活性成分，如多酚类物质、维生素 E、咖啡酸、对香豆酸、阿魏酸和儿茶素等。因此椰子油不仅可作为食用油、食品配料和功能食品，还在药物、化妆品、洗涤用品和工业生物燃料等方面有着广泛的应用。

表1　椰子油脂肪酸组成

脂肪酸	相对含量/%	脂肪酸	相对含量/%
己酸（C$_{6:0}$）	0.4~0.6	硬脂酸（C$_{18:0}$）	2.0~4.0
辛酸（C$_{8:0}$）	5.0~10.0	油酸（C$_{18:1}$）	5.0~10.0
羊蜡酸（C$_{10:0}$）	4.5~8.0	亚油酸（C$_{18:2}$）	1.0~2.5
月桂酸（C$_{12:0}$）	43.0~53.0	亚麻酸（C$_{18:3}$）	< 0.5
肉豆蔻酸（C$_{14:0}$）	16.0~21.0	二十四碳烯酸（C$_{24:1}$）	微量
棕榈酸（C$_{16:0}$）	7.5~10.0		

表2　椰子油物性指标

特性	范围	特性	范围
色泽	淡黄	皂化值/（毫克/克，以氢氧化钾计）	250~260
气味	香气浓郁	碘值/（克/100克，以碘计）	4.1~11.00
相对密度	0.915~0.920	酸价/（毫克/克，以氢氧化钾计）	0.5
折射系数（40℃）	1.4480~1.4492		

（二）全球椰子油生产及市场消费情况

椰子广泛种植于热带国家，目前全球已有93个国家种植椰子，面积约1185万公顷，亚洲是全球椰子的主要产区，其中菲律宾、印度尼西亚、印度、越南等国家是世界主要的椰子油生产国。

2016/2017 年度全球椰子油产量预估为 341 万吨。菲律宾产量 148 万吨，占全球产量的 43%，其中 57% 用来出口；印度尼西亚产量 98 万吨，占全球产量的 29%，主要都用来出口，出口量占比 72%；印度产量 45 万吨，占全球产量的 13%（表 3）。椰子油的主要进口国为美国和欧盟国家，2016/2017 年度进口量预估分别为 57 万吨和 52 万吨。

表3 2016/2017年度全球椰子油生产及出口情况

国家	年产量/万吨	其中出口比例
菲律宾	148	57%
印度尼西亚	98	72%
印度	45	
越南	16.4	
墨西哥	13	
斯里兰卡	4.4	
泰国	4.4	
巴布亚新几内亚	4.0	
马来西亚	2.7	
科特迪瓦	1.9	

我国椰子种植面积约为 70 万亩，其中 90% 以上分布在海南省，海南是我国唯一能大面积商业化生产椰子的地区。受原料来源的限制，我国规模化生产椰子油的企业较少，特别是用新鲜椰肉生产椰子油的企业更少。具有代表性的海南洋浦椰泽坊生物科技有限公司是目前我国最有代表性的椰子油生产企业，年产量在 200 万吨左右。由此可见，我国目前的国产椰子油不能满足市场需求，需要通过进口才能满足市场需求。2016 年我国进口椰子油为 13.3 万吨（表 4）。随着人们对营养健康意识的不断增强，椰子油（尤其是鲜榨椰子油）在我国乃至世界的市场前景越来越看好。

表4 2012—2016年我国椰子油进口量

年份	进口量/万吨	年份	进口量/万吨
2012	20.78	2015	14.46
2013	13.07	2016	13.3
2014	13.93		

（三）制定好椰子油系列标准，引领椰子产业健康有序发展

我国是食用油生产和消费大国，但自给率只有不足 40%，而且近年还有下降的趋势，充分利用和开发现有的资源，加强国际间合作是保障我国食用油供给安全的重要举措。椰子油是近年来活跃在国际市场的一种重要植物油脂，椰子油加工主要有干法和湿法两种，干法是以椰肉干为原料，经过粉碎、压榨、萃取等工艺而制得，该方法出油率高，但是所得椰子油的游离脂肪酸含量较高，质量不如湿法加工的椰子油。湿法是以鲜椰肉为原料，经榨汁制得椰奶，然后将椰奶加热并离心分离，分成椰奶酪、脱脂椰奶和淤渣等组分，再将椰奶酪加热和蒸发浓缩，并通过离心分离，分离出的混浊椰油再次进行离心分离和澄清，经干燥后制得最终产品椰子油，产品质量上乘。我国目前主要采用干法加工。为推动和规范我国椰子油和椰子产业的健康发展，必须认真制定好椰子油系列标准，以引领我国椰子油产业健康有序发展。根据我国的实际，制定好椰子油系列标准应注意以下 3 点。

（1）鉴于我国当前国产椰子产量较少，远不能满足国内市场对椰子和椰子油的需求，主要依靠进口来满足市场需要（注：据中国热带农业科学院椰子研究所的调查统计，我国目前国产椰子不足 2 亿个，而每年实际需要量高达 26 亿个），加之我们过去没有制定过椰子油的系列标准，所以这次我们制定椰子油系列标准要充分借鉴国际椰子油标准以及菲律宾、印度尼西亚等主要椰子油出口国的标准，做到洋为中用，与国际标准靠拢，以利开展国际贸易。

（2）由于椰子油的加工方法具特殊性，一般分为干法和湿法两种，生产出的油品质量差异较大。为此，在制定标准时需要充分考虑在同一标准中如何包含这两种不同加工方式所得产品的质量要求。

（3）鉴于椰子油的特殊脂肪酸组成和含有多种生理功能的活性物质，椰子油已被营养学家推崇为理想的功能性油脂。对此，我们要对不同人群食用椰子油后产生的不同效应做深入研究，尤其是要研究老年人食用后产生的效应。

（四）凝聚椰文化产业共识，助力海南中国－东盟椰子产业园建设

椰树，是海南省树，椰子产业曾经是海南最早的光彩产业。海南地处"一带一路"中"海上丝绸之路"的中心节点，是连通东南亚的重要一站。洋浦经济开发区是国务院 1992 年批准设立的享受保税区政策的国家级开发区，地处泛北部湾中心区域，北与广西隔海相望，西与越南一衣带水，毗邻东盟自由贸易区，与周边 20 多个港口的距离只有 200 海里（1 海里 =1.852 千米）左右，是北部湾距离国际主航线最近的深水良港，是中东、非洲进入中国的第一个节点。据了解，目前海南从事椰子生产和加工的企业为数不多，且规模较

小，产品质量参差不齐，尤其是受椰子原料的限制，制约了椰子产业做大做强。

洋浦经济开发区直接面对东南亚，这里是世界主要的椰子油生产基地，因此可以充分利用我们的技术和资金优势，通过精心策划、整合资源，凝聚椰文化产业共识，加强椰子产业组织建设与文化建设，把洋浦经济开发区中国－东盟椰子产业园建设成为中国椰子产业全产业链规范建设、转型升级的示范基地与泛南海椰子产业国际合作窗口。让海南这一传统产业焕发青春，成长为海南新形象产业与新的经济增长点。

同志们、朋友们！"食用椰子油系列标准研讨暨椰子产业发展论坛"在美丽的海南岛顺利召开，这是我国椰子产业的一件大事，更是海南椰子产业发展的机遇与强劲东风。希望各位专家、企业家畅所欲言、献计献策，凝聚共识，共同研究和做好椰子油系列标准制定工作，助力海南中国－东盟椰子产业园建设，利用好国内外椰子资源，做大做强我国椰子产业，为我国食用油的安全供给和特色油源开发利用做出贡献！

最后预祝大会取得丰硕成果！祝愿各位来宾身体健康！工作顺利！家庭幸福！

谢谢大家！

十、海洋油脂大有可为

——在"食用海洋油脂系列标准研讨暨中国海洋油脂产业发展论坛"上的主题报告

（2017 年 8 月 8 日　于山东青岛）

各位专家、各位嘉宾、各位代表：

大家上午好！

今天很高兴我们齐聚在美丽的海滨城市——青岛，参加由全国粮油标准化技术委员会油料及油脂分技术委员会和中国粮油学会油脂分会联合主办的"食用海洋油脂系列标准研讨暨中国海洋油脂产业发展论坛"，我谨代表中国粮油学会油脂分会对论坛的召开表示热烈的祝贺！对参加论坛的各位专家和企业家表示最热烈的欢迎和诚挚的问候！对为开好本次论坛进行周到安排、付出辛勤劳动的中海海洋科技股份有限公司、城发投资集团有限公司和青岛国际海洋产权交易中心股份有限公司表示衷心的感谢！海洋油脂的开发和利用对我们大家来说是一个全新的课题，我想借此机会谈谈自己的看法。

（一）海洋油脂是优质丰富的油脂资源

海洋是储量最大、取之不竭的聚宝盆，是支撑人类持续发展的宝贵财富，海洋经济已成为 21 世纪世界经济发展的新支柱。对全人类来讲，海洋是人类生存与发展最后的地球空间，所以有人说："人类未来文明的出路在于海洋"。有资料表明，海洋是天然蛋白质仓库，拥有海洋生物 20 多万种，海洋为人类提供食物的能力要比陆地全部耕地所提供的食物多 1000 倍。因此，21 世纪是海洋经济世纪，已成为世界的共识。现在，世界各国已积极行动，积极开发和利用海洋资源。我国著名经济学家于光远教授曾在论述保障人口众多的中国食物能长久充分供应的问题时，提出了"加强海洋意识，向海洋索取更多的食物"的观点，引起了我国政府有关方面的高度重视。

海洋油脂是鱼粉和渔业加工的副产品，传统生产中并不十分重视其质量和用途。鉴于原料的新鲜度对鱼粉的品质至关重要，所以近年来，为了提高水产品的质量和品质，逐步采用新鲜鱼制作鱼粉，不仅提高了鱼粉的品质，也保证了鱼油的优良品质，这对海洋油脂的开发和利用十分有利。

海洋油脂不同于其他富含饱和脂肪酸的动物油脂，其富含 ω-3 型多不饱和脂肪酸（PUFA），其中二十碳五烯酸（EPA），二十二碳六烯酸（DHA）具有多种生理功能。EPA 具有预防冠心病、降血压、消除疲劳、预防动脉粥样硬化和脑血栓、抗癌等生理活性，可应用于预防心血管疾病的食品中；而 DHA 能显著地促进婴儿的智力发育，改善大脑机能，提高记忆力，可应用于婴儿益智食品中。美国医学研究所（IOM）推荐 DHA 和 EPA 每日总摄入量为 160 毫克，据调查，中国居民 DHA 和 EPA 的总摄入量仅为 37.6 毫克 / 天，迫切需要进行补充。因此开发利用海洋油脂具有重要的意义，海洋油脂大有可为。

（二）国内外海洋油脂生产和消费情况

根据用途，目前国际市场上的海洋油脂主要分为饲料添加用油、保健食品用油（主要从沙丁鱼、秋刀鱼等海洋经济鱼类提取，比较贵的是鲑鱼油和金枪鱼油）和药品级鱼油 3 种。鱼油生产国主要分布于世界四大渔场（北海道渔场、纽芬兰渔场、北海渔场、秘鲁渔场）附近。

过去 20 年来，全球鱼油平均年产量在 100 万 ~170 万吨，目前世界鱼油产量每年保持在 120 万吨左右，其中供人类食用约 30 万吨，占 25%。初级鱼油产品的主要产地为拉美地区，而保健食品用和药品用的高档鱼油市场基本上被发达国家的公司所垄断。美国、英国、日本等发达国家对鱼油保健品和药品的开发研究代表了当今世界最高水平。在自然条件正常的情况下，秘鲁和智利是鱼油的主要生产国，其次是美国、冰岛、丹麦和挪威。秘鲁因为国内需求量少，迄今为止是最大的鱼油出口国。日本曾是 20 世纪 80 年代的最大鱼油出口国之一，但因自 1992 年后沙丁鱼在日本基本消失，从此日本成为鱼油进口国。

目前使用鱼油较多的国家是智利、挪威、丹麦和比利时等，这些国家都需从秘鲁大量进口鱼油。另外，水产养殖业的迅速发展增加了水产饲料对鱼油的需求，这就使得人们越来越关注渔业的可持续发展。

近年来，金枪鱼油的商业化产品也逐渐增多，但其产量还比较小。金枪鱼油的主要来源是金枪鱼罐头厂的鱼头和碎料。目前泰国和澳大利亚是世界上两个最大的金枪鱼油生产国。金枪鱼油主要用于婴儿食品和作为食品配料，它的主要优点是富含 DHA（俗称脑黄金），仅含少量 EPA。

我国商品海洋鱼油生产总体上还比较落后，国产鱼油产量较少，每年只有 3 万吨左右，除主要用于化工和饲养业外，目前用于食品和保健品业的鱼油不到 5%，且大部分鱼油质量不高。由于国产鱼油质量不能满足保健品原料的需求，以及国产鱼油的主要原料鲲鱼资源大量衰减,致使我国的鱼油和鱼粉产量较少,远不能满足市场消费需求。为满足市场的需要,我国每年要进口较大数量的鱼粉,还要进口一定数量的鱼油。据海关统计,我国近年来进口的鱼粉和鱼油的数量如表1和表2所示。

表1 我国鱼粉进口数量及费用

年份	进口数量/万吨	进口金额/万美元
2011	121	175038
2012	125	169037
2013	98	167200
2014	104	155883
2015	103	179159
2016	104	161317

表2 我国鱼油进口数量

年份	进口数量/万吨	年份	进口数量/万吨
2010	6.9	2014	4.6
2011	5.2	2015	4.9
2012	4.4	2016	3.4
2013	6.6		

（三）海洋油脂在食品领域的应用

海洋油脂是 EPA 和 DHA 的主要来源,其应用十分广泛,主要分为四个领域:保健品、食品、饲料和药品。胶囊是保健品领域中鱼油主要的形式,要求消费者按照有规律的时间服用,很不方便,且鱼油密度比胃液小,可能造成反胃。与之相比,将鱼油加入到日常食品中时,受众更为广泛,且更营养健康,无需额外改变饮食规律,非常适合中国人的饮食习惯。研究已证实这些添加鱼油的食品具有和鱼油同样的生理功能,是欧美市场上增长最快的食品类别之一。在北美洲、日本和欧洲已涌现了大量添加鱼油的食品,主要有油脂产品、乳制品、肉类制品、焙烤食品等,其中食用油以及乳粉等乳制品销量较大,品质稳定且已被广泛认同,而国内的鱼油应用食品种类还较少。

事实上,国外已有一些商业化食用油添加了鱼油,如日本味之素公司 2004 年上市的

"每日 DHA",即添加了鱼油,其中含 17 毫克 / 克 DHA/EPA(600 克包装),标示用法包括炒菜、煎炸及沙拉,可见这种产品适用于通常的家庭烹饪。中国也有类似产品,如添加深海鱼油调和油,其 DHA/EPA 含量为 4 毫克 / 克,经计算可以达到美国医学研究所的权威推荐量,并已证实烹饪稳定性及风味良好。这一产品的可贵之处在于其 DHA/EPA 达到了有效剂量,且惠及面广,已有超过百万的消费者受益于此,针对性地改善中国人 DHA/EPA 摄入严重不足的情况。比产品巨大销量更具影响力的是,它让更多的人认识到了 DHA/EPA 的健康作用。

虽然已有众多成功的鱼油应用食品上市,但应该认识到影响鱼油应用食品品质的因素有很多,包括鱼油的初始质量、加工工艺和产品储存温度等。由于本身的特点以及食品体系的复杂性,鱼油添加于食品时需解决的主要问题包括:ω-3 型多不饱和脂肪酸的高度不饱和;加工和储存过程中氧气、光照、温度和过渡金属离子敏感导致氧化分解;鱼腥味等。由此可见,鱼油在应用于食品时,其氧化稳定性一直是关注的焦点。大量研究和实践已经证实,通过选择合适的添加形式和某些新工艺,完全可以得到稳定而营养的产品。

(四)制定好海洋油脂系列标准,确保海洋油脂产业健康有序发展

尽管相比世界大宗植物油脂产品,目前,海洋油脂的总产量较小,仅占油脂总产量的 1%~2%。但由于其富含 DHA、EPA 等成分,在医药、保健品和食品中有着广泛的应用,特别是直接添加到日常食品中,是市场增长最快的食品类别之一。随着海洋食品的开发和我国日益增长的消费需求,海洋油脂产业在我国将会有较快的发展。但由于海洋鱼类品种和加工方式不同,相应的海洋油脂产品有着较大的差异,这就要求我们必须针对不同的海洋油脂产品制定好相应的标准,以有利于海洋油脂的合理开发和利用。

本次会议主要是对《沙丁鱼油》《金枪鱼油》和《鳀鱼油》三个标准的研讨,在制定标准时应注意以下 3 点。

(1)要确保食用海洋油脂的质量安全。由于近年来海洋污染逐渐严重,鱼油中常常含有农药残留和二噁英、多氯联苯、γ- 六氯环己烷(俗称林丹)和滴滴涕(DDT)等有机污染物,而且鱼油中还会不断出现新的污染物。由于分析检测手段的不断进步和人们对长远影响健康的污染物的关注度越来越高,所以要求其在鱼油中的限量越来越低。在制定标准时如何确定这些指标,我们没有经验,需要参考欧美等发达国家和海洋鱼油主产国的有关标准,严格执行我国食品安全标准,确保食用海洋油脂的质量安全。

(2)鉴于海洋油脂产品和普通的动植物油脂产品有着明显的不同,所以,海洋油脂不能简单地套用普通油脂产品标准,应根据海洋油脂的特点来制定标准。

（3）要广泛调研、合理设置指标。由于沙丁鱼、金枪鱼、鳀鱼的来源和加工方式不同，其鱼油产品质量参差不齐。因此标准起草组要进行广泛的调研，在保证产品质量安全的前提下合理设置指标。

同志们、朋友们，21世纪是海洋经济的世纪，世界各国都把维护国家海洋权益、发展海洋经济、保护海洋环境列为本国的重大发展战略。现代科学技术的进步，把人类对海洋的开发利用推进到一个崭新的历史时期。今天我们在这里举行"食用海洋油脂系列标准研讨暨中国海洋油脂产业发展论坛"，旨在对我国海洋油脂开发利用进行研讨，希望各位专家、企业家畅所欲言，献计献策，凝聚共识，制定好食用海洋油脂标准，保障我国海洋油脂产业健康有序的发展。

最后祝会议取得丰硕成果！祝愿各位来宾身体健康！工作顺利！家庭幸福！

谢谢大家！

十一、科学煎炸，分享健康美食

——在"科学煎炸与健康食品专题研讨会"上的闭幕辞

（2017 年 10 月 31 日　于上海）

各位专家学者、各位企业家：

大家好！

为贯彻实施创新驱动发展战略，搭建高端学术交流活动平台，鼓励学术争鸣，营造良好的学术环境，中国粮油学会于今天在上海组织召开了"科学煎炸与健康食品专题研讨会"。本次活动是为贯彻落实 2017 年中国科学技术协会倡导的"示范品牌建设工程项目"而专门召开的小型高端前沿专题学术交流研讨会。会议主题为"科学煎炸带来健康食品"，旨在搭建煎炸油领域专业化、前沿化学术交流平台，促进健康煎炸食品的开发，推动煎炸行业的可持续发展，满足公众对营养健康煎炸食品的需求。参加会议的有来自高等院校、粮油科研院所和从事行业管理的知名专家、学者，有从事煎炸油生产和使用煎炸油的知名食品生产企业的代表共 50 人。

一天来，专家们以《中国煎炸油与煎炸食品的现状与发展》《国际煎炸油发展历程与未来趋势》《高油酸煎炸油品质评价与应用》《不同食材连续煎炸过程中风险成分含量变化》《我国煎炸油标准制定进展》《中国煎炸油应用特性分析——资源、营养与风味》《加热条件下油脂中抗氧化剂的挥发与转化》等为题作了专题发言，并对我国煎炸油与煎炸食品行业发展前景与存在的热点问题进行了认真的研讨，达成共识，并提出了建议。

（一）煎炸食品是我国百姓喜爱的食品

煎炸食品是全球消费者喜爱的食物之一，也是我国百姓喜爱的食品。油炸是我国历史悠久的传统食品加工方法，通过油炸烹饪的菜肴是中国八大菜系中不可或缺的品种。积极发展煎炸油与煎炸食品符合我国油脂工业和食品工业发展的需要，也符合中央提出的供给侧结构性改革的要求。

我国的煎炸食品种类丰富、消费量高、产业链长，这给煎炸用油产业带来了机遇和挑战。面对煎炸用油研究缺乏系统性，行业操作规范不完善，法律法规不健全等实际问题，我们要不断创新研究，为煎炸行业注入新的活力。

（二）聚焦科学煎炸进行系统性研究

我国煎炸油目前大部分以棕榈油为主，中式餐饮则大多采用大豆油。棕榈油资源丰富，是国际上不可或缺的油脂资源。棕榈油耐高温、稳定性强，特别适合于高温煎炸，是煎炸油的良好选择。

从资源的开发利用角度来看，充分利用我国优势资源，积极开发中国油脂资源如稻米油、花生油、棉籽油等应用于煎炸中。

结合中国的饮食特点和风味需求特点等，从营养、风味、功能等方面的提升，倡导开发特定用途的调和型煎炸油。

（三）规范煎炸操作，加强行业自律

鉴于煎炸过程以煎炸油为介质，对食物进行高温高热处理，从而会导致危害健康的物质产生。为此，我们应倡导行业遵守良好的操作规范，科学用油，尽量避免过高温度的煎炸以及反复使用煎炸剩油，加强行业自律。

（四）修订完善行业标准和法律法规

目前来看，相关单位、部门在制定、修订、完善相关的行业规范、标准及法规等方面已经做了大量工作，取得了一定的成绩。希望他们能够再接再厉，为行业更加规范、良性发展做出更大贡献。

随着我国人民生活水平的提高，中国食用油消费需求将继续保持刚性增长，预计2022年居民人均年食用油消费量将超过25千克，煎炸油与煎炸食品的产销量也将随之增大。

（五）助力"健康中国"建设

建立煎炸科学，实现科学煎炸，让消费者吃到更安全、更健康的煎炸食品，为助力"健康中国"建设、让百姓过上美好生活出力，是每个从业者的奋斗目标，我们带着科学煎炸的使命感努力前行，一定会收获丰硕的果实。

十二、我国亚麻籽油的消费市场前景看好

——在"2017 年第三届亚麻籽油产业联盟大会暨产品展示会"上的发言

（2017 年 12 月 4 日　于北京）

为推动亚麻籽油产业持续健康发展，由亚麻籽油产业联盟和西安中粮工程研究设计院有限公司主办，由《中国油脂》杂志社和永红国际展览有限公司承办的"2017 年第三届亚麻籽油产业联盟大会暨产业展示会"今天在首都北京中国国际展览中心召开了。借此机会，我对会议的顺利召开表示热烈的祝贺！根据"健康、营养、品质"的会议主题，下面我以《我国亚麻籽油的消费市场前景看好》为题，就亚麻籽油产业的发展介绍些情况和讲点儿意见，供大家参考。

（一）亚麻籽油是优质食用油

亚麻籽又称胡麻，亚麻籽油又称胡麻籽油，亚麻籽油中不饱和脂肪酸含量高达 90% 以上（表 1）。

表 1　亚麻籽油脂肪酸组成

项目	相对含量/%	项目	相对含量/%
棕榈酸	5.87	α-亚麻酸	61.22
硬脂酸	4.65	花生酸	0.21
油酸	13.25	二十碳一烯酸	0.24
亚油酸	14.41	山嵛酸	0.15

由表 1 中的数据可见亚麻籽油含有极其丰富的、具有多种保健功能的 α-亚麻酸，根据不同产地含量为 50%~60%。由于亚麻籽油中不仅 α-亚麻酸含量高，还富含木酚素、黄酮、维生素 E 等活性物质（表 2），经常食用具有抗肿瘤、抗血栓、降血脂，营养脑细胞，调节自主神经、保护视力、提高智力等多种功效。由此可见，亚麻籽油是营养价值很

高的、国际公认的优质高端食用油。

表2　亚麻籽油中的维生素含量

种类	含量	种类	含量
维生素A/（IU/100克）	18.8	烟酸/（毫克/100克）	9.1
维生素E/（IU/100克）	0.6	维生素B_6/（毫克/100克）	0.8
维生素B_1/（毫克/100克）	0.5	维生素B_{12}/（毫克/100克）	0.5
维生素B_2/（毫克/100克）	0.2		

（二）我国亚麻籽油的消费市场前景看好

在我国的油料生产中，亚麻籽是八大油料作物之一。1996年我国亚麻籽的产量高达55.3万吨，之后，由于种植面积减少，产量也随之下降，每年稳定在38万~40万吨（表3），仅次于加拿大，居世界第二。

表3　中国油料产量　　　　　　　　　　　　单位：千吨

年份	油籽总产量	其中：棉籽	大豆	油料	其中：油菜籽	花生	葵花籽	芝麻	亚麻籽	油茶籽
1993	40076	6730	15307	18039	6936	8421	1282	563	496	488
1994	43710	7814	16000	19896	7492	9682	1367	548	511	631
1995	44585	8582	13500	22503	9777	10235	1269	583	364	623
1996	42891	7565	13220	22106	9201	10138	1323	575	553	697
1997	44587	8285	14728	21574	9578	9648	1176	566	393	857
1998	46393	8102	15152	23139	8301	11886	1465	656	523	723
1999	47155	6892	14251	26012	10132	12639	1765	743	404	793
2000	52910	7951	15411	29548	11381	14437	1954	811	344	823
2001	53638	9582	15407	28649	11331	14416	1478	804	243	825
2002	53788	8309	16507	28972	10552	14818	1946	895	409	855
2003	52251	8747	15394	28110	11420	13420	1743	593	450	780
2004	59445	11382	17404	30659	13182	14342	1552	704	426	875

续表

年份	油籽总产量	其中：棉籽	大豆	油料	其中：油菜籽	花生	葵花籽	芝麻	亚麻籽	油茶籽
2005	57407	10286	16350	30771	13052	14342	1928	625	362	875
2006	55044	13559	15082	26403	10966	12738	1440	662	374	920
2007	52135	13723	12725	25687	10573	13027	1187	557	268	939
2008	58559	13486	15545	29528	12102	14286	1792	586	350	990
2009	58003	11479	14981	31543	13657	14708	1956	622	318	1169
2010	58114	10730	15083	32301	13082	15644	2298	587	324	1092
2011	59413	11860	14485	33068	13426	16046	2313	606	359	1480
2012	59723	12305	13050	34368	14 007	16692	2323	639	391	1728
2013	58459	11338	11951	35170	14458	16972	2423	624	399	1777
2014	60029	11090	12154	36785	14772	16482	2492	629	387	2023
2015	57244	10089	11785	35370	14931	16440	2520	640	380	2163
2016（预测）	58847	9617	13100	36130	14000	17700	2650	640	390	2400

注：资料来源国家粮油信息中心。

亚麻在我国已有600多年的栽培历史，主要分布在华北和西北地区，据生产分析，近年我国亚麻籽的种植面积、产量有所提高，种植面积最多的地区是甘肃、内蒙古、山西和宁夏，甘肃、宁夏、山西、内蒙古及河北亚麻籽产量居前五名（表4）。

表4 2011—2017年中国亚麻籽生产形势分析

产地	2011年	2012年	2013年	2014年	2015年	2016年预测	2017年预测
播种面积/千公顷							
全国	322.1	317.9	312.9	306.1	292.3	330.0	345.0
河北	35.4	37.1	36.3	35.5	34.5	38.0	40.0
山西	63.9	60.5	59.7	60.3	55.7	65.0	68.0
内蒙古	56.3	58.7	60.7	63.1	60.2	70.0	73.0

续表

产地	2011年	2012年	2013年	2014年	2015年	2016年 预测	2017年 预测
播种面积/千公顷							
陕西	2.8	3.5	3.4	3.5	1.8	2.9	3.0
甘肃	100.9	97.0	95.3	88.2	87.8	95.0	100.0
宁夏	47.7	47.9	45.1	44.8	42.9	48.0	49.0
新疆	7.8	8.7	8.1	8.1	6.6	8.0	8.9
其他	7.3	4.5	4.3	2.6	2.8	3.1	3.1
产量/千吨							
全国	358.6	390.5	398.8	386.5	399.6	450.0	480.0
河北	28.5	30.8	37.5	28.0	32.6	35.0	38.0
山西	60.3	72.6	70.2	69.8	62.9	76.0	80.0
内蒙古	32.0	36.7	41.6	41.4	52.2	65.0	65.0
陕西	2.6	4.1	4.1	4.3	2.0	3.5	4.0
甘肃	138.3	151.2	155.5	152.8	155.2	165.5	177.2
宁夏	74.8	74.0	69.6	70.6	77.0	85.0	94.0
新疆	12.3	14.0	13.7	14.9	13.4	15.0	17.0
其他	9.8	7.1	6.6	4.7	4.3	5.0	4.8

随着我国人民生活水平的提高，以及科学研究的不断深入，亚麻籽油的保健功能越来越引起人们的重视，人们对食用油不仅要求吃得安全，还要吃得营养、吃得健康，由此人们对高端优质食用油的需求量不断增长。以亚麻籽油为例，我国国产亚麻籽油已远远不能满足消费市场的需求，需要通过进口才能满足市场的消费需求。据海关数据显示，2016年我国从加拿大、俄罗斯、哈萨克斯坦、乌兹别克斯坦等国家合计进口亚麻籽47.47万吨，进口亚麻籽油3.4万吨（表5），合计折油量已超过了国产亚麻籽的产油量。又据今年1—9月，我国已进口亚麻籽25万吨，亚麻籽油3.0万吨，进口势头不减。这充分表明，我国亚麻籽油的消费市场前景看好。

表5　中国进口亚麻籽及亚麻籽油情况表

年份	亚麻籽进口量/万吨	亚麻籽油进口量/万吨
2012	14.79	3.76

续表

年份	亚麻籽进口量/万吨	亚麻籽油进口量/万吨
2013	18.06	1.83
2014	28.34	1.72
2015	36.03	2.87
2016	47.47	3.4

（三）发展亚麻籽油产业应注意的几个问题

《粮油加工业"十三五"发展规划》指出，要"优化产品结构，适应城乡居民膳食结构及营养健康水平日益提高的需求，增加满足不同人群需要的优质化、多样化、个性化、定制化粮油产品供应"，要"增加亚麻籽油、红花籽油、紫苏籽油等特色油品种供应"。这充分表明，发展亚麻籽油产业，符合油脂加工业产品结构调整，符合供给侧结构性改革要求，也符合国家粮食局提出的实施"中国好粮油"行动计划。

根据《粮油加工业"十三五"发展规划》要求，为推动亚麻籽油产业的持续健康发展，我觉得以下 5 个问题值得我们注意。

1. 要严格按标准组织生产，争创优质品牌

据粗略估计，我国亚麻籽油的生产企业多达二三百家，其中有一定规模的加工企业为数不多，像内蒙古自治区锡林郭勒盟红井源油脂有限责任公司那样规模的亚麻籽油加工企业更是屈指可数，大多处于作坊式生产。加上我国亚麻籽原料较少，连同进口也不足 100 万吨，大多处于"停停打打"状态，造成产品质量不稳定，争创优质品牌的难度较大。

针对上述问题，为确保亚麻籽油的产品质量与安全，争创优质品牌，我建议所有亚麻籽油生产企业都必须严格操作规程，按标准组织生产，在确保产品质量与安全的前提下，争创地区乃至全国的优质品牌。

2. 要充分认识亚麻籽油的特点，确保货架时间

众所周知，亚麻籽油中不饱和脂肪酸含量高达 95% 以上。其中 α- 亚麻酸含量高达 50% 以上，这是国际公认它为优质高端食用油的重要原因，但也正因为多不饱和脂肪酸的含量很高，造成了其易氧化变质等难题。为此，我们建议亚麻籽油加工企业要科学合理使用国际、国内允许添加的抗氧化剂；尽量采用能避光的包装材料，选择适量的包装容器；成品油最好采用低温储存等，以确保其品质稳定和货架时间。

3. 不要一味采用低温压榨制油工艺

鉴于亚麻籽油是消费者比较熟悉又公认的优质高端食用油品，所以在产品的质量与安全上必须做到万无一失。在制油方法上，要吸取当前食用油市场上出现的"低温压榨油质量问题时有发生"的教训。不要跟风，不要不顾原料的质量好坏，一味采用低温压榨制油工艺。在前几天的"第三届亚麻籽油产业联盟"群里，大家对亚麻籽油中可能存在的生氰糖苷有毒物质的控制问题进行了热烈讨论。一些专家认为，通过对亚麻籽加热蒸炒和对亚麻籽原油进行适度精炼，可以有效控制其含量。我赞同这种说法，尤其是通过适度精炼，不仅能有效控制油中的有害有毒物质，还能降低重金属和农药的残留量。这也是我一直主张不要一味采用低温压榨制油工艺的主要原因。

4. 要重视扩大亚麻籽油的销售范围

据了解，目前亚麻籽油的主要销售地在亚麻籽的产地，成为百姓喜爱的传统食用油脂和食品生产用油，这是很好的销售渠道，我们要继续发扬光大，下一步需要我们认真研究的是：如何让这一优质高端食用油更多地进入大中城市和经济发展地区，以扩大销售范围，提高经济效益。据我所知，现在已有少量的亚麻籽油进入了大中城市的超市，但消费者购买的热情不高，其中最为突出的问题是其"风味"不能接受。所以，我认为要想把更多的亚麻籽油打入大中城市和经济发达地区，必须根据不同地区、不同人群的特点，生产出适合不同城市消费者喜爱的"风味"亚麻籽油，而不是一味让大中城市消费者接受所谓的"原汁原味"亚麻籽油。

5. 要重视亚麻籽产业的深度加工和综合利用

亚麻籽中不仅富含具有多种保健功能的 α-亚麻酸，并富含胶质、蛋白质以及木酚素、黄酮、维生素 E 和多种矿物元素等（表6）。

表6　亚麻籽中的矿物元素含量

种类	钠	钾	钙	镁	磷	硫	锌	铁
含量/（毫克/100克）	0.6	12.1	4.5	6.1	9.9	4	0.123	0.208

由此可见，亚麻籽是"全身都是宝"的油料，充分加以开发利用，对提高亚麻籽的经济价值，造福百姓具有重要意义。从当前的实际出发，我认为首先要把亚麻籽油通过精深加工利用好，在此基础上，根据市场需要，进一步把亚麻胶的提取利用、亚麻蛋白的提取利用和木酚素的提取利用作为重点加以开发，以进一步提高亚麻籽的经济价值，促进亚麻籽产业的健康持续发展。

十三、在"三新"思路指引下创新发展玉米油产业
——在山东三星集团"2018玉米油发展战略研讨会"上的讲话

（2018年1月16日 于山东邹平）

尊敬的三星集团各位领导、各位嘉宾、各位企业家，同志们、朋友们：

大家新年好！

今天很高兴和中国粮油学会胡承淼常务副理事长、中国粮油学会油脂分会执行会长何东平、副会长相海、副秘书长周丽凤、刘玉兰一起来到山东三星集团有限公司（以下简称三星集团），参加由三星集团主办的"2018玉米油发展战略研讨会"。本次会议是根据党的十九大精神，在新时代、新需求、新发展战略思想下召开的，也是在我们粮食流通体制全面市场化的新形势下召开的。

本次会议的召开，彰显了行业领军企业的前沿意识和责任担当，开得很及时，也很有必要。作为三星集团多年的技术研究合作单位，我代表中国粮油学会油脂分会对大会的召开表示热烈的祝贺，向为"长寿花"品牌不断发展做出贡献的广大客户朋友表示亲切的问候！对三星集团给予中国粮油学会的大力支持表示衷心的感谢！

根据《粮油加工业"十三五"发展规划》的要求，目前我国粮油加工业正处在调结构、提品质、创品牌、延链条、促升级、增效益的重要时期，在发展中机遇与挑战共存。我们要通过"一带一路"助推粮油加工制造全球化、资源配置全球化。通过倡导优质种植、保鲜收储、适度加工、保质运输、安全消费，实现全产业链、全流程衔接已经成为优秀粮油企业的发展新路，而三星集团作为国内最早生产玉米油并将小包装玉米油入驻商超销售的企业，多年来，抢抓机遇、锐意进取、勇于创新，在做强产业、做优结构、做大规模的同时，在国内、国际舞台展示出了强劲的品牌力量，尽显全产业链运作的产业集群优势，使优质的玉米油产品走进了千家万户。

据了解，2017年三星集团的玉米油市场网络覆盖全国30多个省、自治区及直辖市，产品遍布全国95%以上商超，与此同时，产品还出口到中东、东南亚、欧洲等20多个国家和地区，2017年实现出口创汇6220多万美元。从而有力地促进了三星集团的发展，有力地推动了我国玉米油产业的大步向前。

粮油供给侧结构性改革的深入推进，极大地提高了粮油加工行业生存发展的活力。实践证明，玉米油等粮油企业要想在国民经济和社会发展中争得一席之地，需要有雄厚的资金积累支撑、强大的研发实力以及与时俱进的经营理念。就如三星集团，作为国家农业产业化重点龙头企业、粮油加工示范企业，其发展之道，一是能正确把握和运用自身多年积累的雄厚资金实力，在国内玉米主产区和玉米油集中消费区，建成了 8 大产业基地，现在日处理玉米胚芽榨油能力 3300 多吨，2017 年生产玉米油 42.29 万吨，约占我国玉米油产量的 1/3，成为中国乃至世界最大的玉米油生产企业，这是很不容易的。二是在总结经验的基础上，持续推进资源整合，创新经营模式。三是重视创新驱动，三星集团自成立以来，就非常注重与专业科研院所和大专院校的合作交流，开展了多种形式的产学研合作模式，中国粮油学会油脂分会也参与其中并积极指导引领。在合作中，我们见证了"长寿花"不断成长壮大的发展历程，特别是在油脂新产品及新工艺的研发创新上，我曾多次参加了"长寿花"技术研究项目的评审工作，从中欣喜地看到，"长寿花"在技术研发、产品质量等方面日新月异，取得了优异的成绩。

更值得一提的是三星集团在科技创新方面不断加大资金投入，据我们了解，"长寿花"近年来用于科研的资金达到上亿元，强化了硬件设施和加强了人才队伍建设，用大毅力、大魄力、新思路、新方法为"长寿花"品牌发展提供了强有力的技术保障，获得了一个又一个瞩目的成绩。据统计，至 2017 年，三星集团共获得授权专利 120 项，其中发明专利 35 项，实用新型专利 51 项，外观设计专利 34 项；获得科技成果奖 15 项，其中获得中国粮油学会和中国食品工业协会科学技术一等奖 3 项，山东省科技进步奖二等奖 1 项等，这是来之不易的。由此可见，三星集团已成为名副其实的中国玉米油产业研发基地，玉米油系列国家标准制修订基地，并使邹平荣获了"中国玉米油之乡"的称号。

在党的十九大报告中，习近平总书记明确提出实施食品安全战略，让人民吃得放心。总书记在报告中强调：要坚持以人民为中心的发展思想，使人民的获得感、幸福感、安全感更加充实、更有保障、更可持续。为认真贯彻习近平总书记的指示精神，国家粮食局正在进一步实施"中国好粮油"行动计划，下一步将统一制定"中国好粮油"产品标识及使用管理规定，采用"一品一报""一年一报"的动态管理方式，把"中国好粮油"行动计划实施好，以推进粮食供给侧结构性改革。为此，玉米油行业要积极投入到实施"中国好粮油"行动计划中去，并积极关注物联网技术，运用大数据，精准掌握发展动态，促进食品安全水平的进一步提高。尤其是像三星集团这样的行业引领者，要认真贯彻落实国家方针政策、加强行业自律，诚信经营，积极带领广大玉米油企业搞好食品安全；加大创新力度，努力发展新食品，创造更多、更好的绿色健康食品，以适应新时代、新需求、新发展的新形势，为我国食品安全、助力"健康中国"建设做出更大贡献。

最后，预祝山东三星集团"2018 玉米油发展战略研讨会"取得圆满成功！祝大家在新的一年里万事如意、事业兴旺！谢谢大家！

十四、前程似锦的葵花籽油市场
——在"2018 葵花籽油产业发展研讨会"上的主题报告

（2018 年 6 月 28 日　于广东广州）

各位嘉宾、同志们、朋友们：

大家好！

为推动我国葵花籽油产业的健康发展，由中国粮油学会油脂分会主办的"2018 葵花籽油产业发展研讨会"，今天在美丽、开放的广州召开了。首先，我代表中国粮油学会油脂分会对会议的承办单位中粮福临门食品营销有限公司、佳格投资（中国）有限公司、广州英富曼意帆展览有限责任公司为会议的顺利召开所做的贡献表示衷心的感谢！向到会的各位嘉宾和各位代表致以诚挚的问候。根据会议的安排，我以《前程似锦的葵花籽油市场》为题，向大家简要介绍有关中国油料油脂的生产与消费情况、葵花籽及葵花籽油的生产与消费情况和葵花籽油在我国市场上的发展前景，供大家参考。

（一）我国油料油脂的生产与消费情况

随着中国经济的持续快速稳定发展和人民生活水平的不断提高，我们对油料油脂的需求不断攀升。为满足市场的需要，近年来，中国政府出台了一系列有关鼓励发展油料生产的政策措施，推动了中国油料生产的持续稳定发展。据预测，2017 年我国以油菜籽、大豆、花生、棉籽、葵花籽、芝麻、油茶籽、亚麻籽为代表的八大油料的总产量达 6142.5 万吨，首次突破了 6000 万吨（表 1）。

表 1　中国油料产量 单位：千吨

年份	总产量	年份	总产量
1999	47155	2001	53638
2000	52910	2002	53788

续表

年份	总产量	年份	总产量
2003	52251	2011	59413
2004	59445	2012	59723
2005	57407	2013	58459
2006	55044	2014	60029
2007	52135	2015	57244
2008	58559	2016	58770
2009	58003	2017（预测）	61425
2010	58114		

注：资料来源国家粮油信息中心。

在我国政府一系列惠农政策和农业供给侧结构性改革的推动下，我国油料生产不断增长，但其增长速度仍跟不上消费增长的速度。为保证油料油脂市场的供应，自20世纪90年代起，我国每年需要进口较大数量的油料油脂。据海关统计，2017年我国进口各类油料合计为10200万吨，进口各类植物油总量为742.8万吨（表2），再创我国进口油料油脂进口量的新高。

表2　中国油料油脂进口量　　　　　　　　　单位：千吨

年份	油料进口量	植物油进口量
2002	11945	3212
2003	20976	5418
2004	20756	6764
2005	27042	6213
2006	29280	6715
2007	31858	8397
2008	39005	8163
2009	46331	9502
2010	57046	8262
2011	54818	7798

续表

年份	油料进口量	植物油进口量
2012	62280	9600
2013	67835	9221
2014	77518	7873
2015	87571	8391
2016	89529	6884
2017	102000	7428

注：资料来源国家粮油信息中心。

另据统计，2016/2017 年度，我国食用油的消费总量为 3751.5 万吨，2017 年中国人均年食用油消费量达 26.6 千克（表 3）。

表3 2000—2017 年中国人均年食用油消费情况

年份	食用油消费量/万吨	人均年食用油消费量/千克
2000	1245.7	9.6
2001	1330	10.2
2002	1410	10.8
2003	1500	11.5
2004	1750	13.5
2005	1850~1900	14.2~14.6
2006	2271.7	17.5
2007	2509.7	19.3
2008	2684.7	20.7
2011	2777.4	20.6
2012	2894.6	21.4
2013	3040.8	22.5
2014	3167.4	23.2
2015	3294.6	24.1

续表

年份	食用油消费量/万吨	人均年食用油消费量/千克
2016	3426.5	24.8
2017	3751.5	26.6

注：2000—2008年的我国人均年食用油消费按13亿人口计算；2011—2013年按13.5亿人口计算；2014年按13.6782亿人口计算；2015年按13.68亿人口计算；2016年按13.8271亿人口计算；2017年按联合国网络发布的中国人口数为14.1亿人口计算。

（二）我国葵花籽及葵花籽油的生产与消费情况

1. 我国葵花籽的生产情况

地理和气候的多样性，赋予了中国油料品种繁多、资源丰富的优势。在中国的油料中，按产量排列，葵花籽仅次于油菜籽、大豆、花生和棉籽，排名第五。

向日葵适于生长在光照长、降雨量少、纬度在 40° 左右的地区，加上向日葵有节水、抗旱、耐盐碱、耐贫瘠等特点，所以在我国众多的河滩地、下湿地和盐碱地，只要光照充沛，都可以种植。

近年来，我国向日葵的种植面积稳定在百万公顷左右，播种面积变化不大，但其产量呈逐年上升趋势。2016 年，我国向日葵的种植面积为 99.33 万公顷，产量约为 299.0 万吨，预测 2017 年我国葵花籽产量为 317.5 万吨，创历史最高（表4）。葵花籽产区主要分布在我国的内蒙古、新疆、河北、山西、宁夏、甘肃以及辽宁、吉林和黑龙江等省（区），其中内蒙古的产量约占全国的 40%，新疆占 20%。

表4　2001—2017年中国向日葵种植面积及葵花籽产量

年份	向日葵种植面积/万公顷	向日葵产量/万吨
2001	101.58	147.78
2002	113.09	194.60
2003	117.30	174.30
2004	93.49	155.15
2005	102.02	192.79
2006	98.78	180.30
2007	71.92	118.68
2008	96.43	179.17

续表

年份	向日葵种植面积/万公顷	向日葵产量/万吨
2009	95.87	195.56
2010	98.40	229.80
2011	94.02	231.30
2012	88.85	232.27
2013	92.34	242.32
2014	97.50	249.2
2015	93.0	252.0
2016	99.33	299.0
2017（预测）	—	317.5

注：资料来源国家统计局、国家粮油信息中心；2017年为预计数。

2. 我国葵花籽油的产量

我国的葵花籽大体分为两种，一种是专供榨油用的油葵，另一种是食用与榨油兼之的籽粒大、有棱，呈灰色或黑白花色的普通葵花籽。目前，我国葵花籽大多为普通葵花籽。

由于我国人民喜爱将葵花籽烘炒后作为干果食用，加上部分葵花籽仁直接作为食品工业的原料，两者的消费量接近我国葵花籽产量的一半，也就是说，我国用于榨油的葵花籽只占产量的50%~55%，葵花籽油的产量近几年来一直在30万吨左右。

3. 我国葵花籽油的进出口情况

近几年来，随着消费者对葵花籽油认知度的提高，我国葵花籽油的消费数量快速增长，目前每年葵花籽油的消费量在100万吨左右。由于国产葵花籽油只有30万吨左右，所以缺口较大，需要通过进口来满足市场的需求（表5）。

表5 中国葵花籽油进出口情况　　　　　　　　　　单位：万吨

年份	进口数量	出口数量
2003	3.48	0.02
2004	2.08	—
2005	0.01	0.10

续表

年份	进口数量	出口数量
2006	3.01	0.01
2007	6.76	0.00
2008	0.51	0.06
2009	14.49	0.03
2010	12.90	0.01
2011	6.47	0.10
2012	10.46	0.10
2013	43.28	0.12
2014	45.5	0.08
2015	65.1	—
2016	95.7	—
2017	74.5	—

注：资料来源中国海关进出口数据统计。

从表 5 中，我们可以清楚地看到，近几年来，进口数量已远远超过国产葵花籽油的数量。2017 年葵花籽油进口量达 74.5 万吨，在我国进口食用植物油中，数量仅次于棕榈油和菜籽油，位居第三。

（三）葵花籽油在我国市场上的发展前景

从国家政策和中国油脂市场上的需求情况看，我认为葵花籽油在我国市场上的发展前景是十分看好的，主要体现在以下几个方面。

1. 发展向日葵产业符合国家政策

目前，我国每年食用油的消费量已超过 3500 万吨，但其自给率不足 40%。为提高我国食用油消费的自给能力，国家出台了一系列政策，鼓励发展国产油料，其中发展向日葵产业是最有优势和最有发展前景的。因为向日葵具有节水抗旱、抗盐碱和改良土壤的作用，适合于在我国广大的西北地区、内蒙古等地干旱、盐碱化和沙化的土壤中种植。发展向日葵产业不仅能做到不与粮食争地、增产油料（据统计，2015 年我国葵花籽单位面积产量为 2710 千克 / 公顷，即平均亩产为 180.6 千克，产油量远高于种植大豆）、提高农民的经济收入，还能绿化环境和改善土壤，是一举多得的好事。

2. 向日葵是优良的油料资源

葵花籽含油率高（我国葵花籽的平均含油率在 30%~35%，其中油葵全籽含油率高达 45%~50%，普通葵花籽含油率在 25%~35%），葵花籽仁可榨油，且出油率高；葵花籽饼粕是优质的蛋白资源，既能饲用，又能食用；葵花籽壳不仅可作燃料，又是制作活性炭的好原料；向日葵花盘可生产出性能优良的果胶，能广泛用于食品和医药等行业；向日葵杆可以作为制造纸浆的原料等。

由此可见，向日葵全身是宝，产品链条长，综合开发价值大，是优良的油料资源，值得大力发展。

3. 葵花籽油是优质食用油

葵花籽油中不饱和脂肪酸的含量高达 90% 以上（经对我国内蒙古生产的葵花籽油测定，其中亚油酸含量为 62.2%、油酸含量为 23.8%），葵花籽油的人体消化吸收率高达 96% 以上；葵花籽油中富含维生素 E、胡萝卜素等营养物质，素有健康食用油之称；葵花籽油清淡透明、烟点高、烹饪时易保留天然食品风味。与其他大宗食用油相比，葵花籽油在我国消费者心目中属优质高端食用油品，深受消费者青睐，市场需求旺盛。

4. 通过适度进口满足我国葵花籽油市场需要的趋势不会改变

当前，我国葵花籽及葵花籽油市场需求旺盛，为满足市场的需要，我们要在积极发展国产向日葵产业，不断提高葵花籽产量的同时，充分利用好国际葵花籽和葵花籽油的资源，通过适度进口，满足市场需求。从表 5 中我们已清楚看到，近年来我国进口的葵花籽油数量快速增长，2016 年达 95.7 万吨，2017 年为 74.5 万吨，远高于国产葵花籽油的数量。我认为，这是符合我国"多油并举"和"走多元化原料供应道路"要求的。

综上所述，我对我国向日葵产业的发展充满信心，对葵花籽油在我国市场上的发展前景非常看好。

最后，预祝研讨会圆满成功，谢谢大家！

十五、凝心聚力发展亚麻籽产业

——在"第三届中国亚麻籽产业发展高峰论坛暨宁夏亚麻籽产品及蛋白科学研究院士工作站科技成果研讨会"上的主题报告

（2018 年 8 月 2 日　于宁夏吴忠）

尊敬的陈君石院士、尊敬的张桂凤理事长、各位领导、各位专家、各位企业家、各位同仁：

大家好！

很高兴再次来到美丽的吴忠，参加由宁夏回族自治区粮食局、宁夏回族自治区商务厅、吴忠市人民政府和中国粮油学会油脂分会共同主办，由宁夏君星坊食品科技有限公司承办的"第三届中国亚麻籽产业发展高峰论坛暨宁夏亚麻籽产品及蛋白科学研究院士工作站科技成果研讨会"。借此机会，我代表中国粮油学会张桂凤理事长，代表中国粮油学会油脂分会对会议的顺利召开表示热烈的祝贺！根据会议的安排，我以《把亚麻籽产业发展好》为题，就亚麻籽油产业的发展介绍些情况和讲点意见，供大家参考。

（一）亚麻籽是世界重要的油料作物

亚麻，又称胡麻，属亚麻科，亚麻属一年或多年生草本植物，原产于波斯湾及黑海地区，亚麻的种子——亚麻籽又称胡麻籽，是世界十大油料作物之一，在我国为八大油料作物之一。不同地区亚麻籽含油率有所差异（表1），一般为 40% 左右，用亚麻籽生产的亚麻籽油又称胡麻籽油。亚麻籽油中不饱和脂肪酸含量高达 90% 以上（表2）。

表1　我国不同产地亚麻籽的含油率

样品编号	产地	含油率/%
Y1	辽宁朝阳	36.59±1.28
Y2	内蒙古乌兰察布	37.23±0.71
Y3	河北张家口	39.46±0.66

续表

样品编号	产地	含油率/%
Y4	宁夏固原	40.54±1.00
Y5	陕西榆林	42.49±0.65
Y6	甘肃陇南	44.88±1.04

注：资料来源张晓霞、尹培培，杨灵光，等.不同产地亚麻籽含油率及亚麻籽油脂肪酸组成的研究[J].中国油脂，2017，42（11）：142-146.

表2 亚麻籽油脂肪酸组成

项目	相对含量/%	项目	相对含量/%
棕榈酸	5.87	α-亚麻酸	61.22
硬脂酸	4.65	花生酸	0.21
油酸	13.25	二十碳一烯酸	0.24
亚油酸	14.41	山嵛酸	0.15

亚麻籽油中富含具有多种保健功能的 α-亚麻酸，不同产地含量为 50%~60%。由于亚麻籽油中的 α-亚麻酸含量高，富含木酚素、黄酮等活性物质，并含有丰富的维生素（表3），经常食用具有抗肿瘤、抗血栓、降血脂，营养脑细胞，调节自主神经、保护视力，提高智力等多种功效。另据有关报道，α-亚麻酸可以促进胰岛素的分泌，有保护胰岛素在血液中的稳定作用，所以长期食用亚麻籽油对糖尿病症状有改善作用。由此可见，亚麻籽油是营养价值很高的、消费者公认的优质高端食用油。

表3 亚麻籽油中的维生素含量

种类	含量	种类	含量
维生素A/（IU/100克）	18.8	烟酸/（毫克/100克）	9.1
维生素E/（IU/100克）	0.6	维生素B_6/（毫克/100克）	0.8
维生素B_1/（毫克/100克）	0.5	维生素B_{12}/（毫克/100克）	0.5
维生素B_2/（毫克/100克）	0.2		

亚麻籽除了用于榨油外，由于亚麻籽自身就是营养丰富的优质食品原料，我国许多亚麻籽产区长期以来有将亚麻籽（粉）作为配料，用于加工面制品的习惯，也有将亚麻籽熟

制碾碎后作为佐餐蘸料的习惯，有的甚至将亚麻籽经焙炒后直接作为坚果食用。但鉴于亚麻籽中含有生氰糖苷、抗维生素 B$_6$ 因子、植酸等有毒物质或抗营养因子，为此，业内专家对上述直接食用亚麻籽的安全性产生了疑虑。对此问题，国家卫生和计划生育委员会高度重视，在广泛深入调查研究的基础上，于 2017 年 12 月 21 日发文指出：直接食用亚麻籽适用 GB 19300—2014《食品安全国家标准 坚果与籽类食品》，同时，宜在标签标示"熟制后食用"等类似消费提示。这就奠定了亚麻籽只要认真按国家标准执行，其安全性是没有问题的，是可以直接食用的。这一规定，拓宽了亚麻籽的用途，有利于促进亚麻籽产业的健康快速发展。

（二）我国亚麻籽产业的生产、消费情况看好

在我国的油料生产中，亚麻籽是我国的八大油料作物之一。1996 年我国亚麻籽的产量达 55.3 万吨，但 21 世纪以来，由于种植面积有所减少，产量也有所下降，亚麻籽产量一直在 38 万 ~40 万吨徘徊。近几年来，产量有所提高，2017 年预计达 44.5 万吨（表 4），仅次于加拿大，居世界第二。

表 4 中国油料产量 单位：千吨

年份	油籽总产量	其中：棉籽	大豆	油料	其中：油菜籽	花生	葵花籽	芝麻	亚麻籽	油茶籽
1993	40076	6730	15307	18039	6936	8421	1282	563	496	488
1994	43710	7814	16000	19896	7492	9682	1367	548	511	631
1995	44585	8582	13500	22503	9777	10235	1269	583	364	623
1996	42891	7565	13220	22106	9201	10138	1323	575	553	697
1997	44587	8285	14728	21574	9578	9648	1176	566	393	857
1998	46393	8102	15152	23139	8301	11886	1465	656	523	723
1999	47155	6892	14251	26012	10132	12639	1765	743	404	793
2000	52910	7951	15411	29548	11381	14437	1954	811	344	823
2001	53638	9582	15407	28649	11331	14416	1478	804	243	825
2002	53788	8309	16507	28972	10552	14818	1946	895	409	855
2003	52251	8747	15394	28110	11420	13420	1743	593	450	780
2004	59445	11382	17404	30659	13182	14342	1552	704	426	875

续表

年份	油籽总产量	其中：棉籽	大豆	油料	其中：油菜籽	花生	葵花籽	芝麻	亚麻籽	油茶籽
2005	57407	10286	16350	30771	13052	14342	1928	625	362	875
2006	55044	13559	15082	26403	10966	12738	1440	662	374	920
2007	52135	13723	12725	25687	10573	13027	1187	557	268	939
2008	58559	13486	15545	29528	12102	14286	1792	586	350	990
2009	58003	11479	14981	31543	13657	14708	1956	622	318	1169
2010	58114	10730	15083	32301	13082	15644	2298	587	324	1092
2011	59413	11860	14485	33068	13426	16046	2313	606	359	1480
2012	59723	12305	13050	34368	14007	16692	2323	639	391	1728
2013	58459	11338	11951	35170	14458	16972	2423	624	399	1777
2014	60029	11090	12154	36785	14772	16482	2492	629	387	2023
2015	57244	10089	11785	35370	14931	16440	2520	640	380	2163
2016	58770	9538	12937	36295	14546	17290	2990	631	403	2164
2017 预测	61425	9875	14550	37000	14430	18000	3175	700	445	2200

注：资料来源国家粮油信息中心。

亚麻在我国已有600多年的栽培历史，主要分布在华北和西北地区，据生产形势分析，近年我国亚麻籽的种植面积、单位面积产量和总产量有所提高，种植面积最多的省区是甘肃、内蒙古、山西和宁夏，产量最多的是甘肃、宁夏、内蒙古和山西（表5）。

表5 2014—2018年中国亚麻籽生产形势分析

产地	2014年	2015年	2016年	2017年7月预测	2018年7月预测	同比变化	同比变幅/%
				播种面积/千公顷			
全国	306.1	292.3	282.4	310.0	308.0	-2.0	-0.65
河北	35.5	34.5	33.0	38.0	36.0	-2.0	-5.26
山西	60.3	55.7	47.0	52.0	55.0	3.0	5.77

续表

产地	2014年	2015年	2016年	2017年7月预测	2018年7月预测	同比变化	同比变幅/%
播种面积/千公顷							
内蒙古	63.1	60.2	59.6	65.0	62.0	-3.0	-4.62
陕西	3.5	1.8	4.2	3.5	3.7	0.2	5.71
甘肃	88.2	87.8	87.7	95.0	92.0	-3.0	-3.16
宁夏	44.7	42.9	38.8	45.0	47.0	2.0	4.44
新疆	8.1	6.6	9.4	8.9	9.5	0.6	6.74
其他	2.7	2.8	2.7	2.6	2.8	0.2	7.69
单位面积产量/（吨/公顷）							
全国	1.263	1.367	1.427	1.436	1.494	0.058	4.04
河北	0.790	0.945	0.956	0.973	0.985	0.012	1.23
山西	1.158	1.129	1.079	1.116	1.069	-0.047	-4.21
内蒙古	0.656	0.868	1.158	1.140	1.245	0.105	9.21
陕西	1.229	1.092	1.665	1.353	1.499	0.146	10.79
甘肃	1.733	1.767	1.808	1.789	1.886	0.097	5.42
宁夏	1.577	1.794	1.676	1.777	1.828	0.051	2.87
新疆	1.834	2.041	1.777	1.905	2.004	0.099	5.20
其他	1.741	1.536	1.630	1.615	1.679	0.063	3.91
产量/千吨							
全国	386.5	399.6	402.8	445.0	460.0	15.0	3.37
河北	28.0	32.6	31.5	37.0	35.4	-1.6	-4.32
山西	69.8	62.9	50.7	58.0	58.8	0.8	1.38
内蒙古	41.4	52.2	69.0	74.1	77.2	3.1	4.18
陕西	4.3	2.0	7.0	4.7	5.5	0.8	17.02
甘肃	152.8	155.2	158.5	170.0	173.5	3.5	2.06
宁夏	70.6	77.0	65.0	80.0	85.9	5.9	7.38
新疆	14.9	13.4	16.7	17.0	19.0	2.0	11.76
其他	4.7	4.3	4.4	4.2	4.7	0.5	11.90

注：资料来源国家粮油信息中心，其中，2016年及以前产量和播种面积资料来源国家统计局。

随着我国人民生活水平的提高，以及科学研究的不断深入，亚麻籽油的保健功能越来越引起人们的重视，人们对食用油的需求，不仅要求吃得安全，还要吃得营养、吃得健康，由此对高端优质食用油的需求量不断增长。以亚麻籽油为例，我国国产亚麻籽油已远远不能满足消费市场的需求，需要通过进口才能满足市场的消费需求。据海关数据显示，2016年我国从加拿大、俄罗斯、哈萨克斯坦、乌兹别克斯坦、乌克兰、土耳其等国家合计进口亚麻籽47.47万吨，进口亚麻籽油3.4万吨，2017年合计进口亚麻籽34万吨，进口亚麻籽油4.0万吨（表6），两年中合计进口的亚麻籽和亚麻籽油折油量，每年都超过了国产亚麻籽的产油量。又据今年1—3月海关统计，我国已进口亚麻籽13.76万吨，亚麻籽油0.7万吨，进口势头不减。这充分表明，我国亚麻籽油的消费市场前景看好。

表6　中国进口亚麻籽及亚麻籽油情况表

年份	亚麻籽进口量/万吨	亚麻籽油进口量/万吨
2012	14.79	3.76
2013	18.06	1.83
2014	28.34	1.72
2015	36.03	2.87
2016	47.47	3.4
2017	34.0	4.0

（三）发展亚麻籽油产业应注意的几个问题

《粮油加工业"十三五"发展规划》指出，要"优化产品结构，适应城乡居民膳食结构及营养健康水平日益提高的需求，增加满足不同人群需要的优质化、多样化、个性化、定制化粮油产品供应"；要"增加亚麻籽油、红花籽油、紫苏籽油等特色小品种供应"。这充分表明，发展亚麻籽油产业，符合油脂加工业产品结构调整，符合供给侧结构性改革要求，也符合国家粮食局提出的实施"中国好粮油"行动计划。

根据《粮油加工业"十三五"发展规划》要求，为推动亚麻籽油产业的持续健康发展，我觉得以下5个问题值得我们注意。

1. 要严格按标准组织生产，争创优质品牌

据粗略估计，我国亚麻籽油的生产企业多达二三百家，其中有一定规模的加工企业为数不多，像内蒙古自治区锡林郭勒盟红井源油脂有限责任公司和宁夏君星坊食品科技有限

公司那样规模的亚麻籽油加工企业更是屈指可数，大多处于作坊式生产。加上我国亚麻籽原料较少，连同进口也不足 100 万吨，大多处于"停停打打"状态，造成产品质量不稳定，争创优质品牌的难度较大。

针对上述问题，为确保亚麻籽油的产品质量与安全，争创优质品牌，我建议所有亚麻籽油生产企业都必须严格操作规程，按标准组织生产，在确保产品质量与安全的前提下，争创地区乃至全国的优质品牌。当前，有条件的亚麻籽油生产企业，要努力争创"中国好粮油"。

2. 要充分认识亚麻籽油的特点，确保货架时间

众所周知，亚麻籽油中不饱和脂肪酸含量高达 95% 以上。其中 α- 亚麻酸含量高达50% 以上，这是消费者公认亚麻籽油为优质高端食用油的重要原因，但也正因为多不饱和脂肪酸的含量高，造成了其易氧化变质等问题。为此，我们建议亚麻籽油加工企业要科学合理使用国际、国内允许添加的抗氧化剂；不要一味拒绝添加抗氧化剂；尽量采用能避光的包装材料，选择适量容积的小包装容器；成品油最好采用低温储存等，以确保其质量和货架时间。

3. 不要一味采用低温压榨制油工艺

鉴于亚麻籽油是消费者比较熟悉又公认的优质高端食用油品，所以在产品的质量与安全上必须做到万无一失。在制油方法上，要吸取当前食用油市场上出现的"低温压榨油质量问题时有发生"的教训，不要跟风，不要不顾原料的质量好坏，一味采用低温压榨制油工艺。在去年年底的"第三届亚麻籽油产业联盟"群里，大家对亚麻籽油中可能存在的生氰糖苷有毒物质的控制问题进行了热烈讨论。一些专家认为，通过对亚麻籽加热蒸炒和对亚麻籽原油进行适度精炼，可以有效控制其含量。我赞同这种说法，尤其是通过适度精炼，不仅能有效控制油中的有害有毒物质，还能降低重金属和农药的残留量。这也是我一直主张不要一味采用低温压榨制油工艺的主要原因。

4. 要重视扩大亚麻籽油的销售范围

据了解，目前亚麻籽油的主要销售地在亚麻籽的产地，成为百姓喜爱的传统食用油脂和食品生产用油，这是很好的销售渠道，我们要继续发扬光大，下一步需要我们认真研究的是：如何让这一优质高端食用油更多地进入大中城市和经济发展地区，以扩大销售范围，提高经济效益。据我所知，现在已有少量的亚麻籽油进入了大中城市的超市，但消费者购置的热情不高，其中最为突出的问题是"风味"不能接受。所以，我认为要想把更多的亚麻籽油打入大中城市和经济发达地区，必须根据不同地区、不同人群的特点，生产出

适合不同城市消费者喜爱的"风味"亚麻籽油，而不是一味让大中城市消费者接受所谓"原汁原味"的亚麻籽油。

5. 要重视亚麻籽产业的深度加工和综合利用

亚麻籽中不仅富含具有多种保健功能的 α- 亚麻酸，并富含胶质、蛋白质以及木酚素、黄酮、维生素 E 和多种矿物元素（表 7）等。

表7　亚麻籽中的矿物元素含量

种类	钠	钾	钙	镁	磷	硫	锌	铁
含量/（毫克/100克）	0.6	12.1	4.5	6.1	9.9	4	0.123	0.208

由此可见，亚麻籽是"全身都是宝"的油料，充分加以开发利用，对提高亚麻籽的经济价值，造福百姓具有重要意义。从当前的实际出发，我认为首先要把亚麻籽油通过精深加工利用好，在此基础上，根据市场需要，进一步把亚麻胶的提取利用、亚麻蛋白的提取利用和木酚素的提取利用作为重点加以开发利用；与此同时，我们要在亚麻籽可以直接食用，供作优质食品原料上多做文章，拓宽利用领域，以进一步提高亚麻籽的经济价值，促进亚麻籽产业的健康持续发展。

十六、发展花生产业符合供给侧结构性改革

——在"2018年中国花生产业发展大会暨花生交易博览会"上的主旨报告

（2018年8月11日　于山东平度）

尊敬的张桂凤理事长、尊敬的各位领导、各位企业家、各位专家：

大家好！

很高兴受邀来到中国花生主产区——山东平度，参加由中国粮油学会花生食品分会和中国花生网共同主办、山东省平度市人民政府承办的"2018年中国花生产业发展大会暨花生交易博览会"。借此机会，我代表中国粮油学会张桂凤理事长和中国粮油学会油脂分会对会议的顺利召开表示热烈的祝贺！对参加会议的各位领导、各位嘉宾致以诚挚的问候！

根据会议的安排，我以《发展花生产业符合供给侧结构性改革》为题，向大家简要介绍我国的油料油脂生产、消费情况，并就我国食用植物油自给率不高的问题亟待研究解决、发展花生产业符合供给侧结构性改革和对新时代我国油脂产业发展的思考讲点意见，供参考。

（一）我国食用植物油自给率不高的问题亟待研究解决

1. 我国油料油脂生产情况

随着我国经济的持续快速稳定发展和人民生活水平的不断提高，我国对油料油脂的需求数量不断攀升。为满足市场的需要，近年来，中国政府出台了一系列有关鼓励发展油料生产的政策措施，推动了中国油料生产的持续稳定发展。据预测，2017年我国以油菜籽、大豆、花生、棉籽、葵花籽、芝麻、油茶籽、亚麻籽为代表的八大油料的总产量达6142.5万吨，首次突破了6000万吨（表1）。

表1　中国油料产量　　　　　　　　　　　　　单位：千吨

年份	油籽总产量	其中：			其中：					
		棉籽	大豆	油料	油菜籽	花生	葵花籽	芝麻	亚麻籽	油茶籽
1993	40076	6730	15307	18039	6936	8421	1282	563	496	488

续表

年份	油籽总产量	其中：棉籽	大豆	油料	其中：油菜籽	花生	葵花籽	芝麻	亚麻籽	油茶籽
1994	43710	7814	16000	19896	7492	9682	1367	548	511	631
1995	44585	8582	13500	22503	9777	10235	1269	583	364	623
1996	42891	7565	13220	22106	9201	10138	1323	575	553	697
1997	44587	8285	14728	21574	9578	9648	1176	566	393	857
1998	46393	8102	15152	23139	8301	11886	1465	656	523	723
1999	47155	6892	14251	26012	10132	12639	1765	743	404	793
2000	52910	7951	15411	29548	11381	14437	1954	811	344	823
2001	53638	9582	15407	28649	11331	14416	1478	804	243	825
2002	53788	8309	16507	28972	10552	14818	1946	895	409	855
2003	52251	8747	15394	28110	11420	13420	1743	593	450	780
2004	59445	11382	17404	30659	13182	14342	1552	704	426	875
2005	57407	10286	16350	30771	13052	14342	1928	625	362	875
2006	55044	13559	15082	26403	10966	12738	1440	662	374	920
2007	52135	13723	12725	25687	10573	13027	1187	557	268	939
2008	58559	13486	15545	29528	12102	14286	1792	586	350	990
2009	58003	11479	14981	31543	13657	14708	1956	622	318	1169
2010	58114	10730	15083	32301	13082	15644	2298	587	324	1092
2011	59413	11860	14485	33068	13426	16046	2313	606	359	1480
2012	59723	12305	13050	34368	14 007	16692	2323	639	391	1728
2013	58459	11338	11951	35170	14458	16972	2423	624	399	1777
2014	60029	11090	12154	36785	14772	16482	2492	629	387	2023
2015	57244	10089	11785	35370	14931	16440	2520	640	380	2163
2016	58770	9538	12937	36295	14546	17290	2990	631	403	2164
2017（预测）	61425	9875	14550	37000	14430	18000	3175	700	445	2200

注：资料来源国家粮油信息中心。

从 2017 年的油料产量中，我们可以高兴地看到以下 3 点：一是我国的八大油料产量已突破 6000 万吨大关，创造了油料生产史上的最高记录，达到 6142.5 万吨，同比增长 4.5%。尤其是在八大油料产量中，除了油菜籽的产量略有下降外，其他七大油料的产量均有不同程度的增长，这是很不容易的。二是我国大豆产量达 1455 万吨，同比增长 12.5%，增长幅度较大，充分体现了我国农业供给侧结构性改革取得了明显成效。三是葵花籽、芝麻、亚麻籽和油茶籽等高端油料产量达到或超过了历史最高水平。其中葵花籽产量达 317.5 万吨、油茶籽产量达 220 万吨，双创历史最高水平，芝麻产量达 70 万吨和亚麻籽产量达 44.5 万吨，也达到了 20 年来的高位。

2. 利用国产油料榨油情况

据国家粮油信息中心预测，2017 年我国利用国产油料（扣除大豆、花生、芝麻、葵花籽 4 种油料部分直接食用外）榨油的油料量为 3625 万吨，榨得的食用油脂（含玉米油、稻米油及其他油料）预测为 1168 万吨（表 2），较 2016 年的 1131.8 万吨，增加了 36.2 万吨。

表2　2017年国产油料出油量预测　　　　　　　　　　　单位：千吨

品种	产量估计	压榨量	出油量	出油率/%
油菜籽	14430	12000	4260	35.50
花生	18000	85000	2720	32.00
棉籽	9875	8000	1040	13.00
大豆	14550	4000	660	16.50
葵花籽	3175	1000	250	25.00
油茶籽	2200	2100	525	25.00
芝麻	700	300	120	40.00
亚麻籽	445	350	105	30.00
玉米油			1050	
稻米油			900	
其他			50	
合计			11680	

注：资料来源国家粮油信息中心。

3. 我国油料油脂的进口情况

为满足我国食用油市场供应和饲养业发展的需要，我国油料油脂的进口数量不断增长，屡创历史新高。据海关统计，2017 年我国进口各类油料合计达 10200 万吨，较 2016 年的 8952.9 万吨，增加了 1247.1 万吨，增长 13.9%。其中进口大豆 9552.6 万吨，较 2016 年的 8391.3 万吨，增加了 1161.3 万吨，增长 13.8%；进口油菜籽 474.8 万吨，较 2016 年的 356.6 万吨，增加了 118.2 万吨，增长 33.1%；进口各类食用植物油合计为 742.8 万吨，较 2016 年的 688.4 万吨，增加了 54.4 万吨，增长 7.9%。其中进口大豆油 65.3 万吨、棕榈油 507.9 万吨、菜籽油 75.7 万吨、葵花籽油 74.5 万吨、橄榄油 4.3 万吨（表3）。

表3 中国油脂油料进口量 单位：千吨

年份	油籽进口	其中：大豆	油菜籽	其他油籽	芝麻	植物油进口	其中：大豆油	棕榈油	菜籽油	其他植物油	其中：葵花籽油	花生油	橄榄油
1996		1108	0			2640	1295	1012	316	17			
1997		2792	55			2750	1193	1146	351	60			
1998		3196	1386			2060	829	930	285	17			
1999		4315	2595			2080	804	1194	69	13			
2000		10416	2969			1872	308	1391	75	99			
2001		13937	1724			1675	70	1517	49	38			
2002	11945	11315	618	12		3212	870	2221	78	43			
2003	20976	20741	167	68		5418	1884	3325	152	57			
2004	20756	20229	424	103		6764	2517	3857	353	38			
2005	27042	26590	296	156		6213	1694	4330	178	11			
2006	29280	28270	738	272		6715	1543	5082	44	46			
2007	31858	30821	833	204		8397	2823	5095	375	104	69		
2008	39005	37436	1303	266	214	8163	2586	5282	270	25	6	6	11
2009	46331	42552	3286	493	311	9502	2391	6441	468	202	153	20	14
2010	57046	54797	1600	649	391	8262	1341	5696	985	240	137	68	25
2011	54818	52640	1262	916	389	7798	1143	5912	551	192	72	61	36

续表

| 年份 | 油籽进口 | 其中: | | | 芝麻 | 植物油进口 | 其中: | | | | 其中: | | |
		大豆	油菜籽	其他油籽			大豆油	棕榈油	菜籽油	其他植物油	葵花籽油	花生油	橄榄油
2012	62280	58384	2930	966	396	9600	1826	6341	1176	257	107	63	46
2013	67835	63375	3662	798	441	9221	1158	5979	1527	557	439	61	40
2014	77518	71399	5081	1038	569	7873	1038	5324	810	701	455	94	36
2015	87571	81694	4471	1406	806	8391	818	5909	815	849	651	128	39
2016	89529	83913	3566	2050	932	6884	560	4478	700	1146	957	107	45
2017	102000	95526	4748	1726	712	7428	653	5079	757	939	745	108	43

注：资料来源海关统计数据。

在油料油脂的进口中，一些消费者喜爱的其他油料油脂的进口势头看好，值得我们关注，如芝麻、亚麻籽、葵花籽油、橄榄油、椰子油等的进口数量（表4）。

表4 中国进口的其他油料油脂量　　　　　　　　　　　　　　　单位：万吨

年份	芝麻	亚麻籽	红花籽	葵花籽油	花生油	橄榄油	亚麻籽油	椰子油	蓖麻油
2012	39.6	14.79	—	—	—	4.6	3.76	20.78	22.76
2013	44.1	18.06	0.94	43.9	6.1	4	1.83	13.07	23.19
2014	56.9	28.34	1.71	45.5	9.4	3.6	1.72	13.93	17.3
2015	80.6	36.03	2.83	65.1	12.8	3.9	2.87	14.46	22.7
2016	93.2	47.47	3.09	95.7	10.7	4.5	3.4	13.3	25.7
2017	71.2	34.0	4.0	74.5	10.8	4.3	4.0	13.0	27.0

注：资料来源国家粮油信息中心和中粮集团，作者加以整理。

4. 我国食用油市场产销及自给率情况

根据国家粮油信息中心提供的"中国食用油市场综合平衡分析"，我们可以看到：2016/2017年度，我国食用油市场的总供给量为3659.8万吨，其中包括国产油料和进口油料合计生产的食用油产量2930.7万吨及直接进口的各类食用油合计729.1万吨；与此同时，我们还可以看到2016/2017年度，我国食用油的食用消费量为3365万吨，工业及其他消费为370万吨，出口量为16.5万吨，合计年度需求总量为3751.5万吨（即年度消费总量）。这样我们可以计算出，2016/2017年度我国食用油的自给率为31.1%（即2017年国产油料出油量1168万吨，与年度需求总量3751.5万吨之比），较上年的自给率32.4%相比，又下降了1.3个百分点（表5）。

表5 2012—2017年度我国食用植物油自给率一览表

年份	年度消费量/万吨				国产油料出油量/万吨	自给率/%	与上年比较/%
	食用消费量	工业及其他消费量	出口量	合计			
2012	2650.0	255.0	9.6	2914.6	1159.2	39.8	—
2013	2775.0	280.0	10.8	3065.8	1166.9	38.1	−1.7
2014	2890.0	305.0	12.4	3207.4	1164.7	36.3	−1.8
2015	3000.0	330.0	15.9	3345.9	1127.0	33.5	−2.8
2016	3125.0	353.0	12.9	3490.9	1131.8	32.4	−1.1
2017	3365.0	370.0	16.5	3751.5	1168.0	31.1	−1.3

注：此表根据国家粮油信息中心提供的有关数据，经作者整理、计算后绘制。

5. 我国及全球人均年食用油消费情况

根据2016/2017年度我国食用油需求总量（即消费量）为3751.5万吨，按联合国网站提供的中国人口为14.1亿计算，2017年我国人均年食用油的消费量为26.6千克（表6）。另外，根据美国农业部提供的世界主要植物油产量消费及库存情况，2016/2017年度，全球消费植物油总量为18388万吨，其中欧盟消费量为2603万吨、美国消费量为1473万吨、印度消费量为2249万吨、泰国消费量为272万吨；另据联合国网站提供的2017年全球人口数为75.5亿、欧盟为7.42亿、美国为3.24亿、中国为14.1亿、印度为13.39亿、泰国为0.69亿。

由此，我们可以计算出2017年全球及各国人均年食用油的消费量，即全球人均年食用油消费量为24.4千克、欧盟为35.1千克、美国为45.5千克（表7），充分表明，我国食用油的人均消费量已超过世界人均水平，并有继续增加趋势。

表6 1996—2017年我国人均年食用油消费情况

年份	食用油消费量/万吨	人均年食用油消费量/千克
1996	1002.5	7.7
1998	1090.7	8.4
2000	1245.7	9.6
2001	1330	10.2
2002	1410	10.8
2003	1500	11.5
2004	1750	13.5
2005	1850~1900	14.2~14.6
2006	2271.7	17.5
2007	2509.7	19.3
2008	2684.7	20.7
2011	2777.4	20.6
2012	2894.6	21.4
2013	3040.8	22.5
2014	3167.4	23.2
2015	3294.6	24.1
2016	3426.5	24.8
2017	3751.5	26.6

注：① 2006—2008年食用油消费量按国产油料扣去食用部分后的总折油量加上净进口前折油之和。

② 1996—2008年的我国人均年消费按13亿人口计算；2011—2013年按13.5亿人口计算；2014年按13.6782亿人口计算；2015年按13.68亿人口计算；2016年按13.8271亿人口计算；2017年按联合国网络发布的中国人口数为14.1亿人口计算。

表7 2017年全球及有关国家人口数量、食用油消费量及人均年食用油消费量

项目	全球	欧盟国家	美国	泰国	印度	中国
人口数/亿	75.5	7.42	3.24	0.69	13.39	14.1
食用油消费量/万吨	18388	2603	1473	272	2249	3751
人均年食用油消费量/千克	24.4	35.1	45.5	39.4	16.8	26.6

注：人口数来自联合国网站，食用油消费量来自美国农业部。

6. 提高我国食用植物油自给率的建议

从表1、表3、表5、表6中，我们可以清楚地看到：近年来，我国的油料生产稳步

发展，2017年产量突破6000万吨大关，但增幅不大，远远跟不上消费增长的需要；为满足市场需求，我们进口油料油脂数量屡创历史新高；我国食用植物油的消费总量已达3750多万吨，人均年食用油消费量已达26.6千克，超过了全球人均24.4千克的水平，并有继续增加的趋势；我国食用植物油的自给能力连年下降，2017年已下降到31.1%，对此深感忧虑，亟待研究解决。

《国家粮食安全中长期规划纲要（2008—2020年）》中提出：到2020年，我国食用植物油的自给率不低于40%。而2017年我国食用油的自给率只有31.1%，现在离2020年只有两年多时间了，如果不抓紧采取有力措施，要想达到纲要中的要求是有一定难度的。

为此我在2012年发表的文章建议，提高我国食用油自给率最有效的途径有以下几方面。在耕地利用上，油料生产发展的重点应放在"冬抓休闲地，春抓撂荒地"上；在油料品种的发展上，应重点放在扩大油菜籽、花生和葵花籽的种植上，放在扶持和发展以油茶为代表的木本油料和其他特种油脂上；在育种上，应重点放在提高单位面积产量和油料的含油率上；在资源利用上，要把米糠和玉米胚芽等作为重要的油料资源，充分加以利用，并建议国家要像支持发展油料生产一样支持和扶持米糠和玉米胚芽的利用。

至今，我仍然坚持上述主张。与此同时，当前我们要通过认真贯彻供给侧结构性改革、"健康中国"建设以及"中国好粮油"行动计划，积极调整农业生产结构和产品结构，以推动油料生产的进一步发展。

（二）发展花生产业符合供给侧结构性改革

花生是世界上最重要的油料作物之一，种植面积仅次于油菜，在世界油脂生产中雄居举足轻重的地位。花生是我国的八大油料作物之一，近几年来产量不断增加，稳居我国八大油料作物之首。花生营养丰富，不仅是优质的食用油生产原料，也是优质的食品和生产多种美食的原料，发展花生产业符合供给侧结构性改革战略要求。

1. 我国花生种植地域广阔

花生亦称"落花生""长生果"，属豆科，一年生草本油料作物。花生起源于美洲，16世纪传入我国。世界上以印度、中国、美国、印度尼西亚、塞内加尔、苏丹、尼日利亚、刚果（金）和阿根廷等为主产国。我国花生除青藏地区外，全国各地均有种植，主要产区有河南、山东、河北、广东、安徽、湖北、四川、吉林、辽宁和广西等省（区）。预测2017年我国花生种植面积为485万公顷，其中种植面积最多的是河南省为115万公顷，山东省为76万公顷，广东省为37.5万公顷，河北省为36万公顷（表8）。

表8 我国花生种植面积、单位面积产量（单产）、总产量一览表

年份	项目	全国	河北	辽宁	吉林	江苏	安徽	福建	江西	山东	河南	湖北	湖南	广东	广西	四川
2010	种植面积/千公顷	4527	367	332	135	103	195	99	152	805	989	189	113	329	170	259
	单位面积产量/产量（吨/公顷）	3.4555	3.5174	2.8929	2.7386	3.6460	4.4397	2.5267	2.6774	4.2118	4.3216	3.4053	2.4126	2.6521	2.5541	2.3732
	总产量/千吨	15644	1292	961	371	377	864	250	408	3390	4276	644	273	871	435	615
2011	种植面积/千公顷	4581	360	377	119	100	189	100	158	797	1011	192	119	334	180	259
	单位面积产量/产量（吨/公顷）	3.5020	3.5790	3.0910	3.0410	3.6920	4.4650	2.5810	2.7710	4.2480	4.2530	3.5770	2.6890	2.7160	2.6440	2.4260
	总产量/千吨	16046	1289	1165	360	370	843	257	437	3386	4298	687	320	908	475	627
2012	种植面积/千公顷	4639	355	360	142	96	188	100	161	787	1007	240	111	343	189	262
	单位面积产量/产量（吨/公顷）	3.5980	3.5810	3.2400	3.3100	3.7560	4.6340	2.6140	2.7880	4.4300	4.5080	3.1000	2.5090	2.7840	2.7160	2.4740
	总产量/千吨	16692	1269	1165	467	360	869	262	448	3487	4540	743	278	955	513	648

年份	项目															
2013	种植面积/千公顷	4633	356	341	148	94	187	102	164	780	1037	200	113	351	195	260
	单位面积产量（吨/公顷）	3.6633	3.6577	3.2592	3.7655	3.7450	4.7343	2.6438	2.7614	4.4299	4.5444	3.3997	2.5099	2.8446	2.7764	2.5163
	总产量/千吨	16972	1301	1113	558	353	887	269	452	3457	4714	681	283	998	541	654
2014	种植面积/千公顷	4604	352	306	150	92	190	103	163	755	1058	199	115	357	204	261
	单位面积产量（吨/公顷）	3.5810	3.6668	2.0302	3.6302	3.8000	4.9547	2.6929	2.8083	4.3863	4.4532	3.4785	2.5758	2.9189	2.8178	2.5526
	总产量/千吨	16482	1292	620	546	348	944	278	457	3313	4713	691	295	1043	576	666
2015	种植面积/千公顷	4616	343	278	173	91	191	105	164	740	1075	199	118	366	214	263
	单位面积产量（吨/公顷）	3.5617	3.7161	1.6119	3.2233	3.8708	4.9409	2.7284	2.8274	4.3137	4.5162	3.4103	2.5790	2.9800	2.8323	2.5791
	总产量/千吨	16440	1274	448	559	351	944	286	464	3194	4853	679	305	1090	607	678

续表

年份	项目	全国	河北	辽宁	吉林	江苏	安徽	福建	江西	山东	河南	湖北	湖南	广东	广西	四川
2016	种植面积/千公顷	4727	342	281	207	94	183	106	164	740	1128	206	118	369	221	264
	单位面积产量/(吨/公顷)	3.6573	3.7899	2.7641	3.2322	3.9095	4.9551	2.7329	2.8391	4.3469	4.5134	3.4810	2.5860	3.0332	2.9312	2.6007
	总产量/千吨	17290	1297	777	668	367	907	289	465	3216	5092	717	306	1119	649	688
2017年5月预测	种植面积/千公顷	4850	360	300	210	100	190	110	170	760	1150	210	115	375	210	270
	单位面积产量/(吨/公顷)	3.7116	3.7790	2.8840	3.6670	3.8950	4.9280	2.7270	2.8260	4.4270	4.5740	3.4980	2.5710	3.0410	2.9510	2.6150
	总产量/千吨	18000	1360	865	770	390	936	300	480	3365	5260	735	296	1140	620	706
2018年5月预测	种植面积/千公顷	4840	350	290	200	90	192	108	168	780	1130	215	117	370	220	280
	单位面积产量/(吨/公顷)	3.6877	3.7990	2.3963	3.6240	3.9230	4.9720	2.7740	2.8580	4.4162	4.5755	3.4670	2.5903	3.0810	2.9750	2.6420
	总产量/千吨	17850	1330	695	725	353	955	300	480	3445	5170	745	303	1140	655	740

注：资料来源国家粮油信息中心。

2. 我国花生产量稳居世界第一

我国花生品种植面积仅次于印度，居世界第二位，但单位面积产量远超印度。据预测，2017 年我国花生的单位面积产量平均为 3.7116 吨 / 公顷。单位面积产量最高的为安徽省，达 4.928 吨 / 公顷，其次是河南省，为 4.574 吨 / 公顷，再次是山东省，为 4.427 吨 / 公顷（表 8）。另据预测，2017 年我国花生的总产量为 1800 万吨，占世界花生产量 4415 万吨的 40.8%，稳居世界第一。2017 年在我国花生总产量最多的是河南省，为 526 万吨，其次是山东省为 336.6 万吨、河北省为 136 万吨、广东省为 114 万吨（表 8）。

我国不仅是花生的生产大国，也是花生及其制品的消费大国，在世界花生及其制品的进出口贸易中有着举足轻重的地位。据美国农业部提供的数据，2017 年全球花生的出口量为 405 万吨，进口量为 317 万吨，其中我国进口花生 25 万吨、花生油 11 万吨；出口花生 15 万吨、出口花生制品 37 万吨（表 9），占据全球花生及其制品进出口贸易相当大的比重。

表9 我国花生及其制品进出口数量 　　　　　　　　　　　单位：万吨

年份	花生		花生油		花生制品	
	进口	出口	进口	出口	进口	出口
2008	0.97	23	0.59	1		
2009	0.24	24	2	0.98		
2010	1	19	7	0.78		
2011	6	17	6	0.87		
2012	2	15	6	0.82		
2013	2	13	6	0.74		
2014	3	14	9	1		
2015	13	13	13	0.93		
2016	46	12	11	0.94	0.17	29
2017	25	15	11	0.85	0.14	37
2018	7	4	2	0.2	0.018	7

注：资料来源中粮贸易并加以整理。

3. 花生不仅是优质食用油生产原料，也是优质食品生产原料

大家都知道，我们通常讲的花生是由花生壳和花生仁（含种皮）两大部分组成。花生

中花生壳占整个花生质量的 27%~33%（不同花生品种略有差异），花生仁（通常称之"花生米"）占 67%~73%。花生的脂肪含量仅次于芝麻，高于大豆，油菜籽和棉籽。花生仁含油率 50% 左右，属高含油油料作物。用花生仁制取的花生油，不仅具有人民喜爱的香味，并含有甾醇、胆碱和维生素 E 等营养活性物质，是我国百姓公认的优质高端食用油。我国每年有一半左右的国产花生用于制油，制得各类花生油产量为 270 万 ~300 万吨，2017 年预测为 272 万吨（表 2）。

据美国农业部提供的数字，2017 年在全球花生产量 4415 万吨中，用于榨油的花生只有 1829 万吨，只占花生产量的 41.4%，由此表明，我国与国际上花生的用法是基本一致的。

由于花生仁含 24%~36% 的蛋白质，所以花生制油后的花生饼粕中蛋白质含量就更高，可达 50% 以上。花生饼粕中所含营养成分丰富，不仅可作优质饲料的原料，还能提取优质蛋白，作为食品工业的原料。花生蛋白消化吸收率高，含有人体必需的八种氨基酸，是仅次于大豆蛋白的优质植物蛋白资源，充分加以利用，可以造福人类。

花生不仅是优质食用油生产原料，也是多种食品生产原料——炒烤花生果、油炸花生米，五香、香草、奶油花生米，咸花生、花生酱，以及琥珀花生、花生酥、花生粘、鱼皮花生等，众多的制成品，都是人见人爱的花生美食。

4. 发展花生产业的优势

综上所述，我国发展花生产业有着得天独厚的优势，主要体现在以下 4 个方面。

（1）发展花生产业有利于提高我国食用植物油的自给能力。近年来，我国食用植物油的自给率连年下降，2017 年已下降到 31.1%，亟待研究解决，以利国家粮油安全。而发展花生产业，扩大单位面积产量高、含油率高的花生种植面积是提高我国食用植物油自给率的最佳选择。

（2）花生在我国种植面积广，适宜种植在比较瘠薄疏松的沙质土壤里，不与粮食争好地。

（3）花生营养丰富，用花生制得的花生油是百姓公认的优质高端食用油，市场前景好。花生饼粕是优质蛋白资源。

（4）花生是优质的食品生产原料，在我国市场上丰富多彩的花生食品，深受百姓喜爱，销量经久不衰，蒸蒸日上。

由此可见，发展花生产业符合供给侧结构性改革，有助于"健康中国"建设，是"中国好粮油"品牌中数量最大、最有影响力的食用油品。

（三）对新时代我国油脂产业发展的思考

为使我国食用植物油加工业在新时代有新的发展，我们要全面贯彻党的十九大精神，以习近平新时代中国特色社会主义思想为指导，进一步贯彻《国务院办公厅关于加快推进农业供给侧结构性改革大力发展粮食产业经济的意见》和《粮油加工业"十三五"发展规划》《粮食行业"十三五"发展规划纲要》，坚持新时代、新需求、新发展理念，围绕实施"健康中国"建设，通过供给侧结构性改革，实现油脂产品的优质、营养、健康和企业的转型高效发展，为此，我认为在新时代我国食用植物油加工产业要有新的作为、新的发展，应该重点在以下八个方面做好工作。

1. 做好助力"健康中国"建设这篇大文章

认真做好粮食行业供给侧结构性改革，提高安全、优质、营养、健康油脂食品供给能力。在党中央、国务院的英明领导下，近年来我国粮油连年丰收，加上通过有效利用国际市场，为保障国家粮油安全、促进经济社会发展奠定了坚实基础。当前，我国食用植物油市场供给充裕，品种丰富，但同时存在着优质油品供给不足、深加工转化滞后、资源综合利用水平不高等问题。解决这些问题，必须加快推进粮食行业供给侧结构性改革。

我国全面建成小康社会就在眼前。随着我国经济的持续向好发展，人们生活更加富裕和生活水平的不断提高，人们对粮油食品的要求越来越高，在告别了粮油计划供应、有啥吃啥的年代后，人们要求在吃得安全、吃得好的基础上吃得更加营养、更加健康。

为满足全面建成小康社会城乡居民消费结构升级的需要，食用植物油加工企业要积极调整产业、产品结构，加快提高安全、优质、营养、健康油脂食品的供给能力；要增加满足不同人群需要的优质化、多样化、个性化、定制化油脂产品的供给；要增加专用油和营养功能性新产品以及绿色、有机等"中国好粮油"产品的供给；要大力发展木本特种食用油脂等优质、营养、健康中高端产品的供给；要提高名、特、优、新产品的比例，充分发挥"老字号"的品牌效应等。总之，在新时代食用植物油加工企业要把深入推进粮食行业供给侧结构性改革，提高安全、优质、营养、健康粮油食品的供给能力作为首要任务，做好助力"健康中国"建设这篇大文章。

2. 要始终坚持质量安全第一

粮油加工企业要坚守食品安全底线，把产品质量安全放在第一位，并在保证质量安全的前提下，把"适口、营养、健康、方便"作为今后的发展方向；要按照食品安全、绿色生态、营养健康等要求，完善原料采购、检验、在线检测和成品质量检验，建立"从田间到餐桌"覆盖生产经营全过程的粮油质量安全信息追溯体系，确保粮油产品质量安全万无一失。

要继续提倡适度加工，最大程度地保存粮油原料中固有的营养成分，防止过度加工。要科学制修订好粮油的国家标准、行业标准和团体标准，规范和引领食用植物油加工业的健康发展。要广泛进行科普宣传，引领科学消费、合理消费、健康消费。

3.充分利用资源为国家增产油脂

重视发展粮食循环经济，搞好资源的转化和副产物的综合利用，要针对不同时期粮油资源的实际，搞好油料油脂资源的加工转化。要依托大型骨干企业，大力开展米糠、麦麸、麦胚、饼粕和油脚等副产物综合利用，提高资源利用价值，尤其是要搞好米糠的利用。根据规划，争取到2020年，我国米糠制油的利用率由2015年的15%左右提高到50%以上，为国家增产油脂。

4.要优化调整产业结构

要根据优胜劣汰的原则，继续培育壮大龙头企业和大型骨干企业，支持他们做大做强、做优做精，引导和推动企业强强联合，跨地区、跨行业、跨所有制兼并重组，积极采用先进技术与装备，成为产品质量高、能耗量低、经济效益好、新产品开发能力强的国家级、省级龙头企业；鼓励有地方特色、资源优势的中小企业积极提升技术装备水平和创新经营方式，主动拓展发展空间，形成大、中、小型企业合理分工、协调发展的格局；要强化食品质量安全、环保、能耗、安全生产等约束，促进粮油加工企业加大技术改造力度，倒逼落后加工产能依法退出；支持粮油加工产业园区或集群建设，促进优势互补。

5.要重视安全文明、清洁环保和节能减排

食用植物油加工企业要继续强调必须加强安全生产、清洁生产和文明生产，做到绿色生产、节能减排、保护环境；要把安全文明生产、绿色生产、保护环境和节能减排等作为食用植物油加工业发展的永恒主题；要以绿色粮源、绿色食品、绿色工厂、绿色园区为重点，建立绿色粮油产品供应链；要鼓励油脂加工企业建立绿色、低碳、环保的循环经济系统，降低单位产品能耗和物耗水平；要按国家和地方相关规定，严格控制废水、废气、污水及灰尘、粉尘的排放。认真做到单位工业增加值二氧化碳排放量下降、单位工业增加值能耗量下降和主要污染物排放总量减少等指标，达到国家和地方相关规定的要求。

6.发展新业态，创新现代营销模式

近年来，随着互联网、物联网技术的日臻成熟和快速发展，改变了商品的传统营销模式。为此，食用植物油加工企业要积极推进实施"互联网＋零售"行动，开展在线销售、原料采购等活动，发展"网上粮店"，推广"网订店取""网订店送"等零售新业态、新模式，促进线上线下融合发展，创新现代营销模式。

7. 要实施创新驱动，科技兴粮

创新是引领发展的第一动力，党中央、国务院高度重视科技创新。习近平总书记指出："纵观人类发展历史，创新始终是一个国家、一个民族发展的重要力量，也始终是推动人类社会进步的主要力量。不创新不行，创新慢了也不行。"为认真实施创新驱动发展战略，在《粮油加工业"十三五"发展规划》和《粮食行业科技创新发展"十三五"规划》中提出，要"强化企业技术创新的主体地位"和"强化产业技术原始创新能力以及国产装备的自主创新能力"。由此可见，拥有自主知识产权的核心技术是创新中的核心。

根据食用植物油加工业的实际，我认为当前的创新重点应该放在以下 3 个方面。

（1）要研究开发粮油加工业的新技术、新工艺、新材料、新产品和新装备，以进一步提升我国食用植物油加工业的整体水平。

（2）要重视关键技术装备的创新研发。粮机装备制造业要以专业化、大型化、成套化、智能化、绿色环保、安全卫生、节能减排、节粮减损为导向，发展高效节能食用植物油加工装备；提高关键设备的可靠性、使用寿命和智能化水平；鼓励研发木本油料加工和特种油料加工成套设备；鼓励研发定制机器人应用和智能工厂；鼓励研发原料收购现场质量品质快速检测及质量控制设备、智能仓储及输送、烘干等关键设备。

（3）要发挥品牌的引领作用。要进一步加强油脂品牌建设的顶层设计，通过质量提升、自主创新、品牌创建、特色产品认定等，培育出一批像鲁花、金龙鱼、福临门等具有自主知识产权的、家喻户晓的、有较强市场竞争力的全国性名牌产品。

8. 践行"一带一路"倡议，实施"走出去"战略

支持有条件的食用植物油加工企业与粮食加工企业联合起来，加强与"一带一路"沿线国家，尤其是上海合作组织成员国，在农业投资、贸易、科技、产能、粮油机械装备等领域的合作。通过"走出去"，培训一批具有国际竞争力的大粮商和粮油企业集团，支持在农业生产、加工、仓储和港口等环节开展跨国全产业链布局，逐步建立境外粮油产销加工储运基地。在造福当地百姓的同时，提高我国"走出去"企业的国际市场竞争能力和资源供给保障能力。

以上发言不当之处请批评指正。

谢谢大家！

十七、介绍一种多用途的油料——油莎豆
——发表于《中国油脂》杂志

（2018 年 9 月 9 日　于北京）

（一）油莎豆简介

油莎豆又名油莎草、铁荸荠、地杏仁、地下板栗、地下核桃、人参果和人参豆，有些地方叫油豆。油莎豆在国外叫虎坚果、老虎豆等。油莎豆原产于非洲北部、地中海和尼罗河沿岸地区，属亚热带、温带及寒温带地区种植植物，是一种集粮、油、牧、饲于一体综合利用价值高、开发潜力大的新兴经济作物。其生物特征有如下 5 点。

（1）地上长茎叶，高可达 100~150 厘米，叶片扁而厚，细长呈剑状，须根系，分蘖力强，呈株丛生长，是优质牧草。

（2）地下结果，油莎豆的地下茎顶端膨大为椭圆块茎，形如大粒花生仁，每苑结果数在 100~300 粒，在我国新疆沙化土地区试验种植的最高可达 800 粒，是营养丰富的食品原料。

（3）油莎豆适应性广，喜阳光、耐高温、管理粗放、抗旱耐涝、易种好管、很少发生病虫害。由于其光合作用强、根系发达、分蘖再生力和抗逆性强，几乎在各种土壤和条件下都可以生长，油莎豆系野生驯化而变为家种，其原产地为沙漠干旱地区，在长期的自然选择中形成顽强的生命力，基本上不发生病虫害。

（4）生长期短，120~140 天，在我国从 3 月初到 7 月都可播种，也可在其他作物间套种。

（5）油莎豆成熟后，干物质比重大，富含脂肪、糖、维生素、膳食纤维和各种微量元素等，富含不饱和脂肪酸和维生素 E（表 1）。

表 1　油莎豆的主要成分组成

组分	脂肪	糖	蛋白质	膳食纤维	维生素	天然树脂
含量/%	20~36	15~21	3~15	4~14	0.8~1.4	5~7

油莎豆种植不需要占用良田，我国大面积的边际化土地均可种植，一般亩产可达600~800千克，最高可达1000千克。现在油莎豆广泛分布于非洲、欧洲、亚洲和北美洲的热带、亚热带及温带地区。在许多国家，如埃及、摩洛哥、尼日利亚、刚果、西班牙、意大利、保加利亚、俄罗斯、美国、中国等国均有栽培。在欧洲，主要商业种植区在西班牙，集中于该国的巴伦西亚地区。

油莎豆有栽培种和野生种。栽培种油莎豆分布于南欧、非洲和亚洲。野生油莎豆常见的变种主要分布在南欧、非洲和亚洲，美国南部，尤其是佛罗里达州，北美洲、南美洲也有少量分布。

从种皮颜色上来区分，目前世界上有黄色、棕色、红色和黑色四种颜色的油莎豆，较为常见的是黄色和棕色，红色油莎豆只发现在非洲的喀麦隆，黑色油莎豆分布在喀麦隆和加纳。

（二）油莎豆在我国的引入栽培情况

我国最早是在1952年由中国科学院植物研究所北京植物园从苏联引种油莎豆，又于1960年由保加利亚引入栽培。

1974年和1975年，中国科学院植物研究所北京植物园和遗传研究所，又分别从朝鲜引进大粒油莎豆。大粒油莎豆是朝鲜科学院植物研究所通过化学诱变剂硫酸二乙酯（EMS）浸种处理油莎豆块茎而培育成的新品种，大小相当于普通油莎豆的2~3倍。大粒油莎豆个大、丰产、便于收获，但含油量偏低（较普通油莎豆低4%~6%）。

20世纪60年代初，经过引种和繁育，油莎豆在中国科学院植物研究所北京植物园试种成功。油莎豆经在北京郊区县的沙土地、沙滩地、低洼地、高岗地、沙荒地和盐碱地试验种植，均获得成功，亩产达到500千克以上。此后经推广，油莎豆逐渐传播到全国各地。到20世纪70年代，全国掀起了油莎豆种植高潮，国家还为此拍摄了科教片《油莎豆》于1976年春节期间在全国公演。但由于当时的种植成本以及市场销路问题，导致农民种植油莎豆的热情大为减退。

从20世纪80年代至21世纪初，全国油莎豆种植一直处于低潮。2000年以来，随着对油莎豆经济价值的深入了解和认识以及栽培和深加工技术的提高和完善，全国部分地区陆陆续续又开始引种和扩大油莎豆种植，尤其是从2006年起，国内新疆、内蒙古、广西、湖南、湖北、河北、北京等地已开始小规模种植。近年来，油莎豆产业发展势头看好。

（三）发展油莎豆产业的优势

1. 油莎豆的经济价值

油莎豆的综合经济价值很高，可以开发多种产品。

（1）茎叶可做绿色饲料　油莎豆分蘖力强，地上茎叶高达 1~1.5 米，无茎秆、叶细长，叶片平均长 67 厘米，宽 0.5 厘米，亩产鲜草 3 吨，干草 1 吨，茎叶营养丰富，含粗脂肪 7.6%~8.9%、糖 10.6%、粗蛋白 9.8% 和膳食纤维 19.3%，可直接或打浆后饲养牛、羊、兔等食草动物；干草可打成粉状调配混合饲料，饲养鸡、鸭、鹅等家禽。

（2）根系具有药用价值可萃取精油　油莎豆在生长期内，其地下须根释放一种清香的特殊气味，使整个植株不生病虫害。油莎豆地下根系繁多，每株有 200~500 根，长 5~20 厘米，晒干后，有清香气味，有养神明目之功效，并能萃取精油。

（3）油莎豆块茎可加工优质食用油　油莎豆富含油脂，含量 20%~30%，有的高达 36%，是榨取高端植物食用油的重要原料。油莎豆油脂中不饱和脂肪酸含量高达 80% 以上，其中油酸含量 65%，亚油酸含量 15%，是优质的食用油，油质清纯，食味醇香，其营养价值与花生油相似，可以和橄榄油媲美（表 2、表 3）；长期食用对高脂血症、心血管病和机体代谢紊乱等疾病有一定的防治功效，可开发为具有优势的功能性食用油。

表 2　油莎豆油的脂肪酸组成

脂肪酸	相对含量/%	检测依据
棕榈酸	12.3	GB/T 17377—2008
棕榈一烯酸	0.3	GB/T 17377—2008
十七碳烷酸	0.1	GB/T 17377—2008
十七碳一烯酸	0.1	GB/T 17377—2008
硬脂酸	5.1	GB/T 17377—2008
油酸	69.7	GB/T 17377—2008
亚油酸	11.2	GB/T 17377—2008
亚麻酸	0.2	GB/T 17377—2008
花生酸	0.6	GB/T 17377—2008
花生一烯酸	0.2	GB/T 17377—2008
山嵛酸	0.1	GB/T 17377—2008
二十四碳烷酸	0.2	GB/T 17377—2008

注：脂肪酸检出限 0.05%。

表3 油莎豆油与花生油、橄榄油、油茶籽油的营养成分组成比较表

油品成分	油酸/%	亚油酸/%	棕榈酸/%	硬脂酸/%	亚麻酸/%	花生酸/%	维生素E/（毫克/100克）
油莎豆油	64.12	15.14	9.32	2.22	2.36	0.41	56.4
橄榄油	84.4	4.6	6.9	2.3	0.5	0.1	16.8
油茶籽油	75.0	8.0	8.0	1.1	0.51		51.0
花生油	53.4	24.9	8.3	6.3		2.4	13.9

（4）油莎豆可提取天然药物 油莎豆块茎性辛、甘、温，有疏肝行气、健脾和健胃功效，有助于治疗肝郁气滞所致的胁痛、胸闷；脾胃气滞所致的脘腹胀满、胃纳呆滞、脾虚食少、食积停滞、消化不良等症。对其富含的活性物质进行提取，可用于制造生物药品。

（5）油莎豆可加工成多种健康食品 油莎豆营养成分丰富，可加工成上百种健康食品；国外有的厂家已经生产出油莎豆的饮料、奶粉等婴幼儿、老年保健食品。

（6）油莎豆榨油后的饼粕还可用于提取淀粉、糖和酿制优质白酒等 油莎豆榨油后的饼粕含有淀粉、糖等营养物质。通过一定的物理、化学和生物手段，可提取淀粉、糖等产品，作为食品加工原料使用。油莎豆榨油后的饼粕，熬糖、酿酒之后的糖渣、酒糟还可加工成喂养畜禽的优质蛋白饲料。

2. 油莎豆的环保价值

（1）油莎草能防风固沙，改善生态环境 油莎豆属被子植物中的多年生草本植物。油莎豆根系发达，分蘖力强，原产地在非洲沙漠地区，抗旱耐涝，生长迅速，播种后2~3个月其茎叶即可覆盖地面，在沙化土地区大面积种植可起到防风固沙、防止水土流失、改善生态的作用；油莎豆抗逆性强，几乎没有病虫害，在整个生产过程中很少施用农药，对农业生产环境和产品本身污染很小，是保护生态、改善环境、开发绿色、有机食品的理想植物。

（2）油莎豆油脂还是制造高级润滑油和生物柴油的原料 油莎豆富含油脂，是单位面积产油量最高的植物油料之一，其油脂润滑性能好，是生产生物柴油、润滑油的优质基础原料；用油莎豆生产的生物柴油具备可再生性、优良环保性、生物降解性、良好润滑性、可替代性、安全性等优良性能；油莎豆生物柴油可有效减排各种污染物95%以上，是普通石化柴油的替代品，可大大减少普通柴油使用对大气的污染，对治理雾霾和保护生态环境发挥重要作用（表4）。

表4 油莎豆生物柴油与石化柴油的比较

比较项目		生物柴油	石化柴油	备注
能量	热值	32.4~36.7兆焦/升	35.5兆焦/升	虽然生物柴油热值稍低，但其十六烷值高。而且生物柴油成分中含氧，与普通柴油混合时燃烧更为完全，热效率更高，所以，混合使用可获得良好的动力性，能达到利用柴油的最大功率，并有良好的超负荷特性
	十六烷值	52~70	50	
环境污染	有毒有机物排放	10%	100	相对值（与普通柴油相比，使用生物柴油可降低90%的空气毒性，降低污染者94%的患癌率）
	颗粒物	20%	100	相对值
	一氧化碳	5%	100	相对值
	二氧化硫	无	100	相对值
	铅	无	100	相对值
性质	黏度	5~10 平方毫米/秒	3~8 平方毫米/秒	
	动力	稍小		纯生物柴油
机械损伤		对发动机、油路无腐蚀、喷嘴无结焦、燃烧室无积炭		生物柴油具有良好的润滑性能，使喷油泵、发动机缸体和连杆磨损率降低
安全性		生物柴油由于闪点高，不属于危险品，储存、运输、使用较为安全		

3. 油莎豆的社会价值

（1）促进沙化土地的利用，提高边际化土地的利用效益　目前，全球荒漠化的面积已经达到36亿亩，占陆地总面积的25%，沙生产品占市场份额的5%左右。我国荒漠化面积已达到4亿亩，占国土面积的27.3%，沙生产品只占市场份额的3%左右，美国的沙生产品却占到世界市场的37.3%。所以，因地制宜地适时推广种植原产在非洲沙漠地区、最适宜在沙化土地生长的油莎豆，有利于我国沙化土地的利用，提高边际化土地的利用效益。

（2）有利于沙化土地区种植结构调整和农民增收致富　根据我国供给侧结构性改革的需要，要进一步推进农业结构调整，特别是要加快农业种植结构调整，引导农民根据市场需求发展生产，增加优质绿色农产品供给。油莎豆是一种适合在沙化土地区种植的多用途绿色经济作物，产量高、用途广、市场前景广阔；发展油莎豆产业，能有效支持农民种植结构调整，增加农民的经济收入，能够通过产业化项目帮助农民脱贫致富。

（3）减少食用油进口，保证国家食用油安全　油莎豆富含油脂，是提取优质绿色食用油的原料。我国作为植物食用油的消费大国，目前超过60%的食用植物油原料需要进口。所以，有计划地扩大油莎豆的种植面积可以获得更多的绿色健康的食用油原料，减少食用油料油脂的对外依存度，提高我国食用油的自给能力，以利于更好地维护我国食用油安全。

（四）我国有关部门对发展油莎豆产业高度重视

我国早在2007年农业部、国家认证认可监督管理委员会公告（第699号）将油莎豆油认证为无公害农产品；又在农业部、国家认证认可监督管理委员会2012年第2号公告将油莎豆油认证为有机产品。

2015年11月2日，农业部发布《农业部关于"镰刀弯"地区玉米结构调整的指导意见》，意见指出：①围绕"镰刀弯"地区结构调整的目标任务，重点推进生态保护型调整，调减石漠化地区的玉米种植，改种有生态涵养功能的果桑茶药等经济林、饲草、饲油兼用的油莎豆等，既保护生态环境，又促进农民增收。②在西北风沙干旱区的生态脆弱区，积极发展耐盐耐旱的饲油兼用油莎豆等沙生植物。③在西南石漠化区，发展饲用麻、饲用桑、饲油兼用油莎豆和人工草地，支撑本地草食畜牧业发展。

2016年4月11日，农业部印发《全国种植业结构调整规划（2016—2020年）》，指出要实行"多油并举""因地制宜发展耐旱耐盐碱耐瘠薄的油葵、芝麻、亚麻等小宗油料作物，积极发展高油玉米。在适宜地区示范推广油用牡丹、油莎豆等，增加新油源"。

根据党和国家加快发展现代农业，促进农民持续增收的战略部署，依据农业部全国农业种植结构调整规划，适时大力发展油莎豆产业，符合以科技项目推动扶贫工作、以农业产业化项目带动农民致富的精神，对促进我国沙化土地的利用、调整农业种植结构、促进农村经济发展、改善生态环境将起到积极的推动作用。

以上文件精神，充分表明我国政府对发展油莎豆产业的高度重视。

（五）我国油莎豆产业发展现状及建议

油莎豆自20世纪50—60年代从保加利亚和苏联引进到北京植物园，主要作为园艺观赏植物培育种植，后在全国各地作为多用途经济作物推广。由于受种源、收获机械、加工利用技术、市场等限制，一直未形成规模化种植。

21世纪初期，在我国新疆沙化土地区开始进行规模化种植，主要以防风固沙、绿环环境、发展饲草业为主；随着我国农业种植结构调整、农民增收脱贫和人们对健康食品的需求，在我国东北、西北和华北等地区，油莎豆被作为一种替代玉米的多用途经济作物和帮助农民脱贫致富的产业项目逐渐发展起来。在脱贫攻坚地区政府的推广号召下，当地农民成立了一批油莎豆种植农业合作社和以油莎豆产业链开发为主营业务的农业公司，为解决产业发展过程中出现的技术难题，在中国技术市场协会的指导下成立了中国技术市场协会油莎豆科技产业联盟，油莎豆产业进入有组织的发展阶段。

随着油莎豆的环保、经济、市场、扶贫价值逐步被人们认识，油莎豆的种植面积迅速扩大，由2017年的3.6万亩猛增到今年的近20万亩，种植区域扩大到新疆、内蒙古、甘肃、吉林、辽宁、黑龙江、河北、山东、河南等地，油莎豆种植规模的发展速度已经大大超出了业内的预期。现阶段，油莎豆的种植、收获、产品深加工技术以及人们对油莎豆产品的认识都有了很大提升，产业发展形势随着我国扶贫攻坚进入关键性阶段、强调发展高品质农业产品和国家对生态农业建设的重视变得更加喜人，油莎豆产业发展展现出广阔的前景。

与此同时，在油莎豆产业发展中也面临着以下4个亟待解决的问题。

1. 品种严重退化，栽培技术缺乏规范

我国的油莎豆品种少，多数为自我繁殖，品种混杂退化现象严重，影响产量和品质，部分亩产仅300千克，油脂含量仅为15%。油莎豆种质资源匮乏，缺乏完善的良种繁育技术，目前仅有中国农业科学院油料作物研究所选育的"中油莎1号"在2017年通过中国作物学会油料作物专业委员会认定，但其适合于不同地域的栽培技术尚未形成规范，给机械化生产带来困难，需要加快培育和推广应用适宜在我国种植的高品质油莎豆良种。

2. 规模化生产环节装备空白

油莎豆生产包括耕整地、播种、滴灌、茎叶与块茎收获、清选与烘干、种子与商品块茎仓储等环节。播种及茎叶收获，通过研发改进可基本实现机械化。但由于其块茎颗粒大小及形态不一、结果分散，叶、根、豆、土分离困难，收获窗口期短，机械化收获成为制约油莎豆产业发展的一大瓶颈。油莎豆高淀粉、高糖、高水分，收获时雨热同期，极易发生霉烂，我国适应油莎豆生理特性的清洗、分选、干燥、仓储的技术与设施装备与发达国家差距较大，收获效率低，收获成本高，亟须优化完善。

3. 加工技术装备不足

油莎豆形态不规则、种皮坚厚粗糙，清洗去皮效率低、损失率高。高油脂、高淀粉、高糖分原料特性下的高得率油脂提炼工程化技术与装备无直接经验可借鉴，产业化压榨及浸出制油关键技术装备需重点研发。油莎豆制糖与制粉、饮料、配方食品、休闲食品等产业链延伸产品的深加工技术与装备亟须研发配套。

4. 对油莎豆的认识不到位

油莎豆作为一种绿色健康的沙生产品对我国食用油安全的战略意义还没有得到广泛认可。

综合以上因素，造成油莎豆产品性价比和市场占有率不高；随着种植面积的不断扩大，极易给油莎豆种植户带来销售困难，影响油莎豆产业的健康发展。

中国技术市场协会油莎豆科技产业联盟在对全国油莎豆产业发展进行充分调研的基础上，会同北京鑫科创油莎豆科技发展有限公司于2018年6月联合向科学技术部农村科技司、农业农村部种植司和中国技术市场协会等报告并提出如下建议：我国现有4亿亩沙化土地可用以种植油莎豆，既能防风固沙、改善生态环境，又能为我国食用油安全提供支撑，使我国在国际贸易中不受制于人，同时也为我国广大的油莎豆种植户造就广阔市场，真正实现长期产业脱贫，建议国家科学技术部将油莎豆产业科技研发纳入国家"十三五"科技规划，由中国技术市场协会指导油莎豆科技产业联盟组织中国农业大学等相关大专院校、科研机构，从国家层面开展油莎豆产业科学技术研发、引进、普及和推广，迅速提升油莎豆产业的科技水平和国民对油莎豆产品的认知度，并支持开展油莎豆产业技术的引进、消化和创新。

由科学技术部协调农业农村部开展农民油莎豆种植和收获机械的购置补贴，不断提高油莎豆产业的种植效率和产品质量，降低油莎豆产品的生产成本，使油莎豆健康食用油等食品逐步走上普通百姓的餐桌，形成油莎豆产业的良性循环；在大规模种植油莎豆的基础上，加工企业应能及时收购农民种植的油莎豆，以确保农民的稳定收入，建议国家出台政策，在油莎豆收获季节，由中国农业发展银行为油莎豆加工企业提供收购贷款，以缓解其流动资金的不足，为我国沙化土地的利用、生态环境的改善、打赢脱贫攻坚战和国家食用油安全做出贡献。

我们相信，在国家有关部门的进一步关心支持下，我国的油莎豆产业一定会得到快速健康发展。

十八、发展花生产业满足市场需求

——在"首届中国·扶余花生（四粒红）及杂粮杂豆产业博览会"上的主旨演讲

（2018 年 9 月 29 日　于吉林扶余）

尊敬的各位领导、各位嘉宾、同志们、朋友们：

很高兴应邀来到美丽、富饶的吉林省扶余市，参加由吉林省农业委员会、商务厅、中共松原市委、松原市人民政府、中共扶余市委、扶余市人民政府和中国粮油学会油脂分会、花生食品分会共同主办的"首届中国·扶余花生（四粒红）及杂粮杂豆产业博览会"，借此机会，我代表中国粮油学会油脂分会和花生食品分会对此次博览会的顺利召开表示最热烈的祝贺！对在座的各位领导、各位嘉宾表示诚挚的问候！

吉林扶余是我国著名的商品粮生产基地，也是我国花生（四粒红）和杂粮杂豆等优质粮油资源的重要产地，发展花生产业和杂粮杂豆产业符合中央提出的供给侧结构性改革，助力"健康中国"建设。现在，我以《发展花生产业满足市场需求》为题，向大家简要介绍些情况和讲点意见，供参考。

花生是世界上最重要的油料作物之一，种植面积仅次于油菜，在世界油脂生产中具有举足轻重的地位。花生是我国的八大油料作物之一，近几年来产量不断增加，稳居我国八大油料作物之首。花生营养丰富，不仅是优质的食用油生产原料，也是优质的食品生产原料，发展花生产业有利于增加种植花生农民的收入，符合供给侧结构性改革。

（一）我国花生种植地域广阔

花生亦称"落花生""长生果"，属豆科，一年生草本油料作物。花生起源于美洲，16 世纪传入我国。世界上以印度、中国、美国、印度尼西亚、塞内加尔、苏丹、尼日利亚、刚果（金）和阿根廷等为主产国。我国花生除青藏地区外，全国各地均有种植，主要产区有河南、山东、河北、广东、安徽、湖北、四川、辽宁、吉林和广西等省（区）。预测 2017 年我国花生种植面积为 485 万公顷。其中种植面积最多的是河南省为 115 万公顷，山东省为 76 万公顷，广东省为 37.5 万公顷，河北省为 36 万公顷（表 1）。另外，在表 1 中我

表1 我国花生种植面积、单产、总产一览表

单位：千公顷、吨/公顷、千吨

年份	项目	全国	河北	辽宁	吉林	江苏	安徽	福建	江西	山东	河南	湖北	湖南	广东	广西	四川
2014	种植面积/千公顷	4604	352	306	150	92	190	103	163	755	1058	199	115	357	204	261
	单位面积产量/（吨/公顷）	3.5810	3.6668	2.0302	3.6302	3.8000	4.9547	2.6929	2.8083	4.3863	4.4532	3.4785	2.5758	2.9189	2.8178	2.5526
	总产量/千吨	16482	1292	620	546	348	944	278	457	3313	4713	691	295	1043	576	666
2015	种植面积/千公顷	4616	343	278	173	91	191	105	164	740	1075	199	118	366	214	263
	单位面积产量/（吨/公顷）	3.5617	3.7161	1.6119	3.2233	3.8708	4.9409	2.7284	2.8274	4.3137	4.5162	3.4103	2.5790	2.9800	2.8323	2.5791
	总产量/千吨	16440	1274	448	559	351	944	286	464	3194	4853	679	305	1090	607	678
2016	种植面积/千公顷	4727	342	281	207	94	183	106	164	740	1128	206	118	369	221	264
	单位面积产量/（吨/公顷）	3.6573	3.7899	2.7641	3.2322	3.9095	4.9551	2.7329	2.8391	4.3469	4.5134	3.4810	2.5860	3.0332	2.9312	2.6007
	总产量/千吨	17290	1297	777	668	367	907	289	465	3216	5092	717	306	1119	649	688

续表

年份	项目	全国	河北	辽宁	吉林	江苏	安徽	福建	江西	山东	河南	湖北	湖南	广东	广西	四川
	种植面积/千公顷	4850	360	300	210	100	190	110	170	760	1150	210	115	375	210	270
2017年5月预测	单位产量(吨/公顷)	3.7116	3.7790	2.8840	3.6670	3.8950	4.9280	2.7270	2.8260	4.4270	4.5740	3.4980	2.5710	3.0410	2.9510	2.6150
	总产量/千吨	18000	1360	865	770	390	936	300	480	3365	5260	735	296	1140	620	706
	种植面积/千公顷	4840	350	290	200	90	192	108	168	780	1130	215	117	370	220	280
2018年5月预测	单位产量(吨/公顷)	3.6877	3.7990	2.3963	3.6240	3.9230	4.9720	2.7740	2.8580	4.4162	4.5755	3.4670	2.5903	3.0810	2.9750	2.6420
	总产量/千吨	17850	1330	695	725	353	955	300	480	3445	5170	745	303	1140	655	740

注：资料来源国家粮油信息中心。

们可以看到，预测 2017 年吉林省的种植面积为 21 万公顷，排名第七位。

（二）我国花生产量稳居世界第一

我国花生品种植面积仅次于印度，居世界第二位，但单位面积产量远超过印度。据预测，2017 年我国花生的单位面积产量平均为 3.7116 吨/公顷。单位面积产量最高的为安徽省，达 4.928 吨/公顷，其次是河南省，为 4.574 吨/公顷，再次是山东省，为 4.427 吨/公顷。另据预测，2017 年我国花生的总产量为 1800 万吨，占世界花生产量 4415 万吨的40.8%，稳居世界第一。2017 年在我国花生总产量最多的是河南省，为 526 万吨，其次是山东省为 336.6 万吨、河北省 136 万吨、广东省为 114 万吨。预测 2017 年吉林省的花生产量为 77 万吨，在全国排名第七位。

我国不仅是花生的生产大国，也是花生及其制品的消费大国，在世界花生及其制品的进出口贸易中有着举足轻重的地位。据美国农业部提供的数据，2017 年全球花生的出口量为 405 万吨，进口量为 317 万吨，其中我国进口花生 25 万吨、花生油 11 万吨；出口花生 15 万吨、出口花生制品 37 万吨，占据全球花生及其制品进出口贸易中相当大的比重（表 2）。

表2　我国花生及其制品进出口数量　　单位：万吨

年份	花生		花生油		花生制品	
	进口	出口	进口	出口	进口	出口
2008	0.97	23	0.59	1		
2009	0.24	24	2	0.98		
2010	1	19	7	0.78		
2011	6	17	6	0.87		
2012	2	15	6	0.82		
2013	2	13	6	0.74		
2014	3	14	9	1		
2015	13	13	13	0.93		
2016	46	12	11	0.94	0.17	29
2017	25	15	11	0.85	0.14	37
2018	7	4	2	0.2	0.018	7

注：资料来源中粮贸易并加以整理。

（三）花生不仅是优质食用油生产原料，也是优质食品生产原料

大家都知道，我们通常讲的花生是由花生壳和花生仁（含种皮）两大部分组成。花生中花生壳占整个花生质量的27%~33%（不同花生品种略有差异），花生仁（通常称之"花生米"）占67%~73%。花生的脂肪含量仅次于芝麻，高于大豆，油菜籽和棉籽。一般来说，花生仁含脂肪50%左右，属高含油油料作物。用花生仁制取的花生油，不仅具有人民喜爱的香味，并含有甾醇、胆碱、维生素E和白藜芦醇等营养活性物质，是我国百姓公认的优质高中端食用油。我国每年有一半左右的国产花生用于制油，制得各类花生油产量为270万~300万吨，2017年预测为272万吨（表3）。

据美国农业部提供的数字，2017年在全球花生产量4415万吨中，用于榨油的花生只有1829万吨，只占花生产量的41.4%，由此表明，我国与国际上花生的用法是基本一致的。

表3　2017年国产油料出油量预测　　　　　　　　　　　　　单位：千吨

品种	产量估计	压榨量	出油量	出油率/%
油菜籽	14430	12000	4260	35.50
花生	18000	85000	2720	32.00
棉籽	9875	8000	1040	13.00
大豆	14550	4000	660	16.50
葵花籽	3175	1000	250	25.00
油茶籽	2200	2100	525	25.00
芝麻	700	300	120	40.00
亚麻籽	445	350	105	30.00
玉米油			1050	
稻米油			900	
其他			50	
合计			11680	

注：资料来源国家粮油信息中心。

由于花生仁中含24%~36%的蛋白质，所以花生制油后的花生饼粕中蛋白质含量就更高，一般可达50%以上。花生饼粕中所含营养成分丰富，不仅可作优质饲料的原料，还

能提取优质蛋白，作为食品工业的原料。花生蛋白消化吸收率高，含有人体必需的8种氨基酸，是仅次于大豆蛋白的优质植物蛋白资源，充分加以利用，可以造福人类。

花生不仅是优质食用油生产原料，也是优质食品的生产原料。炒烤花生果、油炸花生米，五香、香草、奶油花生米，咸花生、花生酱，以及琥珀花生、花生酥、花生粘、鱼皮花生等种类众多的花生制品都是人们喜爱的花生食品。

（四）发展花生产业符合供给侧结构性改革

综上所述，我国发展花生产业有着得天独厚的优势，主要体现在以下4个方面。

（1）发展花生产业有利于提高我国食用植物油的自给能力。近年来，我国食用植物油的自给率连年下降，2017年已下降到31.1%，亟待研究解决，以利国家粮油安全。而发展花生产业，扩大单位面积产量高、含油率高的花生种植面积是提高我国食用植物油自给率的最佳选择。

（2）花生在我国种植面积广，适宜种植在比较瘠薄疏松的沙质土壤里，不与粮食争好地。

（3）花生营养丰富，用花生制得的花生油中富含多种营养活性物质，是百姓公认的优质高中端食用油，市场前景好。花生饼粕是优质蛋白资源。

（4）花生是优质的食品生产原料，在我国市场上丰富多彩的花生食品，深受百姓喜爱，销量经久不衰，蒸蒸日上。

由此可见，发展花生产业符合供给侧结构性改革，有助于"健康中国"建设，是"中国好粮油"品牌中数量最大、最有影响力的食用油品。

"扶余四粒红花生"是吉林省扶余市独有的特色农产品、中国国家地理标志保护产品、中国国家地理标志证明商标、"扶余沃禾"牌著名商标。"扶余四粒红花生"以其特有的品质和营养功能，深受广大消费者的喜爱和好评，享誉中外。我们相信，在扶余市委、市政府的重视支持下、通过农业供给侧结构性改革，在扶余市鲁花浓香花生油有限公司等加工企业的推动下，"扶余四粒红花生"产业一定会得到快速发展。

最后，预祝"首届中国·扶余花生（四粒红）及杂粮杂豆产业博览会"圆满成功，谢谢大家！

十九、油用牡丹籽好，全身都是宝

——在"2018 中国油用牡丹市场发展研讨会暨产品展示会"上的主旨报告

（2018 年 12 月 7 日　于北京）

很高兴参加由中国牡丹产业协会（筹）及中国粮油学会油脂分会共同举办的"2018 中国油用牡丹市场发展研讨会暨产品展示会"，并与大家一起共商油用牡丹产业的发展大计。

根据会议的安排，现在我以《油用牡丹籽好，全身都是宝》为题发言，供大家参考。

（一）油用牡丹全身是宝，发展前景广阔

大力发展木本油料产业，是党中央、国务院站在保障我国粮油安全、促进农民增收致富的战略高度做出的重大决策。在党中央、国务院的关心重视下，我国木本油料产业发展成效显著，与 10 年前相比，产量成倍增长。以油用牡丹产业发展为例，全国种植面积由前几年的几十万亩发展到去年的近千万亩，许多油用牡丹开始结籽，2017 年产量达 15 万吨，发展势头喜人。

油用牡丹全身都是宝，油用牡丹籽含油率在 20% 以上，是优质的食用油原料。籽实中还含有多种矿物元素（表 1）。从种皮中提炼出的黄酮和牡丹原花色素，对于抗氧化、清除自由基、改善血液循环、降低胆固醇有很好效果；从果荚中提炼出的牡丹多糖，可以增强吞噬细胞的吞噬功能，提高身体免疫能力；从各种剩余物中提炼出的牡丹营养粉和纳米牡丹粉，可以用作食品添加剂和新型节能环保材料；另外，还可以从牡丹的花朵、叶、根、皮中获得一种具有挥发性芳香气味的次生代谢物——牡丹精油，可广泛用于制药、杀虫、抑菌、食品添加剂、日用化妆品等行业。由此可见，油用牡丹全身都是宝，发展前景广阔。

表 1　牡丹籽中矿物元素含量

种类	钙	钠	铁	钾	锌	镁
含量/（毫克/千克）	15	2~6	2~6	2~6	2~6	2~6

（二）牡丹籽油营养价值高，是一种优质的食用油脂

近几年来，人们研究发现牡丹籽（紫斑牡丹和凤丹牡丹）的含油率可达到 20% 以上，从脂肪酸组成来看，牡丹籽油的主要成分为亚麻酸、油酸和亚油酸等多种不饱和脂肪酸，含量高达 92% 以上（表 2）。特别是 α- 亚麻酸含量高达 40% 以上，高于其他木本油料生产的油脂（表 3），是橄榄油的 80 倍，大豆油的 10 倍，长期食用，可提高儿童智力，延缓老年人衰老。

表2 牡丹籽油脂肪酸组成

脂肪酸名称	含量/（克/100克）	脂肪酸甲酯相对含量/%
肉豆蔻酸	0.03	0.03
棕榈酸	4.31	5.19
棕榈油酸	0.06	0.06
硬脂酸	1.36	1.63
油酸	18.90	22.55
亚油酸	26.97	28.74
γ-亚麻酸	0.16	0.16
α-亚麻酸	42.82	41.39
花生酸	0.06	0.07
顺-11二十碳一烯酸	0.16	0.18

表3 4种木本油料脂肪酸组成比较　　　　单位：%

品种	棕榈酸	硬脂酸	油酸	亚油酸	亚麻酸	饱和脂肪酸	不饱和脂肪酸
橄榄油	9.88	2.44	74.85	8.23	0.51	12.32	84.02
核桃油	8.17	3.52	14.34	62.71	10.29	11.69	87.34
油茶籽油	5.57	2.02	79.34	9.20	0.30	10.59	89.42
牡丹籽油	5.54	1.82	22.44	28.88	40.86	7.46	92.30

同时牡丹籽油还含有众多的药用牡丹有效成分。另外，牡丹籽油中还含有维生素 A、维生素 E 等多种维生素（表 4），它与橄榄油、油茶籽油、核桃油、茶叶籽油、杏仁油等

同属木本食用油脂，是一种营养价值很高的优质食用油。

表4 牡丹籽油中维生素含量

名称	含量/（毫克/100克）	名称	含量/（毫克/100克）
角鲨烯	340	δ-生育酚	2.56±0.01
维生素E	56	α-生育三烯酚	0.65±0.01
α-生育酚	1.21±0.02	γ-生育三烯酚	3.26±0.02
β-生育酚	未检出	δ-生育三烯酚	未检出
γ-生育酚	48.42±0.04		

鉴于我国种植牡丹的地域广，可利用的土地量大，加上近年来随着一大批油用牡丹深加工产品的研发和面市，油用牡丹产业已愈来愈引起党中央，省、市领导的高度重视，领导做过许多重要批示，推动了油用牡丹产业的快速发展。随着我国经济快速发展和人民生活不断提高，我国食用油消费量不断增加，2017年度我国食用油的需求总量已达到3751.5万吨，人均年食用油消费量达26.6千克（表5），超过了世界人均年食用油消费量24.4千克的水平。

表5 1996—2017年我国人均年食用油消费情况

年份	食用油消费量/万吨	人均年食用油消费量/千克
1996	1002.5	7.7
1998	1090.7	8.4
2000	1245.7	9.6
2001	1330	10.2
2002	1410	10.8
2003	1500	11.5
2004	1750	13.5
2005	1850~1900	14.2~14.6
2006	2271.7	17.5
2007	2509.7	19.3
2008	2684.7	20.7

续表

年份	食用油消费量/万吨	人均年食用油消费量/千克
2011	2777.4	20.6
2012	2894.6	21.4
2013	3040.8	22.5
2014	3167.4	23.2
2015	3294.6	24.1
2016	3426.5	24.8
2017	3751.5	26.6

注：① 2006—2008年食用油消费量按国产油料扣去食用部分后的总折油量加上净进口前折油之和。

②1996—2008年的我国人均年消费按13亿人口计算；2011—2013年按13.5亿人口计算；2014年按13.6782亿人口计算；2015年按13.68亿人口计算；2016年按13.8271亿人口计算；2017年按联合国网络发布的中国人口数为14.1亿人口计算。

在食用油的供给中，我国是食用油极其短缺的国家，自给率不足40%，年均缺口在60%以上，已超出国际食用油安全警戒线。因此，大力发展包括油用牡丹在内的木本油料，不仅能够有效缓解目前我国食用植物油紧缺局面，而且对持续增加农民收入、发展现代农业和实施精准脱贫有重大现实意义。对此，我们油脂界已做好准备，将全力支持油用牡丹产业的发展，并将重点放在油用牡丹籽的开发利用上。

（三）对发展油用牡丹产业的几点建议

为使油用牡丹产业持续健康发展，需要进一步研究提出相应的政策配套措施，并努力在以下4个方面多做工作。

（1）要加大对牡丹籽油的宣传力度 要从营养、健康的角度上宣传牡丹籽油是优质高端食用油品，通过科普教育，提高广大消费者对牡丹籽油健康作用的认知度，促进牡丹籽油在不久的将来进入千家万户。

（2）要进一步加强对牡丹籽油的深度开发利用 我们不仅要把牡丹籽油作为高端食用油，而且要在开发研究作为保健品、药物、化妆品和适合不同人群需要的功能性油脂上多做文章，以提高牡丹籽油的利用价值。与此同时，我们还要积极开展对牡丹籽壳和饼粕的利用，以提高油用牡丹籽加工的附加值。

（3）要千方百计提高效率，降低牡丹籽油的生产成本 要进一步研究适合于牡丹籽油的加工装备，提高效率，降低牡丹籽油的生产经营成本，增强牡丹籽油的市场竞争能力。

（4）研究出台更加完备的政策配套设施　为提高和完善油用牡丹籽的加工装备与工艺，研究牡丹籽油的深度利用以及加工副产物的利用，建议将上述开发利用内容列入国家有关科技发展规划，加大投入、早出成果；针对我国油用牡丹种植面积已达千万亩，大多快要结籽并很快进入盛产期，建议国家研究出台有关油用牡丹籽的收购价格保护政策，以保护农民的生产积极性，促进油用牡丹产业的持续健康发展。

以上发言供参考。谢谢大家！

二十、南瓜是重要的粮食经济作物

——在"《油用南瓜籽》系列标准启动暨南瓜籽产业发展研讨会"上的开幕辞

（2018 年 12 月 18 日　于湖北荆门）

各位领导、各位专家：

大家上午好！

很高兴来到荆门屈家岭，参加由全国粮油标准化技术委员会油料及油脂分技术委员会主办，由宝得瑞（湖北）健康产业有限公司承办的"《油用南瓜籽》系列标准启动暨南瓜籽产业发展研讨会"，与大家一起研究《油用南瓜籽》和《油用南瓜籽饼粕》标准的制定工作，以推动南瓜籽产业的健康发展。

（一）我国是南瓜和南瓜籽的生产大国

南瓜是我国重要的粮食经济作物，我国南瓜的品种很多，全国都能种植。

据了解，2016 年我国南瓜产量超过 1000 万吨，南瓜籽产量为 50 万 ~60 万吨，年出口量为 20 万 ~30 万吨，是全球名列前茅的南瓜和南瓜籽的生产大国。

南瓜籽富含脂类、蛋白质、膳食纤维、维生素、矿物质、植物甾醇、多糖等营养物质，南瓜籽及其制品，具有降血糖、抗氧化、消炎、驱虫等营养保健功能。

（二）南瓜籽不仅是优质的油料资源，也是优质的食品原料

南瓜籽中脂肪含量为 30%~50%，其中油酸和亚油酸的含量高达 80% 左右。研究表明，南瓜籽油中植物甾醇（具有黄酮类生物活性物质）和维生素能起到保护前列腺的作用。由此可见，南瓜籽油是一种优质的功能性油品。

南瓜籽饼粕中蛋白质含量在 40% 以上，从氨基酸组成上看，它含有人体必需的八种氨基酸和儿童必需的组氨酸，含量超过联合国粮食及农业组织（FAO）和世界卫生组织

（WHO）规定的标准。

在必需氨基酸的比例上，与人体所需氨基酸组成模式相似，与大豆蛋白氨基酸组成较为接近，是优质的植物蛋白资源，是食品工业的优质原料。

南瓜籽作为炒货，是我国百姓喜爱的休闲食品，目前主要用途是作为炒货和食品工业的原料。

（三）制定好《油用南瓜籽》系列标准

大家都知道，南瓜籽油行业标准已于2017年10月27日发布并实施，为了完善《油用南瓜籽》的系列标准，需要我们抓紧时间将《油用南瓜籽》和《油用南瓜籽饼粕》的系列标准制定好。

为制定好这两个标准，我有以下建议。

（1）鉴于南瓜籽系列标准，国际上没有可参考的类似标准。所以，我们在制定时可以参考其他油料标准，以我为主地进行制定。

（2）鉴于目前我国用于制油的南瓜籽数量相对较少，建议在等级的划分上，不要像大宗油料那样分得过多、过细，应该尽量简化，如在制定南瓜籽的质量等级时，要否分为一等、二等、三等和等外四个等级，我认为分为三个等级就足够了。

（3）《南瓜粉》标准的制定也应进行研究。昨天下午，我参观了宝得瑞（湖北）健康产业有限公司，该公司生产的南瓜粉很有特色，产品供不应求，但目前缺乏国家标准或行业标准，建议油料及油脂分技术委员会将《南瓜粉》标准作为《油用南瓜籽》系列标准的延伸标准来制定，以推动南瓜及南瓜粉产业的发展。

谢谢大家！

二十一、中国是菜籽油的生产和消费大国
——在"《浓香菜籽油》团体标准宣贯会暨加工技术与质量安全研讨会"上的开幕辞

（2019年7月7日 于陕西渭南）

很高兴来到陕西渭南，参加由全国粮油标准化技术委员会油料及油脂分技术委员会和中国粮油学会油脂分会联合主办，由长安花粮油股份有限公司承办的"《浓香菜籽油》团体标准宣贯会暨加工技术与质量安全研讨会"。现在，我以《中国是菜籽油的生产和消费大国》为题发言，供大家参考。

（一）我国是全球油菜籽的生产大国

长期以来，我国是全球油菜籽的第一生产大国。据有关资料介绍，近年来，全球油菜籽的产量一直稳定在7000万吨左右；根据我国第三次农业普查数据，2014—2018年我国油菜籽的产量一直在1300万吨左右，占全球油菜籽产量的19%左右。充分表明，我国是全球油菜籽的生产大国（表1）。

表1 全球和中国油菜籽的生产情况　　　　　　　　　　　　　　单位：万吨

年度	2013/2014	2014/2015	2015/2016	2016/2017	2017/2018
全球	7043	6874	6943	7400	7022
中国	1391.4	1385.9	1312.8	1327.4	1300（预测）
中国占全球的百分比/%	19.8	20.2	19.0	17.9	18.5

（二）我国是全球菜籽油的消费大国

菜籽油历来是我国食用植物油消费市场上的主导产品之一。20世纪90年代之前，菜籽油一直是我国食用植物油消费市场上的当家产品，为满足人民生活需要做出了贡献。据

海关统计，2018年我国进口油菜籽475.6万吨，进口菜籽油129.6万吨，连同我国国产油菜籽约1300万吨，当年我国食用植物油消费市场上可提供的菜籽油总量约为742.1万吨（即国产油菜籽1300万吨和进口油菜籽475.6万吨合计为1775.6万吨，按出油率35%计算，可制得菜籽油612.5万吨；加上进口菜籽油129.6万吨，总计为742.1万吨），占我国2017/2018年度食用油的食用消费量3440万吨（不含工业及其他消费、出口量）的21.6%，仅次于大豆油的消费量，排名第二，远高于2017/2018年度菜籽油在全球主要植物油消费中占14.9%的比例，如图1所示。另外，我国2017/2018年度菜籽油的消费量742.1万吨，约占全球菜籽油消费量2865万吨的25.9%，充分表明，我国是全球最大的菜籽油消费国。

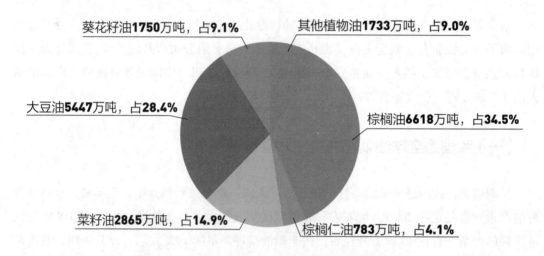

图1　2017/2018年度全球主要植物油消费情况比例图

（三）菜籽油是我国消费者喜爱的油品

菜籽油历来是我国消费者喜爱的食用油品，尤其是我国长江流域及以南地区，菜籽油是当地消费者的主导产品。为适应消费者习惯和消费需求，我国菜籽油的品牌较多，尤其是浓香菜籽油，这是近些年来推出的深受许多地区消费者喜爱的油品，目前其产量约占全国菜籽油30%的市场份额，成为菜籽油的主导产品之一。

在浓香菜籽油的发展过程中，生产企业遇到的最大困难是在现行国家标准和行业标准没有相应的标准可遵循，亟须制定《浓香菜籽油》标准，以及时解决浓香菜籽油在发展中存在的问题，引领浓香菜籽油的健康发展。中国粮油学会在入选制定团体标准试点单位后，立即将《浓香菜籽油》列入了首批团体标准的制定任务。

在全国粮油标准化技术委员会油料与油脂分技术委员会的带领下，自去年9月在成都召开《浓香菜籽油》团体标准研讨会起，用不到半年的时间就高质量地完成了标准的制定工作，并于 2019 年 1 月 15 日，成为中国粮油学会首个发布实施的团体标准。为促进浓香菜籽油产业的健康发展，今天，全国粮油标准化技术委员会油料与油脂分技术委员会又在生产浓香菜籽油的知名企业——长安花粮油股份有限公司的所在地渭南召开"《浓香菜籽油》团体标准宣贯会"，这是非常有意义的一件事。我相信，通过宣贯，一定能促使企业正确理解和认真执行标准。

（四）浓香菜籽油要按标准组织生产，确保产品质量万无一失

鉴于浓香菜籽油是以油菜籽为原料经过炒制、压榨制取得到的具有浓郁香味的成品菜籽油，也就是说按此法制得的浓香菜籽油一般只经沉淀、过滤，不经其他精炼即可食用。为此，我认为在生产过程中对质量的把控尤为重要，为确保浓香菜籽油的产品质量万无一失，我认为需要强调以下 3 点。

（1）要认真学习全面正确理解标准的内容，生产企业要严格按团体标准的质量指标和国家对菜籽油的卫生安全指标，制订好高于团体标准要求的内控指标。

（2）一定要牢牢把好原料质量关，要选用优质的国产油菜籽生产浓香菜籽油，杜绝使用霉变和劣质的油菜籽生产浓香菜籽油；在生产过程中要强化原料的清理，以确保产品质量安全万无一失。

（3）要妥善处理好产品的香味与质量安全的关系。鉴于在生产浓香菜籽油时，对油菜籽进行高温焙炒是产生浓郁香味的不可缺少的环节，但同时也存在着因焙炒过头，容易产生 3,4- 苯并芘等一类有害物质的风险。为此，我建议要以食品安全为底线，科学合理确定浓香菜籽油的香味，避免过度焙炒。在这方面希望有关企业多与河南工业大学刘玉兰教授的团队进行交流，他们在增香型油料与油脂加工中，对如何防范、控制和脱除有害物质有许多研究成果，值得借鉴。

最后。预祝"《浓香菜籽油》团体标准宣贯会"取得圆满成功！谢谢大家。

二十二、中国为芝麻产业做出了重要贡献

——在"2019 芝麻油营养高峰论坛"上的主旨讲话

（2019 年 7 月 20 日　于上海）

为更加深入探索芝麻油的营养价值，在上海市餐饮烹饪行业协会、上海市食品协会、上海市微生物学会酿造与调味品专业委员会的支持下，由中国粮油学会油脂分会主办，上海富味乡油脂食品有限公司承办的"2019 芝麻油营养高峰论坛"今天在上海召开了，这是一次促进芝麻油产业持续健康发展的重要会议。根据会议的安排，我以《中国为全球芝麻产业做出了重要贡献》为题发言，供参考。

（一）芝麻是全球最古老的油料作物之一

芝麻在我国古代又称胡麻、油麻、交麻和脂麻等。据史料记载，芝麻是西汉张骞出使西域后传入中国的，至今已有 2000 多年的历史了，但在浙江吴兴钱山漾和杭州水田畈遗址先后出土了 4500 年前的芝麻文物。总之，芝麻在我国有着悠久的种植历史。

在全球芝麻生产中，印度、苏丹、缅甸、中国和坦桑尼亚等国历来是芝麻的主要生产国。据联合国粮食及农业组织统计，2000—2004 年，印度、苏丹、缅甸和中国四国的芝麻种植面积合计为 494.1 万公顷，占全球芝麻种植面积的 73.0%，合计芝麻产量为 210 万吨，占全球芝麻产量的 68.2%。近年来，非洲国家的芝麻产量有所提高，坦桑尼亚已替代印度成为芝麻的第一生产国。据联合国粮食及农业组织统计，2017 年全球芝麻产量为 589.9 万吨，其中坦桑尼亚为 80.57 万吨、中国为 73.3 万吨（表 1）。在我国油料作物中，油菜籽、大豆、花生、棉籽、葵花籽、芝麻、油茶籽和亚麻籽是八大油料作物。据国家粮油信息中心统计，2017 年我国芝麻产量为 71.2 万吨，与联合国粮食及农业组织公布的 2017 年中国芝麻产量为 73.3 万吨基本吻合。从统计资料看，2004 年我国的芝麻年产量曾经高达 89.5 万吨，近年来，我国芝麻种植面积与产量有所下降，为满足消费市场需求，主要依靠进口（表 2）。

表1 全球2014—2017年芝麻主要生产国及产量一览表 单位：吨

排名	2014 年度		2015 年度		2016 年度		2017 年度	
	国家	产量	国家	产量	国家	产量	国家	产量
1	坦桑尼亚	1113982	坦桑尼亚	1174589	坦桑尼亚	940221	坦桑尼亚	805691
2	印度	828000	印度	850000	缅甸	812952	缅甸	764320
3	缅甸	801600	缅甸	828270	印度	797700	印度	751000
4	苏丹	721000	中国	640472	中国	647893	中国	733080
5	中国	629900	尼日利亚	432900	苏丹	525000	尼日利亚	550000
6	尼日利亚	434990	苏丹	329000	尼日利亚	460988	苏丹	550000
7	布基纳法索	321837	埃塞俄比亚	302273	埃塞俄比亚	267867	埃塞俄比亚	231187
8	埃塞俄比亚	288770	布基纳法索	235000	布基纳法索	230000	南苏丹	204068
9	乍得	204848	南苏丹	189504	南苏丹	202027	布基纳法索	163787
10	南苏丹	175000	乍得	150000	乍得	170000	乍得	158715
	总量	6529085	总量	6172368	总量	6111548	总量	5899028

注：资料来源联合国粮食及农业组织。

表2 2012—2017年中国芝麻进口量 单位：万吨

年份	2012	2013	2014	2015	2016	2017
芝麻进口量	39.6	44.1	56.9	80.6	93.2	71.2

注：资料来源国家粮油信息中心。

（二）中国消费为全球芝麻产业发展做出了贡献

随着中国经济和人民生活水平的不断提高，我国食用植物油料与油脂的产量屡创历史新高，八大油料的总产量已超过6000万吨，但仍满足不了人民生活水平快速提高的需求，需要通过进口来弥补。在油料、油脂进口中，其中进口大豆及棕榈油是最多的。与此同时，近几年来，我国进口芝麻的数量也不断增加。据海关统计，2016年我国进口芝麻93.2万吨，2017年我国进口芝麻71.2万吨，进口数量已超过我国国产芝麻的数量。以2017年为例，我国芝麻的消费量为141.2万吨（即国产70万吨与进口71.2万吨之和），占全球2017年芝麻总产量589.9万吨的23.9%。由此可见，中国是全球芝麻进口量最大的国家，也是全球芝麻消费最多的国家，这无疑是对全球芝麻产业发展的重要贡献。

（三）中国的芝麻产品为全球之最

芝麻是我国消费者最喜爱的食物之一，其用途极其广泛。

1. 在食品生产方面

芝麻是中华民族传统食品的生产原料。在我国市场上（包括台湾省在内），芝麻油、芝麻酱、芝麻糊、各类芝麻糖果、糕点等产品，以及利用芝麻生产的各类芝麻饼等烘烤食品和利用芝麻馅生产的汤圆等传统食品琳琅满目，深受海内外中华儿女的喜爱。可以说，中华民族是最会利用芝麻生产各种美味食品的民族，其产品品种之多、风味之美，位居全球之最。

2. 在利用芝麻生产优质食用油方面

我国是生产、消费芝麻油最多的国家。就大陆地区而言，每年用于榨油的芝麻达百万吨，生产、消费芝麻油45万吨左右。在我国，芝麻油可分为芝麻香油和烹饪用芝麻油。而芝麻香油，按其加工工艺不同，又可分为小磨香油、机制香油和普通芝麻油，其中用"水代法"加工制取的小磨香油在我国已有600多年历史（注：以前我的文章中称，利用"水代法"制取小磨香油在我国已有400多年历史），是中国特有的制油方法。据有关史料记载，这种制油方法始于1408年，由山东潍坊崔氏先祖崔泽世发明，经20代人的赓续至今。现在山东潍坊瑞福油脂调料有限公司的董事长崔瑞福就是其第20代传人，去年，烹饪用芝麻油是我国油脂科技工作者近几年来根据市场发展需要，自主研制开发的、采用低温压榨制油工艺制得的芝麻油，其产品面市后受到了消费者的欢迎。中国粮油学会油脂分会授予该企业"百年百强企业"称号。

现在，我国的芝麻油生产企业多达数以百计，但像合肥燕庄、益海嘉里、上海富味乡和瑞福油脂等那样规模型芝麻油生产企业屈指可数。为深入推进我国粮油供给侧结构性改革，加快培育发展粮油骨干企业和知名品牌，推动粮油企业转型升级，做强做大，中国粮食行业协会、中国粮油学会、中国粮食经济学会联合在行业内进行了2017年度重点粮油企业专项调查工作。根据调查情况，经专家委员会审核和业内公示，于2018年11月9日公布了2017年度芝麻油加工企业"10强"名单，合肥燕庄、益海嘉里和上海富味乡名列前三（表3）。

表3　2017年度芝麻油加工企业"10强"名单

序号	单位名称
1	合肥燕庄食用油有限责任公司

续表

序号	单位名称
2	益海嘉里投资有限公司
3	上海富味乡油脂食品有限公司
4	安徽华安食品有限公司
5	驻马店顶志食品有限公司
6	北京粮食集团有限责任公司
7	武汉福达食用油调料有限公司
8	镇江京友调味品有限公司
9	安徽阜阳宝鼎粮油有限责任公司
10	平舆康博汇鑫油脂有限公司

以上情况充分表明，我们可以不谦虚地讲，中国的芝麻加工量、加工技术及其芝麻产品是全球其他国家所不及的。

（四）进一步推动中国芝麻油产业的高质量发展

我国的芝麻加工业尽管取得了长足发展和很大进步，为全球芝麻产业的发展做出了不可磨灭的贡献，但也存在着诸如企业小而散、产品质量与各项技术经济指标参差不齐；新技术、新工艺的推广不力；新产品、新用途和副产品综合利用等有待进一步提高等问题，亟须我们研究解决，以推动我国芝麻油产业的高质量发展。

1. 要研制开发芝麻的高效整理和清理设备

我们要针对国产原料，含杂多、品质一致性差等问题，以及进口不同国家的原料不断增多、品质不一致等实际问题，加快研发灵活高效的芝麻整理和清理设备，确保芝麻质量符合食品加工和制油加工的要求，进而确保芝麻油及其制品的高质量。

2. 要加快新技术、新工艺的推广应用力度

用"水代法"加工小磨香油，是我国特有的成熟的传统加工方法，其产品深受消费者欢迎，但"水代法"制油与机榨制油相比，一般规模都较小；在炒籽、扬烟、墩油、撇油等环节存在着费工费时且生产环境差的问题，需要注入现代技术、改造传统工艺。又如，

在生产香油时，对芝麻进行高温焙炒是芝麻油增香的关键环节，但同时也存在着焙炒过度，容易产生 3,4- 苯并芘等一类有害物质的问题。

针对上述问题，河南工业大学与山东潍坊瑞福油脂股份有限公司、安徽合肥燕庄食用油有限责任公司等企业合作，成功研制了规模化、连续化、现代化的小磨香油生产线以及通过适度加工有效抑制和消除芝麻香油生产过程中易产生 3,4- 苯并芘等有害物质的问题。这两项成果，经企业实际应用取得了很好的经济社会效益，分别获得中国粮油学会科学技术进步一等奖，建议有关企业根据本单位的实际，制定规划，加快引用这些成果的步伐。

3. 要加大芝麻加工中新产品、新用途和副产物综合利用的研发力度

在芝麻油的生产中，要进一步研究利用低温压榨制取烹饪用芝麻油的工艺以及烹饪用芝麻油的特点和功效，如实向消费者宣传，并根据市场需要，适时扩大产量，为芝麻产业的发展做出突破性的贡献。与此同时，芝麻中富含多种营养和生理活性物质，如何利用好这些功能性物质，是我们的短板，需要引起重视，加大研发投入，希望早出成果。

以上发言不当之处，请大家批评指正。最后，预祝会议取得圆满成功，谢谢大家！

二十三、我国葵花籽油产业发展前景十分看好

——在"2019 葵花籽油加工与营养高峰论坛"上的主题报告

（2019 年 11 月 2 日 于江苏苏州）

很高兴来到富饶、开放、美丽的人间天堂——苏州，参加由中国粮油学会油脂分会主办，由佳格投资（中国）有限公司承办的"2019 葵花籽油加工与营养高峰论坛"，与大家一起探讨葵花籽油的营养与健康，以及葵花籽油产业的持续健康发展。根据会议的安排，我以《我国葵花籽油产业发展前景十分看好》为题发言，供参考。

（一）葵花籽是全球新兴油料作物中发展最快的品种

据有关文献介绍，葵花籽是向日葵属植物的果实，该物种原产于北美洲，曾被当地土著人用作高能量食物的来源，后来逐渐传入欧洲和亚洲，乃至全世界。在我国已知最早的葵花记录可以追溯到 1621 年的《花表》，曾被称为"张菊"（大菊花），被作为庭园花卉种植，其籽为零食。

葵花籽最早被全球称为油料作物是在 1898 年，至今只有 100 多年的历史，与其他油料作物种植历史相比，可谓是一个"新秀"的油料作物，其发展过程与其他油料作物一样，遇到过许多困难和曲折。据记载，1950—1959 年，全球葵花籽产量由 16.8 万吨增加到 143.3 万吨，1985 年总产量超过 170 万吨。然而，不久之后，由于葵花籽在种植过程中，遇到了菌核病等困扰，全球葵花籽产量曾一度下滑。后来，随着杂交品种和油用型葵花籽的发展，致使全球葵花籽产量迅猛增长，成为全球新兴油料作物中发展最快的品种。据有关资料介绍，2017/2018 年度全球葵花籽产量超过 5000 万吨，在全球主要油料产量中排名仅次于大豆、油菜籽，而排名第三；在全球主要植物油产量中，葵花籽油仅次于棕榈油、大豆油和菜籽油，而排名第四。

（二）全球葵花籽的主要生产情况

据美国农业部提供的资料，自 2013/2014 年度至 2017/2018 年度全球葵花籽连年增产，

五年间增长 28.8%。其中 2017/2018 年度全球葵花籽产量为 5047 万吨，2019 年 2 月预测 2018/2019 年度全球葵花籽产量将达到 5149 万吨（表 1）。

表1 2013/2014 年度至 2017/2018 年度全球葵花籽产量   单位：万吨

年度	2013/2014	2014/2015	2015/2016	2016/2017	2017/2018	2018/2019
葵花籽产量	3919	4054	4801	4740	5047	5149

注：资料来源美国农业部。

在全球葵花籽生产中，欧洲、美洲和亚洲是葵花籽生产的主要地区，其中欧洲占据主导地位，2016/2017 年度占全球总产量的 60.7%（图 1）。

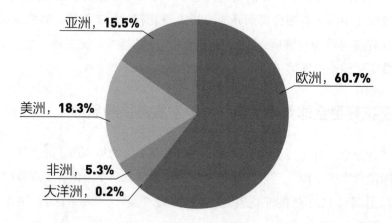

图1 2016/2017 年度全球不同地区葵花籽产量比例图

另外，据有关资料介绍，在葵花籽生产中，1994—2007 年，全球葵花籽产量位居前 10 位的国家分别为俄罗斯、乌克兰、阿根廷、中国、法国、美国等（图 2）。

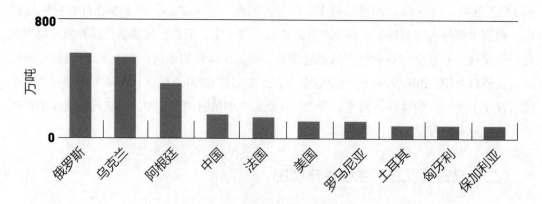

图2 1994—2017 年葵花籽产量位居全球前十的国家

1994—2017 年，俄罗斯是葵花籽的主要生产国，平均每年生产葵花籽 596.47 万吨；乌克兰是第二生产国，平均每年生产葵花籽 580.65 万吨；中国是第四大生产国，平均每年生产葵花籽 189.74 万吨。

（三）中国是全球葵花籽油的生产消费大国

1. 中国葵花籽的生产情况

葵花籽是我国的八大油料作物之一。近年来，我国葵花籽的生产一直呈快速增长的趋势。根据国家粮食信息中心提供的数据，2014—2018 年，我国葵花籽的产量由 249.2 万吨增长到 326.7 万吨（表 2），5 年间增长 31.1%，高于全球 28.8% 的增长速度。葵花籽在我国八大油料中仅次于花生、油菜籽、大豆和棉籽，排名居第五位。

表2　2014—2018年中国葵花籽产量

年度	2014年	2015年	2016年	2017年	2018年（预测）
葵花籽产量	249.2	269.8	299.0	319.7	326.7

注：资料来源国家粮油信息中心。

2. 中国葵花籽的消费情况

中国生产的葵花籽大体分为两种，一种是专供榨油用的油葵，另一种是食用和榨油兼用的普通葵花籽，目前以普通葵花籽为多。

由于我国人民喜爱将葵花籽烘炒后作为干果食用，加上部分葵花籽仁直接作为食品工业的原料，两者的消费量逐年上升，约占我国葵花籽产量的一半。根据国家粮食信息中心提供的数据，2017 年，用于榨油的葵花籽只有 100 万吨左右，不足当年产量的 1/3。

3. 中国是葵花籽油的消费大国

据有关资料介绍，2017/2018 年度，在全球主要植物油 19198 万吨的消费中，葵花籽油的消费量为 1754 万吨，占全球主要植物油消费量的 9.1%，仅次于棕榈油、大豆油和菜籽油，排名第四位（表 3、图 3）。

表3　全球主要植物油的消费情况　　　　　　　　　单位：百万吨

消费品种	2014/2015	2015/2016	2016/2017	2017/2018	2018/2019 2月预测
椰子油	3.29	3.24	3.15	3.39	3.43

续表

消费品种	2014/2015	2015/2016	2016/2017	2017/2018	2018/2019 2月预测
棉籽油	5.06	4.4	4.39	5.12	5.14
橄榄油	2.65	2.81	2.59	2.87	3.07
棕榈油	58.44	59.74	61.89	66.18	70.74
棕榈仁油	7.21	6.81	7.21	7.83	8.09
花生油	5.37	5.39	5.63	5.95	5.52
菜籽油	27.04	28.18	28.9	28.65	28.06
大豆油	47.73	52.12	53.41	54.47	56.32
葵花籽油	14.12	15.22	16.59	17.54	17.82
全球总量	170.92	177.92	183.74	191.98	198.19

注：资料来源美国农业部。

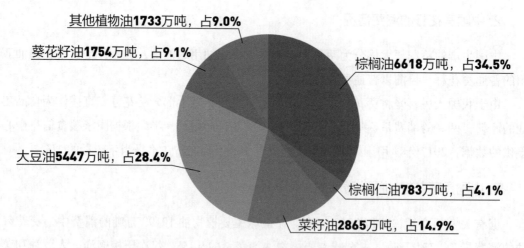

图3　2017/2018年度全球主要植物油消费情况比例图

近年来，随着我国人民生活水平的不断提高，葵花籽油的消费量不断增加。据有关资料介绍，2018年度，我国国产葵花籽油的产量约为30万吨，进口葵花籽油为70.3万吨（最高2016年葵花籽进口量达95.7万吨），合计葵花籽油消费量超过100万吨（表4），在我国食用油的食用消费中，仅次于大豆油、菜籽油、棕榈油和花生油，排名第五位。

表4 2013—2018年中国葵花籽油的进口情况　　　　单位：万吨

年度	2013	2014	2015	2016	2017	2018
葵花籽油进口量	43.9	45.5	65.1	95.7	74.5	70.3

注：根据国家粮油信息中心和中粮集团提供的资料加以整理。

随着我国葵花籽油消费量的不断增长，为适应国产葵花籽加工和进口葵花籽油精炼的需要，近年来，我国油脂加工业中，涌现出了一批葵花籽油加工重点品牌企业。在中国粮食行业协会、中国粮油学会、中国粮食经济学会组织的专项调查基础上，经专家委员会审核和业内公示，于2018年11月发文公示了山东鲁花集团有限公司、益海嘉里投资有限公司、佳格投资（中国）有限公司等10家企业为2017年度葵花籽油加工企业"10强"（表5）。

表5 2017年度中国葵花籽油加工"10强"名单

序号	单位名称
1	山东鲁花集团有限公司
2	益海嘉里投资有限公司
3	佳格投资（中国）有限公司
4	中粮集团有限公司
5	金太阳粮油股份有限公司
6	江苏金洲粮油集团
7	包头市金鹿油脂有限责任公司
8	佳乐宝食品股份有限公司
9	上海良友海狮油脂实业有限公司
10	新疆瑞隆农业发展有限责任公司

以上情况充分表明，我国已成为葵花籽油的生产和消费大国，并在世界葵花籽油的贸易中有着举足轻重的地位。

（四）中国葵花籽油的市场前景看好

从国家政策和我国油脂市场的需求情况看，葵花籽产业在我国将进一步发展，葵花籽油在我国市场上的发展前景将更加美好。

1. 发展葵花籽油产业符合国家政策

据统计分析，2017/2018 年度我国食用植物油的食用消费量为 3440.0 万吨，工业及其他消费量为 383 万吨，出口量为 26.6 万吨，合计年度需求总量已达 3849.6 万吨，利用国产油料榨取的食用植物油只有 1192.8 万吨，我国食用油的自给率仅为 31%。为提高我国食用油的自给能力，国家出台了一系列鼓励发展国产油料的政策措施，葵花籽是最具优势和最具有发展前景的油料之一。因为向日葵具有节水抗旱、抗盐碱和改良土壤的作用，适合于在我国广大的西北地区、内蒙古等干旱、盐碱化和沙化的土壤中种植。所以发展葵花籽油产业，不仅能做到不与粮食争地，增产油料，提高农民收入，还能绿化环境和改善土壤，助力美丽中国建设，是一举多得的好事。

2. 葵花籽是优质的食品资源

葵花籽不仅是优质的油料资源，又是优质的食品资源，葵花籽含油率高，我国葵花籽的平均含油率为 30%~35%，其中"油葵"全籽含油率高达 45%~50%。葵花籽仁可榨油，且出油率高；葵花籽饼粕是优质的蛋白资源，既能饲用，又能食用；葵花籽壳不仅可做燃料，还是制作活性炭的好原料。

葵花籽经烘炒后是我国百姓喜爱的传统干果；葵花籽仁是我国糖果、糕点等食品工业重要原料，产品深受百姓喜爱，市场需求经久不衰。

由此可见，葵花籽全身是宝，用途宽泛，产业链条长，综合开发价值高，市场前景好。

3. 葵花籽油是优质食用油

葵花籽油中不饱和脂肪酸的含量高达 95% 以上，人体消化吸收率高达 96% 以上；还富含维生素 E 及胡萝卜素等多种微量营养物质，素有健康食用油之称；葵花籽油清淡透亮、烟点高、烹饪时易保留食品的天然风味，与其他大宗食用油相比，在中国消费者心目中属优质食用油品，其产品深受消费者的青睐，市场需求旺盛。

4. 继续用好两个市场，满足葵花籽油市场的需要

当前，我国葵花籽和葵花籽油市场需求旺盛，为满足市场需求，我们要在积极发展我国葵花籽油产业，不断提高葵花籽产量的同时，要继续用好国内国际两个市场，要充分利用好国际葵花籽和葵花籽油的资源，通过适度进口满足市场需求。

综上所述，我对中国葵花籽油产业的发展充满信心，对葵花籽油产业在中国市场上的发展前景十分看好。

最后，预祝"2019 葵花籽油加工与营养高峰论坛"取得圆满成功！谢谢大家！

二十四、我国菜籽油产业的发展简况

——在"高油酸菜籽油团体标准及产业发展研讨会"上的主题报告

（2020 年 9 月 27 日 于湖北荆门）

尊敬的各位领导、各位专家、各位企业家：

大家上午好。

很高兴来到美丽富饶的荆门，参加由武汉轻工大学、全国粮油标准化技术委员会油料与油脂分技术委员会联会举办的"高油酸菜籽油团体标准及产业发展研讨会"，并与大家见面，共同商讨我国高油酸菜籽油的标准制定和产业发展大计。

大家都知道，荆门是我国油菜籽的著名主产区，有人说："世界油菜看中国，中国油菜看湖北，湖北油菜看荆门"，这是很有道理的。现在，荆门又是我国高油酸油菜籽试种的重要基地，并且已经取得了丰硕的成果。所以，这次"高油酸菜籽油团体标准及产业发展研讨会"在荆门召开具有特殊的意义。根据会议的安排，我以《我国菜籽油产业的发展简况》为题，向大家简要介绍我国菜籽油产业的发展情况，供大家参考。

（一）我国是全球油菜籽的生产大国

长期以来，我国是全球油菜籽的第一生产大国。据有关资料介绍，近年来，全球油菜籽的产量一直稳定在 7000 万吨左右；根据我国第三次农业普查数据，2014—2018 年我国油菜籽的产量一直在 1300 万吨左右，约占全球油菜籽产量的 19%。这充分表明，我国是全球油菜籽的生产大国（表 1）。

表 1 全球和中国油菜籽的生产情况 单位：万吨

年度	2013/2014	2014/2015	2015/2016	2016/2017	2017/2018	2018/2019
全球	7043	6874	6943	7400	7022	7237
中国	1391.4	1385.9	1312.8	1327.4	1328.1	1353

续表

年度	2013/2014	2014/2015	2015/2016	2016/2017	2017/2018	2018/2019
中国占全球的百分比/%	19.8	20.2	19.0	17.9	18.9	18.7

（二）我国是全球菜籽油的消费大国

菜籽油历来是我国食用植物油消费市场上的主导产品之一。20世纪90年代之前，菜籽油一直是我国食用植物油消费市场上的当家产品，为满足人民生活需要做出了贡献。据海关统计，2019年我国进口油菜籽273.7万吨，进口菜籽油161.5万吨，连同我国国产油菜籽约1353万吨，当年我国食用植物油消费市场上可提供的菜籽油总量约为730.8万吨（即国产油菜籽1353万吨和进口油菜籽273.7万吨合计为1626.7万吨，按出油率35%计算，可制得菜籽油569.3万吨；加上进口菜籽油161.5万吨，总计为730.8万吨），占我国2018/2019食用油的食用消费量3511万吨（不含工业及其他消费量、出口量）的20.8%，仅次于大豆油的消费量，排名第二，远高于2018/2019年度菜籽油在全球主要植物消费中占14.0%的比例，如图1所示。

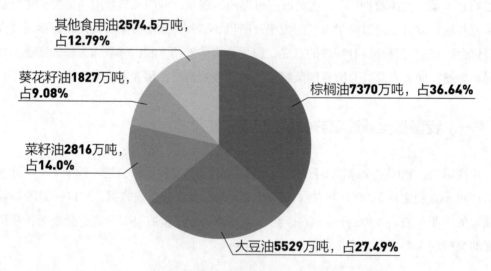

图1　2018/2019年度全球主要植物油消费情况比例图

另外，我国2018/2019年度菜籽油的消费量730.8万吨，约占全球菜籽油消费量2816万吨的25.9%，充分表明，我国是全球最大的菜籽油加工和消费国。

（三）菜籽油是我国消费者喜爱的油品

菜籽油历来是我国消费者喜爱的食用油品之一，尤其是我国长江流域及以南地区，菜籽油是当地消费者的主导产品。为适应消费者习惯的消费需求，我国菜籽油的品牌较多，尤其是浓香菜籽油，这是近些年来推出的深受许多地区消费者喜爱的油品，目前其产量约占全国菜籽油 50% 的市场份额，成为菜籽油的主导产品之一。

（四）我国油菜籽加工业的简况

根据国家粮食和物资储备局的不完全统计，2018 年我国油菜籽的加工年处理能力达3507.7 万吨，油脂的精炼能力达 2492.7 万吨，仅次于大豆的年处理能力和大豆油的精炼能力。油菜籽的加工企业数以百计，主要集中在长江流域及以南地区。益海嘉里金龙鱼粮油食品股份有限公司、道道全粮油股份有限公司、中粮东海粮油工业（张家港）有限公司是油菜籽加工的著名大型企业，他们荣获了 2018 年度菜籽油加工企业 "10 强" 的前 3 名（表 2）。

表2 2018年度菜籽油加工企业"10强"名单

序号	单位名称
1	益海嘉里金龙鱼粮油食品股份有限公司
2	道道全粮油股份有限公司
3	中粮东海粮油工业（张家港）有限公司
4	湖南粮食集团有限责任公司
5	成都市新兴粮油有限公司
6	防城港澳加粮油工业有限公司
7	长安花粮油股份有限公司
8	湖北省粮油（集团）有限责任公司
9	浙江新市油脂股份有限公司
10	凯欣粮油有限公司

（五）高油酸菜籽油是未来的发展方向

发展高油酸菜籽油是全球的热门话题，是全球未来的发展趋向，也是我国菜籽油未来的发展方向。

众所周知，在橄榄油和油茶籽油的脂肪酸组成中，油酸的含量高达 75% 以上，既是一大特点，也是消费者公认其为高端食用油的重要原因。

高油酸食用油脂具有降低人体低密度脂蛋白胆固醇含量、调节血脂水平、减少罹患心血管疾病风险、有益脑血管健康等营养保健功能。此外，油酸含量高的食用油还具有抗氧化性能好、稳定性高、货架时间长等优点。所以研究培育高油酸油料作物（诸如高油酸花生、高油酸葵花籽等），已经成为全球油料培育和种植的一大热点，发展势头看好。

衡量油菜籽是不是属于高油酸型的主要指标是油菜籽中的油酸含量，以及利用其制取的菜籽油的油酸含量。也就是说，油酸的含量是高油酸菜籽油最重要的特征指标。在这次高油酸菜籽油标准征求意见稿中，提出了高油酸菜籽油的油酸含量必须 ≥ 72.0%。对此，大家需要认真研讨，取得共识。

最后，预祝研讨会取得圆满成功，谢谢大家！

二十五、我国核桃产业发展喜人

——在"首届中国核桃产业与核桃油发展论坛"会上的主题报告

（2020 年 11 月 27 日 于北京）

很高兴参加由中国粮油学会油脂分会主办、由云南东方红生物科技有限公司承办的"首届中国核桃产业与核桃油发展论坛"，与大家一起探讨我国核桃产业发展大计。根据会议的安排，我以《我国核桃产业发展喜人》为题发言，供大家参考。

（一）发展以油茶和核桃为代表的木本油料产业是提高我国食用植物油自给率的重要举措

众所周知，油脂和粮食一样是人类赖以生存的基本食物，是人们生活所必需的消费品，是提供人们热能和必需脂肪酸、促进脂溶性维生素吸收、改善食物特有风味和增进人们食欲的重要食物。人均食用植物油消费量的高低和对品质的要求是衡量一个国家的经济发展和人民生活水平高低的重要标志。

我国是一个拥有 14 亿多人口的大国，也是一个油料油脂的生产大国和消费大国。为满足我国人民生活水平不断提高的需要，党中央、国务院出台了一系列发展油料生产的政策措施，致使我国油料生产连年增产。2019 年我国油菜籽、大豆、花生、棉籽、葵花籽、芝麻、亚麻籽、油茶籽八大油料作物的总产量达 6666.0 万吨，再创历史最高纪录。这里需要指出的是，近年来，我国的油料生产尽管屡创历史新高，但仍然不能满足我国人民生活水平不断提高的需要。为满足我国食用油市场供应和饲养业发展的需要，我国每年都需要进口较大数量的油料油脂。据海关统计，2019 年，我国进口各类油料合计达 9330.8 万吨，进口各类食用油合计达 1152.7 万吨。另据统计分析，2019 年我国食用油的食用消费量为 3511.0 万吨、工业及其他消费量为 467 万吨、出口量为 24.1 万吨，合计年度需求总量为 4002.1 万吨，我国食用植物油的自给能力只有 30.1%。

为提高我国食用植物油的自给能力，国家出台了一系列发展以油茶和核桃为代表的木本油料产业政策措施，这是符合我国国情的重要举措。在 2014 年 12 月 26 日，国务院办公厅印发的《关于加快木本油料产业发展的意见》的推动下，我国木本油料产业取得了令人鼓舞的发展。

（二）核桃是优良的食品工业原料，核桃油是高端食用油脂

中医学认为，核桃性温、味甘、无毒，有健胃、补血、润肺、养神之功效，具有良好的保健功能。所以，核桃是一种营养价值和经济价值都很高的珍贵果木，是最有发展前景的木本油料树种之一。

大家都知道，核桃果主要由核桃壳、核桃仁和隔膜组成，其中核桃仁的含量为43%~64%（表 1）。烘焙加工后的核桃和核桃仁都是我国消费者喜爱的高端干果食品，如原味核桃、咸味核桃仁、琥珀核桃仁等都是人见人爱的营养休闲佳品；核桃仁广泛用于糕点食品工业，是糕点食品工业的高级辅料。目前，我国生产的核桃和核桃仁大多作为干果和食品工业的原料。

核桃不仅是高端干果食品和食品工业的原料，又是优质高端食用油的原料。核桃仁含有丰富的营养成分，其中脂肪含量为 60%~70%（表 2），远高于大豆、油菜籽、花生、葵花籽等油料作物，是地地道道的高含油油料作物。核桃仁不仅含油率高，而且人体必需的维生素 A、维生素 D、维生素 K 等多种维生素和钾、钠、钙、磷、铁、硒等矿物元素的含量也很丰富，且含有肌醇、咖啡酸等生物活性成分。核桃油与其他大宗油脂相比有自身的特点，其中亚油酸含量为 50% 左右，亚麻酸含量为 10%~15%，油酸含量为 24% 左右（表 3）。我国不同地区核桃油的脂肪酸组成略有差别，但其不饱和脂肪酸的含量都在 90%以上（表 4）；另外，核桃油中的维生素含量也十分丰富（表 5）。由此可见，核桃油是营养价值很高的，国内外公认的高端食用油。

表1　核桃组成成分

核桃组成	核桃壳	核桃仁	隔膜
含量/%	35~55	43~64	1~2

表2　核桃仁营养成分

营养成分	油脂	蛋白质	碳水化合物	纤维素
含量/%	60~70	14~20	5~10	6

表3　各类食用油脂肪酸组成特点的比较　　　单位：%

品种	肉豆蔻酸 ($C_{14:0}$)	棕榈酸 ($C_{16:0}$)	硬脂酸 ($C_{18:0}$)	油酸 ($C_{18:1}$)	亚油酸 ($C_{18:2}$)	亚麻酸 ($C_{18:3}$)	其他
花生油	0.1	11.6	3.1	46.5	31.4	1.5	5.8
大豆油	0.1	11	4	23.4	53.2	7.8	0.5
玉米油	—	12.2	2.2	27.5	57	0.9	0.2
棉籽油	0.9	24.7	2.3	17.6	53.3	0.3	0.9
葵花籽油	0.2	6.8	4.7	18.6	68.2	0.5	1
芝麻油	0	9.9	5.2	41.2	43.2	0.2	0.3
橄榄油	0	13.7	2.5	71.1	10	0.6	2.1
亚麻籽油	0	5.9	4.7	13.3	14.4	61.2	0.5
核桃油	0	5.1	2.5	23.8	47.4	15.8	5.4

表4　我国不同地区核桃油的脂肪酸组成　　　单位：%

脂肪酸种类	新疆	甘肃	陕西	山西	河北	云南
棕榈酸	5.7	6.8	5.2	6.3	6.3	6.5
棕榈一烯酸	0.1	0.1	0.1	0.1	0.1	0.1
硬脂酸	3.2	2.6	2.8	2.5	2.4	2.4
油酸	16.6	14.4	20.2	19.9	17.6	20.5
亚油酸	64	59.3	61.5	58.7	60.4	58.1
亚麻酸	10.4	16.8	10.2	12.5	13.1	12.3
不饱和脂肪酸	91.1	90.6	92	91.2	91.2	91

表5　核桃油中的维生素含量

维生素种类	维生素A	维生素E	维生素C	维生素K	维生素P
含量/（微克/克）	82.3	385.6	45.2	314.6	15.6

（三）我国核桃产业发展业绩骄人

据原国家林业局和中国农村统计年鉴的资料显示，2014年末，全国实有核桃种植面积达 722.8 万多公顷，实有结果面积为 285.6 万多公顷，产量达 271.4 万吨。与 2011 年末实有核桃种植面积 458.8 万多公顷、实有结果面积 166.7 万多公顷、产量 165.6 万吨相比，分别提高了 57.6%、71.3%、和 63.9%。三年平均分别增长 19.2%、23.8% 和 21.3%。另据统计，2017 年，我国核桃种植面积近亿亩，产量达 417.1 万吨；2019 年受气候等因素影响产量下降为 362.7 万吨（表 6），其中云南省为 116 万吨、新疆维吾尔自治区为 101 万吨、四川省为 56 万吨、陕西省为 30.9 万吨。以上数据表明，核桃产业已成为木本油料中产量最高的和发展潜力最看好的树种。据联合国粮食及农业组织数据库资料显示，2013 年世界核桃产量为 345.8 万吨，其中我国的核桃产量遥遥领先于其他各国。

表6　2010—2019年我国核桃产量

年份	种植面积	实有结果面积/公顷	产量/万吨
2010	—	—	128.4
2011	4588027公顷	1667515	165.6
2012	5628820公顷	2138718	204.7
2013	6523124公顷	2535858	232.5
2014	7228470公顷	2856715	271.4
2015	—	—	333.2
2016	—	—	364.5
2017	近亿亩	—	417.1
2018	—	—	382.1
2019	1.2亿亩	—	362.7

注：本表根据中国农村统计年鉴，原国家林业局、中国经济林协会专家提供的资料加以整理而成。

（四）进一步推动我国核桃产业健康发展的几点建议

为推动核桃产业的持续健康发展，我觉得应在以下 6 个方面多做工作。

1. 加大支持发展核桃产业的力度，要针对核桃等木本油料作物大多投入较大，产出较慢，影响种植农民积极性等问题

我们要继续呼吁政府有关部门进一步加大对发展核桃产业的支持力度，要像过去支持发展大豆产业一样，持之以恒地支持核桃产业的发展；要妥善研究在种植补贴、提高种植核桃的比价效益等方面出台相应政策措施，在核桃盛产期来临之前，要研究核桃收购价格

保护政策，以保护种植农民的生产积极性。

2. 加大对核桃油是优质高端食用油的宣传力度，提高消费者对核桃油的认知度

从营养健康的角度上，通过各种方式加大对核桃油的宣传力度。要让广大消费者知道，核桃油不仅脂肪酸组成合理和富含人体必需的多种维生素，优于大宗油脂，且大多核桃种植在山区和边缘地区，生长环境优越，属有机绿色产品，核桃油是地地道道的优质高端食用油。要通过科普宣传提高广大消费者对核桃油的认知度，从而喜爱上核桃油。

3. 积极研制适合于核桃加工的机械设备，提高生产加工机械化水平

由于目前我国的核桃用于榨油数量较少，所以加工规模小而分散、加工机械装备落后、生产环境差、劳动强度大等造成的利用效率低、经济效益差等问题没有引起大家的重视。但随着核桃产量的进一步快速增长，核桃加工机械装备落后而制约核桃产业发展的矛盾将会很快凸现出来。为此，我们要积极创新研制适合于核桃加工的各种装备，研制的重点建议放在以下 3 个方面。

一要研制不同规格的高效青皮脱皮机、清洗机；二要针对核桃品种多、果实大小不一、果壳厚薄不一、坚脆不一等特点，研制出适用于不同品种的高效核桃破壳机及壳仁分离机；三要针对核桃仁含油量高和核桃加工量将快速增长的特点，加快研制大型高效榨油机。在这方面，中国农业机械化科学研究院油脂装备设计研究所通过采用"喂料－排油－输送－预榨－压榨"的一体化设计，创新开发了双螺杆榨油机，取得了初步成功。前天，中国粮油学会组织业内著名专家对云南东方红生物科技有限公司和武汉轻工大学共同完成的《低温双压榨核桃油及蛋白的研究与开发》项目进行了评价，一致认为项目研发的核桃脱青皮机、剥壳机、卧式低温液压榨油机等设备技术达到国际先进水平，解决了核桃产业在加工中的难题。希望他们再接再厉，多出成果。

4. 要确保核桃油的高质量

根据近期国家核桃油及核桃加工产业创新战略联盟在新疆地区的实地调研发现，核桃油加工企业普遍存在着小而分散、精深加工能力弱、加工工艺不规范、产品质量参差不齐、不能保证核桃油产品的高质量等问题。为此，建议联盟集中力量组织相关科研院所、大专院校和企业联合研究制订标准化的生产工艺和操作规程，以引领核桃油加工企业的规范化生产。与此同时，我们要针对核桃油中不饱和脂肪酸含量高达 90% 左右，尤其是亚麻酸含量较高（一般为 10%~15%），容易发生氧化酸败的问题，研究在加工、包装、储存等环节的防范措施，以确保核桃油的质量与安全。

5. 要重视核桃制油后副产物的综合利用

核桃在制油过程中，会产生大量的副产物——饼粕和果壳，这些副产物都是宝贵的资源。核桃饼粕是优质的蛋白资源，既能饲用，又能食用；核桃壳不仅可以作燃料，又是制作工艺品和活性炭的优质原料，要好好研究加以利用。通过对副产物的精深加工和综合利用，为百姓造福、为企业增效、为农民增收。

6. 要重视核桃产业的经营

前面我已讲过，从目前的发展业绩和发展势头来看，核桃产业是木本油料产业中最有发展前景的产业。为此，我建议有实力的大型油脂加工企业，在核桃集中产区敢于投入，逐步建立自己的生产和加工基地，为企业发展开创新的领域；与此同时，在核桃集中产区要出台更加优惠的营商投资政策，吸引大型油脂加工企业进入核桃产业，共同为核桃产业发展添力，助力"健康中国"建设。

预祝会议取得圆满成功。谢谢大家！

二十六、要重视食用牛油产业的发展
——在"2021火锅用油食品安全高峰论坛暨森态牛油产学研项目签约揭牌仪式"上的开幕辞

（2021年3月14日 于四川广汉）

很高兴参加由森态牛油主办的"2021火锅用油食品安全高峰论坛暨森态牛油产学研项目签约揭牌仪式"。首先，我衷心祝贺论坛会的顺利召开，预祝森态牛油与江南大学即开展的技术合作取得圆满成功！根据会议的安排，要我在论坛会上发言。鉴于牛油在我国食用油中是一个较小的分支，所以有关牛油产业的现状、发展趋势、生产加工技术以及科学研究等方面的文献报道较少，给我这次发言带来了许多困难，好在森态牛油的王美丽博士多次通过电话和微信给我提供了许多信息和资料，从而增强了我对这次发言的信心。现在，我以《要重视食用牛油产业的发展》为题做一抛砖引玉的简要发言。在发言中如果有些数据和观点不够准确，请大家匡正。

（一）我国牛油资源十分丰富

大家都知道，动物油脂包括陆地动物油和海洋动物油。在我国，陆地动物油主要有猪油、牛油、羊油、鸡油和鸭油等，其中牛油仅次于猪油，位居第二。牛油一般可分为食用牛油和工业用牛油两大类。

食用牛油，是由动物卫生监督机构检疫合格的牛脂肪组织经过炼制而成，是我国常见的几种动物油脂之一，我国牛脂肪主要来源于内蒙古、四川、云南、西藏、甘肃、青海、宁夏、新疆、河北、河南、山东、黑龙江、辽宁、吉林。

牛油的产量取决于养牛的数量和出栏率、屠宰率、出肉率的高低。我国养牛数量仅次于印度和巴西，但是饲养品种培育程度不高，多为地方牛种，平均出栏率约为40%，胴体平均重约为140千克；存栏牛平均产肉量约为45千克；平均屠宰率为50%左右。2020年我国牛肉产量为784万吨；一头肉牛的体脂肪含量在12%~18%，由此可以估算出我国牛脂肪的产量为180万~190万吨。这是炼制牛油的宝贵资源，值得我们好好珍惜利用。

（二）牛油的脂肪酸组成及其用途

牛油的脂肪酸组分丰富，其中饱和脂肪酸约占53%，不饱和脂肪酸约占43%，并含有维生素A、维生素E等脂溶性营养成分，具有提高免疫力、抗氧化、抗菌、维持肠道健康等功能。牛油中的胆固醇含量较高，每500克牛油约含胆固醇445毫克，因此，国内外对牛油等动物油脂的安全性、营养学、加工特性等方面的研究正在深入进行。

牛油的用途很广。世界上牛肉食用国家，牛脂肪产量较大，但目前大多将炼制出来的牛油进行醇解、酯交换来生产生物柴油。在我国牛油分为工业用牛油和食用牛油，其中工业用牛油约占3成，主要作为高级脂肪酸和肥皂的生产原料；食用牛油主要用于烘焙塑形脂肪、煎炸油生产。其中，川渝地区常将牛油作为火锅底料、方便食品酱包、复合调味品及烹饪使用。

牛油是麻辣火锅不可替代的配料，这是川渝地区长期以来逐渐形成的一种饮食习惯和饮食文化，并已经成为川渝地区的饮食特色。牛油用于火锅底料有其得天独厚的优势：一是独特的风味体验；二是抗氧化稳定性高（耐煮）；三是具有良好的传热保温性能。

目前从火锅产业发展状况来看，牛油的需求量非常庞大，带动了牛油产业的蓬勃发展。同时，牛油产业的技术革新为火锅产业的爆发式增长提供了原动力。

（三）我国牛油产业的发展简况

我国牛油产业发展迅猛。据了解，各省（市、区）均有炼制牛油的生产企业，目前从事牛油炼制的企业有370多家，但大多为小型企业。其中，年产值达1000万元以上的企业仅有63家，像森态牛油和益海嘉里旗下的山东泰安工厂等规模企业更是屈指可数。

牛油的加工方式主要是传统的常压火炼和现代广泛使用的真空熔炼技术。初炼的毛油，往往颜色深、酸价高、杂质多、膻味重、塑化剂含量高，需要经过精炼后才能食用或作他用。牛油精炼技术包括脱胶、脱色、脱臭、脱酸等，另外，还有分提、酯交换等精深加工工艺，以进一步提升其品质、拓宽其应用领域。从市场调研数据看，具有先进加工技术及油脂精炼能力的、规范化、规模化、能够持续稳定供应、产品品质可靠的牛油生产加工企业在国内凤毛麟角，其产品十分紧俏。尤其是随着消费升级，市场对高品质产品的要求日益突显。

（四）要补短板，促进食用牛油产业高质量发展

综上所述，我国食用牛油产业发展迅猛，前景看好。但亦不能忽视其在发展中存在着

许多不足，诸如企业分布零散且规模偏小；企业管理和加工技术相对粗放；缺乏标准引领，产品质量参差不齐；肉牛非正规屠宰商贩大量存在，造成牛油产品质量差、利用率低等。我们必须对上述存在的问题和短板高度重视，并认真加以解决。为促进食用牛油产业的高质量发展，特提出如下4点建议，供参考。

（1）要高度重视食用牛油的产品质量。食用牛油与广大消费者，尤其是喜爱食用火锅的消费者的安全与健康息息相关。对此，要严格把好原料、加工过程、产品包装、储运、销售等环节的质量关；要严格产品的检验关，自觉做到不合格的产品不出厂；要建立产品销售的追溯体系，以确保产品质量安全万无一失。

（2）要始终围绕着提高品质和提高效率，要舍得投入，不断采用新技术、新工艺、新设备，改造旧工艺、旧设备，提高食用牛油产业的现代化水平。

（3）要制修订食用牛油的产品质量标准，规范操作规程，以科学引领食用牛油产业的健康发展。

（4）要注重科技引领，实现创新驱动。据我所知，食用牛油生产企业，除益海嘉里旗下的食用牛油生产企业外，普遍存在着科技力量和创新能力不足的问题。对此，我们要更加注重利用社会科技力量，更加注重与大专院校和科研院所的结合，联合攻克生产经营中的疑难问题，不断改进工艺，改进装备，创新品牌，提质增效，实现食用牛油产业的高质量发展。

今天森态牛油与江南大学签订了技术合作协议，为我们树立了典范，我坚信，通过双方的真诚合作，依靠江南大学雄厚的研发实力，一定会推动森态牛油的技术进步和高质量发展。

食用牛油产业是一个新兴产业，食用牛油产业的发展不仅能拉动消费，促使百姓更加喜爱火锅，同时又能替代部分食用油脂，助力提高我国食用油的自给能力。我们真诚希望食用牛油产业越做越大，祝食用牛油加工企业兴旺发达。

最后预祝论坛会圆满成功，谢谢大家！

二十七、地位日益凸显的葵花籽油

——在"2021葵花籽油加工与营养研讨会"上的主题报告

（2021年5月27日　于福建厦门）

为进一步推动我国葵花籽油产业的健康发展，中国粮油学会油脂分会继2019年11月在苏州召开"2019葵花油加工与营养高峰论坛"后，今天又在美丽、开放的厦门市召开"2021葵花籽油加工与营养研讨会"。我深感会议对推动我国葵花籽油产业发展的重要意义，根据会议的安排，我以《地位日益凸显的葵花籽油》为题发言，供参考。

（一）全球葵花籽油产业发展势头强劲

据查证，葵花籽在全球成为油料作物是在1898年，至今只有100多年的历史，与其他油料作物的种植历史相比，可谓是一个新兴的油料作物。随着葵花育种技术和油用型葵花籽的发展，尤其是消费者对于葵花籽油认知度的提高，全球葵花籽及葵花籽油的产量迅猛增长，成为全球新兴油料作物中发展最快的品种之一。

据美国农业部提供的资料，自2013/2014年度至2019/2020年度，全球葵花籽连年增产，其中2013/2014年度全球葵花籽产量为3919万吨，2019/2020年度为5496万吨，6年间增长40.2%，平均每年增长6.7%，其增长速度在油料产量中是不多见的（表1）。

表1　2013/2014年度至2019/2020年度全球葵花籽产量

年度	2013/ 2014	2014/ 2015	2015/ 2016	2016/ 2017	2017/ 2018	2018/ 2019	2019/ 2020
葵花籽产量/ 万吨	3919	4054	4801	4823	4783	5056	5496

注：资料来源美国农业部，表格由作者绘制。

随着全球葵花籽的快速增长，葵花籽油在全球植物油产销中的地位日益凸显，根据美国农业部提供的资料，2019/2020年度全球葵花籽产量达5496万吨，在全球主要油籽产量中仅次于大豆和油菜籽,排名第三(表2)。

表2 全球2016/2017年度至2019/2020年度主要油籽产量(分品种) 单位:万吨

品种	2016/2017	2017/2018	2018/2019	2019/2020
椰子干	552	594	598	586
棉籽	3898	4509	4311	4442
棕榈仁	1743	1881	1952	1942
花生	4516	4683	4681	4608
油菜籽	6949	7515	7299	6922
大豆	34977	34293	36104	33647
葵花籽	4823	4783	5056	5496
总计	57458	58258	60001	57643

注:资料来源美国农业部,表格由作者绘制。

在2019/2020年度全球主要植物油产量中,葵花籽油为2148万吨,仅次于棕榈油、大豆油和菜籽油,排名第四(表3)。

表3 全球2016/2017年度至2019/2020年度主要植物油产量(分品种) 单位:百万吨

品种	2016/2017	2017/2018	2018/2019	2019/2020
椰子油	3.41	3.67	3.76	3.6
棉籽油	4.38	5.1	4.97	5.13
橄榄油	2.61	3.27	3.28	3.13
棕榈油	65.17	70.42	74.05	73.23
棕榈仁油	7.65	8.28	8.59	8.55
花生油	5.72	5.92	5.86	6.25
菜籽油	27.53	27.91	27.68	27.98
大豆油	53.81	55.15	55.82	57.93
葵花籽油	18.2	18.5	19.47	21.48
总计	188.21	198.22	203.48	207.28

注:资料来源美国农业部。

在2019/2020年度全球主要植物油出口贸易中，葵花籽油达1312万吨，仅次于棕榈油，排名第二（表4）。

表4 全球2016/2017年度至2019/2020年度主要植物油出口贸易量（分品种）

单位：百万吨

品种	2016/2017	2017/2018	2018/2019	2019/2020
椰子油	1.76	1.73	2.11	1.91
棉籽油	0.08	0.10	0.11	0.11
橄榄油	0.89	1.06	1.10	1.37
棕榈油	48.89	48.65	51.76	48.47
棕榈仁油	3.09	3.11	3.38	3.33
花生油	0.27	0.28	0.31	0.34
菜籽油	4.50	4.61	4.96	5.57
大豆油	11.33	10.56	11.18	11.93
葵花籽油	10.52	10.02	11.25	13.12
总计	81.33	80.12	86.17	86.15

注：资料来源美国农业部。

在全球2019/2020年度主要植物油消费量为20243万吨中，葵花籽油的消费量为1953万吨，占9.6%，仅次于棕榈油、大豆油和菜籽油，排名第四（表5）。

表5 全球2016/2017年度至2019/2020年度主要植物油消费量（分品种）

单位：百万吨

品种	2016/2017	2017/2018	2018/2019	2019/2020
椰子油	3.21	3.42	3.55	3.56
棉籽油	4.34	5.05	4.99	5.11
橄榄油	2.73	2.80	2.90	3.03
棕榈油	61.48	66.93	72.46	71.90
棕榈仁油	7.25	7.85	8.37	8.20
花生油	5.56	5.74	5.95	6.36
菜籽油	28.89	28.87	28.06	28.06

续表

品种	2016/2017	2017/2018	2018/2019	2019/2020
大豆油	53.43	54.48	55.13	56.68
葵花籽油	16.22	17.25	17.95	19.53
总计	183.11	192.39	199.36	202.43

注：资料来源美国农业部。

上述数据和排名充分表明，全球葵花籽油产业发展势头强劲，在全球葵花籽和葵花籽油的生产中，欧洲、美洲和亚洲是全球葵花籽生产的主要地区，俄罗斯、乌克兰、阿根廷、中国、法国、美国等是全球葵花籽产量位居前十的国家，其中，俄罗斯和乌克兰是全球葵花籽油的生产和出口大国。

（二）我国葵花籽油产业的发展

众所周知，葵花籽是我国的八大油料作物之一，近年来，我国葵花籽的种植面积一直稳定在 90 万 ~100 万公顷，其中种植面积稳定在 2 万公顷以上的有内蒙古、新疆、河北、甘肃、山西、陕西和吉林 7 个省（区）。以 2019 年为例，全国葵花籽种植面积为 92.89 万公顷，其中内蒙古为 58 万公顷、新疆为 13.2 万公顷、河北为 5 万公顷、甘肃为 4.5 万公顷，山西为 2.8 万公顷，陕西为 2.3 万公顷，吉林为 2.2 万公顷，分别占全国葵花籽种植面积的 62.4%、14.2%、5.4%、4.8%、3.0%、2.5% 和 2.4%（表 6）。

表6 中国葵花籽种植面积 单位：千公顷

地区	2011	2012	2013	2014	2015	2016	2017	2018	2019
全国	940.2	888.5	923.4	948.5	1036.3	1278.9	1170.8	921.4	928.9
北京	0.4	0.4	0.3	0.4	0.3	0.7	0.5	0.4	0.5
天津	0.5	0.3	0.3	0.5	0.2	4.1	3.6	0.5	0.4
河北	26.9	34.6	47.9	51.6	59.3	60.1	62.1	51.8	50.0
山西	39.4	34.2	32.7	30.9	28.5	36.9	31.8	29.4	28.0
内蒙古	412.0	398.6	422.5	462.6	518.2	711.1	713.1	564.4	580.0
辽宁	12.0	8.1	7.4	5.7	4.5	4.2	4.1	3.4	3.3
吉林	111.1	104.9	110.1	96.6	84.8	98.7	52.3	28.7	22.0

续表

地区	2011	2012	2013	2014	2015	2016	2017	2018	2019
黑龙江	40.4	29.9	20.4	16.6	66.8	13.1	8.5	4.5	4.1
江苏	0.1	0.1	0.1	0.1	0.1	0.1	0.2	0.2	0.1
安徽	0.0	—	—	0.1	0.1	0.8	1.4	1.1	1.2
福建	0.0	—	—	0.1	0.1	0.2	0.2	0.2	0.1
江西	0.0	0.4	—	0.0	0.0	—		—	—
山东	0.0	—	0.4	1.5	1.6	1.9	1.9	1.4	1.3
河南	7.4	5.4	5.5	5.7	6.0	6.0	5.8	4.5	4.9
湖北	6.1	5.7	5.9	5.4	5.5	5.0	4.3	3.5	3.7
湖南	0.0	—	—	0.7	0.7	1.2	1.3	1.3	0.9
广西	2.7	3.5	3.3	3.4	3.9	1.1	1.0	1.0	1.0
重庆	3.6	3.6	4.2	3.8	3.3	2.3	2.4	2.0	2.2
四川	0.0	2.9	2.9	2.9	2.7	3.6	2.6	2.3	2.4
贵州	7.4	7.8	8.7	9.8	10.2	14.5	16.1	9.9	10.0
云南	5.2	4.4	4.7	4.9	4.9	4.7	4.6	4.6	4.8
陕西	28.8	26.9	27.2	27.4	17.1	26.4	29.3	20.0	23.0
甘肃	35.8	36.3	42.4	45.7	44.2	82.3	62.5	50.8	45.0
宁夏	36.8	32.1	30.6	29.2	26.0	10.5	8.8	7.6	8.0
新疆	163.7	148.2	145.8	143.3	147.3	188.2	152.4	127.9	132.0

注：资料来源国家粮油信息中心，作者对表格做了些删减。

我国葵花籽的产量大约每年为 250 万 ~300 万吨，其中内蒙古、新疆、河北和甘肃产量排名在前四位。以 2019 年为例，全国葵花籽的产量为 251.9 万吨，其中内蒙古为 158.6 万吨、新疆为 41.6 万吨、河北为 14.2 万吨、甘肃为 14 万吨，分别占全国葵花籽产量的 63.0%、16.5%、5.6% 和 5.5%（表 7）。上述情况表明，内蒙古在我国葵花籽种植面积和产量中遥遥领先于其他地区，不愧为我国的葵花籽和葵花籽油之乡，为我国葵花籽油产业的发展做出了突出贡献。

表7 中国葵花籽产量 单位：千吨

地区	2011	2012	2013	2014	2015	2016	2017	2018	2019
全国	2312	2333	2423	2492	2698	3201	3149	2494	2519
北京	1	1	1	1	0	1	1	1	1
天津	1	1	1	1	1	10	6	1	1
河北	53	83	122	139	167	157	174	156	142
山西	56	53	54	48	41	60	60	59	45
内蒙古	1030	1071	1160	1215	1418	1810	1915	1476	1586
辽宁	26	20	18	10	7	9	9	10	7
吉林	311	297	258	238	170	185	119	60	44
黑龙江	69	60	43	36	105	28	20	15	9
安徽	0	0	0	0	0	2	4	3	5
山东	0	0	2	5	6	6	7	5	5
河南	11	11	10	8	10	10	10	8	8
湖北	9	9	10	10	10	10	9	7	7
湖南	0	0	0	0	1	1	1	1	1
广西	5	6	5	5	5	3	3	3	2
重庆	6	6	6	6	5	3	4	3	4
四川	0	4	4	4	4	5	4	3	4
贵州	8	11	13	14	15	22	26	18	16
云南	10	9	0	9	8	7	7	8	9
陕西	46	48	48	50	31	46	66	47	45
甘肃	115	124	149	169	162	255	214	172	140
宁夏	103	94	90	86	68	30	28	28	23
新疆	454	414	419	435	463	540	461	410	416

注：资料来源国家粮油信息中心，作者对表格做了些删减。

（三）我国葵花籽油市场十分看好

随着我国人民生活水平的进一步提高，在食用油的消费中，消费者对营养、健康以及风味的追求越来越迫切，促进了食用油消费市场的不断升级，从而使一些营养价值高、风味好的中高端食用油品越来越受到消费者的青睐。

葵花籽油是为数不多的亚油酸含量高的油品之一，葵花籽油中不饱和脂肪酸含量高达95%以上；葵花籽油在人体内的消化吸收率高达96%以上；葵花籽油中还富含维生素 E、胡萝卜素等营养物质，素有健康食用油之称；葵花籽油澄清透明、油色浅黄，具有清淡的滋味，烹饪时易保留食物的天然风味，广泛用于烹饪、焙烤、煎炸、色拉调味及人造奶油，与其他大宗食用油相比，葵花籽油在中国消费者心目中不仅认知度高，而且是公认的中高端优质食用油品，深受消费者的青睐，市场需求旺盛，推动了我国葵花籽油的消费量的不断增加。

据国家粮油信息中心提供的资料，近年来，我国利用国产葵花籽榨得的葵花籽油一直稳定在 20 万吨左右，其产量远不能满足消费市场的需要，因此必须通过进口较大数量的葵花籽油才能满足市场供应。据海关统计，2020 年我国进口葵花籽油高达 191.6 万吨，较 2019 年的 122.9 万吨，增长 55.6%，其增长速度超过了任何食用油脂的进口增长速度（表 8）。

表8　2013—2020年我国葵花籽油的进口数量　　　　　　　　　　单位：万吨

年份	2013	2014	2015	2016	2017	2018	2019	2020
葵花籽油进口量	43.9	45.5	65.1	95.7	94.5	70.3	122.9	191.6

注：数据来源海关总署，由作者加以整理制表。

随着我国葵花籽油消费量的不断增长，为适应我国国产葵花籽加工和进口葵花籽油精炼的需要，近年来，我国油脂加工业中涌现了一批葵花籽油加工著名企业。其中佳格投资（中国）有限公司、山东鲁花集团有限公司、益海嘉里投资有限公司、中粮集团有限公司、江苏金太阳粮油股份有限公司、内蒙古包头市金鹿油脂有限责任公司等是本行业的佼佼者，他们为我国葵花籽油产业的健康发展做出了贡献。

最后，预祝会议圆满成功，谢谢大家！

二十八、拓展稻米油产业意义重大

——在"2021 稻米油加工技术与营养研讨会"上的发言

（2021 年 11 月 7 日 于江西宜春）

很高兴来到美丽、富饶的江西宜春，参加由中国粮油学会油脂分会和宜春丰城高新技术产业开发区联合举办，由江西省天玉油脂有限公司承办的"2021 稻米油加工技术与营养研讨会"，与大家共同研讨如何进一步推动我国稻米油产业的健康发展。

回顾历史，在我国稻米油产业的发展中，中国粮油学会油脂分会做了大量富有成效的工作，诸如组织召开了一系列国内国际稻米油产业发展会议、交流推广了稻米油生产的成功经验、引领稻米油加工技术和装备的创新发展、组织制修订了稻米油国家标准、积极向国家有关部门提出建议，希望国家加大支持稻米油产业发展的力度等，为我国稻米油产业的发展做出了贡献。今天，又在江西宜春召开研讨会，我相信在大家的努力下，会议一定会取得圆满成功。

在历次稻米油产业发展会议上，我曾多次发言，今天我想以《拓展稻米油产业意义重大》为题发言，供大家参考。

（一）提高我国食用油的自给能力是当务之急

在党和政府的高度重视下，我国的粮油产量屡创历史新高。据预测，2020 年我国油菜籽、大豆、花生、棉籽、葵花籽、芝麻、亚麻籽和油茶籽八大油料作物的总产量达 6800.1 万吨，再创历史新高，但其增长速度仍然不能满足我国经济发展和人民生活不断提高的需要，需要通过大量进口油料油脂才能满足油脂市场的供应。据国家粮油信息中心提供的资料，2020 年，我国利用国产油料（扣除大豆、花生、芝麻、葵花籽四种油料部分直接使用外）榨得的食用油为 1233.2 万吨（表 1）；2020 年我国进口各类油料合计为 10614.1 万吨，其中进口大豆为 10032.7 万吨；进口各类食用植物油合计为 1167.7 万吨，其中进口棕榈油为 647 万吨。

另据国家粮油信息中心提供的年度油脂市场分析资料显示，2019/2020 年度，我国食用油市场年度需求总量为 4091.0 万吨（其中食用消费量为 3545.0 万吨、工业及其他消费量为 526.0 万吨、出口量为 20.0 万吨）；年度食用油的消费总量为 4071.0 万吨（即食用消费量和工业及其他消费量之和）。这样，我们可以计算出 2019/2020 年度我国食用油的自给率只有 30.1%（即 2020 年国油料出油量 1233.2 万吨，与年度需求总量 4091.0 万吨之比）。由此可见，我国近 70% 的食用油料油脂都需要依赖进口。

鉴于食用植物油是国家食物安全的重要组成部分，目前如此高的对外依赖度，随时都有可能危及我国食用油市场的安全。如何缓解我国食用油供应的短缺，保障我国食用油供应安全，是大家关注的问题。我认为，当务之急是要千方百计提高我国食用油的自给能力，而当下提高我国食用油自给率的有效举措是在继续积极发展油料生产的同时，要大力发掘新油料，特别是要充分利用不与粮食争地的现有油料资源制油，其中积极利用米糠资源，大力发展稻米油产业是最有现实意义的，对助力提高我国食用油的自给率，能起到立竿见影的效果。

表1　2020年国产油料出油量预测　　　　　　　　　　　　单位：千吨

品种	产品估计	压榨量	出油量	出油率/%
油菜籽	13800	12000	4080	34.00
花生	17770	9000	3150	35.00
棉籽	10638	9000	1170	13.00
大豆	19600	4500	743	16.50
葵花籽	2600	800	200	25.00
油茶籽	2800	2600	650	25.00
芝麻	457	200	80	40.00
亚麻籽	336	300	9	30.00
玉米油			1600	
稻米油			600	
其他			50	
合计			12332	

注：资料来源国家粮油信息中心。

（二）长足发展的我国稻米油生产

1. 我国有着丰富的米糠资源

大家都知道，我国是世界上最大的稻米生产国和消费国。在我国，稻米与小麦粉、玉米粉一样，是我国的主要粮食品种。我国约有 8 亿人口以稻米为主食，每年因直接食用稻米及其制品所耗用的稻米约 1.4 亿吨。由此可见，稻米及其制品是我国最大、最稳定的粮食消费品种。据国家统计局公布的数据，2020 年我国粮食总产量为 66949 万吨，其中稻谷产量为 21186 万吨。

为适应大米加工的需要，我国拥有数以万计的大米加工企业。据国家粮食和物资储备局粮食储备司公布的《2019 年粮食行业统计资料》，2019 年，我国规模以上的大米加工企业多达 9760 家。另据统计，这些规模以上的大米加工企业在生产大米的同时，其米糠的产量就多达 1331 万吨，这是我国宝贵的油料资源。

2. 米糠是优质的油料资源

米糠（含米胚）是稻米加工中的副产物。米糠中不仅含有丰富的脂肪，而且富含多种营养成分（表2），是优质的油料资源。一般来说，米糠的含油率为 18%~20%，相当于我国大豆的含油量，所以它是极其宝贵的油料资源。如果能将我国稻米加工 70% 的米糠资源用于榨油，出油率按 16% 计算，那么我国每年约能生产出 150 万吨稻米油。按目前我国每年食用油的消费量计算，可提高 3.5% 的自给率，相当于 900 多万吨国产大豆的产油量，是不种田的"种田"，对此，我们要倍加珍惜。

表2 米糠营养成分组成

成分	含量	成分	含量
蛋白质（N×6.25）/（克/100克）	14.50	维生素C/（毫克/100克）	< 0.5
脂肪（克/100克）	20.50	生育酚/（克/100克）	12.00
总碳水化合物/（克/100克）	51.00	生育三烯酚/（克/100克）	13.60
灰分（克/100克）	8.00	叶酸/（毫克/100克）	26.60
总膳食纤维/（克/100克）	29.00	肌醇/（毫克/100克）	1496.00
热量千焦/100克	330.50	谷维素/（毫克/100克）	245.15
维生素A、类胡萝卜素/（微克/100克）	129.30	植物甾醇/（毫克/100克）	341.15
B族维生素/（克/100克）	57	糖类/（克/100克）	8.09

注：资料来源为美国Netracea公司分析报告。

3. 近年来中国稻米油生产发展势头良好

稻米油生产在我国已有较长历史，早在 20 世纪 50 年代就开展了以米糠榨油为重点的综合利用工作；70 年代在国家政策的支持下，以米糠和玉米胚芽榨油为中心的综合利用在全国范围内再度掀起，稻米油产量一度达万吨以上，对平衡当时国内油脂供应紧缺起到了积极作用。但由于当时的米厂规模较小，米糠榨油难以形成规模生产，加上米糠保鲜及精炼技术等不过关，所以产量一直徘徊在万吨左右。近几年来，国家对米糠资源的利用开始重视，加上稻米加工企业的规模化生产，米糠保鲜和精炼技术的提高，我国稻米油产量逐年提高。据国家粮油信息中心统计分析，2012 年我国稻米油产量达 40 万吨、2018 年为50 万吨、2020 年为 60 万吨。这里需要指出的是尽管稻米油的产量这几年增长较快，但其利用率还不足 30%。与日本的米糠制油利用率近 100% 和印度的米糠制油利用率在 70%以上相比差距较大。

综上所述，我国米糠资源丰富，稻米油生产的发展潜力巨大。只要我们做好工作，充分利用米糠资源，对提高我国食用油的自给能力将会发挥重要作用。

（三）进一步推进我国稻米油产业的发展意义重大

在我国，进一步发展稻米油产业，为国家增产油脂的潜力很大，要进一步采取有力措施，持之以恒地大力发展。

1. 要进一步提高对发展稻米油产业重要意义的认识

在新冠肺炎疫情和恶劣气候的影响下，全球经济和粮油生产下滑，粮油资源供给偏紧，饥饿人群不断扩大。我国党和政府历来高度重视粮食安全，尤其是党的十八大以来，以习近平同志为核心的党中央高度重视粮食安全，反复告诫我们"手中有粮，心中不慌"，要把饭碗"牢牢端在自己手中"。不久前，习近平总书记在《致国际粮食减损大会贺信》中指出："粮食安全是事关人类生存的根本问题，减少粮食损耗是保障粮食安全的重要举措"。为确保国家粮食安全，构建反食品消费长效机制，2021 年 4 月 29 日，《中华人民共和国反食品浪费法》已经第十三届全国人民代表大会常务委员会第二十八次会议通过。其中，有关粮油适度加工、副产品综合利用、制修订标准、防止浪费等内容写入了法律中。由此可见，认真贯彻节粮减损、积极开展综合利用，尤其是把米糠资源利用好，不仅对我国乃至全球的粮油安全都具有特殊重要的意义。

2. 要继续呼吁国家有关部门加大支持稻米油产业发展的力度

2017 年 5 月 25 日，我国油脂界 47 位著名专家联名向原国家粮食局并国家发展和改革委员会写信《建议国家加大支持稻米油产业发展的力度》，引起了领导的重视。我们还要继续不断地呼吁，希望政府有关部门把利用好米糠资源为国家增产油脂看作像发展油料生产一样高度重视，要像支持发展大豆产业一样支持米糠资源的利用。建议国家要在资金上给予支持，帮助有一定规模的稻米加工企业，配备米糠保鲜技术装备，对稻米油生产企业要根据其实际产量给予一定的奖励。

3. 要加大稻米油产业的科技投入

鉴于稻米油的制取与精炼是所有食用植物油制取与精炼中最复杂的，加上稻米油中的生理活性物质较多，综合利用的前景广阔。为此，建议国家有关部门将稻米油产业新的加工技术与装备、综合利用等列入国家科技攻关项目。

4. 要加大对发展稻米油产业的宣传力度

要通过宣传让政府有关部门知道充分利用米糠资源，不仅能为国家增产油脂，提高我国食用油的自给能力，又能增加优质油源，造福人民。要通过宣传让广大消费者都知道稻米油是一种营养价值很高的优质食用油，长期食用有利于人体健康，增强公众对食用稻米油的科学认知，进一步促进稻米油产业的健康快速发展。

最后，预祝本次会议圆满成功！

谢谢大家！

第五章

油脂工业标准建设工作

一、杏仁药食兼用的干果

——在"杏仁系列标准制定暨杏仁产业发展研讨会"上的开幕辞

（2015 年 7 月 22 日　于河北承德）

由全国粮油标准化技术委员会油料及油脂技术工作组、武汉轻工大学、江南大学和河南工业大学联合举办，由美珠（承德）生物技术有限公司协办的"杏仁系列标准制定暨杏仁产业发展研讨会"，今天在美丽的承德召开了，很高兴能与大家一起研讨杏仁系列标准制定和杏仁产业发展大计。在研讨之前，我先讲相关情况和几点意见。

（一）杏仁是我国优质的木本油料

据我所知，杏树是历史最悠久的果树之一，在我国已有 3000 多年的栽培历史，世界上许多国家的杏树都源于我国。杏果营养美味，一直是世界人民生活中不可或缺的佳果之一。杏仁是我国消费者熟知和喜爱的营养丰富并素为药食兼用的干果，主要分为鲜食杏和仁用杏，另外还有专供观赏之杏林。我国仁用杏，根据其滋味，又可以分为苦、甜两类杏仁。

杏树具有耐寒抗旱、抗风沙、耐瘠薄的特点，主要分布在华北、西北和东北地区。其中河北省是我国杏仁，尤其是苦杏仁的集中产区，承德又是河北省的杏仁集中产区，可以说："中国杏仁看河北，河北杏仁在承德"，这也是我们这次研讨会选择在承德召开的重要原因之一。

根据有关资料统计，2012 年全世界杏仁产量为 120 多万吨，其中美国产量多达 95 万吨，其次是中国、澳大利亚和土耳其等国，据有关专家估算，我国的杏仁年产量在 8 万吨左右。在杏仁中，仁用杏全身是宝，利用价值很高，其壳是生产活性炭的优质原料；其仁，不仅富含 50%~60% 的油脂，还富含 20%~30% 的优质蛋白质。仁用杏不但在国内有着广阔的市场，同时还出口到东南亚和欧洲各国。另外，杏仁油中的不饱和脂肪酸含量高达 90% 以上，其中油酸的含量高达 60%~70%（表 1），并富含多种活性物质。所以有人说："杏仁是一种优质的木本油料，是继油茶、核桃后的第三种最有开发利用价值的木本油料资源"，只要我们做好工作，其发展前景是非常看好的。

表1　我国不同产地杏仁油脂肪酸的组成　　　　　单位：%

产地	棕榈酸	棕榈油酸	硬脂酸	软脂酸	油酸	亚油酸	亚麻酸	不饱和脂肪酸
陕西永寿	4.46	0.74	0.64	未检测	68.67	25.31	0.13	94.85
甘肃镇原	4.5	0.8	0.1	未检出	66.9	27.5	0.2	95.4
内蒙古赤峰	未检出	未检出	未检出	3.66	70.58	24.75	0.12	99.1
山西晋南	4.67	0.7	1.08	未检出	68.03	25.27	0.25	94.25
山西太原	4.85	0.63	1.25	未检出	67.68	25.39	0.21	93.91

（二）制定好杏仁系列标准，引领杏仁产业发展

为提高我国食用油的自给能力，为广大消费者提供营养、健康的优质食用油脂，促进山区农民增收，绿化祖国山河，建设美丽中国。国家对发展木本油料产业高度重视，发布了一系列鼓励发展木本油料的政策措施。去年又发布了木本油料的发展规划，现在各行各业都在关心、支持规划的实施。

发展木本油料与我们油脂行业的未来与发展关系密切，我们要全力以赴支持木本油料产业的发展。当前，我们要根据需要，抓紧制定好各类木本油料、油脂的标准。按计划，今年除了要研究制定杏仁系列标准外，还要研究制定长柄扁桃、文冠果和核桃等系列标准，以引领这些产业的健康发展。希望在座的各位专家积极参与，献计献策，为我国木本油料产业发展做出贡献。

（三）对制定好杏仁油系列标准的四点建议

（1）鉴于我国是杏的栽培发源地，杏仁油又不同于其他大宗油脂，建议杏仁油的标准制定要在参考其他木本油料油脂标准的基础上，以我为主制定好标准，并努力成为将来国际杏仁油标准的主要起草国。

（2）鉴于目前我国杏仁油的数量较少，在等级的划分上不宜太多，最多分为两个等级就可以了。

（3）对水分及挥发物、不溶性杂质等质量指标以及酸价，要严格按最新公布的卫生要求制订和执行，并要认真贯彻适度加工的原则。

（4）杏仁，尤其是苦杏仁中含有 3%~5% 的苷类成分，而杏仁苷在酸、碱、酶以及热的作用下，易分解生成有毒的氰化物。为此，要研究在杏仁油的质量标准中，是否要对氰化物的含量提出要求。

以上几点，供大家在研讨中参考。

二、大豆系列标准是标准中的标准

——在"大豆系列标准制修订暨大豆产业发展研讨会"上的开幕辞

（2015 年 12 月 28 日　于黑龙江哈尔滨）

我与大家一样，很高兴来到美丽的冰城——哈尔滨，参加由全国粮油标准化技术委员会油料及油脂技术工作组、武汉轻工大学、江南大学、河南工业大学联合主办，由九三粮油工业集团有限公司承办的"大豆系列标准制修订暨大豆产业发展研讨会"。首先我代表中国粮油学会油脂分会对参加研讨会的各位专家、企业家表示诚挚的问候！在这辞旧迎新、2016 年即将来临之际，我衷心祝愿大家在新的一年里工作顺利，事业有成，家庭幸福！祝愿油脂界在新的一年里欣欣向荣，再创辉煌！根据会议的安排，我先讲几点意见，供参考。

（一）大豆及大豆油等系列标准，是我国食用油标准中最重要的标准

众所周知，我国食用油的种类繁多，制修订标准的任务繁重。但我觉得，在众多食用油质量标准中，唯有大豆及大豆油系列标准是我国食用油中最为重要的标准，可以说是"标准中的标准"，其理由如下。

（1）大豆及其榨油量在我国油料、油脂中始终名列前茅。据测算，我国每年利用国产油料及进口油料（不包括大豆）的榨油数量为 4000 多万吨（其中国产油料用于榨油的量为 3500 万吨，进口油料约为 500 万吨）；而利用国产大豆和进口大豆的榨油数量高达 7500 万吨左右（其中国产大豆用于榨油的数量为 350 万 ~400 万吨，加上 2014 年我国进口大豆 7139.9 万吨）。由此可见，在我国利用大豆榨油的数量远高于其他油料榨油数量的总和，今年有望是其他油料榨油数量的一倍（今年进口大豆可能会突破 8000 万吨）。

（2）大豆油在我国食用油的消费中已占半壁江山，是我国乃至世界食用油市场上不可缺少的第一大油品。

据了解，大豆油在世界食用植物油产量中占 30%~31%；在我国，大豆油在食用油的消费中，2014 年已达 46.2%（即 2014 年我国利用进口大豆和国产大豆的榨油总量约为

7500 万吨，出油 1350 万吨；2014 年进口大豆油 113.6 万吨，两者合计大豆油为 1463.6 万吨。2014 年我国食用油的消费量为 3167.4 万吨，由此可以计算出，大豆油占 46.2%）。由此可见，大豆油在我国食用油的消费中已占半壁江山，是我国食用油市场上的第一大油品。

（3）大豆饼粕是我国发展饲养业的根基。以 2014 年为例，我国大豆榨油总数量约为 7500 万吨，其中近 80% 是饼粕，产量约为 6000 万吨，这些饼粕是优质植物蛋白的最重要来源，是我国生产食用和饲用蛋白的最重要资源，它是我国发展饲养业的根基，这也充分表明大豆饼粕所提供的优质植物蛋白资源是其他粮油作物替代不了的。

（4）大豆及大豆油等系列标准，是所有植物油料及油脂中标准最多、最全的。在大豆及大豆油等系列标准中，除了原料大豆、大豆油及饼粕的标准需要制修订外，还有大豆蛋白、大豆肽、大豆异黄酮、大豆膳食纤维、大豆磷脂、大豆皂苷和大豆维生素 E 油等诸多有价值的标准需要制修订，这也是其他油料所不及的。

（5）大豆及大豆油等系列标准，是引领制修订好其他油料、油脂标准的标准。由于大豆油是世界食用植物油中的第一大油品，也是世界油料油脂贸易中的第一品牌，所以世界各国对大豆及大豆油等标准高度重视，对其标准的研究制修订最为科学、最为完善，是油料油脂标准中国际化程度最高的标准，也是制修订其他油料油脂标准时最有参考价值的标准。

综上所述，大豆及大豆油等系列标准是油料油脂中最为重要的标准，是标准中的标准。我之所以要强调大豆及大豆油等系列标准的重要性，目的是希望大家重视本次研讨会，把大豆及大豆油等系列标准制修订好，以引领其他油料油脂标准的制修订工作。

（二）对制修订好大豆及大豆油等系列标准的几点建议

为把大豆及大豆油等系列标准制修订得更加科学、更加合理，对此，我提以下 4 点建议。

（1）在制修订大豆、大豆油及大豆饼粕标准时，既要考虑我国的国情，又要尽量符合国际通则，注意与国际标准接轨，做到既符合国内的实际，又有利于国际贸易的开展。

（2）在制修订除大豆、大豆油及大豆饼粕标准以外的其他系列标准时，应参考国际上的先进标准，并结合我国的国情来制修订好其他系列产品的标准，如大豆蛋白、大豆肽、大豆异黄酮、大豆膳食纤维、大豆磷脂、大豆皂苷和大豆维生素 E 油等标准。

（3）在制修订大豆油国家标准时，要注意贯彻适度加工的原则，以最大程度保存油料中的固有营养成分和最大程度防范油脂产品因过度加工而导致有毒有害物质的产生。通过标准的制修订，引领油脂行业认真贯彻适度加工的原则。

（4）关于在标准中一些要标注的问题，要按国家要求进行认真标注，其中与众不同的是要标注原料的来源，包括要标注清楚从哪个国家进口的转基因大豆。但不能在其产品宣传时，在标签上写上"非转基因"的字样。现在这方面的问题太多、太乱，有人说："这是油脂行业自己打自己的嘴巴，是对转基因食品的歧视"。在这个问题上，我们油脂界要拧成一股绳，要有长远眼光，顾全大局，不能只顾一时、只顾自己。

三、一联二盟，推进元宝枫产业发展

——在"元宝枫籽油系列国家标准研讨会暨中国元宝枫籽油产业 联盟成立大会"上的主题演讲

（2016 年 1 月 8 日 于云南昆明）

很高兴来到美丽的春城——昆明，参加由西安中粮工程研究设计院有限公司和国家粮食局油脂工程技术研究中心联合主办，由云南骏辉商务有限公司和云南元宝枫农业供应链管理有限公司承办的"元宝枫籽油系列国家标准研讨会暨中国元宝枫籽油产业联盟成立大会"。借此机会，我代表中国粮油学会油脂分会对大家不远千里来到昆明表示亲切的问候和新年的祝福！根据万新同志的要求和会议的主题，我就讲几点建议。

（一）元宝枫是我国重点支持发展的优良木本油料树种

刚才，我们荣幸地聆听了我国元宝枫第一人王性炎教授的精彩讲话，深受启发和教育，现在我讲三点感受。

1. 元宝枫是国家高度重视的、特有的优良木本油料树种

由于元宝枫是一种集医疗保健价值和经济价值为一体的具有极高使用价值的树种，在绿色食品开发、医疗保健、疾病防治以及建材化工等领域都有良好的应用和开发前景，是木本油料树种中难能可贵的好树种。为此，在 20 世纪 70 年代初，国家已把木本油料树种作为战略物资进行研究和推广，元宝枫树就是其中之一。40 多年来，尤其是从"八五"计划开始，国家将其列入了重大科技攻关项目。在中国第一位元宝枫专家王性炎教授的带领下，元宝枫的丰产栽培及产业化、元宝枫活性成分和产品开发以及元宝枫在经济与生态价值等方面的研究取得了许多重大科技成果。

在对元宝枫树科学研究取得诸多成果的基础上，2013 年 3 月，国家卫生部批准了元宝枫籽油作为新资源食品；2013 年 6 月，元宝枫列入了国家"863"计划；2014 年 4 月 4 日，国家主席习近平在北京参加义务植树活动时亲自种下了元宝枫等 6 棵树苗；2014 年 12 月，国务院办公厅发文把元宝枫列为重点发展推广的木本油料树种之一。由此可见，

元宝枫的开发利用将迎来新的发展良机。

2. 元宝枫在我国生长种植范围广，适应性强

元宝枫在 −25℃的低温条件下都能正常生长，不仅具有耐旱、抗寒、抗风、改良土壤等优点，还有易成活、幼树生长快、寿命长、人工栽培条件下一般 5 年左右就能开花结果等优点。

据了解，元宝枫原来主要分布在黄河中下游各省、东北南部地区以及江苏、安徽等地。近年来，在国家林业局和陕西、山西、四川、云南等省的大力支持和推动下，元宝枫在西北、西南、华北和内蒙古部分地区得到了迅速发展，人工种植面积已突破 60 万亩，发展前景看好。

3. 元宝枫籽油是一种优质高端食用油

据介绍，栽培元宝枫苗 5 年后，嫁接苗 3 年后，一般每亩可产元宝枫翅果 250 千克以上，可得种仁 120 千克左右，元宝枫种仁含油量达 45%以上，机榨出油率为种仁的35%~38%，是产油量较高的木本油料树种之一。

元宝枫籽油中含有独特的神经酸，含量高达 5.8%。神经酸是国际公认的具有特殊功能的脂肪酸，是大脑神经细胞和神经纤维的核心构成成分，也是唯一能修复疏通大脑神经纤维并促进神经细胞再生的双效神经物质。

元宝枫籽油中的神经酸含量，是我国目前食用油中含量最高者，另外，元宝枫籽油中还含有丰富的脂溶性维生素 A、维生素 E、维生素 D，特别是维生素 E 的含量高达 125 毫克/100 克。这充分表明，元宝枫籽油是我国为数不多的优质高端食用油品，是生产功能性油脂的重要油源。

（二）制修订好元宝枫籽油系列国家标准，推动元宝枫籽油产业的发展

为提高我国食用油的自给能力，为广大消费者提供营养、健康的优质高端食用油，促进农民增收、建设美丽中国，国家对发展木本油料产业高度重视，国务院办公厅去年公布了木本油料产业发展规划，现在各行各业都在关心、支持规划的实施。

木本油料的发展与我们油脂界的未来和发展关系密切，我们要全力以赴积极支持木本油料产业的发展。当前，我们要根据需要，抓紧制修订好各类木本油料的标准，通过标准的制定，引领和推动木本油料产业的健康发展。本次研讨会的目的，是要请在座的各位专家献计献策，为制修订好元宝枫籽油系列国家标准多做贡献。在大家研讨之前，我对制修订好元宝枫籽油系列国家标准提几点建议。

（1）以我为主制修订好元宝枫籽油系列国家标准。鉴于元宝枫是我国特有的木本油料树种，元宝枫籽油是我国特有的食用油品，没有现成的标准可以参考，所以在制修订标准时，应本着在参考其他木本油料、油脂标准的基础上，以我为主制修订好元宝枫籽油的系列国家标准。

（2）元宝枫籽油系列国家标准的制修订，可以根据当前的实际需要，由少到多，逐步推进。鉴于目前元宝枫籽油的数量较少，可以先制定元宝枫籽、元宝枫籽油和元宝枫饼粕3个标准，其他标准待今后随着产量的增加和需要逐步增加。

（3）在制修订元宝枫籽油等级标准时，目前最多划分为两个等级就够了。

（4）由于元宝枫籽油中神经酸含量高达 5.8%，可以考虑将其含量作为鉴别元宝枫籽油的特性指标。

（5）鉴于元宝枫籽油的不饱和脂肪酸含量高达 90% 以上，所以在其加工、包装和储存等环节，需要认真研究防范元宝枫籽油的氧化劣变问题，以确保元宝枫籽油的货架时间和食用安全。

（三）成立元宝枫籽油产业联盟是一件好事

本次会议除了研讨如何制修订好元宝枫籽油系列国家标准外，还将成立中国元宝枫籽油产业联盟，我认为，成立联盟是一件好事，有利于促进元宝枫粮油产业的健康发展。为此，我对联盟的成立首先表示祝贺，并对联盟的成立提几点建议。

（1）联盟的成立要紧紧围绕着在"一联二盟"上做好文章，也就是说要把从事元宝枫籽油产业的生产、加工、科研、营销等单位联合起来，其目的是"盟划未来"，携手为推动元宝枫籽油产业的发展多做工作、献计出力。

（2）元宝枫籽油产业联盟成立后，要坚持以企业为主体、市场为导向、产学研相结合的技术创新体系；要坚持创新驱动，达到提升企业自主创新能力和产业核心竞争能力，促进元宝枫籽油产业的优化升级之目的。

（3）联盟成立后，要积极组织企业、大专院校、科研机构等围绕元宝枫籽油产业技术创新的关键、急需问题，通过开展技术合作、联合开发等途径，突破产业发展中的核心技术，形成产业技术标准；实行知识产权共享和合理实施技术转让，加快科技成果在联盟成员中的转化、落地，推进产业健康快速发展。

（4）要不断研究元宝枫籽油产业在发展中存在的问题和解决方法，积极向有关部门反映情况，争取政策上的支持。

四、推陈出新制标准，产业发展有遵循

——在"花生油、葵花籽油系列标准制修订研讨会"上的开幕辞

（2016 年 6 月 18 日　于山东烟台）

很高兴再次来到环境优美如画、空气新鲜迷人的烟台，参加由全国粮油标准化技术委员会油料及油脂分技术委员会主办，山东鲁花集团有限公司承办的"花生油、葵花籽油系列标准制修订研讨会"，与大家一起商讨花生油和葵花籽油等七个标准的制修订工作。现在我先讲几点意见和建议。

（一）花生油、葵花籽油系列标准制修订的必要性

（1）花生油和葵花籽油系列标准，尤其是花生油和葵花籽油的国家标准是 2002 年在这里修订的，至今已经 14 年过去了。这两个国家标准，为我国花生油和葵花籽油产业的发展起到了引领和规范的作用，促进了花生油和葵花籽油产业的健康发展。但是这两个标准毕竟已时隔 14 年了。为进一步适应和推动花生油和葵花籽油产业的健康发展，有些指标需要做适当的调整和补充。

（2）花生油和葵花籽油两个系列标准，是油脂标准中的大标准，是标准中的重要标准。把这两个标准修订好，对其他标准的制修订将会起到示范作用。

（3）花生和葵花籽都是我国百姓喜爱的干果型食品，花生油和葵花籽油是消费者心目中公认的优质食用油脂。为此，其标准的制修订要考虑如何更好地适应百姓的生活习惯和对安全、营养、健康的追求。

（二）对花生油、葵花籽油系列标准制修订的建议

为进一步适应和引领花生油和葵花籽油产业的健康发展，我们要对 14 年前制定的这两个标准的贯彻执行情况进行认真总结。在此基础上认真考虑消费者对食品安全、营养、健康等方面要求来制修订好新的花生油、葵花籽油系列标准。为此，我提 5 点建议。

（1）要贯彻适度加工的原则。为最大程度保存油料中固有的营养成分和最大限度地防范因过度加工而导致有害有毒物质的产生，我们要使新制修订的油脂质量标准能够起到引领和规范的作用。如色泽，既不能太深，也不能太浅；对水分及挥发物含量、不溶性杂质含量、酸价、烟点等不影响食用安全的指标要做适当放宽调整。另外，等级的划分，建议将原来的1~4级，修改为1~3级，以体现适度加工。

（2）对涉及消费者食用安全和健康的指标，诸如真菌毒素限量、污染物限量、农药和重金属残留量、食品添加剂的品种和使用量等，应严格按 GB 2716—2005《食用植物油卫生标准 国家标准 植物油》、GB 2760—2014《食品安全国家标准 食品添加剂使用标准》、GB 2761—2011《食品安全国家标准 食品中真菌毒素限量》、GB 2762—2012《食品安全国家标准 食品中污染物限量》和 GB 2763—2014《食品中农药最大残留限量》等规定执行，绝不含糊。

（3）对改变浸出毛油和浸出食用油中溶剂残留量指标，要广泛征求意见，慎之又慎。

（4）对特性指标（现称：花生油和葵花籽油的基本组成和主要物理参数）要注意尽可能地包含不同品种、不同地区的油料油脂。为避免执法部门在产品抽查中将特性指标视作质量标准来考核，给企业造成不必要的麻烦，建议考虑能否公开表明："特性指标不是质量指标"。

（5）在原料标准中，要考虑适应新品种的需要，如对花生中高油酸花生在标准中的表述问题。

本次研讨会与14年前一样，在山东烟台召开，并由山东鲁花集团有限公司承办，对此，我们要特别感谢鲁花集团为我国现代化油脂质量标准制修订工作所做的杰出贡献！

五、做好标准引领榛子产业健康发展

——在"榛子油系列标准制修订暨榛子产业发展研讨会"上的主旨讲话

（2016 年 8 月 31 日　于辽宁辽阳）

在硕果累累的季节，我很高兴第一次来到历史悠久的名城——辽阳，参加由全国粮油标准化技术委员会油料及油脂分技术委员会、辽阳市人民政府主办，辽阳县人民政府承办、辽阳帝昊农业有限公司协办的"榛子油系列标准制修订暨榛子产业发展研讨会"，与大家一起商讨榛子油系列标准的制修订工作和促进榛子产业的发展大计。

根据会议的主题，我以《做好标准引领榛子产业健康发展》为题，讲几点看法和建议。

（一）榛子是我国木本油料产业的后起之秀

众所周知，为提高我国食用植物油的自给能力，我国政府高度重视木本油料产业的发展，出台了一系列鼓励发展木本油料产业的政策措施，正推动着我国木本油料产业的快速发展。在木本油料产业中，榛子的母体——榛树是继油茶、核桃、油用牡丹、文冠果、长柄扁桃之后的重要木本油料作物，是木本油料树种的后起之秀。

据资料介绍，榛树喜光、耐寒，对土壤的适应能力很强，在壤土、砂土、黏土及轻盐碱地上均能生长。在我国北方，海拔 750 米以下地势较缓的坡地、梯田和平地尤其适合榛树的生长。目前，我国榛树主要分布在东北三省、华北各省、西南横断山脉以及西北的甘肃、陕西、新疆和内蒙古等地，年产榛子在 10 万吨左右，占世界榛子总产量约 100 万吨的 1/10，其中辽宁省的榛子产量约 7 万吨，发展势头看好。

本次会议在辽阳市召开，辽阳市委、市政府高度重视和支持榛子产业的发展，重视榛子的开发利用，成功培养出了一批以辽阳帝昊农业有限公司为代表的专门加工利用榛子的龙头企业，辽阳县如今已成为"中国平欧大果榛子之乡"，由此可见，辽阳市为我国榛子产业的发展，乃至木本油料的发展起到了很好的示范作用。

（二）榛子油是优质的高端食用油

榛子和榛子油营养丰富是大家公认的。榛子不仅是深受百姓喜爱的干果之一，而且其含油量也十分丰富；榛子的含仁率约为 35%，榛子仁的含油量约为 60%；榛子油中的不饱和脂肪酸的含量超过 90%，其中油酸的含量在 80% 以上；榛子油中还富含维生素 E、紫杉醇等生物活性物质。有资料介绍，榛子和榛子油除了具有丰富的营养价值外，还有较高的药用价值，中医认为榛子味甘、性平，具有开胃、调中、明目之功效，可防治体弱和肠胃不适等症状。以上情况充分表明，榛子油是一种优质高端的食用油，是生产功能性油脂的重要资源。长期食用榛子或榛子油，对人体健康很有好处。

（三）制修订好榛子油系列标准，引领榛子产业健康发展

我国目前生产的榛子，绝大部分作为干果食用和作为食品加工的辅料，用于榨油的数量相对较少。但随着我国榛子产业发展势头的向好，我们应该早作准备，提前制修订好榛子油、油用榛子和榛子饼粕等几个行业标准，以引领榛子产业的健康发展。现在，我对制修订好榛子油系列标准提 4 点建议，供与会代表参考。

（1）要在认真参考、借鉴其他木本油料、油脂标准的基础上，根据榛子油的特点来制修订好榛子油的系列标准。

（2）鉴于目前用于榨油的榛子数量较少，在制订标准时对等级划分不宜太多，最多设两个等级，甚至有的品种可以先设一个等级。

（3）由于榛子油中不饱和脂肪酸含量高达 90% 以上，不易长期安全储存。为确保榛子油的品质与货架时间，需要在加工、包装、流通和储存等环节，认真考虑防范成品油的氧化劣变等食品安全问题。

（4）据了解，榛子油中生物活性物质的种类较多，需要进一步研究其种类、含量和营养表征，以进一步明确和提升榛子油的市场价值。

六、群英聚首新疆，千里奔赴制定油标

——在"亚麻籽油、红花籽油系列标准制修订暨产业发展研讨会"上的开幕辞

（2016 年 10 月 9 日　于新疆昌吉）

各位代表：

大家上午好！

在刚过完伟大祖国生日后，我们就来到了美丽富饶的新疆维吾尔自治区昌吉市，参加由全国粮油标准化技术委员会油料及油脂分技术委员会主办，益海嘉里金龙鱼粮油股份有限公司（以下简称益海嘉里）和中粮集团联合承办的"亚麻籽油、红花籽油系列标准制修订暨产业发展研讨会"。

首先我代表中国粮油学会油脂分会对益海嘉里和中粮集团为本次会议成功召开所付出的努力表示衷心的感谢！感谢他们对油料、油脂标准制修订工作的重视与支持；感谢他们为中国现代油脂加工业的发展所做的杰出贡献！

同时我们还要感谢在座的各位代表及所属单位，大家在节后千里迢迢，不辞辛苦来到昌吉，感谢大家对标准工作的支持！根据会议的主题，在正式研讨之前，我先介绍些情况和讲点建议。

（一）我国是亚麻籽油和红花籽油的生产、加工和消费大国

据资料介绍，有关亚麻产地的说法不一，原产地有黑海、里海高加索、波斯湾和中国等不同说法，但其品种大致可分为油用、纤维用和油纤两用三类。不同亚麻的种籽均可榨油，其中油用亚麻结籽多，含油高。美洲和亚洲是全球亚麻籽的主要产区，2014 年全球亚麻籽总产量为 265 万吨，其中美洲约占全球产量的 46%，亚洲约占全球产量的 31%。加拿大是世界上亚麻籽产量最大的国家，2014 年亚麻籽产量达 87.25 万吨。

亚麻在中国已有 600 多年的栽培历史，目前主要分布在华北、西北地区，以内蒙古、山西、甘肃、新疆、宁夏等地产量最大，吉林、河北、陕西、青海等次之。亚麻在中国的种植面积有 65 万 ~70 万公顷，年产量约为 40 万吨。据统计，产量最高的年份是 1996 年

达 55.3 万吨。近年来，随着种植面积的减少，产量也有所下降，2014 年为 38.7 万吨，在世界上仅次于加拿大，位居第二。

随着我国人民生活水平的不断提高以及科学研究的不断深入，亚麻籽油的营养保健功能越来越引起消费者的关注，从而导致我国亚麻籽油的产量已远不能满足市场的需要，需要通过进口才能满足市场消费的需求。据海关统计数据显示，2014/2015 年度，我国进口亚麻籽 37 万吨、进口亚麻籽油 1.7 万吨，合计折油量已超过国产亚麻籽的产油量。

我国亚麻籽油的加工企业主要分布在内蒙古、山西、河北、甘肃、宁夏和新疆等地，内蒙古、山西、宁夏等地的品牌最多、最著名。

根据资料介绍，红花源于欧洲南部及地中海周边国家，主要分布在西班牙、伊朗、希腊、法国、荷兰、埃及和印度，以西班牙和伊朗的产量为最多。现在，红花种植已遍及世界五大洲 50 多个国家和地区。

我国红花栽培历史悠久，2100 多年前，张骞将红花从西域引入我国栽培，所以红花在我国又称西红花。目前，我国有近 20 个省、市、自治区都有红花种植，红花种植面积约为 50 万亩，主要集中在我国新疆、河南、四川和云南等地。其中新疆红花的种植面积和产量占全国的 80% 以上，而新疆红花的主要产地在塔城地区，产量约占新疆的 80%。所以，素有"中国红花在新疆，新疆红花在塔城"之说。

有资料介绍，目前，全世界红花的播种面积为 116.8 万公顷，红花籽产量为 176 万吨。按种植面积推算，我国红花籽的产量每年在 5 万吨左右。由于红花籽油是百姓公认的优质高档保健食用油，加上它具有显著的药食同源功效，所以我国国产红花籽已不能满足市场的需求。据海关统计，2015 年我国进口红花籽 3 万多吨。

综上所述，我国是亚麻籽油和红花籽油的生产、加工和消费大国，预测未来市场的发展前景将越来越好。鉴于新疆是我国红花籽和亚麻籽的重要生产区，所以本次研讨会选择在新疆召开是十分有意义的。

（二）亚麻籽油和红花籽油都是优质草本食用油的代表

亚麻又称胡麻，亚麻籽油又称胡麻籽油。亚麻一般为一年生的草本植物，亚麻籽的含油量为 35%~40%。由于亚麻的产量较高，现已成为世界上十大油料作物之一。亚麻籽油的营养价值很高，其最重要的原因是富含 α- 亚麻酸，含量高达 50%~60%。与此同时，亚麻籽油中还富含木酚素，亚麻籽中富含类黄酮等活性物质。大量实验证明，经常食用亚麻籽油具有抗肿瘤、抗血栓、降血脂、营养脑细胞、调节自主神经等多种功效，是药食同源的食用油品。

红花又名桔红花、红蓝花、红花缨子等，是一年生或越年生的草本植物，是油料、药材兼用的作物，即籽榨油，花作药，是最典型的药食同源作物。红花籽含油量为25%~40%。据悉，红花籽用作食用油料始于第二次世界大战后，随后联合国粮食及农业组织正式把红花作为一种油料作物列入世界油料生产年鉴的统计项目之内。红花籽油的亚油酸含量高达70%~85%，有"亚油酸王"之称。红花籽油中富含维生素 A、维生素 E 等多种人体必需的营养物质，可有效改善血液循环。经国内许多科研、医疗单位证实，红花籽油可预防现代死亡率极高的由于血清胆固醇高、血脂高造成的心脑血管疾病；有效预防动脉粥样硬化、软化血管、扩张动脉，预防老年性脑卒中、高血压、心肌梗死、心力衰竭等老年性疾病。

以上情况充分证明，亚麻籽油和红花籽油都是优质草本食用油，都是典型的药食同源食用油品，是生产功能性油脂的重要油源。经常食用，有益于人体健康。

（三）科学制修订好亚麻籽油和红花籽油系列标准，引领产业发展

本次研讨会的目的是请在座的各位专家和企业家通过对我国亚麻籽油和红花籽油产业的生产、加工、营养、市场等方面的研讨，为科学制修订好适合我国国情的两个重要系列标准献计献策，以引领和促进我国亚麻籽油产业和红花籽油产业的健康发展。现在，我就亚麻籽油和红花籽油的加工和制修订好标准讲 3 点建议，供大家在研讨中参考。

1. 要十分重视油品的易氧化变质问题

亚麻籽油和红花籽油中不饱和脂肪酸的含量都在 90% 以上，这是大家公认这两种油品为优质高端食用油的重要原因，但也正因为不饱和脂肪酸含量极高，造成了易氧化劣变等问题，尤其是亚麻籽油更为突出。为此建议加工企业要科学合理使用抗氧化剂；尽量使用有色避光的包装材料及适量的包装容器；成品油最好在较低温度下储存等，以确保这两种高端食用油的品质温度与货架时间。

2. 不要一味采用低温压榨

鉴于亚麻籽油和红花籽油都是消费者比较熟悉且公认的高端食用油，所以在产品的质量与安全上一定要做到万无一失。在制油方法上，要吸取"当前低温压榨油质量问题时有发生"的教训，不要跟风，不要不顾原料质量，一味采用低温压榨。不能只顾营养，不顾质量与安全，更不能为了销售业绩而忽悠消费者。

3. 要从实际出发，制修订好质量标准

由于目前亚麻籽油和红花籽油与大宗食用油脂相比，数量相对较少，属于小品种特种油脂。所以，在制定质量标准中，其等级的划分不宜过多，建议设 1~2 个等级就够了。另外，为保持其特有的风味和营养，对烟点和色值的要求，应与大宗食用油脂有所区别。

七、审定标准 392 页，请君投下神圣一票

——在"油料及油脂分技术委员会一届二次会议"上的主旨讲话

（2016 年 11 月 22 日　于云南楚雄）

各位委员、各位专家、各标准起草人：

大家上午好！

今天，我们来到美丽的楚雄彝族自治州，召开"全国粮油标准化技术委员会油料及油脂分技术委员会第一届委员会第二次全体会议"。为开好本次会议，全国粮油标准化技术委员会油料及油脂分技术委员会（以下简称分技术委员会）对本次会议进行了精心的准备，协办单位云南摩尔农庄生物科技开发有限公司对本次会议做了周到安排和热情接待，借此机会，我代表中国粮油学会油脂分会，对在座的各位委员、专家、标准起草人和参会的企业家表示最热烈的欢迎和诚挚的问候！对付出辛勤劳动的云南摩尔农庄生物科技开发有限公司表示衷心的感谢！

本次会议的主要议题是对《核桃油》等 39 项油料油脂国家（行业）标准进行审定，这是分技术委员会成立后第一次审定标准，我作为分技术委员会的委员，与大家一起在本次会上审定 39 项标准，深感任务艰巨和责任重大。为出色地完成好此次油料油脂标准的审定工作，我想谈谈想法和建议。

（一）珍惜投票权，投下神圣的一票

分技术委员会开会审定标准，这是第一次，是来之不易的。油料及油脂技术工作组成立已经整整 10 年了，从 2009 年国家标准化管理委员会发文批准筹建分技术委员会到今年正式批准成立也过去了 7 年时间，各有关方面付出了艰辛的努力才有了大家今天的投票权。希望各位委员珍惜手中的投票权，投下自己神圣的一票。

（二）尽心尽责，认真把好最后一道关

为制修订好标准，标准起草工作组付出了辛勤的劳动，完成了标准送审所需的文本和

编制说明，分技术委员会（原技术工作组）曾精心组织了多次标准研讨会。由此可见，这次标准起草工作组提交的审定材料是大家共同努力的成果，也是大家智慧的结晶。为了确保标准的高质量，希望各位委员在审定时要精益求精，尽心尽责，认真把好最后一道关。

（三）顾全大局，通力合作，确保标准制修订工作进展顺利

标准在制修订过程中，有不同意见是正常的，但不能无休止地各持己见，形不成一致意见而导致标准制修订工作进展缓慢，甚至争论多年标准迟迟不能出台从而影响了相关工作。为此，我们一定要吸取这样的教训，建议大家在这次审定标准时，一定要学会善于听取别人的意见，求大同，存小异，商量办事。当然也不是说不讲原则，而是要顾全大局，通力合作，确保标准制修订工作进展顺利。

（四）高效快捷，按时保质保量完成好标准审定工作

这次会上提交的审定标准比较多，特别是木本油料油脂标准比较集中。为提高审定效率，我建议：第一，将各小组委员适当分工，各有侧重；第二，对标准提出的具体修改意见，大家要集中讨论是否采纳；第三，建议在分组审定时，先对第一个标准进行充分讨论，特别对一些指标如酸价、过氧化值、色泽、分级等，确定原则，成为样本（即标准的"标准"）。至于后面类似的问题以及个别文字和格式等问题，可以留给标准起草工作组和秘书处去处理。只有这样，才能高效快捷，按时保质保量完成好这次标准的审定工作。

（五）对所谓"低温压榨""笨榨"及"浓香型""特香型"等油脂产品的质量标准问题

在以往的制修订标准研讨会上，大家曾多次提到"低温压榨""笨榨"及"浓香型""特香型"等油脂产品的质量标准问题。对此，专家们在讨论中看法很不一致。

鉴于目前有些企业以片面宣传所谓"回归自热""回归原始"为由，不顾原料的质量与特性，一味追求采用"低温压榨"和"笨榨"，生产出所谓"低温压榨油""笨榨油"和"浓香型""特香型"等不经精炼就投放市场的油脂产品，从而造成了这些油脂产品的质量问题时有发生。对此，我建议在本次标准审定会上，不要再讨论上述产品的质量标准问题了，以确保审定会议的顺利进行（注：上述讲的所谓"浓香型""特香型"油脂产品，

不含浓香花生油和芝麻香油)。

　　各位委员、各位专家，我相信，通过大家的共同努力，一定能将此次标准审定会开得圆满成功。我更相信，通过本次会议的经验积累，油料及油脂标准制修订工作一定会跨上一个新的台阶。

　　以上建议，供参考。谢谢大家！

八、做好标准，引领行业健康发展
——在"全国粮油标准化技术委员会油料及油脂分技术委员会成立大会"上的贺辞

（2016 年 7 月 9 日　于湖北武汉）

各位领导、各位委员、同志们、朋友们：

大家上午好！

很高兴来到热情似火的江城武汉参加"全国粮油标准化技术委员会油料及油脂分技术委员会"成立大会。首先我代表中国粮油学会油脂分会对油料及油脂分技术委员会的正式成立表示最热烈的祝贺！对在座的各位专家、各位企业家表示热烈的欢迎和诚挚的问候！对多年来支持我国粮油标准化工作并承担我国油料油脂标准秘书处工作的武汉轻工大学的各位领导和老师表示衷心的感谢！借此机会，我想就油料油脂标准工作讲几点意见，供参考。

（一）进一步提高对油脂标准工作重要性的认识

标准是衡量事物的依据或准则，是对重复性事物和概念所做的统一规定，它以科学、技术和实践、经验的综合为基础，经过有关方面协商一致，作为共同遵守的准则和依据。标准化是科技、经济和社会各个方面发展的基础，标准化在保障产品质量安全、促进产业转型升级和经济提质增效、服务外交外贸等方面起着越来越重要的作用。当今世界，标准之争和标准化水平的高低已成为各国各地区核心竞争力的重要标志之一。一个企业，乃至一个国家，要想在激烈的竞争中立于不败之地，必须深刻认识标准对国民经济与社会发展的重要意义。

油料油脂标准是油脂行业的重要技术法规，是规范油料油脂生产、加工和流通的基础，是油脂市场有序流通、遏制假冒伪劣产品的重要保证，它为油料油脂及其制品的质量、营养和安全提供了技术保证和监督的依据。由此可见，油料油脂标准的建立和完善，将引领与规范油脂行业行为，引导油脂行业技术进步，推动油脂行业健康发展。

（二）进一步做好油料油脂标准制修订工作

我国油料油脂标准体系的建立与发展和中国粮油行业的发展密切相关，自新中国成立以来，我国油料油脂的制修订工作，经历了从无到有、从粗到细、逐步完善的过程。特别是全国粮油标准化技术委员会油料及油脂技术工作组成立以来，在全国粮油标准化技术委员会（简称粮标委）的正确领导下，在在座的各位领导、专家、企业家的大力支持下，油料油脂标准制修订工作取得了卓有成效的进步。

我还清楚地记得 2006 年 3 月 1 日，也是在这里，我们隆重举行了"全国粮油标准化技术委员会油料及油脂技术工作组成立大会"，秘书处的承担单位就是武汉轻工大学的前身武汉工业学院。10 年来，标准工作组在粮标委秘书处的直接领导下，在中国粮油学会油脂分会和武汉轻工大学的大力支持下，加强了与油料油脂相关科研院所、大专院校、质检机构和油脂企业的联系与合作，积极开展油料油脂标准的宣传和制修订，取得了非凡的成绩，交出了满意的答卷，在粮标委四个工作组中是最为出色的。我们仅用 10 年的时间，基本建立了我国油料油脂标准体系，完成了 128 项国家标准和 66 项行业标准的制修订工作，并每年都成功举办多次标准制修订研讨会和油脂营养、健康、安全和产业发展论坛，规范和引领了油脂行业的技术进步，推动了我国油脂工业的健康发展。

今天，全国粮油标准化技术委员会油料及油脂分技术委员会正式在这里成立了，这既是对前 10 年取得成绩的肯定，也是对今后工作提出的更高要求，它的成立必将对我国油料及油脂标准的发展起到一个里程碑式的作用。

当前，我国经济已步入稳健发展、重调结构、调控出新、动力再造的新常态。面对经济发展新常态，我们要持续提升标准引领质量的契合力，满足质量时代对标准提出的新要求。当前，我国油脂行业也同样面临产能过剩、转型升级、过度加工、质量安全等热点问题，这对我们标准化工作提出了更高的要求。根据我的体会，在今后的油料油脂标准制修订工作中应做好以下 10 点：

一要抓好标准科研队伍和专家队伍的建设；

二要完善油料油脂标准体系，做好顶层设计；

三要做到制修订标准既要考虑与国际接轨，又要坚持我国国情；

四要把食用油的质量和安全始终放在第一位；

五要关注和服务于国家政策导向；

六要重视和加强基础标准的制修订工作；

七要加快木本油料油脂标准的制修订工作，以促进木本油料产业的健康发展；

八要在标准制修订工作中，分轻重缓急，以加快制标进程；

九要举全行业之力，通力合作，遇到不同意见，要多调研，多协商，要有全局观念；

十要加强标准的自主创新，力争在国际标准化舞台上有中国的声音。

（三）中国粮油学会油脂分会将一如既往支持分技术委员会的工作

多年来，中国粮油学会油脂分会一直积极支持油脂标准工作，始终把标准工作作为分会工作的一项重要内容。

党的十八届三中全会做出了全面深化改革的决定，加快转变政府职能，大力培育和扶持社会组织承担各种社会职能。2015 年 3 月 11 日国务院印发了《深化标准化工作改革方案》，提出要通过改革，建立政府主导制定的标准与市场自主制定的标准协同发展、协调配套的新型标准体系，健全统一协调、运行高效、政府与市场共治的标准化管理体制，形成政府引导、市场驱动、社会参与、协同推进的标准化工作新格局。其中，方案明确将培育和发展团体标准作为一项重要的标准化工作改革措施。

根据《深化标准化工作改革方案》，在标准制定主体上，鼓励具备相应能力的学会、协会、商会、联合会等社会组织和产业技术联盟协调相关市场主体共同制定满足市场和创新需要的标准，供市场自愿选用，增加标准的有效供给。在标准管理上，对团体标准不设行政许可，由社会组织和产业技术联盟自主制定发布，未来团体标准在我国将形成"百花齐放，百家争鸣"的局面。对此，我们要有充分的准备。

综上所述，标准的生命力在于持续创新，因此标准化工作机制亟待创新，标准化工作方式亟待协同。中国粮油学会油脂分会将一如既往支持全国粮油标准化技术委员会油料及油脂分技术委员会工作，齐心协力做好油料油脂标准工作，更好地开拓新局面、迎接新挑战、回应新要求，为我国油脂行业的进一步健康发展做出贡献。

祝成立大会圆满成功！

九、联手专家企业家，亚麻出彩开花

——在"亚麻籽油系列国家标准研讨暨亚麻产业发展论坛"上的主题报告

（2016 年 10 月 16 日　于宁夏吴忠）

尊敬的陈君石院士，各位专家、各位企业家：

大家上午好！

很高兴来到"塞上江南、神奇吴忠"，参加"亚麻籽油系列国家标准研讨暨亚麻产业发展论坛"。首先我代表中国粮油学会油脂分会对与会代表表示诚挚的问候！尤其是对中国粮油学会张桂凤理事长和陈院士能在百忙中莅临和指导会议表示最衷心的感谢！根据本次会议的主题，我以《联手专家企业家，亚麻出彩开花》为题，介绍些情况和提点建议，供大家参考。

（一）科学制修订好油脂标准，引领行业健康发展

在国家粮食局的关心重视下，在广大油脂科技工作者和企业的积极配合和支持下，我国现代油脂质量标准的制修订工作开始于 2002 年。当时我们从油脂行业的发展需要和国情出发，积极采用成熟、通用的国际标准和先进国家标准，先后制修订了大豆油、菜籽油、花生油、棉籽油、葵花籽油、油茶籽油、稻米油和玉米油八大油脂系列标准，至今已15 年了，连同后来修订的亚麻籽油系列国家标准自颁布实施至今也已 8 年了。这些标准，引领和规范了我国油脂加工业和油脂市场的健康发展。为适应人民生活水平的不断提高以及油脂加工业和油脂市场的提升与变化，原来的标准需要进一步修改完善。亚麻籽油系列国家标准现已列入标准的制修订计划，并完成了广泛征求意见和指标调整等工作，准备送审。在我国新一轮油脂标准修订工作开始之际，我想借此机会谈一些个人想法和建议。

1. 制修订标准必须坚持符合我国国情

我国是一个油料、油脂的生产大国和加工大国，又是一个油料、油脂的进出口大国和消费大国。同时，我国是一个油料资源丰富、品种繁多、饮食文化悠久的国家。我们理应

在制定油料、油脂标准方面为国家乃至为世界油脂工业的发展做出自己的贡献。为此，在制修订食用油国家标准时，必须坚持从我国实际出发的原则，制修订出符合国情和特色饮食要求的各类食用油国家标准。

在制修订标准中，对于成熟的、通用的国际标准或先进国家标准，我们要认真研究采用；对于一般性的、与我国国情和现有标准有较大差异的，要根据国情部分采用或不予采用，绝对不能照搬照抄；对于我国油料产量名列世界前茅的品种如花生、油菜籽、棉籽及米糠等，其标准（含国际标准）要力争凸显我国的主导意见，不能听任其他国家摆布；对于我国特有的特种油料、油脂（如油茶籽、油用牡丹籽等）标准要做到以我为主，切实掌握制定标准的话语权。

2. 要把食用油的质量与安全放在第一位

当今，食品安全受到世界广泛关注，我国政府高度重视。在各类食品标准中，涉及人身健康与安全的指标，不能降低标准要求，只能越来越严。食用油是食品安全中最敏感的产品之一，广受关注。在食用油国家标准的制修订中，对溶剂残留、过氧化值、黄曲霉毒素、3,4-苯并芘等质量安全指标必须从严规定；对农药及重金属残留，要严格按照国家有关的食品安全标准执行；对新发现的、公认的有毒有害物质（如反式脂肪酸等），要根据国际上的通常要求和我国的实际，经充分研讨后，在标准指标中加以补充完善，从而使食用油国家标准更加完善，以确保食用油的质量与食用安全。

3. 要关注和服务于国家政策导向

标准从广义上讲是法律的组成部分。所以标准的制修订是一项政策性很强的基础性工作，必须关注和服务于国家政策导向。就食用油国家标准而言，为最大程度保存油脂中的固有营养成分，防止过度加工导致营养素的损失以及产生的负面影响，已经引起了政府有关方面的重视。在国家发展和改革委员会、国家粮食局编制的《粮食行业"十三五"发展规划纲要》中，倡导适度加工，合理控制成品粮油加工精度，提高产品出品率的政策导向已经体现。为使这一导向落到实处，我们在制修订食用油国家标准时必须认真考虑加以贯彻。我认为，通过对酸价、色值、烟点、水分和冷冻试验等不涉及人身健康与安全指标的合理修订，可以控制食用油产品的过度加工。

4. 要加快对专用油脂产品标准的研究和制定，保障食品行业健康发展

近年来，我国食品工业快速发展，对专用油脂品质和品种的要求越来越高，而我们的专用油脂标准严重缺失，有些基本是空白，这就需要我们组织力量，抓紧研究制定，以保障食品行业健康发展。

5. 要顾全大局，通力合作，加快制标的进程

随着我国油脂加工业科学技术的进步，人民生活水平日益提高，油脂新产品不断涌现，我们的标准制修订工作要加快进程。根据这些年来的实践，我认为，任何一项标准并不是一开始就尽善尽美的，在实施过程中，总会发现有缺陷和不完善之处，我们可以根据实际情况进行及时修订不断完善。因此在标准制修订工作中要顾全大局，通力合作，要避免无休止的研讨，防止争来争去，八九年过去了，标准还是没有出台的不良现象发生。

6. 对油脂产品标准中指标设置的建议

（1）关于基本组成和主要物理参数 油脂的脂肪酸组成和物理参数，反映了油品的基本特性，可作为真实性判定的参考依据，但不能作为强制性的要求。因为油料品种、种植、气候、加工和储藏等方面的原因，脂肪酸组成超过标准范围的情况时有发生。应该根据溯源机制，可用生产该批产品的原料进行检验佐证。

（2）关于原油的质量指标 应根据油料实际情况，针对不同油料品种，设置原油的酸价或取消对植物原油酸价的限定值。我国食用油的自给率只有37%左右，大量依赖进口。为了提高食用油的自给率，保障食用油供给安全，应该充分利用油料资源，大力发展木本油料和米糠、玉米胚芽等副产物的综合利用。但这类油脂资源由于其特殊性，原油的酸价比较高，如果对原油酸价设置不合理，将会制约或打击对这些油料资源的充分利用，我们不希望看到这种情况的发生。

（3）关于成品油的质量指标

①质量等级。在符合国家食品安全标准的前提下，食用油的质量等级不宜过多，根据不同品种和加工工艺，一般大宗油脂设置2~3个等级；特种油脂设置1~2个等级就可以了。

②油脂酸价和色泽。改革开放前，我国油脂加工业规模小，设备和技术落后，所以适当提高质量标准，可以充分发挥标准的引领作用，推动行业的技术进步。目前我国油脂精炼加工设备和技术已经大为提高，如果油脂过度加工，很可能会产生反式脂肪酸等有毒有害物质，与此同时，可能会损失一些有益成分（如维生素E、植物甾醇等），这就需要对酸价、色泽等质量指标进行研究和调整，做到在满足质量标准的前提下进行适度加工，以保持油脂固有风味，减少营养物质的损失。为此，标准中应合理设置酸价和色泽要求，保持每种油脂特有的色泽和风味，把选择权交给消费者。

③油脂烟点。为了迎合我国大部分油脂作为烹饪用的消费习惯，所以在质量标准中设置了烟点这个指标，这是与国外不一样的。但烟点高低也要适度，因为烟点的提高势

必要提高脱臭温度和延长脱臭时间，这将使油脂中天然抗氧化剂大量失去，使油脂的稳定性降低，以致返色、回味速度加快，油脂的透明度降低。所以，尽管烟点反映了油脂的精炼程度，但也并不是越高越好，从食用油的安全与营养考虑，应当适当调低烟点的指标。

④冷冻实验。要根据不同油脂产品的特性和使用要求区别对待，而不应该要求所有的油脂产品都要冷冻实验合格。

⑤过氧化值、水分及挥发物含量和不溶性杂质含量只要能满足食用和储藏安全的要求即可，无须作为分级指标。

⑥残溶应参考国际有关标准和按照国家食品安全标准执行，企业一般按照高于国家标准要求的内控标准组织生产，严格控制。但我们不能以企业内控指标为依据，将残溶的要求提高。我认为，对残溶指标的调整要慎之又慎，现行国家标准中规定的残溶指标是经历了几十年考验的，是安全、合理的。

（二）亚麻产业的发展前景看好

随着我国人民生活水平的提高，人们讲营养、求健康的理念不断提升，亚麻籽的营养保健功能被越来越多的消费者所认可，从而使我国亚麻籽油的销量逐年增加，这必将推动我国亚麻产业的发展。

1. 我国是亚麻籽油的生产、加工和消费大国

据资料介绍，有关亚麻产地的说法不一，原产地有黑海、里海高加索、波斯湾和中国等不同说法，但其品种大致可分为油用、纤维用和油纤两用三类。不同亚麻的种籽均可榨油，其中油用亚麻结籽多，含油高。美洲和亚洲是全球亚麻籽的主要产区，2014 年全球亚麻籽总产量为 265 万吨，其中美洲约占全球产量的 46%，亚洲约占全球产量的 31%。加拿大是世界上亚麻籽产量最大的国家，2014 年亚麻籽产量达 87.25 万吨。

亚麻在中国已有 600 多年的栽培历史，目前主要分布在华北、西北地区，以内蒙古、山西、甘肃、新疆、宁夏等产量最大，吉林、河北、陕西、青海等次之。亚麻在中国的种植面积在 65 万~70 万公顷，年产量约为 40 万吨。据统计，产量最高的年份为 1996 年，产量达 55.3 万吨。近年来，随着种植面积的减少，产量也有所下降，2014 年为 38.7 万吨（表 1），在世界上仅次于加拿大，位居第二。

表1 我国亚麻籽产量　　　　　　　　　　　　　　　　单位：万吨

年份	产量	年份	产量
1993	49.6	2011	35.9
1994	51.1	2012	39.1
1995	36.4	2013	39.9
1996	55.3	2014	38.7
1997	39.3	2015（预测）	38.1
1998	52.3		

　　随着我国人民生活水平的不断提高以及科学研究的不断深入，亚麻籽油的营养保健功能越来越引起消费者的关注，从而导致我国亚麻籽油的产量已远不能满足市场的需要，需要通过进口才能满足市场消费的需求。据海关统计数据显示，2014/2015年度，我国进口亚麻籽37万吨、进口亚麻籽油1.7万吨，合计折油量已超过国产亚麻籽的产油量。

　　我国亚麻籽油的加工企业主要分布在内蒙古、山西、河北、甘肃、宁夏和新疆等地，以内蒙古、山西、宁夏等地的品牌为最多、最著名。

　　综上所述，我国是亚麻籽油的生产、加工和消费大国，预测未来市场的发展前景将越来越好。

2. 亚麻籽油是优质草本食用油的代表

　　亚麻又称胡麻，亚麻籽油又称胡麻籽油。亚麻一般为一年生的草本植物，亚麻籽的含油量为35%~40%。由于亚麻的产量较高，现已成为世界上十大油料作物之一，在我国，亚麻籽是八大油料作物之一。亚麻籽油的营养价值很高，最重要的原因是其富含α-亚麻酸，含量高达50%~60%（表2）。与此同时，亚麻籽油中还富含木酚素，亚麻籽中富含类黄酮等活性物质。另外，亚麻籽油中还含有人体必需的多种维生素（表3）和矿物质元素（表4）。大量实验证明，经常食用亚麻籽油具有抗肿瘤、抗血栓、降血脂、营养脑细胞、调节自主神经等多种功效，是药食同源的食用油品。

表2 亚麻籽油脂肪酸组成　　　　　　　　　　　　　　　　单位：%

项目	含量	项目	含量
棕榈酸	5.87	α-亚麻酸	61.22
硬脂酸	4.65	花生酸	0.21

续表

项目	含量	项目	含量
油酸	13.25	二十碳一烯酸	0.24
亚油酸	14.41	山嵛酸	0.15

表3　亚麻籽油的维生素含量

成分	含量	成分	含量
维生素A/（IU/100克）	18.8	烟酸/（毫克/100克）	9.1
维生素E/（IU/100克）	0.6	维生素B_6/（毫克/100克）	0.8
维生素B_1/（毫克/100克）	0.5	维生素B_{12}/（毫克/100克）	0.5
维生素B_2/（毫克/100克）	0.2		

表4　亚麻籽油的矿物元素含量

种类	钠	钾	钙	镁	磷	硫	锌	铁
含量（毫克/100克）	0.6	12.1	4.5	6.1	9.9	4.0	0.123	0.208

以上情况表明，亚麻籽油是优质草本食用油的代表，是典型的药食同源食用油品，是生产功能性油脂的重要油品。经常食用，有益于人体健康。

3.亚麻籽油产业发展中需要关注的问题

本次研讨会的目的是请在座的各位专家和企业家通过对我国亚麻籽油产业在生产、加工、营养、市场等方面的研讨，为亚麻籽油产业的发展献计献策。我就亚麻籽油产业的发展提3点建议，供大家在研讨时参考。

（1）要十分重视油品的易氧化变质问题　亚麻籽油中不饱和脂肪酸的含量高达90%以上，这是大家公认亚麻籽油为优质高端食用油的重要原因所在，但也正因为不饱和脂肪酸含量高，造成了易氧化变质等问题。为此，建议加工企业要科学合理使用抗氧化剂；尽量使用有色避光的包装材料及适量的包装容器；成品油最好在较低温度下储存等，以确保这两种高端食用油的质量与货架时间。

（2）不要一味采用低温压榨　鉴于亚麻籽油是消费者比较熟悉且公认的高端食用油，所以在产品的质量与安全上一定要做到万无一失。在制油方法上，要吸取"当前低温压榨油质量问题时有发生"的教训，不要跟风，不要不顾原料质量，一味采用低温压榨。不能只顾营养，不顾质量与安全，更不能为了销售而忽悠消费者。

（3）要从实际出发，制修订好质量标准　由于目前亚麻籽油与大宗食用油脂相比，数量相对较少，属于小品种特种油脂。所以，在制定质量标准中，其等级的划分不宜过多，建议设 1~2 个等级就够了。另外，为保持其特有的风味，对烟点和色值的要求，应与大宗食用油脂有所区别。

最后，谢谢大家聆听，不当之处请指出匡正！

十、"高油酸"需要明确定义，"调和油"标识应科学严谨

——在"高油酸花生油和食用植物调和油标准研讨会"上的开幕辞

（2017 年 11 月 4 日　于山东莱阳）

为进一步做好《高油酸花生油》《食用植物调和油》标准的制定工作，全国粮油标准化技术委员会油料及油脂分技术委员会今天在山东鲁花集团所在地召开《高油酸花生油》《食用植物调和油》标准研讨会，在会议正式研讨前，我就这两个标准的制定提 2 点建议，供大家参考。

（一）认真制定好《高油酸花生油》标准

随着食用油品质的提升，专用油不断发展的需要，高油酸油脂产品是未来的发展趋势，诸如高油酸花生油、高油酸菜籽油、高油酸葵花籽油等。为促进高油酸食用油产品的发展，制定标准就显得十分重要。今天研讨制定《高油酸花生油》标准是我们油脂行业"高油酸"食用油产品的第一次，科学制定好《高油酸花生油》标准，将为今后制定其他"高油酸"食用油产品起到示范作用。如何制定好《高油酸花生油》标准，最重要的是要确定"高油酸"的"定义与范围"，也就是说油酸含量在百分之多少以上才能称得上"高油酸"，我认为，这是制定《高油酸花生油》标准的核心。而确定高油酸含量多少为好，我觉得最好的方法是要看我们已经制修订好的《花生油》标准送审稿中的油酸含量范围，而送审稿中有关"花生油主要组成及特性"已规定的花生油油酸含量为 35.0%~69.0%。根据这一参考数据，我认为花生油中油酸含量低于最高值 69.0% 的都不能称作高油酸花生油，并建议油酸含量 ≥ 70.0% 的花生油才能称得上高油酸花生油。

（二）对《食用植物调和油》标准中有关产品标示的建议

大家都知道，调和油又称调合油，是将两种或两种以上成品油按照营养平衡或风味的需要按一定比例调配制成的食用油。食用调和油是通过科学调配，使食用油的营养和风味

得以改善，使之更适合于熘、炒、煎、炸或凉拌等日常烹调使用。食用调和油不仅脂肪酸成分的平衡性好于单一植物油品，还含有单一油品所不及的更丰富的营养成分。根据国家粮食局的统计，2014 年我国食用调和油的产量达 465 万吨，成为我国油脂市场上一个非常重要的油脂供应品类。多年来，食用调和油不仅为消费者提供了多样的选择，也被消费者广泛接受。

多年来的实践经验证明，正规企业生产的调和油都是安全健康的。企业依靠科学调节配方，调配出的脂肪酸均衡和风味良好的调和油，是油脂行业的进步，也为消费者提供了更营养美味的产品。前些年，虽然社会上曾一度对调和油有一些负面的声音，但作为油脂行业自身，我们要发出科学、正确的声音，以推动调和油产业的良好发展。

现在，我们讨论食用调和油行业标准，就是要基于促进发展的根本目的。一方面要做到有充分的科学依据，要让消费者吃到更安全、更营养的产品；另一方面我们也必须让制定出来的标准具有可操作性。为此我将就调和油标准的有关产品标示方法提点建议。

在调和油产品的标签上，标注基油的比例是国家为让消费者有更多知情权提出来的一项重要举措，我们要全力支持，这也是我极力提议和赞成的。但在实际操作过程中，确实遇到了一些难以解决的实际问题，需要我们实事求是地认真加以解决。比如，有的企业为了向消费者公开调和油的配方，他们把基油的比例标示为一个固定值，同时，又标示了脂肪酸的比例，结果造成企业无法操作，甚至导致生产的调和油不符合自己的产品标签，造成了浪费。看来同时标示基油的固定值和脂肪酸的比例，是难以操作的，是不科学的，不可取的。

在植物油国家食品安全标准送审稿中，要求标示食用调和油各油种比例的同时，可以选择标示脂肪酸比例，也明确了脂肪酸标示的方式。但我认为，由于每一种油脂单品的脂肪酸组成往往是会随着气候变化、产地不同等原因有所波动的，所以在标签上要同时标示固定不变的油种比例和脂肪酸比例是做不到的。为此，要允许油种比例标示范围是科学、合理的，也是实事求是的。况且这样的标示方法，既不违反国家大的法规和食品安全国家标准，也能让企业可以执行，可以操作。我们应该倾听和支持这种建议，并在我们的行业标准中把这些事情讲清楚。

祝研讨会圆满成功，谢谢各位的辛苦付出！

十一、制定的浓香菜籽油团体标准，引领产业健康发展

——在"中国粮油学会浓香菜籽油团体标准制定研讨会"上的主旨演讲

（2018 年 9 月 17 日 于四川成都）

很高兴来到成都，参加"中国粮油学会浓香菜籽油团体标准的制定研讨会"，现在我以《制定好浓香菜籽油团体标准，引领产业健康发展》为题讲点意见。

（一）标准是引领行业有序健康发展的规范性文件

大家都知道，在同类事物的比较中，标准是唯一的尺度。所以，有人说："标准是衡量事物的准则""标准是引领行业有序健康发展的规范性文件"，这是非常有道理的。

油料及油脂的标准是油脂行业生产、加工和流通的规范性文件，是油脂行业必须共同遵守的法规，它为油料、油脂及其制品的质量安全和营养健康提供了技术保证和监督检查的依据。一个国家制定、采用的某类产品标准，尤其是食品质量标准，体现了该国在此领域科技水平的高低，反映了该国经济发展水平和人民生活水准。由于标准是引领行业有序健康发展的规范性文件，标准一旦经协商一致、批准发布，企业就必须严格按此执行。由此可见，制修订标准工作是一项政策性和实用性很强的基础工作，必须在广泛调查研究的基础上科学、合理地加以制定，只有这样才能使标准真正成为保障食用油安全与健康，维护消费者权益和执法检查的依据，才能成为引领行业有序健康发展的规范性文件。

（二）团体标准是我国标准体系建设的重要组成部分

为适应人类社会生产、加工、贸易、消费的需要，标准，尤其是产品标准种类繁多。在国际上，通常有国际标准、区域标准。对每个国家来说，通常有国家标准和企业标准，而像我国这样的油料油脂生产、加工、贸易、消费大国，不仅要有国家标准、企业标准，还有行业标准和地方标准。

我国政府高度重视标准化工作。为使我国经济由高速增长阶段转向高质量发展阶段，

2015 年和 2016 年，国务院分别印发了《深化标准化工作改革方案》和《关于建立统一的绿色产品标准、认证、标识体系的意见》，明确提出了要将制定团体标准作为我国标准化体系建设的重要组成部分，并依靠有影响力、有能力的社团组织进行试点。2018 年 1 月 1 日，实施的新版《中华人民共和国标准化法》，确立了团体标准的法律地位，明确了"团体标准是国家新型标准体系建设的重要组成部分"。

为适应我国粮油市场的发展需要，2017 年 10 月，中国粮油学会为贯彻落实国家标准化委员会《关于征集第二批团体标准试点的通知》的有关精神和要求，正式启动了团体标准试点筹备工作，成立了团体标准试点工作委员会，拟定并发布了《中国粮油学会团体标准管理办法（试行）》，随后，经原国家粮食局推荐，在中国粮油学会的精心组织和策划下，顺利通过了国家标准化管理委员会组织的答辩、评审、公示等一系列程序，正式入选"国家标准化委员会第二批团体标准试点单位"，实属来之不易。

中国粮油学会入选制定团体标准试点单位后，学会领导高度重视，把制定好团体标准作为新时代开创学会工作新局面、服务粮食供给侧结构性改革、引领粮油产业高质量发展的重要抓手。为"高起点、高质量"完成粮油行业团体标准的试点工作，中国粮油学会多次召开由分会主要领导和专家参加的工作会议，通过学习领会文件精神，按照制定标准的程序，通过申报、形式审查、专业评审、综合评审和立项公示等程序，确定了浓香菜籽油、花生油质量安全生产技术规范、特优级核桃油、干米粉、粮食库存与流通监管信息基础数据元 5 个项目作为今年中国粮油学会第一批团体标准的制定项目。在这 5 个项目中，其中 3 项是由油料与油脂分技术委员会承担的。这充分表明我们油料与油脂分技术委员会是有能力的，全国粮油标准化技术委员会是高度信任的。为此，我衷心希望油料与油脂分技术委员会的 30 位专家要全力以赴按要求保质保量按时（编制为半年到一年）完成任务。

（三）高起点、高质量制定好浓香菜籽油团体标准

按照规定，高质量的团体标准，必须符合国家和行业发展的政策导向；是为填补国家和行业标准化体系的空白，是当前迫切需要制定的标准；必须充分考虑与国家标准、行业标准的协调性，避免交叉重复；技术指标要高于已有的国家标准和行业标准等。

菜籽油，曾经是我国食用油消费市场的当家油品，现在其消费量仅次于大豆油，是我国食用油消费市场的第二大油品。按照原国家粮食局统计，2014 年我国菜籽油的产量为 1038 万吨，其中一级菜籽油为 335 万吨、二级菜籽油为 13 万吨、三级菜籽油为 25 万吨、四级菜籽油为 572 万吨、毛菜籽油为 93 万吨。从菜籽油的产品产量上看，其中一级、二级、三级菜籽油合计产量为 373 万吨，占 36%；四级菜籽油及毛菜籽油的合计产量为 665 万吨，占 64%。而在占 64% 的四级以下的菜籽油中大多为浓香型菜籽油。

为适应消费市场的需要，近年来，我国油菜籽的主要产区，尤其是长江流域地区的浓香型菜籽油发展较快，已成为消费者喜爱的油品。但鉴于现有的菜籽油国家标准中，没能体现浓香型的菜籽油标准，为此亟待制定浓香菜籽油标准，以填补国家标准和行业标准体系中的空白，引领浓香菜籽油的健康发展，适应行业发展的需要。

为高起点、高质量制定好浓香菜籽油团体标准，我提出以下3点建议。

（1）要牢牢把好原料质量关，确保产品质量安全第一。鉴于浓香菜籽油一般只经沉淀、过滤，不经其他精炼即可食用，因此必须严格把好原料质量关，要选用优质的国产高芥酸油菜籽生产浓香菜籽油，杜绝使用霉变和劣质的油菜籽生产浓香菜籽油，以确保产品质量安全万无一失。

（2）要处理好产品的香味与安全的关系。浓香菜籽油具有浓郁的香味，是其重要的特征。鉴于在生产浓香菜籽油时，对油菜籽进行高温焙炒是产生香味的不可缺少的环节，但同时也存在着因焙炒过头，容易产生 3,4- 苯并芘等一类有害物质的风险。为此，我建议要以食品安全为底线，科学合理确定浓香菜籽油的香味，纠正一味追求香味，甚至越香越好的倾向；要调整和改进加工工艺与装备，加强原料清理，避免焙炒过头；要进一步研究产香工艺以及在不影响香味的前提下，去除浓香菜籽油中有害物质的有效方法。

（3）有关浓香菜籽油的质量指标除了气味、滋味和色泽等特征指标外，其余的指标，如水分及挥发物、不溶性杂质、酸价、过氧化值等要参考现有菜籽油国家标准中的四级菜籽油加以修订，原则上应不低于或要高于国家标准中四级菜籽油的指标，以便今后浓香花生油并入菜籽油国家标准之中。另外，在考虑制定浓香菜籽油的定义中，有些专家建议将香味特征规定为具有"浓郁焦香风味的菜籽油"，我不太赞成这种描述方式，建议将"焦"字删去，改为具有"浓郁香风味的菜籽油"，因为"焦"味与"香"味是有很大区别的，为了有"焦"味，往往会伴随着焙炒过头，容易产生危害物质。

以上建议，供参考，谢谢大家！

十二、《规范》是标准中的标准，是实践经验的科学总结
——在"《花生油质量安全生产技术规范》标准制定研讨会"上的主旨讲话

（2018 年 10 月 26 日　于河南郑州）

很高兴来到四通八达的郑州，参加《花生油质量安全生产技术规范》（以下简称《规范》）标准制定研讨会，本标准是中国粮油学会首次批复同意制定的 5 个团体标准之一，制定好这一《规范》，对花生油产业的质量安全和健康发展意义重大。为制定好规范，我先讲几点体会与建议，供大家在研讨时参考。

（一）《规范》是标准中的标准

我还清楚记得，在原粮食部粮油工业局、原商业部商办工业司和原国内贸易部工业司工作的时候，我曾多次组织粮油工业局和工业司的工程技术干部，经过深入调查研究，在各省、市、区粮食厅局工业处、有关科研院所和大专院校的配合下成功制修订并颁发了《榨油车间生产技术操作规程》《油脂浸出工厂（车间）建筑、安装、生产安全防火规范》等。此《规范》于 1991 年修订为《浸出制油工厂防火安全规范》，并由商业部、公安部联合颁发。这些《规程》和《规范》不仅对当时油脂加工行业的安全文明生产、确保产品质量、降低消耗、提高经济效益等方面起到了积极的推动和保障作用，而且至今仍有很重要的参考意义。

从工作实践中，我深感《规范》不同于某个产品的质量标准，它的内容和作用远大于单一的产品质量标准。所以我说，《规范》是标准中的标准，是行业发展中行之有效的实践经验的科学总结，并随着行业技术、装备的不断进步而不断修订完善。由此可见，制定好《规范》对行业的健康发展将起到至关重要的作用。

（二）制定《规范》的目的与意义

本《规范》我于 10 月 12 日和 13 日提前学习了一遍，写得很好，很受启发。

本《规范》的起草单位是河南工业大学，参加单位有山东金胜粮油集团有限公司和益海嘉里投资有限公司。他们经过多年的成功实践和调查研究，起草了今天供大家研讨的《花生油质量安全生产技术规范（征求意见稿）》。

本《规范》主要是基于对花生油生产中黄曲霉毒素、多环芳烃、塑化剂、反式脂肪酸、3-氯丙醇酯等风险成分防范、控制、脱除的生产技术规范，同时兼顾良好的生产效果，包括产品质量指标、技术经济指标等技术规范。

本标准适用于以花生仁为原料生产浓香花生油、低温压榨花生油和浸出精炼花生油的生产企业，在对原料、加工助剂的质量控制，花生仁预处理、压榨制油、浸出制油、油脂精炼生产中执行。对其他植物油料油脂的质量安全生产有重要的指导作用。

本《规范》的制定发布以及在花生油加工企业推广应用，对指导花生油加工企业依据《规范》进行生产，实现对花生油生产中风险成分的有效防范控制和脱除，最终实现花生油生产中质量安全风险的精准控制，对确保和提升花生油安全品质和营养品质，促进花生油加工业的技术升级和产品升级具有重要意义。

（三）对制定好《规范》的几点建议

（1）为确保花生油的质量安全，我赞同《规范》征求意见稿中提出的如下规定。对原料的质量提出了严格要求，尤其是生产低温压榨花生油和浓香花生油的原料，应选择新鲜、籽粒饱满、无破损、无霉变、无虫蚀、品质优良的当年花生仁作为压榨花生油的原料。对每批进厂的原料进行取样和品质检验，包括黄曲霉毒素 B_1、塑化剂和多环芳烃含量。为切实做到在花生油加工过程中对黄曲霉毒素的防范、控制和脱除，在花生仁的清理部分，强调了增加色选机的重要性；为防范和控制花生仁或花生料坯在焙炒过程中易产生多环芳烃的风险，强调了在浓香花生油生产中，要适度焙炒并明确了适度焙炒的工艺条件；为防范花生油塑化剂的超标，强调了要严格原料进厂时检验，对塑化剂含量超标的原料，要单独分别处置，并强调了对加工助剂中塑化剂的检测等要求。严格执行上述规定，是确保花生油质量安全的重要前提。

（2）几个需要商榷的描述方式

①关于冷榨花生油或低温压榨花生油的提法，我觉得还是写成"低温压榨花生油"或者写成"冷榨花生油"为好；另外，是"压榨取油"还是"压榨制油"，请讨论定夺。

②针对浓香花生油的生产，在《规范》中，出现了"花生仁焙炒""花生仁蒸炒""花生仁炒籽"等不同描述方式，建议斟酌，尽量统一；另外，"炒籽"与"炒料"应该区分开来。据我所知，增香型的小浓香花生油生产是将花生仁焙炒后直接进入小型螺旋榨油机压榨，而通常的浓香花生油生产是将花生仁破碎、轧坯后，大部分料坯去蒸炒，小部分料

坯（15%~20%）去增香焙炒，这两种方法应该有所区别。

（3）在"精炼车间"中，只有"浓香花生油精炼"和"浸出花生油精炼"，要不要增加上"低温压榨花生油精炼"，因为低温压榨花生毛油也有沉降、过滤、冷却、再过滤等简单精炼环节。

（4）本标准征求意见稿内容丰富，文字多达2万字，有些地方出现掉字、重复、语言不够通顺等问题实属难免，建议最后要逐条逐句认真过一遍，以求更加完美。

（5）本标准中提出的水分、压力、温度、含量、效率等各项指标要求多达180多个，不能靠这次一天的研讨会全部确定下来。为慎重起见，我建议在座企业的专家将征求意见稿带回去。组织本企业有实践经验的科技人员，逐条听听大家的意见，并将大家的具体修改意见于11月5日前返回标准起草单位，以便更加科学地制定好这一《规范》。

以上诸点，供大家研讨时参考，谢谢大家！

十三、认真做好特级初榨橄榄油的评鉴工作

——在"2018 祥宇特级初榨橄榄油品质与感官评鉴会"上的学术宣讲

（2018 年 11 月 4 日　于甘肃陇南）

很高兴有幸再次来到美丽、富饶的陇南武都，参加"2018 祥宇特级初榨橄榄油品质与感官评鉴会"。我还清楚地记得，1967 年的秋天，我曾从天水市乘坐长途公共汽车，经过两天的翻山越岭出差来到了武都，一路上饱览了美丽祖国的大好河山，目睹了美丽的白龙江，穿越了白龙江上的铁索桥，深感这里的气候宜人，风光美丽，实属"世外桃源"，天外有天。今天，以白龙江流域为代表的陇南地区，已成为我国橄榄油最重要的生产基地，我感到由衷的高兴。

昨天，中国粮油学会油脂分会一行应邀来到陇南，我和周丽凤同志先后参观考察了祥宇油橄榄开发有限责任公司（以下简称祥宇公司）的万亩油橄榄种植基地、油橄榄生态产业园和研发中心。通过参观学习，我们看到祥宇公司为了我国油橄榄产业，艰苦奋斗，不辞艰辛，在当地政府的大力支持下，从种植、加工、研发着手，高标准、高起点、全心投入发展油橄榄产业，并已经取得了可喜的业绩，成为全国最大的橄榄油生产、加工和研发创新型企业。与此同时，以祥宇公司为例，让我们进一步看到和增强了对陇南地区乃至全国发展油橄榄产业的美好希望和坚定信心。

根据安排，在"2018 祥宇特级初榨橄榄油品质与感官评鉴会"正式开会评鉴之前，我先介绍些情况并提点建议，以供参考。

（一）橄榄油是全球公认的高端食用油

橄榄油是世界四大食用木本植物油脂之一，年产量在 260 万 ~300 万吨，占世界植物油产量 18900 万吨的 1.5% 左右。橄榄果的产量受气候的影响较大，加上大小年的关系，一般来说，上一年度丰产就意味着下一年度的减产，预计 2017 年世界橄榄油的产量在 293 万吨左右（表 1）。

表1　2012—2017年世界橄榄油产量

年份	2012	2013	2014	2015	2016	2017（预测）
产量/万吨	283	299	267	282	279	293

橄榄油在地中海沿岸国家有几千年的历史。据有关资料介绍，世界橄榄油生产国集中在地中海沿岸，主要为西班牙、意大利、希腊、突尼斯、土耳其、叙利亚和摩洛哥等，这7个国家橄榄油产量占世界橄榄油总产量的90%。西班牙、意大利、希腊为世界三大橄榄油生产国和出口国，这3个国家的橄榄油产量占全球橄榄油产量的3/4。

鉴于橄榄油中富含单不饱和脂肪酸——油酸，还含有维生素 A、维生素 D、维生素 E、维生素 K 等多种维生素，以及胡萝卜素、脂肪醇、角鲨烯、橄榄多酚和甾醇等微量成分。所以橄榄油被誉为"植物油皇后"，有"液体黄金"之美称，是全球公认的高端食用油。

（二）我国油橄榄的生产、消费情况

我国从20世纪60年代开始引进种植油橄榄，目前油橄榄的种植地区主要分布在白龙江流域的甘肃陇南、嘉陵江流域的四川、陕西、云南等地区，汉水流域的湖北十堰也有种植。我国橄榄油的生产目前尚处于起步阶段，但发展势头看好。据林业部门提供的资料，2016年我国橄榄油产量约为5000吨。尽管我国橄榄油的产量较少，但消费市场潜力巨大。为满足市场消费的需求，近年来，我国橄榄油进口量连年递增，据海关统计，2016年橄榄油进口量为4.5万吨，2017年进口量为4.3万吨，今年1—8月预计进口量为2.4万吨（表2），而10年前橄榄油进口量还不到1万吨。从市场需求情况看，随着人们生活水平的进一步提高，对高端油品的需求将不断增加，橄榄油的进口量也将逐年增加。

表2　我国橄榄油的进口量

年份	2012	2013	2014	2015	2016	2017	2018 1—8月（预测）
橄榄油进口量/万吨	4.6	4.0	3.6	3.9	4.5	4.3	2.4

（三）认真做好特级初榨橄榄油品质与感官评鉴工作

油橄榄主要种植在地中海沿岸国家，已有上千年的历史，所以国际上的橄榄油标准也以地中海沿岸国家制定的标准为主，长期以来，根据油橄榄的特点以及地中海沿岸国家的文化，橄榄油的标准不同于其他油品的标准，分类较细，品类较多，诸如橄榄油中包括：初榨橄榄油、精炼橄榄油和混合橄榄油。在初榨橄榄油中又分为：特级初榨橄榄油、中级初榨橄榄油和初榨橄榄油；另外，在分类中，还有油橄榄果渣油，在油橄榄果渣油中又分为：粗提油橄榄果渣油、精炼油橄榄果渣油和混合油橄榄果渣油。在这些类目繁多的橄榄油品中，其脂肪酸组成是没有什么区别的，只有在气味、滋味、酸价上以及所含的营养活性物质上有很大区别，从而使其用途和价格有很大的不同。在我国制修订橄榄油标准时，专家们从我国国情和目前加工的现状出发，将原沿用的橄榄油标准做了较大范围的调整与简化。

如何区分不同品质的橄榄油是摆在我们面前的一大难题，目前我国橄榄油市场比较混乱，名称五花八门，鱼龙混杂，不管是进口的还是国产的，不管采用的原料质量如何，都标称为"特级初榨橄榄油"，致使消费者要在眼花缭乱的橄榄油市场上购买到真正的特级初榨橄榄油颇为困难。其实真正的特级初榨橄榄油应具有浓厚的橄榄果味和特殊芬芳味，由于其保留了特有的活性物质，而带有苦涩的味道，这也是我们通常讲的要有"橄榄油固有的气味和滋味"。在质量指标中，最为重要的是酸价要 ≤ 1.6；另外，在所用原料上，不能过熟，不能有霉点和虫蚀粒，收集后的油橄榄不能挤压堆放，要进行分类加工，自采摘到制取油脂，必须在 24 小时内完成；与此同时，还要在收集、加工环节防范塑化剂的污染等。只有这样，才能生产出真正的特级初榨橄榄油。

刚才，我们对祥宇公司生产的 3 个特级初榨橄榄油进行了评鉴，取得了很好的评价结果。

最后，我想强调的是，中国国产橄榄油不同于国外，在加工中只采取初次压榨，并不进行二三次压榨，果渣也不浸出，所以都属于"初榨橄榄油"中的"特级初榨橄榄油"或"中级初榨橄榄油"，消费者可以放心选用。与此同时，作为企业来讲，要强化宣传，探索新的营销模式，提高效率，降低生产成本，以不断增强市场竞争能力。

谢谢大家！

十四、制定新食品标准　需全业界鼎力而为

——在"《花生组织蛋白》标准启动暨花生产业发展研讨会"上的开幕辞

（2018 年 11 月 19 日　于山东莱西）

各位领导、各位专家：

大家上午好！

很高兴来到山东莱西参加由全国粮油标准化技术委员会油料及油脂分技术委员会主办、由青岛长寿食品有限公司承办的"《花生组织蛋白》标准启动暨花生产业发展研讨会"。我首先介绍些情况和提点建议，供大家研讨时参考。

（一）我国是全球花生的主产国

花生是全球重要的油料作物之一。花生的利用价值很高，花生不仅可以作为优质的油料资源，制取优质的花生油，又是制作食品的优质原料，我国花生产量一直稳居世界第一。2016 年达 1729 万吨，预计 2017 年为 1800 万吨，在我国八大油料作物中产量稳居榜首。

（二）花生是最重要的植物蛋白来源之一

花生与大豆一样，是我国也是全球最重要的植物蛋白来源之一，花生通过低温制油后的饼粕，蛋白质含量高达 50% 以上，是提取蛋白质的重要优质原料。20 世纪 80 年代初，以河南工业大学为代表的我国油脂科技工作者对花生蛋白的利用做了开创性工作，并取得了阶段性成果，为进一步提高花生的利用价值做出了贡献。

（三）花生组织蛋白是具有代表性的花生蛋白制品

花生组织蛋白是利用花生蛋白粉或低温制油后的脱脂花生饼粕添加其他辅料经挤压膨

化，生产出具有一定纤维结构的花生制品，统称为花生组织蛋白，它是食品工业的重要原料，也可制作菜肴直接食用。我国利用大豆、花生饼粕生产组织蛋白的工作也始于 20 世纪 80 年代初，经历几起几落的发展历程，至今搞得最好、最有代表性的企业是青岛长寿食品有限公司，其产品受到了食品生产企业和消费者的欢迎。

（四）制定好《花生组织蛋白》标准需要关注的问题

（1）要对花生原料的质量进行严格把控，由于花生组织蛋白是食品工业的重要原料，又能作为菜肴直接食用，所以对花生原料的质量把控至关重要（如黄曲霉毒素、塑化剂的含量以及农药残留、重金属等都需要加以防范和控制），也就是说必须选用优质上等食品级的花生作为原料，以确保产品的质量安全。

（2）对花生组织蛋白制品的质量要求，其中感官指标（如形态、色泽、气味等）和理化指标（如水分、蛋白质含量 ≥ 50%、灰分、黄曲霉毒素含量以及卫生指标）需要我们认真研究讨论确定。在食品安全要求方面，应按国家有关标准、规定执行。另外，对产品的包装、储藏及运输也应提出相应的要求，以确保花生组织蛋白的全产业链安全。

（3）建议参会的企业家将《花生组织蛋白》标准（征求意见稿）带回去，组织本单位的科技人员研究讨论，提出具体修改意见，及时返回标准起草单位；起草单位要在本次研讨会的基础上，进一步深入调研，认真修改完善，以高质量按时完成标准的制定工作。

十五、鸡鸭油皆优秀，产量百万吨令人惊喜
——在"《食用鸡油》团体标准启动暨动物油脂产业发展研讨会"上的开幕辞

（2019 年 3 月 31 日　于山东泰安）

很高兴参加由全国粮油标准化技术委员会油料与油脂分技术委员会和中国粮油学会油脂分会联合主办，由泰安市海之润食品有限公司承办的"《食用鸡油》团体标准启动暨动物油脂产业发展研讨会"，与大家一起商讨《食用鸡油》和《食用鸭油》标准的制定工作，以推动食用鸡油和食用鸭油的生产和发展。我首先讲 3 点意见。

（一）不能低估食用鸡油和食用鸭油的生产潜力

我国是鸡、鸭、鹅等禽类的饲养大国和食用大国，但其产量究竟有多少？大家不很清楚。昨天来到泰安后，我曾向泰安市海之润食品有限公司的武益正董事长请教了有关我国每年有一定规模的屠宰场生产鸡鸭肉的估计数量；每只鸡鸭的平均产油量以及鸡油、鸭油的生产潜力等问题，武董事长当即在我提问的纸条上写下了：① 1500 万吨以上；②每只鸡的产油量 100~150 克，鸭的产油量 150~250 克；③每年食用鸡油产量约 100 万吨、鸭油约 50 万吨。

我看了这些数据大吃一惊，万万没有想到鸡油、鸭油的生产潜力这么大，在半信半疑的状况下，今天我一早起床进行了推算，真是八九不离十。

我以平均每只鸡、鸭的产肉量（除去内脏后）为 2 千克计算，1 吨鸡肉、鸭肉大约需要 500 只鸡鸭，1500 万吨以上的鸡鸭肉，需要 75 亿 ~80 亿只鸡鸭；而每只的平均产油量以 150 克计算，1 亿只能产油 1.5 万吨，75 亿 ~80 亿只能产油 112.5 万 ~120 万吨，与武董事长的估计数基本相等。再保守一点算，如能充分加以收集和利用，每年生产 100 万吨左右鸡鸭油的潜力是有的。所以，我们不能低估食用鸡油和食用鸭油的生产潜力。由此，也说明了制定其标准的重要意义。

（二）鸡油和鸭油是很好的动物油脂

从脂肪酸组成来看，鸡油的不饱和脂肪酸含量为 54.3%~77.3%，其中油酸的含量为

34%~44%；鸭油的不饱和脂肪酸含量为29.2%~54.2%，其中油酸的含量为25%~45%，优于其他动物油脂，尤其是鸡油的不饱和脂肪酸含量更高更理想，是动物油中的佼佼者。

（三）对两个标准讨论稿的看法

我看了起草单位起草的《食用鸡油》和《食用鸭油》两个讨论稿，写得比较规范、简要、文字通顺，很可能是历次讨论稿中最好的。另外，这两个讨论稿除基本组成和主要物理参数外，有很多相似之处，可以一并讨论修改。

最后，我相信通过《食用鸡油》和《食用鸭油》两个团体标准的制定与发布，一定能推动我国食用鸡油和食用鸭油的产业发展！

谢谢大家！

十六、茶叶籽油是优质营养食用油，值得大力开发

——在"《茶叶籽油》国家标准宣贯会暨茶叶籽综合开发高峰论坛"上的主题学术宣讲

（2019 年 10 月 27 日　于浙江金华）

很高兴首次来到美丽富饶的金华，参加由全国粮油标准化技术委员会油料及油脂分技术委员会主办，由金华市农业科学研究院、金华市茶文化研究会承办的"《茶叶籽油》国家标准宣贯会及茶叶籽综合开发高峰论坛"，共商茶叶籽油产业的可持续发展，助力"健康中国"建设。现在，我以《茶叶籽油是优质营养食用油，值得大力开发》为题，介绍些情况和提点建议，供参考。

（一）充分利用茶叶籽制油，为国家增产食用油脂

大家都知道，我国是油料油脂的生产大国、消费大国、加工大国和进口大国。2018年，我国八大油料作物的总产量达 6348.4 万吨，创历史最高纪录；进口各类油料合计达 9448.9 万吨，进口各类食用油合计达 808.7 万吨；我国食用油的食用消费量为 3440.0 万吨，工业及其他消费量为 383 万吨、出口量为 26.6 万吨，合计年度消费总量为 3849.6 万吨，我国食用植物油的自给能力只有 31.0%。

鉴于食用植物油是国家食物安全的重要组成部分，目前如此高的对外依赖度有可能存在着危及我国食用油市场的安全问题。因此，如何解决我国国产食用油自给率低的问题，以保证国家食用油供应的安全，需要我们认真加以研究。在这个问题上，我始终认为，提高我国食用植物油自给率的途径是：一要在确保国家粮食安全和粮食作物种植面积的前提下，积极发展油料生产；二要充分利用我国的资源优势，大力发掘新油源，尤其是要充分利用不与粮食争地的现有油料资源制油，诸如利用米糠、玉米胚芽制油，充分利用茶叶籽制油等，这是为国家增产油脂立竿见影的最有效方法。

（二）我国茶叶籽资源丰富

据 2011 年 12 月 20 日，中国粮油学会油脂分会主持召开的"中国茶叶籽油产业发展

高峰论坛"上的资料介绍，我国是世界上最早发现和利用茶树的国家，也是世界上最早栽培油茶的国家，具有两三千年的种植历史。茶树和油茶是同目、同科、同属的植物，是山茶属的不同树种。千百年来，茶树只利用它的芽叶做茶叶，而油茶树则只利用它的籽实制油。

据了解，我国现有茶园面积约 3200 万亩，茶叶籽是茶树的种子。长期以来，茶叶籽作为茶叶生产的副产物，因无人收购和利用，大多被废弃在地里，造成了这一宝贵资源的浪费。茶叶籽整籽含油率 15%~25%，与大豆含油率相当。有人以平均亩产 30 千克茶叶籽估算，我国可年产茶叶籽约 100 万吨，若将其作为油料资源充分加以利用，能为国家增产油脂。

（三）茶叶籽油是优质营养食用油

据有关资料介绍，茶叶籽油富含不饱和脂肪酸，且脂肪酸构成比例较为均衡。茶叶籽油的脂肪酸组成与油茶籽油、稻米油相似；不饱和脂肪酸的含量与油茶籽油、稻米油相近；油酸的含量比稻米油高，略低于油茶籽油和橄榄油（表1、表2）。

表1　茶叶籽油（6个企业）脂肪酸组成实测平均数据　　　　单位：%

脂肪酸	平均含量	脂肪酸	平均含量
肉豆蔻酸（$C_{14:0}$）	0.05	油酸（$C_{18:1}$）	58.0
棕榈酸（$C_{16:0}$）	14.7	亚油酸（$C_{18:2}$）	22.5
硬脂酸（$C_{18:0}$）	2.10	α-亚麻酸（$C_{18:3}$）	1.21
花生酸（$C_{20:0}$）	0.07	二十碳烯酸（$C_{20:1}$）	0.88
饱和脂肪酸平均含量	16.9	芥酸（$C_{22:1}$）	0.17
棕榈油酸（$C_{16:1}$）	0.11	不饱和脂肪酸平均含量	82.9

注：资料来源2011年12月20日"中国茶叶籽油产业发展高峰论坛"成果汇编。

表2　茶叶籽油与油茶籽油、稻米油脂肪酸组成比较　　　　单位：%

脂肪酸	茶叶籽油	油茶籽油	稻米油
肉豆蔻酸	0.1~0.5	0.3~1.2	0.5~1.0
棕榈酸	15.0~18.0	7.0~16.0	12.0~18.0
硬脂酸	1.3~3.8	1.0~4.0	1.0~3.0
油酸	58.0~65.0	76.0~83.0	40.0~50.0

续表

脂肪酸	茶叶籽油	油茶籽油	稻米油
亚油酸	15.0~23.0	7.0~12.0	26.0~40.0
亚麻酸	0.1~2.0	0.30~1.5	0.1~1.0

注：资料来源2011年12月20日"中国茶叶籽油产业发展高峰论坛"成果汇编。

茶叶籽油中富含植物甾醇、维生素E、角鲨烯等活性物质，尤其是富含具有特征指标的天然茶多酚（表3）。这些油溶性伴随物，具有消除人体自由基、抗衰老、防"三高"等功能，茶叶籽油是适合于煎炸、烹饪的优质营养食用油。

表3　茶叶籽油理化特性

项目	指标
色泽	浅黄色
相对密度	0.9150~0.9160
折光率	1.4690~1.4710
碘值/（克/100克，以碘计）	85.0~115.0
皂化值/（毫克/千克，以氢氧化钾计）	185.0~198.0
不皂化物含量/%	0.5~1.5
维生素E含量/（毫克/100克）	30.0~60.0
茶多酚含量/（毫克/100克）	150.0~500.0
甾醇总量/%	0.1~1.0

注：资料来源2011年12月20日"中国茶叶籽油产业发展高峰论坛"成果汇编。

（四）对发展茶叶籽油产业的建议

2009年12月，原国家卫生部批准了茶叶籽油为新资源食品；2011年10月《茶叶籽油》国家标准的制定工作正式启动，之后颁布，为我国茶叶籽油产业的发展奠定了基础。为促进茶叶籽油的持续健康发展，我觉得应在以下两个方面多做工作。

1. 要进一步提高对茶叶籽油产业发展重要性的认识

充分利用茶叶籽制油，不仅能为国家增产油脂，又能为消费者提供优质营养的高档食用油，还能为广大茶农增加收益，是一个利国利民利农的阳光产业，应该大力发展。建议国家有关部门要像支持发展木本油料作物一样，在茶叶籽油产业政策、资金等方面给予大力支持。

2. 要加大对茶叶籽油产业的科技投入

要进一步研究茶叶籽油的采集、烘干、剥壳等设备，提高效率，确保籽和油的质量；要切实做好茶叶籽油生产设备的选型和关键设备的改进提高；要研究和开发茶叶籽油的精深加工及饼粕和下脚料等副产物的综合利用，提高茶叶籽加工的附加值，进而增加茶农收入，提高其采集茶叶籽的积极性。为此，建议国家有关部门要像支持木本油料产业发展一样，将研究开发茶叶籽油产业的项目列入国家有关科技发展规划。

祝"《茶叶籽油》国家标准宣贯会暨茶叶籽综合开发高峰论坛"圆满成功！谢谢大家！

十七、标准升级油用牡丹产业发展更有动力

——在"《牡丹籽油》国家标准研讨暨油用牡丹产业发展高峰论坛"上的主旨讲话

（2020 年 8 月 23 日　于山东菏泽）

很高兴再次来到菏泽，参加由全国粮油标准化技术委员会油料及油脂分技术委员会和山东省菏泽市人民政府联合主办，由菏泽市牡丹产业发展中心承办的"《牡丹籽油》国家标准研讨暨油用牡丹产业发展高峰论坛"。为学习和了解我国油用牡丹产业的发展，这是我近几年第六次来到美丽的菏泽，亲眼看到了菏泽油用牡丹产业的发展，深有感触。现在，我就油用牡丹产业发展讲点感受。

（一）我国油用牡丹产业发展迅猛

自 2011 年 3 月 29 日经原卫生部正式批准，以"凤丹"和"紫斑"两种牡丹籽所制取的牡丹籽油列入国家新资源食品，接着，2014 年国务院办公厅印发了《关于加快木本油料产业发展的意见》，将油用牡丹与油茶、核桃等木本油料一并列入发展规划，推动了我国油用牡丹产业的发展。

在党中央、国务院和各级政府的高度重视下，我国油用牡丹产业发展速度令人鼓舞。从种植面积看，据有关方面提供的数据，我国油用牡丹的种植面积由几年前的几十万亩，猛增到 2019 年末的近千万亩（其中结籽的 355 万亩，亩产 190 千克左右），产量由前些年的几万吨增加到 2017 年的 17 万吨，2019 年达 67 万吨，绝大多数油用牡丹已开始结籽，有的甚至已到了盛产期，发展势头与油茶、核桃一样十分喜人。

（二）油用牡丹产业发展中存在的一些问题

油用牡丹在发展过程中与其他木本油料一样，出现一些困难，这是不奇怪的。我觉得主要有以下 4 点。

1. 投入较大，产出较慢

油用牡丹与其他木本油料一样，从育种到种植再到结果，一般投入较大，当年不能见效，需要几年才能结果，影响部分油用牡丹种植者和投资者的积极性。

2. 费工费时，生产成本较高

油用牡丹与油茶、核桃一样，采集时机械化程度低，费工费时，造成木本油料的生产成本普遍较高，进而加工生产的油脂价格高，影响了木本油料生产的油脂进入千家万户。

3. 缺乏专用的加工设备

由于油用牡丹籽不同于油茶籽和核桃等木本油料，更不同于大宗木本油料，其加工装备和加工方式不同于其他油料。目前适合于油用牡丹籽加工的效率高、成本低的专用加工设备研发滞后，不能适应牡丹籽油的加工需要。

4. 加工企业过多过小，生产企业的产品质量意识淡薄

木本油料加工普遍存在企业过多过小，技术含量低，产品附加值低，企业质量意识淡薄等问题，有的不能保证产品符合国家规定的标准，有损木本油料产品的品牌形象。

（三）要正视油用牡丹产业发展中的问题，以利健康发展

针对油用牡丹产业发展中存在的问题，我们要实事求是地认真加以研究解决。

1. 管好现有的种植面积，充分发挥其增产油脂的作用

在各级政府的重视和支持下和一系列政策措施的带动下，我国油用牡丹的种植面积由前几年的几十万亩发展到如今的近千万亩，其发展速度、种植热情令人高兴。但与此同时，我们也要静下心来，认真总结发展油用牡丹产业中正反两方面的经验，克服存在的困难，以利再战。我认为，当前应该把重点放在管好、用好现有种植的油用牡丹上，放在提高单位面积产量上，使其充分发挥作用，以增强种植者和投资者的信心，要防止盲目占用耕地，继续扩大种植面积。

2. 想方设法调动油用牡丹种植者的积极性

鉴于油用牡丹自栽培、种植到结籽收获，一般需要 3~5 年时间，加上收获时的采集和加工时的剥壳等环节，与大宗油料相比，存在着费工费时、生产成本相对较高、效益不

佳等问题，建议政府有关部门研究在种植补贴、提高种植油用牡丹的比价效益等方面出台相应政策措施，以进一步调动和保护油用牡丹种植者和投资者的积极性。

3. 加快牡丹籽油专用加工装备的研制步伐，提高效率，降低成本

建议有关部门将提高木本油料作物及其综合利用（含牡丹籽油加工）的加工装备和工艺研究列入国家有关科技发展规划，以确保产品质量，减少消耗，降低生产成本，提高油用牡丹籽的附加值。

4. 千方百计让牡丹籽油进入千家万户

牡丹籽油因其脂肪酸组成很有特点，富含 α- 亚麻酸、油脂伴随物等营养活性物质，属于高端食用油，加上其生产成本高，所以其价格要高于普通食用油，这是可以理解的。但现在高得有些离谱，一瓶 500 克装的牡丹籽油标价高达百元以上，甚至几百元，从而影响其进入千家万户。因此，我们必须要将生产成本降下来。一是要千方百计降低原料的生产成本，依我看，现在油用牡丹籽的收购价格定得太高了，要适时、适当降下来；二是要降低牡丹籽油的加工成本，科学选用加工装备，切忌贪大求洋，切忌动不动就选用超临界浸出甚至用超临界精炼；三要根据市场需求，开展精深加工和综合利用，提高附加值，与此同时，也要切忌不顾市场需要，一哄而起；四要妥善处理风味和口味的关系，生产出适合不同人群需要的产品；五要加大对牡丹籽油的宣传力度，从营养健康的角度宣传牡丹籽油是优质高端食用油，通过科普宣传教育，提高广大消费者对牡丹籽油的认知度。

5. 尽快研究出台油用牡丹籽的收购价格保护政策

要针对近几年来油用牡丹种植面积不断扩大、大多到了结籽并很快进入盛产期的情况，建议政府有关部门尽快研究出台油用牡丹籽的收购价格保护政策，以保护种植者和投资者的积极性。

（四）制定好国家标准，引领油用牡丹产业的健康发展

为推动油用牡丹产业的发展，原国家粮食局标准质量管理办公室发文，将制定《牡丹籽油》行业标准列入了 2012 年粮油行业标准的制定计划。由此，全国粮食标准化技术委员会油料及油脂分技术委员会于 2013 年 9 月 7 日在菏泽召开了有 30 多位行业专家参加的《牡丹籽油》行业标准研讨会。在此基础上，几经征求意见和修改，顺利完成并颁发了《牡丹籽油》行业标准，推动了油用牡丹产业的发展。

为进一步提升标准的层次，在各方面的关心支持下，自去年开始，经有关部门研究，

决定将制定颁发不久的《牡丹籽油》行业标准提升为国家标准。今天召开的研讨会就是要请专家们再次进行研讨，以利把《牡丹籽油》国家标准高质量制定好，引领油用牡丹产业的健康发展。现在我就制修订好《牡丹籽油》国家标准提三点建议。

（1）油用牡丹籽是我国特有的食用油料资源，制定《牡丹籽油》标准，没有现成的国外资料可作参考，所以制定这项标准应该本着从我国国情和牡丹籽油的特点出发，自主地、实事求是地制定。在这方面，我们已经成功制定了《牡丹籽油》行业标准，这为高质量制定好《牡丹籽油》国家标准奠定了基础。也就是说，这次制定的《牡丹籽油》国家标准，我们只要在《牡丹籽油》行业标准的基础上加以充实和完善就可以了。

（2）关于要不要设立牡丹籽油的特征指标问题，以及选择哪个指标作为牡丹籽油的特征指标问题，希望大家认真思考，分析利弊。对此，我是不太赞成设立特征指标的。最简单的理由是至今还没有一款食用油设立特征指标的，这就意味着目前设立特征指标的时间和条件还不成熟。

（3）关于牡丹籽油的货架期问题。鉴于牡丹籽油中不饱和脂肪酸含量在90%以上，尤其是亚麻酸的含量高达38%以上，容易氧化变质是其一大缺陷。这就要求我们在制定质量标准时科学确定货架期，以及强调在加工、包装、储存和销售等环节的抗氧化问题。

以上所讲内容，不当之处请批评匡正。谢谢大家！

十八、给棕榈仁定义，并为其饼粕制定标准

——在"《棕榈仁饼粕》团体标准研讨会"上的开幕辞

（2020 年 8 月 25 日　于江苏扬州）

棕榈仁是棕榈果榨油后得到的棕榈核（籽）经剥壳后的产物。而棕榈仁饼粕是棕榈仁经制取棕榈仁油的副产物。印度尼西亚和马来西亚是全球棕榈仁饼粕的主要生产国。2019 年全球棕榈仁的产量约为 2002 万吨，棕榈仁油的产量为 879 万吨，棕榈仁饼粕的产量为 1037 万吨。

棕榈仁饼粕不仅含有较高的蛋白质（15% 以上）和丰富的磷、铜、锌、锰、钾等矿物元素，粗脂肪含量也较高，且富含 B 族维生素、维生素 E 及多种氨基酸。棕榈仁饼粕资源丰富，价格低廉，无毒副作用。在饲料配方中适量替代玉米，能促进畜禽生长发育，提高生产性能，尤其适用于反刍动物饲料中，在控制比例的情况下，也可用于一般家畜（如猪、鸡、鸭）的饲料中。棕榈仁饼粕的应用对节约饲料资源、降低养殖成本等方面有重要作用。

20 世纪 50 年代末至 60 年代初，上海油脂一厂曾进口棕榈仁用于榨油；60 年代初在周恩来总理的关怀下，计划在海南种植发展棕榈树，并研发成功了棕榈核（籽）的剥壳机，后因气候不适等原因海南棕榈树种植没有取得圆满成功。

目前，国内尚未有棕榈仁饼粕的国家标准和行业标准，这对于该产品的生产、销售、进出口、监管等都非常不利。为顺应市场发展的需要，中国粮油学会在调查研究和专家讨论的基础上，决定将《棕榈仁饼粕》作为中国粮油学会第五批团体标准之一进行制定。我相信，通过该标准的制定和颁布，一定会对其贸易以及加工产业的发展起到引领作用，也有利于我国进口棕榈仁用于榨油和直接进口棕榈仁饼粕，以丰富廉价饲料资源。据了解，2019 年欧盟、新西兰、日本和韩国进口的棕榈仁饼粕数量都远远多于我国，其中欧盟进口了 230 万吨，新西兰 230 万吨、日本 135 万吨、韩国 80 万吨，我国只有 78 万吨。相信通过团体标准的制定，一定能推动我国棕榈仁饼粕的进口，以利发展我国饲料加工产业。

本标准适用于棕榈仁饼粕及其加工的产品。主要技术文本涵盖了标准的适用范围、规

范性引用文件、术语定义、质量要求、检验方法、检验规则、标签和标识、包装储存和运输等内容。为使标准更加完善，建议在术语和定义中增加棕榈仁，其定义（建议）为："棕榈仁是棕榈果榨油后得到的棕榈核（籽）经剥壳后的产物"。

　　以上发言内容，供大家参考。最后预祝研讨会圆满成功，谢谢大家！

十九、标准引领高油酸菜籽油的高质量发展

——在"《高油酸菜籽油》团体标准发布暨高油酸菜籽油产业高峰论坛"上的主旨讲话

（2021 年 6 月 21 日 于湖北当阳）

很高兴来到我国油菜之乡——湖北当阳市，参加"《高油酸菜籽油》团体标准发布暨高油酸菜籽油产业高峰论坛"，与大家一起为认真做好《高油酸菜籽油》团体标准的发布与宣贯工作，推动高油酸菜籽油的高质量发展献计献策。现在我以《标准引领高油酸菜籽油的高质量发展》为题发言，供参考。

（一）菜籽油是全球最重要的食用植物油品之一

从全球油料油脂发展史上看，菜籽油一直是全球最重要的食用植物油品之一。据美国农业部提供的资料，全球油菜籽和菜籽油的产量、消费量、贸易量等在全球主要油籽、油脂中均名列前茅，2019/2020 年度全球油菜籽的产量达 6922 万吨，在全球油籽产量中排名第二（表1）；在 2019/2020 年度全球主要植物油产量中菜籽油为 2798 万吨，在棕榈油、大豆油之后，排名第三（表2）；在 2019/2020 年度全球主要植物油消费量中菜籽油为 2806 万吨，其消费量在棕榈油、大豆油之后，排名第三（表3）；在 2019/2020 年度全球主要植物油出口贸易量中菜籽油为 557 万吨，仅次于棕榈油、葵花籽油和大豆油，排名第四（表4）。

表1 全球2016/2017年度至2019/2020年度主要油籽产量（分品种） 单位：万吨

品种	2016/2017	2017/2018	2018/2019	2019/2020
椰子干	552	594	598	586
棉籽	3898	4509	4311	4442
棕榈仁	1743	1881	1952	1942
花生	4516	4683	4681	4608

续表

品种	2016/2017	2017/2018	2018/2019	2019/2020
油菜籽	6949	7515	7299	6922
大豆	34977	34293	36104	33647
葵花籽	4823	4783	5056	5496
总计	57458	58258	60001	57643

注：资料来源美国农业部，表格由作者绘制。

表2　全球2016/2017年度至2019/2020年度主要植物油产量（分品种）　单位：百万吨

品种	2016/2017	2017/2018	2018/2019	2019/2020
椰子油	3.41	3.67	3.76	3.6
棉籽油	4.38	5.1	4.97	5.13
橄榄油	2.61	3.27	3.28	3.13
棕榈油	65.17	70.42	74.05	73.23
棕榈仁油	7.65	8.28	8.59	8.55
花生油	5.72	5.92	5.86	6.25
菜籽油	27.53	27.91	27.68	27.98
大豆油	53.81	55.15	55.82	57.93
葵花籽油	18.20	18.50	19.47	21.48
总计	188.49	198.22	203.48	207.28

注：资料来源美国农业部。

表3　全球2016/2017年度至2019/2020年度主要植物油消费量（分品种）　单位：百万吨

品种	2016/2017	2017/2018	2018/2019	2019/2020
椰子油	3.21	3.42	3.55	3.56
棉籽油	4.34	5.05	4.99	5.11
橄榄油	2.73	2.80	2.90	3.03
棕榈油	61.48	66.93	72.46	71.90
棕榈仁油	7.25	7.85	8.37	8.20

续表

品种	2016/2017	2017/2018	2018/2019	2019/2020
花生油	5.56	5.74	5.95	6.36
菜籽油	28.89	28.87	28.06	28.06
大豆油	53.43	54.48	55.13	56.68
葵花籽油	16.22	17.25	17.95	19.53
总计	183.11	192.39	199.36	202.43

注：资料来源美国农业部。

表4　全球2016/2017年度至2019/2020年度主要植物油出口贸易量（分品种）

单位：百万吨

品种	2016/2017	2017/2018	2018/2019	2019/2020
椰子油	1.76	1.73	2.11	1.91
棉籽油	0.08	0.10	0.11	0.11
橄榄油	0.89	1.06	1.10	1.37
棕榈油	48.89	48.65	51.76	48.47
棕榈仁油	3.09	3.11	3.38	3.33
花生油	0.27	0.28	0.31	0.34
菜籽油	4.50	4.61	4.96	5.57
大豆油	11.33	10.56	11.18	11.93
葵花籽油	10.52	10.02	11.25	13.12
总计	81.33	80.12	86.16	86.15

注：资料来源美国农业部。

在全球油菜籽的生产中，长期以来，我国一直是全球油菜籽的第一生产大国。据国家粮油信息中心提供的数据，我国2020年（预测）油菜籽的产量为1380万吨，约占全球2019/2020年度油菜籽产量6922万吨的20%。与此同时，我国又是油菜籽、菜籽油的进口大国和消费大国。

菜籽油历来是我国食用植物油消费市场上的主导产品之一，也是我国消费者喜爱的食用油品，尤其是我国长江流域及以南地区，菜籽油更是当地消费者的主导产品。为满足菜籽油消费市场的需求，我国每年需要进口一定数量的油菜籽和菜籽油。据海关统计，2020

年我国进口油菜籽 311.4 万吨、进口菜籽油 193 万吨，连同国产油菜籽 1380 万吨，当年我国食用植物油消费市场上可提供的菜籽油总量约为 785 万吨（即国产油菜籽 1380 万吨和进口油菜籽 311.4 万吨合计为 1691.4 万吨，按出油率 35% 计算，可制得菜籽油 592 万吨；加上进口菜籽油 193 万吨，总计为 785 万吨），占我国 2019/2020 年度食用油年度消费总量 4071 万吨的 19.3%，仅次于大豆油的消费量，排名第二；占全球 2019/2020 年度菜籽油消费量 2806 万吨的 28%。以上数据，充分表明我国是全球菜籽油的生产大国和消费大国，也是油菜籽和菜籽油的进口贸易大国，在全球油菜籽产业发展中有着举足轻重的地位。

（二）发展高油酸菜籽油是未来的趋向

食用植物油的脂肪酸组成以及含量的高低，是衡量其品质高低的重要条件。众所周知，在橄榄油和油茶籽油的脂肪酸组成中，其油酸的含量一般都高达 75% 以上，这是其一大特点，也是国内外消费者公认其为高端食用油的重要条件。

油酸含量高的食用植物油具有降低人体血浆中低密度脂蛋白胆固醇含量、调节血脂水平、减少罹患心血管疾病风险、有益于人体心血管健康和对心脏起保护作用等营养保健功能。油酸含量高的食用油脂与普通食用油脂相比，具有稳定性高、不易氧化变质、货架时间长、在较高温度烹饪时不易冒烟，损耗少，非常适用于作为家庭烹调以及要求存放时间长的快餐食品类和糕点类用油。另外，用高油酸油脂生产的生物柴油，具有稳定性强、熔点低、点火温度低、冬季操作性能好等优点。为此，研究培育高油酸油料作物，诸如，高油酸花生、高油酸葵花籽、高油酸菜籽等已经成为全球油料培育和种植的一大热点，发展势头迅猛。

我国高油酸花生和高油酸菜籽的研究，与国外相比虽然起步较晚，但发展速度较快，并已取得了诸多实实在在的成果。

综上所述，发展包括高油酸菜籽油在内的高油酸食用油脂，是全球的热门课题，是全球未来的发展趋向，也是我国未来的发展趋向。现在，高油酸花生油和高油酸菜籽油都是新型的优质食用油品，在我国大力发展高油酸食用油脂，有助于"健康中国"建设。

（三）标准引领高油酸菜籽油的高质量发展

为引领和推动高油酸菜籽油的高质量发展，在中国粮油学会团体标准工作委员会的领导和支持下，在全国粮油标准化技术委员会油料与油脂分技术委员会的努力工作下，仅用不到一年的时间就制定发布了《高油酸菜籽油》团体标准，值得赞扬。

本项标准，是以《菜籽油》国家标准为基础，采用不低于或略高于《菜籽油》国家质量标准的所有要求进行修改制定的。其中最为重要的是对高油酸菜籽油作出了科学定义，规定了高油酸菜籽油是"以高油酸菜籽为原料制取得到的油酸含量不低于72%的食用油脂"。在这一定义和质量指标中，规定了衡量油菜籽是不是属于高油酸型的重要指标，即油菜籽中的油酸含量；规定了利用高油酸菜籽制取的菜籽油中的油酸含量，必须≥72%，方能称作高油酸菜籽油。这一定义和质量指标要求是本标准核心指标，必须在油菜籽的种植、加工、销售等环节不折不扣地认真贯彻执行，以引领和推动高油酸菜籽油产业的高质量发展，确保消费者的利益。

以上发言不当之处请批评指正，谢谢大家！

二十、感官评价助力芝麻油产业的健康发展

——在"《芝麻油感官评价》团体标准宣贯暨芝麻产业高峰论坛"上的主题演讲

（2021 年 7 月 14 日　于河北保定）

很高兴来到历史名城保定，参加由中国粮油学会油脂分会、全国粮油标准化技术委员会油料与油脂分技术委员会主办、由百年老字号企业保定市冠香居食品有限公司承办的"《芝麻油感官评价》团体标准宣贯暨芝麻产业高峰论坛"，与大家一起研讨芝麻油产业的高质量发展，现在我以《感官评价助力芝麻油产业的健康发展》为题发言，供参考。

（一）我国是芝麻产业的生产和消费大国

芝麻是全球最古老的油料作物之一，在我国有着悠久的种植历史。

在全球芝麻生产中，非洲诸多国家以及缅甸、印度和中国是芝麻的主要生产国。据联合国粮食及农业组织统计，2019 年全球芝麻产量为 701.88 万吨，较 2016 年的 594.51 万吨增长 18.1%，是全球油料作物增速较快的品种。在芝麻生产中，产量最高的国家是苏丹，2019 年达 121 万吨；其次是缅甸，2019 年产量为 74.45 万吨；再次是印度、坦桑尼亚和尼日利亚，2019 年芝麻产量分别为 68.93 万吨、68.0 万吨和 48.0 万吨；中国 2019 年芝麻产量为 46.7 万吨，位居全球第六（表 1）。

表 1　全球 2016—2019 年度芝麻主要生产国及产量一览表　　　单位：万吨

国别	2016	2017	2018	2019
苏丹	52.50	78.10	96.00	121.00
缅甸	81.30	76.43	71.54	74.45
印度	74.70	74.70	75.54	68.93
坦桑尼亚	73.00	62.00	64.00	68.00

续表

国别	2016	2017	2018	2019
尼日利亚	59.36	63.23	48.00	48.00
中国	35.20	36.65	43.15	46.70
布基纳法索	16.39	16.38	25.39	37.47
埃塞俄比亚	26.79	25.59	20.17	26.27
南苏丹	20.26	20.50	20.66	20.81
乍得	15.36	15.87	17.25	17.00
乌干达	13.50	14.60	14.40	14.40
巴西	2.00	2.40	4.10	12.80
尼日尔	6.67	4.93	9.02	9.77
莫桑比克	6.00	7.84	10.80	9.50
喀麦隆	6.84	6.50	7.00	7.00
全球总计	594.51	609.36	637.10	701.88

注：资料来源联合国粮食及农业组织。

在我国油料作物生产中，油菜籽、大豆、花生、棉籽、葵花籽、芝麻、亚麻籽和油茶籽是我国的八大油料作物。从历史统计资料看，2004 年我国芝麻产量曾达到 89.5 万吨，为全球第三。但近年来，我国芝麻种植面积与产量逐年下降，最近几年开始有所回升，但仍然赶不上全球芝麻产量的增长速度。据中国农村统计年鉴，2019 年我国芝麻种植面积为 28.3 万公顷，较 2016 年的 23.0 万公顷增长了 23.0%（图 1）；2019 年，我国芝麻产量为 46.7 万吨，较 2016 年的 35.2 万吨，增长了 32.7%（图 2），恢复势头向好。在我国的芝麻生产中，2019 年河南、湖北、江西的种植面积分别为 11.47 万公顷、7.72 万公顷和 2.91 万公顷，产量分别为 19.92 万吨、12.92 万吨和 3.61 万吨，名列全国前三名，为我国芝麻产业的发展做出了贡献。

我国不仅是芝麻的生产大国，也是芝麻的消费和进口大国。随着我国经济和人民生活水平的不断提高，我国食用植物油料和油脂的产量屡创历史新高，八大油料作物的产量已超过 6000 万吨，但其增长速度仍然满足不了我国人民生活水平快速提高的需要，需要通过进口来解决。在油料、油脂进口中，其中进口大豆和棕榈油是最多的品种。与此同时，近几年来，我国进口芝麻的数量也不断增加，据海关统计，2020 年我国进口芝麻达 101.5

万吨，较 2019 年的 81.5 万吨增长了 24.5%（表 2）。远超国产芝麻的产量，成为全球进口芝麻数量最多的国家。同时，2020 年我国消费芝麻量为 148.2 万吨（即国产量 46.7 万吨和进口量 101.5 万吨之和），约占全球芝麻产量 700 万吨左右的 21.2%，是全球芝麻消费最多的国家，这也为全球芝麻产业的发展做出了贡献。

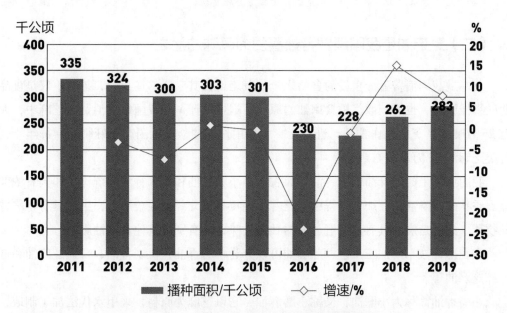

图1　2011—2019年中国芝麻种植面积及增速

注：资料来源中国农村统计年鉴，华经产业研究院整理。

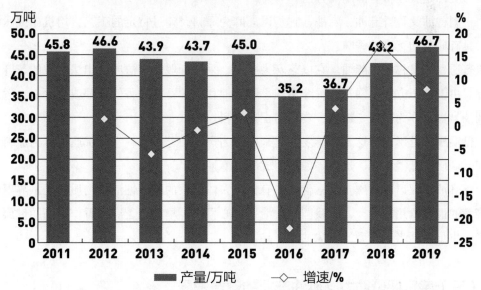

图2　2011—2019年中国芝麻产量及增速

注：资料来源中国农村统计年鉴，华经产业研究院整理。

表2　2012—2020年中国芝麻进口量

年份	2012	2013	2014	2015	2016	2017	2018	2019	2020
芝麻进口量/万吨	39.6	44.1	56.9	80.6	93.2	71.2	83.6	81.5	101.5

注：数据来自国家粮油信息中心和中粮集团，由作者整理制表。

（二）芝麻油是我国消费者最喜爱的风味油品之一

芝麻是我国消费者最喜爱的食物之一，其用途极其广泛。在我国，芝麻不仅是食品工业的最佳原料，也是制取优质食用油的原料。根据估计，在我国每年消费的芝麻中，大约有25万吨国产芝麻用作食品，进口芝麻大多用作制油，加上国产芝麻制油，每年能制得各类芝麻油45万吨左右。

我国市场上的芝麻油也称香油，而香油是小磨香油和机榨香油的统称，即具有浓郁或显著香味的芝麻油。在加工过程中，芝麻中的特有成分经高温焙炒后，生成具有特殊香气的物质，致使芝麻油具有消费者喜爱的独特香味，并有别于其他食用油脂。

在我国，按不同加工工艺，芝麻油可以分为小磨香油、机制香油、普通芝麻油和低温压榨芝麻油等。

小磨香油简称为小磨油，又称小磨麻油，它以芝麻为原料，采用水代法加工制取，具有浓郁的独特香味，是消费者喜爱的调味油。用水代法加工制取小磨香油在我国已有600多年历史，是我国特有的制油方法。

机制香油又称香麻油、麻油，它是以芝麻为原料，通过特定的工艺，用机榨或压滤制取，具有显著的芝麻油香味。

普通香油又称大槽麻油。它以芝麻为原料，采用一般压榨法或浸出法制取的芝麻油之统称。由于加工方法不同，其香味不如小磨香油和机榨香油的香气浓郁或显著。一般作为烹调油，也可作为糕点、糖果、食品的主要辅料。

低温压榨芝麻油，这是近年发展起来的作为烹饪用芝麻油，它以优质芝麻为原料，经清理、调质、低温压榨、过滤等精制而成的芝麻油。

芝麻油不仅风味特殊，且富含诸多有益于人体健康的脂溶性活性物质，是世界卫生组织推荐的最佳食用油之一。在我国广大消费者心目中，早就把芝麻油看作是高端健康食用油了，也是消费者最喜爱的风味油脂产品。

（三）感官评价助力芝麻油产业的健康发展

众所周知，芝麻油、花生油、菜籽油等是我国传统的特色植物食用油，其香气是衡量其品质的重要指标。然而，目前我国油脂行业缺乏科学评价油脂风味和感官品质的方法及标准，造成市场上众多植物油产品的风味质量参差不齐，以次充好和掺假现象屡见不鲜，严重损害消费者利益。在风味油脂的生产中，众多油脂企业不仅缺乏科学有效的产品风味和感官品质的评价方法，而且现有的仪器分析方法对含有众多挥发性物质的风味油脂不能很好地反映其整体感官品质和香味特征；在现有国家标准食用油质量中只规定了芝麻油、花生油等特色风味油脂的各项理化指标，缺乏风味和感官品质评价标准，致使常用的理化检验指标不能很好地将优质的风味油脂产品区分开来，加上目前风味油脂的生产企业感官评价人员大多是未经培训的内部员工，造成其结果的准确性较差，对指导企业生产，调整工艺的实际指导意义不大。为此，参考国际上成熟的橄榄油风味的感官评价方法，抓紧制定适合于我国风味油脂的感官评价方法势在必行。

为助力风味油脂的健康发展，在中国粮油学会团体标准工作委员会的领导和支持下，在全国粮油标准化技术委员会油料与油脂分技术委员会的努力工作下，我们仅用了不到一年的时间就制定发布了《芝麻油感官评价》团体标准，实属高效，值得赞扬。

本标准包含感官评价方法、品油杯、感官评价室、评价员的选拔、培训和监管等，内容十分丰富。本标准适用于芝麻油，包括芝麻原油、芝麻香油、小磨香油、低温压榨芝麻油和精炼芝麻油的感官评价，是国家芝麻油质量标准的重要组成部分。通过感官评价，有利于对芝麻油等风味油脂产品的质量分级，科学指导风味油脂生产企业生产和新产品的设计与研发，助力芝麻油产业的健康发展。

二十一、制定的感官评价标准，助力菜籽油、花生油产业健康发展

——在"《菜籽油感官评价》和《花生油感官评价》标准立项暨产业发展研讨会"上的开幕辞

（2021 年 8 月 16 日　于北京中粮营养健康研究院）

为制定好《菜籽油感官评价》和《花生油感官评价》标准，推动菜籽油、花生油产业的健康发展，今天中国粮油学会油料和油脂技术委员会在这里举办"《菜籽油感官评价》和《花生油感官评价》标准立项暨产业发展研讨会"，根据会议的安排，现在我以《制定好感官评价标准，助力菜籽油、花生油产业健康发展》为题发言，供参考。

（一）油菜籽和花生是我国最重要的当家油料资源

在我国八大油料作物中，油菜籽和花生是我国最重要的当家油料作物，也是我国发展前景最看好的大宗油料作物。根据国家粮油信息中心提供的资料，2019 年我国油菜籽的产量为 1348.5 万吨、花生的产量为 1752 万吨，占全国八大油料作物总产量 6570.4 万吨的 47.2%；据预测，2020 年我国油菜籽的产量为 1380 万吨、花生的产量为 1777 万吨，占全国八大油料作物总产量 6800.1 万吨的 46.4%，占据国产油料作物产量的半壁江山（表 1）。

表1　2015—2020 年我国油菜籽和花生的产量情况表

年份	油料总产量/万吨	油菜籽		花生	
		产量/万吨	占总产量比例/%	产量/万吨	占总产量比例/%
2015	5688.8	1385.9	24.4	1596.1	28.1
2016	5721.7	1312.8	22.9	1636.1	28.6
2017	6020.9	1327.4	22.0	1709.2	28.4
2018	6431.2	1328.1	20.7	1733.2	26.9

续表

年份	油料总产量/万吨	油菜籽		花生	
		产量/万吨	占总产量比例/%	产量/万吨	占总产量比例/%
2019	6570.4	1348.5	20.5	1752	26.7
2020（预测）	6800.1	1380	20.3	1777	26.1

注：①资料来源国家粮油信息中心。

②表格由作者绘制。

油菜和花生，是我国最重要的当家油料作物。长期以来，我国油菜籽和花生的产量一直名列全球第一。据美国农业部提供的资料，2019/2020年度全球油菜籽的产量为6922万吨、花生的产量为4608万吨，而同年度我国油菜籽和花生的预测产量分别为1380万吨和1777万吨，分别占全球油菜籽和花生产量的19.9%和38.6%（表2），充分显示了我国油菜籽和花生在全球油料产量中的领先地位。

表2　2016/2017年度至2019/2020年度我国油菜籽和花生产量在全球的占比情况

单位：万吨

年度	全球油菜籽产量	全球花生产量	我国油菜籽产量	我国油菜籽占全球产量比例/%	我国花生产量	我国花生占全球产量比例/%
2016/2017	6949	4516	1327.4	19.1	1709.2	37.8
2017/2018	7515	4683	1328.1	17.7	1733.2	37
2018/2019	7299	4681	1348.5	18.5	1752	37.4
2019/2020	6922	4608	1380	19.9	1777	38.6

注：①资料来源美国农业部和国家粮油信息中心。

②比例由作者计算，表格由作者绘制。

（二）菜籽油和花生油是我国消费者喜爱的食用油品

历来菜籽油是我国食用植物油消费市场上的主导产品之一，也是我国消费者喜爱的食用油品，尤其在我国长江流域及其以南地区，菜籽油更是当地消费者的主导产品。为满足菜籽油消费市场的需求，我国每年需要进口一定数量的油菜籽和菜籽油。据海关统计，2020年我国进口油菜籽311.4万吨、进口菜籽油193万吨，连同国产油菜籽1380万吨，当年我国食用植物油消费市场上可提供的菜籽油总量约为785万吨（即国产油菜籽1380

万吨和进口油菜籽 311.4 万吨合计为 1691.4 万吨，按出油率 35% 计算，可制得菜籽油 592 万吨；加上进口菜籽油 193 万吨，总计为 785 万吨），占我国 2019/2020 年度食用油年度消费总量 4071 万吨的 19.3%，仅次于大豆油的消费量，排名第二；占全球 2019/2020 年度菜籽油消费量 2806 万吨的 28%。以上数据，充分表明我国是全球菜籽油的生产大国和消费大国，也是油菜籽和菜籽油的进口贸易大国，在全球油菜籽产业发展中有着举足轻重的地位。

花生油是我国百姓公认的优质高端食用油，尤其是在山东、北京、广东、广西、福建等地区，深受消费者的青睐。在花生产业的发展中，我国不仅是全球花生的生产大国，也是花生油制取大国、消费大国和进口大国。据中国国家粮油信息中心和美国农业部提供的数据：2020 年，我国用于榨油的花生量约 900 万吨，榨得花生油约 315 万吨，我国进口的花生油为 26.9 万吨；2019/2020 年度全球花生油的产量为 625 万吨，消费量为 635 万吨，出口贸易量为 34 万吨。由此可以计算出：我国的花生榨油量占全球花生油产量的 50.4%；花生油的消费量（国产花生油产量 315 万吨加上进口花生油 26.9 万吨之合，即 314.9 万吨）占全球花生油消费量 636 万吨的 53.8%；在花生油的进出口贸易中，我国花生油的进口量占全球花生油出口贸易量的 79.1%。充分表明我国是全球花生和花生油的生产大国，也是全球花生油的消费和进口大国，在全球花生产业发展中同样有着举足轻重的地位。

（三）感官评价标准助力菜籽油和花生油产业健康发展

大家都知道，芝麻油、花生油、菜籽油、葵花籽油和亚麻籽油等是我国传统的风味特色植物食用油，其香气是衡量其品质的重要指标。然而，目前我国油脂行业缺乏科学评价油脂风味和感官品质的方法及标准，造成市场上众多植物油产品的风味质量参差不齐，以次充好和掺假现象屡见不鲜，严重损害消费者利益。在风味油脂的生产中，众多油脂企业不仅缺乏科学有效的产品风味和感官品质的评价方法，而且现有的仪器分析方法对含有众多挥发性物质的风味油脂不能很好地反映其整体感官品质和香味特征；在现有国家标准食用油质量中只规定了芝麻油、花生油等特色风味油脂的各项理化指标，缺乏风味和感官品质评价标准，致使常用的理化检验指标不能很好地将优质的风味油脂产品区分开来，加上目前风味油脂生产企业的感官评价人员均采用未经培训的内部员工，造成其结果的准确性较差，对指导企业生产，调整工艺的实际指导意义不大。为此，参考国际上成熟的橄榄油风味的感官评价方法，抓紧制定适合于我国风味油脂的感官评价方法势在必行。

为助力风味油脂的健康发展，在中国粮油学会团体标准工作委员会的领导和支持下，在全国粮油标准化技术委员会油料与油脂分技术委员会的努力工作下，我们仅用了不到一年的时间就制定发布了《芝麻油感官评价》团体标准，它是国家质量标准的重要组成部分。芝麻油感官评价标准的成功制定，为我们制定好《菜籽油感官评价》标准和《花生油感官评价》标准提供了十分宝贵的参考资料。

为制定好菜籽油和花生油两个感官评价标准，我们要在参考《芝麻油感官评价》标准的基础上，根据菜籽油和花生油的风味特点，分别提出并确定这两个标准的感官评价方法、品油杯、感官评价室以及对品油师的选拔培训和监管等要求，内容十分丰富。我们相信，通过感官评价，有利于对菜籽油和花生油等风味油脂产品的质量分级，科学指导风味油脂生产企业的生产和新产品的设计与研发，助力菜籽油和花生油产业的健康发展。

以上发言内容供参考，不当之处请批评指正。谢谢大家！

二十二、科学引导让牡丹籽油走进千家万户

——在"《牡丹籽油》国家标准颁布暨专家战略研讨会"上的开幕辞

（2022 年 11 月 21 日　于北京）

尊敬的李部长，各位专家、各位企业家：

大家好！

很高兴参加由中国中医科学院和中国经济林协会牡丹产业分会共同举办的"《牡丹籽油》国家标准颁布暨专家战略研讨会"，根据会议的安排现在我以《科学引导让牡丹籽油走进千家万户》为题，介绍些情况和讲点意见，供大家参考。

（一）发展牡丹籽油是提高我国食用油自给率的重要举措

众所周知，我国党和政府历来高度重视粮食安全，尤其是党的十八大以来，以习近平同志为核心的党中央高度重视国家粮食安全，发表了一系列重要指示。习近平总书记谆谆告诫我们"手中有粮，心中不慌""保障粮食安全，对中国来说是永恒的课题，任何时候都不能放松"。

油脂和粮食一样是人类赖以生存的基本食物，是粮食安全的重要部分。食用油可以提供人们热能和必需脂肪酸，促进脂溶性维生素吸收，是改善食物特有风味和增进人们食欲的重要食物。人均食用油消费量的高低和对品质的要求是衡量一个国家经济发展和人民生活水平高低的重要标志。

我国是一个拥有 14 多亿人口的大国，也是一个油料油脂的生产大国和消费大国。为满足我国人民生活水平不断提高的需要，党中央、国务院出台了一系列发展油料生产的政策措施，致使我国油料生产与粮食生产一样取得了连年增产。据国家粮油信息中心的预测，2021 年我国油菜籽、大豆、花生、棉籽、葵花籽、芝麻、亚麻籽、油茶籽八大油料作物的总产量达 6602.1 万吨。这里需要指出的是，近年来，我国的油料生产尽管屡创历史新高，但仍然跟不上我国人民生活水平不断提高的需要。为满足我国食用油市场供应和饲养业发展的需要，我国每年都要进口较大数量的油料油脂。据海关统计，2021 年我国

进口各类油料合计为 10205.1 万吨、进口各类食用油合计为 1212.7 万吨。另据统计分析，2021 年我国食用油的消费总量达 4254.5 万吨，人均年食用油的消费量为 30.1 千克，超过了 2021 年度世界人均食用油消费量为 27.0 千克的水平，而其中我国食用油的自给能力只有 29%，对外依存度很高。

为提高我国食用油的自给能力，国家出台了一系列发展以油茶、核桃和油用牡丹为代表的木本油料产业政策措施，这是符合我国国情的重要举措，在 2014 年 12 月 26 日，国务院办公厅印发的《关于加快木本油料产业发展的意见》的推动下，我国油用牡丹产业与其他木本油料产业一样取得了令人鼓舞的发展。据 2022 年 7 月 7 日央视新闻客户端报道，目前我国木本油料种植面积已超过 2 亿亩，年产食用油约 100 万吨，约占国产油料榨油量的 8%。其中油用牡丹的种植面积为 194 万亩，年产牡丹籽油 5.3 万吨，高于核桃油的 3.3 万吨和橄榄油的 1.3 万吨，年产油量仅次于油茶籽油，排在第二位。相信在我国大力实施大豆和油料产能提升工程的推动下，我国油用牡丹产业也将进一步发展，为提高我国食用油的自给能力做出贡献。

（二）发展牡丹籽油助力"健康中国"建设

牡丹籽的含油率在 20% 以上，从脂肪酸组成看，牡丹籽油的主要成分为亚麻酸、油酸和亚油酸等多种不饱和脂肪酸，含量高达 92% 以上。尤其是牡丹籽油中 α- 亚麻酸的含量高达 40% 以上，高于其他木本油料生产的油脂，与草本油料生产的油脂相比，在我国仅次于亚麻籽油，也高于其他草本油料生产的油脂。

这里需要特别强调的是，α- 亚麻酸和亚油酸是人体必需但又无法自身合成的必需脂肪酸，也就是说这两种必需脂肪酸只能从食用油脂中摄取，而不能通过其他物质在体内合成。人体缺乏这两种必需脂肪酸，就会影响发育和身体健康，乃至多病。在综观所有食用油的脂肪酸组成中，这两种必需脂肪酸最缺少的是 α- 亚麻酸。牡丹籽油除了富含 α- 亚麻酸，亚油酸和油酸的含量也很高。另外，牡丹籽油中还富含甾醇、维生素 E，角鲨烯等生物活性物质，是一种营养价值很高的优质食用油，长期食用，可提高儿童智力，延缓老年人衰老。

综上所述，牡丹籽油是一种营养健康的优质高端食用油，发展牡丹籽油产业，有助于"健康中国"建设。

（三）借国标东风努力让牡丹籽油走进千家万户

牡丹籽油是我国特有的新型油料，2011 年 3 月 29 日，经卫生部批准成为新资源食品。由此得到了习近平总书记和各级党政领导的高度重视和大力支持，推动了牡丹籽油产业的快速发展。以制定标准为例，2012年原国家粮食局将制定《牡丹籽油》列入了粮油行业标准的制定计划，并于2014年11月颁发了《牡丹籽油》行业标准，推动了牡丹籽油产业的发展。为进一步提升标准的层次，在各方面的关心支持下，自2019年开始，经有关部门研究，决定将制定颁发不久的《牡丹籽油》行业标准，提升修订为国家标准。经专家、企业等各方面的共同努力，GB/T 40622—2021《牡丹籽油》国家标准已于2021年10月11日发布，并于2022年5月1日起实施。从牡丹籽油批准为新资源食品，到行业标准的制定实施，再到现在的国家标准的发布实施，时隔只有10年，这在我国粮油质量标准制定史上是从未有过的。可以相信随着《牡丹籽油》国家标准的发布和实施，一定能引领牡丹籽油产业的快速健康发展。

为让牡丹籽油走进千家万户，我们要借国标宣贯的东风，努力在以下4个方面多做工作。一要针对油用牡丹从育种到种植再到结果，一般存在着投入较大，产出较慢的问题，建议有关方面要继续加大支持牡丹籽油产业发展的力度；二要像保护其他油料生产一样，研究牡丹籽的最低价格收购政策，防止牡丹籽收购价格大起大落，以保护种植户的生产积极性；三要针对牡丹籽采集时机械化程度低，费工费时，造成牡丹籽油生产成本较高等问题，进一步研发和科学选用高效、低耗的加工装备，千方百计把原料和生产成本降下来，使牡丹籽油的销售价格让消费者能够接受；四要广泛进行科普宣传，要让百姓都知道牡丹籽油是一种营养健康的高端食用油，长期食用，有利于身体健康，从而喜爱上牡丹籽油。我衷心希望大家努力做好上述工作，让牡丹籽油早日走进千家万户，助力"健康中国"建设。

预祝宣贯会圆满成功！谢谢大家！

二十三、制定标准，让消费者乐享甘油二酯食用油
——在"西樵山功能性食品产业发展研讨暨《甘油二酯食用植物油》标准启动与甘油二酯加工及营养高峰创新论坛"上的开幕辞

（2022 年 9 月 19 日　于广东佛山）

各位领导、各位专家、各位企业家：

大家好！

很高兴来到佛山参加由佛山市南海区人民政府、华南理工大学、全国粮油标准化技术委员会油料及油脂分技术委员会共同举办的"西樵山功能性食品产业发展研讨暨《甘油二酯食用植物油》标准启动与甘油二酯加工及营养高峰创新论坛"，与大家一起，共商《甘油二酯食用植物油》标准的制定和甘油二酯食用油产业的发展。

甘油二酯食用油，对在座的各位专家和企业家而言，可能早有耳闻。20 多年前，日本花王公司曾经给我介绍过他们开发的一款甘油二酯含量较高的功能性食用油已在日本上市，当时我感到很新奇。但没有想到的是，在国家创新驱动和科技强国战略的指引下，华南理工大学以王永华教授为代表的研发团队，几经探索和创新开发，利用生物技术成功生产出了甘油二酯含量达 40%~95% 的系列甘油二酯食用油产品，并亮相于今年 7 月 28 日在南京举办的第十二届中国国际食用油产业博览会，受到了业内专家和企业家的高度关注和好评。

众所周知，油脂是人类赖以生存而不可缺少的基本食物，是为人体提供热量的重要食物，油脂又是为人体提供必需且无法自身合成的必需脂肪酸（如亚油酸、α- 亚麻酸等）以及各种脂溶性维生素 A、维生素 D、维生素 E、维生素 K 等的重要来源，人体缺少了这些物质将会发生多种疾病，危害身体健康。尤其是，人体缺少了只能从油脂中摄取而不能通过其他物质在体内合成的必需脂肪酸，就会影响发育和健康，乃至多病。由此可见，油脂与人体健康关系极大，所以人是万万不能不吃油的，而且不仅不能不吃油，油吃少了也不行，会造成营养不良。尤其是在烹饪时，油和盐一样是最为重要的调味品，油少了往往菜的味道就不好。但在这里需要特别强调的是，不是油吃得越多越好，油吃多了，会造成脂肪在体内的积累，容易肥胖并会引发心血管疾病。据统计，2021 年我国食用油的人

均年消费量已达 30.1 千克，人均每日摄入油脂约 80 克（不含肉、奶、干果等隐性油脂），已超过了 2021 年度世界人均食用油年消费量 27 千克的水平，大大超过了我国居民膳食指南中，成人每天推荐摄入 25~30 克烹调用油的要求。

为了健康生活，科学合理控制油脂的摄入量，就显得尤为重要。但在日常生活中，合理控制油脂的摄入量是很难做到的，不是多了，就是少了，这是困扰我们健康生活的一个难题。现在永华特医营养科技有限公司为我们开发出了甘油二酯含量达 40%~95% 的系列甘油二酯食用油产品，其最大的特点是保留了食用油的固有特性，吃多了可以减少脂肪积累，不发生肥胖，预防心脑血管疾病，尤其是对于老年人的健康维护有很大帮助，是一种功能性的健康食用油。希望永华特医研发团队要进一步研究降低生产成本；加强与业内著名企业的联系与合作，做大"二酯油"的蛋糕；以突出安全、营养和保留食用油的固有特性为重点，制定好《甘油二酯食用植物油》标准，以引领甘油二酯食用油产业的健康发展；要通过多种渠道，广泛进行"二酯油"的科普宣传，提高消费者对"二酯油"的认知度，让"二酯油"早日走进千家万户，助力"健康中国"建设。

最后，预祝会议圆满成功，谢谢大家！

二十四、"特级"标准，引领玉米油产业更上一层楼
——在"《特级玉米油》团体标准启动暨油脂新产品《甘油二酯食用油》推介会"上的发言

（2022 年 9 月 28 日　于山东邹平）

很高兴再次来到山东三星集团，参加"《特级玉米油》团体标准启动暨油脂新产品《甘油二酯食用油》推介会"。根据会议安排，我先对玉米油产业的发展提点感受并就《特级玉米油》团体标准的制定讲点建议。

（一）玉米油是公认的优质健康食用油

玉米油又称玉米胚芽油，玉米油是从玉米胚芽中提取的油脂。玉米的营养成分，油脂及各种维生素等大多集中在玉米胚芽中，所以，玉米胚芽油是一种营养价值很高的食用油脂。

据资料介绍，玉米油中不仅富含植物甾醇（含量达 1.1%）和维生素 E（含量为 0.09%）等生物活性物质，而且从脂肪酸的组成来看，玉米油中不饱和脂肪酸的含量达 80% 以上，其中亚油酸的含量在 50% 以上，油酸的含量在 30% 左右，它们都是人体必需的脂肪酸，经常食用，有降低人体胆固醇、软化血管、降低血压，预防和改善动脉硬化，减少心血管疾病的发生等作用。

由于玉米油是一种营养成分很丰富的食用油脂，所以，世界卫生组织（WHO）于2011 年召开的世界卫生组织第 113 次会上，推荐芝麻油、玉米油和稻米油为最佳食用油。而在我国，精制的玉米油淡黄透明，利用玉米油炒菜、制作食品，可以保持蔬菜和食品的色泽和香味，又不失去其营养价值。所以，在广大消费者的心目中，早已把玉米油看作是高端优质健康食用油了。

（二）玉米油产业的发展为提高我国食用油自给能力做出了重要贡献

我国是一个玉米生产和消费大国，2021 年我国国产玉米为 27255 万吨，进口玉米

2385 万吨，主要用作饲料，部分食用、生产淀粉和作为生物能源。除了用作饲料外，玉米在加工过程中可提取约 7% 的玉米胚芽（玉米中含胚芽约 10%），它是很好的油料资源。据分析，近年来我国提取的玉米胚芽数量每年都超过 600 万吨，并几乎都用于制油。据国家粮油信息中心提供的资料，这两年来，我国玉米油的年产量已达 150 万吨，这一成绩的取得是来之不易的。

另外，根据国家粮油信息中心提供的"中国食用油市场综合平衡分析"，2020/2021 年度，我国食用油年度消费量为 4254.5 万吨（即食用消费量和工艺及其他消费量之和），从而可以计算出玉米油占了 2020/2021 年度食用油年度消费的 3.5%，也就是说，我国玉米油产业的发展，为我国食用油的自给能力提高了 3.5 个百分点。反之，如果没有 150 万吨玉米油，那么，我国 2021 年食用油的自给率将由 29% 下降到 25.5%。由此可见，我国玉米油产业的发展，为提高我国食用油自给能力做出了重要贡献。

（三）长寿花食品股份有限公司引领着我国玉米油产业的健康发展

在玉米油产业的发展中，涌现出了一批著名企业，引领着我国玉米油产业的健康发展。长寿花食品股份有限公司是全国玉米油著名生产企业的代表，她的发展与壮大，对我国玉米油产业的健康发展起到了引领和示范作用，主要体现在以下 4 个方面。

1. 在全国首先将小包装玉米油带进了超市

在继益海嘉里金龙鱼粮油食品股份有限公司的小包装食用油进入我国食用油市场后，长寿花食品股份有限公司于 1997 年 10 月将单一品种的小包装玉米油带进了超市，成为首个将小包装玉米油带进超市的企业，为玉米油走进千家万户开了一个好头。

2. 在全国玉米油加工企业"10 强"中一直名列前茅

20 多年来，随着长寿花食品股份有限公司的不断发展壮大，长寿花玉米油已成为广大消费者喜爱的著名品牌；自 2011 年起，中国粮食行业协会和中国粮油学会对会员进行的重点企业专项调查，根据调查情况，按照产品销售收入、产品产量、利润、利税等综合评价，并经专家委员会认真核准和公示后，中国粮食行业协会每年都要发文公布粮油加工行业的"50 强"和"10 强"企业名单，其中，在玉米油加工企业"10 强"名单中，长寿花食品股份有限公司自 2011 年起一直名列前茅，是玉米油生产企业中当之无愧的排头兵。

3. 注重科技创新，注重高质量发展

为让百姓吃上更营养、更健康的玉米油，长寿花食品股份有限公司在长寿花玉米油生

产中，历时 6 年，通过"两突破一加持"核心工艺技术的创新研发，成功开发出了"零反式脂肪酸玉米油"的高端产品，从而有效减少百姓在日常膳食中反式脂肪酸的摄入量，杜绝了因过度加工造成的成品油中营养物质的大量损失及反式脂肪酸的形成，实现了玉米油"零"反酸、低风险、高甾醇、高维 E 的高品质产品。

4. 获得多项奖励

获得多项奖励是对长寿花食品股份有限公司重视科技、重视高质量发展的肯定。据悉，自 2014 年至今，长寿花食品股份有限公司获得了行业和山东省的多项科技成果奖项，诸如，2014 年 1 月至 11 月，先后荣获中国粮油学会科学技术一等奖和中国食品工业学会科学技术一等奖；2015 年 1 月获山东省科技进步二等奖；2016 年 1 月获中国粮油学会科学技术一等奖；2017 年 12 月获中国专利优秀奖；2022 年 3 月获河南省科技进步二等奖等。作为一个企业来讲，在短短几年中能荣获这么多奖项，实属不易，这是对长寿花食品股份有限公司重视科技、重视高质量发展的肯定。对此，我们要为长寿花食品股份有限公司取得的卓越成绩点赞。

（四）对制定《特级玉米油》团体标准的建议

在食用油国家标准中，玉米油国家标准是我国继大豆油、菜籽油、花生油、棉籽油、葵花籽油等八大食用油国家标准之后最为重要的标准之一。目前，我国执行的 GB/T 19111—2017《玉米油》是经编制修订后于 2017 年发布执行的，该标准对我国玉米油的生产经营和市场监管等发挥了重要作用。

为适应我国经济社会和人民生活水平不断提高的需要，近年来，国家和行业提出了实施"优质粮食工程"和"中国好粮油"行动规划，以推动粮食产业转型升级和提质增效，促进粮油加工业的高质量发展和资源的高值化利用。为此，长寿花食品股份有限公司向中国粮油学会提出了制定《特级玉米油》团体标准的立项申请，经中国粮油学会团体标准委员会专家的一致认可，最终得到了中国粮油学会批准同意，将《特级玉米油》作为中国粮油学会 2022 年团体标准制定内容之一。

为高质量制定好《特级玉米油》团体标准，我提出了以下建议。

（1）要牢记制定《特级玉米油》团体标准的基础是 GB/T 19111—2017《玉米油》。也就是说，我们要根据《玉米油》国家标准制定出优于国家标准的《特级玉米油》团体标准。

（2）在制定《特级玉米油》团体标准时，其质量指标中的水分、杂质、过氧化值等质量指标要优于国家标准中质量指标要求。

（3）要通过贯彻适度加工，使特级玉米油中的营养成分，如维生素 E、植物甾醇等指标要优于国家标准；危害物指标（如反式脂肪酸、3,4- 苯并芘、黄曲霉毒素、塑化剂等有害有毒物质）的含量要低于国家标准中的含量。

最后，希望通过大家的努力，把《特级玉米油》团体标准制定好，以引领玉米油产业的高质量发展。

预祝制标启动会和产品推介会圆满成功，谢谢大家！

二十五、以制定国际标准为契机，进一步推动我国油茶产业的高质量发展

——在"《油茶籽油》国际标准启动暨油茶籽油加工产业科技创新峰会"上的发言

（2023 年 4 月 15 日　于湖南临湘）

各位嘉宾、各位专家、各位企业家、各位同仁：

大家上午好！

很高兴来到临湘，参加由全国粮油标准化技术委员会油料及油脂分技术委员会主办，由湖南九丰农业发展有限公司承办的"《油茶籽油》国际标准启动暨油茶籽油加工产业科技创新峰会"，与大家共同研讨制定好《油茶籽油》国际标准，推动我国油茶籽油加工产业的创新发展。下面，我以《以制定国际标准为契机，进一步推动我国油茶产业的高质量发展》为题，发个言，供参考。

（一）国际食品法典委员会将制定《油茶籽油》国际标准交给中国，是对我国油茶产业发展的高度认可

国际食品法典委员会是由联合国粮食及农业组织（FAO）和世界卫生组织（WHO）共同建立，以保障消费者的健康和确保食品贸易公平为宗旨的一个制定国际食品标准的政府间组织的权威机构。国际食品法典委员会将制定《油茶籽油》国际标准交给中国，不仅是对我们的信任，也是对我国油茶产业发展的高度认可。

我认为，确定制定一个国际标准，首先要看这个标准所涉及的产品对人类健康的作用、现有的产量和未来的发展前景；第二是要选择一个或几个最合适的标准制定国家。应该说，中国是独一无二的最适合制定这一国际标准的国家。分析原因主要体现在以下几个方面。

1. 油茶在我国历史悠久，种植范围广

油茶别名油茶树，为多年生木本油料作物，它与油棕、油橄榄和椰子一样被称为全球四大木本油料作物。油茶主要生长在我国，据记载，在我国已有 2000 多年的栽培种植历

史。另外，越南、印度尼西亚等东南亚国家也有少量种植。在我国长江流域及以南地区，都是油茶种植的最佳地区，以湖南省种植面积为最多，其次是江西、广西、浙江、安徽、湖北、广东、贵州等省（区），粗略估计，我国油茶的种植面积和油茶籽产量均占全球的 95% 以上。这是国际食品法典委员会将制定《油茶籽油》国际标准交给中国的首要条件。

2. 发展油茶生产，是我国国家重点支持产业

为提高我国食用植物油的自给能力，国家制定了一系列发展以油茶为代表的木本油料产业的政策措施，促进了以油茶为代表的木本油料产业迅猛发展。2008 年，时任国务院副总理的回良玉同志在湖南召开了第一届全国油茶现场会，有力地推动了我国油茶产业的发展。据有关资料介绍，经过十多年的努力，我国油茶种植面积由当时约 3000 万亩，油茶产量约 100 万吨，发展到 2022 年油茶种植面积超过 7000 万亩，油茶产量达 410 万吨。另据国家粮油信息中心统计测算，2022 年我国油茶籽油的产量达 97.5 万吨，油茶籽和油茶籽油的产量均为 2008 年的 4 倍，发展速度十分喜人。我国油茶籽油产量达到近百万吨，这是能否制定国际标准的重要条件。据说，著名的橄榄油在制定国际标准时，其产量还不足百万吨。

3. 油茶籽油是优质健康食用油

油茶的主要产品油茶籽油是一种优质高端的健康食用油，也是我国特有的民族品牌食用油脂，其不饱和脂肪酸的含量高达 90% 以上，其中油酸的含量高达 80% 以上，远远高于其他食用油脂，并含有诸多活性物质，完全可以与橄榄油媲美，加之油茶籽油的碘值低，油脂稳定性强，不易氧化变质等特点，所以早就被国内专家誉为"东方橄榄油"，经常食用，有利于人体健康。发现和发展人类健康食品，这是国际食品法典委员会成立的宗旨，也是制定国际食品标准的重要条件。

4. 发展油茶产业具有良好的生态效益

鉴于油茶适宜在我国南方的山坡、丘陵和山岗地种植，又是多年生的木本油料作物，因此，大面积种植油茶，发展油茶产业，不仅能为人类增加优质油源；同时有利保护当地山河、保持水土、涵养水源、调节气候，发挥其良好的生态效益。此举如能在全球适宜种植油茶的国家和地区广泛推广种植，定能为地球增添一点绿色。

5. 我国已有《油茶籽油》国家标准，并拥有一批加工利用企业

我国在油茶的育种、种植、加工利用、产品开发、标准制定等诸多方面已有较长较深

的研究。其中长沙理工大学、湖南省林业科学院、武汉轻工大学、中粮工科（西安）国际工程有限公司等院校和科研院所是我国该领域的突出代表，他们为我国油茶产业的发展做出了贡献。现在，我国已有成熟的油茶籽油国家标准，并拥有一批加工企业，油茶籽油产品已畅销全国各地。

以上几点，是我国具备制定《油茶籽油》国际标准的基本条件。

（二）以制定《油茶籽油》国际标准为契机，进一步推进我国油茶产业的高质量发展

国际食品法典委员会决定制定《油茶籽油》国际标准，是对油茶产业和未来发展前景的肯定。国际食品法典委员会将制定《油茶籽油》国际标准交给中国，是对中国油茶产业发展的高度认可。对此，我们要以制定《油茶籽油》国际标准为契机，进一步推动我国油茶产业的高质量发展。

1. 要制定好《油茶籽油》国际标准

国际食品法典委员会将制定《油茶籽油》国际标准交给中国。这是对我们的最大信任，也是我国第一次承担食用油脂国际标准的制定工作。为此，我们必须高度重视，高质量完成这项标准的制定工作。当然，完成好这一重任不是轻而易举的，应该说是有相当难度的。但我坚信，经过努力，我们是有能力完成这一重任的。今天的启动会，专家们将会提出许多好的建议，对此，我先抛砖引玉，提三点想法，供参考。

（1）收集有价值的参考资料对制标工作十分重要，但就油茶籽油而言，除了我国已有《油茶籽油》国家标准外，世界上没有哪个国家制定过此类标准。为此，我们只能在我国国家标准的基础上，认真参考其他食用油脂的国际标准，尤其是要参考《橄榄油》国际标准，首先使其在格式上、内容上与国际标准的要求取得一致。然后再逐项研究提出符合高质量要求的各项质量指标及卫生安全指标。

（2）为了保障消费者的健康，要严格油茶籽油中的 3,4- 苯并芘、黄曲霉毒素、塑化剂、反式脂肪酸等有害物质的含量要求，建议参考《橄榄油》国际标准和欧盟对食用油的卫生安全要求。

（3）要注重可操作性。要让油茶籽油的生产经营企业经过努力，通过严格管理、规范生产，能达到标准的要求。与此同时，要让该标准可以作为油茶籽油开展国际贸易的依据。

2. 要以制定国际标准为契机，进一步推动我国油茶产业的高质量发展

近些年来，我国油茶产业取得的成绩是有目共睹的，但在发展中也遇到了一些问题，诸如，投入较大，产出较慢；机械化采集程度低，费工费时，生产成本高；油茶加工企业过多过小，产能严重过剩；企业技术含量低，产品附加值低；质量意识淡薄，品牌混杂；掺假现象严重，损害消费者利益；缺乏知名品牌和标杆企业等。

上述问题，尽管是油茶产业在发展中的问题，前进中的问题，但必须引起我们的高度重视，认真加以解决，以进一步推动油茶产业的高质量发展。对此，我建议在以下几个方面多做工作。

（1）针对油茶产业投入较大，产出较慢，影响种植经营者现实积极性等实际问题，我们要继续呼吁政府有关部门进一步加大对发展油茶产业的支持力度，要切实把发展油茶产业作为我国大力实施大豆和油料作物产能提升工程的重要组成部分，要像支持发展大豆产业和支持发展其他油料作物一样，持之以恒地加大对油茶产业发展的资金支持力度。

（2）针对油茶采集机械化程度低、加工装备相对落后于其他大宗油料以及副产物综合利用差、生产成本高等问题，要加快研发适合油茶采集和高效加工利用成套装备，并建议国家有关部门将此列入科技创新发展规划，重点给予支持。

（3）针对油茶加工企业过多过小，技术含量低，产品档次低等问题，我们要走联合之路，积极采用先进技术与装备，进行技术改造。要严格产品质量，要根据《油茶籽油》的国家标准和未来的国际标准的要求，生产出高品位的品牌产品，为我国油茶籽油走出国门打好基础。

（4）针对缺乏著名品牌和标杆企业等问题，建议油茶主产区要努力营造有利于企业发展的更加良好的经营创业环境，吸引国内外著名油脂加工企业到油茶主产区建厂兴业，以利于创造油茶籽油的著名品牌；要加强宣传，让国内知名油脂加工企业认识到去油茶主产区建厂兴业是响应国家为振兴乡村经济、增加农民收入的具体行动。

最后，预祝会议圆满成功，谢谢大家！

第六章

——

油脂行业国际交流与考察

一、IOC 认证实验室引领橄榄产业健康发展

——在"第四届国际橄榄油高峰论坛"上的开幕辞

（2016 年 6 月 23 日 于北京）

尊敬的各位专家、各位来宾，媒体朋友们：

大家上午好！

非常高兴能够参加"第四届国际橄榄油高峰论坛"，和大家一起见证欧丽薇兰国际橄榄理事会（IOC）认证实验室 4 年来的进步，尤其是在品质检测等科研领域取得的成果。借此机会，我代表中国粮油学会油脂分会对论坛的召开表示热烈的祝贺，对参加论坛的业界同仁表示诚挚的问候。

一直以来，我们都很关注食用油行业的发展，特别是在提高品质方面的科研成果，因为它事关国计民生，也是监管机构关注的焦点。对于 IOC 认证实验室，我们的直观感受是 IOC 致力于造福社会、造福人类。作为世界橄榄行业最权威、最高级别的非营利性国际政府组织，它在不断促进橄榄种植和产业发展、制定和实施欧盟橄榄油贸易标准化、促进技术研发、实现橄榄果油分析检测实验室认证，使橄榄产业能够在国际标准的轨道上健康发展。

随着我国社会经济的快速发展，国人对食用油的消费需求不断增加，特别是以橄榄油等为代表的高品质食用油需求日渐旺盛。这一方面体现了经济发展所带来的消费方式的转变，消费者的追求开始从食用油的基本功能逐渐转向营养、健康和高品质；另一方面也在于橄榄油行业的领导品牌这些年的知识普及与推广，让消费者接触、了解进而喜欢上了橄榄油。

作为全球食用油消费量最多的国家，中国橄榄油的进口量正在逐年上升。但在谈到进口时，目前国际橄榄油市场还存在一些不规范的作为，而 IOC 不断完善橄榄油国际贸易标准的举措，对于世界，包括中国在内的橄榄油市场来说是十分必要的。这也是我们大家的职责所在。在此，我们要感谢 IOC 及欧丽薇兰 IOC 认证实验室为行业的健康发展、为促进消费者健康所做的努力。

综上所述，IOC 认证实验室所做的这些工作不仅对世界橄榄行业，也在对全球食用油

行业的品质、贸易标准的制定、技术人才培养等各方面产生积极的影响。

俗话说，没有规矩不成方圆，橄榄产业要得到健康发展，就必须有行业领导者来作引领。相信这也是欧丽薇兰引入 IOC 认证实验室的"初心"所在。欧丽薇兰 IOC 认证实验室起到了"质检员"的积极作用，以符合国际标准的检测技术和安全保障为背景，全面检测、监控和分析橄榄油的营养与品质，并逐年提出科研报告，促进了行业科研发展与国际接轨，提高了行业的整体水平。

在未来的发展中，我们希望欧丽薇兰 IOC 认证实验室能再接再厉，进一步承担起橄榄产业健康发展的重任，以高度的使命感服务于产业，为消费者提供更加安全、健康、营养的橄榄油及橄榄果产品。

谢谢大家！

注：IOC 实验室认证包括"化学检测实验室"和"感官分析实验室"两类，每年认证一次，自 2006 年由 IOOC 更名为 IOC 以来，全球通过其认证的化学检测实验室不到 70 家。丰益（上海）生物技术研发中心有限公司的分析测试中心是中国唯一一个获得连续 4 年（2013—2016 年）IOC 认证的实验室。IOC 认证实验室所测数据代表国际油橄榄行业的最高水平。

二、接受美国油脂化学家协会《Inform》杂志采访记录

这篇采访记录稿作者是《Inform》杂志的 Laura，她采访了不同国家相关专家对于油脂方面的信息和见解。中国专家采访的是中国粮油学会首席科学家、油脂分会王瑞元会长和丰益（上海）生物技术研发中心总经理徐学兵教授。

一问：中国生产的植物油主要有哪些？

答：大豆油、菜籽油、玉米油、葵花籽油、花生油、芝麻油、棉籽油、油茶籽油、稻米油、亚麻油、核桃油等。

二问：中国是否有大量的精炼食用油？大多数加工设施是否由国家所有？

答：是的，中国有非常大的食用油精炼能力，目前全国食用油的年加工能力达 5000 万吨以上。大多数加工设施由私营公司拥有，其中国家所有的约 11%。

三问：中国政府经常干预控制食用油的供应和价格吗？

答：中国已经实现市场经济，对食用油的供应和价格中国政府不加干预。但如遇到供应紧缺或价格飞涨时，政府会通过抛售储备油脂来保障食用油的市场供应和价格的稳定，以保障广大消费者的利益。

四问：中国进口的植物油主要有哪些，来源是哪里？

答：棕榈油、大豆油、菜籽油和葵花籽油是中国进口的主要植物油。棕榈油主要从东南亚进口；大豆油主要从巴西、阿根廷和美国进口；菜籽油主要从加拿大和欧洲进口；葵籽油主要从乌克兰、俄罗斯和阿根廷进口。

五问：中国主要出口的植物油是哪些？

答：由于中国是油脂、油料的进口大国，对外依存度高达 60% 以上，所以中国为了贸易平衡也出口少量植物油，主要出口食用油的副产品。

六问：中国主要的食用油生产商有哪些？

答：益海嘉里、中粮集团、鲁花集团、九三粮油工业集团、三星集团、西王集团、河北汇福粮油集团、渤海油脂集团等。

七问：中国可种植哪些类型的油籽作物（大豆、玉米、油菜、橄榄、棕榈等）？中国是进口还是出口大量油籽？

答：大豆、花生、玉米、棉籽、油菜籽、葵花籽、芝麻、油茶籽、亚麻籽和核桃是中国可以种植的主要油籽作物。中国主要是进口油料，出口的油籽数量很少。

八问：最近几年中国油脂行业发生了哪些变化？

答：最近几年，中国政府将重点放在了食品安全上，并且政府和企业都在致力于开发新工艺来减少油脂中的有害成分，并且为了发展本土的油籽产业，许多新的工艺也得到了大力发展，如最大程度地利用自有油种资源（如玉米油和稻米油）、发展稀有油种资源（如油茶籽油）、鼓励发展油籽种植，以减轻对进口油料的依赖。

九问：怎样的消费趋势正在影响中国油脂行业？

答：因消费结构及消费观念的变化，更多消费者选择风味油（菜籽油、花生油）和健康油（油茶籽油、葵花籽油、橄榄油、稻米油、玉米油）。因此，这些类型的油脂产品得到了较快发展。

十问：中国传统使用的烹饪油是什么？最近几年消费者开始广泛接受其他类型的油脂吗？

答：大豆油、菜籽油、花生油等是中国传统使用的烹饪油。最近几年，其他类型的食用油也开始被广泛接受，例如葵花籽油、油茶籽油、橄榄油、稻米油、玉米油等。

十一问：中国消费者是否可以接受一些富含有益脂肪酸的转基因植物油，比如说高油酸大豆油？

答：是的，中国消费者会逐渐接受富含有益脂肪酸成分的植物油，随着时间的推移以及转基因科学知识的普及，只要经中国政府批准种植的转基因植物油料和允许进口的富含有益脂肪酸成分的转基因植物油脂油料，都会逐渐被消费者接受。

十二问：在中国地沟油的问题仍然严重吗？

答：在中国政府对地沟油的严格管控下，地沟油问题已经得到了有效防范和处置。

十三问：你能介绍一些关于中国油脂行业统计方面的文献和资源吗？

答：《中国油脂》《中国粮油学报》《中国粮油学会年会会刊》。

十四问：对于中国油脂行业，你还有其他观点吗？

答：中国是世界上最大的油脂油料生产大国、消费大国，也是世界上最大的油脂油料加工大国、进口大国。中国的油脂科研水平和油脂加工技术与装置已接近或达到国际先进水平。中国是世界上油脂油料最丰富的国家，油脂产品已琳琅满目，消费者选择的范围宽广。为适应中国人民生活水平的提高需要，油脂加工业需积极开发消费者喜爱的营养健康和具有风味特色的产品；为满足食品工业发展和科学用油的需要，要大力发展煎炸油等各种专用油脂；整个油脂产品将向优质化、多样化、个性化、定制化方向发展；"十三五"期间中国的油脂加工技术与装备制造将向规模化、自动化、智能化、充电一体化和节能化方向发展。

三、中国食用植物油加工业的现状与发展趋势

——在"第一届 ICC 亚太区粮食科技大会"开幕式上的主题学术报告

（2017 年 5 月 22 日 于福建厦门）

很高兴来到开放、美丽的中国厦门，参加由国际谷物科技协会（ICC）和中国粮油学会（CCOA）共同举办的"第一届 ICC 亚太区粮食科技大会"，首先我代表中国粮油学会油脂分会，对大会的召开表示最热烈的祝贺！

为促进 ICC 亚太区粮油产业创新与可持续发展，会议将围绕粮油食品的开发利用、食品质量安全与营养健康、加工技术与标准、生态环保储存等方面进行交流与研讨。下面，我以《中国食用植物油加工业的现状与发展趋势》为题发个言，供大家参考。

（一）2016 年中国油脂油料生产供应情况

1. 中国油脂油料生产简况

根据国家粮油信息中心提供的数据，2015 年中国油菜籽、花生、大豆、棉籽、葵花籽、芝麻、亚麻籽、油茶籽八大油料的总产量为 5724.4 万吨；预测 2016 年八大油料的总产量为 5884.7 万吨，其中油菜籽产量为 1400 万吨、花生果产量为 1770 万吨、大豆产量为 1310 万吨、棉籽产量为 961.7 万吨、葵花籽产量为 265 万吨、芝麻产量为 64 万吨、亚麻籽产量为 39 万吨、油茶籽产量为 240 万吨（表 1）。

表 1 中国油料产量　　　　　　　　　　　　　　单位：千吨

年份	油籽总产量	其中：			其中：					
		棉籽	大豆	油料	油菜籽	花生	葵花籽	芝麻	亚麻籽	油茶籽
1993	40076	6730	15307	18039	6936	8421	1282	563	496	488
1994	43710	7814	16000	19896	7492	9682	1367	548	511	631
1995	44585	8582	13500	22503	9777	10235	1269	583	364	623
1996	42891	7565	13220	22106	9201	10138	1323	575	553	697

续表

年份	油籽总产量	其中:		油料	其中:					
		棉籽	大豆		油菜籽	花生	葵花籽	芝麻	亚麻籽	油茶籽
1997	44587	8285	14728	21574	9578	9648	1176	566	393	857
1998	46393	8102	15152	23139	8301	11886	1465	656	523	723
1999	47155	6892	14251	26012	10132	12639	1765	743	404	793
2000	52910	7951	15411	29548	11381	14437	1954	811	344	823
2001	53638	9582	15407	28649	11331	14416	1478	804	243	825
2002	53788	8309	16507	28972	10552	14818	1946	895	409	855
2003	52251	8747	15394	28110	11420	13420	1743	593	450	780
2004	59445	11382	17404	30659	13182	14342	1552	704	426	875
2005	57407	10286	16350	30771	13052	14342	1928	625	362	875
2006	55044	13559	15082	26403	10966	12738	1440	662	374	920
2007	52135	13723	12725	25687	10573	13027	1187	557	268	939
2008	58559	13486	15545	29528	12102	14286	1792	586	350	990
2009	58003	11479	14981	31543	13657	14708	1956	622	318	1169
2010	58114	10730	15083	32301	13082	15644	2298	587	324	1092
2011	59413	11860	14485	33068	13426	16046	2313	606	359	1480
2012	59723	12305	13050	34368	14007	16692	2323	639	391	1728
2013	58459	11338	11951	35170	14458	16972	2423	624	399	1777
2014	60029	11090	12154	36785	14772	16482	2492	629	387	2023
2015	57244	10089	11785	35370	14931	16440	2520	640	380	2163
2016（预测）	58847	9617	13100	36130	14000	17700	2650	640	390	2400

注：资料来源国家粮油信息中心。

在利用国产油料榨油方面，据国家粮油信息中心预测，2016 年中国利用国产油料（扣除大豆、花生、芝麻和葵花籽 4 种油料部分直接食用外）的出油量为 1105.5 万吨（表 2）。

表2 2016年中国油料出油量预测 单位：千吨

品种	产量估计	压榨量	出油量	出油率/%
油菜籽	14000	12500	4250	34
花生	17700	8000	2560	32
棉籽	9617	8000	1040	13
大豆	13100	3000	420	14
葵花籽	2650	1000	250	25
油茶籽	2400	2300	575	25
芝麻	640	300	120	40
亚麻籽	390	300	90	30
玉米油			900	
稻米油			800	
其他			50	
合计			11055	

注：①资料来源国家粮油信息中心。

②在预测出油量中，玉米油的量低了一些，稻米油的量高了一些。

2. 中国油料油脂的进出口情况

近年来，中国的油料生产发展较为稳定，油料的总产量稳居世界第一，但其发展速度跟不上油料油脂消费的快速增长。为满足中国食用油市场供应和饲养业发展的需要，近10年来，中国进口油料油脂的数量一直居高不下。据海关统计，2016年中国进口各类油料合计为8952.9万吨，较2015年进口的8757.1万吨，增加了195.8万吨。其中进口大豆为8391.3万吨、油菜籽356.6万吨；进口各类植物油总量为688.4万吨，较2015年进口的839.1万吨，减少了150.7万吨。其中进口大豆油56万吨、菜籽油70万吨、棕榈油447.8万吨（表3）。

表3 中国油脂油料进口量 单位：千吨

年份	油籽进口量	其中：大豆	油菜籽	其他油籽	植物油进口量	其中：大豆油	棕榈油	菜籽油	其他植物油
1996	1108	0			2640	1295	1012	316	17

续表

年份	油籽进口量	其中：大豆	油菜籽	其他油籽	植物油进口量	其中：大豆油	棕榈油	菜籽油	其他植物油
1997		2792	55		2750	1193	1146	351	60
1998		3196	1386		2060	829	930	285	17
1999		4315	2595		2080	804	1194	69	13
2000		10416	2969		1872	308	1391	75	99
2001		13937	1724		1674	70	1517	49	38
2002	11945	11315	618	12	3212	870	2221	78	43
2003	20976	20741	167	68	5418	1884	3325	152	57
2004	20756	20229	424	103	6764	2517	3857	353	38
2005	27042	26590	296	156	6213	1694	4330	178	11
2006	29280	28270	738	272	6715	1543	5082	44	46
2007	31858	30821	833	204	8397	2823	5095	375	104
2008	39005	37436	1303	266	8163	2586	5282	270	25
2009	46331	42552	3286	493	9502	2391	6441	468	202
2010	57046	54797	1600	649	8262	1341	5696	985	240
2011	54818	52640	1262	916	7798	1143	5912	551	192
2012	62280	58384	2930	966	9600	1826	6341	1176	257
2013	67835	63375	3662	798	9221	1158	5979	1527	557
2014	77518	71399	5081	1038	7873	1038	5324	810	603
2015	87571	81694	4471	1406	8391	818	5909	815	849
2016	89529	83913	3566	2050	6884	560	4478	700	1146

注：资料来源国家粮油信息中心。

3. 中国食用油市场产销情况分析

从国家粮油信息中心提供的"中国食用油市场综合平衡分析"（表4）。可以清楚地看到：2015/2016 年度，中国食用油市场的总供给量为 3466.5 万吨，其中包括国产油料和进

表 4 中国食用油市场综合平衡分析

单位：千吨

指标	2003/2004	2004/2005	2005/2006	2006/2007	2007/2008	2008/2009	2009/2010	2010/2011	2011/2012	2012/2013	2013/2014	2014/2015	2015/2016
生产量													
大豆油	4608	6090	6383	6275	7035	7825	9150	10050	11000	11555	12320	13258	14480
菜籽油	3928	4474	4576	4010	3852	4656	5899	4876	5334	5879	6377	6894	6682.5
棉籽油	1088	1392	1233	1580	1534	1495	1326	1235	1352	1430	1339	1300	1183
花生油	2079	2142	2095	1796	1796	2048	2148	2347	2381	2451	2520	2457	2488.5
棕榈油	0	0	0	0	0	0	0	0	0	0	0	0	0
其他油脂	1093	1122	1272	1378	1587	1668	1800	2000	2200	2400	2500	2400	2600
总计	12795	15220	15558	15037	15804	17691	20323	20508	22267	23715	25056	26308	27434
进口量													
大豆油	2721	1728	1516	2413	2727	2494	1514	1319	1502	1409	1354	733	586
菜籽油	329	269	64	154	360	389	544	964	674	1533	1259	631	895
棉籽油	0	0	0	0	0	0	0	0	0	0	0	0	0
花生油	7	4	3	2	6	20	48	68	62	65	74	141	111
棕榈油	3570	4320	4985	5139	5223	6118	5760	5712	5841	6589	5573	5696	4689
其他油脂	51	6	11	37	69	91	198	80	265	432	584	600	950
总计	6678	6327	6580	7745	8385	9111	8064	8143	8344	10028	8844	7841	7231

年度供给量

项目												
大豆油	7328	7818	8688	9762	10319	10664	11369	12502	12964	13674	14031	15066
菜籽油	4257	4743	4164	4213	5044	6443	5840	6008	7412	7636	7252	7577.5
棉籽油	1088	1392	1580	1534	1495	1326	1235	1352	1430	1339	1300	1183
花生油	2086	2146	1798	1802	2067	2196	2415	2443	2516	2594	2598	2599.5
棕榈油	3570	4320	5139	5223	6118	5760	5712	5841	6589	5573	5696	4689
其他油脂	1144	1128	1415	1656	1759	1998	2080	2465	2832	3084	3000	3550
总计	19473	21547	22782	24188	26802	28387	28651	30611	33743	33900	34149	34665

国内食用消费量

项目													
大豆油	6483	7020	7400	8050	8500	9000	9700	10000	10800	11400	12000	12800	13100
菜籽油	4200	4500	4700	4050	4200	4200	4500	5500	5500	5500	5800	6300	7800
棉籽油	1150	1380	1200	1600	1550	1300	1250	1250	1300	1350	1350	1300	1200
花生油	2102	2200	2000	1850	1790	1840	1950	2300	2400	2500	2550	2600	2550
棕榈油	2500	3100	3750	4000	4000	4650	4600	4400	4400	4700	4700	4200	3400
其他油脂	893	828	957	1071	1330	1425	1600	1800	1900	2100	2200	2400	2700
总计	17328	19028	20007	20621	21370	22415	23600	25250	26300	27550	28600	29600	30750

续表

指标	2003/2004	2004/2005	2005/2006	2006/2007	2007/2008	2008/2009	2009/2010	2010/2011	2011/2012	2012/2013	2013/2014	2014/2015	2015/2016
工业及其他消费													
大豆油	550	600	650	650	650	680	800	950	1000	1050	1100	1200	1300
菜籽油	0	0	0	0	0	0	0	0	0	0	0	0	0
棉籽油	0	0	0	0	0	0	0	0	0	0	0	0	0
花生油	0	0	0	0	0	0	0	0	0	0	0	0	0
棕榈油	950	1150	1220	1150	1150	1150	1200	1250	1200	1300	1400	1500	1550
其他油脂	235	227	228	253	263	273	280	300	350	400	450	500	530
总计	1735	1977	2098	2053	2063	2103	2280	2500	2550	2750	2950	3200	3380
出口量													
大豆油	15	40	105	94	102	83	75	52	60	84	94	107	96
菜籽油	5	6	66	119	7	10	5	4	4	6	6	5	3
棉籽油	0	0	0	0	0	0	4	3	2	1	4	9	1
花生油	25	25	15	20	10	10	9	10	9	6	10	10	10
棕榈油	0	0	0	0	0	0	0	0	0	0	0	0	0
其他油脂	12	66	90	85	60	55	30	55	21	11	10	15	20
总计	57	138	277	319	178	159	123	124	96	108	124	146	135

年度需求总量													
大豆油	7048	7660	8155	8794	9002	9263	9975	11002	11860	12534	13194	14107	14496
菜籽油	4205	4506	4766	4169	4207	4210	4505	5504	5504	5506	5806	6305	7803
棉籽油	1150	1380	1200	1600	1550	1300	1254	1253	1302	1351	1354	1309	1201
花生油	2127	2225	2015	1870	1800	1850	1959	2310	2409	2506	2560	2610	2560
棕榈油	3450	4250	4970	5150	5150	5800	5800	5550	5600	6000	6100	5700	4950
其他油脂	1140	1121	1275	1409	1653	1753	1910	2155	2271	2511	2660	2915	3250
总计	19120	21143	22382	22993	23361	24177	25403	27774	28946	30408	31674	32946	34265
节余量													
大豆油	280	158	-257	-106	760	1056	689	367	642	430	480	-77	570
菜籽油	52	237	-127	-6	6	834	1938	336	504	1906	1830	1220	-226
棉籽油	-63	12	33	-21	-16	195	72	-18	50	79	-15	-9	-18
花生油	-41	-79	83	-73	2	217	237	105	34	10	34	-12	40
棕榈油	120	70	15	-11	73	318	-40	162	241	589	-527	-4	-261
其他油脂	4	7	8	6	3	6	88	-75	194	321	424	85	295
总计	353	404	-245	-210	827	2625	2984	877	1665	3335	2226	1203	400

注：资料来源国家粮油信息中心。

口油料合计产生的食用油 2743.4 万吨及直接进口的各类食用油合计为 723.1 万吨；从表 4 中我们还可以看到 2015/2016 年度，中国食用油的食用消费量为 3075 万吨，工业及其他消费量为 338 万吨，出口量为 13.5 万吨，合计年度需求总量（即消费量）为 3426.5 万吨，年度节余量为 40 万吨。这里，我们可以推算出，2015/2016 年度中国食用油的自给率为 32.3%（即 2016 国产油料出油量 1105.5 万吨，与年度需求总量 3426.5 万吨之比）。

根据 2015/2016 年度中国食用油的需求总量为 3426.5 万吨，按 2016 年末公布的中国大陆人口总数为 13.8271 亿人计算，2016 年中国人均年食用油消费量为 24.8 千克，较上年的 24.1 千克又提高了 0.7 千克（表 5）。

表5　1996—2016年中国人均年食用油消费情况

年份	食用油消费量/万吨	人均年食用油消费量/千克
1996	1002.5	7.7
1998	1090.7	8.4
2000	1245.7	9.6
2001	1330	10.2
2002	1410	10.8
2003	1500	11.5
2004	1750	13.5
2005	1850~1900	14.2~14.6
2006	2271.7	17.5
2007	2509.7	19.3
2008	2684.7	20.7
2011	2777.4	20.6
2012	2894.6	21.4
2013	3040.8	22.5
2014	3167.4	23.2
2015	3294.6	24.1
2016	3426.5	24.8

注：① 2006—2008 年食用油消费量按国产油料扣去食用部分后的总折油量加上净进口前折油之和。
② 1996—2008 年的中国人均年消费按 13 亿人口计算；2011—2013 年按 13.5 亿人口计算；2014 年按 13.6782 亿人口计算；2015 年按 13.68 亿人口计算；2016 年按 13.8271 亿人口计算。

（二）中国食用植物油加工业的基本情况

上述丰富的油料油脂资源，为我国食用植物油加工业的发展提供了重要的物质基础，根据国家粮食局的统计，中国食用植物油的基本情况如下。

1. 企业数及按日加工能力划分情况

2014 年中国日处理 50 吨以上油料的植物油加工企业 1660 个。其中日加工能力 100 吨以下的企业 613 个，占食用植物油加工企业总数的 36.9%；日加工能力 100~200 吨的企业 314 个，占 18.9%；200~400 吨的企业 364 个，占 21.9%；400~1000 吨的企业 189 个，占 11.4%；1000 吨以上的企业 180 个，占 10.9%。2014 年食用植物油加工企业按日加工能力划分情况，如图 1 所示。

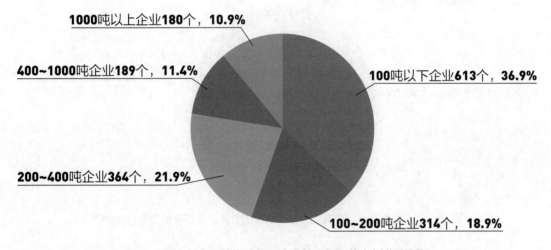

图1　2014年食用植物油加工企业按日加工能力划分比例图

2. 油料处理能力、精炼能力和小包装油脂灌装能力按企业经济类型划分情况

2014 年全国油料处理能力 17217 万吨，其中民营企业 11233 万吨，占 65.2%；国有企业 1957 万吨，占 11.4%；外资企业 4027 万吨，占 23.4%，如图 2 所示。

2014 年全国油脂精炼能力 5037 万吨，其中民营企业 2836 万吨，占 56.3%；国有企业 563 万吨，占 11.2%；外资企业 1638 万吨，占 32.5%，如图 3 所示。

2014 年全国小包装油脂灌装能力 2001 万吨，其中民营企业 977 万吨，占 48.8%；国有企业 226 万吨，占 11.3%；外资企业 798 万吨，占 39.9%，如图 4 所示。

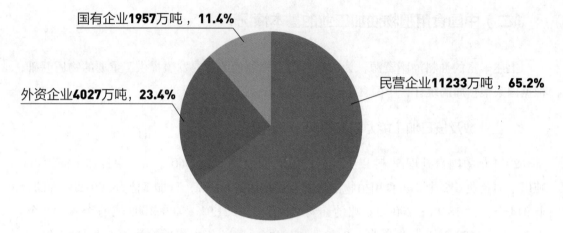

图2　2014年食用植物油加工企业年处理油料能力按企业经济类型划分比例图

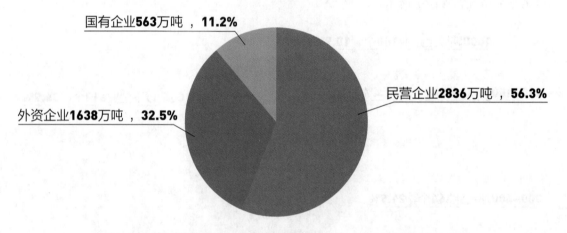

图3　2014年食用植物油加工企业年精炼能力按企业经济类型划分比例图

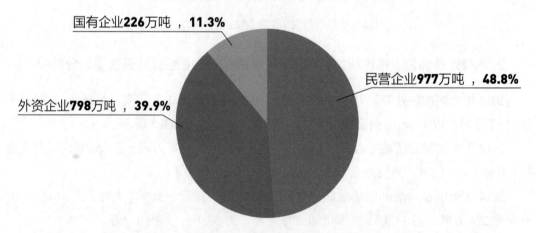

图4　2014年食用植物油加工企业小包装油脂灌装能力按企业经济类型划分比例图

3. 产品产量和品种结构情况

据统计，2014 年我国食用植物油加工产量为 4506 万吨（注：此产量有部分重复计算，实际产量应扣除"外购国内原油精炼量"及"外购国内成品油分装量"）。其中大豆油为 2142 万吨，占 47.5%；菜籽油 1039 万吨，占 23.1%；花生油 142 万吨，占 3.2%；棉籽油 132 万吨，占 2.9%；葵花籽油 57 万吨，占 1.3%；稻米油 56 万吨，占 1.2%；玉米油 152 万吨，占 3.4%；棕榈油 564 万吨，占 12.5%；其他油脂 222 万吨，占 4.9%，如图 5 所示。另外，食用调和油的产量为 465 万吨，小包装食用油的产量为 987 万吨。

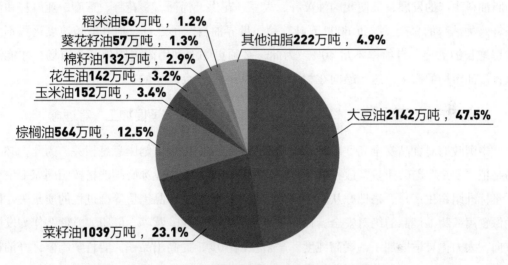

图5　2014年不同品种油脂占总产量的比例图

4. 主要经济技术指标情况

2014 年食用植物油工业企业工业总产值为 6289.3 亿元，产品销售收入为 6102.5 亿元，利税总额 136.9 亿元，利润总额 57.9 亿，资产总计 4189.4 亿元，负债合计 2938.3 亿元，资产负债率为 70.1%，运行情况总体良好。

综上所述，中国不仅是一个油料油脂的生产大国、加工大国和消费大国，也是一个油料油脂的贸易大国，在全球油料油脂的生产、加工、消费和贸易中有着举足轻重的地位和影响。

（三）中国食用植物油加工业的发展趋势

为适应市场的需要，今后，中国食用植物油加工业的发展趋势如下。

1. 食用油的市场需求仍将保持一定的增长速度

随着我国人民生活水平的进一步提高、城镇化进程的加快和人口的增长，我国对食用油需求将继续保持增长态势。但鉴于我国食用油的年人均消费量已达到24.8千克，已经超过世界人均食用油的消费水平，所以其增长速度不会像前些年那样快了。

2. 利用好两个市场满足中国食用油市场需求的方针不会改变

近年来，国家及相关部门发布了一系列振兴中国油料生产的规划和措施，推动了我国油脂油料生产的发展，促使我国油菜籽、大豆、花生、棉籽、葵花籽、芝麻、亚麻籽和油茶籽八种油料的总产量接近6000万吨，稳居世界油料产量之首。但其增长速度远跟不上消费增长的需要，自给率不足40%。为此，必须更好地利用国内国外两个市场，才能满足食用油市场的需求，这一趋向在相当长的时间内是不会改变的。

3. 确保产品质量，倡导"安全营养、健康消费"和"适度加工"等理念

中国政府对食品安全高度重视，食用植物油与人们生活、健康息息相关。为此，必须始终把"安全"与"质量"放在第一位。食用植物油加工企业都必须严格按照国家卫生和质量标准组织生产，严格把好从原料到生产加工、储存、产品销售等全过程的质量关，以确保食用植物油产品的绝对安全。在此基础上，把"优质、营养、健康、方便"作为发展方向，大力倡导适度加工，提高纯度、严格控制精度，提高出品率。要科学制修订好油料油脂的质量标准，引领油脂行业健康发展，纠正"油色过淡"等过度加工现象。要广泛进行科普宣传，引领科学消费、合理消费、健康消费。

4. 深入推进油脂行业供给侧结构性改革，增加优质、功能性油品的供给

根据我国"十三五"粮油加工业发展规划，食用植物油加工企业要以满足不同人群日益增长和不断升级的安全、优质、营养、健康粮油产品的消费需要，要增加满足不同人群需要的优质化、多样化、个性化、定制化粮油产品的供给，增加起酥、煎炸等专用油脂和营养功能性新产品供给；提高名、特、优、新产品的供给比例；增加绿色有机、优质营养等中高端产品的供给。

5. 坚持多油并举

要增加和改善我国国产菜籽油、花生油、大豆油、棉籽油、葵花籽油、芝麻油等食用油的供应；大力发展油茶籽油、核桃油、橄榄油、牡丹籽油、文冠果油等新型健康木本食用油脂；增加亚麻籽油、红花籽油、紫苏籽油等特色小品种油脂供应；积极开发稻米油、

玉米油等，尤其是要搞好米糠的利用，规划到 2020 年，将我国的米糠榨油利用率由 2015 年的 15% 左右提高到 50% 以上，为国家增产油脂。

6. 要进一步优化调整产业结构

根据优胜劣汰的原则，继续培育壮大龙头企业和大型骨干企业，支持他们做强做大，做优做精，引导和推动企业强强联合，跨地区、跨行业、跨所有制兼并重组，积极采用先进技术与装备，成为产品质量高、能耗物耗低、新产品开发能力强、经济效益好的国家级、省级大型骨干龙头企业；鼓励有地方特色、资源优势的中小企业积极提升技术装备水平和创新经营方式，主动扩展发展空间，形成大、中、小型企业合理分工、协调发展的格局；对工艺落后、设备陈旧、卫生质量安全和环保不达标、能耗物耗高的落后产能，要依法依规加快淘汰；支持粮油加工产业园区或集群建设，促进优势互补。

7. 要重视安全文明、清洁环保和节能减排

油脂加工企业将继续强调必须加强安全产生、清洁生产和文明生产，做到绿色生产、节能减排、保护环境。要把安全文明生产、绿色生产、保护环境和节能减排等作为油脂加工业发展的永恒主题。到 2020 年，要确保完成单位工业增加值二氧化碳排放比 2015 年下降 18%、能耗下降 15%、主要污染物排放总量减少 10% 以上。

8. 要重视关键技术装备的创新研发

要以专业化、大型化、成套化、智能化、绿色环保、安全卫生、节能减排为导向，发展高效节能降耗的食用植物油加工装备；积极研发适用于不同木本油料加工的成套设备；提高关键设备的可靠性、使用寿命和智能化水平；要逐步实施定制机器人应用，智能化工厂，将制油装备提高到更高水平。

9. 实施"走出去"战略

支持有条件的企业，加强与"一带一路"沿线国家在农业投资、贸易、科技、产能、制油装备等领域的合作。通过"走出去"，造福当地百姓，提高国际竞争能力。

谢谢大家！

四、成果丰硕的亚太粮油科技盛会
——在"第一届 ICC 亚太区粮食科技大会"闭幕式上的闭幕辞

（2017 年 5 月 23 日　于福建厦门）

尊敬的各位领导、各位学者、各位来宾、同志们、朋友们：

大家好！

由国际谷物科技协会（ICC）和中国粮油学会（CCOA）共同举办的"第一届 ICC 亚太区粮食科技大会"在大家的共同努力下，经过两天紧张、热烈的学术交流和研讨，顺利完成了各项会议内容，内容丰富，成果丰硕，取得了圆满成功！在这里我代表会议的主办单位向本次会议的合作单位和所有协办单位，向各位学者和组织会务的同志们、同学们道一声：大家辛苦了！谢谢你们！

本次大会开得圆满成功，主要体现在以下 4 个方面。

（一）嘉宾云集，具有广泛的代表性

参加本次会议的国内外正式代表近 600 人，分别来自中国、美国、法国、加拿大、澳大利亚、德国、荷兰、新西兰、芬兰、土耳其、菲律宾、日本、意大利、瑞士、以色列、马来西亚、新加坡和南非 18 个国家和地区。代表中既有高等学府、研究机构的科研人员，也有行业主管部门、学会的专家和领导；既有学术界的前辈，也有后起之秀；既有老朋友相聚重逢，也有新朋友握手言欢。可以说，本次大会几乎云集了粮油学科研究领域全世界最优秀的学者，具有广泛的代表性。

（二）内容丰富新颖，专业覆盖面广

本次大会设有 15 个分会场，共有 8 位代表做了大会特邀报告，118 位代表在分会场进行了学术交流，另有 160 篇张贴论文，内容涉及粮油科学技术的基础理论研究；相关专业最新技术成果与发展重点，重要粮油科技新发现的介绍；相关行业发展方向和发展趋势的讨论；东方传统食品、健康谷物、薯类食品、杂豆食品等热点议题；还有小麦、稻谷、油脂加工新技术与应用；粮油食品安全技术的应用与生态环保储粮新技术；全球食品供应链到粮食的非食用技术与利用以及标准、原理到工艺、技术等。可以说无论从专业领域还是品种类别，都是非常系统全面的，内容丰富新颖，专业覆盖面广。

（三）亮点突出，成果斐然

国内外专家、学者们提交的都是当今世界粮油科技的最新研究成果，如荷兰国家应用科学院资深专家威廉·坎普先生的"健康食品创新方式与 3D 食品的开发创意"；中国国家食物与营养咨询委员会副主任、中国农业科学院魏益民教授的"中国食品产业发展2025 与信息技术"；江南大学李娟博士的"高压微通道射流技术对谷物超细微粉碎及其减菌作用"；安徽博微长安有限公司陈赛赛的"粮库仓顶光伏发电系统实践与应用"；中国国家粮食局科学研究院李兴军研究员的"用 Mixolab 参数预测久存稻谷的新陈度和 DSC 淀粉糊化焓值"；河南工业大学刘玉兰教授的"食用植物油生产中质量安全控制技术进展"；江南大学金青哲教授的"基于新国标的煎炸油品质控制"等研究成果报告，给大家留下了深刻的印象。在此基础上，经大会有关专家推荐评议，评出了 6 名最佳青年报告奖和 6 名最佳张贴论文奖。由于时间关系，我在这里不再一一介绍了。

（四）协办、参展单位积极踊跃，各具特色，充分展现了中国谷物、油脂产业的综合实力和影响力

本次会议共设 53 个展位，其中 17 家协办单位、28 个参展单位，涵盖了粮油精品、粮油加工设备、粮食储藏和检测、东方特色食品等领域，向与会者全面展示了粮油科技发展的最新成果。

综合以上特点，我认为本次会议是一次参会人员多、层次高，提交的论文多、水平高，会场交流讨论热烈、秩序井然，名副其实的亚太区乃至世界粮食科技的国际盛会，是一次取得丰硕成果的、成功的会议。会议必将对亚太区粮油产业的创新与可持续发展产生积极的推动作用。

各位代表，难忘的"第一届 ICC 亚太区粮食科技大会"很快就要闭幕了，借此机会我真诚提出以下两点希望。

第一，希望大家在会后继续加强联系与合作，以进一步拓展本次会议的成果。我认为，当前粮油科技界的热点、难点问题很多，有些难题不可能通过一次会议交流得到全部解决，需要坚持不懈，长期攻坚克难，才能取得更多更好的成果。为此，希望各位专家、

学者经常沟通交流，创造出更多新成果，为人类造福。

第二，我代表中国粮油学会张桂凤理事长热诚地希望与邀请国际谷物科技协会（ICC）、美国谷物化学家协会（AACC）以及参加本次会议的国外专家、学者，经常来中国进行交流与合作，开放的中国欢迎大家再次在华举办各类研讨会。

第三，我们还要再次对各位专家、学者的到会并做精彩报告表示衷心的感谢！对会议的合作单位、协办单位和参展单位对本次会议给予的大力支持表示深深的感谢！

与此同时，我们还要再次对为本次会议提供优质服务的全体会务人员和集美大学的各位师生表示衷心的感谢！

各位代表，在此大会已圆满完成全部议程。现在我宣布"第一届ICC亚太区粮食科技大会"胜利闭幕！

谢谢大家！

五、中国葵花籽油产业发展现状和展望

——在"第二届国际葵花籽油高峰论坛"上的主题报告

（2017 年 7 月 11 日　于乌克兰敖德萨）

各位嘉宾、女士们、先生们：

大家好！

由国际葵花籽油理事会（ISOA）主办的"第二届国际葵花籽油高峰论坛"，今天在美丽富饶的乌克兰敖德萨市召开了。首先，我代表中国粮油学会张桂凤理事长和中国粮油学会油脂分会对会议的顺利召开表示热烈的祝贺，对到会的各位嘉宾和各位代表致以诚挚的问候。根据会议的安排，我以《中国葵花籽油产业发展现状和展望》为题，向大家简要介绍有关中国油料油脂的生产与消费情况、葵花籽及葵花籽油的生产与消费情况和葵花籽油在中国市场上的发展前景。

（一）中国油料油脂的生产与消费情况

随着中国经济的持续快速稳定发展和人民生活水平的不断提高，我们对油料油脂的需求数量不断攀升。为满足市场的需要，近年来，中国政府出台了一系列有关鼓励发展油料生产的政策措施，推动了中国油料生产的持续稳定发展。据统计，2015 年中国油菜籽、大豆、花生、棉籽、葵花籽、芝麻、油茶籽、亚麻籽八大油料的总产量为 5724.4 万吨，2016 年预测为 5884.7 万吨，稳居世界第一（表 1）。

表1　中国油料产量　　　　　　　　　　　　　　　　单位：千吨

年份	油料产量	年份	油料产量
1999	47155	2002	53788
2000	52910	2003	52251
2001	53638	2004	59445

续表

年份	油料产量	年份	油料产量
2005	57407	2011	59413
2006	55044	2012	59723
2007	52135	2013	58459
2008	58559	2014	60029
2009	58003	2015	57244
2010	58114	2016（预测）	58847

注：资料来源国家粮油信息中心。

在中国政府一系列惠农政策的推动下，我国油料生产不断增长，但其增长速度仍跟不上消费增长的速度。为保证油料油脂市场的供应，自 20 世纪 90 年代起，中国每年需要进口较大数量的油料油脂。据海关统计，2016 年中国进口各类油料合计为 8952.9 万吨，进口各类植物油脂总量为 688.4 万吨（表 2）。

表2　中国油料油脂进口量　　　　　　　　单位：千吨

年份	油料进口量	植物油进口量
2002	11945	3212
2003	20976	5418
2004	20756	6764
2005	27042	6213
2006	29280	6715
2007	31858	8397
2008	39005	8163
2009	46331	9502
2010	57046	8262
2011	54818	7798
2012	62280	9600
2013	67835	9221
2014	77518	7873

续表

年份	油料进口量	植物油进口量
2015	87571	8391
2016	89529	6884

注：资料来源国家粮油信息中心。

另据统计，2015/2016年度，我国食用油的消费总量为3426.5万吨，2016年中国人均年食用油消费量达24.8千克（表3）。

由此可见，中国是一个油料油脂的生产大国、进口大国和消费大国。

表3 2000—2016年中国人均年食用油消费情况

年份	食用油消费量/万吨	人均年食用油消费量/千克
2000	1245.7	9.6
2001	1330	10.2
2002	1410	10.8
2003	1500	11.5
2004	1750	13.5
2005	1850~1900	14.2~14.6
2006	2271.7	17.5
2007	2509.7	19.3
2008	2684.7	20.7
2011	2777.4	20.6
2012	2894.6	21.4
2013	3040.8	22.5
2014	3167.4	23.2
2015	3294.6	24.1
2016	3426.5	24.8

注：2000—2008年的我国人均年消费按13亿人口计算；2011—2013年按13.5亿人口计算；2014年按13.6782亿人口计算；2015年按13.68亿人口计算；2016年按13.8271亿人口计算。

（二）中国向日葵及葵花籽油的生产与消费情况

1. 中国向日葵的生产情况

由于地理和气候的多样性，赋予了中国油料品种繁多、资源丰富的优势。在中国的油料作物中，按产量排列，葵花籽仅次于油菜籽、大豆、花生和棉籽，排名第五。

向日葵适于生长在光照长、降雨量少、纬度在 40° 左右的地区，加之具有节水、抗旱、耐盐碱、耐贫瘠等特点，所以在中国众多的河滩地、下湿地和盐碱地，只要光照充沛，都可以种植。

近年来，我国向日葵的种植面积稳定在百万公顷左右，播种面积变化不大，但其产量呈逐年上升趋势。2016 年我国向日葵的种植面积为 99.33 万公顷，产量约为 265 万吨（表 4），主要分布在我国的内蒙古、新疆、河北、山西、宁夏、甘肃以及辽宁、吉林和黑龙江等省区，其中内蒙古的产量约占全国的 40%，新疆占 20%。

表4 2001—2016年中国向日葵种植面积及产量

年份	种植面积/万公顷	产量/万吨
2001	101.58	147.78
2002	113.09	194.60
2003	117.30	174.30
2004	93.49	155.15
2005	102.02	192.79
2006	98.78	180.30
2007	71.92	118.68
2008	96.43	179.17
2009	95.87	195.56
2010	98.40	229.80
2011	94.02	231.30
2012	88.85	232.27
2013	92.34	242.32
2014	97.50	249.2
2015	93.0	252.0
2016（预测）	99.33	265.0

注：资料来源国家统计局、国家粮油信息中心；2016年为预测数。

2. 中国葵花籽油的产量

我国的葵花籽大体分为两种，一种是专供榨油用的油葵，另一种是食用与榨油兼之的籽粒大、有棱，呈灰色或黑白花色的普通葵花籽。目前我国葵花籽大多为普通葵花籽。

由于我国人民喜爱将葵花籽烘炒后作为干果食用，加上部分葵花籽仁直接作为食品工业的原料，两者的消费量接近我国葵花籽产量的一半。也就是说，我国用于榨油的葵花籽只占产量的 50%~55%，葵花籽油的产量近几年来一直在 30 万吨左右。

3. 中国葵花籽油的进出口情况

近几年来，随着消费者对葵花籽油认知度的提高，中国葵花籽油的消费数量快速增长，目前每年葵花籽油的消费量已超过 100 万吨。由于国产葵花籽油只有 30 万吨左右，所以缺口较大，需要通过进口来满足市场的需求（表5）。

表5　中国葵花籽油进出口情况　　　　　　　　　　　　　　单位：万吨

年份	进口数量	出口数量
2003	3.48	0.02
2004	2.08	—
2005	0.01	0.10
2006	3.01	0.01
2007	6.76	0.00
2008	0.51	0.06
2009	14.49	0.03
2010	12.90	0.01
2011	6.47	0.10
2012	10.46	0.10
2013	43.28	0.12
2014	45.5	0.08
2015	65.1	—
2016	95.7	—

注：资料来源中国海关进出口数据统计。

从表 5 中，我们可以清楚地看到，近几年来，中国每年进口的葵花籽油呈现快速增长的态势，进口数量已远远超过国产葵花籽油的数量。2016 年达 95.7 万吨，在中国进口食用植物油中，数量仅次于棕榈油，位居第二。

（三）葵花籽油在中国市场上的发展前景

从国家政策和中国油脂市场上的需求情况看，我认为葵花籽油在中国市场上的发展前景是十分向好的。主要体现在以下 4 个方面。

1. 发展葵花籽油产业符合国家政策

目前，中国每年食用油的消费量已超过 3000 万吨，但其自给率不足 40%。为提高中国食用油消费的自给能力，国家出台了一系列政策，鼓励发展国产油料，其中发展葵花籽油产业是最有优势和最有发展前景的。因为向日葵具有节水抗旱、抗盐碱和改良土壤的作用，适合在中国广大的西北、内蒙古等地干旱、盐碱化和沙化的土壤中种植。发展葵花籽油产业不仅能做到不与粮食争地，增产油料（据统计，2015 年我国葵花籽单位面积产量为 2710 千克 / 公顷，即平均亩产为 180.6 千克，产油量远高于种植大豆）、提高农民的经济收入，还能绿化环境和改善土壤，是一举多得的好事。

2. 葵花籽是优良的油料资源

葵花籽含油率高（中国葵花籽的平均含油率在 30%~35%，其中油葵全籽含油率高达 45%~50%，普通葵花籽含油率在 25%~35%），葵花籽仁可榨油，且出油率高；葵花籽饼粕是优质的蛋白资源，既能饲用，又能食用；葵花籽壳不仅可作燃料，又是制作活性炭的好原料；向日葵花盘可生产出性能优良的果胶，能广泛用于食品和医药等行业；向日葵杆可以作为制造纸浆的原料等。

由此可见，向日葵全身是宝，产品链条长，综合开发价值大，是优良的食品油料作物，值得大力发展。

3. 葵花籽油是优质食用油

葵花籽油中不饱和脂肪酸的含量高达 90% 以上（经对中国内蒙古生产的葵花籽油测定，其中亚油酸含量为 62.2%、油酸含量为 23.8%），葵花籽油的人体消化吸收率高达 96% 以上；葵花籽油中富含维生素 E、胡萝卜素等营养物质，素有健康食用油之称；葵花籽油清淡透明、烟点高、烹饪时易保留天然食品风味，与其他大宗食用油相比，在中国消费者心目中葵花籽油属优质高端食用油品，其产品深受消费者青睐，市场需求旺盛。

4. 通过适度进口来满足中国葵花籽油需要的趋势不会改变

当前，我国葵花籽及葵花籽油市场需求旺盛，为满足市场的需要，我们要在积极发展国产葵花籽油产业，不断提高葵花籽产量的同时，将会充分利用好国际葵花籽和葵花籽油的资源，通过适度进口，满足市场需求。从表 5 中我们已清楚看到，近两年我国进口的葵花籽油数量快速增长，2016 年达 95.7 万吨，远高于国产葵花籽油的数量。我认为这是符合中国"多油并举"和"走多元化原料供应道路"要求的。

综上所述，我对中国葵花籽油产业的发展充满信心，对葵花籽油在中国市场上的发展前景十分看好。

我的发言到此结束，谢谢大家！

六、中国粮油加工业基本情况与发展趋势

——在"一带一路中哈粮食产业投资与技术贸易论坛"上的主旨报告

（2017 年 10 月 12 日　于哈萨克斯坦阿斯塔纳）

尊敬的各位嘉宾、各位企业家：

大家好！

应中哈粮食产业企业家联合会主席凯米尔汗先生的邀请，我和我的同仁高兴地来到了中国人民的好邻居、美丽富饶的哈萨克斯坦，并有幸参加今天的"一带一路中哈粮食产业投资与技术贸易论坛"。借此机会，我代表中国粮油学会油脂分会对论坛的成功召开表示祝贺！对应邀参加本次论坛的哈萨克斯坦、吉尔吉斯斯坦、乌兹别克斯坦和俄罗斯的同行和企业家表示诚挚的问候！根据论坛的安排，我就《中国粮油加工业基本情况与发展趋势》给大家做些介绍。

（一）中国的粮油生产与进出口简况

1. 中国的粮油生产简况

据中国国家粮油信息中心提供的资料，2016 年中国粮食总产量达 61624 万吨，其中小麦产量为 12885 万吨，稻谷产量为 20693 万吨，玉米产量为 21955 万吨。另外，杂粮产量为 1000 万吨，薯类产量为 3500 万吨（表 1）。

表 1　中国分品种粮食产量　　　　　　　　　　　　　　单位：万吨

年份	粮食总产量	谷物产量	其中：稻谷	小麦	玉米	杂粮	豆类产量	薯类产量
2014	60703	55741	20651	12621	21565	905	1625	3336
2015	62144	57228	20823	13019	22463	983	1590	3326
2016	61624	56533	20693	12885	21955	1000	1800	3500

注：资料来源国家粮油信息中心。

在油料生产方面，据中国国家粮油信息中心提供的数据，2015 年中国油菜籽、花生、大豆、棉籽、葵花籽、芝麻、亚麻籽、油茶籽八大油料的总产量为 5724.4 万吨；预测 2016 年八大油料的总产量为 5884.7 万吨，其中油菜籽产量为 1400 万吨、花生产量为 1770 万吨、大豆产量为 1300 万吨、棉籽产量为 961.7 万吨、葵花籽产量为 265 万吨、芝麻产量为 64 万吨、亚麻籽产量为 39 万吨、油茶籽产量为 240 万吨（表 2）。

表 2　中国油料产量　　　　　　　　　　　单位：千吨

年份	油籽总产量	其中：			其中：						
		棉籽	大豆	油料	油菜籽	花生	葵花籽	芝麻	亚麻籽	油茶籽
1993	40076	6730	15307	18039	6936	8421	1282	563	496	488
1994	43710	7814	16000	19896	7492	9682	1367	548	511	631
1995	44585	8582	13500	22503	9777	10235	1269	583	364	623
1996	42891	7565	13220	22106	9201	10138	1323	575	553	697
1997	44587	8285	14728	21574	9578	9648	1176	566	393	857
1998	46393	8102	15152	23139	8301	11886	1465	656	523	723
1999	47155	6892	14251	26012	10132	12639	1765	743	404	793
2000	52910	7951	15411	29548	11381	14437	1954	811	344	823
2001	53638	9582	15407	28649	11331	14416	1478	804	243	825
2002	53788	8309	16507	28972	10552	14818	1946	895	409	855
2003	52251	8747	15394	28110	11420	13420	1743	593	450	780
2004	59445	11382	17404	30659	13182	14342	1552	704	426	875
2005	57407	10286	16350	30771	13052	14342	1928	625	362	875
2006	55044	13559	15082	26403	10966	12738	1440	662	374	920
2007	52135	13723	12725	25687	10573	13027	1187	557	268	939
2008	58559	13486	15545	29528	12102	14286	1792	586	350	990
2009	58003	11479	14981	31543	13657	14708	1956	622	318	1169
2010	58114	10730	15083	32301	13082	15644	2298	587	324	1092
2011	59413	11860	14485	33068	13426	16046	2313	606	359	1480
2012	59723	12305	13050	34368	14007	16692	2323	639	391	1728
2013	58459	11338	11951	35170	14458	16972	2423	624	399	1777

续表

年份	油籽总产量	其中：		油料	其中：					
		棉籽	大豆		油菜籽	花生	葵花籽	芝麻	亚麻籽	油茶籽
2014	60029	11090	12154	36785	14772	16482	2492	629	387	2023
2015	57244	10089	11785	35370	14931	16440	2520	640	380	2163
2016（预测）	58847	9617	13100	36130	14000	17700	2650	640	390	2400

注：资料来源国家粮油信息中心。

2. 中国粮油进出口简况

为满足品种调节和市场供应需要以及受国际粮价的影响，中国每年都要进口一部分粮食，据海关统计，2016 年中国进口稻米 353.4 万吨、小麦 377.4 万吨，玉米 316.7 万吨，大麦 500.5 万吨和高粱 644.8 万吨，合计为 2192.8 万吨。另外，2016 年中国还进口了玉米酒糟饲料（DDGS）306.7 万吨（表 3）。与此同时，2016 年中国出口各类粮食合计为 58 万吨。

表3　2010—2016年中国粮食进口情况　　　　　　　　　　单位：万吨

年份	稻米	小麦	玉米	高粱	大麦
2010	36.6	121.9	157.2	8.1	236.8
2011	57.9	124.8	175.3	0	177.5
2012	234.5	368.8	520.7	8.6	252.8
2013	224.5	550.6	326.5	107.9	233.7
2014	255.9	297.3	259.8	577.5	541.3
2015	335	297.3	472.9	1070	1073.2
2016	353.4	377.4	316.7	644.8	500.5

注：资料来源为中国海关统计数据。

在油料油脂进口方面，尽管近年来中国的油料生产发展较为稳定，油料的总产量稳居世界第一，但仍然跟不上油料油脂消费的快速增长。为满足中国食用油市场供应和饲养业发展的需要，近 10 年来，中国进口油料油脂的数量一直居高不下。据海关统计，2016 年中国进口各类油料合计为 8952.9 万吨。其中进口大豆为 8391.3 万吨、油菜籽 356.6 万吨、芝麻 93.2 万吨；进口各类植物油总量为 688.4 万吨，其中进口大豆油 56 万吨、菜籽油 70

万吨、棕榈油 447.8 万吨、葵花籽油 95.7 万吨、花生油 10.7 万吨，橄榄油 4.5 万吨（表 4、表 5）。

表4　中国油脂油料进口量　　　　　　　　　　　　　单位：千吨

年份	油籽进口量	其中：			植物油进口量	其中：			其他植物油
		大豆	油菜籽	其他油籽		大豆油	棕榈油	菜籽油	
1996		1108	0		2640	1295	1012	316	17
1997		2792	55		2750	1193	1146	351	60
1998		3196	1386		2060	829	930	285	17
1999		4315	2595		2080	804	1194	69	13
2000		10416	2969		1872	308	1391	75	99
2001		13937	1724		1674	70	1517	49	38
2002	11945	11315	618	12	3212	870	2221	78	43
2003	20976	20741	167	68	5418	1884	3325	152	57
2004	20756	20229	424	103	6764	2517	3857	353	38
2005	27042	26590	296	156	6213	1694	4330	178	11
2006	29280	28270	738	272	6715	1543	5082	44	46
2007	31858	30821	833	204	8397	2823	5095	375	104
2008	39005	37436	1303	266	8163	2586	5282	270	25
2009	46331	42552	3286	493	9502	2391	6441	468	202
2010	57046	54797	1600	649	8262	1341	5696	985	240
2011	54818	52640	1262	916	7798	1143	5912	551	192
2012	62280	58384	2930	966	9600	1826	6341	1176	257
2013	67835	63375	3662	798	9221	1158	5979	1527	557
2014	77518	71399	5081	1038	7873	1038	5324	810	603
2015	87571	81694	4471	1406	8391	818	5909	815	849
2016	89529	83913	3566	2050	6884	560	4478	700	1146

注：资料来源国家粮油信息中心。

表5　中国进口的其他油料油脂量　　　　　　　　单位：万吨

年份	芝麻	亚麻籽	红花籽	葵花籽	花生油	橄榄油	亚麻籽油	椰子油	蓖麻油
2012	39.6	—	—	—	—	4.6	—	—	—
2013	44.1	—	—	43.9	6.1	4	—	—	—
2014	56.9	—	—	45.5	9.4	3.6	—	—	—
2015	80.6	—	—	65.1	12.8	3.9	—	—	—
2016	93.2	47.47	3.09	95.7	10.7	4.5	3.4	13.3	25.7

注：数据来自国家粮油信息中心，作者加以整理。

（二）中国粮油加工业的基本情况

中国丰富的粮油资源和广阔的消费市场，为粮油加工业的持续稳定发展提供了重要的物质基础。根据中国国家粮食局的统计，中国粮油加工业的基本情况如下。

1. 稻谷加工业

（1）企业数及按日加工能力划分情况　2014年中国入统稻谷加工企业9830个，其中日处理加工能力100吨以下的企业4555个，占稻谷加工企业总数的46.3%；日加工能力100~200吨的企业3325个，占33.8%；日加工能力200~400吨的企业1474个，占15.0%；日加工能力400~1000吨的企业400个，占4.1%；日加工能力1000吨以上的企业76个，占0.8%。2014年稻谷加工业按日加工能力划分比例如图1所示。

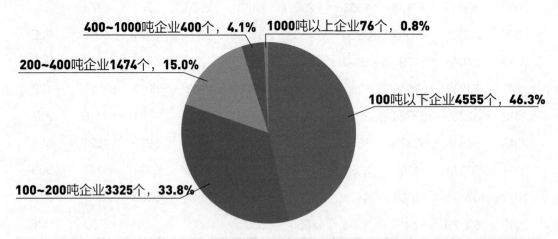

图1　2014年稻谷加工业按日加工能力划分比例图

（2）稻谷加工业产能和产量按企业经济类型划分情况　2014年稻谷加工业年加工能力为33716万吨，大米产量为9870万吨，处理稻谷15154万吨，产能利用率44.9%。产能和产量按企业经济类型分，民营企业的产能和产量分别30301万吨和8880万吨，所占比例分别为89.9%和90.0%；国有企业的产能和产量分别为2967万吨和810万吨，所占比例分别为8.8%和8.2%；外资企业的产能和产量分别为448万吨和180万吨，所占比例分别为1.3%和1.8%，如图2和图3所示。

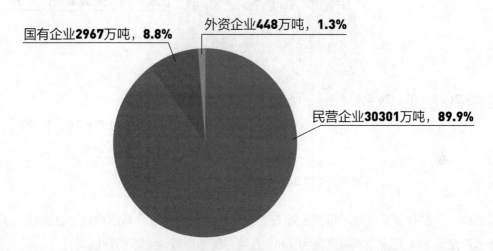

图2　2014年稻谷加工业产能按照企业经济类型划分比例图

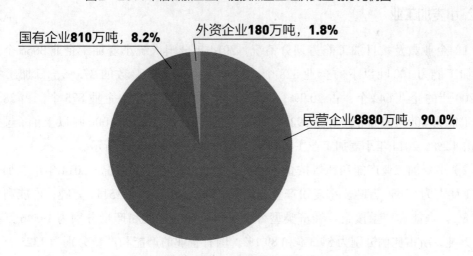

图3　2014年稻谷加工业产量按企业经济类型划分比例图

（3）稻谷加工业产品结构情况　从产品结构看，在9870万吨大米中，以优质一级大米、优质二级大米、优质三级大米和一级大米、二级大米为主，产量分别为3466万吨、1107万吨、406万吨和2620万吨、1795万吨，分别占总产量的35.1%、11.2%、4.1%和

26.6%、18.2%；合计为9394万吨，占总产量的95.2%。另外，三级大米为335万吨，占3.4%；四级大米为71万吨，占0.7%；糙米70万吨，占0.7%，如图4所示。

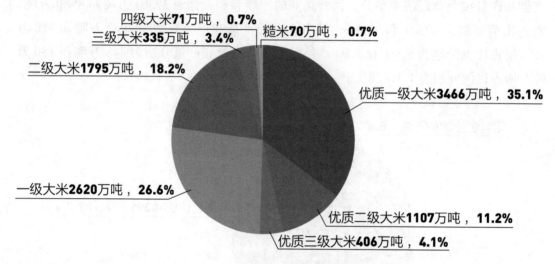

图4　2014年稻谷加工业产量分品种比例图

另外，在稻谷加工中除了得到上述各类大米产品外，还有许多副产物。据统计，2014年碎米产量为834万吨，米糠产量为1461万吨，稻壳产量为2580万吨。

2. 小麦加工业

（1）企业数及按日加工能力划分情况　2014年全国入统小麦加工企业3066个。其中日加工能力100吨以下的企业828个，占小麦加工企业总数的27.0%；日加工能力100~200吨的企业642个，占20.9%；日加工能力200~400吨的企业875个，占28.6%；日加工能力400~1000吨的企业592个，占19.3%；日加工能力1000吨以上的企业129个，占4.2%。2014年小麦加工业主要日加工能力划分比例如图5所示。

（2）小麦加工业产能和产量按企业经济类型划分所占比例情况　2014年小麦加工业年加工能力为21650万吨。小麦粉产量为9676万吨。处理小麦15111万吨，产能利用率为69.8%。产能和产量按企业经济类型分，民营企业的产能和产量分别为19346万吨和8626万吨。所占比例分别为89.3%和89.1%。国有企业的产能和产量分别为1325万吨和433万吨，占6.1%和4.6%。外资企业的产能和产量分别为984万吨和607万吨，占4.6%和6.3%，如图6和图7所示。

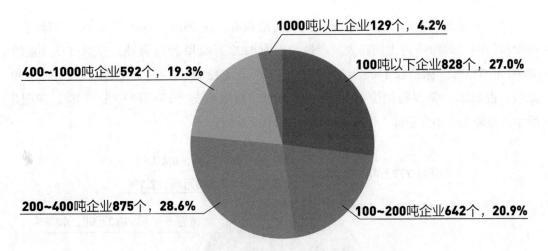

图5 2014年小麦加工企业按日加工能力划分比例图

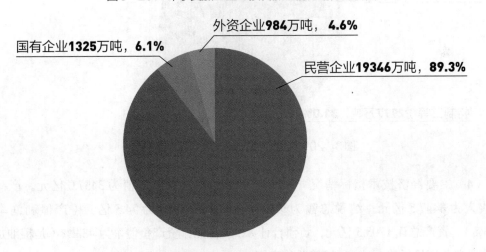

图6 2014年小麦加工业产能按企业经济类型划分比例图

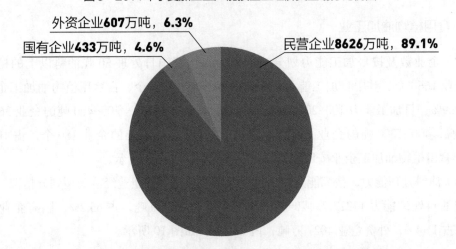

图7 2014年小麦加工业产量按企业经济类型划分比例图

（3）小麦加工业产品结构情况　从产品结构看，在9676万吨小麦粉中，以特制一等粉和特制二等粉所占比例较大，产量分别为4132万吨和2997万吨，分别占总产量的42.7%和31.0%。标准粉1408万吨，占14.6%；全麦粉111万吨，占1.1%；专用粉779万吨，占8.1%；营养强化粉41万吨，占0.4%；其他小麦粉208万吨，占2.1%，如图8所示。另外，在小麦粉加工中麸皮的产量为3101万吨。

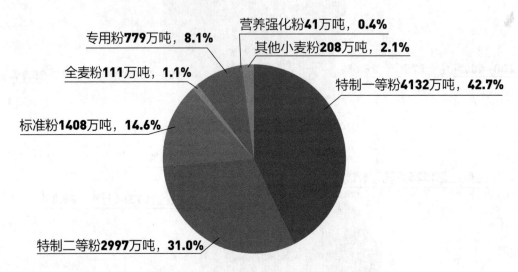

图8　2014年小麦加工业产量分品种比例图

（4）主要经济技术指标情况　2014年小麦粉加工业总产值为3457.0亿元。产品销售收入为3447.5亿元。纳税总额为94.0亿元，利润总额为74.5亿元（产值利润率为2.16%），资产总计1705.5亿元，负债合计822.7亿元，资产负债率为48.2%（是粮油加工行业资产负债最低的），运行情况总体良好。

3. 食用植物油加工业

（1）企业数及按日加工能力划分情况　2014年我国日处理50吨油料以上的植物油加工企业1660个。其中日加工能力100吨以下的企业613个，占食用植物油加工企业总数的36.9%；日加工能力100~200吨的企业314个，占18.9%；200~400吨的企业364个，占21.9%；400~1000吨的企业189个，占11.4%；1000吨以上的企业180个，占10.9%。2014年食用植物油加工企业按日加工能力划分比例，如图9所示。

（2）油料处理能力、精炼能力和小包装油脂灌装能力按企业经济类型划分情况　2014年中国油料处理能力17217万吨，其中民营企业11233万吨，占65.2%；国有企业1957万吨，占11.4%；外资企业4027万吨，占23.4%，如图10所示。

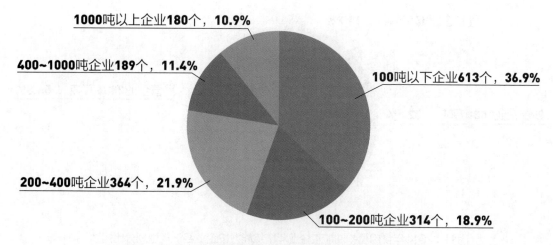

图9　2014年食用植物油加工企业按日加工能力划分比例图

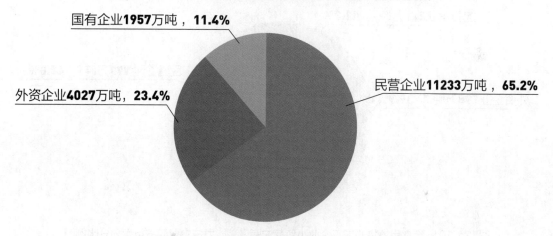

图10　2014年食用植物油加工企业年处理油料能力按企业经济类型划分比例图

　　2014 年中国油脂精炼能力 5037 万吨，其中民营企业 2836 万吨，占 56.3%；国有企业 563 万吨，占 11.2%；外资企业 1638 万吨，占 32.5%，如图 11 所示。

　　2014 年，中国小包装油脂灌装能力 2001 万吨，其中民营企业 977 万吨，占 48.8%；国有企业 226 万吨，占 11.3%；外资企业 798 万吨，占 39.9%，如图 12 所示。

　　（3）产品产量和品种结构情况　据统计，2014 年我国食用植物油加工产量为 4506 万吨（注：此产量有部分重复计算，实际产量应扣除"外购国内原油精炼量"及"外购国内成品油分装量"）。其中大豆油为 2142 万吨，占 47.5%；菜籽油 1039 万吨，占 23.1%；花生油 142 万吨，占 3.2%；棉籽油 132 万吨，占 2.9%；葵花籽油 57 万吨，占 1.3%；稻米油 56 万吨，占 1.2%；玉米油 152 万吨，占 3.4%；棕榈油 564 万吨，占 12.5%；其他油脂 222 万吨，占 4.9%，如图 13 所示。另外，食用调和油的产量为 465 万吨，小包装食用油的产量为 987 万吨。

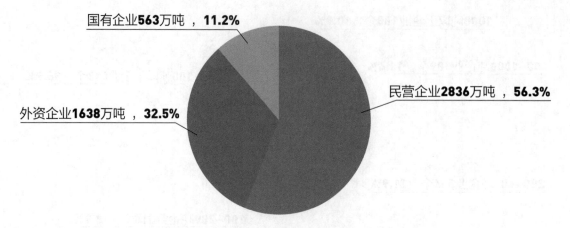

图11 2014年食用植物油加工企业年精炼能力按企业经济类型划分比例图

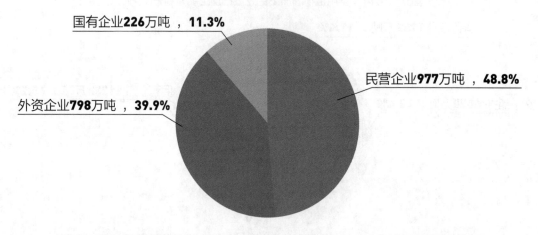

图12 2014年食用植物油加工企业小包装油脂灌装能力按企业经济类型划分比例图

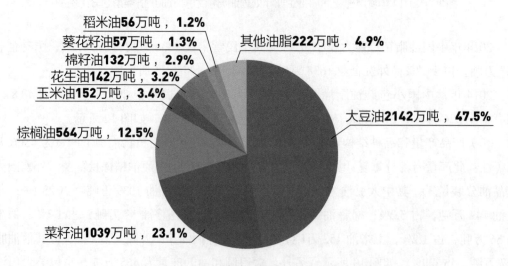

图13 2014年不同品种油脂占总产量的比例图

（4）主要经济技术指标情况　2014 年食用植物油工业企业工业总产值为 6289.3 亿元，产品销售收入为 6102.5 亿元，利税总额 136.9 亿元，利润总额 57.9 亿，资产总计 4189.4 亿元，负债合计 2938.3 亿元，资产负债率为 70.1%，运行情况总体良好。

4. 粮油机械制造业

中国的粮食机械制造业随着中国粮油加工业的发展而发展。经过半个多世纪的不懈努力，中国已成为世界上最大的粮油机械生产大国。现在中国制造的各类大米、小麦粉、食用植物油和饲料加工机械设备，以及仓储物流等机械产品，不仅能满足国内粮油加工和粮油储藏发展的需要，而且远销国外，出口量不断上升。目前每年的出口数量约占粮油机械产品的 30%。与此同时，我国粮油机械装备水平不断提高，主要经济技术指标已达到国际先进水平。

据不完全统计，2016 年中国较大规模的粮油机械设备制造企业多达 88 家。实现工业总产值 208 亿元，年实际生产各类粮油机械设备 42 万台。鉴于中国制造的粮油机械产品具有种类齐全，能满足于不同生产消费和不同国家的需要，加上质量指标先进，价格合理，所以在国际市场上有很强的竞争力。

综上所述，中国不仅是世界上最大的粮油生产国和消费国，也是世界上最大的粮油加工大国和粮油机械装备制造大国，在世界粮油生产贸易加工和消费中有着举足轻重的地位。

（三）中国粮油加工业的发展趋势

根据中国国民经济发展第十三个五年计划（2016—2020 年）和中国国家粮食局制定的《粮油加工业"十三五"发展规划》等文件精神要求，在"十三五"期间乃至今后更长一段时间内，我国粮油加工业的发展趋势如下。

1. 要深入推进粮食行业供给侧结构性改革，增加优质粮油产品供给

粮油加工企业要以满足人民群众日益增长和不断升级的安全、优质、营养、健康粮油产品的消费需要，增加满足不同人群需要的优质化、多样化、个性化、定制化粮油产品的供给。增加优质米、食品专用米、专用粉、专用油和营养功能性新产品以及绿色、有机粮油产品供给；大力发展全谷物食品，增加糙米、全麦粉、杂粮和薯类及其制品等优质营养健康中高端新产品供给；提高名、特、优、新产品的比例；充分发挥"老字号"品牌效应。

2. 要优化调整产业结构

要根据优胜劣汰的原则，继续培育壮大龙头企业和大型骨干企业，支持他们做强做

大、做优做精，引导和推动企业强强联合，跨地区、跨行业、跨所有制兼并重组，积极采用先进技术与装备，成为产品质量高、能耗粮耗低、经济效益好、新产品开发能力强的国家级、省级龙头企业；鼓励有地方特色、资源优势的中小企业积极提升技术装备水平和创新经营方式，主动拓展发展空间，形成大、中、小型企业合理分工、协调发展的格局；对工艺落后、设备陈旧、卫生质量安全和环保不达标、能耗粮耗高的落后产能，要依法依规加快淘汰；支持粮油加工产业园区或集群建设，促进优势互补。

3. 要坚持质量安全第一

粮油加工企业要坚守食品安全底线，把产品质量安全放在第一位，并在保证质量的前提下，把"适口、营养、健康、方便"作为今后的发展方向。要按照食品安全、绿色生态、营养健康等要求，完善原料采购、检验、在线检测和成品质量检验，建立覆盖生产经营全过程的粮油质量安全信息追溯体系，确保产品质量安全万无一失。

4. 要大力倡导适度加工

要大力倡导适度加工，提高纯度，严格控制精度，提高出品率。要科学制修订好粮油产品的质量标准，引领粮油加工业的健康发展，纠正粮油产品的"过精、过细、过白和油色过淡"等过度加工现象，鼓励生产和消费免抛光大米和油色金黄的食用油等适度加工产品。要广泛进行科普宣传，引领科学消费、合理消费、健康消费。

5. 要重视深加工转化和副产物综合利用

要在确保口粮、饲料用粮和种子用粮安全的前提下，积极发展玉米等粮食深加工，促进库存陈粮深加工转化，为去库存做贡献。要依托大型骨干企业，大力开展粮油副产物综合利用，提高资源利用价值。尤其要搞好米糠的利用，争取到2020年，我国米糠制油的利用率由2015年的15%左右提高到50%以上，为国家增产油脂。

6. 要重视安全文明、清洁环保和节能减排

粮油加工企业要继续强调必须加强安全生产、清洁生产和文明生产，做到绿色生产、节能减排、保护环境。要把安全文明生产、绿色生产、保护环境和节能减排等作为粮油加工业发展的永恒主题。认真做到单位工业增加值二氧化碳排放下降、单位工业增加值能耗下降和主要污染物排放总量减少等，达到国家相关规定的要求。

7. 大力推进主食品工业化生产

为适应人民生活水平进一步提高和生活节奏加快的需要，粮油加工企业要把发展主食

品工业化生产看作粮食行业推进供给侧结构性改革、调整产品结构的重要组成部分，是粮油加工业向精深加工的延伸，是方便百姓、企业增效的有效途径。为此，要积极开发适宜不同群体需要、不同营养功能、不同区域的优质米、面制品，诸如优质米粉（米线）、米粥、米饭、馒头、挂面、鲜湿及冷冻面食等大众主食品和区域特色主食品种及品牌，与此同时，要积极开发以杂粮和薯类为主要原料的各类主食品，以丰富市场，满足不同人群的需要。

8. 要重视关键技术装备的创新研发

粮机装备制造业，要以专业化、大型化、成套化、智能化、绿色环保、安全卫生、节能减排、节粮减损为导向，发展高效节粮节能营养型大米、小麦粉、食用植物油、特色杂粮和薯类等加工装备；提高关键设备的可靠性、使用寿命和智能化水平；支持建立高水平的粮油机械装备制造基地；鼓励研发全自动主食方便食品加工、特色杂粮和薯类加工、木本油料加工、饲料加工成套设备；定制机器人应用、智能工厂、立体仓库；粮食收购现场质量品质快速检测及质量控制设备、智能仓储及输送、烘干等关键设备。

9. 要实施"走出去"战略

支持有条件的企业，加强与"一带一路"沿线国家在农业投资、贸易、科技、产能、粮机装备等领域的合作。通过"走出去"，培训一批具有国际竞争力的大粮商和粮油企业集团，支持在农业生产、加工、仓储和港口等环节开展跨国全产业链布局，逐步建立境外粮油产销加工储运基地。在造福当地百姓的同时，不断提高中国"走出去"企业的国际市场竞争能力。

以上发言，供大家参考，不当之处请批评指正。

七、中国煎炸油发展现状与趋势

——在"第九届煎炸油与煎炸食品国际研讨会"上的主题报告

（2017 年 10 月 30 日　于上海）

为促进健康煎炸食品的开发，推动煎炸食品行业可持续发展，经过一年多时间的精心筹备，由欧洲油脂科技联盟（Euro Fed Lipid）和中国粮油学会（CCOA）共同举办的"第九届煎炸油与煎炸食品国际研讨会"今天在美丽开放的国际大都市——中国上海成功召开了。借此机会，我代表中国粮油学会油脂分会，对会议的成功召开表示热烈的祝贺！对参加会议的各位嘉宾、专家和企业家致以诚挚的问候！根据会议的安排，我以《中国煎炸油发展现状与趋势》为题，给大家介绍些情况。

（一）专用油脂是我国食用油脂的组成部分

众所周知，中国是世界上最大的油料油脂生产大国、消费大国、加工大国和进出口大国，在世界油料油脂生产、消费、贸易和加工中占有举足轻重的地位。

据统计，2016 年中国油菜籽、花生、大豆、棉籽、葵花籽、芝麻、亚麻籽、油茶籽八大油料的总产量预计为 5884.7 万吨；进口各类油料合计为 8952.9 万吨（其中进口大豆为 8391.3 万吨），进口各类植物油合计为 688.4 万吨（其中进口棕榈油为 447.8 万吨）。另据统计，2015/2016 年度中国食用油的总消费量为 3426.5 万吨，人均年食用油消费量为24.8 千克。

据有关资料分析介绍，2016 年中国专用油脂的产量约为 275 万吨，其中起酥油40 万吨、煎炸用油 135 万吨、代可可脂 20 万吨、烘焙油脂 50 万吨、乳化剂生产用油 15 万吨、婴儿食品用油 8 万吨、夹心涂层等用油 5 万吨、其他用油 2 万吨（表1）。专用油脂的使用量只占中国食用油总消费量的 8%，与中国食品工业的发展极不相称。

表1　2016年中国市场的专用油脂的使用情况

专用油种类	各类别专用油脂的使用量/万吨	
起酥油	熔点48~52℃	30
	熔点38~48℃	10
煎炸用油	135	
代可可脂	20	
烘焙油脂	50	
乳化剂生产用油	15	
婴儿食品用油	8	
夹心涂层等用油	5	
其他用油	2	

中国是一个拥有13亿人口的消费大国，是世界上最大的食品消费市场，随着中国经济的持续稳定发展和人民生活水平的不断提高以及饮食消费观念的变化，我国食品工业将进入快速发展时期，而食品工业的发展离不开食品原料的支撑，食品工业专用油脂作为食品制造过程中的主要原料，无疑将得到快速发展。

（二）煎炸油是我国食品专用油脂的重要组成部分

在2016年中国专用油脂产量275万吨中，煎炸油约为135万吨，占专用油脂产量的近一半。由此可见，煎炸油是中国专用油脂的重要组成部分，是中国煎炸食品发展中不可或缺的主要原料。

1. 煎炸油的含义

什么是煎炸油？在中国还没有明确的定义。但我们认为，最简单的描述是：适用于煎炸食物的食用油脂统称为煎炸油，也就是说，煎炸油是用于食物煎炸的食品专用油脂。其主要专用性体现在：一是由于煎炸过程中受到的高温条件持久而剧烈，易使油脂劣化，因此，煎炸用油应不同于其他用途的油脂品种，而是一种专用的商品油种；二是在食品工业和餐饮业快速发展的同时，消费者对食物营养与多样性提出了更高的要求。为此，需要对适合于不同食品的煎炸用油及操作性能量身定做，予以专用，以利更好地适应现代食品加工、炸制的要求。

合适的煎炸用油应具备以下三大特点：①多不饱和脂肪酸含量低，一般在30%以下较为理想，这是因为多不饱和脂肪酸含量高的油脂易在煎炸高温下劣变；②油中杂质含量低，烟点高；③内源性抗氧化成分丰富，氧化稳定性好。为了追求煎炸产品有较好的口感，往往要求煎炸油中含有一定的固体脂肪。

在中国，根据加工规模和地点的不同，煎炸油用于家庭和餐饮业煎炸、快餐门店煎炸和工厂化煎炸，三者在煎炸方式、煎炸油的使用方式、使用频率等方面有较大差异。其中，家庭和餐饮业煎炸用油虽有地区的差异，但都存在专用性不强的问题，通常使用普通食用油和调和油，且这部分油脂一般不统计在专用煎炸油脂中。

2. 煎炸油的用途

煎炸油是煎炸食品的最为重要的原料，煎炸油能赋予煎炸食品许多重要特性，这些美味诱人的特性包括：质构、煎炸食品风味、口感、良好的造型和色泽、回味等。

油脂在煎炸过程中起双重作用，在食物和煎炸设备间作为传热媒介，同时油脂的作用在于运送、增强、释放其他组分的风味，并与其他组分反应形成良好的质构和口感。在煎炸过程中，油脂，包括伴随于其中的脂溶性营养素也随即进入食品成为其中的一部分，在提高食品能量的同时，也提高了营养功能。

煎炸过程中，在食物未发生明显变化时，煎炸油已经历多种期望和非期望的物理、化学变化，并渗入食物成为其组成成分，对食物品质和营养价值产生影响。研究表明，油炸食品的质量与所使用的煎炸油的质量密切相关。也就是说，煎炸油质量的好坏直接影响到油炸食品的质量安全与消费者的健康。通过控制煎炸油的品质，就可以保证油炸食品的品质。煎炸油在煎炸过程中不仅能作为传热的介质，改善食品的风味，增加食品的营养成分，同时能有效杀灭食品中的细菌，延长食品保存期。由此可见，煎炸油在煎炸食品加工中的作用至关重要。

3. 煎炸食品是我国百姓喜爱的食品

煎炸是以油脂作为传热介质，使食物从表面到内部的热脱水和煮制相结合的过程，是5种食物基本熟化方法之一。油炸食品是人类食品的一个重要成员，和其他食品一样，提供人体所需要的营养成分，与其他类型的食品一样，煎炸食品也是富有营养的，不能与垃圾食品画等号。同时，经过油炸的食品具有其他烹调方法不可比拟的色泽、风味，以及酥脆的质构和口感，因而油炸食品是全球消费者喜爱的食物之一。世界各国人民都对煎炸食品情有独钟，诸如，欧美人爱吃炸鸡、炸面包圈、炸土豆片；日本人虽然口味清淡，但也喜爱吃天妇罗和油炸方便面。在中国，据初步估计，2016年我国仅方便食品、休闲食品和快餐业中的煎炸食品年产值就超过2500亿元（表2）。

表2 2016年中国煎炸食品年产值

食品类别	产值/（人民币：亿元）
方便食品	430
休闲食品	345
西式餐饮	860
中式餐饮	865
总计	2500

至于家庭烹调和中式餐饮业的正餐、火锅中的油炸食品更是不可胜数。油炸是我国历史悠久的传统食品加工方法之一，中国八大菜系里面的菜品有相当一部分都是通过油炸进行烹饪的。可以说，如果没有油炸这道工序，中餐就少了很多风味可口的美食。

我国政府发布的《国民营养计划（2017—2030年）》提出了减少脂肪摄入的目标，但减脂并不是单纯的减量，而是在平衡膳食的基础上进行结构调整。煎炸食品含油量较高，要避免摄入过多，但科学合理地摄入，不会影响营养与健康，故不必谈"煎炸"色变。在谈到食品的营养与健康时，中国农业大学食品科学与营养工程学院院长胡小松教授说："没有垃圾食品，只有垃圾吃法"。他表示："食品营养学最基本的铁律就是食物没有好坏，多了少了就叫坏，不多不少需要平衡就叫好，没有最好的食物也没有最坏的食物。比如维生素吃多了会中毒，缺少了会生病；过少或过量食用食盐，同样也会影响健康"。我很赞同他的说法。总之，煎炸食品可以适量食用，成为平衡膳食的一部分，有益于健康，关键是要控制份量。

（三）我国煎炸油的生产与应用现状

1. 目前作为煎炸油的主要油源

在我国，几乎所有品种的油脂都已经或可以用于煎炸，这包括食用植物油、动物油、调和油以及油脂的二次产品，如人造奶油、起酥油等。甚至新兴的微生物油脂也已经开发出适合于煎炸的专用油。

目前我国煎炸油品种单一，专用性不强。主要煎炸用油为棕榈油及其各种熔点的分提产物，如33度棕榈油、24度棕榈液油。棕榈油具有耐炸、风味口感佳、供应稳定、价格低等优点，被我国餐饮行业和食品工业广泛使用。

除了棕榈油外，我国不少区域也使用其他油脂进行煎炸，如大豆油。大豆油是目前我国消费量最大的植物油，在产量和价格上具有优势，部分地区居民也偏爱使用大豆油所炸制传统食物的风味口感，如油条等。

2. 目前我国煎炸油的消费量和主要应用领域

根据行业统计及咨询公司提供的数据，2016 年我国用于中式餐饮以外食品煎炸专用的油脂总计约为 135 万吨。

其中方便面煎炸用油 100 万吨，占 74%；薯片等休闲食品煎炸用油 10 万吨，占 7%；西式快餐煎炸用油 25 万吨，占 19%，如图 1 所示。

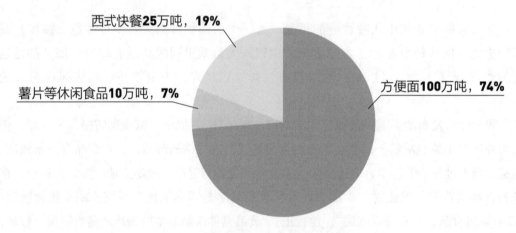

图1　2016年我国煎炸油用途、用量比例

另外，据估计，我国餐饮行业食用油消费总量约为 1000 万吨，其中约 1/3 用于各种食物的煎、炸，这部分油脂一般不统计在专用煎炸油脂中。

3. 制定煎炸油标准，引领煎炸油产业发展

与世界上大多数国家一样，我国目前尚未制定煎炸油产品国家标准，煎炸用油通常执行烹调用油的国家质量标准。为规范和引领煎炸产业的健康发展，2016 年我国已经启动煎炸油产品行业标准的制定工作，预期今年完成。

食物煎炸的关键在于过程管理，中国在煎炸过程管理上是全球较严格的国家之一。在我国，煎炸过程用油执行 GB 7102.1—2003《食用植物油煎炸过程中的卫生标准》，规定当酸价达到 5 毫克 / 克（以氢氧化钾计），或极性组分含量（主要成分是油脂的氧化聚合物和水解产物）达到 27% 时，煎炸油即应该废弃。

食物煎炸良好操作规范（GMP）是国内外油炸食品行业公认的方法，按 GMP 煎炸操作，即可在保证煎炸食品的营养和安全性的同时，延长合格油脂的使用寿命，从而节约食

物资源和成本。按 GMP 煎炸操作，在我国一些大型餐饮企业和食品加工企业已实行多年。

对于废弃油的回收和资源转化问题，我国政府制定了严格的相关规范要求，有效杜绝了其成为地沟油的来源。

我国还制定了 GB 17400—2015《食品安全国家标准　方便面》，GB 16565—2003《油炸小食品卫生标准》等煎炸产品标准。

为了更好地进行煎炸过程管理，我国正在加快建立和完善覆盖原辅材料、添加剂、终端产品与废弃油处理等整个产业链的煎炸食品生产、管理规范和标准体系，包括质量标准、操作规范，以及仲裁方法、快检方法等。

（四）煎炸油在我国的发展前景

1. 发展煎炸油符合我国供给侧结构性改革

在我国国家粮食局制定的《粮油加工业"十三五"发展规划》中指出，为推进油脂产业的供给侧结构性改革，要积极开发起酥、煎炸等专用油脂。由此可见，在我国积极发展煎炸油，符合国家产业发展政策，有利于满足我国食品工业发展和人民生活的需要。

2. 煎炸油将随着我国百姓喜爱的煎炸食品的发展而发展

改革开放以来，我国煎炸食品的发展大致经历了以下 4 个阶段。

（1）传统煎炸食品从地方走向全国并一直延续至今，成为具有民族特色的经典小吃，如天津麻花、江米条等。

（2）20 世纪 80 年代开始，具有较长货架期的油炸方便食品进入我国，如方便面，并迅速壮大，30 多年来已在一定程度上改变了人们快节奏的生活方式。

（3）20 世纪 90 年代初期，美国西式餐饮巨头麦当劳、肯德基等挺进我国，发展至今，炸鸡、薯条等煎炸产品已形成了一个巨大的产业。目前西式快餐领域已经形成肯德基、麦当劳、德克士三足鼎立的局面。据中国餐饮连锁协会的数据显示，我国西式快餐行业的门店数 2014 年为 13671 家，2015 年为 14486 家，2016 年为 16083 家，呈逐年递增。

（4）近 10 年以来，工业化和方便化已成为中式餐饮发展的潮流，更好地满足了人们的消费需要和营养需求。尤其是中式快餐，以其品种优势、价格优势及在主要消费层次中的口味优势而超越洋快餐，占据了大部分的国内快餐市场，带动了煎炸产业的快速扩张。

随着我国煎炸食品的开拓创新，发展空间巨大，快餐、团餐、民航、高铁、高速公路等行业对煎炸食品的需求尤其强劲，我国已经形成了煎炸食品遍地开花的局面。与此同时，消费者对食物营养与多样性需求不断提高，不同食品对煎炸油及其操作性能提出了不同的要求。为了更好地适应现代食品加工的要求，应结合实际煎炸对象与操作条件，进行油品的分类开发与专门使用。

为此，我国油脂科技工作者从油种选择、油料优选、基料油的适宜加工以及科学复配着手，研究开发出了内源性天然抗氧化物质丰富，同时反式脂肪酸、3-氯丙醇酯等风险因子得到有效控制，且耐炸性好、煎炸食品风味口感好、营养更均衡、成本可接受的系列专用新型煎炸油，例如，以高油酸菜籽油和高油酸葵花籽油为主要成分的调和油脂已证实具有与棕榈油一样优越的煎炸性能，尤其适合快餐连锁门店中即食食品的煎炸，将具有广阔的市场前景。

3. 专用煎炸油逐步进入家庭是未来趋势

根据中国居民的生活习惯，煎炸油除了广泛用于食品工业和餐饮业以外，居民家庭日常烹调中也经常采用煎炸的方式。随着家庭用油的精细化、多样化发展趋势，专用煎炸油也将越来越多地进入家庭日常生活。在总量控制前提下引导家庭健康用油，提供更多选择的、脂肪多样性的煎炸油，有利于满足家庭个性化消费的需求。随着煎炸油逐步进入千家万户，我国煎炸油生产将快速发展。

在食品工业、餐饮业和家庭各种需求合力作用下，预计我国专用煎炸油每年将以7%~8%的速度增加，到2020年我国煎炸油的产量达到170万~180万吨是有可能的。

八、制定评价标准　推进橄榄油产业向前发展
——在"橄榄油感官评价方法国际研讨会暨中国橄榄油产业发展论坛"上的开幕辞

（2017 年 8 月 30 日　于上海）

各位领导、各位专家、各位代表：

大家上午好！

我和大家一样很高兴地来到美丽、开放的国际大都市——中国上海参加由中国粮油学会油脂分会和全国粮油标准化技术委员会油料及油脂分技术委员会联合主办的"橄榄油感官评价方法国际研讨会暨中国橄榄油产业发展论坛"，我谨代表中国粮油学会张桂凤理事长和中国粮油学会油脂分会对论坛的召开表示热烈的祝贺！向参加论坛的各位领导、专家和企业家以及来自意大利的橄榄油协会、萨洛夫集团（Salov）的橄榄油专家表示最热烈的欢迎和诚挚的问候！对为开好本次论坛进行周到安排、付出辛勤劳动的光明食品国际有限公司、深圳市君唯文化传播有限公司表示衷心的感谢！借此机会，我想就橄榄油的生产和消费情况，制定好橄榄油感官评价标准，谈谈自己的想法和建议。

（一）橄榄油的生产和消费情况

橄榄油是世界四大食用木本植物油脂之一，年产量在 260 万~300 万吨，占世界植物油产量 2% 左右。橄榄果的产量受气候的影响较大，加上大小年的关系，一般来说，上一年度丰产就意味着下一年度的减产，预计 2017 年世界橄榄油的产量在 293 万吨（表 1）。

表1　2012—2017年世界橄榄油产量

年份	年产量/万吨	年份	年产量/万吨
2012	283	2015	282
2013	299	2016	279
2014	267	2017	293

橄榄油在地中海沿岸国家有几千年的历史。据有关资料介绍，世界橄榄油生产国集中在地中海沿岸国家，主要为西班牙、意大利、希腊、突尼斯、土耳其、叙利亚和摩洛哥等，这7个国家橄榄油产量占世界橄榄油总产量的90%。西班牙、意大利、希腊为世界三大橄榄油生产国和出口国，这三个国家的橄榄油产量占全球橄榄油产量的3/4。

我国从20世纪60年代开始引进种植油橄榄，目前油橄榄的种植地区主要分布在甘肃陇南、白龙江、嘉陵江流域的四川、陕西、云南等地区，汉水流域的湖北十堰也有少量种植。我国的橄榄油的生产目前尚处于起步探索阶段，但发展势头看好，2016年我国橄榄油产量约为5000吨。尽管我国橄榄油的产量较少，但消费市场潜力巨大。为满足市场消费的需要，近年来，我国橄榄油进口量连年递增，据海关统计，我国2016年橄榄油进口量为4.5万吨（表2），而10年前橄榄油进口量还不到1万吨。

表2 我国橄榄油的进口量

年份	橄榄油进口量/万吨	年份	橄榄油进口量/万吨
2012	4.6	2015	3.9
2013	4.0	2016	4.5
2014	3.6		

（二）我国橄榄油消费现状和存在的问题

因橄榄油中富含单不饱和脂肪酸——油酸，还含有维生素A、B族维生素、维生素C、维生素D、维生素E、维生素K等多种维生素、类胡萝卜素、脂肪醇、角鲨烯、多酚和甾醇以及各种微量元素钙、磷、铁、钾、硒等，所以橄榄油被誉为"植物油皇后"，有"液体黄金"之美称。

随着我国经济的发展和消费水平的提高，我国对橄榄油的消费需求迅猛增加，但由于橄榄油评价方法的缺失和标准的滞后，加上橄榄油消费市场缺乏有效的监管，导致橄榄油的消费市场出现很多不正常现象。目前橄榄油市场比较混乱，名称五花八门，鱼龙混杂，大多产品都标称为特级初榨橄榄油，但价格相差悬殊，其中掺杂造假、以次充好的现象时有发生，致使消费者要在鱼龙混杂的橄榄油市场上购买到真正的特级初榨橄榄油颇为困难。当然这个问题也不仅仅是只发生在某一特定的区域，因为橄榄油掺假的现象是全球性的问题。2015年12月意大利警方查处的7000吨假冒橄榄油事件，包括卡拉佩利（Carapelli）在内的7个橄榄油知名品牌涉嫌商业欺诈，以普通橄榄油冒充特级初榨橄榄油，受到意大利当局调查。针对这一事件，意大利采取的措施是双管齐下，一方面要立法严惩不遵守法规的欺诈生产商，另一方面要告知消费者如何分辨和使用特级初榨橄榄油，这个事件的出现与采取的措施，值得我们思考和借鉴。这里需要指出的是：一些橄榄油生产大国存在着将低质橄榄油向中国倾销的趋势，一些标为"100% 纯橄榄油"及一些特别廉价的橄榄油产品销售量远大于真正的特级初榨橄榄油，这是很不正常的。另外，一些经销商的不负责任和不道德行为，也是导致目前橄榄油消费市场上产生不正常现象的重要原因。为此，加强国际交流与合作、加快橄榄油评价方法和标准的建立、做好标准的宣贯工作、提高消费者的认知水平，以有利于橄榄油消费市场的健康发展。

（三）制定好橄榄油评价标准，引导橄榄油产业健康有序发展

我国是食用油生产和消费大国，但自给率不足 40%，而且近年来还有下降的趋势。充分利用和开发现有的资源，加强国际合作是保障我国食用油供给安全的重要措施。2015年，在我国国务院办公厅印发的《关于加快木本油料产业发展的意见》部署了加快木本油料产业发展，大力增加健康优质食用植物油供给，切实维护国家粮油安全等一系列举措，对促进以油茶为代表的木本油料发展起到了决定性的作用。橄榄油是国际公认的健康优质食用植物油，我国橄榄油的种植和加工规模正逐年增大，橄榄油的进口量也在逐年增加，预计到 2020 年橄榄油消费量将达到 10 万吨。但由于评价和检测方法的缺失，加上消费观念的不同制约了我国橄榄油产业的发展。

众所周知，真正的特级初榨橄榄油应具有浓厚的橄榄果味和特殊芬芳味，由于其保留了特有的活性物质而带有苦涩的味道，适合凉拌或直接食用；精炼橄榄油尽管不宜直接食用，但其耐高温、抗氧化能力强，可以作为烹调用油，其炸制出来的食品酥松爽口，炸制食品后的剩油不易变黑、不易产生杂质和沉淀物，是一种优质的烹调用油。但由于原料的质量要求不同，橄榄油价格相差悬殊，这使得一些不法生产商、经销商为追求暴利铤而走险，搞乱了橄榄油消费市场的正常秩序，不利于橄榄油产业的健康有序发展，为此亟须建立我国橄榄油的评价方法和标准。

我们深感，在国际合作中，加强与国际橄榄油理事会（IOC），西班牙、意大利等橄榄油生产大国的合作与交流，借鉴国际先进成熟的经验，并结合我国的实际情况，有利于橄榄油感官评价标准的制定和完善。今天，中国粮油学会油脂分会、全国粮油标准化技术委员会油料及油脂分技术委员会与光明食品国际有限公司联合举办本次国际研讨会，并邀请了意大利橄榄油专家进行交流就是一个有益的尝试，相信本次橄榄油感官评价方法的研讨与合作，一定能取得成功。

同志们、朋友们，"橄榄油感官评价方法国际研讨会暨中国橄榄油产业发展论坛"在上海顺利召开，这是我国橄榄油产业发展中的一件大事。希望各位专家、企业家畅所欲言、献计献策，共同研究和做好橄榄油评价方法和标准，保证我国橄榄油产业健康有序发展，为我国食用油的安全供给做出贡献！

最后预祝大会取得丰硕成果！祝愿各位来宾身体健康！工作顺利！家庭幸福！

谢谢大家！

九、牡丹籽油生产　造福民众生活

——在"2019 首届世界牡丹大会暨世界牡丹产业发展愿景与展望论坛会"上的讲话稿

（2019 年 4 月 12 日　于山东菏泽）

（一）中国是牡丹的原产地，牡丹在我国种植广泛

牡丹以山东菏泽和河南洛阳为最多、最著名。牡丹是中国的国花，不仅供作人们观赏，又可作药用，以"凤丹""紫斑"为代表的油用牡丹含油率高，成为我国重点发展的木本油料作物之一。近年来，在我国政府的高度重视下，我国木本油料产量成倍增长，油用牡丹的种植面积达千万亩，产量达 15 万吨。

（二）油用牡丹全身是宝，发展前景广阔

牡丹籽可榨油，其种皮、果荚和各种剩余物中可提取黄酮、牡丹多糖、牡丹营养粉等营养物质；还可以从牡丹的花朵、叶、根、皮中提取牡丹精油。

（三）牡丹籽油营养价值高，是一种优质食用油

牡丹籽含油率在 20% 以上，用牡丹籽榨得的油脂营养价值高。从脂肪酸组成看，牡丹籽油的主要成分为亚麻酸、油酸和亚油酸等多种不饱和脂肪酸，其含量高达 92% 以上，尤其是 α- 亚麻酸的含量高达 40% 以上。同时，牡丹籽油中还含有众多药用牡丹有效成分；另外，牡丹籽油中还含有维生素 A、维生素 E 等营养成分，是一种营养价值很高的优质食用油。

（四）对进一步发展好油用牡丹产业的几点建议

为使油用牡丹产业持续健康发展，需要进一步研究提出相应的政策配套措施，并努力

在以下 4 个方面多做工作。

1. 要加大对牡丹籽油的宣传力度

要从营养、健康的角度上宣传牡丹籽油是优质高端食用油品，通过科普教育，提高广大消费者对牡丹籽油健康作用的认知度，促进牡丹籽油在不久的将来进入千家万户。

2. 要进一步加强对牡丹籽油的深度开发利用

我们不仅要把牡丹籽油作为高端食用油，而且要在开发研究作为保健品、药物、化妆品和适合不同人群需要的功能性油脂上多做文章，以提高牡丹籽油的利用价值。与此同时，我们还要积极开展对牡丹籽壳和饼粕的利用，以提高油用牡丹籽加工的附加值。

3. 要千方百计提高效率，降低牡丹籽油的生产成本

要进一步研究适合牡丹籽油的加工装备，提高效率，降低牡丹籽油的生产经营成本，增强牡丹籽油的市场竞争能力。

4. 研究出台更加完备的政策配套设施

为提高和完善油用牡丹籽的加工装备与工艺，研究牡丹籽油的深度利用以及加工副产物的利用，并将上述开发利用内容列入国家有关科技发展规划，加大投入、早出成果。针对我国油用牡丹种植面积已达千万亩，大多快要结籽并很快进入盛产期的现状，建议国家研究出台有关油用牡丹籽的收购价格保护政策，以保护农民的生产积极性，促进油用牡丹产业的持续健康发展。

十、全球主要植物油料油脂生产贸易和消费情况

——发表于江南大学《油脂园地》

（2019 年 5 月 1 日　于北京）

为便于大家了解全球主要植物油料油脂的生产、贸易、消费等情况，根据中华粮网国际粮油市场提供的有关美国农业部掌握的资料，经计算核实、个别调整、分类整理如下，供大家参考。

（一）全球 5 种主要油料种植面积、单位面积产量及总产量

根据美国农业部提供的全球大豆、葵花籽、油菜籽、棉籽、花生 5 种主要油料的种植面积 2016/2017 年度为 23457 万公顷，2017/2018 年度为 24490 万公顷，2018/2019 年度 2 月预测为 24558 万公顷；单位面积产量 2016/2017 年度为 2.34 吨 / 公顷，2017/2018 年度为 2.25 吨 / 公顷，2018/2019 年度 2 月预测为 2.31 吨 / 公顷；总产量 2016/2017 年度为 54999 万吨，2017/2018 年度为 55131 万吨，2018/2019 年度 2 月预测为 56798 万吨（表 1）。

表 1　全球 5 种主要油料种植面积、单位面积产量及总产量

国家/地区	面积/百万公顷			单位面积产量/（吨/公顷）			总产量/百万吨		
	2016/2017	2017/2018	2018/2019年度2月预测	2016/2017	2017/2018	2018/2019年度2月预测	2016/2017	2017/2018	2018/2019年度2月预测
主要油料	234.57	244.9	245.58	2.34	2.25	2.31	549.99	551.31	567.98
美国	39.25	42.8	41.76	3.23	3.07	3.21	126.94	131.48	134
除美国以外	195.32	202.1	203.82	2.17	2.08	2.13	423.04	419.82	433.98
南美	60.79	61.68	64.11	3.19	2.94	3.06	193.96	181.45	196.3
巴西	35.03	36.56	37.8	3.35	3.4	3.21	117.47	124.48	121.41

续表

国家/地区	面积/百万公顷			单位面积产量/（吨/公顷）			总产量/百万吨		
	2016/2017	2017/2018	2018/2019年度2月预测	2016/2017	2017/2018	2018/2019年度2月预测	2016/2017	2017/2018	2018/2019年度2月预测
阿根廷	19.74	18.7	20.01	3.05	2.27	3	60.16	42.52	59.99
巴拉圭	3.46	3.57	3.58	3.02	2.77	2.69	10.44	9.9	9.62
玻利维亚	1.28	1.53	1.52	1.74	1.77	1.83	2.22	2.71	2.78
乌拉圭	1.13	1.15	1.05	2.89	1.23	1.98	3.28	1.41	2.07
中国	22.72	24.16	24.03	2.42	2.46	2.49	54.92	59.49	59.78
南亚	37.06	37.57	37.51	1.09	1.02	1	40.43	38.37	37.55
印度	33.83	34.11	34.35	1.07	1	0.97	36.32	33.99	33.49
巴基斯坦	2.88	3.11	2.8	1.29	1.27	1.3	3.7	3.96	3.64
欧盟	11.79	12.36	12.42	2.71	2.83	2.64	31.96	34.98	32.74
苏联12国	22.94	24.37	25.62	1.74	1.66	1.78	39.91	40.42	45.59
俄罗斯	10.2	10.66	11.95	1.47	1.45	1.54	14.99	15.48	18.45
乌克兰	9.11	9.57	9.5	2.28	2.07	2.34	20.74	19.81	22.25
乌兹别克斯坦	1.18	1.25	1.2	1.19	1.21	1.1	1.4	1.51	1.32
加拿大	10.52	12.23	11.68	2.49	2.38	2.44	26.25	29.1	28.46
非洲	20.09	20.19	19.88	0.94	0.96	0.94	18.84	19.47	18.7
尼日利亚	3.9	3.97	3.97	1.04	1.08	1.08	4.07	4.3	4.3
南非	1.29	1.48	1.26	1.82	1.7	1.56	2.35	2.52	1.96
坦桑尼亚	1.4	1.35	1.5	0.85	0.89	0.86	1.19	1.2	1.29
东南亚	3.26	3.22	3.19	1.41	1.4	1.4	4.59	4.52	4.47
印度尼西亚	1.03	1	0.98	1.64	1.61	1.61	1.69	1.62	1.58
缅甸	1.88	1.88	1.88	1.18	1.19	1.18	2.21	2.24	2.22
澳大利亚	3.32	3.3	2.27	1.7	1.6	1.4	5.66	5.28	3.18
土耳其	1.11	1.25	1.36	2.49	2.53	2.46	2.76	3.17	3.35
其他	1.71	1.76	1.77	2.19	2.03	2.2	3.76	3.58	3.88

注：资料来源美国农业部；5种主要油料是指大豆、葵花籽、油菜籽、棉籽、花生。

（二）全球主要油料产量

根据美国农业部提供的资料，全球干椰肉、棉籽、棕榈仁、花生、油菜籽、大豆和葵花籽的产量：2016/2017 年度总产量为 57574 万吨，其中干椰肉为 573 万吨、棉籽为 4499 万吨、棕榈仁为 1870 万吨、花生为 4493 万吨、油菜籽为 7400 万吨、大豆为 33999 万吨、葵花籽为 4740 万吨。2017/2018 年度总产量为 60047 万吨，其中干椰肉为 583 万吨、棉籽为 4339 万吨、棕榈仁为 1941 万吨、花生为 4195 万吨、油菜籽为 7022 万吨、大豆为 36920 万吨、葵花籽为 5047 万吨。2018/2019 年度 2 月预测总产量为 59326 万吨，其中干椰肉为 583 万吨、棉籽为 4326 万吨、棕榈仁为 1945 万吨、花生为 4187 万吨、油菜籽为 7037 万吨、大豆为 36099 万吨、葵花籽为 5149 万吨（表 2）。

表2　全球主要油料产量　　　　单位：百万吨

品种	2013/2014	2014/2015	2015/2016	2016/2017	2017/2018	2018/2019 2月预测
干椰肉	5.42	5.32	5.51	5.73	5.83	5.83
棉籽	44.36	35.76	39.08	44.99	43.39	43.26
棕榈仁	16.57	15.96	17.35	18.7	19.41	19.45
花生	41.55	41.23	44.15	44.93	41.95	41.87
油菜籽	70.43	68.74	69.43	74.00	70.22	70.37
大豆	320.72	316.57	349.31	339.99	369.20	360.99
葵花籽	39.19	40.54	48.01	47.4	50.47	51.49
世界总量	538.24	524.12	572.84	575.74	600.47	593.26

注：资料来源美国农业部。

在全球主要油籽生产中，美国、巴西、阿根廷、中国和印度是全球油籽的主要生产国（表 3）。

表3　全球主要油料生产国产量　　　　单位：百万吨

生产国	2014/2015	2015/2016	2016/2017	2017/2018	2018/2019 2月预测
美国	116.05	115.89	126.94	131.48	134.00
巴西	100.15	99.02	117.59	124.61	121.55

续表

生产国	2014/2015	2015/2016	2016/2017	2017/2018	2018/2019 2月预测
阿根廷	66.31	63.10	60.16	42.52	59.99
中国	56.75	53.48	54.92	59.49	59.78
印度	32.28	29.37	37.05	34.76	34.26
其他	166.68	163.25	176.18	182.88	183.69
世界总量	538.22	524.13	572.84	575.74	593.27

注：资料来自美国农业部。

（三）全球主要植物油产量

2017/2018 年度全球椰子油、棉籽油、橄榄油、棕榈油、棕榈仁油、花生油、菜籽油、大豆油和葵花籽油 9 种植物油产量为 19802 万吨；2018/2019 年度 2 月预测为 20387 万吨（表 4）。

表4　全球主要植物油产量　　　　　　　　　　　　单位：百万吨

品种	2014/2015	2015/2016	2016/2017	2017/2018	2018/2019 2月预测
椰子油	3.37	3.33	3.41	3.59	3.63
棉籽油	5.12	4.29	4.42	5.16	5.17
橄榄油	2.40	3.13	2.48	3.25	3.10
棕榈油	61.78	58.88	65.27	70.46	73.49
棕榈仁油	7.32	7.00	7.62	8.32	8.57
花生油	5.38	5.42	5.77	5.95	5.57
菜籽油	27.41	27.34	27.54	27.9	27.78
大豆油	49.29	51.55	53.72	55.16	57.07
葵花籽油	14.97	15.38	18.18	18.23	19.49
世界总量	177.04	176.2	188.41	198.02	203.87

注：资料来自美国农业部。

　　在全球主要植物油产量中，2017/2018 年度的总产量为 19802 万吨，其中椰子油为 359 万吨、棉籽油为 516 万吨、橄榄油为 325 万吨、棕榈油为 7046 万吨、棕榈仁油为 832 万吨、花生油为 595 万吨、菜籽油为 2790 万吨、大豆油为 5516 万吨、葵花籽油为 1823 万吨，分别占总产量比例为 1.8%、2.6%、1.6%、35.6%、4.2%、3.0%、14.1%、27.9% 和 9.2%，如图 1 所示。

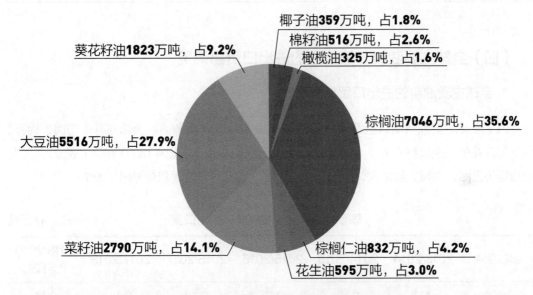

图1　2017/2018年度全球主要植物油产量比例图

　　在全球主要植物油产量中，印度尼西亚、中国、马来西亚、欧盟、美国、阿根廷、巴西是主要生产区，如表 5 所示。

表5　全球主要植物油生产国产量　　　　　　　　　单位：百万吨

生产区	2014/2015	2015/2016	2016/2017	2017/2018	2018/2019 2月预测
印度尼西亚	37.78	36.68	41.10	44.97	47.13
中国	24.86	25.78	26.76	27.77	27.86
马来西亚	22.27	19.85	21.13	22.13	23.00
欧盟	18.08	18.42	17.94	18.89	18.83
美国	10.94	11.21	11.43	12.11	12.48
阿根廷	8.97	9.69	9.82	8.68	9.94
巴西	8.65	8.46	8.73	9.65	9.45

续表

生产区	2014/2015	2015/2016	2016/2017	2017/2018	2018/2019 2月预测
其他	45.49	46.22	51.5	53.81	55.18
世界总量	177.04	176.1	188.41	198.02	203.87

注：资料来自美国农业部。

（四）全球主要油料、植物油的进出口贸易情况

1. 全球主要油料的进出口贸易量

（1）全球主要油料出口量及出口国　根据2017/2018年度预测，全球拥有干椰肉、棉籽、棕榈仁、花生、油菜籽、大豆、葵花籽7种主要油料的出口总量为18000万吨（表6），主要出口国为巴西、美国、加拿大、阿根廷、巴拉圭、乌克兰和澳大利亚等国（表7）。

表6　全球主要油料拥有的出口量　　　　　　　　　单位：百万吨

出口品种	2013/2014	2014/2015	2015/2016	2016/2017	2017/2018	2018/2019 2月预测
干椰肉	0.11	0.13	0.18	0.12	0.14	0.14
棉籽	0.70	0.71	0.84	0.94	0.84	0.80
棕榈仁	0.04	0.04	0.08	0.05	0.05	0.05
花生	3.33	3.55	3.75	3.60	3.53	3.55
油菜籽	15.11	14.35	15.8	16.36	17.05	17.05
大豆	126.23	132.57	147.5	152.99	156.09	154.36
葵花籽	1.66	2.01	2.46	2.50	2.30	2.40
世界总量	147.18	153.36	170.61	176.56	180.00	178.34

注：资料来自美国农业部。

表7　全球主要油料出口国及拥有的出口量　　　　　单位：百万吨

出口国	2013/2014	2014/2015	2015/2016	2016/2017	2017/2018	2018/2019 2月预测
巴西	50.85	54.65	63.37	76.45	81.28	79.78

续表

出口国	2013/2014	2014/2015	2015/2016	2016/2017	2017/2018	2018/2019 2月预测
美国	51.11	53.97	60.08	59.19	52.89	52.21
加拿大	13.01	14.55	15.64	15.75	16.93	16.93
阿根廷	11.56	11.21	7.88	2.96	5.86	7.16
巴拉圭	4.62	5.41	6.13	6.03	5.80	5.60
乌克兰	4.43	3.89	4.13	4.91	5.70	5.55
澳大利亚	2.92	2.23	3.41	2.91	2.17	2.17
其他	8.68	7.46	9.96	8.36	9.37	8.94
世界总量	147.18	153.37	170.6	176.56	180.00	178.34

注：资料来自美国农业部。

（2）全球主要油料进口量及进口国　2017/2018年度，全球油菜料、大豆等7种主要油籽的实际进口量为17547万吨（表8）；主要进口国为中国、日本、欧盟国家等（表9）。

表8　全球主要油料实际进口量 单位：百万吨

进口品种	2013/2014	2014/2015	2015/2016	2016/2017	2017/2018	2018/2019 2月预测
干椰肉	0.1	0.13	0.11	0.12	0.1	0.1
棉籽	0.68	0.68	0.97	0.76	0.83	0.73
棕榈仁	0.07	0.06	0.06	0.07	0.07	0.07
花生	2.52	3.31	3.12	3.16	3.25	3.31
油菜籽	14.32	14.15	15.53	15.41	16.73	16.74
大豆	124.36	133.34	144.37	153.48	152.46	151.42
葵花籽	1.56	1.87	2.17	2.15	2.02	2.05
世界总量	143.6	153.53	166.33	175.16	175.47	174.43

注：资料来自美国农业部。

表9　全球主要油料进口国及实际进口量 单位：百万吨

进口国	2013/2014	2014/2015	2015/2016	2016/2017	2017/2018	2018/2019 2月预测
中国	83.15	87.93	98.42	99.28	96.22	94.17

续表

进口国	2013/2014	2014/2015	2015/2016	2016/2017	2017/2018	2018/2019 2月预测
欧盟国家	17.35	19.86	19.16	20.06	21.64	21.64
墨西哥	5.73	5.82	6.03	6.77	6.95	6.95
日本	5.7	5.78	5.79	5.86	5.98	5.98
阿根廷	0	0.68	1.67	5.05	4.20	5.35
埃及	2.01	1.37	2.18	3.33	3.42	3.42
巴基斯坦	1.67	2.62	2.76	3.10	3.26	3.26
泰国	2.51	2.91	3.19	2.59	3.26	3.26
土耳其	3.12	2.98	3.01	3.54	3.14	3.14
印度尼西亚	2.25	2.52	3.00	2.86	3.10	3.10
其他	20.1	21.06	21.12	22.72	24.32	24.17
世界总量	143.6	153.53	166.33	175.16	175.47	174.43

注：资料来自美国农业部。

2. 全球主要植物油的进出口贸易量

（1）全球主要植物油出口量及出口国　根据 2017/2018 年度全球拥有椰子油、棉籽油、橄榄油、棕榈油、棕榈仁油、花生油、菜籽油、大豆油和葵花籽油 9 种主要植物油出口总量为 7952 万吨（表 10）。主要出口国为印度尼西亚、马来西亚、阿根廷、乌克兰、俄罗斯、加拿大、欧盟等国（表 11）。

表 10　全球主要植物油出口量　　　　　　单位：百万吨

出口品种	2014/2015	2015/2016	2016/2017	2017/2018	2018/2019 2月预测
椰子油	1.94	1.58	1.9	1.59	1.69
棉籽油	0.14	0.07	0.07	0.09	0.09
橄榄油	0.99	0.87	0.88	1.02	0.97
棕榈油	47.35	43.81	48.87	48.51	52.03
棕榈仁油	3.24	3.02	3.08	3.19	3.28

续表

出口品种	2014/2015	2015/2016	2016/2017	2017/2018	2018/2019 2月预测
花生油	0.26	0.26	0.27	0.29	0.28
菜籽油	4.07	4.17	4.52	4.61	4.92
大豆油	11.12	11.77	11.25	10.49	11.32
葵花籽油	7.38	8.1	10.41	9.74	9.92
世界总量	76.49	73.65	81.24	79.52	84.5

注：资料来自美国农业部。

表11　全球主要植物油出口国及出口量　　　　　单位：百万吨

出口国	2014/2015	2015/2016	2016/2017	2017/2018	2018/2019 2月预测
印度尼西亚	28.51	25.19	29.86	29.24	31.32
马来西亚	18.87	17.9	17.47	17.69	18.8
阿根廷	5.72	6.41	6.28	4.86	5.93
乌克兰	4.12	4.81	6.11	5.6	5.92
俄罗斯	2.23	2.23	2.98	3.26	3.41
加拿大	2.54	2.93	3.32	3.33	3.36
欧盟国家	2.48	2.48	2.4	2.5	2.58
其他	12.02	11.69	12.82	13.05	13.19
世界总量	76.49	73.65	81.24	79.52	84.5

注：资料来自美国农业部。

（2）全球主要植物油进口量及进口国　根据2017/2018年度全球棕榈油、大豆油、葵花籽油等九种植物油的实际进口量为7451万吨（表12）；主要进口国是印度、中国、欧盟国家等（表13）。

表12　全球主要植物油实际进口量　　　　　单位：百万吨

进口品种	2014/2015	2015/2016	2016/2017	2017/2018	2018/2019 2月预测
椰子油	1.82	1.61	1.51	1.56	1.52

续表

进口品种	2014/2015	2015/2016	2016/2017	2017/2018	2018/2019 2月预测
棉籽油	0.08	0.06	0.05	0.06	0.05
橄榄油	0.9	0.79	0.79	0.91	0.89
棕榈油	44.97	42.87	45.82	46.18	49.57
棕榈仁油	3.06	2.64	2.69	2.83	2.86
花生油	0.25	0.25	0.23	0.24	0.23
菜籽油	3.95	4.13	4.39	4.52	4.86
大豆油	10.04	11.64	10.83	9.73	10.74
葵花籽油	6.18	7.02	8.89	8.48	8.54
世界总量	71.23	71	75.19	74.51	79.25

注：资料来自美国农业部。

表13　全球主要植物油进口国及进口量　　　　　　　单位：百万吨

进口国	2014/2015	2015/2016	2016/2017	2017/2018	2018/2019 2月预测
印度	14.14	15.11	15.43	14.47	16.57
欧盟国家	9.88	10.06	10.87	10.33	9.95
中国	8.63	7.77	8.00	8.65	9.56
美国	4.23	4.53	4.73	4.79	4.96
巴基斯坦	2.98	2.91	3.28	3.12	3.31
孟加拉国	1.79	2.15	2.15	2.42	2.53
埃及	2.25	2.04	2.16	1.96	2.03
菲律宾	0.87	1.05	1.30	1.21	1.34
土耳其	1.53	1.41	1.50	1.21	1.29
伊朗	1.14	0.99	1.28	1.12	1.20
其他	23.80	22.97	24.49	25.25	26.51
世界总量	71.23	71	75.19	74.51	79.25

注：资料来自美国农业部。

（五）全球主要植物油的消费情况

1. 全球主要植物油的消费量

2017/2018年度，全球主要植物油的消费总量为19198万吨，其中棕榈油为6618万吨、棕榈仁油为783万吨、菜籽油为2865万吨、大豆油为5447万吨、葵花籽油为1754万吨、其他植物油（包括棉籽油、椰子油、橄榄油、花生油）为1733万吨（表14），分别占消费总量的34.5%、4.1%、14.9%、28.4%、9.1%和9.0%（图2）。

表14　全球主要植物油的消费量　　　　　　　　　单位：百万吨

消费品种	2014/2015	2015/2016	2016/2017	2017/2018	2018/2019 2月预测
椰子油	3.29	3.24	3.15	3.39	3.43
棉籽油	5.06	4.40	4.39	5.12	5.14
橄榄油	2.65	2.81	2.59	2.87	3.07
棕榈油	58.44	59.74	61.89	66.18	70.74
棕榈仁油	7.21	6.81	7.21	7.83	8.09
花生油	5.37	5.39	5.63	5.95	5.52
菜籽油	27.04	28.18	28.9	28.65	28.06
大豆油	47.73	52.12	53.41	54.47	56.32
葵花籽油	14.12	15.22	16.59	17.54	17.82
世界总量	170.92	177.92	183.74	191.98	198.19

注：资料来自美国农业部。

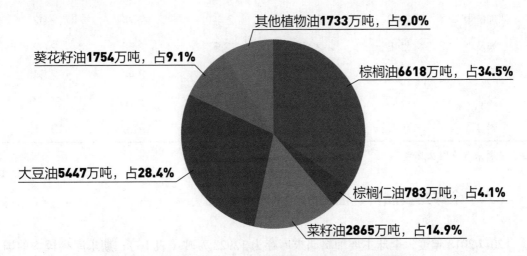

图2　2017/2018年度全球主要植物油消费情况比例图

2. 全球植物油主要消费国的消费情况

2017/2018 年度，中国、印度、美国、印度尼西亚、巴西和欧盟国家是全球植物油的主要消费国（表 15）。

表15　全球植物油主要消费国的消费情况　　　　单位：百万吨

消费国	2014/2015	2015/2016	2016/2017	2017/2018	2018/2019 2月预测
中国	33.60	34.72	35.73	36.87	37.72
欧盟国家	25.81	26.06	26.41	26.34	26.17
印度	19.88	20.99	22.02	22.28	23.00
美国	13.68	14.57	14.72	15.54	16.02
印度尼西亚	9.60	11.75	12.00	14.19	15.39
巴西	7.47	7.50	7.88	8.42	8.65
马来西亚	4.57	4.54	4.19	4.93	5.22
巴基斯坦	4.15	4.25	4.45	4.47	4.59
阿根廷	3.11	3.56	3.71	3.81	3.87
俄罗斯	3.24	3.31	3.40	3.48	3.62
泰国	2.49	2.44	2.70	2.98	3.09
墨西哥	2.56	2.65	2.74	2.84	2.96
孟加拉国	2.08	2.37	2.49	2.74	2.92
埃及	2.48	2.47	2.5	2.56	2.62
日本	2.36	2.36	2.42	2.44	2.54
其他	33.87	34.40	36.40	38.11	39.80
世界总量	170.92	177.92	183.74	191.98	198.19

注：资料来自美国农业部。

（六）全球主要油料、植物油期末库存情况

2017/2018 年度，全球主要油料期末库存为 12922 万吨（表 16）；期末库存较多的国

家为阿根廷、美国、巴西和中国（表17）。

表16　全球主要油料期末库存情况　　　　　　　　单位：百万吨

品种	2013/2014	2014/2015	2015/2016	2016/2017	2017/2018	2018/2019 2月预测
干椰肉	0.1	0.08	0.07	0.07	0.06	0.06
棉籽	1.67	0.88	1.39	1.84	1.28	1.17
棕榈仁	0.26	0.24	0.24	0.21	0.21	0.21
花生	4.25	3.53	3.73	3.89	2.72	2.72
油菜籽	7.26	6.16	4.99	6.88	5.97	6.11
大豆	79.29	80.35	95.76	98.09	115.33	106.72
葵花籽	2.9	2.65	3.35	3.09	3.65	3.94
世界总量	95.73	93.89	109.53	114.08	129.22	120.92

注：资料来自美国农业部。

表17　全球主要油料期末库存较多的国家情况　　　　单位：百万吨

国家	2013/2014	2014/2015	2015/2016	2016/2017	2017/2018	2018/2019 2月预测
阿根廷	28.74	28.36	29.01	26.71	43.02	31.37
美国	6.76	6.87	9.60	13.83	27.66	26.49
巴西	24.56	24.66	33.32	31.70	21.56	24.42
中国	18.86	18.34	21.92	24.87	21.03	22.47
欧盟国家	3.85	3.88	2.69	3.69	3.57	3.57
其他	12.95	11.79	13.00	13.28	12.39	12.61
世界总量	95.73	93.89	109.53	114.08	129.22	120.92

注：资料来自美国农业部。

2017/2018年度，全球主要植物油期末库存为2089万吨（表18），期末库存较多国家为印度尼西亚、马来西亚等国（表19）。

表18　全球主要植物油期末库存情况　　　　　　　　　　　单位：百万吨

品种	2014/2015	2015/2016	2016/2017	2017/2018	2018/2019 2月预测
椰子油	0.29	0.41	0.29	0.45	0.48
棉籽油	0.22	0.10	0.11	0.12	0.12
橄榄油	0.31	0.53	0.34	0.62	0.56
棕榈油	10.00	8.19	8.53	10.48	10.76
棕榈仁油	0.87	0.68	0.70	0.82	0.88
花生油	0.24	0.25	0.34	0.30	0.30
菜籽油	6.52	5.64	4.15	3.30	2.97
豆油	4.47	3.76	3.66	3.59	3.77
葵花籽油	2.61	1.68	1.76	1.20	1.48
世界总量	25.52	21.25	19.87	20.89	21.31

注：资料来自美国农业部。

表19　全球主要植物油期末库存较多的国家情况　　　　　单位：百万吨

国家	2014/2015	2015/2016	2016/2017	2017/2018	2018/2019 2月预测
印度尼西亚	2.72	2.50	1.79	3.39	3.86
马来西亚	2.96	1.73	2.28	2.83	2.90
中国	5.93	4.65	3.52	2.80	2.31
欧盟国家	1.86	1.79	1.80	2.17	2.19
美国	1.29	1.20	1.23	1.24	1.38
其他	10.76	9.38	9.25	8.45	8.66
世界总量	25.52	21.25	19.87	20.89	21.31

注：资料来自美国农业部。

（七）说明与体会

1. 关于年度的说明

在统计资料中，常常出现用"年度"的表述方法。在油料、植物油中，这种用"年度"的表述方法，各国存在一定的差异。例如，在本资料中，由于其数据是美国农业部提供的，根据美国的情况，其"年度"含义是：对油料而言，是指当年的9月至来年的8月；对植物油而言，是指当年的10月至来年的9月。

2. 关于资料的浅略

本资料的数据均是美国农业部提供的，其数据的正确度与可信度都比较高。以我国为例，2017/2018年度，我国主要油料（5种油料）产量为5949万吨，如果加上芝麻、亚麻籽和油茶籽3种油料的产量约为320万吨，则我国八大油料的实际产量为6200万吨左右，与我国的统计数字6209万吨相差无几；又如，在资料中，2017/2018年度，我国进口的主要油料为9622万吨，进口的主要植物油为865万吨，这与我国海关统计的（到2018年底），我国进口各类油料9448.9万吨，进口各类植物油808.7万吨，相差也不大；再如资料中称2017/2018年度我国主要植物油的消费量为3687万吨，如果加上玉米胚芽油、稻米油以及特种油脂的消费量，与我国国家粮油信息中心的市场分析数，2017/2018年度，我国食用植物油的总消费量为3849.6万吨，十分吻合。

3. 全球植物油供给的主导油品发生了较大变化

在植物油供给中，几十年来大豆油一统天下的格局发生了根本性的变化。2017/2018年度，棕榈油及棕榈仁油合计产量为7878万吨，占全球主要植物油产量19802万吨的39.8%。而大豆油的产量为5516万吨，占比下降到27.9%。另外，葵花籽油的产量逐年快速增长，2017/2018年度产量为1823万吨，占比达9.2%，仅次于棕榈油、大豆油和菜籽油的产量，并有继续上升的趋势。

4. 全球期末油籽、植物油库存充足，预示着油料、植物油价格稳定趋向

从资料中我们可以看到，2017/2018年度，全球油料期末库存为12922万吨，达到历史最高；植物油期末库存为2089万吨，与近年来期末库存相当。由此我们可以看到，全球主要油料和植物油供应充裕，主要油料和植物油价格将趋向稳定。

5. 中国是全球主要油料和植物油的最大进口国

以美国农业部提供的资料为准，2017/2018年度，中国进口的主要油料数量达9622万吨，占全球主要油料进口总量17547万吨的55.0%；进口主要植物油865万吨，占主要植物油进口总量7451万吨的11.6%。上述进口数据，充分表明中国是全球油料、植物油的最大进口国，在全球油料、植物油贸易中有着举足轻重的作用，并为全球主要油料、植物油的稳定发展做出了巨大贡献。

十一、长足发展的中国稻米油生产与装备制造

——在"第六届国际稻米油科学技术大会"上的主题报告

（2019 年 6 月 27 日　于广东广州）

摘　要：米糠是全球重要的油料资源，全球米糠资源多达 5000 万吨以上，稻米油是营养价值很高的食用油，充分利用米糠资源榨油，是造福人类的好事。中国是世界上最大的稻米生产国，据全国规模以上的大米加工企业统计，2014 年米糠资源多达 1461 万吨。中国的稻米油生产始于 1955 年，2018 年的产量约为 50 万吨，预计到 2020 年，稻米油产量有望达到 70 万吨以上。中国的油脂机械制造业产品质量高、门类齐全、性能可靠、技术经济指标先进、价格合理，深受国内外用户的赞扬。

关键词：米糠，稻米油，油脂机械

很高兴与大家一起相聚在美丽、开放和充满生机活力的中国广州，参加"第六届国际稻米油科学技术大会"，交流稻米油生产的技术与生产经营经验，促进国际稻米油产业的进一步发展。

现在，我以《长足发展的中国稻米油生产与装备制造》为题，给大家介绍些中国稻米油生产和装备制造业的发展情况，供参考。

（一）米糠是全球重要的油料资源

众所周知，稻谷与小麦、玉米一样，是全球最重要的粮食作物，大米、面粉及玉米制品是人们最重要的食粮。

据美国农业部提供的数据，全球 2017/2018 年度稻米的种植面积为 16260 万公顷，产量为 49507 万吨。其中，东亚、南亚和东南亚是稻米的主要生产地区，2017/2018 年度的稻米产量占全球总产量的 89%；美国、南美洲、非洲以及欧盟国家，2017/2018 年度的稻米的合计产量约占全球稻米总产量的 11%（表 1）。

表1 全球稻米种植面积及产量

国家/地区	面积/百万公顷		产量/百万吨	
	2016/2017	2017/2018	2016/2017	2017/2018
世界	162.35	162.6	490.94	495.07
北美				
美国	1.25	0.96	7.12	5.66
除美国外	161.1	161.64	483.82	489.41
东亚				
中国	30.75	30.75	147.77	148.87
日本	1.57	1.56	7.93	7.79
韩国	0.78	0.76	4.2	3.97
朝鲜	0.47	0.48	1.67	1.57
南亚				
印度	43.99	43.79	109.7	112.91
孟加拉国	11.75	11.27	34.58	32.65
巴基斯坦	2.72	2.9	6.85	7.45
尼泊尔	1.5	1.49	3.48	3.31
斯里兰卡	0.69	0.77	2.03	2.25
东南亚				
印度尼西亚	12.24	12.25	36.86	37
越南	7.71	7.69	27.4	28.47
泰国	10.25	10.68	19.2	20.37
缅甸	7.03	7.1	12.65	13.2
菲律宾	4.72	4.84	11.69	12.24
柬埔寨	3.1	3.18	5.26	5.4
老挝	0.97	0.96	1.95	2
马来西亚	0.7	0.7	1.82	1.82
南美洲				
巴西	1.98	1.97	8.38	8.21
秘鲁	0.42	0.42	2.19	2.1

续表

国家/地区	面积/百万公顷		产量/百万吨	
	2016/2017	2017/2018	2016/2017	2017/2018
非洲				
埃及	0.85	0.76	4.8	4.3
马达加斯加	1.48	1.43	2.44	1.98
尼日利亚	3.17	3.6	4.41	4.66
欧盟国家	0.44	0.43	2.09	2
伊朗	0.63	0.63	1.66	1.72
其他	11.21	11.24	22.83	23.18

注：数据来自美国农业部。

在稻米加工中，米糠（含米胚）是其最重要的副产物。按中国的实际情况看，每生产1吨大米，能得到100~110千克的米糠。根据2017/2018年度全球稻米产量为49507万吨推算，在稻米加工中全球约能得到5000万吨以上的米糠，米糠的含油量一般为18%左右（接近大豆的含油率）。

米糠（含米胚）是稻谷的精华，米糠含有稻谷中的大部分营养成分。因此，利用米糠制得的稻米油中富含维生素E、谷维素和植物甾醇等多种脂溶性生理活性物质，是营养价值很高的食用油。

综上所述，充分利用米糠资源不仅能为人类增产油源，做到不种田的"种田"，同时又能为人类增加一种优质食用油品，是一举两得、造福人类的好事。

（二）长足发展的中国稻米油生产

1. 中国米糠资源十分丰富

中国是世界上最大的稻米生产国和消费国。据中国国家粮油信息中心提供的数据，2018年中国稻谷产量为21213万吨。另据美国农业部提供的数据，2017/2018年度中国稻米产量为14887万吨，占全球稻米产量49507万吨的30.1%。

中国的稻米产量为宝贵的米糠资源提供了物质基础。据原中国国家粮食局2014年的统计，在全国9830家入统大米加工企业中，米糠的产量达1461万吨，这些丰富的米糠资源为我国生产稻米油提供了物质基础。

2. 长足发展的中国稻米油生产

回顾历史，中国利用米糠生产稻米油始于 20 世纪 50 年代。为解决油脂的供需矛盾，1955 年 2 月，原国家粮食部和商业部联合提出，要研究试验榨稻米油的意见，要求各省市商业和粮食部门具体负责总结、交流、推广工作。同年，根据上海、天津、武汉等城市的试验，实现年产稻米油 3000 多吨。随即，江苏省粮食厅决定，凡国家商品粮加工出的米糠，必须全部用作米糠榨油。在典型经验的引领下，我国稻米油生产开始起步；据不完全统计，1959 年上半年，我国稻米油产量曾达 1.45 万吨，但后来起伏较大，发展速度缓慢。

1972 年根据当时我国油脂市场的供需情况，原国家商业部在湖南长沙召开了"全国增产油脂经验交流会"，从此，在原国家计划委员会的大力支持下，在全国范围内开展了声势较大的以米糠和玉米胚芽榨油为中心的综合利用，并连续数年相继在湖南、广西、辽宁和黑龙江等省（区）召开了经验交流会，经过几年的努力，稻米油和玉米胚芽油的产量得到恢复和提升，为油脂市场的供给做出了贡献。但由于当时我国大米加工企业的规模偏小，米糠榨油难以形成规模生产，加上米糠保鲜技术不过关，米糠易发生酸败变质，加工中存在着电耗、物耗、溶剂消耗高等技术问题，制约着我国稻米油生产的发展，致使其产量一直徘徊在 3 万 ~5 万吨。

总结我国稻米油生产的经验，为从根本上解决制约我国稻米油发展的瓶颈问题，自 20 世纪 90 年代起，在原国家商业部主管部门的组织领导下，在各省市粮食厅局的支持下，在中国粮油学会油脂分会的协同配合下，在全国大专院校、科研单位和企业科技人员的参与下，针对稻米油生产的技术难点进行攻关，取得了突破性的科技成果，解决了长期制约着我国发展稻米油生产的技术瓶颈问题，总结出了"分散保鲜（膨化）、集中榨油（浸出）"和"分散榨油，集中精炼"等成功经验，并连续写入了"十二五"和"十三五"全国粮油加工业发展规划之中，提出了到 2020 年，将米糠榨油的利用率达到 50% 以上，为国家增产油脂。在上述措施和政策的推动下，近年来，我国稻米油生产有了长足发展，预计我国 2018 年的稻米油产量为 50 万吨以上，再经两年努力，到 2020 年，我国米糠榨油的利用率有望达到 50% 左右，稻米油产量有望达到 70 万吨以上。

（三）长足发展的中国油脂机械制造业

1. 中国是世界上最大的粮油机械制造国

大家都知道，中国是世界上最大的粮油加工国，也是世界上最大的粮油机械制造国，据中国国家粮食和物资储备局的统计，2017 年国家入统的粮油机械制造企业为 140

家，制造的产品总数为 822447 台（套），其中油脂加工主机 18083 台（套）、通用设备 152990 台（套）、粮油检测仪器 2714 台。这些门类齐全的产品，不仅能满足我国现代粮油产业经济发展的需要，还能远销世界各国。

2. 中国油脂机械制造业的发展水平集中体现了我国油脂加工业的发展水平

我国的粮油机械制造业是随着我国粮油加工业的发展应运而生的。我常说，我国粮油加工业的发展促进了粮油机械工业的发展，反之，粮油机械制造业的发展又保证了我国粮油加工业的快速健康发展。实践证明，粮油机械制造业的发展水平集中体现了我国粮油加工的发展水平。同样，我国油脂机械制造业的发展水平集中体现了我国油脂加工业的发展水平。

3. 长足发展的中国油脂机械制造业

根据我从事粮油行业工作 50 多年来的体会，中国油脂机械制造业是中国粮油机械制造业的重要组成部分，其产品品种之多、制造要求之高、科技含量之高为整个粮油机械制造业之首。

在全国 140 家粮油机械制造企业中，约有 50 家企业是生产油脂机械或为油脂机械生产配件或为成套设备提供配套设备的。其中最具代表性的著名油脂机械制造企业是江苏迈安德集团有限公司（以下简称迈安德集团）和河南华泰粮油机械股份有限公司（以下简称华泰公司），他们是油脂机械制造业的佼佼者。

自 20 世纪 90 年代起，尤其是进入 21 世纪以来，我国油脂机械制造企业的科技人员联合大专院校、科研院所和油脂加工企业的科技人员，针对油脂加工和设备运行中的热点难点问题进行联合攻关，取得了一系列的科技成果，为中国油脂加工业和油脂机械制造业达到世界先进水平做出了贡献。现在，中国的油脂机械制造业能制造出产品质量高、门类齐全、性能可靠、技术经济指标先进、价格合理的油脂机械设备，以满足国内外用户的需要。

4. 先进的米糠制油设备促进了稻米油生产的发展

为促进我国稻米油产业的发展，我国广大油脂科技人员，自 20 世纪 90 年代起，经过 20 多年的不懈努力，针对制约我国稻米油产业发展的瓶颈问题，诸如米糠易酸败变质，不易保存；米糠粉末度大，含米秕量高，浸出时渗透性差；毛油酸价高、颜色深、含蜡量高、难精炼；电耗、物耗、溶剂消耗高等进行了攻克，解决了一个个技术难题，推动了我国稻米油生产的快速健康发展。

以成套米糠浸出和稻米油精炼设备为例，迈安德集团和华泰公司提供的装备，其各项经济技术指标稳定可靠，深受国内外用户的赞扬。

　　前些日子，我有幸去华泰公司考察学习，看到了他们制造的成套米糠浸出和稻米油精炼设备，与过去相比，制造质量和各项经济技术指标让我震惊，并顺便向他们要了一套与用户签订合同时向用户承诺的经济技术指标。在这些指标中，最为显眼的是吨料米糠的溶剂消耗指标≤1千克/吨，是过去吨料米糠浸出的溶剂消耗5千克左右的1/5。这也反映出了目前我国米糠浸出和稻米油精炼的技术水平（表2~表6）。

表2　华泰公司成套米糠预处理、浸出车间的消耗指标

项目	消耗指标
电耗	≤29千瓦时/吨
蒸汽消耗	≤295千克/吨
溶剂消耗	≤1.0千克/吨
循环水消耗	≤220千克/吨

表3　华泰公司成套米糠预处理、浸出车间的成品指标

项目	预浸成品指标	备注
米糠膨化料水分/%	12~15	
米糠膨化料干燥后水分/%	7~9	
米糠膨化料干燥后温度/℃	40~50	
粕残油/%	≤0.8	
粕水分/%	12.5	可调
粕残溶/（毫克/千克）	≤300	
气味、滋味	具有稻米原油固有的气味和滋味，无异味	
水分及挥发物/%	≤0.15	
不溶性杂质/%	≤0.15	
酸价（KOH）/（毫克/克）	≤10	具体依据原料定
过氧化值/（毫摩尔/千克）	≤7.5	具体依据原料定
毛油残溶量/（毫克/千克）	≤80	

表4　华泰公司成套稻米油精炼车间的消耗指标

项 目	三级、四级油消耗指标	一级、二级油消耗指标
电 耗/（千瓦时/吨）	≤32	≤49
蒸汽消耗/（千克/吨）	≤120	≤200
酶消耗/（千克/吨）	≤0.04	≤0.04
柠檬酸消耗/（千克/吨）	≤0.65	≤0.65
碱消耗/（千克/吨）	≤0.5	≤2.0
软水消耗/（千克/吨）	≤30	≤100
白土消耗/（千克/吨）	≤40	≤60
活性炭消耗/（千克/吨）	≤4	≤6
废白土残油	≤23	≤23
皂脚残油	—	≤25
蜡中残油	≤25	≤25

表5　华泰公司成套稻米油精炼车间的成品指标

项目	一级油成品指标	二级油成品指标	三级油成品指标	四级油成品指标
色泽（罗维朋比色槽25.4毫米）			黄20 红2.0	黄30 红3.5
色泽（罗维朋比色槽133.4毫米）	黄20 红1.8	黄30 红3.5		
气味、滋味	良好	良好	良好	良好
透明度	澄清、透明	澄清、透明		
水分及挥发物/%	≤0.03	≤0.03	0.05	0.05
不溶性杂质/%	≤0.03	≤0.03	0.03	0.03
酸价（KOH）/（毫克/克）	0.15	0.2	0.8	2.0
过氧化值/（毫摩尔/千克）	1.0	2.0	3.0	4.5
加热实验（280℃）	—	—	无析出物	无析出物
含皂量/%	无	无	无	无

续表

项目	一级油成品指标	二级油成品指标	三级油成品指标	四级油成品指标
烟点/℃	215	205	—	—
冷冻实验（0℃储藏5.5小时）	澄清、透明	澄清、透明	—	—
溶剂残留量/（毫克/克）	无	无	无	无

注：①电耗是指浸出车间内的消耗，不含车间外围设备（如凉水塔、室外循环水泵等）的电耗。
　　②蒸汽消耗基于蒸汽表压8~10bar（G），且环境温度≥25℃。
　　③溶剂消耗基于商业正己烷且馏程66~69℃。

表6　华泰公司米糠预处理、浸出、稻米油精炼加工承揽成套项目一览表

序号	单位名称	项目内容	合同生效日期
		国外项目	
1	M/S.MRT Agro Products.BD（Bangladesh）	30吨/天米糠制油成套设备	2013年3月
2	Nahar Farmers Rice Bran oil industries ltd（Bangladesh）	100吨/天米糠制油成套设备	2015年4月
3	Cambodia Rice Bran Oil CO，ltd.（Cambodia）	30吨/天米糠制油成套设备	2016年11月
		国内项目	
1	安徽省金润米业有限公司	50吨/天米糠膨化50吨/天浸出成套设备	2005年4月
2	辽宁省灯塔市沈旦粮库	50吨/天米糠膨化50吨/天浸出成套设备	2005年5月
3	河南省信阳油脂公司	80吨/天米糠膨化80吨/天浸出成套设备	2005年9月
4	湖北省宜城市宇帆农产品有限公司	50吨/天米糠膨化50吨/天浸出成套设备	2005年9月
5	安徽省丰润油脂有限公司	100吨/天米糠膨化100吨/天浸出成套设备	2006年3月
6	河南省光山植物油有限公司	80吨/天米糠膨化80吨/天浸出成套设备	2006年4月
7	安徽省润发油脂有限公司	100吨/天米糠膨化100吨/天浸出成套设备	2006年5月
8	辽宁省盘锦市柏氏米业	80吨/天米糠膨化80吨/天浸出成套设备	2006年5月
9	安徽省凤凰油脂有限公司	80吨/天米糠膨化80吨/天浸出成套设备	2006年7月
10	安徽省中润粮贸有限公司	100吨/天米糠膨化100吨/天浸出成套设备	2006年8月
11	黑龙江宝清县万利油脂有限公司	100吨/天米糠膨化100吨/天浸出成套设备	2006年12月

续表

序号	单位名称	项目内容	合同生效日期
		国内项目	
12	安徽省思润谷物油精炼有限公司	100吨/天稻米油全连续物理精炼成套设备 200吨/天大豆油全连续物理精炼成套设备	2007年3月
13	福建金穗米业有限公司	50吨/天米糠膨化50吨/天浸出成套设备	2007年3月
14	辽宁省沈阳金稻饲料有限公司	50吨/天米糠膨化50吨/天浸出成套设备	2007年5月
15	安徽省鑫润油脂有限公司	100吨/天米糠膨化100吨/天浸出成套设备	2007年8月
16	安徽省潜山县渡民米业	100吨/天米糠膨化浸出成套设备	2007年10月
17	江苏苏州佳庆油脂有限公司	100吨/天稻米油全连续物理精炼成套设备 200吨/天大豆油全连续物理精炼成套设备	2007年11月
18	江苏南京天乐康油	50吨/天米糠膨化50吨/天浸出成套设备	2008年5月
19	江西宁都金润粮贸有限公司	80吨/天米糠膨化80吨/天浸出成套设备 20吨/天四级稻米油精炼成套设备	2008年5月
20	福建省天下农庄食品发展有限公司	150吨/天米糠膨化150吨/天浸出成套设备	2008年6月
21	辽宁省锦州市兴宇伟业工贸有限公司	100吨/天米糠膨化100吨/天浸出成套设备	2008年8月
22	黑龙江桦川县鑫泰粮油有限公司	100吨/天米糠膨化100吨/天浸出成套设备	2009年3月
23	江苏康之源油脂有限公司	100吨/天米糠膨化100吨/天浸出成套设备	2009年3月
24	辽宁省澳源油脂有限公司	100吨/天米糠浸出成套设备	2010年5月
25	福建省天下农庄食品发展有限公司	80吨/天稻米油全连续物理精炼成套设备	2010年5月
26	江苏丹绿米业有限公司	30吨/天米糠膨化、浸出， 20吨/天稻米油精炼项目	2010年10月
27	黑龙江绥化锦程粮油有限公司	100吨/天米糠膨化100吨/天浸出成套设备	2010年11月
28	吉林白城红财油脂有限公司	100吨/天米糠膨化100吨/天浸出成套设备	2011年5月
29	湖北省宜城市宇帆农产品有限公司	130吨/天菜籽、100吨/天米糠膨化预榨 100吨/天浸出成套设备	2011年5月
30	江南大学技术转移工程公司	30吨/天米糠膨化30吨/天浸出成套设备	2011年6月
31	四川广远鹏欣粮油有限公司	30吨/天米糠制油生产线成套设备	2011年7月
32	黑龙江哈尔滨三维农业开发有限公司	30吨/天稻米油精炼成套设备	2012年4月

续表

序号	单位名称	项目内容	合同生效日期
		国内项目	
33	黑龙江方正源泉粮油有限公司	30吨/天稻米油精设备改造	2012年5月
34	四川永和天发粮油有限公司	50吨/天米糠预浸、30吨稻米一级油精炼成套设备	2012年5月
35	安徽天长天鑫粮油贸易有限公司	100吨/天米糠膨化100吨/天浸出20吨/天稻米油精炼成套设备	2012年6月
36	辽宁省盘锦市德胜丰润农业开发有限公司	50吨/天米糠榨油膨化50吨/天浸出10吨/天稻米油精炼设备在建	2012年9月
37	河南迪一米业	100吨/天米糠榨油设备	2012年10月
38	吉林白城博泰实业有限公司	150吨/天米糠膨化150吨/天浸出设备20吨一级油精炼在建	2013年3月
39	益海嘉里（盘锦）粮油有限公司	12吨/天米糠蜡精制项目成套设备	2017年10月

我的发言到此结束。预祝会议圆满成功！谢谢大家。

十二、中国花生产业现状喜人，未来可期

——在"一带一路国际花生食品产业与科技创新大会暨中国粮油学会花生食品分会年会"上的主题报告

（2019 年 10 月 28 日　于辽宁沈阳）

很高兴来到沈阳，参加由中国粮油学会主办，由中国粮油学会花生食品分会承办的"一带一路国际花生食品产业与科技创新大会暨中国粮油学会花生食品分会年会"，与大家一起探讨花生食品产业的发展。现在我以《中国花生产业现状喜人，未来可期》为题发言，供参考。

（一）花生是全球五大油料作物之一

花生起源于南美大陆，属豆科，一年生草本油料作物，16 世纪传入我国。世界上以中国、印度、美国、印度尼西亚、塞内加尔、苏丹、尼日利亚、刚果（金）和阿根廷为主产国。据美国农业部提供的资料，2017/2018 年度全球花生产量达 4195 万吨（表 1），在全球五大油料作物中，花生产量仅次于大豆、油菜籽和葵花籽，排名第四。

表1　2013/2014年度至2017/2018年度全球花生产量　　单位：万吨

年度	2013/2014	2014/2015	2015/2016	2016/2017	2017/2018	2018/2019 2月预测
产量	4155	4123	4415	4493	4195	4187

（二）花生为中国八大油料作物之首

花生在中国亦称"落花生""长生果"。在我国花生品种资源丰富、种植范围广泛，除西藏、青海和宁夏外全国各地均种植，主要集中在黄淮海流域、东南沿海及长江流域，河南、山东、河北、广东、安徽、湖北、四川、吉林、辽宁和广西等省（区）是我国花生的主产区。在国家政策的鼓励下，近年来，我国花生产业的发展势头强劲，种植面积和产

量稳步增长。据国家粮油信息中心提供的资料，2017 年我国花生产量达 1709.2 万吨（表2），占全球 2017/2018 年度花生产量 4195 万吨的 40.7%，不仅稳居世界第一，同时也成为我国八大油料作物产量之首。

表2　2010—2017 年我国花生种植面积及总产量

年份	2010	2011	2012	2013	2014	2015	2016	2017	2018（预测）
种植面积/千公顷	4527	4581	4639	4633	4606	4616	4727	4850	4840
总产量/千吨	15136	15302	15792	16082	15901	15961	16361	17092	16930

注：根据国家粮油信息中心提供的资料加以整理制表。

　　中国不仅是花生的生产大国，也是花生及其制品的消费大国，在全球花生及其制品的进出口贸易中有着举足轻重的位置。根据美国农业部和中国中粮贸易提供的资料，2017/2018 年度全球花生出口量为 352 万吨，进口量为 325 万吨，其间我国进口花生 25 万吨、花生油 11 万吨；出口花生 15 万吨、出口花生制品 37 万吨（表3），占据全球花生及其制品进出口贸易中相当大的比重。

表3　我国花生及其制品进出口数量　　　　　　单位：万吨

年份	花生		花生油		花生制品	
	进口	出口	进口	出口	进口	出口
2008	0.97	23	0.59	1		
2009	0.24	24	2	0.98		
2010	1	19	7	0.78		
2011	6	17	6	0.87		
2012	2	15	6	0.82		
2013	2	13	6	0.74		
2014	3	14	9	1		
2015	13	13	13	0.93		
2016	46	12	11	0.94	0.17	29
2017	25	15	11	0.85	0.14	37

注：资料来自中粮贸易并加以整理。

（三）独占鳌头的中国花生加工业

1. 花生是优质食用油的生产原料

大家都知道，花生经剥壳后得到的花生仁（通常称之为"花生米"）占花生总重量的67%~73%，脂肪含量约为50%。在我国八大油料作物中，花生仁的脂肪含量仅次于芝麻，高于大豆、油菜籽和棉籽。

用花生仁制取的花生油，不仅具有我国消费者喜爱的香味，并富含甾醇、胆碱、维生素 E 和白藜芦醇等功能活性物质，是我国百姓公认的优质高中端食用油。我国每年用于榨油的花生不足产量的一半，制得的各类花生油产量为 270 万 ~300 万吨。据中国国家粮油信息中心预测，2018 年我国花生产量约为 1693 万吨，用于榨油的花生量为 800 万吨（占花生总产量的 47.3%），制得的花生油为 280 万吨（表 4）。另据美国农业部提供的数据，全球 2017/2018 年度用于榨油的花生为 1723 万吨，制得的花生油为 595 万吨（表5），全球用于榨油的花生量为总产量 4195 万吨的 41.1%。由此可见，我国用于榨油的花生比例 47.3% 略高于全球用于榨油花生的比例 41.1%；2018 年我国制得的花生油产量 280 万吨，约占全球 2017/2018 年度花生油产量 595 万吨的 47.1%。以上数据还表明，中国国家粮油信息中心提供的数据与美国农业部提供的数据十分吻合。

表4　2018年国产油料出油量预测　　　　　　　　　单位：千吨

品种	产量估计	压榨量	出油量	出油率/%	备注
油菜籽	13000	12000	4080	34.00	主要为浓香油
花生	16930	8000	2800	35.00	
棉籽	10973	9000	1170	13.00	
大豆	16000	4500	743	16.50	含大豆蛋白
葵花籽	3267	800	200	25.00	
油茶籽	2500	2400	600	25.00	
芝麻	373	200	80	40.00	
亚麻籽	445	350	105	30.00	
玉米油			1200		
稻米油			900		
其他			50		
合计			11928		

注：资料来源国家粮油信息中心。

表5　2013/2014至2017/2018年度全球花生产量、榨油量和花生油产量　　单位：万吨

项目	2013/2014	2014/2015	2015/2016	2016/2017	2017/2018
花生产量	4155	4123	4415	4493	4195
花生榨油量	1662	1673	1779	1836	1723
花生油产量	—	538	542	577	595

注：根据美国农业部提供的资料整理制表。

在花生油加工中，我国花生油加工企业多达数以百计，他们为中国花生产业的发展做出了贡献。几十年来，尤其是改革开放40年来，众多花生油加工企业通过艰苦创业，创新发展，造就出了一批大型花生油加工企业集团，山东鲁花集团有限公司是其中的佼佼者，据悉该集团2018年的花生油产量达80万吨，成为中国最大的花生油加工企业，也是全球最大的花生油加工企业。这是中国油脂界的骄傲！与此同时，培育出了鲁花、胡姬花等全国花生油著名品牌。

为推动粮油行业的品牌建设，在中国粮食行业协会、中国粮油学会、中国粮食经济学会组织的专项调查基础上，经专家委员会审核和业内公示，于2018年11月19日发布公布了2017年度花生油加工企业"10强"名单（表6），其中山东鲁花集团有限公司、益海嘉里投资有限公司和山东金胜粮油食品有限公司名列"10强"前三名。

表6　2017年度花生油加工企业"10强"名单

序号	单位名称
1	山东鲁花集团有限公司
2	益海嘉里投资有限公司
3	山东金胜粮油食品有限公司
4	青岛长生集团股份有限公司
5	山东龙大植物油有限公司
6	青岛天祥食品集团有限公司
7	广东鹰唛食品有限公司
8	山东兴泉油脂有限公司
9	山东玉泉粮油食品有限公司
10	河南懿丰油脂有限公司

2. 花生是优质食品的生产原料

花生不仅是优质食用油的生产原料，也是优质食品的生产原料，花生是中国百姓用量最大、食用最普遍、消费者最喜爱的干果食品。我国花生食品种类繁多，各类炒烤花生果、油炸花生米，五香、草香、奶油花生米，咸花生、花生酱，以及琥珀花生、花生酥、花生粘、鱼皮花生等众多花生食品和花生糖果，这些琳琅满目的产品都是中国百姓喜爱的花生食品。

综上所述，我们可以自豪地讲，中华民族是世界上最会利用花生加工成多种花生油和丰富多彩各类花生食品的民族，我国也是世界上当之无愧的花生加工利用强国。

（四）发展高油酸花生并跑全球花生产业发展新趋势

在我国，高油酸花生是指其脂肪酸组成中油酸含量超过 73% 的花生品种；高油酸花生油是指用高油酸花生制取的花生油，且其油酸的含量占脂肪酸总量 73% 以上的花生油（通常为 73.0%~87.0%）。与普通花生油中油酸含量为 35.0%~69.0% 相比较，油酸含量明显提高，其营养成分可与橄榄油和油茶籽油媲美。

高油酸花生的育种起步于 20 世纪末，现已成为全球花生产业发展的新趋势、新亮点。经过 20 多年的努力，全球范围内已经育成了 130 多个高油酸花生品种，分别在美国、中国、阿根廷、巴西、澳大利亚等国家种植。到 2017 年底，我国已育成高油酸花生品种 43 个。

随着高油酸花生品种的育成，高油酸花生的种植面积逐渐扩大。据有关资料介绍，目前美国高油酸花生的种植面积约为 300 万亩，占美国花生种植面积 30%，且种植面积在不断增加；阿根廷是世界上花生的主要出口国，高油酸花生的种植面积已占该国花生种植面积的 80% 以上；澳大利亚已经全面推广种植高油酸花生，实现商品化生产。

我国高油酸花生的研发和推广应用走在世界前列，山东省花生研究所、河南省农业科学院、河北省农林科学研究院以及鲁花集团、金胜粮油等科研院所和大型企业，在高油酸花生品种的选育和推广应用上，做出了突出贡献。我国高油酸花生的主产区为河南、河北、山东、辽宁、安徽等省，种植品种主要为花育系列、豫花系列、冀花系列、远杂系列、开农系列等品种。目前，我国高油酸花生生产主要以种子扩繁为主，少部分用于食用油和食品加工。据河南省经济作物推广站提供的资料，2017 年我国高油酸花生的种植面积已达 200 万亩，种植面积逐年增加，发展势头十分看好。

随着我国高油酸花生种植面积的不断扩大，以鲁花集团和金胜粮油为代表的高油酸花生油已经问世，为消费者提供了更加优质的花生油。我们欢迎高油酸花生油的问世，并期待高油酸花生在花生油和花生食品市场上的比重不断提升。

最后，预祝会议圆满成功，谢谢大家！

第七章

中国粮油学会油脂分会和产业联盟工作

一、第 24 届学术年会主题——创新转型发展功效

——在"中国粮油学会油脂分会第 24 届学术年会暨产品展示会"上的开幕辞

（2015 年 9 月 12 日　于湖北武汉）

尊敬的张桂凤理事长，各位专家、各位企业家、各位代表：

大家上午好！

今天，我们欢聚在美丽、富饶的江城——武汉召开"中国粮油学会油脂分会第 24 届学术年会暨产品展示会"。参加本次会议的有从事油脂油料生产、加工、营销、科研、教育、管理等方面的领导、专家和企业家；有从事制油机械设备、检测仪器和助剂等方面的生产商和供应商以及粮油行业的相关企业、新闻媒体的代表约 500 人。这是中国粮油学会油脂分会自 1985 年成立以来的第 24 次盛会。借此机会，我代表中国粮油学会油脂分会对大家的到会和对中国粮油学会（以下简称学会）工作的支持表示最热烈的欢迎和衷心的感谢！

各位代表，为开好本次年会，今年 4 月，我们在长沙召开了会长办公扩大会议，确定了本次年会的主题是"创新、转型、发展、增效"。会后，油脂行业的广大科技人员和企业围绕年会主题，积极撰写论文，截至 8 月 15 日，学会办公室共收到论文 120 多篇，其中 111 篇汇编在本届年会的论文集上；19 篇论文将作为大会发言交流材料。为使会议达到预期目的，会上我特邀了何东平、王兴国和刘玉兰三位著名教授，他们将围绕当前大家关心的问题，以《标准与行业发展》《食用油的营养与健康》和《食用油质量安全的控制》为题，给大家作专题报告。与此同时，会上还将举办制油设备、检测仪器和植物油加工产品的展示会，以宣传企业形象、提高产品品牌的知名度。总之，会议的目的是为大家搭建一个交流、学习的平台。我们相信，经过大家的努力，会议一定能达到预期目的，大家一定会有所收获。

各位代表，在今年的会长办公扩大会议上，决定要发展一批学会的个人会员，并对积极支持学会工作，个人会员满 20 人以上的单位赠送"会员之家"的横匾。会后，在执行会长何东平教授团队的辛勤努力下，出色地超额完成任务，使分会新增个人会员 2062 人，成为学会各分会中个人会员最多的分会，其中有 40 家企事业单位的个人会员数在 20 人以

上。等一会儿，我们将分别给他们颁发"会员之家"的横匾。

借此机会，我还想再强调一下学会要始终重视发展个人会员的问题。大家知道，中国粮油学会是以从事粮食和油脂科学研究、从事粮油工业生产技术管理的企事业单位和以科学技术工作者为主体的跨行业、跨地区、跨部门的群众性学术团体，是粮油科学技术人员之家，也是粮油企业之家。为广大会员和粮油科学技术工作者服务是学会工作的宗旨之一。发展会员是我们首要做好的工作，是学会的根基。油脂分会自成立以来，在学会的关心支持下，对发展会员的工作是重视的，至今已有团体会员291家，个人会员2652人。但相比之下，发展个人会员的工作有些跟不上形势。通过今年努力，个人会员由去年的590人增加到目前的2652人，我们弥补了这一缺陷。今后，我们要把发展个人会员工作作为学会的重要工作，并使之常态化。根据油脂分会的实际，我认为，今后发展个人会员的重点应放在以下三个方面：一要重视发展青年油脂科技人员入会，包括从事油脂科学研究、加工、管理的刚毕业的大学生、在校研究生、博士生等，因为他们是中国油脂行业的未来和希望，也是学会的未来和希望。二要重视在企业中发展个人会员，他们是我国油脂科研和油脂加工业发展的践行者，他们有着丰富的理论与实践相结合的经验，是我国油脂科技和油脂加工业健康发展的基本力量。三要重视发展在其他行业中从事油脂工作的科技人员成为会员，他们是油脂界走出行业、学习交叉科学、借鉴交叉行业所长的依靠力量。总之，希望大家继续努力，把发展个人会员的工作做得更好，使油脂分会真正成为油脂科技人员之家。

各位代表，本次会议在武汉召开，为保证会议的顺利召开，会议自始至终得到了武汉轻工大学的大力支持；得到了协办单位中国农业科学院油料作物研究所、中粮武汉科学研究设计院有限公司、武汉食品化妆品检验所、湖北奥星粮油工业有限公司、湖北天星粮油股份有限公司、武汉轻工大学油脂与植物蛋白科技创新团队的鼎力相助，以及有关媒体单位的热情支持。对此，我代表学会和全体与会代表对他们表示衷心的感谢！

最后预祝本届年会圆满成功，谢谢大家！

二、发挥联盟作用，推动亚麻籽油产业健康发展
——在"2016 年第二届亚麻籽油产业联盟大会暨产业发展论坛"上的开幕辞

（2016 年 8 月 8 日　于内蒙古锡林郭勒）

尊敬的各位领导、各位专家、各位企业家：

大家上午好！

今天是 2016 年 8 月 8 日，是一个吉祥的日子，我和中国粮油学会油脂分会的有关领导很高兴来到美丽的内蒙古锡林郭勒盟太仆寺旗，参加由内蒙古自治区锡林郭勒盟行署、西安中粮工程研究设计院有限公司、亚麻籽油产业联盟联合主办，由内蒙古自治区锡林郭勒盟太仆寺旗政府、锡林郭勒盟红井源油脂有限责任公司承办的"2016 年第二届亚麻籽油产业联盟大会暨产业发展论坛"，与大家一起商讨亚麻籽油产业的发展大计。本次会议在锡林郭勒盟召开，这里不仅有着"天苍苍，野茫茫，风吹草低见牛羊"的诗意美景，也迎来了大家为了推动亚麻籽油产业持续健康发展的再次相聚。借此机会，我代表中国粮油学会油脂分会对大会的顺利召开表示最热烈的祝贺，对参加大会的各位同仁表示诚挚的问候！根据会议的主题，现在我以《发挥联盟作用，推动亚麻籽油产业健康发展》为题，介绍些情况和讲点意见，供参考。

（一）我国是亚麻籽油的生产、加工和消费大国

众所周知，亚麻籽是我国特种油料的重要代表，也是我国八大油料之一。我国亚麻籽种植面积和总产量仅次于加拿大，居世界第 2 位。亚麻在中国已有 600 多年的栽培历史，当前主要分存在中国的华北、西北地区，以内蒙古、山西、甘肃、新疆四省（区）产量最大，吉林、河北、陕西、青海次之，西南地区的西藏、云南、贵州等地也有零星种植。亚麻在中国的种植面积在 65 万 ~70 万公顷，年产量约为 40 万吨。内蒙古平均年播种面积为 130.3 万亩，产量为 6.5 万吨，占全国亚麻面积和产量的 17% 左右。内蒙古作为我国亚麻重要的种植地区，与其他地区相比，还没有完全将这一地域独特的优势集中发挥出来，作为特色农业产业优势。这充分表明内蒙古的亚麻油产业有着非常大的发展前景和空间。

亚麻籽含有丰富的油脂，其中脂肪含量占亚麻籽仁的 60% 以上。亚麻籽油中不饱和脂肪酸占 80% 以上，是富含 ω-3 和 ω-6 不饱和脂肪酸功能性油脂的重要来源，具有很高的经济价值及保健作用。

随着社会的发展和人民生活水平的提高以及科学研究的不断深入，亚麻籽油的营养保健功能越来越引起人们的重视，我国国产亚麻籽油的数量已不能满足市场的需要，需要通过适量进口才能满足市场消费要求。据海关数据显示，2014/2015 年度，我国进口亚麻籽 37 万吨、进口亚麻籽油 1.7 万吨，合计折油量已超过国产亚麻籽的产油量。由此可见，中国是亚麻籽油的生产大国、进口大国、加工大国和消费大国。

（二）亚麻籽和亚麻籽油是营养价值很高的食物

大家都知道，亚麻籽油的营养价值很高，其重要的原因之一是亚麻籽油中富含 α- 亚麻酸。据检测，亚麻籽油中 α- 亚麻酸含量高达 53%。α- 亚麻酸是人体必需脂肪酸之一，在人体内可转化为二十碳五烯酸（EPA）和二十二碳六烯酸（DHA），它们为鱼油中的有效活性成分。α- 亚麻酸有抗肿瘤、抗血栓、降血脂、营养脑细胞、调节自主神经等作用，受到广泛的关注。亚麻籽油中还含有维生素 E，维生素 E 是一种强有效的自由基清除剂，有延缓衰老和抗氧化的作用。亚麻籽中含有大量多糖，多糖有抗肿瘤、抗病毒、抗血栓、降血脂的作用。亚麻籽中含有类黄酮 23 毫克 /100 克。类黄酮化合物有降血脂、抗动脉粥样硬化的良好作用。亚麻籽中还含有丰富的矿物元素，其中钾含量最高，比高钾食物橙子、花生仁、虾米的含量高出很多，钾与维持人体正常血压有关。另外，亚麻籽中锌的含量也较高，锌为人体必需的微量元素，对维持人体正常的生理功能具有重要作用。综上所述，亚麻籽及亚麻籽油具有很高的营养价值，可作为加工食品和医药的重要原料，综合利用开发前景广阔。

（三）要进一步发挥亚麻籽油产业联盟的作用

为推动油脂行业的持续发展，近年来，在国家政策的鼓励下，油脂行业相继成立了不少产业联盟。亚麻籽油产业联盟自去年 5 月成立以来，积极开展活动，做了不少工作，是全国各油脂行业联盟中搞得最好、最有生机的联盟。今天，在西安中粮工程研究设计院有限公司的推动下，来自全国各地的 30 多家包括科研院所、大专院校、生产企业积极参加"2016 年第二届亚麻籽油产业联盟大会暨产业发展论坛"，这是一件很有意义的事情。为了推动亚麻籽油产业持续健康发展，我认为进一步发挥亚麻籽油产业联盟的作用是十分重要的，对此我对联盟的健康发展提几点建议。

（1）联盟要紧紧围绕着"一联二盟"做好文章，也就是要把从事亚麻籽油产业的生产、加工、科研等单位联合起来，真正做到在联盟中大家是朋友，其目的都是为了推动亚麻籽油产业的发展，多做工作，献计献策。

（2）联盟要始终坚持以企业为主体、市场为导向、产学研相结合的技术创新体系；要坚持创新驱动，提升企业的自主创新能力和产业核心竞争能力，促进亚麻籽油产业的优化升级，达到企业发展壮大的目的。

（3）联盟要经常组织企业、大专院校、科研机构等围绕亚麻籽油产业技术创新的关键问题、急需问题，通过开展技术合作、联合开发等途径突破产业发展的技术瓶颈和发展中的难题，形成产业技术标准；在联盟内提倡实行知识产权共享和合理实施技术转移，加快科技成果的转化、落地。

（4）联盟要不断研究亚麻籽油产业在发展中存在的问题和解决方法，积极向有关部门反映情况，争取政策上的支持，确保亚麻籽油产业的健康持续发展。

最后，预祝会议圆满成功，谢谢大家。

三、三十五载弹指间，牢记初心开新篇

——发表于"中国粮油学会油脂分会第 29 届学术年会"论文集

（2020 年 10 月 1 日 于北京）

1985 年的金秋十月，全国油脂科技工作者来到了伟大祖国首都——北京，成立了渴望已久的中国油脂界的学术组织——中国油脂学会（1986 年后更名为中国粮油学会油脂专业分会，后又改名为中国粮油学会油脂分会）。油脂分会成立后，始终坚持党的领导，认真贯彻执行党的方针、政策；坚持以经济建设为中心，努力促进油脂科技与油脂工业的发展，为推进油脂科技进步和振兴油脂工业服务；坚持为广大会员服务，为油脂科技工作者服务，为团体会员服务，为"科技兴粮"做出应有的贡献。

油脂分会成立以来，在中国科学技术协会的指导下，在原商业部、原国内贸易部和原国家粮食局的关怀下，在中国粮油学会的直接领导下，在原挂靠单位国家粮食局西安油脂科学研究设计院和现挂靠单位国家粮食和物资储备局无锡科学研究设计院的支持下，经过广大油脂科技工作者、团体会员单位和历届理事会的不懈努力，坚持"三个服务"，紧密结合油料油脂生产、加工、流通和综合利用中的科技热点、难点问题，广泛开展国内外学术交流研讨，积极进行各种技术咨询和培训活动，推进油脂工业的技术进步，促进科技人员、学者与企业之间的技术合作，促进油脂科学技术人才的培养和成长，为油脂科技的繁荣和油脂工业的发展做出了贡献，取得了辉煌的业绩。

（一）油脂分会在创建时期所做的主要工作

20 世纪 80 年代中国油脂工业步入昌盛时期，全国油脂科技情报网（中国粮油学会油脂专业分会的前身）的建立、油脂工业的发展、油脂科研机构的增多和油脂科技研究的活跃，促使国内外的学术交流、信息交流、经验交流活动越来越频繁。为了加强对这些活动的组织领导，1975 年原商业部发文通知，成立全国油脂科技情报网，由全国中心站和各省级站联合组成，中心站设在陕西省油脂科研所（原粮食部西安油脂科学研究所在"文革"期间并入该所）。全国油脂科技情报网成立后，先后三次在浙江海宁、江苏无锡和江西九江成功召开了"全国油脂专业学术交流及科技情报工作会议";编辑出版了情报网刊《油脂工业》（曾改名为《油脂科技》），是《中国油脂》的前身。在情报网开展的活动中，为适应我国油脂科技、油脂工业和广泛开展国内外油脂领域学术交流的需要，油脂界的专家们强烈呼吁尽快成立中国油脂学会。

党的十一届三中全会以来，随着社会主义现代化建设的蓬勃发展、科学技术的进步，油料、油脂生产逐年大幅度增长，多种联产品、副产品的开发及应用发展较快，油脂科技已渗透到工业、农业、国防、医疗卫生、商业等领域中，在科研、教学、生产、管理、贸易等方面有很大发展，已形成一支比较齐全、完整的科学技术体系和庞大的科技队伍，这支队伍做出了卓有成效的工作，取得了可喜的成绩，有力地促进了油脂行业的技术改造和技术革新，为中国油脂学会的建立奠定了基础，形势的发展对成立油脂专业学会提出越来越迫切的要求。

1983年11月16日，全国14位油脂专家、学者联名上书原商业部党组，提出了《关于成立全国油脂学会的建议报告》，得到了部党组的重视，经部办公会议讨论，同意成立包括油脂专业学会在内的中国粮油学会，并得到了中国科学技术协会的批准。根据商业部（1984）商科技字第105号文《关于召开商业专业学会筹备工作会的通知》精神，全国油脂科技情报网于1984年12月19—21日在北京召开了筹备单位负责同志会议，会上初步研究讨论了专业组设置、学会章程及筹备成立大会事宜等。随后，商业部科技司（1985）商科技第59号文同意召开筹备工作会议，同意成立油脂、粮食贮藏、饲料、食品四个专业分会作为中国粮油学会的二级学会。根据上述精神，受原商业部委托，原商业部西安油脂科学研究所负责油脂专业学会的筹备工作，于1985年7月10—12日在北京召开了学会成立筹备会议，通过民主协商，组成了筹备组，提出了理事会候选人名单，确定了成立大会的有关事宜。经过一个多月的紧张准备工作，中国粮油学会油脂专业分会（当时曾称中国油脂学会）于1985年10月5日召开了成立大会，并推选了以名誉顾问：于若木；名誉会长：汤逢；会长：王瑞元；副会长：曲永洵（常务）、田仁林、厉秋岳；秘书长：丁福祺等为代表的学会领导班子。由此，盼望已久的中国粮油学会油脂专业分会成立了，这是油脂界的一件大事，它的成立，对中国油脂科技和油脂工业的发展起到了十分重要的作用。

油脂分会在筹备时期还开展了一系列在行业内有影响的活动，其中1983年10月在九江召开的"第三次食用油脂专业学术交流会"，是在中国油脂发展史上有重要意义的学术交流会。这次会议无论从与会人员的构成，还是从讨论内容的深度和广度上，都可以说是中国粮油学会油脂专业分会成立前的一次重要的预备会。

这次交流会所处的经济形势也是前所未有的，当时正是党的十一届三中全会召开后的第4年，随着农村经济改革开放政策的落实，油料生产出现了前所未有的大好形势，油料连年增产，产量达到了历史最高水平。油料生产的发展既为油脂工业提供了充足的原料，也为油脂科技的发展提出了许多新的课题，涌现出了一大批科研和技术新成果。特别是"浸出法制油"被列为国家"六五"计划期间重点推广的 40 项科研成果之一，浸出法制油在全国得到较快的推广。

在这次交流会上，王瑞元会长就《中国油脂工业的现状与发展趋势》作了主题报告。在此基础上，代表们就中国油脂工业的发展前景进行了广泛的讨论，大家通过分析中国油脂工业的现状，从调整市场发展油脂工业、利用先进技术改变生产面貌、开展综合利用增加产品、制订企业管理制度提高管理水平、发展粮油机械制造工业、重视人才培养壮大科技队伍六个方面，充分肯定了新中国成立以来 30 多年取得的巨大成绩。同时指出中国油脂工业在油厂生产规模、浸出制油技术、油脂精炼技术、油料蛋白开发利用、油脂制品等方面，与世界先进水平相比存在不同程度的差距。根据这一现实，提出了油脂工业到 2000 年的奋斗目标和重点任务。

（1）继续扩建和新建一部分油厂，国营油厂年油料加工能力扩大到 2500 万吨，以适应油料生产的发展。

（2）大力推广浸出制油技术，基本实现制油工业浸出化，到 2000 年国营油厂的浸出制油能力达到总能力的 70%。

（3）提高油脂精炼技术，增加油脂精炼能力，到 2000 年增加精炼能力 200 万吨，城镇居民供应的食用油将达到一级油（国家标准 1981 年版）以上的标准。

（4）发展油脂制品生产，增加花色品种，到 2000 年能生产人造奶油、起酥油及其他专用油脂 30 万吨以上。

（5）积极开展利用油料蛋白，主要是大豆蛋白和花生蛋白的利用，以供人们食物结构调整的需要。

（6）进一步搞好综合利用，提高油脂工厂的经济效益，增加社会效益。

（7）节约能源，提高各项技术经济指标。

为了保证实现上述任务，代表们认为，根据中国的国情油脂工业应该采取以下措施。

（1）国营油厂与社队油厂之间要有一个粗线条的分工，避免重复建厂。

（2）合理调整国营油厂的布局，适当发展较大规模的油厂。

（3）有计划地、分期分批地对现有油厂进行技术改造。

（4）加强油脂科学研究，进一步填补国内空白。

（5）搞好粮油机械生产，为油脂工业提供新的装备。

（6）加强标准化工作，建立健全质量监督检验体系。

（7）加强技术培训，提高职工素质。

以上建议对于原商业部粮油工业局制定中国油脂行业发展规划，具有重要参考价值。

这次交流会还就当时中国科学技术大学钱生球讲师推出的科研成果，即所谓的"多维营养油"进行了热烈的讨论。代表们对"多维营养油"的分子重整理论及其工艺条件提出质疑，慎重起见，代表们认为应从理论和实践上作进一步的探讨与研究，后因新闻界的公开、夸大宣传，使一个学术问题演变成一场"多维营养油"的科学性和经济真实性的大辩论。

（二）积极开展学术交流，促进行业科技进步

30多年来，学会始终注重发挥学术交流的主渠道作用，积极组织多种形式的学术交流活动。至今，学会已召开了二十五届学术年会；举办过45次各类专题研讨会；组团参加了国际、国内大型技术研讨会、交流会达68次，参会人员多达20000多人次；征集论文3600余篇；大会交流论文900余篇；出版《论文集》25部。学术交流和各类技术研讨会的内容涵盖油料生产、油脂制取、精炼、储藏等新工艺、新设备、新技术；特种油料等新油源的开发利用及油脂副产品的综合利用；以大豆为重点的油料蛋白和功能性产品的制取与利用；专用油脂、功能性油脂的开发和油脂精细化工产品的研究；油脂的营养与健康；油脂油料的检化验及标准的制修订；油厂的安全生产、节能减排和环境保护；油脂油料的经济贸易；油脂企业的现代管理与油脂科技信息等。与此同时，组织专家积极参与总会编写的《粮油食品营养与健康知识百问》和《粮油食品安全与营养健康知识问答》中有关油脂方面问答；鼓励各地油脂专家撰写科普文章，并在当地电视台讲解或报纸上发表，收到了良好的效果。通过上述活动，努力使学会成为"学术交流的主渠道，科普工作的主力军和国际科技交流的主要代表"，使学会成为油脂界的科技工作者之家。在学术交流活动中，对行业影响较大的年会和国际、国内研讨会如下。

（1）1990年在武汉召开的"第二次会员代表大会暨第三届年会"，共收到论文97篇，大会交流18篇。代表们就油脂制备、油脂加工、油脂化工、营养、环保、信息、油料蛋白等学科进行了广泛的交流。对"八五"期间中国油脂工业要努力做好油厂的技术改造、调整产品结构、增加新产品、油厂要向油脂化工方向延伸、积极开展油料蛋白的利用、强化油厂管理等工作提出了很好的建议。

在年会期间，与会专家就进口植物油失控，冲击我国油脂工业和油料生产发展问题，向国务院有关领导发出呼吁，67名专家联名向国务院姚依林和田纪云副总理写了一封信，主要内容包括：严格控制植物油进口，并纳入国家计划渠道，设立进口许可证制度；改进口油脂为进口原料，并制定相应关税保护政策；大力开发国内油料资源（如米糠、玉米胚芽油料），每年可增产油脂50万吨左右，国家可对这方面资源采取税收优惠鼓励政策，以弥补食用油部分缺口，减少进口量；农业部要加强培育推广优质油料品种，提高单产和

总产，这是长远之计。

事后，国务院领导高度重视，田纪云副总理作了批示，对抑制当时进口植物油的失控现象起到了重要作用。

（2）1994年10月6—9日，学会在大连市召开了第三次会员代表大会，来自全国35个省、市、区的200多位代表出席了会议。这次会议是在改革开放进入到一个全新的阶段，市场经济已经发展到了一定规模并逐步走向成熟的条件下召开的。特别是从20世纪90年代以来，许多油脂企业已经先后同外国企业进行了合资，这些企业无论在产量上还是在质量上，都给国内油脂界带来了一种全新的感觉，这次会议也为他们的代表提供了一次交流的场所。与会代表在听取上届理事会工作报告，选举产生了第三届理事会及其常务理事会，提出了下届理事会工作设想和1995年的工作计划等。此外，会议还就新形势下的学会会刊《中国油脂》编辑工作和团体会员工作进行了专门讨论。

会议回顾了学会10年来所走过的历程。大家认为，学会做了大量富有成效的工作。学会成立以来，恰好是中国改革形势空前大好的时期，学会从小到大，健康发展，勇于开拓，开创了中国油脂事业的新局面，学会的积极作用和越来越广泛的影响，已经越来越深入人心。

（3）1996年10月8—10日在江苏省常熟市召开了油脂分会第六届学术年会，来自全国油脂界的专家、学者、工程技术人员及有关人士等440多位代表出席了会议。会上首先传达了全国粮食科技工作会议精神；报告了学会1996年度所做的工作。接着会议着重进行了学术和适用技术交流，开展了制油机械产品展示活动，同时，召开了学会联络站和团体会员座谈会。大家对学会的工作表示满意，给予高度评价，这届年会的特点如下。

①交流的论文内容新颖。会议收到交流论文70多篇，其中在大会上交流的有42篇，大多反映了新的研究成果和技术开发成果，如油脂小包装技术、磷脂保健功能的新认识、国内第一台$\phi 800 \times 1500$轧坯机、泽尼斯炼油法的实践、菜籽饼粕制作饲料酵母技术等。

②紧密结合经济建设，适用技术交流份量增大。

③特邀了4家国外著名公司的专家介绍了油脂生产新技术、新工艺、新设备及新的研究成果。

④有30多家企业通过大会宣讲、展板、实物展示和演示宣传介绍了产品。

这届年会通过交流，向大家提供了信息，增进了相互了解和友谊，促进了国内外油脂科技合作和油脂工业的技术进步，推动了中国油脂事业的发展。

（4）油脂分会第10届年会于2000年12月18—20日在广东省汕头市召开，来自全国油脂界的专家、学者及企业界的500多位代表参加了会议，国外几家油脂机械及相关机械制造商的驻华代表也出席了大会。大会由油脂分会会长王瑞元致开幕辞，中国粮油学会理事长白美清到会并作重要讲话，中国植物油总公司原总经理文绍星就中国油脂市场和中国加入世界贸易组织后油脂市场面临的形势作了重要报告，武汉工业学院刘大川教授作了《大豆资源综合开发产业化》、国家粮食储备局西安油脂科学研究设计院刘世鹏高级工程师作了《中国油脂科技回顾及展望》、北京市油脂公司李志伟高级工程师作了《要重视研究西部大开发及其带给我们油脂行业的机遇》、郑州工程学院张根旺教授作了《生物活性物质共轭亚油酸（CLA）的研究——CLA 的生理活性和应用前景》的学术报告，受到了与会代表的欢迎。本次大会共收到学术论文 78 篇，大会交流 5 篇，其余 70 多篇论文进行了分组学术交流，由《中国油脂》杂志社在会前集中出版论文集（2000 年第 6 期），论文涉及油脂行业发展战略、油脂行业加入世界贸易组织后的对策以及油脂预处理、油脂浸出、油脂精炼、油脂化学与加工、油料蛋白与综合利用、油脂营养与环保等方面。同时，大会还举办了现场技术咨询答疑会，会议学术气氛浓郁，与会代表对一些大家关心的国家相关产业政策，轧坯机、油脂加工、油脂抗氧化、食用蛋白以及国内市场上出现的假冒伪劣产品等有关问题进行了提问，专家们对代表的提问进行了详尽的解答，取得了较好的效果。

（5）2001 年 10 月 17—20 日在大连市召开了中国粮油学会油脂专业分会第 11 届年会，来自全国油脂界的专家、学者及企业界的代表共 560 人参加了会议，国外几家油脂设备及相关机械制造商的代表也出席了大会。

会上，王瑞元会长作了《新世纪我国油脂工业的发展和当前值得注意的几个问题》的报告。报告中，回顾了中国油脂工业的发展历程，特别是近 10 年来，中国油脂工业发生了翻天覆地的变化，有了突飞猛进的发展。列举了我国油脂工业在油脂产品质量上、技术经济指标上、制油设备、制造水平上以及科研和设计能力上有了很大提高，第一次庄严地宣布："21 世纪初的中国油脂工业已接近或达到国际先进水平"，这是我国油脂界几十年辛勤劳动的结果。

这次会议是中国油脂工业进入 21 世纪后召开的首届年会，是在中国油脂行业进入新世纪，迎接新挑战的时候召开的一次重要的学术会议，年会的召开对进一步促进中国油脂工业的健康发展具有重要意义。

（6）2003 年 7 月 17—20 日，油脂分会在浙江省德清县召开了"2003 年中国粮油学会油脂分会常务理事扩大会议"，到会的有油脂分会的常务理事和部分理事共 40 多人。会议根据中国粮油学会的统一部署，组织油脂界的专家学者就到 2020 年中国油料加工和油脂加工业发展规划进行了讨论，形成了《2020 年中国植物油料加工和油脂加工技术研究发展规划意见》；会议期间进行了中国油脂专业优秀论文的评选工作，会后，油脂分会共向中国粮油学会推荐优秀论文 30 篇；油脂专家学者还对油脂新标准颁布后对我国油脂工业的影响进行了研讨，并形成了一份"建议"；会议还对我国溶剂油的质量指标进行了研讨，提出了相关建议，供有关部门制定标准时参考；会议期间代表们参观了浙江德清新市油脂股份有限公司 1200 吨 / 天双低油菜籽加工生产线，并应德清新市油脂股份有限公司的邀请，针对企业生产中的实际问题，专家们在现场进行了咨询和答辩，受到了企业的欢迎。

（7）2005 年 10 月 18—23 日，在北京召开了"北京国际油脂研讨会暨中国粮油学会油脂分会成立 20 周年庆典（14 届年会）"。来自国内外学术机构、大专院校、企事业单位 400 多名代表参加了庆典仪式，庆典大会由中国粮油学会秘书长胡承淼主持，中国粮油学会理事长朱长国先生、国际谷物科技协会秘书长 Roland Poms 先生分别对此表示了热烈祝贺，并对油脂分会成立 20 周年所取得的成绩给予了高度的评价。来自国内外 22 家友好团体和单位发来了贺信、贺电。本次会议的学术交流，分为国外交流和国内交流，分设了主会场和分会场。

学术交流分别由油脂分会张根旺名誉副会长、左恩南常务副会长等主持，王瑞元会长向大会作了《突飞猛进的中国油脂工业》的学术报告。本次会议征集论文 80 篇，经审核后"论文选集"刊登论文 60 篇，大会交流论文 57 篇。本次年会还进行了产品展示。来自国内外的大型油脂成套设备企业、大型油脂生产企业、科研院所、仪器公司、各类设备加工企业等 60 多家单位参加了展示。规模空前、场面壮观、效果良好。

会议期间，历时 10 多年时间、凝聚了油脂界几代人及专家学者心血的《中国油脂工业发展史》一书正式出版发行。本次年会全面地总结了中国油脂工业 20 年来所取得的辉煌成绩，是一次非常成功的庆典会。

（8）为充分利用米糠和玉米胚芽资源、为国家增产油脂、提高我国食用植物油的自给能力，油脂分会于 2009 年 4 月 7 日—8 日，在安徽合肥召开了"米糠、玉米胚芽资源利用经验交流会"。参加本次会议的有从事稻米油和玉米油生产、加工、营销、科研、教育、管理等方面的领导、专家、教授和企业家，也有从事米糠、玉米胚芽制油设备的生产企业和成套设备供应商，共计 170 多人，会议交流论文 15 篇，王瑞元、左恩南和褚绪轩三位学会领导分别作了题为《充分利用米糠、玉米胚芽资源，为国家增产油脂》《关于发展我国米糠综合利用的几点意见》和《以粮食产业化为抓手，促进粮油工业全面发展》的报告。本次研讨会由于主题与当前的行业发展十分贴切，得到了与会代表的共鸣，会议气氛热烈，会议效果超出了预期，对我国米糠、玉米胚芽等油料资源和利用起到了积极的推动作用。

（9）2015 年 9 月 11 日—13 日，"中国粮油学会油脂分会第二十四届学术年会暨产品展示会"在武汉市召开，大会的主题为"创新、转型、发展、增效"，参会代表 500 多人。会议除了成功进行学术交流外，根据年初会长办公扩大会议的精神，在执行会长何东平教授的带领下，积极发展了一批个人会员，使分会个人会员的数量由 2014 年底的 590人，增加到 2652 人。由此，学会决定对其中 40 家个人会员数在 20 人以上的企事业单位颁发"会员之家"的牌匾。为进一步做好个人会员的发展工作，王瑞元会长在开幕式的致辞中说："中国粮油学会是以从事粮食和油脂科学研究、从事粮油工业生产技术管理的企事业单位和以科学技术工作者为主体的跨行业、跨地区、跨部门的群众性学术团体，是粮油科技人员之家，也是粮油企业之家。为广大会员和粮油科学技术工作者服务是学会工作的宗旨之一。"

发展会员是我们首要做好的工作，是学会的根基。今后要把发展个人会员工作作为学会的重要工作，使之常态化，并提出今后发展个人会员的重点应放在三个方面：一要重视发展青年油脂科技人员入会，包括从事油脂科学研究、加工、管理的刚毕业的大学生、在校研究生、博士生等，因为他们是中国油脂行业的未来和希望，也是学会的未来和希望。二要重视在企业中发展个人会员，他们是我国科研和油脂加工业发展的践行者，他们有着丰富的理论与实践相结合的经验，是我国油脂科技和油脂加工业健康发展的基本力量。三要重视发展在其他行业中从事油脂工作的科技人员成为会员，他们是油脂界走出行业、学习交叉科学、借鉴交叉行业所长的依靠力量。

通过本次会议，油脂分会的会员发展工作越做越好，在中国粮油学会所属分会中名列前茅。

（10）2016 年 9 月 26 日，"中国粮油学会油脂分会第二十五届年会"在山东邹平召开，年会的主题是"创新、协调、绿色、共享"，参会代表 400 多人。王瑞元会长代表金青哲、王兴国、何东平、刘玉兰等十二位著名专家教授，以《彻底澄清社会上对"油脂加工与营养"方面的不实之词》为题，对一个所谓"营养与健康"专家的西木博士在湖南卫视《百科全说》栏目播出的《如何选择健康食用油》节目中多次发表有关"油脂加工与营养"方面的错误言论，进行了有理有节的逐条澄清，得到了与会代表的一致赞同。此文发表后，经多方面的媒体转载，起到了以正视听的作用。2016 年 11 月 4 日，光明网指出"谣言不仅仅是错误，关键是流传甚广，影响的人众多。如果真正专家不出面，大家很可能就会默认谣言就是事实，从而误导更多的消费者。"

（11）加强国际间的交流与合作。油脂分会成立 30 多年来，与各有关国家的油脂学术机构、科研教学机构及有关的国际组织建立了广泛联系，知名度不断提高。为使中国油脂界在国际舞台上的地位与油脂大国的地位相适应，为了便于与各国油脂界的联系，1994年学会向国际油脂研究协会（ISF）提交申请加入该组织，并获批准。30 多年来，油脂分会与世界上许多国家的油脂界人士建立了联系，同时加强了与国际组织之间的联系和交流。1994 年，油脂分会正式成为国际油脂研究协会的会员。油脂分会还加强了同国外有关公司的接触，并同一些著名的公司建立了联系，如鲁奇公司、韦斯伐里亚公司、阿伐拉伐公司等。加强了双方的交流，扩大了油脂分会的影响。国际间的交流，使油脂分会在国际上的知名度得到了提高。

诸如，2012 年 6 月 4 日，由油脂分会主办、益海嘉里承办的"稻米油产业发展国际交流会"在北京国际会议中心举办，参加会议的中外代表 100 多人。与会国内外专家围绕稻米油产业的发展现状、趋势以及相关技术开展了研讨和交流。又如，2014 年 5 月 14 日，由国际稻米油理事会、武汉轻工大学、油脂分会、丰益全球研发中心共同主办的"国际稻米油科学技术大会"在武汉召开，大会交流了世界主要稻米油生产国的技术与经验。通过这两个国际稻米油产业发展研讨会，我们了解世界各国稻米油生产的现状和发展趋势、稻米油的生产技术与经营管理以及稻米油的营养价值与功能特性，对研究发展我国稻米油产业有很多启迪和帮助。

（三）发挥桥梁纽带作用，努力为会员服务

30 多年来，学会在当好政府主管部门的助手方面做了大量工作。自 1986 年起，学会受原商业部制油设备消化吸收技术组的委托，对全国制油设备消化吸收方案进行了技术咨询和考证，从设备性能、工艺特点等方面为领导决策提出了咨询意见；1990 年 7 月，学会组织专家联名就进口植物油失控，冲击我国油脂工业和油料生产发展问题，向国务院有关领导发出呼吁，田纪云副总理对此高度重视并作了重要指示；学会积极组织专家参加油脂油料等国家标准和行业标准的制修订工作，学会组织专家积极支持全国粮油标准化技术委员会油料及油脂分技术委员会的工作，至今已基本建立了我国油料油脂标准体系，完成了 149 项国家标准和 109 项行业标准的制修订工作，引领了油脂行业的健康发展；参加制定"粮食行业'十五'高新实用技术推广意见"和"我国粮油中长期（到 2020 年）科学和技术发展规划的意见和建议"；组织专家为编制好"十一五""十二五""十三五"全国粮食行业发展规划纲要、《全国粮油加工业发展规划》和《全国粮食行业科技创新发展规划》献计献策等。学会开展的以上这些活动，对我国粮油行业，尤其是油脂科技与油脂工业的健康发展有着重要的意义。

30 多年来，学会在规范行业行为，促进我国油脂科技和油脂工业的健康发展方面做出了贡献。1984—1988 年，学会的 56 位专家以对国家和人民高度负责的实事求是的科学态度，对"多维营养油"的虚假成果和报道，进行了长达 5 年之久的大争论，并最终取得了争论的胜利，为国家和人民挽回了政治影响和经济损失，为我国油脂科技界树立了正气；2001 年 12 月初，在中国油脂界发生的"汽油浸炼食用大豆油大揭秘"的媒体误导事件中，为避免造成不良影响和损失，学会组织专家，以科学态度，实事求是地发表文章，对媒体的误导事件进行了澄清，受到了油脂界的高度赞扬；2010 年，湖南金浩茶油生物科技有限公司生产的油茶籽油被查出苯并 [a] 芘超标，在社会上引起了很大的轰动，对茶油产业的发展产生了一定负面影响。针对这种情况，学会在调查研究的基础上，及时召开了专家座谈会，撰写了题为《中国粮油学会油脂分会关于"油茶籽油苯并 [a] 芘超标质量

事件"有关问题的意见》的文章。该文章分别刊登在《中国食品报》和《中国质量报》的头版头条上，有关行业杂志和网站都作了转载，得到了社会公众的良好回应，使消费者对油茶籽油有了科学认知，促进了茶油产业的健康发展。与此同时，学会还组织专家以科学的、实事求是的态度对压榨油和个别油品营养价值的不实广告宣传进行了纠正，以规范行业行为。

30多年来，学会成功举办各类技术培训班，积极开展技术咨询活动，为企业服务。为贯彻落实浸出油厂安全防火规范，确保油脂产品质量，学会先后举办了38期"浸出油厂防火安全规范宣读班""油脂浸出技术培训班""油脂精炼技术研讨班""油脂检化验技术培训班"和"制油工国家职业资格培训班"，参培5000多人次。根据企业的要求，为他们组织和参加各类技术鉴定会、产品评议会、技术论证会等186次；组织业内知名专家到新疆、四川等油脂加工企业进行现场技术咨询服务，帮助企业解决生产中的技术问题16次；接待热线咨询电话和来信来访等咨询活动数以千计；积极为科技创新服务，近10年来，配合总会对油脂技术及产品组织专家进行鉴定、评议。在此基础上，积极向总会推荐科技进步奖。

自2005年至今，油脂行业已获得中国粮油学会科学技术奖108个，其中特等奖1个、一等奖21个、二等奖34个、三等奖52个，推动了油脂行业的科技进步；积极配合总会先后为16家企业的20个产品进行监制等。这些活动，得到了企业的一致好评。尤其是在开展技术咨询服务中，油脂分会充分发挥专家学者多、协调方便的特点，为油脂科技的发展、为领导部门和企业科学决策及为解决企业生产中的疑难问题提供咨询服务。1991年学会组织专家对四川省肌醇生产进行了技术咨询，使肌醇得率比原来提高40%，取得很好的效果；1991年5月，学会受四川省粮油工业公司和德阳市粮食局委托，对绵竹县粮食局植物油厂技改项目年产1500吨脂肪醇初步设计方案进行技术评议，提出了评议意见和建议，受到绵竹县政府、绵竹县粮食局植物油厂、大连市化工设计院的好评；1992年学会与广西联络站组织技术人员对广西百色市油脂厂生产中的技术难题进行了咨询，提出了改进意见；1992年应陕西省蓝田县油化厂邀请对该厂浸出车间蒸发系统存在的问题进行技术咨询，学会组织专家在实地考察的基础上，分析了原因，找出了问题所在，提出了改进措施，收到了明显的效果；1992年，为江西九江油化厂棕榈油项目，在生产工艺、国外有关生产油脂化工设备公司的情况等方面进行咨询，为该厂前期可行性研究提供了依据；1993年，对湖北省江陵县油脂公司精细化工项目在市场前景、经济效益、生产工艺流程等方面做了咨询。以上咨询均受到当地政府部门及企业的好评，为领导部门和企业的科学决策起到了参谋作用，取得了显著的社会效益和经济效益。

在为企业服务中，尤其重视为团体会员服务。学会把团体会员作为主要服务对象，把为团体会员单位提供优良服务作为学会的重要任务之一。因此，学会把为团体会员服务作为一项重要工作来安排，并做了许多工作，取得了一些成绩。为了加强学会同团体会员单位之间、团体会员与团体会员之间的联系，更好地为团体会员服务，经理事会研究，决定不定期地召开团体会员大会。1991 年 10 月在黑龙江省哈尔滨市召开了"第一次团体会员大会暨北方团体会员大会"。1992 年 6 月在江苏省昆山市召开了第二次团体会员大会暨南方团体会员大会。

两次会议开得非常圆满，与会代表一致反映，这种会议形式很好，增强了企业之间的联系与交流，一致要求将这种会议继续办下去。在北方团体会员会议上，王瑞元会长作了《学会工作要认真做到依靠团体会员，服务团体会员》的讲话；在南方团体会员会议上，王瑞元会长作了《深化改革、拓宽经营，加速中国油脂工业发展》的长篇报告，对油脂工业的"两个延伸"、技术进步、产品结构调整、发展"三资"企业、组建企业集团、转换企业经营机制，抓好"市场"和"现场"，以及转变观念和有关改革开放政策等问题作了分析和论述，既讲明了恢复中国关税及贸易总协定缔约国地位后，油脂工业面临的严重挑战，又阐明了油脂工业的前进方向。1993 年 10 月，根据前两次团体会员会议代表的要求，在常州市召开了第三次团体会员大会。这次大会是油脂分会自成立以来全国各地团体会员第一次在一起交流经验、沟通情况。来自企业、科研院所及有关部门的团体会员代表近百人出席了会议。实践证明，团体会员会议是学会与团体会员、团体会员与团体会员之间交流与联络的好形式，尤其在建立社会主义市场经济的今天，这种交流和联系就显得更有意义。

（四）组建中国油脂工业培训中心，搞好联络站工作

为了提高职工素质，提高油厂的管理水平，1991 年油脂分会与国内贸易部西安油脂科研所共同向原商业部粮油工业局请求设立中国油脂工业培训中心，同年 10 月商业部发（1991）工字第 1019 号文件，同意建立中国油脂工业培训中心。该文件同时抄报国务院生产办公室。经过努力，培训工作开始。几年中，前后举办了 10 期培训班，内容涉及安全防火、现代化管理等。随着中国油脂工业的发展，为了杜绝或最大限度地减少事故发生，保障油厂安全生产，浸出油厂（车间）必须认真贯彻国家行业标准《浸出制油工厂防火安全规范》的有关规定，其中，实行浸出车间职工持证上岗是安全管理十分重要的内容。为此，国内贸易部工业司发文（商工粮字〔1995〕第 20 号），委托中国粮油学会油脂分会与中国油脂工业培训中心继续举办浸出制油工厂防火安全学习班。根据国内贸易部工业司第 22 文的要求，为了提高中国高级食用油的检验水平，满足高级食用油厂对质量管理的需求，培训中心于 1995 年 5 月 10 日在西安举办了"高级食用油感观分析和烟点检验技术培训班"，来自全国各地油厂的 40 名检化验学员参加了培训。

中国油脂工业培训中心成立以来，分会非常重视技术培训工作，并做了大量工作，取

得了一定的成绩。除了在培训中心集中培训之外，为了方便企业，培训中心还去各地分别举办了不同类型的培训活动。1991年在甘肃省兰州市，油脂分会和甘肃联络站联合举办了"油脂生产技术培训班"，来自甘肃各地的38名学员参加了培训；1993年4月，中国油脂工业培训中心与安徽省联络站、安徽省粮油工业公司、安徽省粮校在合肥联合举办了"安徽省油厂安全防火技术培训班"，50多名学员参加了培训。随后，江苏、四川等省也相继举办了《浸出制油工厂防火安全规范》培训班。这些培训班均收到了较好的效果。除此之外，培训中心1994年分别在大连市、西安市举办了三期"国内外油脂生产新技术及现代化管理学习研讨班"，来自全国各地70多名学员参加了研讨学习。

为密切学会与各地会员和企业的联系，更好地为会员服务，油脂分会先后在北京、上海、天津、安徽、江苏、甘肃、湖北、四川、湖南、河南、辽宁、黑龙江等地成立了联络站。并于1991年4月23日，在北京召开了"第一次中国粮油学会油脂分会联络站工作会议"，油脂分会会长王瑞元在联络站工作会议上发表了题为《搞好联络站工作，进一步活跃学会生活》的讲话，强调联络站工作是学会工作的重要组成部分，指出油脂专业分会联络站的建立，是密切广大会员与学会联系的桥梁和纽带，是学会工作的基础。积极开展联络站的活动，要从本地区的实际出发，积极开展活动。

根据会议讨论的意见，联络站要定期召开会员座谈会，听取会员对学会、联络站的意见和要求，要特别注意团体会员对学会的意见和要求。要不定期地召开学术交流会，通过学术交流及时向学会推荐学术水平较高的论文，参加学会组织的学术交流会。各地联络站在组织学术交流前，要根据本地区油脂工业、油脂科技的实际，提出每次学术交流的重点，提前半年至一年通知会员，早做准备。邀请少数有特长的专家到会与大家一起进行学术交流；要积极开展咨询活动。各地联络站要主动协助粮油工业主管部门，针对本地区油脂工业企业在生产、经营中存在的突出问题以及企业在进行技术改造、开发新产品时，组织本地区有实践经验的专家、工程技术人员和熟练工人为主体的技术咨询小组，在企业自愿的原则下，积极开展咨询活动，帮助油脂工业企业，特别是团体会员解决一些实际问题。对个别咨询难度较大、本地区技术力量不足的，可以随时报告学会办公室，以便学会选派专家，给予支持。

会议期间，交流了各地做好联络站工作的经验，增强了各地搞好联络站工作的信心。经过代表们的充分讨论，会议通过了《联络站工作简则》，该简则中明确了联络站的性质、组织原则、工作范围等条款，使联络站的工作有章可循。

（五）办好学会会刊

30多年来，学会在精心办好会刊，发挥会刊作用等方面倾注了大量心血。《中国油脂》作为学会的最早会刊，自《油脂工业》《油脂科技》等创办起至今已40年了，她从双月刊改为单月刊，截至2016年12月底，共计出版311期，刊登各类论文和实用技术文章9000多篇，成为我国油脂界乃至国际油脂界的知名刊物；《粮油加工》是学会继《中国油脂》后的又一会刊，自2004年至今的十多年时间里，她以报道面广、及时和实用而著称；另外，学会还利用每年的年会，创办了《论文集》。这些刊物，都是我们油脂界学习的园地，永不停止的交流平台。

1. 中国油脂

《中国油脂》的前身是1976年3月创办的《油脂工业》，1979年更名为《油脂科技》，1985年10月，中国粮油学会油脂分会在北京成立，会议决定将《油脂科技》更名为《中国油脂》。

《中国油脂》的办刊宗旨是团结全国广大油脂工作者，促进我国油脂科研和油脂工业的发展，进一步促进我国油脂生产的发展，加速我国科学技术现代化，进而实现我国油脂工业的现代化，以满足我国人民生活水平不断提高的需求。

《中国油脂》于1986年起开始在国外发行（赠送），先后与美国、法国、俄罗斯、加拿大、马来西亚、日本、意大利、德国、比利时、巴西、荷兰等国的油脂协会、学会等学术组织和生产厂商进行广泛的交流与合作，先后多次被国外油脂杂志介绍。《中国油脂》杂志从1994年起被美国《化学文摘》全文收录，1997年进入《化学文摘》的核心（千刊表），2004年被俄罗斯《文摘杂志》和美国《剑桥科学文摘》同时收录，2005年后，被日本《科学技术文献速报》和英国《农业与生物科学研究中心文摘》收录。目前，《中国油脂》杂志与世界上50多个国家和地区的油脂学术组织和生产厂商保持良好的交流与合作。

《中国油脂》杂志创刊以来，先后被评为全国中文核心期刊，中国科技核心期刊，中国精品科技期刊，中国核心学术期刊，中国科学引文数据库核心期刊，第二、三届国家期刊奖百种重点期刊，中国期刊方阵双效期刊，中国科技论文与引文数据库来源期刊，陕西省首批大报名刊培育期刊。

《中国油脂》杂志坚持打造中国油脂行业第一品牌，不断推进油脂产业的发展。在互联网飞速发展的时代，杂志社建立了自己的网站——中国油脂网（www.chinianoils.cn），并开设了中国油脂微信公众号以及新浪微博等自媒体平台，是实时追踪学科发展动态，及时报道行业最新成果，热切关注油脂发展热点，内容丰富，指导性强，不断扩展为广大读者和油脂行业工作者，以及数千家油脂企业服务的平台。《中国油脂》杂志全貌版的上线，更是对纸质杂志更好的传承与推进。

《中国油脂》杂志作为中国油脂界的一本油脂专业科技期刊，是我国油脂界的喉舌，能够以最快的速度报道我国油脂行业的最新成果，准确地反映我国油脂界当代的学术水平和技术水平。其覆盖面广、信息量大、具有引领油脂科技前沿的优势和特点，集创新、导向、合作、交流于一体，是我国油脂行业广大职工和科技工作者提高学术水平和技术水平的有力武器，是企业展示科研成果、扩展产品销路、提高产品知名度的有效渠道，是我国油脂界沟通情况、相互交流学习的一块园地，是中国油脂走向世界、世界认识中国的一个窗口，也是有关部门指导油脂生产和产品开发的重要工具。《中国油脂》在业内享有"一册《中国油脂》在手，纵览中国油脂全貌"的美誉，成为我国油脂界的权威刊物。

2. 粮油加工

《粮油加工》的前身为《农机情报资料》，创刊于 1970 年。1999 年更名为《粮油加工与食品机械》，2006 年更名为《粮油加工》。

《粮油加工》在 1985—2011 年被评为中文核心期刊、中国科技核心期刊、中国科技统计源期刊、中国知网收录期刊。从 2004—2015 年共计出版 144 期，发表论文 4784 篇。

《粮油加工》立足于粮油工业，关注行业热点，探求行业发展，注重实用技术，是一本诠释粮油行业产业链的科技与市场的杂志。《油脂加工》旨在传播与交流粮食与油脂加工行业先进的企业管理经验，促进企业改革；传递国内外粮油政策和市场信息，剖析粮油市场，预测市场走势，指导企业经营；全面报道粮食与油脂加工行业的科技发展、科研成果、专利技术及行业动态等。

《粮油加工》是一本以行业与科技相结合的特色鲜明、信息丰富、实用性强的综合性粮食科技期刊，辟有行业、信息、科技三大版块，设有特别报道、论坛、科技前沿、经营之路、产品科技、实用指南、市场评述、行业资讯、产品博览、油脂工程、粮食工程、食品科技、展会资讯、专业书库、读者沙龙等栏目。内容注重指导性、实用性、服务性、可读性，是广大粮油工作者交流成功经验、展示科技成果、扩展产品销路、把握市场行情的纽带和桥梁。《粮油加工》多年来深受广大粮油企业的欢迎，并得到业界普遍认可。

（六）加强理事会的自身建设

油脂分会在组建理事会时，从全局和便于工作考虑，在理事名额安排上，既注重地域、学科、部门的代表性，又注意了不同年龄层次的代表性，尤其注意吸收热心学会活动、在学术上有建树的青年知识分子，以及一贯支持学会工作的团体会员方面的人选，使理事会结构合理、代表性强，形成了一个具有代表性、有战斗力、有凝聚力的班子。

目前，油脂分会理事会拥有理事 267 人，其中常务理事 156 人，名誉会长：曲永洵；名誉副会长：张根旺、丁福祺、傅敦智、周伯川、朱元言、李志伟；会长：王瑞元；常务副会长、执行会长：何东平；常务副会长：李子明、左恩南、姚专、王兴国；副会长：刘大川、穆彦魁、褚绪轩、宫旭洲、谷克仁、陈刚、涂长明、刘世鹏、伍翔飞、王玉梅、王庆荣、舒忠峰、徐斌、闫子鹏、相海；秘书长：刘元法，副秘书长：王哲、周丽凤、刘喜亮、黄凤洪、陈德炳、秦卫国、张甲亮、刘玉兰、江汉忠、曹万新、张世红、姜绍通、姚行权。另外，油脂分会设立了专家组，由 107 名专家组成，专家组组长：丁福祺；副组长：傅敦智、陶钧、周伯川、金青哲、周丽凤、徐学兵。

30 多年来，油脂分会从无到有，由小变大，得到了长足发展和壮大。经过先后七届理事会的领导和组织，全国油脂界共有 525 家知名企业先后加入团体会员，有 3058 个优秀油脂科技工作者和管理工作者加入过个人会员，他们都为油脂分会的发展，为油脂科技和油脂工业的发展做出了贡献。随着时代的发展，改革的深入，企业和人员发生了较大的变化，油脂分会会员状况也有了改变，截至 2016 年底，油脂分会拥有个人会员 2838 人，团体会员单位 304 个，会员之家 41 个。另外，在北京、上海、天津、安徽、甘肃、江苏、四川、辽宁、黑龙江和中南地区（含湖北、湖南、河南等地）都曾建立过油脂分会的联系站。他们都是油脂分会开展各项活动的积极分子，是油脂分会工作的中坚力量。

30 多年来，油脂分会先后涌现出了一批热情支持并积极参与学会活动的优秀团体会员单位和优秀个人会员。在他们中间，有 58 家企业被总会评为"中国粮油学会优秀单位会员"；有 19 家企业被评为"全国粮油优秀科技创新型企业"；有 56 人被评为"全国粮油优秀科技工作者"。

弹指一挥间，油脂分会成立已 32 年了。回顾历史，总结过去取得的成绩，我们对未来充满希望和信心。但我们也清楚认识到，油脂分会虽然在过去的 30 多年里取得了一些成绩，积累了一些经验，但对照中国科学技术协会对学会的要求，与兄弟分会相比，还存在着不小差距，需要我们继续开拓创新发展。

根据中国科学技术协会和中国粮油学会的总体要求，油脂分会在今后的工作中要坚持做好以下八项工作。

（1）要密切联系广大油脂科技工作者和油脂加工企业，积极贯彻党的路线和方针政策，及时反映广大油脂科技工作者和油脂加工企业的建议、意见和诉求，维护油脂科技工作者和油脂加工企业的合法权益，努力把油脂分会建设成为油脂科技人员之家和油脂加工企业之家。

（2）要积极开展学术交流，活跃学术思想，倡导学术民主，优化学术环境。要继续总结交流和推广应用油脂学科方面的新技术、新工艺、新设备、新产品和新成果，促进学科发展，服务于油脂行业创新体系建设，推动油脂行业的健康发展。

（3）要弘扬科学精神，普及油脂科学知识，推广科学技术。要积极宣传油脂行业的发展现状，传播科学思想和科学方法，传播正能量，助力提高全民科学素质。

（4）要组织油脂科技人员积极参与国家粮油科技战略、规划、布局、政策、法律法规的咨询和制定工作，努力为粮油行业主管部门当好参谋。

（5）要协助总会，承接粮油科技评估、专业技术人员职称评定、科技成果奖励评定、有关产品的监制和国家科技成果奖项、院士候选人等推荐工作。积极支持全国粮油标准化技术委员会，搞好油料油脂国家标准和行业标准的制修订工作。

（6）要积极开展国际油脂科技交流与合作，努力把"国际稻米油产业发展研讨会""国际葵花籽油产业发展研讨会"和"国际煎炸油（专用油）发展研讨会"等几个国际会议在中国落户召开，并开出水平，成为名牌会议，推动我国油脂科技和油脂工业的发展。

（7）要继续鼓励科技人员撰写论文，出版科技图书，尤其是要支持科技人员编写油脂科普书籍，普及油脂科学知识。继续支持油脂分会的会刊——《中国油脂》；出版好一年一度的油脂分会年会"论文集"。要重人才，努力把油脂分会专家库办好，积极发挥他们在油脂科技和油脂工业发展中的重要作用。

（8）要在总结经验的基础上，进一步搞好油脂分会的自身建设，尤其是要继续积极发展个人会员和团体会员，并使之常态化，要全心为会员服务，办好"会员之家"。

我们决心在中国科学技术协会的指导下，在中国粮油学会的领导下，在全体会员的支持下，不断克服在发展中存在的问题，努力把油脂分会工作做得更好。

四、辉煌的历史丰碑

——为《辉煌的历史丰碑》撰写的序言

（2018 年 3 月 5 日　于北京）

为适应我国油脂科技和油脂工业发展的需要，我国油脂界渴望已久的中国粮油学会油脂分会于 1985 年的金秋十月，在伟大祖国首都——北京成立了，这是我国油脂界的一件大事和喜事。

油脂分会成立 33 年来，在中国科学技术协会的指导下，在原商业部、原国内贸易部和国家粮食局的关怀下，在中国粮油学会的直接领导下，经过广大油脂科技工作者、团体会员单位和历届理事会的不懈努力，坚持"三个服务"，紧密结合油料油脂生产、加工、流通和综合利用中的热点、难点问题，广泛开展国内外学术交流研讨，积极开展各种技术咨询和培训活动，努力为会员服务、为企业服务、为油脂科技进步服务，推动企业与科研院所、大专院校的合作，实行产学研相结合，促进了油脂科技人才的培养和成长，为我国油脂科技的繁荣和油脂工业的发展做出了贡献，取得了辉煌的业绩。

33 年来，油脂分会始终注重发挥学术交流的主渠道作用，积极组织多种形式的学术交流活动。至今，油脂分会已成功召开了二十六届学术年会；举办各类专题研讨会，组团参加国际、国内大型技术交流会达百余次，参会人员达 21000 多人次；征集论文 3800 余篇；大会交流论文近千篇，出版《论文集》26 部。学术交流内容涵盖油料油脂生产、经营、储存、流通等各个环节；油脂制取、精炼等新工艺、新技术和新设备；特种油料等新油源的开发利用及副产物的综合利用；油脂的品质与安全、营养与健康；油料油脂的检化验及标准的制修订；油厂的安全生产、节能减排和环境保护等。

33 年来，油脂分会在当好政府主管部门的助手方面做了大量工作。自 1986 年起，油脂分会积极协助行政主管部门，为油脂界开展的长达 16 年之久的制油设备选型、定型、标准化工作，以及后来的引进设备、消化吸收与再创新工作做出了杰出的贡献，为我国油脂工业达到世界先进水平奠定了基础；1990 年，油脂分会组织专家就进口植物油失控，冲击我国油脂工业和油料生产发展等问题发出呼吁，写信给国务院有关领导同志，田纪云副总理对此高度重视，并作了重要批示；油脂分会组织专家，积极参加油料油脂等国家标准和行业标准的制修订工作，为建立我国油料油脂标准化体系做出了贡献；参加制定了"粮食行业'十五'高新实用技术规划意见"和"我国粮油中长期（到 2020 年）科学和技术发展规划的意见和建议"；组织专家为制定好"十一五""十二五""十三五"全国粮食行业发展规划纲要、《全国粮油加工业发展规划》和《全国粮食行业科技创新发展规划》献计献策等。

33 年来，油脂分会在规范行业行为，维护油脂行业健康发展等方面发出了许多正能量声音，诸如：对 1984—1988 年的"多维营养油"的虚假成果和报道；对 2001 年的所谓中国油脂界发生的"汽油浸炼食用大豆油大揭秘"的媒体误导事件；对 2010 年的"湖南金浩茶油生物科技有限公司生产的油茶籽油被查出苯并 [a] 芘超标"问题；对 2010 年 11月"反式脂肪酸的安全问题"；2016 年，对一个所谓"营养与健康"专家西木博士发表的有关"油脂加工与营养"方面的错误言论；对 2017 年优恪网违规发布的花生油质量安全评价警示信息等，及时组织专家，以科学态度，实事求是，有理有节地发表了文章，有力地批判和纠正了那些伪科学的错误言论；抵制了有损于行业发展的不科学的误导宣传；引导消费者以科学的态度对待食品安全中出现的一些敏感问题。从而，维护了油脂行业的健康发展，受到了业界的一致好评。

33 年来，油脂分会始终坚持为会员服务。首先是把培养人才和提高企业人员的技术水平放在第一位。油脂分会通过举办各类培训班 38 期，使参加培训的 5000 多人次受益匪浅；为科技人员科技创新早出成果服务。近 10 年来，油脂分会配合总会对油脂技术及产品开发等组织专家进行评议，在此基础上，积极向总会推荐科技进步奖，2005—2017 年，油脂行业共获得中国粮油学会科学技术进步奖 113 个，其中特等奖 1 个、一等奖 23 个、二等奖 35 个、三等奖 54 个，极大地鼓舞了科技人员积极性。与此同时，油脂分会动员组织够条件的科技人员积极报名参加"晋升高级技术职称"；积极推进油脂行业的院士候选人等。在为会员服务中，油脂分会尤其重视为企业团体会员的服务，经常为企业在产品的开发、品质的安全与提升、企业的技术改造、遇到的疑难问题等方面，组织知名专家开展咨询服务，做到了有求必应。

33 年来，油脂分会在精心办好会刊，发挥会刊作用等方面倾注了大量心血。《中国油脂》是油脂分会最早的会刊，它从双月刊改为单月刊，截至 2016 年底，已出版 311 期，刊登各类论文 9000 多篇，成为我国油脂界乃至国际油脂界的知名刊物。《粮油加工》是继《中国油脂》后的又一会刊，它以报道面广、及时和实用著称；另外，油脂分会利用每年的年会，创办了《论文集》。这些刊物，是我们油脂界不可或缺的学习园地，是永不停止的交流平台。

33 年来，油脂分会从无到有、由小到大，得到了长足的发展和壮大。经过七届理事会的领导和组织，全国油脂界共有 525 家知名企业先后加入过团体会员单位，有 3058 个优秀油脂科技工作者和管理工作者加入过个人会员，他们都为油脂分会的发展，为我国油脂科技和油脂工业的发展做出了贡献。随着时代的发展，改革的深入，企业和人员有了较大的变化，油脂分会会员状况也有了变化，截至2016年底，油脂分会拥有个人会员2838人，团体会员单位304个，会员之家41个。

　　光阴似箭，油脂分会成立已33年了。回顾历史，总结过去取得的成绩，我们对油脂分会的未来充满希望和信心。我们要在习近平新时代中国特色社会主义思想指引下，根据新时代、新要求、新发展的理念，在中国粮油学会的带领下，创造油脂分会更加辉煌的明天！

王瑞元

中国粮油学会油脂分会会长

2018年3月5日

五、继往开来的盛会

——在"中国粮油学会油脂分会第八届会员代表大会暨二十七届学术年会"上的开幕辞

（2018 年 9 月 11 日　于山东青岛）

尊敬的中国粮油学会张桂凤理事长、尊敬的中国工程院朱蓓薇院士、各位领导、各位专家、各位企业家、各位同仁：

大家上午好！

今天我们相聚在充满生机和活力的、美丽的青岛，参加"中国粮油学会油脂分会第八届会员代表大会暨二十七届学术年会"。本次会议在中国粮油学会的关心支持下，经过近一年的精心准备，今天如期召开了。借此机会，我代表中国粮油学会油脂分会，热烈欢迎各位领导、专家、代表在百忙中来到青岛，参加这次盛会，并向关心支持本次大会的各位领导、专家教授、企业家和全体参会代表致以诚挚的感谢和崇高的敬意！

各位代表，在今天召开的"中国粮油学会油脂分会第八届会员代表大会"上，我们将总结和审议第七届理事会的工作，选举产生中国粮油学会油脂分会第八届理事会组成及新的领导机构。自 2010 年以来，中国粮油学会油脂分会第七届理事会在中国粮油学会的领导下，在挂靠单位的支持下，在全体理事和全体会员的共同努力下，团结和组织广大油脂科技工作者，围绕坚持"三个服务"和油脂行业发展的中心任务，努力探索油脂分会改革与发展的新途径和新方法；积极开展各种形式的学术交流；发挥油脂分会的桥梁和纽带作用；当好参谋，帮助和引导企业健康发展等方面做了许多工作，取得了辉煌的业绩。我们坚信，在即将产生的新一届理事会的带领下，在大家的支持下，油脂分会的工作一定会继往开来，取得更加辉煌的业绩。

各位代表，中国粮油学会油脂分会学术交流年会已成功召开了 26 届，在大家的共同努力下，学术年会开得有声有色。本次年会的主题是"新时代、新需求、新发展"。我们将全面贯彻党的十九大精神，以习近平新时代中国特色社会主义思想为指导，坚持新时代、新需求、新发展理念，围绕实施"健康中国"建设，通过供给侧结构性改革和科技创新驱动，认真交流油脂加工行业的新技术、新工艺、新材料、新产品、新装备，实现油脂产品的优质、营养、健康和企业的转型升级。

　　各位代表，为了开好本次年会，我们荣幸地邀请到了国家海洋食品工程技术研究中心主任、中国工程院院士、大连工业大学教授朱蓓薇院士作《聚焦营养与健康创新　发展海洋油脂产业》的精彩报告。对此，我代表大家谢谢朱院士。

　　各位代表，本次会议在山东青岛召开，会议得到了协办单位青岛长生集团股份有限公司、中海海洋科技股份有限公司、青岛中商华天溶剂油有限公司的鼎力相助，以及为我们提供了真诚热情的接待和周到的服务。对此，我代表全体与会代表向他们表示衷心的感谢！

　　最后预祝大会圆满成功。谢谢大家！

六、十载履职结硕果　新届传承上层楼

——"中国粮油学会油脂分会第七届理事会"工作总结报告

（2018 年 9 月 11 日　于山东青岛）

自 2010 年换届以来，中国粮油学会油脂分会第七届理事会在中国粮油学会的领导下，在挂靠单位的支持下，在全体理事和全体会员的共同努力下，坚持为政府服务、为行业服务、为会员服务"三个服务"，紧密结合油料油脂生产、加工、流通和综合利用中的科技热点、难点问题，广泛开展国内外学术交流研讨，积极进行各种技术咨询和培训活动，推进油脂工业的技术进步，促进科技人员、学者与企业之间的技术合作，促进油脂科学技术人才的培养和成长，为油脂科技的繁荣和油脂工业的发展做出了贡献，取得了辉煌的业绩。第七届理事会工作的 8 年时间，是我国经济和社会发展的重要时期，党和政府为继续加强和改善宏观调控、供给侧结构性改革、保持经济平稳较快发展和促进社会和谐发展做出了一系列重大决策。中国粮油学会油脂分会（以下简称油脂分会）按新时期的形势需求，团结和组织广大油脂科技工作者，围绕油脂行业发展的中心任务，努力探索油脂分会改革与发展的新途径和新方法；积极开展各种形式的学术活动；发挥油脂分会的桥梁和纽带作用，当好参谋；帮助和引导企业健康发展等方面重点做了以下工作。

（一）积极开展学术交流，促进行业科技进步

油脂分会始终注重发挥学术交流的主渠道作用，积极组织多种形式的学术交流活动。8 年来，油脂分会已召开了 8 届学术年会；举办过 10 次各类专题研讨会；组团参加了国际、国内大型技术研讨会、交流会达 12 次，参会人员多达 3000 多人次；征集论文 800 余篇；大会交流论文 132 余篇；出版《论文选集》8 部。学术交流和各类技术研讨会的内容涵盖油料生产、油脂制取、精炼、储藏等新工艺、新设备、新技术；特种油料等新油源的开发利用及油脂副产品的综合利用；以大豆为重点的油料蛋白和功能性产品的制取与利用；专用油脂、功能性油脂的开发和油脂精细化工产品的研究；油脂的营养与健康；油脂油料的检化验及标准的制修订；油厂的安全生产、节能减排和环境保护；油脂油料的经济

贸易；油脂企业的现代管理与油脂科技信息等。与此同时，组织专家积极参与总会编写的《粮油食品安全与营养健康知识问答》中有关油脂方面问答；鼓励各地油脂专家撰写科普文章，并在当地电视台讲解或报纸上发表，收到了良好的效果。通过上述活动，努力使油脂分会成为"学术交流的主渠道，科普工作的主力军和国际科技交流的主要代表"，使油脂分会成为油脂界的科技工作者之家。下面重点介绍几个有特点的学术交流活动。

1. 2015 年 9 月 11 日—13 日

"中国粮油学会油脂分会第二十四届学术年会暨产品展示会"在武汉市召开，大会的主题为"创新、转型、发展、增效"，参会代表 500 多人。会议除了成功进行学术交流外，根据年初会长办公扩大会议的精神，在执行会长何东平教授的带领下，积极发展了一批个人会员，使分会个人会员的数量由 2014 年底的 590 人，增加到 2652 人。由此，学会决定对其中 40 家个人会员数在 20 人以上的企事业单位颁发"会员之家"的牌匾。为进一步做好个人会员的发展工作，王瑞元会长在开幕式的致辞中说："中国粮油学会是以从事粮食和油脂科学研究、从事粮油工业生产技术管理的企事业单位和以科学技术工作者为主体的跨行业、跨地区、跨部门的群众性学术团体，是粮油科技人员之家，也是粮油企业之家。为广大会员和粮油科学技术工作者服务是油脂分会工作的宗旨之一，发展会员是我们首要做好的工作，是油脂分会的根基。"他强调今后要把发展个人会员工作作为油脂分会的重要工作，使之常态化，并提出今后发展个人会员的重点应放在三个方面：一要重视发展青年油脂科技人员入会，包括从事油脂科学研究、加工、管理的刚毕业的大学生、在校研究生、博士生等，因为他们是中国油脂行业的未来和希望，也是学会的未来和希望。二要重视在企业中发展个人会员，他们是我国科研和油脂加工业发展的践行者，他们有着丰富的理论与实践相结合的经验，是我国油脂科技和油脂加工业健康发展的基本力量。三要重视发展在其他行业中从事油脂工作的科技人员成为会员，他们是油脂界走出行业、学习交叉科学、借鉴交叉行业所长的依靠力量。通过本次会议，油脂分会的会员发展工作越做越好，在中国粮油学会所属分会中名列前茅。

2. 2016 年 9 月 26 日

"中国粮油学会油脂分会第二十五届年会"在山东邹平召开，年会的主题是"创新、协调、绿色、共享"，参会代表 400 多人。王瑞元会长代表金青哲、王兴国、何东平、刘玉兰等十二位专家教授，以《彻底澄清社会上对"油脂加工与营养"方面的不实之词》为题，对一个所谓"营养与健康"专家的西木博士在湖南卫视《百科全说》栏目播出的《如何选择健康食用油》节目中多次发表有关"油脂加工与营养"方面的错误言论，进行了有理有节的逐条澄清，得到了与会代表的一致赞同。此文发表后，经多方面的媒体转载，起到了以正视听的作用。2016 年 11 月 4 日，光明网指出"谣言不仅仅是错误，关键是流传甚广，影响的人众多。如果真正专家不出面，大家很可能就会默认谣言就是事实，从而误导更多的消费者。"

3. 加强国际间的交流与合作

8 年来，油脂分会与各有关国家的油脂学术机构、科研教学机构及有关的国际组织建立了广泛联系，知名度不断提高。为使中国油脂界在国际舞台上的地位与油脂大国的地位相适应，为了便于与各国油脂界的联系，油脂分会与世界上许多国家的油脂界人士建立了联系，同时加强了与国际组织、国际著名公司之间的联系和交流，扩大了影响，使油脂分会在国际上的知名度得到了提高。诸如，2012 年 6 月 4 日，由中国粮油学会油脂分会和益海嘉里承办的"稻米油产业发展国际交流会"在北京国际会议中心举办，参加会议的中外代表 100 多人。与会国内外专家围绕稻米油产业的发展现状、趋势以及相关技术开展了研讨和交流。又如，2014 年 5 月 14 日，由国际稻米油理事会、武汉轻工大学、中国粮油学会油脂分会、丰益全球研发中心共同主办的"国际稻米油科学技术大会"在武汉召开，大会交流了世界主要稻米油生产国的技术与经验。这两个国际稻米油产业发展研讨会，使我们了解世界各国稻米油生产的现状和发展趋势、稻米油的生产技术与经营管理以及稻米油的营养价值与功能特性，对研究发展我国稻米油产业有很多启迪和帮助。

（二）发挥桥梁纽带作用，努力做好"三个服务"

1. 为政府服务

8 年来，油脂分会在当好政府主管部门的助手方面做了大量工作。积极支持全国粮油标准化技术委员会油料及油脂分技术委员会的工作，积极组织专家参加油脂油料等国家标准和行业标准的制修订工作，至今已基本建立了我国油料油脂标准体系，完成了 149 项国家标准和 109 项行业标准的制修订工作，引领了油脂行业的健康发展；参加制定"粮食行业'十五'高新实用技术推广意见"和"我国粮油中长期（到 2020 年）科学和技术发展规划的意见和建议"；组织专家为编制好《"十三五"全国粮食行业发展规划纲要》《全国粮油加工业发展规划》和《全国粮食行业科技创新发展规划》献计献策等。油脂分会开展的以上这些活动，对我国粮油行业，尤其是油脂科技与油脂工业的健康发展有着重要的意义。

2. 为行业服务

8 年来，油脂分会在规范行业行为，促进我国油脂科技和油脂工业的健康发展方面做出了贡献。2010 年，湖南金浩茶油生物科技有限公司生产的油茶籽油被查出苯并 [a] 芘超标，在社会上引起了很大的轰动，对茶油产业的发展产生了一定负面影响。针对这种情况，油脂分会在调查研究的基础上，及时召开了专家座谈会，撰写了题为《中国粮油学会油脂分会关于"油茶籽油苯并 [a] 芘超标质量事件"有关问题的意见》的文章。该文章分别刊登在《中国食品报》和《中国质量报》的头版头条上；有关行业杂志和网站都进行了转载，得到了社会公众的良好回应，使消费者对油茶籽油有了科学认知，促进了茶油产业的健康发展。与此同时，油脂分会还组织专家以科学的、实事求是的态度对压榨油和个别油品营养价值的不实广告宣传进行了纠正，以规范行业行为。

3. 为会员服务

8 年来，根据企业的要求，油脂分会为他们组织和参加各类技术鉴定会、产品评议会、技术论证会等 27 次；组织业内知名专家到油脂加工企业进行现场技术咨询服务，帮助企业解决生产中的技术问题 16 次；接待热线咨询电话和来信来访等咨询活动数以百计；积极为科技创新服务，8 年来，积极向总会推荐科技进步奖，油脂行业已获得中国粮油学会科学技术奖 61 个，其中特等奖 1 个、一等奖 16 个、二等奖 14 个、三等奖 30 个，推动了油脂行业的科技进步；积极配合总会先后为 16 家企业的 20 个产品进行过监制等。这些活动，得到了企业的一致好评。尤其是在开展技术咨询服务中，油脂分会充分发挥专家学者多、协调方便的特点，为油脂科技的发展、为领导部门和企业科学决策及为解决企业生产中的疑难问题提供咨询服务，受到当地政府部门及企业的好评，为领导部门和企业的科学决策起到了参谋作用，取得了显著的社会效益和经济效益。

在为企业服务中，尤其重视为团体会员服务。油脂分会把团体会员作为主要服务对象，将为团体会员单位提供优良的服务作为油脂分会的重要任务之一。因此，油脂分会把为团体会员服务作为一项重要工作来安排，并做了许多工作，取得了一些成绩。

（三）搞好油脂分会的自身建设

油脂分会在组建理事会时，从全局和便于工作考虑，在理事名额安排上，既注重地域、学科、部门的代表性，又注意了不同年龄层次的代表性，尤其注意吸收热心油脂分会活动、在学术上有建树的青年知识分子，以及一贯支持油脂分会工作的团体会员方面的人选，使理事会结构合理、代表性强，形成了一个具有代表性、有战斗力、有凝聚力的班子。

目前，油脂分会理事会拥有理事 267 人，其中常务理事 156 人。另外，油脂分会设立了专家组，由 107 名专家组成。他们都为油脂分会的发展，为油脂科技和油脂工业的发展做出了贡献。随着时代的发展，改革的深入，企业和人员发生了较大的变化，油脂分会会员状况也有了改变，截至 2017 年底，油脂分会拥有个人会员 2838 人，团体会员单位 304 个，会员之家 41 个。

8 年来，油脂分会先后涌现出了一批热情支持并积极参与学会活动的优秀团体会员单位和优秀个人会员。在他们中间，有 22 家企业被总会评为"中国粮油学会优秀单位会员"；有 10 家企业被评为"全国粮油优秀科技创新型企业"；有 20 人先被评为"全国粮油优秀科技工作者"。

第六届理事会于 2007 年完成了《中国粮油学会油脂分会成立二十周年大事记》的编辑出版工作。在此基础上，第七届理事会从 2016 年开始，组织有关人员收集了近 10 年来油脂分会的大量资料和珍贵的历史照片，历经两年时间于 2017 年底截稿，完成了《中国粮油学会油脂分会成立三十周年大事记》（以下简称《三十年大事记》）的编辑出版工作。《三十年大事记》不仅真实记录了中国粮油学会油脂分会 30 年发展壮大的全部历程及重大事件，同时增加了"优秀企业会员风采"章节，充分展现了现代油脂企业的风采风貌。

与此同时，协助中国粮油学会编辑出版《中国粮油学会三十年大事记》，负责油脂分会及油脂行业的部分内容。

回顾历史，总结过去取得的成绩，我们对未来充满希望和信心。油脂分会第七届理事会虽然在 8 年里取得了一些成绩，积累了一些经验，但对照中国科学技术协会对油脂分会的要求，与兄弟分会相比，还存在着一定的差距。需要我们不断改进、提高，使油脂分会的工作更上一层楼。

（四）对下一届理事会的几点希望和建议

各位代表，第七届理事会已较好地完成了她的历史使命，取得了公认的业绩。现在，第八届中国粮油学会油脂分会理事会即将产生，希望和建议新一届理事会根据中国科学技术协会和中国粮油学会的总体要求，在今后的工作中能做好以下工作。

（1）要密切联系广大油脂科技工作者和油脂加工企业，积极贯彻党的路线和方针政策，及时反映广大油脂科技工作者和油脂加工企业的建议、意见和诉求，维护油脂科技工作者和油脂加工企业的合法权益，努力把油脂分会建设成为油脂科技人员之家和油脂加工企业之家。

（2）要积极开展学术交流，活跃学术思想，倡导学术民主，优化学术环境。要继续总结交流和推广应用油脂学科方面的新技术、新工艺、新设备、新产品和新成果，促进学科发展，服务于油脂行业创新体系建设，推动油脂行业的健康发展。

（3）要弘扬科学精神，普及油脂科学知识，推广科学技术。要积极宣传油脂行业的发展现状，传播科学思想和科学方法，传播正能量，助力提高全民科学素质。

（4）要组织油脂科技人员积极参与国家粮油科技战略、规划、布局、政策、法律法规的咨询和制定工作，努力为粮油行业主管部门当好参谋。

（5）要协助总会，承接粮油科技评估、专业技术人员职称评定、科技成果奖励评定、有关国家科技成果奖项、院士候选人等推荐工作。积极支持全国粮油标准化技术委员会，搞好油料油脂国家标准、行业标准和团体标准的制修订工作。

（6）要积极开展国际油脂科技交流与合作，努力把"国际稻米油产业发展研讨会""国际葵花籽油产业发展研讨会"和"国际煎炸油（专用油）发展研讨会"等几个国际会议在中国落户召开，并开出水平，成为名牌会议，推动我国油脂科技和油脂工业的发展。

（7）要继续鼓励科技人员撰写论文，出版科技图书，尤其是要支持科技人员编写油脂科普书籍、普及油脂科学知识。继续支持油脂分会的会刊——《中国油脂》；出版好一年一度的油脂分会年会《论文集》。要注重人才，努力把油脂分会专家库办好，积极发挥他们在油脂科技和油脂工业发展中的重要作用。

（8）要在总结经验的基础上，进一步搞好油脂分会的自身建设，尤其是要继续积极发展个人会员和团体会员，并使之常态化，要全心为会员服务，办好"会员之家"。

愿中国粮油学会油脂分会在中国科学技术协会的指导下，在中国粮油学会的领导下，在全体会员的支持下，在第八届理事会的努力下，不断克服在发展中存在的问题和困难，取得更加辉煌的成绩。

以上报告，请审议。

谢谢大家！

七、核桃产量飞跃，再创辉煌联盟成立

——在"国家核桃油产业创新战略联盟成立大会"上的贺辞

（2018 年 12 月 5 日　于北京）

为贯彻落实党中央、国务院关于推进以企业为主体、市场为导向、产学研相结合的技术创新体系建设，引导核桃油产业持续健康发展，在国家粮食和物资储备局的关心支持下，在西安中粮工程研究设计院有限公司的精心筹备下，我国"国家核桃油产业创新战略联盟"今天在首都北京正式成立了，对此，我表示最热烈的祝贺！对参加会议的各位同仁表示诚挚的问候！

在国家政策的推动和支持下，近年来，我国木本油料产业取得了长足发展，其中核桃产业的发展令人鼓舞。据原国家林业局提供的资料，2011 年我国核桃产量为 165.5 万吨，2014 年为 271.3 万吨，2017 年核桃种植面积近亿亩，产量达 417 万吨，成为木本油料生产中产量最高、发展前景最看好的树种。另据联合国粮食及农业组织数据库资料显示，2013 年全球核桃产量为 345.8 万吨，其中我国的核桃产量遥遥领先于世界各国。

核桃营养价值丰富，不仅是高端干果和食品工业的原料，又是生产优质高端食用油的原料，用核桃仁制取的核桃油是消费者公认的优质高端食用油。由此可见，发展核桃和核桃油产业前景广阔。

为推动核桃油产业的健康发展，进而促进核桃产业的健康发展，我觉得在我国成立核桃油产业创新战略联盟是十分必要的，也是很有意义的。今天"国家核桃油产业创新战略联盟"正式成立了，这是我们油脂行业的一件大事。对此，我就建设好"联盟"的问题讲 5 点建议，供参考。

（1）组建产业"联盟"符合中央精神。在中共中央、国务院印发并实施的《"健康中国 2030"规划纲要》中明确提出，为"提升产业发展水平，支持组建产业联盟或联合体"。这充分体现了中央对组建产业联盟的高度重视和寄予的希望。对此，我们必须认真领会，从提升产业发展水平的高度，以实际行动竭尽全力把核桃油产业创新战略联盟搞好。

（2）"联盟"要紧紧围绕"一联一盟"做好文章，也就是要把从事核桃油产业的生产、加工、科研、教育等单位紧紧地联合起来，真正成为联盟大家庭中的一员，做到在联盟中大家是朋友、是战友，都是为了推动我国核桃产业的发展多做工作，献计献策。

（3）"联盟"要始终坚持以企业为主体、市场为导向、产学研相结合的技术创新体系；要坚持创新驱动，提升企业的自主创新能力和产业核心竞争能力，促进核桃油产业的优化升级，达到共同发展壮大的目的。

（4）"联盟"要经常组织企业、大专院校、科研单位等围绕核桃油产业技术创新中的关键问题和亟待解决问题，通过开展技术合作、联合开发等途径，突破产业发展中的技术瓶颈和生产经营中的难题，形成产业发展的技术标准。提倡在"联盟"内部实行知识产权共享和合理实施技术转让，加快科技成果的转化、落地。

（5）"联盟"要通过调查研究和科学论证，不断研究核桃油产业在发展中存在的问题和解决方法，积极向有关部门反映情况，争取政策上的支持，确保核桃油产业的持续健康发展。

最后预祝会议圆满成功，谢谢大家！

八、发展亚麻籽产业　助力"健康中国"建设
——在"2018 年第四届'六盘珍坊'杯中国亚麻籽油产业
联盟大会暨亚麻籽油产业展示会"上的学术演讲

（2018 年 12 月 6 日　于北京）

自 2015 年中国亚麻籽油产业联盟在山西繁峙县成立以来，在大家的关心支持下，在西安中粮工程研究设计院有限公司的带领下，各项活动搞得有声有色，至今已连续召开了四届产业联盟大会。为推动亚麻籽油产业的持续健康发展，今天我们高兴地相聚在首都北京中国国际展览中心，召开"2018 年第四届'六盘珍坊'杯中国亚麻籽油产业联盟大会暨亚麻籽油产业展示会"，首先我对会议的顺利召开表示热烈的祝贺，对在座的各位领导、专家、企业家表示诚挚的问候！

本次会议由中国亚麻籽油产业联盟和西安中粮工程研究设计院有限公司主办，由《中国油脂》杂志社、永红国际展览有限公司和宁夏六盘珍坊生态农业科技有限公司承办，他们为本次会议的召开做了精心安排。我对此表示衷心的感谢。尤其值得一提的是宁夏六盘珍坊生态农业科技有限公司，该公司成立于 2012 年，是一家专业从事原生态有机农产品种植、加工、销售的综合性生态农业科技企业，公司依托六盘山天然无污染的农产品产区，以"六盘珍坊""京西缘""月尔康""聪明的油"等商标，产品销往北京、上海、广州等 50 多个大中城市，热销线上"京东、阿里、淘宝商城"，拥有自己的官方网站和微信公众交易平台。该公司虽然成立不久，但对本次会议的召开给予了大力支持，我们深受感动。

各位代表，本次会议的主题是"提高亚麻籽油行业地位，增加公众对亚麻籽油健康作用的认识，为国民健康做贡献"，根据会议的主题和安排，下面我以《发展亚麻籽产业助力"健康中国"建设》为题发个言，供大家参考。

（一）亚麻籽不仅是优质食用油的生产原料，也是优质的食品生产原料

亚麻，又称胡麻，属亚麻科，亚麻属一年或多年生草本植物，原产于波斯湾及黑海地区，亚麻的种子——亚麻籽又称胡麻籽，是世界十大油料作物之一，在我国称为八大油料

作物之一。不同地区亚麻籽含油率有所差异（表1），一般为40%左右，用亚麻籽生产的亚麻籽油又称胡麻籽油。亚麻籽油中不饱和脂肪酸含量高达90%以上（表2）。

表1　我国不同产地亚麻籽的含油率

样品编号	产地	含油率/%
Y1	辽宁朝阳	36.59±1.28
Y2	内蒙古乌兰察布	37.23±0.71
Y3	河北张家口	39.46±0.66
Y4	宁夏固原	40.54±1.00
Y5	陕西榆林	42.49±0.65
Y6	甘肃陇南	44.88±1.04

注：资料来源张晓霞，尹培培，杨灵光等.不同产地亚麻籽含油率及亚麻籽油脂肪酸组成的研究[J].中国油脂，2017，42（11）：142-146。

表2　亚麻籽油脂肪酸组成

项目	相对含量/%	项目	相对含量/%
棕榈酸	5.87	α-亚麻酸	61.22
硬脂酸	4.65	花生酸	0.21
油酸	13.25	二十碳一烯酸	0.24
亚油酸	14.41	山嵛酸	0.15

　　亚麻籽油富含具有多种保健功能的α-亚麻酸，根据不同产地含量为50%~60%。亚麻籽油中的α-亚麻酸含量高，富含木酚素、黄酮及维生素E等活性物质（表3），具有抗肿瘤、抗血栓、降血脂、营养脑细胞、调节自主神经、保护视力、提高智力等多种功效。另据有关报道，α-亚麻酸可以促进胰岛素的分泌，有保护胰岛素在血液中的稳定作用，所以长期食用亚麻籽油对糖尿病症状有改善作用。由此可见，亚麻籽油是营养价值很高的、消费者公认的优质高端食用油。另外亚麻籽油中还含有多种有益于人体健康的矿物元素（表4）。

表3　亚麻籽油中的维生素含量

种类	含量	种类	含量
维生素A（IU/100克）	18.8	维生素E（IU/100克）	0.6

续表

种类	含量	种类	含量
维生素B$_1$（毫克/100克）	0.5	维生素B$_6$（毫克/100克）	0.8
维生素B$_2$（毫克/100克）	0.2	维生素B$_{12}$（毫克/100克）	0.5
烟酸（毫克/100克）	9.1		

表4　亚麻籽中的矿物元素含量

种类	钠	钾	钙	镁	磷	硫	锌	铁
含量/（毫克/100克）	0.6	12.1	4.5	6.1	9.9	4	0.123	0.208

亚麻籽除了用于榨油制得优质食用油外，由于亚麻籽自身就是营养丰富的优质食品原料，我国许多亚麻籽产区长期以来有将亚麻籽（粉）作为配料，用于加工面制品的习惯，也有将亚麻籽熟制碾碎后作为佐餐蘸料的习惯，有的甚至将亚麻籽经焙炒后直接作为坚果食用。但鉴于亚麻籽中含有生氰糖苷、抗维生素 B$_6$ 因子、植酸等有毒物质或抗营养因子，业内专家对上述直接食用的安全性产生了疑虑。对此问题，原国家卫生和计划生育委员会高度重视，在广泛深入调查研究的基础上，于 2017 年 12 月 21 日发文指出：直接食用亚麻籽适用 GB 19300—2014《食品安全国家标准　坚果与籽类食品》，同时，宜在标签标示"熟制后食用"等类似消费提示。这就确定了亚麻籽只要认真按国家标准执行，其安全性是没有问题的，是可以直接食用的。这一规定，拓宽了亚麻籽的用途，有利于促进亚麻籽产业的健康快速发展。

（二）我国亚麻籽产业的生产、消费情况

据有关资料报道，2014 年全球亚麻籽产量为 265 万吨。其中 46% 产自美洲，31% 产自亚洲。加拿大是全球亚麻籽产量最多的国家，2014 年达 87.25 万吨。在我国的油料生产中，亚麻籽是我国的八大油料作物之一。1996 年我国亚麻籽的产量曾经达 55.3 万吨，但 21 世纪以来，由于种植面积有所减少，产量也有所下降，亚麻籽产量一直在 38 万 ~40 万吨徘徊。近几年来，产量有所提高，2017 年预计达 44.5 万吨（表5），仅次于加拿大，居世界第二。

表5 中国油料产量 单位：千吨

年份	油籽总产量	其中：			其中：					
		棉籽	大豆	油料	油菜籽	花生	葵花籽	芝麻	亚麻籽	油茶籽
1993	40076	6730	15307	18039	6936	8421	1282	563	496	488
1994	43710	7814	16000	19896	7492	9682	1367	548	511	631
1995	44585	8582	13500	22503	9777	10235	1269	583	364	623
1996	42891	7565	13220	22106	9201	10138	1323	575	553	697
1997	44587	8285	14728	21574	9578	9648	1176	566	393	857
1998	46393	8102	15152	23139	8301	11886	1465	656	523	723
1999	47155	6892	14251	26012	10132	12639	1765	743	404	793
2000	52910	7951	15411	29548	11381	14437	1954	811	344	823
2001	53638	9582	15407	28649	11331	14416	1478	804	243	825
2002	53788	8309	16507	28972	10552	14818	1946	895	409	855
2003	52251	8747	15394	28110	11420	13420	1743	593	450	780
2004	59445	11382	17404	30659	13182	14342	1552	704	426	875
2005	57407	10286	16350	30771	13052	14342	1928	625	362	875
2006	55044	13559	15082	26403	10966	12738	1440	662	374	920
2007	52135	13723	12725	25687	10573	13027	1187	557	268	939
2008	58559	13486	15545	29528	12102	14286	1792	586	350	990
2009	58003	11479	14981	31543	13657	14708	1956	622	318	1169
2010	58114	10730	15083	32301	13082	15644	2298	587	324	1092
2011	59413	11860	14485	33068	13426	16046	2313	606	359	1480
2012	59723	12305	13050	34368	14007	16692	2323	639	391	1728
2013	58459	11338	11951	35170	14458	16972	2423	624	399	1777
2014	60029	11090	12154	36785	14772	16482	2492	629	387	2023
2015	57244	10089	11785	35370	14931	16440	2520	640	380	2163
2016	58770	9538	12937	36295	14546	17290	2990	631	403	2164
2017（预测）	61425	9875	14550	37000	14430	18000	3175	700	445	2200

注：资料来源国家粮油信息中心。

亚麻在我国已有 600 多年的栽培历史，主要分布在华北和西北地区，据生产形势分析，近年我国亚麻籽的种植面积、单位面积产量和总产量有所提高，种植面积最多的省（区）是甘肃、内蒙古、山西和宁夏，总产量最多的是甘肃、宁夏、内蒙古和山西（表6）。

表6 2014—2018年中国亚麻籽生产形势分析

产地	2014年	2015年	2016年	2017年7月预测	2018年7月预测	同比变化/%	同比变幅/%
播种面积/千公顷							
全国	306.1	292.3	282.4	310.0	308.0	−2.0	−0.65
河北	35.5	34.5	33.0	38.0	36.0	−2.0	−5.26
山西	60.3	55.7	47.0	52.0	55.0	3.0	5.77
内蒙古	63.1	60.2	59.6	65.0	62.0	−3.0	−4.62
陕西	3.5	1.8	4.2	3.5	3.7	0.2	5.71
甘肃	88.2	87.8	87.7	95.0	92.0	−3.0	−3.16
宁夏	44.8	42.9	38.8	45.0	47.0	2.0	4.44
新疆	8.1	6.6	9.4	8.9	9.5	0.6	6.74
其他	2.6	2.8	2.7	2.6	2.8	0.2	7.69
单位面积产量/（吨/公顷）							
全国	1.263	1.367	1.427	1.436	1.494	0.058	4.04
河北	0.790	0.945	0.956	0.973	0.985	0.012	1.23
山西	1.158	1.129	1.079	1.116	1.069	−0.047	−4.21
内蒙古	0.656	0.868	1.158	1.140	1.245	0.105	9.21
陕西	1.229	1.092	1.665	1.353	1.499	0.146	10.79
甘肃	1.733	1.767	1.808	1.789	1.886	0.097	5.42
宁夏	1.577	1.794	1.676	1.777	1.828	0.051	2.87
新疆	1.834	2.041	1.777	1.905	2.004	0.099	5.20
其他	1.741	1.536	1.630	1.615	1.679	0.063	3.91
总产量/千吨							
全国	386.5	399.6	402.8	445.0	460.0	15.0	3.37
河北	28.0	32.6	31.5	37.0	35.4	−1.6	−4.32

续表

产地	2014年	2015年	2016年	2017年7月预测	2018年7月预测	同比变化/%	同比变幅/%
				总产量/千吨			
山西	69.8	62.9	50.7	58.0	58.8	0.8	1.38
内蒙古	41.4	52.2	69.0	74.1	77.2	3.1	4.18
陕西	4.3	2.0	7.0	4.7	5.5	0.8	17.02
甘肃	152.8	155.2	158.5	170.0	173.5	3.5	2.06
宁夏	70.6	77.0	65.0	80.0	85.9	5.9	7.38
新疆	14.9	13.4	16.7	17.0	19.0	2.0	11.76
其他	4.7	4.3	4.4	4.2	4.7	0.5	11.90

注：分析来自国家粮油信息中心，其中，2016年及以前产量和播种面积引自国家统计局。

随着我国人民生活水平的提高，以及科学研究的不断深入，亚麻籽油的保健功能越来越引起人们的重视，人们对食用油不仅要求吃得安全，还要吃得营养、吃得健康。由此对高端优质食用油的需求量不断增长。以亚麻籽油为例，我国国产亚麻籽油已远远不能满足消费市场的需求，需要通过进口才能满足市场的消费需求。据海关数据显示，2016年我国从加拿大、俄罗斯、哈萨克斯坦、乌兹别克斯坦、乌克兰、土耳其等国家合计进口亚麻籽47.47万吨，进口亚麻籽油3.4万吨，2017年合计进口亚麻籽34万吨，进口亚麻籽油4.0万吨（表7）。两年中合计进口的亚麻籽和亚麻籽油折油量，每年都超过了国产亚麻籽的产油量。又据今年1—3月海关统计，我国已进口亚麻籽13.76万吨，亚麻籽油0.7万吨，进口势头不减。这充分表明，我国亚麻籽油的消费市场前景看好。

表7　中国进口亚麻籽及亚麻籽油情况

年份	亚麻籽/万吨	亚麻籽油/万吨
2012	14.79	3.76
2013	18.06	1.83
2014	28.34	1.72
2015	36.03	2.87
2016	47.47	3.4
2017	34.0	4.0

（三）发展亚麻籽产业　有助"健康中国"建设

综上所述，在我国发展亚麻籽产业有着得天独厚的优势。主要体现在以下4个方面。

（1）符合国家产业发展政策。在国务院办公厅印发的《国民营养计划（2017—2030年）》中指出，为贯彻落实《"健康中国2030"规划纲要》，要坚持以人民为中心的发展思想，牢固树立和贯彻落实创新、协调、绿色、开放、共享的新发展理念，坚持正确的卫生与健康工作方针，坚持健康优先、改革创新、科学发展、公平公正的原则，以提高人民健康水平为核心，以体制机制改革创新为动力，从广泛的健康影响因素入手，以普及健康生活、优化健康服务、完善健康保障、建设健康环境、发展健康产业为重点，为建设"健康中国"奠定坚实基础。在原国家粮食局制定的全国《粮油加工业"十三五"发展规划》中指出：要"优化产品结构，适应城乡居民膳食结构及营养健康水平日益提高的需要，增加满足不同人群需要的优质化、多样化、个性化、定制化粮油产品供给"；要"增加亚麻籽油、红花籽油、紫苏籽油等特色小品种供应"。这充分表明，发展亚麻籽产业符合国家政策导向。

（2）发展亚麻籽产业有利于贯彻"多油并举"的方针，提高我国食用植物油的自给能力。近年来，我国食用植物油的自给率连年下降，2017年已下降到只有31.1%，亟待研究解决，以利国家粮油安全。

（3）亚麻籽营养价值高，用亚麻籽制得的亚麻籽油中不仅富含 α- 亚麻酸，同时富含多种营养活性物质，是百姓公认的优质高端食用油，市场前景十分看好。

（4）亚麻籽不仅是优质的油料资源，也是优质的食品生产原料。一年前国家对亚麻籽做出了可以直接食用的规定后，亚麻籽供作优质食品生产原料的前景也十分看好。

由此可见，发展亚麻籽产业符合油脂加工业产品结构调整，符合中央关于供给侧结构性改革的要求，符合原国家粮食局提出的实施"中国好粮油"行动计划，有助于"健康中国"建设。

最后，预祝"2018年第四届'六盘珍坊'杯中国亚麻籽油产业联盟大会暨亚麻籽油产业展示会"圆满成功！谢谢大家！

九、祝核桃油产业快速健康壮大
——在"首届国家核桃油产业创新战略联盟暨核桃油产品订货会"上的贺辞

（2019 年 4 月 2 日 于云南楚雄）

各位领导、各位专家、各位企业家：

大家好！

很高兴再次来到美丽的"中国核桃之乡""中国核桃油之乡"——云南楚雄市，参加"首届国家核桃油产业创新战略联盟暨核桃油产品订货会"。

为贯彻落实党中央、国务院关于推进以企业为主体、市场为导向、产学研相结合的技术创新体系建设，引导核桃油产业持续健康发展，去年 12 月 5 日，在国家粮食与物资储备局的关心支持下、在西安中粮工程研究设计院有限公司的精心策划下、在核桃油加工企业的热情参与下，我国国家核桃油产业创新战略联盟在首都北京正式成立，这是我们油脂界的一件大事，一件喜事。

国家核桃油产业创新战略联盟成立后，在不到 4 个月的时间里，在中国粮油学会油脂分会关心指导下，在理事长单位——西安中粮工程研究设计院有限公司具体帮助下，在理事长、副理事长和全体理事的努力下，完成了初建阶段的准备工作。为更好地促进核桃油加工产业的健康发展，联盟以真抓实干的精神，在成立不到 4 个月的时间里，联盟成员由成立之初的 26 家发展到目前的 40 几家，并完成了在国家粮食与物资储备局的备案工作。今天，又在云南摩尔农庄生物科技开发有限公司召开"首届国家核桃油产业创新战略联盟暨核桃油产品订货会"，这是"联盟"史上不多见的。

大家都知道，党中央、国务院对发展我国木本油料产业高度重视，出台了一系列方针政策，推动了木本油料产业的快速发展，其中核桃产业的发展更是令人鼓舞。根据有关统计资料，2017 年，我国核桃种植面积已近亿亩，产量达 417 万吨，成为木本油料中产量最高、发展前景最为看好的品种。核桃不仅含油率高，而且营养价值丰富。核桃不仅是高端干果和食品工业的原料，又是生产优质高端食用植物油的原料，用核桃仁制取的核桃油是消费者公认的高端食用油。由此可见，发展核桃和核桃油产业有助于"健康中国"建设。

在发展核桃和核桃油产业中，云南省在核桃的种植面积、产量以及核桃油的加工利用等方面走在全国的最前列。这次会议，我们在云南摩尔农庄召开，这不仅是一次经验交流会，也是一次现场观摩会，因为摩尔农庄生物科技开发有限公司是我国核桃、核桃油加工利用的佼佼者，通过现场参观学习，大家一定会受益匪浅。

各位代表，本次会议，不仅是一个经验交流会，也是一个以摩尔农庄为代表的核桃和核桃油等油脂产品的订货会。相信在大家的努力下一定会取得丰硕成果，以推动我国核桃和核桃油产业的快速健康发展。

最后，预祝会议取得圆满成功，谢谢大家！

十、产业联盟推动亚麻籽油迈向新台阶

——在"2019年第五届'润民健康'杯国家亚麻籽油产业创新战略联盟大会暨《亚麻籽油》国家标准宣贯会"上的致辞

（2019年10月14日　于甘肃兰州）

很高兴来到美丽的兰州，参加由国家亚麻籽油产业创新战略联盟、中粮工科（西安）国际工程有限公司主办的"2019年第五届'润民健康'杯国家亚麻籽油产业创新战略联盟大会暨《亚麻籽油》国家标准宣贯会"，与大家共商我国亚麻籽油产业的发展。通过《亚麻籽油》国家标准的宣贯，以确保亚麻籽油产品的质量、安全、营养与健康。

为推动亚麻籽油产业的健康发展，国家亚麻籽油产业创新战略联盟于2015年5月在山西繁峙县组建成立。联盟成立后，得到了国家粮食局和物资储备局的关心、支持，并进行了备案。目前联盟成员已发展至50家。4年多来，在中国粮油学会油脂分会的指导下，在大家的大力支持下，在理事长单位——中粮工科（西安）国际工程有限公司的具体帮助下，在理事长、副理事长和全体理事的努力下，各项活动开展得有声有色，至今已连续召开了五届产业联盟大会暨亚麻籽油产业展示会，有力推动了我国亚麻籽油产业的健康发展。

我多次在亚麻籽油产业发展研讨会上讲述，我国是全球亚麻籽及亚麻籽油的生产、加工、消费和进口大国。据国家粮油信息中心提供的统计数据，2018年我国亚麻籽产量为44.5万吨，是近10年来产量最高的一年。在全球亚麻籽生产中，仅次于加拿大，位居第二。另据海关统计，2018年我国进口亚麻籽39.8万吨、亚麻籽油4.2万吨，进口量已超过国产亚麻籽的产油量。与此同时，我曾多次讲过，亚麻籽营养价值高，用亚麻籽制得的亚麻籽油中不仅富含 α-亚麻酸，同时富含多种营养活性物质，是百姓公认的优质高端食用油，市场前景十分看好。

亚麻籽在我国已有600多年的栽培历史，主要分布在西北和华北地区。根据国家粮油信息中心提供的资料，近年来我国亚麻籽的种植面积、单位面积产量和总产量有所提高。2017年，种植面积最多的省（区）是甘肃（9.5万公顷）、内蒙古（6.5万公顷）、山西（5.2万公顷）、宁夏（4.5万公顷）、河北（3.8万公顷）；总产量最多的是甘肃（17.0万吨）、宁夏（8.0万吨）、内蒙古（7.41万吨）、山西（5.8万吨）、河北（3.7万吨）。以上数据充分表明：甘肃省是我国亚麻籽种植面积和总产量最高的省份，为我国亚麻籽产业的发展做出了贡献。

我国亚麻籽产业的长足发展来之不易。我们在座的都是从事亚麻籽产业发展的企业代表与专家。我认为，我们从事的是一项十分有意义的工程。因为发展亚麻籽产业符合国家产业政策，符合《粮油加工业"十三五"发展规划》中指出的要"优化产业结构，适应城乡居民膳食结构及营养健康水平日益提高的需要，增加满足不同人群需要的优质化、多样化、个性化、定制化粮油产品供给"的要求；符合油脂加工业贯彻"多油并举"的方针，是提高我国食用植物油的自给能力，以确保国家粮油安全的战略要求的重要举措；亚麻籽营养价值高，不仅是生产优质高端食用油的油料资源，也是优质食品的生产原料。总之，发展亚麻籽产业符合油脂工业产品结构调整，符合中央关于供给侧结构性改革的要求，符合国家粮食和物资储备局提出的实施"优质粮食工程"和"中国好粮油"行动计划，有助于"健康中国"建设。

本次会议不仅是亚麻籽油产业联盟会议，也是《亚麻籽油》国家标准的宣贯会。我相信，通过宣贯，一定能促使亚麻籽油生产企业正确理解和认真执行标准。希望亚麻籽油生产企业进一步认真学习、全面正确理解标准的内容，要严格按照国家标准的质量指标和国家对亚麻籽油的卫生安全指标要求，制订好高于国家标准的企业内控指标组织生产，牢牢把好原料质量关，妥善处理好产品风味和质量安全的关系，以确保产品质量安全万无一失。

各位代表，本次会议在甘肃兰州召开。兰州润民粮油有限公司是本次会议的承办单位。兰州润民粮油有限公司是兰州润民健康产业集团旗下的全资子公司。兰州润民健康产业集团始建于2009年，是一家集粮油农副产品深加工、仓储物流、生物科技、第三方检测、文化传媒、装饰设计、电子商务七大板块于一体的综合型产业集团，旗下拥有兰州润民粮油有限公司、兰州天润粮油生物有限公司、兰州粮安粮油食品检验检测有限公司、兰州草木良和生物科技有限公司、兰州西部粮都电子商务有限公司等七家全资子公司。在"大联合、大营销、大品牌、大效益"的思想指导下，依托地域资源优势，实现生产规模化、产业集约化、精心打造高端粮品粮油、生物萃取等系列产品，着力提高综合生产能力，完善物流体系，夯实供给保障能力，逐步形成有自主知识产权、有地域领导品牌，塑造粮油生物百年品牌，立志打造成甘肃、青海、西藏的粮油生产、销售基地，建设成为西北地区粮油加工的龙头企业。

兰州润民粮油有限公司是国家亚麻籽油产业创新战略联盟的重要成员单位。近几年来，该公司充分利用西北地区特有资源优势，尤其是利用亚麻籽，开设了"中国亚麻籽交易网"平台，服务全国各地亚麻籽油供应商；代表集团积极参与《亚麻籽油》国家标准的制修订工作和《浓香菜籽油》《特级核桃油》团体标准的制定工作。为开好本次会议，兰州润民粮油有限公司代表集团对会议和与会代表做出了周到细致的安排和真诚热情的接待。对此，我代表与会代表表示衷心的感谢，并祝愿兰州润民健康产业集团兴旺达发！祝兰州润民粮油有限公司事业有成！

最后预祝"2019年第五届'润民健康'杯国家亚麻籽油产业创新战略联盟大会暨《亚麻籽油》国家标准宣贯会"圆满成功，谢谢大家！

十一、点赞油脂分会和行业人才齐出

——在"2020年中国粮油学会油脂分会第一次会长办公扩大会议"上的即席发言

（2020年5月26日　于北京）

大家好！

很高兴再次在视频上与大家见面。上月22日，我们油脂分会利用视频召开了常务理事会，对油脂分会今年的重点工作进行了具体部署，并根据工作的需要，对油脂分会理事、常务理事、副秘书长、顾问等以"候补"的形式创造性地做了充实调整，极大地调动了大家支持和做好油脂分会工作的积极性，尤其是调动了优秀青年人才的积极性，会议开得富有成效，并得到了总会的肯定。

今天，又因中国农业科学院油料作物研究所黄凤洪所长根据上级领导的指示精神，提出了辞去油脂分会副会长职务的请求，并结合进一步落实做好油脂分会会员发展工作，专门召开了油脂分会2020年第一次会长办公扩大会议。

本次会议，在事先请示总会领导的基础上，经大家一致讨论同意，进一步调整和充实了油脂分会的领导班子。

周丽凤同志调升为油脂分会副会长兼秘书长。周丽凤同志热心油脂分会工作，熟悉油脂分会工作，她有能力、有水平，为油脂分会的发展做出了贡献，加上中国粮油学会各分会的秘书长几乎都是由副会长兼任的惯例，所以周丽凤同志担任油脂分会的副会长兼秘书长是当之无愧的。

在这次调整班子中，我们又将两位年轻有为的暨南大学汪勇教授和益海嘉里的潘坤总监分别调升为副会长和候补副秘书长，进一步增加了班子的活力，充分表明，我们油脂分会和油脂行业后继有人。

上述三位同志以及上月22日数位同志的调升，是大家对他们的高度信任，是他们多年来对油脂分会工作积极参与和全力支持的结果。对此，我对他们表示衷心的祝贺！希望他们在何东平会长的带领下，与其他领导班子成员一起，同心同德，团结协作，为油脂分会的发展和更加美好的明天做出更大的贡献！

这里，我还想要特别感谢的是王庆荣和黄凤洪两位老副会长。按规定，他们现在虽然不当副会长了，但他们对油脂分会所做的贡献我们是永远不会忘记的，希望他们像过去一样继续关心和支持油脂分会的工作，油脂分会要欢迎他们参加活动。

现在，油脂分会人才济济，班子成员充满朝气和活力，学会工作富有前瞻性和创造性，我坚信，在何东平会长的带领下，在油脂分会全体班子成员的团结、协同支持下，油脂分会一定会创造出更多佳绩。

最后祝贺本次会议取得圆满成功！

十二、开拓创新世界一流学术期刊

——在"《中国油脂》杂志第七届编委会议"上的贺辞

（2021 年 4 月 7 日　于山东平度）

各位专家、各位编委：

大家下午好！

很高兴再次来到美丽富饶和充满活力的山东平度，参加由中国粮油学会油脂分会、《中国油脂》杂志社主办，由青岛天祥食品集团有限公司承办的"《中国油脂》杂志第七届编委会议"。我祝贺会议取得圆满成功！

《中国油脂》创办于 1976 年，至今已走过了 45 年的光辉历程，其前身是由陕西省粮油科学研究所（当时粮食部西安油脂研究所在"文革"期间下放的所）和全国油脂科技情报中心共同发起在中国西安创办的一份中国油脂界前所未有的科技期刊——《油脂工业》。该刊的诞生，结束了中国油脂行业没有刊物的历史，为中国油脂界提供了交流、学习的园地；1979 年经原国家文化部出版局批准，将《油脂工业》改名为《油脂科技》；1985 年 10 月 5 日，我国油脂界期盼已久的中国粮油学会油脂分会在北京成立，会议决定创办会刊，将《油脂科技》更名为《中国油脂》，作为中国粮油学会油脂分会会刊出版发行，原商业部姜习副部长亲笔题字了《中国油脂》。第一届《中国油脂》杂志编辑委员会主任由曲永洵担任，副主任由秦洪万、谢阶平担任。原商业部科技司于 1986 年 2 月 6 日批复商业部西安油脂科学研究所，同意将《油脂科技》更名为《中国油脂》。

中国油脂从双月刊到 2003 年第一期起改为单月刊至今，主要有油脂加工、油脂科技、油脂化学、油脂精深加工、制油装备、植物蛋白、综合利用、油料资源、油脂营养、油脂安全、油脂经营、检测分析、应用研究、专题论述等十几个栏目，内容丰富，涵盖我国油脂行业的方方面面，是一本真正为油脂行业科研、生产、经营服务的期刊。《中国油脂》截至 2021 年第 3 期，共计出版 46 卷 361 期，发表论文及文献资料 8671 篇。

《中国油脂》经过 45 年来的精心培育和发展，已成为我国油脂界最受欢迎的一本油脂专业科技期刊，是我国油脂行业广大职工和科技工作者提高学术水平、技术水平、沟通情况、相互交流学习的重要园地，为我国油脂科技、油脂工业的发展做出了重要贡献。

《中国油脂》也是中国油脂界走向世界，让世界认识了解中国油脂的重要窗口。自1986年开始在国外发行以来，先后与美国大豆协会、马来西亚棕榈油总署、加拿大亚麻籽协会以及法国、俄罗斯、日本、意大利、德国、巴西等50多个国家的油脂协会、学会等组织进行了良好的交流与合作。

多年来，《中国油脂》曾多次获得我国政府有关部门颁发的出版奖——国家期刊奖百种重点期刊等期刊行业最高荣誉，连续九次入选全国中文核心期刊，还获得中国科学引文数据库（CSCD）核心库来源期刊、中国科技核心期刊，2019年入选"庆祝中华人民共和国成立70周年期刊展"。先后被美国《化学文摘》（CA）、俄罗斯《文摘杂志》（AJ）、日本科学技术振兴机构数据库（JST）等收录。这一切荣誉使《中国油脂》赢得了"一册《中国油脂》在手，纵览中国油脂全貌"的美誉，使《中国油脂》成为我国油脂行业公认的一流的权威期刊。上述这些成绩和荣誉的取得是来之不易的，是粮食行业各级领导关心支持的结果，是中国粮油学会油脂分会和《中国油脂》编委会精心指导的结果，是我国油脂界广大职工和科技工作者关爱的结果，是历届编辑出版人员辛勤工作的结果。对此，我们要发自内心地说一声："谢谢大家了"！45年来办好《中国油脂》杂志的经验告诉我们：杂志是油脂行业大家的事，杂志的事情大家办，杂志办好靠大家，办好杂志为大家。

45年过去了。总结过去，放眼未来，《中国油脂》充满信心。我们要在油脂界工作者的关爱下，尤其是在中国粮油学会油脂分会和新一届《中国油脂》编委会的指导下，为我国油脂行业的创新发展，助力国家"十四五"发展规划和2035年远景发展目标的实现，更好地为全国油脂科技进步和油脂加工业发展服务，为把我国建设成创新型现代化国家做出应有的贡献。

我们要立志通过我们的不懈努力，在永葆《中国油脂》成为我国油脂界公认的一流权威期刊的同时，增强国际交流与合作，提升我国油脂科技和油脂工业在国际上的影响力，进而提升《中国油脂》杂志在国际上的影响力，争创世界一流学术期刊。

祝愿《中国油脂》杂志越办越好，为共建我国油脂科技和油脂工业创新发展的美好明天而努力奋斗！

十三、两个联盟年会，祝其圆满成功

——在"2021 年国家亚麻籽油及欧米伽 -3 油脂产业创新战略联盟与国家核桃油及核桃加工产业创新战略联盟联合年会"上的致辞

（2021 年 5 月 25 日　于四川成都）

各位领导、各位嘉宾、各位企业家：

大家上午好！

很高兴来到成都，参加由国家亚麻籽油及欧米伽 -3 油脂产业创新战略联盟与国家核桃油及核桃加工产业创新战略联盟、中粮工科（西安）国际工程有限公司、《中国油脂》杂志社共同主办，由云南摩尔农庄生物科技开发有限公司承办的 2021 年两个联盟年会。首先祝贺两个联盟年会的顺利召开，并预祝会议取得圆满成功！

大家都知道，我国是一个油料油脂的生产大国和消费大国。为满足我国 14 亿多人口生活水平不断提高的需要，国家出台了一系列发展油料生产的政策措施，致使我国油料生产连年增产。据国家粮油信息中心今年 1 月预测，2020 年我国油菜籽、大豆、花生、棉籽、葵花籽等八大油料作物的总产量达 6800.1 万吨，再创历史新高。这里需要说明的是，尽管近年来我国油料生产屡创历史新高，但仍然不能满足我国人民生活水平不断提高的需要。为满足我国食用油市场供应和饲养业发展的需要，我国每年都需要利用国际市场进口较大数量的油料油脂。据海关统计，2020 年我国进口各类油料合计达 10614.1 万吨；其中进口大豆 10032.7 万吨，进口各类食用油合计达 1167.7 万吨。另据统计分析，2020 年度我国食用油消费的总需求量达 4091.0 万吨，我国食用油的自给率只有 30.1%。为提高我国食用油的自给能力，国家出台了一系列发展以油茶和核桃为代表的木本油料产业政策，并鼓励发展亚麻籽、红花籽等特色油料生产。由此可见，发展核桃油产业和亚麻籽油产业符合国家产业政策。

据检测，亚麻籽油中 α- 亚麻酸含量高达 53% 以上，α- 亚麻酸是人体必需且又无法自身合成的必需脂肪酸。另外，亚麻籽油中还富含维生素 E、类黄酮等活性物质，核桃油中不仅富含人体必需的维生素 A、维生素 D、维生素 K 等多种脂溶性维生素，且含有肌醇、咖啡酸等活性成分，是国内外公认的高端食用油，长期食用亚麻籽油和核桃油有利于人体健康。由此可见，在我国大力发展亚麻籽油和核桃油，不仅有助于提高我国食用油的自给能力，同时有助于"健康中国"建设。

为推动亚麻籽油产业和核桃油产业的发展，在国家粮食和物资储备局的关心支持下，国家亚麻籽油及欧米伽-3油脂产业创新战略联盟、国家核桃油及核桃加工产业创新战略联盟分别于2015年5月、2018年12月在山西繁峙县和北京成立。两个联盟成立后，在中国粮油学会油脂分会的指导下，在理事长单位——中粮工科（西安）国际工程有限公司的具体帮助下，在理事长、副理事长和全体理事的共同努力下，各项活动开展得有声有色，除去年疫情的原因外，两个联盟每年都能按时召开产业联盟大会暨产品展示会，会上相关企业和行业专家为亚麻籽油产业和核桃油产业的发展献计献策，有力地推动了我国亚麻籽油及欧米伽-3油脂产业和核桃加工产业的健康发展。

创新发展是我们联盟成立的重要宗旨。本届联盟年会在国家粮食和物资储备局举办的全国粮食科技活动周召开，具有特殊意义。我们要紧紧围绕2021年全国粮食科技活动周的主题，突出科技创新和创新驱动发展；要用营养健康的科普知识，积极向消费者宣传亚麻籽油、核桃油是优质高端食用油品；要通过产品、技术和设备等展示方式，反映出我们粮油行业相关产业所取得的最新科技创新成果；要通过专家的学术报告，让大家知道粮油相关行业的未来发展趋势。

最后，我相信在大家努力下，两个联盟年会一定能取得圆满成功，谢谢大家。

十四、认真解决问题，促进产业发展

——在"2022 年国家核桃油及核桃加工产业创新战略联盟第三届年会"上的发言

（2022 年 8 月 29 日　于云南楚雄）

各位嘉宾、各位同仁、各位企业家：

大家好！

很高兴再次来到云南楚雄，参加"2022 年国家核桃油及核桃加工产业创新战略联盟第三届年会"，与大家共商核桃产业的发展大计。现在，我以《认真解决问题，促进产业发展》为题，提点建议，供参考。

（一）我国核桃产业取得了长足的发展

众所周知，我国是一个油料油脂的生产大国、消费大国和进口大国。为满足我国人民生活水平不断提高的需要，党中央、国务院出台了一系列发展油料生产的政策措施，致使我国油料生产连年增产。据国家粮油信息中心的预测，2021 年我国油菜籽、大豆、花生、棉籽、葵花籽、芝麻、亚麻籽和油茶籽八大油料作物的总产量达 6602.1 万吨，油料产量屡创历史新高。但这里需要指出的是，近年来，尽管我国的油料产量屡创历史新高，但仍然不能满足我国人民生活水平不断提高的需要。为满足我国食用油市场供应和饲养业发展的需要，我国每年都需要进口较大数量的油料油脂。据海关统计，2021 年我国进口各类油料总计为 10205.1 万吨；进口各类食用植物油总计为 1212.7 万吨。另据统计分析，2021 年我国食用油的消费量为 4254.5 万吨（即食用消费 3708.0 万吨和工业及其他消费 546.5 万吨之和），我国食用油的自给率只有 29%。

为提高我国食用植物油的自给能力，国家出台了一系列发展以油茶、核桃、油用牡丹为代表的木本油料产业政策措施，这是符合我国国情的重要举措。尤其是，在 2014 年 12 月 26 日，国务院办公厅印发的《关于加快木本油料产业发展的意见》的推动下，我国木本油料产业取得了令人鼓舞的发展。

据原国家林业局、《中国农村统计年鉴》和国家林业和草原局提供的统计数据，2014

年末全国实有核桃种植面积为 722.8 万多公顷，实有结果面积为 285.6 万多公顷，产量为 271.4 万吨；2017 年我国核桃种植面积近亿亩，产量为 417.1 万吨；2020 年我国核桃的产量为 479.6 万吨；2021 年我国核桃种植面积达 1.2 亿亩，产量达 540.4 万吨。以上数据充分表明，近几年，我国核桃产业取得了长足的发展，产量连年增加，不仅名列我国木本油料之首，同时稳居全球核桃产量之冠，值得庆贺。

（二）要正视核桃产业在发展中存在的问题

核桃不仅是百姓喜爱的干果，又是含油率很高的优质油料资源。核桃补脑的概念早已深入人心，核桃的主要产品——核桃油是珍贵的高端食用油。我国低山丘陵地多，在我国发展核桃产业具有得天独厚的有利条件并已取得令人鼓舞的发展。

近几年来，我国核桃产业的发展是有目共睹的，但与其他木本油料一样在发展中也存在着诸多问题，我觉得当前主要有以下一些问题。

（1）投入较大，产出较慢。核桃产业从育种到种植再到生长结果，投入较大，当年不能见效，最少需要 3~5 年才能开始结果，影响种植经营者的现实积极性。由此可见，如果种植经营者没有相当的经济实力，得不到国家的政策支持，一般来说是难以为继的。

（2）目前核桃的采集、青皮脱除、清洗等基本是靠人工，机械化程度低，费工费时；对适合于核桃和核桃油加工的高效采集、加工装备研发滞后，从而造成核桃和核桃油的生产成本高，影响了核桃油进入千家万户。

（3）从事核桃油的加工经销企业，几乎均为小微企业，普遍存在资金不足、融资困难等问题。在原料及仓储环节，因资金困难，造成原料和仓储场地不足，直接制约着企业的发展壮大。另外，由于核桃油加工经销企业过多过小和各自为战，对产品的质量意识淡薄，品牌混杂。缺少像云南摩尔农庄这样的核桃标杆企业。

（4）核桃价格持续下跌，甚至出现无人收购的情况，严重影响和制约了核桃产业的健康发展。据有关专家对四川等核桃产区的实地调查发现，自 2016 年起，有些核桃产地的核桃价格持续下跌，目前干核桃的批发市场价每斤只有 3~8 元，产地收购价每斤只有 3~5 元，与 10 年前每斤 10 多元相比，已跌至冰点，而且出现许多未嫁接过的老核桃已无人收购的现象。这种市场状况，对核桃产业的发展造成很大冲击。据说曾经栽培核桃热情高涨的四川盆地区，当年所栽的数百万亩核桃已所剩不多，甚至出现一个县一个县的核桃树全军覆灭。由于一些地区对老核桃树生产的核桃无人收购，百姓要么不采集，任其自生自灭；要么采集下来放着，人吃不完的，就用来喂猪喂牛等。联盟每年冬季也都能收到核桃主产区合作社、种植户核桃销售困难的声音，也在积极帮助他们联络就近的加工企业进行对接。上述问题是制约我国核桃产业健康发展的主要瓶颈。

（三）认真研究解决核桃产业发展中的问题，促进核桃产业健康发展

核桃产业发展中存在的问题，虽然是发展中的问题，前进中的问题，但有些问题看了让人痛心（诸如核桃树的砍伐，老核桃的无人收购），我们决不能让千辛万苦的核桃产业毁于一旦。对此，我们必须高度重视，认真研究解决方案，采取有力措施，逐个加以妥善解决，以免制约我国核桃产业的健康稳定发展。对此，我建议在以下 5 个方面要多做工作。

（1）针对核桃产业投入较大、产出较慢，影响种植经营者现实积极性等实际问题，我们要继续呼吁政府有关部门进一步加大对发展核桃产业的支持力度，要把发展核桃产业作为我国大力实施大豆和油料产能提升工程的重要组成部分，要像支持发展大豆产业和支持发展其他油料作物一样，持之以恒地加大对核桃产业发展的资金支持力度。

（2）针对核桃采集和核桃油加工中存在的机械化程度低、费工费时、加工效率低、副产物综合利用差、生产成本高等问题，要加快研发适合于核桃采集和高效的核桃加工利用成套装备，并建议国家有关部门将此列入科技创新发展规划，早出成果，出好成果。

（3）针对核桃价格持续下跌，老核桃无人收购等现象，建议国家有关部门要研究合理的核桃价格，既不能太低，也不能太高，以便生产出来的核桃产品，尤其是核桃油的价格让消费者能接受。在此基础上，要像其他油料作物一样尽快研究出台有关核桃的最低收购保护价，确保种植经营者采集的核桃能卖得出，有钱挣，以保护核桃种植经营者的生产积极性。

（4）要进一步审议核桃产业的发展战略。针对我国核桃种植面积已达 1.2 亿亩的实际，有些专家建议："要给核桃种植降点温，暂不鼓励和支持新种植基地的发展，当前把重点放在现有核桃林的管理和提升上，使其尽快产生效益"。我赞同这些建议。

（5）核桃重点产区，要努力营造良好的经营创业环境，吸引国内著名油脂加工企业到核桃产区建厂兴业，以利创造各种核桃产品的著名品牌；与此同时，要进一步加强对核桃油及核桃产品的宣传，以进一步提高百姓对核桃油及核桃产品的认知度。

以上发言不当之处请批评指正，谢谢大家！

第八章

采访与贺辞

一、新政策新形势下面粉加工企业的机遇与挑战

——接受《粮油市场报》记者采访时的对话

一问：2015年，全国粮食产量又取得大丰收，在这种情况下，能否弥补国家粮食缺口，是否仍需大量小麦进口？

答：一直以来，中国进口小麦侧重于质量而非数量，2013年降雨影响小麦作物，同年中国小麦进口678万吨。新的粮食安全战略的最大变化是从"限制进口"到"适度进口"，其本质是如何统筹利用好国内国际两个市场和两种资源，来满足国内消费需求。利用好国际小麦市场，一方面能够满足一些特殊产品对于高品质小麦的需求，另一方面也能降低获得进口配额小麦企业的生产成本。其实进口小麦的关键原因还是国内小麦价格与国际小麦价格倒挂，降低国内小麦种植成本、调高国内小麦竞争力才是未来发展关键。

二问：因托市收购政策，小麦收购价格略有递增，但各地陆续出现农户卖粮难问题，您怎么看待，该如何解决？

答：托市收购政策的初衷是为了保护农民的种植收益，提升农民种植积极性。受需求疲软影响，今年夏收各市场主体上市收购小麦心态谨慎，不过优质优价的市场行为却依然流行，对质量较好的小麦各地贸易商收购仍较积极，而对质量偏差的小麦收购积极性不高，可谓"质优小麦难买"与"质差小麦难卖"并存。除此之外，这也与当前高温天气、面粉市场需求疲软、制粉企业开工率偏低、收购积极性不高有关。市场预计，9月份进入面粉消费旺季后，小麦行情可能会有所好转。

三问：新政策新形势下，面粉加工企业将面临什么难题，该怎么解决？

答：面粉加工企业面临问题众多，一方面是终端市场需求疲弱，对于面粉的需求量不高，客观降低了面粉企业的生产积极性；另一方面国产优质小麦供应偏紧，廉价优质进口小麦也会对国内小麦市场产生冲击，没有或者获得较少进口配额的面粉企业将面临更为严峻的竞争形势。要解决这个问题，除了企业自身不断调整生产工艺，降低生产和物流成本之外，也应具备长远目光，提升面粉产品的附加值，涉及面粉深加工产业等。

四问：面粉及面制品进一步进入精深加工模式，半径逐渐加大，销售附加值逐步增

加，您认为，这将对整个面粉行业造成什么影响？

答：这是面粉行业的发展趋势，也是消费者对面粉产品的需求所推动的。未来消费者对于高品质、高营养附加值的面粉产品、主食产品的需求量会越来越高，这都给面粉企业提供了新的市场空间和发展思路，这也将推动我国的面粉行业向集约化、规模化、品质化方向发展，不满足这个条件的企业将被淘汰。

五问：小麦面粉加工自动化程度越来越高，机器人逐步取代产业工人，这将对行业人才及劳动力造成怎样的影响？

答：自动化程度越来越高是粮油行业的发展趋势，大米加工行业、油脂行业等不一而足，面粉加工企业自动化程度越来越高也是面粉业的发展现状。众所周知，面粉加工企业的利润率并不高，其中人工成本占有很高的比例，尤其是现在熟练工人、技术工人的用工成本日益攀升。因此，利用先进的机器设备替代产业工人，不仅有利于提升企业的加工效率，降低企业的生产成本，同时保证生产过程的正规化和规模化，减少生产事故，提升面粉行业的集约化程度，这也是未来面粉行业的发展需求。

六问：恒丰集团建厂 60 年之际，"河套"牌雪花粉价格一直稳居全国最高，您认为是否物有所值，您认为是否会有新品牌出现超越它？

答："河套"牌雪花粉一直保持全国畅销，且价格领先，主要是以品质和品牌取胜，自然物有所值。随着面粉及面制品深加工能力的提高，主食产业化的盛行，各地品牌面粉企业的产品覆盖率逐年提高的同时，其销售半径也逐步扩大，不时有大品牌新品牌问世，各种概念面、营养面也逐渐呈现在消费者面前，产品的价格也有很大的提升和飞跃，各种小包装高端深加工面制品价格超过"河套"雪花粉的比较常见。只是如果单从大包装面粉的销售来说，品质决定价格，"河套"雪花粉的价格，一定时期内，恐怕难以被超越。

七问：主食产业化是否真正成为面粉加工企业转型的大趋势？

答：毋庸置疑，主食产业化在我国发展多年，已经成为粮油加工产业的重要组成部分。当前面粉加工行业已经进入新的发展阶段，面粉加工企业利润率不高，原料成本也日益攀升，优质小麦供需紧张，这都是摆在面粉加工企业面前亟待解决的难题。主食产业化尤其是面粉产业主食产业化是面粉企业重要的转型方向，比如包子、饺子、馒头、汤圆、面条等都是重要的转型产品。生产汤圆、水饺的河南三全、思念、科迪等食品企业已经成为全国知名的上市公司；生产挂面的克明面业股份有限公司也成为全国知名的主食上市企业。与此同时，80 后、90 后将成为未来社会的消费主体，这批消费者对于主食的需求也是推动主食产业化发展的重要力量。

二、真诚祝贺佳格新项目投产

——在"佳格投资（中国）有限公司、佳格食品（厦门）有限公司年产20万吨食用油加工项目建成投产仪式"上的贺辞

（2017年5月19日　于福建厦门）

尊敬的各位领导、各位嘉宾，同志们、朋友们：

大家上午好！

在这生机盎然，充满希望的美好季节里，我们高兴地来到美丽开放的厦门，参加"佳格投资（中国）有限公司、佳格食品（厦门）有限公司年产20万吨食用油加工项目建成投产仪式"，这是我们中国粮油界发展中的一件大喜事，是佳格集团发展史上又一个重要的里程碑！在此，我代表中国粮油学会油脂分会对佳格食品（厦门）有限公司年产20万吨食用油加工项目建成投产表示最热烈的祝贺！向前来参加剪彩仪式的各级领导、各位嘉宾表示诚挚的欢迎和衷心的感谢！向佳格集团的全体员工致以亲切的问候！

近年来，随着我国经济的发展，人民生活水平及健康意识的不断提高，我国食用油事业呈现良好的发展势头，尤其对健康油脂的需求更为强劲；多力食用油自进入中国市场以来，一直秉承"健康、营养，安全"的品牌经营理念，始终追求卓越完美的精神，研发并推出诸多品质优良的食用油系列产品，其中多力葵花油多年来市场占有率、消费者信誉度一直稳居我国葵花油领域前列，多力食用油系列产品也是目前为止，我国食用油行业为数不多的通过国际食品安全标准认证的企业，彰显了"多力"追求世界高品质的决心。近年来，"多力"品牌已成为我国家喻户晓的知名品牌，名列中国食用油行业"50强"。

多力能够在中国竞争激烈的食用油市场脱颖而出，并取得卓越成绩，离不开佳格投资（中国）有限公司下属企业所在地的各级政府领导的支持，更重要的是多力卓越的经营理念，对品质高标准的追求，及自身不懈努力的结果。我们相信，佳格食品（厦门）有限公司年产20万吨食用油加工项目的建成投产势必会给多力的发展如虎添翼！为中国食用油行业健康发展助力！为厦门自贸区加大供给侧结构性改革，推进产业转型升级，起到积极的促进作用，进而为厦门的经济建设做出贡献！

最后，衷心祝愿佳格集团事业兴旺发达！祝佳格食品（厦门）有限公司开业大吉，生意兴隆！谢谢大家！

三、面筋食品好，规范生产最重要

——接受湖南卫视记者的采访问答

（2017 年 7 月 16 号　于北京）

一问：请问您对面筋食品行业有怎样的了解及看法？

答：首先我要简要向你介绍的是什么是面筋？面筋是如何制得的？面筋与面制食品的制作有什么关系？

通常来讲，面粉加水揉和形成面团，然后将面团放在更多的水中反复多次揉搓洗涤时，其中的淀粉和水溶性物质渐渐离开面团，最后剩下一块具有黏弹性的胶皮状物质，这就是我们常说的湿面筋，湿面筋经干燥粉碎后即成为面筋粉，它主要由面筋蛋白组成，包括麦胶蛋白和麦谷蛋白。

面筋含量与面制食品的制作品质有着直接关系，一般来说，高面筋含量的面粉适合制作面包类食品，低面筋含量的面粉适合制作饼干、糕点食品，中等面筋含量和面筋强度适中的面粉适合制作馒头、面条、饺子等蒸煮食品（见中国粮油学会编著《粮油食品安全与营养健康知识问答》）。这也是我们常讲的高筋粉、中筋粉和低筋粉的不同用途。

面筋可直接制作成食品，即面筋食品。著名的"平江面筋"，起源于湖南省平江县，是以小麦粉为主要原料，辅以盐、糖、水等混合成松散面团，经单螺杆挤压机挤压熟化、成型、调味、包装制成的一种即食零食。因风味好，食用方便，而且富有营养等特点，深受消费者欢迎。

据统计资料显示，目前整个面筋食品行业年产值约 500 亿元，其中平江达 200 亿元，河南 300 亿元（99% 为平江人创办）。

面筋食品行业是由传统作坊式加工演变而来的。发展初期，由于门槛较低，加工条件较差，加上一些企业滥用添加剂，导致食品安全事故频频曝光，使该类食品在消费者中的信誉度不高。

我认为面筋食品主要原料是面粉，而面粉本身就是健康安全的食物，只要我们严格按规定合理使用添加剂，并尽可能地少用或不用添加剂，始终坚持质量与安全第一，在加工过程中做到道道把关，从严管理，那么，我们就能生产出符合食品卫生和质量要求的、营养的健康面筋食品。

二问：面筋食品行业现在进行转型升级，您是怎么看的？

答：好的。为推进供给侧结构性改革，现在食品行业都在积极进行调整结构、转型升级。面筋食品行业与其他食品行业一样，目前正处于调整结构、转型升级时期，这充分表明面筋食品行业开始注重产品品质的提升，加强了产品检测和质量控制，能严格按《中华人民共和国食品安全法》的要求，在原料、辅料的选购到产品的加工环境、添加剂使用质量监控等方面越来越规范。我认为这是非常好的发展势头。

三问：您一直倡导取消面粉中的增白剂、增筋剂，对于玉峰使用不加任何添加剂的天然面粉您是怎么看的？

答：是的。根据我国面粉加工业的发展现状，自 21 世纪初开始，我与面粉行业的同仁一起，多次提出取消面粉中的增白剂——过氧化苯甲酰，因为它对人体没有任何好处。现在，玉峰食品选用不添加任何添加剂的"一加一"天然面粉作为主要原料生产面筋食品，从而保证了产品更加安全健康，这是符合现在健康消费理念的，也是深受消费者欢迎的。

四问：对于原平江食品行业协会会长、玉峰食品董事长张玉东追求天然、健康、营养的做法和理念，您是如何看待的？

答：据我所知，玉峰食品的张玉东董事长为了让广大消费者吃上更加安全、健康的面筋零食，他忍痛割爱，淘汰了大部分产品，砍掉几个亿的营业收入，并投入了大量的资金建立研发中心和 10 万级良好操作规范（GMP）洁净生产车间，对产品进行升级，对此，我们表示赞赏。我认为，这种做法是很需要勇气和魄力的。如果我们所有的企业都能把产品质量放在第一位，那么，我想消费者再也不用担心食品的安全问题了。近年来，张玉东董事长牵头制定行业标准，建立科技交流平台，其目的是让行业的资源共享，抱团发展，这充分体现了张玉东董事长有很强的社会责任感和担当，值得敬佩！

五问：您对面筋行业发展的建议和期待是什么？

答：希望更多的面筋食品生产企业要牢记《中华人民共和国食品安全法》，更加关注产品的质量与安全，不断朝着安全、营养和健康的方向发展，从严管理，科学经营，共同将产业做强做大，最后，我们预祝面筋食品产业的发展越来越好！

四、记者提问民生热点，首席专家精彩作答

——接受《经济日报》产经新闻部记者的采访实录

（2020 年 12 月 9 日　于北京）

一问：我国食用油原料高度依赖进口，您认为造成这种局面的原因何在？食用油对外依赖程度过高，是否会影响我国食用油安全？

答：在回答此问题之前，我首先要介绍一下我国油料油脂的生产消费和进出口情况。大家都知道，我国是一个拥有 14 亿多人口的大国，也是一个油料油脂的生产大国和消费大国。为满足我国经济发展和人民生活水平不断提高的需要，党中央、国务院出台了一系列发展油料生产的政策措施，致使我国油料生产连年增产。2019 年我国油菜籽、大豆、花生、棉籽、葵花籽、芝麻、亚麻籽、油茶籽八大油料作物的总产量达 6666 万吨，较 1996 年的 4289.1 万吨增长了 55.4%，再创历史最高纪录。利用国产油料（扣除大豆、花生，芝麻、葵花籽四种油料部分直接食用外），榨得国产食用油脂为 1202.8 万吨。需要指出的是，近年来，我国的油料生产尽管屡创历史新高，但其发展速度仍然跟不上我国人民生活水平不断提高的需要。为满足我国食用油市场和饲养业发展的需要，我国每年需要进口较大数量的油料油脂，据海关统计，2019 年我国进口各类油料合计为 9330.8 万吨，其中进口大豆 8851.1 万吨，进口各类食用植物油合计为 1152.7 万吨。另据国家粮油信息中心提供的"中国食用油市场综合平衡分析"，2018/2019 年度我国食用油的食用消费量为 3511.0 万吨，工业及其他消费量为 467 万吨，出口量为 24.1 万吨，合计年度需求总量为 4002.1 万吨，年度我国食用油的自给率只有 30.1%（即 2019 年国产油料榨油量 1202.8 万吨与年度需求总量 4002.1 万吨之比）。

以上情况充分表明，我国食用油料油脂的对外依赖度很高，造成这种局面的主要原因：一是我国的油料生产赶不上人民生活水平快速提高的需要。我国人均年食用油的消费量已从 1996 年的 7.7 千克，提高到 2019 年的人均食用油消费量 28.4 千克，超过了 2017 年度世界人均食用油消费量为 24.4 千克的水平；二是为满足我国饲养业快速发展的需要。在我国进口的油料中，其中进口大豆占 90% 以上，大豆榨油后不仅能得到 19% 左右的大豆油，还能得到 80% 左右的大豆粕，这是发展饲养业不可缺少的优质蛋白资源。

我国这样高的食用油对外依赖程度，无疑会对我国食用油安全产生不利影响。但我坚信，我国有完善的粮油储备制度，充裕的粮油储备，加上我们有灵活运用国际市场的经验，所以我国食用油的安全是不用过分担心的。

二问：您认为该如何提高我国食用油自给率？从长期看，提高大豆自给率的希望比较渺茫，是否可以通过提高花生油、葵花油、玉米油、油茶籽油、芝麻油、棉籽油、葡萄籽油、稻米油、牡丹籽油等各种小品种的自给率，逐步改善当前我国食用油自给率过低的问题呢？

答：是的，我很赞同您的观点。

目前我国食用油的自给率已降到不足 1/3，实在是太低了。为确保我国食用油供给的安全，千方百计提高我国食用油的自给能力是当务之急。要采取"多油并举"的发展方针，挖掘各种潜力，以逐步改善当前我国食用油自给率过低的问题。对此，我建议：要从生产着手，努力创造条件发展油料生产，要在不与粮油生产争地，尤其是争好地的前提下，努力增加油料种植面积；要采取"多油并举"的发展方针，在抓好大豆、花生、油菜籽、葵花籽、棉籽、芝麻等大宗油料生产的同时，通过总结经验，继续积极发展以油茶、核桃等为代表的木本油料生产；要充分利用油料资源，为国家增产油脂。粮油加工业的副产物，诸如米糠、玉米胚芽、小麦胚芽等资源十分丰富，尤其是米糠的产量多达 1400 万吨左右，其含油量与大豆相当，加上稻米油又是优质的食用油，建议国家采取有力措施，将其充分利用，为国家增产油脂做出贡献。

三问：目前我国国产食用油产业竞争力如何？国内食用油产业竞争格局如何？从金龙鱼、福临门、鲁花等品种的市场份额来看，外资品牌占有率仍然高达 70% 以上。如何改变这种产业格局？

答：我国食用油行业与其他行业一样，按照市场经济的属性，企业之间有竞争，也有合作，这是很正常的。我深感，我们油脂行业，通过有序竞争，推动了企业管理水平、技术水平、经营水平和产品质量水平的提高。

我国油脂加工企业数以千计，据国家粮食和物资储备局储备司公布的"粮油行业统计资料"，2018 年我国规模以上的入统食用植物油加工企业 1591 个，其中国有及国有控股企业 126 个、内资非国有企业 1382 个、港澳台商及外商企业 83 个，分别占比 7.9%，86.9% 和 5.2%，其中民营企业（即内资非国有企业）为主导企业。随着我国改革开放的进一步深入，这种格局今后不会有很大改变。

油脂行业培育出的金龙鱼、福临门、鲁花三个家喻户晓的全国著名品牌，是油脂界的骄傲和品牌代表，他们从不同角度带领着油脂行业的发展，他们在油脂市场上不仅有着很高的声誉，同时，占据着较大的市场份额，这是理所应当的。据了解，金龙鱼等外资企业在我国食用油市场上的份额约占 1/3。这里还需说明的是，金龙鱼是爱国华侨资本企业，并于 2020 年 10 月 15 日在深圳证券交易市场以创业板正式上市，其企业性质发生了很大变化。

四问：目前我国食用油产业存在哪些"短板"，如何提高国产食用油产业的竞争力？近年来，中粮、中储粮等国内食用油巨头的崛起，对于稳定国内食用油市场是否起到了中流砥柱的作用？

答：改革开放以来，尤其是进入 21 世纪以来，我国食用油加工业发生了翻天覆地的变化，整体技术已达到国际先进水平，这是可以引以为傲的。与此同时，我们也清醒地认识到，我们在发展中还存在着许多不足之处，或叫"短板"，其中最大的"短板"是我国油料油脂的对外依赖度太高，需要引起我们的高度重视并采取有力措施，逐步加以改变。

近年来，我们高兴地看到中粮、中储粮、九三油脂等国内食用油巨头的迅速崛起，他们无疑将会以自己的模范行动带领民营、外商企业，对稳定国内食用油市场的供应和价格的稳定起到中流砥柱的作用。有关食用油市场的价格走势等问题，请贵社采访有关粮食经济专家，我在这里不做解答了。

五、建好用好实验室，为风味评价贡献力量

——在"翡丽百瑞150周年庆典暨联合实验室成立揭牌仪式"上的贺辞

（2017年8月31日 于上海）

各位领导、各位专家、同志们、朋友们：

大家下午好！

首先，我特别荣幸今天能够在现场见证中国第一个橄榄油感官风味联合实验室的揭牌与成立，这也是目前国内唯一一个橄榄油感官风味联合实验室。借此机会，我谨代表中国粮油学会张桂凤理事长和中国粮油学会油脂分会对实验室的揭牌与成立表示热烈的祝贺！

橄榄油感官风味联合实验室是由武汉轻工大学、意大利萨洛夫（Salov）集团和光明食品国际有限公司（以下简称光明食品）联合设立的，这是中国橄榄油行业与国际标准、国外先进橄榄油生产企业的进一步接轨和合作的重要标志。在此，我要对光明食品、意大利萨洛夫集团表示诚挚的谢意，感谢这两家企业尽心尽力为促成此事所做出的贡献。联合实验室建成后，将在推动中国橄榄油感官评价标准的制定、橄榄油课题的研究和中国首批橄榄油品油师的培养等方面做出贡献，这对于中国橄榄油行业来说意义重大。

这几年来，光明食品在国家"一带一路"倡议的指引下，在海外布局了乳业、肉类和红酒等多个产业领域，不仅成功地"走"了出去，还成功地将许多国外优势产业"引"了进来。这一次的感官风味实验室，就得益于光明食品的大力推动。光明食品在2014年收购意大利著名橄榄油家族企业意大利萨洛夫集团，2015年将翡丽百瑞引入中国市场，并积极将翡丽百瑞的先进技术、经营理念及国际级品油师团队引荐给了我国粮油行业，为我们与国际先进机构牵线搭桥，促进我国橄榄油行业与意大利橄榄油专家的国际交流与研讨，推动我国橄榄油行业的发展。

萨洛夫集团是意大利著名的百年家族橄榄油生产企业，翡丽百瑞是它旗下的一个牌子，有着150年的历史沉淀和技术积累，在美国和英国市场中处于领导地位。在长达一个半世纪的生产经营中，萨洛夫集团始终坚持品质第一，他们拥有非常专业的橄榄油品油师

团队对橄榄油进行调味，在他们的不断努力下，翡丽百瑞橄榄油 150 年来始终保持品质如一、口味如一，这是非常高的水平，是很不容易的，他们的做法值得我们学习和借鉴。

　　同志们、朋友们，中国首个橄榄油感官风味联合实验室的成立，对于中国橄榄油行业而言意义非凡，相信随着中国橄榄油感官风味评价标准的制定以及感官风味联合实验室的作用不断发挥，我国橄榄油行业将会迈上一个新台阶。谢谢大家！

六、塞外江南宁夏产亚麻籽全身是宝

——王瑞元在接受宁夏电视台记者采访时的问答记录

（2017 年 11 月 5 日　于北京）

一问：亚麻籽油的营养价值和在中国食用油中的地位

答：亚麻籽油又称胡麻籽油。亚麻籽油中不饱和脂肪酸含量达 90% 以上，其中具有多种保健功能的 α- 亚麻酸含量高达 50% 以上，另外，亚麻籽油中富含木酚素、黄酮等活性物质，以及含有维生素 E 等多种维生素，经常食用，有利于抗肿瘤、抗血栓、降血脂、营养脑细胞，保护视力、提高智力等，是公认的优质高端食用油之一。

在我国的油料生产中，亚麻籽与大豆、油菜籽、花生、棉籽、葵花籽、芝麻和油茶籽一样，是我国八大油料作物之一。近年来，我国亚麻籽的产量一直稳定在 38 万 ~40 万吨，仅次于加拿大，居世界第二。为满足食用油市场上的需求，2016 年，我国进口亚麻籽 47.47 万吨、亚麻籽油 3.4 万吨。由此，从亚麻籽油的营养价值和在中国市场的消费情况看，亚麻籽油在我国食用油中与大豆油、菜籽油、花生油、棉籽油、葵花籽油、芝麻油、油茶籽油等一样有着重要的地位。

二问：对中国亚麻籽产业发展的意见。

答：在全国《粮油加工业"十三五"发展规划》中指出，要"优化产业结构，适应城乡居民膳食结构及营养健康水平日常提高的需求，增加满足不同人群需要的优质化、多样化、个性化、定制化粮油产品供应"，要"增加亚麻籽油、红花籽油、紫苏籽油等特色小品种供应"。这充分表明发展亚麻籽油产业，符合油脂加工业产品结构调整，符合供给侧结构性改革要求，也符合国家粮食局提出的实施"中国好粮油"行动计划。

根据《粮油加工业"十三五"发展规划》要求，为推动亚麻籽产业的健康发展，我觉得以下几个问题是值得我们关注。

（1）是要重视亚麻籽的生产。要在保持和提高种植面积的基础上，不断改良和培育优良品种，提高亚麻籽的单位面积产量，努力将我国亚麻籽的总产量恢复到历史最高水平。

（2）是要严格按照标准组织生产，确保亚麻籽油的产品质量与安全。在此基础上，努力争创优质品牌和地方特色品牌。

（3）是要重视扩大亚麻籽油的销售范围。要努力改变目前亚麻籽油主要销售在产地的现状，积极创造条件，让亚麻籽油尽快进入大中城市和经济发达地区，达到进一步提高经济效益、增加农民收入的目的。

三问：您对"宁夏亚麻籽产业联盟"的意见和建议。

答：在宁夏回族自治区粮食局、吴忠市人民政府的大力推动和支持下成立的"宁夏亚麻籽产业联盟"，吸纳了亚麻籽产业经营主体、金融机构、社会团体、行业配套服务机构等成员单位，组建了专家顾问委员会，任务明确，必定能在宁夏亚麻籽领域形成较大的合力和影响力，是推动亚麻籽产业发展的重要手段。我对"宁夏亚麻籽产业联盟"有以下几点建议。

（1）组织调查研究 联盟成立后，要针对行业发展的创新经验、遇到的困难和问题组织调查研究，及时反映情况，提出有关建议，为政府研究制定有关政策提供参考依据。

（2）开展专家服务 要建立专家智库，对行业发展中遇到的资金、技术、信息、人才和管理等热点、共性问题进行分析诊断，提出对策。

（3）搞好行业自律 联盟中从事亚麻籽油生产和经营的企业，都要加强自我约束、自我监督与管理，要弘扬守法、公德、诚信理念，规范生产经营行为，加强产品质量管理，推动行业自律，维护良好的行业形象。

四问：您对"宁夏亚麻籽产品及蛋白科学研究院士工作站"及宁夏君星坊食品科技有限公司的评价。

答：由中国工程院陈君石院士、江南大学王兴国教授、宁夏君星坊食品科技有限公司共同创建的"宁夏亚麻籽产品及蛋白科学研究院士工作站"，不仅是国内首家以亚麻籽精深加工技术为研究方向的院士工作站，而且是目前国内最顶尖的亚麻籽精深加工技术团队。工作站研究目标明确，任务规划科学。我相信它不仅有利于宁夏发展区域特色经济、推动宁夏农业供给侧结构性改革，而且必将促进中国亚麻籽产业升级增效，为"健康中国2030"做出贡献！

宁夏君星坊食品科技有限公司虽然是一个发展中的民营企业，但其专注于亚麻籽产业，积极参与国家标准修制订起草工作，承办中国亚麻籽产业论坛，创建院士工作站，不断研究新技术、开发新产品，是一个注重科技创新的优秀企业。我希望君星坊公司再接再厉，投身亚麻籽全产业链发展，进一步提升产品品质，争创名牌，拓展全国市场，为消费者提供更多的"中国好粮油"。

七、百岁长生——中国油脂业界的翘楚

——为青岛长生集团股份有限公司诞生百年庆典写的贺信

（2017 年 12 月 20 日　于北京）

青岛长生集团股份有限公司矫恒伟董事长：

欣逢贵公司建厂100周年盛典之际，我谨代表中国粮油学会油脂分会向长生集团各位同仁致以最热烈的祝贺和最诚挚的问候！

从长生集团辉煌的发展历史中获悉，创建于1917年的三井油坊与东和油坊，是长生最早的雏形。历经沧桑与艰辛，长生一如冉冉升起的新星，照亮于胶东之临；1949年新中国成立后，百废待兴，三井与东和两大油坊划归国有，担负起了新中国工业的革命重任，开启了时代新篇章。随着时代推移，其先后更名为齐鲁股份有限公司、青岛粮食局植物油厂、青岛植物油厂、青岛植物油公司、青岛长生集团公司等，并于2000年经改制成立青岛长生集团股份有限公司（以下简称长生集团）。自此凤凰涅槃，浴火重生，开启了长生集团发展的新篇章。

100年来，"长生"不断创新，引领了中国花生油生产技术进步和产业发展。1966年青岛植物油厂成功研制生产出中国第一瓶浓香花生油，开创了中国食用油生产的新纪元，从此中国的老百姓终于吃上了自己生产的浓香花生油，并走出国门，享誉香港和东南亚。

长生集团积极推进花生油压榨工艺的研究与创新，受国家有关部门委托，独家起草制定了国家标准《浓香花生油》。长生集团生产的"长生"牌浓香花生油于1980年荣获国家优质产品银质奖章，并于1984和1988年，两度蝉联中华人民共和国国家质量金奖，这是当时中国油脂行业唯一获此殊荣的企业，同时还是在20世纪80年代，长生集团是我国油脂界唯一一个被评为"国家二级企业"的单位，这是中国油脂行业的共同荣耀和骄傲。

忆往昔，峥嵘岁月稠。遥望已逝的百年，是每一位长生人饱经风霜的百年，是历经艰辛困苦的百年，是尝尽苦辣酸甜的百年，同样也是厚积薄发、勇往直前的百年。100年来，长生集团一直传承着优良的花生油压榨技术，恪守着精工艺、严把控、重诚信、求发展的企业准则，秉承着做油如做人，做油先做人的职业道德。正是在这些力量的推动下，长生集团才拥有了今天的成就，也拥有了持之以恒的动力源泉。

百年已成历史，新的征程已经开启。中国特色社会主义进入新时代，我国社会主要矛盾已经转化为人民日益增长的美好生活需要和不平衡不充分的发展之间的矛盾。正在推进的"中国好粮油"行动计划，需要油脂行业深入推进供给侧结构性改革，增加安全、优质、营养、健康的油脂产品供给，满足不同人群需要的优质化、多样化、个性化、定制化油脂产品的供给。在"新时代、新需求、新发展"的思路指引下，相信长生集团会认真、深入贯彻党的十九大会议精神，牢记习近平总书记"中国人的饭碗任何时候都要牢牢端在自己手中，我们的饭碗应该主要装中国粮"的重要指示，继续继承艰苦奋斗的优良传统，坚持创新驱动，发扬敢于开拓、积极进取的新时代精神，时刻铭记生产"政府放心油，百姓当家油"的服务宗旨，努力做到产品质量优、品种全、服务好、影响广。与此同时，长生集团要在油脂行业中继续起到引领作用，将自己先进的生产管理经验分享出来，传播出去。

百年历史，成就了长生今天的品质；百年沧桑，铸就了长生今天的辉煌。沉舟侧畔，百舸争流，坚信新时代的长生集团，在矫恒伟董事长的带领下，在全体长生人的努力下，必将紧跟时代浪潮，焕发出新的能量；坚信新时代的长生人，一定会"不忘初心，砥砺前行"，焕发出更加夺目的璀璨光芒！

中国粮油学会首席专家

中国粮油学会油脂分会会长 王瑞元

2017 年 12 月 20 日

八、为母校高水平快速发展点赞

——王瑞元同志在江南大学建校 60 周年庆祝大会上的发言

（2018 年 11 月 17 日 江苏无锡）

尊敬的朱庆葆书记，尊敬的陈坚校长，亲爱的老师们、同学们：

大家好！

今天是我亲爱的母校——江南大学建校 60 周年，是我们"江南人"的大喜日子。首先，让我们以喜悦的心情热烈祝贺母校 60 华诞生日快乐！

我是 1959 年考入无锡轻工业学院糖九一班的，是母校第一批以无锡轻工业学院的名义招收的大学生。60 年来，我们目睹了母校从社桥到青山湾再到现在的太湖之滨的骄人发展过程。

忆往昔，在五年的大学求学期间，正遇学校的初创年代，当时的教室、图书馆、实验室、操场和学生宿舍等基础设施十分简陋；其间又遇我国发生了"三年自然灾害"，食品供应匮乏，生活条件十分艰苦。在这艰苦的条件下，学校想方设法帮助学生渡过难关，在老师的带领下，同学们互相帮助，相互关爱，结下了难以忘怀的师生情、同学情，出色地完成了学业，顺利走上了各自的工作岗位，个个成为国家的有用之才。我们衷心感谢母校和老师对我们的培育之恩。

鉴于在校时我学的是粮油食品方面的专业，毕业后我被分配到了原国家粮食部工作，至今在粮油行业工作了 55 年。55 年来，由于工作的关系和出于对母校的情怀，我无数次地重返母校，亲身感受到了母校的快速发展，感受到了母校无论在育人还是在科技方面取得的累累成果，对我国粮油食品产业发展做出的突出贡献。

随着我国经济和教育事业的快速发展，喜看今朝的母校已建成校园宽敞、环境优美、教育设施齐备和教育质量高超的全国乃至世界一流食品高等院校，并正在向建设高水平研究型大学迈进。对此，我感到十分高兴与自豪！我为母校的高水平快速发展点赞！

俗话说"民以食为天""食以安为先"，这充分表明了粮油食品的数量安全与质量安全都是"天大"的事。党和国家把这"天大"的事交给了我们粮油食品人，这是对我们从事生产、经营、管理、教育、科研的粮油食品人的最大信任。江南大学是培育高素质粮油食品人的摇篮，作为江南大学食品学院的毕业生和在校生，能把这个"天大"的事担当起来感到无比光荣和责任的重大。尤其是在新时代，随着人们生活水平的进一步提高，百姓对粮油食品的要求不仅要吃得好，吃得安全，还要吃得营养与健康，为此，我们粮油食品人要更加勤奋学习，努力工作，创新发展，为"人民群众过上美好生活"，助力"健康中国"建设，为把我国建设成粮油食品强国做出更大的贡献！

祝母校早日建成高水平的研究型大学！再次祝愿母校60华诞生日快乐！谢谢大家！

九、纵横业界富味乡，携手高校再创辉煌

——在"富味乡油脂食品有限公司－武汉轻工大学教学科研基地授牌仪式"上的贺辞

（2018 年 6 月 16 日　于广西　防城港）

尊敬的各位领导、各位专家、各位朋友：

大家上午好！

炎炎六月，很高兴我们相聚在美丽的海滨之城——广西防城港，参加"富味乡油脂食品有限公司－武汉轻工大学教学科研基地授牌仪式"。我谨代表中国粮油学会油脂分会对校企深入合作、共谋共同发展表示热烈的祝贺！对参加仪式的各位领导、专家和朋友表示最热烈的欢迎和诚挚的问候！借此机会，我想就芝麻油生产、消费和校企合作等方面谈谈自己的看法。

（一）芝麻油是深受消费者喜爱的营养健康食用油脂

芝麻油又称香油或麻油，具有独特浓郁的香味。中国有句俗话"民以食为天"，且讲究色香味俱全，芝麻、香油、芝麻酱、芝麻粉等产品在中国日常饮食中深受喜爱。芝麻油中不饱和脂肪酸含量接近 90%，其中人体不能合成而又必需的亚油酸含量在 40% 左右，还含有大量木质素类化合物、天然维生素 E 和植物甾醇等生物活性物质。鉴于芝麻油具有较好的营养价值和生理活性，为此，世界卫生组织于 2011 年召开的第 113 次会议上推荐芝麻油为三大最佳食用油之一。芝麻油可以由多种方法制取，由水代法制取的小磨香油及焙炒压榨制取的芝麻香油，香味浓郁；低温压榨制取的芝麻油香味清淡，适合作为高端的凉拌油和烹调油；用预榨饼浸出精炼所得的芝麻油，香味虽然与前者相比略为逊色一些，但仍然是一种优质的适合家庭使用的烹调油脂。

（二）我国是芝麻油生产消费大国

芝麻是世界上最重要的油料作物之一，主要种植在亚洲和非洲，印度、缅甸和中国是

主要的芝麻种植和生产地。芝麻是我国八大油料之一，各省都有种植，其中安徽、河南、湖北、山东、湖南等地种植面积较大。2017 年我国八大油料的总产量约为 6142.5 万吨，其中芝麻产量约为 70 万吨，另外进口了 71.2 万吨芝麻。随着人民生活水平的提高，我国芝麻油的消费量将逐年增加，近年已接近 40 万吨。芝麻种子含油 52% 左右，蛋白质17%~24%，还含有多种维生素和芝麻酚类物质等。芝麻油在商品短缺时代曾被尊为"油中极品"，随着生活水平的提高，现在芝麻油已经成为人们日常餐饮消费品的一部分，但其独特风味和较高的营养价值，使其在众多的食用油品类中占有重要地位。芝麻油纵横食用油和调味料的市场，价格较高，成为备受钟爱的"蛋糕"。

10 多年来，中国市场上的芝麻油品种越来越丰富，家庭消费已基本上告别了散装油消费并开始向健康化、高端化和精品化方向转移。随着消费者对营养和健康的诉求越来越高，芝麻油已不仅仅是简单的调菜、拌馅、做汤食用，而且在热炒、煎炸、烹饪、面食等方面处处可用，其香味、营养、健康在食用油品类中胜出一筹，消费需求会不断提高。从中国食用油行业目前和长远的消费结构、发展趋势来看，中国芝麻油产品的市场空间仍然十分宽广。

（三）校企合作共促芝麻油产业发展

富味乡集团创始于 1965 年，主要经营芝麻油系列优质产品，基于创新及品质的企业理念，全心投入油脂及健康食品的研究，公司先后于 1998 年及 2004 年通过 ISO 9002 国际质量认证及 HACCP 食品安全管理认证，为富味乡的产品提供了最佳的质量保证；富味乡行销网络遍及五大洲，为深耕大陆市场于 2003 年成立了上海富味乡油脂食品有限公司。上海富味乡公司从企业管理、发展策略、经营理念、产品质量等服务体系，均引进国际先进标准模式。为了迎合各种不同需求的消费者，上海富味乡公司以"健康的品质，传统的口味"为宗旨，极力开发创新对消费者有益的油脂食品，为消费者提供了更多元化的选择。经过十多年在大陆市场的创新发展，上海富味乡公司已经成为中国十佳芝麻油生产企业，在行业内的知名度和诚信度越来越高。

据我所知，武汉轻工大学是全国最早培养粮食行业专门人才的学校，是国家粮食和物资储备局与湖北省人民政府共建高校。学校始终坚持"育人为本、质量立校、人才强校、特色兴校"的办学理念，现已形成了以轻工食品类学科为特色，食品营养与人类健康领域相关学科优势明显，以工科为主干，工、管、理、文、经、农、艺、法等学科协调发展的多科性大学格局。武汉轻工大学油脂及植物蛋白科技创新团队在著名教授何东平老师的领导下，致力于油脂及植物蛋白资源的研究开发及成果转化工作，在特色油脂资源开发、专用油脂产品研发、蛋白多肽精深加工、微生物油脂研究、食用油中危害物溯源控制和风险评估研究等方面取得了丰硕的成果。近年来主持省部级以上项目及横向科研项目 100 余项，获得省部级科技奖 20 多项，其中一等奖 8 项，主编油脂专著 24 部；主持和组织制（修）订国家及行业标准 150 多项，发表科学引文索引（SCI）、工程索引（EI）论文 20 多篇，中文核心论文 200 多篇，授权发明专利 20 多项，鉴定评价项目成果 50 多项，已培养硕士、博士研究生 85 名。

校企合作是新形势下企业发展进步的内在要求和实现双赢的战略举措。通过合作，学校和企业可以优势互补、资源共享，学校可以更好地发挥科研优势和人才优势，而企业则能更好地发挥资源优势和市场优势。这次富味乡油脂食品有限公司与武汉轻工大学开展深入的强强合作，作为芝麻油行业领军企业和食品类特色优势学科的高等院校可以就芝麻油行业发展的一些热点问题和关键技术问题进行研究，如芝麻油掺假、工艺与品质的控制与提升、活性物质与营养功能的研究、芝麻及芝麻油加工副产物的综合开发等。我坚信，只要双方真诚合作，一定能结出丰硕的成果，为我国芝麻油产业健康有序地发展做出重要贡献。

预祝富味乡油脂食品有限公司与武汉轻工大学的合作迈上新台阶！创造新辉煌！

祝愿各位来宾身体健康！工作顺利！家庭幸福！

谢谢大家！

十、盛会缅怀英才，暨南大学成果非凡

——在"纪念著名油脂化学家张驷祥教授诞辰 100 周年座谈会暨学术思想研讨会"上的致辞

（2018 年 6 月 27 日　于暨南大学）

尊敬的宋献中校长、任筑山教授、各位领导、各位专家、老师们、同学们：

大家上午好！

很高兴应邀来到全国闻名、美丽的暨南大学，参加"纪念著名油脂化学家张驷祥教授诞辰 100 周年座谈会暨学术思想研讨会"。首先我代表中国粮油学会张桂凤理事长和中国粮油学会油脂分会以及各位与会的油脂专家，对暨南大学举办此次盛会表示热烈祝贺。

众所周知，油料油脂的生产、加工、消费和贸易在国民经济中有着举足轻重的地位和影响。近年来，我国的油脂行业发展稳定，食用油脂的总加工量和消费量一直居世界首位。2017 年我国油菜籽、花生、大豆、棉籽、葵花籽、芝麻、亚麻籽、油茶籽八大油料的预测总产量为 6142.5 万吨，创我国油料生产史上的最高记录。为满足国内食用油市场的消费需求，我国每年需要进口较大数量的油料油脂，据海关统计，2017 年我国进口各类油料合计为 10200 万吨，进口各类植物油脂总量为 742.8 万吨。另据国家粮油信息中心的统计分析，2017 年我国食用油的消费量为 3751.5 万吨，食用油的自给率为 31.1%，我国人均年食用油的消费量为 26.6 千克，已经超过了 2017 年度全球人均 24.4 千克的年消费量，并有继续增加的趋势。由此可见，我国是一个油料油脂生产、贸易、加工和消费大国，在世界油料油脂生产、贸易、加工和消费中有着举足轻重的地位和影响。

根据我国《国民经济和社会发展第十三个五年规划（2016—2020 年）》和国家粮食和物资储备局制定的全国《粮油加工业"十三五"发展规划》等文件精神要求，在"十三五"期间乃至今后更长一段时间内，我国食用植物油加工业的发展有如下 9 种趋势。

（1）食用油的市场需求仍将保持一定的增长速度，但增长的速度不会像前些年那样快了。

（2）利用国内国外两个市场满足食用油市场的需求的方针不会改变。

（3）食用植物油加工业必须始终把"安全"与"质量"放在第一位，倡导"安全营养、健康消费"和"适度加工"等理念，引领油脂行业健康发展。

（4）要深入推进油脂行业供给侧结构性改革，增加优质、功能性油品，满足不同人群需要的优质化、多样化、个性化、定制化等专用油脂和营养功能性新产品的供给。

（5）坚持多油并举，增加和改善食用油供应，大力发展新型健康木本食用油脂和增加特色小品种油脂的供应。

（6）要进一步优化调整产业结构，继续培育壮大龙头企业和大型骨干企业，支持他们做强做大；鼓励有地方特色、资源优势的中小企业积极提升技术装备水平和创新经营方式。

（7）要重视安全、文明、清洁环保和节能减排，减少能耗和污染物的排放。

（8）要加大发展高效节能降耗的食用植物油加工装备；积极研发适用于不同木本油料加工的成套设备；通过实施自动化、智能化，将制油装备提高到更高水平。

（9）要践行"一带一路"倡议，实施"走出去"战略，加强与不同地区、不同国家、不同领域的合作，提高我国油脂行业的国际竞争能力。

同志们、朋友们，暨南大学是由国家创办的第一所华侨学府，国家"211工程"、广东省高水平建设大学，也是国家"双一流"世界一流学科建设高校，建校百年来涌现了大批优秀校友，张驷祥先生就是其中的杰出代表。

张驷祥先生祖籍江苏镇江，1918年出生于北京，1941年毕业于暨南大学，获化学学士学位，并任职于重庆国民政府经济部下属的植物油料厂。抗战胜利后，于1947年赴美国改学食品专业，1949年获美国堪萨斯大学食品科学硕士学位，1952年获伊利诺伊大学食品科学博士学位，此后一直在企业与高校从事食用油科学研究与教学工作，直至1996年去世，享年78岁。张驷祥先生一生在油脂风味化学、深度煎炸、油脂氧化与抗氧化机理研究方面取得了多项开创性成果，在油脂及食品科技领域曾荣获20多项美国和国际的成果奖，是国际最杰出的食品科学家之一。

我国改革开放以来，他作为最早一批教育文化使者，利用来华机会，向国内高校介绍国际油脂食品科技进展，并努力推荐一批中青年学者到美国的大学学习进修，极大地促进了中国和国际油脂食品科学界的交流与合作。他热心教育和公益，帮助国内多所高校开展博士点建设，并联合培养了一批油脂工程博士研究生。他努力促成了两岸食品界的学术交流，每年一次的两岸食品学术交流会至今已经召开了20多次，是联系两岸油脂食品界的重要桥梁。

此次暨南大学举办纪念张驷祥教授诞辰100周年座谈会，为油脂行业交流搭建了良好的平台，我相信通过此次会议多位粮油专家学者思想对接，继承和发扬老一辈油脂专家的学术精神，一定会进一步推动我国油脂行业的健康发展。

暨南大学在油脂研究方面很有特色，尤其是在产学研和国际交流合作方面做出了突出成绩。以汪勇教授为代表的研发团队，在油料生物炼制与营养以及在功能油脂与亚麻籽加工技术等方面取得了丰硕成果，获得了 2017 年中国粮油学会科学技术奖一等奖；入选《中国粮油学会油脂分会三十年大事记》中的优秀创新团队，值得祝贺！衷心希望暨南大学在油脂研究方面继续保持特色和优势，取得更大成绩，为我国油脂行业做出更多贡献。

最后，预祝"纪念著名油脂化学家张驷祥教授诞辰 100 周年座谈会暨学术思想研讨会"圆满成功！谢谢大家！

十一、记者提问，会长解答

——对《食品安全报》记者提问的回答

（2018 年 8 月 14 日　于北京）

一问：目前中国食用油行业处于什么样的现状？您认为食用油行业还有哪些问题需要规范？

答：目前，我国食用油行业总体来讲，处于健康平稳发展状态。近年来，我国食用油行业技术发展较快，油脂生产和加工达到世界先进水平，市场上油脂产品琳琅满目，与发达国家相比，没有多大差距，能够满足广大消费者的不同需求。

根据有关数据显示分析，2016/2017 年度我国植物油总需求为 3750 多万吨，其中国产油料出油量约为 1168 万吨，其余均要通过进口油料油脂才能满足市场的需求，我国食用油自给率只有 31.1%。由此可见，我国食用植物油消费量持续增长，需求缺口不断扩大，对外依存度明显上升，食用植物油安全问题日益突出，这是客观事实，这也是我国基本国情所决定的。耕地红线 18 亿亩是我国粮食安全供给的重要保障，发展油脂生产不能与粮食争地，因此发展国内油料作物生产，充分利用荒山荒地种植木本特种油料，开发利用米糠、玉米胚芽等油脂资源，以及利用国外资源保障国内市场供应是今后长时期内我国不得不面临的选择。

随着经济的发展、人们生活质量的改善和消费观念的转变，人们更注重健康消费，对食用油的质量要求不断提升。2016 年 12 月，原国家粮食局发布了《粮油加工业"十三五"发展规划》，提出坚持多油并举，增加和改善国产菜籽油、花生油、大豆油、棉籽油、葵花籽油、芝麻油等食用油供应。积极开发稻米油、玉米油等，大力发展油茶籽油、核桃油、橄榄油、牡丹籽油、文冠果油、梾木果油等新型健康木本食用油，增加亚麻籽油、红花籽油、紫苏籽油等特色小品种油供应，积极开发起酥、煎炸等专用油脂。在政策的指引下，我国食用油市场呈现出较好的发展态势，但由于竞争的加剧，也出现一些问题，需要加强引导和规范，主要表现在以下 4 个方面。

1. 过度加工

植物油中不仅含有人体不能自身合成的必需脂肪酸，还含有各种脂溶性维生素、天然抗氧化成分以及其他生理活性物质等有益成分。油脂过度加工不但除去了大量天然微量营养物质，而且可能伴随产生新的有害物质，进而影响油脂品质。所以要倡导适度加工，在保证油脂质量安全的前提下最大限度保存油脂原料中的固有营养成分。要引导和改变消费者对产品等级越高越好的固有思维，科学选择合适的油脂产品。

2. 过度包装

现在市场上油脂终端产品出现两个极端，大宗油脂产品如大豆油、菜籽油等价格低廉，甚至不如一瓶矿泉水，利润很低甚至亏损。而一些小宗油脂产品如油茶籽油、橄榄油、核桃油、牡丹籽油等通过过度包装，价格高企，这都不利于行业的健康发展。

3. 过度宣传

食用油的营养与安全，一直是大众关注的话题。地沟油事件、3,4-苯并芘超标、调和油掺假以及黄曲霉毒素、重金属污染等问题更是将食用油的质量与安全推至风口浪尖，成为热点问题。其实我国食用油行业总的来讲应该是安全可控的，之所以成为焦点问题，与行业内的过度宣传和舆论的不当传播有关。诸如，转基因与非转基因油脂、压榨与浸出之分，饱和脂肪酸与单、多不饱和脂肪酸含量，氢化与反式脂肪酸等方面都有过度宣传之嫌。我们一直认为，只要规范生产，达到国家质量标准的油脂产品都是安全的，可以放心食用的。

4. 调和油乱象

调和油是将两种或两种以上油脂按照营养和风味，按一定比例调配制成，以满足消费者不同的需求。调和油产品刚推向市场时深受消费者欢迎，但由于标准的滞后和检测方法的缺失，导致调和油市场乱象丛生，消费者难辨优劣。一些厂商采用成本较低的油种作为调和油的主要成分，或肆意夸大宣传单种油的含量，最终损害了不知如何辨别调和油优劣的消费者利益。GB 2716—2018《食品安全国家标准 植物油》出台，其中明确了有关调和油命名和标识规定，要求标明调和油的原料油脂比例，调和油乱象有望改变。我们相信，随着新的标准出台、溯源体系的完善和相应的监管措施到位，我国食用油行业将更加健康有序发展。

二问：新规出台，食用调和油行业或将洗牌。2017年中国食用油产业发展报告显示食用油供过于求，您认为中国食用油品牌应该从哪些方面发力实现由量变到质变的转变，打造享誉全球的中国食用油品牌？

答：随着我国人民生活水平的进一步提高、城镇化进程的加快和人口的增长，我国对食用油需求将继续保持增长态势。但鉴于我国食用油的年人均消费量已达到26.6千克，已经超过了世界年人均 24.4 千克食用油的消费水平，所以其增长速度将放缓，在今后相当长的时间内我国食用油消费应该是稳中有升。

有关媒体报道我国食用油供过于求与油脂行业实际情况是不相符的，有可能是误读了油脂生产能力和消费能力。目前全国油料处理能力接近 3 亿吨，油脂精炼能力 5000 多万吨，小包装油脂罐装能力 2000 多万吨，应该说油脂产能是过剩了。至于油脂供应缺口很大，对外依存度很高这是事实，为保证市场的供应，我国油脂行业每年都要根据市场实际需要进口油料油脂，不会造成食用油的供过于求。当前，我们要增强对海外油脂油料的控制能力，建立比较完备的油料油脂国家储备体系，以保障我国食用油供给的安全。

由于油脂行业产能过剩，竞争加剧，行业整体利润是很低的，这也是造成食用调和油市场乱象的原因之一。GB 2716—2018《食品安全国家标准　植物油》出台，规定食用植物调和油产品应以"食用植物调和油"命名和食用植物调和油的标签标识应注明各种食用植物油的比例，并鼓励在食用植物调和油标签标识中注明产品中大于 2% 脂肪酸组成的名称和含量（总脂肪酸的质量分数）。在符合 GB 7718—2011《食品安全国家标准　预包装食品标签通则》及相关规定要求的前提下，生产者可在配料表中或配料表的临近部位使用不小于配料标示的字号，选择多种标示方式，标注各种食用植物油的比例。以上规定，将有效规范我国食用植物油尤其是调和油市场，引导行业健康发展。

新规出台，食用调和油产品只能以"食用植物调和油"命名，品牌集中度将越来越高，消费者对品牌认同度和产品的认知也会越来越清晰，不规范、低质量的小品牌、小企业将受到冲击，如何在这场新的竞争中脱颖而出，我觉得品牌建设是非常重要的，也希望能打造出享誉全球的中国食用油品牌。现在就这个问题，谈 3 点想法。

1. 品牌建设是历史使命，也是历史机遇

随着经济全球化和国际市场竞争的加剧，世界进入品牌经济时代，国际市场已由价格竞争、质量竞争上升到品牌竞争。当前中国经济已经到了品牌引领经济转型的关键时期，品牌正成为影响经济发展的核心要素。我国是世界油料油脂生产大国和消费大国，也是油料油脂加工和进出口大国，在国际上具有举足轻重的地位，我们的品牌种类很多，但缺乏享誉全球的中国食用油品牌。油脂品牌企业要抓住机遇，打造出具有自主知识产权的中国食用油品牌。

2. 坚守食品安全底线，保障品牌质量

油脂是人们日常生活必不可少的消费品，安全、营养、健康是第一位的，品牌企业只有靠品质和良心才能赢得消费者的认可，只有消费者给出的大奖才是最具有含金量的。为此，油脂企业要以满足不同人群日益增长和不断升级的安全、优质、营养、健康油脂产品

的消费需要，要增加满足不同人群需要的优质化、多样化、个性化、定制化油脂产品的供给。品牌企业要加大科技投入，把品牌建设作为实施创新驱动发展战略的重要组成部分。

3. 创新品牌理念，加强品牌建设

品牌建设是一项复杂的系统工程，不可能一蹴而就，要处理好有形与无形的关系、投入与产出的关系、近期与长期的关系。打造享誉全球的食用油品牌，需要优质创新的产品，需要长期的稳定投入，更需要坚定信心，持之以恒。要坚信扎实的品牌建设能够帮助企业在全球化过程中拥有主动权，从而有更多机会占领产业链的价值高地。

随着我国经济社会的全面发展，我国已经进入了品牌建设的最好时期，油脂企业应抓住历史机遇，坚持品牌引领，不忘初心，打造享誉全球的中国食用油品牌。

十二、祝母校 60 华诞喜庆欢乐，更上层楼

——接受江南大学食品学院师生代表在 60 周年校庆前夕的两次采访记录文字稿

（2018 年 10 月 17 日　于北京）

很高兴在母校 60 华诞来临之际，继今年 5 月 7 日在母校之后，今天又在北京再次接受江南大学食品学院师生代表的采访。首先，让我衷心祝愿母校 60 华诞生日快乐！感谢母校和老师对我的培育之恩。我将两次采访的主要内容归纳整理如下。

（一）关于我的求学记忆

1. 关于对粮油食品专业的选择

我是 1959 年由苏州高级中学毕业后考入无锡轻工业学院食品工程系的。至于我为什么选择食品工业系，我觉得当时也没有想得太多。只知道吃饭是人人每天所必需的，食品专业是永远不会衰亡的，加上我出身于农村，从小就帮助家里干农活儿，对食品的基础原料——粮食有一定的感情，觉得搞食品工业还不错；再加上我是无锡荡口人，不太愿意离家太远去上大学，于是就选择了无锡轻工业学院作为我考大学的第二志愿，其中食品工程系是专业的第一选择，由此，我与食品，与粮食结下了缘分。

2. 关于希望能分享我在大学时印象深刻的故事的话题

说真的，说不上有什么故事可以给大家分享。但在 5 年的大学生时代里，让人难以忘怀的事情却有不少，其中最让我记忆犹新的有两件事。

一是，正遇无锡轻工业学院的创办年代，校址在无锡社桥。当时的母校，教室、图书馆、实验室、操场和学生宿舍等基础设施十分简陋，实验室的规模与仪器设置远不如现在江南大学食品学院的一半。大多一个宿舍由两个班的同性学生合住，一个宿舍多达几十个同学合住。我还清楚地记得，我们入学时的糖九一班的 15 名男生与食九一班的 21 名男生合住一个宿舍。由此可见，当时的条件不如一个中等专科学校，也不如我高中的母校——苏州高级中学。但大家在这样的环境下互相关照，勤奋学习，同学之间、班级之间关系十

分融洽，结下了难以忘怀的深厚的同学之情。

二是，正遇我国发生三年自然灾害，粮油食品供应十分短缺，每月31斤定粮满足不了当年学生长身体的需要，加上副食品供应的匮乏，一些同学因营养不良患上了浮肿病。为了减少学生的体力消耗，学校停止了体育课，同学之间互相帮助、相互关爱，终于都过了这一难关。在学校老师的带领下，出色地完成了学业，并无条件地服从学校的毕业分配，顺利地走上了各自的工作岗位，一个个都成为国家的有用之才。

3. 关于在学校期间记忆最为深刻的导师

在5年的大学生活中，我深感学校的老师个个都很棒，他们爱护学生、以身作则、勤奋教育。年长老师对学生亲如自己的子女，年轻老师对学生亲如自己的兄弟姐妹。其中，在5年的学习生涯中，对我影响最深最大的是我敬爱的导师——刘复光教授。他出自对伟大祖国的热爱，离开了工作和生活条件优越的美国，回归祖国并在无锡轻工业学院从事油脂制备工程的教育。在教育中，他为了让学生做到理论与实践相结合，在当时十分困难的条件下，他亲自在学校里建造了一个以"弓"型浸出器为代表的实验工厂。上课时，他穿着工作服，边教边操作，给同学们留下了难以忘怀的一幕幕。他为中国油脂工业培养了许多人才，他是中国现代油脂工业发展的重要创始人之一，他是我心中最敬佩的导师。他虽然已去世，但他的名字将永远留在即将建成的中国油脂博物馆中。

4. 关于毕业之后我与母校的联系情况

由于工作关系和出于对母校的情怀，毕业后我无数次地重返母校。自20世纪80年代起，我几乎每年都要回母校一次，有时一年两到三次。我亲身体会到母校累累的科技成果，对我国粮油产业发展做出的突出贡献。与此同时，我也目睹了母校从社桥到青山湾再到现在的太湖之滨的傲人发展过程。

随着我国经济和教育事业的快速发展，回忆往事，喜看今朝的江南大学已建成为全国校园宽敞、环境优美、教育设施齐备的一流食品高等院校，并正在向建设高水平研究型大学迈进，对此，我感到十分高兴与自豪！

（二）关于我的工作经历

1. 关于要我谈谈我一家四口都从事食品行业工作的缘由

是的，我一家四口人都选择并从事了粮油食品行业的工作，说其原因，应该分开说。我自己是怎么选择粮油食品工业专业的？前面已讲过，可以说是出于从小对粮油的纯朴感情，选择粮油专业多少带有一些"不自觉"的巧合，或者说有一些"懵懵懂懂"，毕业后分配到了原粮食部工作。至于我爱人张瑜是大学的同学，开始大家都在糖九一班。后来她去学食品工程专业，毕业后分配到浙江宁波油厂，后调到北京原粮食部工作，一直从事粮油食品及饲料工作。

我俩成家后得有一子（王一军）、一女（王一翀），他们从小就爱学习，两人的学习成绩都不错。至于他们长大后从事什么行业的工作，考大学选择什么专业，也是父母需要为子女考虑的大事。

经我和爱人反复考虑，认为粮油行业，尤其是粮油食品加工行业是一门集农业、轻工业、化学工业和机械工业的多学科行业，与人民群众的生活质量、营养健康息息相关，发展前景十分广阔，加上我俩毕业后一直从事粮油食品行业的工作，爱上了这个行业，所以决定做孩子们的工作，让他们考大学时选上粮油食品专业，爱上粮油食品行业。幸运的是在高考时，儿子王一军考上了无锡轻工大学食品工程系油脂专业，女儿王一翀考上了郑州粮食学院的食品科学系。毕业后都分配在粮油行业，与我们一样，从事粮油食品行业的工作。

我认为，这是我们全家对粮油食品行业的深爱，既是缘分，也是传承。另外，我孙子王锴奇，后年就要高中毕业了，我也很想慢慢影响和说服他，也能报考粮油食品专业，把我家从事粮油事业的接力棒继续传承下去。

2. 关于要我谈谈在政府相关部门工作几十年，见证了改革开放 40 年，食品工业的发展和老百姓饮食改善变化情况

我是 1964 年从无锡轻工业学校毕业后分配到原粮食部粮油工业局工作开始，至今在粮油行业工作了 55 年，目睹和参与了中国现代粮油加工业的发展，尤其是改革开放 40 年的快速发展。下面，我就改革开放 40 年来，我国现代粮油加工业的发展做些简要介绍。

应该说，改革开放 40 年来，我国的粮油加工业发生了翻天覆地的变化，以油脂加工业的发展为例，主要表现在以下 4 个方面。

（1）从我国油脂加工业的产能上看　由改革开放前的 1147 万吨，增加到目前约 3 亿吨，翻了 20 多倍。

（2）从我国食用植物油人均年消费量上看　由改革开放前的人均年消费量不到 5 千克增加到现在的人均年消费量 26.6 千克，已经超过了 2017 年世界人均年消费食用油 24.4 千克的水平。

（3）从油品质量和品种上看　由过去的定量供应以四级油为主和有啥吃啥，没有任何选择余地，发展到目前市场上供应的以一级、二级为主的清亮透明的小包装食用油，且品种繁多，老百姓可以自由选购，想吃什么油就能买到什么油。

（4）从我国制油工业的装备水平看　过去，现代化的先进装备，我们主要依靠国外进

口。通过设备的选定型、引进技术装备的消化吸收和国产化以及自主研发、创新发展，目前我国的制油技术和装备水平已达到国际先进水平，不仅能满足国内现代化油脂工业的发展需要，同时还能出口到许多国家和地区。

以上这些主要变化，充分表明改革开放 40 年来我国现代油脂工业的快速发展。与油脂加工业一样，改革开放 40 年来，我国的粮食加工业同样发生了翻天覆地的变化，诸如粮食供应由定量供应到敞开供应；各种小包装的精米、精面和杂粮制品应有尽有，消费者可以任意选择；以馒头、挂面等为代表的各种粮油食品方便百姓生活；随着人们健康意识的增强，全谷物食品、糙米、全麦粉、杂粮、杂豆、薯类及其制品备受百姓喜爱；粮食加工业的技术水平和装备水平达到国际先进水平。

3. 关于要我谈谈对食品安全问题的看法（含对面粉增白剂的态度变化）

关于对我国食品安全的看法，我要说的是，我国政府高度重视食品安全问题，并颁发了《中华人民共和国食品安全法》促进了我国食品质量与安全不断提升。

就粮油产品而言，我曾多次与新闻媒体的朋友们讲过以下观点。就目前我国粮油加工业的技术与装备的总体水平而言，已经接近或达到世界先进水平。纵观我国粮油市场，现在我们可以说：我国粮油加工业的产品质量和品种之多，现在是我国有史以来最好的时期，但与此同时，也是暴露问题最多的时期。分析其原因，主要有以下 4 点。

（1）随着人们生活水平的不断提高，消费者对品质的要求越来越高，不同人群的需求多样化趋势越来越明显，对产品的质量要求也就越来越高。

（2）随着粮油科学技术的不断进步，对粮油产品及其可能存在与产生的危害物质的认识越来越清楚了，诸如粮食烘焙食品中的丙烯酰胺；粮油产品中可能存在的塑化剂风险；食用油中的反式脂肪酸、3- 氯丙醇酯、3,4- 苯并芘等。对这些危害物质，现在我们不仅了解了其生成的原因，并有办法加以防范，控制和脱除。

（3）个别企业由于管理不善，责任心不强，造成产品质量的不稳定。

（4）人们的自由度增大了，有些所谓专家和媒体不经科学调查，不征求行业的意见，以讹传讹，随意"炒作"，甚至将能点燃的挂面说成是"有问题产品"，将个别质量指标或卫生指标不合格的产品说成是有害粮油产品等，造成消费者的心理恐慌。

4. 关于在我国面粉中使用增白剂——过氧化苯甲酰的始终

大家都知道，20 世纪 80—90 年代初，我国粮食供应一直处于偏紧状态，为提高小麦的利用率，小麦加工的出粉率普遍较高，从而使面粉的色值"黄中带灰"，生产出的食品外表质量较差。

随着改革开放的大潮，南方一些面粉生产厂家率先在面粉中添加过氧化苯甲酰对面粉进行增白，生产出了"雪白"的面粉及其制品，受到了消费者的青睐。之后，原商业部粮油工业局（我是当时的局长）经过反复调研和专家论证，并参照了当时国际上的通常做法，于1986年制定颁发了小麦粉中允许添加增白剂过氧化苯甲酰的标准，对当时改善面粉的色值起到了一定的作用。

但随着我国粮食科技的发展与变化，以及从粮油产品更加安全角度考虑，在原国家粮食局的支持下，我自2002年起与行业内的专家、大型面粉加工企业一起提出了取消在面粉中添加增白剂——过氧化苯甲酰的主张，其理由有三。

（1）从面粉的生产工艺上看，原先生产的大都是八五粉和九零粉（即100斤小麦经加工后要生产出85斤和90斤面粉）。由于出粉率高，小麦粉中的麸皮含量高、色值差。而现在不同了，我国小麦加工的出粉率平均只有72%~73%，加上生产面粉装备的现代化，面粉中的麸皮含量已经很少，而且颜色也很白了，可以不需要再添加增白剂进行增白了。

（2）增白剂——过氧化苯甲酰曾一度在国外普遍使用，但为了面粉的更加安全，1994年我去挪威考察访问时，他们（含欧共体成员）都已经禁止使用了，美国也是只允许在个别专用粉中添加。国外对增白剂的使用的变化，对我的触动很大，我觉得我们也应该取消，让百姓吃上更加安全的面粉及其制品。

（3）过氧化苯甲酰虽然能增白，但增白的同时也会产生有损面粉中部分营养成分的副作用，而且这种化学增白剂对人体健康没有任何好处。

鉴于上述原因，经过10年时间的反复论证，为让百姓吃上更加安全放心的面粉，在原卫生部、国家粮食局等七个部委的关心支持下，终于在2011年2月11日联合发出了"自2011年5月1日起，禁止在面粉生产中添加过氧化苯甲酰"的通知规定，这是小麦粉加工行业的一件大事。

5. 要我说说现在"食品网络谣言层出不穷，老百姓容易上当受骗"的看法

我觉得，为传播科学知识，弘扬科学精神，科学家不仅要承担科学研发的重任，同时也要担当起科学传播、科学打假的义务。

在功名和利益的诱惑下，一些伪科学家和伪专家应运而生。他们不仅发表文章，有的还在电视台和网络上进行传播，发表所谓食品安全方面的谣言，造成百姓的上当受骗和心理恐慌，有损国家形象。

在食用油市场上，一些伪科学的文章与宣传，在网络上也时有发生。多年来，我国的油脂专家，对此进行了不懈的澄清与斗争，维护了油脂市场的正常秩序和油脂行业的健康发展。

诸如，2016年9月26日在中国粮油学会油脂分会第二十五届年会上，我代表金青哲、王兴国、何东平、刘玉兰等十二位专家教授，以《彻底澄清社会上对"油脂加工与营

养"方面的不实之词》为题，对一个所谓"营养与健康"专家的西木博士，在湖南卫视《百科全说》栏目播出的《如何选择健康食用油》节目中，多次发表有关"油脂加工与营养方面"方面的错误言论，进行了有理有节的逐条澄清，得到了大家的一致赞同。此文发表后，经多方媒体转载，起到了以正视听的作用。同年 11 月 4 日，光明网指出："谣言不仅仅是错误观念，关键是流传甚广，影响的人众多。如果真正专家不出面，大家很可能就会默认谣言就是事实，从而误导更多的消费者。"

6. 关于要我讲讲有关"食品文化"问题

"食品文化"是个大课题，我没有研究过，也讲不好，只能抛砖引玉，讲讲自己的感受。

俗话说"民以食为天"，食品是人类生存和繁衍发展的根基。由此可见，没有食品，人类就不能生存与发展。所以，我认为"食品文化"是文化中的文化，是文化之首。

人类为了生存和发展不仅找到了可食资源（包括可食植物资源与可食动物资源），并不断给予栽培和养殖，扩大和保证了人类繁衍发展的需要。为了更好地食用，发明了食品的各类加工方式，并从古代食品加工发展到当今的现代食品工业。在这漫长的人类发展史中，同时产生了光辉灿烂的"食品文化"。目前世界食品文化可以概括为"东、西方两种食品文化"。我国是东方食品文化的主要代表。我国食品种类繁多，讲究营养健康、色香味俱全，我国的"食品文化"与我国悠久历史一样源远流长，是世界上任何国家所不及的。"食在中国"是对我国食品文化的最好写照。

随着我国经济的发展和人们生活水平的提高，我国的"食品文化"将随着我国食品工业的发展和人类文明的发展而不断发展，并将不断丰富其内涵。

（三）关于我对接班人的寄语

1. 关于让我谈谈在新时代粮油食品人身上的担当

"民以食为天""食以安为先"，这两句话，充分表明粮油食品的数量安全和质量安全都是"天大"的事。

党和国家把这"天大"的事交给了我们粮油食品人，这是对我们从事生产、经营和管理的粮油食品人的最大信任。

对我们粮油食品人来说，党和国家把这个"天大"的事交给了我们，我们应该深感光荣和责任的重大。对此，我们粮油食品人应该有爱心和良心，踏踏实实，一丝不苟，全心全意把粮油食品工作做好。尤其是在新时代，随着人们生活水平的进一步提高，百姓对粮油食品的要求不仅要吃得好，吃得安全，还要吃得营养与健康。为此，我们粮油食品人，尤其是年轻的接班人要更加努力工作，不断创新发展，为"人民群众过上美好生活"，助力"健康中国"建设做出更大的贡献！

2. 关于对母校的祝福

笃学尚行，止于至善。

我是王瑞元，我代表糖九一班的全体同学，祝母校早日建成高水平研究型大学！祝母校 60 华诞生日快乐，更上层楼！

十三、点赞瑞福人"精专一事"的大国工匠精神

——在"瑞福油脂股份有限公司获得'百年百强企业'荣誉称号庆典"上的演讲

（2018 年 11 月 18 日 于山东潍坊）

今天是一个具有特殊意义的好日子。我们欢聚一堂，共同庆祝瑞福油脂股份有限公司获得"百年百强企业"荣誉称号，我谨代表中国粮油学会油脂分会向瑞福油脂股份有限公司表示衷心的祝贺，向"崔字牌"小磨香油第 20 代传承人崔瑞福表示衷心的祝贺！

瑞福油脂股份有限公司（以下简称瑞福油脂），主导产品"崔字牌"小磨香油，中华老字号，非物质文化遗产，自明代初至今，坚守了 600 多年的传统小石磨古法生产工艺，经 20 代人的仆继传承，20 代人的创新发展，目前已是全国最大的小磨香油生产企业，公司获评国家级守合同重信用企业、全国食品工业优秀龙头企业、中国榲联文化企业、国家现代农业产业技术体系"水代法小磨香油生产示范基地"。

香油是我国小油料中的一个大品种，因其风味独特、营养价值高一直深受大众的喜爱，水代法是我国特有的一种制油方法，1408 年，由崔氏先祖崔泽世发明，用于小磨香油的制取，已有 600 多年的历史，这是我国劳动人民智慧的结晶，即使在目前，与其他制油的技术方法相比，它仍然是一种操作条件温和、无加工助剂使用、卫生环保的优势制油工艺技术，小磨香油也仍然以香味浓郁和纯正成为芝麻油中的上品，香油中的香油。

"崔字牌"小磨香油，采用传统石磨、水代法生产工艺，除炒籽工序外，全程低温生产，最大程度上保留小磨香油独特的风味与营养价值，瑞福油脂在保持小磨香油独特生产工艺的同时，不断创新发展，实现了高品质小磨香油的大型工业化、连续化、清洁化的标准规范化生产，大大提高了生产效率与生产质量，产品主要指标处于国内领先水平。

持续稳定的产品品质和良好的企业信誉，使"崔字牌"小磨香油获得了社会各界的普遍认可，2006 年"崔字牌"小磨香油被商务部评定批准为首批"中华老字号"，与同仁堂、全聚德等老字号企业一起得到国家的支持与保护；2007 年崔字牌注册商标认定为"中国驰名商标"；2010 年企业被评为山东省重点农业产业化龙头企业；2011 年被国家芝麻研究体系选评为小磨香油生产示范基地；2012 年企业被评为山东省质量竞争力百强企业；特别是 2018 年青岛上海合作组织期间，"崔字牌"小磨香油作为鲁菜的点睛之笔，得

到了大会客商的赞誉。

瑞福油脂能把小芝麻做成大产业，究其原因，我认为是做到了如下6点。

1. 专一的工匠之心：一辈子只吃一碗饭，一百年只做一件事

这是瑞福油脂的企业信念，既表明了瑞福油脂的务实态度，又清楚地体现了瑞福油脂的专业化战略，通过精专一业做好"崔字牌"小磨香油，带动公司整体成长，使"崔字牌"香油的这一核心专长在公司经营中始终占据着主导地位，构成了公司的基本骨架，生成了公司最基本的战略主体，形成了公司成长的必由之路。

公司董事长崔瑞福说："公司的发展，应该明白我们不能见什么事都去做，不能见什么饭都想吃，要明白有些事别人做会比你自己做更好的道理，要明白有些饭碗别人能端我们不一定端得住，应该审慎地分析业务环境和自己的专业能力，主动放弃覆盖整个产业链的一体化运作模式，专注于自己的核心业务。"

清醒的瑞福油脂走在自己选定的路上，从不左顾右盼。600多年来瑞福油脂专心、专一、专注于小磨香油及芝麻产业的研究及发展，以"一辈子只吃一碗饭，一百年只做一件事"的工匠之心，用最好的人、选最好的料、生产最好的香油、提供最好的服务，全心全意为消费者创造香味、营养、健康的油脂产品！

2. 纯朴的诚信之道：有质量就有市场，有诚信就有未来

有质量就有市场，是瑞福油脂的市场之"道"。在市场竞争激烈的今天，让用户接受自己的产品，靠什么？——靠质量。一个公司在消费者心目中的知名度、信任度，都建立在对产品质量满意的基础上。只有生产出高质量的产品，才能扩大市场占有份额，才能在市场竞争中站稳脚跟。为此，瑞福油脂任何时候都把产品质量放在第一位，以优质产品和优质服务成就瑞福油脂的市场影响力。质量管理部门和检测中心，始终审视生产的产品，自找有哪些不完美的地方，还有哪些地方需要进一步改进，以加大"崔字牌"在市场竞争中获胜的筹码；采购部门不仅关注原料市场的行情变化，更加关注原料产地的情势变化，以采购优质的原料，保证生产的优质产出；生产部门严格按工艺规程操作，力保产品质量的"零事故"。瑞福油脂的经验告诉我们，有"质"者事竟成。

有诚信就有未来，诚信是瑞福油脂的发展之"德"。诚信，是中华民族综合素质的体现，也是瑞福油脂的"立企之本"。诚招天下客，誉从信中来。拥有诚信，便拥有未来。市场经济是一种契约经济，是一种建立在诚信基础上的信用经济，不守信用和规则的企业将在竞争中淘汰出局，因此，瑞福油脂严格遵守市场经济的游戏规则，坚守公司诚信管理理念，严守"重合同、守信用"的准则。早在1932年，"崔字牌"小磨香油18代传人崔升扬在潍县开办了"崔记香油坊"，在当时就提出了"料必优，水必好，器必洁，称必

足"的诚信经营原则，告诫后人牢固树立"非诚不为"的信念，用自己诚信的行为，树立了良好的品牌口碑和企业信誉。这也成就了瑞福油脂企业的今天。

3. 坚定信心，创新突破：工艺流程研发，适度工业化、自动化

近年来，随着芝麻油产量的提高以及人们对食用油品质安全、营养、健康的重视，继承和发扬小磨香油生产技术，应用现代工业化生产技术实现传统工艺的连续化和规模化生产，研究小磨香油的大型工业化生产工艺技术和装备，建设规范的小磨香油现代工业化生产企业，在油品质量达标同时保留营养成分，为消费者提供品质安全、营养健康的高品质小磨香油，已成为小磨香油加工业不断发展的迫切需要。

瑞福公司深入系统地开展了小磨香油大型工业化生产技术的研究，对小磨香油的生产装备及工艺条件进行了优化，实现了小磨香油的大型工业化、自动化、清洁化生产，提高了小磨香油产品品质，为高品质小磨香油的生产树立了良好的示范作用，对推动并促进小磨香油产业的技术发展和产业升级具有重要意义。

多年来瑞福油脂心无旁骛，抱定"一辈子只吃一碗饭，一百年只做一件事"的信念和"有质量就有市场，有诚信就有未来"的道德理念，一心一意研究芝麻和香油产业，开发了以芝麻为唯一原料的多种产品，并取得3项科技成果，15项发明专利及实用新型专利，其中"高品质芝麻小磨香油大型工业化生产集成技术研发及应用"项目获得中国粮油科技成果一等奖。

4. 独特的伦理文化引领，助推企业稳步发展

企业文化是企业能够传承发展创新的灵魂，"崔字牌"小磨香油第20代传人崔瑞福说："小型企业靠老板的脑袋，所有的信息、制度，都在老板脑袋里；中型企业靠制度，用制度来规范生产经济行为；但大型的百年企业，能够持续传承的企业，必须要有文化、必须要有灵魂。"

从20世纪90年代起，美国、德国、日本等发达国家的企业已经把伦理融入到日常管理当中，到90年代中期，《财富》杂志排名前500家企业中，90%以上的企业有成文的伦理宪章，伦理宪章的实施是发达国家优秀企业可持续发展的原动力。

2016年瑞福油脂在中国社会科学院刘光明教授的指导下，率先建立并实施《企业伦理宪章》，使企业主体责任法定化。习近平总书记曾提出"依法治国首先要坚持依宪治国"。宪法是国家的根本法，是治国安邦的总章程，而《瑞福油脂企业伦理宪章》就是瑞福油脂制定的企业"宪法"，是对公司的未来、对全体员工、对现在的和未来的广大消费者、对全社会作出的郑重承诺。

如果企业只追求利润而不考虑企业伦理，则企业的经营活动将越来越为社会所不容，

必定会被社会所淘汰。也就是说，如果在企业经营活动中没有必要的伦理观指导，经营本身也就不能成功、持久。

瑞福油脂在发展过程中产生了自己许多文化元素，累积成瑞福油脂的文化基因，《文化密码——瑞福公司企业文化手册》，是企业经营实践与企业文化管理理论相结合的智慧结晶，汇集了瑞福油脂文化建设的经典理论和操作精华，形成了包括从"崔字牌"小磨香油的历史渊源、技艺传承、20代人瑞福精神的传承总结；从芝麻种植、现场管理、质量管理、安全管理文化，到人才机制、品牌建设和营销策略等15项内容的企业文化管理体系，凝结了瑞福油脂不断发展壮大的企业文化的精髓，展现了"崔字牌"小磨香油多年来企业文化建设的蓬勃生命力和文化管理的绚丽风采，是企业经营实践与企业文化管理理论相结合的智慧结晶。一部理论与实践相结合的"企业文化管理大全"，不仅提升了企业的整体管理水平，而且为推动企业快速发展找到了用之不竭的动力。

瑞福油脂将传承和弘扬企业伦理文化和瑞福油脂独特的企业文化，以市场为导向，以未来为导向，以顾客为中心，把传统的好香油传承下去。

5. 开放式工厂，主动接受消费者和社会监督

从2006年开始，瑞福油脂实施阳光开放工程，即主动邀请消费者、执法部门、社会团体走进公司，近距离了解公司生产工艺，并接受消费者和社会监督。

目前公司为工业旅游示范基地、中小学生社会实践基地，中国海洋大学、山东大学等名校的实践基地。同时瑞福油脂建立了中国首座小磨香油博物馆，充分利用光、影、图、文、雕塑、器物等形式，全面展示了中国香油发展史和"崔字牌"小磨香油这一品牌的建构历程。消费者可随时深入瑞福油脂实地参观，了解小磨香油历史，从芝麻原料到加工成成品的全部生产过程。瑞福油脂至今已接待消费者、媒体、学校等社会团体参观者共计30万余人次。通过消费者和社会团体的实地参观，探索建立了消费者与公司有效沟通的衔接机制，让企业真正接受社会公众监督，从而不断提高产品质量、为消费者提供更加安全优质的放心食品。与此同时，也为崔字牌系列产品逐步培养了大批稳定的忠实消费者。

6. 完善培训机制，重视专业人才的培养

瑞福油脂鼓励员工在自己的岗位上做到专、精、尖，并推出一系列激励措施，如对取得国家专业技术职称和职业资格的员工发放技术补贴。现在，公司拥有的专职质量授权人、食品安全管理员、质量工程师、注册计量工程师等20余人，他们能在各个生产环节运用科学的方法进行质量管控。与此同时，公司坚守"没有经过培训的员工就是公司最大的经营成本"这一理念，每年从总经理、技术人员、管理人员到基层员工分层次进行质量管理知识和《中华人民共和国食品安全法》等法律法规的培训。自2011年起，公司多次

组织大批员工赴日本、德国游学，通过对标日本、德国，给公司员工进行了最为生动和震撼的培训。通过培训，全体员工意识到了差距和改进的方向，公司还经常通过开展质量管理小组活动、全员提案、顾客满意度调查等方式为公司的产品质量提升和健康发展创造了条件。

越香越磨，越磨越香。瑞福油脂心无旁骛，秉持"一辈子只吃一碗饭，一百年只做一件事"的企业理念和"有质量就有市场，有诚信就有未来"的经营道德理念，专心、专注于芝麻产业的研究与发展。

小磨香油源于崔字，在其600多年的历史中历久弥香，更在20代人的传承与创新中焕然新生。"德"市场者，得天下。"崔字牌"小磨香油入选2018青岛上海合作组织峰会，为峰会宴席佳肴提供了安全食材，并得到了潍坊市食品药品监督管理局的赞赏。总结瑞福油脂取得的辉煌业绩，公司董事长崔瑞福说得好，这是长期积累的结果，既是品质、技术、服务质量的积累，更是信誉的积累。

天行健，君子以自强不息；地势坤，君子以厚德载物。展望未来，我们相信，在习近平新时代中国特色社会主义思想指引下，在崔瑞福董事长的带领下，在公司全体员工的辛勤耕耘和努力下，瑞福油脂一定会自强不息，永不止步，在保留老字号传统技艺的基础上，不断开拓创新，开发多品类的芝麻及香油高端产品，让小磨香油产业的明天更加灿烂和美好。

谢谢大家！

十四、校企合作　实现双赢

——在"佳格投资（中国）有限公司－武汉轻工大学教学科研生产基地、油脂研发中心授牌仪式"上的致辞

（2018 年 9 月 19 日　于福建厦门）

尊敬的各位领导、各位专家、各位朋友：

大家上午好！

很高兴来到美丽、开放的厦门，参加"佳格投资（中国）有限公司－武汉轻工大学教学科研生产基地、油脂研发中心授牌仪式"。借此机会，我对校企深入合作、共谋共同发展表示最热烈的祝贺！对参加仪式的各位领导、专家和朋友表示热烈的欢迎和诚挚的问候！在此，我就葵花籽油的生产、消费和校企合作等方面谈点自己的看法。

（一）葵花籽是全球最重要的油料作物之一

据美国农业部提供的数据，2016/2017 度全球葵花籽产量为 4761 万吨，葵花籽油的产量为 1821 万吨，在全球 18867 万吨的食用植物油产量中约占 10%，在联合国粮食及农业组织（FAO）列入统计的 13 种食用植物油中，是仅次于棕榈油、大豆油和菜籽油位居第四的油品。

在我国，葵花籽一直是我国八大油料作物之一。近年来，在国家政策鼓励下，我国葵花籽产业的持续稳定发展，据国家粮油信息中心的预测，2017 年我国葵花籽产量达 317.5 万吨，创历史最高记录（表 1）。葵花籽在我国八大油料作物中，就产量而言，仅次于油菜籽、花生、大豆和棉籽，排名第五。

表1　2006—2017年我国葵花籽产量

年份	产量/万吨	年份	产量/万吨
2006	144.0	2008	179.2
2007	118.7	2009	195.6

续表

年份	产量/万吨	年份	产量/万吨
2010	229.8	2014	249.2
2011	231.3	2015	252.0
2012	232.3	2016	299.0
2013	242.3	2017（预测）	317.5

（二）发展向日葵产业符合供给侧结构性改革

我国的葵花籽分为两种，一种是专供榨油用的油葵；另一种是食用与榨油兼之的籽粒大、有棱，呈灰色或黑白花色的普通葵花籽。

葵花籽在我国是人们喜爱的坚果，葵花籽油是优质的食用植物油。葵花籽不仅含有丰富的油脂，还含有丰富的优质植物蛋白，提取油脂之后的葵花籽饼粕蛋白质含量一般可达30%左右，既能饲用，又能食用；葵花籽壳不仅可作燃料，还是制作活性炭的优良原料；向日葵花盘可生产出性能优良的果胶，能广泛用于食品和医药等行业；向日葵杆可以作为制造纸浆的原料。由此可见，向日葵全身是宝，发展向日葵产业符合我国供给侧结构性改革。

（三）葵花籽油是我国消费者喜爱的优质食用植物油品

葵花籽油中不饱和脂肪酸含量高达90%以上（经过对我国内蒙古生产的葵花籽油测定，其中亚油酸含量为62.2%、油酸含量为23.8%），葵花籽油的人体吸收率高达96%以上；葵花籽油中富含维生素E、植物甾醇、胡萝卜素等营养物质，素有"健康食用油"之称；葵花籽油清淡透明、烟点高、烹饪时易保留天然食品风味，与其他大宗食用油相比，在我国消费者心目中葵花籽油属优质高端食用油品，深受消费者青睐，市场需求旺盛。我国国产葵花籽油已不能满足市场需求，需要通过适度进口才能满足市场需求。这几年来，我国每年进口葵花籽油的数量呈快速增长趋势。据海关统计，2016年我国进口葵花籽油95.7万吨，2017年进口74.5万吨。在生产经营葵花籽油中，佳格投资（中国）有限公司的多力牌葵花籽油是我国食用油市场上的知名品牌。

（四）校企合作共促葵花籽油产业健康发展

佳格食品集团1986年创建于中国台湾，1994年挂牌上市，为台湾前三大食品企业和第一大健康营养食品公司，1996 年成为台湾第一大葵花籽油品牌企业。2013 年佳格食品集团成立佳格投资（中国）有限公司，同年在江苏吴江投资建厂，从而多力葵花油进入了中国食用油市场；2004 年、2013 年、2017 年又分别在内蒙古、江苏太仓和厦门建设工厂，注册资金超过 3 亿美元，成为我国最大的葵花籽油生产经营企业之一。

佳格投资（中国）有限公司的多力食用油系列产品，是目前我国食用油行业唯一同时通过国际食品安全标准认证（IFS）和安全与质量体系的最高标准欧美食安双认证（SQT）的油脂企业。

近年来，多力食用油秉承"中国味道，世界品质"的品牌理念，持续追求卓越，以科学为基础，创新为目标，研发出了许多优良产品，深得消费者的信赖。多力牌葵花籽油已成为"中国葵花籽油生产十强企业"，在行业内的知名度和诚信度越来越高。

据我所知，武汉轻工大学是全国最早培养粮食行业专业人才的学校，是国家粮食和物资储备局与湖北省人民政府共建高校。学校始终坚持"育人为本、质量立校、人才强校、特色兴校"的办学理念，现已形成了以轻工食品类学科为特色，食品营养与人类健康领域相关学科优势明显，以工科为主干，工、管、理、文、经、农、艺、法等学科协调发展的多科性大学格局。武汉轻工大学油脂及植物蛋白科技创新团队在何东平教授的领导下，致力于油脂及植物蛋白资源的研究开发及成果转化工作，在特色油脂资源开发、专用油脂产品研发、蛋白多肽精深加工、微生物油脂研究、食用油中危害物溯源控制和风险评估研究等方面取得了丰硕的成果。该团队近年来主持省部级以上项目及横向科研项目 100 余项，获得省部级科技奖 20 多项，其中一等奖 8 项，主编油脂专著 24 部。主持和组织制修订国家标准及行业标准 150 多项，发表科学引文索引（SCI）、工程索引（EI）论文 20 多篇，中文核心期刊 200 多篇，授权发明专利 20 多项，鉴定评价项目成果 50 多项，已培养硕、博研究生 85 名。

校企合作是新形势下企业发展进步的内在要求和实现双赢的战略举措。通过合作，学校和企业可以优势互补、资源共享，学校可以更好地发挥科研优势和人才优势，而企业则能更好地发挥资源优势和市场优势。这次佳格投资（中国）有限公司与武汉轻工大学开展深入的强强合作，作为葵花籽油行业领军企业和食品类特色优势学科的高等院校可以就葵花籽油行业发展的一些热点问题和关键技术问题进行研发。我坚信，只要双方真诚合作，一定能结出丰硕的成果，为我国葵花籽油产业健康、有序地发展做出重要贡献。

预祝佳格投资（中国）有限公司与武汉轻工大学的合作迈上新台阶！创造新辉煌！

祝愿各位来宾身体健康！工作顺利！家庭幸福！

谢谢大家！

十五、高校增基地，企业添活力
——在"澳加粮油创新驱动发展战略活动签约和揭牌仪式"上的贺辞

（2019 年 7 月 18 日　于广西防城港）

尊敬的各位嘉宾、各位专家、澳加粮油的朋友：

大家上午好！

盛夏时节，我们来到美丽的滨海城市、边关城市、港口城市——防城港市，参加"澳加粮油创新驱动发展战略活动签约和揭牌仪式"。今天前来参加活动仪式的有中国粮油学会胡承淼监事长、中国粮油学会油脂分会相海副会长，共同见证"澳加粮油创新驱动发展战略活动签约和揭牌仪式"。在此，我谨代表中国粮油学会油脂分会，向出席本次活动的各位代表表示最热烈的欢迎！向一直关心和支持防城港澳加粮油工业有限公司工作的各位朋友表示最衷心的感谢！

武汉轻工大学位于有"九省通衢"之称的湖北省武汉市，是全国最早培养粮食行业专门人才的学校。自 1951 年建校以来，曾先后隶属于原国家粮食部、商业部、国内贸易部，1998 年实行中央和地方共建，以湖北省管理为主的管理体制，是国家粮食和物资储备局与湖北省人民政府共建高校和湖北省国内一流学科建设高校。武汉轻工大学油脂及植物蛋白科技创新团队在何东平教授领导下致力于油脂及植物蛋白资源的研究开发及成果转化工作，在微生物油脂研究、食用油中危害物溯源控制和风险评估、植物多肽精深加工、木本油料产业推进，制修订油料油脂国家、行业和团体标准等方面取得了丰硕的成果。

防城港澳加粮油工业有限公司成立于 2013 年 6 月，是一家集植物油、高科技生物产品的研究、开发、生产及国内外产、贸、销为一体的综合性、科技型的粮油加工企业，拥有成熟、科学、先进的生产工艺技术，引进世界上最先进的粮油系列加工配套设备。在公司发展壮大的 6 年里，生产食用菜籽油、大豆油及膨化大豆粉，是广西省最大的土生土长的优秀民营油脂企业，其经营管理有方，通过创新驱动，企业发展蒸蒸日上。

武汉轻工大学与防城港澳加粮油工业有限公司的校企合作，双方建设武汉轻工大学教学、科研、生产基地，互利互惠，优势互补，强强联合，在粮油创新驱动发展战略里有着广阔的合作前景。我相信通过对大豆油、菜籽油和油茶籽油的营养、加工、质量安全和新产品的开发等方面进行研发，拓宽新视野、寻求新思路，共商大豆油、菜籽油和油茶籽油产业发展，为国人提供更优质、更健康的食用油脂，为人民过上美好生活，助力"健康中国"建设贡献智慧和力量！

最后祝本次活动圆满成功！祝各位朋友身体健康！工作顺利！

谢谢大家！

十六、祝贺北京粮油精品展开办 10 周年
——在"第十届中国国际粮油精品、粮油加工及储藏物流技术博览会"上的致辞

（2019 年 11 月 4 日　于北京）

尊敬的中国粮油学会张桂凤理事长、尊敬的各位领导、各位嘉宾、各位参展商、女士们、先生们：

大家上午好！

在全国人民庆祝新中国成立 70 周年之际，我们高兴地在首都北京迎来了"第十届中国国际粮油精品、粮油加工及储藏物流技术博览会"（以下简称北京粮油展）的胜利召开！首先我代表大会指导单位中国粮油学会油脂分会、食品分会、营销技术分会、花生食品分会和大会组委会永红国际展览有限公司对大家在百忙之中参加本届盛会表示诚挚的问候和衷心的感谢！

北京粮油展经北京市商务委员会批准，北京市公安局朝阳分局备案。展会自 2010 年永红国际展览有限公司在北京创办首届北京国际食用油产业博览会开始，直到本届博览会召开，已经成功举办了十届，所以今天也是北京粮油展成功举办十届展会的庆典之日，在此，我们代表参会代表对北京粮油展 10 周年表示最热烈的祝贺！

10 年来，我们见证了这个展会从原来单一的食用油展会向综合性粮油展会发展的历程，见证了这个由原来的不足 4000 平方米的小展会发展到目前名列前茅的全国粮油行业展览盛会。在这里，我们要特别感谢中国粮油学会的关心支持，感谢 10 年来始终支持这个展会的中粮集团、益海嘉里、鲁花集团、中储粮油脂、九三集团、京粮集团、西王集团、三星集团、金胜粮油、香驰粮油、上海佳格、玉皇粮油、新兴粮油、兴泉油脂、澳加粮油、恒大粮油、山东龙大、河北玉星、上海富味乡、合肥燕庄、瑞福油脂、得乐康、安徽大团结、金太阳、道道全、摩尔农庄、浙江农科、恒丰集团、燕谷坊集团、五得利集团、古钟油脂、红井源、天星粮油、甘肃祥宇、青岛天祥、河北美临、山润茶油、金浩茶油、河南淇花、方圆集团、包头金鹿、新市油脂、长寿食品、兰州润民、云南滇雪、宝山鼎盛、君星坊、三中粮油、吉林出彩、安徽宝鼎、迈安德集团、丰尚油脂、河南华泰、福鑫机械、中机康元、郑州远洋、河南亿德、捷迅光电、泰禾光电、青岛宝佳、东洋克斯、

郴州粮机、华信瑞德等所有行业朋友！没有大家的支持，就没有北京粮油展的美好今天！

近年来，由于受国内国际经济大环境的影响，会展行业的发展受到了前所未有的冲击，很多商业性展会都因为招商不佳而停止举办。但是，在行业内朋友们的支持下，我们北京粮油展依然能够顺利举办并逐年发展，这就说明我们这个展会的价值：确实为粮油行业搭建了一个展示形象、宣传品牌、扩大市场、拉动合作、促进交流的发展平台，很多企业通过这个展会找到了合作伙伴，更多企业通过参加这个展会提高了品牌知名度。我们可以看到，在本届展会上，包括益海嘉里、金胜粮油、香驰粮油、玉皇粮油、兴泉油脂、河北美临、恒丰集团等企业较之上届展会大大增加了参展面积，这充分表明大家对北京粮油展是认可的，是有信心的。我们还可以看到，本届展会较之上届展会增加了 5000 平方米的展出面积，包括伊泰集团、克明面业、燕之坊、坪洲油脂、上海良友集团、上海沃迪、华美包装、谷天下、河北兴发、北京同仁堂、金钟集团、四川广鑫、无锡迅杰、威尔曼等一大批新的展商，俄罗斯东西伯利亚商会展团来了 26 人参会，让我们看到北京粮油展的国际影响力在不断增强。对此，我代表大会组委会对大家的支持再次表示衷心的感谢！并欢迎大家的到来，预祝大家在本届盛会中能够取得成效，乘兴而来、满载而归。

为了切实提高本届展会的展场效果，让广大展商在本届展会上有更大的收益，组委会在本届展会上合作中国农产品市场协会、中粮集团、和为贵粮油工贸有限公司及北京新发地批发市场、王四营批发市场、八里桥批发市场、上海市江桥批发市场、唐山市金匙荷花坑市场、天津市红旗农贸综合批发市场等单位，将于今天下午举行"伊古道品牌产品发布会及粮油食品行业经销代理发展大会"，广大经销代理商将在本届展会上盛情参与，对接展商。

为丰富展会内容，活跃展会气氛，本届博览会同期举行"2019 中国油用牡丹市场发展研讨会""俄罗斯商务洽谈会"等若干论坛会议，为参加本届博览会的参展企业提供更为丰富的学习交流平台。

最后，预祝本届博览会取得圆满成功，祝参会参展企业生意兴隆、兴旺发达！让我们2020 年的今天在北京，再相聚，谢谢大家！

十七、普及科学知识，增加民众营养

——为《为健康生活加"油"》写的序言

（2020年3月3日　于北京）

民以食为天，食以安为先。粮食和油脂是人类赖以生存的基本食物，与人民身体健康和社会经济发展有着密切的关系。粮食和油脂是为人类提供蛋白质、脂肪和碳水化合物三大营养成分和热量的重要食物。

千百年来，油脂作为人类生活的必需品，世代相传。油脂在精湛无比的烹饪技艺中应用，使食物及菜肴在色、香、味、形、口感上都达到了相当完美的程度。油脂除用于烹饪肉食蔬菜之外，还可以制作油炸食品、糕饼、点心等。生活离不开进食，而进食就离不开柴米油盐。在这些厨房必需品中，油脂是最早被人类认知和运用的。

油脂科学技术和油脂工业相互依存，油脂科技的发展推动了油脂工业的发展，反过来，油脂工业的发展促进了油脂科学的进步。油脂工业是我国粮油工业的重要组成部分，它是农业生产的后续产业，又是食品工业、饲料工业、轻工业和化学工业的重要基础产业，肩负着满足人民健康生活的物质需求和为社会提供多种必不可少的工业原料的双重任务，在我国国民经济中具有十分重要的地位和作用。

油脂是人类膳食最重要的成分之一，随着人们对油脂营养和理化性质认识的不断深入，油脂作为人类膳食原料和工业原料的重要程度愈加凸显。与此同时，随着人们健康意识的增强，更多的医学、营养学专家与油脂科学家一起对油脂在人体内的功能进行了大量研究，促进了油脂营养学和油脂安全的发展。

食用油与我们的生活息息相关，优质的食用油应具备安全和营养两大特点，随着人们生活水平提高和健康意识增强，公众对食用油舌尖上的安全营养有着更高的期待。

如何满足百姓对生活日益增长的需求，让百姓吃得安全，吃得营养，吃得健康，吃得快乐，涉及方方面面。新书《为健康生活加"油"》针对老百姓关心的食用油安全和营养方面的知识和社会关心的热点问题（如地沟油、转基因油料、反式脂肪酸、氢化油、增塑剂、黄曲霉毒素等），以及食用油的概念、生产加工、消费、营养、安全、管理等基本知识进行了科学分析和讲解。本书图文并茂，采用通俗易懂的文字，以一问一答的形式，让读者更易了解和认知食用油，以满足老百姓的需要。

今年是"地沟油"披露事件的 10 周年，由中国粮油学会油脂分会组织专家编写了《为健康生活加"油"》这本书。编者长期从事油脂工程技术研究，他们在总结实践经验和广泛收集资料的基础上，结合百姓日常生活中普遍关心的热点话题和食用油的基本知识，精心编著了这一科普著作，我相信本书一定能为提高我国公众对食用油的科学认知、提高公众的安全和营养意识，普及食用油的科学文化知识，为社会大众的健康和食品安全做出贡献。

我为本书是为序。

中国粮油学会首席专家
中国粮油学会油脂分会名誉会长
王瑞元
2020 年 3 月 3 日

十八、亚麻籽油是高品位的优质食用油

——在"红井源与京东内蒙古产业带发布会"上的视频讲话

（2020 年 6 月 9 日　于北京）

各位嘉宾：

大家好！

很高兴参加"红井源与京东内蒙古产业带发布会"，并在视频上与大家见面。现在我以《亚麻籽油是高品位的优质食用油》为题，给大家介绍一些有关我国亚麻籽油的现状与发展前景。

（一）亚麻籽油是高品位的优质食用油脂

众所周知，油脂是人类生存的基本食物之一，与人民身体健康和经济社会发展有着密切的关系。油脂是为人类提供蛋白质、脂肪和碳水化合物三大营养成分和热量的重要食物。食用油脂是人们一日三餐都离不开的食物。

油脂不仅能为人类提供热量，又能给人体提供必需且无法自身合成的必需脂肪酸，诸如亚油酸、α- 亚麻酸等，以及维生素 A、维生素 D、维生素 E、维生素 K 和酚类等活性物质。人体缺少这些物质将会发生多种疾病，危害身体健康。由此可见，食用油脂中脂溶性物质的丰富与否，是衡量食用油脂品位高低的重要依据。

亚麻籽油是用亚麻籽生产的食用油脂，在我国不同地区亚麻籽含油率有所差异，一般为 40% 左右（表 1），用亚麻籽生产的亚麻籽油又称胡麻籽油，其中不饱和脂肪酸含量高达 90% 以上（表 2）。

表 1　我国不同产地亚麻籽的含油率

样品编号	产地	含油率/%
Y1	辽宁朝阳	36.59±1.28

续表

样品编号	产地	含油率/%
Y2	内蒙古乌兰察布	37.23±0.71
Y3	河北张家口	39.46±0.66
Y4	宁夏固原	40.54±1.00
Y5	陕西榆林	42.49±0.65
Y6	甘肃陇南	44.88±1.04

注：资料来源张晓霞，尹培培，杨灵光等.不同产地亚麻籽含油率及亚麻籽油脂肪酸组成的研究[J].中国油脂，2017，42（11）：142-146.

表2　亚麻籽油脂肪酸组成

脂肪酸种类	相对含量/%	脂肪酸种类	相对含量/%
棕榈酸	5.87	α-亚麻酸	61.22
硬脂酸	4.65	花生酸	0.21
油酸	13.25	二十碳一烯酸	0.24
亚油酸	14.41	山嵛酸	0.15

亚麻籽油富含具有多种保健功能的 α-亚麻酸，不同产地含量为 50%~60%，由于亚麻籽油中的 α-亚麻酸含量高，富含木酚素、黄酮等活性物质，并含有维生素 E 等营养成分（表3），经常食用具有抗肿瘤、抗血栓、降血脂、营养脑细胞、调节自主神经、保护视力、提高智力等多种功效。由此可见，亚麻籽油是营养价值很高的、消费者公认的高品位优质食用油。另外，亚麻籽中还含有丰富的矿物元素（表4）。

表3　亚麻籽油中的维生素含量

种类	含量	种类	含量
维生素A（IU/100克）	18.8	烟酸（毫克/100克）	9.1
维生素E（IU/100克）	0.6	维生素B_6（毫克/100克）	0.8
维生素B_1（毫克/100克）	0.5	维生素B_{12}（毫克/100克）	0.5
维生素B_2（毫克/100克）	0.2		

表4 亚麻籽油中的矿物元素含量

种类	钠	钾	钙	镁	磷	硫	锌	铁
含量/（毫克/100克）	0.6	12.1	4.5	6.1	9.9	4	0.123	0.208

（二）我国亚麻籽油的生产、消费情况

据有关资料报道，2014年全球亚麻籽产量为265万吨，其中46%产在美洲，31%产在亚洲。加拿大是全球亚麻籽产量最多的国家，2014年达87.25万吨。

在我国的油料生产中，亚麻籽是我国的八大油料作物之一。1996年我国亚麻籽的产量曾经达55.3万吨，但21世纪以来，由于种植面积有所减少，产量也有所下降，亚麻籽产量一直在38万~40万吨徘徊。近几年来，产量有所提高，2019年预计达45万吨（表5），仅次于加拿大，居世界第二。

表5 我国亚麻籽产量

年份	产量/万吨	年份	产量/万吨
1995	36.4	2002	40.9
1996	55.3	2003	45
1997	39.3	2004	42.6
1998	52.3	2005	36.2
1999	40.4	2006	37.4
2000	34.4	2018	44.3
2001	24.3	2019（预测）	45

注：①资料来源中国国家粮油信息中心。
②表格由作者绘制。

亚麻籽在我国已有600多年的栽培历史，主要分布在西北和华北地区，据生产形势分析，近年我国亚麻籽的种植面积、单位面积产量和总产量有所提高，种植面积最多的地区是甘肃、内蒙古、山西和宁夏，产量最多的是甘肃、宁夏、内蒙古和山西。

随着我国人民生活水平的提高，以及科学研究的不断深入，亚麻籽油的保健功能越来越引起人们的重视，人们对食用油的需求，不仅要求吃得安全，还要吃得营养、吃得健康，由此对高品位优质食用油的需求量不断增长。以亚麻籽油为例，我国国产亚麻籽油已远远不能满足消费市场的需求，需要通过适度进口才能满足市场的消费需求。据海关

数据显示，2019 年我国合计进口亚麻籽 42.7 万吨，进口亚麻籽油 5.1 万吨（表6），合计进口的亚麻籽和亚麻籽油折油量，已远远超过了国产亚麻籽的产油量，且进口势头不减。

目前，我国每年利用国产亚麻籽和进口亚麻籽的榨油量为 25 万吨，加上每年直接从国外进口的亚麻籽油约为 5 万吨，总计达 30 万吨左右。这充分表明，我国亚麻籽油的消费市场前景十分看好。与此同时，在我国发展亚麻籽油产业符合国家产业政策和供给侧结构性改革，有助于"健康中国"建设。

表6　中国进口亚麻籽及亚麻籽油情况表

年份	亚麻籽/万吨	亚麻籽油/万吨
2012	14.79	3.76
2013	18.06	1.83
2014	28.34	1.72
2015	36.03	2.87
2016	47.47	3.4
2017	34.0	4.0
2018	39.8	4.2
2019	42.7	5.1

注：数据来自国家粮油信息中心和中粮集团，并由作者加以整理制表。

（三）红井源是亚麻籽油生产企业的佼佼者

为深入推进粮食供给侧结构性改革，加快培育发展粮油骨干企业和知名品牌，推动粮油企业转型升级、做强做大，中国粮食行业协会、中国粮油学会和中国粮食经济学会自 2011 年起在会员中进行了重点企业专项调查。根据调查情况，按照产品销售收入、产品产量、利润、税收等综合评价和自然排序的原则，经专家委员会认真研究核准，并严格履行公示程序后，公布了全国粮油加工业"50 强"和"10 强"名单。

亚麻籽油加工企业"10 强"的评价活动自 2017 年开始，内蒙古自治区锡林郭勒盟红井源油脂有限责任公司一直名列第一（表7），成为亚麻籽油生产企业的佼佼者。红井源品牌成了全国亚麻籽油的著名品牌。

表7 2018年度亚麻籽油加工企业"10强"名单

序号	单位名称
1	锡林郭勒盟红井源油脂有限责任公司
2	宁夏君星坊食品科技有限公司
3	益海嘉里金龙鱼粮油食品股份有限公司
4	大同市华建油脂有限责任公司
5	宁夏晶润生物食品科技有限公司
6	山西中大科技有限公司
7	银川原源食用油有限公司
8	包头市宏乐粮油食品有限公司
9	金利油脂（苏州）有限公司
10	金太阳粮油股份有限公司

注：资料来源中国粮油行业协会。

这次红井源与北京京东世纪贸易有限公司进行强强联合，共同将高品位的优质食用油——亚麻籽油进一步推向市场，这一举措必将有利于提高广大消费者对亚麻籽油的认知度，促进我国亚麻籽油产业的健康发展。

最后，预祝发布会圆满成功，谢谢大家！

十九、点赞古城随州，为油莎豆发展立功

——在"中国油莎豆产业发展论坛（随州）暨中国农业产业化龙头企业协会油莎豆产业发展专业委员会成立大会"上的视频贺辞

（2020 年 8 月 29 日　于北京）

尊敬的各位领导、各位专家、各位企业家、各位同仁：

大家好！

我是王瑞元，从事我国油脂领域工作已 56 年，在 56 年的油脂工作生涯中，我深深体会到我国的植物油料生产在国家政策的推动和支持下，取得了很大发展，尤其是近年来，油料产量连创历史新高，2019 年以油菜籽、花生和大豆为代表的我国八大油料作物的总产量达 6666 万吨。尽管如此，我国的油料油脂生产仍跟不上人民生活水平快速提高的需要。为此，我们每年需要进口较大数量的油料油脂才能满足市场的需要。

为提高我国食用油的自给率，我们亟待研究进一步提高我国植物油料产量的方法。在发展油料生产中，油莎豆是目前最具发展前景的油料作物之一。油莎豆是集粮、油、牧、饲为一体的经济作物，发展油莎豆产业，不仅产油量高，能够减少我们每年近 70% 的食用油进口比例，以利国家的粮油安全；与此同时，油莎豆的种植对沙化、贫瘠土壤有机物的改善作用显著，与其他油料作物相比，油莎豆产业是经济效益与生态效益并举的高质量绿色优势产业，未来发展前景巨大，是农业产业化极具推广、大力发展的优质绿色产业。近年来，在我国食用油自给率不断下降的情况下，据我了解，很多人都看好油莎豆产业，油脂行业对发展油莎豆产业的呼声也很高。我相信，随着国家及政府有关部门、农业科研机构和企业的高度重视，通过政策扶植、强化种源科研与产业配套等举措，我国油莎豆产业发展将翻开前景广阔的新篇章。

很荣幸应邀参加此次在湖北省随州市召开的"中国油莎豆产业发展论坛（随州）暨中国农业产业化龙头企业协会油莎豆产业发展专业委员会成立大会"。但由于时间不允许，很遗憾无法亲临现场出席会议。

特此对中国农业产业化龙头企业协会油莎豆产业发展专业委员会成立表示最热烈的祝贺！同时预祝本次论坛活动取得圆满成功！对参加会议的各位同仁表示诚挚的问候！谢谢大家！

二十、青春由磨砺而出彩，人生因奋斗而升华

——在河南工业大学"第四届'瑞元杯'油脂科技青年论坛终评会"上的视频讲话

（2022年9月23日 于北京）

尊敬的河南工业大学李成伟校长、尊敬的原郑州粮食学院张根旺院长、各位专家、教授、各位油脂青年科技工作者：

大家好！

由于疫情的原因和国家粮食和物资储备局的要求，我这次不能亲临现场参加由河南工业大学精心组织准备的"第四届'瑞元杯'油脂科技青年论坛终评会"，深表歉意！

首先，我要感谢河南工业大学李成伟校长对本届论坛终评会的重视、关心和支持，并在百忙中亲临开幕式；感谢河南工业大学食品学院和各位教授为开好本次论坛终评会付出的辛勤劳动！

与此同时，我要再次感谢中国粮油学会（以下简称学会）对我的关爱，并以我的名字命名第四届油脂科技青年论坛，这是学会领导和油脂界给我的最大荣誉。我深知以"瑞元杯"命名的油脂科技青年论坛，不仅是对我本人的鼓励，也是我们油脂界对老一辈油脂科技人员的一片敬意和爱心，我代表油脂界所有老一辈的油脂科技人员再次道一声："谢谢学会，谢谢油脂界"。在这里，我还要感谢油脂界的青年科技工作者，是大家根据学会的要求积极撰写论文，踊跃参加本届论坛会并进行认真的交流。现在，我想谈点自己读了第一届至第三届的100多篇优秀论文和本届的32篇优秀论文后的体会和感受。

为开好本届论坛会，会前学会办公室提前将大家撰写的32篇优秀论文送给了我，从而使我有幸提前分享内容丰富、观点新颖超前的论文。在认真学习大家的论文后，深受启发，受益匪浅，让我学到了许多新知识。

在读了首届至本届的140多篇优秀论文后，我总的感觉是：论文选题的针对性、前瞻性很强，大多是当前油脂科技和油脂加工业发展中的热点问题，研究价值高；论文内容丰富，大多参阅了国内外的许多文献，在吸收其精华的基础上，加以认真整理归纳并通过先进的研究手段创新研发，数据、结论可信度高；论文观点有新意，有独特见解；研究结合实际，成果完整，对油脂行业的发展有着重要的参考借鉴作用，有的很有推广应用价值；

论文论述严谨，观点明确，条理清晰，文笔通顺。这是大家潜心研究、认真总结的果实。

通过拜读大家的论文，让我们看到了我国油脂青年科技工作者，他们时刻关注着我国油脂科技和油脂工业的发展，具有勤奋好学、刻苦钻研、谦虚谨慎、善于总结的好学风，从而进一步增强了我们对油脂科技和油脂工业未来发展的信心，并充分表明我国油脂科技和油脂加工业后继有人。我们坚信，有了一大批年轻的中国油脂科技工作者，中国油脂科技和油脂工业的明天一定会更加美好！最后，我想引用习近平总书记给年轻人的寄语，结束我的即席发言。

在 2020 年五四青年节来到之际，习近平总书记代表党中央向全国青年致以节日的祝贺和诚挚的问候，并语重心长地指出："青春由磨砺而出彩，人生因奋斗而升华。"同年 8 月 17 日，习近平总书记又在致信祝贺全国青联十三届全委会全国学联二十七大召开时对青年人强调："广大青年要坚定理想信念，培育高尚品格，练就过硬本领，勇于创新创造，矢志艰苦奋斗，同亿万人民一道，在矢志奋斗中谱写新时代的青春之歌""要坚定跟党走、奋进新时代，为党和国家事业发展做出新的更大贡献。"总书记饱含深情的期许，鼓舞人心，催人奋进。我们要牢记总书记的嘱托，以与时代同行者应有的姿态，奋斗不息，青春不朽。让我们以梦为马，不负韶华，永远跟着党，奋进新时代，并在奋勇搏击中放飞青春梦想，在砥砺前行中激扬青春力量，谱写好新时代的青春之歌。

祝"第四届'瑞元杯'油脂科技青年论坛终评会"圆满成功，谢谢大家！

二十一、祝贺北京粮油精品展开办十一周年
——在"第十一届北京粮油博览会"上的致辞

（2020 年 10 月 28 日　于北京）

尊敬的张桂凤理事长、尊敬的江南大学姚老师、各位嘉宾、女士们、先生们、朋友们：

大家上午好！

今天，我们高兴地迎来了"第十一届北京粮油精品、粮油加工及储藏物流技术博览会"（以下简称北京粮油展）。我代表大会指导单位、主办单位、支持单位，对粮油展的如期开幕表示最热烈的祝贺！对远道而来的参展商、采购商、媒体朋友和社会各界人士的到来表示热烈的欢迎！并借此机会向给予历届粮油展大力支持的有关部门，向一直以来参与、支持、关心中国粮油行业发展的各界朋友们表示衷心的感谢！

今年以来，面对突如其来的新冠肺炎疫情，我国党和政府以非常之举应对非常之事，统筹推进疫情防控和经济社会发展。经过艰苦努力，取得了抗疫防控工作的重大胜利，国民经济各个部门生产经营稳步恢复。据国家统计局数据显示，中国今年前三季度经济增长由负转正，特别是第三季度经济增速加快，同比增长 4.9%，比第二季度加快 1.7 个百分点。以上统计数据充分彰显了中国经济具有强大的修复能力和发展活力，为我国疫情防控取得重大战略性成果和为全球抗疫提供了有力支撑。在全国各族人民防控新冠肺炎疫情常态化的背景下，我们粮油行业能够如期举办本次粮油展，体现了粮油业界同仁携手共进、共克时艰的信心，展示了粮油行业的活力，也传递了粮油行业正在走上蓬勃发展的积极信号。

全球疫情暴发，对整个会展行业都是严峻的考验，今天我们看到的第十一届北京粮油展，同样是在各种不利的因素影响下召开的，大会的规模虽然不如往届，但是依然显示 2020 年粮油行业尤其是油脂行业发展的缩影，我们依然可以看到包括中粮集团、益海嘉里、九三集团、西王集团、三星集团、上海佳格、金胜粮油、香驰粮油、京粮集团、澳加粮油、伊泰农业、兴泉油脂、上海富味乡、瑞福油脂、方顺粮油、得乐康、山东龙大、浙江新市油脂、浙江三中油脂、红井源油脂、包头金鹿油脂、河北美临粮油、云南摩尔农

庄、大团结茶油、智华天宝、燕谷坊、迈安德、丰尚油脂、华泰机械、中机康元、福鑫机械等 10 多年来始终坚持参加这个展会的老朋友，与此同时我们还可以见到包括森态牛油、御福年、辉达油脂、合盛源油脂、石羊集团、康普生物、尧舜牡丹、悦如农业、华瑞油脂、国源生物、凯斯达、迪斯美、中联达控股等新朋友。今天我们能够相聚，表明了北京粮油展已经越来越受到行业朋友们的信任，展会已经成为整个粮油行业的一张亮丽的名片！我在这里向大家表示诚挚的问候和衷心的感谢！

本届展会能如期举办，是中国粮油学会、中国经济林协会等指导单位精心指导的结果，是中国粮油学会油脂分会、食品分会、花生食品分会及中国经济林协会牡丹产业分会等支持单位全力支持的结果，是广大参会者踊跃参会的结果，是永红国际展览有限公司全体员工努力工作的结果，对此，我代表大会组委会表示衷心的感谢！

最后预祝各位参展商在北京之行取得丰硕成果！预祝第十一届北京粮油展圆满成功！祝愿中国粮油行业的明天更加美好！祝与会宾朋身体健康、工作顺利、生活幸福、万事如意！

谢谢大家！

二十二、记者提问尖锐，专家深情回答
——接受粮油多多和国联云播出平台记者的采访记录

（2020 年 12 月 28 日　于北京）

一问："民以食为天，食以安为先"，您如何解读粮食安全与国家安全的关系？

答："民以食为天，食以安为先"。粮食和油脂是人类赖以生存的基本物质，是为人类提供蛋白质、脂肪和碳水化合物三大营养成分和能量的主要食物，粮油产品与人民生活息息相关，是人们一日三餐不可缺少的主要食品，与人民身体健康和社会经济发展有着密切关系，是国家自强、民族自立、民生保障的重要战略物资，是事关百姓福祉，社稷安危的特殊重要商品。

粮食安全是国家安全的重要基石。"洪范八政，食为政首"，粮食关乎国家命运，自古以来粮食就看作"政之本务"。所以，粮食安全是治国理政的头等大事，是国家安全的重要组成部分，居"三大经济安全"之首。

我国党和政府历来高度重视粮食安全，尤其是党的十八大以来，以习近平同志为核心的党中央高度重视粮食安全，发表了一系列的重要指示。在谈到粮食安全的重要性时，习近平总书记多次强调"手中有粮，心中不慌""我国有近 14 亿人口，如果粮食出了问题谁也救不了我们，只有把饭碗牢牢端在自己手中才能保持社会大局稳定""我国近 14 亿张嘴要吃饭，不吃饭就不能生存，悠悠万事，吃饭为大，只要粮食不出大问题，中国的事就能稳得住。"

在我国粮食产能稳定，库存充裕，供给充足，市场稳定，安全形势持续向好的背景下，习近平总书记强调要吸取历史经验教训，居安思危，对粮食安全要始终保持警醒，任何时候不能忽视粮食安全，他指出："保障粮食安全，对中国来说是永恒的课题，任何时候都不能放松。历史经验告诉我们，一旦发生大饥荒，有钱也没用。解决 13 亿人吃饭问题，要坚持立足国内"。他语重心长地提醒我们："要牢记历史，在吃饭问题上不能得健忘症，不能好了伤疤忘了疼。"

在如何解决 14 亿人口的吃饭问题上，习近平总书记反复强调："中国人的饭碗任何时候都要牢牢端在自己手中，我们的饭碗应该主要装中国粮"。习近平总书记的一系列重要指示精神，充分说明粮食是保证国家长治久安的战略物资，粮食安全是国家安全的重要组成部分。

二问：回顾 2020 年，由于今年受疫情影响，与 2019 年相比，我国粮油产销有什么变化？

答：难忘的 2020 年即将过去了，众所周知，2020 年是我国决胜全面建成小康社会的关键之年，是扶贫攻坚的收官之年，2020 年又是一个特殊的年份，我们经历了一场惊心动魄的抗疫大战，进行了一次艰苦卓绝的历史大考，付出了巨大的努力，取得了抗击新冠肺炎疫情斗争的重大战略成果。

在这场史无前例的抗疫斗争中，为了让党中央放心，让百姓安心，全国粮油加工战线上的广大干部和职工，时刻牢记使命，在疫情最严峻的时期，想尽一切办法克服交通受阻、原辅材料供应不足、职工到岗困难等诸多问题，做到按时或提前复工复产，保证了全国粮油市场的供应和粮油产品价格的稳定，为确保社会稳定做出了重要贡献。

现在粮油工业战线上的各项生产经营活动如同抗疫前一样正常运行，粮油产品供给充足，市场稳定，产销形势良好。

三问：在"互联网 +"的时代背景下，粮油产业面临什么样的挑战与问题？

答：近年来，互联网线上配送销售发展迅速，受到了广大用户和消费者的欢迎，与此同时，也极大地冲击着我国粮油加工业传统的集中供应、二级分销、渠道销售、卖场销售等传统营销模式，尤其在这次抗疫期间广大百姓居家抗疫，各类产品的供应方式发生了巨变，配送到社区、到村镇、到家庭的全套服务已成为主要的营销方式，从而保证了百姓的正常生活。现在疫情最严峻的特殊时期虽然已过去，但常态化的抗疫还将持续很长一段时间，互联网线上配送销售模式深受百姓欢迎。

为此，我们粮油加工企业必须认真研究如何更好地融入"互联网 +"时代，主动与大型超市、互联网物流配送等加强联系，谋求合作。在粮油产品的销售上，要想方设法方便百姓，尤其是要满足老、弱、病、残等特殊人群的需要，优化服务，改变营销方式，送货上门，做到"群众怎么方便，就怎么服务"。与此同时，为适应网购配送销售的发展需要，粮油加工企业要加强和改进对小包装粮油产品的包装材料的选用、装具设计、外包装箱体以及填充物等的研发，以防在运输、配送中发生破碎、渗漏等现象。

四问：您对未来粮油行业有什么样的愿景与展望？

答：党的十九届五中全会通过的《中共中央关于制定国民经济和社会发展第十四个五年规划和二〇三五年远景目标的建议》，对我国各行各业的发展提出了新的、更高的要求。对此，粮油加工业要围绕着国家粮食安全战略、国家食品安全战略、"健康中国"建设和中国制造 2025 战略，努力在以下 5 个方面多做工作，取得成效。

1. 要以科技创新驱动，推动粮油加工业的高质量发展

党中央和国务院有关会议和文件都反复强调各行各业都要以科技创新推动行业的高质量发展，我们粮油加工行业也不例外，在未来的行业发展中，要更加注重科技，注重人才，注重科技投入，注重企业与大学院校和科研院所的联合，改进工艺、改进装备、创新品牌、提高效率、实现高质量发展。

2. 要继续倡导并实施适度加工

粮油加工产品要防止片面追求"过精、过细、过白和油色过浅"等倾向，要提高纯度，严格控制精度，提高出品率，最大限度地保存粮油原料中固有的营养成分，提高可食资源的利用率，为助力"健康中国"建设和国家粮食安全做出贡献。

3. 要继续深入推进粮油加工业的供给侧结构性改革，增加适销对路的优质粮油产品的供给能力

要大力推进优粮优产、优粮优购、优粮优储、优粮优加、优粮优销的"五优联动"，加快"优质粮食工程"建设，以增加适销对路的优质粮食产品的供给；要增加满足不同人群需要的优质化、多样化、个性化、定制化粮油产品的供给；要增加优质米、食品专用米、专用粉、专用油和营养功能性新粮油产品以及绿色有机等"中国好粮油"的供给；要大力发展全谷物产品，增加糙米、全麦粉、杂粮杂豆和薯类及其制品等优质、营养、健康中高端新产品的供给。

4. 要坚持把粮油产品的质量安全放在第一位

我国党和政府高度重视食品质量和安全。为此，粮油加工企业要始终坚守食品安全这一底线，把粮油产品的质量与安全放在第一位，并在保证质量的前提下，把"好吃、营养、健康、方便"作为今后的发展方向。要按照食品安全、绿色生态、营养健康等要求完善原料采购、检验、在线检测和成品质量检验，建立覆盖生产经营全过程的粮油质量安全信息追溯体系，确保粮油产品质量安全万无一失。

5. 要大力推进粮油主食品工业化生产

为适应人民生活水平进一步提高和生活节奏加快的需要，粮油加工企业要把发展主食品工业化生产看作粮食行业推进供给侧结构性改革、调整产品结构的重要组成部分，看作粮油加工业向精深加工的延伸。为此，要积极开发适合不同人群需要，不同营养功能，不同区域特色的优质米面制品，诸如优质米粉（米线）、米粥、米饭、馒头、挂面、方便

面、鲜湿及冷冻面食等大众主食品和具有区域特色主食品种及品牌。与此同时，要积极开展以杂粮和薯类为主要原料的各类主食品，以丰富市场，满足不同人群的需要。

五问：陪伴粮油行数十载，有什么样的感悟呢？这些年来，有哪些记忆深刻的事情？

答：是的，我自 1964 年毕业于江南大学（原无锡轻工业学院）分配到原粮食部，从事粮油加工业的管理和技术工作，至今已 56 年过去了，在 56 年的工作生涯中，30 年在原粮食部，商业部和国内贸易部工作；7 年在中谷粮油集团公司工作；退休后的 19 年，在中国粮油学会、中国粮食行业协会继续发热。参加工作 56 年来，我从未离开过粮食战线，并与粮食行业，尤其是与粮油加工行业结下了深厚的感情，我深爱粮食工作，深爱粮油加工业，深爱粮油科技，愿为粮食工作助力并为此奋斗终身！

在党和政府的英明领导下，尤其是改革开放 40 多年来，我国经济和人民生活水平不断提高，各行各业发生了翻天覆地的变化。我国粮食生产连年丰收，为做好粮食工作奠定了物质基础，我国粮油产品的供应，由短缺实行计划供应到敞开供应。人们生活从一度的吃不饱到吃得饱，现在正在向吃得好，吃得健康迈进，我觉得这应该是 14 亿中国人感受最为深刻的事，这是来之不易的，也是我们粮食人记忆最深，引以为傲的事情。

回顾自己从事粮油加工业数十载，与同行们一道做了一些应该做的工作，诸如，20 世纪 80—90 年代，在全国提出了粮油加工业要走两个延伸的道路，即粮食加工要向食品方向延伸，植物油加工业要向油脂化工和综合利用方向延伸；成功组织了全国粮油加工装备的选型、定型、标准化和引进技术的消化吸收创新工作。进入 21 世纪以来，2001 年提出了在面粉中取消添加增白剂过氧化苯甲酰的主张；2008 年首次提出了粮油加工业要贯彻适度加工，防止粮油产品的"过精、过细、过白和油色过淡"等倾向。上述主张和建议，为我国粮油加工业的健康持续发展起到了一定的作用，对此深感欣慰！

二十三、要想吃得好，油脂不可少

——接受中央电视台《大国粮仓》节目组采访的文字稿

（2021 年 3 月 11 日　于北京）

一问：人体为什么离不开油脂？食用油在食物中的重要性？

答：油脂是人类生存的基本食物之一，与人民身体健康和社会经济发展有着密切的关系。油脂是为人类提供蛋白质、脂肪和碳水化合物等三大营养成分和热量的重要食物。

油脂是人们食物中不可缺少的组成部分，是提供热量的最重要食物（每克油脂可产生热量 39.62 千焦）。油脂又给人体提供必需且无法自身合成的必需脂肪酸，如亚油酸、α-亚麻酸等，以及各种脂溶性维生素 A、维生素 D、维生素 E、维生素 K 等，人体缺少这些物质将会发生多种疾病，危害身体健康。

由此可见，食用油脂是人们一日三餐都离不开的食物。这里需要特别强调的是：人们食用油脂，主要是摄取其所含有的各类脂肪酸，它们可分为饱和脂肪酸和不饱和脂肪酸，特别是后一类不饱和脂肪酸中的亚油酸、亚麻酸以及花生四烯酸等是唯一存在于油脂中的脂肪酸，也是人体中的必需脂肪酸，这类必需脂肪酸，人类只能从油脂中摄取，而不能通过其他物质在体内合成，缺少了他们，就会影响人体发育和身体健康，甚至得病。

二问：人为什么要吃油？不吃行不行？

答：在我国，食用油占膳食脂肪来源的 50% 左右，对人体有重要的健康价值，主要体现在如下几方面。

（1）人体重要的能量来源。

（2）提供必需脂肪酸，α-亚麻酸和亚油酸，他们在体内不能合成，只能从食物中获得。

（3）提供脂溶性维生素，并促进脂溶性维生素在肠道中的吸收。

（4）节约蛋白质。充足的脂肪可保护体内蛋白质（包括食物蛋白质）不被用来作为能源物质。

（5）降低胃排空速度，增加饱腹感。

（6）改善食物感官性状和口味，促进食欲。

如果不吃油，脂肪酸会摄入不足，特别是必需脂肪酸摄入不足，会对人体健康非常不利。比如：缺乏亚麻酸时，人的注意力和认知能力会下降；缺乏亚油酸时，婴儿会起湿疹。膳食中长期不含脂肪的人还会发生皮炎和伤口难以愈合等问题。

所以，吃油是必须的。

三问：1965 年河南省南阳市镇平县粮食局印发了五分五厘的油票，这么小面额的油票能做什么呢？

答：据了解在 20 世纪 60 年代，河南省的一些市、县曾发行过一批下乡干部专用的油票，其面额之小和位数之多成为油票家族的一大特色。如：河南镇平县为配合"四清运动"，于 1965 年专门印发了供四清工作队队员在农民家吃饭时使用的临时食用油票，吃 1 餐交 1 张面额为"5 分 5 厘"（0.055 两）的油票，吃 1 天交 1 张面额为"1 钱 6 分 5 厘"（0.165 两）的油票。这两张油票的面额是这样算出来的：1965 年每人每月半斤食油，每餐为 0.5 斤 ÷ 90 次 = 0.055 两（即：5 分 5 厘），每天为 1 钱 6 分 5 厘。

当时，下乡社教工作队员按规定都是在社员家中吃饭，吃完饭后要向社员家如数缴钱、缴粮票和缴油票。所以，有了这种油票，吃一餐交一张就很方便。

我们从印发这样小面额的油票可以得知，食用油脂的重要性和珍贵性；与此同时，也让我们了解到当时我国食用油供应的紧缺状况，即城镇居民每人每月只有 250 克的定量供应，与我国现在食用油市场的敞开供应，人均年消费食用油已达 29.1 千克，真是天壤之别，这是来之不易的，对此，我们应该倍加珍惜。

四问：请介绍一下我国食用油料的总进口量、总产量和总消费量等数据以及如何提高食用油自给率，请介绍一下花生种植对食用油自给率方面的作用（花生亩产，出油率，土地利用方向）。

答：在党和政府的高度重视下，我国油料生产与粮食生产一样，连创历史新高。据国家粮油信息中心预测，2020 年我国以大豆、油菜籽、花生、棉籽、葵花籽、芝麻、亚麻籽和油茶籽为代表的八大油料作物的总产量达 6800 多万吨，再创历史最高纪录，较 2019 年的 6570.4 万吨，增长 3.5%，其中大豆产量达 1960 万吨，较 2019 年的 1809.1 万吨，增长 8.3%。利用国产油料榨得的食用油为 1233.2 万吨。

近年来，我国的油料生产连年增长，但其增长速度仍然跟不上我国经济发展和人民生活水平不断提高的需要。为满足油脂市场供应和养殖业发展的需要，我国每年需要利用国际市场进口较大数量的油料油脂。据海关统计，2020 年我国进口各类油料合计为 10614.1 万吨，其中，进口大豆为 10032.7 万吨；进口各类食用油合计为 1167.7 万吨。从而确保了我国食用油市场供应充足。

从食用油的消费情况看，根据国家粮食信息中心提供的分析资料，2019—2020年度我国年度食用油需求总量为4091万吨，其中年度食用消费量为3545万吨、工业及其他消费量为526万吨、出口量为20.0万吨。按2019年末国家公布的我国大陆人口为14005万人计数，2020年我国人均食用油消费量为29.1千克，超过了2020年世界人均食用油消费量为26.7千克的水平。

为提高我国食用油的自给能力，国家出台了一系列增加油料生产的政策措施，在增加大宗油料生产（如大豆、油菜籽、花生）的同时，大力发展以油茶、核桃等为代表的木本油料；积极支持米糠、玉米胚芽等油料资源的开发利用，为国家增产油脂，取得了明显成效。

在发展油料生产中，调整油料的种植结构十分重要。我认为，花生这一油料品种值得我们重视。

花生作为具有中国传统优势及第三大油料作物，以其亩产量高、出油率高、极耐干旱、不与粮食争好田等优势，成为解决中国食用油短缺的生力军。我国适宜种植花生的地域广阔，黄淮流域、中原地区、山东、新疆、两广、两湖、辽宁、福建等地都有种植花生的传统。

花生含油率高达50%左右，为大豆的2.5倍。从产量看，2020年我国花生的平均亩产达251.5千克，而大豆的亩产只有132.4千克，所以，花生的单位面积产油量是大豆的2倍（附表）。由此可见，发展花生产业不仅可以填补我国食用油缺口，而且还有利于农业增效、农民增收，对保障国家粮油安全具有重要意义。

五问：中国各地区对食用油种类（大豆油、菜籽油、花生油）有何偏好？

答：我国地域辽阔，人口众多，不同地区的百姓生活习惯不尽相同，与此同时也影响着他们对食用油种类的偏爱，比如，长江中下游区域及川渝陕地区的百姓喜爱吃菜籽油；东北地区喜爱吃大豆油；山东、京津、广东、广西等地区喜爱吃花生油等，不过这种差异正在逐步缩小。

附表　我国花生大豆的产量、种植面积、单位面积产量一览表

年份	花生产量/千吨	花生面积/千公顷	中国花生单位面积产量/（吨/公顷）	大豆产量/千公顷	大豆面积/千吨	中国大豆单位面积产量/（吨/公顷）
1990	6368	2907	2.190	11000	7560	1.455
1991	6303	2880	2.189	9713	7041	1.379
1992	5953	2976	2.000	10304	7221	1.427
1993	8421	3379	2.492	15307	9454	1.619
1994	9682	3776	2.564	16000	9222	1.735
1995	10235	3809	2.687	13500	8127	1.661
1996	10138	3616	2.804	13220	7471	1.77
1997	9648	3722	2.592	14728	8346	1.765
1998	11886	4039	2.943	15152	8500	1.783
1999	12639	4268	2.961	14251	7962	1.79
2000	14437	4855	2.973	15411	9307	1.656
2001	14416	4991	2.888	15407	9482	1.625
2002	14818	4921	3.011	16507	8720	1.893
2003	13420	5057	2.654	15394	9313	1.653
2004	14342	4745	3.023	17404	9589	1.815
2005	14342	4662	3.076	16348	9591	1.705
2006	12887	3960	3.254	15082	9304	1.621
2007	13845	4128	3.354	12793	8801	1.454
2008	14635	4362	3.355	15709	9225	1.703
2009	14604	4281	3.411	15224	9339	1.63
2010	15136	4374	3.460	15410	8700	1.771
2011	15302	4336	3.529	14879	8103	1.836
2012	15792	4401	3.588	13436	7405	1.814
2013	16082	4396	3.658	12407	7050	1.76
2014	15901	4370	3.639	12686	7097	1.788

续表

年份	花生产量/千吨	花生面积/千公顷	中国花生单位面积产量/（吨/公顷）	大豆产量/千公顷	大豆面积/千吨	中国大豆单位面积产量/（吨/公顷）
2015	15961	4386	3.639	12367	6827	1.811
2016	16361	4448	3.678	13596	7598	1.789
2017	17092	4608	3.709	15282	8245	1.853
2018	17332	4620	3.752	15967	8413	1.898
2019	17520	4633	3.782	18091	9332	1.939
2020	17770	4710	3.773	19600	9867	1.986

注：资料来源国家粮油信息中心。

二十四、科普反式脂肪酸，让人们放心吃油

——应约回答"零反式脂肪酸玉米油"的访谈记录文字稿

（2021 年 11 月 17 日　于北京）

一问：请您谈谈食品中反式脂肪酸的来源。

答：在食品中，反式脂肪酸有两种来源。

一是来源于天然食物。天然来源的反式脂肪酸主要来自反刍动物的肉、脂肪、乳及乳制品。据了解，天然黄油、牛油、羊油等动物油脂中反式脂肪酸的含量为 3%~5%。

二是加工来源。主要来自植物油的部分氧化和在油脂精炼过程中产生。另外，食物在煎炸过程中，由于油温过高且时间过长也会产生少量的反式脂肪酸。加工来源的反式脂肪酸是人们关注的焦点。

二问：请您科普性地简要介绍一下植物油中反式脂肪酸是怎样形成的以及反式脂肪酸对人体的影响。

答：这个问题比较复杂，也就是说不是用几句话就能说清楚的。从化学原理上来说，关于植物油部分氢化和高温精炼时，反式脂肪酸的形成特点基本原理是一样的，都是受到催化剂和高温的作用，使植物油中部分不饱和脂肪酸的双键被打开，发生"构型转变"，由天然的"顺式"结构异化为"反式"结构，从而形成反式脂肪酸。但由于氢化植物油和精炼植物油的工艺条件不同，所以两者的反式程度以及反式脂肪酸的组成特点也不同。比如，从反式脂肪酸的含量上看，一般来说，前者反式脂肪酸的含量在 20% 左右；后者反式脂肪酸的最高含量在 3% 左右。

这里需要说明的是，对广大消费者来说，对植物油中反式脂肪酸形成特点的了解并不重要，重要的是关注反式脂肪酸对人体健康的影响。

由于反式脂肪酸与顺式脂肪酸的立体结构不同，两者的物理性能差异较大，顺式脂肪酸在常温下多为液态，熔点低；反式脂肪酸在常温下多为固态或半固态。

植物油经部分氢化制得的氢化植物油，原是食品工业的专用油脂之一，已有上百年历史，并于 20 世纪 70 年代开始商业化应用。由于氢化植物油具有起酥性好、熔点高、氧化稳定性好、货架期长、易储存、口感好、成本低等特点，在食品工业界曾得到广泛应用。

随着科学技术的发展，研究人员发现植物油经过氢化后会产生部分反式脂肪酸，过量食用后会对人体产生不利影响。现在比较明确的是：反式脂肪酸与心脑血管疾病有关联性，其他方面的危害至今无充分证据。但不管如何，少摄入反式脂肪酸含量高的植物油，更加有利于人体健康。

三问：请您再介绍一下，目前我国油脂行业对反式脂肪酸有什么规定。

答：从上述反式脂肪酸的来源以及对人体的影响来看，我认为，在食品中含有一定量的反式脂肪酸是不可避免的，也就是说，人们在生活中一点不摄入含反式脂肪酸的食品很难做到。与此同时，鉴于反式脂肪酸对人体的不利影响，所以我们要想方设法尽量避免因过量摄入反式脂肪酸带来的风险。为此，世界卫生组织（WHO）2003 年建议反式脂肪酸的供能比应低于 1%（注：相当于成年人每天可摄入不高于 2.2 克的反式脂肪酸）；同期，欧美等一些发达国家也相继出台了一些有关食品中反式脂肪酸含量的规定，如丹麦规定所有市售油脂中反式脂肪酸不得高于 2 克 /100 克，也就是说食用植物油中的反式脂肪酸含量不能超过 2%。

我国到目前为止，除了橄榄油国家标准规定了反式脂肪酸的限值外，其他食用植物油的国家标准中均未对其进行限值。只有在 GB/T 28050—2011《食品安全国家标准　预包装食品营养标签通则》中规定，当反式脂肪酸含量 ≤ 0.3% 时，可声称"无"或"不含"反式脂肪酸。

另据有关调查检测，油脂加工企业只要采用适度加工工艺，那么投放到我国市场上的小包装食用植物油，其反式脂肪酸的含量都能控制在 2% 以下，由此可见，食用植物油中的反式脂肪酸含量是可控的。我国市场上的食用植物油及其制品是安全的，是可以放心食用的。

四问：目前长寿花已实现零反式脂肪酸的技术突破，您感觉他们做的怎么样？

答：俗话说，民以食为天，食以安为先。食用植物油与粮食一样，是人类赖以生存的基本食物，是人们生活离不开的必需品。确保食用植物油的安全，让百姓吃得放心，吃出营养与健康，是让百姓过上美好生活的重要体现。

现在，反式脂肪酸在我们的生活中已是常见的事，我们日常食用的精炼植物油是我国百姓摄入反式脂肪酸的主要来源，为避免过量摄入，少吃固然重要，但如何进一步降低精炼植物油中反式脂肪酸的含量，让百姓吃上更营养、更健康的食用植物油更为重要。由此可见，最大程度地降低食用植物油中反式脂肪酸的含量，这不仅是向食用油生产企业提出的新课题，也是我们食用油生产企业应该承担的社会责任。在这方面，山东三星集团在长寿花玉米油的生产中，历时 6 年，通过"两突破一加持"核心工艺技术创新研发，成功开发出了"零反式脂肪酸玉米油"的高端产品，可以有效减少百姓在日常膳食中反式脂肪酸的摄入量，有利于人体的心脑血管健康，杜绝了因过度加工造成的成品油中营养物质的大量损失及反式脂肪酸的形成，实现了玉米油"零"反酸、低风险、高甾醇、高维 E 的高品质产品。

据我所知，现在长寿花玉米油中反式脂肪酸含量能降低到 0.13% 左右，这是很不容易的。我觉得，这是一项造福国计民生的重大科技成果，对提升我国油脂精炼技术、保障国家食用油安全以及提高国民健康水平有实实在在的积极意义。对此，我要为山东三星集团长寿花"零反式脂肪酸玉米油"点赞！

二十五、创新驱动粮油加工业高质量发展

——在接受荣格工业传媒采访时的对话记录文字稿

（2022 年 5 月 6 日 于北京）

2022 年是"十四五"的深化之年，随着国家落实推进优质粮食工程，通过节约型粮油加工示范等，引导淘汰高耗粮、高耗能、高污染的落后产能和工艺设备，对粮油食品加工企业的适应力、灵活性，特别是创新能力都提出了更高的要求。5 月 6 日，"布勒中国谷物食品 2022 可持续发展创新论坛"在云端圆满落下帷幕。与会嘉宾和布勒技术团队共话谷物加工行业新技术与未来可持续发展之路。借此之际，我们对演讲嘉宾、中国粮油学会首席专家王瑞元进行了专访。

（一）对我国粮油产销情况和可持续发展的建议

王瑞元在演讲中表示，2021 年面对变幻莫测的世纪疫情、错综复杂的国际形势和严重洪涝灾害频发等不利因素，在以习近平同志为核心的党中央的高度重视和英明领导下，我国农业生产战胜各种困难，2021 年我国粮食生产再创历史新高，产量达到 13657 亿斤；较 2020 年的 13390 亿斤增加 267 亿斤，增长 2.0%，连续 7 年站稳 1.3 万亿斤台阶，收获了来之不易的"十八连丰"，保证了中国人的饭碗牢牢端在了自己手里，为国家粮食安全、促进生产、促进经济发展和社会稳定奠定了坚实基础。

他说，当前国际形势更加错综复杂、新冠肺炎疫情仍在持续、全球极端气候时有发生等，给全球粮食安全带来了极大挑战。在我国，解决好 14 亿多人口的吃饭问题是天大的事。要在抓好粮食生产的同时，进一步抓好粮油资源加工利用，为国家粮食安全做出应有的贡献。

（二）粮油加工业有许多文章可做

首先要杜绝粮油原料和成品粮油在储存中的变质、变味和运输过程中的破损、洒漏等

损失浪费现象的发生。其次，要认真实施适度加工，提高出品率、提高可食资源利用率。由于过度加工，米面出品率非常低下。

此外，要进一步搞好资源综合利用。充分利用粮油加工过程中产生的大量米糠、碎米、麸皮、小麦胚芽、次粉和饼粕等副产物，并把这些宝贵资源的利用重点放在大力推广米糠、玉米胚芽和小麦胚芽的集中制油上，放在提高碎米、次粉和麸皮的可食利用上，放在发展生产植物蛋白粉、植物蛋白肽和人造肉等营养健康产品上。

同时，科学制修订好各类粮油产品标准，引领粮油加工业贯彻适度加工和节粮减损，促进粮油加工业的健康发展；还应积极与有关部门沟通和商量，对于一些经质检部门检验，其产品质量仍然全部符合国家质量标准和食用安全国家标准要求的超过保质期的米面油等粮油产品的合理处置方法，防止可食粮油资源的浪费。

在讲到节能减排、绿色生产时，王瑞元表示，粮油加工业要进一步提高对实现"双碳"目标、节能减排、实行绿色生产重要意义的认识，将其看作粮油加工业推进企业调整结构、转型升级，寻找新的经济增长点的必由之路，努力把节能减排、实现绿色生产落到实处。

与此同时，粮油加工业要关注和重视数字经济的发展，跟上数字经济发展时代。要积极应用大数据、云计算、工业互联网、物联网、人工智能等数字产业，催生出新时代粮油加工业在发展中的新产业、新业态和新模式，推动粮油加工业的转型升级，提高效率，提升效益和高质量发展，加快粮油加工业朝着现代化、智能化方向发展。

（三）进一步做好粮油资源加工与利用

在接下来的采访环节，王瑞元就我们提出的问题畅谈了他的真知灼见。作为农业大国，我国粮油行业正处在一个新的发展时期，请您简单介绍一下我们粮食生产和加工设备的发展历程。

王瑞元说：我国是全球最大的粮油生产国、消费大国，也是世界上最大的粮油加工国。我国的粮油加工在新中国成立之前，大多以简单而原始的作坊生产为主。随着我国经济的恢复和发展，尤其是"一五"时期，我国的粮油加工产量增加迅猛，但为数众多的粮油加工企业设备陈旧、年久失修，无法适应当时的发展需要，亟待更新改造。

为尽快改变这种状况，当时中央粮食部决定建设粮油机械厂，实行专业生产，并于1958年在青岛首次召开粮油机械工作会议，制定了粮食部门、粮食机械发展规划，揭开了全国兴建粮油机械制造业的序幕。中央粮食部先后建成了7个直属粮油机械制造厂，各省市粮食厅（局）也建成了一批适合当地发展需要的粮油机械制造企业，到20世纪70年代中期，我国已有相当规模的粮油机械制造能力，不仅能满足全国粮油加工的发展需要，还有一定数量的粮油机械产品出口。

针对当时我国粮油机械设备型号杂乱、规格繁多、通用性差、成套性差等技术落后的现状，粮食行业自 1978 年底开始分别召开了碾米、制粉和制油设备的选型、定型、标准化工作会议，研究提出了米、面、油设备的选定型方案，确定了近 100 种 300 多台（套）设备的选定型工作任务。这项工作，前后经历了 8 个春秋，从规划开始，到制订方案、设计、审定、试验、安装调试及验收鉴定等，在我国粮油机械制造发展史上，可称为是一项庞大的里程碑式的系统工程。参加这项工作的有关领导、粮油科研院所、大专院校、粮油机械和加工企业的工程技术人员数以千计。此项工程为我国粮油机械制造水平赶上世界先进水平奠定了基础。

之后，为了进一步缩短与国际先进水平的差距、替代进口，粮食部门自 20 世纪 80 年代中期开始引进了 330 多项米、面、油加工设备和技术，结合"七五"攻关，进行消化吸收和再创新，从而进一步提高了我国米、面、油机械制造水平。

进入 21 世纪以来，随着我国粮油机械制造业对科技创新的重视和自主创新能力的提高，我国粮油机械制造水平不断提高，从而带动我国粮油加工业朝着大型化、规模化、智能化方向发展，整体技术水平达到了国际先进水平。粮油机械制造产品，不仅能满足我国现代粮油加工发展的需求，并大量出口国外，享有良好的声誉。

（四）那么，您对现在我国粮油生产和加工有何意见或建议？

王瑞元说：目前我国粮油加工应确保粮油产品向高质量和绝对安全放心的基础上，进一步朝着让百姓吃得营养、吃得健康的方向发展。着力优化产业产品结构，开发出能满足人们个性化、定制化的高品位产品，让百姓过上美好生活，助力"健康中国"建设。总之，通过对粮油加工技术的进一步提升和更加科学、精准的加工，确保粮油产品安全放心、健康营养，并且独具特色，能够提供适合不同人群个性化需求的产品。

（五）目前困扰我国的粮食生产与加工的主要因素有哪些？从专家和设备供应商的角度，您认为应该如何才有所突破？

王瑞元说：有两大问题需要高度重视。一是，适度加工问题。据统计，2019 年我国小麦加工的平均出粉率只有 71.5%、稻谷加工的平均出米率只有 64.7%，与 1985 年全国小麦加工平均出粉率 78.7%、稻谷加工平均出米率在 70% 左右相比，差距甚大。粗略测算了一下，如果将米、面加工出品率提高 3 个百分点，按我国每年加工小麦和稻谷的总量约为 33000 万吨计算，即能增加成品小麦粉和大米 990 万吨，可供 5500 万人一年的口粮

（按每人每月 15 千克计算），由此可见，倡导适度加工，对提高出品率、提高可食资源利用有着重要意义。

这就需要通过专家、生产企业的共同努力，制定好切实可行的国家粮油质量标准，严格控制加工精度。

二是，要注重和舍得科技投入，重视科技创新。科技投入不足是当前制约我国粮油加工业高质量发展的重要原因，据统计，2020 年我国粮油加工业的研发经费的投入占产品销售收入的比例只有 0.54%，这远低于我国科技投入 2.79 万亿元，占 GDP 总量的 2.45%的比例。

行业和企业要通过不断创新工艺、改进装备、创新品牌、提质增效，实现粮油加工业在新征程中的高质量发展。

（六）您如何看待布勒集团在中国的发展，以及布勒集团对中国粮食加工业的影响？

王瑞元说：瑞士布勒集团是全球公认的制造粮食加工和食品加工装备的领军企业。为推动我国粮油制造业水平的提高，1994 年我国无锡粮食机械厂与瑞士布勒集团通过真诚合作实现了强强联合，成立了无锡（布勒）机械制造有限公司。28 年来，布勒集团在无锡市政府的关心支持下，在中外双方的共同努力下，依靠先进的技术和管理、雄厚的制造实力和高品质的产品，赢得了客户的高度信任；与此同时，业务领域不断扩大，从合作当初只生产面粉机械，至今已扩大到提供高品质的大米机械、饲料机械、色选机械、化工及压铸设备等，取得了令人瞩目的成就。不仅壮大了自身，同时为我国的粮油机械制造业带来了经营管理、创新发展、注重质量、服务客户等方面的理念，成为我国粮油机械制造业的学习榜样，促进了我国粮油机械制造业的健康发展。

最后，我衷心祝愿布勒集团取得更大成就，获得更大成功，并祝愿布勒客户生产兴隆、兴旺发达。

二十六、积极推进我国大豆加工业的高质量发展

——在"大豆制油加工技术研讨会"上的视频致辞

（2022 年 7 月 19 日 于北京）

各位专家、各位同仁：

大家上午好！

很高兴通过视频方式参加由《中国油脂》杂志社和美国大豆出口协会联合主办的"大豆制油加工技术研讨会"，与大家一起交流、学习先进的大豆制油技术和管理经验，现在我以《积极推进我国大豆加工业的高质量发展》为题，简要给大家介绍些情况。

（一）我国为全球大豆产业的健康发展做出了巨大贡献

众所周知，大豆是全球最重要的油料作物，其油脂和优质植物蛋白为人类的生存和经济社会的发展做出了突出贡献。据美国农业部提供的资料，2021—2022 年度全球主要油料产量为 61917 万吨，其中大豆的产量为 37256 万吨，占全球主要油料产量的 60.2%。

在全球大豆产业的发展中，中国不仅是重要的大豆生产国，同时又是全球最大的大豆消费国、最大的大豆贸易进口国和最大的大豆榨油加工国，为全球大豆产业的健康发展做出了巨大贡献。据统计，2021 年我国大豆产量为 1640 万吨，进口大豆为 9651.8 万吨，其中从巴西进口 5815 万吨，从美国进口 3231 万吨，从阿根廷进口 375 万吨，从其他国家合计进口 231 万吨，分别占进口总量的 60.2%、33.5%、3.9% 和 2.4%。另据资料介绍，2021—2022 年，全球大豆出口贸易量为 17074 万吨。我国 2021 年大豆进口量为 9651.8 万吨，占全球大豆出口贸易量的 56.5%，超过一半。多年来，在大豆进口贸易中，美国和巴西一直是中国市场最重要的大豆贸易国，并建立了良好的大豆贸易合作关系。在这方面，从原来的美国大豆协会开始，到如今的美国大豆出口协会，都做出了许多促进两国大豆贸易友好合作的有益工作，对此，我深有感触。

在全球大豆榨油业中，我国是全球最大的大豆加工国。从目前食用油的消费需求看，正常年景，我国大约每年需要加工 1.4 亿万吨油料，其中大豆榨油加工量约为 1 亿吨。据

统计，2020 年我国规模以上的入统企业拥有大豆加工能力为 11697.1 万吨（估计全国的大豆加工能力约为 1.5 亿吨）。在食用油的消费中，2020—2021 年我国食用油的消费总量为 4254.5 万吨，其中大豆油的消费量为 1870 万吨，占消费总量的 44%，大豆油在我国食用油消费中占了半壁江山。

以上数据充分表明，我国不仅是全球大豆的重要生产国，又是全球最大的大豆和大豆油消费国、最大的大豆贸易进口国及最大的大豆榨油加工国，在全球大豆生产、贸易、加工中有着举足轻重的地位，为稳定和提高全球种豆农民的生产积极性，促进全球大豆产业的健康发展做出了巨大贡献。

（二）大豆加工业引领着油脂加工业的技术进步与发展

回顾总结油脂加工业的发展过程，我们可以看到，在油料生产和加工利用中，对大豆的研究是所有油料中最早、最深、最全和最有成效的。可以说大豆加工业的技术进步与发展引领了油脂加工业的技术进步与发展，诸如，大豆及大豆油的标准制定和大豆贸易规则的制定，成为其他油料油脂制定标准和规则的重要参考范本；大豆加工的加工工艺、生产技术指标、成套装备的研制和选定、副产物的综合利用、节能降耗的成功经验、规模化大型化的发展等，都成为了其他油料加工参照学习的示范，是全球油脂加工业的典型代表，也是我国现代油脂加工业发展的典型代表。可以说，没有大豆加工业的技术进步与发展，就没有油脂工业的技术进步与发展。

（三）积极推进我国大豆加工业的高质量发展

以大豆加工业为代表的我国油脂工业，自 20 世纪 70 年代起，在全国广大油脂科技人员、企业、大专院校和科研院所的共同努力下，通过开展选型定型标准工作、"七五"攻关、对引进设备和技术进行消化吸收和再创新，尤其是通过改革开放 40 多年来的自主创新和不懈努力，使我国的油脂工业发生了翻天覆地的变化，主要经济技术指标和油脂机械制造水平达到了国际先进水平。特别是油脂机械制造产品，不仅能满足我国现代油脂工业发展的需要，并大量出口国外，深受广大用户好评。现在，我们可以自豪地讲，全球日处理 6000 吨以上的大型化、现代化大豆压榨企业 2/3 在中国。

尽管以大豆加工业为代表的我国油脂工业的发展是令人欣慰的，但当前在发展中遇到的困难和挑战，也是前所未有的，按高质量发展的要求还有许多短板需要我们认真研究解决。

当前，国际形势更加错综复杂，俄乌两个全球重要粮油生产出口大国交战，新冠肺炎疫情仍在全球肆虐，全球极端恶劣气候时有发生等，给世界经济复苏带来了严重挑战，也给我们各行各业的发展带来了前所未有的困难和挑战。这种全局性、世界性挑战造成的影响，对于一个行业来讲，我们只能加以关注，但难以抵御。而我们唯一能做的，是千方百计努力做好行业自身的工作。这次由《中国油脂》杂志社和美国大豆出口协会联合主办，由中粮工科（西安）国际工程有限公司、陕西省科技期刊编辑学会、无锡中粮工程科技有限公司和中粮工程装备南皮有限公司协办的"大豆制油加工技术研讨会"，就是为了做好我们行业内自己的事情。

研讨会邀请了许多有实践经验的国内外专家，围绕《大豆和大豆油国内外标准比较》《纳米精炼工艺实践》《大豆压榨厂工艺和装置技术改造》《大豆压榨厂节能减排及安全环保进展》《生物酶在油脂工业中的应用》《大豆油精准加工关键技术与产业化应用》《脱臭馏出物（DD油）制备维生素E及甾醇工艺实践》等专题，做内容丰富的精彩报告，以助力大豆压榨企业的技术进步，积极推进大豆加工业的高质量发展。对此，我们要为这次研讨会的成功举办而点赞。

最后，预祝研讨会取得圆满成功！谢谢大家！

二十七、迟到的盛展，江苏展盛情

——在"第十二届国际粮油饲料精品、粮油饲料加工及储藏物流技术博览会"上的开幕辞

（2022 年 7 月 28 日　于江苏南京）

尊敬的中国粮油学会张桂凤理事长、尊敬的原国家林业局李育材副局长、尊敬的江苏省粮食和物资储备局夏春胜局长、尊敬的原江苏省粮食局吴国栋局长、尊敬的江南大学资深教授姚惠源老师、尊敬的各位领导、各位嘉宾、各位专家、各位企业家、各位参展商、女士们、先生们：

大家上午好！

欢迎大家来到开放、富饶、美丽的南京，参加"第十二届国际粮油饲料精品、粮油饲料加工及储藏物流技术博览会"（以下简称粮油饲料展）。由于疫情的原因，原定于 2021 年 11 月份在北京举办的本届粮油饲料展几经推迟举办，最终于今天在南京开幕了。首先我代表大会指导单位中国粮油学会，支持单位中国粮油学会油脂分会、食品分会、饲料分会、花生食品分会、营销技术分会和大会组委会永红国际展览有限公司对大家在疫情干扰的当下依然能够参加本届盛会表示诚挚的问候和衷心的感谢！

近两年以来，由于受到疫情的影响，很多展会都不得不停止举办，本届展会能够召开，是近两年来全国粮油行业的首场盛会，受到业内朋友们的广泛关注。本届展会尽管推迟了一年，但在大家的关心支持下，我们高兴地看到，本届粮油饲料展的展出规模、参展商数量以及在展会期间举办的各类报告会、论坛会、新技术新产品发布会等数量都超过了以往历届展会，对此，我们相信本届展会一定能开得圆满成功！

为满足参展企业希望早日举办本届展会的期望，6 月 6 日大会组委会正式发文通知将本届展会改于 7 月 28 日在南京举办。在时间紧、任务重的情况下，我们有幸得到了江苏省粮食行业协会、江苏省粮油学会和南京国际展览中心的热情欢迎和大力支持，尤其是江苏省粮食行业协会和江苏省粮油学会还精心组织了近 40 家企业参加本届展会，对此，我们表示衷心的感谢！

本届展会在江苏南京举办，具有特殊意义。据我所知，江苏省的粮食工作历来做得很出色，为全国创造了许多经验，尤其是江苏省的粮油加工业和粮油饲料机械制造业的现代

化水平、各项经济技术指标和粮油加工业的总产值一直名列全国前茅。党的十八大以来，江苏省粮食行业坚持以习近平新时代中国特色社会主义思想为指导，深入贯彻国家粮食安全战略和省委省政府决策部署，立足粮食生产大省、流通大省、消费大省的实际，以推进粮食产业高质量发展为主题，着力深化改革、推进转型发展，为努力构建现代化粮食产业体系、促进增收增效、确保市场供应做出了贡献。我们为江苏省粮食行业取得的卓越成绩感到由衷的高兴。

为丰富展会内容，活跃展会气氛，本届博览会同期举行"2022粮食加工的现状与发展趋势技术报告会""第五届中国粮油及饲料行业经销代理发展大会""中垦国际'御尊奢'御米油系列产品发布会""永华特医'甘油二酯'技术及'西樵山二酯油'新品发布会"等若干个报告会、论坛会和发布会，为参会代表和参展企业提供更为丰富的学习交流平台。

最后，预祝本届博览会取得圆满成功，祝参会参展企业生意兴隆、兴旺发达！让我们在第十三届展会上再相聚！谢谢大家！

二十八、实现双赢的战略举措——校企合作

——在"云南滇雪粮油有限公司－武汉轻工大学校企合作挂牌仪式"上的贺辞

（2022 年 10 月 21 日　于云南玉溪）

尊敬的各位领导、各位嘉宾、各位专家、滇雪粮油的同仁们：

大家上午好！

很高兴来到美丽、富饶的玉溪市，参加"云南滇雪粮油有限公司－武汉轻工大学校企合作挂牌仪式"。首先，我衷心祝贺"云南滇雪粮油有限公司－武汉轻工大学校企合作挂牌仪式"的顺利举办，对前来参加本次活动的各位代表表示最诚挚的问候！与此同时，向一直关心和支持云南滇雪粮油有限公司和武汉轻工大学发展的各位朋友表示最衷心的感谢！

各位代表，校企合作是新时代企业发展进步，实施创新驱动的内在要求和实现双赢的战略举措。通过合作，企业和学校可以优势互补、资源共享，学校可以更好地发挥科研优势和人才优势，而企业则能更好地发挥资源优势和市场优势。

我们粮油界都知道，武汉轻工大学是全国最早培养粮食行业专门人才的学校。自1951 年建校以来，曾先后隶属于原国家粮食部、商业部、国内贸易部，1998 年实行中央和地方共建，以湖北省管理为主的管理体制，现是国家粮食和物资储备局与湖北省人民政府共建高校和湖北省国内一流学科建设高校。学校始终坚持"育人为本、质量立校、人才强校、特色兴校"的办学理念，现已形成了以轻工食品类学科为特色、食品营养与人类健康领域相关学科优势明显、以工科为主的多学科大学。武汉轻工大学油脂及植物蛋白科技创新团队在全国粮油行业著名教授何东平老师的带领下，致力于油脂及植物蛋白资源的研究开发及成果转化工作，在微生物油脂研究、食用油中危害物溯源控制和风险评估、植物多肽精深加工、木本油料产业推进，制修订油料油脂国家、行业和团体标准等方面取得了丰硕的成果，为行业发展做出了杰出贡献。

据我所知，云南滇雪粮油有限公司创建于 1980 年，是集油脂油料生产、储运、贸易为一体的现代化农产品加工企业。公司拥有"滇雪"和"菜家村"两个著名品种，是我国西南地区最具规模并拥有最先进菜籽油生产线的企业，年加工能力 15 万吨，仓储能力 4

万吨，年灌装能力 30 万吨，2021 年的销售收入达 21.6 亿元，目前正在启动再建 15 万吨项目的建设工作，并朝着自动化、智能化、数字化方向转型升级。

　　经过 40 多年的耕耘，云南滇雪粮油有限公司先后荣获中国好粮油示范企业、全国放心粮油加工示范企业、全国油脂加工 50 强、云南企业 100 强、农业产业化国家重点龙头企业、中国驰名商标等诸多荣誉称号，实属云南省乃至我国西南地区企业的排头兵。

　　我相信，在校企合作的推动下，双方只要始终本着真诚合作、强强联合、优势互补、互利互惠的原则，一定能结出丰硕的果实，为云南滇雪粮油有限公司的创新发展，为我国菜籽油产业的健康发展做出更大的贡献！

　　最后，预祝挂牌仪式圆满成功！祝各位朋友身体健康，工作顺利！谢谢大家！

二十九、要重视大豆生产的高质量发展

——在"科技助力大豆产业高质量发展论坛暨大豆协同创新中心启动仪式"上的讲话

（2023 年 3 月 28 日　于陕西西安）

各位嘉宾、各位同仁、各位朋友

大家上午好！

很高兴能参加由《中国油脂》杂志社、美国大豆出口协会、中粮科工有限公司、陕西省科学技术协会共同举办的"科技助力大豆产业高质量发展论坛暨大豆协同创新仪式"，首先祝贺会议的顺利召开并取得圆满成功！祝贺中粮科工有限公司、《中国油脂》杂志社联合与美国大豆出口协会成立的"大豆协同创新中心"今天正式揭牌启动！希望中心集行业科技力量，共同研究大豆产业发展中存在的热点、难点和科技创新发展中的前沿问题，为大豆产业的高质量发展做出贡献。

本次论坛会的主题是科技创新引领大豆产业可持续发展。会议旨在宣传推广油脂行业先进技术，汇集大豆加工领域科技力量，研讨我国大豆加工业中存在的热点、难点和未来发展的前沿问题。为此，会议精心组织并特邀了诸多国内油脂行业的一流著名专家教授作专题报告，相信一定能达到预期目的。为进一步推动我国大豆加工业的高质量发展，除了专家们在下面报告中将要提到的建议外，我想要特别强调两点：一是要认真研究如何将适度加工落到实处。通过适度加工，提高品质，降低消耗，提升效益；二是要进一步研究如何把大豆蛋白质资源开发利用好，为人类社会发展做出新贡献。

下面，我想讲点对大豆及其产业发展的认识。众所周知，大豆是油料作物之首，大豆产业发展历史悠久。大豆产业在培育良种，种植生产、储藏运输、加工利用、经营贸易、制定标准等诸多方面都走在其他油料之前，是其他油料学习借鉴的样板。大豆又是最佳的油料作物，它不仅能制取营养丰富的食用油脂，特别是富含人类生存发展需要的营养丰富的优质蛋白资源，其含量和品质是其他油料都难以替代的。在大豆加工利用方面，其加工工艺，加工装备，集约化、规模化程度、蛋白质及副产物利用等方面都为其他油料加工利用作出了示范。为此，我们要始终高度重视和研究大豆及其产业的高质量发展，以引领其他油料作物和油料产业的高质量发展，这也是我们召开这次论坛会和成立大豆协同创新中心的初衷。

最后，借此机会我想向大家简要通报一下有关 2022 年我国油料油脂的产销和进出口情况。

在国家大力实施大豆和油料产能提升工程的推动下，2022 年我国油料生产形势喜人。据国家粮油中心提供的数据，我国八大油料作物的产量首次超过 7000 万吨，达到 7132.5 万吨，较 2021 年增长了 7.5%，创造了历史之最。其中，大豆产量为 2028.5 万吨，较 2021 年的 1639.5 万吨，产量增加了 389 万吨，增长了 23.7%，创造了我国大豆生产史上之最。2022 年，随着国产油料的增长和消费数量的下降，我国所有品种油料油脂的进口数量都有不同程度的下降。其中各类油料合计进口为 9610.9 万吨，较 2021 年的 10205.1 万吨，少进口了 594.2 万吨，下降 5.8%；我国进口各类食用植物油合计为 801.7 万吨，较 2021 年的 1213.7 万吨少进口了 412 万吨，下降 33.9%。另据统计分析，2022 年我国食用油的食用消费量为 3425.0 万吨、工业及其他消费为 333.0 万吨，合计消费总量为 3758 万吨，较 2021 年的消费总量 4254.5 万吨，减少 496.5 万吨，下降 11.7%；与此同时，2022 年我国食用油的自给率明显提升，提高到了 35.9%，较 2021 年的 29.0% 提高了 6.9 个百分点，这是近些年没有见到的；另外，2022 年，我国人均食用油的消费量也由 2021 年的 30.1 千克，下降到 26.6 千克，较全球 2022 年人均食用的消费量 25.6 千克，高出 1 千克。

从以上统计和计算分析看，2022 年我国在油料生产、油料油脂进出口状况和国内食用油消费等方面发生了许多历史性变化，创造了许多历史之最，实属来之不易，值得我们倍加珍惜。

最后，预祝论坛会取得圆满成功，谢谢大家！

三十、衷心祝愿布勒集团兴旺发达

——在"无锡（布勒）机械制造有限公司成立三十周年庆典"上的贺辞

（2023 年 3 月 13 日　于江苏无锡）

尊敬的各位嘉宾、同志们、朋友们：

大家好！

在这春暖花开的人间天堂——美丽富饶的太湖之滨，布勒中国谷物食品价值创新峰会携春风而至，携价值而来。近年来，我国粮油加工行业正在向自动化、智能化、数字化转型，价值无处不在！

与此同时，我们高兴地迎来无锡（布勒）机械制造有限公司成立三十周年的纪念日子。在这大喜日子里，首先让我们热烈祝贺布勒中国谷物食品价值创新峰会顺利召开，热烈祝贺无锡（布勒）机械制造有限公司成立三十年来所取得的辉煌业绩。

弹指一挥间，三十年过去了。三十年前，在我国改革开放浪潮的推动下，为促进我国粮油机械制造业水平快速提升，我国最著名的粮油机械制造厂——原粮食部无锡粮食机械厂与全球公认的制造粮食和食品加工装备的领军企业——瑞士布勒集团，通过真诚合作，实现了强强联合，成立了无锡（布勒）机械制造有限公司。

三十年来，在无锡市委、市政府和各界人士的关心支持下，在中外合作双方的共同努力下，在公司全体员工的辛勤劳动下，无锡布勒公司依靠严格有方的经营管理，依靠雄厚先进的制造实力，依靠创新开发高品质产品，通过为客户的高质量服务，赢得了客户的高度信任，实现了公司的高质量快速发展。与此同时，公司业务领域不断扩大，从当初只制造面粉加工机械，至今已扩大到生产供应高品质的大米机械、饲料机械、色选机械、化工和压铸设备等。另外，以成立无锡（布勒）机械制造有限公司为开端，布勒集团又相继在无锡成立了布勒（无锡）商业有限公司、布勒博泰（无锡）包装机械有限公司，为中国粮油食品业提供加工装备、智能制造、工艺设计、工程设计、应用服务等更加专业化的服务，并都取得了令人瞩目的成就。对此，我们表示衷心的祝贺！

三十年来，布勒集团在中国的高质量快速发展，不仅壮大了自身，同时为我国粮油机械制造业的发展提供了经营管理、创新发展、注重质量、服务客户等方面的宝贵经验，成为我国粮油机械制造业的学习典范，促进了我国粮油机械制造业的健康发展。对此，我们表示衷心的感谢！

我们希望布勒集团在中国取得辉煌成绩的基础上，按照新时代我国粮油加工业的发展需要，努力在节粮减损，为国家粮食安全，节能减耗、提质增效，数字化、智能化等方面做出新贡献。

最后，衷心祝愿无锡（布勒）机械制造有限公司取得更大成就！祝愿布勒集团及其客户生意兴隆，兴旺发达！谢谢大家。

参考文献

[1] 国家粮食局. 粮食行业科技创新发展"十三五"规划[R/OL]. http://www.lswz.gov.cn/html/tzgg/2018-06/12/content_216827.shtml.

[2] 国家发展改革委, 国家粮食局. 粮食行业"十三五"发展规划纲要[R/OL]. https://www.gov.cn/xinwen/2017-03/10/content_5176120.htm.

[3] 姚惠源. 国内外粮食加工产业的现况和发展趋势[J]. 粮食加工, 2017, 42(3): 1-5.

[4] 陈正行, 王韧, 王莉, 黄星, 罗小虎等. 稻米及其副产品深加工技术研究进展[J]. 食品与生物技术学报, 2012, 31(4): 355-364.

[5] 张振辉, 郭祯祥. 小麦加工中一些新技术和新设备对小麦粉安全生产的影响[J]. 粮食与饲料工业, 2015, 11(3): 8-11.

[6] 韩浩坤, 冯佰利. 小杂粮产业化标准现状及对策. 标准化改革与发展之机遇——第12届中国标准化论坛论文集[C], 2015, 1406-1410.

[7] 倪志巍. 山西省小杂粮产业现状与发展对策[D]. 太原: 山西农业大学, 2016.

[8] 孙翔, 张传永. 山东省杂粮产业加工环节存在的问题及对策[J]. 现代农业科技, 2016（19）: 288-289.

[9] M.G. Lindhauer. Grain Production and Consumption: Europe[J]. Encyclopedia of Food Grains (Second Edition), 2016,1: 383-390.

[10] 中国粮油学会. 2014-2015粮油科学技术学科发展报告[M]. 北京: 中国科学技术出版社, 2016.

[11] 王瑞元. 现代油脂工业发展[M]. 北京: 中国轻工业出版社, 2014.

[12] 王瑞元. 中国食用植物油加工业的现状与发展趋势[J]. 粮油食品科技, 2017, 3(25): 4-9.

[13] 于双双, 张东亮, 陈善峰等. 脱胚玉米与加酶和不加酶挤压脱胚玉米淀粉颗粒结构和热特性研究[J]. 食品工业科技, 2017, (11):71-75.

[14] 王雨生, 秦福敏, 陈海华等. 微波处理对普通玉米淀粉和蜡质玉米淀粉理化性质的影响[J]. 中国粮油学报, 2016, 31(12): 18-24.

[15] 牛春艳, 刘阳阳. 超声波法制备玉米抗性淀粉的工艺条件[J]. 江苏农业科学, 2017, 45(1): 181-183.

[16] Xia L, Bai Y, Mu W, et al. Efficient Synthesis of Glucosyl-beta-Cyclodextrin from Maltodextrins by Combined Action of Cyclodextrin Glucosyltransferase and Amyloglucosidase[J].

Journal of agricultural and food chemistry, 2017, 65(29): 6023-6029.

[17] 王刚，李赖志，高冰蕊. 次亚欧大陆桥背景下东北粮食物流体系建设研究[J].物流技术，2014，33（10）：10-15.

[18] 张月华. 立足粮食安全完善粮食物流体系——以河南为例[J]. 人民论坛，2014，（29）：222-224.

[19] 霍焱，高觉民，管利. 基于流通链视角的现代粮食流通组织创新研究[J].北京工商大学学报（社会科学版），2014，29（4）：42-48.

[20] 李治国."宅经济"盛行 在线影音娱乐火热[N]. 光明日报，2020-02-12（9）.

[21] 中国面粉加工及小麦面粉月度消费、库存构成及行业状况分析[EB/OL].（2019-09-17）[2020-03-25].

[22] 杨佩卿. 数字经济的价值、发展重点及政策供给[J]. 西安交通大学学报（社会科学版），2020，2（40）：557-565.

[23] 王瑞元. 现代粮食工业发展[M] .北京:科学出版社，2015.

[24] 中共十九届五中全会在北京举行[N]. 人民日报，2020-10-30.

[25] 中央经济工作会议在北京召开[N]. 人民日报，2020-12-19.

[26] 习近平在中央农村工作会议上的讲话[N]. 人民日报，2020-12-30.

[27] 乘势而上开启新的伟大征程——元旦贺词[N]. 人民日报，2021-1-1.

[28] 国家粮食和物资储备局粮食储备司. 2019年粮食行业统计资料[R]. 2020-8.

[29] 国家粮食和物资储备局粮食储备司. 2020年粮食行业统计资料[R]. 2021-6.

[30] 习近平总书记主持召开中央全面深化改革委员会第二十四次会议上的讲话[N]. 人民日报，2022-3-1.

[31] 李克强总理在第十三届全国人民代表大会第五次会议上做的政府工作报告[N]. 人民日报，2022-3-13.

[32] 中央经济工作会议在北京举行[N]. 人民日报，2021-12-11.

[33] 习近平总书记主持召开中央全面深化改革委员会第二十四次会议上的讲话[N]. 人民日报，2022-3-1.

[34] 国家粮油信息中心，2021年国内粮油作物产量和进出口量以及新年度油脂供需平衡表[R]. 2022-2-9.

[35] 王瑞元. 中国油脂工业发展史[M]. 北京：化学工业出版社，2005.

[36] 王瑞元. 在湖北省武穴油厂部分制油选定型设备鉴定会上的发言[R]. 1985-4-4.

[37] 肖安若. 全国部分制油设备选定型试验点工作汇报[R]. 1985-3-31.

[38] Karel Kulp. Cereal Science and Technology[M]. New York: Marcel Dekker, Inc，2000.

[39] Radomir Lásztity. The Chemistry of Cereal Proteins[M]. Boca Raton: CRC Press, Inc，

2000.

[40] Khalil Khan. WHEAT: Chemistry and Technology(4th Edition)[M]. AACC Intl. Press, 2009.

[41] Jan A. Delcour, R. Carl Hoseney, Principles of Cereal Science and Technology(3rd edition)[M]. AACC Intl. Press, 2010.

[42] 张敏. 基于物联网环境的小麦加工过程能耗监测系统设计[J]. 粮食加工, 2015, 5(40): 5-8.

[43] 谭斌, 任保中. 杂粮资源深加工技术研究开发现状与趋势[J]. 中国粮油学报, 2006, 21(3):229-234.

[44] 谭斌, 谭洪卓, 张晖, 刘刚, 刘英. 杂粮加工与杂粮加工技术的现状与发展[J]. 2008, 15(5):6-10.

[45] 李玉勤. 杂粮产业发展研究[D]. 北京: 中国农业科学院, 2009.

[46] 李桂霞, 王凤成, 邬大江. 我国杂粮的营养与加工(上)[J]. 粮食与食品加工. 2009, 16(5): 12-14.

[47] 李桂霞, 王凤成, 邬大江. 我国杂粮的营养与加工(下)[J]. 粮食与食品加工. 2009, 16(6): 5-7.

[48] 李萍. 杂粮深加工科技支持对策探讨[J]. 农产品加工, 2011, 5(3):75-77.

[49] 陆红梅. 我国杂粮加工制品的发展现状及趋势[J]. 中国食物与营养, 2012, 18(1): 20-21.

[50] 吴峰, 胡志超, 张会娟, 王海鸥, 吕小莲, 王建楠. 我国杂粮加工现状与发展思考[J]. 2013, 34(3):4-7.

[51] 余丽, 程江华, 闫晓明. 杂粮面粉加工技术及其设备[J]. 农产品加工, 2014, 8:50-52.

[52] Peter J. Frazier. Speciality grains for food and feed[J]. Journal of Cereal Science, 2005, 42(1): 135-137.

[53] Berti C, Riso P, Brusamolino A, Porrini M. Effect on appetite control of minor cereal and pseudocereal products[J]. The British journal of nutrition, 2005, 94(5):850-858.

[54] J. R. N. Taylor, M. N. Emmambux. Products containing other speciality grains: sorghum, the millets and pseudocereals[J]. Technology of Functional Cereal Products, 2008:281-335.

[55] M. G. Lindhauer, Grain Production and Consumption: Europe[J]. Encyclopedia of Food Grains (Second Edition).2016,1: 383-390.

[56] 王红英, 高蕊, 李军国, 杨洁, 康宏彬. 不同原料组分的配合饲料比热模型[J].农

业工程学报，2013，29(5):282-292.

[57] 王红英，李倪薇，高蕊，杨洁，康宏彬. 不同前处理对饲料玉米比热的影响[J].农业工程学报，2012，8(14):269-276.

[58] 刘倩超. 膨化饲料热特性参数研究和热风干燥数值模拟[D]. 武汉：华中农业大学，2011.

[59] 周小泉. 干热处理对油菜子蛋白分子结构及功能特性的影响研究[D]. 郑州：河南工业大学，2013.

[60] 冯世坤，王卫国，任志辉，宋永鑫，刘小芳，刘德徽. 低温带皮菜籽粕微粉的不同粒级部分的功能特性[J]. 中国粮油学报，2015，30(1):88-91.

[61] 任志辉，王卫国，冯世坤，宋永鑫，刘小芳. 不同粒级低温脱脂去皮菜籽粕微粉的功能特性研究[J]. 粮食与饲料工业，2014，(2):44-47.

[62] 杜江美，张晖等. 挤压谷物原料成分与理化性质之间的相关性分析[J].食品与生物技术学报，2012,31(9):996-1001.

[63] 彭翔，宋文新，周凡，肖金星，章亭洲，邵庆均. 发酵豆粕替代鱼粉对黑鲷胃肠道和血清指标的影响[J]. 江苏农业学报，2012，28(5):1096-1103.

[64] 程宗佳，王勇生，陈轶群，郝波，赵庚福，罗从彦. 膨化和膨胀加工技术及其对猪生产性能的影响[J]. 动物营养学报，2014,26(10):3082-3090.

[65] 谢中国. 微胶囊饲料的研制及对日本对虾仔稚幼体消化生理影响研究[D]. 无锡：江南大学，2011.

[66] 王丹妹. 玉米酒精糟液经酶水解后的回配利用[J]. 酿酒，2012，(3): 91-92.

[67] 于双双，张东亮，陈善峰等. 脱胚玉米与加酶和不加酶挤压脱胚玉米淀粉颗粒结构和热特性研究[J]. 食品工业科技，2017，(11):71-75.

[68] 潘思惠，任俊彦，李克等. 麦芽低聚糖生成酶在枯草芽孢杆菌中的分泌表达及其酶学性质研究[J]. 现代食品科技，2016，(4): 121-127.

[69] Li X, Li D, Park K H. An extremely thermostable amylopullulanase from Staphylothermus marinus displays both pullulan and cyclodextrin-degrading activities [J]. Applied microbiology and biotechnology, 2013, 97(12): 5359-5369.

[70] 田康明，乔舰，李普均等. 快速酶法制备低聚异麦芽糖工艺建立与优化[J].食品工业科技，2016，(16):238-241.

[71] 夏玉林. β-葡萄糖苷酶基因的筛选及性质分析[D]. 广州：广东药科大学,2016.

[72] 杜璟，何慧，林闽丽等. 纳滤技术用于玉米降血压肽的脱盐研究[J].中国粮油学报，2011，(11):88-93.

[73] 任国谱，瞿伟菁. 谷氨酰胺(Gln)活性肽营养液的制备研究[J]. 食品科学，2004，

(7):117-120.

[74] 郝斯佳. 玉米黄粉抗氧化肽的制备及微胶囊化的研究[D]. 锦州：锦州医科大学，2016.

[75] 金英姿. 玉米高F值低聚肽的生理功能及其制备工艺[J]. 食品研究与开发，2014，(12):122-125.

[76] 许国辉，朱振元，肖林. 玉米芯制备木糖的工艺研究[J].食品安全质量检测学报，2016，(7):2909-2913.

[77] 姚笛，叶曼曼，李琳等. 响应面法优化玉米芯中低聚木糖的酶法提取工艺[J].中国粮油学报，2014，(11):14-18.

[78] 刘宇赤.无废生产、物尽其用的ADM公司[J].新农村，2001，(6):24.

[79] 中华粮网. 国际粮油市场分析报告[R]. 2023-2.

[80] 张务锋. 切实抓牢14亿中国人的饭碗[N]. 人民日报，2020-10-16.

[81] 王瑞元. 粮油加工业要在节粮减损上为国家粮食安全作出新贡献——在"粮食全产业链节粮减损峰会"上的发言[R]. 2022-9-24.

[82] 何东平，王兴国，刘玉兰，周丽凤. 为健康生活加"油"[M]. 北京：中国轻工业出版社，2023.

[83] 郑恒光，翁敏劼，汤葆莎等. 橄榄油保健和疾病预防功效研究进展[J]. 食品科技，2019，44(10):196-199.

[84] 白满英，张金诚，崔育京. 橄榄油的开发应用[J]. 粮油食品科技，2003，11(2):31-33.

[85] 伍美军，蒲红争，勾瑶等. 橄榄油有效成分及应用研究进展[J]. 安徽农学通报，2020，26(10):34-35.

[86] 冯纪福.我国木本油料产业发展情况[R]. 2021-4-16.

[87] 王瑞元. 中国食用植物油消费现状[J].黑龙江粮食，2017（5）：11-13.

[88] 陈海华. 亚麻籽油的营养成分及开发利用[J]. 中国油脂，2004，29（6）：72-75.

[89] 赵利，党占海，李毅，等.亚麻籽油的保健功能和开发利用[J]. 中国油脂，2006，31（3）：71-73.

[90] 邓乾春，禹晓，黄庆德等.亚麻籽油的营养特性研究进展[J]. 天然产物研究与开发，2010，22（4）：715-721.

[91] 张晓霞，尹培培，杨灵光等. 不同产地亚麻籽含油率及亚麻籽油脂肪酸组成的研究[J]. 中国油脂，2017，42(11):142-146.

[92] 全国亚麻籽油产业联盟. 亚麻籽油与糖尿病人的关系[N]. 人民日报，2018-7-4.

[93] 靳祖训.粮食经济与科技大辞典[M]. 北京：中国商业出版社，1994.

[94] 周瑞宝.农产品现代加工技术丛书——花生加工技术[M]. 北京：化学工业出版社，

2003.

[95] 何东平.浓香花生油制取技术[M].北京：中国轻工业出版社，2004.

[96] 中华粮网.国际粮油市场——2018年1月分析报告[R].2018-2-8.

[97] 王瑞元.全球主要植物油料油脂生产、贸易和消费情况[R].2019-5-1.

[98] 王瑞元，王兴国，何东平，等.食用油精准适度加工理论的发端、实践进程与发展趋势[J].中国油脂，7（44）:1-6.

[99] 王瑞元.关于2018年我国粮油生产供应情况浅析——在2019年中国粮油学会油脂分会常务理事上的发言[R].2019-4-2.

[100] 佳格投资（中国）有限公司研发中心.葵花籽来源及产量分析报告[R].2019-6-13.

[101] 万本屹，董海洲，李宏，刘传富.核桃油的特性及营养价值的研究[J].西部粮油科技，2001，5（26）：18-20.

[102] 王俏君.我国食用牛油基本情况介绍[R].2021-3-10.

[103] 付茂忠.科学养殖肉牛[M].成都：四川科学技术出版社，2020.

[104] 徐生庚、裘爱泳.贝雷油脂化学与工艺学[M].北京：中国轻工业出版社，2001.

[105] 国家粮油信息中心.中国葵花籽种植面积、产量[R].2021-4-30.

[106] 何东平，刘玉兰.油脂化学[M].北京：化学工业出版社，2013.

[107] 国家粮油信息中心.2020年国内粮油作物产量和进出口量以及新年度油脂供需平衡表[R].2021-1-28.

[108] 国家粮油信息中心.2020年国内粮油作物产量和进出口量[R].2021-1-28.

[109] 中华粮网.国际粮油市场月度分析[R].2021-1.

[110] 中华粮网.国际油料统计和预测[R].2021-1.

[111] 中华粮网.国际粮油市场[R].2019-2.

[112] 国家粮食和物资储备局.2017年粮食行业统计资料[R].2018-6.

[113] 王强.花生加工品质学[M].北京：中国农业出版社，2013.

[114] 王瑞元.对于困境中的中国核桃产业的非主流思考[R].2022-07-24

[115] 王瑞元.关于2021年我国粮油产销和进出口情况简介[R].2022-2-22.

[116] 王瑞元.2020年度我国粮油加工业的基本情况[R].2021-12-28.

迈安德集团有限公司简介

　　迈安德集团有限公司是在粮油装备领域为客户提供系统化解决方案的专业工程公司，国家高新技术企业，荣获国家专精特新"小巨人"企业、江苏省省长质量奖提名奖，拥有国家级博士后科研工作站及江苏省油脂淀粉过程装备工程技术研究中心，具有特种设备生产许可证，拥有各类知识产权近500件（项），其中发明专利80余件，专利数位居我国粮油装备企业之首。迈安德具有先进智能化制造体系、强大的生产能力和完善的质量控制体系，有超过130000平方米的现代化厂房及国际领先的加工装备，为国内外客户建设了1000余个精品样板工程。近年来，迈安德紧跟"一带一路"倡议，加快国际化步伐，客户遍布全球，在全球多个国家建立了销售和服务网络。

河南华泰粮油机械股份有限公司简介

河南华泰粮油机械股份有限公司位于河南省滑县先进制造业开发区，拥有现代化标准厂房及加工设备，是一家集研发、设计、制造、安装、售后服务为一体的大型粮油机械、环保机械、医疗器械生产制造企业。公司拥有自营进出口权，是中国粮油学会优秀会员单位、省级守合同重信用企业、河南省优秀民营企业、省级企业技术中心、省级工程技术研究中心、省博士后创新实践基地、国家高新技术企业、国家级绿色工厂及专精特新"小巨人"企业。华泰产品畅销国内30多个省、市、区，并出口至全球60多个国家和地区，目前已发展成为我国大型粮油机械及环保机械生产制造基地。

长寿花食品股份有限公司简介

长寿花食品股份有限公司始建于1997年，是国内专业研发生产玉米油的企业。公司拥有国家认定企业技术中心、国家认可实验室等高端技术平台，是中国好粮油示范基地、国家玉米油产业研发基地、玉米油系列国家标准制修订基地。公司是国内唯一一家在全国实现网络式基地布局、产供销规模化运作的玉米油生产企业，具备年加工玉米胚芽120万吨、年产精炼玉米油45万吨、年产小包装产品45万吨的生产能力。公司致力于高端粮油精深加工新技术、新工艺、新产品的研发，先后创新推出20多种安全营养健康的高端食用油产品，向亿万家庭传递长寿花的健康厨房理念，对深化国内油脂产业变革、焕新国民健康生活起到实实在在的重要推动作用。

道道全粮油股份有限公司简介

道道全粮油股份有限公司是一家集食用植物油及其相关副产品生产、科研、贸易、仓储、物流于一体的综合性油脂加工企业。公司总部位于岳阳经济技术开发区，资产总额约48亿元，年产值约70亿元，是国内第一家以菜籽油加工为主的上市公司（股票代码：002852）。公司旗下拥有"道道全""菜子王""东方山""海神"等食用油知名品牌。公司先后获得了全国放心粮油示范加工企业、农业产业化国家重点龙头企业、国家级守合同重信用企业、全国食用油加工50强企业、全国菜籽油加工10强企业、全国工业品牌培育示范企业、全国模范劳动关系和谐企业、省智能制造示范企业等诸多荣誉称号。公司组建了国家油菜籽加工技术研发分中心、企业院士工作站、省级企业技术中心等科研平台。

山东金胜粮油集团有限公司简介

  山东金胜粮油集团有限公司是一家集油脂花生、国际贸易、蛋白饲料、电商物流、生态农业、工业旅游为一体的综合性企业，花生油产销量位居行业前三位。荣获农业产业化国家重点龙头企业、中国好粮油食用植物油标准起草单位、首批国家粮食应急保障企业、山东省省长质量奖等荣誉称号。公司高度重视科技研发工作，先后与中国粮油学会、中国农业科学院等建立了长期产学研合作关系，参与实施"十三五""十四五"国家重点研发计划项目，拥有 10 个省级以上研发平台。公司率先通过了五大管理体系认证、经认证的经营者（AEO）海关高级认证和单元级（AA级）两化融合管理体系认证，实现了从原料收购、生产储存到出厂销售的全过程无缝追溯。

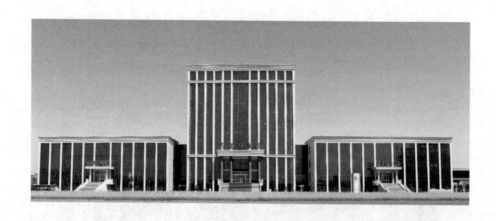

山东凯斯达机械制造有限公司简介

山东凯斯达机械制造有限公司是集科研创新、工程设计、装备制造、工程服务于一体的高新技术企业。公司业务涵盖植物油脂制取与精炼成套设备，大豆低温粕、植物蛋白（大豆浓缩蛋白、分离蛋白、棉籽蛋白等）成套设备，天然产物萃取分提成套设备，畜禽无害化处理成套设备，大型烘干设备，化工压力容器（GB/ASME）设计制造，工业厂房设计，电气自动化控制系统，通用机械设备的研发、生产制造及工程安装。公司荣获国家专精特新"小巨人"企业、山东省瞪羚企业、山东省"专精特新"中小企业、山东省制造业单项冠军企业等多项荣誉称号，企业被认定为山东省粮油加工设备工程技术研究中心等7个省市研发创新平台。

海南澳斯卡国际粮油有限公司简介

海南澳斯卡国际粮油有限公司成立于 2020 年 8 月，是全国首个享受加工增值 30% 免进口关税政策的试点企业，是一家集食用植物油、植物蛋白和磷脂产品研发、生产、加工和国内外产、贸、销为一体的综合型粮油加工企业，也是洋浦经济开发区招商引资重点项目。公司将信息化和工业化深度融合，利用大数据、工业互联网、企业云等技术，实现工厂的数字化、可视化。澳斯卡粮油拥有年加工 100 万吨菜籽 / 大豆生产线、年加工 30 万吨油脂精炼生产线和年加工 16 万吨油包装油生产线，带动了相关产业建设和发展，推进了洋浦国际大宗食品加工贸易产业集聚。